ARURA

ARURA

གཙོ་སྒྲིག་པ། རྡོ་རྗེ།

༄། །བོད་ཀྱི་གསོ་རིག་ཀུན་བཏུས་བསྡུད་སྒྲིག་མ་༦༡-༨༠།།
དཀར་ཆག །

《〈藏医药大典〉续编 (61–80)》
总 目

མཚོ་སྔོན་ཞིང་ཆེན་བོད་ཀྱི་གསོ་རིག་
ཞིབ་འཇུག་གླིང་གིས་བསྒྲིགས།

མི་རིགས་དཔེ་སྐྲུན་ཁང་།

图书在版编目（C I P）数据

《〈藏医药大典〉续编（61-80）》总目：藏、汉 / 多杰主编．
-- 北京：民族出版社，2023. 12
ISBN 978-7-105-17184-2

Ⅰ．①藏… Ⅱ．①多… Ⅲ．①藏医—图书目录—藏、汉
Ⅳ．① Z88：R291. 4

中国国家版本馆 CIP 数据核字 (2023) 第 248412 号

༄༅། །བོད་ཀྱི་གསོ་རིག་ཀུན་བཏུས་བསྡུད་སྒྲིག་མ་61—80ཡི་དཀར་ཆག །

རྩོམ་སྒྲིག་འགན་འཁུར་བ། བསོད་ནམས་དབང་རྒྱལ། སུན་ཞིའུ་མེ།
དེབ་གཞིའི་མཛེས་འཚོས། ཡན་ཀྲུང་དབྱི་ལས་སྒྲུབ་ཁང་།

责任编辑：索南黄加　孙秀梅
书籍设计：严钟义工作室

མི་རིགས་དཔེ་སྐྲུན་ཁང་གིས་དཔེ་སྐྲུན་འགྲེམས་སྤེལ་བྱས།
པེ་ཅིན་གྲོང་ཁྱེར་ཧོ་ཕིང་ལི་བྱང་ལམ་ཨང་14པ། (100013)
http://www.mzpub.com
(010) 64227665　(010) 58130524

民族出版社 出版发行
北京市和平里北街 14 号 (100013)
http://www.mzpub.com
(010) 64227665　(010) 58130524

སན་ཧོ་གྲོང་ཁྱེར་ཧྭ་ཏུང་པར་འདེབས་ཚད་ཡོད་ཀུང་སིས་པར་བཏབ།
ཞིན་ཧྭ་དཔེ་ཚོང་ཁང་གིས་བརྒྱུད་འཚོང་བྱས།

三河市华东印刷有限公司印刷
新华书店经销

དེབ་ཚད། 880mm × 1230mm　1/16
དཔར་ཤོག 37.75
དཔར་གྲངས། 0001–1200
2023ལོའི་ཟླ་12པར་པར་གཞི་དང་པོ་བསྒྲིགས།
2023ལོའི་ཟླ་12པར་པེ་ཅིན་དུ་དཔར་ཐེངས་དང་པོ་བཏབ།

开本：880mm × 1230mm　1/16
印张：37.75
印数：0001–1200
2023 年 12 月第 1 版
2023 年 12 月北京第 1 次印刷

ISBN 978–7–105–17184–2/ Z · 1572（བོད། 201）
རིན་གོང་། སྒོར་200.00

ISBN 978–7–105–17184–2/ Z · 1572（藏 201）
定价：200.00 元

《བོད་ཀྱི་གསོ་རིག་ཀུན་བཏུས་བསྡུད་སྒྲིག་མ་61—80ཡི་དཀར་ཆག་》རྩོམ་སྒྲིག་ཚོགས་པ།

《〈《藏医药大典》续编（61–80）〉总目》编委会

བློ་འདྲི་ས། བྱམས་པ་འཕྲིན་ལས། བསྟན་འཛིན་དོན་འགྲུབ། རྒྱ་ཡེ་བློ་བཟང་ཉི་མ། འོ་ཚང་ཚོགས་ཆེན། ཉི་མ་ཚེ་རིང་། ཚེ་རིང་རྒྱལ། རྟ་རྡོ།

གཙོ་སྒྲིག་པ། རྡོ་རྗེ།

གཙོ་སྒྲིག་གཞོན་པ། བཀྲ་ཧྲ། ལྷ་མོ་ཚེ་རིང་། དབང་ཆེན་ཚེ་བརྟན། མཁའ་འགྲོ་སྐྱབས། ཀླུ་མོ་མཚོ།

རྩོམ་སྒྲིག་ཚོགས་པ། རྡོ་རྗེ། བཀྲ་ཧྲ། ལྷ་མོ་ཚེ་རིང་། བསོད་ནམས་དབང་རྒྱལ། ཀླུ་མོ་མཚོ། རིན་ཆེན་འཚོ། ལྕགས་ཐར་རྒྱལ། བོད་གཞུག་སྐྱིད། དབང་ཆེན་ཚེ་བརྟན། མཁའ་འགྲོ་སྐྱབས། འཕྲིན་ལས་རྒྱལ་མཚན། སྙིང་འབུམ་བྱམས། ལྷ་མོ་སྐྱིད། བཀྲ་ཤིས་དོན་འགྲུབ། བསམ་འགྲུབ། བསོད་ནམས་རྡོ་རྗེ། གདུགས་དཀར་སྐྱབས། དཔལ་ལྡན་རྒྱ་མཚོ། རྒྱལ་བ། བུ་དེས་ཚེ་རིང་། འཇིགས་མེད་རྡོ་རྗེ། བྱ་མདོ་ཀླུ་བྱམས་རྒྱལ། ཚེ་བཀྲ། དགའ་བའི་རྡོ་རྗེ། ཀླུ་བྱམས་རྒྱལ། རྡོ་རྗེ་རབ་བརྟན། ལྷོ་འབྲོང་སྒྲོལ་བསྟན་འཛིན་ཉི་མ། དཀོན་མཆོག་རྒྱལ་མཚན། བྱམས་པ་དགེ་ལེགས། བཀྲ་ཤིས། བདུད་མགོན་ཚེ་རིང་། དོན་འགྲུབ་ཚེ་རིང་། ཨ་སྒྲོན་མཚོ། འབྲུག་མོ་སྐྱིད། ཉི་མ་ཚེ་རིང་། ཤ་བོ་གཡང་འབུམ། གསེར་བཟང་སྐྱབས། སྐལ་བཟང་ལྷ་མོ། གཡུང་དྲུང་བཀྲ་ཤིས། དོན་འགྲུབ་རྡོ་རྗེ། སྒྲོལ་མ་མཚོ། བསོད་ནམས་ཚེ་རིང་། མཁའ་འབུམ་ཐར། དཔལ་མགོན་ཐར། འབྲུག་སེང་རྒྱལ། རྡོ་རྗེ་རབ་བརྟན་ཆུང་བ། དབང་གྲགས། ཚེ་འཛིན་སྒྲོལ་མ། རྡོ་ལྷ། སྟག་འབུམ་རྒྱལ། ལྷ་ཆེན་ཚེ་རིང་། ཀླུ་མོ་རྒྱལ། རྡོ་རྗེ་ཚེ་བརྟན། དཔལ་མཁར་རྒྱལ།

ཡིག་སྒྱུར། ཀླུ་མོ་མཚོ། ཕག་མོ་སྒྲོལ་མ། ཀླུ་མོ་རྒྱལ།

顾　问：强巴赤列　旦科　尼玛　艾措千　尼玛次仁　才让加　达多

主　编：多杰

副主编：扎巴　拉毛才让　昂青才旦　卡着杰　李毛措

编　委：多杰　扎巴　拉毛才让　索南黄加　仁青措　李毛措　吉太加　我杰吉　昂青才旦　卡着杰　次勒降泽　娘本先　拉毛吉　扎西东主　谢三智　索南多杰　斗嘎加　华旦尖措　佳哇　布地次仁　久美多杰　香多·李先加　才布扎　嘎吾多杰　李先加　多杰拉旦　洛仲珠·旦增尼玛　贡却坚赞　强巴格来　扎西　东国才让　端智才让　啊中措　周毛吉　尼玛才让　夏吾杨本　赛桑杰　格桑拉毛　拥忠扎西　东知多杰　卓玛草　索南才让　看不太　环贡太　周桑加　多杰拉旦（小）　项知　才曾卓玛　多拉　斗本加　拉青才让　李毛加　多杰才旦　环科加

翻　译：李毛措　彭毛卓玛　李毛加

རྩོམ་སྒྲིག་གསལ་བཤད།

སྔ་ན་མ་མཆིས་པའི་རིག་གནས་གཏེར་མཛོད་ཆེན་མོ་《བོད་ཀྱི་གསོ་རིག་ཀུན་བཏུས་》ཀྱི་བརྗོད་བྱའི་ནང་དོན་སྔར་ལས་ལྷག་པར་འཕྲུས་སྐྱོ་ཐེ་ཚང་དུ་བཏང་ནས་མིང་དོན་མཚུངས་པའི་ཀུན་འདུས་རང་བཞིན་ཅན་དང་། ཚན་རིག་རང་བཞིན་ཅན། བཀོལ་སྤྱོད་རང་བཞིན་ཅན་གྱི་ཁྱད་ཆོས་མངོན་པར་འདོན་ཆེད། མཚོ་སྔོན་ཞིང་ཆེན་བོད་ཀྱི་གསོ་རིག་ཞིབ་འཇུག་གླིང་གིས་སྔར་ཡང་མི་ལོ་བཅུ་ལྷག་གི་ཡུན་ལ་དངོས་ཤུགས་བརྒྱུད་གསུམ་གྱིས་རྒྱལ་ཁབ་ཕྱི་ནང་དང་མདོ་དབུས་ཁམས་གསུམ་གྱི་གནས་ཡུལ་ཁག་ཏུ་བཞུགས་པའི་གསོ་རིག་གི་ཡིག་རྙིང་དག་འཚོལ་སྡུད་བགྱིས་ནས་པོད་ཉི་ཤུའི་བདག་ཉིད་ཅན་གྱི་《བོད་ཀྱི་གསོ་རིག་ཀུན་བཏུས་》བསྡུད་སྒྲིག་མ་དངོས་སུ་དཔེ་སྐྲུན་ལེགས་འགྲུབ་བྱུང་བ་ལ། རྒྱ་ཆེ་གློག་པ་པོ་རྣམས་ཀྱིས་དཔེ་ཚོགས་འདིའི་ནང་བཀོད་ཡོད་པའི་གསོ་བ་རིག་པའི་བསྟན་བཅོས་ཁག་ལ་བལྟ་བདེ་དང་འཚོལ་བདེ་ཡོང་བར་དམིགས་ནས། 《བོད་ཀྱི་གསོ་རིག་ཀུན་བཏུས་བསྡུད་སྒྲིག་མ་61–80ཡི་དཀར་ཆག་》འདི་རྩོམ་སྒྲིག་བྱས་པ་ཡིན།

དེ་ཡང་བོད་ཀྱི་རིག་གནས་ཆེ་ཆུང་འཛིན་སྐྱོང་སྤེལ་གསུམ་ལ་ཕྱག་རྗེས་ཆེ་བའི་མཁས་པ་མང་པོའི་ཐུགས་འཁུར་དང་མཇུབ་སྟོན་འོག བོད་ཁུལ་ཡོངས་ཀྱི་གསོ་རིག་ཆེད་མཁས་མི་སྣ་གང་མང་གདན་ཞུ་སྐོས་དེབ་སྤྱ་མའི་གཞུང་དོན་གྱི་སྒྲིག་གཞི་དང་ས་བཅད་ཀྱི་བཀར་ཚུལ་གཞིར་བཟུང་ཞིང་བརྩམས་ཆོས་སོ་སོའི་ནང་དོན་གྱི་ཁྱབ་ཚུལ་དང་། ཐུན་མིན་རྩོམ་སྟངས་སོགས་ལ་དཔྱད་ཞིབ་བྱས་ཤིང་། རིག་ཚན་གཞན་དང་མི་རིགས་གཞན་གྱི་ཡིག་ཆ་རྩོམ་སྒྲིག་གི་སྒྲིག་སྟངས་སོགས་ལའང་ཟུར་བལྟ་བགྱིས་ནས། ས་བཅད་ཀྱི་སྒྲིག་གཞིའི་ཐད་སྤྱི་དོན་ཆེན་མོ་བརྒྱད་དང་། དེ་ལས་འཕྲོས་པའི་སྐབས་དོན་བཞི་བཅུ་ཞེ་ལྔ། སྐབས་དོན་ལས་འཕྲོས་པའི་ཚན་པ་ཉིས་བརྒྱ་གོ་གསུམ་དུ་ཕྱེས་ནས་བསྒྲིགས་ཡོད།

དེ་ལས་སྤྱི་དོན་དང་པོ་གསོ་རིག་ལོ་རྒྱུས་ཀྱི་སྐོར་ལ་གསོ་བ་རིག་པ་ཇི་ལྟར་བྱུང་ཞིང་འཕེལ་བའི་ལོ་རྒྱུས་དང་། དུས་སྐབས་སོ་སོར་བྱོན་པའི་སྨན་པ་མཁས་པའི་མཛད་རྣམ་བཅས་སྐབས་དོན་གཉིས་ལ་ནང་གསེས་ཚན་པ་བཅུ་དགུ་དང་། སྤྱི་དོན་གཉིས་པ་གནའ་རབས་གསོ་རིག་གི་སྐོར་ལ་དཔལ་ལྡན་རྒྱུད་བཞིའི་ཡར་སྔོན་གྱི་གསོ་དཔྱད་བསྟན་བཅོས་རྣམས་སྐབས་དོན་ལྔ་ལ་ནང་གསེས་ཚན་པ་སུམ་ཅུ་སོ་བརྒྱད། སྤྱི་དོན་གསུམ་པ་གསོ་རིག་རྒྱུད་བཞིའི་སྐོར་ལ་གསོ་དཔྱད་ཐམས་ཅད་ཀྱི་རྒྱལ་པོ་ལྟ་བུར་གྱུར་པའི་དཔལ་ལྡན་རྒྱུད་བཞི་དང་དེའི་འགྲེལ་བ། ལྷན་ཐབས་སོགས་སྐབས་དོན་དགུ་ལ་ནང་གསེས་ཚན་པ་བཞི་བཅུ་ཞེ་དགུ། སྤྱི་དོན་བཞི་པ་ནད་ཐོག་ཉམས་ཡིག་གི་སྐོར་ལ་གསོ་དཔྱད་མཁས་པ་ཉི་ཤུ་ལྷག་གི་ནད་ཐོག་ལག་ལེན་གྱི་རིམ་པའི་མན་ངག་མྱོང་བྱང་རྣམས་སྐབས་དོན་ཉི་ཤུ་ལ་ནང་གསེས་ཚན་པ་བདུན་ཅུ་དོན་གཅིག སྤྱི་དོན་ལྔ་པ་སྨན་ངོ་ཤེས་བྱེད་ཀྱི་སྐོར་ལ་སྨན་གྱི་འབྱུངས་དཔེ་དང་སྨན་གྱི་ཚབ་ཡིག་སོགས་སྐབས་དོན་གཉིས་ལ་ནང་གསེས་ཚན་པ་བཅུ་བདུན། སྤྱི་དོན་དྲུག་པ་སྨན་གྱི་སྦྱོར་བའི་སྐོར་ལ་དུས་རབས་རིམ་བྱུང་གི་སྨན་པ་མཁས་པ་རྣམས་ཀྱིས་མཛད་པའི་སྨན་གྱི་སྦྱོར་བའི་རིགས་ཕྱོགས་བསྡུས་སུ་བཀོད་པ་དག་དང་། དམིགས་བསལ་སྨན་སྦྱོར་དག་གི་ཕྱག་ལེན་སོགས་སྐབས་དོན་གཉིས་ལ་ནང་གསེས་ཚན་པ་ལྔ་བཅུ་ང་གསུམ། སྤྱི་དོན་བདུན་པ་སྨན་རྫས་འདུལ་སྦྱོང་གི་སྐོར་ལ་བདུད་རྩི་བཅུད་ཀྱི་རྒྱལ་པོ་དངུལ་ཆུ་བཙོ་བཀྲུ་ཆེན་མོའི་ལག་ལེན་གཙོ་བྱས་པའི་སྨན་རྫས་སྣ་ཚོགས་ཀྱི་བཙོ་བསྲེག་འདུལ་སྦྱོང་སོགས་སྐབས་དོན་གཉིས་ལ་ནང་གསེས་ཚན་པ་བཅུ་དགུ། སྤྱི་དོན་བརྒྱད་པ་སྙིང་ཐིག་ལས་ཚོགས་ཀྱི་སྐོར་ལ་བདུད་རྩི་སྨན་གྱི་མདོ་ཆོག་དང་། སྔགས་ཀྱི་བཅོས་ཐབས་སྣ་ཚོགས། སྨན་གྱི་སྨོན་ལམ་བཅས་སྐབས་དོན་གསུམ་ལ་ནང་གསེས་ཚན་པ་ཉི་ཤུ་རྩ་བཞི་ཊ་དབྱེ་སྟེ་བཀོད་ཡོད་དོ། །

དེ་ལྟར་གཞུང་སྤྱིའི་སྒྲིག་གཞི་ནི་སྤྱི་དོན་དང་སྐབས་དོན་དང་ཚན་པ་བཅས་གསུམ་ལས་གྲུབ་ཡོད་པ་དེ་བཞིན་དུ། དཀར་ཆག་གི་དེབ་འདིའི་སྒྲིག་གཞིའང་དེ་བཞིན་དུ། དང་པོ་སྤྱི་དོན་གྱི་སྐབས་སུ་སྤྱི་དོན་གང་དེའི་ཁོངས་སུ་གཏོགས་པའི་སྐབས་དོན་གྱི་གྲངས་འབོར་དང་དེ་དག་གི་ནང་དོན་གཙོ་བོ་སྤྱི་ཙམ་བཀོད་ཡོད། གཉིས་པ་སྐབས་དོན་གྱི་སྐབས་སུ་སྐབས་དོན་གང་དེའི་ཁོངས་སུ་གཏོགས་པའི་ཚན་པའི་གྲངས་འབོར་

དང་དེ་དག་གི་ནང་དོན་གཙོ་བོ་སྤྱི་ཙམ་བཀོད་ཡོད། གསུམ་པ་ཚན་པའི་སྐབས་སུ་ཚན་པའི་བཙམས་ཆོས་གང་དེའི་མཚན་བྱང་རྒྱས་བསྡུས་དང་། རྩོམ་པ་པོའི་འབྲེལ་ཡོད་གནས་ཚུལ། མ་ཡིག་གི་ཁྱད་ཆོས། ནང་དོན་གནད་བསྡུས། ཚན་པའམ་བཙམས་ཆོས་དེ་ཀུན་བཏུས་ཀྱི་པོད་གྲངས་གང་དུ་བཞུགས་པ་བཅས་རྣམ་པ་ལྔའི་སྒོ་ནས་ངོ་སྤྲོད་ཡོད་དེ།

དང་པོ་མཚན་བྱང་འགོད་སྐབས་སུ་བཙམས་ཆོས་གང་དེའི་མཚན་བྱང་རྒྱས་པ་དང་མཚན་བྱང་གི་མིང་གཞན་རྣམས་རེ་རེ་བཞིན་བཀོད་ཡོད།

གཉིས་པ་རྩོམ་པ་པོ་མཚམས་སྦྱོར་བའི་སྐབས་སུ་རྩོམ་པ་པོའི་མཚན་ནི་པར་བྱང་སྨོན་ཚིག་ཏུ་བསྟན་པའི་མཚན་དེ་གཙོ་བོར་བཟུང་ཐོག་རྒྱུན་སྤྱོད་ཀྱི་མཚན་དང་མཚན་གཞན་རྣམས་རེ་རེ་བཞིན་བཀོད་ཡོད་ལ། སྔ་འགྱུར་སྐོར་ཞིག་གི་རྩོམ་པ་པོ་མི་གསལ་བ་རྣམས་ལ་བསྒྱུར་བ་པོའི་མཚན་བཀོད་ཡོད། རྩོམ་པ་པོའི་འཁྲུངས་འདས་ལོ་ཚིགས་ནི་སྤྱིར་བཏང་དུ་སྤྱི་ལོ་ལྟར་བཀོད་ཡོད་ཀྱང་། སྤྱི་ལོ་གསལ་ཐག་མི་ཆོད་པ་ལ་རབ་བྱུང་དམ་དུས་རབས་གང་གསལ་བ་དེ་བཀོད་ཡོད། འཁྲུངས་འདས་ལོ་ཚིགས་ལ་བཞེད་པ་མི་མཐུན་པ་ཡོད་ཚེ་ལུགས་གཅིག་ལ་གཞི་བཅོལ་ཡོད། རྩོམ་པ་པོའི་འཁྲུངས་ཡུལ་ནི་བོད་ཆོལ་ཁ་གསུམ་ལས་གང་གི་ཁོངས་གཏོགས་ཀྱི་ཡུལ་ཕྱེ་བྲག་པ་གང་ཡིན་དང་བཅས་བཀོད་ཡོད།

གསུམ་པ་མ་ཡིག་མཚམས་སྦྱོར་བའི་སྐབས་སུ་མ་ཡིག་དེ་ཉིད་ལག་བྲིས་མ་དང་ཤིང་པར་དང་གློག་པར་སོགས་ལས་པར་གཞི་གང་ཡིན་དང་། ཡིག་གཟུགས། ཤོག་ངོས་རེའི་ཐིག་ཕྲེང་གི་གྲངས། ཐིག་ཕྲེང་རེའི་ཡིག་འབྲུའི་གྲངས། སྤྱིའི་ཤོག་ངོས་ཀྱི་བསྡོམས་གྲངས་རྣམས་བཀོད་ཡོད།

བཞི་པ་ནང་དོན་གནད་བསྡུས་འགོད་སྐབས་སུ་དུས་སྐབས་སོ་སོར་བྱོན་པའི་བཙམས་ཆོས་ལ་བརྗོད་དོན་མི་འདྲ་བ་དང་། རྩོམ་སྟངས་མི་འདྲ་བ། རྒྱས་བསྡུས་མི་འདྲ་བ་སྣ་མང་འདུག་པས་ནང་དོན་གནད་བསྡུས་འབྲི་སྟངས་ལ་གཅིག་གྱུར་གྱི་གཏན་འཕེབ་བཟོ་མ་ནུས་པར། གང་ལ་དེ་འཚམ་གྱི་འབྲི་ཐབས་སྤྱད་ནས་བཙམས་ཆོས་སོ་སོའི་ཐོག་མཐའ་བར་དང་སྤྱི་བྱེ་བྲག་གི་བརྗོད་དོན་རྣམས་ཚིག་ཉུང་ལ་དོན་འདུས་པའི

སྔོ་ནས་འབྲི་ཅི་ཐུབ་བྱས་ཡོད།

ལྷག་པར་ནི་བརྩམས་ཆོས་གང་དེ་《བོད་ཀྱི་གསོ་རིག་ཀུན་བཏུས་བསྡུད་སྒྲིག་མ་61–80》ཡི་པོད་གང་གི་ནང་ཚན་དུ་བཀོད་ཡོད་པ་བཅས་སོ། །

དེ་ལྟར་《བོད་ཀྱི་གསོ་རིག་ཀུན་བཏུས་བསྡུད་སྒྲིག་མ་61–80ཡི་དཀར་ཆག་》འདི་ནི་དེབ་སྣ་མའི་གཞུང་དོན་གྱི་སྒྲིག་གཞི་དང་ས་བཅད་བཀར་ཚུལ་རྨང་གཞི་བྱས་ཐོག་གོམ་གང་མདུན་སྤོས་ཀྱིས་ཇེ་རྒྱས་ཇེ་ལེགས་སུ་བཏང་ནས་རྩོམ་སྒྲིག་བྱས་པ་ཡིན་ཡང་། རྩོམ་སྒྲིག་གི་དུས་ཚོད་ཐུང་ལ་རྩོམ་སྒྲིག་མི་སྣར་ཤེས་བྱའི་ཚད་དམན་ཞིང་ཉམས་མྱོང་ཞན་པ་བཅས་ཀྱི་དབང་གིས་མ་རྟོགས་འགལ་འཁྲུལ་གྱི་ཆ་ད་དུང་ཡོད་སྲིད་པ་ལ་རྒྱ་ཆེའི་ཀློག་པ་པོ་རྣམས་ཀྱིས་དགོངས་འཆར་ལྷུག་པར་གནང་རྒྱུའི་རེ་སྐུལ་དང་། ཆབས་ཅིག་རྩོམ་སྒྲིག་ལས་ཀ་ལ་རྒྱ་ཆ་མགོ་སྐྱོད་དང་། རྩོམ་སྒྲིག་བྱ་ལས་དངོས་ལ་རོགས་རམ། ཐོག་མཐའ་བར་གསུམ་དུ་ཐུགས་ཁུར་དང་རྒྱབ་སྐྱོར་གནང་བའི་མཁས་དབང་ལྷན་རྒྱས་དང་སྤྱི་ཚོགས་མི་སྣ་ཁག དེ་མིན་འབྲེལ་ཡོད་སྡེ་ཁག་དང་ལས་ཁུངས་བཅས་ལ་སོར་བཅུའི་འདབ་མ་སྙིང་གར་སྦྱར་ནས་ལྷག་བསམ་དཀར་པོས་ཐུགས་རྗེ་ཆེ་ཞུ་རྒྱུའོ། །

《བོད་ཀྱི་གསོ་རིག་ཀུན་བཏུས་བསྡུད་སྒྲིག་མ་61–80ཡི་དཀར་ཆག་》རྩོམ་སྒྲིག་ཚོགས་པ་ནས།

སྤྱི་ལོ་༢༠༢༣ལོའི་ཟླ་༥པའི་ཚེས་༡༠ཉིན།

编写说明

为了使藏医学文化宝库《藏医药大典》的内容更为完整且更具汇集性、科学性、实用性，青海省藏医药研究院持续十余载，投入大量人力、财力、物力，在国内外，尤其在我国青海、西藏、四川等地搜集藏医药古籍文献，圆满完成20卷《〈藏医药大典〉续编（61—80）》的整理出版，并为广大读者阅读和查询《〈藏医药大典〉续编（61—80）》所载内容提供便利，我们特意编写了这本《〈《藏医药大典》续编（61—80）〉总目》。

在致力于传承、保护和发展大小五明文化的诸多专家学者的关心和指导下，我们邀请藏医专家，并借鉴前期出版的《藏医药大典》格式体例，对各著作的内容定位、个性化编排方法等进行分析，同时，参考其他学科及其他民族文献的编排方法，将全书划分为8部，每部又划分若干集，共设45集，每集收录若干篇，共计收录293篇文献。

第一部为《医学史典籍》，分2集辑录有关藏医学起源和发展史的典籍及不同时期名医传记类典籍，包含文献19篇。第二部为《古代医学典籍》，分5集辑录《四部医典》问世之前的医疗著作，包含文献38篇。第三部为《医学〈四部医典〉》，分9集辑录医术之王《四部医典》及其注释、补遗等著作，包含文献52篇。第四部为《临床经验书籍》，分20集辑录古今20位名医的临床秘诀和经验等著作，包含文献71篇。第五部为《药物书籍》，辑录草木药物图鉴和替代药等著作，包含文献17篇。第六部为《方剂书籍》，分2集辑录历代名医总结的方剂选编和特殊方剂配伍制剂典籍，包含文献53篇。第七部为《药物炮制书籍》，分2集辑录甘露王—水银洗练法和其他各种药物煮、煅、祛毒等炮制法著作，包含文献19篇。第八部为《医学心精和仪轨》，分3集辑录甘露药之颂经仪轨和各种咒治法及医疗祝愿，包含文献24篇。

《〈藏医药大典〉续编（61—80）》将所收录典籍编排为部、集和篇3个级别，本《总目》也依据这3个层级进行编排。部，简述本部著作的主要内容及本部中收载的医籍内容要点；集，简述本集的主要内容和本集收载的著作数目等；篇，载该著作的全名和简称、作者简介、母本的版种、内容简介及其在《〈藏医药大典〉续编（61—80）》中所处的卷数等5方面的信息。

书籍名，为篇项所述著作名称，录有该著作的全名、别名和简称。

作者名，为该著作祝词等中所示作者名字，有别名的均一一列出，对一些作者不详的古译医书只署译者名。作者的生卒年，一般使用公元纪年，公元年代不确定的按确定的藏历胜生纪年法写出。生卒年有不同说法的，连同有关生辰教言一并写出。作者诞生地，按青、康、藏三区所属具体地区的古地名写出。

著作母本，说明手抄本、木刻本或电子本等版本印刷机构、字体、每页行数，每行字数，每本书的页数等信息。

内容简介，鉴于不同时期的著作所包括内容不同、表达方法不同、内容详略不同，内容简介的格式未加统一，但是尽力采用了相适宜的写法，将各部或各篇著作总体和个体内容言简意赅地进行了表述。

写明每篇著作在《〈藏医药大典〉续编（61—80）》20卷中所处的具体卷数。

总之，《〈藏医药大典〉续编（61—80）》是以前期出版的《藏医药大典》体例为依据进一步补充完善的，由于编写时间仓促，编写人员的水平有限、经验不足，不免很多谬误之处，谨请广大读者批评指正。同时，向在编写工作中提供资料给予诸多帮助的专家、社会人士以及相关部门和单位表示衷心感谢！

《〈《藏医药大典》续编（61—80）〉总目》编写组

2023年5月10日

དཀར་ཆག

目　录

སྤྱི་དོན་དང་པོ། གསོ་རིག་ལོ་རྒྱུས་ཀྱི་སྐོར།
第一部 医学史典籍

འདིར་ཕྱི་སྣོད་ཀྱི་འཇིག་རྟེན་ཆགས་ཚུལ་དང་། ནང་བཅུད་ཀྱི་སེམས་ཅན་ལས་འགྲོ་བ་མིའི་རིགས་ཀྱི་བྱུང་བ། རིག་གནས་སྤྱི་དང་སྒོས་སུ་གཞན་རྗེས་འཛིན་གྱི་གསོ་བ་རིག་པ་ལྷ་ཡུལ་ལས་རིམ་པར་བོད་ཡུལ་དུ་ཇི་ལྟར་དར་ཚུལ། གསོ་བ་རིག་པའི་ཁྱད་ཆོས་དང་བདུད་རྩི་སྙིང་པོ་ཡན་ལག་བརྒྱད་པ་གསང་བ་མན་ངག་གི་རྒྱུད་བྱུང་ཚུལ། དུས་སྐབས་སོ་སོར་བྱོན་པའི་མིང་དོན་གཉིས་མཚུངས་ཀྱི་མཁས་དབང་མང་པོའི་མཛད་རྣམ་སོགས་སྐབས་དོན་གཉིས་སུ་བསྡུས་ནས་བཀོད་ཡོད།

本部收录了记述宇宙的形成、人类的起源、整体文化尤其医学从天界传至人间的传说及医药的特点和《四部医典》的历史沿革以及各时期名医传记等两集典籍。

སྐབས་དོན་དང་པོ། གསོ་རིག་བྱུང་འཕེལ།
第一集 医学起源和发展

བོད་ཀྱི་གསོ་བ་རིག་པའི་བྱུང་བ་དང་འཕེལ་རྒྱས་ཀྱི་གོ་རིམ་གླེང་བ་ལ་སྤྱི་དོན་ཤེལ་བྱེ་རབ་གསལ་རྒྱས་པ་དང་། ཁོག་འབུགས་ལེགས་བཤད་བཻ་ཌཱུརྱའི་ཆུ་རྒྱུན། གསོ་བ་རིག་པའི་ཆོས་འབྱུང་རྣམ་ཐར་རྒྱ་མཚོའི་ཐ་རླབས་དྲང་སྲོང་དགྱེས་པའི་འཛུམ་ཕྲེང་། བདུད་རྩི་སྨན་གྱི་ལོ་རྒྱུས་སོགས་ཚན་པ་བཅུ་གཉིས་ཡོད།

此集收录记载医学起源和发展过程的《总义·极明广释》《医史概论善言·琉璃水流》《藏医传记海之潮汐·圣人欢庆》和《甘露医药史》等12篇典籍。

ཆ་ན་པ་དང་པོ། གསོ་རིག་རྒྱུད་བཞིའི་བླ་མ་བརྒྱུད་པའི་རྣམ་ཐར།

第一篇 《四部医典之师承传记》

མཚན་བྱང་ཆ་ཚང་། གསོ་རིག་རྒྱུད་བཞིའི་བླ་མ་བརྒྱུད་པའི་རྣམ་ཐར་བཀའ་རྒྱ་མ་གཙང་རུ་མཚམས་སུམ་པ་ཙ་ན་ཏ་རའི་གསུང་འཕྲོས་གྱིམ་ཕྱོགས་འཚོ་བྱེད་གཞོན་ནུ་ལ་གདམས་པ་བཞུགས་སོ། །

全名：《四部医典师承传秘籍·藏如参松巴杂那达如教言所授耆婆教诀》

རྩོམ་པ་པོ། སུམ་སྟོན་ཡེ་ཤེས་གཟུངས། དུས་རབས་བཅུ་གཉིས་པའི་ནང་དབུས་གཙང་ལྷ་སའི་སྙེ་མོ་མདའ་སུམ་པ་རུ་སྐྱ་འཁྲུངས།

作者：颂敦·益西松，12世纪生于卫藏尼木达松巴。

མ་ཡིག ལག་བྲིས། ཡིག་གཟུགས་དབུ་མེད། ཤོག་ངོས་རེར་ཐིག་ཕྲེང་དྲུག ཐིག་ཕྲེང་རེར་ཡིག་འབྲུ་ཉེར་དགུ། ཁྱོན་བསྡོམས་ཤོག་ངོས་བཅུ་གཅིག་བཞུགས།

母本：手写本，草书体，每页6行，每行29字，共11页。

ནང་དོན་གནད་བསྡུས། གསོ་དཔྱད་ཐམས་ཅད་ཀྱི་ཡང་རྩེར་གྱུར་པའི་དཔལ་ལྡན་རྒྱུད་བཞིའི་བསྟན་པ་གོང་ནས་གོང་དུ་སྤེལ་ཆེད། གཡུ་ཐོག་གསར་མ་ཡོན་ཏན་མགོན་པོའི་དངོས་སློབ་སུམ་སྟོན་ཡེ་ཤེས་གཟུངས་ཀྱིས་དུས་རབས་བཅུ་གཉིས་པར་སྤྱར་ཞིང་། བརྗོད་དོན་གཙོ་བོར་དཔལ་ལྡན་རྒྱུད་བཞིའི་བྱུང་རིམ་དང་། གསོ་བ་རིག་པའི་རྒྱུད་ཆེན་འདི་ཉིད་སྔོན་གྱི་བསྐལ་བ་དང་པོར་ཨོ་རྒྱན་ཡུལ་གྱི་ཞིང་ཁམས་ནས་དྲང་སྲོང་རིག་པའི་ཡེ་ཤེས་དང་དྲང་སྲོང་ཡིད་ལས་སྐྱེས་གཉིས་ཀྱིས་ཞུ་བ་ཞུས་ལན་གྱི་ཚུལ་དུ་མཛད་དེ་སྟོན་པས་གསུངས་པའི་བཀའ་རུ་བསྒྲུབ་པ། གཡུ་ཐོག་གསར་མ་ཡོན་ཏན་མགོན་པོས་གཞུང་གི་བཀའ་རྒྱ་བཀྲོལ་ཚུལ། སུམ་སྟོན་ཉིད་ཀྱིས་བླ་མར་ཞབས་ཏོག་བསྒྲུབ་སྟེ་རྒྱུད་བཞིའི་གདམས་པ་ཞུས་ཚུལ། བླ་མའི་བཀའ་བཞིན་བསྒྲུབས་ནས

གཞུང་གི་བཀའ་རྒྱ་བཀྲོལ་བ། སྣོད་དང་ལྡན་པའི་སློབ་མར་རྒྱུད་ཆེན་འདི་ཉིད་གཏོད་དགོས་ཚུལ་བཅས་བསྟན་ཡོད་པས། སློབ་གཉེར་གྱི་ལམ་ཁ་ཏུ་རང་གི་དམ་ཚིག་མི་འགྱུར་བ་དང་། བརྩོན་འགྲུས་མི་ལྷོད་པ། བླ་མར་ཞབས་ཏོག་སྒྲུབ་པ། བླ་མའི་བཀའ་བཞིན་ལས་ལ་འཇུག་རྒྱུ། རྒྱུད་ཀྱི་ཆེ་བ་རྟོགས་པ་བཅས་ལ་དགེ་མཚན་ཆེ་ཆེར་ལྡན།

内容提要：该文由宇妥萨玛·云丹贡布的亲传弟子颂敦·益西松以使诸医学典籍之最的《四部医典》得以更好的发展为目的，于12世纪所著。内容主要对《四部医典》的历史沿革，《四部医典》在邬仗那地区由明智大仙和意生大仙以问答的形式著述的教言，宇妥萨玛·云丹贡布对其进行的秘释之法，颂敦·益西松拜其为师请授《四部医典》的过程，遵照上师的教言对《四部医典》的秘释，合格学生学习此著之法等进行了记述。对后世《四部医典》学习过程中受誓、勤勉、尊师、重教以及了解学习必要性具有重要意义。

བོད་ཀྱི་གསོ་རིག་ཀུན་བཏུས་བསྟུད་སྒྲིག་མ་ལས། པོད་རེ་གཅིག་པའི་ནང་དུ་བཞུགས།

在《〈藏医药大典〉续编（61—80）》中的位置：收载于第六十一卷。

ཚན་པ་གཉིས་པ། སྤྱི་དོན་ཤེས་བྱ་རབ་གསལ་རྒྱས་པ།

第二篇　《总义·极明广释》

མཚན་བྱང་ཆ་ཚང་། བདུད་རྩི་སྙིང་པོ་ཡན་ལག་བརྒྱད་པ་གསང་བ་མན་ངག་གི་རྒྱུད་ཀྱི་སྤྱི་དོན་ཤེས་བྱ་རབ་གསལ་རྒྱས་པ་ཞེས་བྱ་བ་བཞུགས་སོ། །

全名：《八支秘诀甘露精要·总义明释》

རྩོམ་པ་པོ། བྲང་ཏི་དཔལ་ལྡན་འཚོ་བྱེད། རབ་བྱུང་བཞི་པའི་ནང་དབུས་གཙང་ས་སྐྱ་སྨན་གྲོང་དུ་སྐུ་འཁྲུངས།

作者：昌迪·班丹措切，四胜生生于卫藏萨迦曼庄。

མ་ཡིག སྒྲིག་པར། ཡིག་གཟུགས་དབུ་ཅན། ཤོག་ངོས་རེར་ཐིག་ཕྲེང་བཅུ་གཉིས། ཐིག་ཕྲེང་རེར་ཡིག་འབྲུ་བཅུ་དྲུག ཁྱོན་བསྡོམས་ཤོག་ངོས་བརྒྱ་དང་སོ་ལྔ་བཞུགས།

母本：排印本，正楷体，每页12行，每行16字，共135页。

ནང་དོན་གནད་བསྡུས། གཞུང་འདི་ནི་རྒྱལ་བའི་བསྟན་པ་དང་སེམས་ཅན་ལ་ཕན་པའི་སླད་དུ་འགྲོ་མགོན་ཆོས་རྒྱལ་འཕགས་པའི་བླ་སྨན་པ་བྲང་ཏི་དཔལ་ལྡན་འཚོ་བྱེད་ཀྱིས་དུས་རབས་བཅུ་གསུམ་པར་མཛད་ཅིང་། གཞུང་རྩིལ་པོ་སྐབས་དོན་བཞི་དང་ལེའུ་བཅུས་གྲུབ་སྟེ། ནང་དོན་གཙོ་བོ་ལ་སྤྱིར་དམ་པ་རྣམས་ཀྱིས་འགྲོ་བ་རྗེས་སུ་བཟུང་བ་དང་། བྱེ་བྲག་བསྐལ་བཟང་གི་སངས་རྒྱས། ཁྱད་པར་བདག་ཅག་གི་སྟོན་པ་བྱོན་ཚུལ། སངས་རྒྱས་ཀྱི་བསྟན་པ་དང་བསླབ་པ་གསུམ་གྱི་རྣམ་གཞག རིག་གནས་སྤྱི་དང་གསོ་དཔྱད་རྒྱ་བོད་དུ་དར་ལུགས། དཔལ་ལྡན་རྒྱུད་བཞི་བཤད་ཐབས་ཀྱི་རྣམ་གཞག རྒྱུད་བཞི་སངས་རྒྱས་སྨན་བླས་གསུངས་ནས་དྲང་སྲོང་རྣམས་ཀྱིས་བསྡུས་པ། བོད་ཀྱི་ལོ་ཙཱ་བ་ཆེན་མོ་བཻ་རོ་ཙ་ནས་བོད་དུ་བསྒྱུར་ཏེ་ཆོས་རྒྱལ་ཁྲི་སྲོང་ལྡེ་བཙན་གྱི་ཕྱག་ཏུ་ཕུལ། ཆོས་རྒྱལ་གྱིས་གཏེར་དུ་སྦས་པ་གྲྭ་པ་མངོན་ཤེས་ཀྱིས་བཏོན་པ། རྗེ་བཙུན་གཡུ་ཐོག་གསར་མ་ཡོན་ཏན་མགོན་པོས་གཞུང་འདི་ཉིད་ཀྱི་བཀའ་རྒྱ་བཀྲོལ་ཏེ་དར་རྒྱས་མཛད་པ་སོགས་གསུངས་ཡོད་པས། བོད་ཀྱི་གསོ་བ་རིག་པ་ཇི་ལྟར་འཆད་ཉན་དང་དམ་པའི་ཆོས་ཀྱི་སྤྱིའི་རྣམ་གཞག དཔལ་ལྡན་རྒྱུད་བཞིའི་གཞུང་གི་རྣམ་གཞག ཡོངས་གྲགས་སྨན་བླ་ལྷ་བུའི་སྨན་པ་མང་པོའི་མཚན་ཐོ་བཅས་ཤེས་རྟོགས་བྱེད་པར་རིན་ཐང་ཆེན་པོ་ལྡན།

内容提要：此典籍由卓贡曲杰普巴的御医昌迪·班丹措切以弘扬佛法和造福众生为目的，于13世纪著成。整部典籍由4部分10章组成，总体对圣贤者们对于众生的护持进行了介绍；具体对盛时佛陀，尤其对释迦牟尼佛祖的降临、佛法和三学的论述以及整体文化与医疗在印度等地的传播，《四部医典》的不同论述，药师佛教授的《四部医典》由众仙人汇集，藏族大译师毗卢遮那将其译为藏文献于吐蕃国王赤松德赞，被其伏藏，后由掘藏师扎巴恩西所掘，并由宇妥萨玛·云丹贡布对其进行释秘和发扬等藏医学理论的形成、发展过程进行了记述。此著对了解和掌握藏医学的聆受方法、佛教的总体论述、《四部医典》的理论、众名医名称等内容具有重要参考价值。

བོད་ཀྱི་གསོ་རིག་ཀུན་བཏུས་བསྟུད་སྒྲིག་མ་ལས། པོད་རེ་གཅིག་པའི་ནང་དུ་བཞུགས།

在《〈藏医药大典〉续编（61—80）》中的位置：收载于第六十一卷。

ཚན་པ་གསུམ་པ། ཁོག་འབུགས་ལེགས་བཤད་བཻ་ཌཱུརྻའི་ཆུ་རྒྱུན།

第三篇 《医史概论善言·琉璃水流》

མཚན་བྱང་ཆ་ཚང་། གསོ་བ་རིག་པའི་ཁོག་འབུགས་ལེགས་བཤད་བཻ་ཌཱུརྻའི་ཆུ་རྒྱུན་ཚོགས་གཉིས་རྒྱ་མཚོས་གྲོ་སའི་ཆོས་གྲར་སྦྱར་བ་བཞུགས་སོ། །

全名：《〈医史概论善言·琉璃水流〉措尼嘉措编撰于卓萨寺》

རྩོམ་པ་པོ། ཚོགས་གཉིས་རྒྱ་མཚོ། དུས་རབས་བཅུ་གསུམ་པའི་ནང་དབུས་གཙང་འཕན་ཡུལ་གྲོ་སར་སྐུ་འཁྲུངས།

作者：措尼嘉措，13世纪生于卫藏林周卓萨。

མ་ཡིག ལག་བྲིས། ཡིག་གཟུགས་དབུ་མེད། ཤོག་ངོས་རེར་ཐིག་ཕྲེང་བདུན། ཐིག་ཕྲེང་རེར་ཡིག་འབྲུ་ཞེ་དགུ། ཁྱོན་བསྡོམས་ཤོག་ངོས་གྱ་བཞི་བཞུགས།

母本：手写本，草书体，每页7行，每行49字，共84页。

ནང་དོན་གནད་བསྡུས། གཞུང་དོན་ཧྲིལ་བོར་སྐབས་དོན་བཞི་དང་ལེའུ་གཉིས་ཀྱིས་གྲུབ་ཡོད་དེ། བརྗོད་དོན་གཙོ་བོ་ལ་བདག་ཅག་གི་སྟོན་པས་ཐོག་མར་བྱང་ཆུབ་མཆོག་ཏུ་སེམས་བསྐྱེད་ཚུལ་དང་། བར་དུ་ཚོགས་ཇི་ལྟར་བསགས་ཚུལ། ཐ་མར་ཆོས་ཀྱི་འཁོར་ལོ་བསྐོར་ཚུལ། རྒྱུད་བཞི་བཀའ་འཁོར་ལོ་བར་པའི་དུས་སུ་ཨོ་རྒྱན་གྱི་ཡུལ་དུ་གསུངས་པ། སྡེ་སྣོད་གསུམ་ལས་འདུལ་བར་གཏོགས་པ་ལས་གཏེར་མར་མི་བཞེད་པ། བཀའ་

བསྟན་དུ་ཇི་ལྟར་བསྡུ་ཚུལ། གསོ་བ་རིག་པ་བྱུང་ཚུལ། ཕྱི་བྲག་གངས་ཅན་ཡུལ་དུ་གསོ་རིག་དར་ཚུལ་ལ་སྔ་འགྱུར་གསོ་དཔྱད་རྙིང་མའི་སྐོར་དང་། ཕྱི་འགྱུར་གསོ་དཔྱད་གསར་མའི་སྐོར། འགྱུར་བའི་གསོ་བྱེད་དར་བར་བྱེད་པའི་སྨན་པའི་གྲངས། བཅོས་ལུགས་གང་དག་དར་ཚུལ། བོད་ཀྱི་སྨན་པས་གསོ་རིག་གི་བསྟན་བཅོས་མཛད་ཚུལ། ལྷག་པར་དུ་བོད་རྒྱལ་སྲོང་བཙན་གྱི་སྐབས་སུ་ལུགས་ཆེན་པོ་གསུམ་དར་སྤེལ་མཛད་མཁན་ལས་ཏ་ཟིག་གམ་ཁྲོམ་གྱི་སྨན་པ་ནི་ཁྲོམ་གྱི་རྒྱལ་པོ་ན་ཛེ་ཐེན་ཕྱོམ་གྱི་སྲས་བཙན་པ་ཤྲཱི་ལ་ཧ་ཡིན་ཚུལ། རྒྱལ་པོ་ཁྲི་སྲོང་ལྡེ་བཙན་གྱི་སྐབས་སུ་བྱུང་བའི་མཐའ་བཞིའི་མན་ངག་རྣམས་གཏེར་དུ་སྦས་པ་སོགས་གསུངས་ཡོད་པས། གང་ཟག་ཅིག་འཚང་རྒྱ་བར་བྱང་ཆུབ་མཆོག་གི་སེམས་ཇི་ལྟར་བསྐྱེད་པ་དང་། ཚོགས་ཇི་ལྟར་གསོག་པ། སྟོན་པའི་ཆོས་ཀྱི་འཁོར་ལོ་ཇི་ལྟར་བསྐོར་ཚུལ། རིག་པའི་གནས་ལྔ་ཇི་ལྟར་བསླབ་ཚུལ། བོད་ཀྱི་གསོ་བ་རིག་པ་ཇི་ལྟར་དར་ཚུལ། དཔལ་ལྡན་རྒྱུད་བཞི་བཀའ་བསྟན་གཉིས་ལས་གང་ལ་གཏོགས་ཚུལ་སྐོར་ཤེས་རྟོགས་བྱེད་ཐུབ།

内容提要：整本书由4部分2章组成。首先，叙述了释迦牟尼佛祖初生菩提心——行善积德——修佛讲法的过程。其次记述了《四部医典》的起源，认为在邬仗那授法，三藏中归属于经藏而不属于伏藏，如何收录于经论，藏医药学的起源，伫立于雪域高原早期的旧派藏医药诊疗和后期新派藏医药诊断学，以及新旧理论演变历程中出现的名医数量，其中涌现的藏医疗法理论，藏医先贤们编著医学著作的方式，尤其介绍了吐蕃王朝松赞干布时期三大理论倡导者“大食”或“冲”地的医者是“冲”地国王木杰特俸之子赞巴希拉哈，出自吐蕃王朝赤松德赞时期的四方秘诀所伏藏等内容。从此著作中可以了解到作为众生如何心生菩提心、如何积德、如何修佛、如何学习五明文化、如何发展藏医学，以及了解《四部医典》属于何经论等内容。

བོད་ཀྱི་གསོ་རིག་ཀུན་བཏུས་བསྡུད་སྒྲིག་མ་ལས། པོད་རེ་གཅིག་པའི་ནང་དུ་བཞུགས།

在《〈藏医药大典〉续编（61—80）》中的位置：收载于第六十一卷。

ཚན་པ་བཞི་པ། ཁོག་འབུབས་ལེགས་བསྡུས་ཞིག་དང་རྩ་བ་ཐུགས་ཀྱི་རྒྱུད་ཀྱི་འགྲེལ་པ།

第四篇 《医史概论及根本部注释》

མཚན་བྱང་ཆ་ཚང་། གསོ་བ་རིག་པའི་ཁོག་འབུབས་ལེགས་བསྡུས་ཞིག་དང་རྩ་བ་ཐུགས་ཀྱི་རྒྱུད་ཀྱི་འགྲེལ་པ་འབྲུ་སྣོན་ཤིན་ཏུ་ལེགས་པ་བཅས་བཞུགས་སོ། །

全名：《医史概论及根本部注释・善补》

རྩོམ་པ་པོ། རནྣའི་མིང་ཅན་ནམ་བདེ་ཆོས་སྨན་པ་རནྣ། དུས་རབས་བཅུ་དྲུག་པའི་ནང་དབུས་གཙང་ལྷོ་ཁར་སྐུ་འཁྲུངས།

作者：然纳明坚，又名德曲曼巴・然纳，16世纪生于卫藏山南。

མ་ཡིག སྒྲིག་པར། ཡིག་གཟུགས་དབུ་ཅན། ཤོག་ངོས་རེར་ཐིག་ཕྲེང་བཅོ་ལྔ། ཐིག་ཕྲེང་རེར་ཡིག་འབྲུ་བཅུ་དྲུག ཁྱོན་བསྡོམས་ཤོག་ངོས་བརྒྱད་དང་ཉི་ཤུ་བཞུགས།

母本：排印本，正楷体，每页15行，每行16字，共120页。

ནང་དོན་གནད་བསྡུས། བློ་གསལ་བློ་ཡི་པད་དཀར་རྒྱས་པ་དང་། ཡོག་རྟོག་མུན་པ་རབ་བསལ་ནས་རྒྱུད་དོན་གནས་ལུགས་ཇི་བཞིན་རྟོགས་ཆེད་དུ་བདེ་ཆོས་སྨན་པ་རནྣའི་མིང་ཅན་གྱིས་རབ་བྱུང་བཅུ་བར་ཆོས་གྲྭ་བདེ་ཆེན་ཆོས་འཁོར་གྱི་སྨན་ཁང་དུ་སྦྱར་བ་ལ་སྤྱི་དོན་གཉིས་དང་ས་བཅད་དྲུག་གིས་གྲུབ་ཅིང་། ནང་དོན་གཙོ་བོ་ལ་རྒྱུད་ཀྱི་འཆད་ཐབས་དང་། དཔལ་ལྡན་རྒྱུད་བཞི་མདོ་སྔགས་གཉིས་སུ་གཏོགས་ཚུལ་ལས་མདོ་ལ་འདུལ་བའི་སྡེ་སྣོད་དང་མདོ་སྡེའི་སྡེ་སྣོད། མངོན་པའི་སྡེ་སྣོད་གསུམ་ཡོད་པ་ལས་འདུལ་བའི་སྡེ་སྣོད་དུ་གཏོགས་ཚུལ། སྔགས་ལའང་གསར་རྙིང་གཉིས་ཡོད་ལ་སྔགས་རྙིང་མར་བཀའ་གཏེར་གཉིས་

སུ་དབྱེ་སྟེ། གསོ་བ་རིག་པའི་རྒྱུད་ཆེན་པོ་འདི་བཀའ་མ་ཡང་ཡིན་ལ་གཏེར་མ་ཡང་ཡིན་ཞིང་། བཀའ་མ་ལས་བདུད་རྩི་ཡོན་ཏན་གྱི་རྒྱུད་དུ་གཏོགས་པ། སྔགས་གསར་མར་བཞི་ཡོད་པ་ལས་རྒྱུད་འདི་ཉིད་བྱ་བའི་རྒྱུད་དང་བླ་ན་མེད་པའི་རྒྱུད་དུ་གཏོགས་པ། གསོ་བ་རིག་པའི་ལུགས་ཀྱི་རྣམ་གྲངས་བདུན་བསྟན་པ། རྩ་བའི་རྒྱུད་ཀྱི་བརྡ་ཆད་གཙོ་བོ་དང་གཙོ་གནད་བཅས་འབྲུག་པ་རིན་པོ་ཆེ་དང་གོང་སྨན་དཀོན་མཆོག་བདེ་ལེགས། སློབ་དཔོན་བྱང་པ་འཚོ་བྱེད་བཅས་ཀྱི་དགོངས་པ་གཙོར་བཟུང་ནས་བཀྲོལ་བ་དག་སྔ་འགྱུར་སྨན་དཔྱད་རྙིང་མའི་སྐོར་དང་ཕྱི་འགྱུར་སྨན་དཔྱད་གསར་མའི་སྐོར་བཅས་གཉིས་སུ་བསྡུས་ནས་བསྟན་ཡོད་པས། གསོ་བ་རིག་པ་ཇི་ལྟར་དར་ཚུལ་དང་། བོད་དུ་དུས་རབས་རིམ་བྱོན་དུ་གཞུང་གང་དག་བསྒྱུར་བ། དཔལ་ལྡན་རྒྱུད་བཞི་འདི་ཉིད་མདོ་རྒྱུད་ལས་གང་ལ་གཏོགས་ཚུལ། རྒྱུད་ཀྱི་ནང་དོན་ས་བོན་ལྟ་བུར་བསྡུས་པའི་རྩ་བའི་རྒྱུད་ཀྱི་གསང་གནད་ཤེས་པར་དོན་སྙིང་གལ་ཆེན་ལྡན།

内容提要：为了帮助学医者更深刻地理解《四部医典》的内容，德曲曼巴·然纳于十一胜生时期在德庆佛学院的医院编著了此书。著作由2部总论和6章内容组成，主要介绍了《四部医典》的教授法和显、密宗二者的归类法。作者认为，《四部医典》属于经藏、律藏、论藏三显宗之论藏。密宗分为新派和旧派。旧派又分为佛经和伏藏，《四部医典》既属于佛经又属于伏藏，为佛经中的甘露功德密经；新派密宗分为4种，《四部医典》属于其中的事部和无尚部。本书还介绍了藏医的7个体系，其《根本部》中的专业术语及要点是以周巴仁波切、贡曼·贡觉德勒、强巴措切等藏医大师的学术思想纳入前后弘期新旧两派医疗为主要内容进行注释，介绍了藏医学的发展历程、历代医学译本、《四部医典》在显密宗典籍中的归属。此文对更好地了解如同种子般聚集《四部医典》精华的《根本部》具有重要参考价值。

བོད་ཀྱི་གསོ་རིག་ཀུན་བཏུས་བསྡུད་སྒྲིག་མ་ལས། པོད་རེ་གཅིག་པའི་ནང་དུ་བཞུགས།

在《〈藏医药大典〉续编（61—80）》中的位置：收载于第六十一卷。

ཚན་པ་ལྔ་པ། གསོ་བ་རིག་པའི་ཆོས་འབྱུང་རྣམ་ཐར།

第五篇 《藏医药起源传记》

མཚན་བྱང་ཆ་ཚང་། གསོ་བ་རིག་པའི་ཆོས་འབྱུང་རྣམ་ཐར་རྒྱ་མཚོའི་ཐ་རླབས་དྲང་སྲོང་དགྱེས་པའི་འཛུམ་ཕྲེང་ཞེས་བྱ་བ་བཞུགས་སོ། །

全名：《藏医传记海之潮汐・圣人欢庆》

རྩོམ་པ་པོ། བིསྨ་ཤ་ས་ན་ཧྣ་ར་ལགྷིའམ་དེའུ་དམར་བསྟན་འཛིན་ཕུན་ཚོགས། བོད་ལུགས་གསོ་རིག་ཚིག་མཛོད་ཆེན་མོ་ལས་རབ་བྱུང་བཅུ་གཅིག་པའི་ཆུ་གླང་སྟེ་སྤྱི་ལོ་༡༦༧༣ལོར་མདོ་སྟོད་ཆབ་མདོ་ཀྲོན་ཆུས་གོ་འཇོ་གསེར་ཁ་ཏུ་སྐུ་འཁྲུངས་པར་གསུངས།

作者：布克夏萨那达拉克，又名帝玛尔・丹增彭措，据《藏医药学大辞典》记载，十一胜生的水牛年即1673年生于多堆昌都的贡觉色嘎。

མ་ཡིག ལག་བྲིས། ཡིག་གཟུགས་དབུ་མེད། ཤོག་ངོས་རེར་ཐིག་ཕྲེང་དྲུག ཐིག་ཕྲེང་རེར་ཡིག་འབྲུ་སོ་བརྒྱད། ཁྱོན་བསྡོམས་ཤོག་ངོས་སུམ་བརྒྱ་དང་ཉེར་དགུ་བཞུགས།

母本：手写本，草书体，每页6行，每行38字，共329页。

ནང་དོན་གནད་བསྡུས། སྙིགས་དུས་ཀྱི་སྨན་པ་ཡོན་ཏན་མེད་ཅིང་རང་མཐོང་གིས་ཁེངས་ཤིང་སྤྲོས་པས་སྐུ་སྟོད་ཀྱི་གསོལ་རྒྱས་ཤིང་སྨྲ་བ་སྣ་ཚོགས་པས་ཅོ་འདྲི་བྱེད་པ་འགས་ལེགས་བཤད་འཚོལ་བའི་ཕོ་ཉར་བརྟས་གཏམ་སྲ་ངན་གྱི་བོང་བུ་བཏང་བྱུང་བའི་ལན་དུ་དེའུ་དམར་དགེ་བཤེས་བསྟན་འཛིན་ཕུན་ཚོགས་ཀྱིས་བརྩམས་པ་ལ་སྐབས་དོན་ཆེན་མོ་གསུམ་ཡོད། བརྗོད་དོན་གཙོ་བོ་ལ་རིག་པའི་གནས་ལྔ་ཡི་དབྱེ་བསྡུ་དང་། གསོ་བ་རིག་པ་དང་རིག་གནས་ཆེ་ཆུང་བཅུ་དབར་གྱི་འབྲེལ་བ། བོད་ཀྱི་གསོ་བ་རིག་པར་སློབ་སྦྱོང་དང་རྒྱུད་

འཛིན་བྱེད་མཁན་ཞིག་ཡིན་ཚེ་རིག་པའི་གནས་བཅུ་ལ་མཁས་པར་གདམས་པ། བྱེ་བྲག་གསོ་བ་རིག་པའི་བཀའ་བསྟན་དར་ཚུལ་དང་། སྟོན་གྲུབ་པཎ་ལོའི་བརྒྱུད་འཛིན་རྗེས་འབྲང་དང་བཅས་བྱོན་ཚུལ། བི་ཇིའི་གདུང་བརྒྱུད་སྤེ་དར། བར་དར། ཕྱི་དར་བཅས་སུ་དགར་བའི་བྱུང་འཕེལ། གྲོང་ཁྱེར་ལྟ་ན་སྡུག་གི་ངོས་འཛིན། བྱང་ཐུར་ལུགས་ཀྱི་སློབ་བརྒྱུད། རྒྱུད་བཞི་གཏེར་མ་དང་བཀའ་མའི་བརྒྱུད་པ་བཅས་བསྟན་ཡོད་པས། བོད་བཙན་པོའི་དུས་སུ་བྱུང་བའི་བོད་ཀྱི་གསོ་དཔྱད་མཁས་པ་མི་དགུའི་ནང་གསེས་བི་ཇིའི་གདུང་རྒྱུད་དང་གསོ་བ་རིག་པ་དང་རིག་པའི་གནས་ལྔ་བར་གྱི་འབྲེལ་བར་སློབ་སྦྱོང་དང་ཞིབ་འཇུག་བྱེད་པར་རིན་ཐང་ཆེ་ཆེར་ལྡན།

内容提要：末法时期的医者没有学识且自满，一些人轻蔑地称列协崔的信使所言如同驴叫般刺耳。作为对此毁谤之声的回应，帝玛尔·丹增彭措编著了此书。该书内容分为3个部分，主要介绍了五明文化的分类、藏医学与十明文化间的关联以及用作为藏医学的学习和传承者须要精通的十明文化的教言。书中具体阐述了藏医学在佛语和经文论著中的发展历程，顿珠班洛传承和追随者等的诞生，“布其”家族的发展，“达那斗”药王城的认识，南北医学派系，《四部医典》从伏藏和佛经的传承。该著作对学习和研究吐蕃历史上九大圣医之一“布其”家族传承史、藏医学与五明文化之间的关系等提供了重要参考。

བོད་ཀྱི་གསོ་རིག་ཀུན་བཏུས་བསྟུད་སྒྲིག་མ་ལས། **པོད་རེ་གཅིག་པའི་ནང་དུ་བཞུགས།**

在《〈藏医药大典〉续编（61—80）》中的位置：收载于第六十一卷。

ཆན་པ་དྲུག་པ། ཁོག་འབུབས་བཻཌཱུརྻའི་ཆུ་རྒྱུན།

第六篇　《医史蓝琉璃源流》

མཚན་བྱང་ཆ་ཚང་། ཁོག་འབུབས་བཻཌཱུརྻའི་ཆུ་རྒྱུན་ཞེས་བྱ་བ་བླ་མ་དམ་པའི་ཞལ་གྱི་གདམས་པ་བཞུགས་སོ། །

全名：《医史蓝琉璃源流 · 上师教言》

རྩོམ་པ་པོ། ཆགས་པ་ཆོས་འཕེལ། དུས་རབས་བཅུ་བདུན་པའི་ནང་དབུས་གཙང་ཕུན་ཚོགས་གླིང་དུ་སྐུ་འཁྲུངས།

作者：恰巴曲培，17世纪生于卫藏彭措林。

མ་ཡིག ལག་བྲིས། ཡིག་གཟུགས་དབུ་མེད། ཤོག་ངོས་རེར་ཐིག་ཕྲེང་བརྒྱད། ཐིག་ཕྲེང་རེར་ཡིག་འབྲུ་ཞེ་ལྔ། ཁྱོན་བསྡོམས་ཤོག་ངོས་བརྒྱ་གསུམ་བཞུགས།

母本：手写本，草书体，每页8行，每行45字，共83页。

ནང་དོན་གནད་བསྡུས། བཞི་བརྒྱ་རྩ་བཞིའི་ཟུག་རྔུས་གཟིར་བའི་ནད་པའི་སྡུག་བསྔལ་སེལ་བ། གསོ་རིག་གྱི་ཁོག་མ་ཁྲོལ་བ་དང་རྒྱུད་སྡེའི་དགོངས་པ་མི་ཤེས་པའི་བློ་ལྡན་ཤེས་འདོད་རྣམས་ཀྱི་བློ་ཁ་འབྱེད་པ། འདོད་པས་གདུངས་ཤིང་གཡོ་སྒྱུས་སྤྱོད་པ། མི་ཤེས་རྨོངས་པ་སྨན་པའི་གཟུགས་ཅན་གྱི་སྙིང་རྗེ་སྐོམ་པའི་དོན་དུ་དུས་རབས་བཅོ་བརྒྱད་པར་གདན་ས་དཔལ་ལྡན་གྲོ་སའི་ཆོས་གྲྭ་རུ་ལེགས་པར་བརྩམས་པ་ལ་སྤྱི་དོན་བཞི་ཡིས་གྲུབ། དང་པོ་ལ་དམ་ཆོས་སྤྱིའི་བྱུང་ཚུལ་དང་། སངས་རྒྱས་འཇིག་རྟེན་དུ་བྱོན་པའི་ཚུལ། གསོ་བ་པོ་སྨན་པའི་རྣམ་བཞག གསོ་ཡུལ་ནད་པའི་རྣམ་བཞག གཉིས་པ་ལ་རྒྱུད་བའི་འདི་ཉིད་བཀའ་དང་བསྟན་བཅོས་གང་ཡིན་གྱི་རྣམ་གཞག གསུམ་པ་ལ་གང་ལ་ཉན་པར་བྱ་བའི་ཡུལ་སློབ་དཔོན་གྱི་རྣམ་བཞག གང་

ལ་བཤད་པར་བྱ་བའི་ཡུལ་སློབ་མའི་རྣམ་བཞག བཞི་པར་དཔལ་ལྡན་རྒྱུད་བཞིའི་སྤྱི་དོན་ལ་བརྗོད་བྱ་དང་། དགོས་པ། ཡང་དགོས། འབྲེལ་བ། རྒྱུད་བཞི་གཞི་གྲངས་དང་གོ་རིམ་ངེས་པ། ཡན་ལག་བརྒྱད་དང་། གནས་བཅུ་གཅིག སྐབས་བཅོ་ལྔ། མདོ་བཞི་བཅས་ཀྱི་གྲངས་དང་གོ་རིམ་ངེས་པ། རྩ་རྒྱུད་དང་། བཤད་རྒྱུད། མན་ངག་རྒྱུད། ཕྱི་མ་རྒྱུད་བཅས་ཀྱི་གནད་འགག་གི་ནང་དོན་སྐོར་ཅིག གསོ་ཐབས་ལག་ལེན་སུམ་བརྒྱ་དྲུག་ཅུ་དང་། གསོ་ཐབས་ལག་ལེན་བཅོ་བརྒྱད་སོགས་རྣམ་གྲངས་སྐོར་ཞིག་སོགས་གསུངས་ཡོད་པས། བོད་ཀྱི་གསོ་བ་རིག་པའི་ཡིག་རྙིང་བྱུང་འཕེལ་དང་། གྲགས་ཅན་མི་སྣ་གང་དག་བྱུང་བ། རྒྱུད་སོ་སོའི་གནད་འགག་གི་གསང་གནད་སྐོར་ཞིག་ཁོང་དུ་ཆུད་པར་དོན་སྙིང་གལ་ཆེན་ལྡན།

内容提要：为消除被404种疾病侵扰的患者病痛，开阔不懂藏医药概论和《四部医典》学术思想的学者思维，使被利欲、狡诈、愚惑所扰的医家生出慈悲心，作者恰巴曲培于18世纪在巴登卓萨佛学院撰写了此部著作。其由4个部分组成，第一部分为佛教发展史、佛陀的诞生、医者论、患者论，第二部分为《四部医典》缘起，第三部分为师者论、学子论，第四部分为《四部医典》的主要内容、意义、要义、关联，《四部医典》的四部、八支、十一处、十五篇、四经的计数和顺序，《根本部》《论说部》《秘诀部》《后序部》中的一些关键内容，以及360种疗法实践、18种疗法实践等内容。此著作对了解藏医药古籍发展历程、著名历史人物和《四部医典》各部的秘诀要点具有重要意义。

བོད་ཀྱི་གསོ་རིག་ཀུན་བཏུས་བསྡུད་སྒྲིག་མ་ལས། པོད་རེ་གཅིག་པའི་ནང་དུ་བཞུགས།

在《〈藏医药大典〉续编（61—80）》中的位置：收载于第六十一卷。

ཚན་པ་བདུན་པ། གསོ་བ་རིག་པའི་ཁོག་འབུགས་བསྡུས་དོན་ཉུང་ངུ།

第七篇　《藏医药简史》

མཚན་བྱང་ཆ་ཚང་། དཔལ་ལྡན་གསོ་བ་རིག་པའི་ཁོག་འབུགས་བསྡུས་དོན་ཉུང་ངུའི་ངག་གི་གཏམ་དུ་བྱ་བ་དྲང་སྲོང་ཀུན་ཏུ་དགྱེས་པའི་རོལ་མོ་ཞེས་བྱ་བ་བཞུགས་སོ། །

全名：《藏医药简史 · 圣人喜乐》

རྩོམ་པ་པོ། ཆོས་ཀྱི་དབང་ཕྱུག་གམ་རྟ་སོ་སྤྲུལ་སྐུ། སྤྱི་ལོ་༡༧༧༥ལོ་ལ་དབུས་གཙང་སྐྱིད་གྲོང་བྲག་དཀར་རྟ་སོ་དབུ་མར་སྐུ་འཁྲུངས་ཤིང་། སྤྱི་ལོ་༡༨༣༧ལོར་སྐུ་གཤེགས།

作者：曲吉旺秀，又名达苏活佛，1775年生于卫藏吉隆扎嘎 · 达索吾玛，1837年卒。

མ་ཡིག ལག་བྲིས། ཡིག་གཟུགས་དབུ་མེད། ཤོག་ངོས་རེར་ཐིག་ཕྲེང་དྲུག ཐིག་ཕྲེང་རེར་ཡིག་འབྲུ་སོ་ལྔ། ཁྱོན་བསྡོམས་ཤོག་ངོས་བརྒྱ་དང་སོ་བཞི་བཞུགས།

母本：手写本，草书体，每页6行，每行35字，共134页。

ནང་དོན་གནད་བསྡུས། སྨན་པའི་མིང་གི་ཁུར་འཁྱེར་བ་དག་གིས་སྔོན་བྱུང་གི་ཁུངས་དང་བརྒྱུད་པའི་ལོ་རྒྱུས་ཤེས་རྟོགས་བྱ་བ་དང་། ཀུན་སྤོངས་ལྡན་པའི་བློ་ཅན་རྣམས་ཀྱིས་གོ་དཀའ་བའི་དོན་འབྲས་ལེན་པར་ཚེགས་སུ་ཆེ་བ་དག་ལ་གོ་སླ་ཕྱིར་བདེ་བའི་སྐད་དུ་གནས་ཆེན་བྲག་དཀར་མདོ་ནས་བརྩམས་པ་ལ་ས་བཅད་ཆེན་མོ་བཞི་ཡིས་གྲུབ་ཅིང་། བརྗོད་དོན་གཙོ་བོ་ལ་གསོ་བ་རིག་པའི་ཁྱད་ཆོས་དང་། གསོ་རིག་ལྷ་ཡུལ་དུ་དར་ཚུལ། མི་ཡུལ་དུ་དར་ཚུལ། བདུད་རྩི་སྙིང་པོ་ཡན་ལག་བརྒྱད་པ་གསང་བ་མན་ངག་གི་རྒྱུད་བྱུང་ཚུལ། རྗེ་གཡུ་ཐོག་རྙིང་མ་ཡོན་ཏན་མགོན་པོ་དང་། རྗེ་གཡུ་ཐོག་གསར་མ་ཡོན་ཏན་མགོན་པོ། བྱང་པ་རྣམ་རྒྱལ་

གྲགས་བཟང་། ཟུར་མཁར་མཉམ་ཉིད་རྡོ་རྗེ། ཟུར་མཁར་བློ་གྲོས་རྒྱལ་པོ། གོང་སྨན་དཀོན་མཆོག་བདེ་ལེགས། གོང་ས་ལྔ་བ་ངག་དབང་བློ་བཟང་རྒྱ་མཚོ། སྡེ་སྲིད་སངས་རྒྱས་རྒྱ་མཚོ། དེའུ་དམར་དགེ་བཤེས་བསྟན་འཛིན་ཕུན་ཚོགས་སོགས་གསོ་རིག་མཁས་པ་བཅོ་ལྔས་སྨན་དཔྱད་སྤེལ་ཚུལ་གྱི་སྐོར། གསོ་རིག་རྒྱུད་བཞིའི་བཀའ་མའི་རྒྱུད་པ་ལ་ཉེ་བརྒྱུད་དང་རང་ལུགས་ཐུན་མོང་མ་ཡིན་པའི་བརྒྱུད་པ་གཉིས་སུ་དབྱེ་བ། རྒྱུད་བཞི་པར་མའི་སྐོར་ལ་ཟུར་མཁར་བ་བློ་གྲོས་རྒྱལ་པོས་ཞུས་དག་མཛད་པའི་ཡར་རྒྱབ་པར་མ་ནས་སྡེ་སྲིད་མིའི་དབང་པོ་སངས་རྒྱས་རྒྱ་མཚོས་དཔྱད་པས་དག་པའི་བར་བྱོན་རྒྱུད་བཞིའི་པར་མ་མི་འདྲ་བ་བདུན་བྱོན་ཚུལ་སོགས་བསྟན་ཡོད་པས། གྲགས་ཆེ་བའི་གསོ་དཔྱད་མཁས་ཅན་དག་གི་ཐོས་བསམ་སྒོམ་གསུམ་དང་འཆད་རྩོད་རྩོམ་གསུམ་གྱི་རླབས་ཆེན་མཛད་པ་ལ་སློབ་སྦྱོང་དང་བློ་བསྐྱེད་ཡོད་པ། རྒྱུད་བཞིའི་པར་མ་མི་འདྲ་བར་ཞིབ་འཇུག་བྱ་བར་དཔྱད་གཞིའི་རིན་ཐང་ཆེས་ཆེར་ལྡན།

内容提要：为了让那些所谓医生的医者了解藏医学的渊源和历史，并能使藏医学者们授业解惑，作者曲吉旺秀在直嘎多撰写了此书。著作分4章，主要记述了藏医学的特点及其在仙界和人界的传播、《四部医典》的来源等，还介绍了宇妥宁玛·云丹贡布、宇妥萨玛·云丹贡布、强巴·朗杰札桑、宿喀·娘尼多吉、宿喀·洛追杰布、贡曼·贡觉德勒、贡萨五世阿旺·洛桑嘉措、第司·桑杰嘉措、帝玛格西·丹增彭措等15位藏医学大家对藏医学发展的巨大贡献。对于《四部医典》印刷版，从宿喀·洛追杰布修订完善的“雅杰”印刷版到第司·桑杰嘉措修改完善的版本之间的7个不同版本也进行了介绍。这部由著名医学家通过闻、思、修三慧和讲、论、著的方式所著的不朽之作对学习和研究不同版本《四部医典》具有重要的学术参考价值。

བོད་ཀྱི་གསོ་རིག་ཀུན་བཏུས་བསྡུད་སྒྲིག་མ་ལས། པོད་རེ་གཅིག་པའི་ནང་དུ་བཞུགས།

在《〈藏医药大典〉续编（61—80）》中的位置：收载于第六十一卷。

ཚན་པ་བརྒྱད་པ། གསོ་བ་རིག་པའི་སྐོར།

第八篇 《藏医药学篇》

མཚན་བྱང་ཆ་ཚང་། གསོ་བ་རིག་པའི་སྐོར་བཞུགས་སོ། །

全名：《藏医药学篇》

རྩོམ་པ་པོ། མ་ཏི་པོ་ཏྲིའམ་བློ་གྲོས་བྱང་ཆུབ། དུས་རབས་བཅུ་དགུ་པའི་ནང་སྐུ་འཁྲུངས།

作者：玛德蕃德，又名洛追强曲，生于19世纪。

མ་ཡིག ཤིང་དཔར། ཡིག་གཟུགས་དབུ་ཅན། ཤོག་ངོས་རེར་ཐིག་ཕྲེང་དྲུག ཐིག་ཕྲེང་རེར་ཡིག་འབྲུ་སོ་བརྒྱད། ཁྱོན་བསྡོམས་ཤོག་ངོས་བཅུ་བདུན་བཞུགས།

母本：木刻版，正楷体，每页6行，每行38字，共17页。

ནང་དོན་གནད་བསྡུས། དཔལ་ལྡན་རྒྱུད་བཞི་དང་ཆ་ལག་བཅོ་བརྒྱད་སོགས་ཀྱི་ལུང་གི་བརྒྱུད་པ་གསལ་པོ་རྟོགས་ཆེད་མ་ཏི་པོ་ཏྲི་ཡིས་སྤྱི་ལོ་༡༨༥༣ལོར་བརྩམས་པ་ལ་ཁྱོན་ས་བཅད་ཆེན་མོ་དྲུག་གིས་གྲུབ་ཅིང་། བརྗོད་དོན་གཙོ་བོ་ལ་རྒྱུད་བཞི་དང་། ཆ་ལག་བཅོ་བརྒྱད། མན་ངག་ལྷན་ཐབས། མན་ངག་ལྷན་ཐབས་ཀྱི་རྒྱ་མདུད་འགྲོལ་བའི་རིན་ཆེན་ལྡེ་མིག འབྲོང་རྩེ་ལྷ་བཙུན་རྗེ་ཡི་མན་ངག་བེའུ་བུམ། གཡུ་ཐོག་སྙིང་ཐིག་བཅས་ཀྱི་ལུང་གི་བརྒྱུད་པ་རྣམས་མ་ཏི་པོ་ཏྲི་རང་ལ་བརྒྱུད་པའི་སྐོར་བཀོད་ཡོད། གངས་ཅན་གསོ་བ་རིག་པའི་དཔེ་རྙིང་སྐོར་ཕྲག་དུ་མའི་ལུང་གི་བརྒྱུད་པ་ལ་ཞིབ་འཇུག་བྱེད་པར་བློ་སྒོ་འབྱེད་པ་དང་སྒོས་སུ་གོང་གི་གསོ་རིག་བསྟན་བཅོས་ཀྱི་བརྒྱུད་པ་ལ་ཞིབ་འཇུག་བྱེད་པར་དཔྱད་གཞིའི་རིན་ཐང་ལྡན་ངེས་སོ། །

内容提要：为了厘清《四部医典》和《医学十八支》等的藏医传承派系，玛德蕃德于1853年编著了此书。全书共由6章组成，主要介绍了玛德蕃德获得《四部医典》《医学十八支》《秘诀续补遗》《秘诀续补遗释难·珍宝钥匙》、仲孜拉尊所著《秘诀札帙》

《宇妥心经》等的传承过程，对千余部藏医药古籍的传承研究提供了思路，尤其对上述藏医药典籍的传承研究具有一定的参考价值。

བོད་ཀྱི་གསོ་རིག་ཀུན་བཏུས་བསྡུད་སྒྲིག་མ་ལས། པོད་རེ་གཅིག་པའི་ནང་དུ་བཞུགས།

在《〈藏医药大典〉续编（61—80）》中的位置：收载于第六十一卷。

ཚན་པ་དགུ་པ། བདུད་རྩི་སྨན་གྱི་ལོ་རྒྱུས།

第九篇　《甘露医药史》

མཚན་བྱང་ཆ་ཚང་། རྒྱུ་དུག་གསུམ་གྱིས་བསྐྱེད་པའི་འབྲས་བུ་ཉེས་གསུམ་གྱི་ནད་གསོ་བར་བྱེད་པ་བདུད་རྩི་སྨན་གྱི་ལོ་རྒྱུས་ཞེས་བྱ་བ་བཞུགས་སོ། །

全名：《三因毒生三因果之疾病对症甘露医药史》

རྩོམ་པ་པོ། དབལ་མང་སྐུ་ཕྲེང་གཉིས་པ་དཀོན་མཆོག་རྒྱལ་མཚན། སྤྱི་ལོ་༡༧༦༤ལོར་མདོ་སྨད་བསང་གཞུང་དུ་སྐུ་འཁྲུངས་ཤིང་། སྤྱི་ལོ་༡༨༥༣ལོར་སྐུ་གཤེགས།

作者：哇芒二世贡确尖参，1764年生于多麦夏河，1853年卒。

མ་ཡིག ལག་བྲིས། ཡིག་གཟུགས་དབུ་མེད། ཤོག་ངོས་རེར་ཐིག་ཕྲེང་བདུན། ཐིག་ཕྲེང་རེར་ཡིག་འབྲུ་སོ་ལྔ། ཁྱོན་བསྡོམས་ཤོག་ངོས་ཉེར་དགུ་བཞུགས།

母本：手写本，草书体，每页7行，每行35字，共29页。

ནང་དོན་གནད་བསྡུས། སྔོན་བྱོན་དམ་པ་རྣམས་ཀྱིས་གསོ་དཔྱད་ཀྱི་སྐོར་ཇི་ལྟར་གསན་ཚུལ་དང་ཡིག་འཛོག་མཛད་པ་སོགས་ཀྱི་མིང་ཐོ་ཙམ་ཞིག་འཚོ་བྱེད་གསར་བ་རྣམས་ལ་ཕན་ཆེ་བར་དམིགས་ནས་མཛད་པ་ལ་ཁྱོན་ས་བཅད་གཉིས་ཀྱིས་གྲུབ་ཡོད། བརྗོད་དོན་གཙོ་བོ་ལ་དཔལ་ལྡན་རྒྱུད་བཞིའི་བཀའ་བསྟན་གྱི་བཤད་པ་དང་། གཡུ་ཐོག་རྙིང་མ་ཡོན་ཏན་མགོན་པོ་དང་གཡུ་ཐོག་གསར་མ་ཡོན་ཏན་མགོན་པོ། བྱང་པ་ཆོས་

རྒྱལ། ཟུར་མཁར་མཉམ་ཉིད་རྡོ་རྗེ། སྡེ་སྲིད་སངས་རྒྱས་རྒྱ་མཚོ་བཅས་ཀྱི་མི་ཚེའི་ལོ་རྒྱུས། ཆོས་རྒྱལ་ཁྲི་སྲོང་ལྡེ་བཙན་སྐབས་ཀྱི་གསོ་རིག་ལོ་རྒྱུས་ཀྱི་བྱུང་འཕེལ་སྐོར། ཟུར་མཁར་མཉམ་ཉིད་རྡོ་རྗེས་མིའི་ཉི་མ་བྱམས་པ་རིན་ཆེན་ལ་དྲིས་པའི་དྲིས་ལན་སོགས་བཀོད་ཡོད་པས། བོད་བཙན་པོའི་དུས་སྐབས་དང་། སིལ་བའི་དུས་སྐབས། ས་སྐྱའི་དུས་སྐབས། ཕག་གྲུའི་དུས་སྐབས། དགའ་ལྡན་ཕོ་བྲང་གི་དུས་སྐབས་བཅས་ཀྱི་གསོ་བ་རིག་པའི་ལོ་རྒྱུས་དུས་ཡུན་ཐུང་ངུའི་ནང་ཁོང་དུ་ཆུད་པ་དང་ནད་ཐོག་ལག་ལེན་ཁྲོད་ཀུན་སྤྱོད་ལེགས་ལ་མཆོག་ཏུ་གྱུར་པའི་འཚོ་བྱེད་ཅིག་ཏུ་འགྱུར་བར་ཤུགས་རྐྱེན་མི་དམན་པ་ཞིག་ཐེབས་ཐུབ་བོ། །

内容提要：为了使新医者了解先贤者们聆受藏医治疗的过程和所编著典籍的名称，作者于19世纪完成了此书。全书由2章组成，主要介绍了《四部医典》的经论辨析，宇妥宁玛·云丹贡布、宇妥萨玛·云丹贡布、强巴曲杰、宿喀·洛追杰布、第司·桑杰嘉措等的历史，吐蕃国王赤松德赞时期的藏医药发展历程，宿喀·娘尼多吉与米尼玛·强巴仁青的疑难问答等内容。这些对于藏医新学者在短时间内了解吐蕃王朝时期、分裂时期、萨迦时期、帕珠时期、噶丹颇章时期藏医药学历史，并在临床实践中成为品德高尚和技艺高超的医者产生重要的影响。

བོད་ཀྱི་གསོ་རིག་ཀུན་བཏུས་བསྟུད་སྒྲིག་མ་ལས། པོད་རེ་གཅིག་པའི་ནང་དུ་བཞུགས།

在《〈藏医药大典〉续编（61—80）》中的位置：收载于第六十一卷。

ཚན་པ་བཅུ་པ། གསོ་བ་རིག་པ་སྤྱི་དང་སྨན་གྱི་རྒྱུད་བཞིའི་ཆོས་བྱུང་ཚུལ།

第十篇 《藏医药及其四部医典渊源》

མཚན་བྱང་ཆ་ཚང་། གསོ་བ་རིག་པ་སྤྱི་དང་བྱེ་བྲག་ཏུ་དམ་པའི་ཆོས་དཔལ་ལྡན་སྨན་གྱི་རྒྱུད་བཞིའི་ཆོས་བྱུང་ཚུལ་དྲི་མེད་བཻ་ཌཱུརྻའི་མེ་ལོང་ཞེས་བྱ་བ་བཞུགས་སོ། །

全名：《藏医药及其〈四部医典〉渊源·无垢琉璃镜》

རྫོགས་པ་པོ། ལུང་རིགས་བསྟན་དར། དུས་རབས་བཅུ་དགུ་པའི་ནང་སོག་ཡུལ་ཁལ་ཁ་ཨར་ཁལ་ཁ་སད་ཡུན་ནོ་ཡོན་ཁན་ཁུ་ལད་ལུང་རྫོང་དུ་སྐུ་འཁྲུངས།

作者：龙热丹达，19世纪生于蒙古喀尔喀赛音诺颜汗部。

མ་ཡིག ལག་བྲིས། ཡིག་གཟུགས་དབུ་ཅན། ཤོག་ངོས་རེར་ཐིག་ཕྲེང་དྲུག ཐིག་ཕྲེང་རེར་ཡིག་འབྲུ་སོ་ལྔ། ཁྱོན་བསྡོམས་ཤོག་ངོས་སུམ་བརྒྱ་དང་གསུམ་བཞུགས།

母本：手写本，正楷体，每页6行，每行35字，共303页。

ནང་དོན་གནད་བསྡུས། སྔོན་བྱོན་དམ་པ་རྣམས་ཀྱི་རྣམ་པར་ཐར་བ་དང་གསོ་བ་རིག་པ་སྤྱི་དང་ཁྱེ་བྲག་ཏུ་དཔལ་ལྡན་རྒྱུད་བཞིའི་ཆོས་བྱུང་ཚུལ་གསལ་པོར་རྟོགས་སླད་དུ་མཛད་པ་ལ་ཁྱོན་ས་བཅད་ཆེན་མོ་བཞི་ཡིས་གྲུབ། བརྗོད་དོན་གཙོ་བོ་ལ་གསོ་བ་རིག་པ་སྤྱིའི་བྱུང་ཚུལ་དང་། དཔལ་ལྡན་རྒྱུད་བཞི་བཀའ་རུ་བསྒྲུབས་ནས་རྒྱུད་འདི་ཉིད་འཕགས་ཡུལ་དུ་ཇི་ལྟར་དར་ཚུལ། བོད་ཡུལ་དུ་ལོ་ཙྪ་བ་ཆེན་མོ་བཻ་རོ་ཙ་ནས་ཚུལ་ཇི་ལྟར་བསྒྱུར་བ། རྒྱུད་བཞི་གཏེར་ནས་བཏོན་ཚུལ། གཡུ་ཐོག་གསར་རྙིང་གི་གདུང་རབས་དང་། བྲང་ཏིའི་གདུང་རབས། བྱང་ལུགས་ཀྱི་སློབ་བརྒྱུད། ཟུར་ལུགས་ཀྱི་སློབ་བརྒྱུད་སོགས་འཕེལ་ཚུལ། ལྷ་བཙུན་བློ་བཟང་བསྟན་འཛིན་རྒྱལ་མཚན་དཔལ་བཟང་དང་བློ་བཟང་འཕྲིན་ལས་དཔལ་བཟང་གཉིས་ཀྱིས་རྒྱུད་བཞི་རིན་པོ་ཆེའི་བསྟན་པ་ཆེས་ཐོག་མར་སོག་ཡུལ་དུ་ཇི་ལྟར་སྤེལ་ཚུལ། རྩ་རྒྱུད་དང་བཤད་རྒྱུད། མན་ངག་རྒྱུད། ཕྱི་མ་རྒྱུད་བཅས་ཀྱི་བརྗོད་བྱ་སོགས་བསྟན་ཡོད་པས། བྱང་ཟུར་ལུགས་གཉིས་ཀྱི་སློབ་བརྒྱུད་དང་། བྲང་ཏིའི་མཁས་པ་དག་གི་གདུང་རབས་དང་དེ་དག་གིས་བོད་ཀྱི་གསོ་བ་རིག་པའི་བསྟན་པ་ཇི་ལྟར་གོང་དུ་སྤེལ་ཚུལ། བོད་སོག་གཉིས་ཀྱི་གསོ་རིག་འབྲེལ་བ་ཇི་ལྟར་ཡིན་པ་བཅས་ལ་ཞིབ་འཇུག་བྱེད་པར་དཔྱད་གཞིའི་རིན་ཐང་ཆེ་ཆེར་ལྡན།

内容提要：为让人们充分了解先贤者们的传记和藏医药总体内容以及《四部医典》沿革的具体内容，于19世纪由龙热丹达完成了此著作。全书由4章组成。主要介绍藏医学的来源，《四部医典》作为佛陀教言在印度地区的传播，仍由吐蕃著名译师毗卢遮那对其进行翻译的过程、掘出伏藏《四部医典》的过程、新老宇妥的世系、昌迪世系、北派传承史、南派传承史，拉尊罗桑丹增坚参白桑和洛桑成列白桑在蒙古地区传播《四部医典》的过程，还介绍了《根本部》《论说部》《秘诀部》《后续部》等的主要内容。此著作对研究藏医南北两派的传承特点、昌迪名家的世系以及他们对藏医药学发展所作出的贡献以及藏蒙医之间的关联等具有一定的参考价值。

བོད་ཀྱི་གསོ་རིག་ཀུན་བཏུས་བསྟུད་སྒྲིག་མ་ལས། ཕོད་རེ་གཅིག་པའི་ནང་དུ་བཞུགས།

在《〈藏医药大典〉续编（61—80）》中的位置：收载于第六十一卷。

ཆེན་པ་བཅུ་གཅིག་པ། བདུད་རྩི་སྨན་གྱི་ལོ་རྒྱུས་མདོར་བསྡུས།

第十一篇 《甘露医药学简史》

མཚན་བྱང་ཆ་ཚང་། བདུད་རྩི་སྨན་གྱི་ལོ་རྒྱུས་མདོར་བསྡུས་ཚེ་དབང་ཀུན་ཁྱབ་ཅེས་བྱ་བ་བཞུགས་སོ། །

全名：《甘露医药学简史——泽旺更恰》

རྩོམ་པ་པོ། ཐང་ལྷ་ཚེ་དབང་། སྐྱེ་ལོ་༡༩༠༢ལོར་མདོ་སྟོད་སྡེ་དགེའི་མདའ་ཁོངས་སྤེ་ཡར་ཨ་རབ་གྲོང་དུ་སྐུ་འཁྲུངས།

作者：唐拉泽旺，1902年生于多堆德格白华阿拉庄。

མ་ཡིག ལག་བྲིས། ཡིག་གཟུགས་དབུ་མེད། ཤོག་ངོས་རེར་ཐིག་ཕྲེང་ཉེར་དྲུག ཐིག་ཕྲེང་རེར་ཡིག་འབྲུ་བཅོ་ལྔ། ཁྱོན་བསྡོམས་ཤོག་ངོས་ང་བརྒྱད་བཞུགས།

母本：手写本，草书体，每页6行，每行15字，共58页。

ནང་དོན་གནད་བསྡུས། བོད་ཀྱི་གསོ་བ་རིག་པའི་བྱུང་འཕེལ་གཙོར་བྱས་རྒྱ་གར་ནག་གི་གསོ་རིག་བྱུང་འཕེལ་ཞིབ་རྟོགས་བྱེད་ཆེད་བརྩམས་པ་ལ་ཁྱོན་ས་བཅད་ཆེན་མོ་ལྔ་ཡིས་གྲུབ། གཙོ་བོ་ལ་ཐོག་མར་སྲུས་དྲན་པ་དང་གང་ལས་བརྒྱུད་པ་གཉིས་བརྗོད་དོན་དུ་བྱས་ནས་མཐོ་རིས་ཡུལ་དུ་སྨན་དཔྱད་བྱུང་ཚུལ་དང་། ཐུབ་

པའི་དབང་པོ་མ་བྱོན་པའི་སྔོན་དུ་གསོ་དཔྱད་བྱུང་ཚུལ་དང་སངས་རྒྱས་ཀྱི་བཀའ་ལ་བརྟེན་ནས་གསོ་དཔྱད་བྱུང་ཚུལ། ཐུབ་པའི་དབང་པོའི་རྗེས་སུ་གསོ་དཔྱད་བྱུང་ཚུལ་གསུམ་བརྗོད་དོན་དུ་བྱས་ནས་རྒྱ་གར་ཡུལ་དུ་གསོ་རིག་བྱུང་ཚུལ། རྒྱ་ནག་ཏུ་སྨན་དཔྱད་བྱུང་ཚུལ། འཇང་གི་ཡུལ་དང་འབྲུག་ཡུལ་སོགས་ཡུལ་གྲུ་གཞན་དུ་གསོ་རིག་དར་ཚུལ། བསྟན་པ་སྔ་དར་ཡན་ལ་གསོ་རིག་བྱུང་ཚུལ་དང་ཕྱི་དར་མན་ལ་གསོ་རིག་དར་ཚུལ་དང་དཔལ་ལྡན་རྒྱུད་བཞི་ལ་བརྟེན་ནས་དར་ཞིང་རྒྱས་པ་གསུམ་བརྗོད་དོན་དུ་བྱས་ནས་བོད་ཀྱི་གསོ་བ་རིག་པ་དར་ཚུལ་སྤྱི་དང་། ཁྱེ་བྲག་ཏུ་སྨན་དཔྱད་སོ་མ་ར་ཛའམ་ཟླ་བའི་རྒྱལ་པོ་ནི་བཙན་པོ་མེས་ཨག་ཚོམ་སྔོན་གྱི་གསོ་དཔྱད་དང་དེའི་སྐབས་སུ་བརྩམས་བསྒྱུར་བྱས་པའི་གསོ་དཔྱད་མཐའ་དག་གི་སྙིང་པོ་བླངས་ནས་བོད་ཀྱི་ཡུལ་དུ་བརྩམས་པའི་བསྟན་བཅོས་ཡིན་པར་བསྒྲུབ་པ། ཡན་ལག་བརྒྱད་པར་བརྟེན་པའི་བོད་ཀྱི་གསོ་དཔྱད་ཡིག་ཆའི་སྐོར། ལོ་ཆེན་རིན་ཆེན་བཟང་པོའི་རྗེས་སུ་འཕགས་ཡུལ་ནས་བསྒྱུར་བའི་གསོ་དཔྱད་ཡིག་ཆའི་མཚན་བྱང་། དཔལ་ལྡན་རྒྱུད་བཞི་ལ་བརྟེན་པའི་གསོ་དཔྱད་ཡིག་ཆའི་སྐོར། རྒྱུད་བཞིའི་འགྲེལ་བ་བཻ་ཌཱུརྱ་སྔོན་པོ་དང་མན་ངག་ལྷན་ཐབས་གཉིས་ནི་བྱང་ཟུར་གཉིས་ཀའི་ཡིག་ཆ་ཇི་སྙེད་པའི་བཅུད་འདུས་ཀྱི་བསྟན་བཅོས་ཡིན་པ། མཁྱེན་བརྩེ་རིན་པོ་ཆེའི་དགོངས་དོན་ལྟར་གཞུང་ལུགས་དང་ཉམས་ཡིག་གལ་ཆེ་བ་འགའི་མཚན་བྱང་ཟུར་དུ་འཁོད་པ་སོགས་ཡོད་པས། གསོ་རིག་ལོ་རྒྱུས་ཀྱི་བྱུང་འཕེལ་སྐོར་ཞིག་ལ་གོ་བ་གསར་དུ་ལེན་པ་དང་། དཔལ་ལྡན་རྒྱུད་བཞི་དང་ཡན་ལག་བརྒྱད་པ་གཙོ་བྱས་པའི་ཡིག་ཆའི་བྱུང་འཕེལ། དུས་རབས་ཉེ་ཤུ་པའི་གསོ་རིག་དར་ཚུལ་ལོ་རྒྱུས་བཅས་ལ་ཞིབ་འཇུག་བྱེད་པར་དཔྱད་གཞིའི་རིན་ཐང་ལྡན།

内容提要：为让人们充分了解藏医药学及中医学、印度医学发展历史，作者唐拉泽旺于20世纪编写了此书。全书由5章组成，以传说中藏医学创始人、发源地为主线，讲述了仙界诞生医学、释迦牟尼诞生前的医学、从佛陀教言衍生的医学、释迦牟尼诞生后的医学等传说故事，并阐述我国古代中原地区、羌域（今云南丽江地段）及印度不丹等的医学发展史。此外，从佛教前弘期之前、后弘期之后的藏医学和《四部医典》

为主的藏医理论三方面阐述了藏医学发展史。书中还阐明了《索玛拉杂》即《月王药诊》一书为汲取吐蕃赞普美阿匆之前的医疗理念和同时代编著、翻译的所有典籍之精华所编著的一部著作，还介绍了从《医学八支》衍生出的藏医诊疗文献、大译师仁钦桑布从印度翻译的医学著作名以及由《四部医典》所衍生的藏医学文献，并认为《四部医典》注释本《蓝琉璃》和《秘诀续补遗》是吸纳南北两派典籍精华汇编的经典著作。其还附有按照钦孜仁波齐思想的部分医学理论和重要医学经验著作名称。此著作中作者阐述了对于藏医药学发展过程的全新理解，对以《四部医典》和《医学八支》为主的文献和20世纪藏医学发展历史的研究具有一定的参考价值。

བོད་ཀྱི་གསོ་རིག་ཀུན་བཏུས་བསྟུད་སྒྲིག་མ་ལས། པོད་རེ་གཅིག་པའི་ནང་དུ་བཞུགས།

在《〈藏医药大典〉续编（61—80）》中的位置：收载于第六十一卷。

ཚན་པ་བཅུ་གཉིས་པ། སྨན་གྱི་དྲང་སྲོང་ཉེར་ལྔའི་རྟོགས་བརྗོད་དང་དེ་དག་གི་སྨན་བཅོས།

第十二篇　《二十五医圣传记及其疗法秘诀》

མཚན་བྱང་ཆ་ཚང་། སྨན་གྱི་དྲང་སྲོང་ཉེར་ལྔའི་རྟོགས་བརྗོད་དང་དེ་དག་གི་སྨན་བཅོས་ངོ་མཚར་བ་བརྒྱ་དང་བརྒྱད་ཀྱི་ཨུ་པ་དེ་ཤ་ཞེས་བྱ་བ་བཞུགས་སོ། །

全名：《二十五医圣传记及其一百零八种神奇疗法秘诀》

རྩོམ་པ་པོ། མི་གསལ།

作者：不详。

མ་ཡིག ལག་བྲིས། ཡིག་གཟུགས་དབུ་མེད། ཤོག་གྲངས་རེར་ཐིག་ཕྲེང་ལྔ། ཐིག་ཕྲེང་རེར་ཡིག་འབྲུ་ཞེ་ལྔ། ཁྱོན་བསྡོམས་ཤོག་གྲངས་བདུན་བཞུགས།

母本：手写本，草书体，每页5行，每行45字，共7页。

ནང་དོན་གནད་བསྡུས། རྒྱ་གར་ཡུལ་དུ་བྱོན་པའི་དྲང་སྲོང་ཉེར་ལྔས་སྨན་གྱི་བསྟན་པ་ཇི་ལྟར་གོང་དུ་སྤེལ་ཚུལ་ཤེས་རྟོགས་བྱེད་ཆེད་བརྩམས་པ་ལ། གཙོ་བོ་ལ་དྲང་སྲོང་ཆེན་པོ་གསེར་མདོག་དང་། དྲང་སྲོང་ཆེན་པོ་དཔལ་བོས་བྱིན། དྲང་སྲོང་ཐ་སྐར་སྐྱེས། དྲང་སྲོང་སྨིན་དྲུག དྲང་སྲོང་མོས་བྱིན། དྲང་སྲོང་ལེགས་པར་བྱིན། དྲང་སྲོང་ཚངས་པས་བྱིན། དྲང་སྲོང་དབྱུག་པ་འཛིན། དྲང་སྲོང་ལྷ་ན་སྟུག དྲང་སྲོང་ཆོས་སྐྱོང་། དྲང་སྲོང་མེ་བཞི་སྐྱེས། དྲང་སྲོང་ཟླ་བའི་གདོང་ཅན་སོགས་ཀྱི་འཁྲུངས་ཡུལ། རིག་པའི་གནས་ལ་ཇི་ལྟར་སྦྱང་ཚུལ། གསོ་བ་རིག་པའི་ཕྱོགས་གང་ལ་མཁས་པ། སྨན་གྱི་ལྷ་མོ་དངོས་སུ་འགྲུབ་ཚུལ། ཉམ་ཐག་གི་སེམས་ཅན་རྣམས་ལ་ཤིན་ཏུ་བརྩེ་བས་རྗེས་སུ་བཟུང་ཚུལ་བཅས་བཀོད་ཡོད། རྒྱ་གར་འཕགས་པའི་ཡུལ་དུ་དྲང་སྲོང་རྣམས་ཀྱིས་ཚོའི་རིག་བྱེད་ཀྱི་བསྟན་པ་ཇི་ལྟར་གོང་དུ་སྤེལ་བ་ལ་ཞིབ་འཇུག་བྱེད་པར་དཔྱད་གཞིའི་རིན་ཐང་ཆེ་ཆེར་ལྡན།

内容提要：作者为帮助人们了解出自印度的二十五圣人发展和弘扬医学过程而编著了该著作。书中主要介绍了章松乾布·赛朵、章松乾布·华威辛、章松·塔嘎尔杰、章松·蒙舟、章松·米辛、章松·拉巴尔辛、章松·仓贝辛、章松·尤巴曾、章松·达纳斗、章松·曲炯、章松·麦西杰、章松·达维东尖等圣人的出生地，他们的求学史、医学专长、医学成就以及他们对于受苦众生生出的怜悯之心。此著作对研究印度圣人传承和发展印度医学的过程具有重要的参考价值。

བོད་ཀྱི་གསོ་རིག་ཀུན་བཏུས་བསྡུད་སྒྲིག་མ་ལས། པོད་རེ་གཅིག་པའི་ནང་དུ་བཞུགས།

在《〈藏医药大典〉续编（61—80）》中的位置：收载于第六十一卷。

སྐབས་དོན་གཉིས་པ། མཁས་པའི་རྣམ་ཐར།

第二集　名医传记

བོད་ཀྱི་རིག་གནས་ཆེ་བ་ལྔ་ལས་གཞན་རྗེས་འཛིན་གྱི་གསོ་བ་རིག་པ་ཉིད་གསར་གཏོད་དང་། རྒྱུན་འཛིན། འཕེལ་རྒྱས་བཅས་ཀྱི་ཐད་ཕྱག་རྗེས་བླ་ན་མེད་པ་བཞག་པའི་བླ་མ་དྲང་སྲོང་དང་མཁས་དབང་དག་གི་མཛད་རྣམ་རྣམས་བསྐལ་བ་ནས་བསྐལ་བའི་བར་བརྒྱུད་སྤྲོད་ཐུབ་པ་དང་། ཀུན་ལ་ལོ་རྒྱུས་ངོ་འཕྲོད་པ་ཡོང་བ་བཅས་ཀྱི་ཆེད་དུ། དུས་ད་ལྟ་མིག་གི་དཀའ་སྟོན་དུ་མཇལ་རྒྱུ་ཡོད་ལ་མཛད་རྗེས་བླ་ལྷག་ཆེ་བའི་སློབ་དཔོན་པདྨ་འབྱུང་གནས་ཀྱི་སྐྱེས་རབས་དང་། མཉམ་མེད་དྭགས་པོ་ལྷ་རྗེ་དང་གོང་སྨན་དཀོན་མཆོག་འཕན་དར་གྱི་རྣམ་ཐར་སོགས་ཚན་པ་ལྔ་བཀོད་ཡོད།

为了使藏族五明学之藏医学的创新、传承及发展方面作出极大贡献的上师、圣人的事迹得以世代相传，使后人了解历史，本集辑入成就卓著的莲花生大师的转世历程、娘麦·塔波拉吉和贡曼·贡觉彭达上师的传记等5篇。

ཚན་པ་དང་པོ། སློབ་དཔོན་པདྨ་འབྱུང་གནས་ཀྱི་སྐྱེས་རབས་ཆོས་འབྱུང་།

第一篇　《莲花生大师的世系史》

མཚན་བྱང་ཆ་ཚང་། སློབ་དཔོན་པདྨ་འབྱུང་གནས་ཀྱི་སྐྱེས་རབས་ཆོས་འབྱུང་ནོར་བུའི་ཕྲེང་བ་ཞེས་བྱ་བ་བཞུགས་སོ༔ རྣམ་ཐར་ཟངས་གླིང་མའོ༔

全名：《莲花生大师的世系史·宝串》

རྫོམ་པ་པོ། ཇོ་མོ་མཚོ་རྒྱལ་ལམ་མཁའ་འགྲོ་ཡེ་ཤེས་མཚོ་རྒྱལ། དུས་རབས་བརྒྱད་པའི་དུས་དཀྱིལ་དུ་དབུས་

གཙང་སྨྲགས་ཀྱི་གྲོང་མོ་ཆེར་སྐྱ་འབྲུངས།

作者：觉姆措杰，又名康珠益西措杰，8世纪中叶生于卫藏哲吉仲木且。

མ་ཡིག ཤིང་དཔར། ཡིག་གཟུགས་དབུ་ཅན། ཤོག་ངོས་རེར་ཐིག་ཕྲེང་དྲུག ཐིག་ཕྲེང་རེར་ཡིག་འབྲུ་སོ་བརྒྱད། ཁྱོན་བསྡོམས་ཤོག་ངོས་ཉིས་བརྒྱ་དང་བཅོ་བརྒྱད་བཞུགས།

母本：木刻版，正楷体，每页6行，每行38字，共218页。

ནང་དོན་གནད་བསྡུས། འདི་ནི་ཇོ་མོ་མཚོ་རྒྱལ་གྱིས་ཕྱི་རབས་གདུལ་བྱ་རྣམས་དད་པ་སྐྱེ་བ་དང་མ་རིག་མུན་སེལ་ཆོས་ཀྱི་སྤྱན་སྔར་ཕྱིར་ཡི་གེར་བཀོད་ནས་གཏེར་དུ་སྦས་པ་དེ་མངའ་བདག་ཉང་རལ་པ་ཅན་གྱིས་གཏེར་ནས་གདན་དྲངས་པ་ཞིག་སྟེ། རྣམ་ཐར་ཡོངས་ལ་ལེའུ་བཞི་བཅུ་ཞེ་གཅིག་ཡོད། ལེའུ་ཡོངས་སུ་པདྨ་འབྱུང་གནས་དང་། མཚོ་སྐྱེས་རྡོ་རྗེ། བློ་ལྡན་མཆོག་སྲེད། པདྨ་སཾ་བྷ། སེངྒེ་སྒྲ་སྒྲོག་ཅེས་གུ་རུ་མཚན་བརྒྱད་སོ་སོའི་མཛད་པ་རྒྱུ་མཚན་དུ་བྱས་ཏེ་སློབ་དཔོན་ཁོང་ལ་མཚན་གྱི་རྣམ་གྲངས་ཀྱང་རྣམ་པ་ལྔ་ཙམ་བྱུང་ཡོད། རྣམ་ཐར་དུ་སློབ་དཔོན་པདྨ་འབྱུང་གནས་ཀྱིས་ཟ་ཧོར་ཡུལ་གྱི་དུར་ཁྲོད་དང་། རྒྱ་གར་ཡུལ་དུ་ཕྱིན་ནས་ཆོས་ཇི་ལྟར་ཞུས་ཚུལ་དང་བློ་སྦྱོངས་ཉམས་ལེན་བྱས་ཚུལ། ཆོས་རྒྱལ་ཁྲི་སྲོང་ལྡེའུ་བཙན་གྱིས་སློབ་དཔོན་ཁོང་བོད་ཡུལ་དུ་སྤྱན་དྲངས་ཚུལ་དང་དམ་པའི་ཆོས་ཇི་ལྟར་སྤེལ་ཚུལ། བོད་ཡུལ་གྱི་མི་དང་ཕྱུགས་ལ་ཀླུ་ནད་དང་། མཛེ་ནད་བཅོ་བརྒྱད་སོགས་བྱུང་བའི་ནད་བདག་ལྷ་སྲིན་སྡེ་བརྒྱད་ལ་སོགས་པ་དམ་ལ་བཏགས་ཚུལ་སོགས་ཞིབ་རྒྱས་སུ་བཀོད་ཡོད་པ་མ་ཟད། སློབ་དཔོན་ཉིད་ཕོ་བྲང་བྲག་དཀར་དུ་གདན་དྲངས་ནས་ས་གཞི་བཏུལ་བའི་ཚུལ་དང་། སློབ་དཔོན་རིན་པོ་ཆེའི་ཐུགས་རྗེ་སྐུ་དྲིན་ལས་བསམ་ཡས་ལྷུན་གྱིས་གྲུབ་སྟེ་ཁོང་ཉིད་ཀྱིས་དངོས་སུ་རབ་གནས་མཛད་ཚུལ་དང་། སློབ་དཔོན་པད་མ་འབྱུང་གནས་དང་མཁན་ཆེན་བོ་དྷི་ས་ཏྭ་རྣམ་གཉིས་དང་ལོ་ཙྪ་བ་སྐ་ཅོག་གཉིས་བཅས་ཀྱིས་གསང་སྔགས་ཀྱི་ཆོས་བསྒྱུར་ཅིང་གཏན་ལ་ཕབ་པའི་ཚུལ་བཅས་བཀོད་ཡོད་ལ། གཞན་བོད་ཀྱི་དགེ་སློང་མི་ལྔ་སྟེ་གཟུབས་ནམ་མཁའི་སྙིང་པོ་དང་། གྲུ་གུ་ཨེ་ཤུག་ཤ ལྕངས་དཔལ་གྱི་སེང་གེ ཏ་ལེའི་སཾ་ཏ་རྣ་ཛ། འདྲེ་རྒྱལ་བའི་བློ་གྲོས་བཅས་རྒྱ་གར་དུ

གསང་སྔགས་ཀྱི་ཆོས་འཚོལ་དུ་བཏང་བ་ལས་ནམ་མཁའི་སྙིང་པོ་ལ་གྲུབ་པ་ཐོབ་པའི་སྐོར་དང་། པ་གོར་བཻ་རོ་ཙ་ན་རྒྱ་གར་དུ་ཆོས་འཚོལ་བར་སོང་ཞིང་རྒྱལ་མོ་ཚ་བ་རོང་དུ་སྤྱུགས་ཚུལ་སོགས་ཀྱང་ཞར་བྱུང་གི་ཚུལ་དུ་བཀོད་ཡོད་པ་དང་། མཇུག་མཐར་སློབ་དཔོན་རིན་པོ་ཆེ་ཁོང་གིས་བོད་མིའི་རྒྱལ་བློན་དང་བཙུན་པ་ཕོ་མོ། སྒོམ་ཆེན་པ་དང་རྣལ་འབྱོར་བ། དགེ་བཤེས་དང་སྔགས་པ། ནད་པ་དང་སྨན་པ་རྣམས་ལ་ཞལ་ཆེམས་མང་དུ་བཞག་ཚུལ་རེ་རེ་བཞིན་བཀོད་ཡོད་པ་མ་ཟད། ཁྱད་པར་དུ་སློབ་དཔོན་ཁོང་གིས་སྐྱེས་རབས་དང་རྣམ་ཐར་སོགས་ཀྱི་མཛད་པ་བཅུ་གཅིག་དྲན་ནས་འགྲོ་བ་ཡོངས་ལ་རང་ཉིད་ཀྱི་དབང་བསྐུར་བྱིན་རླབས་མཛད་དགོས་པའི་གསོལ་འདེབས་བྱ་ཚུལ་སོགས་གསལ་བོར་བསྟན་ཡོད་དོ། །

内容提要：此传记由觉姆措杰所书并伏藏，后由吐蕃王酿・热巴尖所掘。传记共有41章，介绍了莲花生、措吉多吉、罗丹却赛、班玛萨尔巴、桑盖扎卓等大师八称谓的伟绩和五个别称。传记中记载了莲花生大师在“萨和尔”（今孟加拉地区）的墓地和在印度等地学佛修禅、被吐蕃国王赤松德赞邀请到吐蕃弘扬佛法及运用法力降伏当时流行于人畜间的龙魔病和十八种麻风病等事迹。另外记载了大师被邀请于“智合嘎尔”宫殿进行镇殿法会，受大师恩典建成桑耶寺并进行开光仪式，大师与智者博德萨多二者和两位翻译大师翻译密乘教法的过程。传记还记录了五比丘即诺・南卡娘布、志格艾普夏、朗・华吉桑格、日里・斯哈热杂、寨加布罗哲被派到印度学习密乘教法，其中南卡娘布大师修得道法的过程。毗卢遮那大师赴印度寻佛法后被流放到嘉绒（现四川丹巴、康定等地带）地区的故事也被此书所记载。最后，分别介绍了大师为西藏的君臣、男女僧侣、修行者、高僧、咒师和医患所留嘱咐，讲述了大师的世系、传记等十一项伟绩及其向众生灌顶加持的祈祷方式等内容。

བོད་ཀྱི་གསོ་རིག་ཀུན་བཏུས་བསྟུད་སྒྲིག་མ་ལས། པོད་རེ་གཅིག་པ་དང་རེ་གཉིས་པའི་ནང་དུ་བཞུགས།

在《〈藏医药大典〉续编（61—80）》中的位置：收载于第六十一和第六十二卷。

ཚན་པ་གཉིས་པ། མཉམ་མེད་དྭགས་པོ་ལྷ་རྗེའི་རྣམ་ཐར།

第二篇 《娘麦·塔波拉吉传》

མཚན་བྱང་ཆ་ཚང་། མཉམ་མེད་དྭགས་པོ་ལྷ་རྗེའི་རྣམ་ཐར་སྐྱབས་བརྒྱུད་བསྟན་པའི་མཛེས་རྒྱན་ཞེས་བྱ་བ་བཞུགས་སོ། །

全名：《娘麦·塔波拉吉·传袭美饰》

རྩོམ་པ་པོ། ཀརྨ་ངེས་དོན་བསྟན་རྒྱས། སྤྱི་ལོ་༡༧༧༠ལོར་མདོ་སྟོད་སྡེ་དགེར་སྐུ་འཁྲུངས།

作者：尕玛乃东丹杰，1770年生于多堆德格地区。

མ་ཡིག ལག་བྲིས། ཡིག་གཟུགས་དབུ་མེད། ཤོག་ངོས་རེར་ཐིག་ཕྲེང་དྲུག ཐིག་ཕྲེང་རེར་ཡིག་འབྲུ་སོ་གཉིས། ཁྱོན་བསྡོམས་ཤོག་ངོས་བརྒྱ་དང་ཉེར་གཅིག་བཞུགས།

母本：手写本，草书体，每页6行，每行32字，共121页。

ནང་དོན་གནད་བསྡུས། རྣམ་ཐར་འདི་ནི་ས་བཅད་རགས་པ་ཙམ་རྣམ་པ་བཅུའི་སྒོ་ནས་བསྟན་ཡོད་དེ། དེ་ཡང་དང་པོ་ལུང་བསྟན་ཇི་བཞིན་སྐྱེ་བ་བཞེས་ཚུལ་ལས་ཡབ་དགའ་བར་རྒྱལ་པོ་དང་ཡུམ་བསྟན་འཛིན་སྒྲོལ་མར་སྲས་གསུམ་བྱུང་བའི་ཆེ་བ་སེ་རེ། ཆུང་བ་སྒི་ཆུང་། རྗེ་ཉིད་བར་པ་སྟེ་ས་མོ་ལུག་གི་ལོའི་ས་ག་ཟླ་བའི་ཚེས་བརྒྱད་ལ་ངོ་མཚར་བའི་ལྟས་དང་བཅས་ཏེ་སྐུ་འཁྲུངས། མཚན་དར་མ་གྲགས་སུ་གསོལ། ཡབ་སྨན་པ་ཡིན་པས་གསོ་རིག་བསླབ། དགུང་ལོ་བཅོ་ལྔ་ཙམ་ནས་དགེ་བཤེས་ཟངས་དཀར་པ་སོགས་བླ་མ་དུ་མ་ལ་བདེ་མཆོག་དང་། ཡོ་ག་ཙ་རྒྱུད་གསང་སྙིང་། ཧེ་རུ་ཀ་གལ་པོ་སོགས་ཞི་ཁྲོ་དང་ཐུགས་རྗེ་ཆེན་པོའི་དྲུ་བ་འཛིན་པའི་རྒྱུད་སོགས་གསར་རྙིང་གི་དབང་དང་རྒྱུད་མང་དུ་གསན། སྔོན་གྱི་རྒྱལ་བའི་མཛད་པ་དང་རྗེས་མཐུན་འཇིག་རྟེན་པའི་ཆོས་ལྟར་རྗེ་དཔོན་ཞང་དར་མ་འོད་ཀྱི་སྲིང་མོ་བཙུན་མོར་བཞེས་ཏེ་སྲས་མེད་

སྲིང་གཉིས་ཀྱང་འཁྲུངས་མོད། མི་རྟག་སྟོན་པའི་སློབ་དཔོན་ལྟ་བུར་སྐབས་ཤིག་གི་ཚེ་སྤུན་མིང་སྲིང་གཉིས་ཚེ་ལས་འདས་པ་མ་ཟད་བཙུན་མོ་ཡང་ནད་ཀྱིས་མནར་ཏེ་སྨན་དཔྱད་རིམ་གྲོ་གང་གིས་ཀྱང་མ་ཕན་པར་གཟུགས་སྐུའི་བཀོད་པ་བསྡུས། མི་རྟག་འཁོར་བའི་ལས་ལ་ཞེན་ལོག་ནས་མངའ་རིས་པ་བློ་ལྡན་ཤེས་རབ་ཀྱི་དྲུང་དུ་དགོང་ལོ་ཉེར་དྲུག་གི་ཚེ་རབ་ཏུ་བྱུང་ནས་ཚིག་རྫོགས་མཛད། མཚན་ལ་བསོད་ནམས་རིན་ཆེན་དུ་གསོལ། ཉིན་སློག་པ་ཐོས་བསམ་གྱི་བྱ་བ་དང་། མཚན་སྒོང་བ་བསམ་གཏན་གྱི་བྱ་བ་གཙོ་བོར་མཛད་དེ་ཏིང་འཛིན་གྱི་བདེ་བ་ཉམས་སུ་རོལ། དེ་ནས་རྗེ་ཡོང་ཉིད་ཞབས་སྐོར་ལ་ཕྱིན་པའི་ལམ་དུ་སྲང་པོ་གསུམ་གྱི་ལབ་གླིང་ལས་རྗེ་མི་ལ་རས་པའི་མཚན་སྙན་ཐོས་པས་དད་པ་དབང་མེད་དུ་སྐྱེས་པ་མ་ཟད། མནལ་ལམ་དུའང་བཀྲ་ཤིས་པའི་མཚན་ལྟས་མང་པོ་དང་བཅས་ཏེ་བཀའ་གདམས་པའི་བླ་མ་རྣམས་ལ་གནང་བ་ཞུས་ཏེ་རྗེ་མི་ལའི་དྲུང་ནས་རྩ་རླུང་གི་ཡོན་ཏན་རྫོགས་ཏེ་གདམས་ངག་ལ་ནང་བྱན་ཚུད་པར་གྱུར། མནལ་ལམ་ཡ་མཚན་ཆེ་བ་ཉི་ཤུ་རྩ་བཞིས་གདམས་ངག་བུམ་པ་གང་བྱོའི་ཚུལ་དུ་ཐོབ་པར་ལུང་བསྟན་ཏེ་དབུས་སུ་བྱོན་པ་དང་། བླ་མའི་བཀའ་བཞིན་རི་ཁྲོད་ཁོ་ན་བསྟེན་ནས་ཐུགས་ཉམས་བཞེས་ནས་ཆོས་རྣམས་ཟད་པར་བསྐྱལ་བ་དང་། མཆོག་དང་ཐུན་མོང་གི་དངོས་གྲུབ་བརྙེས་ཏེ་སྣང་སེམས་དབང་དུ་བསྒྱུར་བ། ཡོན་ཏན་དེ་ལྡན་གྱི་སྐྱེས་བུས་ཆོས་འཁོར་བསྐོར་ནས་གདུལ་བྱ་སྨིན་གྲོལ་ལ་བཀོད་པ། མཐུག་མཐར་གདུལ་བྱ་རྟག་འཛིན་ཅན་འདུལ་ཕྱིར་ཆུ་མོ་བྱའི་ལོ་ཆུ་སྟོད་ཟླ་བའི་ཚེས་བཅོ་ལྔའི་ཉི་མ་རྩེ་ཤར་གྱི་དུས་སུ་གཟུགས་སྐུ་ཆོས་དབྱིངས་སུ་བསྡུས་པ་དང་། དེ་དང་མྱ་འབྲེལ་ནས་དམ་པ་ཡོང་རང་གི་བརྒྱུད་འཛིན་སློབ་མ་དང་རྟོགས་པ་དོན་གྱི་དྭགས་པོ་བཀའ་བརྒྱུད་ཟུང་བཞི་ཡ་བརྒྱད་དུ་བྱུང་ཚུལ་སོགས་རགས་བསྡུས་སུ་འཁོད་ཡོད།

内容提要：此传记从10个方面对塔波拉吉上师的生平进行了讲述。首先介绍了根据预言指示的塔波拉吉上师的出生，其父噶维杰布，母亲为丹增卓玛，他们共孕育有三子，作为次子，塔波拉吉上师在预示了奇特征兆的土羊年萨嘎达瓦（藏历四月）初八这天出生，起名为达尔玛智合。因父亲是医生，上师幼年学医，十五岁起师从格西桑卡巴等多位上师聆受了胜乐、瑜伽经脉秘要、胜乐金刚等佛经。上师遵世俗伦理娶达玛奥的妹妹为妻，孕育一儿一女，但世事无常，因故失去儿女，妻子也疾病缠身，医治、作法均无效而离世。因妻儿亡故而悲痛至极，感悟世事无常，于二十六岁那年拜阿里堪布罗丹喜饶为师，正式受戒出家，取名索郎仁青。上师刻苦学习，日出而闻思，日落而禅修以享等持平和心。上师在转经途中遇三乞丐在谈论米拉日巴大师的美德，便不由得生起虔诚之心，在梦境中随着多个祥瑞之兆的出现，塔波拉吉在上师们的准许下前往米拉日巴上师处学习并完成了“根本隆”及其教戒。在梦境中预示将获得二十四教诲后便赴卫藏地区，根据上师指引到荒野山地修持佛法，并获得殊胜成就，有此成就的智者们转动佛法之轮使众徒解脱，最后为了降服众徒，上师于藏历水鸡年五月十五日太阳升起之时圆寂。后由其亲传弟子续写了塔波拉吉和塔波噶举派“四偶八奇”的诞生等内容。

བོད་ཀྱི་གསོ་རིག་ཀུན་བཏུས་བསྟུད་སྒྲིག་མ་ལས། པོད་རེ་གཉིས་པའི་ནང་དུ་བཞུགས།

在《〈藏医药大典〉续编（61—80）》中的位置：收载于第六十二卷。

ཆབ་པ་གསུམ་པ། གོང་སྨན་དཀོན་མཆོག་འཕན་དར་གྱི་རྣམ་ཐར།

第三篇　《贡曼・贡觉彭达传》

མཚན་བྱང་ཆ་ཚང་། གོང་སྨན་དཀོན་མཆོག་འཕན་དར་གྱི་རྣམ་ཐར་སྙིང་གི་མུན་སེལ་ཞེས་བྱ་བ་བཞུགས་པ་དགེ

全名：《贡曼・贡觉彭达传・驱散心之黑暗》

རྩོམ་པ་པོ། ཚ་རོང་དཔལ་ལྡན་རྒྱལ་མཚན། སྤྱི་ལོ་༡༥༣༥ལོར་དབུས་གཙང་ཤབ་སྟོད་ཚ་རོང་མདོ་སྦེར་སྐུ་འཁྲུངས།

作者：查绒瓦・班丹坚赞，1535年生于卫藏谢多查绒多贝。

མ་ཡིག ལག་བྲིས། ཡིག་གཟུགས་དབུ་མེད། ཤོག་ངོས་རེར་ཐིག་ཕྲེང་ལྔ། ཐིག་ཕྲེང་རེར་ཡིག་འབྲུ་ཞེ་གཅིག ཁྱོན་བསྡོམས་ཤོག་ངོས་བརྒྱ་དང་བརྒྱ་བཅུ་བཞུགས།

母本：手写本，草书体，每页5行，每行41字，共180页。

ནང་དོན་གནད་བསྡུས། རྣམ་ཐར་འདི་ནི་གོང་སྨན་པའི་བུ་སློབ་འཚོ་བྱེད་དཔལ་ལྡན་རྒྱལ་མཚན་ཁོང་ཉིད་ཀྱིས་ཡོས་བུའི་ལོའི་ཧོར་ཟླ་བདུན་པའི་ཚེས་བཅོ་ལྔའི་ཉིན་ཏེ་གོང་སྨན་དཀོན་མཆོག་འཕན་དར་ཁོང་གི་དུས་མཆོད་ཀྱི་སྐབས་དང་བསྟུན་ནས་སྒྲིབ་གཉིས་སྦྱང་ཞིང་ཚོགས་གཉིས་རྫོགས་པ་དང་། ཁྱད་པར་དུ་རྗེས་འཇུག་སྐལ་བ་དང་ལྡན་པ་དུ་མའི་དོན་དུ་གསོ་བ་རིག་པའི་བསྟན་པ་འདི་ཉིད་ཡུན་དུ་མི་ཉམས་ཤིང་གནས་པར་བྱ་བའི་ཕྱིར་རྨི་ལམ་གྱི་ལུང་བསྟན་དང་། དད་ལྡན་བུ་སློབ་ཉེ་བར་བསྐུལ་བའི་རྐྱེན་བཟང་པོ་ལ་བརྟེན་ནས་དཔལ་དབེན་པའི་རི་ཁྲོད། བྲག་དམར་བྱ་དབྱིབས་ཅན་གྱི་འོག་རོལ། ཨོ་རྒྱན་རིན་པོ་ཆེའི་བཞུགས་གནས་ཆོས་བདག་མཁའ་འགྲོ་འདུ་བའི་སྐྱིད་ཚལ། སྐྱབས་རྫོངས་མདོན་དགའ་ཞེས་བྱ་བའི་ཕུག་པར་སྦྱར་བ་དང་། རྣམ་ཐར་འདིར་རྗེས་པ་པོས་བླ་མ་དེ་ཉིད་ཀྱི་ཞབས་རྟུལ་སྤྱི་བོས་ཡུན་དུ་བསྟེན་པ་ནས་མཛད་པ་རགས་རིམ་ཞལ་ལས་ཞུས་པ་དང་། མཐོང་ཞིང་ཐོས་པ་ལ་བརྟེན་ནས་མཛད་པའི་ཚུལ་མདོར་བསྡུས་ཙམ་བཅད་ལྷུག་སྤེལ་མའི་རྩོམ་ལུས་ལ་བརྟེན་ནས་བཀོད་ཡོད་པ་དང་། ཁྱད་པར་དུ་དགོངས་རྩེ་གཅིག་གཏད་ཀྱི་གསན་སྦྱངས་མཛད་ཚུལ་དང་། བྱང་སེམས་སྙིང་བརྩེ་ཡི་འགྲོ་དོན་བསྐྱངས་ཚུལ། མཐའ་དྲུག་ཚུལ་བཞིའི་འཆད་ཉན་སྤེལ་ཚུལ། འཆི་བ་འཁྲུལ་མེད་ཀྱི་སྐུ་གཟུགས་ཀྱི་བཀོད་པ་བསྟུས་ཚུལ་བཅས་ཀྱི་ནང་དོན་ཙུང་ཞིབ་རྒྱས་སུ་བཀོད་འདུག

内容提要：由贡曼巴上师之徒班丹尖参于藏历兔年7月15日在贡曼·贡觉彭达上师的祭奠法会期间完成了二障和二德修业。为了使医学长存于世，作者根据上师在梦境中的预示及信徒学子们的意愿，在莲花生大师静修之林，称为“嘉宗文嘎”的地方创作了此传记。传记是作者崇仰贡曼上师的心境下完成的。作者将所见所闻以颂注结合的形式进行了记载，尤其记载了上师专心学法的经历、普度众生的伟绩及其“六际四戒”

教授方法、圆寂历程等。

བོད་ཀྱི་གསོ་རིག་ཀུན་བཏུས་བསྡུད་སྒྲིག་མ་ལས། པོད་རེ་གཉིས་པའི་ནང་དུ་བཞུགས།

在《〈藏医药大典〉续编（61—80）》中的位置：收载于第六十二卷。

ཚན་པ་བཞི་པ། ཟུར་མཁར་ལེགས་བཤད་འཚོལ་གྱི་མཛད་པ་རགས་རིམ་སོགས།

第四篇　《宿喀·勒协措业绩概述》

མཚན་བྱང་ཆ་ཚང་། གསོ་རིག་རྒྱུད་བཞི་སོགས་ཡིག་ཆ་ཐོར་བུ་ཐོ་བཀོད། ཟུར་མཁར་ལེགས་བཤད་འཚོལ་གྱི་མཛད་པ་རགས་རིམ། སློབ་དཔོན་གསུམ་གྱི་རྒྱུ་མཚན། དྲང་སྲོང་བསྟན་འཛིན་རྒྱལ་པོའི་མཛད་པ་ཙུང་བསྡུས་བཞུགས་སོ། །

全名：《〈四部医典〉等零星医书著录、宿喀·勒协措业绩概述、三上师之因、章松旦增杰布业绩略述》

རྩོམ་པ་པོ། ཕྲག་དཔོན་ཀྱི་བུ། དུས་རབས་བཅོ་ལྔའི་སྨད་ཙམ་ལ་དབུས་གཙང་དུ་སྐུ་འཁྲུངས།

作者：查温吉吾，15世纪下叶生于卫藏地区。

མ་ཡིག ལག་བྲིས། ཡིག་གཟུགས་དབུ་མེད། ཤོག་ངོས་རེར་ཐིག་ཕྲེང་བརྒྱད། ཐིག་ཕྲེང་རེར་ཡིག་འབྲུ་སོ་དྲུག ཁྱོན་བསྡོམས་ཤོག་ངོས་བཅོ་བརྒྱད་བཞུགས།

母本：手写本，草书体，每页8行，每行36字，共18页。

ནང་དོན་གནད་བསྡུས། བསྟན་བཅོས་འདི་ནང་དོན་རྣམ་པ་བཞིའི་སྒོ་ནས་བསྟན་ཡོད་དེ། ཐོག་མར་རྒྱུད་བཞི་དང་བེ་བུམ་ནག་པོ། ཁུ་ཚུར་འབུམ་སོགས་ཡིག་ཆ་གཙོ་ཤས་འགའ་ཐོ་བཀོད་ཀྱི་ཚུལ་དུ་བཀོད་ཡོད་པ་དང་། དེ་ནས་ཟུར་མཁར་ལེགས་བཤད་འཚོལ་གྱི་མཛད་པའི་སྐོར་ལ་དམ་པ་འདི་ཉིད་ཀྱི་མཚན་གྱི་རྣམ་གྲངས་བྱུང་ཚུལ་དང་། ཁོང་གིས་ཀརྨ་སྣ་མིའི་མཐར་ཕྱིན་གྱི་སློབ་མ་བཞིའི་ཡ་གྱལ་ལག་ལེན་མཐར་ཕྱིན་ཆེ

འབུམ་རྡོ་རྗེའི་དྲུང་དུ་རྒྱུད་བཞི་དང་ཡན་ལག་བརྒྱད་པའི་མན་ངག་ཕྱག་ལེན་ཀུན་གསན་ཚུལ། ཁྱད་པར་ས་སྐྱ་སྨན་གྲོང་དུ་བྲང་ཏི་ཡབ་སྲས་ཀྱི་དྲུང་དུ་ལུང་དང་མན་ངག་མང་དུ་ཞུས་ཚུལ་སོགས་གསལ་ཁ་དོད་ཡོད་པ་མ་ཟད། རྗེས་སུ་དབུས་ཕྱོགས་ལ་ཕྱིན་ཏེ་གཞི་ལམ་འབྲས་གསུམ་ལས་བརྩམས་པའི་དྲི་ཚིག་གི་ཡི་གེ་ལྷ་སའི་རྡོ་རིང་ལ་ལན་གསུམ་དུ་སྦྱར་བར་ལན་ཁ་ཤས་བྱུང་བ་ཐུགས་ལ་མ་འཐད་པར་རང་གིས་དངོས་ལན་བྱས་པའི་ཚུལ་དང་གཡུ་ཐོག་གསར་མ་ཡོན་ཏན་མགོན་པོའི་རྒྱུད་བཞི་ཕྱག་དྲིག་མ་པར་དུ་བཀོས་ཚུལ་སོགས་གསོ་བ་རིག་པའི་གཞུང་ལུགས་ལ་སྔ་ན་མ་མཆིས་པའི་ཕྱག་རྗེས་མི་དམན་པ་བཞག་ཚུལ་གྱི་དངོས་བྱུང་མཛད་པ་རགས་བསྡུས་སུ་འཀོད་ཡོད་པ་དང་། གཞན་སྨན་བཅོས་ལག་ལེན་ཐད་ལའང་ཐུན་མོང་མ་ཡིན་པའི་གསོ་ཐབས་ལག་ལེན་ལ་བརྟེན་ནས་གློ་བ་སྐམ་འགྱུར་གྱི་ནད་པར་གསོ་བཅོས་བྱས་ཏེ་འཕྲུལ་མར་ཕན་བསྐྱེད་བྱུང་ཚུལ་དང་། མ་བུ་དགྲ་གྲོགས་ཀྱི་བརྟག་ཐབས་ལ་བརྟེན་ནས་མ་ལ་བརྟག་ནས་བུ་མོའི་ནད་སངས་དྲག་ཏུ་སོང་ཚུལ་སོགས་དམ་པ་ཁོང་གི་མཛད་རྣམ་མདོར་བསྡུས་སུ་འཀོད་ཡོད། མཇུག་མཐར་དེ་དང་མུ་འབྲེལ་ནས་དྲང་སྲོང་བསྟན་འཛིན་རྒྱལ་པོའི་མན་ངག་ལུང་ཁྲིད་མང་དུ་གསན་ཚུལ་སོགས་འཀོད་ཡོད་པ་དང་ཆབས་ཅིག་ཏུ་དྲང་སྲོང་བསྟན་འཛིན་རྒྱལ་པོ་ཁོ་རང་གི་གསོལ་འདེབས་ཐུང་ངུ་ཞིག་ཀྱང་འཀོད་ཡོད།

内容提要：此书内容分4部分。首先记录了《四部医典》《黑札帙》《十万拳头》等典籍。其次介绍了宿喀·勒协措的生平事迹。宿喀·勒协措从达玛萨米上师的四学子之一掌握实践的才本多吉处聆受了《四部医典》和《八支秘诀》中的秘诀实践，在萨迦曼庄的昌迪父子处学习并得到了许多医学教言和秘诀，后在拉萨石碑上先后三次提出问题，因解答不合他意，对此他给予了准确答案。接着，他还对宇妥萨玛·云丹贡布的《四部医典》真迹进行复刻，对藏医药的发展作出了前所未有的卓越贡献；还运用特殊的诊疗方法，对肺连患者进行治疗，并达到很好的疗效；运用“母子敌友”的诊法，通过观察母亲的状态来了解女儿的病情，使其得到有效的治疗。最后，介绍了学习章松・旦增杰布的多部秘诀教言的聆受方式并附简短祈文。

བོད་ཀྱི་གསོ་རིག་ཀུན་བཏུས་བསྟུད་སྒྲིག་མ་ལས། པོད་རེ་གཉིས་པའི་ནང་དུ་བཞུགས།

在《〈藏医药大典〉续编（61—80）》中的位置：收载于第六十二卷。

ཚན་པ་ལྔ་པ། ནམ་མཁའ་སེང་གེ་དཔལ་བཟང་པོའི་རྣམ་པར་ཐར་བ།

第五篇 《朗卡桑格白桑传》

མཚན་བྱང་ཆ་ཚང་། འདྲེན་མཆོག་དམ་པ་ཆོས་ཀྱི་རྗེ་ནམ་མཁའ་སེང་གེ་དཔལ་བཟང་པོའི་རྣམ་པར་ཐར་བ་དཔག་བསམ་ལྗོན་པ་དགེ་ལེགས་འབྱུང་གནས་ཞེས་བྱ་བ་བཞུགས་སོ། །

全名：《朗卡桑格白桑传・菩提树・吉祥之源》

རྩོམ་པ་པོ། བློ་བཟང་བཀྲ་ཤིས། དུས་རབས་བཅོ་བརྒྱད་པའི་དཀྱིལ་ཙམ་ལ་མདོ་སྨད་དུ་སྐུ་འཁྲུངས།

作者：洛桑扎西，18世纪中叶生于多麦。

མ་ཡིག གློག་པར། ཡིག་གཟུགས་དབུ་ཅན། ཤོག་ངོས་རེར་ཐིག་ཕྲེང་ཉེར་ལྔ། ཐིག་ཕྲེང་རེར་ཡིག་འབྲུ་བཅུ་གསུམ། ཁྲོན་བསྡོམས་ཤོག་ངོས་བརྒྱ་དང་སུམ་ཅུ་བཞུགས།

母本：排印本，正楷字，每页25行，每行13字，共130页。

ནང་དོན་གནད་བསྡུས། རྣམ་ཐར་འདིའི་ཁྲོད་དུ་རང་ཅག་རྣམས་ཀྱི་གོང་ན་མེད་པའི་འདྲེན་མཆོག་དམ་པ་བཀའ་དྲིན་མཚུངས་མེད་ནམ་མཁའ་སེང་གེའི་སྐྱེ་སྲིད་གོང་མ་གང་དེས་སྐྱེ་བ་ཕྱི་མར་རིགས་ཏུས་གང་དུ་སྐྱེ་བར་བཞེས་ཚུལ་གྱི་ལུང་བཞིན་དུ་རྫོག་ཕྱོགས་ཀྱི་སའི་ཆ་ཉེ་འཁོར་གྱི་ཡུལ་ལྗོངས་དག་ལས་ལོ་ཏོག་རྣམས་སྨིན་སྤྲ་ཞིང་འཕེལ་སྟོབས་ཆེ་བའི་གསེར་པོ་ཞེས་གྲགས་པའི་སེ་ཏུ་རིགས་ནི་རྫོག་དང་། ཏུས་ནི་ཨ་མཆོག་ཅེས་མི་ཁྱིམ་ཕྱེད་དང་ཉིས་སྟོང་ཙམ་ཡོད་པ་དེར་ཡབ་མགོན་པོ་ཚེ་རིང་དང་། ཡུམ་བན་རྫེ་འཚོ་གཉིས་ཀྱི་སྲས་སུ་ཆུ་འབྲུག་གི་ལོར་བཀྲ་ཤིས་པའི་རྟགས་མཚན་དུ་མ་དང་བཅས་སྐུ་བལྟམས་པ་དང་། དགུང་ལོ་

བདུན་པའི་སྟེང་དུ་ཁྱིམ་ན་གནས་པ་ནི་རྒུད་པ་ཀུན་གྱི་སྒོ་དང་། རབ་ཏུ་བྱུང་བ་ནི་ཡོན་ཏན་ཐམས་ཅད་ཀྱི་གཞི་རྟེན་དུ་གཟིགས་ནས་ཁྱིམ་ནས་ཁྱིམ་མེད་པར་རབ་ཏུ་བྱུང་སྟེ་དགེ་བའི་བཤེས་གཉེན་མང་དུ་བསྟེན་ཏེ་སློབ་གཉེར་གྱི་ལས་ལ་བརྩོན་པ་དང་། དགུང་ལོ་བཅུ་དགུའི་སྟེང་འདུལ་འཛིན་ཆེན་པོ་ཏྭ་དཔོན་པ་དགོན་ཐོག་ཏུ་གདན་དྲངས་ཏེ་དེ་ཉིད་ཀྱི་མཁན་པོ་མཛད་དེ་བསྙེན་པར་རྫོགས་པའི་ཚུལ། བར་དུ་རི་ཁྲོད་དབེན་པའི་གནས་སུ་སྒྲུབ་པའི་རྒྱལ་མཚན་བསྒྲེངས་པ་དང་། རིས་མེད་ཀྱི་མཛད་འཕྲིན་བསྟན་འགྲོའི་ཕན་བདེའི་རྩ་ལག་ཏུ་གྱུར་པ། དགུང་ལོ་ཞེ་དགུའི་སྟེང་བདེ་མོ་དགའ་ལྡན་ཆོས་གླིང་གི་ལམ་རིམ་གྲྭ་ཚང་གི་དཔོན་སློབ་ལ་བཞུགས་ནས་གྲྭ་ཚང་འཛིན་སྐྱོང་གི་ཁུར་ལྷུར་དུ་བཞེས་པ་སོགས་མཛད་པ་དྲན་ལམ་དུ་གྱུར་པ་རྣམས་ཕྱོགས་བསྡུས་སུ་བཀོད་ཡོད་པ་དང་། མཇུག་མཐར་ལྕགས་ཕྱི་ལོའི་ཧོར་ཟླ་དང་པོར་སྐུ་དངོས་ཀྱི་གདུལ་བྱ་རྫོགས་ཤིང་ཚེ་ལོ་དྲུག་ཅུའི་ཁ་རལ་གྱི་འདུས་བྱས་མཚོན་པ་དང་། རྟག་འཛིན་ཅན་ཆོས་ལ་བསྐུལ་བའི་དོན་དུ། ཞབས་སྐྱིལ་ཀྲུང་ཕྱག་གཡས་སྨ་ཟུར་ནས་རྒྱབ་ངོས་ལ་བརྒྱངས་ཤིང་གཡོན་མཉམ་བཞག་མཛད་དེ་འཆི་བ་འོད་གསལ་ཆོས་སྐུ་དང་བསྲེ་བའི་མན་ངག་ཟབ་མོའི་རྣལ་འབྱོར་གྱི་བསྡུ་རིམ་ཐུགས་ཉམས་སུ་བསྐྱར་བས་སྟོང་གསུམ་རིམ་གྱིས་ཐིམ་པའི་མཐར་ཐམས་ཅད་སྟོང་བ་འོད་གསལ་བདེ་ཆེན་ལྷན་ཅིག་སྐྱེས་པའི་ཡེ་ཤེས་ཆོས་སྐུ་མངོན་དུ་གྱུར་ཚུལ་དང་དགོངས་རྫོགས་སྒྲུབ་ཚུལ་སོགས་ལེའུ་བརྒྱད་ཀྱི་སྒོ་ནས་རྒྱས་པར་འགོད་ཡོད་པ་མ་ཟད། རྩོམ་ལུས་ཀྱི་ཆ་ནས་སྦྱོར་བཅད་ལྷུག་སྤེལ་མ་དང་། སྡོམ་སུ་ཚེག་བར་བདུན་མ་དང་། དགུ་མ། བཅུ་དགུ་སོགས་ཀྱི་ལམ་ནས་བྲིས་ཡོད་པ་མ་ཟད། སྙན་ངག་གི་ཚིག་རྒྱན་སྣ་ཚོགས་ཀྱིས་མངོན་པར་ཕྱུག་པ་སོགས་ཐུན་མིན་གྱི་ཁྱད་ཆོས་མངོན་པར་གསལ་ལོ། །

内容提要：此传记首先介绍了至尊朗卡桑格上师前世预知今生诞生之地，为“俄”地“赛尔保”村庄，其族为“俄”，姓氏为“阿却”，此族有1500余人。其父公保才让，母万德措之子在预示了多个吉祥征兆的水龙年诞生，7岁之际以家族“有家室之人为衰败之源，出家之人为智慧之源”为规手持黄褐色胜幢以无家室形式出家，后拜多位上师艰苦学习。19岁那年上师被邀请入德增庆木・达倔巴寺学习修得堪布学位。其次，书中介绍了上师手持胜幢在幽静深山禅修，其无私的修业已成为众生的福祉，他于49岁在德木甘丹佛学院的拉木仁学院担任教授，负责学院的传承发展事业。最后，书中介绍了在藏历铁鼠年一月上师完成了此生六十余年的修业，为了传播佛法事业，盘腿坐立，右手依靠于膝盖伸向背部，左手摆出说法印，将死亡光明佛身融合于深奥密法的观行汇集中，感同于心，依次渗入三空界，最终实现虚无的光明大乐佛身，完成圆寂仪轨。本篇内容分为8章，运用颂注相间的文体，以七言、九言、十九言的形式进行记述，并且采用了丰富的诗歌修饰词来点缀，具有独特的写作风格。

བོད་ཀྱི་གསོ་རིག་ཀུན་བཏུས་བསྡུད་སྒྲིག་མ་ལས། པོད་རེ་གཉིས་པའི་ནང་དུ་བཞུགས།

在《〈藏医药大典〉续编（61—80）》中的位置：收载于第六十二卷。

ཚན་པ་དྲུག་པ། སུམ་པ་ཡེ་ཤེས་དཔལ་འབྱོར་གྱི་རྣམ་ཐར།

第六篇 《松巴·益西班觉传》

མཚན་བྱང་ཆ་ཚང་། སུམ་པ་ཡེ་ཤེས་དཔལ་འབྱོར་གྱི་རྣམ་ཐར་ཉིད་ཀྱིས་མཛད་པ་བཞུགས་སོ། །

全名：《松巴·益西班觉自传》

རྩོམ་པ་པོ། སུམ་པ་ཡེ་ཤེས་དཔལ་འབྱོར། སྐྱེ་ལོ་༡༧༠༤ལོར་མདོ་སྨད་མཚོ་སྔོན་པོའི་གཡས་ཏུའི་ཐོ་ལེར་སྐུ་འཁྲུངས་ཤིང་། སྐྱེ་ལོ་༡༧༨༨ལོར་སྐུ་གཤེགས།

作者：松巴·益西班觉，1704年生于多麦青海湖右蓖托勒，1788年卒。

མ་ཡིག སྒྲོག་པར། ཡིག་གཟུགས་དབུ་ཅན། ཤོག་ངོས་རེར་ཐིག་ཕྲེང་ཉི་ཤུ། ཐིག་ཕྲེང་རེར་ཡིག་འབྲུ་བཅོ་ལྔ། ཁྱོན་བསྡོམས་ཤོག་ངོས་གོ་བརྒྱད་བཞུགས།

母本：排印本，正楷体，每页20行，每行15字，共98页。

ནང་དོན་གནད་བསྡུས། གསོ་བ་རིག་པ་བྱང་ཕྱོགས་ཀྱི་ཡུལ་གྲུ་ཀུན་ཏུ་དར་བར་མཛད་མཁན་གྱི་སུམ་པ་ཡེ་

ཤེས་དཔལ་འབྱོར་ལགས་ཀྱི་རྣམ་ཐར་འདི་ནི་དཔོན་པོ་བེ་ལེག་ཐུ་ཆོས་རྗེ་དང་རྡ་བ་ནང་སོ་དགེ་ལེགས་ཀྱིས་རས་རྫེ་རྫོན་དངུལ་མཎྜལ་བཅས་ནན་ཆེར་བསྐུལ་བས་སུམ་པ་ཡེ་ཤེས་དཔལ་འབྱོར་ཁོང་གིས་རང་རྣམ་གྱི་ཚུལ་དུ་བྲིས་པ་ཞིག་སྟེ། རྣམ་ཐར་འདིར་དམ་པ་ཁོང་ནི་འཁྲུངས་ཡུལ་རིགས་རུས་གང་ལས་སྐུ་བལྟམས་པ་དང་། དགུང་ལོ་ཉི་ཤུ་བཞེས་པ་ཆུ་ཡོས་ལོ་སྟེ་སྤྱི་ལོ་༡༧༢༣ལོར་དབུས་སུ་གསན་སྦྱངས་མཛད་ནས་གཞུང་རབ་འབྱམས་པ་མཁས་པར་གྱུར་ཅིང་། གསོ་རིག་སོགས་རིག་གནས་ཀུན་ལ་མཁྱེན་རྒྱ་ཡངས་པར་གྱུར། ཕྱིས་སུ་ལྕགས་ཕག་ལོ་སྟེ་སྤྱི་ལོ་༡༧༣༡ལོར་ཕྱིར་དགོན་ལུང་དུ་ཕེབས་ནས་དགོན་ཆུང་སེ་ར་ལུང་གི་ཁྲི་བར་བཞུགས་པ་དང་། རྒྱ་ཆེའི་བསྟན་འགྲོའི་དོན་དུ་ཞན་མཁན་སུ་བྱུང་ཡང་དཀའ་ཚེགས་ལ་མ་འཛེམ་པར་ཆོས་རྒྱུན་སྤེལ་བ་དང་། གོང་མ་ཆན་ལུང་རྒྱལ་པོས་སྔ་གཞུག་ཏུ་རྒྱལ་ས་པེ་ཅིན་དུ་ཐེངས་གཉིས་ལ་གདན་དྲངས་ཚུལ། ཕྱིར་དགོན་ལུང་དུ་ཕེབས་ནས་བསྟན་པའི་སྦྱིན་བདག་མཛད་དེ་དགོན་པ་བཤིག་གསོའི་ལས་ལ་འབད་ཚུལ། མཇུག་མཐར་སུམ་པ་ཡེ་ཤེས་དཔལ་འབྱོར་ཁོང་ཉིད་དད་པ་རྩེ་གཅིག་ཡིན་པའི་ཐུའུ་བཀྭན་རིན་པོ་ཆེའི་དགོངས་པ་ཆོས་དབྱིངས་སུ་ཐིམ་ཚུལ་དང་དེ་ལ་བསྔོ་བ་སྨོན་ལམ་ཞུས་ཚུལ་སོགས་ཀྱང་ཞར་བྱུང་གི་ཚུལ་དུ་བཀོད་ཡོད།

内容提要：此传是由文保白勒特曲吉和日巴囊索格勒两位学者敬献曼札等请授而由松巴·益西班觉上师以自传的形式所著的。传记中介绍了上师的诞生地、种姓、入佛门、弘扬佛法的业绩。上师于藏历水兔年，即1723年二十岁时赴卫藏地区学习并获得佛学博士，此外，他还学习了藏医学等多学科知识，后于藏历铁猪年，即1731年回佑宁寺坐床于小色拉寺庙。为普济众生，上师不辞辛劳弘扬佛法，曾先后两次受乾隆皇帝邀请赴京师讲法，后回佑宁寺主持，并进行寺院修复工作。本书最后以附录形式介绍了松巴·益西班觉上师一心崇仰的上师土官仁波切圆寂和发愿、回向等事宜。

བོད་ཀྱི་གསོ་རིག་ཀུན་བཏུས་བསྟུད་སྒྲིག་མ་ལས། པོད་རེ་གཉིས་པའི་ནང་དུ་བཞུགས།

在《〈藏医药大典〉续编（61—80）》中的位置：收载于第六十二卷。

ཚན་པ་བདུན་པ། ཀོང་སྤྲུལ་ཡོན་ཏན་རྒྱ་མཚོའི་རྣམ་ཐར།

第七篇 《贡珠·云丹嘉措传》

མཚན་བྱང་ཆ་ཚང་། ཀོང་སྤྲུལ་ཡོན་ཏན་རྒྱ་མཚོའི་རྣམ་ཐར་བཞུགས་སོ། །

全名：《贡珠·云丹嘉措传》

རྩོམ་པ་པོ། ༡ ཀོང་སྤྲུལ་ཡོན་ཏན་རྒྱ་མཚོ། སྤྱི་ལོ་༡༨༡༣ལོར་མདོ་སྟོད་འབྲི་ཟླ་ཟལ་མོ་སྒང་གི་པདྨ་ལྷ་རྩེའི་མདུན་རོལ་རོང་རྒྱབ་སྦས་པའི་ལྗོངས་སུ་སྐུ་འཁྲུངས་ཤིང་། སྤྱི་ལོ་༡༨༩༩ལོར་སྐུ་གཤེགས། ༢ ཀརྨ་བཀྲ་ཤིས་ཆོས་འཕེལ་བློ་གྲོས་རྒྱ་མཚོའི་སྒྲ་དབྱངས། དུས་རབས་བཅུ་དགུ་པར་མདོ་སྟོད་དུ་སྐུ་འཁྲུངས།

作者：1. 贡珠·云丹嘉措，1813年生于多堆色莫冈白玛拉则前方绒甲拜贝，1899年卒。2. 噶玛扎西曲培洛哲嘉措扎杨，19世纪生于多堆地区。

མ་ཡིག ལག་བྲིས། ཡིག་གཟུགས་དབུ་ཅན། ཤོག་ངོས་རེར་ཐིག་ཕྲེང་ཉེར་གཅིག ཐིག་ཕྲེང་རེར་ཡིག་འབྲུ་བཅོ་ལྔ། ཁྱོན་བསྡོམས་ཤོག་ངོས་བཞི་བརྒྱ་དང་ཞེ་བརྒྱད་བཞུགས།

母本：排印本，正楷体，每页21行，每行15字，共448页。

ནང་དོན་གནད་བསྡུས། འདིའི་ནང་དུ་ཀོང་སྤྲུལ་རིན་པོ་ཆེ་ཁོང་རང་གིས་མཛད་པའི་འདུ་ཤེས་གསུམ་ལྡན་སྤྱོད་པ་པོའི་གཟུགས་བརྙན་པདྨ་གར་གྱི་དབང་ཕྱུག་འཕྲིན་ལས་འགྲོ་འདུལ་རྩལ་གྱི་རྟོགས་པ་བརྗོད་པ་དུམ་བུ་སྣིག་རྒྱུའི་བདུད་རྩི་དང་། ཕྱོགས་མེད་རིས་མེད་ཀྱི་བསྟན་པ་ལ་འདུན་ཞིང་དགེ་སྦྱོང་གི་གཟུགས་བརྙན་འཆང་བ་བློ་གྲོས་མཐའ་ཡས་པའི་སྡེའི་བྱུང་བ་བརྗོད་པ་ནོར་བུ་སྣ་ཚོགས་མདོག་ཅན། ཁོང་གི་ཞལ་སློབ་ཀརྨ་བཀྲ་ཤིས་ཆོས་འཕེལ་གྱིས་མཛད་པའི་རྗེ་ཀུན་གཟིགས་འཇམ་མགོན་ངག་གི་དབང་ཕྱུག་ཡོན་ཏན་རྒྱ་མཚོའི་རྣམ་ཐར་ངོ་མཚར་ནོར་བུའི་སྣང་བ། གསུང་འབུམ་རིན་པོ་ཆེ་རྒྱ་ཆེན་བཀའི་མཛོད་ཀྱི་དཀར་ཆག་མདོར་

བསྡུས་ཟབ་རྒྱས་རྒྱ་མཚོ་མཐའ་ཡས་ལ་འཇུག་པའི་གྲུ་བོ་ཆེ་བཅས་སྤྱི་དོན་རྣམ་པ་བཞིའི་སྒོ་ནས་བསྟན་འདུག་སྟེ། དེ་ཡང་སྤྱི་དོན་དང་པོའི་ནང་དུ་དམ་པ་རྣམས་ཀྱི་སྐྱེས་རབས་རིམ་བྱོན་དང་། ལུང་བསྟན་རྣམས་ནས་ཟིན་པའི་ཚུལ། ཟབ་མོ་གཏེར་གྱི་དངོས་གྲུབ་ཆ་ཤས་ཙམ་ཐོབ་པའི་ཚུལ་བཅས་ས་བཅད་རྣམ་པ་གསུམ་ཡོད་པ་དང་། སྤྱི་དོན་གཉིས་པའི་ནང་དུ་ཟབ་མོ་གཏེར་གྱི་དངོས་གྲུབ་ཐུན་མོང་མ་ཡིན་པ་ཐོབ་པའི་འབྲས་རྟགས་སུ་སྐུ་འདི་པའི་དང་པོའི་རྟེན་དལ་འབྱོར་སྐྱོན་མེད་བླངས་ཚུལ་དང་། མཐུན་པའི་རྐྱེན་འཁོར་ལོ་རྣམ་པ་བཞི་ངང་གིས་འབྱོར་ཚུལ། བསྟན་པ་ལ་ཚུལ་གནས་འཁོར་ལོ་གསུམ་གྱི་སྒོ་ནས་ལག་རྗེས་བཞག་ཚུལ་དང་། གཞན་གཙྭ་ངག་དབང་ཡོན་ཏན་རྒྱ་མཚོ་ཕྲིན་ལས་ཀུན་ཁྱབ་དཔལ་བཟང་པོ་ཞེས་པ་དང་ཀོང་སྤྲུལ་ཞེས་པའི་མཚན་གྱི་ཐོགས་དོན་སོགས་ཀྱང་གསལ་བོར་འཁོད་ཡོད། སྤྱི་དོན་གསུམ་པ་དང་བཞི་བ་གཉིས་ནི་ཀོང་སྤྲུལ་རིན་པོ་ཆེ་ཁོང་གིས་དཔལ་སྤུངས་ཆོས་འཁོར་གླིང་དུ་བཤད་གྲྭའི་གཙོ་སྐྱོང་མཛད་སྐབས་སམ་དེ་མིན་ཟབ་རྒྱས་གསུང་གི་བདུད་རྩིའི་དཔལ་ལ་ལོངས་སྤྱོད་པའི་ཞལ་སློབ་རྣམས་ལས་ཐུགས་སྲས་སུ་གྱུར་པ་གཙྭ་བཀྲ་ཤིས་ཆོས་འཕེལ་གྱིས་མཛད་ཅིང་། གཙོ་བོ་ལ་བླ་མ་རིན་པོ་ཆེ་ཀུན་གཟིགས་འཇམ་མགོན་ངག་གི་དབང་ཕྱུག་ཡོན་ཏན་རྒྱ་མཚོ་ཁོ་རང་མྱ་ངན་ལས་འདས་ཚུལ་དང་། བསྟན་པ་ཡུན་རིང་གནས་ཤིང་རྒྱས་པའི་སླད་དུ་གསུང་འབུམ་མི་ཉུང་བ་ཞིག་མཛད་དེ་འཕྲིན་ལས་ཀྱི་བཀོད་པ་རྒྱ་ཆེན་པོ་མཛད་ཚུལ་རྣམས་ཅུང་རྒྱས་པར་བཀོད་ཡོད་པ་མ་ཟད། མཛད་པ་པོ་སློབ་དཔོན་གྱི་ཆེ་བ་བརྗོད་དེ་མཛད་པའི་ཆོས་ཀྱི་རྣམ་གཞག་དང་། བཞུགས་བྱང་དཀར་ཆག པར་དུ་ཇི་ལྟར་བསྒྲུབས་ཚུལ་དང་དེའི་དགོས་ཆེད་ཕན་ཡོན་སོགས་གསལ་བོར་བཀོད་ཡོད།

内容提要：此书是作者根据自身肝病诊疗经验对《利乐精要》以分支的形式所著。18种肝病按疾病性质可概括为寒、热2种，故疗法也可归类为寒、热2种。书中详细记述了治疗热性肝病用药方法，认为首先应服用红花方，无效时服用二十五味松石丸，在肝区疼痛时应连服二十五味松石丸和九味牛黄散，并根据身体情况在“如通”脉、手背六合脉处多次放血，无效时可用《后续部》中所示泻法下泄的临床思路。此外，记述了肝病18种分类法和除13种热性肝病外的“隆”性肝病，肝衰病、湿寒肝病、“朗勾”肝病、寒胀肝病的治疗法，如二十五味松石丸中加入法药和豆蔻的二十七味松石丸有效，寒性偏盛时可连服安置精华散，并在肝穴进行火灸，断后治疗则采取黎明时分服用果油药加味方的治疗方法。

བོད་ཀྱི་གསོ་རིག་ཀུན་བཏུས་བསྡུད་སྒྲིག་མ་ལས། པོད་རེ་གཉིས་པའི་ནང་དུ་བཞུགས།

在《〈藏医药大典〉续编（61—80）》中的位置：收载于第六十二卷。

སྤྱི་དོན་གཉིས་པ། གནའ་རབས་གསོ་རིག་གི་སྐོར།
第二部　古代医学典籍

དཔལ་ལྡན་རྒྱུད་བཞི་ཡོངས་སུ་ལེགས་འགྲུབ་བྱུང་བའི་ཡར་སྔོན་ལ་བྱོན་པའི་བོད་དང་ལུགས་ཆེན་གསུམ་གྱི་མཁས་པའི་སྨན་དཔྱད་བསྟན་བཅོས་དག་སྟེ། བོད་ཁ་བ་ཅན་གྱི་མཁས་པས་མཛད་པའི་སྨན་ཡིག་དང་། རྒྱ་གར་འཕགས་པའི་ཡུལ་གྱི་མཁས་པས་མཛད་པའི་སྨན་ཡིག མ་ཧཱ་ཙི་ནའི་ཡུལ་གྱི་མཁས་པས་མཛད་པའི་སྨན་ཡིག སྟག་གཟིགས་ནོར་གྱི་ཡུལ་གྱི་མཁས་པས་མཛད་པའི་སྨན་ཡིག ཏུན་ཧོང་ལས་བཏོན་པའི་སྨན་ཡིག་སོགས་སྐབས་དོན་ལྔར་བསྡུས་ནས་བཀོད་ཡོད།

收录有《四部医典》问世前出现的藏医学和其他三大派别医学名家的医学典籍。分藏医名医医著、印度名医医著、中医名医医著和大食名医医著，敦煌出土的医书等5集。

སྐབས་དོན་དང་པོ། བོད་མཁས་པའི་སྨན་ཡིག
第一集　名藏医医书

གངས་ཅན་ཁ་བའི་ལྗོངས་ཀྱི་སྨན་དཔྱད་མཁས་པ་སྔོན་པ་གཤེན་རབ་མི་བོ་ཆེས་གསུངས་ཤིང་དཔྱད་བུ་ཁྲི་ཤེས་ཀྱིས་མཛད་པར་གྲགས་པའི་གསོ་དཔྱད་འབུམ་བཞི་དང་། འཕྲུལ་གྱི་ཐེ་གུ་བརྒྱ་སྐོར། རིག་སྔོན་དཀོན་མཆོག་སྐྱབས་ཀྱི་རིན་པོ་ཆེ་རྩའི་མཛོད། ཞང་གཟི་བརྗིད་འབར་གྱི་གསོ་བ་རིག་པའི་བསྟན་ཆོས་དྲི་མེད་གཟི་བརྗིད་ཀྱི་རྩ་འགྲེལ། ཆོས་རྗེ་རིན་པོ་ཆེ་དྭགས་པོ་ལྷ་རྗེའི་གསུང་སྒྲོས་ཕན་བྱེད་རིག་པའི་མཛོད་

སོགས་ཚན་པ་ཉི་ཤུ་བཀོད་ཡོད།

收录有雪域高原名医苯教祖师辛绕弥沃齐所授，由杰普赤西编著的医学名著《苯医四部》《赤吉塔哥格国》；若敦·贡觉嘉所著《珍宝脉库》；祥·斯吉巴所著《无垢荣光注释》《却吉仁波齐塔波拉吉教言·有利智慧宝库》等20篇。

ཚན་པ་དང་པོ། འབུམ་བཞི།

第一篇　《苯医四部》

མཚན་བྱང་ཆ་ཚང་། གསོ་བ་རིག་པའི་རྩ་བ་བདུད་རྩི་སྨན་གྱི་མདོ་དགུའི་མདོ་སྡེ་གསུམ་པ་བདུད་རྩི་བང་མཛོད་འབུམ་བཞིའི་མདོ་བཞུགས་སོ། །

全名：《医学根基甘露药九经之第三经部甘露宝库·苯医四部》

རྩོམ་པ་པོ། དཔྱད་བུ་ཁྲི་ཤེས། སྤྱི་ལོ་སྔོན་གྱི་ལོ་ཆིག་སྟོང་བརྒྱད་བརྒྱ་ནས་དགུ་བརྒྱའི་བར་དུ་ཞང་ཞུང་འོལ་མོ་ལུང་རིང་དུ་སྐུ་འཁྲུངས།

作者：杰普赤西，公元前1800—1900年生于象雄俄木隆仁。

མ་ཡིག ལག་བྲིས། ཡིག་གཟུགས་དབུ་མེད། ཤོག་ངོས་རེར་ཐིག་ཕྲེང་བདུན། ཐིག་ཕྲེང་རེར་ཡིག་འབྲུ་ཉེར་དྲུག ཁྱོན་བསྡོམས་ཤོག་ངོས་དྲུག་བརྒྱ་དང་ལྔ་བཅུ་བཞུགས།

母本：手写本，草书体，每页7行，每行26字，共650页。

ནང་དོན་གནད་བསྡུས། གཞུང་འདི་ནི་བོད་ཀྱི་གསོ་རིག་ལོ་རྒྱུས་སྙིང་ཆེས་སྔ་ཤོས་སུ་བྱུང་བར་གྲགས་ཤིང་གསོ་རིག་གི་མ་ལག་ཆ་ཚང་བའི་གཞུང་ལུགས་ཆེན་མོ་ཞིག་ཡིན། གཞུང་སྤྱི་ལ་དོན་ཚན་ཆེན་མོ་བཞི་དང་། ལེའུ་བརྒྱ་དང་དྲུག་ཅུ་རེ་བཞི་ཡོད། དང་པོ་རྩ་བ་ཐུགས་འབུམ་ལ་གླེང་གཞི་གླེང་སློང་སོགས་ལེའུ་བདུན་གྱིས་ཞང་ཞུང་འོལ་མོ་ལུང་རིང་གི་ངོ་མཚར་གྱི་བཀོད་པ་དང་སྟོན་པ་གཤེན་རབ་སྐུ་འཁོར་གྱི་ཁྱད་ཆོས། གསོ་རིག་གི་

རྩ་བ་གསུམ་གྱི་སྡོམ་ཚིག་སོགས་གཞུང་གི་གནད་སྙིང་བསྟན་ཡོད་པ་དང་། གཉིས་པ་དཔྱད་འབུམ་ལ་གནས་བཅུ་གཅིག་གམ་ལེའུ་སོ་གཅིག་གིས་ལུས་ཀྱི་ཆགས་གནས་འཇིག་གསུམ་དང་། དེ་ལ་བྱུང་བའི་ནད་ སྤྱིའི་རྒྱུ་རྐྱེན་དབྱེ་བ། ཟས་སྤྱོད་བསྟེན་ཚུལ། གསོ་ཚུལ། གསོ་བ་པོ་སྨན་པའི་མཚན་ཉིད་སོགས་བསྟན། གསུམ་པ་ནད་འབུམ་ལ་སྐབས་བཅོ་ལྔའམ་ལེའུ་གོ་བཞིས་སྤྱི་གཙུག་ནས་རྐང་མཐིལ་བར་གྱི་ནད་ཕྲ་རགས་སོ་སོའི་རྒྱུ་རྐྱེན་དབྱེ་བ་བཅོས་ཐབས་སོགས་ཞིབ་རྒྱས་སུ་བསྟན། བཞི་པ་སྨན་འབུམ་ལ་མདོ་བཞིའམ་ལེའུ་སོ་གཉིས་ཀྱིས་རྩ་ཆུ་ལ་བརྟག་ནས་ནད་ངོས་འཛིན་ཚུལ་དང་། གཉེན་པོ་སྨན་དཔྱད་གཉིས་ཀྱི་ལག་ལེན། གཉེན་པོ་ཆིག་རྐྱང་གི་སྐོར། རྒྱུད་ཀྱི་ཆེ་བ། རྒྱུད་འདི་གཏད་རྒྱུང་བའི་གཙོ་འཁོར་གྱི་ཁྱད་ཆོས་སོགས་ཚིགས་བཅད་ཀྱི་ལམ་ནས་བསྟན་ཡོད་ལ། འདི་ནི་སྟོན་པ་དཔྱད་བུ་ཁྲི་ཤེས་ཀྱིས་ཞུས་ཤེང་སྟོན་པ་གཤེན་རབ་མི་བོ་ཆེ་ཡིས་འགྲོ་རྣམས་ཀྱི་དོན་དུ་གསུངས་པའི་ཚུལ་དུ་མཛད་ཡོད།

内容提要： 此书是藏族医学史上问世最早且理论体系最为完整的著作。全书共有4个部分164章。第一部分《根本心论》，有绪论、概论等7章，阐述象雄俄木隆仁的神奇布局和敦巴辛饶随众的特点，医学三根本的总纲等；第二部分《医论》有31章，阐述对人体形成、生理、死兆以及产生疾病的内外因、分类、饮食、起居及对其采取的疗法、医生的定义等；第三部分《病论》有94章，对从头顶至足底之间出现的大小疾病及其内外因、分类、疗法等进行了详细而全面的阐述；第四部分《药论》，有32章，通过脉象、尿象对疾病进行诊断、对治药物和外治疗法的实践、单种对治类、著作的主要特点等加以阐述。此著作是由杰普赤西请授辛饶弥沃齐为了众生而以教言形式进行编著的。

བོད་ཀྱི་གསོ་རིག་ཀུན་བཏུས་བསྟུད་སྒྲིག་མ་ལས། པོད་རེ་གཉིས་པ་དང་རེ་གསུམ་པའི་ནང་དུ་བཞུགས།

在《〈藏医药大典〉续编（61—80）》中的位置： 收载于第六十二和第六十三卷

ཚན་པ་གཉིས་པ། མན་ངག་ཉམས་ཀྱི་ཡིག་ཆུང་།

第二篇 《验方小册》

མཚན་བྱང་ཆ་ཚང་། མན་ངག་ཉམས་ཀྱི་ཡིག་ཆུང་ཞེས་པ་བཞུགས་སྷོ། །

全名：《验方小册》

རྩོམ་པ་པོ། དཔྱད་བུ་ཁྲི་ཤེས། སྤྱི་ལོ་སྔོན་གྱི་ལོ་ཆིག་སྟོང་བརྒྱད་བརྒྱ་ནས་དགུ་བརྒྱའི་བར་དུ་ཞང་ཞུང་འོལ་མོ་ལུང་རིང་དུ་སྐུ་འཁྲུངས།

作者：杰普赤西，公元前1800—1900年生于象雄俄木隆仁。

མ་ཡིག ལག་བྲིས། ཡིག་གཟུགས་དབུ་མེད། ཤོག་ངོས་རེར་ཐིག་ཕྲེང་བདུན། ཐིག་ཕྲེང་རེར་ཡིག་འབྲུ་སུམ་ཅུ། ཁྱོན་བསྡོམས་ཤོག་ངོས་རེ་དགུ་བཞུགས།

母本：手写本，草书体，每页7行，每行30字，共69页。

ནང་དོན་གནད་བསྡུས། གཞུང་འདི་ནི་ནད་བཅོས་ཉམས་མྱོང་གི་མན་ངག་སྙིང་པོ་རྣམས་ཕྱོགས་གཅིག་ཏུ་བཀོད་པ་ཞིག་སྟེ། གཞུང་སྤྱི་ལ་ལེའུ་བཅུ་དྲུག་ཡོད། དེ་ལས་ལེའུ་དང་པོ་དགུ་ཡིས་ནི་རྒྱ་ནད་ཡམས་རྗེ་ཀུན་ཕུང་ནག་པོའམ་ཚེ་བདུད་འཁོར་བ་མི་ཟན་ཞེས་པའི་དུས་ངན་ནད་ཡམས་ཀྱི་རྒྱུ་རྐྱེན་དབྱེ་བ་དང་ཕྱི་རྟགས། དེས་ཐེབས་པའི་ནད་ཆུའི་ལྤྲ་བ་དང་དྲི་རོ་ཁ་མདོག འཚོ་འཆིའི་རྟགས། རྩའི་འཕར་ཚུལ་བཅས་ལས་ནད་གདོན་གང་གིས་ཟིན་པ་དང་གནས་གང་དུ་བབས་པ་བརྟག་ཚུལ། དེའི་གཉེན་པོ་ཟས་སྤྱོད་ཀྱི་སྤང་བླང་དང་ཐང་ཕྱེ་སོགས་སྨན་གྱི་སྦྱོར་བ་བསྟན་ཡོད་པ་དང་། ལེའུ་ཕྱི་མ་བདུན་གྱིས་ནི་ཚ་བའི་ནད་དང་གྲང་བའི་ནད། རླུང་ནད། མཁྲིས་པའི་ནད། བད་ཀན་གྱི་ནད། རྐང་འབམ་གྱི་ནད། སྲིན་ནད་བཅས་ལ་ཕན་པའི་གཉེན་པོ་སྨན་གྱི་སྦྱོར་བ་དང་། འགོ་ནད་བསྲུང་ཐབས་བཅས་ཚིགས་བཅད་ཀྱི་ལམ་ནས་བསྟན་ཡོད་

ལ། འདི་འང་སྟོན་པ་གཤེན་རབ་མི་བོ་ཆེ་ཉིད་གནས་མཆོག་འོལ་མོ་ལུང་རིང་གི་བདུད་རྩི་སྨན་གྱི་ནགས་ཚལ་དུ་བཞུགས་པའི་ཚེ་སྙིང་ཕྱོགས་ལྷའི་བུ་གཡུང་དྲུང་ལེགས་པའི་བློ་གྲོས་ཞེས་བྱ་བས་འགྲོ་བ་སེམས་ཅན་གྱི་དོན་དུ་ཞུས་ཤིང་སྟོན་པ་གཤེན་རབ་ཀྱི་ཞལ་ནས་གསུངས་པ་ཞིག་གོ །

内容提要：此书是一部临床经验汇编，全书分16章。前9章记述了传染病“杰更旁那布”或“才都库哇木森”的内外因、分类、症状，尿象（即泡沫、气味、颜色、生死兆）、脉象的诊法，饮食起居的宜忌，对治方药，后7章以偈颂体的形式阐述了热病、寒病、“隆”病、“赤巴”病、“培根”病、“冈斑”病以及“蚌”病等的对治方药，传染病防治法。此书是辛饶弥沃齐在圣地沃木隆仁的甘露丛林中修习时上师的儿子雍仲勒布洛追为众生请授的口传教诫。

བོད་ཀྱི་གསོ་རིག་ཀུན་བཏུས་བསྟུད་སྒྲིག་མ་ལས། པོད་རེ་གསུམ་པའི་ནང་དུ་བཞུགས།

在《〈藏医药大典〉续编（61—80）》中的位置：收载于第六十三卷

ཚན་པ་གསུམ་པ། དབང་རིལ་རིགས་ལྔ་བྱུང་བའི་སྐོར།

第三篇　《五种“旺日”丸出处》

མཚན་བྱང་ཆ་ཚང་། དུག་བཅོས་གཡུང་དྲུང་འཁྱིལ་བ་ལས་དབང་རིལ་རིགས་ལྔ་བྱུང་བའི་སྐོར་བཞུགས་སོ། །

全名：《治毒雍仲集·五种“旺日”丸出处》

རྩོམ་པ་པོ། དཔྱད་བུ་ཁྲི་ཤེས། སྤྱི་ལོ་སྔོན་གྱི་ལོ་ཆིག་སྟོང་བརྒྱད་བརྒྱ་ནས་དགུ་བརྒྱའི་བར་དུ་ཞང་ཞུང་འོལ་མོ་ལུང་རིང་དུ་སྐུ་འཁྲུངས།

作者：杰普赤西，公元前1800—1900年生于象雄俄木隆仁。

མ་ཡིག ལག་བྲིས། ཡིག་གཟུགས་དབུ་ཅན། ཤོག་ངོས་རེར་ཐིག་ཕྲེང་དྲུག ཐིག་ཕྲེང་རེར་ཡིག་འབྲུ་སོ་གཉིས། ཁྱོན་བསྡོམས་ཤོག་ངོས་གཉིས་བཞུགས།

母本：手写本，正楷体，每页6行，每行32字，共2页。

ནང་དོན་གནད་བསྡུས། གཞུང་འདི་ནི་དུག་བཅོས་གཡུང་དྲུང་འཁྱིལ་བ་ལས་བཏུས་པའི་དུག་སྦྱོར་གྱི་གཉེན་པོ་དབང་པོ་རིལ་བུའི་འབྱུང་ཁུངས་བསྟན་པ་ཞིག་ཡིན་ལ། ཚིག་བར་དགུ་ཅན་གྱི་ཚིགས་བཅད་ཤོ་ལོ་ཀ་བཞི་དང་ཕྱེད་ཀས་གྲུབ་ཡོད། ནང་དོན་ལ་སྟོན་པ་གཤེན་རབ་མི་བོ་ཆེ་ཡིས་རང་གི་སྲུང་མར་རིན་ཆེན་སོགས་མཆོད་པ་ཕུལ་ཏེ་སྙིགས་དུས་མ་རུང་བའི་བདུད་ཀྱི་སྤྲུལ་པ་འགས་ཟས་ངན་དུག་གི་སྦྱོར་བ་བྱས་པའི་ཉེས་པས་མིའི་སྲོག་ལ་གནོད་འཚེ་གཏོང་བ་དེ་ཉིད་འཇོམས་བྱེད་ཀྱི་གཉེན་པོ་སྨན་མཆོག་རིན་པོ་ཆེ་བསྩལ་དུ་གསོལ་ཞུས་པས་ལྷུང་བཟེད་དུ་དགོས་འདོད་ཀྱི་རིལ་བུ་རིགས་ལྔ་བྱུང་ཚུལ་དང་། དེ་ཉིད་ཕྱོགས་ཀུན་ཁྱབ་ནས་འགྲོ་ལ་ཕན་པར་ཤོག་ཅེས་པའི་སྨོན་ལམ་བཏབ་པའི་མཐུ་ལས་གནས་ལ་ངེས་པ་མེད་པར་སྲོག་ཆགས་ཀུན་དང་། ཁྱད་པར་རྨ་བྱ། ར་རྩེ། མཁྲིས་པ། ཀླད་པ། ཕོ་བ། ལོང་ཀ རྒྱུ་མ། མཆིན་པ་སོགས་ལས་བྱུང་བ་ལས་གཞན། རྒྱ་གར་སྨན་གྱི་ནགས་ཚལ་དུའང་སྐྱེ་བ་དང་ཡུལ་དེའི་གླ་བ་དཀར་པོས་དེ་ཟོས་པ་ལས་ཀྱང་འབྱུང་བ་བཅས་དབང་རིལ་གྱི་བྱུང་ཚུལ་ཚིག་ཉུང་་བདེའི་ངང་བརྗོད་ཡོད།

内容提要：此书是摘自《治毒雍仲集》中关于疗毒“旺日”丸出处的一部著作。由9言4行4首偈颂文构成。内容为，浊世之中一些邪魔化身以有毒食物危害人的生命，苯教祖师辛绕弥沃齐给自己的护法供奉珍宝等以求赐解毒珍宝药并在钵盂中求得五种所想药丸，祈愿其遍布各地并利众生，使孔雀、山羊角、胆、脑、胃、大肠、小肠、肝等以及印度药物森林中生长的植物被白麝所食后亦具此威力的“旺日”的基源言简意赅地进行了记述。

བོད་ཀྱི་གསོ་རིག་ཀུན་བཏུས་བསྟུད་སྒྲིག་མ་ལས། པོད་རེ་གསུམ་པའི་ནང་དུ་བཞུགས།

在《〈藏医药大典〉续编（61—80）》中的位置：收载于第六十三卷

ཆན་པ་བཞི་པ། བསྟན་བཅོས་ཆེན་པོ་ཡན་ལག་ཉི་ཤུ་པ།

第四篇 《大医书二十分支》

མཚན་བྱང་ཆ་ཚང་། བསྟན་བཅོས་ཆེན་པོ་ཡན་ལག་ཉི་ཤུ་པ་ཞེས་བྱ་བ་བཞུགས་སོ། །

全名：《大医书二十分支》

རྩོམ་པ་པོ། མི་གསལ།

作者：不详。

མ་ཡིག ལག་བྲིས། ཡིག་གཟུགས་དབུ་མེད། ཤོག་ངོས་རེར་ཐིག་ཕྲེང་བདུན། ཐིག་ཕྲེང་རེར་ཡིག་འབྲུ་ཉེར་བཞི། ཁྱོན་བསྡོམས་ཤོག་ངོས་ཉིས་བརྒྱད་དང་གྱ་བཞི་བཞུགས།

母本：手写本，正楷体，每页7行，每行24字，共284页。

ནང་དོན་གནད་བསྡུས། གཞུང་གི་མཚན་བྱང་དུ་བསྟན་བཅོས་ཆེན་པོ་ཡན་ལག་ཉི་ཤུ་པ་ཞེས་བཀོད་ཡོད་ལ་སྙིང་གཞིའི་སྐབས་སུའང་མགོ་བོ་བྱང་ཁོག་ཡན་ལག་གསུམ་དང་། འབྲུགས་རིམས་དུག་གསུམ། སྐྱོག་པ་གཟེར་ཕུང་གག་པ་གསུམ། མིག་འབྲས་རྗེའུ་ཐོར་བུ་གསུམ། བད་ཀན་དཀར་སྨུག་སྨྲན་ནད་དམུ་ཆུ་བཞི། དྲེག་ནད་གྲུམ་བུ་གཉིས། བྱིས་ནད་མོ་ནད་བཅས་གཞུང་དོན་ཡན་ལག་ཉི་ཤུ་ཡོད་པར་གསུངས་ཡོད་ཀྱང་གཞུང་དངོས་སུ་ཐོར་བུ་དང་། དྲེག གྲུམ་བུ་བཅས་ཀྱི་ནང་དོན་བསྟན་མེད། གཞུང་སྤྱི་ལ་ལེའུ་བཅོ་བརྒྱད་ཡོད་ཅིང་། དེ་ལས་ལེའུ་དང་པོ་སྙིང་གཞིའི་ལུས་ཀྱི་གནས་ལ་མངལ་དུ་འཇུག་ཚུལ་གྱི་རིམ་པ་རགས་ཙམ་བསྟན་ནས། རིམ་པར་མགོ་བོའི་ཤ་དང་། ཐུས་པ། རྩ་རྒྱུས། གླད་པ་བཅས་ཀྱི་གནས་ལུགས། བྱང་ཁོག་གི་ཤ་དང་། ཐུས་པ། ཆུ་རྒྱུས། རྩ་བཅས་ཀྱི་གནས་ལུགས། དོན་སྣོད་ཀྱི་གནས་ཡུལ་དང་ཡུལ་ཐིག གསང་། ཡན་ལག་གི་རྐང་པ་དང་ལག་པའི་གནད་རེ་རེ་ཉི་ཤུ་སྟེ་བཞི་བཅུ། རྐང་པ་དང་ལག་

པའི་ཞུ་གནད་རེ་རེ་དུག་སྟེ་བཅུ་གཉིས། ཚོགས་ཆེན་བཅུ་གཉིས། ཚོལ་གནད་ལས་བྱུང་བའི་རྩེན་བུ་བརྒྱད་བཅས་བདུན་ཅུ་རྩ་གཉིས་ཀྱི་གྲངས་འདྲེན་དང་། གནད་ཀྱི་འཇལ་ཚད་བཅས་བསྟན། དེ་ནས་ནད་ཀྱི་གནས་ལ་ནད་ཀྱི་ངོ་བོ་དང་རྒྱུ་རྐྱེན་གནས་ས་ནད་མིང་སོགས་བཅུ་གསུམ་གྱི་སྒོ་ནས་བསྟན་ཡོད་པ་དང་། དེ་དག་གི་གསོ་ཐབས་ལ་སྦྱོང་བྱེད་ལས་དྲུག་དང་དཔྱད་རིམ་རྣམ་དྲུག་སོགས་ཀྱི་ལག་ལེན། གཉེན་པོ་སྨན་ལ་སྨན་གྱི་འཐུ་དུས། རྩ་བ་བརྒྱད། སྦྱོར་ཐབས་སོགས་ལག་ལེན་གྱི་རིམ་པ་མདོར་བསྡུས་དང་། ལེའུ་གཉིས་པ་ནས་ལེའུ་བཅོ་བརྒྱད་པར་མགོ་ནད་ནས་བཟུང་ནད་རིགས་བཅུ་བདུན་གྱི་རྒྱུ་རྐྱེན་དང་། བརྟག་ཐབས། བཅོས་ཐབས། སྲུང་བྱ་སོགས་ཚིག་ཉུང་དོན་བསྡུས་ཀྱིས་ཁ་གསལ་བར་བཀོད་ཡོད།

内容提要：此书题为《大医书二十分支》，绪论中提头、躯干、四肢三者，紊乱热、瘟病、毒病三者，炭疽、急痛疠、白喉三者，眼部“哲”病、结石、零星病三者，培根嘎布、紫“培根”、痞瘤、腹水四者，痛风、痹症二者，小儿病、妇科病等列有二十分支，但正文中并无零星病、痛风和痹症等的相关记述。全书共分18章。第一章绪论中记述了头部肌肉、骨骼、筋脉、大脑的生理，体腔肌肉、骨骼、韧带肌腱、脉络的生理，脏腑的部位、体腔区位线、穴位，四肢即手足要害各20处，共计40处，手足要害肌各6处，共计12处，12大关节，要害脂肪之8要害淋巴等，共计72处和要害部位的测量法等。对于疾病部位从疾病性质、内外因、部位、病名等13个方面进行了记述。疾病的疗法从六泄疗和外治六过程等的实践，对治药物的采集时间、八根、配制法等实践过程进行了概述。第二章至第十八章对从头部疾病开始的18种疾病的内外因、诊法、疗法、禁忌等进行了言简意赅的记述。

བོད་ཀྱི་གསོ་རིག་ཀུན་བཏུས་བསྟུད་སྒྲིག་མ་ལས། པོད་རེ་གསུམ་པའི་ནང་དུ་བཞུགས།

在《〈藏医药大典〉续编（61—80）》中的位置：收载于第六十三卷

ཚན་པ་ལྔ་པ། འཕྲུལ་གྱི་ཐེ་ཀུ་བརྒྱ་སྐོར།

第五篇 《赤吉塔哥格国》

མཚན་བྱང་ཆ་ཚང་། འཕྲུལ་གྱི་ཐེ་ཀུ་བརྒྱ་སྐོར་ཞེས་བྱ་བ་བཞུགས་སོ། །

全名：《赤吉塔哥格国》

རྩོམ་པ་པོ། མི་གསལ།

作者：不详。

མ་ཡིག ལག་བྲིས། ཡིག་གཟུགས་དབུ་མེད། ཤོག་ངོས་རེར་ཐིག་ཕྲེང་དྲུག ཐིག་ཕྲེང་རེར་ཡིག་འབྲུ་སོ་བརྒྱད། ཁྱོན་བསྡོམས་ཤོག་ངོས་བཅུ་དགུ་བཞུགས།

母本：手写本，草书体，每页6行，每行38字，共19页。

ནང་དོན་གནད་བསྡུས། གཞུང་འདི་ནི་མཆོན་རྨ་བཅོས་ཐབས་ཀྱི་ཉམས་ཡིག་ཅིག་སྟེ། དང་པོ་མགོ་བོའི་ཤ་རུས་བར་དུ་ཆུ་སེར་ཞུགས་པ་དང་། རྨའི་མདོག་ཤོར་བ། རྨའི་རྣག་ཚང་འཚོལ་བ། གླད་པའི་སྙིང་དང་ལྷ་བར་རྣག་ཞུགས་པ། མགོ་ན་བ་དང་ཆུ་སེར་རྩ་ལ་ཞུགས་པ་སོགས་ཀྱི་བཅོས་དང་། རིམ་པར་བྱང་ཁོག་ཏུ་མཚོན་ཕོག་ནས་མཆིན་དྲི་ལ་ཉེ་ན་བཅོས་ག་མི་བྱེད་པ་དང་། དོན་ལ་སླེབ་མ་སླེབ་ཀྱིས་འཚོ་འཆི་བརྟག་པ། སྒྲོག་རུས་སོགས་ལ་མཚོན་ཕོག་པའི་བཅོས། གླད་པར་རྣག་ཞུགས་པའི་རྟགས། མིག་སྲིན་དམར་སེར་ལས་ནད་ཡོད་མེད་དང་མིག་སྲིན་གྱེན་ལྡོག་ལས་རུས་སྐྲན་བརྟག་ཚུལ། ལྕེའི་ཁ་དོག་ལས་ཆུ་སེར་གྱི་ནད་བརྟག་ཚུལ། དྲི་ཆུའི་ཁ་དོག་དང་ཀུ་ཡ་ལས་ནད་ལྷི་ཡང་བརྟག་ཚུལ། ནད་པས་ཟས་བཟའ་སྐྲངས་དཔེར་ན་སླ་བས་རྩ་ཟ་བ་ལྟ་བུ་བྱེད་ན་ངན་པ་སོགས་ཀྱི་བརྟག་ཚུལ། འབྲས་ནད་ཀྱི་བཅོས་སོགས་བསྟན། དེ་ནས་གླད་པ་དང་ཚིགས་ཆེན་བཞི་ལ་མདེའུ་ཕོག་པ་དབྱུང་བའི་བཅོས། ཡན་ལག་ལ་རྨ་བྱུང་བའི་བཅོས་སོགས་མཆོན་རྨ་སྐོར་

གྱི་བཅོས་ཐབས་མན་ངག་འགའ་གསུངས་ཡོད།

内容提要： 此书是一部关于外伤治疗临床经验的著作。书中首先对头部肌骨之间侵入黄水的疗法，创口褪色，创口探脓，脑和骨松质积脓，头痛和黄水侵入脉等的疗法进行了记述；其次，对体腔外伤接近隔膜时不宜进行治疗，伤或未伤及脏器的生死兆，锁骨外伤等的疗法，大脑积脓之症，根据巩膜发红或发黄判定是否有病，根据巩膜上翻情况判定骨伤情况，根据舌头颜色判定黄水疾病的方法，根据尿色和“垢亚”判定病势强弱的方法，病患饮食方式如麝食草则病不好的诊法，“哲”病的疗法等进行了记述。最后，对剔取大脑和四大关节中遗留弹镞等异物的疗法，四肢外伤的疗法等有关外伤的疗法秘诀进行了记述。

བོད་ཀྱི་གསོ་རིག་ཀུན་བཏུས་བསྟུད་སྒྲིག་མ་ལས། པོད་རེ་གསུམ་པའི་ནང་དུ་བཞུགས།

在《〈藏医药大典〉续编（61—80）》中的位置： 收载于第六十三卷

ཚན་པ་དྲུག་པ། རིན་པོ་ཆེ་རྩའི་མཛོད།

第六篇 《珍宝脉库》

མཚན་བྱང་ཆ་ཚང་། རིན་པོ་ཆེ་རྩའི་མཛོད་ཅེས་བྱ་བ་ཚ་ལུང་སྟོད་ཀྱི་སྟོན་པ་དཀོན་མཆོག་སྐྱབས་ཀྱིས་མཛད་པ་བཞུགས་སོ། །

全名： 《嚓龙多贡觉嘉所著珍宝脉库》

རྩོམ་པ་པོ། རོག་སྟོན་དཀོན་མཆོག་སྐྱབས། དུས་རབས་བཅུ་གཅིག་པའི་ནང་དབུས་གཙང་མང་མཁར་ཚ་ལུང་དུ་སྐུ་འཁྲུངས།

作者： 若敦・贡觉嘉，11世纪生于卫藏芒卡擦龙地区。

མ་ཡིག ལག་བྲིས། ཡིག་གཟུགས་དབུ་མེད། ཤོག་ངོས་རེར་ཐིག་ཕྲེང་བརྒྱད། ཐིག་ཕྲེང་རེར་ཡིག་འབྲུ་ང་

བདུན། ཁྲིན་བསྒོམས་ཤོག་དངོས་བཞི་བཞུགས།

母本：手写本，草书体，每页8行，每行57字，共4页。

ནང་དོན་གནད་བསྡུས། གཞུང་འདི་ནི་ཚིག་བར་བདུན་ཅན་གྱི་ཚིགས་བཅད་ཤོ་ལོ་ཀ་ཕྱེད་དང་སུམ་ཅུ་རྩ་བཞིས་གྲུབ་སྟེ། ཐོག་མར་ནད་བརྟག་པ་ལ་ནད་པའི་བཞིན་མདངས་དང་། ལྗེ་ཆུའི་ཁ་དོག་སོགས་ལ་མིག་གིས་བལྟ་བས་ནད་གང་ཡིན་བརྟག་ཚུལ་དང་། རྒྱུ་གང་བྱས་པ་ལས་ནད་སློང་བ་དང་ཟས་དང་སྤྱོད་ལམ་དཔྱད་བཅོས་གང་དང་གང་བྱས་པ་སོགས་དྲི་བའི་སྒོ་ནས་ནད་བརྟག་ཚུལ། རྩ་ལ་རེག་པའི་སྒོ་ནས་ནད་གང་ཡིན་བརྟག་ཚུལ་གྱི་རིམ་པ་རགས་བསྡུས་ཤིག་བསྟན་ནས། རྗེས་སུ་རེག་པ་རྩ་ལ་དང་པོ་སྔོན་འགྲོ་དང་། བལྟ་དུས། བལྟ་གནས། མནན་ཚད། འཕར་ལུགས། ཐ་མལ་གྱི་རྩ་རྒྱུད་གསུམ། དུས་བཞི་རྩའི་བརྟག་ཚུལ། ནད་ཅན་གྱི་རྩ། ཚ་གྲང་གི་རྩའི་འཕར་ལུགས། དོན་སྣོད་གཉིས་ཕྱི་ནང་གང་དུ་དབང་པོ་དང་འབྲེལ་བ་ལས་ནད་གང་ཡིན་བརྟག་ཚུལ། ཚོན་ཀན་ཆག་གསུམ་སོ་སོའི་འོག་གི་རྩའི་རྒྱུ་ཚུལ། རྩའི་འཕར་གྲངས་ལས་འཚོ་འཆི་བརྟག་ཚུལ། ནད་མེད་ཀྱི་འཕར་གྲངས་གང་ཡིན་བཅས་རིག་པ་རྩའི་ནང་དོན་ཚིག་ཉུང་དོན་བསྡུས་ཤིག་བཀོད་ཡོད།

内容提要：以7言4行34首偈颂体形式简要阐述了以望、问、触的方法对疾病进行诊疗的要点。诊断过程中先对病患的面色、舌头颜色和尿色等望诊，对引发病情的饮食、起居和外治的问诊，然后切脉的触诊。书中还对诊脉的前提、时间、部位，切脉时的按压力度、脉象、三常脉和四季脉的诊法、病患脉和寒热脉的脉象、内脏腑与外五官的相关性疾病诊法、“寸、关、恰”切脉脉象、脉搏频次的生死兆诊法、正常人的脉搏频次等进行了描述。

བོད་ཀྱི་གསོ་རིག་ཀུན་བཏུས་བསྟུད་སྒྲིག་མ་ལས། པོད་རེ་གསུམ་པའི་ནང་དུ་བཞུགས།

在《〈藏医药大典〉续编（61—80）》中的位置：收载于第六十三卷

ཚན་པ་བདུན་པ། རིན་པོ་ཆེ་རྩའི་མཛོད་ཅེས་བྱ་བའི་འགྲེལ་པ།

第七篇 《珍宝脉库注释》

མཚན་བྱང་ཆ་ཚང་། རིན་པོ་ཆེ་རྩའི་མཛོད་ཅེས་བྱ་བའི་འགྲེལ་པ་བཞུགས་སོ། །

全名：《珍宝脉库注释》

རྩོམ་པ་པོ། རོག་སྟོན་དཀོན་མཆོག་སྐྱབས།

作者：堆敦・贡觉嘉。

མ་ཡིག ལག་བྲིས། ཡིག་གཟུགས་དབུ་མེད། ཤོག་ངོས་རེར་ཐིག་ཕྲེང་བརྒྱད། ཐིག་ཕྲེང་རེར་ཡིག་འབྲུ་ང་བདུན། ཁྱོན་བསྡོམས་ཤོག་ངོས་ཉི་ཤུ་བཞུགས།

母本：手写本，草书体，每页8行，每行57字，共20页。

ནང་དོན་གནད་བསྡུས། གཞུང་འདི་ནི་རིག་པ་རྩའི་མཛོད་ཀྱི་ནང་དོན་རྒྱས་པར་འགྲེལ་པ་ཞིག་སྟེ། གཞུང་སྤྱི་ལ་ལེའུ་བཅུ་བཞི་ཡོད། དེ་ལས་ལེའུ་དང་པོ་ནས་ལེའུ་བདུན་པའི་བར་ནི་ནད་མེད་རང་བཞིན་གྱི་རྩ་ལ་བརྟག་པ་སྟེ། བལྟ་རེག་དྲི་གསུམ་གྱི་སྒོ་ནས་ནད་བརྟག་པ་དང་། རིག་པ་རྩ་ལས་ནད་ངོས་བཟུང་བ། རྩ་བལྟ་བའི་སྔ་རོལ་ཏུ་དུས་དང་གནས་སོགས་ངེས་ཅན་བསྟན་པ་ལས་ནད་མི་འཁྲུལ་བར་རྟོགས་ཚུལ། ཕོ་མོའི་རྩ་དང་རླུང་གི་རྩ་སོགས་ཐམས་ཅད་ཤེས་པའི་དོན་དུ་འཕར་ལུགས་ཀྱི་རྩ་རྒྱུད་བརྟག་པ། ནད་མེད་དང་ནད་ཅན་གྱི་རྩ་དང་མི་འཁྲུལ་བར་ཤེས་པའི་དོན་དུ་རྟེན་གྱི་རྩ་རྒྱུད་གསུམ་བརྟག་པ། འབྱུང་བ་དར་བ་དང་རྒུད་པ་དང་ནད་པ་འཚོ་འཆི་མི་འཁྲུལ་བར་ཤེས་པའི་དོན་དུ་དུས་ཀྱི་རྩ་རྒྱུད་བརྟག་པ། ཚ་རྩ་དང་གྲང་རྩ་མི་འཁྲུལ་བའི་དོན་དུ་གདགས་སྲིབས་ཀྱི་རྩ་རྒྱུད་བརྟག་པ་བཅས་བསྟན་པ་དང་། ལེའུ་བརྒྱད་པ་ནས་ལེའུ་བཅུ་བཞི་པའི་བར་ནི་ནད་ཅན་གློ་བུར་གྱི་རྩ་ལ་བརྟག་པ་སྟེ། འདུ་བ་རླུང་མཁྲིས་བད་ཀན་དང་ཁྲག་ནད་སོགས་རྐྱེན་པའི་

ནད་རིགས་བརྒྱད་ཀྱི་རྩའི་ངོས་འཛིན་ཚུལ། རྩ་དྲག་དལ་དང་ལན་གྲངས་དུ་མ་འཕར་ཚུལ་ལས་ཚ་རྩ་གྲང་རྩ་ཚ་གྲང་འདྲེས་མའི་རྩ་གསུམ་གྱི་ངོས་འཛིན་ཚུལ། ཕྱི་དབང་པོ་དང་ནང་དོན་སྣོད་ཀྱི་འབྱོར་འབྲེལ་དང་རྩ་འཕར་ཚུལ་ལས་ནད་གང་ཡིན་ངོས་འཛིན་ཚུལ། ཐོན་ཀན་ཆག་གསུམ་སོ་སོའི་འོག་གི་རྩ་འཕར་ཚུལ་ལས་ལུས་སྟོད་སྨད་དང་ཕྱི་ནང་བར་གསུམ་གྱི་ནད་ངོས་འཛིན་ཚུལ། དུས་རྩ་ལས་འཚོ་འཆི་བརྟག་པ། རྩ་འཐེན་པ་དང་སྟོད་པ་ལས་ནད་ཀྱི་ཡུན་ཅི་ཙམ་དང་གདོན་དང་འཆི་ལྟས་ཀྱི་རྩ་བརྟག་ཚུལ། མདོར་བསྡུས་ཀྱི་རྩ་བརྟག་ཚུལ་གྱི་ལག་ལེན་རིམ་པ་བཅས་རྩ་འགྲེལ་སྦྲགས་མའི་སྒོ་ནས་ཚིག་གི་དོན་རྒྱས་པར་བཀྲལ་ཡོད།

内容提要：此书是对《珍宝脉库》的注解。全书分14章。第一章至第七章，阐述正常人的脉诊中的望、触、问诊法，切脉法，切脉时间和部位等。第八章至第十四章，阐述病患突发脉诊中“隆”“赤巴”“培根”和血病等引发的8类疾病的诊脉法，如，通过脉的强弱和频次诊断寒、热和混合脉，通过外部五官和内部脏腑的相表里的脉象诊病法，根据“寸、关、恰”切脉脉象诊断上、下和内、外、中部疾病的方法，根据季脉脉象诊断生死之法，根据脉的驰张诊断病程之法，“敦”脉和死兆脉的诊法。全书以颂注结合的方式对诊脉临床实践进行了详尽的诠释。

བོད་ཀྱི་གསོ་རིག་ཀུན་བཏུས་བསྡུད་སྒྲིག་མ་ལས། པོད་རེ་གསུམ་པའི་ནང་དུ་བཞུགས།

在《〈藏医药大典〉续编（61—80）》中的位置：收载于第六十三卷

ཚན་པ་བརྒྱད་པ། གསོ་དཔྱད་སྒྲོན་མ་གསལ་བ།

第八篇 《医疗明灯》

མཚན་བྱང་ཆ་ཚང་། གསོ་དཔྱད་སྒྲོན་མ་གསལ་བ་ཞེས་བྱ་བ་བཞུགས་སོ། །

全名：《医疗明灯》

རྩོམ་པ་པོ། ཤཱཀྱའི་དགེ་སློང་ཏེ་ཙུ་ཧྲ་ལའམ་ཞང་གཟི་བརྗིད་འབར། དུས་རབས་བཅུ་གཅིག་པའི་ནང་དབུས་

གཙང་གཡོར་སྨད་ཡར་མདའི་ཡར་ཀླུངས་གད་པ་སྟེང་དུ་སྐུ་འཁྲུངས།

作者：释迦比丘迪杂祖拉，又名祥·斯吉巴，11世纪中叶生于卫藏约麦雅达雅隆。

མ་ཡིག ལག་བྲིས། ཡིག་གཟུགས་དབུ་མེད། ཤོག་ངོས་རེར་ཐིག་ཕྲེང་བདུན། ཐིག་ཕྲེང་རེར་ཡིག་འབྲུ་སོ་བདུན། ཁྱོན་བསྡོམས་ཤོག་ངོས་ཉེར་བཞི་བཞུགས།

母本：手写本，正楷体，每页7行，每行37字，共24页。

ནང་དོན་གནད་བསྡུས། གཞུང་འདི་ནི་ལེའུ་ལྔའི་བདག་ཉིད་ཅན་ཏེ། ལེའུ་དང་པོའི་ནང་གསོ་དཔྱད་སྤྱིའི་འབྱུང་ཁུངས་མདོ་ཙམ་དང་། ལེའུ་གཉིས་པ་ལུས་སྤྱིའི་རྣམ་བཞག་སྟེ་འབྱུང་བ་ལྔས་བསྐྱེད་པའི་ལུས་ལ་རྣམ་པར་གྱུར་དང་མ་གྱུར་གཉིས་ལས་རྣམ་པར་མ་གྱུར་ལ་ཇི་ལྟར་བཅུད་ལེན་བྱེད་ཚུལ་དང་། རྣམ་འགྱུར་ནད་ལ་སྨན་དང་དཔྱད་ཀྱིས་བཅོས་ཚུལ་མདོར་བསྡུས་ཤིག་དང་། སྨན་གྱི་འབྱུང་ཁུངས། རོའི་རྟེན། སྨན་པའི་ཡན་ལག་བཅས་བསྟན། ལེའུ་གསུམ་པ་ནད་གཞིའི་རྒྱུ་རྐྱེན་དང་གནས་ས། ཡུལ་དུས། ན་སོ། འཇུག་སྒོ་དྲུག སྲོག་གཅོད་ནད་དགུ། གཉེན་པོ་གསུམ་བཅས་བསྟན། ལེའུ་བཞི་པ་སྨན་གྱི་རོ་དྲུག་དང་། ཞུ་རྗེས་གསུམ། ནུས་པ་བརྒྱད། སྦྱོར་ཐབས་ལྔ། ཡན་ལག་དྲུག་བཅས་བསྟན། ལེའུ་ལྔ་པ་གསོ་ཐབས་ལ་ཐོག་མར་སྨིན་པར་བྱེད་པ་ནི་ཚད་པ་གསོ་བ་རྣམས་ཀྱི་གནད་ཡིན་ཚུལ་དང་། གཉེན་པོ་ལ་སྦྱོང་བྱེད་ལས་ལྔ་དང་དཔྱད་ལྔ་དང་སྨན་གྱི་སྡེ་ཚན་ལྔ། ཉེས་པ་མྱུར་དུ་འཇོམས་བྱེད་ཟབ་མོའི་དཔྱད་ལ་སྣ་སྦྱོངས་དང་། རྩ་སྦྱོངས། ཐུར་མ་གསུམ་ཡིན་པར་གདམས་པ་བཅས་ཀྱི་དོན་རགས་བསྡུས་ཤིག་བསྟན་ཡོད།

内容提要：此书由5章组成。第一章概述了医学起源；第二章记述了关于机体的论述即五原构成的机体病变和未病变二者之未病变的营养摄取法，病变疾病的药物和外治疗法，以及药物来源，味所依，医生应具备的要素；第三章记述了疾病的内外因、部位、地点、季节、年龄、入侵六门、九绝症、三对治等；第四章记述了药物六味、三化味、八效、五配制法、六分支等；第五章记述了催熟对热病治疗的重要性，并对五泄疗、五外治、五方药部，速疗病邪的鼻泄、脉泄和刺针三外治进行了概述。

བོད་ཀྱི་གསོ་རིག་ཀུན་བཏུས་བསྡུད་སྒྲིག་མ་ལས། པོད་རེ་གསུམ་པའི་ནང་དུ་བཞུགས།

在《〈藏医药大典〉续编（61—80）》中的位置：收载于第六十三卷

ཚན་པ་དགུ་པ། གདམས་པ་སུམ་ཅུ་པ།

第九篇　《三十教诫》

མཚན་བྱང་ཆ་ཚང་། གསོ་བ་རིག་པའི་བསྟན་བཅོས་སྒྲོན་མ་གསལ་བའི་གདམས་པ་སུམ་ཅུ་པ་བཞུགས་སོ། །

全名：《医典明灯三十教诫》

རྩོམ་པ་པོ། ཤཱཀྱའི་དགེ་སློང་ཏི་ཙ་ཛྙཱ་ལའམ་ཞང་གཟི་བརྗིད་འབར། དུས་རབས་བཅུ་གཅིག་པའི་ནང་དབུས་གཙང་གཡོར་སྨད་ཡར་མདའི་ཡར་ཀླུངས་གད་པ་སྟེང་དུ་སྐུ་འཁྲུངས།

作者：释迦比丘迪杂祖拉，又名祥・斯吉巴，11世纪中叶生于卫藏约麦雅达雅隆。

མ་ཡིག ལག་བྲིས། ཡིག་གཟུགས་དབུ་མེད། ཤོག་ངོས་རེར་ཐིག་ཕྲེང་བདུན། ཐིག་ཕྲེང་རེར་ཡིག་འབྲུ་སོ་བདུན། ཁྱོན་བསྡོམས་ཤོག་ངོས་ཉིས་བརྒྱ་དང་གོ་ལྔ་བཞུགས།

母本：手写本，草书体，每页7行，每行37字，共295页。

ནང་དོན་གནད་བསྡུས། གཞུང་འདི་ནི་ནད་དང་གསོ་ཐབས་གཙོ་བོར་སྟོན་པ་ཞིག་སྟེ། གཞུང་སྤྱི་ལ་ལེའུ་སུམ་ཅུ་ཡོད། ཐོག་མར་ཉེས་གསུམ་གྱི་རྒྱུ་རྐྱེན་དང་། གནས། འཇུག་ཚུལ། རྟགས། ངོས་བཟུང་ཐབས། གསོ་ཐབས། རྗེས་གཅོད་བཅས་སྤྱི་ཙམ་ཞིག་དང་། ཚེ་འཕེལ་བཅུད་ལེན་གྱི་སྨན་སྦྱོར་དང་དེ་བསྟེན་པའི་ཐབས། ཕན་ཡོན་དང་ཉེས་དམིགས། ནད་གཞི་གང་ཞིག་གསོ་མི་ཐུབ་པའི་འཆི་ལྟས། སྨན་དང་ཟས་ཀྱི་རྣམ་བཞག་སོགས་བསྟན་ནས། བར་དུ་རླུང་མཁྲིས་བད་ཀན་གསུམ་གྱི་ནད་སློང་བའི་རྒྱུ་རྐྱེན་དང་། ནད་རྟགས། ནད་དབྱེ་བྲག་བ་དག་གི་རྩའི་འཕར་ཚུལ། མ་སྨིན་ཚ་བའི་རྟགས་དང་སྨིན་པའི་ཐབས་དང་གསོ་བའི་ཐབས། ཉེར་གསུམ་སོ་སོའི་སྤྱི་བཅོས་དང་བྱེ་བྲག་པའི་སྙོམས་བཅོས། མ་ཞུ་བ་དང་རིམས་ནད། འབྲུགས། སྨན་

ནད། དམུ་རྒྱུ། ཆུ་སེར། བད་ཀན་སྨུག་པོ་བཅས་ཀྱི་དབྱེ་བ་དང་ཞུགས་རྟགས་དང་གསོ་ཐབས་སོགས་ནད་ཀྱི་བརྟག་བཅོས་སྐོར། ཐ་མར་གཉེན་པོ་སྦྱོང་བྱེད་བཤལ་དང་སྐྱུགས། འཇམ་རྩི། སྣ་སྨན། ནི་རུ་ཧ། དཔྱད་དུགས། ལུམས། མེ་བཙའ། གཏར་ག བྱུགས་པ། སྣ་བཤལ། རྩ་བཤལ། ཐུར་མ་བཅས་སོ་སོ་གཏོང་རུང་བ་དང་མི་རུང་བའི་ནད་གཞི་དང་། སྦྱོར་ལུགས། བཏང་ཐབས། ལུས་ཀྱི་སྤྱོད་ལམ། ལོག་གནོན། ལེགས་ཉེས་སོགས་ཀྱི་ལག་ལེན་གྱི་རིམ་པ། ཞི་བྱེད་ཁུ་བ་ཕྱེ་མ་ལྡེ་གུ་རི་ལུ་སྨན་མར་བཅས་སྡེ་ཚན་ལྔ་ལས་བྱུང་བའི་སྨན་གྱི་སྦྱོར་བ། གཏར་སྲེག་གི་འཕྲུལ་གཞིའི་གནད་སོགས་བསྟན་ཡོད།

内容提要：此书是一部主要记述疾病和疗法的著作。全书分30个章。首先，概述了三邪的内因、外缘、部位、侵入方式、症状、诊法、疗法、断后疗法，滋补益寿的方药及其服用方法、功效和禁忌，疾病的死兆，药物和饮食规范。其次，记述了引发“隆”“赤巴”“培根”病的内因、外缘、病症，一些具体疾病的脉象，未熟热症和催熟之法及疗法，三邪各自的总体和具体疗法，不消、瘟病、紊乱热、痞瘤、腹水、黄水、紫色培根等的分类、病症和疗法等。最后，记述了对治泄疗之下泻、催吐、缓导、“尼如哈”，外治罨敷、药浴、火灸、放血、涂擦、鼻泄、脉泄、针刺等对疾病的宜忌，药物的配制法、用法、行为、镇逆、疗效等，平息方汤、散、糊、丸、药油剂五类的组方，放血、火灸误点等。

བོད་ཀྱི་གསོ་རིག་ཀུན་བཏུས་བསྐྱར་སྒྲིག་མ་ལས། པོད་རེ་གསུམ་པ་དང་རེ་བཞི་པའི་ནང་དུ་བཞུགས།

在《〈藏医药大典〉续编（61—80）》中的位置：收载于第六十三和第六十四卷

ཚན་པ་བཅུ་པ། གསོ་བ་རིག་པའི་བསྟན་བཅོས་དྲི་མེད་གཟི་བརྗིད།

第十篇 《医典无垢荣光》

མཚན་བྱང་ཆ་ཚང་། གསོ་བ་རིག་པའི་བསྟན་བཅོས་དྲི་མེད་གཟི་བརྗིད་ཀྱི་གཞུང་ལེའུ་བཞི་ཡི་བདག་ཉིད་ཅེས་བྱ་བ་བཞུགས་སོ། །

全名：《医典无垢荣光 · 四章本义》

རྩོམ་པ་པོ། ཤཱཀྱའི་དགེ་སློང་ཧེ་ཙ་ཛ་ལའམ་ཞང་གཟི་བརྗིད་འབར། དུས་རབས་བཅུ་གཅིག་པའི་ནང་དབུས་གཙང་གཡོར་སྨད་ཡར་མདའི་ཡར་ཀླུངས་གད་པ་སྟེང་དུ་སྐུ་འཁྲུངས།

作者：释迦比丘迪杂祖拉，又名祥 · 斯吉巴，11世纪中叶生于卫藏约麦雅达雅隆。

མ་ཡིག ལག་བྲིས། ཡིག་གཟུགས་དབུ་མེད། ཤོག་ངོས་རེར་ཐིག་ཕྲེང་ལྔ། ཐིག་ཕྲེང་རེར་ཡིག་འབྲུ་ཉེར་དགུ། ཁྱོན་བསྡོམས་ཤོག་ངོས་ཉི་ཤུ་བཞུགས།

母本：手写本，草书体，每页5行，每行29字，共20页。

ནང་དོན་གནད་བསྡུས། གཞུང་འདི་ནི་ སྨུག་སྟོན་རྒྱ་གར་ར་ཙ་དང་། བལ་སྟོན་ཤེས་རབ་ཁྲི་འབུམ་གཉིས་ཀྱིས་ཞུས་ངོར་ཤཱཀྱའི་དགེ་སློང་ཞང་གཟི་བརྗིད་འབར་གྱིས་ཡུལ་ཡར་ལུང་གད་པ་སྟེང་གི་ས་རྟེན་སྟོང་ཕྲག་བརྒྱ་པའི་མཆོད་རྟེན་གྱི་དྲུང་དུ་དཀྱུན་ཟླ་ར་བའི་ཚེས་བརྒྱད་སྐར་མ་རྒྱལ། གཟའ་ཟླ་བ་དར་བའི་ཉིན་ལེགས་པར་སྦྱར་བ་ཞིག་ཡིན་ཅིང་། ནང་དོན་ལ་རྩ་རྒྱུད་ལེའུ་དྲུག་གི་བརྗོད་དོན་ལས་གླེང་གཞི་དང་གླེང་སློང་ལེའུ་གཉིས་ཀྱི་ནང་དོན་ཕུད་པའི་གནས་ལུགས་ནད་གཞི་དང་། ངོས་འཛིན་རྟགས། གསོ་བྱེད་ཐབས། དཔེ་དང་དོན་གྱི་རྣམ་གྲངས་བཅས་ལེའུ་བཞི་ཡི་ནང་དོན་མདོར་བསྡུས་ཤིག་བསྟན་ཡོད། ཁྱད་པར་དུ་གཞི་རྟགས་གསོ་གསུམ་གྱི་རྩ་བ་དང་། དེ་ལས་གྱེས་པའི་ཡལ་ག་ཉིས་བརྒྱ་དང་དགུ་བཅུ་རྩ་གཅིག ལོ་འདབ་སུམ་བརྒྱ་

དང་རྩ་གསུམ་དབྱེ་ཚུལ་བཅས་རྩ་རྒྱུད་དང་བཞེད་དགོངས་ཅུང་མི་འདྲ་བར་རྩ་བ་ཚིག་ཉུང་དོན་དུ་དྲིལ་བ་ལ་མཆན་གྱིས་ཟུར་བརྒྱན་ནས་འཀོད་ཡོད།

内容提要：此书是在布敦加格然杂和白敦谢热赤本二人的请授下由祥·斯吉巴在雅隆断崖上的千佛塔旁于藏历十月初八月盈之日完成，是对《根本部》除绪论和概论之外病理生理、诊断、疗法、比像等4章内容所进行的概述。书中对病理生理、诊断和疗法三根的291个枝干和303叶片的分类法等与《根本部》略有不同。本书采用偈颂体，正文附注解的形式进行了记述。

བོད་ཀྱི་གསོ་རིག་ཀུན་བཏུས་བསྡུད་སྒྲིག་མ་ལས། པོད་རེ་བཞི་པའི་ནང་དུ་བཞུགས།

在《〈藏医药大典〉续编（61—80）》中的位置：收载于第六十四卷

ཚན་པ་བཅུ་གཅིག་པ། གསོ་བ་རིག་པའི་བསྟན་བཅོས་དྲི་མེད་འོད།

第十一篇 《医典无垢光》

མཚན་བྱང་ཆ་ཚང་། གསོ་བ་རིག་པའི་བསྟན་བཅོས་དྲི་མེད་འོད་ཅེས་བྱ་བ་བཞུགས་སོ། །

全名：《医典无垢光》

རྩོམ་པ་པོ། མི་གསལ།

作者：不详。

མ་ཡིག ལག་བྲིས། ཡིག་གཟུགས་དབུ་མེད། ཤོག་ངོས་རེར་ཐིག་ཕྲེང་ལྔ། ཐིག་ཕྲེང་རེར་ཡིག་འབྲུ་ཉེར་དགུ། ཁྱོན་བསྡོམས་ཤོག་ངོས་བདུན་བཞུགས།

母本：手写本，草书体，每页5行，每行29字，共7页。

ནང་དོན་གནད་བསྡུས། གཞུང་འདིའི་ནང་ཐོག་མར་སྨན་གྱི་རྒྱུད་ཆེན་པོ་བཞི་གང་ཡིན་དང་། དེ་རྒྱ་ནག་ཏུ་འཇམ་དཔལ་དང་། རྒྱ་གར་དུ་སྤྱན་རས་གཟིགས། ཨོ་རྒྱན་ཡུལ་དུ་ཕྱག་ན་རྡོ་རྗེ། བཻ་ཌཱའི་ཡུལ་དུ་ནཱ་གརྫུ་ན་

བཅས་སོ་སོས་སྤྲུལ་པ་གང་སྤྲུལ་ནས་གནས་གང་དུ་གསུངས་ཚུལ། རྒྱུད་ཆེན་པོ་བཞི་ལས་ཡན་ལག་བརྒྱད་པ་དང་། འགྲམ་པ་ཧི་དང་འབྲུ་ཤག་གསོ་མ་ར་ཙ། སུ་ར་བ་དྲན་པའི་དབང་པོ། བདུད་རྩིའི་བམ་པོ་བརྒྱད་པ་བཏུས་ནས་རིམ་པར་བཻ་རོ་ཙ་ན་དང་། མཐའ་བཞི་དང་། བྲང་ཏི། གཡུ་ཐོག་སོགས་ལ་བརྒྱུད་ཚུལ། གསོ་བ་རིག་པའི་བསྟན་བཅོས་དྲི་མེད་འོད་ཀྱི་བརྒྱུད་པའི་ལོ་རྒྱུས་རགས་ཙམ་བཅས་གསུངས་ནས། རྗེས་སུ་བསྟན་བཅོས་དྲི་མེད་གཟི་བརྗིད་ཀྱི་རྩ་བ་དྲི་མེད་འོད་ཟེར་གྱི་ལེའུ་བཞི་རིམ་པར་སྟོན་པར་བྱ་སྟེ་ཞེས་འཁོད་ཀྱང་དངོས་གཞིའི་བརྗོད་བྱའི་ནང་དོན་ཆད་འདུག་པས་ཁ་སྐོང་བྱེད་མ་ནུས་པར་སོར་བཞག་བྱས་ཡོད།

内容提要：此书首先介绍了何为《医学四大续》，并对文殊菩萨、印度观音菩萨、邬仗那金刚手菩萨、贝达那嘎孜那各自的化身及他们的授教地点，以《医学四大续》为参考编写《八支》《樟木巴都》《布协・索玛拉杂》《斯拉哇智者》《甘露八卷》等并向毗卢遮那、塔西、昌迪、宇妥等依次传承的过程，对《医典无垢光》简史等进行了简述，书中虽有“《医典无垢荣光颂・无垢光明》四个章节依次述”的记载，但实际正文内容有所缺失且尚未进行补充。

བོད་ཀྱི་གསོ་རིག་ཀུན་བཏུས་བསྡུད་སྒྲིག་མ་ལས། པོད་རེ་བཞི་པའི་ནང་དུ་བཞུགས།

在《〈藏医药大典〉续编（61—80）》中的位置：收载于第六十四卷

ཚན་པ་བཅུ་གཉིས་པ། དྲི་མེད་གཟི་བརྗིད་ཀྱི་འགྲེལ་པ་དྲི་མེད་འོད།

第十二篇　《无垢荣光注释・无垢光明》

མཚན་བྱང་ཆ་ཚང་། བསྟན་བཅོས་དྲི་མེད་གཟི་བརྗིད་ཀྱི་འགྲེལ་པ་དྲི་མེད་འོད་བཞུགས་སོ། །

全名：《医典无垢荣光注释・无垢光明》

རྩོམ་པ་པོ། ཤཱཀྱའི་དགེ་སློང་ཧེ་ཙླ་ཛྙ་ལའམ་ཞང་གཟི་བརྗིད་འབར། དུས་རབས་བཅུ་གཅིག་པའི་ནང་དབུས་གཙང་གཡོར་སྨད་ཡར་མདའི་ཡར་ཀླུངས་གད་པ་སྟེང་དུ་སྐུ་འཁྲུངས།

作者：释迦比丘杂祖拉，又名祥·斯吉巴，11世纪中叶生于卫藏约麦雅达雅隆。

མ་ཡིག ལག་བྲིས། ཡིག་གཟུགས་དབུ་མེད། ཤོག་ངོས་རེར་ཐིག་ཕྲེང་ལྔ། ཐིག་ཕྲེང་རེར་ཡིག་འབྲུ་ཉེར་དགུ། ཁྱོན་བསྡོམས་ཤོག་ངོས་ཉེར་གསུམ་བཞུགས།

母本：手写本，草书体，每页5行，每行29字，共23页。

ནང་དོན་གནད་བསྡུས། གཞུང་འདི་ནི་ཤེས་རབ་ཀྱི་ཉི་མའི་འོད་ཟེར་གྱིས་ཞུས་ངོར་དགེ་སློང་ཏེ་ཙ་ཛ་ལའམ་ཞང་གཟི་བརྗིད་འབར་གྱིས་གནས་ཡར་ལུང་གད་པའི་སྟེང་གི་མཆོད་རྟེན་བུམ་པའི་ནུབ་བྱང་དུ་གསུངས་པ་ཞིག་སྟེ། གཞུང་སྤྱི་ལ་ས་བཅད་གཉིས་ཡོད། ཐོག་མར་གཞུང་འདི་རྩོམ་པའི་མཆོད་པར་བརྗོད་པ་དང་དམ་བཅའ་བ་བསྟན་ནས། རྗེས་སུ་གཞུང་དངོས་ཀྱི་དོན་མན་ངག་གསུམ་གྱིས་བཀྲོལ་ཡོད་དེ། དང་པོ་གནས་ལུགས་ནད་གཞིའི་མན་ངག་སྐབས་སུ་རྣམ་པར་མ་གྱུར་པའི་རླུང་མཁྲིས་བད་ཀན་སོ་སོའི་མིང་དང་། གནས། ལམ། བྱེད་ལས་བཅས་དང་། རྣམ་པར་གྱུར་པའི་ལུས་ལ་ཕྱིའི་རྐྱེན་རྨ་དང་མཛེ་ཕྱོག ནང་རྐྱེན་མ་ཞུ་བ་སོགས། ལྷན་ཅིག་བྱེད་རྐྱེན་རླུང་མཁྲིས་བད་ཀན་གསུམ་དུ་བྱས་ནས་ཉེས་གསུམ་གྱི་རྒྱུ་ཚུལ། ལས། ཆོས་ཉིད། དཔེ་དང་ནད་གང་བསྐྱེད་ཚུལ་སོགས་བསྟན། གཉིས་པ་ངོས་འཛིན་རྟགས་ཀྱི་མན་ངག་སྐབས་སུ་བལྟ་བ་ལ་ལྕེ་དང་ཆུ་དང་ཁྲག་ལ་ཇི་ལྟར་བརྟག་པ་དང་། རེག་པ་རྩ་ལ་རླུང་མཁྲིས་བད་ཀན་སོགས་ཀྱི་རྩའི་རྒྱུ་ཚུལ། དྲི་བ་ལ་རླུང་མཁྲིས་བད་ཀན་གསུམ་པོ་རེ་རེ་ལ་ནད་རྟགས་བཅུ་གསུམ་རེ་ཡོད་པའི་ནད་ངོས་འཛིན་ཚུལ། གསུམ་པ་གསོ་བྱེད་ཐབས་ཀྱི་མན་ངག་སྐབས་སུ་རླུང་མཁྲིས་བད་ཀན་གསུམ་པོ་རེ་རེའི་ལྟོ་ཡང་ཟས་དང་སྨན་གྱི་བཅོས་ཐབས་དང་། བསིལ་དྲོད་སྨན་གྱི་བཅོས་ཐབས། འཇམ་རྩུབ་དཔྱད་ཀྱི་བཅོས་ཐབས། དྲག་དལ་སྤྱོད་ལམ་གྱི་བཅོས་ཐབས་སོགས་ཡོད་པ་བསྟན།

内容提要：此著作是在智者尼玛奥色的请授下，由比丘杂祖拉即祥·斯吉巴在雅隆断崖上的佛塔西北处所授而成。正文分3部分，第一部分为生理病理秘诀，对未病变的“隆”“赤巴”“培根”的命名、部位、通路、功能以及病变后的机体在外缘创伤、麻风和炭疽，内缘不消等，协同缘“隆”“赤巴”“培根”三者作用下三邪的走向、作用、规律、比喻和诱发疾病的过程等进行了记述；第二部分为诊断秘诀，对舌、尿和血的望诊诊法，“隆”“赤巴”“培根”等的脉象，“隆”“赤巴”“培根”三者各自13个病症的问诊等进行了记述；第三部分为疗法秘诀，对“隆”“赤巴”“培根”病的轻重、饮食疗法、凉热药物疗法、缓峻外治疗法、强弱起居疗法等进行了记述。

བོད་ཀྱི་གསོ་རིག་ཀུན་བཏུས་བསྟུད་སྒྲིག་མ་ལས། པོད་རེ་བཞི་པའི་ནང་དུ་བཞུགས།

在《〈藏医药大典〉续编（61—80）》中的位置：收载于第六十四卷

ཚན་པ་བཅུ་གསུམ་པ། དྲི་མ་མེད་པའི་གཟི་བརྗིད་ལས་རྩིས་ཀྱི་ལེའུ།

第十三篇　《医疗无垢荣光之计数章》

མཚན་བྱང་ཆ་ཚང་། གསོ་དཔྱད་དྲི་མ་མེད་པའི་གཟི་བརྗིད་ལས་རྩིས་ཀྱི་ལེའུ་འབྲུགས་སྡེབས་སུ་བཀོད་པ་བཞུགས་སོ། །

全名：《医疗无垢荣光之计数章晰述实践汇编》

རྩོམ་པ་པོ། ཤཱཀྱའི་དགེ་སློང་ཏེ་ཙྪ་ཛྷ་ལའམ་ཞང་གཟི་བརྗིད་འབར། དུས་རབས་བཅུ་གཅིག་པའི་ནང་དབུས་གཙང་གཡོར་སྨད་ཡར་མདའི་ཡར་ཀླུངས་གད་པ་སྟེང་དུ་སྐུ་འཁྲུངས།

作者：释迦的比丘杂祖拉，又名祥·斯吉巴，11世纪中叶生于卫藏约麦雅达雅隆。

མ་ཡིག ལག་བྲིས། ཡིག་གཟུགས་དབུ་མེད། ཤོག་ངོས་རེར་ཐིག་ཕྲེང་ལྔ། ཐིག་ཕྲེང་རེར་ཡིག་འབྲུ་ཉེར་དགུ། ཁྱོན་བསྡོམས་ཤོག་ངོས་བཅུ་དྲུག་བཞུགས།

母本：手写本，草书体，每页5行，每行29字，共16页。

ནང་དོན་གནད་བསྡུས། གཞུང་འདི་ནི་ལེའུ་བཞིའི་བདག་ཉིད་ཅན་གྱི་གསོ་དཔྱད་དྲི་མ་མེད་པའི་གཟི་བརྗིད་ཀྱི་རྩིས་ཀྱི་ལེའུ་འབྲུགས་སྡེབས་སུ་བཀོད་པ་ཞིག་སྟེ། གཞི་རྟགས་གསོ་གསུམ་གྱི་རྩ་བ་གསུམ་ལས་གྱེས་པའི་རྣམ་

པར་གྱུར་དང་མ་གྱུར་པའི་སྡོང་པོ་གཉིས་དང་། བལྟ་བའི་བརྟག་པ་དང་རེག་པའི་བརྟག་པ། དྲི་བའི་བརྟག་པ་བཅས་ཀྱི་སྡོང་པོ་གསུམ། ཟས་ཡང་ཟས་སྤྱོམ་གྱི་གསོ་བ་དང་། བསིལ་དྲོད་སྨན་གྱི་གསོ་བ། འཇམ་རྩུབ་དཔྱད་ཀྱི་གསོ་བ། དྲག་དལ་སྤྱོད་ལམ་གྱི་གསོ་བའི་སྡོང་པོ་བཞི་སྟེ་སྡོང་པོ་དགུ། རྣམ་པར་མ་གྱུར་པ་ལ་ཡལ་ག་དྲུག་ཅུ་རྩ་བཞི་དང་། རྣམ་པར་གྱུར་པ་ལ་ཡལ་ག་ལྔ་བཅུ་རྩ་ལྔ། མཚན་ཉིད་རྟགས་ལ་ཡལ་ག་བརྒྱད་ཅུ་རྩ་གཉིས། གསོ་བའི་ཐབས་ལ་ཡལ་ག་དགུ་བཅུ་ཐམ་པ་སྟེ་རྩ་བ་གསུམ་ལ་སྡོང་པོ་དགུ་དང་ཡལ་ག་ཉིས་བརྒྱ་གོ་གཅིག ལོ་འདབ་སུམ་བརྒྱ་དང་གཅིག་གི་གྲངས་རེ་རེ་བཞིན་བགྲང་ཡོད།

内容提要：此著作对《医疗无垢荣光》计数章进行了明晰的阐述。书中对对病症疗3根所分出的9树干即生理和病理2树干，望诊、触诊和问诊3树干，性轻重饮食疗法、凉热药物疗法、缓峻外治疗法、强弱行为疗法4树干以及生理树干所延伸的64枝干，病理树干所延伸的55枝干，诊断82枝干，疗法90枝干等3根、9树、291枝干、301叶片的计数进行了记述。

བོད་ཀྱི་གསོ་རིག་ཀུན་བཏུས་བསྟུད་སྒྲིག་མ་ལས། པོད་རེ་བཞི་པའི་ནང་དུ་བཞུགས།

在《〈藏医药大典〉续编（61—80）》中的位置：收载于第六十四卷

ཚན་པ་བཅུ་བཞི་པ། དྲི་མེད་གཟི་བརྗིད་ཀྱི་དགོས་འགྲུམས།

第十四篇　《无垢荣光之所需》

མཚན་བྱང་ཆ་ཚང་། དྲི་མེད་གཟི་བརྗིད་ཀྱི་དགོས་འགྲུམས་བཞུགས་སོ། །

全名：《无垢荣光之所需》

རྩོམ་པ་པོ། ཕྱག་སྟོན་རྒྱ་གར་ནྡ་ཙ། དུས་རབས་བཅུ་གཅིག་པའི་ནང་རྒྱ་གར་དུ་སྐུ་འཁྲུངས།

作者：博敦·加格拉扎，11世纪生于印度。

མ་ཡིག ལག་བྲིས། ཡིག་གཟུགས་དབུ་མེད། ཤོག་ངོས་རེར་ཐིག་ཕྲེང་ལྔ། ཐིག་ཕྲེང་རེར་ཡིག་འབྲུ་ཉེར་

དགུ། ཁྱིན་བསྟོམས་ཤོག་དོས་དྲུག་བཞུགས།

母本：手写本，草书体，每页5行，每行29字，共6页。

ནང་དོན་གནད་བསྡུས། གཞུང་སྤྱི་ལ་ས་བཅད་གསུམ་ཡོད་དེ། དང་པོ་སྔད་ཀྱི་དོན་ལ་གཞུང་རྩོམ་པར་དམ་བཅའ་བ་དང་། གཉིས་པ་གཞུང་དོན་དངོས་ནི་གནས་ལུགས་ནད་གཞིའི་མན་ངག་དང་། ངོས་འཛིན་རྟགས་ཀྱི་མན་ངག གཉེན་པོ་གསོ་ཐབས་ཀྱི་མན་ངག་བཅས་གསུམ་གྱིས་བཀྲོལ་བ་ལ། གནས་ལུགས་ནད་གཞིའི་སྐབས་སུ། རྣམ་པར་མ་གྱུར་པའི་ལུས་ཀྱི་རྣམ་གྲངས་ལ་ནད་གཞི་གསུམ་གྱི་རྣམ་གཞག་ལྔ་བཅུ། ལུས་ཟུངས་བདུན་གྱི་མིང་དང་ལས་བཅུ་བཞི། རྣམ་པར་གྱུར་པ་ལ་ཉེས་གསུམ་གྱི་རྣམ་གཞག་ལྔ་བཅུ་རྩ་ལྔ། བར་དུ་ངོས་འཛིན་རྟགས་ཀྱི་མན་ངག་སྐབས་སུ་བལྟ་རེག་དྲི་གསུམ་ལས་བལྟ་བ་ལ་ཆུ་ཡི་ཁ་དོག་དང་ཁྲག་གི་ཁ་དོག སྐམ་ རློན་ཁ་ལྕེའི་ཁ་དོག་གི་སྒོ་ནས་བརྟག་པ་དང་། རེག་པ་ལ་རྩའི་སྒོ་ནས་བརྟག་པ། དྲི་བ་ལ་ཁ་ཟས་དང་སྨན་འཕྲོད་མི་འཕྲོད་ཀྱི་སྒོ་ནས་ནད་གཞིའི་ན་ལུགས་ལ་བརྟག་པ་བཅས་བསྟན། ཐ་མ་གཉེན་པོ་གསོ་ཐབས་ཀྱི་མན་ངག་སྐབས་སུ་གཉེན་པོ་ལྕི་ཡང་ཟས་སྤྱོམ་ལ་རྣམ་གྲངས་ཉི་ཤུ་རྩ་བཞི་དང་། བསིལ་དྲོད་སྨན་ལ་བཞི་བཅུ་རྩ་གཉིས། འཇམ་རྩུབ་དཔྱད་ལ་བཅུ་གཉིས། དྲག་དལ་སྤྱོད་ལམ་ལ་བཅུ་གཉིས་བཅས་ཡོད་པ་བསྟན། གསུམ་པ་མཇུག་གི་དོན་ལ་ཕྱུག་སྟོན་རྒྱ་གར་ར་ཙས་རྗེས་འཇུག་སློབ་མ་རྣམས་ལ་ཕན་པའི་ཕྱིར་དང་ཞང་གཟི་བརྗིད་འབར་གྱིས་བསྐུལ་བའི་ངོར་བརྩམས་པ་ཞིག་ཡིན་ཚུལ་གསུངས།

内容提要：此著作分3篇。第一篇为誓言。第二篇为正文，记述了疾病秘诀、诊断秘诀、疗法秘诀三方面。疾病秘诀记述无病三因50种，七精名称和功效14种，病变三邪55种；诊断秘诀记述尿、血和舌的颜色之望诊，触脉诊断，饮食和药物宜忌的问诊；疗法秘诀对24种性轻重饮食、42种凉热药、12种缓峻外治、12种强弱行为进行了记述。第三篇记述了博顿·加格拉扎为了众学子以及祥·斯吉巴的请授而著书的过程。

བོད་ཀྱི་གསོ་རིག་ཀུན་བཏུས་བསྟུད་སྒྲིག་མ་ལས། པོད་རེ་བཞི་པའི་ནང་དུ་བཞུགས།

在《〈藏医药大典〉续编（61—80）》中的位置：收载于第六十四卷

ཚན་པ་བཅོ་ལྔ་པ། དྲི་མ་མེད་པའི་གཟི་བརྗིད་ཀྱི་ས་གཅོད།

第十五篇　《无垢荣光之分章》

མཚན་བྱང་ཆ་ཚང་། གསོ་བ་རིག་པའི་བསྟན་བཅོས་དྲི་མ་མེད་པའི་གཟི་བརྗིད་ཀྱི་ས་གཅོད་བཞུགས་སོ། །

全名：《医典无垢荣光之分章》

རྩོམ་པ་པོ། ཞང་གཟི་བརྗིད་འབར། དུས་རབས་བཅུ་གཅིག་པའི་ནང་དབུས་གཙང་གཡོར་སྨད་ཡར་མདའི་ཡར་ཀླུངས་གད་པ་སྟེང་དུ་སྐུ་འཁྲུངས།

作者：祥・斯吉巴，11世纪中叶生于卫藏约麦雅达雅隆盖巴。

མ་ཡིག ལག་བྲིས། ཡིག་གཟུགས་དབུ་མེད། ཤོག་ངོས་རེར་ཐིག་ཕྲེང་ལྔ། ཐིག་ཕྲེང་རེར་ཡིག་འབྲུ་ཉེར་དགུ། ཁྱོན་བསྡོམས་ཤོག་ངོས་བཅུ་དྲུག་བཞུགས།

母本：手写本，草书体，每页5行，每行29字，共16页。

ནང་དོན་གནད་བསྡུས། གཞུང་སྤྱི་ལ་ས་བཅད་ཆེན་མོ་གསུམ་ཡོད་དེ། དང་པོ་གུས་པ་བསྐྱེད་པའི་ཕྱིར་འཇིག་རྟེན་གྱི་མེས་པོ་ཚངས་པས་ཚེའི་རིག་བྱེད་ཇི་ལྟར་དྲན་པ་དང་སྨན་དཔྱད་གང་མཛད་པ། དྲང་སྲོང་རྒྱུན་ཤེས་ཀྱི་བུས་འཚོ་མཛད་གཞོན་ནུ་ལ་ཇི་ལྟར་བཤད་པ་དང་། དེས་མཁས་པ་ཆེན་པོར་ལག་ལེན་བཅོ་བརྒྱད་དབང་ཇི་ལྟར་བསྒྱུར་བའི་ལོ་རྒྱུས། རིམ་པར་རྒྱ་གར་གྱི་སློབ་དཔོན་སྐྱེས་བུ་མི་ལྷས་གང་དང་གང་གསུངས་པ། ཞང་གཟི་བརྗིད་འབར་གྱིས་ཡུལ་གང་དུ་བསྐུལ་མ་གང་གིས་མཛད་ནས་སྨན་དཔྱད་གང་མཛད་པ་དང་། དེས་སུ་ལ་གསུངས་པ་ལ་སོགས་པའི་ལོ་རྒྱུས་བསྟན་ཡོད། གཉིས་པ་ཡིད་ཆེས་པར་བྱ་བའི་ཕྱིར་མདོ་རྒྱུད་ཀྱི་ལོ་རྒྱུས་ལ་མདོ་སྡེ་དང་རྒྱུད་སྡེ་ལས་བྱུང་བའི་ཚུལ་བསྟན། གསུམ་པ་ཡིད་ལ་བཟུང་བདེ་བའི་ཕྱིར་དཀྲུས་ཀྱི་བསྡུས་དོན་བསྟན་པ་ལ་ཐོག་མར་གནས་ལུགས་ནད་གཞིའི་མན་ངག་ལ་རྣམ་པར་མ་གྱུར་པའི་

གནས་ལུགས་དེ་འབྱུང་བ་ལྔ་ལས་ཅི་ལྟར་བསྐྱེད་པའི་ཚུལ་དང་། རླུང་མཁྲིས་བད་ཀན་གསུམ་དང་ལུས་ཟུངས་བདུན། ཁྱེད་ལས་བདུན། རྣམ་པར་གྱུར་པའི་ལུས་ཀྱི་གནས་ལུགས་ལ་སོགས་པ་བསྟན། དེ་ནས་ངོས་འཛིན་རྟགས་ཀྱི་མན་ངག་ལ་བལྟ་བའི་བརྟག་པ་ལ་གསུམ་དང་རེག་པའི་བརྟག་པ་ལ་གཉིས་དང་དྲི་བའི་བརྟག་པ་གསུམ། དེ་ནས་གསོ་བྱེད་ཐབས་ཀྱི་མན་ངག་ལ་རླུང་མཁྲིས་བད་ཀན་གསུམ་རེ་རེ་ལ་ཕན་པའི་ཟས་སྐོམ་བརྒྱད་རེ་སྟེ་ཟས་སྐོམ་ཉི་ཤུ་བཞི། བསིལ་དྲོད་སྨན་གྱིས་བཅོས་པ་ལ་རོ་དྲུག་དང་ནུས་པ་བརྒྱད་དང་སྦྱོར་ཐབས་བཞི། འཇམ་རྩུབ་དཔྱད་ཀྱིས་བཅོས་པ་ལ་རླུང་མཁྲིས་བད་ཀན་གསུམ་རེ་རེ་ལ་ཕན་པའི་དཔྱད་བཞི་རེ་སྟེ་བཅུ་གཉིས། དྲག་དལ་སྤྱོད་ལམ་གྱིས་བཅོས་པ་ལ་རླུང་མཁྲིས་བད་ཀན་གསུམ་རེ་རེ་ལ་ཕན་པའི་སྤྱོད་ལམ་བཞི་རེ་སྟེ་བཅུ་གཉིས། དེ་ནས་རྩིས་ཀྱི་ལེའུ་ལ་མྱ་ངན་མེད་པའི་ལྗོན་ཤིང་དཔེ་བཞག་ནས་གནས་ལུགས་ནད་གཞི་ཡི་རྩ་བ་ལ་སྡོང་པོ་གཉིས་དང་ཡལ་ག་བརྒྱ་དང་བཅུ་དགུ་དང་། ངོས་འཛིན་རྟགས་ཀྱི་རྩ་བ་ལ་སྡོང་པོ་གསུམ་དང་ཡལ་ག་བརྒྱད་ཅུ་རྩ་གཉིས། གསོ་བྱེད་ཐབས་ཀྱི་རྩ་བ་ལ་སྡོང་པོ་བཞི་དང་ཡལ་ག་དགུ་བཅུ་སྟེ་རྩ་བ་གསུམ་སྡོང་པོ་དགུ་ཡལ་ག་ཉིས་བརྒྱ་གོ་གཅིག་ཡོད་པ་བསྟན།

内容提要：此著作分3篇。第一篇，出于敬畏之心记述了祖师梵天如何想到医学以及著有何种医学著作，恒知子大仙之子如何向耆婆口授，他又如何向名家进行十八实践灌顶的经过，以及印度大师吉普米拉的所说，祥・斯吉巴在何地受何启示著有何种医学著作，其又向谁授教等历史。第二篇，为了加强说服力，记述了《显密经典》出自《契经（经部）》和《续部》的历史。第三篇，为了便于记忆将全书内容归纳为3部分。疾病秘诀部分对无病生理由五原产生，“隆”“赤巴”“培根”三者和七精、七效，病变病理等进行了记述。诊断秘诀部分对三望诊、二触诊和三问诊进行了记述。疗法秘诀部分对适宜于“隆”“赤巴”“培根”的饮食各8种，共计24种，凉热药物治疗有6味、8效和4配法，治疗“隆”“赤巴”“培根”的缓峻外治各4种，共计12种，适宜于“隆”“赤巴”“培根”的强弱行为疗法各4种，共计12种进行记述。计数章以树为喻从生理树根分出2树干119枝干，诊断树根分出3树干82枝干，疗法树根分出4树干90枝干，共3根9树291枝进行了记述。

བོད་ཀྱི་གསོ་རིག་ཀུན་བཏུས་བསྟུད་སྒྲིག་མ་ལས། པོད་རེ་བཞི་པའི་ནང་དུ་བཞུགས།

在《〈藏医药大典〉续编（61—80）》中的位置：收载于第六十四卷

ཚན་པ་བཅུ་དྲུག་པ། དྲི་མ་མེད་པའི་གཟི་བརྗིད་ཀྱི་རྣམ་བཤད་ཆེན་པོ།

第十六篇 《无垢荣光注疏》

མཚན་བྱང་ཆ་ཚང་། གསོ་དཔྱད་དྲི་མ་མེད་པའི་གཟི་བརྗིད་ཀྱི་རྣམ་བཤད་ཆེན་པོ་བཞུགས་སོ། །

全名：《医疗无垢荣光注疏》

རྩོམ་པ་པོ། ཤཱཀྱའི་རྡོ་ཀུབ་པོ་ཇེ་ཏྲཱ་ནའམ་སུམ་སྨན་རིན་ཆེན་འོད་ཟེར། དུས་རབས་བཅུ་གཉིས་པའི་ནང་དབུས་གཙང་དུ་སྐུ་འཁྲུངས།

作者：释迦般固吾迪扎那，又名颂曼·仁青奥色，12世纪生于卫藏。

མ་ཡིག ལག་བྲིས། ཡིག་གཟུགས་དབུ་མེད། ཤོག་ངོས་རེར་ཐིག་ཐྲེང་ལྔ། ཐིག་ཐྲེང་རེར་ཡིག་འབྲུ་ཉེར་དགུ། ཁྱོན་བསྡོམས་ཤོག་ངོས་དོན་གསུམ་བཞུགས།

母本：手写本，草书体，每页5行，每行29字，共73页。

ནང་དོན་གནད་བསྡུས། གཞུང་འདི་ནི་སྨན་དཔྱད་དྲི་མ་མེད་པའི་གཟི་བརྗིད་ལ་འགྲེལ་བ་རྒྱ་ཆེར་མཛད་པ་ཞིག་སྟེ། ཐོག་མར་སྨན་དཔྱད་དྲི་མ་མེད་པའི་གཟི་བརྗིད་འདི་ཉིད་ཀྱི་བརྒྱུད་པའི་ལོ་རྒྱུས་དང་མཛད་པ་པོ། མཛད་པའི་དགོས་པ། ཕྱི་ནང་གི་ཆོས་གང་དུ་གཏོགས་ཚུལ་སོགས་བསྟན་ཏེ། དེ་ནས་གཞུང་གི་རྩ་བ་དང་པོ་གནས་ལུགས་ནད་གཞི་ལ་རྒྱུ་དྲུག་གསུམ་དང་རྐྱེན་འབྱུང་བ་ལྔས་ལུས་འདི་ཉིད་བསྐྱེད་ཚུལ། ནད་གཞི་གསུམ་དང་ལུས་ཟུངས་བདུན་གྱི་ལྷང་ཚད། དབྱེ་བ། བྱེད་ལས། ནད་ཀྱི་གཞི་དེ་གསུམ་ལ་རྐྱེན་གསུམ་སྟེ་ཕྱི་རྐྱེན་སེམས་ཅན་དང་སེམས་ཅན་མ་ཡིན་པ། ནང་རྐྱེན་སྔོན་ལས། ལྷན་ཅིག་བྱེད་རྐྱེན་དུས་དོན་སྤྱོར་

བ་གསུམ་གྱིས་ནད་བསྐྱེད་ཚུལ། ནད་གསུམ་གྱི་འགྲོ་ཚུལ་དང་བྱེད་ལས་སོགས་དང་། རྩ་བ་གཉིས་པ་ངོས་འཛིན་རྟགས་ལ་མིག་གིས་ནད་པའི་དྲི་ཆུ་དང་གཏར་ཁྲག ལྕེ་ལ་བརྟག་པ་དང་། སོར་མོས་ནད་པའི་རྩ་ལ་བརྟག ངག་གིས་ནད་པའི་ན་ལུགས་དང་འཕྲོད་མི་འཕྲོད་དྲིས་ནས་རླུང་མཁྲིས་བད་ཀན་ལས་གྱུར་པའི་ནད་གང་ཡིན་འཁྲུལ་མེད་དུ་གཏན་ལ་འབེབས་ཚུལ། རྩ་བ་གསུམ་པར་ནད་གཞི་གསུམ་པོ་གསོ་བར་གཉེན་པོ་སྨན་དཔྱད་ཟས་སྤྱོད་གང་དང་གང་བསྟེན་དགོས་ཚུལ། མཐའ་མར་གནས་ལུགས་ཀྱི་ཡལ་ག་བརྒྱ་དང་བཅུ་དགུ། བརྟག་ཐབས་ཀྱི་ཡལ་ག་བརྒྱད་ཅུ་རྩ་གཉིས། གསོ་ཐབས་ཀྱི་ཡལ་ག་དགུ་བཅུ་བཅས་ཡལ་ག་དང་སྡོང་པོ་དང་། རྩ་བ་རྣམས་བསྡུས་པ་ལ་སུམ་བརྒྱ་དང་རྩ་གསུམ་ཡོད་པ་དག་གི་གྲངས་འགྲིག་འགྲིག་ཏུ་བགྲང་ཡོད། གཞུང་སྤྱིའི་ཚིག་དོན་གྱི་ཆ་ལ་ཐུན་མོང་མ་ཡིན་པའི་ཁྱད་ཆོས་ཀྱིས་ཀུན་ནས་ཕྱུག་ཡོད་དེ། རླུང་ནི་བྲ་བའི་རྐྱལ་བུ་གང་། མཁྲིས་པ་རླུང་གི་དྲུག་ཆ། བད་ཀན་ཁྱུ་ངང་པའི་སྒོ་ང་གང་། ཞེས་དང་། རླུང་རྒྱུ། མཁྲིས་པ་འཁྲུགས། བད་ཀན་འཕེལ་ཞེས་པ་ལྟ་བུ་དགོངས་དོན་ཟབ་ཁྱད་ཅན་མང་བས་གཞུང་དྲི་མེད་གཟི་བརྗིད་ཀྱི་འགྲེལ་བ་གལ་ཆེན་ཞིག་ཏུ་མཐོང་།

内容提要：此书是对《医疗无垢荣光》进行的诠释。首先，记述了《医疗无垢荣光》的传承史和作者，著书的必要性，属于内外何教等。其次，正文部分，第一生理根中记述了内因三毒和外缘五原组成机体的方式，三邪和七精的常量、分类、功能，由三缘即外缘生物和非生物、内缘宿业和协同缘时令、“敦”、方药三者诱发三邪疾病的方式；第二诊断根中记述了病患尿液、放出的血液、舌象之望诊，病患脉象之触诊，病患的病症和是否适宜之问诊来诊断“隆”“赤巴”“培根”性疾病的方法；第三疗法根记述了对治三邪疾病的药物、外治、饮食、起居方法。最后，记述了119个生理枝干，82个诊断枝干，90个疗法枝干等枝干、树干、根共计303个计数。书中对藏医理论中的一些概念进行了独特视角的解释，如“隆”为一皮囊荞麦量，“赤巴”为“隆”的六分之一量，“培根”为一枚鹅蛋量；隆通行，赤巴紊乱，培根增盛。

བོད་ཀྱི་གསོ་རིག་ཀུན་བཏུས་བསྡུད་སྒྲིག་མ་ལས། པོད་རེ་བཞི་པའི་ནང་དུ་བཞུགས།

在《〈藏医药大典〉续编（61—80）》中的位置：收载于第六十四卷

ཚན་པ་བཅུ་བདུན་པ། དྲི་མེད་གཟི་བརྗིད་ཀྱི་འགྲེལ་པ་དྲི་མེད་འོད་གསལ།

第十七篇 《无垢荣光注释·无垢光明》

མཚན་བྱང་ཆ་ཚང་། བསྟན་བཅོས་དྲི་མེད་གཟི་བརྗིད་ཀྱི་འགྲེལ་པ་དྲི་མེད་འོད་གསལ་བཞུགས་སོ། །

全名：《医典无垢荣光注释·无垢光明》

རྩོམ་པ་པོ། སུམ་པ་རིན་ཆེན་འོད་ཟེར། དུས་རབས་བཅུ་གཉིས་པའི་ནང་དབུས་གཙང་དུ་སྐུ་འཁྲུངས།

作者：松巴·仁青奥色，12世纪生于卫藏。

མ་ཡིག ལག་བྲིས། ཡིག་གཟུགས་དབུ་མེད། ཤོག་ངོས་རེར་ཐིག་ཕྲེང་ལྔ། ཐིག་ཕྲེང་རེར་ཡིག་འབྲུ་ཉེར་དགུ། ཁྱོན་བསྡོམས་ཤོག་ངོས་སུམ་བརྒྱ་དང་བཅུ་བཞི་བཞུགས།

母本：手写本，草书体，每页5行，每行29字，共314页。

ནང་དོན་གནད་བསྡུས། གསོ་བ་རིག་པའི་བསྟན་ཆོས་དྲི་མེད་གཟི་བརྗིད་ལེའུ་བཞི་ཡི་བདག་ཉིད་ཅན་གྱི་འགྲེལ་པ་འདི་ནི་མྱུར་སྟོན་ལོ་ཙཱ་བ་དང་གནུབས་སྟོན་ཡན་ཐུབ་གཉིས་ཀྱིས་བསྐུལ་ཏེ་དཔོན་སུམ་པ་རིན་ཆེན་འོད་ཟེར་གྱིས་མཛད་པ་ཞིག་སྟེ། དང་པོ་གནས་ལུགས་ནད་གཞི་ལས་རྣམ་པར་གྱུར་པའི་ལུས་ཀྱི་ཕྱི་རྐྱེན་ལ་ རབ་ཕོག་དང་། གཡང་དུ་ལྷུང་བ། སི་ཐུབ་བཏུལ། མཚོན། མཆེ་བ། འབྱུང་པོའི་གདོན་བཅས་དྲུག་དང་། ནང་རྐྱེན་ནི་ཟས་སྐྱོམ་གཉིས་ཡིན་པ་དང་། དེ་གཉིས་ལས་མ་ཞུ་བ་འབྱུང་། མ་ཞུ་བ་དེ་ཡང་རིགས་གསུམ་དུ་དབྱེ་ནས་དྭངས་མ་མ་ཞུ་བ་ལས་མཁྲིས་པ་དང་། སྙིགས་མ་མ་ཞུ་བ་ལས་བད་ཀན། མ་ཞུ་བ་ཆེན་པོ་ལས་རླུང་ནད་ཐམས་ཅད་བསྐྱེད། ལྷན་ཅིག་བྱེད་རྐྱེན་ལ་གསོ་བ་པོ་སྨན་པ་བཞག་སྟེ་སྨན་པས་དུས་དོན་ལས་ཀྱི་སྦྱོར་བ་ཟབ་མོའི་དོན་མ་གོ་བར་དམན་ལྷག་ལོག་པའི་དབང་གིས་ནད་བསྐྱེད་པ་དང་ནད་པ་འཆི་བའང་འབྱུང་

བས་ལྷན་ཅིག་བྱེད་རྐྱེན་དུ་བཞག གཉིས་པ་ངོས་བཟུང་རྟགས་ལ་དྲི་ཚུ་དང་། ལྕེ། ཁྲག་གསུམ་ལ་བལྟ་བའི་སྒོ་ནས་མིག་གི་དབང་པོས་བརྟག་པ་དང་། རྩ་ལ་རེག་པའི་སྒོ་ནས་ཡིད་ཀྱི་དབང་པོས་བརྟག་པ། ན་ལུགས་སོགས་དྲི་བའི་སྒོ་ནས་རྣ་བའི་དབང་པོས་བརྟག་པ་བཅས་ཀྱི་བརྟག་ཚུལ། གསུམ་པ་གསོ་བྱེད་ཐབས་ལ་རླུང་མཁྲིས་བད་ཀན་གསུམ་ལ་གཉེན་པོ་ཟས་སྐོམ་སྨན་དཔྱད་སྤྱོད་ལམ་བཞིས་བཅོས་ཚུལ་དང་། གཞན་རླུང་ལ་སྨན་མར་དང་ཁུ་བ་གཉིས། མཁྲིས་པར་ཐང་དང་ཕྱེ་མ་གཉིས། བད་ཀན་ལ་ཙུར་ཞིས་དང་རིལ་བུ་བཅས་ཀྱི་བསྟེན་ཐབས་དང་སྦྱོར་ཐབས་སོགས་ལག་ལེན་རྣམས་རྒྱས་པར་བཀྲོལ་བ་ལ་ལུང་དང་རིགས་པས་བརྒྱན་ཡོད།

内容提要：此书是对《医典无垢荣光》进行的诠释。在译师宁敦和乃敦闫图请授下，由松巴・仁青奥色所著。全书分3个部分。第一为生理病理部分，记述了身体病变的外缘即滚石击中、跌落悬崖、行为过甚、武器、獠牙、邪魅等六种；内缘为饮食，二者引发不消，不消分为精华不消诱发“赤巴”、糟粕不消诱发“培根”、大不消诱发“隆”；协同缘为医生，即医生未深谙方剂等发生不及、过盛、颠倒而诱发疾病或使病患致死。第二诊断部分记述了尿、舌、血三者的眼识望诊，脉的心识触诊，病症等的耳识问诊等诊法。第三疗法部分记述了“隆”“赤巴”“培根”三者的饮食、药物、外治、起居的疗法，此外，对治“隆”所用药油和汤药，治疗“赤巴”所用汤剂和散剂，治疗“培根”所用散剂和丸剂等的用法和制法等进行了注解。

བོད་ཀྱི་གསོ་རིག་ཀུན་བཏུས་བསྡུད་སྒྲིག་མ་ལས། པོད་རེ་བཞི་པའི་ནང་དུ་བཞུགས།

在《〈藏医药大典〉续编（61—80）》中的位置：收载于第六十四卷

ཚན་པ་བཅོ་བརྒྱད་པ། དྲི་མེད་གཟི་བརྗིད་ཀྱི་འགྲེལ་བ་ཉི་མའི་འོད་ཟེར།

第十八篇 《无垢荣光注释·阳光》

མཚན་བྱང་ཆ་ཚང་། གཞུང་དྲི་མེད་གཟི་བརྗིད་ཀྱི་འགྲེལ་བ་ཉི་མའི་འོད་ཟེར་ཞེས་བྱ་བ་བཞུགས་སོ། །

全名：《医典无垢荣光注释·阳光》

རྩོམ་པ་པོ། ཞང་གཟི་བརྗིད་འབར། དུས་རབས་བཅུ་གཅིག་པའི་ནང་དབུས་གཙང་གཡོར་སྨད་ཡར་མདའི་ཡར་ཀླུངས་གད་པ་སྟེང་དུ་སྐུ་འཁྲུངས།

作者：祥·斯吉巴，11世纪中叶生于卫藏约麦雅达雅隆盖巴。

མ་ཡིག ལག་བྲིས། ཡིག་གཟུགས་དབུ་མེད། ཤོག་ངོས་རེར་ཐིག་ཕྲེང་བརྒྱད། ཐིག་ཕྲེང་རེར་ཡིག་འབྲུ་ཉེར་བདུན། ཁྱོན་བསྡོམས་ཤོག་ངོས་ཉིས་བརྒྱ་དང་གྱ་བརྒྱད་བཞུགས།

母本：手写本，草书体，每页8行，每行27字，共288页。

ནང་དོན་གནད་བསྡུས། གཞུང་འདི་ནི་ཡན་ལག་བརྒྱད་པའི་སྙིང་པོ་བསྡུས་པ་དང་བསྟན་བཅོས་རྣམས་ལས་ལེགས་པར་བསྡུས་པ་ཞིག་སྟེ། གཞུང་སྤྱི་ལ་ལེའུ་བཅུ་གསུམ་ཡོད། དེ་ལ་ཐོག་མར་བྱིས་པ་མངལ་དུ་ཞུགས་ཤིང་ཆགས་པའི་མཚན་ཉིད། བྱིས་པའི་ནད་དང་བྱིས་གདོན་ནད་ཀྱི་རྟགས་བཅོས། དེའི་རྗེས་ལུས་ཀྱི་གནས་ལུགས་དང་སྨན་པས་པོ་ཉའི་ལྟས་དང་ནད་པའི་རྩ་ཆུའི་རྟགས། འཆི་བའི་ལྟས་ལ་བརྟག་ནས་ནད་ངོས་འཛིན་པ་དང་གསོ་བ་སྤང་བླང་བྱ་ཚུལ། ཁྲག་མཁྲིས་ནད་ཀྱི་གྱུར་ཚུལ། ཚ་བ་སྨིན་མ་སྨིན་གྱི་རྟགས། ངོས་འཛིན་རྟགས་ཀྱི་ཁྱད་པར་བཅས་ནད་ངོས་འཛིན་ཚུལ་གྱི་སྐོར། དེ་ནས་མགོ་མིག་རྣ་སྣ་ཁའི་ནད་དང་། དབུགས་མི་བདེ་བ། གློ་གཙོང་ཆེན་པོའི་ནད། ལུད་པ། སྐྱ་རབ་དང་འོར། ཆང་ནད། ཁྲག་མཁྲིས་ཀྱི་ནད་སོགས་ལུས་སྟོད་ཀྱི་ནད། སྲིན་བུའི་ནད་དང་། གཞང་འབྲུམ། འབྲུ་ནད། གཅིན་འགགས། མཚན་

བར་རྫོལ་བ། གསང་བའི་ནད། གཅིན་སྙི་ཟ་ཁུའི་ནད། རྒྱུ་ཀླུགས་དང་སྐྲན་གྱི་ནད། རྫེའུ་ནད། ཚད་འཁྲུ་བཅས་ལུས་སྨད་ཀྱི་ནད། རླུང་ནད་དང་མཁྲིས་པའི་ནད། བད་ཀན་སྨུག་པོའི་ནད། ཚ་བ་མ་སྨིན་རྒྱས་སྟོངས་གབ་རྙིངས་ཀྱི་ནད་དང་། གྲང་ནད། སྐྲན་ནད་དང་འབྲས་ནད། རིམས་ནད། དྲེག་ནད། མེ་དབལ། མོ་ནད། དུག་ནད་སོགས་ལུས་སྤྱིའི་ནད་ཀྱི་རྟགས་བཅོས། གཉེན་པོ་ཁུ་བ་ཕྱེ་མ་འདི་གུ་རི་ལུ་སྨན་མར་བཅས་ཀྱི་སྦྱོར་བ་དང་། བྱུག་པ། དུགས། སྣ་བཤལ། སྐྱུགས། བཤལ། ནི་རུ་ཧ། འཇམ་རྩི། རྩ་སྦྱོངས། གཏར་ཀ མེ་བཙའ། ཐུར་མ་སོགས་ཀྱི་ལག་ལེན་སྐོར་བཅས་བསྟན་ཡོད།

内容提要：此书以《八支精要集》和其他相关著作为参考所编著。全书分13章。首先，记述了胎儿入胎和成型的定义，小儿病和小儿魔病的病症和治疗；其次，记述了通过机体生理、医生使者兆象、病患脉尿象、死兆等诊断方法，血赤病的病理，热病成熟或未熟的病症等；最后，记述了头眼耳鼻口病、哮喘、肺痼疾、咳痰、浮肿、下坠水肿、酒痨、血赤病等上体病，“蚌”病、痔疮、泻病、尿闭症、会阴瘘、隐私病、尿频症、小肠疝、痞瘤、结石病、热泻等下体病，“隆”病、“赤巴”病、紫色“培根”病、未熟热、盛热、空虚热、隐伏热、陈旧热病，寒性疾病、痞瘤、“哲”病、瘟病、痛风、丹毒、妇女病、毒病等全身性疾病的诊疗方法，对治汤剂、散剂、糊剂、丸剂、药油剂等的组方，涂擦、罨敷、鼻泄、催吐、泄下、“尼如哈”、缓导、脉泄、放血、火灸、针刺等的操作实践。

བོད་ཀྱི་གསོ་རིག་ཀུན་བཏུས་བསྡུད་སྒྲིག་མ་ལས། པོད་རེ་བཞི་པའི་ནང་དུ་བཞུགས།

在《〈藏医药大典〉续编（61—80）》中的位置：收载于第六十四卷

ཚན་པ་བཅུ་དགུ་པ། དགས་པོ་ལྷ་རྗེའི་འཐོར་འབུམ།

第十九篇 《塔波仁波齐零星医集》

མཚན་བྱང་ཆ་ཚང་། དགས་པོ་ལྷ་རྗེའི་འཐོར་འབུམ་རིན་པོ་ཆེ་ཞེས་བྱ་བ་བཞུགས་སོ། །

全名：《塔波仁波齐零星医集》

རྩོམ་པ་པོ། དགས་པོ་བསོད་ནམས་རིན་ཆེན། སྤྱི་ལོ་༡༠༧༩ལོར་དབུས་གཙང་གཉལ་སེ་བ་ལུང་དུ་སྐུ་འཁྲུངས།

作者：塔波・索郎仁青，1079年生于卫藏涅赛瓦隆。

མ་ཡིག ལག་བྲིས། ཡིག་གཟུགས་དབུ་མེད། ཤོག་ངོས་རེར་ཐིག་ཕྲེང་བཅུ། ཐིག་ཕྲེང་རེར་ཡིག་འབྲུ་ཉེར་བཞི། ཁྱོན་བསྡོམས་ཤོག་ངོས་སུམ་བརྒྱ་དང་ལྔ་བཅུ་བཞུགས།

母本：手写本，草书体，每页10行，每行24字，共350页。

ནང་དོན་གནད་བསྡུས། གཞུང་འདི་ནི་དགས་པོ་ལྷ་རྗེ་ཁོང་གི་ཡབ་མེས་དག་ནས་བརྒྱུད་པའི་གསོ་བ་རིག་པའི་ཆོས་སྐོར་གྱི་གདམས་པ་ཐོར་བུ་སྣ་ཚོགས་འཁོད་པ་ཞིག་སྟེ། གཞུང་སྤྱི་ལ་ཆོས་སྐོར་གདམས་པ་བཅུ་བཞི་དང་ཡིག་ཆུང་མ་བུ་བརྒྱ་དང་བཅོ་ལྔ་ཡོད། དེ་ལ་ཆོས་སྐོར་དང་པོའི་ནང་སྨན་བླ་རྒྱལ་པོ་དང་འཚོ་བྱེད་དྲང་སྲོང་རྣམས་ཀྱི་གསོལ་འདེབས། ཆོས་སྐོར་གཉིས་པར་སློབ་བུ་ཞང་ལྷ་རྗེ་སྨན་ནག་གིས་རྗེ་ཉིད་ལ་སྨན་གྱི་ལུང་ཞུས་ཚུལ། ཆོས་སྐོར་གསུམ་པར་བླ་མས་དེ་ལ་ལན་ལྡོན་པའི་ཞུས་ལན་ཆེན་མོ། ཆོས་སྐོར་བཞི་པར་གདམས་པ་དེའི་འབྱུང་ཁུངས། ཆོས་སྐོར་ལྔ་པར་རྗེའི་བསླབ་བྱ་ཁྱད་པར་ཅན། ཆོས་སྐོར་དྲུག་པར་རྗེའི་རྣམ་ཐར་ཚིག་དོན་བསྡུས་པ། ཆོས་སྐོར་བདུན་པར་མགོ་དཔྱད་ཡིད་བཞིན་ནོར་བུ་ཡིག་ཆུང་། ཆོས་སྐོར་བརྒྱད་པར་ཚ་དཔྱད་འཕྲུལ་གྱི་ལྡེ་མིག་ཡིག་སྣ། ཆོས་སྐོར་དགུ་པར་ཆུང་དཔྱད་འཕྲུལ་གྱི་ལྡེ་མིག་ཡིག་ཆུང་། ཆོས་སྐོར་བཅུ་པར་གཡུ་ཀུར་བསྟན་བཅོས་ཡིག་སྣ། ཆོས་སྐོར་བཅུ་གཅིག་པར་རྩ་དཔྱད་ཉི་མའི་སྒྲོན་

མའི་ཡིག་སྣ། ཆོས་སྐོར་བཅུ་གཉིས་པར་སྨན་དཔྱད་ཆེ་བ། ཆོས་སྐོར་བཅུ་གསུམ་པར་ལྷ་རྗེ་རེ་ལྡེའི་སྦྱོར་འབྱུལ་གདམས་པ། ཆོས་སྐོར་བཅུ་བཞི་པར་ལྷ་རྗེ་རེ་ལྡེའི་ཁྱོགས་དཀའི་ཡིག་སྣ་བཅས་བསྟན་ཡོད།

内容提要： 此书汇集了从年麦塔波祖辈所传承的零星医学秘诀。全书由14章115个小册组成。第一章为对药师佛和各医圣的祈愿；第二章和第三章分别为祥·拉杰曼那从年麦塔波处求取医学秘诀及其所授秘诀的记述；第四章为秘诀的来源；第五章为年麦塔波特殊教诲；第六章为年麦塔波的简要传记；第七章为头部外治如意小册；第八章为热性外治神奇钥匙；第九章为小儿外治神奇钥匙小册；第十章为字格论著；第十一章为脉外治太阳明灯；第十二章为大医疗章；第十三章为热德医生的方剂秘诀；第十四章为热德医生的病疗法。

བོད་ཀྱི་གསོ་རིག་ཀུན་བཏུས་བསྟུད་སྒྲིག་མ་ལས། པོད་རེ་བཞི་པའི་ནང་དུ་བཞུགས།

在《〈藏医药大典〉续编（61—80）》中的位置： 收载于第六十四卷

ཆ་པ་ཉི་ཤུ་པ། གསུང་སྒྲོས་ཕན་བྱེད་རིག་པའི་མཛོད།

第二十篇　《教言利益智慧宝库》

མཚན་བྱང་ཆ་ཚང་། ཆོས་རྗེ་རིན་པོ་ཆེ་དྷགས་པོ་ལྷ་རྗེའི་གསུང་སྒྲོས་ཕན་བྱེད་རིག་པའི་མཛོད་ཅེས་བྱ་བ་བཞུགས་སོ། །

全名：《却吉仁波齐塔波拉吉教言利益智慧宝库》

རྩོམ་པ་པོ། དགེ་སྦྱོང་པྲ་ཛྙ་རཏྣ། དུས་རབས་བཅུ་གཅིག་པའི་སྨད་ཅམ་ལ་དབུས་གཙང་དུ་སྐུ་འཁྲུངས།

作者： 格迥扎巴然纳，11世纪下叶生于卫藏。

མ་ཡིག ཤོག་པར། ཡིག་གཟུགས་དབུ་ཅན། ཤོག་ངོས་རེར་ཐིག་ཕྲེང་བཅུ་དྲུག ཐིག་ཕྲེང་རེར་ཡིག་འབྲུ་བཅུ་དྲུག ཁྱོན་བསྡོམས་ཤོག་ངོས་ཉིས་བརྒྱ་དང་སོ་དགུ་བཞུགས།

母本：排印版，正楷体，每页16行，每行16字，共239页。

ནང་དོན་གནད་བསྡུས། གཞུང་འདི་ནི་རྩོམ་པ་པོ་ཉིད་ཀྱིས་གཞོན་པའི་དུས་ནས་རྒས་ལ་གདུགས་པའི་བར་མཁས་མང་བསྟེན་ཏེ་གདམས་ངག་ཐོས་ཤིང་ལག་ལེན་མཐོང་བ་རྣམས་ནུབ་ཀྱིས་དོགས་ནས་ཆོས་འཁོར་གྱི་མཁར་གྱི་གཙུག་ལག་ཁང་དུ་ཡི་གེར་བཀོད་པ་ལ་ལེའུ་ཆེན་པོ་བཅོ་ལྔ་ཡོད་དེ། ལེའུ་དང་པོའི་ནང་རྨ་དང་འབྲས་ནད་སོགས་ནད་རིགས་མི་འདྲ་བ་སུམ་ཅུ་ལྷག་གི་སྲུང་བཅོས་ཀྱི་སྔགས་དང་། ལེའུ་གཉིས་པར་རླུང་དང་ཁྲག་མཁྲིས། བད་ཀན་ལས་གྱུར་པའི་སྲིན་ནད་གསོ་བའི་ལག་ལེན། ལེའུ་གསུམ་པར་ཆུ་སེར་ནད་ལ་གཏོང་བའི་རྩ་བཤལ་གྱི་ལག་ལེན་རིམ་པ། ལེའུ་བཞི་པར་མིག་གི་ནད། ཤུ་བ་ངོ་ཤིག་སོགས་ཀྱི་བཅོས། ལེའུ་ལྔ་པ་དང་དྲུག་པར་གག་ཕྲོག་གཟེར་གསུམ་དང་འབྲས་ནད་ཀྱི་བཅོས། ལེའུ་བདུན་པར་རླུང་གི་འཕེལ་འགྲིབ་ཀྱིས་བཤང་གཅི་དང་བུ་རོ་འཁྲིམས་པ་དང་། དྲི་མ་དང་ཁྲག་ནྲུགས་ཏེ་འཁྲུ་སྐྱུགས་བྱེད་པ་དྲངས་པ་དང་བསྡོམས་པའི་ཐབས། ལེའུ་བརྒྱད་པར་གཏར་བསྲེག་གཉིས་ཀྱི་གདབ་ཡུལ་དང་སྔང་བྱ། གདབ་ཐབས། གདབ་དམིགས་བཅས། ལེའུ་དགུ་པར་རྣོ་འཇམ་ཉེར་མཁོའི་སྨན་སྦྱོར། ལེའུ་བཅུ་པར་གློ་ནད་ཀྱི་བཅོས། ལེའུ་བཅུ་གཅིག་པར་མངལ་ནད་ཀྱི་སྤྱི་བཅོས་དང་བྱིས་པ་ཆགས་ཐབས། བྱིས་པའི་གྲང་ནད་ཀྱི་བཅོས། ལེའུ་བཅུ་གཉིས་པར་རིམས་ནད་ཀྱི་བཅོས། ལེའུ་བཅུ་གསུམ་ནས་བཅོ་ལྔའི་བར་མགོ་རྨ་དང་བྱང་ཁོག་གི་རྨ། ཡན་ལག་གི་རྨ་བཅས་ཀྱི་གནས་ལུགས་དང་གསོ་ཐབས། ཤོག་གྲངས་བཅས་བསྟན་ཡོད།

内容提要：此书作者为了避免其一生拜师诸多名家所聆受秘诀和实践被遗失，在“卓长尔”寺进行了文字记录。全书分15章。第一章为创伤和“哲”病等三十余种疾病的防治咒语；第二章为“隆”、“赤”和“培根”性“蛀”病的治疗实践；第三章为黄水病的脉泻操作过程；第四章为眼病、疱疹和面斑等的治疗；第五章为白喉、炭疽、疼痛三者的治疗；第六章为“哲”病的治疗；第七章为“隆”盛衰所引发的便尿和死胎难出，吐泻的导出和控制方法；第八章为放血和火灸部位及其禁忌、操作法和穴位等；第九章为性锐而柔和的常用方剂；第十章为肺病疗法；第十一章为子宫疾病的总体疗法和受孕法，小儿寒性疾病的疗法；第十二章为瘟病疗法；第十三章至第十五章为头部、躯干、肢体创伤的病理、镇逆等。

བོད་ཀྱི་གསོ་རིག་ཀུན་བཏུས་བསྟུད་སྒྲིག་མ་ལས། པོད་་རེ་བཞི་པའི་ནང་དུ་བཞུགས།

在《〈藏医药大典〉续编（61—80）》中的位置：收载于第六十四卷

སྐབས་དོན་གཉིས་པ། རྒྱ་གར་མཁས་པའི་སྨན་ཡིག
第二集　印度名医医书

རྒྱ་གར་འཕགས་པའི་ཡུལ་དུ་བྱོན་པའི་སྟོན་པ་ཤཱཀྱ་ཐུབ་པའི་གསུངས་ཡན་ལག་གི་བཅོས་ཐབས་བསེ་སྒྲོམ་སྨུག་པོ་དང་། འཚོ་བྱེད་གཞོན་ནུའི་རྩ་མདོའི་རྒྱ་ཆེར་འགྲེལ་བ། སློབ་དཔོན་ཀླུ་སྒྲུབ་ཀྱི་དུག་བཅོས་དཔའ་བོ་ཐུབ་པའི་རྒྱུད་དང་རིན་པོ་ཆེའི་མིག སློབ་དཔོན་པདྨ་འབྱུང་གནས་ཀྱི་གསོ་མ་རིན་པོ་ཆེའི་ཆུ་ཤེལ་སོགས་ཚན་པ་བདུན་བཀོད་ཡོད།

本集收录了由圣地印度的释迦牟尼佛所述《四肢创伤疗法·紫色犀箧》，耆婆的《经脉大解》、龙树大师的《巴吾·图巴毒疗传承医典》、莲花生大师的《索玛仁波切水晶宝》等7篇著作。

ཚན་པ་དང་པོ། ཡན་ལག་གི་བཅོས་ཐབས་བསེའི་སྒྲོམ་སྨུག་པོ།
第一篇　《四肢创伤疗法·紫色犀箧》

མཚན་བྱང་ཆ་ཚང་། ཡན་ལག་གི་བཅོས་ཐབས་བསེའི་སྒྲོམ་སྨུག་པོ་བྱ་བ་ཁྱད་པར་ཅན་གྱི་གདམ་པ་བཞུགས་སོ། །མཚན་བྱང་གཞན་ལ་ཕྱིངས་ཁྲིས་གསལ་བའི་མེ་ལོང་ཞེས་ཟེར།

全名：《四肢创伤疗法独特教诫·紫色犀箧》，又名《象赤明镜》

གསུངས་པ་པོ། སྟོན་པ་ཤཱཀྱ་ཐུབ་པ། ཕུག་ལུགས་ལྟར་ན་སྤྱི་ལོ་སྔོན་གྱི་༩༦༡ལོར་རྒྱ་གར་གྱི་གནས་ཆེན་ལུམྦི་ནིར་སྐུ་འཁྲུངས་ཤིང་། སྤྱི་ལོ་སྔོན་གྱི་༨༨༠ལོར་སྐུ་གཤེགས།

作者：佛祖释迦牟尼，据甫氏历算，公元前961年生于印度圣地蓝毗尼，公元前880年卒。

མ་ཡིག ལག་བྲིས། ཡིག་གཟུགས་དབུ་མེད། ཤོག་ངོས་རེར་ཐིག་ཕྲེང་བདུན། ཐིག་ཕྲེང་རེར་ཡིག་འབྲུ་སོ་བདུན། ཁྱོན་བསྡོམས་ཤོག་ངོས་ཉེར་གསུམ་བཞུགས།

母本：手写本，草书体，每页7行，每行37字，共23页。

ནང་དོན་གནད་བསྡུས། གཞུང་འདི་ནི་ལེའུ་སྟོང་དང་རྩ་གཉིས་ཀྱི་བདག་ཉིད་ཅན་གྱི་བསེ་སྒྲོམ་དམར་པོའམ་སྨུག་པོ་གཏེར་གྱི་མན་ངག་ཅེས་པ་ལས་བྱེ་བྲག་ཡན་ལག་གི་རྨའི་མན་ངག་རྣམས་ཁོལ་དུ་ཕྱུང་བ་ཞིག་ཡིན། གཞུང་སྤྱི་ལ་ལེའུ་གཉིས་ཡོད་ཅིང་། ལེའུ་དང་པོ་རྐང་པའི་བཅོས་ཐབས་དང་གཉིས་པ་ལག་པའི་བཅོས་ཐབས་སོ། །དེ་ལས་དང་པོ་རྐང་པའི་བཅོས་ཐབས་ལ། རྐང་བའི་མཐིལ་གྱི་མཐིལ་འཁྲོག་བཞག་འཁྱིལ་ནས་དཔྱི་མིག་འཁོར་མོའི་འཁོར་རྩ་ནག་པོའི་བར་ལ་གནས་པའི་རྩ་དང་ཆུ་རྒྱུས། རྨེན་བུ། ཚིལ་བཅས་ལས་བྱུང་བའི་གནས་གཉན་དང་མི་གཉན་པ་བཅུ་དགུ་ཙམ་དང་། ལེའུ་གཉིས་པ་ལག་པའི་བཅོས་ཐབས་ལ་ལག་མཐིལ་མཛུར་བ་ནས་སོག་པའི་དཀྱིལ་གྱི་འཁྲིས་ཤ་ཁྲ་མོའི་བར་ལ་གནས་པའི་རྩ་དང་ཆུ་རྒྱུས། རྨེན་བུ། ཚིལ་སོགས་ལས་བྱུང་བའི་གནས་གཉན་དང་མི་གཉན་པ་བཅོ་ལྔ་ཙམ་སྟེ་བསྡོམས་པས་གནས་སུམ་ཅུ་སོ་བཞི་སོ་སོའི་གནས་དག་རིམ་སུ་ཕབ་ནས་བསྟན་ཡོད་པར་མ་ཟད་དེ་དག་ལ་མཚོན་ཕོག་སྟེ་བསྣད་པ་དང་བཅད་པ། ཐད་ཆོད་སོགས་བྱུང་བའི་ནད་རྟགས། སོ་སོའི་འཚོ་འཆིའི་ཉིན་ཞག དེ་དག་ལ་ཁོང་དུ་གཏོང་བའི་ཞི་སྦྱོང་གི་སྨན། གཏར་བསྲེག་དུགས་ལུམས་བྱུགས་པ་སོགས་འཇམ་དཔྱད་ཀྱི་བཅོས་ཐབས་སོགས་ཚིགས་བཅད་ཀྱི་ལམ་ནས་འགོད་ཡོད། གཞུང་འདི་ལྷ་སྲས་མུ་ཁྲི་བཙན་པོས་དཔལ་གྱི་སྐྱིར་ཆུའི་ལྷ་ཁང་དུ་གཏེར་དུ་

སྲས། ལྡེ་གཡུ་བཞེར་ཁྲུང་ཁྲིས་གཏེར་ནས་བཏོན་ཏེ་ལྡེ་སྨན་བུ་རྒྱལ་ལ་བརྒྱུད། རང་བྱུང་རྡོ་རྗེས་ཕྱིས་ཀྱི་སྨན་གཞུང་རྣམས་ནས་ལེགས་པར་སྦྱར་བ་ཞིག་གོ །

内容提要：此书为《红色（或紫色）犀篋伏藏秘诀》之肢体创伤秘诀选编。全书分2章。第一足疗章，以图示图解形式对从足心至髋臼脉之间的脉、韧带、肌腱、淋巴、脂肪等的19个要害和非要害处进行了说明；第二手疗章，以图示图解形式对从手心至胛中肌之间的脉、韧带、肌腱、淋巴、脂肪等的15个要害和非要害处进行了说明并以偈颂体形式对外伤所致损伤、割伤、截伤症状，治愈时长，口服平息方剂，放血、火灸、热敷、浴疗、涂擦等缓外治疗法等进行了说明。此书由木赤赞普伏藏于巴卓觉曲庙，由杰玉·协琼赤所掘传于曼布杰，后由让琼多吉根据历代医典进行编著。

བོད་ཀྱི་གསོ་རིག་ཀུན་བཏུས་བསྟུད་སྒྲིག་མ་ལས། པོད་རེ་ལྔ་པའི་ནང་དུ་བཞུགས།

在《〈藏医药大典〉续编（61—80）》中的位置：收载于第六十五卷

ཚན་པ་གཉིས་པ། རྩ་མདོ་རྒྱ་ཆེར་འགྲེལ་བ།

第二篇　《脉经大解》

མཚན་བྱང་ཆ་ཚང་། རྩ་མདོ་རྒྱ་ཆེར་འགྲེལ་བ་འཚོ་བྱེད་གཞོན་ནུས་མཛད་པ་ཞེས་བྱ་བ་བཞུགས་སོ། །

全名：《耆婆脉经大解》

རྩོམ་པ་པོ། འཚོ་བྱེད་གཞོན་ནུ། སྟོན་པ་ཤཱཀྱ་ཐུབ་པ་དང་དུས་མཉམ་དུ་རྒྱ་གར་མ་ག་དྷར་སྐུ་འཁྲུངས།

作者：耆婆，与佛祖释迦牟尼同时期生于印度玛格达。

མ་ཡིག ལག་བྲིས། ཡིག་གཟུགས་དབུ་མེད། ཤོག་ངོས་རེར་ཐིག་ཕྲེང་དགུ། ཐིག་ཕྲེང་རེར་ཡིག་འབྲུ་སོ་ལྔ། ཁྱོན་བསྡོམས་ཤོག་ངོས་ཞེ་བཞི་བཞུགས།

母本：手写本，草书体，每页9行，每行35字，共44页。

ནང་དོན་གནད་བསྡུས། གཞུང་གི་མཚན་བྱང་དུ་རྩ་མདོ་རྒྱ་ཆེར་འགྲེལ་པ་ཞེས་བཀོད་ཡོད་ཀྱང་དོན་ལ་རིག་པ་རྩའི་མདོ་ལས་སྤྱི་དོན་བཞི་ཙམ་ལ་དཀའ་འགྲེལ་གྱི་ཚུལ་དུ་ཉུང་བསྡུས་ཙམ་ཞིག་བསྟན་ནས་རྩ་མདོའི་ས་བཅད་ལ་ཁོག་ཕུབ་པ་ཞིག་སྟེ། ཐ་མལ་གྱི་རྩ་རྒྱུད་གསུམ་དང་དུས་བཞི་རྩའི་བརྟག་ཚུལ། ནད་མེད་རྩའི་འཕར་གྲངས། ནད་ཅན་ཕོ་ཡི་རྩ་ལ་འཕར་ཚུལ་བདུན་དང་མོ་ལ་བརྒྱད་ཡོད་པ་སོ་སོའི་ངེས་ཚིག ཚོན་གན་ཆག་གསུམ་སོ་སོའི་འོག་གི་རྩའི་རྒྱུ་བ་མི་འདྲ་བ་སོ་སོ་ནི་ནད་གཞི་གང་ལ་འབྱུང་བ་དང་ནད་དེ་ལ་ཕྱི་རྟགས་གཞན་གང་ཡོད། དེ་ལ་བཅོས་བྱ་ཐབས། ཕོ་མོ་ལ་ཚོན་རྩ་གཉིས་པོ་གཡས་གཡོན་ལྡོག་དགོས་པའི་རྒྱུ་མཚན། དོན་དང་སྣོད་གཉིས་ནང་ནས་འབྲེལ་བ་དང་དོན་དང་དབང་པོ་གཉིས་ཕྱི་ནས་འབྲེལ་བའི་ཚུལ། དོན་ལྔའི་རྟེན་ནམ་གཞི། སྣོད་དྲུག་གི་ངེས་ཚིག་སོགས་ཚིག་ཉུང་དོན་འདུས་ཀྱི་ཚུལ་དུ་བཀོད་ཡོད།

内容提要：书中对脉经章节进行简要注释，阐析了三常脉和四季本脉的诊断、常脉的搏动频次、男性的七种脉象和女性的八种脉象、“寸、关、恰”三指下的不同脉象与疾病的关系、男女“寸、关”二指下的脉象相反的原因、脏腑内相关及五脏和五官外相关性，并对五脏之依、六腑进行了定义。

བོད་ཀྱི་གསོ་རིག་ཀུན་བཏུས་བསྟུད་སྒྲིག་མ་ལས། པོད་རེ་ལྔ་པའི་ནང་དུ་བཞུགས།

在《〈藏医药大典〉续编（61—80）》中的位置：收载于第六十五卷

ཚན་པ་གསུམ་པ། དུག་བཅོས་དཔའ་བོ་ཐུབ་པའི་རྒྱུད།

第三篇　《巴吾·图巴毒疗传承医典》

མཚན་བྱང་ཆ་ཚང་། དུག་བཅོས་དཔའ་བོ་ཐུབ་པའི་རྒྱུད་ཅེས་བྱ་བ་བཞུགས་སོ། །

全名：《巴吾·图巴毒疗传承医典》

རྩོམ་པ་པོ། སློབ་དཔོན་ཀླུ་སྒྲུབ། རྗེའི་གསང་འདུས་སྒྲོན་གསལ་གྱི་མཆན་ལས་སྟོན་པ་འདས་ནས་ལོ་བཞི་བརྒྱ

ན་རྒྱ་གར་ལྷོ་ཕྱོགས་ཀྱི་བེདརྦྷ་ཞེས་པར་ཀླུ་སྒྲུབ་བྱོན་པར་གསུངས་པ་དང་། ཇོ་ནང་བའི་ཆོས་འབྱུང་ལས་ཀླུ་སྒྲུབ་ཕྱེད་ལོ་དྲུག་བརྒྱར་ལོ་དོན་གཅིག་གིས་མ་ཚང་བ་བཞུགས་ཞེས་གསུངས།

作者：龙树大师，《简略秘籍明灯注》中载："释迦牟尼圆寂后四百年在南印度毗达婆国诞生"；《觉囊佛教史》中记载："龙树在世时间差71年为600年。"

མ་ཡིག ལག་བྲིས། ཡིག་གཟུགས་དབུ་མེད། ཤོག་ངོས་རེར་ཐིག་ཕྲེང་ལྔ། ཐིག་ཕྲེང་རེར་ཡིག་འབྲུ་སོ་བརྒྱད། ཁྱོན་བསྡོམས་ཤོག་ངོས་བརྒྱ་དང་ཞེ་ལྔ་བཞུགས།

母本：手写本，草书体，每页5行，每行38字，共145页。

ནང་དོན་གནད་བསྡུས། གཞུང་འདི་ནི་དུག་གི་ནད་བཅོས་ཐབས་ཀྱི་ཉམས་ཡིག་ཅིག་སྟེ། གཞུང་སྤྱི་ལ་ལེའུ་ཉེར་གཅིག་ཡོད་ཅིང་། དེ་ལས་ཐོག་མའི་ལེའུ་བཞིས་ནི་དུག་གང་གིས་ཀྱང་མི་ཚུགས་པར་བསྲུང་ཐུབ་པའི་གཉེན་པོ་སྨན་གྱི་སྦྱོར་བ་བསྟན་པ་དང་། ལེའུ་ལྔ་པ་ནས་བརྒྱད་པའི་བར་ནད་པའི་དྲི་ཆུ་དང་མཆིལ་མ། བཞིན་མདོག ཕྱི་རྟགས་སོགས་ལ་བརྟག་ནས་དུག་ནད་ཡིན་མིན་དང་འཆི་སོས་ཀྱི་བརྟག་ཐབས་བསྟན། ལེའུ་དགུ་པ་ནས་ཉི་ཤུའི་བར་དུ་དུག་ནད་གསར་རྙིང་དང་དེ་ལས་གྱུར་བའི་ཟླ་གཉན་གྱི་ནད་སྣ་ཚོགས། དུག་ནད་ཐོར་བུ་སོགས་ལ་ཞི་སྦྱང་གི་སྨན་དང་གཏར་བསྲེག་བྱུགས་སོགས་ཀྱི་སྒོ་ནས་གསོ་བའི་ནད་ཐོག་ལག་ལེན་གྱི་ཉམས་མྱོང་བསྟན། ལེའུ་ཉེར་གཅིག་པས་ནི་དུག་བཅོས་དཔའ་བོ་ཐུབ་པའི་རྒྱུད་ཀྱི་ཚིག་དོན་གོ་དཀའ་བའི་སྐོར་ལ་དོན་འགྲེལ་དང་བཅོས་ཐབས་ཁ་མི་གསལ་བའི་སྐོར་ལ་བཅོས་ཐབས་མན་ངག་འགའ་ལྷན་ཐབས་ཀྱི་ཚུལ་དུ་ཁ་བསྐང་མཛད་ཡོད།

内容提要：此书是关于毒病疗法的典籍。全书共21章。前4章主要介绍了解毒方剂；第五章至第八章主要介绍了通过病患的尿象、唾液象、面色、外部症状等诊断毒病、辨析生死兆的办法；第九章至第二十章介绍平息方药、放血、火灸、涂擦疗法以对新旧毒病及各类并发症、零星毒病等进行治疗的经验；第二十一章对巴吾·图巴所传毒病疗法中的晦涩难懂部分进行了注释，疗法不详部分进行了补充。

བོད་ཀྱི་གསོ་རིག་ཀུན་བཏུས་བསྡུད་སྒྲིག་མ་ལས། པོད་རེ་ལྔ་པའི་ནང་དུ་བཞུགས།

在《〈藏医药大典〉续编（61—80）》中的位置：收载于第六十五卷

ཚན་པ་བཞི་པ། རིན་པོ་ཆེའི་མིག

第四篇 《医典·珍宝眼》

མཚན་བྱང་ཆ་ཚང་། རིན་པོ་ཆེའི་མིག་ཅེས་བྱ་བའི་གཞུང་བཞུགས་སོ། །

全名：《医典·珍宝眼》

རྩོམ་པ་པོ། སློབ་དཔོན་ཀླུ་སྒྲུབ། རྗེའི་གསང་འདུས་སྒྲོན་གསལ་གྱི་མཆན་ལས་སྟོན་པ་འདས་ནས་ལོ་བཞི་བརྒྱ་ན་རྒྱ་གར་ལྷོ་ཕྱོགས་ཀྱི་བེདརྦྷ་ཞེས་པར་བྱོན་པར་གསུངས་པ་དང་། ཇོ་ནང་བའི་ཆོས་འབྱུང་ལས་ཀླུ་སྒྲུབ་ཕྱེད་ལོ་དྲུག་བརྒྱར་ལོ་དོན་གཅིག་གིས་མ་ཚང་བ་བཞུགས་ཞེས་གསུངས།

作者：龙树大师，《简略秘籍明灯注》中载："释迦牟尼圆寂后四百年在南印度毗达婆国诞生"；《觉囊佛教史》中载："龙树在世时间差71年为600年。"

མ་ཡིག སྒྲིག་པར། ཡིག་གཟུགས་དབུ་ཅན། ཤོག་ངོས་རེར་ཐིག་ཕྲེང་ཉེར་གསུམ། ཐིག་ཕྲེང་རེར་ཡིག་འབྲུ་བཅུ་བདུན། ཁྱོན་བསྡོམས་ཤོག་ངོས་ཉེར་ལྔ་བཞུགས།

母本：排印本，楷体，每页23行，每行17字，共25页。

ནང་དོན་གནད་བསྡུས། གཞུང་འདི་ནི་དུག་ནད་བཅོས་པའི་ཡིག་ཆུང་ཞིག་སྟེ། དུག་ནད་འབྱུང་བའི་སྤྱི་རྒྱུ་དང་། དུག་ནད་ལ་དབྱེ་ན་ཟས་ལས་གྱུར་པ་དང་སྦྱར་བ་ལས་བྱུང་བའི་དུག་གཉིས། སྦྱར་བའི་དུག་ལ་ནང་གསེས་རྗེ་དང་སྔོ་དང་སྨུ་དང་ཤ་དང་རིན་པོ་ཆེ་བཅས་ལ་སྦྱར་བའི་དུག་སྟེ་ལྔ་རུ་དབྱེ་བ་དང་། དུག་ནད་བརྟག་པའི་ཚེ་ཐོག་མར་དུག་སྟེར་མཁན་གྱི་ཕྱག་ཚང་དེའི་བྱ་སྤྱོད་ཀྱི་འགྱུར་བ་དང་དེ་ནས་ཟས་སྐོམ་གྱི་མདོག་དང་ལྷངས་སོགས་ལས་དུག་ཡོད་མེད་ལ་བརྟག་པའི་ཐབས། དུག་སྐྱོན་ཕོག་པའི་རྟགས་ལ་དུག་ནད་

སྤྱིའི་རྟགས་དང་། བྱེ་བྲག་ལུས་ཀྱི་སྟོད་སྨད་བར་གསུམ་དང་རྩ་རུས་ཆུ་རྒྱུས་སོགས་གང་ལ་བབས་པའི་ཞིབ་ཕྲའི་ཕྱི་རྟགས། དེ་བསྲུང་བ་ལ་དུག་ནི་ཤ་པགས་དང་སྣ་བུག་བརྒྱུད་དེ་འབྱུང་བའི་ཕྱིར་གཉེན་པོ་སྨན་རྣམས་ཕྱི་ཤ་པགས་ལ་བྱུགས་པ་དང་སྣ་བུག་ཏུ་རྔུབ་པའི་སྒོ་ནས་དུག་བསྲུང་བ་དང་གསོ་བའི་ཐབས། རྩི་དང་རྡོ། སྤུ། ཤ་སོགས་དང་སྦྱར་བའི་དུག་ལྷན་ཟས་སྐོམ་ཁོང་དུ་སོང་བ་ལས་བྱུང་བའི་ནང་གི་དུག་ནད་སོ་སོའི་ནད་རྟགས་དང་བཅོས་ཐབས་སོགས་བསྟན་ཡོད།

内容提要：此书为一部介绍毒疗的小册。作者根据引发毒病之因，将毒病分为饮食毒和配制毒2种。配制毒又分为石配毒、草配毒、毛配毒、肉配毒、珍宝配毒等5种。诊断毒病首先应对投毒者的行为变化、饮食的颜色和气味等进行观察。中毒的症状有总症和具体症状，具体之症又分毒落于身体上、中、下三处和脉、骨、韧带、肌腱等处的细微之症。书中还对经肌肤和吸入所中毒的疗法，以及草配毒、石配毒、毛配毒疗法进行了较为详细的记载。

བོད་ཀྱི་གསོ་རིག་ཀུན་བཏུས་བསྟུད་སྒྲིག་མ་ལས། པོད་རེ་ལྔ་པའི་ནང་དུ་བཞུགས།

在《〈藏医药大典〉续编（61—80）》中的位置：收载于第六十五卷

ཆན་པ་ལྔ་པ། གསོ་མ་རིན་པོ་ཆེའི་ཆུ་ཤེལ།

第五篇 《索玛仁波切水晶宝》

མཚན་བྱང་ཆ་ཚང་། གསོ་མ་རིན་པོ་ཆེའི་ཆུ་ཤེལ་ཞེས་པ་བཞུགས་སོ། །

全名：《索玛仁波切水晶宝》

རྩོམ་པ་པོ། སློབ་དཔོན་པདྨ་འབྱུང་གནས། རྒྱ་གར་ནུབ་ཕྱོགས་ཧྲ་རྩ་ཀོ་ཥའི་མཚོ་གླིང་དུ་སྐུ་འཁྲུངས། བཀའ་ཐང་ལས་རྒྱལ་པོ་ཁྲི་སྲོང་ལྡེ་བཙན་དང་། མུ་ནེ་བཙན་པོ། མུ་ཏིག་བཙན་པོ་གསུམ་གྱིས་སྲིད་དབང་བཟུང་སྐབས་ཏེ་ལོ་ལྔ་བཅུ་མ་ཟིན་ཙམ་བོད་དུ་བཞུགས་ཞེས་གསུངས།

作者：莲花生大师，生于印度南部达玛郭卡岛，《遗教》中记载：“藏王赤松德赞、牟尼赞普、牟德赞普执政期间入藏约50载。”

མ་ཡིག སློག་པར། ཡིག་གཟུགས་དབུ་ཅན། ཤོག་ངོས་རེར་ཐིག་ཕྲེང་ཉེར་གསུམ། ཐིག་ཕྲེང་རེར་ཡིག་འབྲུ་བཅུ་བདུན། ཁྱོན་བསྡོམས་ཤོག་ངོས་དགུ་བཞུགས།

母本：排印本，楷体，每页23行，每行17字，共9页。

ནང་དོན་གནད་བསྡུས། གཞུང་འདི་ནི་གདུག་པ་རིམས་ཚད་གསོ་བའི་གནད་སྟོན་པའི་གཞུང་ཞིག་སྟེ། གཞུང་སྤྱི་ལ་ལེའུ་ཉེར་གཅིག་ཡོད། དེ་ནི་རིམས་ལ་དབྱེ་ན་རྟག་རྒྱུག་དང་ལེ་བཀན། རྨོངས་བུ། གླང་གཟེར། རྒྱུ་ཐོར་བཅས་རིགས་ལྔ་ཡོད་པ་སོ་སོའི་མཚན་ཉིད་དང་ནད་ཀྱི་རྒྱ་གང་ཡིན། དེ་གསོ་བའི་སྐབས་ན་ཚོད་དང་ཡུལ། དུས་བཅས་ལ་སྦྱར་ནས་བརྟག་པའི་ཚུལ། ཚད་པ་སྨིན་མ་སྨིན་སོ་མཚམས་ཀྱི་རྟགས། རིམས་ཚད་རིགས་ལྔ་སོ་སོའི་གསོ་བཅོས་ཀྱི་ལག་ལེན། རི་ཐང་མཚམས་ཀྱི་རྟགས་དང་བཅོས་ཐབས། དོན་ལ་ཚ་བ་རྒྱས་པ་ཕྱེ་མས་གསོད་པ་དང་སྣོད་ལ་ཚད་པ་ལྷུང་བ་སྦྱང་བས་བཅོས་ཚུལ། སྒོ་གསུམ་སྟེ་ཁ་དང་བཤང་ལམ། སྣ་བཅས་ནས་སྐྱུག་པ་དང་འཁྲུ་བ། སྣ་ཁྲག་འཛག་པ་བཅས་ཀྱི་བཅོས། རྒྱས་ཚད་སྟོངས་ཚད་སོགས་ནད་གཞན་དང་ཁོར་ར་རེ་ཡོད་པའི་འབྲུལ་བའི་གཞི་བསལ་བ། སྨན་ནད་ལྷག་ཆད་དུ་སོང་བའི་སྐྱོན་བསལ་ཐབས། སྨན་པ་གཞན་གྱིས་བཅོས་ཉེས་པ་བརྟག་སྟེ་བཅོས་པའི་ཐབས། རིམས་ཚད་སྙིང་དང་གླད་པ་ལ་གབ་པའི་རྟགས་དང་བཅོས་ཐབས་སོགས་བསྟན་ཡོད་པས་འདི་ནི་ཚ་བ་གསོ་བཅོས་བྱ་བར་མེད་དུ་མི་རུང་བའི་རྩ་དོན་དང་ཐབས་ལམ་ལྟ་བུ་ཞིག་ཏུ་སྣང་།

内容提要：此书介绍了治疗疠热要点，全书分21章。书中记载疠热的五种分类即“斗久”、“莱甘”、“芒布”、脑疠痛、“木妥”及各自的定义和病因，根据病患年龄、患病地点和时间的诊法，热病熟与未熟之际的症状，五种疠热的治疗实践，山原界热的症状和疗法，脏热盛时用散剂清热，腑热盛则以泄治疗，三门即口、肛门和鼻的吐、泻和流鼻血的治疗，增盛热病和空虚热病等的鉴别诊断，药物副作用的消除法，误治的诊断和疗法，疠热隐于心脑的症状和疗法等热病治疗原则和方法。

བོད་ཀྱི་གསོ་རིག་ཀུན་བཏུས་བསྟུད་སྒྲིག་མ་ལས། པོད་རེ་ལྔ་པའི་ནང་དུ་བཞུགས།

在《〈藏医药大典〉续编（61—80）》中的位置：收载于第六十五卷

ཆན་པ་དྲུག་པ། གཉན་རིམས་བཅོས་སྐོར།

第六篇　《疠瘟医疗》

མཚན་བྱང་ཆ་ཚང་། གུ་རུའི་ཐུགས་སྒྲུབ་བླ་མ་བདེ་གཤེགས་རིགས་འདུས་ལས༔ ཨོ་རྒྱན་སྨན་བླ་ཊིས་ཟབ་དོན་ཆེན་ཀློང་མཛོད་སྐོར༔ གཉན་རིམས་བཅོས་སྐོར་གསོ་རིག་དྲི་མེད་པདྨའི་ཞལ་ལུང་མན་ངག་གསང་རྒྱ་ཅན༔རྫ་རྡོ་རྗེ་ཕ་ལམ་ནད་ངན་འཇིག་སྐྱོབས་ཨི་ཁི༔ ཟབ་རྒྱ༔ གསང་རྒྱ༔ གཅིག་བརྒྱུད་རྒྱ༔

全名：《上师心修如意所聚之邬仗那药师佛要藏、疠瘟医疗莲花生大师无垢教言秘诀、恶病救护金刚石；甚深奥秘、秘诀奥秘、单传奥秘》

རྩོམ་པ་པོ། སློབ་དཔོན་པདྨ་འབྱུང་གནས། རྒྱ་གར་ནུབ་ཕྱོགས་དྷ་ན་ཀོ་ཤའི་མཚོ་གླིང་དུ་སྐུ་འཁྲུངས། བཀའ་ཐང་ལས་རྒྱལ་པོ་ཁྲི་སྲོང་ལྡེ་བཙན་དང་། མུ་ནེ་བཙན་པོ། མུ་ཏིག་བཙན་པོ་གསུམ་གྱིས་སྲིད་དབང་བཟུང་སྐབས་ཏེ་ལོ་ལྔ་བཅུ་མ་ཟིན་ཙམ་བོད་དུ་བཞུགས་ཞེས་གསུངས།

作者：莲花生大师，生于印度南部达玛郭卡岛，《遗教》中记载："藏王赤松德赞、牟尼赞普、牟德赞普执政期间入藏约50载。"

མ་ཡིག ལག་བྲིས། ཡིག་གཟུགས་དབུ་མེད། ཤོག་ངོས་རེར་ཐིག་ཕྲེང་དྲུག ཐིག་ཕྲེང་རེར་ཡིག་འབྲུ་ཉེར་ལྔ། ཁྱོན་བསྡོམས་ཤོག་ངོས་ཞེ་གསུམ་བཞུགས།

母本：手写本，草书体，每页6行，每行25字，共43页。

ནང་དོན་གནད་བསྡུས། གཞུང་གི་མཚན་བྱང་དུ་གཉན་རིམས་བཅོས་སྐོར་གསོ་རིག་དྲི་མེད་པདྨའི་ཞལ་ལུང་

མན་ངག་གསང་རྒྱ་ཅན་ཞེས་འཕོད་ཡོད་ཀྱང་གཞུང་དངོས་ཀྱི་བརྗོད་བྱ་ལ་གཉན་རིམས་ཁོ་ན་ཙམ་མ་ཡིན་པར་ནད་གཞན་ཡང་གསུངས་ཡོད་དེ། འགོ་ནད་འཕྱི་བའི་ནད་དང་ནག་པོ་སུམ་སྒྲིལ། རྒྱ་ནད་གཉན་རྦོད། གཟེར་ཐུང་བཅས་ལས་གཞན་རྣ་བའི་ནད་དང་། བད་ཀན་མགུལ་འགགས། མོ་ནད། མིག་འབྲས། གློ་ནད། མགོ་སྲིན། རྨ་རྙིང་སོགས་ཀྱི་བཅོས་ཐབས་ལག་ལེན་གནད་དུ་ཁེལ་བའི་སྐོར་ཚིག་ རྣ་མ་སྲིད་པར་སྨན་གྱི་རྒྱ་ཐུར་གྱི་སྲུང་ཚད་དང་བཅས་གབ་སྲས་མེད་པར་མདོར་བསྡུས་སུ་བཀོད་ཡོད་པ་མ་ཟད། སྐད་བཅོས་དང་ཤྲུ་ཐོར་སོགས་ཐོར་ནད་ཀྱི་བཅོས་དང་སེང་ལྡེང་སོ་ལྔ་སོགས་ནད་བརྒྱ་སྨན་གཅིག་གི་སྐོར། རྟའི་ནད་བསྲུང་བ་དང་གསོ་བ། ནད་མེད་མིའི་སྟོབས་དང་ལུས་རྩལ་རྒྱས་པའི་ཐབས་སོགས་འཕོད་ཡོད། འདི་ནི་མཁར་ཆེན་གཟའ་ཡེ་ཤེས་མཚོ་རྒྱལ་དང་མོན་གྱི་བུ་མོ་བཀྲ་ཤིས་ཁྱི་འདྲེན་གཉིས་ཀྱིས་ཞེ་རིང་སེང་གེ་རྫོང་གི་དབེན་ཁྲོད་དུ་སློབ་དཔོན་པདྨ་འབྱུང་གནས་ལ་ཞུས་ཤིང་སློབ་དཔོན་གྱིས་འགྲོ་བའི་དོན་དུ་གསུངས་པ་ཞིག་གོ །

内容提要：书名虽为《疠瘟医疗莲花生大师无垢教言秘诀》，但正文除了传染性疠瘟以外还载有其他一些病症相关的内容，对传染性鼠疫、三合黑病、急疠、急痛疠及鼻病、“培根”性喉阻、妇科病、眼病、肺病、头“蛀”、陈旧创伤等的疗法、药物剂量等进行了简要的记述。此外，对声治和细疹等杂病治疗和三十五味西藏猫乳丸等百病一药类，马病的防治，无病者强身的方法等进行了记述。此书为卡钦·益西措杰和门隅的女儿扎西曲珍在协仁森格宗的清修之地向莲花生大师请授，大师为众生之利所授的一部著作。

བོད་ཀྱི་གསོ་རིག་ཀུན་བཏུས་བསྡུད་སྒྲིག་མ་ལས། པོད་རེ་ལྔ་པའི་ནང་དུ་བཞུགས།

在《〈藏医药大典〉续编（61—80）》中的位置：收载于第六十五卷

ཚན་པ་བདུན་པ། སྔགས་འབུམ་རྡོ་རྗེའི་གོས་ཁྲབ།

第七篇 《万咒金刚铠甲》

མཚན་བྱང་ཆ་ཚང་། ཨོ་རྒྱན་པདྨས་མཛད་པའི་སྔགས་འབུམ་རྡོ་རྗེའི་གོས་ཁྲབ་ཡི་དམ་ཀུན་འདུས་ནད་བརྒྱ་སྨན་གཅིག་བཞུགས་སོ། །

全名：《邬金莲花生大师万咒金刚铠甲誓愿总汇·百病一药》

རྩོམ་པ་པོ། སློབ་དཔོན་པདྨ་འབྱུང་གནས། རྒྱ་གར་ནུབ་ཕྱོགས་དྷ་ན་ཀོ་ཤའི་མཚོ་གླིང་དུ་སྐུ་འཁྲུངས། བཀའ་ཐང་ལས་རྒྱལ་པོ་ཁྲི་སྲོང་ལྡེ་བཙན་དང་། མུ་ནེ་བཙན་པོ། མུ་ཏིག་བཙན་པོ་གསུམ་གྱིས་སྲིད་དབང་བཟུང་སྐབས་ཏེ་ལོ་ལྔ་བཅུ་མ་ཟིན་ཙམ་བོད་དུ་བཞུགས་ཞེས་གསུངས།

作者：莲花生大师，生于印度南部达玛郭卡岛，《遗教》中记载："藏王赤松德赞、牟尼赞普、牟德赞普执政期间入藏约50载。"

མ་ཡིག ལག་བྲིས། ཡིག་གཟུགས་དབུ་མེད། ཤོག་ངོས་རེར་ཐིག་ཕྲེང་དྲུག ཐིག་ཕྲེང་རེར་ཡིག་འབྲུ་ཉེར་ལྔ། ཁྱོན་བསྡོམས་ཤོག་ངོས་ཞེ་བཞི་བཞུགས།

母本：手写本，草书体，每页6行，每行25字，共44页。

ནང་དོན་གནད་བསྡུས། རྡོ་རྗེ་གླིང་པས་ལྷོ་བྲག་གནམ་སྐས་ནས་ཟབ་གཏེར་སྤྱན་དྲངས་པའི་གཞུང་འདི་ནི་ཡིག་འབྲུ་སུམ་ཅུ་ཙམ་གྱི་སྔགས་ཁྱད་པར་ཅན་ཞིག་གི་ཕན་ནུས་དང་དམ་ཚིག་སོགས་སྟོན་པ་སྟེ། ལྔ་བརྒྱ་དུས་ཀྱི་ཐ་མ་ལ་འབྱུང་པོ་འབྲུགས་ཏེ་གཟའ་ནད་མཛེ་ཤུ་སོགས་དར་བ་ལ་སྨན་པས་ནད་ངོས་མི་ཟིན་ཅིང་། བཟང་དྲུག་སྨན་གྱིས་ནད་པའི་ཟུག་མི་ཆོག་པས་ན་སྔགས་ཁྱད་པར་ཅན་འདི་འདྲ་ཞིག་དགོས་པ་ལ། སྔགས་ཁྱད་པར་ཅན་འདིའི་ལག་ལེན་སྐབས་ཀྱི་དམ་ཚིག་དང་སྔགས་རྒྱུད་བཟླས་པའི་ཕན་ཡོན། བ་མར་དང་ཡང་ན་

བྱུར་རྒོད་སོགས་ལ་སྔགས་འདི་བཏབ་ནས་ཁོང་དུ་བཏང་བ་དང་ཡང་ན་མགུལ་དུ་བཏགས་པ་སོགས་ཀྱིས་སྦྱར་དུག་དང་གཉན་རིགས། མཁྲིས་པའི་ནད་སོགས་ནད་རིགས་མི་འདྲ་བ་བཅུ་བདུན་ཙམ་སེལ་ནུས་པ་དང་། ཡང་སྔགས་འདི་ལ་ཡི་དམ་བྱས་གྱུར་ན་བན་བོན་གྱི་མཐུ་སྐྱུབ་ལ་ཉམ་མི་ང་བ་དང་། སྐུ་གདུང་ལ་འཇའ་དར་དང་རིང་བསྲེལ་འབྱུངས་ནུས་པ་སོགས་ནད་བརྒྱ་སྨན་གཅིག་དང་ཡིད་བཞིན་ནོར་བུ་ལྟ་བུའི་སྔགས་ཁྱད་པ་ཅན་འདིའི་ལག་ལེན་གྱི་རིམ་པ་བསྟན་ཡོད།

内容提要：此书由多吉林巴在南蓖高山伏藏处所掘，载有三十字奇特咒语的功效和誓词等。末法五百年邪魅作祟而引发星曜病、麻风病等肆虐，由于医生无法确诊，六良药无法解除病痛，便有了如此奇特的咒语。咒语可咒于黄牛酥油或蔗糖等内服或将此咒挂于脖颈处，对合成毒和疠病类、“赤巴”病等十七类不同的疾病有效。

བོད་ཀྱི་གསོ་རིག་ཀུན་བཏུས་བསྟུད་སྒྲིག་མ་ལས། པོད་རེ་ལྔ་པའི་ནང་དུ་བཞུགས།

在《〈藏医药大典〉续编（61—80）》中的位置：收载于第六十五卷

སྐབས་དོན་གསུམ་པ། རྒྱ་ནག་མཁས་པའི་སྨན་ཡིག
第三集　名中医医书

རྒྱ་ནག་མ་ཧཱ་ཙི་ནའི་ཡུལ་དུ་བྱོན་པའི་གསོ་དཔྱད་མཁས་པ་མ་ཧ་ཤང་དེ་བས་བསྒྱུར་བའི་དུག་ནད་བཅོས་པའི་ཉམས་ཡིག་དུག་བཅོས་གཞུང་གི་རྩ་བ་དང་། དུག་ནད་སྣ་ཚོགས་གཏོང་བ་དང་དེ་གསོ་བའི་ཐབས་སྟོན་པའི་རྒྱ་ནག་མེ་ལྕེ་འཁོར་ལོ་སྦྱི་ཚན་པ་གཉིས་བཀོད་ཡོད།

本集收录了由中原地区和尚帝瓦所译《毒疗根本》《中医火轮疗法》2篇。

ཚན་པ་དང་པོ། དུག་བཅོས་གཞུང་རྩ་བ།

第一篇 《毒疗根本》

མཚན་བྱང་ཆ་ཚང་། དུག་བཅོས་གཞུང་རྩ་བ་རྒྱ་ནག་ཧ་ཤང་དེ་བས་བསྒྱུར་བ་བླ་མ་མུ་ཏོ་བའི་ལུགས་སོ། །

全名：《哈祥德瓦所译毒疗根本 · 上师“木多哇”所遵》

བསྒྱུར་བ་པོ། ཧ་ཤང་དེ་བ། དུས་རབས་བདུན་པའི་ནང་རྒྱ་ནག་ནས་བོད་ལ་ཕྱིན་པའི་སྨན་པ་ཞིག

作者：和尚帝瓦（也写作德瓦），7世纪从中原地区到吐蕃的一位名医。

མ་ཡིག ལག་བྲིས། ཡིག་གཟུགས་དབུ་མེད། ཤོག་ངོས་རེར་ཐིག་ཕྲེང་ལྔ། ཐིག་ཕྲེང་རེར་ཡིག་འབྲུ་སོ་ལྔ། ཁྱོན་བསྡོམས་ཤོག་ངོས་སོ་བཞི་བཞུགས།

母本：手写本，草书体，每页5行，每行35字，共34页。

ནང་དོན་གནད་བསྡུས། འཕགས་པ་འཇམ་དཔལ་གྱིས་རི་བོ་རྩེ་ལྔར་གསུངས་ཤིང་རྒྱ་རྗེ་ཡིས་རི་བོའི་ཟོམ་ལས་ཉན་པ། རྒྱ་ནག་ཧ་ཤང་དེ་ཕས་བསྒྱུར་བའི་གཞུང་འདི་ནི་དུག་ནད་བཅོས་པའི་ཉམས་ཡིག་ཅིག་སྟེ། གཞུང་སྤྱི་ལ་ལེའུ་བཅོ་བརྒྱད་ཡོད་ཅིང་། དེ་ལ་ལེའུ་དང་པོར་རང་བཞིན་གྱི་དུག་དང་སྦྱར་བའི་དུག ཟས་ཀྱི་དུག་གསུམ་གྱི་མཚན་ཉིད་དང་། ལེའུ་གཉིས་པ་དང་གསུམ་པར་ནད་པའི་མཆིལ་མ་དང་དྲི་ཚུ། བལྟ་རྩ་བཅས་ཀྱི་འགྱུར་བ་ལ་དཔག་ནས་དུག་ནད་ཡིན་མིན་ལ་བརྟག་པའི་ཐབས་དང་། ལེའུ་བཞི་པར་དུག་ནད་སྤྱིའི་རྟགས་དང་ཅེ་བྲག་གློ་སྙིང་སོགས་ལ་བབས་པའི་རྟགས། ལེའུ་ལྔ་པ་ནས་དགུ་པར་རིམ་པ་བཞིན་དུག་ནད་བསྡུ་བ་དང་གསད་པ། དབྱུང་བ། གཏར་བསྲེག་བཅས་དཔྱད་དང་། ཞི་བྱེད་སྨན་གྱི་སྒོ་ནས་དུག་ནད་བཅོས་པའི་ཐབས་སྤྱི། ལེའུ་བཅུ་པ་ནས་བཅུ་གསུམ་པ་དང་། བཅུ་དྲུག་པ། བཅོ་བརྒྱད་པ་བཅས་ལ་རིམ་པར་བཙན་དུག་དང་ཤ་དུག སྦྱོ་དུག འབྲས་དུག ཟས་དུག དུག་རྙིངས་པ་བཅས་དུག་ནད་ཅེ་བྲག་དྲུག་གི་བཅོས་

ཐབས། ལེའུ་བཅུ་བཞི་པ་དང་བཅོ་ལྔ་པ། བཅུ་བདུན་པ་བཅས་ལ་རིམ་པ་བཞིན་དུག་ནད་བྱེ་བྲག་གང་ལ་དུགས་དང་སྨན། ཐང་གི་སྦྱོར་བ་གང་དང་གང་འཕྲོད་པའི་རིགས་བསྟན་ཡོད།

内容提要：此书为一部关于治疗中毒的医著，全书共有18章。第一章为引起中毒的毒物的分类，即自然毒、合成毒和食毒及其定义；第二章、第三章为中毒诊断，即通过病患的唾液、尿液和脉象来进行诊断；第四章为中毒的总症和肺、心等侵毒之症；第五章至第九章为中毒的治疗法，分别对聚毒、清毒、引毒、放血、火灸等外治疗法和平息药物疗毒之法进行论述；第十章至第十三章、第十六章、第十八章分别介绍“赞”毒（乌头毒）、肉毒、癫毒、“哲”毒、食毒、陈旧毒等6个分支毒的疗法；第十四章、第十五章、第十七章分别介绍不同毒病的罨敷、方药、汤剂疗法。相传，此著根据文殊菩萨在五台山上讲授且由尊者聆受内容由中原地区和尚帝瓦所译。

བོད་ཀྱི་གསོ་རིག་ཀུན་བཏུས་བསྟུད་སྒྲིག་མ་ལས། པོད་རེ་ལྔ་པའི་ནང་དུ་བཞུགས།

在《〈藏医药大典〉续编（61—80）》中的位置：收载于第六十五卷

ཚན་པ་གཉིས་པ། རྒྱ་ནག་མེ་ལྡེ་འཁོར་ལོ།

第二篇　《中医火轮疗法》

མཚན་བྱང་ཆ་ཚང་། རྒྱ་ནག་མེ་ལྡེ་འཁོར་ལོ་བཞུགས་པའི་དབུ་ལགས་སྷོ། །

全名：《中医火轮疗法》

རྩོམ་པ་པོ། མི་གསལ།

作者：不详。

མ་ཡིག ལག་བྲིས། ཡིག་གཟུགས་དབུ་མེད། ཤོག་ངོས་རེར་ཐིག་ཕྲེང་བརྒྱད། ཐིག་ཕྲེང་རེར་ཡིག་འབྲུ་ཉེར་ལྔ། ཁྱོན་བསྡོམས་ཤོག་ངོས་རེ་ལྔ་བཞུགས།

母本：手写本，草书体，每页8行，每行25字，共65页。

ནང་དོན་གནད་བསྡུས། གཞུང་འདི་ནི་སྨན་སོགས་ཀྱི་སྦྱོར་བ་ལ་བརྟེན་ནས་དུག་ནད་སྣ་ཚོགས་གཏོང་བ་དང་དེ་གསོ་བའི་ཐབས་སྟོན་པའི་རྒྱ་ནག་ལུགས་ཀྱི་གཞུང་ཞིག་སྟེ། གསེར་སོགས་རིན་ཆེན་ལྔའི་སྦྱོར་བས་སྐྱེ་རྒྱུན་གཅོད་པ་དང་། ཤ་སྐེམ་པ། ཤ་སྐྱེ་བ་སྟེ་ལུས་སྐྲངས་པ། མཆིན་ནད་དང་ཕོ་བའི་སྐྲན་ནད་སྐྱེད་པར་འགྱུར་བ་དང་དེ་སོ་སོ་གསོ་བའི་ཐབས། ར་ཤ་སོགས་ལ་སྦྱར་བའི་སྦྱོར་བས་སྙིང་ནད་དང་། གློ་ནད། མཆིན་ནད། མཁྲིས་ནད། མཚེར་བའི་ནད། མཁལ་མའི་ནད་བཅས་སྐྱེད་པར་བྱས་པ་དང་དེ་སོ་སོ་གསོ་བའི་ཐབས། འདབ་ཆགས་བྱའི་ཤ་སོགས་ལ་སྦྱར་བའི་སྦྱོར་བས་མིག་ནད་སྐྱེད་པར་འགྱུར་བ་དང་དེ་སོ་སོ་གསོ་བའི་ཐབས། སོ་བྱ་ཞེས་པའི་བྱའི་ལྕེ་སོགས་ལ་སྦྱར་བའི་སྦྱོར་བས་ལྕེ་ནད་དང་གྲེ་བའི་གག་པ་བསྐྲང་། རོ་སྟོད་དང་རོ་སྨད་སོ་སོ་སྐེམས་པར་བྱེད་པ་དང་དེ་སོ་སོ་གསོ་བའི་ཐབས། པདྨའི་སྦྱོར་བས་མཛེ་ནད་དང་དམུ་ཆུའི་ནད། དྲི་ཆུ་འགགས་པར་བྱེད་པ་དང་དེ་སོ་སོ་གསོ་བའི་ཐབས། ཧ་ཤི་བའི་ཤ་གཙོ་བོར་བྱས་ཏེ་སྦྱར་བའི་སྦྱོར་བས་ཁྲག་མཁྲིས་ཀྱི་ནད་དང་ཤ་དུག་གི་ནད། འབྲུགས་ནད་སྐྱེད་པར་བྱེད་པ་དང་དེ་སོ་སོ་གསོ་བའི་ཐབས། སྲེ་མོང་གི་ཤ་སོགས་གཙོ་བོར་བྱས་ཏེ་སྦྱར་བའི་སྦྱོར་བས་གླད་སྲིན་ཡ་མ་ལྷུང་བར་བྱེད་པ་དང་ཁྲག་ནད། སྐྲ་མཛིང་ན་བའི་ནད་སྐྱེད་པར་བྱེད་པ་དང་དེ་སོ་སོ་གསོ་བའི་ཐབས། ཐང་ཕྲོམ་ལ་སྦྱར་བའི་སྦྱོར་བས་མི་སྨྱོ་བ་དང་དུད་འགྲོ་བརྒྱལ་བར་འགྱུར་བ་དང་དེ་སོ་སོ་གསོ་བའི་ཐབས། ཏི་ཆའི་སྦྱོར་བས་མཛེ་ནད་དང་ཚིགས་ནད། དམུ་ཆུའི་ནད་སྐྱེད། ཤ་སྐེམས་པར་བྱེད་པ་དང་ཐབས་གཞན་གྱིས་དེ་དག་གསོ་བ། སྦྱོར་བ་སྣ་ཚོགས་སྦྱར་བའི་སྦྱོར་བས་མཁྲིས་ནད་དང་ལོ་ནད་རིགས་གཉིས། ཚད་པའི་ནད། ཁྲག་སྐྱུགས་ཀྱི་ནད། གཡའ་སྐྲངས་ཀྱི་ནད། རོ་སྨད་སྐེམས་པའི་ནད། རིམས་ནད་སྐྱེད་པ་དང་། དྲི་ཆུ་འགགས་པར་བྱེད་པ་དང་ཐབས་གཞན་གྱིས་དེ་དག་སོ་སོ་གསོ་བ། རྨ་བྱའི་ཤ་དུག་དང་མཁྲིས་དུག བོང་ང་དཀར་ནག་གི་དུག གབུར་སྦྱོར་བའི་དུག པདྨ་ནག་པོའི་དུག ཤ་མོ་ལས་གྱུར་པའི་དུག གསལ་ཤིང་གི་དུག་སོགས་གསོ་བའི་ཐབས། གཞན་དུག་ནད་སེལ་བའི་སྨན་འགའི་འབྱུངས་དཔེ། འདོད་ཆགས་སྐྱེད་ཐབས། མིའི་རང་བཞིན་མི་

འདྲ་བ་ལ་དུག་ཕོག་པའི་བཅོས་ཀྱི་གནད་དང་དོན་སྙིང་སོགས་གནས་མི་འདྲ་བ་ལ་དུག་བབས་པའི་བཅོས་ཐབས། དུག་བསྲུང་བའི་སྨན་གྱི་སྦྱོར་བ་དང་བསྟེན་ཐབས། སྔོས་སུ་དུག་ནད་སྦྱི་ལ་བཤལ་གྱིས་སྦྱངས་པའི་ལག་ལེན་སོགས་བསྟན་ཡོད།

内容提要： 此书是一部关于方剂毒副作用疗法的中医学著作，主要记述了金等五珍宝方剂引发的不孕不育、肌肉萎缩、浮肿、肝病和胃痞瘤等病症的疗法。具体有与山羊肉配伍的方剂引发的心脏病、肺病、肝病、胆病、脾病、肾病的疗法，与飞禽肉配伍的方剂引发的眼病的疗法，与鸬鹚舌等配伍的方剂引发的舌病、白喉、上下体肌肉萎缩的疗法，与莲花配伍的方剂引发麻风病、腹水、尿闭的疗法，与黄鼬肉为主配伍的方剂引发"亚玛"脑病、血病、脖颈疼痛等的疗法，与山莨菪配伍的方剂引发的人疯癫和牲畜昏厥的疗法，与锌配伍的方剂引发麻风病、关节病、腹水、肌肉萎缩等的疗法，与各类方剂配伍引发"赤巴"病、两类"洛"病、热病、呕血、肿痒、下体肌肉萎缩、瘟病、尿闭症的疗法，孔雀肉毒和胆毒、"榜莪嘎布"和"榜莪那布"毒、冰片方药毒、黑莲毒、蘑菇转化毒、漆树毒等的疗法。此外，记述了几味解毒药的鉴别比喻，增强性欲法，对不同体质的解毒要点和心脏等不同脏器侵毒的疗法，解毒方的组方和用法，毒病泄疗的实践等。

བོད་ཀྱི་གསོ་རིག་ཀུན་བཏུས་བསྡུད་སྒྲིག་མ་ལས། པོད་རེ་ལྔ་པའི་ནང་དུ་བཞུགས།

在《〈藏医药大典〉续编（61—80）》中的位置： 收载于第六十五卷

སྐབས་དོན་བཞི་པ། ཏ་ཟིག་མཁས་པའི་སྨན་ཡིག
第四集 大食名医医书

སྟག་གཟིག་ནོར་གྱི་ཡུལ་དུ་བྱོན་པའི་སྨན་དཔྱད་མཁས་པ་ཙན་པ་ཤི་ལ་ཧའི་བྱང་ཁོག་དམར་བྱང་གསལ་བའི་སྒྲོན་མེ་དང་། བདུད་རྩི་ཤེལ་གྱི་མེ་ལོང་གི་རྒྱུད། བདུད་རྩིས་དུག་ནད་ཞི་བར་བྱེད་པ། ཆུང་དཔྱད་མོན་མོ་གཡུ་མཐུར་རྒྱས་བསྡུས། འཕྲུལ་གྱི་བཞི་སྐོར་གྱི་འགྲེལ་པ་ཁྲག་འཛག་ནག་པོ་བཅས་ཚན་པ་དྲུག་བཀོད་ཡོད།

收录了大食名医赞巴西拉哈所著《体腔明灯》《甘露晶镜续》《解毒甘露》《小儿病诊疗“蒙莫宇托”广解》《小儿病诊疗“蒙莫宇托”精编》《神奇四方注解》等6篇著作。

ཚན་པ་དང་པོ། བྱང་ཁོག་དམར་བྱང་གསལ་བའི་སྒྲོན་མེ།
第一篇 《体腔明灯》

མཚན་བྱང་ཆ་ཚང་། བྱང་ཁོག་དམར་བྱང་གསལ་བའི་སྒྲོན་མེ་བཞུགས་སོ། །

全名：《体腔明灯》

རྩོམ་པ་པོ། ཙན་པ་ཤི་ལ་ཧ། དུས་རབས་བརྒྱད་པའི་ནང་ཁྲོམ་ནས་བོད་ལ་བྱོན་པའི་སྨན་པ་ཞིག

作者：赞巴西拉哈，8世纪从“冲”地到藏的名医。

མ་ཡིག ལག་བྲིས། ཡིག་གཟུགས་དབུ་མེད། ཤོག་ངོས་རེར་ཐིག་ཕྲེང་བདུན། ཐིག་ཕྲེང་རེར་ཡིག་འབྲུ་ཉེར་གཅིག ཁྲོན་བསྡོམས་ཤོག་ངོས་ང་དྲུག་བཞུགས།

母本： 手写本，草书体，每页7行，每行21字，共56页。

ནང་དོན་གནད་བསྡུས། བྲང་ཏི་རྒྱལ་མཚེས་མཁར་བུ་དེ་ཉིད་སྔ་ཕྱི་ལོ་བཞི་ལ་རྗེ་ཁྲི་ལྡེ་ཨག་ཚོམ་གྱི་བློན་པོ་བྱས་པའི་གཏང་རག་ཏུ་རྗེས་གནང་བའི་གཞུང་འདི་ནི་མཆེན་དྲི་ཡན་ཆད་བྲང་ཁོག་སྟོད་ཀྱི་མཚོན་རྨ་གསོ་བའི་ནད་ཐོག་ཉམས་ཡིག་ཅིག་སྟེ། གཞུང་སྤྱི་ལ་ལེའུ་ཉེར་གཉིས་ཡོད། དེ་ལ་ཐོག་མར་བྲང་ཁོག་སྟོད་ཀྱི་ཤ་དང་རུས་པ། རྩ། གསང་། དོན་གྱི་ཡུལ་ཐིག་སོགས་ལུས་ཀྱི་གནས་ལུགས་བསྟན་ཡོད་པ་དང་། དེ་ནས་གློ་བུར་བའི་ཕྱི་རྐྱེན་གྱིས་བྲང་ཁོག་གི་ཤ་གནད་དང་རྩ་གནད་བསྣད་དེ་འགྲམས་བཙན་ཕུག་གསུམ་དུ་གྱུར་པའི་ནད་རྟགས་དང་འཚོ་འཆིའི་མཚན་ཉིད། འགྲམས་བཙན་ཕུག་གསུམ་གྱིས་ཁྲག་ངན་དང་ཆུ་སེར་བྲང་ཁོག་ཏུ་ལྷུང་བ་དེ་རྩ་རུ་འདྲེན་པ་དང་སྐེམས་པའི་ཐབས། རྩ་ཆད་ཁད་སྦྱུ་བཞུག་པ། བྲང་ཁོག་ཏུ་རྣག་ཡོད་མེད་ཀྱི་རྟགས། རྣག་བཙལ་ཐབས། རྣག་མྱ་བཟང་ངན། རྨ་ཁྲུས་ཀྱི་མན་ངག་དང་། རྣག་ཤ་ལུས་པ་སོགས་བཅོས་ཉེས་དྲུག་གིས་བསྐྱེད་པའི་ལོག་པ་གནོན་པའི་ཐབས་སོགས་མདོར་བསྡུས་ན་བྲང་ཁོག་སྟོད་ཀྱི་གནས་ལུགས་དང་མཚོན་རྨ་ངོས་འཛིན་པའི་རྟགས། གསོ་བའི་ཐབས་བཅས་ཀྱི་མན་ངག་གི་ལག་ལེན་རྣམས་ཡིག་ཚོགས་ཆུང་ལ་བླ་མ་མི་དགོས་པར་བལྟས་པ་ཙམ་གྱིས་ལག་ལེན་ཐུབ་པར་བསྟན་ཡོད།

内容提要： 此书是一部记述胸腔创伤疗法的临床医著。全书分22章。首先，对胸腔的肌、骨、穴、脏器的区位线等人体生理进行了记述。然后，记述了突发外因使要害肌和要害脉受伤并引起扩散、侵犯、穿破的症状及生死定义，由扩散、侵犯、穿破所引发坏血和黄水落于体腔的引于脉之法和干涸之法，接续断脉，体腔内有无脓液之症，探脓之法，脓象好坏，清理创口的秘诀，脓液遗留等六误治所诱发疾病的镇逆法等胸腔的生理、创伤诊断和疗法的实践理论。

བོད་ཀྱི་གསོ་རིག་ཀུན་བཏུས་བསྡུད་སྒྲིག་མ་ལས། པོད་རེ་ལྔ་པའི་ནང་དུ་བཞུགས།

在《〈藏医药大典〉续编（61—80）》中的位置： 收载于第六十五卷

ཚན་པ་གཉིས་པ། བདུད་རྩི་ཤེལ་གྱི་མེ་ལོང་གི་རྒྱུད།

第二篇 《甘露晶镜续》

མཚན་བྱང་ཆ་ཚང་། བདུད་རྩི་ཤེལ་གྱི་མེ་ལོང་གི་རྒྱུད་བཞུགས་སོ།།

全名：《甘露晶镜续》

རྩོམ་པ་པོ། ཙན་པ་ཤི་ལ་ཧ། དུས་རབས་བརྒྱད་པའི་ནང་ཁྲོམ་ནས་བོད་ལ་བྱོན་པའི་སྨན་པ་ཞིག

作者：赞巴西拉哈，8世纪从“冲”地到藏的名医。

མ་ཡིག ལག་བྲིས། ཡིག་གཟུགས་དབུ་མེད། ཤོག་ངོས་རེར་ཐིག་ཕྲེང་དྲུག ཐིག་ཕྲེང་རེར་ཡིག་འབྲུ་ཉེར་གཅིག ཁྱོན་བསྡོམས་ཤོག་ངོས་ཞེ་གཉིས་བཞུགས།

母本：手写本，草书体，每页6行，每行21字，共42页。

ནང་དོན་གནད་བསྡུས། གཞུང་འདི་ནི་མཆིན་དྲི་མན་ཆད་བྱང་ཁོག་སྐྱོད་ཀྱི་མཆོག་རྩ་གསོ་བའི་ནད་ཐོག་ཉམས་ཡིག་ཅིག་སྟེ། གཞུང་སྤྱི་ལ་ལེའུ་ཉེར་དྲུག་ཡོད་ཅིང་། ལེའུ་ཉེར་དྲུག་པོའི་དོན་བསྡུས་ན་གནས་ལུགས་དང་ངོས་འཛིན་རྟགས། གཉེན་པོ་གསོ་ཐབས་གཉིས་ཏེ་བཞི་རུ་འདུ་བ་ལ། དང་པོ་གནས་ལུགས་ལ་བྱང་ཁོག་སྐྱོད་ཀྱི་ཤ་རུས་དང་རྩ། གསང་། དོན་སྣོད་ཀྱི་ཡུལ་ཐིག་བཅས་ལྔ་ཡི་གནས་ལུགས་དང་། གཉིས་པ་ནད་མཚང་འཇིབ་པའི་རྟགས་ལ་ནང་དུ་རྫོལ་ནས་ཁྲག་ངན་དང་ཆུ་སེར་ལྷུང་བའི་རྟགས་དང་མ་རྫོལ་བའི་རྟགས། རྩ་དང་དོན་ལ་ཟིན་པའི་རྟགས། སྣོད་པོ་ལོང་རྒྱུ་གཉེ་མཁྲིས་ལྷང་མཚན་མ་སོགས་ལ་ཕོག་པའི་རྟགས་དང་འཚོ་འཆིའི་ཁ་དམར། གསུམ་པ་སྤྱིའི་བཅོས་ལ་ཕྱི་ཐུག་གཅོག་པར་དུགས་དང་ལུམས། རྩ་ཁྲིས་བཅོས་པར་མེ་བཙའ་དང་གཏར་ག ཁྲག་ཚད་འཛོམས་པར་ཁོང་སྨན་དང་གཏར་ག ཟས། རྣག་ཁྲག་ཆུ་སེར་སྟོད་དུ་ལྷུང་བ་འདྲེན་པར་བཤལ་དང་སྐྱུགས་ཀྱི་སྒོ་ནས་བཅོས་པའི་ཐབས། བཞི་པ་བྱེ་བྲག་གི་བཅོས་ཐབས་

ལ་ཤ་དང་རུས་པ། མཆིན་པ། མཆིན་དྲི། མཆེར་པ། མཁལ་མ། ཕོ་ལོང་། རྒྱུ་མ། ལྒང་པ་། གཞང་། མཁྲིས་པ་སོགས་ལ་བསྣད་པར་སྨན་དང་གཏར་བསྲེག་དུགས་ལུམས་བྱུག་པ་སོགས་ཀྱི་སྒོ་ནས་བཅོས་པའི་ཐབས་དང་། བྱང་ཁོག་ཏུ་རྣག་ཡོད་མེད་ཀྱི་རྟགས། རྣག་བཙལ་ཐབས། རྣག་བཀྲ་བཟང་ངན། འབྱམས་པའི་བཅོས། ཟས་སྤྱོམ་གྱི་གནང་བཀག་གི་སྤྱང་བླང་སོགས་བྱང་ཁོག་སྨད་ཀྱི་མཚོན་རྨ་བཅོས་པའི་མན་ངག་ལག་ལེན་རྣམས་ཚིགས་བཅད་ཀྱི་ལམ་ནས་བཀོད་ཡོད།

内容提要：此书为介绍腹腔创伤疗法的医著。全书分26章，内容概括于生理、诊断、两种疗法4部分。生理部分包括腹腔的肌、骨、脉、穴和脏腑区位线等5章；诊断部分包括内溃和黄水之症和未溃之症，溃于脉和脏之症，侵于腑胃、肠、结肠、胆、膀胱和生殖器之症和生死诊断；总疗法部分阐述止外部疼痛的敷疗和浴疗，治脉病火灸和放血，清血热的方剂和放血、饮食疗法，引出脓血、黄水落于腑的泻法和吐疗法；具体疗法部分阐述损伤肌、骨、肝、横膈膜、脾、肾、胃肠、小肠、膀胱、肛、胆等的疗法，体腔有无脓之症，探脓法、脓象好坏、脓液蔓延的疗法，饮食的宜忌等腹腔疗法秘诀实践。

བོད་ཀྱི་གསོ་རིག་ཀུན་བཏུས་བསྟུད་སྒྲིག་མ་ལས། པོད་རེ་ལྔ་པའི་ནང་དུ་བཞུགས།

在《〈藏医药大典〉续编（61—80）》中的位置：收载于第六十五卷

ཚན་པ་གསུམ་པ། བདུད་རྩིས་དུག་ནད་ཞི་བར་བྱེད་པ།

第三篇　《解毒甘露》

མཚན་བྱང་ཆ་ཚང་། བདུད་རྩིས་དུག་ནད་ཞི་བར་བྱེད་པ་ཕྱོམ་གྱི་སྨན་པ་ཙན་པ་ཤི་ལ་ཧས་མཛད་པ་ཞེས་བྱ་བ་བཞུགས་སོ། །

全名：《“冲”地名医赞巴西拉哈医著·解毒甘露》

རྩོམ་པ་པོ། ཙན་པ་ཤི་ལ་ཧ། དུས་རབས་བརྒྱད་པའི་ནང་ཁྲོམ་ནས་བོད་ལ་ཕྱིན་པའི་སྨན་པ་ཞིག

作者：赞巴西拉哈，8世纪从“冲”地到藏的名医。

མ་ཡིག ལག་བྲིས། ཡིག་གཟུགས་དབུ་མེད། ཤོག་ངོས་རེར་ཐིག་ཕྲེང་ལྔ། ཐིག་ཕྲེང་རེར་ཡིག་འབྲུ་སོ་བདུན། ཁྱོན་བསྡོམས་ཤོག་ངོས་བཅུ་དྲུག་བཞུགས།

母本：手写本，草书体，每页5行，每行37字，共16页。

ནང་དོན་གནད་བསྡུས། གཞུང་འདི་ནི་དུག་ནད་བཅོས་པའི་ནད་ཐོག་ཉམས་ཀྱི་ཡིག་ཆུང་ཞིག་སྟེ། སྤྱིར་གཞུང་འདི་ལ་དུག་ནད་བརྟག་པར་བྱ་བ་དང་། དེ་བཅོས་པའི་སྨན་གྱི་མཚན་ཉིད། དོན་སྣོད་ཀྱི་དུག་ནད་སོ་སོར་བཅོས་པ། ཟུག་གཟེར་དྲག་པོ་གཞིལ་བ། སྡུད་པའི་སྨན་གྱིས་སྡུད་པ། ལུས་ཀྱི་ཟུངས་ལ་བབས་པ་བཅོས་པ། ཆུ་རྒྱུས་དག་ལ་བབས་པ་བཅོས་པ། ཡོག་གནོན། དཔྱད་ཀྱི་སྒོ་ནས་ནད་རོ་འདོན་པ། ཚབས་ཆེ་ན་མཁྲིས་པ་དར་ཡ་ཀན། དབྱིག་དུག་ལ་སོགས་ཞི་བར་བྱེད་པ་བཅས་དོན་ཚན་ཆེན་པོ་བཅུ་གཅིག་ཡོད་ཀྱང་། ད་ལམ་གྱི་མ་ཡིག་ལ་ཆད་སྐྱོན་ཅུང་ཆེ་བས་གོང་སྨོས་ཀྱི་བརྗོད་བྱ་དག་ལས་སྡུད་པའི་སྨན་གྱིས་སྡུད་པ། ལུས་ཀྱི་ཟུངས་ལ་བབས་པ་བཅོས་པ། ཆུ་རྒྱུས་དག་ལ་བབས་པ་བཅོས་པ་བཅས་དོན་ཚན་གསུམ་གྱི་བརྗོད་བྱ་ཆ་ཚང་དང་། གཞུང་གི་སྐད་ཀྱི་ཆ། ཟུག་གཟེར་དྲག་པོ་གཞིལ་བའི་སྐད་ཀྱི་ཆ། ཡོག་གནོན་གྱི་སྟོད་ཀྱི་ཆ་བཅས་ལས་གཞན་མི་སྣང་ཡང་འདི་ནི་ཁྲོམ་གྱི་སྨན་པ་ཙན་པ་ཤི་ལ་ཧས་མཛད་དེ་ཕྱི་རབས་ཀྱི་དོན་དུ་ཡང་ཇོང་ཤེལ་གྱི་བྲག་ཕུག་ལ་གཏེར་དུ་སྦས་པ་ཞིག་ཡིན་པས་འདི་ཙམ་སྤེལ་བས་ཀྱང་དོན་གཉེར་ཅན་དག་ལ་ཇེ་ཐོགས་ཐུབ་པར་སེམས་ནས་བཀོད་པ་ལགས། དེ་ལ་དུག་ནད་སྡུད་སྨན་གྱིས་བསྡུ་བ་ལ་མཛོ་མོའི་འོ་མར་འབྲས་བུ་གསུམ་སོགས་བཏབ་ནས་གཏོང་བ་དཀར་སྡུད་དང་། མཛོ་གཡག་གི་ཁྲག་ལ་ཚ་ལ་སོགས་བཏབ་ནས་གཏོང་བ་དམར་སྡུད་ཀྱི་སྒོ་ནས་དུག་ནད་ཕོ་བར་སྡུད་པ་དང་། དུག་ནད་ཟུངས་ལ་བབས་ནས་ཟུངས་ཆིག་པ་དང་ཟུངས་ཟགས་པ་སོགས་ཀྱི་བཅོས་ཐབས། ཆུ་རྒྱུས་ལ་བབས་ན་དུགས་ལུམས་བྱ་བའི་ཐབས་སོགས་ཉུང་འདུས་སུ་བསྟན་ཡོད།

内容提要：此书为一部记述毒病治疗的临床实践小册。全书分为毒病诊断、治疗药物的定义、脏腑毒病的治疗、剧痛的压制、收敛药敛毒、毒侵于身的治疗、毒侵于韧带和肌腱的治疗、防复发、通过外治清余毒、“赤巴达亚甘”、珍宝毒等解毒11章。由于母本严重损失，以此书除收敛药敛毒、毒侵于身的治疗、毒侵于韧带和肌腱的治疗3章，剧痛的压制后半部分、防复发前半部分外，其余内容均未能收录。书中介绍了毒病敛毒药有黄牛奶加入三果为白敛，黄牛或牦牛血加入硼砂等为红敛，可敛毒于胃，毒侵于体精而损和漏清等的具体疗法，并对毒侵于韧带和肌腱的敷和药浴疗法等进行了总结。

བོད་ཀྱི་གསོ་རིག་ཀུན་བཏུས་བསྐྱར་སྒྲིག་མ་ལས། པོད་རེ་ལྔ་པའི་ནང་དུ་བཞུགས།

在《〈藏医药大典〉续编（61—80）》中的位置：收载于第六十五卷

ཆན་པ་བཞི་པ། ཆུང་དཔྱད་མོན་མོ་གཡུ་མཐུར་ཅེས་བྱ་བ་རྒྱས་པ།

第四篇 《小儿病诊疗“蒙莫宇托”广解》

མཚན་བྱང་ཆ་ཚང་། ཆུང་དཔྱད་མོན་མོ་གཡུ་མཐུར་ཅེས་བྱ་བ་རྒྱས་པ་བཞུགས་སོ། །

全名：《小儿病诊疗“蒙莫宇托”广解》

རྩོམ་པ་པོ། ཙན་པ་ཤི་ལ་ཧ། དུས་རབས་བརྒྱད་པའི་ནང་ཁྲོམ་ནས་བོད་ལ་བྱོན་པའི་སྨན་པ་ཞིག

作者：赞巴西拉哈，8世纪从“冲”地到藏的名医。

མ་ཡིག ལག་བྲིས། ཡིག་གཟུགས་དབུ་མེད། ཤོག་ངོས་རེར་ཐིག་ཕྲེང་ལྔ། ཐིག་ཕྲེང་རེར་ཡིག་འབྲུ་སོ་གཉིས། ཁྱོན་བསྡོམས་ཤོག་ངོས་སོ་དགུ་བཞུགས།

母本：手写本，草书体，每页5行，每行32字，共39页。

ནང་དོན་གནད་བསྡུས། གཞུང་འདི་ནི་བྱིས་པའི་ནད་ཀྱི་མཚན་ཉིད་དང་བཅོས་ཐབས་སྟོན་པའི་ཡིག་སྣ་འགའ་

ཕྱོགས་གཅིག་ཏུ་བཀོད་པ་ཞིག་སྟེ། བྱིས་པའི་བྲང་ནད་ཚ་གྲང་དང་། གློ་ནད་ཚ་གྲང་། མཆིན་ནད་ཚ་གྲང་། ཚ་འཁྲུ། ཕོ་བའི་ནད། མཆེར་པའི་ནད། བྲང་ཡོག་ཚ་གྲང་། འཁྲུ་སྐྱུག སྐད་འགགས། བུ་དང་ཤ་མ་མ་ཐོན་པ། སྣ་ཁྲག་འཛག་པ་སོགས་བྱིས་པའི་ནད་སྣ་མང་པོ་ཞིག་གི་རྟགས་བཙས་ལ་ཐབས་གཅིག་ཙམ་མ་ཡིན་པར་སྣོ་ཏུ་མ་དང་ཐབས་ཏུ་མས་གསོ་བའི་ལག་ལེན་གདེངས་ཁེལ་སྣ་ཚོགས་དང་། གཞན་བྱིས་པའི་ངུ་སྐད་དང་བ་སྤུ། མཆུ་དང་སེན་མོ། ཨ་མའི་ནུ་ཞོ་སོགས་ལ་བརྟག་ནས་ནད་གང་དང་ཅི་ཡོད་ངོས་འཛིན་པའི་ཐབས་སོགས་བསྟན་ཡོད། གཞུང་གི་སྒྲུང་དོན་དུ། དྲང་སྲོང་མངོན་ཤེས་ཅན་གྱིས་མོན་མོ་གཡུ་མཐུར་ཅན་ལ་གནང་། དེས་སྣེ་བུ་མོན་དཀར་ལ་གནང་། ཞེས་དང་མཇུག་བྱང་དུ། སྟག་གཟིག་ཕྱོམ་གྱི་སྨན་པ་བི་ཇི་ལྷ་ཛེ་ཙན་པ་ཤི་ལ་ཧས་ཆོས་རྒྱལ་སྲོང་བཙན་སྒམ་པོ་ལ་ཕུལ་བའོ། །ཞེས་གསུངས་ཡོད་པས་གཞུང་འདི་ནི་བི་ཇིའི་རིགས་བརྒྱུད་ཀྱི་ལག་ལེན་ཆིག་བརྒྱུད་ཅིག་ཡིན་པར་ངེས།

内容提要：此书汇集了小儿病的定义和相关疗法。书中记述了小儿寒热胸病、寒热肺病、寒热肝病、热泻、胃病、脾病、寒热“章罗”病、泻吐、喑哑、胎儿和胎盘未娩出和鼻衄等诸多小儿病的多种治疗方法。另外，介绍通过小儿啼哭声和毛发、嘴唇、指甲和母乳等诊断疾病的方法。书中前言部分写道：“明智大仙授予蒙莫宇托坚，再由他授予尼布蒙嘎”，而跋文中记载：“由布其赞巴西拉哈献给了藏王松赞干布”，由此可知，此书为布其族裔的单传实践。

བོད་ཀྱི་གསོ་རིག་ཀུན་བཏུས་བསྡུད་སྒྲིག་མ་ལས། པོད་རེ་ལྔ་པའི་ནང་དུ་བཞུགས།

在《〈藏医药大典〉续编（61—80）》中的位置：收载于第六十五卷

ཚན་པ་ལྔ་པ། ཆུང་དཔྱད་མོན་མོ་གཡུ་མཐུར་གྱི་དོན་ཡང་དག་པར་བསྡུས་པ།

第五篇 《小儿病诊疗“蒙莫宇托”精编》

མཚན་བྱང་ཆ་ཚང་། ཆུང་དཔྱད་མོན་མོ་གཡུ་མཐུར་གྱི་དོན་ཡང་དག་པར་བསྡུས་པ་བཞུགས་སོ། །

全名：《小儿病诊疗“蒙莫宇托”精编》

རྩོམ་པ་པོ། བི་ཛི་ལེགས་ལྡན་མགོན་པོ། དུས་རབས་བརྒྱད་པའི་ནང་ཁྲོམ་ནས་བོད་ལ་བྱོན་པའི་སྨན་པ་ཞིག

作者：布其·勒丹贡布，8世纪从“冲”地入藏的名医。

མ་ཡིག ལག་བྲིས། ཡིག་གཟུགས་དབུ་མེད། ཤོག་ངོས་རེར་ཕྲིག་ཕྲེང་ལྔ། ཕྲིག་ཕྲེང་རེར་ཡིག་འབྲུ་སོ་གཉིས། ཁྱོན་བསྡོམས་ཤོག་ངོས་བཅུ་གཉིས་བཞུགས།

母本：手写本，草书体，每页5行，每行32字，共12页。

ནང་དོན་གནད་བསྡུས། གཞུང་འདི་ནི་བྱིས་པའི་ནད་ཀྱི་རྟགས་བཅོས་སྟོན་པའི་ཆུང་དཔྱད་མོན་མོ་གཡུ་མཐུར་གྱི་དོན་རྣམས་ཡང་དག་པར་བསྡུས་པ་ཞིག་སྟེ། སྤྱིར་བྱིས་པའི་ནད་ལ་མང་དུ་ཡོད་ཀྱང་དེ་དག་བསྡུ་ན་ཚ་བའི་ནད་དང་བྲང་གི་ནད། གྲང་བའི་ནད་བཅས་གསུམ་དུ་འདུ་བ་ལ། ཚ་བའི་ནད་ལ་ཚ་བ་ཕོ་རིགས་དང་ཚ་བ་མོ་རིགས་ཏེ་གཉིས་དང་། ཡང་མཆིན་པ་ཚ་ལོག གློ་བ་ཚ་ལོག སྙིང་ཚ་ལོག མཆེར་པ་ཚ་ལོག ཚ་མོ་གཡོན་ཅན་ཏེ་ལྔ་ཡོད་པ་སོ་སོའི་ནད་རྟགས་དང་བཅོས་ཐབས། བྲང་གི་ནད་སྤྱི་དང་བྱེ་བྲག་བྲང་ནད་ཏར་པའི་འཚོ་འཆིའི་རྟགས་དང་བཅོས་ཐབས། གྲང་བའི་ནད་ལ་མཆིན་པ་གྲང་བ་དང་། གློ་བ་གྲང་བ། སྙིང་གྲང་བ། ཕོ་བ་གྲང་བ། ལོང་ཀ་གྲང་བ། མཆེར་པ་གྲང་བ། མཁལ་མ་གྲང་བ་སྟེ་བདུན་ཡོད་པ་སོ་སོའི་ནད་རྟགས་དང་བཅོས་ཐབས་བསྟན་ཡོད། གཞུང་གི་སྐད་དོན་དུ་ཁྲོམ་གྱི་སྨན་པ་བློ་ལ་ཏས། སེམས་ཅན་ཀུན་ལ་ཕན་བཏགས་ཕྱིར། བུ་ཚའི་ཆུང་དཔྱད་མོན་མོ་གཡུ་མཐུར་ལ་ཞུས་པ། མོན་མོའི་ཞལ་ན་རེ། ཞེས་དང་མཇུག

བྱང་དུ། ཚུང་དཔྱད་ལག་ལེན་མཇུག་གིས་གདམས་པ་བི་ཇི་ལེགས་ལྡན་མགོན་པོས་བྲིས་པ་རྫོགས་སོ། །ཞེས་གསུངས་ཡོད་པས་གཞུང་འདི་ནི་བི་ཇིའི་རིགས་བརྒྱུད་ཀྱི་ཆིག་བརྒྱུད་ལག་ལེན་ཚུང་དཔྱད་མོན་མོ་གཡུ་མཐུར་གྱི་དགོངས་དོན་ཁོལ་དུ་ཕྱུང་བ་ཞིག་ཡིན་པར་ངེས།

内容提要：此书是对《小儿病诊疗“蒙莫宇托”广解》进行的精编。小儿疾病可概括为热病、胸病和寒病3种。热病部分记述寒变热肝病、寒变热肺病、寒变热心病、寒变热脾病、“嚓毛云尖”热病等5种疾病的诊疗法；胸病部分记述胸扩病的生死兆和疗法；寒病部分记述寒性肝病、寒性肺病、寒性心病、寒性胃病、寒性大肠病、寒性脾病、寒性肾病等7种寒病的症状及疗法。该书前言和跋中分别写道：“‘冲’地名医赞巴西拉哈为了众生的利益，向蒙莫宇托请授小儿病诊疗后由蒙莫口授。”“小儿病诊疗实践的秘诀由布其·勒旦贡保完成撰写。”由此可见，此书为布其族裔单传的小儿病诊疗“蒙莫宇托”思想的传承。

བོད་ཀྱི་གསོ་རིག་ཀུན་བཏུས་བསྟུད་སྒྲིག་མ་ལས། པོད་རེ་ལྔ་པའི་ནང་དུ་བཞུགས།

在《〈藏医药大典〉续编（61—80）》中的位置：收载于第六十五卷

ཚན་པ་དྲུག་པ། འཕྲུལ་གྱི་བཞི་སྐོར་གྱི་འགྲེལ་པ།

第六篇 《神奇四方注解》

མཚན་བྱང་ཆ་ཚང་། འཕྲུལ་གྱི་བཞི་སྐོར་གྱི་འགྲེལ་པ་ཁྲག་འཛག་ནག་པོ་བཞུགས་སོ། །

全名：《神奇四方注解·查孜那布（流黑血）》

རྩོམ་པ་པོ། ཙན་པ་ཤི་ལ་ཧ། དུས་རབས་བརྒྱད་པའི་ནང་ཁྲོམ་ནས་བོད་ལ་བྱོན་པའི་སྨན་པ་ཞིག

作者：赞巴西拉哈，8世纪从“冲”地到藏的名医。

མ་ཡིག ལག་བྲིས། ཡིག་གཟུགས་དབུ་མེད། ཤོག་ངོས་རེར་ཐིག་ཕྲེང་བདུན། ཐིག་ཕྲེང་རེར་ཡིག་འབྲུ་བཞི་

བཅུ། ཁྲོན་བསྒོམས་ཤོག་ངོས་ཞེ་དྲུག་བཞུགས།

母本：手写本，草书体，每页7行，每行40字，共46页。

ནང་དོན་གནད་བསྡུས། འདི་ནི་མགོ་རྨའི་བརྟག་བཅོས་སྟོན་པའི་འཕྲུལ་གྱི་བཞི་སྐོར་དཀའ་གནད་ལ་འགྲེལ་བ་མཛད་པ་ཞིག་ཡིན་པ་ལ། གཞུང་གི་སྐབས་དོན་དུ་གཞུང་སྤྱི་ལ་མགོ་རུས་ཆག་མ་ཆག་གི་མཚན་ཉིད་བསྟན་པ་དང་། བཅོས་པའི་ཐབས། ལྡོག་པའི་མཚན་ཉིད། ཕྱོག་གནོན་བཅས་དོན་ཚན་ཆེན་པོ་བཞི་ཡོད་པར་བསྟན་ཀྱང་། ད་ལམ་གྱི་མ་ཡིག་གི་མཇུག་ཆད་འདུག་པས་དོན་ཚན་དང་པོ་སྟེ་མགོ་རུས་ཆག་མ་ཆག་གི་མཚན་ཉིད་བསྟན་པའི་སྟོད་ཀྱི་ཆ་མ་གཏོགས་མི་སྣང་ཡང་། དོན་གཉེར་བ་དག་ལ་ཕན་པར་སེམས་ནས་འདིར་བཀོད་པ་ལགས། དེ་ལ་མགོ་རུས་ཆག་མ་ཆག་བརྟག་པ་ནི། ནད་པའི་མིག་དང་ལྕེ་མཆུ། གོམ་འགྲོས། སྐད་གདངས་སོགས་ལུས་ཀྱི་ཕྱི་དང་རྩའི་འཕར་ཚུལ། དྲི་ཆུའི་མདོག་རྣངས། རྨ་ཁའི་ཤ་རུས་ཀྱི་མདོག་སོགས་ལུས་ཀྱི་ཕྱི་ལ་འགྱུར་བ་གང་དང་གང་བྱུང་ན་མགོ་ལ་བསྣད་སྐྱོན་ཅི་དང་ཅི་ཡོད་ཀྱི་ནད་དང་རྟགས་གཉིས་ངོ་སྤྲོད་དེ་བསྟན་ཡོད།

内容提要：此书是对《头部创伤诊疗相关神奇四方医著》疑难点的解释。原书分颅骨骨折和未骨折的定义、疗法、转化的定义、防复发等4个部分。由于母本后半部分缺失，故此书只涉及了第一部分颅骨骨折和未骨折的定义。书中介绍了颅骨是否骨折的诊断。记述了通过病患的眼、舌、唇、步伐、音量等外部表现和脉象、尿象、创口肌骨的颜色等体外变化来判定头部外伤情况的办法。

བོད་ཀྱི་གསོ་རིག་ཀུན་བཏུས་བསྡུད་སྒྲིག་མ་ལས། པོད་རེ་ལྔ་པའི་ནང་དུ་བཞུགས།

在《〈藏医药大典〉续编（61—80）》中的位置：收载于第六十五卷

སྐབས་དོན་ལྔ་པ། ཏུན་ཧོང་སྨན་ཡིག

第五集 敦煌医书

ལོ་ངོ་ཉིས་སྟོང་ཆིག་བརྒྱ་ལྷག་གི་ལོ་རྒྱུས་ལྡན་པའི་ཏུན་ཧོང་བྲག་ཕུག་ནས་བཏོན་པའི་བོད་ཀྱི་སྨན་དཔྱད་སྐོར་གྱི་ཤོག་དྲིལ་དང་། རྟ་དཔྱད་སྐོར་གྱི་ཤོག་དྲིལ། སྔགས་བཅོས་སྐོར་གྱི་ཤོག་དྲིལ་རྣམས་ཚན་པ་གསུམ་དུ་བསྡུས་ནས་བཀོད་ཡོད།

收录有从敦煌石窟发掘的具有两千多年历史的藏族《药疗小卷》《马疗医卷》和《咒疗医卷》三篇。

ཚན་པ་དང་པོ། སྨན་དཔྱད་སྐོར་གྱི་ཤོག་དྲིལ།

第一篇 《药疗小卷》

མཚན་བྱང་ཆ་ཚང་། སྨན་དཔྱད་སྐོར་གྱི་ཤོག་དྲིལ་བཞུགས་སོ། ༎

全名：《药疗小卷》

རྩོམ་པ་པོ། མི་གསལ།

作者：不详。

མ་ཡིག ལག་བྲིས། ཡིག་གཟུགས་དབུ་ཅན། ཤོག་ངོས་རེར་ཐིག་ཕྲེང་བཞི་ནས་བཞི་བརྒྱ་དང་ང་བཞི། ཐིག་ཕྲེང་རེར་ཡིག་འབྲུ་བཅུ་ནས་རེ་ལྔ། ཁྱོན་བསྡོམས་ཤོག་ངོས་ཉེར་གསུམ་བཞུགས།

母本：手写本，正楷体，每页4–454行，每行10–65字，共23页。

ནང་དོན་གནད་བསྡུས། ཚན་པ་འདིའི་ནང་ཤོག་དྲིལ་ཉེར་གསུམ་བཀོད་ཡོད་དེ། ཤོག་དྲིལ་དང་པོ་ནས་བརྒྱད་

པ་དང་། བཅོ་བརྒྱད་ནས་ཉི་ཤུ་པའི་བར་ཕྱ་རན་སི་དང་། དགུ་པ་ནས་བཅུ་བདུན་པའི་བར་དབྱིན་ཇི། ཉེར་གཅིག་པ་ནས་ཉེར་གསུམ་པའི་བར་རང་རྒྱལ་བཅས་ཀྱི་དཔེ་མཛོད་ཁང་དུ་ཉར་བའི་ཏུན་ཧོང་བོད་ཡིག་ཡིག་ཚགས་ལས་ཁོལ་དུ་བཏོན་པའི་གསོ་རིག་སྐོར་གྱི་ཡིག་ཆ་སྟེ། ཤོག་དྲིལ་དང་པོ་ནས་བརྒྱད་པའི་ནང་ལུས་ཆགས་པའི་རྒྱུ་དང་ཇི་ལྟར་ཆགས་ཚུལ། རྐང་པའི་གསང་དམིགས། ནད་ཀྱི་གསོག་ལྡང་ཞི་གསུམ། ཚ་བའི་ནད། གཟེར་ནད། གདོན་ནད། འབྲུམ་བུའི་ནད། རྣ་ནད། སྣ་ནད་སོགས་ལ་ཕན་པའི་བཅོས་ཐབས་བསྟན། ཤོག་དྲིལ་དགུ་པ་ནས་བཅུ་བདུན་པའི་ནང་ཆུ་སེར་ནད་དང་། བུ་བཙའ་དཀའ་བ་དང་ཤ་མ་མ་ཕྱིན་པ། བུ་མེད་པ་ལ་བུ་བཙལ་བ། མིག་ནད། མེས་འཚིག མི་དང་ཕྱུགས་ཀྱི་ནད་སོགས་ལ་ཕན་པའི་སྨན་སྔགས་གཉིས་ཀྱི་བཅོས་སྣ་ཚོགས་དང་། དེ་ནས་ལྕེ་ནད་དང་། ཁ་ཟས་བཙངས་པ། སྡིག་སྦྲུལ་ཁྱི་སྨྱོན་སོགས་ཀྱིས་ཟིན་པ། རིམས་ནད། སོ་ནད་སོགས་ལ་ཕན་པའི་བཅོས་ཐབས་བསྟན། ཤོག་དྲིལ་བཅོ་བརྒྱད་ནས་ཉེར་གསུམ་པའི་ནང་རླུང་ནད་དང་། གྲང་བའི་ནད། མཚོན་རྨ་སོགས་ཀྱི་གསོ་ཐབས་སྐོར་གསུངས་ཡོད།

内容提要：此篇共包括23个小卷。第一卷至第八卷、第十八卷至第二十卷，第九卷至第十七卷，第二十一卷至第二十三卷分别是从法国、英国和我国一些图书馆所藏敦煌藏文文献中收集。第一卷至第八卷中涉及人体形成的内因、胚胎的形成、足部穴位、疾病的蓄发息、热病、疼痛病、“敦”病、痘疹、耳病和鼻病等的疗法；第九卷至第十七卷涉及治疗黄水病、难产、胎衣不下、求嗣、眼病、烧伤、人和牲畜疾病等的各类药物、咒疗法以及舌病、食物不消、蛇蝎和狂犬咬伤、瘟病、牙病等疗法。第十八卷至第二十三卷记录了隆病、寒性疾病和创伤等疗法。

བོད་ཀྱི་གསོ་རིག་ཀུན་བཏུས་བསྡུད་སྒྲིག་མ་ལས། པོད་རེ་ལྔ་པའི་ནང་དུ་བཞུགས།

在《〈藏医药大典〉续编（61—80）》中的位置：收载于第六十五卷

ཚན་པ་གཉིས་པ། རྟ་དཔྱད་སྐོར་གྱི་ཤོག་དྲིལ།

第二篇　《马疗医卷》

མཚན་བྱང་ཆ་ཚང་། རྟ་དཔྱད་སྐོར་གྱི་ཤོག་དྲིལ་བཞུགས་སོ། །

全名：《马疗医卷》

རྩོམ་པ་པོ། མི་གསལ།

作者：不详。

མ་ཡིག ལག་བྲིས། ཡིག་གཟུགས་དབུ་ཅན། ཤོག་ངོས་རེར་ཐིག་ཕྲེང་བདུན་ནས་བརྒྱ་དང་བཅུ། ཐིག་ཕྲེང་རེར་ཡིག་འབྲུ་བཅུ་ནས་རེ་ལྔ། ཁྱོན་བསྡོམས་ཤོག་ངོས་བདུན་བཞུགས།

母本：手写本，正楷体，每页7–110行，每行10–65字，共7页。

ནང་དོན་གནད་བསྡུས། ཚན་པ་འདིའི་ནང་ཤོག་དྲིལ་བདུན་བཀོད་ཡོད་དེ། ཤོག་དྲིལ་དང་པོ་ནས་བཞི་པའི་བར་ཐྭ་རན་སིའི་རྒྱལ་གཉེར་དཔེ་མཛོད་ཁང་དང་། ལྔ་པ་ནས་བདུན་པའི་བར་དབྱིན་ཇིའི་རྒྱལ་གཉེར་དཔེ་མཛོད་ཁང་དུ་ཉར་བའི་ཏུན་ཧོང་བོད་ཡིག་ཡིག་ཚགས་ལས་ཐོལ་དུ་བཏོན་པའི་གསོ་རིག་སྐོར་གྱི་ཡིག་ཆ་སྟེ། ཤོག་དྲིལ་དང་པོ་ནས་བཞི་པའི་ནང་རྟའི་སྣ་ནད་དང་། ཆྭིག་པའི་ནད། མཁལ་མ་དང་མཆེར་པ་བརྡབས་པ། དུག་ནད། སོ་ལྷག མཛིང་པ་རེངས་པ། རྐེད་པ་དང་སེར་བ་ཏུས་བསྣད་པ། རྐང་ལག་གི་རྟིང་པ་བསྣད་པ། རྗེ་ནད། རྟུག་སྐམ་སོགས་བཅོས་པའི་ཐབས། གཞན་རྟ་ཐང་ཆད་དེ་འགྲོ་མི་ཕོད་པ་ལ་འགྲོ་ཐུབ་པའི་ཐབས། འགྲོས་དལ་བ་ལ་འགྲོས་འདུར་ཆེར་གཏོང་བའི་ཐབས་བཅས་དང་། ཤོག་དྲིལ་ལྔ་པ་ནས་བདུན་པའི་ནང་རྟའི་མིག་བསྣད་པ་དང་། གཉའ་ཤ་རེངས་པ། བུ་རོག་མ་ཕྱིན་པ། ཆུ་སེར་ནད་སོགས་ཀྱི་བཅོས་ཐབས་དང་ཚ་ག་སྣ་ཚོགས་ཀྱི་སྦྱོར་བཅོས་མན་ངག་རྣམས་ཕྱོགས་གཅིག་ཏུ་བསྡུས་ནས་བཀོད་ཡོད།

内容提要：此篇分7卷。第一卷至第四卷、第五卷至第七卷分别是从法国、英国图书馆馆藏的敦煌藏文文献中收集。第一卷至第四卷记录了马的鼻病、睾丸病、脾肾外伤、毒病、多齿症、颈僵症、马背伤、马前后蹄伤、癣、便秘等疗法，还记录有马因疲劳不能行走时增加体能的办法，行走缓慢时增速的办法；第五卷至第七卷记录了马的眼伤、颈肌僵直、胎衣不下、黄水病等的疗法和各类仪轨实践秘诀。

བོད་ཀྱི་གསོ་རིག་ཀུན་བཏུས་བསྟུད་སྒྲིག་མ་ལས། པོད་རེ་ལྔ་པའི་ནང་དུ་བཞུགས།

在《〈藏医药大典〉续编（61—80）》中的位置：收载于第六十五卷

ཚན་པ་གསུམ་པ། སྔགས་བཅོས་སྨན་གྱི་ཤོག་དྲིལ།

第三篇　《咒疗医卷》

མཚན་བྱང་ཆ་ཚང་། སྔགས་བཅོས་སྨན་གྱི་ཤོག་དྲིལ་བཞུགས་སོ། །

全名：《咒疗医卷》

རྩོམ་པ་པོ། མི་གསལ།

作者：不详。

མ་ཡིག ལག་བྲིས། ཡིག་གཟུགས་དབུ་ཅན། ཤོག་ངོས་རེར་ཐིག་ཕྲེང་གཉིས་ནས་བཅུ་བདུན། ཐིག་ཕྲེང་རེར་ཡིག་འབྲུ་བཅོ་ལྔ་ནས་ལྔ་བཅུ། ཁྱོན་བསྡོམས་ཤོག་ངོས་ཉེར་དགུ་བཞུགས།

母本：手写本，正楷体，每页2–17行，每行15–50字，共29页。

ནང་དོན་གནད་བསྡུས། ཚན་པ་འདིའི་ནང་ཤོག་དྲིལ་ཉེར་དགུ་བཀོད་ཡོད་དེ། ཤོག་དྲིལ་དང་པོ་ནས་ཉེར་གསུམ་པའི་བར་ཧྥ་རན་སི་རྒྱལ་གཉེར་དཔེ་མཛོད་ཁང་དང་། ཉེར་བཞི་པ་ནས་ཉེར་དགུ་པའི་བར་དབྱིན་ཇིའི་རྒྱལ་གཉེར་དཔེ་མཛོད་ཁང་དུ་ཉར་བའི་ཏུན་ཧོང་བོད་ཡིག་ཡིག་ཚགས་ལས་ཁོལ་དུ་བཏོན་པའི་གསོ་རིག་སྨན་གྱི་ཡིག་ཆ་སྟེ། ཤོག་དྲིལ་དང་པོ་ནས་ཉེར་གསུམ་པའི་ནང་ནད་འབྱུང་ཐབས་ཏེ་ནད་ཀུན་དག

པའི་ཐབས་ལ་གང་ཕན་གྱི་སྔགས་དེ་ཆུ་ལ་བསྔགས་ཏེ་འཐུངས་ན་བརྟན་པར་འགྱུར་ཐབས་དང་ཡུན་ཅི་ཙམ་བསྟེན་ན་གཞོན་ནུར་འགྱུར་ཚུལ། དེ་ནས་ནད་ཐམས་ཅད་ཞི་བའི་གཟུངས་དང་། འབྲུམ་བུའི་ནད་དང་ཕྱུགས་ནད། ལྷོག་པའི་ནད། འབྲས་ནད། སྐད་སྐྱན་པར་འགྱུར་བ་བཅས་ཀྱི་གཟུངས། རིམས་ནད་དང་། གདོན་ནད། གདོན་བགེགས། བྱིས་ནད་སོགས་ལ་སྔགས་གང་བཟླ་བ་དང་ཅི་ཙམ་བཟླས་ན་ཕན་ཚུལ་བཅས་བསྟན་པ་དང་། ཤོག་དྲིལ་ཉེར་བཞི་པ་ནས་ཉེར་དགུ་པའི་ནང་མིག་ནད་དང་། གཞང་འབྲུམ་ནད། ཀླད་ནད། བུད་མེད་བུ་མི་འདོད་པ་དང་བུ་བཙའ་དཀའ་བ་རྣམས་སླ་བར་འགྱུར་ཐབས། ཁྲག་གཅོད་ཐབས། སོ་དང་འགྲམ་པ་ལྐོག་མ་ན་བ་སོགས་ལ་ཕན་པའི་གཟུངས་སྔགས་ཀྱི་བཅོས་ཐབས་སྣ་ཚོགས་དཀྱུས་གཅིག་ཏུ་བསྡུས་ནས་འཁོད་ཡོད།

内容提要：此篇收录了29卷与咒疗法有关的著作。第一卷至第二十三卷、第二十四卷至第二十九卷分别从法国和英国图书馆所藏敦煌藏文文献中收集。第一卷至第二十三卷中记录了清病之法，即将相宜咒语咒于水服用而强身的咒疗，消诸病的咒疗，痘疮、畜病、炭疽、“哲”病等的咒疗，瘟病、“敦”病、魔障、小儿病等诵何咒和诵读次数；第二十四卷至第二十九卷记录了眼病、痔疮、脑病、不孕和难产等易治之法，止血法，牙齿、脸颊和咽喉痛等有效的各类诵咒疗法。

བོད་ཀྱི་གསོ་རིག་ཀུན་བཏུས་བསྡུད་སྒྲིག་མ་ལས། པོད་རེ་ལྔ་པའི་ནང་དུ་བཞུགས།

在《〈藏医药大典〉续编（61—80）》中的位置：收载于第六十五卷

སྨྲི་དོན་གསུམ་པ། གསོ་རིག་རྒྱུད་བཞིའི་སྐོར།
第三部 医学《四部医典》

དེ་ཡང་ཐོག་མར་གསོ་རིག་རྒྱུད་བཞིའི་དཔར་ཞིང་ཀུན་གྱི་ཐོག་མ་སྣེ་ཡོངས་གྲགས་སུ་གྲྭ་ཐང་རྒྱུད་བཞིར་འབོད་པ་དེ་ཉིད་ལ་ཕྱི་དོར་གནང་ནས་དགའ་ལྡན་ཕུན་ཚོགས་གླིང་དུ་པར་བཏབ་པའི་རྒྱུད་བཞི་དང་། པོ་ཏ་ལའི་པར་གྱི་རྒྱུད་བཞིའི་ཚིག་དོན་གྱི་ཆ་ལ་ཕྱི་དོར་གནང་ནས་ལྕགས་པོ་རིར་པར་བརྐོས་མཛད་པའི་རྒྱུད་བཞི། དེ་ཡི་ཚིག་དོན་གྱི་དཀའ་གནད་དང་གཙོ་གནད་ཀྱི་ཆ་ལྷུག་པོར་བཀྲོལ་བའི་རྒྱུད་འགྲེལ་སྣ་ཚོགས་དང་། འཆད་བྱའི་དོན་རྣམས་མྱ་ངན་མེད་པའི་ལྗོན་ཤིང་དང་རྡེའུའི་ཐབས་ལ་བརྟེན་ནས་གསལ་བར་སྟོན་པའི་སྡོང་འགྲེམས་དང་རྡེལ་འགྲེམས། རྒྱུད་དུ་མ་འདུས་པ་དང་གབ་པའི་ཚུལ་དུ་གནས་པ་དག་གསལ་བར་བྱེད་པའམ་ཁ་སྐོང་བ་ལ་ལྷན་ཐབས། རྒྱུད་བཞིའི་དོགས་གནད་དང་དཀའ་གནད་ཅན་ལ་ལུང་རིགས་ཀྱིས་མཐའ་བཅད་པའི་མཐའ་དཔྱོད་སོགས་སྐབས་དོན་ཆེན་པོ་དགུ་བཀོད་ཡོད།

收录对《四部医典》最早版本《扎塘版四部医典》进行修订后在噶丹彭措林印刷的《四部医典》，对《布达拉版四部医典》词义进行修订后在药王山进行刻印的《四部医典》，对其难点和要点进行注释的各类医书，所述内容以石喻和树喻的形式进行的明示，对未包含于《四部医典》和隐晦部分进行的明示和补遗，引经据典探究医理疑难点等9集医书。

སྐབས་དོན་དང་པོ། དཔལ་ལྡན་རྒྱུད་བཞི།
第一集 《四部医典》

བོད་ཀྱི་གསོ་བ་རིག་པའི་ཕྱི་མོ་དཔལ་ལྡན་རྒྱུད་བཞི་འམ་བདུད་རྩི་སྙིང་པོ་ཡན་ལག་བརྒྱད་པ་གསང་བ་མན་ངག་གི་རྒྱུད་ཅེས་བྱ་བ་འདི་ཉིད་དུས་རབས་བརྒྱད་པའི་ནང་རྗེ་གཡུ་ཐོག་རྙིང་མ་ཡོན་ཏན་མགོན་པོས་ཐོག་མར་བརྩམས་ལ། དུས་རབས་བཅུ་གཉིས་པའི་ནང་གཡུ་ཐོག་གསར་མ་ཡོན་ཏན་མགོན་པོས་གསོ་དཔྱད་ཀུན་གྱི་ཡང་རྩེར་གཟིགས་ནས་ཕྱི་རབས་ཀྱི་དོན་དུ་བཀའ་རྒྱ་བགྲོལ་ཏེ་རྩ་རྒྱུད་ཀྱི་ལེའུ་གྲངས་དང་། བཤད་རྒྱུད་དུ་ཛ་དང་སྨན་ཟས་ལེའུ། ཕྱི་རྒྱུད་དུ་རྩ་ཆུའི་བརྟག་པ་དང་མ་བུ་དགྲ་གྲོགས་དང་ཛ་དཀར་ཡོལ། མན་རྒྱུད་དུའང་གོང་མཚུངས་བསྣན་ཁ་དང་ཞུས་དག་ལེགས་པར་མཛད་དེ་ཡོངས་སུ་གྲུབ། འདི་ལ་སྤྱིའི་ཆ་ནས་རྒྱུད་ཆེན་པོ་བཞི་དང་ལེའུ་བརྒྱ་དང་ལྔ་བཅུ་ང་དྲུག་བཞུགས་པ་ལས། དང་པོ་རྩ་བ་ཐུགས་རྒྱུད་དུ་གསོ་རིག་གི་གཞུང་དང་མན་ངག་ལག་ལེན། བཅོས་ཀ་སོགས་ཀྱི་དོན་རྣམས་ས་བོན་གྱི་ཚུལ་དུ་ལེའུ་དྲུག་གི་ནང་བསྡུས་ཏེ་བསྟན་ཡོད། གཉིས་པ་བཤད་པ་སྐུའི་རྒྱུད་དུ་གསོ་བྱ་དང་གསོ་བྱེད་གཉེན་པོ། ཇི་ལྟར་གསོ་བའི་ཐབས། གསོ་བ་པོ་སྨན་པ་བཅས་ཀྱི་བརྗོད་དོན་རྣམས་གནས་བཅུ་གཅིག་གམ་ལེའུ་སོ་གཅིག་ཏུ་བསྡུས་ནས་གསུངས་ཡོད། གསུམ་པ་མན་ངག་ཡོན་ཏན་རྒྱུད་དུ་ནད་རིགས་ཡོད་དོ་ཅོག་གི་རྒྱུ་རྐྱེན་དབྱེ་བ་རྟགས་བཅོས་ཐབས་སོགས་སྐབས་བཅོ་ལྔའམ་ལེའུ་གོ་གཉིས་སུ་བསྡུས་ནས་བསྟན་ཡོད། བཞི་པ་ཕྱི་མ་འཕྲིན་ལས་རྒྱུད་དུ་རྩ་ཆུའི་བརྟག་པ་དང་། བརྟག་ནས་ངོས་བཟུང་བའི་ནད་ལ་ཐང་ཕྱེ་སོགས་ཞི་བྱེད་ཀྱི་སྨན། བཤལ་སྐྱུགས་སོགས་སྦྱོང་བྱེད་ཀྱི་སྨན། གཏར་བསྲེགས་སོགས་དཔྱད་བཅོས་ལག་ལེན་གྱི་དོན་རྣམས་མདོ་བཞིའམ་ལེའུ་ཉེར་བདུན་གྱི་ནང་བསྡུས་ཏེ་བསྟན་ཡོད་པས། གསོ་དཔྱད་ཀྱི་གཞུང་ཀུན་གྱི་རྒྱལ་པོ་དང་རྩ་བ། འབྱུང་གནས་དང་སྤྱི་འགྲེལ་སོགས་ཆེ་བ་བཅུ་གཅིག་གི་མཚན་ཉིད་དང་ལྡན་ནོ། །སྐབས་དོན་འདིར་ཀུན་གྱིས་ཚད་མར

འཛིན་ཞིང་ལོ་རྒྱུས་སྙིང་གྲགས་ཆེ་བའི་གྲྭ་ཐང་རྒྱུད་བཞི་ཞེས་སུ་འབོད་པ་དེ་ཉིད་ལ་བྱེ་དོར་གནང་ནས་དཀའ་ལྡན་ཕུན་ཚོགས་གླིང་དུ་པར་བཏབ་པའི་རྒྱུད་བཞི་དང་། པོ་ཏ་ལའི་པར་གྱི་རྒྱུད་བཞིའི་ཚིག་དོན་གྱི་ཆ་ལ་བྱེ་དོར་གནང་ནས་ལྕགས་པོ་རིར་པར་བརྐོས་པའི་རྒྱུད་བཞི་གཉིས་རིམ་པར་བཀོད་ཡོད།

《四部医典》或《甘露精华八支隐秘秘诀续》在8世纪由宇妥宁玛·云丹贡布首次所著，12世纪中宇妥萨玛·云丹贡布将其作为医学著作之典范为后世之利益对《根本部》《论说部》《后续部》《秘诀部》进行补充、修改和完善，将全书分4部156章，使其定型并流传于后世。第一《根本部》记述了医学理论、秘诀实践和疗法等内容，如种子般精炼于6章之中；第二《论说部》记述了受治机体，对治、治法和医生等相关内容汇集于11论31章；第三《秘诀部》记述了诸病的内外因、分类、病症和疗法等汇集于15篇92章；第四《后续部》记述了脉尿诊、疾病诊断后的汤、散剂等平息方，下泻、催吐等下泄药，放血、火灸等外治实践等内容汇集于4经27章。本集收录的是以最早的版本《扎塘版四部医典》为标准进行查漏补缺等修订后在噶丹彭措林刻印的《噶丹彭措林版四部医典》和对《布达拉版四部医典》词义进行校审后在药王山进行刻印的《药王山版四部医典》。

ཆན་པ་དང་པོ། དགའ་ལྡན་ཕུན་ཚོགས་གླིང་གི་རྒྱུད་བཞི།

第一篇　《噶丹彭措林版四部医典》

མཚན་བྱང་ཆ་ཚང་། དགའ་ལྡན་ཕུན་ཚོགས་གླིང་གི་རྒྱུད་བཞི་བཞུགས་སོ། །

全名：《噶丹彭措林版四部医典》

རྩོམ་པ་པོ། གཡུ་ཐོག་རྙིང་མ་ཡོན་ཏན་མགོན་པོ། སྤྱི་ལོ་༧༠༨ལོར་དབུས་གཙང་ལྷ་སའི་སྟོད་ལུང་སྐྱིད་སྣར་སྐུ་འཁྲུངས་ཤིང་། སྤྱི་ལོ་༨༣༢ལོར་སྐུ་གཤེགས།

作者：宇妥宁玛·云丹贡布，708年生于卫藏拉萨的堆龙吉纳，832年卒。

མ་ཡིག ཤིང་དཔར། ཡིག་གཟུགས་དབུ་ཅན། ཤོག་ངོས་རེར་ཐིག་ཕྲེང་དྲུག ཐིག་ཕྲེང་རེར་ཡིག་འབྲུ་ང་གཅིག ཁྱོན་བསྡོམས་ཤོག་ངོས་བརྒྱད་བརྒྱ་དང་གཅིག་བཞུགས།

母本：木刻版，正楷体，每页6行，每行51字，共801页。

ནང་དོན་གནད་བསྡུས། གཞུང་འདི་ནི་རྒྱུད་བཞིའི་པར་མ་ཀུན་གྱི་སྔ་ཤོས་སུ་གྲགས་པའི་གྲྭ་ཐང་པར་མའི་རྒྱུད་ཚིག་ལ་ཕྱི་དོར་གནང་སྟེ་པར་བཀོས་མཛད་པ་ཞིག་སྟེ། དཔོན་ཚང་ནང་སོ་དར་རྒྱས་ཀྱིས་གྲྭ་ཐང་གི་རྒྱུད་བཞི་འདི་ཀ་འབྲུ་ལེན་བྱས་པའི་པར་བརྐོ་དགོས་ཚུལ་གྱི་བསྐུལ་བར་བརྟེན། ས་སྐྱོང་འཕྲིན་ལས་རྒྱ་མཚོས་ཁུར་ལེན་གྱི་བཀོད་པས་ཁྲབ་པར་བྱས། སློབ་དཔོན་དོན་གྲུབ་དཔལ་བ་དང་། རབ་འབྱམས་པ་དགེ་འདུན་ཆོས་འཕེལ། སྨྲ་པ་ཀུན་དགའ་དབང་ལྡན་རྣམས་ཀྱིས་ཁ་ཡིག་གི་སུམ་བྲིཏ། དབུ་ལྷ། རྒྱུད་སོ་སོའི་མཇུག་ཏུ་པར་བྱང་སྨོན་ལམ་དང་བཅས་པ་གསར་དུ་བསྒྲིགས་ཤིང་། དངོས་གཞི་གྲྭ་ཐང་གི་པར་རྙིང་སོར་བཞག་བཅོས་བསླད་མེད་པ་བཞིན་ཞུས་དག་གནང་། གཅིན་ལུང་པ་ལེགས་ལྡན་སོགས་མི་བཞིས་པར་ཡིག་བྲིས། ཡོན་བདག་ཚེ་རིང་སོགས་མི་ཉེར་བདུན་གྱིས་པར་མཁན་མཛད་དེ་དགེ་བྱེད་ཅེས་པ་རབ་བྱུང་བཅུ་གཅིག་པའི་ཆུ་ཕོ་སྟག་སྟེ་སྤྱི་ལོ་༡༨༤༢ལོའི་ཧོར་ཟླ་གཉིས་པའི་ཚེས་ཉི་ཤུ་གཅིག་ལ་དབུ་བཙུགས་ཏེ་ལོ་དེ་ཉིད་ཀྱི་ཧོར་ཟླ་བདུན་པའི་ཚེས་ཉེར་ལྔ་ལ་ལེགས་པར་གྲུབ། གཞུང་སྤྱི་ལ་གླེང་གཞི་གླེང་སློང་སོགས་ལེའུ་དྲུག་གིས་གསོ་བ་རིག་པའི་དོན་གྱི་གནད་བསྡུས་ཏེ་ས་བོན་ལྟ་བུར་སྟོན་པ་རྩ་བའི་རྒྱུད་དང་། ལུབ་པ་ལུས་སོགས་ལེའུ་སོ་གཅིག་གིས་དེ་དག་གི་དོན་མ་ལུས་པ་རྒྱས་པར་ཡལ་འདབ་ཀྱི་ཚུལ་དུ་བཤད་པ་བཤད་པའི་རྒྱུད། ཉེས་གསུམ་གསོ་བ་སོགས་ལེའུ་དགུ་བཅུ་གོ་གཉིས་ཀྱིས་དེ་རྣམས་ཀྱི་གྲུབ་དོན་ལག་ཏུ་བླང་བྱའི་རིམ་པ་རྣམས་ཞིབ་ཏུ་རྒྱས་པ་མེ་ཏོག་གི་ཚུལ་དུ་བཤད་པ་མན་ངག་གི་རྒྱུད། བརྟག་པ་རྩ་ཆུའི་མདོ་སོགས་ལེའུ་ཉེ་ཤུ་རྩ་བདུན་གྱིས་དེའི་ཟབ་གནད་རྫོགས་སྣ་ཞིང་རྒྱས་བསྡུས་འཚམ་པར་འབྲས་བུའི་ཚུལ་དུ་བཤད་པ་ཕྱི་མའི་རྒྱུད་བཅས་རྒྱུད་བཞིའི་ལེའུ་བརྒྱ་དང་ལྔ་བཅུ་དྲུག་གི་བརྗོད་དོན་མ་ལུས་པ་གསལ་བར་བསྟན་ཡོད།

内容提要：此书是对《四部医典》最早的版本《扎塘版四部医典》的修订刻本。应官家囊索达杰刻制《扎塘版四部医典》的请求，陈列嘉措王发布了负责刻制的旨意，上师东智白哇、饶绛巴更登曲培和声论师更噶昂布等将封面装帧配以三文对照和佛像，各部后加入后记和祝词进行重新编排，正文以《扎塘版四部医典》为基础进行了准确无误的校对，坚隆巴·勒旦等4人书写了印本，赞助者才让等27人作为印刷者于十一胜生水虎年（1662年）2月21日开始印刷，于同年7月25日圆满完成。整部书包括绪论、概论等6章内容被喻为种子的根本部，人体比像等31章内容被比喻为树枝的论说部，三邪治疗等92章实践内容被比喻为花的秘诀部，脉尿诊察等27章被喻为果实的后续部，书中将《四部医典》156章的内容毫无遗漏地进行了记述。

བོད་ཀྱི་གསོ་རིག་ཀུན་བཏུས་བསྟུད་སྒྲིག་མ་ལས། པོད་རེ་ལྔ་པ་དང་རེ་དྲུག་པའི་ནང་དུ་བཞུགས།

在《〈藏医药大典〉续编（61—80）》中的位置：收载于第六十五和第六十六卷

ཆ་པ་གཉིས་པ། ལྕགས་པོ་རིའི་རྒྱུད་བཞི།

第二篇　《药王山版四部医典》

མཚན་བྱང་ཆ་ཚང་། ལྕགས་པོ་རིའི་རྒྱུད་བཞི་བཞུགས་སོ། །

全名：《药王山版四部医典》

རྩོམ་པ་པོ། གཡུ་ཐོག་རྙིང་མ་ཡོན་ཏན་མགོན་པོ། སྤྱི་ལོ་༧༠༨ལོར་དབུས་གཙང་ལྷ་སའི་སྟོད་ལུང་སྐྱིད་སྣར་སྐུ་འཁྲུངས་ཤིང་། སྤྱི་ལོ་༨༣༢ལོར་སྐུ་གཤེགས།

作者：宇妥宁玛·云丹贡布，708年生于卫藏拉萨的堆龙吉纳，832年卒。

མ་ཡིག ཤིང་དཔར། ཡིག་གཟུགས་དབུ་ཅན། ཤོག་ངོས་རེར་ཐིག་ཕྲེང་དྲུག ཐིག་ཕྲེང་རེར་ཡིག་འབྲུ་ལྔ་བཅུ། ཁྱོན་བསྡོམས་ཤོག་ངོས་བདུན་བརྒྱ་དང་ཉེར་བརྒྱད་བཞུགས།

母本：木刻版，正楷体，每页6行，每行50字，共728页。

ནང་དོན་གནད་བསྡུས། གཞུང་འདི་ནི་པོ་ཏ་ལའི་པར་གྱི་རྒྱུད་བཞིའི་ཚིག་དོན་གྱི་ཆ་ལ་བྱི་དོར་གནང་བ་ཞིག་སྟེ། པོ་ཏ་ལའི་པར་མའི་རྒྱུད་བཞི་དེ་ཉིད་ལ་བགྲེས་སྐྱོན་གྱིས་ཡི་གེའི་ཚོགས་མི་གསལ་བར་བརྟེན་རྒྱལ་དབང་སྐུ་ཕྲེང་བཅུ་གསུམ་པ་ཐུབ་བསྟན་རྒྱ་མཚོ་ལ་པར་གཞི་གསར་བསྐྲུན་གྱི་ཐུགས་བསྐྱེད་བྱུང་སྟེ། རབ་ཆོས་ཀུན་འཛིན་ས་བྱི་སྟེ་སྤྱི་ལོ༡༨༨༨ལོར་དེ་མོ་རྒྱལ་ཚབ་པས་འགན་ལེན་གནང་ཞིང་ཧྲཱ་སེང་གེའམ་གཞན་ཕན་འོད་ཟེར་དང་འཚོ་བྱེད་རྡོ་རྗེ་རྒྱལ་མཚན་རྣམ་གཉིས་ནས་རྒྱུད་ཚིག་ལ་ཞུས་དག་མཛད་དེ་སྐྱོན་ཚིག་དང་བཅས་པ་སྤེལ། ཕྱིས་ཆུ་འབྲུག་ལོར་སྨན་དཔེ་རྒྱུད་བཞི་རྩ་འགྲེལ་ལེ་ལག་དང་བཅས་པར་སྐབས་དེར་ཤོ་ལོ་ཀ་ཚད་པ་དང་ཚིག་འབྲུ་ལ་ནོར་སྐྱོན་ཇི་སྙེད་ཅིག་འདུག་པར་བརྟེན་སྨན་བླ་ཨོ་རྒྱན་བསྟན་འཛིན་རྒྱ་མཚོ་དང་ལྷུགས་རིའི་དགེ་ཟུར་དཔལ་ལྡན་ཕུན་ཚོགས་སོགས་ནས་ཚད་པའི་པར་ཞུས་གསར་བཞེས་དང་ཚིག་འབྲུ་ལྷག་ཆད་ནོར་འཁྲུལ་ཡོད་རིགས་རྣམས་བཅོས་ཏེ་ཞུས་ལེགས་པར་གནང་བ་རེད། གཞུང་སྤྱི་ལ་གླེང་གཞི་གླེང་སློང་སོགས་ལེའུ་དྲུག་གིས་གསོ་བ་རིག་པའི་དོན་གྱི་གནད་བསྡུས་ཏེ་ས་བོན་ལྟ་བུར་སྟོན་པ་རྩ་བའི་རྒྱུད་དང་། གྲུབ་པ་ལུས་སོགས་ལེའུ་སོ་གཅིག་གིས་དེ་དག་གི་དོན་མ་ལུས་པ་རྒྱས་པར་ཡལ་འདབ་ཀྱི་ཚུལ་དུ་བཤད་པ་བཤད་པའི་རྒྱུད། ཉེས་གསུམ་གསོ་བ་སོགས་ལེའུ་དགུ་བཅུ་གོ་གཉིས་ཀྱིས་དེ་རྣམས་ཀྱི་གྲུབ་དོན་ལག་ཏུ་བླང་བྱའི་རིམ་པ་རྣམས་ཤིན་ཏུ་རྒྱས་པ་མེ་ཏོག་གི་ཚུལ་དུ་བཤད་པ་མན་ངག་གི་རྒྱུད། བརྟག་པ་རྩ་ཆུའི་མདོ་སོགས་ལེའུ་ཉེ་ཤུ་རྩ་བདུན་གྱིས་དེའི་ཟབ་གནད་རྫོགས་སླ་ཞིང་རྒྱས་བསྡུས་འཚམ་པར་འབྲས་བུའི་ཚུལ་དུ་བཤད་པ་ཕྱི་མའི་རྒྱུད་བཅས་རྒྱུད་བཞིའི་ལེའུ་བརྒྱ་དང་ལྔ་བཅུ་དྲུག་གི་བརྗོད་དོན་མ་ལུས་པ་གསལ་བར་བསྟན་ཡོད།

内容提要：此版为《布达拉版四部医典》词义完善本。《布达拉版四部医典》由于历史久远，字迹变得模糊，第十三世达赖喇嘛土登嘉措便有了印刷新版的想法，于土鼠年（1888年）委托德牧嘉次负责，由达玛桑格和多吉坚赞医生二人对内容进行校对和写祝词。又于水龙年针对《四部医典》注解及颂词缺失、错字等问题由御医邬金·丹增嘉措和药王山老师白丹彭措等进行补充、修改、完善。全书包括绪论、概论等6章内容被喻为种子的《根本部》、人体比像等31章内容被比喻为树枝的《论说部》、三邪治疗等92章内容被比喻为花的《秘诀部》、脉尿诊察等27章被喻为果实的《后续部》，书中将《四部医典》156章的内容毫无遗漏地进行了记述。

བོད་ཀྱི་གསོ་རིག་ཀུན་བཏུས་བསྟུད་སྒྲིག་མ་ལས། པོད་རེ་དྲུག་པའི་ནང་དུ་བཞུགས།

在《〈藏医药大典〉续编（61—80）》中的位置：收载于第六十六卷

སྐབས་དོན་གཉིས་པ། རྒྱུད་བཞི་ཀའི་འགྲེལ་བ།

第二集　《四部医典》注释

ལེའུ་བརྒྱ་དང་ལྔ་བཅུ་དྲུག་གི་བདག་ཉིད་ཅན་དཔལ་ལྡན་རྒྱུད་བཞིའི་དངོས་བསྟན་ཚིག་གི་ཆ་དང་ཤུགས་བསྟན་དོན་གྱི་སྐོར་བཀྲོལ་བ་ལ་བྱང་བདག་རྣམ་རྒྱལ་གྲགས་བཟང་གི་རྒྱུད་བཞིའི་དཀའ་འཕྲང་མུན་སེལ་དང་། བྱང་པོ་པཎ་ཆེན་གྱི་རྒྱུད་བཞིའི་རྩ་བའི་འགྲེལ་བ། འབྲི་གུང་རིག་འཛིན་ཆོས་གྲགས་ཀྱི་རྒྱུད་བཞིའི་དཀའ་མཆན། ཞིང་བཟའ་སྐལ་བཟང་ཆོས་ཀྱི་རྒྱལ་མཚན་གྱི་དཔལ་ལྡན་རྒྱུད་བཞིའི་མཆན་འགྲེལ་བཅས་ཚན་པ་བཞི་བཀོད་ཡོད།

收录了对包含156章《四部医典》的词义和隐晦之处进行全面注释的典籍，有强巴·朗杰札桑所著《〈四部医典〉疑难除暗》、谢布班钦·多吉帕兰所著《〈四部医典〉注释》、直贡·仁增曲扎所著《〈四部医典〉疑难批注》、香萨·尕藏却吉尖参所著《〈四部医典〉批注》4篇。

ཚན་པ་དང་པོ། རྒྱུད་བཞིའི་དཀའ་འཕྲང་མུན་སེལ།

第一篇 《〈四部医典〉疑难除暗》

མཚན་བྱང་ཆ་ཚང་། རྒྱུད་བཞིའི་དཀའ་འཕྲང་མུན་སེལ་ཞེས་བྱ་བ་བཞུགས་སོ། །

全名：《〈四部医典〉疑难除暗》

རྩོམ་པ་པོ། བྱང་པ་རྣམ་རྒྱལ་གྲགས་བཟང་། སྤྱི་ལོ་༡༣༩༥ལོར་དབུས་གཙང་གཞིས་ཀ་རྩེའི་ངམ་རིང་རྒྱལ་སྡེ་ཆེན་པོར་སྐུ་འཁྲུངས་ཤིང་། སྤྱི་ལོ་༡༤༧༥ལོར་སྐུ་གཤེགས།

作者：强巴・朗杰札桑，1395年生于卫藏日喀则昂仁杰地乾布，1475年卒。

མ་ཡིག ཤིང་དཔར། ཡིག་གཟུགས་དབུ་ཅན། ཤོག་ངོས་རེར་ཐིག་ཕྲེང་དྲུག ཐིག་ཕྲེང་རེར་ཡིག་འབྲུ་སོ་ལྔ། ཁྱོན་བསྡོམས་ཤོག་ངོས་ཞེ་དྲུག་བཞུགས།

母本：木刻版，正楷体，每页6行，每行35字，共46页。

ནང་དོན་གནད་བསྡུས། གཞུང་འདི་ལེའུ་བཞིས་གྲུབ་སྟེ། གཙོ་བོ་ལ་རིག་པ་རྩའི་རྣམ་བཞག་སྤྱི་དོན་བཅུ་གསུམ་དང་། མཐོང་བ་ཆུ་ཡི་བརྟག་ཐབས་བརྒྱད། གལ་འགག་བཞིས་འཁྲུལ་སོ་བསལ་བ། སྨན་གྱི་ནུས་པའི་རྣམ་པ་དང་ཞུ་རྗེས་གསུམ། ནད་ཀྱི་རྩ་བ་ཉེས་པ་གསུམ་གྱི་བརྟག་བཅོས། བྱེ་བྲག་ཉེར་མཁོའི་ནད་རིགས་སུམ་ཅུའི་བརྟག་བཅོས་སོགས་རྒྱས་པར་བསྟན་ཡོད་ལ། ཁྱད་པར་དུ་ནད་སྟོབས་ཆུང་འབྲིང་ཆེ་གསུམ་ལ་གཞིགས་ནས་དུས་སྔ་ཕྱི་ངེས་པ་ཡོད་པའི་སྒོ་ནས་སྟོབས་ཆུང་ནད་ལ་དང་པོ་སྤྱོད་ལམ་གྱིས་བཅོས་པ་དང་། དེས་མ་ཞི་ན་ཕན་གནོད་ཟས་ཀྱིས་བཅོས་པ། དེས་མ་ཞི་ན་བསིལ་དྲོད་སྨན་གྱིས་བཅོས་པ། གསུམ་གས་མ་ནོན་ན་དཔྱད་ཀྱིས་ནད་ཡུལ་དབྱུང་བའི་གོ་རིམ་དང་། ནད་གཞི་ལ་བལྟས་ནས་ནད་རང་གནས་སུ་གསོག་དུས་ཞི་བར་བྱེད་པ་ཐང་ཕྱེ་རིལ་བུ་ལྡེ་གུ་སྨན་མར་སོགས་ཞི་བྱེད་སྨན་དང་། གཞན་དུ་ལངས་དུས་བཤལ་སྐྱུགས་སྣ་སྨན་

འཇམ་རྩི་ནི་ཧུ་ཏ་ལ་སོགས་སྦྱོང་བྱེད་ཀྱི་བཅོས་དགོས་པའི་གསོ་ཚུལ། ཞི་སྦྱངས་སྨན་གྱིས་ནད་ངོ་མ་ལོན་པ་ལ་གཏར་བསྲེགས་དུགས་ལུམས་བྱུག་པ་དང་། ཐུར་མ་ལ་སོགས་འཇམ་རྩུབ་དཔྱད་ཀྱི་བཅོས་དགོས་ཚུལ་རྒྱས་པར་བསྟན།

内容提要：此书由4章组成，主要对诊脉经13个内容，尿经8诊法、四要点的鉴别分析，并对药物功效和三化味、病之根本三邪诊疗、30种常见疾病的具体诊疗进行概述。根据病势强、中、弱，按照发病的时间顺序对病势弱的疾病首先采取行为起居疗法，未见效时以饮食宜忌法进行治疗，此未见效时以凉热性药物进行治疗，三者均未见效时则以外治法进行治疗。此外，对当疾病蓄积于本位时可用汤剂、散剂、丸剂、糊剂、药油剂等平息药物进行平息，在他位发作时以下泻、催吐、鼻药、缓导、“尼如哈”等泄法治疗进行，平息和下泄药物未起效时用放血、火灸、罨敷、浴疗、涂擦和针刺等缓峻外治的方法进行了详述。

བོད་ཀྱི་གསོ་རིག་ཀུན་བཏུས་བསྟུད་སྒྲིག་མ་ལས། པོད་རེ་དྲུག་པའི་ནང་དུ་བཞུགས།

在《〈藏医药大典〉续编（61—80）》中的位置：收载于第六十六卷

ཆན་པ་གཉིས་པ། རྒྱུད་བཞིའི་རྩ་བའི་འགྲེལ་པ་ལེགས་པ།

第二篇 《〈四部医典〉注释》

མཚན་བྱང་ཆ་ཚང་། བདུད་རྩི་སྙིང་པོ་ཡན་ལག་བརྒྱད་པ་གསང་བ་མན་ངག་གི་རྒྱུད་བཞིའི་རྩ་བའི་འགྲེལ་པ་ལེགས་པ་བཞུགས་པའི་དབུ་ཕྱོགས་ལགས་སོ། །

全名：《甘露精华八支精要秘诀〈四部医典〉疑难注释引言》

རྩོམ་པ་པོ། བྱར་པོ་པཎ་ཆེན་རྡོ་རྗེ་ཕ་ལམ། དུས་རབས་བཅུ་དྲུག་པར་དབུས་གཙང་སྒོ་དྲུང་བྱ་ཡུལ་འབྲས་གཞོང་དུ་སྐུ་འཁྲུངས།

作者：谢布班钦·多吉帕兰，16世纪生于卫藏哲雄。

མ་ཡིག ཤྲཱིག་པར། ཡིག་གཟུགས་དབུ་ཅན། ཤོག་ངོས་རེར་ཐིག་ཕྲེང་ཉེར་བཞི། ཐིག་ཕྲེང་རེར་ཡིག་འབྲུ་བཅུ་དྲུག ཁྱོན་བསྡོམས་ཤོག་ངོས་བརྒྱ་དང་གྱ་གསུམ་བཞུགས།

母本：排印本，正楷体，每页24行，每行16字，共183页。

ནང་དོན་གནད་བསྡུས། གཞུང་འདིའི་རྒྱུད་བཞིའི་དཀའ་བའི་གནས་ལ་འགྲེལ་བ་མཛད་པ་ཞིག་སྟེ། གཞུང་སྤྱི་ལ་ལེའུ་དྲུག་ཡོད། གཙོ་བོར་རུས་པའི་ལྷང་ཚད་རུས་རིགས་ཉེར་གསུམ་གྱི་བགྲངས་ཚུལ་མི་མཐུན་པ་དང་། འབྲེལ་བའི་རྩ་ལ་དཀར་ནག་གཉིས་ཡོད་པ་ལས་སྲོག་རྩ་ནག་པོ་ལས་གྲོས་པའི་ཤ་ཁྲག་འཕེལ་བྱེད་ཀྱི་རྩ་ཆེན་ཉེར་བཞི་དང་། དོན་སྣོད་ནང་འབྲེལ་སྦས་པའི་རྩ་ཆེན་བརྒྱད། ཡན་ལག་ཕྱིར་འབྲེལ་མདོན་པའི་རྩ་བཅུ་དྲུག དེ་ལས་གྲོས་པའི་གཏར་རྩ་དོན་བདུན་སོགས་རྩ་ཡི་གྲོས་ལུགས་ཅི་འདྲ་ཡིན་པ། ནད་དང་གཉེན་པོ་གསོ་ཐབས་གསུམ་ལས་ནད་རིགས་རྒྱས་པར་ཕྱེ་ན་སྟོང་དང་ཉིས་བརྒྱ་ཡོད་པ་བཻཌཱུརྻའི་ཆུ་རྒྱུན་གྱི་རྗེས་སུ་འབྲངས་པར་མི་འདོད་པར་མན་ངག་རྒྱུད་ཆེན་གྱི་ལེའུ་དགུ་བཅུ་གོ་གཉིས་ཀྱི་གྲངས་ལྟར་བགྲངས་ནས་སྐབས་བཅོ་ལྔར་དབྱེ་ན་འོས་པར་འདོད་པའི་དགོངས་པ། འཕེལ་འགྲིབ་ནད་ཀྱི་སྐབས་ནད་ལ་ཉེས་པ་དང་གཙོ་བོ་དང་རིགས་དང་གནས་ཀྱི་དབྱེ་ཚུལ་སོ་སོ་གང་འདྲ་ཡིན་པ། སྨན་གྱི་རོ་ནུས་ཞུ་རྗེས་ཀྱི་དོན་བསྟན་པའི་སྐབས་བསྟན་བཅོས་ཡན་ལག་བརྒྱད་པ་དང་འབུམ་ནག འགྲེལ་བ་ཟླ་ཟེར་སོགས་གཞུང་རྣམས་ལ་ཁུངས་བཙལ་ནས་རོའི་མཚན་ཉིད་དང་། ནུས་པ། ཟས་ཀྱི་ནུས་པ་རོ་ལ་བཏགས་ཚུལ། ཟས་ཀྱི་ནུས་པ་འབྱུང་བའི་ཡོན་ཏན་རྒྱུའི་ནུས་པ་སོགས་བཞེད་པ་མི་འདྲ་བ་ལ་རང་ལུགས་འཐད་ལྡན་དུ་སྒྲུབ་ཡོད་ལ། ཨ་རུ་ར་དང་། བྲག་ཞུན་རིགས་ལྔ། ཆུ་ཚན་རིགས་ལྔ་སོགས་སྨན་གྱི་ངོས་འཛིན་དང་ཕན་ཡོན། སྨན་སྣ་སྡེ་ཚན་བརྒྱད་ཀྱི་ངོ་བོ་ངོས་འཛིན་དང་། དབྱེ་བ། མཚན་ཉིད། ཕན་ཡོན་བཅས་སྨན་ཟས་ངོས་འཛིན་ཚུལ་སྐོར་སོགས་རྒྱུད་ལས་གསལ་ཁ་བཀྲོལ་མེད་པའི་ནང་དོན་རྣམས་ཁ་གསལ་གོ་བདེ་ངང་མདོར་དྲིལ་ནས་བསྟན་ཡོད།

内容提要：此书对《四部医典》疑难点进行了注解。全书分6章。书中根据骨的常量和骨的23种不同分类，黑白2种连接脉，黑色命脉的分支生肌血的24大脉，连接内部脏腑的8大隐脉，连接外部四肢的16显脉，分出的77放血脉的分布及走向。药物疾病部分，对疾病的分类未采用《医史概论琉璃源流》中的1200种分类，而采用了《秘诀部》中92章15篇的分类；病机则从三因、主病、病种、部位的不同加以分类。药物部分，对药物的性味、功效和化味以《八支精要》《根本续注释黑卷·明灯》和《八支精要注释·月光》等为依据阐释性味的定义，并对功效、药物功效与性味互联法，产生药物功效的性效等不同观点进行了论证。疗法部分，对五诃子、五岩精和五温泉等药物的鉴别和功效，8大类药物的性质、分类、性相、功效等在《四部医典》中没有明确说明的内容进行了概述。

བོད་ཀྱི་གསོ་རིག་ཀུན་བཏུས་བསྟུད་སྒྲིག་མ་ལས། པོད་རེ་དྲུག་པའི་ནང་དུ་བཞུགས།

在《〈藏医药大典〉续编（61—80）》中的位置：收载于第六十六卷

ཚན་པ་གསུམ་པ། འབྲི་གུང་རྒྱུད་བཞིའི་དཀའ་མཆན།

第三篇　《直贡〈四部医典〉疑难批注》

མཚན་བྱང་ཆ་ཚང་། འབྲི་གུང་རྒྱུད་བཞིའི་དཀའ་མཆན་ཞེས་བྱ་བ་བཞུགས་སོ། །

全名：《直贡〈四部医典〉疑难批注》

རྩོམ་པ་པོ། འབྲི་གུང་རིག་འཛིན་ཆོས་གྲགས། སྐྱི་ལོ་༡༥༩༥ལོར་དབུས་གཙང་མལ་གྲོ་གོང་དཀར་གྱི་ཞོལ་རོང་དུ་སྐུ་འཁྲུངས་ཤིང་། སྐྱི་ལོ་༡༦༥༩ལོར་སྐུ་གཤེགས།

作者：直贡·仁增曲扎，1595年生于卫藏墨竹工卡雪绒，1659年卒。

མ་ཡིག ལག་བྲིས། ཡིག་གཟུགས་དབུ་ཅན། ཤོག་ངོས་རེར་ཐིག་ཕྲེང་དྲུག ཐིག་ཕྲེང་རེར་ཡིག་འབྲུ་ལྔ་དྲུག ཁྱོན་བསྡོམས་ཤོག་ངོས་བརྒྱད་བརྒྱ་དང་བཅོ་བརྒྱད་བཞུགས།

母本：手写本，正楷体，每页6行，每行56字，共818页。

ནང་དོན་གནད་བསྡུས། གཞུང་འདི་ནི་འབྲི་གུང་ཆོས་གྲགས་ཀྱིས་དཔལ་ལྡན་གསོ་བ་རིག་པའི་རྩ་བ་ཐུགས་རྒྱུད་དང་། བཤད་པ་སྐུའི་རྒྱུད། མན་ངག་ཡོན་ཏན་རྒྱུད། ཕྱི་མ་འཕྲིན་ལས་ཀྱི་རྒྱུད་བཅས་རྒྱུད་བཞིའི་རྩ་བའི་ཚིག་དོན་གོ་དཀའ་བ་རྣམས་ལ་མཆན་འགྲེལ་ལེགས་པར་བཏབ་པ་ཞིག་ཡིན་ཏེ། དཔེར་ན་བཅོམ་ནི་ལྷའི་བུའི་བདུད་བཅོམ་པའི་འདོད་པའི་བདེ་བ་དང་བྲལ། ཕུང་པའི་བདུད་བཅོམ་པའི་རྟག་ཆད་ཀྱི་མཐའ་ལས་འདས། ཉོན་མོངས་བའི་བདུད་བཅོམ་པའི་འཁྲུལ་བ་དང་བྲལ། འཆི་བའི་བདུད་བཅོམ་པའི་མྱ་ངན་ལས་འདས་ཞེས་གོ་དཀའ་བའི་ཚིག་རྣམས་གསལ་བར་འགྲེལ་བ་དང་། གྲུབ་པ་ལུས་ཀྱི་ལུས་ཆགས་ནས་འཕེལ་བའི་ཚུལ་བསྟན་སྐབས་དཀའ་བོ་མངལ་འཇུག་དང་སྨན་དཔྱད་ཟླ་རྒྱལ་གྱི་ལུང་དྲངས་ནས་ཞག་བདུན་གྱི་འགྱུར་ཚུལ་དང་། བདུན་ཕྲག་རེ་རེའི་རླུང་གི་འགྱུར་བ་སོགས་གབ་པའི་དོན་རྣམས་རྒྱས་པར་བཀྲོལ་ཡོད་པ། བཤད་རྒྱུད་ཀྱི་སྨན་གྱི་ནུས་པ་བསྟན་པའི་སྐབས་ཡ་བཀྵ་ར་དྲོད་སྐྱེད་སྐྲན་ནད་སྦྱོང་ཞེས་པ་ལས་ཡ་བཀྵ་ར་ནི་ས་ཙུལ་འདྲ་བའི་ཚྭ་དྲི་དྲོ་བར་བྱེད་པ་ལ་གནང་སོད་ཟླ་ཟེར་དུ་ནས་ཚིག་ལས་འབྱུང་བར་བཤད་པ་ལྟར་ཡིན་དགོས་ཏེ་ཡ་བ་ནས་དང་ཀྵ་ར་འགྱུར་བ་ཡིན་པའི་ཕྱིར་རོ་ཞེས་གཞུང་གྲགས་ཆེན་གཞན་དང་བསྡུར་ནས་སྨན་ངོ་ངོས་གཅོད་བྱས་པ། མན་ངག་རྒྱུད་ཀྱི་མཁྲིས་པའི་ནད་བཅོས་སྐབས་མཁྲིས་ནད་ཚ་བའི་མགོ་མ་ཆོག་པར་བསྡུ་སྦྱོང་ཞི་གསུམ་གྱི་གཉེན་པོ་བསྟེན་དུས་དང་པོ་བྲག་ཞུན་ནིམ་པ་བ་ཤ་ག་བགོད་པའི་ནིམ་པ་ནི་བ་ལེ་ཀ་འདྲ་བའི་ཤིང་སེར་ལ་མཁྲིགས་རོ་ཤིན་ཏུ་ཁ་བ་ལྗི་མོན་ནས་འབྱུང་ལ་མ་རྙེད་ན་ཉེ་ཤིང་བས་ཚབ་ཙང་བར་རྗེ་མཉམ་ཉིད་རྗེ་རྗེས་གསུངས་ཞེས་སྨན་དངོས་མ་རྙེད་པ་ལ་ཚབ་སྨན་གཏོང་བའི་ཚུལ། ཡན་ལག་བརྒྱད་པའི་གཞུང་ཚིག་ལུང་དྲངས་ནས་འདུས་ནད་སྨུག་པོ་གསོ་དཀའ་བའི་རྒྱུ་མཚན་སྤྲུལ་པ། གདོན་ནད་ཡོད་མེད་གསང་བ་སྨན་གྱིས་བརྟག་ཚུལ་ལ་མུ་ཟི་གུ་གུལ་སླ་རྩི་ཤུ་དག་བཞི་པོ་སྨོམ་དུ་དྲིལ་ནས་གཏོང་བའི་ཕྲུག་ལེན། ཕྱི་མ་རྒྱུད་ཀྱི་རིག་པ་རྩའི་མདོ་ལས་རྩ་མནན་ཚད་ལ་ཚོན་གྱིས་པགས་པ་གན་གྱིས་ཤ་དང་ཆག་གིས་ཙུས་པའི་གནོན་ཙམ་བལྟ་བར་བྱ་ཞེས་པར་སྐན་རྒྱུད་རྗེ་རྗེའི་ཚིག་རྐང་གི་ལུང་དྲངས་

ནས་མནན་པས་གསལ་ན་མནན་ནས་བལྟ། །བཏེགས་པས་གསལ་ན་བཏེགས་ནས་བལྟ། །ཇི་ལྟར་གསལ་ན་དེ་ལྟར་བལྟ་ཞེས་པ་ལྟ་བུའི་མན་ངག་གང་མང་གིས་ཕྱུག་ཡོད།

内容提要：此书为直贡・仁增曲扎对《四部医典》中晦涩难懂的词所进行的注解。作者参考藏医药经典名著《阿难入胎经》《月王药诊》《八支精要》《八支精要注释・月光》等的观点，引用宿喀・娘尼多吉等名医的观点，以众多秘诀为依据，对《四部医典》疾病诊断、药材选用、药物治疗等进行了理据充分的解释。

བོད་ཀྱི་གསོ་རིག་ཀུན་བཏུས་བསྟུད་སྒྲིག་མ་ལས། པོད་རེ་བདུན་པའི་ནང་དུ་བཞུགས།

在《〈藏医药大典〉续编（61—80）》中的位置：收载于第六十七卷

ཆ་ན་པ་བཞི་པ། དཔལ་ལྡན་རྒྱུད་བཞིའི་མཆན་འགྲེལ།

第四篇　《〈四部医典〉批注》

མཚན་བྱང་ཆ་ཚང་། དཔལ་ལྡན་རྒྱུད་བཞིའི་མཆན་འགྲེལ་ཞེས་བྱ་བ་བཞུགས་སོ། །

全名：《〈四部医典〉批注》

རྩོམ་པ་པོ། ཤིང་བཟའ་སྐལ་བཟང་ཆོས་ཀྱི་རྒྱལ་མཚན། སྤྱི་ལོ་༡༩༢༥ལོར་མདོ་སྟོད་མཛོད་དགེའི་ཨ་སྐྱིད་དུ་སྐུ་འཁྲུངས་ཤིང་། སྤྱི་ལོ་༡༩༩༨ལོར་སྐུ་གཤེགས།

作者：香萨・尕藏却吉尖参，1925年生于多堆若尔盖阿西，1998年卒。

མ་ཡིག སློག་པར། ཡིག་གཟུགས་དབུ་ཅན། ཤོག་ངོས་རེར་ཐིག་ཕྲེང་ཉེར་གསུམ། ཐིག་ཕྲེང་རེར་ཡིག་འབྲུ་བཅུ་དྲུག ཁྱོན་བསྡོམས་ཤོག་ངོས་དགུ་བརྒྱ་དང་གྱ་བདུན་བཞུགས།

母本：排印本，正楷体，每页23行，每行16字，共987页。

ནང་དོན་གནད་བསྡུས། གཞུང་འདིའི་ནང་དོན་གཙོ་བོ་ནི་རྩ་རྒྱུད་དང་། བཤད་རྒྱུད། མན་ངག་རྒྱུད། ཕྱི་མ་རྒྱུད་བཅས་ཀྱི་གབ་པའི་དོན་དང་བསྡུས་པའི་དོན་དང་གོ་དཀའ་བའི་གནད་རྣམས་རང་ལུགས་གཙོར་བྱས་

ཐོག་གསོ་དཔྱད་སྙིང་པོ་ཡན་ལག་བརྒྱད་པ་དང་། མེས་པོའི་ཞལ་ལུང་། བཻ་སྔོན། སྨན་དཔྱད་ཟླ་བའི་རྒྱལ་པོ་སོགས་སྔ་གཞུང་ཁུངས་བཙུན་གྱི་ལུང་ལ་རྒྱབ་རྟེན་བཅོལ་ནས་རེ་རེ་བཞིན་མཆན་འགྲེལ་གྱི་ཚུལ་དུ་བཀོལ་ཡོད་དེ། རྩ་རྒྱུད་ཀྱི་སྙིང་གཞི་ལས་རི་བོ་འབིགས་བྱེད་ནི་འཛམ་གླིང་རྒྱས་བཤད་དུ་གྲོང་ཁྱེར་ཡམ་བུའི་བྱང་ཉེན་ཕྱེད་ས་ན་རི་བོ་འབིགས་བྱེད་རྩེར་ཐུབ་པའི་བཞུགས་ཁྲི་ཡོད་ཅེས་གསུངས་པ་དང་། བཤད་པའི་རྒྱུད་ཀྱི་ལུས་ཆགས་ཚུལ་ལས་བཅུ་གཅིག་པ་ལ་དབང་པོ་དགུ་ཡི་གཟུགས་དབྱིབས་རྫོད་པ་དང་བཅུ་གཉིས་པ་ལ་དོན་ལྔའི་གཟུགས་དབྱིབས་རྫོད་ཅེས་པའི་གཟུགས་དབྱིབས་ནི་དེ་དང་དེའི་གཟུགས་ཀྱི་རྣམ་པ་ཙམ་ཆགས་པའི་དོན་ཡིན་གྱི་གཟུགས་གསལ་བར་རྫོད་པའི་དོན་མིན་ཞེས་གསུངས། ལེའུ་ཉི་ཤུ་པ་སྨན་གྱི་ནུས་པ་བསྟན་པའི་ལེའུར་ན་བུན་བུ་མོས་ཀླད་པ་འཛག་པ་གཅོད་ཅེས་པའི་ན་བུན་བུ་མོ་ནི་ཤེལ་ཕྲེང་དུ་མཚོ་ལ་གནས་པའི་འབུ་སྐྱོགས་གཟི་ཏུང་འདྲ་བ་ཞེས་དང་། བཀྲ་འབུམ་པས་ན་བུན་བུ་མོ་ནི་ལ་མཐོན་པོའི་ཁུད་སྣ་རྒྱུན་ཏུ་གཏིབ་སར་ཏུང་དཀར་དབྱིབས་འདྲ་མཐེ་མགོ་ཙམ་ཡོད་པ་དེའོ་ཞེས་གསུངས། མན་ངག་རྒྱུད་ཀྱི་ཚ་བའི་ལེའུར་མ་སྨིན་ཚ་བ་ལམ་དུ་གཞུག་པའི་ཟས་ནི་མར་གསར་རན་ཙམ་བཏབ་པའི་ཕྱེ་ཐུག་དང་ཆག་ཚེ་འབྲས་ཐུག་སོགས་འཇུ་སླ་བསིལ་ཡང་དང་། རྒྱས་པའི་ཚ་བའི་ཟས་ནི་བསྐོལ་གྲང་ལ་རྩམ་པ་བཏབ་པ་དང་ཕྱེ་ཐུག་ཞོ་དར་ཁུར་ཚོད་རྣམས་བསིལ་ཡང་བསྟེན་དགོས་ཚུལ་གསུངས། ཕྱི་མ་རྒྱུད་ཀྱི་རྫེའུའི་སྦྱོར་བ་གནོད་སྦྱིན་རྐོད་མ་ཁ་ནི་ཅི་ལྟར་བྱུང་བ་དང་དེའི་དོན་གང་འདྲ་ཡིན་པ་གླིང་བུ་མཁན་ཆེན་གྱི་གསུང་ཕྱི་མ་རྒྱུད་ཀྱི་ལག་ལེན་དཀའ་གནད་གསལ་བའི་སྒྲོན་མེའི་ལུང་དྲངས་ཏེ་ནད་པའི་མིང་སྨན་ལ་ཆགས་དོན་དང་། ཀ་རཉྫ་དྲུག་པའི་ཁ་བསྒྱུར་བའི་ཚུལ་ཇི་ལྟར་བྱུང་བའི་དོན་རྣམས་རྒྱས་བསྡུས་རན་པར་འགྲེལ་ཡོད།

内容提要：该书作者以《八支》《祖先口述》《蓝琉璃》《月王药诊》等经典医著为论据，对《四部医典》之《根本部》《论说部》《秘诀部》《后续部》中隐晦、概括和难懂的内容加以旁注，以阐明自己对《四部医典》这部医著的理解。比如，《根本部》概说部分中的“博吉山”，被作者解释为《世界概说》中所载“在杨布城（古加德满都）北部的一座名为‘博吉’的高山”；《论说部》机体形成章中载“十一周九官窍轮廓出现，十二周五脏轮廓出现”，作者认为，所指轮廓为出现雏形而并非已成形；关于第二十章药效章中“‘那汶吾莫’止漏脑中的‘那汶吾莫’在《晶珠本草》中载为生存在海中如田螺样的药物”，作者注解为，扎本巴认为“‘那汶吾莫’是高山山坳隐蔽处状拇指大小如白螺的剪物”。《秘诀部》热病章中记述促熟未熟热的饮食有性凉而轻且易消化的加入适当新鲜酥油的面糊、青稞粥和米粥等，盛热饮食有性凉而轻的凉开水加入糌粑、面糊、酸奶、“达尔哇”和蒲公英汤等。关于《后续部》佐使方“果玛卡”的方源和意义，作者引用林布堪钦《后续部实践难点明灯》中的观点对患者名作为药名和六味“嘎然杂”散的引药方式等进行了解释。

བོད་ཀྱི་གསོ་རིག་ཀུན་བཏུས་བསྡུད་སྒྲིག་མ་ལས། པོད་རེ་བདུན་པ་དང་རེ་བརྒྱད་པའི་ནང་དུ་བཞུགས།

在《〈藏医药大典〉续编（61—80）》中的位置：收载于第六十七和第六十八卷

སྐབས་དོན་གསུམ་པ། རྩ་རྒྱུད་ཀྱི་འགྲེལ་པ།

第三集　《〈根本部〉注释》

དཔལ་ལྡན་རྒྱུད་བཞིའི་ས་བོན་ལྟ་བུར་གྱུར་པའི་རྩ་བ་ཐུགས་རྒྱུད་ཀྱི་སྙིང་གཞི་སྙིང་སྙོང་དང་བཅས་པའི་ལེའུ་དྲུག་གི་ཚིག་དོན་གསལ་བར་སྟོན་པ་ལ་བྱང་ཏི་དཔལ་ལྡན་འཚོ་བྱེད་ཀྱི་རྩ་རྒྱུད་ཀྱི་འགྲེལ་བ་རྒྱུད་དོན་རབ་གསལ་རྒྱས་པ་དང་། དག་དབང་རིག་གནས་རྒྱ་མཚོའི་རྩ་བའི་རྒྱུད་ཀྱི་རྣམ་བཤད་ཞལ་ལུང་དོན་གསལ། ཀརྨ་ཆོས་རྒྱལ་གྱི་རྩ་བ་ཐུགས་ཀྱི་རྒྱུད་དགོངས་གསལ་བྱེད་ནོར་བུའི་སྒྲོན་མ་གསུམ་བཀོད་ཡོད།

为了使《四部医典》之根本《根本部》的内容更明晰易懂，本集收录了昌迪·班丹措切的《根本部注释·续义更详》、帕曲哇·阿旺柔尼嘉措的《根本部注疏·口述义明》和噶玛却吉·叶西晋美的《根本部思想明示》3篇。

ཆན་པ་དང་པོ། རྩ་རྒྱུད་འགྲེལ་པ་རྒྱུད་དོན་རབ་གསལ་རྒྱས་པ།

第一篇 《根本部注释·续义更详》

མཚན་བྱང་ཆ་ཚང་། རྩ་བའི་རྒྱུད་ཀྱི་འགྲེལ་པ་རྒྱུད་དོན་རབ་གསལ་རྒྱས་པ་ཞེས་བྱ་བའོ། །

全名：《根本部注释·续义更详》

རྩོམ་པ་པོ། བྲང་ཏི་དཔལ་ལྡན་འཚོ་བྱེད། རབ་བྱུང་བཞི་པར་དབུས་གཙང་ས་སྐྱ་སྨན་གྲོང་དུ་སྐུ་འཁྲུངས།

作者：昌迪·班丹措切，四胜生生于卫藏萨迦曼庄。

མ་ཡིག ལག་བྲིས། ཡིག་གཟུགས་དབུ་མེད། ཤོག་ངོས་རེར་ཐིག་ཕྲེང་བདུན། ཐིག་ཕྲེང་རེར་ཡིག་འབྲུ་ཞེ་ལྔ། ཁྱོན་བསྡོམས་ཤོག་ངོས་བརྒྱ་དང་གོ་ལྔ་བཞུགས།

母本：手写本，草书体，每页7行，每行45字，共195页。

ནང་དོན་གནད་བསྡུས། དྲང་སྲོང་མཁས་པ་བསྟེན་ཅིང་གཞུང་ལུགས་རྒྱ་མཚོ་བསྲུབས་ནས་རྙེད་པའི་སྨན་བརྒྱུད་བཞེད་ཚུལ་མདོ་རྒྱས་ནོར་བུའི་ཚོགས་ཉུབ་པ་ལ་ཕངས་པས་གསལ་བར་བྱ་ཕྱིར་རམ་རང་དང་སྐལ་བ་མཉམ་པ་གཞན་དག་ལ་ཕན་པའི་བློས་དྲིགས་པ་སེར་སྣ་སྤངས་ནས་སྦྱར་བའི་རྩ་བའི་རྒྱུད་ཡོངས་སུ་འགྲེལ་བའི་ལེའུ་དྲུག་གི་བདག་ཉིད་ཅན་འདིའི་ནང་དུ། ཐོག་མར་རྒྱུད་བཞིའི་མཚན་སྐད་གཉིས་ཤན་སྦྱར་གྱི་སྒོ་ནས་བསྟན་དགོས་པའི་རྒྱུ་མཚན་དང་བཅས་ཏེ་སྐད་རིགས་ཀྱི་དབྱེ་བ། སྒྲའི་བསྒྱུར་ལུགས། རྒྱ་སྐད་ཀྱི་དོན་བསྟན་པ་སོགས་ལས་འཕྲོས་ཏེ། སྟོན་པར་མཆོད་བརྗོད་དང་ཕྱག་འཚལ་ལུགས། རྒྱུད་ཀྱི་ཆེ་བ་སོགས་ཀྱང་གྱི་དོན་དང་། དེ་ནས་ཕུན་སུམ་ཚོགས་པ་ལྔ་ལྡན་གྱི་གླེང་གཞིའི་ལེའུ་དང་འབྲེལ་ཏེ་གླེང་སློང་རྣམ་གྲངས་ཀྱི་དོན་རྣམས་དང་། དྲང་སྲོང་ཞེས་པ་ནི། ལན་དུ་ལྟ་བ་དང་། ཁྲིམས་ཀྱིས་དྲང་པོར་སྲོང་པས་ན་དྲང་སྲོང་། ལྟ་བའི་ཟབ་མོའི་ཤེས་རབ། ཁྲིམས་ནི་རྒྱ་ཆེ་བའི་ཐབས། དྲང་པོ་ནི་ཟུང་འཇུག་ཡང་དག་པའི་ལམ། སྲོང་པ་ནི་

ལམ་གྱི་མཐར་ཐུག་པས་སྐྱ་དེ་གཉིས་སྔོན་དུ་བྱས་པའོ། །ཞེས་དང་། སྲོག་གི་དབང་པོ་ཞེ་ན་ཁམས་གསུམ་པའི་ཚེ་ཞེས་གཞུང་གི་ཐ་སྙད་ལ་འགྲེལ་བ་ཟབ་མོ་མཛད་ཅིང་། དེ་ནས་དལ་བརྒྱད་འབྱོར་བཅུའི་མི་ལུས་ཐོབ་པར་དཀའ་བའི་རྒྱུ་མཚན་དང་གསོ་བ་རིག་པའི་མན་ངག་ལ་བསླབ་དགོས་པའི་དགོངས་པ་ཟབ་མོ་རྒྱས་པར་བསྟན་ཡོད་པ་མ་ཟད། རྒྱུད་བཞི་པོའི་གོ་རིམ་ནི་ཐམས་ཅད་འདུས་པའི་རྩ་རྒྱུད་ཐུགས་ལས་བྱུང་ཞིང་རྩ་བ་ཐུགས་ཀྱི་རྒྱུད་འདི་ས་བོན་དང་འདྲ་བའི་རྒྱུད་དོན་བཞུགས་ཚུལ་གྱི་གོ་རིམ་དང་པོ་དང་། དེ་ནས་ས་བོན་དེ་ལས་མྱུ་གུ་རྒྱས་པ་ལྟ་བུ་ནི་རྩ་རྒྱུད་ཀྱི་དགོངས་འགྲེལ་བཤད་པའི་རྒྱུད་ཡིན་པས་འཇུག་པ་སྒོ་ཡི་གོ་རིམ། དེ་ནས་རྩ་བཤད་ཀྱི་དགོངས་པ་འབྲེལ་བའི་ཕྱིར་རྒྱུ་རྐྱེན་དབྱེ་བ། རྟགས་སོགས་ཞིབ་པར་བསྟན་དགོས་ཡོད་པས་རྒྱས་བསྡུས་རན་ཞིང་། གང་ཟག་འཛིན་པའི་བློ་རབ་འབྲིང་ཐ་གསུམ་ཡོད་པས་ཇི་ལྟར་འཇུག་པ་ཐོས་བསམ་གྱི་གོ་རིམ་མན་ངག་རྒྱུད་དང་། དེ་ནས་སྡེ་ཚན་རྣམས་ཀྱི་བྱེད་ལས་སོགས་མ་ཚང་བ་རྣམས་ཁ་སྐོང་གི་ཕྱིར་དུ་ཕྱི་མ་འདི་ནི་རྒྱུད་ཀྱི་མཐའ་ཞེས་རང་དགར་འཇུག་པ་དགག་པའི་གོ་རིམ་བཅས་རྒྱུད་བཞིའི་རིམ་པ་དང་། དེ་ནས་ཡན་ལག་བརྒྱད་དང་། གནས་བཅུ་གཅིག སྐབས་བཅོ་ལྔ། མདོ་བཞི་སོགས་ལེའུ་རེ་རེའི་རྣམ་གྲངས་མ་ལུས་པ་འཁྲུགས་པ་དང་གབ་པ། ནོར་བ་སོགས་མེད་པར་རྩ་རྒྱུད་སྡོང་འགྲེམས་བཞིན་རྒྱས་པར་འགྲེལ་ནས་ངོས་བཟུང་རྟགས་དང་གསོ་བྱེད་ཐབས། མཇུག་བསྡུ་བ་རྗེས་ཀྱི་ལེའུ་བཅས་ཀྱི་མདོ་དོན་མ་ལུས་གཉིད་ཟབ་ཅིང་རྒྱ་ཆེ་བའི་དང་འགྲེལ་བ་ཞིབ་མོར་མཛད་ཡོད།

内容提要：此著是为使师从先贤名家所聆受的珍贵理论观点得以传承，且得益于同时期其他人而摒弃骄傲和吝啬所著。此《根本部》6章内容中，对《四部医典》书名采用梵藏对照形式的原因，以及语种分类、译法、梵语所表述之意，对佛陀的赞颂和膜拜方式，对《四部医典》的特点“章松”等名词的定义，获取人身困难的缘由，学习藏医学秘诀的必要性等进行了记述。同时，记述了《四部医典》按如同种子的《根本部》为介绍医典框架的第一部分，如此种所发之芽般的《论说部》为入门部分，为了使《根本部》和《论说部》思想具有相关性而将疾病内外因、分类、病症等进行记述的《秘诀部》，为了对各内容不完整部分进行补充完善的《后续部》排序的原因。此外，对八支、十一论、十五篇、四经等各章计数以树喻的形式进行注解，且对诊断、疗法、纲目计数章等内容进行了详尽解释。

བོད་ཀྱི་གསོ་རིག་ཀུན་བཏུས་བསྡུད་སྒྲིག་མ་ལས། པོད་ རེ་ བརྒྱད་ པའི་ ནང་ དུ་ བཞུགས།

在《〈藏医药大典〉续编（61—80）》中的位置：收载于第六十八卷

ཚན་པ་གཉིས་པ། རྩ་བའི་རྒྱུད་ཀྱི་རྣམ་བཤད་ཞལ་ལུང་དོན་གསལ།

第二篇 《根本部注疏·口述义明》

མཚན་བྱང་ཆ་ཚང་། བདུད་ རྩི་ སྙིང་ པོ་ ཡན་ ལག་ བརྒྱད་ པ་ གསང་ བ་ མན་ ངག་ གི་ རྒྱུད་ ལས་ དུམ་ བུ་ དང་ པོ་ རྩ་ བའི་ རྒྱུད་ ཀྱི་ རྣམ་ བཤད་ ཞལ་ ལུང་ དོན་ གསལ་ ཞེས་ སམ་ བཻཌཱུཪྻའི་ འོད་ ཟེར་ རྣམ་ པར་ བཞད་ པ་ ཞེས་ བྱ་ བ་ བཞུགས་ སོ། །

全名：《甘露精华八支精要秘诀部之一根本部注疏言教义明或琉璃光普照/根本部注疏·口述义明》

རྩོམ་པ་པོ། སྤང་ས་ ཆེ་ བ་ ངག་ དབང་ རིག་ གནས་ རྒྱ་ མཚོ། དུས་ རབས་ བཅུ་ བདུན་ པའི་ དབུས་ གཙང་ ཡར་ ཀླུངས་ གད་ ཀྱི་ ཕུག་ རིང་ དུ་ སྐུ་ འཁྲུངས།

作者：帕曲哇·阿旺柔尼嘉措，7世纪生于卫藏雅砻盖吉普让。

མ་ཡིག ལག་ བྲིས། ཡིག་ གཟུགས་ དབུ་ མེད། ཤོག་ ངོས་ རེར་ ཐིག་ ཕྲེང་ དྲུག ཐིག་ ཕྲེང་ རེར་ ཡིག་ འབྲུ་ ང་ གཉིས། ཁྱོན་ བསྡོམས་ ཤོག་ ངོས་ གོ་ ལྔ་ བཞུགས།

母本：手写本，草书体，每页6行，每行52字，共95页。

ནང་དོན་གནད་བསྡུས། ཡུལ་ ཡར་ ཀླུངས་ ཀྱི་ ཡ་ རྒྱལ་ སློབ་ དཔོན་ ཆེན་ པོ་ ཟླ་ ན་ ཀུ་ མ་ རའི་ སྒྲུབ་ གནས་ ཡར་ ཀླུངས་

གད་ཀྱི་ཕུག་རིང་ཞེས་བྱ་བའི་མདུན་སར་སྐྱེས་ཤིང་བསྟན་འགྲོའི་སྤྱི་མེས་ཀླུངས་སྟོན་རིན་པོ་ཆེའི་བླའི་སྨན་པར་དབང་བསྐུར་བ་སྤྲངས་ཆེ་བ་ངག་དབང་རིག་གནས་རྒྱ་མཚོ་ཞེས་མིང་གཞན་རྡོ་རྗེའི་དབང་ཕྱུག་ངག་དབང་དཔལ་བཟང་པོས། རབ་བྱུང་བཅུ་པའི་ནང་གི་ལེགས་སྦྱར་སྐད་དུ་ཧྲི་རོ་ཏྲ་རི། གངས་ཅན་གྱི་ལྗོངས་སུ་ཁྲག་སྐྱུག་ཅེས་འབོད་ཅིང་། བོད་ཡུལ་གྱི་དབུས་སུ་ཆུ་མོ་ཕག་ཅེས་འགྱུར་བའི་གྲོ་ཞུན་ཟླ་བའི་དམར་ཕྱོགས་ཀྱི་ཚེས་དགའ་བ་གཉིས་པའི་གཟའ་སྐར་རྒྱལ་ཕུར་འཛོམས་པའི་ཉིན་གྲུབ་པར་བགྱིས་པའི་གཞུང་འདི་ནི་དོན་གྱི་གནད་བསྡུས་པའི་ས་བོན་ལྟ་བུར་གྱུར་པ་རྩ་བའི་རྒྱུད་ཀྱི་ཚིག་དོན་མ་ལུས་པ་ལ་འགྲེལ་བ་ཞིབ་རྒྱས་མཛད་པ་ཞིག་སྟེ། དུམ་བུ་བཞི་ཀའི་རྗེས་སུ་འགྲོ་བ་གླེང་གཞི་དང་གླེང་སློང་། དེའི་རྗེས་རྩ་བའི་རྒྱུད་དངོས་ཏེ་སྨན་དཔྱད་འཇུག་པའི་ཡུལ་གནས་ལུགས་ནད་གཞི་དང་། ལྡང་མཁྲིས་བད་ཀན་སོགས་ནད་རིགས་སོ་སོའི་ངོས་འཛིན་པའི་བརྟག་ཐབས། ལྡང་མཁྲིས་བད་ཀན་འཕེལ་ཟད་ཀྱི་ངོས་ཟིན་ནས་དེ་གསོ་བའི་ཐབས། མཇུག་བསྡུ་བ་རྟོགས་སླ་བའི་ཆེད་དུ་རྩ་བའི་རྒྱུད་ཀྱི་ལུས་ཡོངས་སུ་རྫོགས་པ་ལྗོན་ཤིང་གི་ཚུལ་དུ་བཀོད་པ་བཅས་ཀྱི་ཚིག་དོན་ལ་མཉམ་མེད་ཟུར་མཁར་བ་ཆེན་པོའི་འགྲེལ་ཆེན་མེས་པོའི་ཞལ་ལུང་གི་རང་ལུགས་གཙོ་བོར་བཞག་ཐོག དགོས་དོན་ཕྲན་བུ་མ་ཚང་བ་རྣམས་ཁུངས་ཐུབ་ཀྱི་ཡིག་ཆ་རྣམས་ལས་འདྲང་གཏུགས་ཏེ་རྩ་རྒྱུད་ཀྱི་དགོངས་དོན་ལེགས་པར་བཀྲལ་ཡོད།

内容提要： 此书由雅垄地区大师杂那葛玛拉修行处的岩穴前成长，且为了众生由吉美隆敦仁波切授其于御医的帕曲哇·阿旺仁柔尼嘉措，又名多吉昂秀·阿旺白桑者，于第十胜生时期梵语称为“德如扎日”，雪域高原称为“查久”，于水亥年七月下旬良辰吉日编写完成，是一部《四部医典》之《根本部》词义诠释之作。本书对绪论、概论生理病理、疾病的诊断、疾病的疗法等进行词语的解释，并在小结部分以树喻的形式简单明了地呈现了《根本部》所有内容。词义以娘麦宿喀《祖先口述》的观点为依据，对内容缺失部分以引经据典的方式进行了补充。

བོད་ཀྱི་གསོ་རིག་ཀུན་བཏུས་བསྡུད་སྒྲིག་མ་ལས། པོད་རེ་བརྒྱད་པའི་ནང་དུ་བཞུགས།

在《〈藏医药大典〉续编（61—80）》中的位置：收载于第六十八卷

ཚན་པ་གསུམ་པ། རྩ་བ་ཐུགས་ཀྱི་རྒྱུད་དགོངས་གསལ་བྱེད།

第三篇 《根本部思想明示》

མཚན་བྱང་ཆ་ཚང་། རྩ་བ་ཐུགས་ཀྱི་རྒྱུད་དགོངས་གསལ་བྱེད་ནོར་བུའི་སྒྲོན་མ་ཞེས་བྱ་བ་བཞུགས་སོ། །

全名：《根本部思想明示》

རྩོམ་པ་པོ། ཀརྨ་ཆོས་རྒྱལ་ཡེ་ཤེས་འགྱུར་མེད། སྤྱི་ལོ་༡༨༡༠ལོར་མདོ་སྟོད་ཡུལ་ཤུལ་གྱི་རྫ་སྟོད་འབྲོང་པར་སྐུ་འཁྲུངས་ཤིང་། སྤྱི་ལོ་༡༨༧༠ལོར་སྐུ་གཤེགས།

作者：噶玛却吉・叶西晋美，1810年生于多堆玉树杂多仲巴，1870年卒。

མ་ཡིག ལག་བྲིས། ཡིག་གཟུགས་དབུ་མེད། ཤོག་ངོས་རེར་ཐིག་ཕྲེང་དྲུག ཐིག་ཕྲེང་རེར་ཡིག་འབྲུ་སོ་གཉིས། ཁྱོན་བསྡོམས་ཤོག་ངོས་ཉེར་དྲུག་བཞུགས།

母本：手写本，草书体，每页6行，每行32字，共26页。

ནང་དོན་གནད་བསྡུས། གཞུང་འདི་ནི་དོན་གྱི་གནད་བསྡུས་པའི་ས་བོན་ལྟ་བུར་གྱུར་པ་རྩ་བའི་རྒྱུད་ལས་མཇུག་བསྡུ་བ་རྗེས་ཀྱི་ལེའུའི་གོ་དོན་ལ་འགྲེལ་བ་མཛད་པ་ཞིག་སྟེ། རྒྱུད་བཞི་ཀའི་སྡོམ་ཚིག་གི་ཤོ་ལོ་ཀ་འདི་ལས། རྩ་བ་དང་པོ་གནས་ལུགས་ནད་གཞི་ལ་རྣམ་པར་མ་གྱུར་པ་ལུས་གནས་དང་རྣམ་པར་གྱུར་པའི་ལུས་ན་བ་སྡེ་སྡོང་པོ་གཉིས་དང་། ཡལ་ག་བཅུ་གཉིས། ལོ་འདབ་བརྒྱད་ཅུ་རྩ་བརྒྱད། རྩ་བ་གཉིས་པ་ངོས་འཛིན་རྟགས་ལ་མིག་གིས་བལྟ་བ་དང་། སོར་མོས་རེག་པ། ངག་གིས་དྲི་བ་སྡེ་སྡོང་པོ་གསུམ་དང་། ཡལ་ག་བརྒྱད། ལོ་འདབ་སུམ་ཅུ་སོ་བརྒྱད། རྩ་བ་གསུམ་པ་གསོ་ཐབས་ལག་ལེན་ལ་ཟས་སྤྱོད་སྨན་དཔྱད་ཀྱི་སྡོང་པོ་བཞི་དང་། ཡལ་ག་ཉེར་བདུན། ལོ་འདབ་དགུ་བཅུ་གོ་བརྒྱད། རྣམ་པར་མ་གྱུར་ལུས་གནས་སྡོང་པོ་ལ་མི་ཏོག་ནད་མེད་དང་གསོ་ཐབས་སྨན་གྱི་སྡོང་པོ་ལ་མི་ཏོག་ཚེ་རིང་བ། གནས་ལུགས་ཀྱི་རྩ་བ་ལ་འབྲས་བུ་

ཆོས་དགེ་བ་བཅུ་དང་ངོས་འཛིན་རྟགས་ཀྱི་རྩ་བ་ལ་འབྲས་བུ་ནོར་དང་ལྡན་པ། གསོ་ཐབས་ལག་ལེན་གྱི་རྩ་བ་ལ་འབྲས་བུ་གཏན་གྱི་བདེ་བ་ཐོབ་པ་བཅས་གོང་གི་ཤོ་ལོ་ཀ་གཅིག་པོ་དེའི་གྲངས་རྣམས་འགྲིག་འགྲིག་ཏུ་བསྟན་ཡོད་པའི་སྟེང་། རྩ་བ་གཉིས་པ་ངོས་འཛིན་རྟགས་ཀྱི་མདོ་དོན་ལ་སྤྱིར་རླུང་དང་བད་ཀན་གྲང་བ་ཆུ་དང་། ཁྲག་དང་མཁྲིས་པ་ཚ་བ་མེ་ཏུ་འདོད་པའི་ཡལ་འདབ་གཉིས་ལས་བགྲངས་སྲོལ་མེད་ཀྱང་རྫོམ་པ་པོས་རྒྱུད་དོན་མི་ཆད་པའི་ཆེད་དེའི་སྟེང་སྲིན་ནད་དང་ཆུ་སེར་ཚ་གྲང་ཐུན་མོང་གི་ཡལ་ག་གཉིས་བསྣན་པས་ཡལ་ག་ཉིས་བརྒྱ་རྩ་དྲུག་ཏུ་བསྟན་ཡོད།

内容提要：此书是一部对《根本部》树喻纲目章进行注释的著作。《四部医典》总纲中，第一生理病理根有未病变之生理和病变之病理2树干12树枝88叶片，第二诊断根有望诊、触诊、问诊3树干、8树枝、38叶片，第三疗法实践根有饮食、起居、药物、外治4树干、27树枝、98叶片。未病变生理树干开出无病之花，疗法树干开出长寿之花，病理根结出十善业之果，诊断根结出财富之果，疗法实践根结出安乐之果。此外，第二诊断根概括归纳为“隆”和“培根”性寒如水，血和“赤巴”性热如火2分枝，为了能使《四部医典》内容更趋完整，作者加入了性亦热亦寒的“蛀”病和黄水病2分枝，共计226分枝。

བོད་ཀྱི་གསོ་རིག་ཀུན་བཏུས་བསྡུད་སྒྲིག་མ་ལས། པོད་རེ་བརྒྱད་པའི་ནང་དུ་བཞུགས།

在《〈藏医药大典〉续编（61—80）》中的位置：收载于第六十八卷

སྐབས་དོན་བཞི་པ། བཤད་རྒྱུད་ཀྱི་འགྲེལ་བ།
第四集 《论说部》注释

གསོ་རིག་སྤྱི་ཁོག་ཁྲོལ་བའི་བཤད་པའི་རྒྱུད་ཀྱི་ལེའུ་སོ་གཅིག་གི་ཚིག་དོན་མ་ལུས་པ་རྫོགས་པ་ལ་ཕག་སྟོན་ཤཱཀྱ་མགོན་པོའི་བཤད་རྒྱུད་ཀྱི་འགྲེལ་ཆེན་མཐོང་བ་དོན་གསལ་དང་། བཤད་པའི་རྒྱུད་ཀྱི་རྐྱང་སེལ་ཁ་སྐོང་དུ་སྦྱིབས་པ་འབྱུང་བ་སོ་སོའི་བསྟེན་ཐབས་དང་། ཆགས་པ་རྩ་ཡི་གནས་ལུགས། བཤད་པའི་ལུས་ཐིག་བཻཌཱུརྻའི་ཆུ་རྒྱུན། རྩ་གནད་བརྒྱད་རིམ། འཚོ་བྱེད་རྣམས་ལ་སྙིང་ནས་བརྩེ་བའི་འཕྲུལ་གྱི་ཡིག་ཆུང་སོགས་ཚན་པ་བདུན་བཀོད་ཡོད།

为体现藏医学总体框架《论说部》31章语义，收录有博顿・释迦贡保所著《论说部注释见者义明》《论说部单味药配伍补充》《论说部第四章初成脉生理》《论说部所述体腔线・琉璃流》《人体生理》《论说部所述要害脉走向》《致敬措且・神奇小函》共7篇。

ཚན་པ་དང་པོ། བཤད་རྒྱུད་ཀྱི་འགྲེལ་ཆེན་མཐོང་བ་དོན་གསལ།
第一篇 《论说部注释见者义明》

མཚན་བྱང་ཆ་ཚང་། བཤད་རྒྱུད་ཀྱི་འགྲེལ་ཆེན་མཐོང་བ་དོན་གསལ་འགྲོ་བའི་ནད་སེལ་ཞེས་བྱ་བ་བཞུགས་སོ། །

全名：《论说部注释见者义明・众生祛病》

རྩོམ་པ་པོ། ཕག་སྟོན་ཤཱཀྱ་མགོན་པོ། དུས་རབས་བཅུ་བཞིའི་ཡས་མས་ལ་དབུས་གཙང་བྱང་གི་རྣ་སྟེ་སྟུ་མ་བ་ཙ་སྐུ་འཁྲུངས།

作者：博顿·释迦贡保，14世纪前后生于卫藏北部达德布玛巴日。

མ་ཡིག ལག་བྲིས། ཡིག་གཟུགས་དབུ་མེད། ཤོག་ངོས་རེར་ཐིག་ཕྲེང་བརྒྱད། ཐིག་ཕྲེང་རེར་ཡིག་འབྲུ་སོ་དགུ། ཁྱོན་བསྡོམས་ཤོག་ངོས་བརྒྱ་དང་དོན་གཅིག་བཞུགས།

母本：手写本，草书体，每页8行，每行39字，共171页。

ནང་དོན་གནད་བསྡུས། རྩོམ་པ་པོ་ཉིད་ལ་དབེན་གནས་ལྷ་བོ་བྲག་གི་དགོན་པ་མཁས་པའི་རྒྱུད་འཛིན་གསུམ་གྱིས་བསྐུལ་བའི་ངོར། མེ་མོ་ཕག་གི་ལོ་དབྱར་ཟླ་ཐ་ཆུང་གི་ཚེས་བརྒྱད་ནས་རྩིས་ཏེ་སྟོན་ཟླ་འབྲིང་པོའི་ཉའི་བར་ལ་ལེགས་པར་སྦྱར་བའི་གཞུང་འདི་ནི་བཤད་པའི་རྒྱུད་ཀྱི་ལེའུ་སོ་གཅིག་གི་ཚིག་དོན་ལ་འགྲེལ་བ་མཛད་པ་ཞིག་སྟེ། བཤད་པའི་རྒྱུད་ཀྱི་དོན་རྣམས་བསྡུས་ན་གསོ་བྱ་ལུས་དང༌། གསོ་བྱེད་གཉེན་པོ། གསོ་བའི་ཐབས། གསོ་བ་པོ་སྨན་པ་བཅས་རྩ་བ་བཞི་དང་དེ་བགྲམ་པས་ལེའུ་སུམ་ཅུ་སོ་གཅིག་ཡོད་པ་ལས་གོ་དཀའ་བའི་མིང་དང་ཚིག དོན་བཅས་ལ་འགྲེལ་བ་འབུམ་ནག་དང་འབུམ་ཆུང་གསལ་སྒྲོན། གཡུ་ཐོག་མཁས་པའི་གསུང་སྒྲོས་བཅས་ལ་བརྟེན་ནས་ལུང་རིགས་དཔྱད་གསུམ་གྱི་སྒོ་ནས་གོ་བདེ་དོན་འདྲིལ་ཞུང་འདུས་སུ་བཀོད་ཡོད་དེ། དཔེར་ན། བད་ཀན་གྱི་ནད་རིགས་རླུང་མཁྲིས་གཉིས་ལས་ཉུང་བའི་རྒྱུ་མཚན། རླུང་ཉིད་མཁྲིས་པ་དང་བད་ཀན་ལ་ཟུང་དུ་འཇུག་པའི་རྒྱུ་མཚན། དྲོ་བ་དང་བསིལ་བ་གཉིས་ཀས་མཁྲིས་པ་བསགས་པའི་རྒྱུ་མཚན། ལྷན་འདུས་ཀྱི་ནད་དང་ཟླ་གཞན་གྱི་ནད་ལ་ཁྱད་པར་ཅི་ཡོད་སོགས་འདི་དང་འདི་ལྟ་བུའི་མན་ངག་གིས་ཀུན་ནས་ཕྱུག་ཡོད།

内容提要：此书是作者受地处偏僻的拉吾扎寺名家三位传承者委托，于火猪年六月初八至八月之间完成的关于《四部医典》之《论说部》31章语义进行注释的著作。《论说部》的内容可概括为受治体（疾病）、对治药物、疗法、医生四根本以及由其引申的31个章节。作者参考《秘诀黑卷·明灯》《小秘诀黑卷·明灯》《宇妥教言》等藏医学名著，从引文、思辨和分析三方面对《论说部》的词、句进行了诠释，记述了“培根”类疾病分类比“隆”和“赤巴”类疾病少的原因，“隆”可入“赤巴”和“培根”

的原因，温和凉二者可使“赤巴”蓄积的原因，二合性和聚合性疾病与并发症之间有何区别，诸如此类秘诀。

བོད་ཀྱི་གསོ་རིག་ཀུན་བཏུས་བསྡུད་སྒྲིག་མ་ལས། པོད་རེ་བརྒྱད་པ་དང་རེ་དགུ་པའི་ནང་དུ་བཞུགས།

在《〈藏医药大典〉续编（61—80）》中的位置：收载于第六十八和第六十九卷

ཚན་པ་གཉིས་པ། བཤད་པའི་རྒྱུད་ཀྱི་རྐྱང་སེལ་ཁ་སྐོང་དུ་སྦེབས་པ།

第二篇　《论说部单味药配伍补充》

མཚན་བྱང་ཆ་ཚང་། དཔལ་ལྡན་བཤད་པའི་རྒྱུད་ཀྱི་རྐྱང་སེལ་ཁ་སྐོང་དུ་སྦེབས་པ་འབྱུང་བ་སོ་སོའི་བསྡེན་ཐབས་ཀྱི་མན་ངག་བཞུགས་སོ། །

全名：《论说部单味药配伍补充五原配伍秘诀》

རྩོམ་པ་པོ། དར་མོ་སྨན་རམས་པ་བློ་བཟང་ཆོས་གྲགས། སྤྱི་ལོ་༡༦༣༨ལོར་དབུས་གཙང་ལྷོ་ཁའི་སྣེ་གདོང་ཡར་སྟོད་དར་མོ་རུ་སྐུ་འཁྲུངས།

作者：达莫曼让巴·洛桑曲扎，1638年生于山南雅砻达莫地。

མ་ཡིག ལག་བྲིས། ཡིག་གཟུགས་དབུ་མེད། ཤོག་ངོས་རེར་ཐིག་ཕྲེང་དྲུག ཐིག་ཕྲེང་རེར་ཡིག་འབྲུ་བཞི་བཅུ། ཁྱོན་བསྡོམས་ཤོག་ངོས་བཅུ་བདུན་བཞུགས།

母本：手写本，草书体，每页6行，每行40字，共17页。

ནང་དོན་གནད་བསྡུས། གཞུང་འདི་ནི་བཤད་རྒྱུད་ཀྱི་ཟས་སྤྱོད་སྨན་གྱི་ལེའུ་ལ་མན་ངག་ཁ་ཐོར་མང་པོ་ཁ་སྐོང་བྱས་པ་ཞིག་སྟེ། ཕག་ཤ་དང་རྟ་ཤ་མཉམ་དུ་ཟོས་ན་ལྟོ་དང་གཞང་སྲིན་དུ་འགྱུར་བ་ལྟ་བུ་ངོ་བོ་ཕན་ཚུན་མི་འཐོད་པའི་ཟས་ཀྱི་སྐོར་དང་། ཉི་རྒས་དང་མཚམས་སྦྲིན་དམར་ཐག་ཆོད་དུས་མི་ཟ་མི་འཐུང་གཉིད་མི་ལོག མི་འཁྲིག ཟས་ཟོས་ཙུང་གཟེར་འཕྲུལ་སློག་འཁྲོག་ཅེས་པ་ལྟ་བུའི་རྒྱུན་སྤྱོད་ཀྱི་ཟས་སྤྱོད་ཀྱི་སྤང་

བླང་། ས་དཀར་གཞན་སྤུང་སྐྲངས་འཇོམས་ཆུ་སེར་འཛིན་ཅེས་པ་ལྟ་བུ་འབྱུང་བ་ས་ལས་བྱུང་བའི་སྨན། ཁ་བ་ཞུ་བའི་ཆུ་ཡིས་ཉེས་མི་འཕེལ་ཞེས་པ་ལྟ་བུ་འབྱུང་བ་ཆུ་ལས་བྱུང་བའི་སྨན། ལྕི་བའི་མེ་སྙོམས་ཟུངས་སྐྱེད་རླུང་ལ་ཕན་ཞེས་པ་ལྟ་བུ་འབྱུང་བ་མེ་ལས་བྱུང་བའི་སྨན། དགུན་རླུང་བ་སྤུའི་སྒོ་འགགས་མེ་དྲོད་སྐྱེད་ཅེས་པ་ལྟ་བུ་འབྱུང་བ་རླུང་ལས་བྱུང་བའི་སྨན། དེ་ནས་བཻ་ཌཱུརྱ་དང་ཁབ་ལེན། ས་ལུའི་ཤིང་། བདུད་རྩི་གངས་ཤམ་པ། རི་བོང་སྙིང་། མཛོ་ལྕི་སོགས་རིན་པོ་ཆེ་དང་ས་རྡོ་ཤིང་སོགས་ལས་བྱུང་བའི་སྨན་མང་པོ་ཞིག་གི་ངོ་བོ་དང་ཕན་ནུས་རྣམས་ཚིག་ཉུང་དོན་རྒྱས་སུ་བསྟན་ནས་བཤད་རྒྱུད་ཀྱང་སེལ་ལ་ཁ་སྐོང་གི་ཚུལ་དུ་བཀོད་ཡོད།

内容提要：此书对《论说部》饮食、起居、药物章进行了补充。日常起居、饮食禁忌方面，如：猪肉和马肉为性相克的食物，同食可引发蛔虫和蛲虫；日落和霞光辉映之时不食、不饮、不眠、不交媾，食而略痛即夺命。药性和功效方面，如:土性药白高岭土可防瘟、消肿、干黄水；水性药雪融化的水不使病邪增盛；火性药牛粪均衡火、养身、益隆；风性药冬季寒风可闭塞毛孔增火。此外，蓝琉璃、磁石、稻秆、“岗先巴”甘露、兔心和犏牛粪等珍宝、土、石和木类诸多药物的性质和功效加以说明，以补充、丰富《论说部》单味药。

བོད་ཀྱི་གསོ་རིག་ཀུན་བཏུས་བསྟུད་སྒྲིག་མ་ལས། པོད་རེ་དགུ་པའི་ནང་དུ་བཞུགས།

在《〈藏医药大典〉续编（61—80）》中的位置：收载于第六十九卷

ཚན་པ་གསུམ་པ། བཤད་རྒྱུད་ལེའུ་བཞི་པའི་ཆགས་པ་རྩ་ཡི་གནས་ལུགས།

第三篇　《论说部第四章初成脉生理》

མཚན་བྱང་ཆ་ཚང་། བཤད་རྒྱུད་ལེའུ་བཞི་པའི་ཆགས་པ་རྩ་ཡི་གནས་ལུགས་གསལ་བར་བཤད་པ་བཞུགས་སོ། །

全名：《论说部第四章初成脉生理明示》

རྩོམ་པ་པོ། ཀརྨ་ཆོས་རྒྱལ་ཡེ་ཤེས་འགྱུར་མེད། སྤྱི་ལོ་༡༨༡༠ལོར་མདོ་སྟོད་ཡུལ་ཤུལ་གྱི་ཛ་སྟོད་འབྲོང་པར་སྐུ་འཁྲུངས་ཤིང་། སྤྱི་ལོ་༡༨༧༠ལོར་སྐུ་གཤེགས།

作者：噶玛却吉·叶西普美，1810年生于多堆玉树杂多仲巴，1870年卒。

མ་ཡིག ཤོག་པར། ཡིག་གཟུགས་དབུ་ཅན། ཤོག་ངོས་རེར་ཐིག་ཕྲེང་བཅུ་དགུ། ཐིག་ཕྲེང་རེར་ཡིག་འབྲུ་བཅུ་གཉིས། ཁྱོན་བསྡོམས་ཤོག་ངོས་བཅུ་དྲུག་བཞུགས།

母本：排印版，正楷体，每页19行，每行12字，共16页。

ནང་དོན་གནད་བསྡུས། གཞུང་འདི་ནི་བཤད་རྒྱུད་འབྲེལ་བ་རྩའི་དཀའ་བའི་གནས་འགའ་ལ་ལུང་རིགས་དཔྱད་གསུམ་གྱི་སྒོ་ནས་རང་ལུགས་འཐད་ལྡན་དུ་བཀོད་པའི་ཡིག་ཆུང་ཞིག་སྟེ། ཆགས་པའི་རྩ་ནི་ལྟེ་བ་ལས་གསུམ་གྱིས་ཞེས་པ་འདི་ལ་འགྲེལ་མཛད་མཁས་པ་མང་པོས་དབུ་རྐྱང་རོ་གསུམ་དང་སྦྱར་ཡོད་ཀྱང་དེ་ནི་བླ་མེད་རྒྱུད་སྡེའི་ནང་རྫོ་རྫེ་ལུས་ཀྱི་རྩ་ཡི་གནས་ལུགས་ཆགས་ཚུལ་ཡིན་པ་ལས་རྒྱུད་བཞིའི་ནང་རྩ་དབུ་རྐྱང་རོ་གསུམ་གྱི་མིང་ཙམ་ཡང་མི་སྣང་བས་སྐབས་དོན་སོ་སོ་ལ་གོ་དགོས་པ་དང་། སྲིད་པའི་རྩ་བཞིའི་སྐབས་རྩ་ཕྲན་ལྔ་བརྒྱ་ཞེས་པ་འདི་རྣམས་ཀྱང་བླ་མེད་ཀྱི་རྩ་འཁོར་ལོ་ལྔ་དང་གུང་བསྟུན་ནས་བཤད་ན་མགོ་འཁོར་གྱི་རྒྱུ་རུ་འདུག་པས་སྐབས་འདིར་རྩ་འཁོར་ལྔ་སྦྱིང་དགོས་མེད་པ། འབྲེལ་བའི་རྩ་དཀར་ནག་གཉིས་ཀྱི་ངོས་འཛིན། ཚེ་རྩ་གསུམ་ལས་གཅིག་ནི་མགོ་ལུས་ཐམས་ཅད་ཁྱབ་པར་གནས། །ཞེས་པ་འདི་འང་བླ་གནས་ཚེས་གྲངས་བཞིན་མགོ་ལུས་ཐམས་ཅད་དུ་འཕོ་བར་གསུངས་པ་ནི་ནོར་བ་རྒྱུན་འཁྲུམས་ཏེ། རྒྱུད་དགོངས་དངོས་ནི་ཚེ་སྲོག་གི་རྟེན་གཙོ་བོ་སྲོག་རྩ་གཅིག་དེ་རྩ་ཐམས་ཅད་ཀྱི་སྡོང་པོ་ལྟ་བུ། དེའི་ཡལ་འདབ་ལྟ་བུ་རྩ་ཐམས་ཅད་མགོ་ལུས་ཀུན་ལ་ཁྱབ་པའོ་ཞེས་པའི་དོན། ཉེས་གསུམ་གྱི་གྲངས་དང་གོ་རིམ་གྲུབ་ཚུལ། རང་བཞིན་བདུན་གྱི་ལུས་བོངས་ཆེ་ཆུང་གི་གོ་བ་ལེན་སྟངས། ཉི་ལྡོག་དུས་ཀྱི་བརྒྱུད་གསུམ་བརྩི་ཚུལ་སོགས་བཀོད་ཡོད།

内容提要：此书结合引文、思辨、论述对《论说部》连接脉部分晦涩难懂词语进行了释义。书中记载，诸多名家曾结合“吾”“将”“若”对初成脉进行注释，由于此为《无上瑜伽部》中脉的生理结构内容，故《四部医典》并未提及；四依存脉中所指500

条细脉结合《无上瑜伽部》中五轮脉解释易产生误解，故此处未提及；对于黑白二脉的认识有误，《四部医典》认为生命之主要根基命脉如众脉之干，众脉如同枝叶遍布全身。此外，书中还记述了三邪的计数和结构顺序，七大体质的体态大小和理解方式，冬至或夏至的算法等。

བོད་ཀྱི་གསོ་རིག་ཀུན་བཏུས་བསྟུད་སྒྲིག་མ་ལས། པོད་རེ་དགུ་པའི་ནང་དུ་བཞུགས།

在《〈藏医药大典〉续编（61—80）》中的位置：收载于第六十九卷

ཆན་པ་བཞི་པ། བཤད་པའི་ལུས་ཐིག་བཻཌཱུརྱའི་ཆུ་རྒྱུན།

第四篇　《论说部所述体腔线·琉璃流》

མཚན་བྱང་ཆ་ཚང་། གསོ་བ་རིག་པའི་རྒྱུད་ལས་བཤད་པའི་ལུས་ཐིག་བཻཌཱུརྱའི་ཆུ་རྒྱུན་ཞེས་བྱ་བ་བཞུགས་སོ། །

全名：《四部医典之论说部所述体腔线·琉璃流》

རྩོམ་པ་པོ། དར་མོ་སྨན་རམས་པའི་སློབ་ཚོགས། དུས་རབས་བཅུ་བདུན་པའི་ནང་བྱོན་པའི་སློབ་ཚོགས་ཡིན།

作者：达莫曼让巴众徒，17世纪成立。

མ་ཡིག ལག་བྲིས། ཡིག་གཟུགས་དབུ་མེད། ཤོག་ངོས་རེར་ཐིག་ཕྲེང་བདུན། ཐིག་ཕྲེང་རེར་ཡིག་འབྲུ་སོ་བདུན། ཁྱོན་བསྡོམས་ཤོག་ངོས་ཉེར་དགུ་བཞུགས།

母本：手写本，草书体，每页7行，每行37字，共29页。

ནང་དོན་གནད་བསྡུས། གཞུང་འདི་ནི་དར་མོ་སྨན་རམས་པ་བློ་བཟང་ཆོས་ཀྱི་གྲགས་པས་རང་གི་སློབ་ཚོགས་རྣམས་ལ། དཔལ་ལྡན་རྒྱུད་ཀྱི་དཀའ་གནད་རྟོགས་དཀའ་བ་རྣམས་དམར་བྱང་རོ་བཀྲ། མཆོན་ཆ་འཁོར་ལོ། སོ་མ་ར་ཛ། ཆ་ལག་བཅོ་བརྒྱད། རྫོང་འཕྲང་འཕྲུལ་གྱི་མེ་ལོང་། བཤད་རྒྱུད་མེས་པོའི་ཞལ་ལུང་། ཕྱི་རྒྱུད་ཊཱིཀྐ་རྡོ་རྗེའི་མདུད་འགྲོལ། མན་ངག་རྒྱུད་ཀྱི་ཊཱིཀྐ་ལེགས་བཤད་གསེར་རྒྱན། རྣམ་སྲུ་མེས་མཛད་པའི་

ལུས་ཐིག བོད་མཁས་པ་མི་ཕམ་དགེ་ལེགས་རྣམ་རྒྱལ་གྱིས་མཛད་པའི་ལུས་ཐིག་ཟླ་བ་ནོར་བུའི་མེ་ལོང་སོགས་རྒྱ་བོད་ཀྱི་འགྲེལ་ཁུངས་ཐུབ་རྣམས་དང་སློབ་དཔོན་གྱི་མན་ངག་ཟབ་མོའི་དགོངས་དོན། ཁྱད་པར་མིའི་ཕུང་པོར་དམར་ཁྲིད་ཕྱག་ལེན་དངོས་སུ་སྦྱོང་བས་ཐོན་པ་རྣམས་དང་འབྲེལ་ནས་རྟོགས་སླ་བ་ཞིག་སྒྲིགས་ཤིག་ཅེས་པའི་བཀའི་གནང་ཐོབ་པ་ལ་བརྟེན་ནས། བུ་སློབ་རྣམས་ཀྱིས་བཤད་པའི་རྒྱུད་ལས་མགོ་དང་བྱང་ཁོག་གི་གནས་ལུགས། ཤ་གནད་བཞི་བཅུ་རྩ་ལྔ་དང་ཚིལ་གནད་བརྒྱད། རུས་གནད་སུམ་ཅུ་རྩ་གཉིས། རྒྱུས་གནད་བཅུ་བཞི། དོན་སྣོད་ཀྱི་གནད་བཅུ་གསུམ། རྩ་གནད་བརྒྱ་དང་དགུ་བཅུ་བཅས་བསྡོམས་པས་གནད་སུམ་བརྒྱ་རྩ་གཉིས་ཀྱི་ཡུལ་ཐིག རང་གསང་མདའ་གསང་ཕོག་གསང་དབྱེ་གསང་སྟེ་གསང་བཞི་དང་གཏར་རྩ་དོན་བདུན་བཅས་ཀྱི་ངོས་འཛིན། མགོ་དང་བྱང་ཁོག ལག་པ་སོགས་ཀྱི་ཆག་གྲུམས་འཆིངས་ཐབས་བཅས་ལ་སྔ་རབས་མཁས་པ་རྣམས་ཀྱིས་མཛད་པའི་གོང་གི་གཞུང་དེ་དག་དང་རོ་བཀྲ་དམར་ཁྲིད་ཕྱག་ལེན་གྱི་སྦྱོང་བ་ཟུང་དུ་འབྲེལ་ནས་སྔོན་མེད་ཀྱི་མན་ངག་གསར་བ་རྟོགས་སླའི་སྒོ་ནས་བསྟན་ཡོད།

内容提要： 此书是达莫曼让巴・洛桑曲扎命众学子对《四部医典》中晦涩难懂的内容进行注释的一本医学经典。他们根据《解剖图谱》《防护武器》《索玛拉杂》《医学十八支》《医学关隘・明镜》《论说部祖先口述》《后续部注释・金刚解结》《秘诀部注释・善说金饰》以及达玛萨米所著《体腔区位线》、蕃克巴・米旁格列朗杰所著《明月宝鉴》等经典和上师秘诀思想，结合亲自进行的临床人体解剖实践，对《论说部》头部和躯干生理、45要害肌、8要害脂肪、32要害骨骼、14要害腱、13要害脏腑、190要害脉，共计302区位线，自穴、箭穴、中械穴、析穴等4穴和77放血脉的认识，头、躯干和四肢等的骨折绑缚法，以简单易懂的语言进行总结和记述，并形成新秘诀。

བོད་ཀྱི་གསོ་རིག་ཀུན་བཏུས་བསྟུད་སྒྲིག་མ་ལས། པོད་རེ་དགུ་པའི་ནང་དུ་བཞུགས།

在《〈藏医药大典〉续编（61—80）》中的位置： 收载于第六十九卷

ཚན་པ་ལྔ་པ། ལུས་ཀྱི་གནས་ལུགས།

第五篇　《人体生理》

མཚན་བྱང་ཆ་ཚང་། ལུས་ཀྱི་གནས་ལུགས་བསྟན་པའི་ལེའུ་རྒྱས་པར་འགྲེལ་བ་ཞེས་བྱ་བ་བཞུགས་སོ། །

全名：《人体生理章广释》

རྩོམ་པ་པོ། ཤིང་བཟའ་སྐལ་བཟང་ཆོས་ཀྱི་རྒྱལ་མཚན། སྤྱི་ལོ་༡༩༢༥ལོར་མདོ་སྟོད་མཛོད་དགེའི་ཨ་སྐྱིད་དུ་སྐུ་འཁྲུངས་ཤིང་། སྤྱི་ལོ་༡༩༩༨ལོར་སྐུ་གཤེགས།

作者：香萨·格桑却吉尖参，1925年生于多堆若尔盖阿西，1998年卒。

མ་ཡིག སྒྲིག་པར། ཡིག་གཟུགས་དབུ་ཅན། ཤོག་ངོས་རེར་ཐིག་ཕྲེང་ཉེར་བཞི། ཐིག་ཕྲེང་རེར་ཡིག་འབྲུ་བཅུ་གསུམ། ཁྱོན་བསྡོམས་ཤོག་ངོས་དགུ་བཞུགས།

母本：排印本，正楷体，每页24行，每行13字，共9页。

ནང་དོན་གནད་བསྡུས། གཞུང་འདི་ནི་བཤད་རྒྱུད་ལུས་ཀྱི་གནས་ལུགས་ལས་གཉན་པའི་གནད་དང་རྒྱུ་ལམ་བུ་གའི་དོན་འཛིན་བསྟན་པ་ཞིག་སྟེ། དང་པོ་གཉན་པའི་གནད་ལ་ཤ་གནད་བཞི་བཅུ་རྩ་ལྔ་དང་ཡང་ན་ལྔ་བཅུ་ང་གཅིག ཚིལ་གནད་བརྒྱད། རུས་གནད་སུམ་ཅུ་རྩ་གཉིས་དང་ཡང་ན་སུམ་ཅུ་སོ་དགུ། རྒྱུས་གནད་བཅུ་བཞི། དོན་སྣོད་ཀྱི་གནད་བཅུ་གསུམ་དང་ཡང་ན་བཅོ་ལྔ། རྩ་གནད་བརྒྱ་དང་དགུ་བཅུ་ཐམ་པ་དང་ཡང་ན་བརྒྱ་དང་དགུ་བཅུ་གོ་གསུམ་བཅས་བསྡོམས་པས་གནད་ཀྱི་རྣམ་གྲངས་སུམ་བརྒྱ་དང་རྩ་གཉིས་དང་ཡང་ན་སུམ་བརྒྱ་དང་ཉི་ཤུ་ཡོད་པ་དང་། དེ་དག་གནས་ཀྱི་དབང་གིས་མགོ་ལ་དྲུག་ཅུ་རེ་གཉིས། སྐེ་ལ་སུམ་ཅུ་སོ་གསུམ། བྱང་ཁོག་སྟོད་ལ་དགུ་བཅུ་གོ་ལྔ། བྱང་ཁོག་སྨད་ལ་བརྒྱ་དང་བཅུ་གཉིས་སུ་གནས་ལ། དེ་དག་མཚོན་ལ་སོགས་པས་ཟིན་པར་གྱུར་ན་སྲོག་འདོར་བར་བྱེད་པ་དགུ་བཅུ་རྩ་དྲུག བཅོས་སུ་བཏུབ་པ་བཞི་

བཅུ་ཙ་དགུ། གསོ་བར་ནུས་པ་བརྒྱ་དང་ལྔ་བཅུ་ཙ་བདུན་ཡོད་པར་བསྟན་པ་དང་། གཉིས་པ་རྒྱུ་ལམ་བུ་གའི་གནས་ལུགས་ལ་ནང་གི་བུ་ག་བཅུ་གསུམ། ཕྱི་ཡི་བུ་གར་སྐྱེས་པ་ལ་དགུ་དང་བུད་མེད་ལ་བཅུ་གཉིས་ཡོད་པ་དག་གི་དབྱིབས་དང་བྱེད་ནུས་བཅས་ཚིག་སྣ་མ་བསྒྲིང་བར་གོ་བདེ་རུ་བཀོད་ཡོད།

内容提要：此书是一部说明《论说部》人体生理之要害处和孔窍理论的著作。第一部分记述要害处，有45或51要害肌、8要害脂肪、32或39要害骨骼、14要害腱、13或15要害脏腑、190或193要害脉，共计有302或320要害处，按部位可分为头部62、颈部33、上体95、下体112，要害处按照中械情况分为危及生命的96处、可医治的49处、能治愈的157处。第二部分记述孔窍生理，即对内部13孔，外部男9孔和女12孔的形态和功能进行记述。

བོད་ཀྱི་གསོ་རིག་ཀུན་བཏུས་བསྡུད་སྒྲིག་མ་ལས། པོད་རེ་དགུ་པའི་ནང་དུ་བཞུགས།

在《〈藏医药大典〉续编（61—80）》中的位置：收载于第六十九卷

ཚན་པ་དྲུག་པ། རྩ་གནད་བརྒྱུད་རིམ།

第六篇 《要害脉走向》

མཚན་བྱང་ཆ་ཚང་། རྒྱུད་དུ་བསྟན་པའི་རྩ་གནད་བརྒྱུད་རིམ་ཞེས་བྱ་བ་བཞུགས་སོ། །

全名：《论说部所述要害脉走向》

རྩོམ་པ་པོ། ཤིང་བཟའ་སྐལ་བཟང་ཆོས་ཀྱི་རྒྱལ་མཚན། སྤྱི་ལོ་༡༩༢༥ལོར་མདོ་སྟོད་མཛོད་དགེའི་ཨ་སྐྱིད་དུ་སྐུ་འཁྲུངས་ཤིང་། སྤྱི་ལོ་༡༩༩༨ལོར་སྐུ་གཤེགས།

作者：香萨·格桑却吉尖参，1925年生于多堆若尔盖阿西，1998年卒。

མ་ཡིག ཤོག་པར། ཡིག་གཟུགས་དབུ་ཅན། ཤོག་ངོས་རེར་ཐིག་ཕྲེང་ཉེར་བཞི། ཐིག་ཕྲེང་རེར་ཡིག་འབྲུ་བཅུ་གསུམ། ཁྱོན་བསྡོམས་ཤོག་ངོས་བརྒྱད་བཞུགས།

母本：排印本，正楷体，每页24行，每行13字，共8页。

ནང་དོན་གནད་བསྡུས། གཞུང་འདི་ནི་འབྲེལ་བ་རྩའི་དབྱེ་བ་དང་རྣམ་གྲངས། གཉན་པའི་གནད་ཀྱི་གྲངས་བཅས་བསྟན་པའི་ཡིག་ཆུང་ཞིག་སྟེ། འབྲེལ་བ་རྩ་ཡི་གྲངས་ལ་བདུན་ཁྲི་ཉིས་སྟོང་དང་དེ་ལས་གྱེས་པའི་ཕྲ་བའི་རྩ་ནི་བྱེ་བ་ཕྲག་ཕྱེད་བཞི་རུ་གྱེས་པར་བཤད་ལ། དེ་དག་ཁམས་ཀྱི་དབང་གིས་རྣམ་པ་གསུམ་ལ་འགྱུར་ཏེ། བད་ཀན་ལས་བསྐྱེད་པའི་རྩ་ནི་ཆུ་ཁམས་ཞེས་དཀར་རྒྱུ་བ་རྐྱང་མའི་རྩ་དེའི་རིགས་ལ་ཆུ་རྩ་དང་། མཁྲིས་པ་ལས་བསྐྱེད་པའི་རྩ་ནི་མེ་ཁམས་ཞེས་ཁྲག་རྒྱུ་བ་རོ་མའི་རྩ་རིགས་དེ་ལ་ཁྲག་གི་རྩ་ནག རླུང་དབུགས་མང་འདུས་རྩ་ནི་རླུང་ཁམས་ཞེས་དབུགས་སྐྱེད་མང་བའི་རྩ་རིགས་དེ་ལ་དབུ་མ་ལས་གྱེས་པའི་རྩ་ཡི་རིགས་སུ་བསྡུ་བ་དང་། དེ་ལས་སྐལ་རྩ་ནག་པོ་ལས་གྱེས་པའི་རྩ་ལ་ནང་དོན་སྣོད་དུ་སྦས་པའི་ཚུལ་གྱིས་འབྲེལ་བའི་རྩ་ཆེན་བརྒྱད་དང་ཕྱི་ཡན་ལག་ལ་མངོན་གསལ་གྱིས་ཚུལ་དུ་འབྲེལ་བའི་རྩ་ཆེན་བཅུ་དྲུག དེ་ལས་གྱེས་པའི་རྩ་གཏར་དུ་ཉུང་བ་བདུན་ཅུ་དོན་བདུན་དང་མི་ཉུང་བ་བརྒྱ་དང་བཅུ་གཉིས། རྐྱང་མའི་ཡར་སྣ་ལས་བསྐྱེད་པའི་དབང་རྩའམ་སྲོག་རྩ་དཀར་པོ་ལ་ནང་དོན་སྣོད་དུ་སྦས་པའི་ཚུལ་གྱིས་འབྲེལ་བའི་རྩ་བཅུ་གསུམ་དང་ཕྱིར་ཡན་ལག་ལ་མངོན་གསལ་གྱིས་ཚུལ་དུ་འབྲེལ་བའི་རྩ་བཅུ་དྲུག་ཡོད་པ་དག་གི་ངོས་འཛིན། དེ་དག་ལ་མཚོན་གྱིས་ཐེན་པའི་གཉན་གནད་ཀྱི་གྲངས་བཅས་བཀོད་ཡོད།

内容提要：此书是一部分析人体脉络的小册。书中记述，连接脉有7.2万条，其分支细脉有3.5亿条，根据体质可分为3类。由“培根”生成的脉为水，即白色“江”脉类为水脉；由“赤巴”生成的脉为火，即“若玛”脉类为血脉；由“隆”聚合的脉为风原，即产生气体的脉类为“若”脉。由脊椎黑脉（命脉）分出的隐藏形式连接于脏腑的8大脉和显现于四肢的16大连接脉，由此分出可放血的77放血脉，以及不可放血的112脉。“江”脉顶端的命脉即白脉分出隐藏形式连接于脏腑的13脉和显现于四肢的16连接脉。此外，对中械要害处数量进行了记述。

བོད་ཀྱི་གསོ་རིག་ཀུན་བཏུས་བསྟུད་སྒྲིག་མ་ལས། པོད་རེ་དགུ་པའི་ནང་དུ་བཞུགས།

在《〈藏医药大典〉续编（61—80）》中的位置：收载于第六十九卷

ཚན་པ་བདུན་པ། འཚོ་བྱེད་རྣམས་ལ་སྙིང་ནས་བརྩེ་བའི་འཕྲུལ་གྱི་ཡིག་ཆུང་།

第七篇 《致敬措且·神奇小函》

མཚན་བྱང་ཆ་ཚང་། འཚོ་བྱེད་རྣམས་ལ་སྙིང་ནས་བརྩེ་བའི་འཕྲུལ་གྱི་ཡིག་ཆུང་ཞེས་བྱ་བ་བཞུགས་སོ། །

全名：《致敬措且·神奇小函》

རྩོམ་པ་པོ། བྱང་པ་རྣམ་རྒྱལ་གྲགས་བཟང་། སྤྱི་ལོ་༡༣༩༥ལོར་དབུས་གཙང་གཞིས་ཀ་རྩེའི་ངམ་རིང་རྒྱལ་སྡེ་ཆེན་པོར་སྐུ་འཁྲུངས་ཤིང་། སྤྱི་ལོ་༡༤༧༥ལོར་སྐུ་གཤེགས།

作者：强巴·朗杰札桑，1395年生于卫藏日喀则昂仁杰地乾布，1475年卒。

མ་ཡིག ཤིང་དཔར། ཡིག་གཟུགས་དབུ་ཅན། ཤོག་ངོས་རེར་ཐིག་ཕྲེང་ལྔ། ཐིག་ཕྲེང་རེར་ཡིག་འབྲུ་ཞེ་གཅིག ཁྱོན་བསྡོམས་ཤོག་ངོས་ཉེར་དྲུག་བཞུགས།

母本：木刻版，正楷体，每页5行，每行41字，共26页。

ནང་དོན་གནད་བསྡུས། ཐམས་ཅད་འདུལ་ཅེས་པ་མེ་མོ་ཕག་གི་ལོ་སྟེ་སྤྱི་ལོ་༡༤༦༧ལོའི་ནག་པ་ཟླ་བའི་ཚེས་གཅིག་ལ་རྣམ་རྒྱལ་གྲགས་པ་བཟང་པོས་སྦྱར་བའི་མཁས་རློམས་ཀུན་ལ་མེད་ཐབས་མེད་པའི་མན་ངག་ཁོལ་ཕྱུང་མ་འདི་ནི་འཚོ་བྱེད་རྣམས་ལ་ཉེ་བར་མཁོ་བའི་མན་ངག་འགའ་ཕྱོགས་གཅིག་བཀོད་པའི་ཡིག་ཆུང་ཞིག་སྟེ། ཐོག་མར་ནད་པ་གསོ་བར་བྱེད་པ་ལས་ལྷག་པའི་དགེ་བ་གཞན་མ་མཆིས་པས་ན་སྨན་པས་སྔོན་སྣ་ཚོགས་སྤངས་ནས་ནད་པར་བྱང་ཆུབ་ཀྱི་སེམས་དང་ལྡན་པར་བྱ་དགོས་ཚུལ་དང་། དེ་ནས་རྩ་མདོའི་སྐབས་ཀྱི་རྩའི་ནོར་བའི་འཕྲང་དྲུག་དང་ཆུ་མདོའི་སྐབས་ཀྱི་ཆུ་མདོག་གི་ཆ་ནས་ནད་ཕན་ཚུན་འཁྲུལ་སོ་ཡོད་པ་རྣམས་མ་འདྲེས་པར་སོ་སོར་ངོས་འཛིན་ཚུལ། ཚ་གྲང་གལ་འགག་རྣམ་བཞི་བྱུང་བའི་རྒྱུ་མཚན་དང་དེ་བཅོས་པའི་ཐབས། རི་ཐང་མཚམས་ཀྱི་འཕྲང་རྣམ་གསུམ་སྟེ་ཞུ་འགྱུགས་གསུམ་བྱུང་བའི་རྒྱུ་རྐྱེན་དང་། མི་

འགྱུར་བའི་རྟགས་དང་དེ་བཅོས་པའི་ཐབས། གཏར་ག་གདབ་མི་རུང་བའི་གནས་དང་ནད། དེ་ལ་གདབ་པའི་སྐྱོན། ཚ་བའི་ནད་རིགས་ལ་བསྲེག་པར་མ་གསུངས་ཀྱང་བསྲེག་དགོས་པའི་ནད་རྣམ་དྲུག ཉེས་གསུམ་རྐྱང་པ་གསོ་བའི་སྨན་གྱི་རོ་དང་ནུས་པ་དང་སྦྱོར་ཐབས། རྒྱུན་སྤྱོད་སྨན་སྣ་བརྒྱ་དང་གྱ་དྲུག་གི་རྐྱང་བའི་ནུས་པ། གཉེན་པོ་སྨན་གྱི་བཏང་ཚུལ། གཉེན་པོ་དམན་ལྷག་ལོག་པའི་རྒྱུ་དང་ཉེས་སྐྱོན་བཅས་ཀྱི་མན་ངག་རྣམས་ཉུང་ངུར་བསྡུས་ནས་ཚིགས་བཅད་ཀྱི་ལམ་ནས་བཀོད་ཡོད།

内容提要：此书是对各类秘诀进行汇编的一部小函，火猪年，即1467年藏历三月初一由强巴·朗杰札桑所著。作者认为，这些秘诀是医生所必备的。作者首先表达医生治病时应摒弃各类缺陷而保持菩提心的看法。然后阐述了对脉经中易误六脉和尿经中易误尿色的鉴别方法，寒热病四要点发生的原因和疗法，发生三融冻的原因、症状和疗法，忌放血部位、疾病和禁忌处放血产生的影响，需行火灸治疗的六种热病，三邪单一病治疗药物的味、性和配法，186个常用单味药的功效等的看法。对治药物的用法，产生对治不及、过剩或相反的原因和影响等也简明扼要地进行了记述。

བོད་ཀྱི་གསོ་རིག་ཀུན་བཏུས་བསྟུད་སྒྲིག་མ་ལས། པོད་རེ་དགུ་པའི་ནང་དུ་བཞུགས།

在《〈藏医药大典〉续编（61—80）》中的位置：收载于第六十九卷

སྐབས་དོན་ལྔ་པ། མན་ངག་རྒྱུད་ཀྱི་འགྲེལ་བ།

第五集　《秘诀部》注释

སྤྱི་གཙུག་ནས་རྐང་མཐིལ་བར་གྱི་ནད་གང་ཡོད་པ་ལག་མཐིལ་དུ་སྐྱུ་རུ་ར་བཞག་པ་ལྟར་ཕྱི་གསལ་ནང་གསལ་དུ་རྟོགས་པ་དང་མན་ངག་ཡོན་ཏན་རྒྱུད་ཀྱི་ལེའུ་གོ་གཉིས་ཀྱི་ཚིག་དོན་རྟོགས་པ་ལ་གོང་སྨན་དཀོན་མཆོག་བདེ་ལེགས་ཀྱི་དམར་ཁྲིད་མན་ངག་རྒྱུད་ཀྱི་གསེར་མཆན་དང་། དར་མོ་སྨན་རམས་པ་བློ

བཟང་ཆོས་གྲགས་ཀྱི་མན་ངག་རྒྱུད་ཀྱི་གསེར་མཆན་དཀའ་འཕྲང་མུན་སེལ་སྒྲོན་མེ། མན་ངག་ཡོན་ཏན་རྒྱུད་ཀྱི་དཀའ་གནད་བཅས་གསུམ་བཀོད་ཡོད།

收录了对人体从头顶至脚趾所能患的疾病和《秘诀部》92章的词义加以明析的贡曼·贡觉德勒所著《秘诀部亲授·金注》、达莫曼让巴·洛桑曲扎所著《秘诀部金注·疑难除暗明灯》和《秘诀部疑难》3篇。

ཚན་པ་དང་པོ། མན་ངག་རྒྱུད་ཀྱི་གསེར་མཆན།

第一篇　《秘诀部·金注》

མཚན་བྱང་ཆ་ཚང་། དམར་ཁྲིད་མན་ངག་རྒྱུད་ཀྱི་གསེར་མཆན་བཞུགས་སྷོ། །

全名：《秘诀部亲授·金注》

རྩོམ་པ་པོ། གོང་སྨན་དཀོན་མཆོག་བདེ་ལེགས། རབ་བྱུང་བརྒྱད་པའི་ནང་དབུས་གཙང་ས་སྐྱའི་སྨན་གྲོང་དུ་སྐུ་འཁྲུངས།

作者：贡曼·贡觉德勒，八胜生生于卫藏萨迦曼庄。

མ་ཡིག ལག་བྲིས། ཡིག་གཟུགས་དབུ་མེད། ཤོག་ངོས་རེར་ཐིག་ཕྲེང་དྲུག ཐིག་ཕྲེང་རེར་ཡིག་འབྲུ་སོ་བརྒྱད། ཁྱོན་བསྡོམས་ཤོག་ངོས་ཉིས་བརྒྱ་དང་བདུན་ཅུ་བཞུགས།

母本：手写本，草书体，每页6行，每行38字，共270页。

ནང་དོན་གནད་བསྡུས། གཞུང་འདི་ནི་དཔལ་ལྡན་རྒྱུད་བཞིའི་དུམ་བུ་གསུམ་པ་མན་ངག་རྒྱུད་ཀྱི་གོ་དཀའ་བའི་ཚིག་དོན་ལ་འགྲེལ་བ་མཛད་པ་ཞིག་སྟེ། གཞུང་གི་ས་བཅད་འགོད་སྟངས་ནི་མན་ངག་རྒྱུད་ལྟར་ཉེས་གསུམ་ནས་རོ་ཙ་བའི་བར་རིམ་པ་བཞིན་བཀོད་ཡོད་ཀྱང་། མན་རྒྱུད་ལེའུ་གོ་གཉིས་ལས་མན་ངག་རྒྱུད་ཞུས་པའི་ལེའུ་དང་། དོན་མཆེར་བ་དང་སྟོད་རྒྱ་མའི་ནད། སྐེམ་དད་ཀྱི་ནད་བཅས་ལེའུ་བཞི་མ་བསྟན་པས་ན་གཞུང་

སྤྱི་ལ་ལེའུ་བརྒྱད་ཅུ་རྩ་བརྒྱད་ཡོད། སྨན་བླ་གཉིས་པ་དཀོན་མཆོག་བདེ་ལེགས་ཀྱིས་འགྲོ་བ་ནད་པ་མཐའ་དག་དང་བུ་སློབ་ཀྱི་དོན་དུ། ལེའུ་དེ་དག་ལས་བྱུང་བའི་གོ་དཀའི་ཚིག་དོན་ལ་བཀའ་དྲིན་འཁོར་མེད་དཔལ་མགོན་རྡོ་རྗེ་དང་གོང་སྨན་ཆོས་ཀྱི་མཚན་ཅན་གཉིས་ཀྱི་གསུང་རྒྱུན་དང་། ཁྱད་པར་གསེར་མཆན་དག་ལ་བརྟེན་ནས་དམར་ཁྲིད་དུ་བཀོད་ཡོད་པ་ནི། དཔེར་ན། ཟུར་པ་ནི་མ་ནུ་སྐ་འདྲའོ། །བ་བླ་ནི་མེ་ཏོག་ཧ་ལོའི་རྩ་བའོ་ཞེས་པ་ལྟ་བུ་གབ་པའི་སྨན་གྱི་ངོས་འཛིན་དང་། གཙོང་ཆེན་ཟད་བྱེད་བཅོས་པའི་སྐབས་ཁྱད་པར་ཆང་རྙིང་དངས་མ་མཆོག་ཏུ་བསྔགས་ཞེས་པ་ནི་བད་ཀན་གྱི་རྩ་སྦུབས་འགགས་པ་སྦྱོང་བས་སོ་ཞེས་པ་ལྟ་བུ་སྦས་གཀྱི་དོན་དང་། ཟུངས་ངན་རྒས་པའི་ཚ་བ་བུ་ལྟར་གསོ་བ་ནི་གསར་བཅུད་ཀྱིས་ལུས་ཟུངས་གསོ་ཞིང་བསིལ་འཇམ་གྱིས་ནད་བཅོས་པ་ཞེས་པ་ལྟ་བུ་དཔེ་དེའི་དངོས་དོན་དང་། མཆིན་གྲུམ་ནི་མཆིན་པ་ལ་ཚད་པ་ཞུགས་པ་རྩ་རུས་ལ་བྱེར་བ་ཡིན་ཞེས་པ་ལྟ་བུ་ནད་ཀྱི་ངོ་བོ་བསྟན་པ་སོགས་མན་ངག་རྒྱུད་ཀྱི་གོ་དཀའི་བརྡ་དོན་དང་སྦས་དོན། དཔེ་དོན་རྣམས་ལུང་རིགས་དཔྱད་གསུམ་གྱི་སྒོ་ནས་ལེགས་པར་བཀྲོལ་ཡོད།

内容提要： 此书对于《四部医典》第三部分《秘诀部》中晦涩难懂的词进行了注释。全书的章节划分方式遵照了《秘诀部》从三邪至性保健的顺序。由于未对《秘诀部》92章中的秘诀部请授章、脾病章、小肠病章和渴症章进行记述，所以此书共有88章。贡觉德勒一是借鉴班贡多吉和贡曼二人的口传秘诀，二是参考各类《金注》对《秘诀部》难懂的词、隐和喻，从教、理、辨三方面进行了阐释。如，“斯巴”为“玛诺嘎扎”，“瓦拉”为锦葵花之根等药材隐名的解释；消瘦痼疾治疗时陈酒最宜等的隐义；“消瘦者和老者热病如子般治疗”之意为新鲜营养类可滋补养身且其凉柔性可治疗疾病；肝痹为热侵肝脏并散于脉、骨等疾病的性质。

བོད་ཀྱི་གསོ་རིག་ཀུན་བཏུས་བསྡུད་སྒྲིག་མ་ལས། པོད་རེ་དགུ་པའི་ནང་དུ་བཞུགས།

在《〈藏医药大典〉续编（61—80）》中的位置：收载于第六十九卷

ཚན་པ་གཉིས་པ། དཀའ་འཐོར་མུན་སེལ་སྒྲོན་མེ།

第二篇 《疑难除暗明灯》

མཚན་བྱང་ཆ་ཚང་། མན་ངག་རྒྱུད་ཀྱི་གསེར་མཆན་དཀའ་འཐོར་མུན་སེལ་སྒྲོན་མེ་ཞེས་བྱ་བ་བ་བཞུགས་སོ། །

全名：《秘诀部金注・疑难除暗明灯》

རྩོམ་པ་པོ། དར་མོ་སྨན་རམས་པ་བློ་བཟང་ཆོས་གྲགས། སྐྱི་ལོ་༡༦༣༨ལོར་དབུས་གཙང་ལྷོ་ཁའི་སྣེ་གདོང་ཡར་སྟོད་དར་མོ་ཧུ་སྐུ་འཁྲུངས།

作者：达莫曼让巴・洛桑曲扎，1638年生于卫藏山南乃东雅砻达莫。

མ་ཡིག ལག་བྲིས། ཡིག་གཟུགས་དབུ་མེད། ཤོག་ངོས་རེར་ཐིག་ཕྲེང་བདུན། ཐིག་ཕྲེང་རེར་ཡིག་འབྲུ་བཞི་བཅུ། ཁྱོན་བསྡོམས་ཤོག་ངོས་ཆིག་སྟོང་བཞི་བརྒྱ་རེ་དྲུག་བཞུགས།

母本：手写本，草书体，每页7行，每行40字，共1466页。

ནང་དོན་གནད་བསྡུས། གཞུང་འདི་ནི་དཔལ་ལྡན་རྒྱུད་བཞིའི་དུམ་བུ་གསུམ་པ་མན་ངག་རྒྱུད་ཀྱི་རྒྱུད་ཚིག་དང་འབྲེལ་ནས་དེའི་དཀའ་བའི་གནད་ལ་འགྲེལ་བ་མཛད་པ་ཞིག་སྟེ། གཞུང་སྤྱི་ལ་ལེའུ་དགུ་བཅུ་གོ་གཉིས་ཡོད། འདི་ནི་གང་ཟག་བློ་ཐ་མ་རྣམས་དང་སྔོ་བསྟུན་ཏེ་མན་ངག་རྒྱུད་ཀྱི་དཀའ་གནད་རྣམས་ཅིག་ཅར་དུ་རྟོགས་སླ་ཞིང་གཞུང་འདི་ཁོ་ནས་ལག་ལེན་གང་ལའང་མ་ཐོགས་པ་ཞིག་དགོས་པར་ཡིད་བརྟགས་ཏེ། གཙོ་བོར་མཁས་གྲུབ་ཆེན་པོ་གཡུ་ཐོག་ཡབ་སྲས་ཀྱི་ཕྱག་དཔེ་ཕྱག་དྲིག་མ་དང་། ཟུར་མཁར་བའི་རྒྱུད་སྐམ་ནང་མ་གཉིས་དཔང་དུ་བཙུགས། གཞན་ཡང་གཡུ་ཐོག་པའི་གསེར་མཆན། ཆ་ལག་བཅོ་བརྒྱད་ལས་སྐོར་ཚོམས་བཅུ་གཅིག་དང་དམར་ཁྲིད་གབ་པ་བཅོ་བརྒྱད་དང་རྒྱུད་ཚང་བདུད་རྩི་སྙིང་པོ། ཡན་ལག་བརྒྱད་པའི་སྙིང་པོ་བསྡུས་པ། འགྲེལ་པ་ཟླ་ཟེར། སྒྲ་སྦྱོར་དེབས་པ། སོ་མ་ར་ཛ། ཚང་དཔྱད་པདྨ་གཅེས་ཕྲེང་། བྲང་ཏི་པའི་

མན་ངག་གསོ་རིག་དགོས་པ་ཀུན་འདུས། མན་ངག་ཆེ་བ་རིང་བསྲེལ། རྫོང་འཕྲང་འཕྲུལ་གྱི་ལྡེ་མིག སྒྲོན་གསལ་གདམས་པ་སུམ་ཅུ། སྨན་མིང་རྒྱ་མཚོ། མེས་པོའི་ཞལ་ལུང་། སྒྲོལ་མའི་སྔོ་འབུམ། ལུས་ཐིག་ཟླ་བ་ནོར་བུའི་མེ་ལོང་། འགྲེལ་པ་ལེགས་བཤད་གསེར་རྒྱན། ཡུལ་ཐིག་བཻཌཱུརྱའི་ཆུ་རྒྱུན་སོགས་ཏེ། མདོར་ན་བོད་གངས་ཅན་གྱི་ལྗོངས་འདིར་རྒྱ་དཀར་ནག་ནས་འགྱུར་བའི་ཕྱི་ནང་གི་སྨན་དཔྱད་གཞུང་འདི་ཉིད་ཀྱི་ཐོག་ཏུ་ཁེལ་བ་རྣམས་ལ་ལན་ཅིག་ཙམ་དང་སླ་ཐབས་མ་ཡིན་པར་སོ་སོར་ཞིབ་ཏུ་བརྟགས་ནས། རང་གཟོའི་ཚིག་འབྲུ་གཅིག་གིས་ཀྱང་མ་བསླད་ཅིང་དཀའ་བའི་གནད་ལ་ཐེ་ཚོམ་གྱི་གནས་སུ་མ་བཞག་པར་ལེགས་པར་བསལ་བ་འདི་ནི་དར་མོ་སྨན་རམས་པ་བློ་བཟང་ཆོས་གྲགས་ཁོང་རང་ལོ་ལྔ་བཅུ་ང་གསུམ་སླེབས་པའི་ཐོག རབ་བྱུང་ཞེས་འབོད་ཅིང་ལྕགས་ཕོ་རྟའི་ཧོར་ཟླ་བདུན་པ་བཅུ་བཞི་དང་ཉི་ཤུ་རྩ་བ་བཞི་དང་བཅས་ཀྱི་ཚེས་པ་བཅུ་བཞིར་རེས་གཟའ་པ་སངས་ཀྱི་ཉིན། རང་བྱུང་འཕགས་པའི་གཙུག་ལག་ཁང་གི་འདབས། སྨན་ཤག་བསམ་གྲུབ་གླིང་དུ་བཀྲིས་པ་ལེགས་སོ། །

内容提要：此书由达莫曼让巴·洛桑曲扎在其53岁之际，即藏历铁马年七月十四日星期五完成。书中对《四部医典》第三部分《秘诀部》中晦涩难懂的词句和疑难点进行了注释。全书共分92个章，著书的目的为帮助众学子对其难点轻松理解并熟练掌握。作者主要以宇妥父子的《手书》和宿喀的《居甘囊玛》为依据，借鉴《宇妥金注》《十八分支》的十一个方面和《亲授十八密集》《小续·甘露精髓》《八支精要》《八支精要注释·月光》《药材别名集》《索玛拉杂》《童诊莲花宝串》，昌迪秘诀《所需汇集》《秘诀千万舍利》《医学关隘·神奇钥匙》《三十教诫明灯》《药名之海》《祖先口述》《卓玛本草》《划线测体法月亮宝鉴》《注释善说金饰》《体腔区位线琉璃水流》等相关医学著作为参考进行详细的分析，摒弃自创对疑难点进行了有理有据的分析。

བོད་ཀྱི་གསོ་རིག་ཀུན་བཏུས་བསྟུད་སྒྲིག་མ་ལས། པོད་རེ་དགུ་པ་དང་བདུན་ཅུ་པའི་ནང་དུ་བཞུགས།

在《〈藏医药大典〉续编（61—80）》中的位置：收载于第六十九和第七十卷

ཚན་པ་གསུམ་པ། མན་ངག་ཡོན་ཏན་རྒྱུད་ཀྱི་དཀའ་གནད།

第三篇 《秘诀部疑难》

མཚན་བྱང་ཆ་ཚང་། མན་ངག་ཡོན་ཏན་རྒྱུད་ཀྱི་དཀའ་གནད་སྐོར་བཞུགས་སོ། །

全名：《秘诀部疑难》

རྩོམ་པ་པོ། ཀརྨ་བསྟན་འཕེལ། སྤྱི་ལོ་༡༧༧༣ལོར་མདོ་སྟོད་ཡུལ་ཤུལ་འབྲོང་པའི་ཡུལ་ལྷ་རྟ་རྒྱལ་འཕེལ་བཟང་གི་ཞོལ་དུ་སྐུ་འཁྲུངས་ཤིང་། སྤྱི་ལོ་༡༨༤༦ལོར་སྐུ་གཤེགས།

作者：噶玛丹裴，1773年生于多堆玉树仲巴玉拉达杰培桑下部，1846年卒。

མ་ཡིག ལག་བྲིས། ཡིག་གཟུགས་དབུ་མེད། ཤོག་ངོས་རེར་ཐིག་ཕྲེང་དྲུག ཐིག་ཕྲེང་རེར་ཡིག་འབྲུ་སོ་བཞི། ཁྱོན་བསྡོམས་ཤོག་ངོས་བརྒྱ་དང་ང་བཅུ་བཞུགས།

母本：手写本，草书体，每页6行，每行34字，共150页。

ནང་དོན་གནད་བསྡུས། གཞུང་འདི་ནི་གསོ་རིག་རྒྱུད་བཞིའི་དུམ་བུ་གསུམ་པ་མན་ངག་ཡོན་ཏན་རྒྱུད་ཀྱི་རྩ་བའི་ཚིག་དོན་གོ་དཀའ་བའི་གནས་རྣམས་ཟུར་དུ་ཕྱུང་ནས་དེ་ལ་འགྲེལ་བ་མཛད་པ་ཞིག་སྟེ། གཞུང་སྤྱི་ལ་ལེའུ་བཅོ་ལྔ་ཡོད། དེ་ལ་གཉིད་མེད་ཅིང་ནི་མཚན་མོ་གཉིད་མེད་ལ་ཉིན་མོར་ཅིང་བ་དང་། གང་ཟག་སྐྱེས་བུ་རྟག་ཏུ་ཡུལ་བསྟེན་པས་ཞེས་པའི་ཡུལ་ནི་བུད་མེད་ལ་གོ་དགོས་པ། རི་བོའི་རྩེ་ལ་གསེར་གྱི་མེ་བཙའ་གདབ་ཞེས་པ་ནི་སྤྱི་གཙུག་མཐིལ་བཞི་སྲིན་ལག་ཚིགས་པ་དྲུག་པ་བཅས་ལ་མེ་བཙས་བསྲེགས་པ། མཆེར་རྩ་བྱ་ཁང་རྟ་ཤའི་གསེབ་ན་གནས་ཞེས་པའི་རྟ་ཤ་ནི་སོག་པའི་མེ་ལོང་དཀྱིལ་ནས་སོར་དྲུག་མར་བཅལ་བའི་སོག་སྣེའི་ཤ་དེའི་མིང་ཡིན་པས་སྣ་ཟུར་གྱི་ཤ་དང་མ་ནོར་བ་དགོས་ཚུལ་སོགས་གོ་དཀའ་བའི་མིང་དང་ཚིག་གི་འགྲེལ་བ་དང་། ཁ་སྣ་དང་མདའ་རྒྱུས་ཞེས་པ་ལྟ་བུ་ནི་མ་དག་པ་སྟེ་དག་པ་ནི་ཁ་སྣ་དང་མདའ་རྒྱུ་

ཡིན་ཚུལ་སོགས་ཡིག་ནོར་དག་བཅོས། ཤི་ཀྲུ་ནི་ནལ་ཤམ་དང་ཐལ་ཏེས་ནི་བ་སྤྲུ་ལ་འཛིན་དགོས་པ་སོགས་སྨན་མིང་ངོ་སྤྲོད། གཞན་ལག་ལེན་ཁྱད་པར་ཅན་གྱི་སྦྱོར་བའི་སྦྱར་ཚད་དང་ལག་ལེན་གྱི་རིམ་པ། དམིགས་བསལ་ཅན་གྱི་གསང་གི་གཞལ་ཚད་སོགས་ཞལ་ཤེས་སྣ་ཚོགས་ཚིག་ཉུང་དོན་འདུས་སུ་བསྟན་ཡོད།

内容提要：此书对《四部医典》第三部分《秘诀部》正文词义难懂部分进行了注解，全书共分15个章。书中有如“尼美项”为夜间失眠白天昏沉，“男性常与‘业’相交”中的“业”指女性，“高山之巅施灸”之意为头顶、手足无名指和第六椎穴施灸，“脾脉位于‘夏岗’‘达夏’间”中的“达夏”为肥骨镜正中向下六指肩胛边缘的肌肉名，应与肩胛下肌区分等名词注释；有如“喀拉”和“达吉”等错字校正，如“协至”为胡椒，“台宅”为喜马拉雅紫茉莉等新药名的解释。此外，对特殊方剂的配制剂量和操作过程，特殊穴位的测量法等各类口传秘诀，以简明扼要的方式进行了记述。

བོད་ཀྱི་གསོ་རིག་ཀུན་བཏུས་བསྡུད་སྒྲིག་མ་ལས། པོད་བདུན་ཅུ་པའི་ནང་དུ་བཞུགས།

在《〈藏医药大典〉续编（61—80）》中的位置：收载于第七十卷

སྐབས་དོན་དྲུག་པ། ཕྱི་མ་རྒྱུད་ཀྱི་འགྲེལ་བ།

第六集　《后续部》注释

ཕྱི་མ་འཕྲིན་ལས་རྒྱུད་ཀྱི་བརྟག་པ་རྩ་ཆུའི་མདོ་དང་། ཞི་བྱེད་སྨན་གྱི་མདོ། སྦྱོང་བྱེད་ལས་ཀྱི་མདོ། འཇམ་རྩུབ་དཔྱད་ཀྱི་མདོ་སྟེ་མདོ་བཞི་དང་ལེའུ་ཉེར་ལྔའི་ཚིག་དོན་མ་ལུས་བློ་ཡུལ་དུ་རྟོགས་བདེ་བ་དང་ལག་ལེན་གདེང་ཐོབ་ཕྱོགས་གཅིག་བཀོད་པ་ལ། བྲང་ཏི་འཇམ་དཔལ་བཟང་པོའི་རྒྱུད་རྒྱལ་བདུད་རྩི་སྙིང་པོ་ལས་ལག་ལེན་དམར་ཁྲིད་སྙེ་ཚན་ལྔའི་འགྲེལ་པ་དང་། མཚོ་སྨད་མཁན་ཆེན་གྱི་ཕྱི་མ་འཕྲིན་ལས་

རྒྱུད་ཀྱི་དཀའ་བའི་གནད་གསལ་བ་འགྲེལ་ཆེན་དོན་གསལ་སྒྲོན་མེ། ལྷ་བཙུན་བཀྲ་ཤིས་དཔལ་བཟང་གི་དཔལ་ལྡན་ཕྱི་མ་རྒྱུད་ཀྱི་དཀའ་འགྲེལ་དགོས་འདོད་འབྱུང་བ་རིན་པོ་ཆེའི་བང་མཛོད་སོགས་ཚན་པ་ཉེར་བཞི་བཀོད་ཡོད།

为了便于理解和掌握《后续部》诊脉诊尿经、平息药剂经、泄疗经、外治经等四经和25章中的词义而收集有昌迪·绛班桑布所著《四部医典甘露精要之临床实践五章注解》，措美堪钦所著《后续部释难·广释义明·明灯》，拉尊·扎西白觉桑布所著《后续部疑难注释·如意珍宝库》等24篇。

ཚན་པ་དང་པོ། ལག་ལེན་དམར་ཁྲིད་སྡེ་ཚན་ལྔའི་འགྲེལ་པ།

第一篇 《临床实践五章注解》

མཚན་བྱང་ཆ་ཚང་། རྒྱུད་རྒྱལ་བདུད་རྩི་སྙིང་པོ་ལས་ལག་ལེན་དམར་ཁྲིད་སྡེ་ཚན་ལྔའི་འགྲེལ་པ་ཞེས་བྱ་བ་བཞུགས་སོ། །

全名：《四部医典甘露精要之临床实践五章注解》

རྩོམ་པ་པོ། བྱང་ཏི་འཇམ་དཔལ་བཟང་པོ། དུས་རབས་བཅུ་གཉིས་པའི་སྨད་ཙམ་ལ་དབུས་གཙང་དུ་སྐུ་འཁྲུངས།

作者：昌迪·绛班桑布，12世纪下叶生于卫藏。

མ་ཡིག ལག་བྲིས། ཡིག་གཟུགས་དབུ་མེད། ཤོག་ངོས་རེར་ཐིག་ཐྲེང་དྲུག ཐིག་ཐྲེང་རེར་ཡིག་འབྲུ་བཞི་བཅུ། ཁྱོན་བསྡོམས་ཤོག་ངོས་དོན་དྲུག་བཞུགས།

母本：手写本，草书体，每页6行，每行40字，共76页。

ནང་དོན་གནད་བསྡུས། གཞུང་འདི་ནི་གསོ་དཔྱད་ཤེས་འདོད་ལ་དཀའ་ཚེགས་མི་དགོས་པ་དང་། བྱ་དང

སློབ་མ་དམ་ཚིག་ཅན་ལ་ཕན་པའི་དོན་དུ་བྲང་ཏི་རྒྱལ་མཉེས་མཁར་ཕུག་ནས་བཟུང་བརྒྱུད་པ་བར་མ་ཆད་པར་བྱུང་བའི་བྲང་ཏི་འཇམ་དཔལ་བཟང་པོས་བརྩམས་པ་དང་། གཞུང་ཡོངས་ལ་ཁྱོན་བསྡོམས་སྤྱི་དོན་གསུམ་གྱིས་གྲུབ་པ་སྟེ། དང་པོ་ལག་ལེན་གྱི་རྒྱུད་པ་བཤད་པ་སྟེ། བོད་ཀྱི་རྒྱལ་པོ་ཁྲི་སྲོང་ལྡེ་བཙན་གྱི་མངའ་ཐང་དར་བའི་དུས་སུ། དེ་ཡང་སྟོད་ན་ཆེ་རྗེ་དང་འུག་པ་བི་ཇི་གསུམ། བར་ན་གཡུ་ཐོག་དང་བྲང་ཏི་མི་ཉག་གསུམ། སྨད་ན་སྟོང་དང་མཐའ་བཞི་གཉའ་དང་གསུམ། ཞེས་ལྷ་རྗེ་སྨ་བ་མཁས་པ་མི་དགུ་བྱུང་བའི་ནང་ནས། གཡུ་ཐོག་ཅེས་གྲགས་པའི་འདྲེ་རྗེ་མཁས་པ་རྒྱ་གར་བཛྲ་ཧྱོན། དེའི་སྲས་ཁྱུང་པོ་རྡོ་རྗེ། དེའི་སྲས་ཡོན་ཏན་མགོན་པོ་ཧྱོན། མཁས་པ་དེས་གསོ་དཔྱད་མ་ལུས་བརྩམས། དེས་དེའི་སྲས་མང་དུ་ཡོད་པའི་བཅུད་ཀྱི་ཆུང་བ་སློབ་དཔོན་འབུམ་སེང་ལ་གནང་། དེས་སྲས་མང་དུ་ཡོད་པ་བཅུད་ཀྱི་ཆུང་བ་སློབ་དཔོན་འཇམ་དཔལ་ལ་གནང་། དེས་བུདྡྷ་ཛྙཱ་ན་ལ་གནང་བའི་བླ་བརྒྱུད་དང་། གཉིས་པ་ནད་ཀྱི་ངོས་བཟུང་བསྟན་པ་ལ་མདའ་འཕེན་པ་ལ་འབེན་ངོས་ཟིན་དགོས་པ་ལྟར་ནད་བརྟག་པ་གལ་ཆེ་བར་གདམས་ཤིང་། རྩ་དང་། ཆུ་དང་། མིག ལྕེ། ཁྲག ལུད་པ། འཁྲུ་བ། སྐྱུགས། བ་སྤུ། སྐྲངས། རྣག རུས་པ། ལུས་དྲོད། གསང་སྒོ། སྐྲན། དམུ་ཆུ། མདེའུ་ཆགས་པ་སོགས་ཀྱི་ནད་རྟགས། གསུམ་པ་ཞི་སྦྱོངས་དཔྱད་ཀྱིས་བཅོས་པ་ལ་ཞི་བས་བཅོས་པ་དང་། སྦྱོང་བས་བཅོས་པ། ཞི་སྦྱོང་ཐུན་མོང་གིས་བཅོས་པ། ཐུན་ཚད་ཀྱི་གདམས་ངག་གིས་བཅོས་པ། ཐ་མ་བཅོས་ཕྱིར་མི་ལྡོག་ཅིང་དགེ་བའི་རྩ་བ་བསྔོ་བ་བཅས་བསྟན་ཡོད།

内容提要：全书分3个部分。第一部分为实践传承部分，即对藏王赤松德赞执政时期涌现的上部的齐吉悉布、吾巴曲桑和布其勒贡三者，中部的宇妥·云丹贡布、米娘荣吉和昌迪杰桑三者，下部的涅巴曲桑、塔西达布和东巴札杰三者，即九圣医之宇妥哲杰加格巴兹之子琼布多吉，其子云登贡布著有医疗名著，其子虽多但却将所学授予最小的儿子本桑，其亦将所学传于众子中最小的儿子绛白，其授予布达杂那的师承过程进行了记述。第二部分记述了疾病诊断如有的放矢般重要，脉、尿、眼、舌、血、痰、泻物、呕吐物、毛发、肿、脓、骨、体温、穴位、痞瘤、腹水和中械等的症状。第三部分记述了平息、泻下和外治疗法之平息药物治疗、泻下治疗、平息和泻下共同治疗，方药剂量秘法治疗，以及疾病治疗后不复发的善业回向。

བོད་ཀྱི་གསོ་རིག་ཀུན་བཏུས་བསྡུད་སྒྲིག་མ་ལས། པོད་བདུན་ཅུ་པའི་ནང་དུ་བཞུགས།

在《〈藏医药大典〉续编（61—80）》中的位置：收载于第七十卷

ཚན་པ་གཉིས་པ། འགྲེལ་ཆེན་དོན་གསལ་སྒྲོན་མེ།

第二篇 《广释义明·明灯》

མཚན་བྱང་ཆ་ཚང་། ཕྱི་མ་འཕྲིན་ལས་རྒྱུད་ཀྱི་དཀའ་བའི་གནད་གསལ་བ་འགྲེལ་ཆེན་དོན་གསལ་སྒྲོན་མེ་ཞེས་བྱ་བ་བཞུགས་སོ། །

全名：《后续部释难·广释义明·明灯》

རྩོམ་པ་པོ། སྐ་བ་ཤཱཀྱ་དབང་ཕྱུག་གམ་མཚོ་སྨད་མཁན་ཆེན། སྤྱི་ལོ་༡༤༤༧ལོར་དབུས་གཙང་ལྷ་སའི་ཉེ་འཁོར་སྟོད་ལུང་སྣང་གྲོང་དུ་སྐུ་འཁྲུངས་ཤིང་། སྤྱི་ལོ་༡༥༠༦ལོར་སྐུ་གཤེགས།

作者：噶瓦·释迦旺久，又名措美堪钦，1447年生于卫藏拉萨周边的堆龙朗庄，1506年卒。

མ་ཡིག ལག་བྲིས། ཡིག་གཟུགས་དབུ་མེད། ཤོག་ངོས་རེར་ཐིག་ཕྲེང་བདུན། ཐིག་ཕྲེང་རེར་ཡིག་འབྲུ་སོ་གསུམ། ཁྱོན་བསྡོམས་ཤོག་ངོས་ཉིས་བརྒྱ་དང་བཅུ་དགུ་བཞུགས།

母本：手写本，草书体，每页7行，每行33字，共219页。

ནང་དོན་གནད་བསྡུས། གཞུང་འདི་ནི་ཕྱི་མ་འཕྲིན་ལས་རྒྱུད་ཀྱི་དོན་ནད་ཐོག་ཏུ་གང་དགོས་སྤྱོད་ཚོག་པའི་ཡིད་བཞིན་ནོར་བུ་ལྟ་བུ་ཞིག་སྟེ། གཞུང་དོན་ཡོངས་ལ་སྤྱི་དོན་བཞིའི་སྒོ་ནས་བསྟན་ཡོད། སྔོམ་ཚིག་བསྟན་པ་དང་། རྩ་ཆུ་ན་ལུགས་ལ་བརྟེན་ནས་ནད་ཀྱི་ངོས་བཟུང་བ། ཞི་སྦྱངས་དཔྱད་ཀྱིས་བཅོས་པ། མཐར་དགེ་

བ་བྱང་ཆུབ་ཏུ་བསྔོ་བ་དང་བཞི། དེ་ལས་དང་པོ་སྔོམ་ཚིག་བསྟན་པ་ལས་ནད་ཀྱི་དབྱེ་བ་དང་། གཉེན་པོ། གསོ་བའི་ཐབས་བསྟན་པ་དང་གསུམ། སྨན་ཞི་བྱེད་ལ་བསིལ་དྲོད་གཉིས། སྦྱོང་བྱེད་ལ་དྲག་འཇམ་གཉིས། དཔྱད་ལ་འཇམ་རྩུབ་གཉིས། ཟས་ལ་ཕན་གནོད་གཉིས། སྤྱོད་ལམ་ལ་དལ་དྲག་གཉིས་ཏེ། དེ་ལྟར་གཉེན་པོ་བཅུ་བཅུ་སྦྱར་བས་སྟོང་དང་བཅུ། བསྲུང་བའི་ཐུས་པ་དང་རིམ་གྲོའི་ཐུས་པ་གཉིས་སྦྱར་བས་གསོ་བྱེད་ཀྱི་གཉེན་པོ་སྟོང་དང་རྩ་གཉིས་སོ། །སྤྱིའི་གསོ་ཐབས་ཟད་པ་སྟོབས་སྐྱེད་པ་བརྟ་བས་བཅོས་པ་དང་། འཕེལ་བ་ཉམས་དམད་སྦྱུང་བ་བཅོས་པ་གཉིས་སོ། །གཉིས་པ་རྩ་ཆུ་ན་ལུགས་ལ་བརྟེན་ནས་ནད་ཀྱི་ངོས་བཟུང་བ་ལ། རིག་པ་རྩ་ཡི་ནད་ངོས་བཟུང་ཚུལ་ལས། རྩའི་རྒྱུ་དང་ངོ་བོ། ངེས་ཚིག དབྱེ་བ་བཞི། དེ་ནས་རྩ་བལྟ་བའི་སྤྱི་དོན་བཅུ་གསུམ་སྟེ་སྔོན་འགྲོ་ལྔ་ནི། ཟས་སྤྱོད་བསླབ་པ་དང་། བལྟ་དུས། མནན་ཚད། བལྟ་གནས། བལྟ་ཚུལ། དངོས་གཞི་བརྒྱད་ནི། ཐ་མལ་རྩ་ལ་རྒྱུད་གསུམ་དུ་བརྟག་པ། དུས་བཞིའི་རྩ་ལ་ཁམས་ལྔའི་འབྱུང་བ་བརྩི་བ། ངོ་མཚར་རྩ་བདུན་ནད་མེད་མི་ལ་བརྟག་པ། ནད་དང་ནད་མེད་འཕར་བའི་གྲངས་ལ་བརྟག་པ། སྤྱི་དང་བྱེ་བྲག་རྩའི་ནད་ངོས་བཟུང་བ། འཆི་རྩ་གསུམ་གྱི་འཚོ་འཆི་ཁ་དམར་གདགས་པ། གདོན་རྩ་སློ་བུར་ཡེ་འཕྲོག་རིམ་གྲོ་འབོགས་པ། ཚེ་བརྟག་བླའི་རྩ་ལ་བརྟག་པ་ཞེས་རྩ་མདོའི་དཀའ་གནད་མདོར་བསྟན་པ་དང་། མཐོང་བ་མེ་ལོང་ཆུ་ཡི་ངོས་བཟུང་བ་ལ་ཡང་། ཆུ་ཡི་སྔོན་འགྲོ། བལྟ་དུས། སྣོད། འགྱུར་ཚུལ། ཐ་མལ་གྱི་ཆུ། ནད་ཆུ། འཆི་ཆུ། གདོན་ཆུ་བརྟག་པ་བཅས་ཆུ་མདོའི་ནང་དོན་རྒྱས་པར་བསྟན་ཡོད། གསུམ་པ་ཞི་སྦྱངས་དཔྱད་ཀྱིས་བཅོས་པ་ལ། སྨན་དཔྱད་ཟས་སྤྱོད་བཞི་ལས། སྨན་ཞི་བྱེད་ཐང་དང་། ཕྱེ་མ། རིལ་བུ། ལྡེ་གུ སྨན་མར་ཏེ་ཞི་བྱེད་སྡེ་ཚན་ལྔ། སྨན་སྦྱོང་བྱེད་བཤལ་དང་། སྐྱུག འཇམ་རྩི། སྣ་སྨན། ནི་རུ་ཧ་སྟེ་སྦྱོང་བྱེད་ལྔ། དཔྱད་ལ་གཏར་བསྲེག་དང་། དུགས། ལུམས། བྱུག་པ། ཐུར་མ་སྟེ་དཔྱད་དྲུག་གོ །ཟས་དང་སྤྱོད་ལམ་གཉིས་ཏེ་ཡོངས་ཉི་ཤུའོ། །དེ་ལྟར་བརྟག་ཐབས་ལ་བརྒྱ་དང་ཉེར་གསུམ། གསོ་ཚུལ་བརྒྱ་དང་བཅུ་དྲུག གསོ་ཐབས་བརྒྱ་དང་ཉེར་གཅིག་སྟེ་སྤྱིར་སྔོམས་པས་གསོ་ཐབས་ལག་ལེན་སུམ་བརྒྱ་དང་དྲུག་ཅུའོ། །བཞི་པ་མཐར་དགེ་བ་བྱང་ཆུབ་ཏུ་བསྔོ་བ་ལ། ཕྱི་མ་རྒྱུད་འདི་གཞན་ལས

ཆེས་ཟབ་པས་སྨན་པའི་རྒྱུ་དྲུག་ཚོགས་པ་ལ་དཔེ་བྱས་ལ་ལེའུ་ཉི་ཤུ་ལྔ་ཡོད་པ། སེམས་ཅན་ཐམས་ཅད་འཁོར་བའི་ནད་གཉིས་ཀྱི་སྡུག་བསྔལ་ལས་གྲོལ་ཏེ། བླ་ན་མེད་པའི་སངས་རྒྱས་ཀྱི་གོ་འཕང་ཐོབ་པར་གྱུར་ཅིག་སྙམ་པ་དང་། ཁྱད་པར་དུ་ཡང་སངས་རྒྱས་སྨན་གྱི་བླའི་གོ་འཕང་ཐོབ་པར་གྱུར་ཅིག དེ་ལྟར་བྱས་ན་ཚེ་འདིར་ཡང་ནད་མེད་ཅིང་བདེ་བ་དང་། འགྲོ་བའི་དོན་རྒྱ་ཆེན་པོ་གྲུབ་ལ། ཕྱི་མ་དལ་འབྱོར་གྱི་ལུས་ཐོབ་ནས་སངས་རྒྱས་སྨན་གྱི་བླས་རྗེས་སུ་འཛིན་ལ། རིང་པོར་མི་ཐོག་པར་སྟོང་ཉིད་སྙིང་རྗེའི་སྙིང་པོ་ཅན་གྱི་རྒྱུད་དག་པར་འགྱུར། དགེ་བས་མ་སེམས་ཅན་ཐམས་ཅད་གཅོང་ནད་ལས་གྲོལ་བར་གྱུར་ཅིག་ཅེས་བསྔོ་བའོ། །

内容提要：此书是对《后续部》中适合临床应用的部分进行疑难解释的具有如意宝般作用的一部经典。全书由概论，根据脉、尿象诊断疾病，平息、下泄和外治治疗，祈愿等4部分组成。概论部分记述了疾病的分类、对治和疗法三者，温、凉二平息药物，缓、猛二泄疗，缓、峻二外治，益、损二食疗，缓、急二行为，对治共1010种，加上预防保健和禳解共计1012种，耗损强身益滋养，过剩削减以禁食二疗法。根据脉、尿象诊断疾病部分中的脉象诊病法阐释了脉的走向、性质、性相、分类4方面，切脉的十三要点之先备、切脉时间、按压力度、切脉部位、切脉方法。8个具体内容有，季脉应与五行五原相应，七奇脉应诊察正常人，有无病以脉搏动频次诊断，总和具体的脉象诊断为，三死兆脉可决定生死，“敦”脉突发“阴卓”脉应禳解，寿命应诊魄脉的脉经难点。尿象诊病记述了先备、诊尿时间、查尿器皿、变法、正常尿象、病尿象、死兆尿象和“敦”病尿象等尿经内容。平息药物、泄疗和外治疗法部分之药物治疗、外治、饮食和起居四疗法中记述了五平息药物汤剂、散剂、丸剂、糊剂、药油剂，五泄疗之下泻、催吐、缓导、滴鼻、“尼如哈”，六外治之放血、火灸、罨敷、药浴、涂擦、针刺以及饮食和起居共20种疗法，123种诊法、116种疗法和121种制法共计360种疗法实践。第四祈愿部分记述了《后续部》医德六要素25章，众生从二类疾病痛苦中得以解脱，获得无量佛陀的地位，尤其获得药师佛的地位，如此此世便可无病安康，完成众生事业，后世获得人身亦追随药师佛，无碍慈悲者之传承得以净化，其善业为祈愿众生从痼疾中得以解脱。

བོད་ཀྱི་གསོ་རིག་ཀུན་བཏུས་བསྟུད་སྒྲིག་མ་ལས། པོད་བདུན་ཅུ་པའི་ནང་དུ་བཞུགས།

在《〈藏医药大典〉续编（61—80）》中的位置：收载于第七十卷

ཚན་པ་གསུམ་པ། དགོས་འདོད་འབྱུང་བ་མི་ཟད་པ།

第三篇　《所想皆俱无尽》

མཚན་བྱང་ཆ་ཚང་། ཕྱི་མ་རྒྱུད་ཀྱི་དཀའ་འགྲེལ་དགོས་འདོད་འབྱུང་བ་མི་ཟད་པ་ཞེས་བྱ་བ་བཞུགས་སོ། །

全名：《后续部释难·所想皆俱无尽》

རྩོམ་པ་པོ། བྱང་པ་རྣམ་རྒྱལ་གྲགས་བཟང་། སྐྱེ་ལོ་༡༣༩༥ལོར་དབུས་གཙང་གཞིས་ཀ་རྩེའི་ངམ་རིང་རྒྱལ་སྟེ་ཆེན་པོར་སྐུ་འཁྲུངས་ཤིང་། སྐྱེ་ལོ་༡༤༧༥ལོར་སྐུ་གཤེགས།

作者：强巴·朗杰札桑，1395年生于卫藏日喀则昂仁杰地乾布，1475年卒。

མ་ཡིག ཤིང་དཔར། ཡིག་གཟུགས་དབུ་ཅན། ཤོག་ངོས་རེར་ཐིག་ཕྲེང་བདུན། ཐིག་ཕྲེང་རེར་ཡིག་འབྲུ་སོ་བརྒྱད། ཁྱོན་བསྡོམས་ཤོག་ངོས་བརྒྱ་དང་བཅུ་བཞུགས།

母本：木刻版，正楷体，每页7行，每行38字，共110页。

ནང་དོན་གནད་བསྡུས། མེ་ཕོ་ཁྱི་ལོའི་ཧོར་ཟླ་གཉིས་པ་དབོ་ཟླ་བའི་ཚེས་བརྒྱད་ཀྱི་ཉིན་གཟའ་སྤེན་པ་དང་སྐར་མ་སྣར་མ་འཛོམ་པའི་འགྲུབ་སྦྱོར་ལ་རྫོགས་པར་སྦྱར་བའི་གཞུང་འདི་ནི་དཔལ་ལྡན་རྒྱུད་བཞི་ལས་ཕྱི་མ་འཕྲིན་ལས་རྒྱུད་ཀྱི་མཐའ་མའི་ལེའུ་གཉིས་ཕུད་པའི་ལེའུ་ཉེར་ལྔའི་དཀའ་བའི་གནད་ལ་འགྲེལ་བ་མཛད་པ་ཞིག་སྟེ། ཐོག་མར་ལག་ལེན་སུམ་བརྒྱ་དྲུག་ཅུའི་རྐང་གྲངས་བགྲང་ཚུལ་གོ་བདེ་ཞིག་བསྟན་རྗེས་གཙོ་བོར་བྲང་ཧི་དཔལ་ལྡན་འཚོ་བྱེད་དང་། སྟོང་སྨན་ནམ་མཁའ་རྒྱལ་མཚན། གཉའ་བ་ཆོས་བཟང་སོགས་གསོ་རིག

གི་མཁས་དབང་མང་པོའི་ཐུན་མིན་གྱི་དགོངས་འགྲེལ་དང་ཀོང་རྩེ་འཕྲུལ་རྩིས་སོགས་རྩིས་གཞུང་ཁུངས་བཙུན་དང་འབྲེལ་ནས་ཕྱི་མ་རྒྱུད་ཀྱི་དཀའ་བའི་ཚིག་དོན་རྣམས་ལེགས་པར་བཀྲོལ་ཡོད་དེ། དཔེར་ན། ག་པུར་གྱི་རིགས་བརྟག་པ་གལ་ཆེ་སྟེ། རླུང་ཚད་ལྷན་པ་ལ་མང་ག་བུར་འཕྲོད་ཅིང་། སྦྲུག་གཟིག་ག་བུར་ནི་ཚད་པ་ཀུན་ལ་འགྲོ། ཤེལ་ག་བུར་ནི་བསིལ་བས་རྒྱས་ཚད་ལ་བཏང་བར་བྱ་ཞིང་། རླུང་ཚད་ལ་ནི་མ་ཡིན་ནོ། །ཞེས་ག་བུར་རིགས་གསུམ་གྱི་ཁྱད་པར་དང་། ཡང་ཚ་ཤས་ཆེ་ན་སྟོད་ཀྱི་འབྲས་གསུམ་དང་གྲང་བ་ཆེ་ན་སྨད་ཀྱི་འབྲས་གསུམ་གཏོང་དགོས་པ། སྣང་བཞག་བཏུབ་ན་ཞེས་པ་ནི་ཕྱིས་མ་ཐུར་མ་ལ་སོགས་པས་ལེན་དུབ་བཏུབ་ཅིང་སླར་ཆུ་ལ་བཞག་ཏུ་བཏུབ་པའི་ཕྱིས་མ་མཐུག་པོ་བྱུང་ན་ཞག་རྐོད་ཅེས་བྱ་སྟེ་ཞེས་པ་ལྟ་བུའི་གནད་ཀྱི་མན་ངག་སྣ་ཚོགས་ཀྱིས་བརྒྱན་ཡོད།

内容提要：火狗年农历二月初八星期六毕宿星聚合之时完成的这部著作对《四部医典》之《后续部》除去后两章的25章进行了释疑。书中首先以简明易懂的语言对360种实践的计数法进行了详述；然后，主要参考和引用昌迪·班丹措切、东门·南卡坚赞、聂哇·曲桑等医学名家释义以及《光子占卜》等经典，对《后续部》词义做了翔实的注解。如冰片类的鉴别用药很重要，“隆”热用樟脑，薄荷脑用于诸热证，龙脑香用于盛热，而不能用于“隆”热，又如热偏盛用上部三果（诃子、毛诃子、余甘子），寒性偏盛用下部三果（芒果核、海南蒲桃、大托叶云实），“朗秀都那”意为浮酯可用筷子等取出并重新放入水中时浮酯变厚为“秀郭”，等等，对各类要点秘诀进行了阐述。

བོད་ཀྱི་གསོ་རིག་ཀུན་བཏུས་བསྟུད་སྒྲིག་མ་ལས། པོད་བདུན་ཅུ་པའི་ནང་དུ་བཞུགས།

在《〈藏医药大典〉续编（61—80）》中的位置：收载于第七十卷

ཆན་པ་བཞི་པ། དགོས་འདོད་འབྱུང་བ་རིན་པོ་ཆེའི་བང་མཛོད།

第四篇 《如意珍宝库》

མཚན་བྱང་ཆ་ཚང་། དཔལ་ལྡན་ཕྱི་མ་རྒྱུད་ཀྱི་དཀའ་འགྲེལ་དགོས་འདོད་འབྱུང་བ་རིན་པོ་ཆེའི་བང་མཛོད་ཅེས་བྱ་བ་བཞུགས་སོ། །

全名：《后续部疑难注释·如意珍宝库》

རྩོམ་པ་པོ། ལྷ་བཙུན་བཀྲ་ཤིས་དཔལ་འབྱོར་བཟང་པོ། རབ་བྱུང་བདུན་པར་དབུས་གཙང་དུ་སྐུ་འཁྲུངས།

作者：拉尊·扎西白觉桑布，七胜生生于卫藏。

མ་ཡིག ལག་བྲིས། ཡིག་གཟུགས་དབུ་མེད། ཤོག་ངོས་རེར་ཐིག་ཕྲེང་དགུ། ཐིག་ཕྲེང་རེར་ཡིག་འབྲུ་ང་གསུམ། ཁྱོན་བསྡོམས་ཤོག་ངོས་དྲུག་བརྒྱ་དང་གྱ་བཞི་བཞུགས།

母本：手写本，草书体，每页9行，每行53字，共684页。

ནང་དོན་གནད་བསྡུས། དྲག་པོ་ཞེས་བྱ་བ་ལྷུགས་པོ་སྤྲེའུ་ལོའི་གྲོ་ཞུན་ཕྱི་མའི་ཟླ་བའི་གཟའ་ཕུར་བུ་དང་སྐར་མ་རྒྱལ་སྨད་འཛོམས་པའི་འགྲུབ་སྦྱོར་ལ། ཤངས་ལུང་དག་པའི་ཞིང་བཤད་དཀར་ཀུན་ཏུ་བཟང་པོའི་ཕོ་བྲང་དུ་ཡོངས་སུ་རྫོགས་པ་གྲུབ་པར་སྦྱར་བའི་གཞུང་འདི་ནི་དཔལ་ལྡན་རྒྱུད་བཞི་ལས་ཕྱི་མ་འཕྲིན་ལས་རྒྱུད་ཀྱི་མཐའ་མའི་ལེའུ་གཉིས་ཕུད་པའི་ལེའུ་ཉེར་ལྔའི་རྩ་ཚིག་གཞིར་བཞག་གི་སྟེང་དེའི་ཚིག་དོན་ལ་འགྲེལ་བ་རྒྱ་ཆེར་མཛད་པ་ཞིག་སྟེ། ཐོག་མར་གསོ་བྱའི་ནད་རིགས་བཞི་བརྒྱ་རྩ་བཞི་དང་གསོ་བྱེད་གཉེན་པོ་སྟོང་དང་བཅུ་གཉིས། གསོ་ཐབས་ལག་ལེན་སུམ་བརྒྱ་དྲུག་ཅུ་པོ་སོ་སོའི་རྣམ་གྲངས་དང་དེ་དག་མདོར་བསྡུས་ཀྱི་གྲངས་ངེས་སུ་ཇི་ལྟར་བསྡུ་ཚུལ་གྱིས་ལག་ལེན་མཐའ་དག་གི་སྤྱི་ཆིངས་བསྟན། དེ་ནས་ནད་ངོས་འཛིན་པར་རྩ་ཆུ་གཉིས་ཀྱི་བརྟག་ཐབས་དང་། ནད་ཁོང་དུ་ཞི་བར་གཉེན་པོ་ཐང་ཕྱེ་རིལ་བུ་ལྡེ་གུ་སྨན་མར་ཐལ་སྨན

ཁྲ་སྨན་ཆང་རིན་པོ་ཆེ་སྔོ་སྦྱོར། ནད་ཕྱིར་སྦྱོང་བར་གཉེན་པོ་སྣུམ་འཚོས་བཤལ་སྐྱུགས་སྣ་སྨན་འཇམ་རྩི་ནི་རུ་ཧ་རྩ་སྦྱོང་། ནད་ཕྱིར་འདྲེན་པར་གཉེན་པོ་གཏར་བསྲེག་དུགས་ལུམས་བྱུག་པ་ཐུར་མ་བཅས་ནད་གཞི་བརྟག་པ་དང་གཉེན་པོ་སྨན་དཔྱད་ཀྱི་ལག་ལེན་རིམ་པ་ལ་དངོས་བསྟན་དང་ཤུགས་བསྟན། སྦྱོར་བསྟན་དང་དམིགས་བསལ། གཙོར་བསྟན་དང་ཞར་བྱུང་སོགས་མེད་པར་ཆ་ཐམས་ཅད་ནས་ཤིན་ཏུ་རྒྱས་པར་བཀྲོལ་ཡོད་པ་མ་ཟད། དཀའ་གནད་ཀྱི་བརྡ་དོན་ལ་འགྲེལ་བ་ལེགས་པར་མཛད་ཡོད་དེ། དཔེར་ན། གོ་དོར་ནི་ཤ་གོ་དོར་ཞེས་བྱ་བ་ཤ་བའི་རྭ་ཅོ་བོག་མཚམས་ཀྱི་ཤ་དང་། ལྤགས་པ་གོ་དོར་ནི་རྭ་ཅོ་རྙིང་མ་བོག ཕྱི་མ་སྐྱེ་བའི་འགོ་བརྩོམ་པའི་རྭ་ཅོའི་ལྤགས་པ་ཕྱིར་འབུར་བའི་ལྤགས་པ་དེ་ཉིད་དང་། རུས་པ་གོ་དོར་ནི་ཤ་བའི་རྭ་ཅོ་ཅུང་ཟད་འབུར་གྱིས་བྱུང་བའི་རྭ་ཅོ་དེ་ཉིད་དོ། །ཞེས་པ་ལྟ་བུའི་ཐུན་མོང་མ་ཡིན་པའི་དགོངས་དོན་གྱིས་ཀུན་ནས་ཕྱུག་ཡོད།

内容提要：藏历铁猴年七月星期四北极星显现之际，于祥隆净土祥格更度桑布宫殿圆满完成的此部著作，是对《四部医典》之《后续部》除最后两章内容的53章正文所做的词义详释。首先，对404种疾病，1012种对治，360种疗法实践各自的计数和总数计数框架进行了记述。其次，记述了疾病诊断的脉尿诊断法，内用平息药物汤、散、丸、糊剂、药油剂、灰剂、膏剂、药酒剂、珍宝药和草本制剂，外用泄疗油疗、下泻、催吐、鼻药、缓导、“尼如哈”、泄脉，外引对治放血、火灸、罨敷、药浴、涂擦、针刺等疾病诊断和对治药械的实践过程进行了阐释。对疑点难点提出了独到的见解，如“谷朵”为“夏谷朵”即指鹿茸边界的肌肉，“布巴谷朵”指旧的鹿角脱落后新生茸的外部皮肤，“日巴谷朵”指初生茸等，以此类特殊观点丰富了《后续部》的内容。

བོད་ཀྱི་གསོ་རིག་ཀུན་བཏུས་བསྡུད་སྒྲིག་མ་ལས། པོད་དོན་གཅིག་པའི་ནང་དུ་བཞུགས།

在《〈藏医药大典〉续编（61—80）》中的位置：收载于第七十一卷

ཚན་པ་ལྔ་པ། ཕྱི་རྒྱུད་བཀའ་འགྲེལ་རྒྱུད་དོན་གསལ་བྱེད།

第五篇 《后续部释难·续义明示》

མཚན་བྱང་ཆ་ཚང་། ཕྱི་མ་རྒྱུད་ཀྱི་བཀའ་འགྲེལ་རྒྱུད་དོན་གསལ་བྱེད་བཞུགས་སོ། །

全名：《后续部释难·续义明示》

རྩོམ་པ་པོ། གོང་ཁ་བ་དཀོན་མཆོག་བདེ་ལེགས། རབ་བྱུང་བརྒྱད་པའི་ནང་དབུས་གཙང་ས་སྐྱའི་སྨན་གྲོང་དུ་སྐུ་འཁྲུངས།

作者：贡曼·贡觉德勒，八胜生生于卫藏萨迦曼庄。

མ་ཡིག ལག་བྲིས། ཡིག་གཟུགས་དབུ་མེད། ཤོག་ངོས་རེར་ཐིག་ཕྲེང་བདུན། ཐིག་ཕྲེང་རེར་ཡིག་འབྲུ་ཞེ་གཅིག ཁྱོན་བསྡོམས་ཤོག་ངོས་ཉིས་བརྒྱ་དང་ང་གཉིས་བཞུགས།

母本：手写本，草书体，每页7行，每行41字，共252页。

ནང་དོན་གནད་བསྡུས། ཕྱི་མ་འཕྲིན་ལས་རྒྱུད་ཀྱི་དཀའ་འགྲེལ་འདི་ནི། གོང་ཁ་བ་ཆོས་ཀྱི་རྡོ་རྗེའི་སློབ་བརྒྱུད་དམ་བྲང་ཏི་ཆོས་རྒྱལ་བཀྲ་ཤིས་ཀྱིས་རྗེས་སུ་བཟུང་བ་གོང་ཁ་བ་དཀོན་མཆོག་བདེ་ལེགས་སམ་ཡོངས་གྲགས་སུ་གོང་སྨན་དཀོན་མཆོག་བདེ་ལེགས་སུ་འབོད་པས། གངས་ཅན་གསོ་རིག་གི་བསྟན་པ་དར་ཞིང་རྒྱས་པར་འགྱུར་བ་དང་། སྨན་པར་ཕྱུར་པ་རྣམས་ཀྱི་རྒྱུད་ལ་རིན་ཆེན་བྱང་ཆུབ་ཀྱི་སེམས་སྐྱེས་པར་བསྒོ་བའི་དོན་དུ་མཛད་ཅིང་། རྒྱ་ལུང་པ་རྡོ་རྗེ་གྲགས་བཟང་སྐུ་མཆེད་གཉིས་ཀྱིས་ཕྱག་དཔེ་འདི་ཉིད་གོང་སྨན་པའི་ཞལ་ལས་ཞུས་ཤིང་། མགོན་པོ་དཔལ་གྱིས་ཡི་གེའི་གཟུགས་སུ་ཕབ་པ་ཞིག་ཡིན་པར་སྣང་ལ། ཡུལ་གང་ཞིག་ཏུ་དུས་ནམ་ཞིག་ལ་བཙམས་པ་སོགས་གཞུང་རང་དང་འབྲེལ་ཡོད་ཀྱི་ཡིག་ཆ་རྣམས་སུ་མི་གསལ་བས་བཤད་དཀའ་མོད། མཛད་པ་པོའི་འཁྲུངས་འདས་ལོ་ཚིགས་ལ་དཔག་ན། མཛད་དུས་ནི་དུས་རབས་

བཅོ་ལྔའི་དུས་མཇུག་ཙམ་ལ་ཡིན་ངེས། དཀའ་འགྲེལ་འདིར་མཇུག་དོན་ཡོངས་གཏད་དང་བཅས་ཕྱི་མ་རྒྱུད་ཀྱི་ལེའུའི་གྲངས་ལྟར་ལེའུ་ཉེར་བདུན་གྱི་བདག་ཉིད་དུ་གྲུབ་ཅིང་། བྲང་ཏི་དཔལ་ལྡན་འཚོ་བྱེད་ཀྱི་རྩ་མདོའི་འགྲེལ་བ་དང་། སྙན་བརྒྱུད་རྡོ་རྗེའི་ཚིག་རྐང་། དྲི་མེད་གཟི་བརྗིད། སྒྲོན་གསལ་གདམས་པ་སུམ་ཅུ་པ། ཡན་ལག་བརྒྱད་པའི་སྙིང་པོ་བསྡུས་པ། བདུད་རྩི་བུམ་པ། ཉེས་པ་དག་བྱེད་རིན་པོ་ཆེའི་ཕྲེང་བ་སོགས་སྔ་རབས་རྒྱ་བོད་མཁས་པའི་གཞུང་ཁུངས་བཙུན་རྣམས་ཀྱི་སྙིང་པོ་ཕྱུངས་ཤིང་། བྲང་ཏི་འཇམ་དཔལ་བཟང་པོའི་དགོངས་པ་རྩ་བར་བྱས་ཏེ་བརྩམས་གནང་བ་ཞིག་ཡིན་ལ། གཞུང་གི་མཚན་བྱུར་དུ་དཀའ་འགྲེལ་ཞེས་སྣང་བ་ལྟར། ཕྱི་མ་རྒྱུད་ཀྱི་ཚིག་དོན་རྣམས་འགྲེལ་བ་འབྲུ་ནོན་དང་མཐར་ཆགས་སུ་འགྲེལ་བ་མིན་པར། ལེའུ་སོ་སོའི་དཀའ་གནད་དང་དོགས་གནད་རྣམས་ལ་དཔྱད་གསུམ་དག་པས་གསལ་འགྲེལ་གནང་ཡོད་པས། བོད་ཀྱི་གསོ་རིག་ཞིབ་འཇུག་གི་སྐེ་སྤྱི་དང་། ཁྱད་པར་ལས་དང་པོ་བ་རྣམས་ལ་འགྲེལ་བ་མང་པོར་འབབ་པས་བལྟ་བའི་ངལ་བ་བསྐྱེན་མི་དགོས་པར་ཕྱི་མ་རྒྱུད་ཀྱི་དགོངས་པ་བདེ་བླག་ཏུ་རྟོགས་པར་འགྱུར་རོ། །

内容提要：此著由贡曼·贡觉德勒为了祈愿雪域医学的兴盛、行医之人都具备菩提般仁慈之心而著。受加隆巴多吉札桑兄弟二人请授，由贡布贝记录，著书相关的时间、地点等信息由于文献中无详细记录而难以求证，但据作者生卒年推断，可判定约成书于15世纪末期。此书按照《后续部》章节记述了包括结语诫言章的27章内容，通过参考和借鉴《脉经注释》《脉经注释·耳传金刚词》《无垢威严》《三十教诫·明灯》《八支精要》《甘露宝瓶》《祛病珍宝串》等名家经典之精华，以昌迪·绛班桑布的观点为依据进行了释义。从书名中的“释难”一词可以看出，此书并非是单纯对《后续部》词义进行注解，而是对各章节中的疑点难点进行分析和论证的全新诠释，可帮助藏医药研究者，尤其初学者轻松获得和了解《后续部》思想。

བོད་ཀྱི་གསོ་རིག་ཀུན་བཏུས་བསྟུད་སྒྲིག་མ་ལས། པོད་དོན་གཅིག་པ་དང་དོན་གཉིས་པའི་ནང་དུ་བཞུགས།

在《〈藏医药大典〉续编（61—80）》中的位置：收载于第七十一和第七十二卷

ཚན་པ་དྲུག་པ། ཕྱི་རྒྱུད་འབྲུ་འགྲེལ་ཕན་བདེའི་དགའ་སྟོན་འཁྲུལ་མེད།

第六篇　《后续部逐字注释·喜宴无误》

མཚན་བྱང་ཆ་ཚང་། དཔལ་སྟག་ལུང་པ་ཆེན་པོ་མཁན་ཆེན་མཁས་གྲུབ་ངག་དབང་བཀྲ་ཤིས་དཔལ་གྲུབ་ཀྱི་ཕྱི་རྒྱུད་འབྲུ་འགྲེལ་ཕན་བདེའི་དགའ་སྟོན་འཁྲུལ་མེད་བཞུགས་སོ། །

全名：《达隆堪钦·阿旺扎西白珠后续部逐字注释·喜宴无误》

རྩོམ་པ་པོ། སྟག་ལུང་ངག་དབང་བཀྲ་ཤིས་དཔལ་གྲུབ། སྤྱི་ལོ་༡༦༠༠ལོར་དབུས་གཙང་ལྷུན་གྲུབ་རྫོང་གི་ཁོངས་སྟག་ལུང་དུ་སྐུ་འཁྲུངས་ཤིང་། སྤྱི་ལོ་༡༦༧༡ལོར་སྐུ་གཤེགས།

作者：达隆·阿旺扎西白珠，1600年生于卫藏林周县境内的达隆，1671年卒。

མ་ཡིག ལག་བྲིས། ཡིག་གཟུགས་དབུ་མེད། ཤོག་ངོས་རེར་ཐིག་ཕྲེང་དྲུག ཐིག་ཕྲེང་རེར་ཡིག་འབྲུ་ཞེ་དྲུག ཁྱོན་བསྡོམས་ཤོག་ངོས་བདུན་བརྒྱ་དང་ཉེར་དགུ་བཞུགས།

母本：手写本，草书体，每页6行，每行46字，共729页。

ནང་དོན་གནད་བསྡུས། ཕྱི་མ་འཕྲིན་ལས་རྒྱུད་ཀྱི་འབྲུ་འགྲེལ་འདི་ནི། བོད་རྗེའི་སྨན་པ་ཟུལ་ཕུ་འཚོ་བྱེད་ཀྱི་རྒྱུད་ལས་བྱུང་ཞིང་། མཁས་མཆོག་ཀུ་ལ་རྡྷ་ན་མཆོག་གིས་ལེགས་པར་བསྒྲུངས་པའི་སྟག་ལུང་པ་ངག་དབང་བཀྲ་ཤིས་དཔལ་གྲུབ་བམ་ཡོངས་གྲགས་སུ་སྟག་ལུང་བླ་སྨན་ངག་གི་དབང་པོ་ཞེས་པས་མཛད་པ་ཡིན་ལ། ད་ལམ་ཕྱི་མ་རྒྱུད་ཀྱི་འབྲུ་འགྲེལ་ཀུན་ལས་ཆེས་རྒྱས་ཤོས་དང་ཁ་གསལ་ཤོས་སུ་སྣང་ལ། གཞུང་གི་སྤྱི་ཁོག་ཀྱང་རྒྱུད་ཕྱི་མའི་བརྗོད་དོན་ལྟར་མདོ་བཞི་དང་ལེའུ་ཉེར་བདུན་གྱིས་གྲུབ་འདུག་ཅིང་། དེའང་རྒྱུད་རྡོ་རྗེ་རྩེ་མོ་དང་སྨན་མདོ་བརྒྱད་བརྒྱ་པ། མདོན་པ་མཛོད། སྙིང་པོ་བརྒྱ་པ། ཟབ་མོ་ནང་དོན། རྒྱུད་རྡོ་རྗེ་ཕྲེང་བ། སྨན་བརྒྱུད་རྡོ་རྗེའི་ཚིག་རྐང་། ཀོང་ཅེ་འཕྲུལ་རྩིས། སྨན་དཔྱད་ཟླ་བའི་རྒྱལ་པོ། དཔལ་དུས་ཀྱི་འཁོར་ལོ། གཡུ་

ཐོག་ཤོག་དྲིལ། གསོ་དཔྱད་རིན་པོ་ཆེའི་འབྲུངས་དཔེ། བདུད་རྩི་བམ་པོ་བཞི་པ། སྦྱོར་བ་བརྒྱ་པ། ལག་ལེན་པོད་ཆུང་གི་འགྲེལ་བ། ཡན་ལག་ནག་པོའི་རྒྱུད། ཡན་ལག་བརྒྱད་པའི་སྙིང་པོ་བསྡུས་པ་སོགས་བཀའ་མདོ་རྒྱུད་གཉིས་དང་། རྒྱ་བོད་མཁས་གྲུབ་ཏུ་མའི་གསོ་དཔྱད་ཀྱི་གཞུང་ཁུངས་བཙུན་རྣམས་ལ་ཁུངས་གཏུགས་ཏེ། ཕྱི་རྒྱུད་ལེའུ་ཉེར་བདུན་གྱི་དོན་ལ་གསལ་འགྲེལ་རྒྱས་བཤད་གནང་ཞིང་། ཞི་བྱེད་རིན་པོ་ཆེའི་ལེའུར་བསྟན་པའི་སྟག་ཤ་ནི་སྐྱེ་རྒྱུན་གཙོད་པའི་སྐབས་སུ་གཅན་གཟན་སྟག་གི་ཤར་འདོད་པ་དང་། བྱང་པས་ཟོ་སྟག་ཤར་བཞེད་པ་ལ་རང་ལུགས་སྔ་མར་མཛད་པ་དང་། དེ་བཞིན་རྩ་སྦྱོངས་ཀྱི་ལེའུའི་ཕ་གདོང་ནི་འགྲམས་སམ་ལྟོགས་ལ་གོ་བ་དང་། སྐལ་ཚོགས་ཀྱི་མཇུག་མའི་ཏུས་པར་འདོད་པ། མདོ་ཏུས་ལ་བཞེད་པ་སོགས་ཡོད་ཀྱང་རང་ལུགས་སེ་བ་ཏུས་སམ་ཏུས་པ་དོན་འགྲུབ་ཏུ་འདོད་པ་སོགས་ལྟ་བ་སྐབས་སྐབས་སུ་མཁས་པའི་བཞེད་པ་མི་འདྲ་བ་རྣམས་ཟུར་དུ་ཕྱུངས་ཤིང་། དེ་ལ་རང་གི་རྣམ་དཔྱོད་རིག་པའི་རྩལ་གྱིས་གཞལ་ཏེ། རང་ཉིད་ཀྱི་ལྟ་བ་ཁ་གསལ་དུ་བཀོད་ཡོད་ལ། ཕྱི་རྒྱུད་དུ་གསལ་བའི་སྨན་གྱི་སྦྱོར་སྡེ་སོ་སོའི་སྨན་ངོ་ངོས་འཛིན་དང་། ཞི་སྦྱོང་གི་འདུལ་ཐབས་སོགས་ཀྱང་མཛོ་ཁལ་ལུག་ཁལ་གྱི་ཚུལ་དུ་གང་འཚམ་དུ་བཀོད་ཡོད་པས། བོད་ཀྱི་གསོ་བ་རིག་པའི་ཞིབ་འཇུག་པ་རྣམས་ལ་རྒྱུད་ཕྱི་མའི་གཞུང་ལ་དཔྱད་ཞིབ་སྟར་ལས་གཏིང་ཟབ་གནང་བར་སྒོ་འཕར་ཡངས་པོར་ཕྱེ་ལ། འཚོ་བྱེད་ལས་དང་པོ་བ་རྣམས་ལ་སྨན་སྡེབ་སྦྱོར་དང་སྨན་ངོ་ངོས་འཛིན་གཞི་གཅིག་ཏུ་འགྲུབ་པར་ཁུངས་ཐུབ་ཀྱི་ཡིག་ཆ་ཞིག་ཏུ་འགྱུར་སྲིད།

内容提要：此著是诸多《后续部》注释类著作中最全面且最明晰的一部。整体框架如《后续部》分4经27章，参考和引用了《医典八百部》《要义百部》《深奥医道》《金刚续串》《耳传金刚词》《贡泽奇算》《月王药诊》《吉祥时轮》《宇妥医卷》《医疗珍宝图鉴》《甘露七卷》《百方篇》《实用小卷释》《黑支续》《八支精要》等教诫显密二经典和名家经典医疗理论，使得全书具有了坚实的理论支撑。其中有很多对名家观点进行分析、补充或修正，以表达自己观点的内容。如：平息珍宝章中所指“斗夏”在避孕时认为是猛虎肉，强巴认为是轮叶棘豆，而作者则同意前者观点；

脉泄疗法章中认为“瓦敦”有扩散、饥饿、尾椎骨、骨端等意，但作者认为是“赛瓦如”等；《后续部》中对不同方剂的药材识别、平息和下泄的炮制法进行了记述。此书为藏医学研究人员对《后续部》进行深入研究开启了一扇大门，为初学者方剂配伍和药物识别能力的培养提供了便捷条件。

བོད་ཀྱི་གསོ་རིག་ཀུན་བཏུས་བསྡུད་སྒྲིག་མ་ལས། པོད་དོན་གཉིས་པའི་ནང་དུ་བཞུགས།

在《〈藏医药大典〉续编（61—80）》中的位置：收载于第七十二卷

ཆན་པ་བདུན་པ། ཕྱི་རྒྱུད་ཀྱི་འགྲེལ་པ་ཚིག་དོན་རབ་ཏུ་གསལ་བ།

第七篇　《后续部注释·词义极明》

མཚན་བྱང་ཆ་ཚང་། ཕྱི་རྒྱུད་ཀྱི་འགྲེལ་པ་ཚིག་དོན་རབ་ཏུ་གསལ་བ་ཡིད་བཞིན་ནོར་བུ་བཞུགས་སོ། །

全名：《后续部注释·词义极明如意宝》

རྩོམ་པ་པོ། བྱར་པོ་པཎ་ཆེན་རྡོ་རྗེ་ཕ་ལམ། དུས་རབས་བཅུ་དྲུག་པར་དབུས་གཙང་སྒོ་དྲུང་བྱ་ཡུལ་འབྲས་གཞོང་དུ་སྐུ་འཁྲུངས།

作者：谢布班钦·多吉帕兰，16世纪生于卫藏哲雄。

མ་ཡིག ལག་བྲིས། ཡིག་གཟུགས་དབུ་མེད། ཤོག་ངོས་རེར་ཁྲིག་ཕྲེང་དྲུག ཁྲིག་ཕྲེང་རེར་ཡིག་འབྲུ་ཉེར་ལྔ། ཁྱོན་བསྡོམས་ཤོག་ངོས་སུམ་བརྒྱ་དང་དགུ་བཅུ་བཞུགས།

母本：手写本，草书体，每页6行，每行25字，共390页。

ནང་དོན་གནད་བསྡུས། རྒྱུད་ཕྱི་མའི་འགྲེལ་བ་འདི་ནི་གཞུང་རང་གི་མཚོད་བརྗོད་དང་རྩོམ་པར་དམ་བཅའ་བའི་སྐབས་སུ་གསལ་བ་ལྟར། ཡུལ་གངས་ཅན་གྱི་སྨན་པ་ཁ་ཅིག་ནི་ཐོལ་སྦྱོར་གྱི་ངག་ཙམ་ལ་བརྟེན་ནས་གསོ་རིག་སྨྲ་བ་དང་། ཁ་ཅིག་ནི་མན་ངག་ཆུང་ངུས་ཡིད་ཚིམ་པར་འཛིན་པ་དང་། ཡང་ཁ་ཅིག་ནི་ལོག་རྟོག

གི་རྒྱུད་ལ་རབ་ཏུ་ཞེན་ཏེ་རང་གི་འཕྲལ་གྱི་འཚོ་བའི་དོན་དུ་རང་བཟོའི་བསླད་པས་གསོ་རིག་གི་གཞུང་ལ་རྨ་ཕབ་པ་སོགས་གཟིགས་པ་དོན་དུ་བྱས་ཤིང་། འཕྱོངས་རྒྱས་པ་འཚོ་བྱེད་ཀུན་རྟོར་གྱིས་བསྐུལ་བའི་ངོར། ལག་ལེན་མཐར་ཕྱིན་སྐྱེམས་པ་ཚེ་འབུམ་རྡོ་རྗེའི་སློབ་བུར་གྱུར་པ་བྱང་པོ་པཎ་ཆེན་རྡོ་རྗེ་ཕ་ལམ་མཆོག་གིས། རྒྱ་གར་གྱི་འབྲུ་མང་བའི་ལོ། ས་ཕོ་སྟག་ལོའི་ཟླ་བ་བདུན་པ་སྟེ་སྤྱི་ལོ༡༥༡༨ཙམ་ལ་ཙྭ་རི་ཏྲའི་ནུབ་ཕྱོགས་ཀྱི་སྒོ་དྲུང་བྱ་ཡུལ་འབྲས་གཤོང་དུ་སྦྱར་ཞིང་ལེགས་པར་གྲུབ་པ་ཞིག་ཡིན་ལ། གཞུང་ཡོངས་ལ་ཕྱི་མ་འཕྲིན་ལས་རྒྱུད་ཀྱི་དངོས་བསྟན་གྱི་བརྗོད་བྱ་ལྟར་ལེའུ་ཉེར་ལྔས་གྲུབ་ཡོད་ཅིང་། མདོ་ཉིད་དེ་འཛིན་གྱི་རྒྱལ་པོ་དང་པད་དཀར་ཆུན་པོ། ཙ་ར་ཀ ཡན་ལག་བརྒྱད་པའི་སྙིང་པོ་བསྡུས་པ། འགྲེལ་བ་ཟླ་ཟེར། རྡོ་རྗེ་མཁའ་འགྲོའི་འགྲེལ་བ། སྨན་མིང་རྒྱ་མཚོ། ལག་ལེན་པོད་ཆུང་གི་འགྲེལ་བ། ཟུར་མཁར་བའི་སྨན་ངོ་གསལ་བྱེད། མངོན་བརྗོད་འཆི་མེད་མཛོད། རྡོ་རྒྱུད། བདུད་རྩིའི་འབྱུང་ཁུངས། བདུད་རྩི་སྦྱོར་ཆུང་སོགས་ཐུན་མོང་དང་ཐུན་མོང་མ་ཡིན་པའི་ཁུངས་བཙུན་གྱི་གཞུང་རྣམས་གཞིར་བཞག་ཅིང་། དགོས་པའི་སྐབས་སུ་ལུང་རིགས་ཀྱི་ངེས་པ་ཅན་དུ་བཀོད་ཡོད་ལ། ཁྱད་པར་ཐང་ཕྱེ་རིལ་བུ་སོགས་སུ་བསྟན་པའི་སྨན་སྦྱོར་གྱི་རྒྱུ་སྨན་གྱི་ངོས་འཛིན་དང་། གང་ལ་གཏོང་ཡུལ་ནད་ཀྱི་དམིགས། ཇི་ལྟར་གཏོང་ཚུལ་སྦྱོར་སྡེའི་ལག་ལེན། སྦྱོར་བ་ཚད་ལྡན་སྨན་གྱི་ཕན་ཡོན་བཅས་རྗེ་ཟུར་མཁར་བའི་དགོངས་པ་ལྟར་གནད་བཞིའི་སྒོ་ནས་རྒྱས་པར་བཀྲལ་བ་ནི། ཕྱི་རྒྱུད་ཀྱི་སྨན་སྦྱོར་རྣམས་ཚུལ་བཞིན་སྦྱོར་བཟོ་བྱ་བ་དང་། ནད་ཐོག་ལག་ལེན་དུ་སྤྱོར་བར་མཇུབ་མོ་རེ་སྟོན་གྱི་ནུས་པ་ཐོན་པའོ། །

内容提要： 由于雪域部分医生以虚构的言语描述医学，部分医生满足于所知的少量秘诀，而又有一些医生则为了眼前的利益而自创医疗，致使医学理论受到了很大的冲击。因此，在琼杰巴·措且更都的请授下，具有丰富临床实践的金巴·才本多吉的弟子谢布班钦·多吉帕兰，在天竺硕果之年，土虎年七月，即1518年在杂如扎北部果庄哲雄地完成此书。全书如《后续部》所示由25章组成。以《三摩地王》《白莲束》《杂拉嘎》《八支精要》《八支精要注释·月光》《金刚空行母注释》《药名之海》

《实用小卷注释》《宿喀药物辨识》《词藻长寿宝库》《朵续》《甘露之源》《甘露小箧》等权威经典为依据，所需之处引用了相关观点，尤其在阐述汤、散等方剂组方药材的识别，对症之法，配伍实践，配伍正规的方剂功效四部分时以宿喀的观点进行了分析，对《后续部》方药的配制和临床实践起到示范作用。

བོད་ཀྱི་གསོ་རིག་ཀུན་བཏུས་བསྟུད་སྒྲིག་མ་ལས། པོད་དོན་གཉིས་པའི་ནང་དུ་བཞུགས།

在《〈藏医药大典〉续编（61—80）》中的位置：收载于第七十二卷

ཚན་པ་བརྒྱད་པ། ཕྱི་རྒྱུད་དཀའ་མཆན།

第八篇　《后续部疑难注释》

མཚན་བྱང་ཆ་ཚང་། ཕྱི་མ་རྒྱུད་ཀྱི་དཀའ་མཆན་བཞུགས་སོ། །

全名：《后续部疑难注释》

རྩོམ་པ་པོ། མི་གསལ།

作者：不详。

མ་ཡིག ལག་བྲིས། ཡིག་གཟུགས་དབུ་མེད། ཤོག་ངོས་རེར་ཐིག་ཕྲེང་བདུན། ཐིག་ཕྲེང་རེར་ཡིག་འབྲུ་སོ་ལྔ། ཁྱོན་བསྡོམས་ཤོག་ངོས་བརྒྱ་དང་བཅུ་དགུ་བཞུགས།

母本：手写本，草书体，每页7行，每行35字，共119页。

ནང་དོན་གནད་བསྡུས། ཕྱི་མ་འཕྲིན་ལས་རྒྱུད་ཀྱི་དཀའ་མཆན་འདི་ནི་གཞུང་རང་གི་མཇུག་བྱང་དུ་གསལ་བ་ལྟར། ཟུར་མཁར་བ་ལེགས་བཤད་འཚོལ་ལམ་བློ་གྲོས་རྒྱལ་པོ་མཆོག་སྐུ་འཚོ་བཞུགས་ཀྱི་དུས་དེ་ཙམ་ལ། དཔལ་ལྡན་རྒྱུད་བཞིའི་འཕྲིན་ལས་ཅུང་ཟད་བག་ལ་ཞ་བའི་ཚུལ་དུ་གནས་པ་སྟེ། དེའང་སྨན་པ་སྟོགས་བན་རྣམས་ནི་རང་བཟོ་ཁོ་ནར་མཁས་ཤིང་། གསུང་རབ་ལ་དབང་ཟ་བ་དང་། ཁ་ཅིག་གིས་ནི་རྣམ་པར་

དག་པའི་རྒྱུད་བཞི་ཉིད་ཚོང་དུས་ཀྱི་འོ་མ་བཞིན་རྣམ་པར་བསླད་ལ། ལ་ལ་ནི་དང་པོ་མཁས་པའི་སློབ་དཔོན་མི་བསྟེན། བར་དུ་ཐོས་བསམ་མཐར་མི་སྐྱོལ། མཐར་འཕྲིན་ལས་དབང་ཐང་ལ་རེ་སྟེ་ཡིག་སྣ་ཕྲན་བུ་མཐོང་བ་དང་སྨན་ངོ་འགའ་རེ་ཤེས་པ། ལག་ལེན་གཅིག་གཉིས་མཐོང་བ་ཙམ་ལ་བརྟེན་ནས་སྨན་པའི་ལས་སུ་ཞུགས་པས། ནད་སྣ་རེ་རེ་སེལ་བ་ལ་སྨན་པ་ཟུར་བ་རེ་འཚོལ་དགོས་ཤིང་། གསོ་ཐབས་རྣམས་ཀྱང་གཞུང་ཆེན་པོ་ལ་ཁུངས་མི་བཙོལ་བར་རང་གི་ཕའམ་མེས་པོ་སོགས་ལ་མཁའ་འགྲོ་མས་ལུང་བསྟན་ཏེ་མན་ངག་ཚིག་བརྒྱུད་མ་གཏོགས་སྤེལ་མ་སྤྱོད་བ་འདི་འདྲ་བ་རྣམས་ཟབ་པར་སྒྲོག་མཁན་གྱིས་ས་སྟེང་བཀང་སྟེ། ལུས་ཅན་རྣམས་ཉམ་ཐག་ཅིང་སྨན་དཔྱད་ཀྱི་བསྟན་པ་རིན་པོ་ཆེ་ཡང་ཤིང་རྟ་འདམ་དུ་བྱིང་པ་ལྟར་གྱུར་པ་ལ་ཁོང་གིས་ཐུགས་ཀྱིས་མ་བཟོད་པར་མཛད་པ་ཞིག་ཡིན་ཅིང་། དེའང་གཞུང་རྩིལ་བོར་རྒྱུད་ཕྱི་མའི་གཞུང་དོན་ལྟར་མཇུག་དོན་ཡོངས་གཏད་དང་བཅས་ལེའུ་ཉེར་བདུན་གྱིས་གྲུབ་འདུག་ལ། རྒྱུད་ཚིག་རྣམས་རང་སོར་བཞག་པའི་སྟེང་དཀའ་གནད་དང་དོགས་གནད། དོན་མ་དག་པ་དང་འཁྲུགས་པའི་ཁག་ལ་རྗེ་བཙུན་གཡུ་ཐོག་པ་ཡབ་སྲས་ཀྱི་ཕྱག་དཔེ་དངོས་སོགས་སྤུ་རབས་པའི་དཔེ་དག་པོར་བྱེད་པ་རེ་ཟུང་རྟེན་པ་དཔང་དུ་བཙུགས་ཤིང་། ཟུར་མཁར་མཉམ་ཉིད་རྡོ་རྗེའི་རྒྱུད་བཞི་རྣམ་དག་ཡིན་ངོ་ཤེས་པ་ལ་གཏུགས། ཕྱི་མ་རྒྱུད་ཀྱི་འགྲེལ་བ་སྟེ་ཕྱི་རྣམས་ཏེ་མདོར་ན་གངས་ཅན་གྱི་ལྗོངས་འདིར་གྲགས་སོ་འཚལ་གྱི་སྨན་དཔྱད་ཕྲ་མོ་དང་བཅས་པ་ཕལ་ཆེར་ལ་བླ་ཐབས་མ་ཡིན་པར་སོ་སོར་ཞིབ་ཏུ་བརྟགས་ཤིང་། ཁུངས་དང་རྒྱུ་མཚན་རྣམ་དག་དང་འབྲེལ་བའི་དཔྱད་པ་གསུམ་དང་རྟོན་པ་བཞིའི་སྒོ་ནས་ལན་ཅིག་མ་ཡིན་པར་ལེགས་པར་དཔྱད་དེ་མཆན་བཏབ་པ་ཞིག་ལགས་པས། བོད་ཀྱི་གསོ་བ་རིག་པའི་རྗེས་འཛིན་པ་སྤྱི་དང་ཁྱད་པར་ལས་དང་པོ་བ་རྣམས་ཀྱིས་ཕྱི་མ་འཕྲིན་ལས་རྒྱུད་ཀྱི་དགོངས་དོན་བདེ་བླག་ཏུ་རྟོགས་པ་དང་། མ་རྟོགས་ལོག་རྟོག་གི་འཁྲུལ་བའི་དྲི་མ་བསལ་བའི་ནོར་བུ་ཀེ་ཏ་ཀ་ལྟ་བུ་ཞིག་ཏུ་གྲུབ་བོ། །

内容提要：正如本书跋中所示，在宿喀·列协崔即洛追杰布有生之年，《四部医典》尚未发扬光大之时，医生和僧侣等专心于自创，专享典籍，有些人将《四部医典》

进行买卖，又有一些人首先不跟师，其次不修习，最终只图权势，仅凭见过一两本医书，会辨识一两种药材，掌握一两种医疗技能便从医。病患要治好一种病就需要找一名医生，各类疗法也不以典籍为依据，自诩父辈等得空行母口传秘诀的单传者诸多，众生受疾苦折磨，医疗发展如珍宝马车陷入泥潭般毫无起色。面对此状，作者心有不忍而著此书。全书如《四部医典》之《后续部》包括结语诫言共有27章，以宿喀·娘尼多吉所鉴《四部医典》正本为蓝本，在保留原文的基础上，以宇妥父子的手书等名家典籍为依据，对雪域高原享有盛誉的《四部医典》之《后续部》进行详细研究，遵循三论四信，对难点、疑点、误点和混乱的内容进行全面的注解，帮助藏医药传承者和初学者能够悟透《四部医典》的思想，如除垢珍宝般摒弃错误观点而著。

བོད་ཀྱི་གསོ་རིག་ཀུན་བཏུས་བསྟུད་སྒྲིག་མ་ལས། པོད་དོན་གཉིས་པའི་ནང་དུ་བཞུགས།

在《〈藏医药大典〉续编（61—80）》中的位置：收载于第七十二卷

ཚན་པ་དགུ་པ། ཕྱི་མ་རྒྱུད་ལས་སྦྱོར་བའི་སྐབས་ཀྱི་མུན་སེལ་སྒྲོན་མེ།

第九篇　《后续部方剂章·除暗明灯》

མཚན་བྱང་ཆ་ཚང་། ཕྱི་མ་རྒྱུད་ལས་སྦྱོར་བའི་སྐབས་ཀྱི་མུན་སེལ་སྒྲོན་མེ་བཞུགས་སོ། །

全名：《后续部方剂章·除暗明灯》

རྩོམ་པ་པོ། འཇུ་མི་ཕམ་རྣམ་རྒྱལ་རྒྱ་མཚོ། སྤྱི་ལོ་༡༨༤༦ལོར་མདོ་སྟོད་སྡེ་དགེའི་མངའ་ཁུལ་རྫ་ཆུའི་ཉེ་འགྲམ་ཡ་ཆུའི་དིང་ཆུང་དུ་སྐུ་འཁྲུངས་ཤིང་། སྤྱི་ལོ་༡༩༡༢ལོར་སྐུ་གཤེགས།

作者：居·米旁·南杰嘉措，1846年生于多堆德格境内澜沧江畔亚曲东琼，1912年卒。

མ་ཡིག ལག་བྲིས། ཡིག་གཟུགས་དབུ་མེད། ཤོག་ངོས་རེར་ཐིག་ཕྲེང་བཅུ། ཐིག་ཕྲེང་རེར་ཡིག་འབྲུ་ང་ལྔ། ཁྱོན་བསྡོམས་ཤོག་ངོས་རེ་བདུན་བཞུགས།

母本：手写本，草书体，每页10行，每行55字，共67页。

ནང་དོན་གནད་བསྡུས། གཞུང་འདི་ནི་དབུ་ཞབས་ཀྱི་དོན་རྣམས་ལེའུ་དྲུག་དང་དོན་ཚན་བཅོ་ལྔས་གྲུབ་འདུག་ལ། དེའང་ཞི་བྱེད་སྨན་གྱི་མདོ་དང་སྦྱོང་བྱེད་ལས་ཀྱི་མདོ་ལས་བཤལ་དང་འཇམ་རྩི་བཅས་ཕྱི་མ་རྒྱུད་ཀྱི་བརྗོད་བྱ་ལས་གཞན། གཞང་འབྲུམ་བརྟག་པའི་ཆ་བྱད་དང་། སྨན་གྱི་འབྲུངས་དཔེའི་སྐོར། སྨན་གྱི་ལྷ་མོ་ཞུམ་དྲལ་དུ་བསྒྲུབ་པའི་ཐབས། དྲང་སྲོང་ཨ་མོ་ལིའི་སྒྲུབ་པ་བཅས་ཀྱང་བསྟན་ཡོད་ཅིང་། སྐབས་བབ་དོན་གྱི་དཀའ་གནད་རྣམས་ལ་མ་ནུའི་འཕྲུལ་འཁོར་བདུད་རྩིའི་ཐེམ་ཆར་ཞེས་པ་དང་། ཡན་ལག་བརྒྱད་པའི་སྙིང་བསྡུས་ཀྱི་རང་འགྲེལ། སྦྲོན་གསལ་གདམས་པ་སུམ་ཅུ་པ། མདོན་བརྗོད་འཆི་མེད་མཛོད། གཡུ་ཐོག་པའི་མན་ངག་གསལ་བྱེད། འགྲེལ་བ་ཟླ་ཟེར། བདུད་རྩི་མཆོག་གི་ལུང་བམ་པོ་བརྒྱད་པ། མེས་པོའི་ཞལ་ལུང་སོགས་རྒྱ་བོད་མཁས་པའི་སྨན་དཔྱད་ཀྱི་གཞུང་ཁུངས་བཙུན་དག་ལ་ཕྱུགས་གཏུགས་ཤིང་། རང་ཉིད་ཀྱི་མཐོང་བ་བརྒྱུད་པའི་ཕྱག་ལེན་གྱིས་ཟུར་བརྒྱན་ཏེ་གསེད་བཀྲོལ་གནང་ཡོད་ལ། ཁྱད་པར་ཐང་ཕྱེ་རིལ་བུ་སོགས་ཀྱི་སྡེ་ཚན་དུ་གསལ་བའི་སྨན་སྦྱོར་སོ་སོའི་གང་བཏང་རྒྱུ་ཡི་སྨན་གྱི་ངོས་འཛིན་ལ་བྱང་ཟུར་ལུགས་གཉིས་ཀྱི་བཞེད་པ་སྤྱུ་རིས་མ་འདྲེས་པར་ཁུངས་སྐྱེལ་གསལ་བཤད་མཛད་པ་མ་ཟད། ཨུཏྤལ་དང་གེ་སར་གསུམ། གསེར་གྱི་མེ་ཏོག ཙི་ཏྲ་ཀ པ་ཤ་ཀ སྨུག་ཆུང་མདེན་ཡོན། སྲིན་ཤིང་སྣ་མ། ཀུ་དྲུས་སོགས་བཞེད་ལུགས་མང་ལ། འབྲུལ་གཞི་ཆེ་བའི་སྨན་སྣ་དྲུག་ཅུ་ལྷག་ལ་ངོས་འཛིན་འབྲུལ་སོ་བསལ་བར་གནང་བ་ནི། ཕྱི་རབས་པ་རྣམས་ཀྱིས་སྨན་སྦྱོར་བཟོ་བ་དང་ངོས་འཛིན་བྱ་བར་བདེན་རྫུན་བླང་དོར་འབྱེད་པའི་མེ་ལོང་ལྟ་བུ་ཞིག་དང་། གཉེན་པོ་ནད་ཐོག་ཏུ་མདེ་བབས་སུ་སྤྱོད་པ་ལ་མཛུབ་སྟོན་གྱི་ནུས་པ་བླ་ལྷག་ཐོན་པའོ། །

内容提要：全书分6章15节。书中除平息药物经和泄疗经之下泻和缓导等《后续部》内容之外，还有痔疮诊察器械、药物图鉴、药物制法等内容。难点部分参考和借鉴《木香衍方甘露霖雨》《八支精要自释》《三十教诫·明灯》《传记长寿宝库》《宇妥秘诀明示》《八支精要注释·月光》《甘露殊胜秘诀八卷》《祖先口述》等名家经典，结合自身实践经验进行著述，尤其对汤、散、丸剂等章中各方剂中的方药识别结合南北派观点进行了说明，对绿绒蒿、三蕊、波棱瓜子、小米辣、鸭嘴花、川西绿绒蒿、唐古特瑞香、迭裂黄堇等的诸多鉴别观点，作者选择其中争议较大的约60种药的认识进行了误点校正，为后世的方剂配制、药材真伪识别和疾病治疗提供了重要的借鉴。

བོད་ཀྱི་གསོ་རིག་ཀུན་བཏུས་བསྡུད་སྒྲིག་མ་ལས། པོད་དོན་གཉིས་པ་དང་དོན་གསུམ་པའི་ནང་དུ་བཞུགས།

在《〈藏医药大典〉续编（61—80）》中的位置：收载于第七十二和第七十三卷

ཚན་པ་བཅུ་པ། ཕྱི་རྒྱུད་རྩ་ཆུའི་ལྷན་ཐབས་མེད་དུ་མི་རུང་བ།

第十篇 《后续部脉尿重点补遗》

མཚན་བྱང་ཆ་ཚང་། ཕྱི་རྒྱུད་རྩ་ཆུའི་ལྷན་ཐབས་མེད་དུ་མི་རུང་བ་བློ་འཛིན་བདེ་ཁྱད་ཟུར་དུ་བཀོལ་བ་བཞུགས་སོ། །

全名：《后续部脉尿重点补遗·易记别录》

རྩོམ་པ་པོ། མཁྱེན་རབ་ནོར་བུ། སྐྱེ་ལོ་༡༨༨༣ལོར་དབུས་གཙང་ལྷོ་ཁའི་རྩེད་ཐང་དུ་སྐུ་འཁྲུངས་ཤིང་། སྐྱེ་ལོ་༡༩༦༢ལོར་སྐུ་གཤེགས།

作者：钦绕诺布，1883年生于卫藏山南泽当，1962年卒。

མ་ཡིག ཤིང་དཔར། ཡིག་གཟུགས་དབུ་ཅན། ཤོག་ངོས་རེར་ཐིག་ཕྲེང་དྲུག ཐིག་ཕྲེང་རེར་ཡིག་འབྲུ་ཉེར་བརྒྱད། ཁྱོན་བསྡོམས་ཤོག་ངོས་བཅུ་གཉིས་བཞུགས།

母本：木刻版，正楷体，每页6行，每行28字，共12页。

ནང་དོན་གནད་བསྡུས། ཕྱི་མ་འཕྲིན་ལས་རྒྱུད་ཀྱི་ལྷན་ཐབས་འདི་ནི་བློ་སྨན་བུདྡྷ་སྟེ་སངས་རྒྱས་ཞེས་པའི་མཚན་ཅན་གྱིས་བོད་ཀྱི་གསོ་བ་རིག་པའི་རྗེས་འཛིན་པ་རྣམས་ཀྱིས་བློ་འཛིན་སྐྱོར་སྦྱོང་བདེ་བར་དམིགས་ཏེ་མཛད་

པ་ཞིག་ཡིན་ལ། དེའང་མྱང་གི་མདོ་རྩ་ཞེས་རྗེ་གཡུ་ཐོག་པས་རྒྱུད་བཞི་གསུངས་པའི་སྐབས་སུ་རྩ་ཆུའི་མན་ངག་དཀའ་མཆན་རྣམས་ཕྱོགས་གཅིག་ཏུ་ལྷན་ཐབས་ཀྱི་ཚུལ་དུ་བཀོད་པ་རྗེ་ཉིད་ཀྱི་སློབ་བརྒྱུད་འཛིན་པ་མྱང་རིན་པོ་ཆེ་ཞེས་པས་བསྒྲིགས་པར་གྲགས་པའི་དགོངས་དོན་ལྟར། དོན་ལྔ་སྣོད་དྲུག་དང་དབང་པོ་སྒོ་ལྔའི་འབྲེལ་འཁོར་དོན་གྱི་རིགས་ལམ་ལ་བརྟེན་ཏེ། ཕྱི་ལུས་ཀྱི་ཁ་དོག་སྣ་ཚོགས་ལས་ནང་དོན་སྣོད་སོ་སོའི་ནད་གང་ཡིན་བརྟག་ཐབས་དང་། ཕྱི་དབང་པོ་ལྔའི་རྟགས་ལས་ནང་དོན་ལྔའི་ནད་རྗེས་སུ་དཔག་ཚུལ། མན་ངག་རྒྱུད་ཆེན་གྱི་ཚ་བ་རི་ཐང་མཚམས་ཀྱི་ལེའུ་བསྟན་པའི་ཁྲུད་པར་ལྕེའི་བརྟག་ཐབས། གཡུ་ཐོག་པའི་ཐོག་དྲིལ་སྐོར་གསུམ་ལས་ངོས་འཛིན་མན་ངག་གསེར་གྱི་ལྡེའུ་མིག་ལས་འཆི་དུས་ཀྱི་དབང་པོ་དང་རྩ་ཆུ་ཕྱི་ཡུལ་གསུམ་གྱི་རྟགས་ངེས་པའི་སྐོར་རྣམས་ཁྲིགས་སུ་བསྡེབས་པ་ཞིག་ལགས་པས། རྒྱུད་ཕྱི་མའི་བརྟག་པ་རྩ་ཆུའི་མདོའི་དགོངས་པ་བདེ་བླག་ཏུ་ཧྲིད་པར་འཇུག་བདེའི་ལམ་བུ་ཞིག་ཏུ་གྱུར་པའོ། །

内容提要：这本《后续部脉尿重点补遗》是御医“布达”即钦绕诺布为藏医药学继承者学习、了解《后续部》脉经、尿经内容提供便捷为目的而著。宇妥以补遗的形式所授《四部医典》脉尿秘诀疑难注释由其传承弟子“宁”仁波切汇编为《“宁”之经藏》，本书作者依其学术思想，以五官症象辨五脏六腑疾病的相关性思路，从外部各种色相诊察内部脏腑疾病，外部五官之症辨查内部五脏疾病的方法及《秘诀部》山原界热章中所示舌象诊法，《宇妥三医卷》之《诊法秘诀·金匙》中临死之际的五官、脉尿和外部体征为参考，结合自身的实践经验进行了内容充实，以帮助后人更好地记忆《后续部》脉尿诊察经内容。

བོད་ཀྱི་གསོ་རིག་ཀུན་བཏུས་བསྟུད་སྒྲིག་མ་ལས། པོད་དོན་གསུམ་པའི་ནང་དུ་བཞུགས།

在《〈藏医药大典〉续编（61—80）》中的位置：收载于第七十三卷

ཚན་པ་བཅུ་གཅིག་པ། ཕྱི་རྒྱུད་རྩ་ཆུའི་ལྷན་ཐབས་ཀྱི་འགྲེལ་བ་རྒན་པོའི་མཛུབ་རིས།

第十一篇 《后续部脉尿补遗注释·白叟指纹》

མཚན་བྱང་ཆ་ཚང་། ཕྱི་རྒྱུད་རྩ་ཆུའི་ལྷན་ཐབས་ཀྱི་འགྲེལ་བ་རྒན་པོའི་མཛུབ་རིས་ཞེས་བྱ་བ་བཞུགས་སོ། །

全名：《后续部脉尿补遗注释·白叟指纹》

རྩོམ་པ་པོ། མཁྱེན་རབ་ནོར་བུ། སྐྱེ་ལོ་༡༨༨༣ལོར་དབུས་གཙང་ལྷོ་ཁའི་རྩེད་ཐང་དུ་སྐུ་འཁྲུངས་ཤིང་། སྐྱེ་ལོ་༡༩༦༢ལོར་སྐུ་གཤེགས།

作者：钦绕诺布，1883年生于卫藏山南泽当，1962年卒。

མ་ཡིག ཤིང་དཔར། ཡིག་གཟུགས་དབུ་ཅན། ཤོག་ངོས་རེར་ཐིག་ཕྲེང་དྲུག ཐིག་ཕྲེང་རེར་ཡིག་འབྲུ་སོ་གསུམ། ཁྱོན་བསྡོམས་ཤོག་ངོས་སོ་དྲུག་བཞུགས།

母本：木刻版，正楷体，每页6行，每行33字，共36页。

ནང་དོན་གནད་བསྡུས། འདི་ནི་སྨན་རྩིས་བསྟན་པའི་གཙུག་རྒྱན་མཁས་དབང་མཁྱེན་རབ་ནོར་བུ་མཆོག་གིས་མཛད་པའི་ཕྱི་མ་འཕྲིན་ལས་རྒྱུད་ཀྱི་རྩ་ཆུའི་ལྷན་ཐབས་ཀྱི་འགྲེལ་བ་ཞིག་ཡིན་ལ། གཞུང་འདིར་མཆོད་པར་བརྗོད་པ་དང་དབང་པོའི་སྒོ་ནས་ནད་ངོས་བཟུང་བ། གཡུ་ཐོག་ཤོག་དྲིལ་ལས་འཆི་རྩ་བསྟན་པ། གཡུ་ཐོག་ཤོག་དྲིལ་ལས་འཆི་ཆུ་བསྟན་པ། གཡུ་ཐོག་ཤོག་དྲིལ་ལས་ཕྱི་ཡུལ་གྱི་རྟགས་བསྟན་པ་བཅས་ས་བཅད་རྣམ་པ་ལྔས་གྲུབ་འདུག་ལ། དེའང་གཞུང་གི་རྩ་བ་ནི་མྱང་གི་མདོ་རྩ་ཞེས་རྗེ་གཡུ་ཐོག་པས་རྒྱུད་བཞི་གསུངས་པའི་སྐབས་སུ་རྩ་ཆུའི་མན་ངག་དཀའ་མཆན་རྣམས་ཕྱོགས་གཅིག་ཏུ་ལྷན་ཐབས་ཀྱི་ཚུལ་དུ་བཀོད་པ་རྗེ་ཉིད་ཀྱི་སློབ་བརྒྱུད་འཛིན་པ་མྱང་རིན་པོ་ཆེ་ཞེས་པས་བསྒྲིགས་པར་གྲགས་པའི་དགོངས་དོན་དང་། གཡུ་ཐོག་པའི་ཤོག་དྲིལ་སྐོར་གསུམ་ལས་ངོས་འཛིན་མན་ངག་གསེར་གྱི་ལྡེའུ་མིག་ལས་འཆི་དུས་ཀྱི་དབང་པོ་དང་རྩ་ཆུ་ཕྱི

ཡུལ་གསུམ་གྱི་རྟགས་ངེས་པའི་སྐོར་དང་། མན་རྒྱུད་ཚ་བ་སྤྱི་གསོ་བའི་ལེའུའི་སྐབས་ཀྱི་འཆི་རྟགས་རྣམས་ཁྲིགས་སུ་བསྡེབས་པ་ཞིག་ལགས་ཤིང་། འགྲེལ་བ་འདིའི་བྱེད་པོས་རྩ་བའི་དོན་གྱི་དཀའ་གནད་རྣམས་ལ་སཱུ་ཏ་དང་འཇམ་དཔལ་མཚན་བརྗོད། སྨན་དཔྱད་ཟླ་བའི་རྒྱལ་པོ། ཨོ་རྒྱན་ཆེན་པོའི་གསུང་སོགས་མདོ་སྔགས་ཀྱི་གཞུང་དང་སྨན་དཔྱད་ཀྱི་བསྟན་བཅོས་ཁུངས་བཙུན་རྣམས་ལ་ཞུགས་གཏུགས་ཤིང་། རང་གི་སྦྱོང་བས་ཟུར་བརྒྱན་ཏེ་རྒྱས་བཤད་གནང་བ་ཞིག་ཡིན་ལགས་པས། རྒྱུད་ཕྱི་མའི་བརྟག་པ་རྩ་ཆུའི་མདོའི་དགོངས་པ་བདེ་བླག་ཏུ་རྟོགས་པར་འཇུག་པའི་ལམ་བུ་ཞིག་ཏུ་གྱུར་པའོ། །

内容提要：此书是《后续部脉尿重点补遗》注释，全书由颂词、以五官所显症状诊断疾病、《宇妥医卷》之死兆脉象、尿象和外部病症等5章组成。著作以《月王药诊》《大邬仗那说》等医疗经典为依据，对《后续部脉尿重点补遗》中晦涩难懂的词、隐义进行了详尽解释，为学医者更好地了解《后续部》脉尿经思想作了很好的铺垫。

བོད་ཀྱི་གསོ་རིག་ཀུན་བཏུས་བསྟུད་སྒྲིག་མ་ལས། པོད་དོན་གསུམ་པའི་ནང་དུ་བཞུགས།

在《〈藏医药大典〉续编（61—80）》中的位置：收载于第七十三卷

ཚན་པ་བཅུ་གཉིས་པ། རེག་པ་བརྡ་སྦྱོར་འཕྲིན་པ་རྩ་དང་
མཐོང་བ་མེ་ལོང་ཆུ་ལ་བརྟག་པ།

第十二篇　《切脉观尿诊断》

མཚན་བྱང་ཆ་ཚང་། རེག་པ་བརྡ་སྦྱོར་འཕྲིན་པ་རྩ་དང་མཐོང་བ་མེ་ལོང་ཆུ་ལ་བརྟག་པ་གཉིས་ཀྱི་མཆན་འགྲེལ་མུན་སེལ་སྒྲོན་མེ་ཞེས་བྱ་བ་བཞུགས་སོ། །

全名：《切脉观尿诊断注释 · 除暗明灯》

རྩོམ་པ་པོ། འཇམ་དབྱངས་བསྟན་འཛིན། སྤྱི་ལོ་༡༨༨༩ལོར་མདོ་སྨད་ཟམ་ཚ་རུ་སྐུ་འཁྲུངས་ཤིང་། སྤྱི་ལོ་

༡༥༥༢ཡོར་སླུ་གཞིགས།

作者：绛央丹增，1884年生于多麦桑察，1952年卒。

མ་ཡིག སྒྲིག་པར། ཡིག་གཟུགས་དབུ་ཅན། ཤོག་ངོས་རེར་ཐིག་ཕྲེང་ཉི་ཤུ། ཐིག་ཕྲེང་རེར་ཡིག་འབྲུ་བཅོ་ལྔ། ཁྱོན་བསྡོམས་ཤོག་ངོས་ང་གཉིས་བཞུགས།

母本：排印本，正楷体，每页20行，每行15字，共52页。

ནང་དོན་གནད་བསྡུས། འདི་ནི་ཕྱི་མ་འཕྲིན་ལས་རྒྱུད་ཀྱི་བརྟག་པ་རྩ་ཆུའི་མདོ་ཡི་བསྡུས་འགྲེལ་ཞིག་ཡིན་ལ། གཞུང་གི་མཇུག་བྱང་དུ། མཉྫུའི་མིང་ཅན་གྱིས་ཀ་མདོའི་དབེན་གནས་སུ་སྦྱར། ཞེས་གསལ་བ་ལྟར། ལྔ་རིག་སྨྲ་བ་འཇམ་དབྱངས་བསྟན་འཛིན་མཆོག་གིས་མཛད་པ་ཞིག་ལགས་ཤིང་། གཞུང་གི་རྩ་བའི་ཚིག་ལ་ལུང་འདྲེན་ཁུངས་སྐྱེལ་དང་། དགག་བཞག་གི་སྤྲོས་པ་སོགས་རྒྱ་ཆེར་མི་སྣང་ལ། སྔ་རབས་མཁས་པའི་ཡོངས་གྲགས་ཀྱི་དགོངས་པ་ཇི་བཞིན་འགྲེལ་བ་མཐར་ཆགས་སུ་བཀོད་པས། བོད་ཀྱི་གསོ་བ་རིག་པར་འཇུག་པའི་ལས་དང་པོ་བ་རྣམས་ལུང་རིགས་འཕྲུལ་གྱི་འཁྲུལ་མེའི་སྒྲོན་དུ་མི་ཚུད་པ་དང་། དོན་གྱི་འབྲས་བུ་ཚིག་གི་ལོ་མས་མི་བསྒྲིབས་པར་རྩ་ཆུའི་བརྟག་ཐབས་ཀྱི་དགོངས་པ་བདེ་བླག་ཏུ་རྙེད་པར་ཕན་པ་བླ་ལྷག་གདོན་ནུས་སོ། །

内容提要：此书是一部对《后续部》脉尿诊疗经加以简释的著作。正如跋中所示，此书是由名为"曼孜"者在"嘎朵"僻静处所著，也就是说，由五明论者绛央丹增所著。书中没有引经据典以论证观点，只是对先辈们的思想进行了逐一的注释，以期为藏医药初学者指引方向，帮助他们便捷有效地获得脉尿诊法。

བོད་ཀྱི་གསོ་རིག་ཀུན་བཏུས་བསྡུད་སྒྲིག་མ་ལས། པོད་དོན་གསུམ་པའི་ནང་དུ་བཞུགས།

在《〈藏医药大典〉续编（61—80）》中的位置：收载于第七十三卷

ཚན་པ་བཅུ་གསུམ་པ། རྩ་ཆུའི་བརྟག་པ།

第十三篇 《脉尿诊察》

མཚན་བྱང་ཆ་ཚང་། རྩ་ཆུའི་བརྟག་པ་འཁྲུལ་མེད་ངོས་འཛིན་ཞེས་བྱ་བ་བཞུགས་སོ། །

全名：《脉尿辨查无误诊断》

རྩོམ་པ་པོ། སྐུ་འབུམ་དྲུང་སྟོང་ཤེ་ལ་རྒྱ་རྡོ།

作者：塔尔寺章松希拉达杂

མ་ཡིག སློག་པར། ཡིག་གཟུགས་དབུ་ཅན། ཤོག་ངོས་རེར་ཐིག་ཕྲེང་ཉེར་གསུམ། ཐིག་ཕྲེང་རེར་ཡིག་འབྲུ་བཅུ་དྲུག ཁྱོན་བསྡོམས་ཤོག་ངོས་དྲུག་བཞུགས།

母本：排印本，正楷体，每页23行，每行16字，共6页。

ནང་དོན་གནད་བསྡུས། འདི་ནི་རིག་པ་རྩ་དང་མཐོང་བ་ཆུའི་བརྟག་ཐབས་བཀོད་པའི་ཉམས་ཀྱི་ཡིག་ཆུང་ཞིག་ཏུ་ངེས་ལ། གཞུང་རང་གི་མཇུག་བྱང་དུ། བཤེས་ཀྱི་དྲུང་སྟོང་ཤེ་ལ་རྒྱ་རྡོ་ཡིས། སྐུ་འབུམ་རིག་བྱེད་ཁང་དུ་སྦྱར། ཞེས་གསལ་བ་ལྟར། དྲུང་སྟོང་ཤེ་ལ་རྒྱ་རྡོ་ཞེས་པས་བྱང་གི་དགོན་ཆེན་བཞིའི་ཡ་གྱལ། འཛམ་མགོན་བླ་མ་ཙོང་ཁ་པ་སྐུ་བལྟམས་པའི་གནས། ཞྭ་སེར་བསྟན་པའི་དགའ་ཚལ་གཉིས་པ་ཞེས་གྲགས་པའི་ཡུལ་དུ་ལེགས་པར་སྦྱར་བ་ཞིག་ཡིན་ལ། དེའང་རྩ་བའི་དགོངས་པ་ནི་ཕྱི་མ་འཕྲིན་ལས་རྒྱུད་ཀྱི་བརྟག་པ་རྩ་ཆུའི་མདོ་ཡིན་པ་གཞིར་བྱས་ཤིང་། རྩོམ་ལུས་ཚིགས་བཅད་ཡིན་པ་ལ་ཚིག་བར་དགུ་མ་དང་བདུན་མ་ཅི་རིགས་སུ་ངེས་ལ། དབུ་ཞབས་ཀྱི་དོན་རྣམས་ཤིན་ཏུ་བསྡུས་པ་དང་། སྨན་པའི་ཚོན་ཀུན་ཆག་གི་ཡས་ཟུར་དུ་དོན་ལྡའི་རྩ་རྒྱུ་བ་དང་། མས་ཟུར་དུ་སྙོད་དྲུག་གི་རྩ་རྒྱུ་བའི་གོ་བྱེད་དུ། ཕྱིར་རྒྱུ་ཚེ་ན་དོན་ལྔའི་རླུང་ཁྲག་རྒྱུ། །དེ་ནི་སོར་གསུམ་གྱི་ནི་ཡར་ཟུར་ཡིན། །ནང་དུ་འཇུག་དུས་སྣོད་དྲུག་རླུང་ཁྲག་རྒྱུ། །དེ་ནི་སོར་མོ་གསུམ་གྱི་མར་ཟུར་

རོ། །ཞེས་དང་། ཐ་མལ་བའི་ཕྱི་ནང་དབུགས་ཀྱི་འབྱུང་འཇུག་གི་གྲངས་ནི་ལྔ་ཡིན་ཅིང་། དམན་ལྷག་གང་བྱུང་ཡང་ཚ་གྲང་གཉིས་ཀྱི་ནད་དུ་འགྱུར་བའི་གསལ་བྱེད་དུ། འཕྲིན་འཇུག་གནས་གསུམ་ཐ་མལ་དུ་གནས་པའི། ཕྱིར་རྒྱུ་ལ་གཉིས་ནང་དུ་འཇུག་ལ་གཉིས། །བར་དུ་གཅིག་བཅས་ལྔ་འཕར་ནད་མེད་རྩ། །དེ་ལས་མང་བ་དྲུག་བདུན་བརྒྱད་དགུ་རྣམས། །རིམ་བཞིན་ཚ་བ་དང་ནི་རབ་ཏུ་ཚ། །རབ་མཆོག་ཚ་དང་ཚ་བ་ལ་འདས་རྩའོ། །དེ་ལས་ཉུང་བ་བཞི་གསུམ་གཉིས་ཙམ་འཕར། །གྲང་བ་དང་ནི་རབ་ཏུ་གྲང་བ་དང་། །གྲང་བ་གཏིང་མཁར་གསུམ་ཡིན་རིམ་བཞིན་ནོ། །ཞེས་དང་། ཆུའི་བརྟག་ཚུལ་ལ། བུངས་ཆུང་ཚ་བ་ཆེ་ན་གྲང་། །ཞེས་དང་། རོ་ནི་ཚ་སྐྱུར་ཁ་བསྐ་ཚ། །མེད་ན་མངར་བ་གྲང་བའོ། །ཞེས་དྲི་ཆུའི་བུངས་ཀྱི་མང་ཉུང་དང་རོའི་བྱེ་བྲག་ལས་ཚ་གྲང་ནད་ཀྱི་ལ་ཤན་དབྱེ་བའི་ཐབས་ཀུང་བསྟན་པ་ལྟ་བུས་མཚོན་སྐབས་སྐབས་སུ་རྒྱུད་ཕྱི་མའི་སྦས་དོན་མངོན་དུ་ཕྱུངས་པའང་མང་དུ་སྣང་བས། རྒྱུད་ཕྱི་མའི་རྩ་ཆུའི་དགོངས་དོན་རྣམས་གབ་པ་དབྱུང་བ་དང་། བསྡུས་པ་རྒྱས་པར་འགྲོལ་བའི་ལྡེ་མིག་ཅིག་ཏུ་འབྱམས་སོ། །

内容提要：此书是一部关于脉尿诊法的小册。跋语中有“章松希拉达杂于塔尔寺明论室书”的记载，可见此书由章松希拉达杂在青海四大名寺之一，文殊上师宗喀巴大师诞生之地编撰。其内容以《后续部》诊脉诊尿经为基础，文体为九言或七言律诗。医生的“寸”“关”“恰”上角为五脏脉象，下角为六腑脉象，为了便于理解加入“外行时为五脏‘隆’血行，此处三指为上角，内行时为六腑‘隆’血行，此处三指为上角”的内容；人的正常脉象在一呼一吸之间搏动5次，对搏动多于或少于5次则为寒热病这种解说作者分析道:“呼吸间隙三者正常时，呼气吸气各自搏两次，间隙一次五次为常脉，多于此之六七八九次，渐为热病和非常热病，异常热病和过极热病，少于此之四三二次，逐为寒病和非常寒病，过极寒症三者依次变。”对尿诊有“量少为热多为寒”以及“味辛酸苦涩为热症，无而味甘者为寒症”的分析。根据尿量多少和不同味判断寒热的方法，书中对相关隐义进行了较多说明。此书对《后续部》脉尿理论观点进行了挖掘，对概括性说法进行了分解。

བོད་ཀྱི་གསོ་རིག་ཀུན་བཏུས་བསྟུད་སྒྲིག་མ་ལས། པོད་དོན་གསུམ་པའི་ནང་དུ་བཞུགས།

在《〈藏医药大典〉续编（61—80）》中的位置：收载于第七十三卷

ཚན་པ་བཅུ་བཞི་པ། རྩ་མདོའི་འགྲེལ་པ་ཉི་མའི་འོད་ཟེར།

第十四篇 《脉经注释·阳光》

མཚན་བྱང་ཆ་ཚང་། རྩ་མདོའི་འགྲེལ་པ་ཉི་མའི་འོད་ཟེར་ཞེས་བྱ་བ་ལེགས་པོ་རང་ཅིག་བཞུགས་སྸོ། །

全名：《脉经注释·阳光·妙自》

རྩོམ་པ་པོ། བྲང་ཏི་དཔལ་ལྡན་འཚོ་བྱེད། རབ་བྱུང་བཞི་པར་དབུས་གཙང་ས་སྐྱ་སྨན་གྲོང་དུ་སྐྱ་འཁྲུངས།

作者：昌迪·班丹措切，四胜生生于卫藏萨迦曼庄。

མ་ཡིག ལག་བྲིས། ཡིག་གཟུགས་དབུ་མེད། ཤོག་ངོས་རེར་ཐིག་ཕྲེང་བདུན། ཐིག་ཕྲེང་རེར་ཡིག་འབྲུ་ང་གཉིས། ཁྱོན་བསྡོམས་ཤོག་ངོས་སོ་བདུན་བཞུགས།

母本：手写本，草书体，每页7行，每行52字，共37页。

ནང་དོན་གནད་བསྡུས། ཕྱི་མ་འཕྲིན་ལས་རྒྱུད་ལས་རྩ་མདོའི་འགྲེལ་པ་འདི་ནི་གཞུང་རང་གི་མཇུག་བྱང་དུ་གསལ་བ་ལྟར། དཔྱོད་པ་དོན་རིག་གི་བརྟག་ཐབས་ཏེ་རིག་པ་རྩ་ལ་བརྟག་པར་ཡུལ་གངས་ཅན་གྱི་སྨན་པ་ཕལ་མོ་ཆེས་འགྲེལ་བ་རྒྱས་བསྡུས་ཅི་རིགས་མཛད་ཡོད་ཀྱང་། ཚོད་ཙམ་དང་ཕྱོགས་རེས་ཙམ་ལས་ལུང་རིགས་དང་མཐུན་ཞིང་། གཏན་ཚིགས་ཀྱིས་བསྒྲུབས་པའི་འཁྲུལ་མེད་ཀྱི་འགྲེལ་བ་དཀོན་ཞིང་། ཡང་གཞུང་ལུགས་རྒྱ་མཚོའི་ངེས་པ་ལེགས་པར་རྟོགས་ཤིང་། མཁས་མང་བཞེད་པའི་ལེགས་བཤད་མང་དུ་ཐོས་པ་དང་། འགྲེལ་བ་མན་ངག་གི་གཏེར་དུ་གྱུར་པ་རྣམས་ཀྱང་། ལག་ལེན་ལ་ཕྱུགས་རྟགས་པའི་སྨན་པའི་གཟུགས་ཙམ་འཛིན་པ་རྣམས་ཀྱིས་དང་པོ་དགེ་བའི་བཤེས་གཉེན་མི་བསྟེན་པ་དང་། བར་དུ་ཐོས་བསམ་དོར་ཏེ་ཙུང་ཟད་རྟོགས་པའི་ང་རྒྱལ་གྱིས་གཞན་ལ་ཕྲག་དོག་གིས་སྨྱོས་ཏེ་རང་གཞན་ཀུན་འཕུང་པ་ལ

ཐུགས་ཀྱིས་མ་བཟོད་པའི་བློས་ཀུན་ནས་བསླངས་ཤིང་། སངས་རྒྱས་རིན་ཆེན་བྱ་བས་ཡང་ཡང་བསྐུལ་བའི་དོན་དུ་བྲང་ཏི་དཔལ་ལྡན་འཚོ་བྱེད་ཀྱིས་མཛད་པ་ཞིག་ཡིན་ལ། གཞུང་རྗེས་བོར་རྒྱུད་ཕྱི་མའི་རྩ་མདོའི་གཞུང་དོན་ལྟར་དང་པོ་ཟས་སྤྱོད་བསྟབ་པ་ནས་མཇུག་བླ་རྩ་བརྟག་པའི་བར་ཏེ་ས་བཅད་བཅུ་གསུམ་གྱིས་གྲུབ་པར་བྱས་ལ། གཞུང་རང་དུ། དོན་སྟོང་ཅེས་པའི་དོན་ནི། རྟེན་དུ་གྱུར་པ་སྟེ། སྙིང་སེམས་ཀྱི་རྟེན། གློ་བ་དབུགས་ཀྱི་རྟེན། མཆིན་པ་ཟྭད་ཀྱི་རྟེན། མཚེར་བ་ཁྲག་གི་རྟེན། མཁལ་མ་ཆུའི་རྟེན། སྐྱིགས་མ་འཛིན་པ་ནི་སྟོད་དེ། ཕོ་བ་ཟས་ཀྱི་སྟོད། མཁྲིས་པ་རྩའི་སྟོད། ལོང་སྐྱིགས་མའི་སྟོད། རྒྱུ་མ་བཤང་བའི་སྟོད། ལྒང་པ་ཆུའི་སྟོད། བསམ་སེའུ་ཁྲག་གི་སྟོད། ཅེས་དོན་སྣོད་ཀྱི་ངོ་བོ་ངེས་ཚིག་དང་། ངེས་ཚིག་དེ་འབྲེལ་གྱི་ཡིན་ལུགས་རྣམས་ཁ་གསལ་པོ་བདེར་བསྟན་པ་ནི་གསོ་དཔྱད་ཀྱི་གཞུང་གཞན་དུ་མཐོང་དཀོན་ལ་དངོས་པོའི་གཤིས་དང་མཐུན་པ་ཞིག་འདུག་ཅིང་། གཞན་ཡང་འགྲེལ་བར། དོན་ལྔ་སྣོད་དྲུག་དབང་ལྔ་འཁོར་ཞིང་འབྲེལ་ཏེ། དོན་རེ་སྣོད་རེ་རྩ་གཅིག་གིས་བསྡུས་པ་ཡིན་པས་གཞི་གཅིག་པ་ཡིན་ལ། དེ་ཡང་སྙིང་དང་རྒྱུ་མར་འཁོར་ལྕེ་འབྲེལ། གློ་དང་ལོང་དུ་འཁོར་སྣ་འབྲེལ། མཆིན་པ་དང་མཁྲིས་པར་འཁོར་མིག་ཏུ་འབྲེལ། མཁལ་མ་གཡས་དང་ལྒང་པ། གཡོན་དང་བསམ་སེར་འཁོར། རྣ་བ་དང་འབྲེལ། ཞེས་དོན་ལྔ་སྣོད་དྲུག་དང་དབང་པོ་ལྔའི་འབྲེལ་འཁོར་དོན་གྱི་གནས་ལུགས་གསལ་བར་མཛད་པ་ནི། རྒྱུད་ཕྱི་མར། མ་ཚང་འབྲེལ་འཁོར་ཕྱི་ཡི་རྟགས་ལ་དཔག ཅེས་གསུངས་པའི་སྨྲས་དོན་གང་ཞིག་གབ་པ་མངོན་དུ་ཕྱུངས་པ་ཞིག་ལགས་པས་མཆོན་རྩ་མདོའི་གདམས་པ་གནད་ཀྱི་མན་ངག་གི་གཏེར་མཛོད་དུ་གྱུར་ཅིང་། སྔ་རབས་ཀྱི་རྒྱ་བོད་མཁས་པས་མཛད་པའི་གསོ་དཔྱད་ཀྱི་གཞུང་ཚད་མར་གྱུར་པ་རྣམས་ཀྱི་དགོངས་པའི་སྙིང་པོ་ཕྱུངས་ཤིང་། དཔྱད་གསུམ་དག་པས་གཏན་ལ་ཕབ་པས། བོད་ཀྱི་གསོ་བ་རིག་པའི་རྗེས་འཛིན་པ་སྤྱི་དང་ཁྱད་པར་ཞིབ་འཇུག་པའི་ཆེད་དཔྱད་གཞི་ཁུངས་བཙུན་ཞིག་ཏུ་གྱུར་པའོ། །

内容提要：此书跋文写道，对于辨析诊断之脉诊，诸多医家虽著有各自详简不同注解，但具有一定的片面性，符合教诫且具有权威性的注释却少见。熟谙藏医理论，聆受诸多名家善说教言，对于伏藏秘诀注解实践熟练掌握的医家因不拜良师，惰于思考而变得一知半解，且因骄傲自满而变得善妒。故在桑杰仁钦的再三请授下由昌迪·班丹措切编撰此书。全书按照《后续部》结构，从饮食起居的学习至魄脉诊断，共设13章。书中有如“脏腑之意为依处，即心为心识之依处，肺为气之依处，肝为热之依处，脾为血之依处，肾为水之依处，脏为糟粕之器，即胃为食之器，胆为脉之器，大肠为糟粕之器，小肠为便之器，膀胱为液之器，‘桑木塞’为血之器”的脏腑的定义。这种简明易懂且富有逻辑性的阐释，在其他著作中非常少见。此外，在注释中对五脏六腑和五官的关系进行了“一脏一腑一脉相承，心脏和小肠与舌相表里，肺和大肠与鼻相表里，肝和胆与眼相表里，右肾和膀胱、左肾和‘桑木塞’与耳相表里”的阐释。五脏六腑和五官相表里的生理在《后续部》中则有“不全相表里以外部症状诊”的详细记述。此著可谓传承、研学《后续部》脉经要点的权威性参考资料。

བོད་ཀྱི་གསོ་རིག་ཀུན་བཏུས་བསྡུད་སྒྲིག་མ་ལས། པོད་དོན་གསུམ་པའི་ནང་དུ་བཞུགས།

在《〈藏医药大典〉续编（61—80）》中的位置：收载于第七十三卷

ཚན་པ་བཅོ་ལྔ་པ། རྩ་མདོའི་འགྲེལ་པ་རིག་པས་དོན་གསལ།

第十五篇 《脉经注释·脉诊明示》

མཚན་བྱང་ཆ་ཚང་། རྩ་མདོའི་འགྲེལ་པ་རིག་པས་དོན་གསལ་ཞེས་བྱ་བ་བཞུགས་སོ། །

全名：《脉经注释·脉诊明示》

རྩོམ་པ་པོ། དར་མོ་སྨན་བཟང་ཆོས་གྲགས། སྐྱི་ལོ་༡༦༣༨ལོར་དབུས་གཙང་ལྷོ་ཁའི་སྣེ་གདོང་ཡར་སྟོད་དར་མོ་རུ་སྐུ་འཁྲུངས།

作者：达莫曼让巴·洛桑曲扎，1638年生于山南乃东雅砻达莫。

མ་ཡིག ལག་བྲིས། ཡིག་གཟུགས་དབུ་མེད། ཤོག་ངོས་རེར་ཐིག་ཕྲེང་བདུན། ཐིག་ཕྲེང་རེར་ཡིག་འབྲུ་ཞེ་བརྒྱད། ཁྱོན་བསྡོམས་ཤོག་ངོས་དོན་བཞི་བཞུགས།

母本：手写本，草书体，每页7行，每行48字，共74页。

ནང་དོན་གནད་བསྡུས། ཕྱི་མ་འཕྲིན་ལས་རྒྱུད་ལས་རྩ་མདོའི་འགྲེལ་པ་འདི་ནི་གཞུང་རང་གི་མཇུག་བྱང་དུ། འཆད་རྩོད་རྩོམ་པའི་དཔལ་ལྡན་ངག་གི་དབང་ཕྱུག་བློ་བཟང་རྒྱ་མཚོ་འཇིགས་མེད་གོ་ཆ་ཐུབ་བསྟན་ལང་ཚོའི་སྡེས་བླའི་སྨན་པར་ལན་མང་དུ་དབང་བསྐུར་བ། གཡུ་ལྷོ་ཏུ་སྐྱེས་པའི་འཚོ་བྱེད་པ་བློ་བཟང་ཆོས་གྲགས་ཀྱིས་ཟུར་སྨན་ལེགས་ཚོལ་གྱི་རྩ་མདོའི་རང་ལུགས་གཞིར་བཞག ཟླ་རྒྱལ་སོགས་ཁུངས་ཐུབ་ཀྱི་གསུང་རབ་ཕྲན་བུ་བཏུས་ཏེ་གོ་སླ་བའི་ཚུལ་དུ་ཕོ་བྲང་ཆེན་པོ་པོ་ཏ་ལར་སྦྱར། ཞེས་གསུངས་པ་ལྟར། དར་མོ་སྨན་རམས་པ་བློ་བཟང་ཆོས་གྲགས་མཆོག་གིས་དུས་རབས་བཅུ་བདུན་པའི་ནང་དུ་གནས་མཆོག་ལྷ་ལྡན་ཡུལ་གྱི་གྲུ་འཛིན་ཕོ་བྲང་པོ་ཏ་ལར་མཛད་པ་ཞིག་ཡིན་ལ། གཞུང་རྩིལ་བོར་རྒྱུད་ཕྱི་མའི་རྩ་མདོའི་གཞུང་དོན་ལྟར་དང་པོ་ཟས་སྤྱོད་བརླབ་པ་ནས་མཇུག་བླ་རྩ་བརྟག་པའི་བར་ཏེ་ས་བཅད་བཅུ་གསུམ་གྱིས་གྲུབ་པར་བྱས་ལ། དེའང་ཟུར་མཁར་བློ་གྲོས་རྒྱལ་པོའི་མེས་པོའི་ཞལ་ལུང་དུ་བཞུགས་པའི་རྩ་མདོའི་འགྲེལ་བའི་རང་ལུགས་རྩ་བར་བྱས་ཤིང་། སྨན་དཔྱད་ཟླ་བའི་རྒྱལ་པོ་དང་འཕགས་པ་སྤྱན་རས་གཟིགས་ཀྱི་འགྲེལ་པ། སཱུ་ཏྲ། རྩ་རྒྱུད་གསང་བ་སྙིང་པོ། བཤད་རྒྱུད་རྡོ་རྗེ་ཕྲེང་བ། བདུད་རྩི་སྙིང་པོ་བསྡུས་པ། དཔལ་དུས་ཀྱི་འཁོར་ལོ། བདེ་མཆོག ཀྱི་རྫོར། མངོན་པ་མཛོད། ཡན་ལག་བརྒྱད་པའི་སྙིང་པོ་བསྡུས་པ། བདུད་རྩི་ལྷུང་བཟེད། སྨན་བརྒྱུད་རྡོ་རྗེའི་ཚིག་རྐང་། རྩ་དཔྱད་བུ་སྟོན་མ་སོགས་མདོ་སྔགས་ཀྱི་གཞུང་ཁུངས་བཙུན་རྣམས་དང་། རྒྱ་བོད་མཁས་པའི་གསོ་དཔྱད་ཀྱི་གཞུང་ཚད་མར་གྱུར་པ་དག་ལ་ཁུངས་གཏུགས་ཏེ་གསལ་འགྲེལ་མཛད་པ་ཞིག་ལགས་ཤིང་། འགྲེལ་བར། སྲོག་རྩ་ཞེས་པ་ནི་དོན་དུ་དབུ་མ་ཡིན་ཏེ། སྲོག་ཀླུང་ཨའི་རྣམ་པ་ཅན་གྱི་རྟེན་ཡིན་པ་གང་ཞིག འཁོར་ལོ་བཞིའམ་དྲུག་གི་སྲོག་ཤིང་ཡིན་པའི་ཕྱིར། ཞེས་ཐུན་མོང་གསོ་རིག་གཞུང་གི་སྲོག་རྩ་དང་ཐུན་མིན་གསང་སྔགས་གཞུང་གི་རྩ་དབུ་མ་གཉིས་ཀྱི་འབྲེལ་བའི་ཚུལ་གསལ་བར་བྱས་པ

དང་། དེ་བཞིན་རྒྱུད་མའི་ཡར་སྣེས་བསྐྱེད་པའི་ཀླད་པ་ནི་རྩ་དཀར་ཐམས་ཅད་བསྐྱེད་པའི་གཞི་རྒྱ་མཚོ་ཆེན་པོ་དང་མཚུངས་པ་དེ་ལས་རྩ་བ་ལྟ་བུར་ཁ་ཐུར་ལྟས་སུ་ཐུག་པའི་རྩ་རྒྱུངས་པ་ནི་སྲོག་རྩ་དཀར་པོ། ཞེས་དང་། སྲོག་རྩ་ནག་པོ་ནི་ཁྲག་རྩའི་ཡན་ལག་ཐམས་ཅད་ཀྱི་གཞི་སྡོང་པོ་ལྟ་བུ་ཡིན། ཞེས་སྲོག་རྩ་དཀར་ནག་གཉིས་ཀྱི་ངོས་འཛིན་ཁ་གསལ་གོ་བདེར་མཛད་པ་སོགས་ཀྱིས་མཚོན། རྒྱུད་ཕྱི་མའི་རྩ་མདོའི་དགོངས་འགྲེལ་དུ་མ་ཟད། བོད་ཀྱི་གསོ་བ་རིག་པའི་གཞུང་གི་འབྲེལ་བ་རྩའི་གནས་ལུགས་ཕྱིན་ཅི་མ་ལོག་པར་རྟོགས་པའི་མན་ངག་གི་གཏེར་ཆེན་པོར་ངེས་སོ། །

内容提要：此《后续部》之脉经注释如在其跋文中写道：“精于《四部医典》说辩撰的洛桑嘉措久美郭恰土登朗措向德勒医生多次灌顶，出生于宇洛的洛桑曲扎以宿曼勒措的《脉经》为基础，搜集《月王药诊》等权威著作中的一些教言以简明易懂的方式在布达拉宫进行了编撰。”可见，此书是由达莫曼让巴·洛桑曲扎在17世纪于布达拉宫所著。全书根据《后续部》脉经部分自饮食准备至魄脉诊断的顺序共分13章，观点以宿喀·洛追杰布《祖先口述》中的脉经注解自见为基础，以《月王药诊》《胜乐》《论说部金刚串》《甘露要义精粹》《甘露钵》《八支精要集》《脉诊子书》等权威著作和名家医学经典为参考。注解中对一般医学著作中命脉和特殊秘咒类著作中的“沃玛”脉之间的关系进行了明示，对黑白命脉的认识以简明易懂的方式进行了记述，如“命脉实为‘沃玛’，命‘隆’为如‘ཨ’的依处，为四或六轮的命轴。”“‘江’脉上端的大脑是所有白脉之基犹如大海，由此向下延伸的髓脉为白色命脉，黑色命脉是所有血脉分支之基。”诸如此类，为认识《后续部》脉经理论思想以及藏医学经典中关于脉生理提供了重要参考。

བོད་ཀྱི་གསོ་རིག་ཀུན་བཏུས་བསྟུད་སྒྲིག་མ་ལས། པོད་དོན་གསུམ་པའི་ནང་དུ་བཞུགས།

在《〈藏医药大典〉续编（61—80）》中的位置：收载于第七十三卷

ཚན་པ་བཅུ་དྲུག་པ། རྩ་བརྟག་པའི་བསྟན་བཅོས།

第十六篇 《脉诊典籍》

མཚན་བྱང་ཆ་ཚང་། རྩ་བརྟག་པའི་བསྟན་བཅོས་ལེགས་བཤད་ཟླ་བ་གསར་པའི་འོད་འཕྲེང་ཞེས་བྱ་བ་བཞུགས་སོ། །

全名：《脉诊典籍·善说新月光串》

རྩོམ་པ་པོ། དར་མོ་བློ་བཟང་ཆོས་གྲགས། སྤྱི་ལོ་༡༦༣༨ལོར་དབུས་གཙང་ལྷོ་ཁའི་སྣེ་གདོང་ཡར་སྟོད་དར་མོ་རུ་སྐུ་འཁྲུངས།

作者：达莫曼让巴·洛桑曲扎，1638年生于山南乃东雅砻达莫。

མ་ཡིག ལག་བྲིས། ཡིག་གཟུགས་དབུ་མེད། ཤོག་ངོས་རེར་ཐིག་ཕྲེང་བདུན། ཐིག་ཕྲེང་རེར་ཡིག་འབྲུ་སོ་དྲུག ཁྱོན་བསྡོམས་ཤོག་ངོས་ཉེར་བདུན་བཞུགས།

母本：手写本，草书体，每页7行，每行36字，共27页。

ནང་དོན་གནད་བསྡུས། དཔྱོད་པ་དོན་རིག་གི་བརྟག་ཐབས་ཏེ་རིག་པ་རྩའི་གཞུང་འདི་ནི། བསྟན་བཅོས་རང་གི་མཇུག་བྱང་དུ། རྒྱ་ནག་ནས་འགྱུར་བའི་སྨན་དཔྱད་ཟླ་བའི་རྒྱལ་པོ་སོགས་རྒྱ་གཞུང་ཚད་ཐུབ་རྣམས་ལ་གཞི་བྱས། བླ་མ་དམ་པའི་གསུང་གིས་ཟུར་བརྒྱན་པ་འདི་ནི། རྒྱལ་དབང་ཐམས་ཅད་མཁྱེན་པ་ངག་དབང་བློ་བཟང་རྒྱ་མཚོའི་ཞབས་དྲུང་དུ་ཉེ་བར་འཁོད་པའི་ཤཱཀྱའི་བཙུན་པ་གསོ་རིག་སྨྲ་བ་དར་མོ་སྨན་རམས་པ་བློ་བཟང་ཆོས་གྲགས་ཀྱིས་སྦྱར་བའི་ཡི་གེ་པ་ནི་རང་གི་དངོས་སློབ་བྱིངས་པ་འཚོ་བྱེད་ངག་དབང་གྲགས་པས་བགྱིད་པའོ། །ཞེས་གསལ་བར་གསུངས་པ་ནི། རྒྱལ་མཆོག་ལྔ་པ་ཆེན་པོས་ལན་གྲངས་མང་པོར་ལྷ་སྨན་དུ་དབང་བསྐུར་མཛད་པའི་སྨན་རམས་པ་དར་མོ་བ་བློ་བཟང་ཆོས་གྲགས་མཆོག་གིས་མཛད་ཅིང་། ཉིད་

ཀྱི་སློབ་བུར་གྱུར་པ་བྱང་བ་འཚོ་བྱེད་ངག་དབང་གྲགས་པ་ལགས་ནས་ཡི་གེའི་གཟུགས་སུ་ཕབ་པ་ཞིག་ཡིན་ལ། དེའང་གཞུང་རྗེས་པོ་རྒྱུད་ཕྱི་མའི་རྩ་མདོའི་གཞུང་དོན་ལྟར་ལེའུ་བཅུ་གསུམ་གྱིས་གྲུབ་པར་བྱས་ནའང་། ནང་དོན་ཅུང་ཟད་མི་འདྲ་སྟེ་ཕྱི་མ་འཕྲིན་ལས་རྒྱུད་དུ་རྩ་བལྟ་བའི་སྔོན་འགྲོར་ནད་པའི་ཟས་སྤྱོད་སྤང་བླང་བསྟན་པ་ལ་འདིར་སྨན་དཔྱད་ཟླ་བའི་རྒྱལ་པོའི་དགོངས་པ་ལྟར་བརྟག་མཁན་སྨན་པ་དང་བརྟག་བྱ་ནད་པ་སོ་སོའི་སྤྱོད་ལམ་གྱི་སྤང་བྱ་བསྟན་ཏེ་ལེའུ་གཉིས་སུ་ཕྱེ་ལ། དེ་བཞིན་སྤྱ་མར་ཐ་མལ་ནད་ཀྱི་རྩ་དང་རྒྱུན་རྩ་གསུམ་ལེའུ་གཅིག་ཏུ་བསྡུས་པ་ལ་འདིར་སོ་སོར་བཀྲལ་བ་དང་། སྤྱ་མའི་ངོ་མཚར་རྩ་བདུན་བརྟག་པའི་ཚབ་ཏུ་འདིར་ཉིན་ཞག་གི་རྩ་ལ་བརྟག་པ་བསྟན་པས་མཚོན། རྗོམ་ལུས་ཚིགས་བཅད་ཡིན་པ་ལ་ཚིག་བར་བདུན་མ་དང་དགུ་མ་ཅི་རིགས་སུ་སྣང་ཞིང་། བརྗོད་བྱའི་དོན་གྱི་སྙིང་པོ་སྨན་དཔྱད་ཟླ་བའི་རྒྱལ་པོའི་གཞུང་དུ་གསལ་བའི་རྩ་མདོའི་དགོངས་པ་ཕྱོགས་སུ་བསྡུས་ཤིང་། བླ་མ་དམ་པའི་གསུང་གི་མན་ངག་ལག་ལེན་གྱིས་ཟུར་བརྒྱན་པ་ཞིག་སྟེ། ལྟ་བའི་ཐད་རྩའི་བལྟ་དུས་ཀྱི་སྐབས་སུ། དུས་བཞིའི་དབང་ཐང་དེ་དུས་རྒྱུ། །ཞེས་ཉི་ཟེར་ཀླུང་དུ་མ་ཕེབས་པའི་དུས་སུ་རྩ་ལ་བརྟག་ན་དེ་དུས་དུས་བཞིའི་དབང་ཐང་རྒྱུ་བའི་དུས་ཡིན་པས་ལེགས་པའི་དུས་ཡིན་པར་བསྟན་པ་ནི་ལུང་རིགས་དང་འབྲེལ་གཏམ་ཟུད་དུ་བྱུང་བར་སྣང་ལ། དེ་བཞིན་ཐ་མལ་ནད་མེད་ཀྱི་རྩ་ལ་རྒྱུན་རྩ་ཞེས་བཏགས་ཤིང་། ཕྱི་དང་ནང་དུ་རྒྱུ་བ་ལ། །གཅིག་ལ་ལྡུ་ལྡུ་འཕར་བ་ན། །དེ་དག་བཅུ་ནས་བཞི་བཅུའི་བར། །བྱུང་ན་ནད་མེད་རྩ་ཡིན་ནོ། །ཞེས་རྩ་བརྟག་པའི་ཡུན་ལ་དཔལ་ལྡན་རྒྱུད་བཞི་དང་ཅུང་ཟད་མི་མཐུན་པར་བསྟན་པ་ནི་ཞིབ་འཇུག་པའི་སྟེའི་དྲི་གཞི་ཆེན་པོ་ཞིག་ཏུ་གྱུར་ཅིང་། དཔྱད་ཞིབ་ཀྱི་དོན་ཆེ་བ་ལྟ་བུས་མཚོན་པའི་ཟབ་པ་རྒྱ་འགྲོལ་གྱི་སེན་མོ་ལྟ་བུ། མན་ངག་གསང་མཛོད་འབྱེད་པའི་ལྡེ་མིག་ལྟ་བུའི་གནད་མང་དུ་བདོག་གོ །

内容提要：正如此书跋文所示："以《月王药诊》等权威著作为参考，以名家的教言为补充的这部著作，是由达赖喇嘛阿旺洛桑嘉措的御医达莫曼让巴·洛桑曲扎所编，其亲授弟子措且阿旺智巴所书。"全书按《后续部》脉经内容结构分为13个章，但内容有所差异。《后续部》诊脉前期准备中记述了病患的饮食行为起居宜忌，此书则以《月王药诊》的观点从诊脉医生和患者各自的行为禁忌分两章进行了记述。《后续部》中将无病脉、病脉和常脉三者结合到一章中进行记述，此书则分章进行了记述。《后续部》记述七奇脉诊断部分在本书中以昼夜脉的诊断替代。本书文体形式为七言和九言偈颂体，主要将《月王药诊》中的脉经观点进行汇总，并以上师教言秘诀加以丰富。关于诊脉时间，认为“按四季之势适时诊”，即朝阳初露尚未照及大地山川时诊脉为最佳时机，并结合引文进行了很好的解释。“无病脉称为常脉，内外一息各五次，十至十四之间为常脉”及诊脉频次与《四部医典》稍有差异，为后来医学工作者继续探索的要点。此书如一把钥匙打开了秘诀宝库中的许多难解内容。

བོད་ཀྱི་གསོ་རིག་ཀུན་བཏུས་བསྐྱར་སྒྲིག་མ་ལས། པོད་དོན་གསུམ་པའི་ནང་དུ་བཞུགས།

在《〈藏医药大典〉续编（61—80）》中的位置：收载于第七十三卷

ཚན་པ་བཅུ་བདུན་པ། རྒྱ་ནག་ལུགས་ཀྱི་རིག་པ་རྩ་ལ་བརྟགས་པ།

第十七篇　《中医学脉诊》

མཚན་བྱང་ཆ་ཚང་། རྒྱ་ནག་ལུགས་ཀྱི་རིག་པ་རྩ་ལ་བརྟགས་པའི་གསར་འགྱུར་ཞེས་བྱ་བ་བཞུགས་སོ། །

全名：《中医学脉诊新变》

རྩོམ་པ་པོ། འབི་ལོ་ཚེ་དབང་ཀུན་ཁྱབ། སྐྱེ་ལོ་༡༧༡༨ལོར་མདོ་སྟོད་འབའ་དམ་ཐོག་སྒང་སྐུ་འཁྲུངས་ཤིང་། སྐྱེ་ལོ་༡༧༩༠ལོར་སྐུ་གཤེགས།

作者：毕洛·才旺更却，1718年生于多堆白当托岗，1790年卒。

མ་ཡིག སྣམ་དཔར། ཡིག་གཟུགས་དབུ་ཅན། ཤོག་ངོས་རེར་ཐིག་ཕྲེང་ཉེར་གཅིག ཐིག་ཕྲེང་རེར་ཡིག་འབྲུ་

བཅུ་དྲུག ཁྱོན་བསྡོམས་ཤོག་ངོས་བཅུ་དྲུག་བཞུགས།

母本：油印本，正楷体，每页21行，每行16字，共16页。

ནང་དོན་གནད་བསྡུས། རིག་པ་རྩའི་བརྟག་ཐབས་ཀྱི་གཞུང་འདི་ནི་སི་ཏུ་པཎ་ཆེན་ཆོས་ཀྱི་འབྱུང་གནས་ཀྱིས་རྒྱ་ནག་སྤྱོལ་རྒྱུན་གསོ་རིག་གི་གཞུང་དུ་གསལ་བའི་རྩའི་བརྟག་ཐབས་ཀྱི་གདམས་པ་རྣམས་ཕྱོགས་སུ་བསྡུས་ཤིང་། ཁ་གསལ་གོ་བདེའི་ངང་བོད་སྐད་དུ་གསར་བསྒྱུར་གནང་བ་གང་གཞིར་བྱས་ཏེ། གང་གི་སློབ་མར་གྱུར་པ་འབེ་ལོ་ཚེ་དབང་ཀུན་ཁྱབ་ཀྱིས་ཕྱི་མ་འཕྲིན་ལས་རྒྱུད་ཀྱི་རྩ་མདོ་དང་དེ་འབྲེལ་གྱི་འགྲེལ་བ་རྣམས་ཀྱི་དགོངས་པ་ཁག་དང་བསྟུར་བའི་ཚུལ་དུ་མཛད་པ་ཞིག་ཡིན་ལ། གཞུང་རྩིལ་བོར་རྩ་བརྟག་པའི་སྔོན་འགྲོ་དང་དངོས་གཞི་སྐོ་ལེའུ་གཉིས་ཀྱིས་གྲུབ་ཅིང་། དེའང་ལེའུ་དང་པོར་རྩ་བལྟ་བའི་དུས་དང་རྩ་བལྟ་བའི་གནས། ཇི་ལྟར་བལྟ་བའི་ཚུལ་བཅས་དོན་ཚན་གསུམ་དང་། ལེའུ་གཉིས་པར་བྱེ་བྲག་སོ་སོར་བཤད་པ་དང་བསྡུས་ཏེ་བཤད་པ། ཞར་བྱུང་བརྟག་ཚུལ་བཤད་པ་ཞེས་དོན་ཚན་གསུམ་གྱིས་གྲུབ་པར་བཀྲིས་ཡོད་དེ། དཔེར་ན། གསང་བ་ཐུན་མོང་མིན་པའི་དུས་ནི། སྨ་དབུགས་གཡས་གཡོན་གྱི་རླུང་གི་རྒྱུ་བ་ཡོན་པོའི་སྐབས་སུ་ཤིན་ཏུ་ཞིབ་ན་གཡས་གཡོན་གཉིས་ཀྱི་རྩ་ལ་མཐོ་དམན་སོགས་ཙུང་ཟད་འབྱུང་བ་སྲིད་པས། སྨ་བུག་གི་རླུང་མཉམ་རྒྱུ་དུས་དང་འགྲིག་ན་ཤིན་ཏུ་ངེས་པ་ཅན་ཡིན། ཞེས་ཕྱི་མ་འཕྲིན་ལས་རྒྱུད་ཀྱི་རྩ་མདོར་བསྟན་པའི་རྩ་བལྟ་བའི་དུས་ཀྱི་ཁྱད་ཆོས་དྲུག་ལྡན་དུ་གྲགས་པ་ལས། གཙོ་བོ་ནང་དབུགས་དྲན་མོ་ཕྱི་ཊུ་མ་ཐོན་ཞིང་། ཕྱི་དབུགས་གྲང་མོ་ནང་དུ་མ་ཞུགས་པའི་དུས་མ་ཡིན་པའི་ཚུལ་གསལ་བར་བསྟན་ཅིང་། བོད་ཀྱི་རྒྱུད་འགྲེལ་མཁན་པོ་སྟ་མ་ཕལ་གྱིས་རྒྱུད་དོན་ལ་མ་བརྟག་མ་དཔྱད་པར་ལོག་འགྲེལ་གནང་བར་མ་རངས་པའི་ཚུལ་བསྟན་པ་ལྟ་བུ་དང་། གཞན་ཡང་རྒྱ་ནག་གསོ་རིག་གཞུང་གི་གསན་རྩའུ་ངོས་འཛིན་དང་ཕྱི་རྩ་བདུན་དང་ནང་རྩ་བརྒྱད། ཤིན་ཏུ་བསྡུས་པའི་རྩ་བཞི། ཚོན་ཀན་ཆག་གསུམ་གྱི་ངོས་འཛིན་རྣམས་ནི་གསོ་དཔྱད་ཀྱི་གཞུང་གཞན་རྣམས་སུ་ཧ་ལམ་མཐོང་དཀོན་པ་ལྟ་བུར་སྣང་ལ། དེ་ནི་བོད་ཀྱི་གསོ་རིག་དང་རྒྱ་ནག་གསོ་རིག་ལུགས་ཀྱི་རྩའི་བརྟག་ཐབས་ལ་དཔྱད་བསྡུར་ཉམས་ཞིབ་བྱ་བའི་ལྡེའུ་མིག་གལ་ཆེན་ཞིག་ཏུ

གྱབ་བོ། །

内容提要： 此书由毕洛·才旺更却以司徒班钦却吉君乃对传统中医学著作所载脉诊法教诫进行汇编的译文为依据所著。全书由诊脉前期准备和具体诊脉2章组成。第一章包括诊脉时间、诊脉部位、诊脉方法3个方面。第二章包括具体说、总结说、附加诊断3个方面。如书中对太阳未照及大地山川时诊脉的原因解释道：左右鼻息有差异时细微观察左右脉也有所差异，故宜鼻息无差异时诊察；对《后续部》中诊脉时间六个特点中“体内热气未呼出体外，体外寒气未吸入体内”并非诊脉时间的观点进行了说明。书中还对历代名家对《四部医典》要点的错误注释和错误理解进行了纠正。此外，此书关于中医学中“三焦”的认识、七外脉、八内脉、四聚脉、“寸、关、恰”三脉的认识等在其他藏医著作中未见记载。此书对藏医学和中医学脉诊法进行的比较分析，对该领域的研究发挥着重要的参考价值。

བོད་ཀྱི་གསོ་རིག་ཀུན་བཏུས་བསྟུད་སྒྲིག་མ་ལས། པོད་དོན་གསུམ་པའི་ནང་དུ་བཞུགས།

在《〈藏医药大典〉续编（61—80）》中的位置： 收载于第七十三卷

ཚན་པ་བཅོ་བརྒྱད་པ། རྩ་བརྟག་ཚུལ་མདོར་བསྡུས།

第十八篇　《诊脉法简编》

མཚན་བྱང་ཆ་ཚང་། རྩ་བརྟག་ཚུལ་མདོར་བསྡུས་བཞུགས་སོ། །

全名：《诊脉法简编》

རྩོམ་པ་པོ། ཚུལ་ཁྲིམས་སམ་ཆ་ཏར་དགེ་བཤེས་བློ་བཟང་ཚུལ་ཁྲིམས། སྐྱེ་ལོ་༡༧༤༠ལོར་སོག་ཡུལ་ཆ་གན་ནོ་ཡར་དུ་སྐུ་འཁྲུངས་ཤིང་། སྐྱེ་ལོ་༡༨༡༠ལོར་སྐུ་གཤེགས།

作者： 慈成，又名高僧洛桑慈成，1740年生于蒙古恰甘诺尔，1810年卒。

མ་ཡིག ལག་བྲིས། ཡིག་གཟུགས་དབུ་མེད། ཤོག་ངོས་རེར་ཐིག་ཕྲེང་བདུན། ཐིག་ཕྲེང་རེར་ཡིག་འབྲུ་ཉེར་གསུམ། ཁྱོན་བསྡོམས་ཤོག་ངོས་སུམ་ཅུ་བཞུགས།

母本：手写本，草书体，每页7行，每行23字，共30页。

ནང་དོན་གནད་བསྡུས། གཞུང་འདི་ནི་རྒྱུད་ཕྱི་མའི་རིག་པ་རྩ་ལ་བརྟག་ཐབས་མདོར་བསྡུས་སུ་བཀོད་པ་ཞིག་ཡིན་ལ། གཞུང་རང་གི་མཇུག་བྱང་དུ། རྩ་བལྟ་བའི་དགོས་པ་ནི་ནད་གང་ཡིན་ཤེས་པའི་ཆེད་ཡིན་པས་མི་ཤེས་བཞིན་དུ་རྙེད་གྲགས་འདོད་པས་གཞན་བསླུ་བ་དང་། ཞིབ་ཏུ་མ་བརྟགས་པར་གྱི་ཚོམ་དུ་འཇུག་པ་སོགས་སྤངས་ཏེ། བཟང་པ་བཟང་པོས་རྩའི་འཕར་ཚུལ་དང་ན་ཚུལ་རྣམས་ལ་ཡང་ཡང་བརྟགས་ཏེ་སྨན་དཔྱད་བྱས་ན་གཞན་ལ་ཕན་ཞིང་རང་ལ་བསོད་ནམས་དུ་འགྱུར་རོ། །ཞེས་དང་། བརྟག་ཚུལ་མདོར་བསྡུས་གོ་སླར་བརྗོད་པ་འདི་ནི་སློབ་འདོད་འགའ་ལ་ཕན་པའི་བསམ་པའམ་ཚུལ་ཁྲིམས་ཀྱིས་སྦྱར་བའོ། །ཞེས་གསལ་བར་བསྟན་པ་བཞིན། ཚུལ་ཁྲིམས་སུ་འབོད་པས་སྨན་པར་གྱུར་པ་ཁ་ཅིག་གིས་རྩ་བལྟ་བའི་སྐབས་སུ་མི་ཤེས་བཞིན་དུ་རང་གི་རྙེད་པ་དང་མཚན་སྙན་གྲགས་ཀྱི་དོན་དུ་ཉམ་ཐག་ནད་པ་གཞན་རྣམས་བསླུ་བ་དང་། འགའ་ཞིག་གིས་བློ་ཞིབ་མོས་མ་བརྟགས་མ་དཔྱད་པར་གྱི་ཚོམ་དུ་ནད་པའི་རྩ་ལ་བརྟག་པ་སོགས་ལ་ཐུགས་བརྩེ་བས་གཟིགས་ཏེ་མཛད་ཅིང་། དགེ་ཚུལ་ཡོན་ཏན་རབ་རྒྱས་ཞེས་པས་ཡི་གེའི་གཟུགས་སུ་བཀོད་པ་ཞིག་ལགས་ཤིང་། གཞུང་རྩིལ་པོ་རྒྱུད་ཕྱི་མའི་རྩ་མདོའི་བརྗོད་བྱ་རྣམས་རྩ་བར་བཟུང་བ་གཞིར་བྱས། ཅུང་ཟད་བསྡུས་པའི་ཚུལ་དུ་ཟས་སྤྱོད་བསླབ་པ་དང་། རྩ་བལྟ་བའི་དུས་བསྟན་པ། རྩ་བལྟ་བའི་གནས། རྩའི་མནན་ཚད། རྩའི་བལྟ་ཚུལ། རྩའི་དབྱེ་བ། རྩའི་འཕར་གྲངས་ལས་ནད་ངོས་བཟུང་བ། འཆི་རྩ་བསྟན་པ། བླ་རྩའི་བརྟག་ཐབས་བཅས་རྩ་བའི་ས་བཅད་དགུའི་ལམ་ནས་གྲུབ་པར་བགྱིས་ཤིང་། དེ་ཉིད་ལས། བསམ་སེའུ་ཞེས་པ་རྩའི་མདུད་པ་ཤ་སྐྱེན་འདྲ་བ་ཞིག་སྟེ། བུད་མེད་ལ་བསམ་སེའི་རྩ་ལ་མངལ་གྱི་ནད་བརྟག་གོ །ཞེས་བསམ་སེའུའི་ངོས་འཛིན་ཚིག་ཉུང་དོན་དྲིལ་གྱིས་བསྟན་པ་མ་ཟད། མངལ་ནད་དང་བསམ་སེའུའི་དབར་གྱི་འབྲེལ་བ་གསལ་བར་མཛད་པ་དང་། དེ་བཞིན་ཚ་བའི་སྤྱི་ཙ་དྲུག་གི་ངོས་འཛིན་

ལ། དྲག་པ་ནི་འཕར་བའི་ཤུགས་ཆེ་བའོ། །རྒྱས་པ་ནི་སྟེང་དུ་ཐོན་ནས་མཐོ་བའོ། །མྱུར་བ་ནི་མགྱོགས་པར་འཕར་བའོ། །མཁྲང་པ་ནི་སྲ་ལ་མཁྲེགས་པ་སྟེ། མནན་ཀྱང་དམའ་རུ་འགྲོ་དཀའ་བའོ། །ཁྲིམས་པ་ནི་པི་ཝང་གི་རྒྱུད་ལྟ་བུའོ། །དར་སྐུད་ཁྲིམས་པ་ལྟ་བུའོ། །ཞེས་དང་། གྲང་བའི་སྤྱི་རྩ་དྲུག་གི་ངོས་འཛིན་ལ། ཞན་པ་ནི་ཤུགས་ཆུང་བར་འཕར་བའོ། །བྱིང་པ་ནི་ཤའི་འོག་ཏུ་སོང་བ་ལྟར་མི་མངོན་པར་འཕར་བའོ། །དལ་བ་ནི་ཐུལ་བའོ། །སྟོང་པ་ནི་མནན་ན་འཕར་མི་ཐུབ་པ་ཕོང་སྟོང་ངོ་། །ཞེས་གསལ་བཤད་ཀྱི་དཔེ་དང་སྦྱར་ཏེ་ཚ་གྲང་གཉིས་ཀྱི་སྤྱི་རྩ་དྲུག་པོའི་འཕར་ཚུལ་རྣམས་དབང་པོ་མངོན་སུམ་ལ་སྣང་བ་ལྟ་བུར་མཛད་པ་མ་ཟད། དྲག་འདྲིལ་མགྱོགས་ཁྲིམས་བཞི་ནི་འཕར་ཚུལ་གྱི་ཁྱད་པར་དང་། རྒྱས་མཁྲང་གཉིས་ནི་རྩའི་གནས་ཚུལ་གྱི་ཁྱད་པར་རོ། །ཞེས་ཚ་བའི་སྤྱི་རྩ་དྲུག་གི་འཁྲུལ་སོ་བསལ་ཐབས་དང་བཅས་ཕས་བུ་ལ་གདམས་པ་ལྟ་བུར་མཛད་པ་ནི། བོད་ཀྱི་གསོ་བ་རིག་པའི་ནད་ཐོག་ལག་ལེན་ལ་མཛུབ་མོ་རིང་སྟོན་ཀྱི་ནུས་པ་ཐོན་པའོ། །

内容提要：此书对《后续部》诊脉法进行了简要的记述。作者在跋文中写道：“诊脉的意义是为了诊断疾病，应摒弃为了名声不懂装懂欺瞒病患和不进行详细诊查而仓促诊断的行为。好的医者会对脉象和病症等进行反复诊断后医治，这样不但对病患有益，而且还能为自己积福。”作者“慈成”获悉一些医者在诊脉时虽不会诊察但为了自己名声而欺瞒病患，还有一些医者不进行详细诊察而随意对病患的脉象进行诊察等情况，因出于怜悯而著此书。全书以《后续部》脉经内容为基础，简明扼要地对诊脉前的饮食起居、诊脉时间、诊脉部位、诊脉按压程度、诊脉法、脉的分类、根据脉的搏动次数诊断疾病的方法、死兆脉和魄脉诊法等9章进行了记述。书中写道：“‘桑木塞’脉是像肉淋巴结的一种脉，对于女性而言‘桑木塞’脉用于诊察子宫的病变”，简单地说明了“桑木塞”及其与子宫病症的关系。还有“对于热症六脉的诊断，洪脉搏动力度强，昂脉突于表面而高昂，疾脉搏动次数快，实脉搏动坚而实，按压难以变得弱，弦脉搏动如琴弦，如同丝线紧绷般”“对于寒症六脉的诊断，微脉搏动力度弱，沉脉如在肌下不明显，缓脉脉搏动显松弛，虚脉按压难搏而空虚”等记载，不但举例说明了寒热症二者六脉的搏动方式，而且阐明洪、滑、疾、弦四脉为搏动方式的不同，昂、实二脉为脉的存在方式不同等六脉鉴别法。此著作对藏医学临床实践具有很好的指导和借鉴意义。

བོད་ཀྱི་གསོ་རིག་ཀུན་བཏུས་བསྡུད་སྒྲིག་མ་ལས། པོད་དོན་གསུམ་པའི་ནང་དུ་བཞུགས།

在《〈藏医药大典〉续编（61—80）》中的位置：收载于第七十三卷

ཚན་པ་བཅུ་དགུ་པ། རྩ་མདོའི་བསྡུས་བཤད།

第十九篇　《脉经概说》

མཚན་བྱང་ཆ་ཚང་། རྩ་མདོའི་བསྡུས་བཤད་རྒྱུད་དགོངས་ཉ་གང་བཞུགས་སོ། །

全名：《四部医典脉经概说·圆月》

རྩོམ་པ་པོ། འཇམ་མགོན་ཀརྨ་བསྟན་འཕེལ། སྤྱི་ལོ་༡༧༧༣ལོར་མདོ་སྟོད་ཡུལ་ཤུལ་འབྲོང་པའི་ཡུལ་ལྷ་རྟ་རྒྱལ་འཕེལ་བཟང་གི་ཞོལ་དུ་སྐུ་འཁྲུངས། སྤྱི་ལོ་༡༨༤༦ལོར་སྐུ་གཤེགས།

作者：绛贡·噶玛丹培，1773年生于多堆玉树仲巴玉拉达杰培桑下部，1846年卒。

མ་ཡིག ལག་བྲིས། ཡིག་གཟུགས་དབུ་མེད། ཤོག་ངོས་རེར་ཐིག་ཕྲེང་དྲུག ཐིག་ཕྲེང་རེར་ཡིག་འབྲུ་སོ་ལྔ། ཁྱོན་བསྡོམས་ཤོག་ངོས་སུམ་ཅུ་བཞུགས།

母本：手写本，草书体，每页6行，每行35字，共30页。

ནང་དོན་གནད་བསྡུས། ཕྱི་མ་འཕྲིན་ལས་རྒྱུད་ཀྱི་རྩ་མདོའི་བསྡུས་དོན་འདི་ནི་གཞུང་རང་གི་མཇུག་བྱང་དུ། ལྷུན་པོས་ཟློལ་ཟློག་སྐབས་སུ་བསྒྲིལ། །དེ་དག་ཅུད་ཀྱིས་གཞན་ནོར་འགུགས། །ལེགས་བཤད་ཉི་མའི་སྙིང་པོ་ལ། །གསེར་མིག་རྒྱས་པ་ཅི་ལ་མགུ། །མང་དུ་འཆད་པའི་ན་བུན་གྱིས། །རྒྱུད་དོན་འོད་སྟོང་ལ་ག་ཤད་བགྲིས། །ཅུང་ཟད་བསྡུས་པའི་མ་ཧེ་བ། །དགོས་དོན་མི་ཟད་འདི་ལ་ལྟོས། །ཞེས་གསུངས་པ་ལྟར། སྐྱི་

བོ་བླུན་པོ་ཁ་ཅིག་གིས་ནི་གཡོ་སྒྱུའི་ཐབས་འབའ་ཞིག་སྐྱབས་སུ་རེ་ཞིང་། ཞུད་བསྔོད་ཆེན་པོས་གཞན་གྱི་རྒྱུ་ནོར་གཡོ་འགུག་གིས་དུས་འདའ་བ་དང་། ཁ་ཅིག་གིས་དཔལ་ལྡན་རྒྱུད་བཞིའི་བཞེད་དགོངས་ཉི་མའི་འོད་ཟེར་ལ་མ་བརྟག་མ་དཔྱད་པའི་འགྲེལ་བཤད་ན་བུན་གྱིས་བསྒྲིབས་ཏེ་རྨོངས་པར་བྱེད་པ་སོགས་ལ་དམིགས་ཏེ། རྒྱུད་ཕྱི་མའི་རྩ་མདོར་ཚིག་ཉུང་དོན་དྲིལ་གྱིས་གསལ་འགྲེལ་གནང་བ་ཞིག་ཡིན་ལ། གཞུང་རྗེས་བོར་རིག་པ་རྩ་ལ་བརྟག་པའི་གཞུང་དོན་ལྟར། དང་པོ་སྔོན་འགྲོ་ཟས་སྤྱོད་ཀྱི་སྤང་བླང་བསླབ་པ་ནས་མཇུག་བླ་རྩ་བརྟག་པའི་བར་ཏེ། བརྟག་བྱེད་ཐབས་ཀྱི་ས་བཅད་ལྔ་དང་། བརྟག་བྱ་ཡུལ་གྱིས་བསྡུས་པའི་ས་བཅད་བརྒྱད་དེ་བསྡོམས་རྩ་བའི་ས་བཅད་བཅུ་གསུམ་གྱིས་རྫོགས་པར་བཀྲིས་ཡོད་ཅིང་། དེའང་སྔོད་ཅེས་བར་ནས་མལ་གསོ་བ་འདྲ་བའམ། འཐེན་ཞེས་མལ་མི་གསོ་ཡང་བར་འཕར་ལུགས་རེ་རེ་ཙམ་ལ་ག་ལེར་འཕར་བའམ། འཁྲིག་པ་ནི་འཕར་ཐེངས་རེ་ལའང་ཤུགས་ཆེ་ཆུང་བྱེད་པ་དཔེ་ཁུར་བསིག་བྱེད་པ་ལྟ་བུ། ཞར་བ་ནི་རྩའི་གཡས་གཡོན་སྟོད་སྨད་མི་མཉམ་པ་དཔེར་ན་མིག་ཡ་ལ་སྐྱོན་བྱུང་བའི་ཞར་བ་འདྲ་བ། རྩ་རྒྱུད་གཅིག་དེ་ལ་ཕྲ་སྦོམ་གཉིས་གཤིབ་ཡོད་པ་འདྲ་ན་ལྟེམ་དྲལ་དང་། གཡས་གཡོན་ཕྲ་སྦོམ་ཡོད་ཀྱང་རྩ་མིང་སྲིང་འདྲ་བས་ལྟེམ་དྲལ་ཡིན། ཡང་རྩ་སྦོམ་ལྟེད་ཀྱི་ནང་ན་ཕྲ་མཁྲང་ཡོད་འདྲ་བ་དཔེར་ན་རྒྱ་མའི་ནང་ན་ཏུས་པ་ཕྲ་མོ་བརྒྱང་སྟེ་བསྐུལ་བའི་རིག་བྱ་འདྲ་བ་རྩའི་ནང་ན་གཞན་འཐུམས་པའམ་རྒྱུགས་པ་ཟེར་བ། ཞེས་ཐ་མལ་ནད་མེད་ཀྱི་རྩ་བསྟན་པའི་སྐབས་ཀྱི་སྐྱོན་ཅན་གྱི་རྩ་རྣམས་ལ་ཐ་རབས་མཁས་པའི་གཞུང་དང་རང་གི་མཐོང་བ་བརྒྱུད་པའི་ཉམས་མྱོང་གིས་ཟུར་བརྒྱན་ཏེ་གསལ་བཤད་ཀྱི་དཔེ་དང་སྦྱར་ཏེ་མངོན་སུམ་དབང་པོའི་ཡུལ་ལ་འཆར་བ་ལྟ་བུར་གསལ་བར་མཛད་པ་མ་ཟད། ཚ་བ་སྟོབས་ཆེན་གྱི་རྩ་ལ་དྲག་པར་འཕར་ལ་ནད་ཀླུང་ཁྲག་གིས་གང་བས་རྒྱས་པ་དང་གཅིག ཚ་བ་འཁྲིང་གི་རྩ་ནང་ནས་ཁྲག་ཤ་འདྲིལ་བ་འདྲ་ཞིང་འཕར་ལུགས་མགྱོགས་པ་དང་གཉིས། ཚ་བ་སྟོབས་ཆུང་ལ་རྩ་འཕར་ལུགས་ཟབ་སྐྱུད་གྲིམས་པའི་རྒྱུད་ལ་རེག་པ་ལྟར་ཕྲིལ་ཕྲིལ་བྱེད་པའི་རེག་བྱའང་རྒྱུས་པ་ལ་རེག་པ་བཞིན་སྐྱ་མཁྲང་ངེ་བ་དང་གསུམ་མོ། །ཞེས་ཚ་བའི་སྤྱི་རྩ་དྲུག་གི་འཕར་ལུགས་རྣམས་ཚ་བ་རབ་འབྲིང་ཐ་གསུམ་དང་སྦྱར་ཞིང་། ཇི་ལྟར་འཕར་བའི་རྒྱུ

མཚན་དང་འཕར་ལུགས་རྣམས་དཔེའི་སྒོ་ནས་གསལ་སྟོན་གནང་བ་ནི་རྩ་མདོའི་འགྲེལ་བ་གཞན་རྣམས་སུ་ཏ་ལམ་མཐོང་དཀོན་པའི་ཚོད་དུ་སྣང་ལ། བོད་ཀྱི་གསོ་བ་རིག་པའི་ནད་ཐོག་ལག་ལེན་དུ་རིག་པ་རྩ་ལ་བརྟག་པའི་ཉམས་མྱོང་གི་དམར་ཁྲིད་ཅིག་ཏུ་ངེས་སོ། །

内容提要： 此书跋文中写道："庸医诡诈作掩护，欺瞒方式敛他财，善说太阳之精华，金光乍现何以足，犹如空中迷雾般，《四续》光芒被遮蔽，简要方式所记述，诸多要义见此处。"意为一些庸医靠夸大吹嘘、欺诈诡辩的方式敛取他人财物，还有一些医者学习未经理论要义分析研究的《四部医典》注解时对其内容如被迷雾遮挡阳光般懵懂难解。鉴于此，作者对《后续部》脉经内容以简单易懂的语言进行了解读。全书如脉经格式，分为从饮食、行为起居的前期准备至魄脉诊断之间的诊法5章和诊察患者8章，共计13章。书中指出多种病变脉象。如：间歇脉的搏动犹如间隙休息，掣脉的搏动即使未做休息也搏动缓慢；箍脉的搏动如抖擞般强弱有所不同；盲脉的搏动如同单侧眼睛有眼疾时会眼盲般上下左右不均衡；同一脉如同粗细两脉并行般即为并行脉，左右粗细虽有所不同但脉如姊妹而并行；脉粗盈松弛中如有细而坚实感如小肠有硬骨外突感的脉为朦胧脉或昏脉。作者以历代名医的经典为参考，结合自身的实践经验进行补充，采用各种比喻的方式形象地进行了说明。此外，这样形象的解释方式在其他脉经注释中很少见。这是一部实用的藏医临床诊疗脉诊实践经验总结之作。

བོད་ཀྱི་གསོ་རིག་ཀུན་བཏུས་བསྟུད་སྒྲིག་མ་ལས། པོད་དོན་གསུམ་པའི་ནང་དུ་བཞུགས།

在《〈藏医药大典〉续编（61—80）》中的位置： 收载于第七十三卷

ཆན་པ་ཉི་ཤུ་པ། ཆུ་མདོའི་འགྲེལ་པ་མཐོང་བས་དོན་གསལ།

第二十篇 《尿经注释·所见明示》

མཚན་བྱང་ཆ་ཚང་། ཆུ་མདོའི་འགྲེལ་པ་མཐོང་བས་དོན་གསལ་བཞུགས་སོ། །

全名：《尿经注释·所见明示》

རྩོམ་པ་པོ། དར་མོ་སྨན་རམས་པ་བློ་བཟང་ཆོས་གྲགས། སྤྱི་ལོ་༡༦༣༨ལོར་དབུས་གཙང་ལྷོ་ཁའི་སྣེ་གདོང་ཡར་སྟོད་དར་མོ་རུ་སྐུ་འཁྲུངས།

作者：达莫曼让巴·洛桑曲扎，1638年生于山南乃东雅砻达莫。

མ་ཡིག ལག་བྲིས། ཡིག་གཟུགས་དབུ་མེད། ཤོག་ངོས་རེར་ཐིག་ཕྲེང་བདུན། ཐིག་ཕྲེང་རེར་ཡིག་འབྲུ་སོ་དྲུག ཁྱོན་བསྡོམས་ཤོག་ངོས་བཅོ་ལྔ་བཞུགས།

母本：手写本，草书体，每页7行，每行36字，共15页。

ནང་དོན་གནད་བསྡུས། ཕྱི་མ་འཕྲིན་ལས་རྒྱུད་ཀྱི་ཆུ་མདོའི་འགྲེལ་བ་འདིའི་གཞུང་རྟེལ་བོ་ལེའུ་གསུམ་གྱིས་རྫོགས་པར་བགྱིས་ཡོད་དེ། གཞུང་རང་གི་གླེང་སློང་གི་སྐབས་སུ། འདིར་བལྟ་བ་ཆུ་ལ་བརྟག་པའི་རིམ་པ་ལ། ཕྱི་རྒྱུད་ལས། སྔོན་འགྲོ་བལྟ་དུས་སྣོད་དང་གྱུར་ཚུལ་དང་། །ཐ་མལ་ནད་ཆུ་འཆི་ཆུ་གདོན་ཆུ་སྟེ། །ཞེས་པ་ལྟར། བརྟག་ཚུལ་བརྒྱད་གསུངས་པ་ལས། སྔ་མ་ལྔ་གོ་སླ་བས་བཏང་སྙོམས་སུ་བཞག་སྟེ། དྲུག་པ་ཉིད་གཙོ་བོར་བྱས་པའི། ཞར་བྱུང་ལ་ཕྱི་མ་གཉིས་ཀྱི་བརྟག་ཚུལ་ཡང་ཙུང་ཟད་སྤྲོ་བར་བྱེད། ཅེས་གསུངས་པ་ལྟར། རྒྱུད་ཕྱི་མའི་ཆུ་མདོའི་གཞུང་དོན་ལ་ལེའུ་བརྒྱད་ཡོད་པ་ལས་དང་པོ་སྔོན་འགྲོ་ནས་ལྔ་པ་ཐ་མལ་གྱི་ཆུའི་བརྟག་ཚུལ་རྣམས་ནི་ཅུང་ཟད་གོ་བདེ་བས་ཞིབ་པར་སྤྲོ་བའི་ངལ་བ་སྤངས་ཤིང་། དྲུག་པ་ནད་ཆུ་དང་བདུན་པ་འཆི་ཆུ། བརྒྱད་པ་གདོན་ཆུ་བཅས་ས་བཅད་གསུམ་གྱི་གཞུང་དོན་ཚིག་ཙུང་དོན་དྲིལ་གྱིས་གསལ་

འགྲེལ་གནང་བ་ཞིག་ཡིན་ལ། དེའང་རྒྱུད་ཕྱི་མའི་ཆུ་མདོའི་གཞུང་ཚིག་སོར་བཞག་བྱས་པའི་སྟེང་དཀའ་གནད་དང་དོགས་གནད་རྣམས་ལ་སྐབས་སྐབས་སུ་མཆན་འགྲེལ་གནང་བ་གཞིར་བྱས། སྨན་དཔྱད་ཟླ་བའི་རྒྱལ་པོའི་གཞུང་དུ་བསྟན་པའི་ཆུའི་བརྟག་ཐབས་རྣམས་སྐབས་དོན་དང་འབྲེལ་བའི་མཚམས་སུ་ཞིབ་པར་ལུང་འདྲེན་མཛད་འདུག་པ་ཞིག་ལགས་པས། བོད་ཀྱི་གསོ་བ་རིག་པའི་ཞིབ་འཇུག་པའི་སྐེས་དཔལ་ལྡན་རྒྱུད་བཞི་དང་སྨན་དཔྱད་ཟླ་བའི་རྒྱལ་པོ་གཉིས་ལས་བསྟན་པའི་དྲི་ཆུའི་བརྟག་ཐབས་ཀྱི་ཐུན་མོང་དང་ཐུན་མོང་མ་ཡིན་པའི་ཁྱད་ཆོས་ལ་དཔྱད་བསྡུར་ཞིབ་འཇུག་བགྱི་བར་ཁུངས་ཐུབ་ཀྱི་དཔྱད་གཞིའི་ཡིག་ཆ་གལ་ཆེན་ཞིག་ཏུ་གྲུབ་བོ། །

内容提要：此书对《后续部》尿经进行了注释，全书分为3章。书中作者说明《后续部》尿经共有8章，第一章先备至第五章正常尿象的诊断部分因容易理解，书中未花费精力进行解释，对第六章病尿象、第七章死兆尿象和第八章“敦”邪尿象3章的疑难点言简意赅地进行了解疑。在保留《后续部》尿经部分内容的基础上引用《月王药诊》中的尿诊法的相关观点进行了解释。此书是一部对《四部医典》和《月王药诊》诊尿法理论进行比较研究的藏医学重要文献。

བོད་ཀྱི་གསོ་རིག་ཀུན་བཏུས་བསྟུད་སྒྲིག་མ་ལས། པོད་དོན་གསུམ་པའི་ནང་དུ་བཞུགས།

在《〈藏医药大典〉续编（61—80）》中的位置：收载于第七十三卷

ཚན་པ་ཉེར་གཅིག་པ། དཔྱད་ཀྱི་མཆོག་གྱུར་གཏར་ག

第二十一篇 《特色外治放血疗法》

མཚན་བྱང་ཆ་ཚང་། དཔྱད་ཀྱི་མཆོག་གྱུར་གཏར་གའི་རྣམ་གྲངས་གཏར་མིག་ཕན་ཡོན་བཅས་བཞུགས་སོ། །

全名：《特色外治放血分类及穴位功效》

རྩོམ་པ་པོ། ཀརྨ་ཆོས་རྒྱལ་ཡེ་ཤེས་འགྱུར་མེད། སྤྱི་ལོ་༡༨༡༠ལོར་མདོ་སྟོད་ཡུལ་ཤུལ་གྱི་ཟ་སྟོད་འབྲོང་པར་སྐུ་

འབྱུངས་ཤིང་། སྤྱི་ལོ་༡༨༧༠ལོར་སྐུ་གཤེགས།

作者：噶玛却吉·叶西晋美，1810年生于多堆玉树杂多仲巴，1870年卒。

མ་ཡིག སྒྲིག་པར། ཡིག་གཟུགས་དབུ་ཅན། ཤོག་ངོས་རེར་ཐིག་ཕྲེང་བཅུ་དགུ། ཐིག་ཕྲེང་རེར་ཡིག་འབྲུ་བཅུ་གཉིས། ཁྱོན་བསྡོམས་ཤོག་ངོས་ཞེ་བརྒྱད་བཞུགས།

母本：排印本，正楷体，每页19行，每行12字，共48页。

ནང་དོན་གནད་བསྡུས། འདི་ནི་དཔྱད་མཆོག་གཏར་གའི་གསང་དམིགས་ཕན་ཡོན་དང་བཅས་ཚིག་ཉུང་དོན་དྲིལ་གྱིས་བཀོད་པ་ཞིག་ཡིན་ལ། གཞུང་རང་གི་མཇུག་བྱང་དུ། དེང་སང་སྨན་པ་ཕལ་ཆེར་ལག་ལེན་ལ། །ཁོག་སྟོད་ནད་ལ་སྨད་དུ་གཏར་དགོས་ཟེར། །སྨད་ནད་ན་བར་སྟོད་དུ་གཏར་ཕན་ཟེར། །གཞུང་ནས་བཤད་པ་དེ་དག་རས་བོར་ནས། །ལྐུགས་པོའི་ངག་སྒྲོས་འཆལ་བར་ཚད་མར་བྱེད། །ཅེས་དང་། ཡང་དེ་ལས། དེང་སང་གཙག་ཆ་འཛིན་པས་ས་ཁེངས་ཀྱང་། །གཏར་མིག་ཚང་མ་ཤེས་མཁན་ཆེར་དཀོན་པས། །རང་གཞན་ཀུན་ལ་འདི་ཉིད་མཁོ་ཆེ་བས། །སྔོན་བྱོན་མཁས་པའི་གསུང་ལ་དཔང་པོར་བྱས། །ལག་ལེན་མཁོ་ཆེ་མདོར་བསྡུས་ཉིད་དུ་བྲིས། །ཞེས་གསུངས་པ་ལྟར། གཞུང་འདིའི་མཛད་པ་པོ་ཨ་དཀར་ཆོས་རྒྱལ་ལམ་ཀརྨ་ཆོས་རྒྱལ་ཡེ་ཤེས་འགྱུར་མེད་མཆོག་སྐུ་འཚོ་བཞུགས་ཀྱི་སྐབས་ཏེ། དུས་རབས་བཅུ་དགུ་པ་ཙམ་ལ་སྨན་པའི་མིང་ཙམ་འཛིན་པ་ཕལ་ཆེར་གྱིས་དཔལ་ལྡན་རྒྱུད་བཞིའི་གཞུང་གི་གཏར་གའི་ལག་ལེན་ལ་དཔྱད་པས་མ་ཚུགས་པར་གཟུ་ལུམ་འོལ་ཚོད་ཙམ་གྱིས་ལུས་སྟོད་ཀྱི་ནད་ལ་ལུས་སྨད་དུ་གཏར་དགོས་ཟེར་བ་དང་། དེ་བཞིན་ལུས་སྨད་དུ་ན་བར་སྟོད་ལ་གཏར་དགོས་པར་མ་བརྟག་བྱུང་རྒྱལ་དུ་སྨྲ་བ་དང་། ཡང་ལག་ཏུ་གཏར་གའི་གཙག་ཆ་ཐོགས་པས་ས་སྟེང་ཁེངས་ཀྱང་། དངོས་དང་གབ་པའི་གཏར་དམིགས་རྣམས་སྤྱི་རིས་མ་འདྲེས་པར་ཤེས་མཁན་ཤིན་ཏུ་དཀོན་པའི་ཚུལ་ལ་དགོངས་ཏེ། སྔ་རབས་མཁས་པའི་ཁུངས་བཙུན་གྱི་གཞུང་རྣམས་དཔང་པོར་མཛད་ཅིང་། ལག་ལེན་དུ་ཉེ་བར་མཁོ་བ་རྣམས་ཚིག་ཉུང་དོན་དྲིལ་གྱིས་བཀོད་པ་ཞིག་ཡིན་ལ། རྩོམ་ལུས་ཚིགས་བཅད་ཡིན་པ་ལ་ཚིག་བར་དགུ་མར་ཡོད་

ཅིང་། དབུ་ཞབས་ཀྱི་དོན་རྣམས་ཕྱི་མ་འཕྲིན་ལས་རྒྱུད་ཀྱི་དངོས་བསྟན་གྱི་གཏར་རྩ་དོན་བདུན་བསྟན་པ་དང་། སྦས་པའི་གབ་རྩ་རེ་ལྔ། གཏར་གཞི་སྟོན་འགྲོར་མེད་དུ་མི་རུང་བའི་དབྱེ་ཐང་རྣམས་ སྤྱིའི་ཚུལ་དུ་བསྟན་པ་དང་། བྱེ་བྲག་ཏུ་མགོའི་དངོས་ཀྱི་གཏར་རྩ་ཉེར་གཅིག་དང་སྦས་པའི་གཏར་རྩ་ཉེར་བརྒྱད། ལག་པའི་དངོས་བསྟན་གྱི་གཏར་རྩ་སོ་བཞི་དང་གབ་པའི་གཏར་རྩ་ཉེར་བཞི། རྐང་པའི་དངོས་ཀྱི་གཏར་རྩ་བཅོ་བརྒྱད་དང་གབ་པའི་གཏར་རྩ་བཅུ་གཉིས། ལུས་སྟུབས་ཀྱི་གཏར་རྩ་བཞི་བསྟན་པ་བཅས་རྩ་བའི་ས་བཅད་བཅུའི་སྒོ་ནས་རྫོགས་པར་བཀྲིས་ཡོད་ལ། དངོས་དང་གབ་པའི་གཏར་རྩ་བརྒྱ་དང་ཞེ་གཉིས་ཀྱི་མིང་དང་གཏར་དམིགས་ཕན་ཡོན་དང་བཅས་གསལ་བར་མཛད་པ་མ་ཟད། ལྷག་རལ་གྱི་གཏར་དམིགས་བསྟན་པའི་སྐབས་སུ། འདི་མུར་གོང་འཕར་རྩ་སྐྲ་ཡི་གསེབ་ཏུ་གཏར་གསུངས་པ་དེ་དང་གཅིག་པ་ཡིན་པར་བཞེད་པས་མིག་མཇུག་ཐད་ནས་གྱེན་དུ་ཁྱུག་པ་མང་པོ་བྱས་ཡོད་པས། ཁྱུག་པ་རེ་ཚད་མི་ཤོར་བར་ཁྱུག་པ་མེད་པར་གཙག་བུ་ཕྲ་མོས་སྦྲ་ཕྱུག་ཏུ་གཏར། ཞེས་དང་། དེ་བཞིན་སོ་རྩ་འཕར་བའི་སྐབས་སུ། འདིའི་སྣེ་མོ་ཁ་ཡི་ནང་ནས་གྱེན་དུ་ཡར་ཟུག་པ་ཁ་ཡི་དུག་རྩ་ནག་པོ་གཉིས་ཟེར། རྩ་འདི་ལ་སྟོད་བྱུང་ན་སྨྱུར་དུག་གི་རྟགས་ངོ་མཚར་ཅན། ཞེས་གསུངས་པ་ལྟ་བུས་མཚོན་སྐབས་སྐབས་སུ་དཀའ་གནད་དང་དོགས་གནད་རྣམས་ལ་གཞུང་གདམས་མན་ངག་གིས་ཕྱུག་པའི་མཆན་གསལ་ཐག་ཆོད་པ་རེ་གནང་ཡོད་པ་ནི། བོད་ཀྱི་གསོ་བ་རིག་པའི་ནད་ཐོག་ལག་ལེན་དུ་ཟབ་པ་རྒྱ་འགྲོལ་གྱི་སེན་མོ་ལྟ་བུར་འབྱུམས་སོ། །

内容提要：这是一部简明扼要地记述特色外治疗法放血穴位功效的著作。其跋文载："目前多数医生之实践，上体病于下体行放血，下体病于上体行放血。经典所述实践遭摒弃，庸医所说获得信任。""现在手持器械者众多，掌握放血穴者甚寡，此为医患众人均所需，历代名家教言须重视，实践所需简要得以书。"作者阿格曲吉，又名噶玛却吉·叶西晋美针对19世纪多数医者未对《四部医典》放血疗法实践进行扎实掌握而随意杜撰，流行上体病行下体放血和下体病行上体放血的言论，且手持医疗器械者虽多，但实际上掌握放血隐穴的却稀少等现象，以历代名医的权威医典为参考，对临床实践所需部分进行了言简意赅的说明。此书的文体为九言偈颂体，总体上记述了《后续部》所载77放穴脉、65隐脉、放血前期必备的分离汤，具体对头部21放血脉和28放血隐脉，手部34放血脉和24放血隐脉、足部18放血脉和12放血隐脉、全身4放血脉等从6章进行了阐述。书中疑难点之教诫为藏医临床实践提供了可靠的参考。

བོད་ཀྱི་གསོ་རིག་ཀུན་བཏུས་བསྐྱར་སྒྲིག་མ་ལས། པོད་དོན་གསུམ་པའི་ནང་དུ་བཞུགས།

在《〈藏医药大典〉续编（61—80）》中的位置：收载于第七十三卷

ཚན་པ་ཉེར་གཉིས་པ། དཔྱད་མཆོག་གཏར་ཁ་གདབ་པའི་རྩའི་ངོས་འཛིན།

第二十二篇　《特色外治放血脉辨识》

མཚན་བྱང་ཆ་ཚང་། དཔྱད་མཆོག་གཏར་ཁ་གདབ་པའི་རྩའི་ངོས་འཛིན་སོགས་གསལ་བར་བཀོད་པ་བླ་མའི་ཞལ་ལུང་དཔྱད་ཀྱི་གཅེས་འཕྲང་ཞེས་བྱ་བ་བཞུགས་སོ། །

全名：《特色外治放血脉辨识等明示・上师口传・外治关隘》

རྩོམ་པ་པོ། འོ་རྫོང་བློ་བཟང་སྦྱིན་པ། དུས་རབས་བཅུ་དགུ་པའི་སྨད་ཙམ་དུ་མདོ་སྟོད་ཡུལ་ཤུལ་རྫོང་འབྲོང་མདའ་རུ་སྐུ་འཁྲུངས།

作者：奥宗・洛桑晋巴，19世纪下叶生于多堆玉树县仲达。

མ་ཡིག ཤིང་དཔར། ཡིག་གཟུགས་དབུ་ཅན། ཤོག་ངོས་རེར་ཐིག་ཕྲེང་དྲུག ཐིག་ཕྲེང་རེར་ཡིག་འབྲུ་ཉེར་དྲུག ཁྱོན་བསྡོམས་ཤོག་ངོས་ང་གསུམ་བཞུགས།

母本：木刻版，正楷体，每页6行，每行26字，共53页。

ནང་དོན་གནད་བསྡུས། དཔྱད་མཆོག་གཏར་གའི་གདམས་པ་མ་ལུས་གཅིག་ཏུ་བསྡུས་པའི་གཞུང་བཟང་ལག་ལེན་གྱི་གནད་འདུས་པ་ཚིག་ཚོམ་མ་འདི་ནི། གཞུང་རང་གི་མཇུག་བྱང་དུ། དུས་དེང་སང་སྐྱིགས་མའི་

རང་རྟགས་ཀྱིས། སུ་ལས་ཀྱང་མ་བསླབ། གང་ལ་ཡང་མ་སྦྱངས་ཀྱང་བསླབ་སྦྱང་བྱས་པ་རྣམས་ལས་ཁྱད་པར་འཕགས་པའོ་ཟེར་བ་སོགས་ཀྱི་ཟློག་པོ་སྙིང་ཁམས་ཅན་མི་ཤེས་ཤེས་མདོག་གིས་བཅོས་ཉེས་དང་ལག་དཀྲུས་འགྲོ་བའི་སྲོག་ལེན་པ་དེ་འདྲའི་ལུགས་སུ་སོང་ན། ཚེ་འདི་ཕྱི་གཉིས་ཕུང་ཞིག་འོང་བའི་ཉེན་ཡོད་ཕྱིར། ཞེས་དང་། མཁས་པའི་དགོངས་པ་དག་དང་མི་འགལ་ཞིང་། །བསླུག་པ་ཙམ་གྱིས་ཚིག་པའི་ཡི་གེ་འདི། །རང་གི་ཡིད་ལ་ཡང་ཡང་གོམས་ཕྱིར་དང་། །བློ་དམན་སྐྱེ་བོ་འགའ་ལ་ཕན་ཕྱིར་བྲིས། །ཞེས་གསུངས་པ་ལྟར། གཞུང་འདིའི་མཛད་པ་པོ་འོ་ཇོང་བློ་བཟང་སྦྱིན་པ་མཆོག་སྐུ་འཚོ་བཞུགས་ཀྱི་སྐབས་ཏེ། དུས་རབས་བཅུ་དགུ་པའི་སྨད་ཙམ་ལ་དང་པོ་སློབ་དཔོན་མཁས་པའི་དྲུང་དུ་རིག་པའི་གནས་རྣམས་ལ་མི་བསླབ་ཅིང་། བར་དུ་རང་གི་བསམ་སྐྱོམ་གྱིས་དོགས་པའི་གནད་ལ་སྒྲོ་འདོགས་མི་གཅོད་པར་སྨན་དཔྱད་སོགས་རིག་པའི་གནས་གང་ལའང་མ་བསླབ་མ་སྦྱངས་པ་རྣམས་ལས་ཁྱད་དུ་འཕགས་པར་རློམ་པ། གཡོ་སྒྱུའི་ལས་འབའ་ཞིག་གིས་གཞན་རྣམས་བསླུ་བའི་བླུན་པོ་སྙིང་ཁམས་ཅན་ཁ་ཅིག་གིས་མི་ཤེས་ཤེས་མདོག་གིས་བཅོས་ཉེས་པ་དང་། སྨན་པའི་ལག་དཀྲུས་ཉམ་ཐག་ནད་པའི་སྲོག་འཕྲོག་པའི་ཚུལ་ལ་ལེགས་པར་དགོངས་པ་དང་། གཏར་རྩའི་ངོས་འཛིན་རྣམས་དཔལ་ལྡན་རྒྱུད་བཞིའི་འགྲེལ་ཆེན་ཁག་དང་གཅེས་བཏུས་རྣམས་སུ་ཆེར་མི་གསལ་ཞིང་། དེའུ་དམར་པཎ་ཆེན་གྱི་ཞལ་དཀར་མེ་ལོང་དུའང་གདབ་དམིགས་འགའ་ཞིག་དཔྱད་དཀའ་བར་སྣང་བས་ཟུར་གསལ་ཞིག་བྱུང་ན་ཞེས་དོན་གཉེར་བ་འགའ་ཞིག་གི་འདོད་པ་བསྐང་བའི་སླད་དུ། སྔོན་བྱོན་མཁས་པའི་དགོངས་པ་ཟབ་མོ་དང་མི་འགལ་ཞིང་། འཚོ་བྱེད་ལས་དང་པོ་བ་རྣམས་ཀྱིས་ཀྱང་བསླུག་པ་ཙམ་གྱིས་གསལ་བར་རྟོགས་ནུས་པར་མཛད་པ་ཞིག་ཏུ་སྣང་ལ། གཞུང་ཧྲིལ་པོ་དཔྱད་མཆོག་གཏར་གའི་གདམས་པའི་གནད་ཀུན་ཚང་ལ་མ་ནོར་བར་འདུས་པ། དང་པོ་གཏར་གའི་ཆ་བྱད་ཀྱི་བརྟག་ཐབས་དང་གཏར་རུང་མི་རུང་གི་ནད་གཞི་བརྟག་ཐབས། གཏར་གའི་གདབ་ཐབས་དངོས། གཏར་གའི་སྐྱོན་དང་གཏར་ལེགས་པའི་ཕན་ཡོན། ཞར་བྱུང་སྨན་པའི་བསླབ་བྱ་དང་བཅས་རྩ་བའི་ས་བཅད་དྲུག་གི་སྒོ་ནས་མཇུག་གྲུབ་པར་བཀྱིས་ཡོད། དེའང་རྩེ་ཚུང་གི་སྐབས་སུ། འདི་བློ་རྩ་ཡིན། སྟོད་ནད་རིགས་

ཀུན་ལ་ཕན་པས་སྟོད་ཀྱི་སྒོ་གཉིས་ཟེར། ཞེས་དང་། ཕྲུས་མོའི་རྩ་ཆེན་གྱི་སྐབས་སུ། འདི་ལ་བརླའི་རྩ་ནག་ཟེར། དོན་སྣོད་སྤྱི་གསང་དང་སྨད་ཀྱི་གཉན་གཉིས་ཟེར། ཞེས་དང་། དེ་བཞིན། རྩ་རྣམས་གནད་འགག་གིས་བསྡུ་ན། རྩ་ཆེན་བརྒྱད་ལ་འདུ་སྟེ། སྟོད་རྩ་ཐམས་ཅད་རྩེ་ཚུང་རྒྱལ་པོ་ལྟ་བུ་ལ་འདུ་བས། གཏར་ན་སྟོད་ནད་སེལ། བར་རྣམས་སྟོད་ཀ་བློན་པོ་ལྟ་བུར་འདུ་བ་གཏར་བས་བར་ནད་ཀུན་སེལ། སྨད་རྣམས་ཡོང་རྩ་དམངས་མཆོ་ལྟ་བུར་འདུ་བ་གཏར་བས་སྨད་ནད་སེལ། སྐབ་ཁྲུང་ཕོ་ཉ་ལྟ་བུར་འདུ་བ་གཏར་བས་འཕོར་སྡུད་ཀྱི་ཚུལ་གྱིས་ཕན་པར་འགྱུར། ཞེས་གསུངས་པ་སོགས་མན་ངག་གནད་ཀྱི་གདམས་པ་དུ་མས་ཕྱུག་ཅིང་། རྒྱུད་ཕྱི་མའི་གཏར་གའི་སྐབས་དོན་གསལ་བར་དབྱེད་པའི་ལྡེ་མིག་ལྟ་བུར་དང་གིས་གྲུབ་བོ། །

内容提要： 此书是一部汇集特色外治放血疗法教诫实践要点的著作。跋文载：“现浊世之际，一些未跟师且没学问却自诩医术高超的狡诈之人不懂装懂行医行骗，因误治而危及患者生命，任其发展就会产生极大的危害。”“为了不悖名医之思想，读而便能会意所著之书，反复记于心中且熟练，益于愚钝者而著此书。”可见，作者奥宗·洛桑晋巴在其有生之年，即于19世纪末期，一方面针对不在名师处学习各类知识，然后对疑难知识点不思考和修习的自视甚高而欺诈骗取他人财物的狡诈行医之人及其不懂装懂而误治患者，从而危及患者生命的情况，另一方面为了满足个别医者对于《四部医典》诸多注解和帝玛尔所著《白晶鉴》中对放血脉和放血穴位难懂之处进行解疑的诉求，以不违背历代名医的思想为准则，为向初学者提供浅显易懂的知识而编著了此书。书中从放血器械、适应症和禁忌症的判定法、放血法、放血弊端和放血功效以及附录医生知识等6方面进行了记述。阐述颈外静脉时写道：“此为肺脉，宜于上体各类疾病而称为上体二门。”阐述膝部大脉时载有：“此为大腿黑脉，称为脏腑总穴和下体二要害。”“各脉按要害可归结为八大脉，即上体脉全归结于如君王的颈外静脉，此处放血可治疗上体疾病；中部所有脉可归结于如大臣的肘正中静脉，此处放血可治疗身体中部诸病；下体所有脉可归结于如民众的内踝静脉，此处放血可治疗下体诸病；如信使的腘窝静脉放血可以聚合的方式治疗聚合病。”此书中的秘诀要点教诫，如把钥匙解开了《后续部》放血疗法中的隐晦语句。

བོད་ཀྱི་གསོ་རིག་ཀུན་བཏུས་བསྟུད་སྒྲིག་མ་ལས། པོད་དོན་གསུམ་པའི་ནང་དུ་བཞུགས།

在《〈藏医药大典〉续编（61—80）》中的位置：收载于第七十三卷

ཚན་པ་ཉེར་གསུམ་པ། མེ་བཙའི་གསང་ཕན་ཡོན།

第二十三篇 《火灸秘诀功效》

མཚན་བྱང་ཆ་ཚང་། མེ་བཙའི་གསང་ཕན་ཡོན་བཅས་བཞུགས་སོ། །

全名：《火灸秘诀功效》

རྩོམ་པ་པོ། ཀརྨ་ཆོས་རྒྱལ་ཡེ་ཤེས་འགྱུར་མེད། སྤྱི་ལོ་༡༨༡༠ལོར་མདོ་སྟོད་ཡུལ་ཤུལ་གྱི་ཛ་སྟོད་འབྲོང་པར་སྐུ་འཁྲུངས་ཤིང་། སྤྱི་ལོ་༡༨༧༠ལོར་སྐུ་གཤེགས།

作者：噶玛却吉·叶西晋美，1810年生于多堆玉树杂多仲巴，1870年卒。

མ་ཡིག ལག་བྲིས། ཡིག་གཟུགས་དབུ་མེད། ཤོག་ངོས་རེར་ཐིག་ཕྲེང་བདུན། ཐིག་ཕྲེང་རེར་ཡིག་འབྲུ་སོ་བཞི། ཁྱོན་བསྡོམས་ཤོག་ངོས་སོ་ལྔ་བཞུགས།

母本：手写本，草书体，每页7行，每行34字，共35页。

ནང་དོན་གནད་བསྡུས། འདི་ནི་གཞུང་རང་གི་མཇུག་བྱང་དུ། དེ་ལྟར་སྨྲ་མེ་གཙོར་གྱུར་པའི། །མེ་ཡི་འཕྲུལ་འཁོར་ཕལ་ཆེར་དང་། །རླུང་གི་འཕྲུལ་འཁོར་རྣ་འཇིབ་བཅས། །སྔོན་བྱོན་མཁས་མང་གཞུང་ལ་བསྟུན། །འགྲོ་ཕན་རྒྱ་ཆེར་འབྱུང་བར་ཤོག ཅེས་པའང་སྨན་པའི་མིང་ཙམ་འཛིན་པ་ཀརྨ་ཆོས་རྒྱལ་གྱིས་རང་ཉིད་ཀྱི་ཉེ་མཁོར་བྲིས་སོ། །ཞེས་གསུངས་པ་ལྟར། ཨ་དཀར་ཆོས་རྒྱལ་ལམ་ཀརྨ་ཆོས་རྒྱལ་ཡེ་ཤེས་འགྱུར་མེད་མཆོག་གིས་རང་ལ་ཉེ་བར་མཁོ་བའི་ལག་ལེན་རྣམས་སྔོན་བྱོན་མཁས་མང་འདུས་པ་རྒྱ་མཚོའི་གཞུང་ལ་ཁུངས་གཏུགས་ཏེ། ཟིན་བྲིས་སུ་མཛད་པ་ཞིག་ཡིན་པར་སྣང་ལ། རྩོམ་ལུས་ཚིགས་བཅད་ཡིན་པ་ལ་ཚིག་བར་

དགུ་མར་ཡོད་ཅིང་། གཞུང་ཧྲིལ་པོ་རྒྱབ་ཀྱི་མེ་གསང་ང་བདུན་དང་། མདུན་གྱི་མེ་གསང་བདུན་ཅུ། མགོ་ཡི་གསང་མིག་དོན་གསུམ། ལག་པའི་མེ་གསང་ང་བརྒྱད། རྐང་པའི་མེ་དམིགས་རེ་བཞི། མེ་དཔྱད་ཞེར་གསུམ། རྙིང་སྐོར་དང་སྨན་བཙོས་སྐོར་བཅས་རྩ་བའི་ས་བཅད་བདུན་གྱི་སྒོ་ནས་མཇུག་གྲུབ་པར་བཀྲིས་ཡོད། དེའང་ལུས་ཀྱི་མདུན་རྒྱབ་སྟོད་སྨད། མགོ་རྐང་ལག་དང་བཅས་པའི་མེ་གསང་མི་འདྲ་བ་སུམ་བརྒྱ་དང་ཉེར་གཉིས་ཀྱི་མིང་དང་མེ་དམིགས། ཕན་ཡོན། རྒྱ་ནག་ཆུ་ཡི་མེ་བཙའ་དང་ཧོར་གྱི་མེ་བཙའ། ཏིལ་བ་སོགས་མེ་དཔྱད་ཉེར་གསུམ་དང་། གཞན་མེ་བུམ་དང་རྭ་འཇིབ་ཀྱི་ལག་ལེན་ཕན་ཡོན་དང་བཅས་ལག་ལེན་དམར་ཁྲིད་དུ་གདམས་ཡོད་ཅིང་། ཁྱད་པར་མགོའི་མེ་གསང་དོན་གསུམ་ལས་ཁ་འགྲམ་ཚོན་རེའི་སར་མེ་བཙའ་གདབ་པའི་ཕན་ཡོན་བསྟན་པའི་སྐབས་སུ། ཟ་བའི་རྩེ་ནས་གྱེན་དུ་ཚོན་རེ་གཞལ་བ་དང་། སྤུད་སྒོ་མཚོགས་གསང་དེ་བཞི་མགོ་ཡི་གཉེན་པོ་སྒོ་བཞི་ཞེས་མགོ་རླུང་ལ་ཕན། ཞེས་དང་། མིག་ནད་རབ་རིབ་ཀྱི་འགྲིབས་ལམ་དགག་པའི་གསང་བསྟན་པའི་སྐབས་སུ། གསེར་ཚུགས་སམ་མ་རྙེད་ན་རྡོ་གསེར་མིག་གསང་རྣམས་ལ་ཚུགས་གཏུགས་པ་ཡིན། ཞེས་གསུངས་པ་སོགས་ཀྱིས་མཚོན་པའི་མན་ངག་ལག་ལེན་གྱི་གནད་འདུས་པ་མང་དུ་བཏོག་པས། འཚོ་བྱེད་སྨན་པར་གྱུར་པ་རྣམས་ཀྱིས་གཞུང་མང་འཚོལ་བའི་ངལ་བ་བསྐྱེན་མི་དགོས་པར་སྨན་ཐོག་གཅིག་ཏུ་མེ་བཙའི་གསང་དམིགས་ཕན་ཡོན་དང་བཅས་གསལ་རྗེན་དུ་རྟོགས་ནུས་སོ། །

内容提要：正如跋文所载：“如是艾灸为主疗法，火之疗法大多数，‘隆’之疗法角罐等，均于名医典籍符，能为众生所受益，是医家噶玛曲吉自身所需而书”，此书为阿格却吉又名噶玛却吉·叶西晋美为了自身实践需求，以历代名医的经典著作为依据所记录的笔记。文体为九言偈颂体，全书由背部57灸穴、前部70灸穴、头部73灸穴、手部8灸穴、足部64灸穴、23种灸疗器械、足跟疗和痞瘤疗法等7章组成。书中对身体前后上下，以及头、足、手等处322个不同灸穴的名称、穴位、功效，中医水热灸、“霍尔”灸、烙器等23种灸疗器械以及火罐和角罐的实践功效等进行了记述。各类秘诀实践要点的清晰记录，为医者快捷查阅火灸穴位功效等相关内容提供了极大方便。

བོད་ཀྱི་གསོ་རིག་ཀུན་བཏུས་བསྡུད་སྒྲིག་མ་ལས། པོད་དོན་གསུམ་པའི་ནང་དུ་བཞུགས།

在《〈藏医药大典〉续编（61—80）》中的位置：收载于第七十三卷

ཚན་པ་ཉེར་བཞི། དུགས་དང་ལུམས་ཀྱི་ལྷན་ཐབས།

第二十四篇 《罨敷和药浴补遗》

མཚན་བྱང་ཆ་ཚང་། དུགས་དང་ལུམས་ཀྱི་ལྷན་ཐབས་ཉུང་བསྡུས་བཞུགས་སོ། །

全名：《罨敷和药浴补遗简编》

རྩོམ་པ་པོ། ཀརྨ་ཆོས་རྒྱལ་ཡེ་ཤེས་འགྱུར་མེད། སྤྱི་ལོ་༡༨༡༠ལོར་མདོ་སྟོད་ཡུལ་ཤུལ་གྱི་ཛ་སྟོད་འབྲོང་པར་སྐུ་འཁྲུངས་ཤིང་། སྤྱི་ལོ་༡༨༧༠ལོར་སྐུ་གཤེགས།

作者：噶玛却吉·叶西晋美，1810年生于多堆玉树杂多仲巴，1870年卒。

མ་ཡིག ལག་བྲིས། ཡིག་གཟུགས་དབུ་མེད། ཤོག་ངོས་རེར་ཐིག་ཕྲེང་དྲུག ཐིག་ཕྲེང་རེར་ཡིག་འབྲུ་ཉེར་དྲུག ཁྱོན་བསྡོམས་ཤོག་ངོས་བཅུ་དགུ་བཞུགས།

母本：手写本，草书体，每页6行，每行26字，共19页。

ནང་དོན་གནད་བསྡུས། གཞུང་འདི་ནི་ནད་ཐོག་ལག་ལེན་ཁྲིད་ཀྱི་དཔྱད་བཅོས་སྨན་ཡིག་ཅིག་ཡིན་ལ། འདིའི་ནང་གཙོ་བོ་དཔྱད་ལྔའི་ནང་གསེས་དུགས་ལུམས་ཀྱི་བཅོས་ཐབས་འགའ་བསྟན་ཡོད་དེ། དུགས་ཞེས་བྱ་བ་ནི་རྫས་དེའི་ཧྲངས་པ་དང་། དྲོད་ཀྱིས་ཕན་པར་བྱ་བའི་ཐབས་ཤིག་ཡིན་ལ། དཔེར་ན་འབའ་ཆ་ཆང་ངམ་སེངས་པོས་ཁ་ཕྱུ་བཏབ་ནས་སྣ་ངར་བསྐོལ་རྗེས་སྟོད་དུ་བླུགས་ནས་རླུང་གསང་དུ་བཏུག་ན་རླུང་གིས་བསྐྱེད་པའི་སྨྱོ་འཁྱོ་གཉིད་མི་ཐེབས་པ་ལ་ཕན་ཅིང་། ལན་ཚྭ་ཕུལ་གང་སྣུམ་གྱིས་དབལ་ནས་སྣ་ངར་བསྐོལ་བ་སྟོད་དུ་བླུགས་ནས་བཏུག་ན་སྐྲངས་པ་དང་ཟུག་གཟེར་ཆག་ལ་སྐལ་ཚིགས་ཀྱི་རླུང་གསང་བྱེར་ནས་ན

བར་ཕན་པ་དང་། དེ་མིན་བྱ་བྲུན་ཆང་སིངས་བསྲོས་པའི་དུགས་ཀྱིས་ཡན་ལག་གི་ཚིགས་རླུང་གིས་སྐྲངས་པ་ལ་ཕན་པ་སོགས་དུགས་བྱ་ཐབས་ཀྱི་མན་ངག་ལག་ལེན་རྒྱས་པར་བསྟན་ཡོད་པ་མ་ཟད། རང་བྱུང་ཆུ་ཚན་གྱི་ལུམས་ཀྱིས་དུག་ཚད་བྱེར་རྙིང་གདོན་ལ། དྲེག་གྲུམ་འབམ་འབྲས་རེངས་དང་འཁུམས་པ་འདུལ་བ་སོགས་ཀྱི་ཕན་ཡོན་དང་། བསྙེན་ཐབས་སོགས་ཞིབ་ཏུ་གསུངས་ཡོད་ལ། དེ་མིན་བཅོས་མའི་ཆུ་ཚན་བཟོ་ཐབས། བདུད་རྩི་ལྔ་ལུམས་བྱ་ཐབས་ཏེ་བ་ལུ་མི་ཡི་བདུད་རྩིས་པགས་པ་མཉེན་པར་བྱེད་ལ། ཤུག་པས་ལྷ་ཡི་བདུད་རྩིར་ཡོན་ཏན་མང་བ། མཚེ་ལྡུམ་བཙན་གྱི་བདུད་རྩིས་ལུས་ཟུངས་བརྟན་པ། འོམ་བུ་ཀླུ་ཡི་བདུད་རྩིས་རུས་དུག་འབྱིན་པ། མཁན་དཀར་སྲེ་བརྒྱད་བདུད་རྩིས་འབྱུང་པོ་འདུལ་བ་སོགས་ཀྱི་ཕན་ཡོན་རྒྱ་ཆེ་བ་དང་། ནད་གཞི་ལ་གཞིགས་ནས་གྲང་ཤས་ཆེ་ན་རྩ་བ་ལྔ་བདུད་རྩི་ལྔ་ལས་ཉུང་ཙམ་སྔོན་པ་དང་། རྩ་དཀར་ནག་ལ་སླ་རིལ་ཁྲོར་ཙམ་བསྣན་པ། རླུང་ནད་ཅན་ལ་རུས་ཁུ་མང་དུ་སྔོན་པ་སོགས་ཁ་སྐྱུར་བྱ་ཐབས། གཞན་ཡང་བཅོས་མའི་ཆུ་ཚན་འདི་དག་ལ་ལུང་དང་རིགས་པས་དཔྱད་ནས་ཁ་ཚར་འདེབས་ཐབས་ལ་ཤིང་གི་རིགས་རྣམས་ཐྲམ་ཐྲུམ་ཆག་རྩེར་བརྡུངས་པ་དང་། རྫོ་སྨན་རིགས་ནི་རྩི་བཞིན་བརྡུང་བ། སྦོ་སྨན་དག་ནི་ཕྱུང་ཟད་ཙམ་དུ་བརྡུངས་པ། ནས་བྲེ་གང་དོ་ཙམ་ཡང་དེ་ལ་བཏབ་ནས་ལུམས་ཅི་ལྟར་བྱ་ཚུལ་དང་བསྙེན་ཐབས་སོགས་ཚིག་ཉུང་དོན་འདུས་གསལ་པོར་བསྟན་ཡོད་པས་ནད་ཐོག་ལག་ལེན་ཁྲིད་ཀྱི་དོན་གཉེར་སྨན་པ་རྣམས་ལ་ཤིན་ཏུ་ཕན་པའི་ཡིག་ཚང་འགངས་ཆེན་ཞིག་ཡིན་ནོ། །

内容提要：此书是一部关于临床实践中外治疗法的医书。书中主要记述了五种外治疗法中的一些罨敷和药浴方法，对于具体践行的秘诀做以详尽的描述。罨敷是利用药物之汽和热的作用的一种疗法。如，将油渣用酒或酒糟加湿在锅中混匀加热后倒入容器在“隆”穴进行罨敷，对“隆”所引发的疯癫失眠有效。一捧大青盐用油湿匀在锅中炒热后倒入容器内罨敷，对肿块、疼痛和脊椎“隆”口打开所引发疼痛有效。鸟粪加入酒糟加热后罨敷对由“隆”引发四肢关节肿胀有效。书中还对自然温泉水浴治疗毒热扩散、痛风、湿痹、“斑”病、僵缩症的疗效、治法等也进行了详细的记述。此外，记述了人工温泉制法，五味甘露药浴做法。如，杜鹃叶为人之甘露可软化肌肤，刺柏为神之甘露其效诸多，麻黄为“赞”之甘露可强健机体，水柏枝为龙之甘露可清除骨毒，大籽蒿为八部之甘露可驱邪祟，等等，一一介绍药浴所用药物的功效。此书对临床外治实践具有重要参考价值。

བོད་ཀྱི་གསོ་རིག་ཀུན་བཏུས་བསྟུད་སྒྲིག་མ་ལས། པོད་དོན་གསུམ་པའི་ནང་དུ་བཞུགས།

在《〈藏医药大典〉续编（61—80）》中的位置：收载于第七十三卷

སྐབས་དོན་བདུན་པ། རྒྱུད་ཀྱི་རྡེའུ་འགྲེམས།
第七集　《四部医典》石喻

གསོ་བ་རིག་པའི་འཆད་བྱའི་གཞུང་གི་དོན་རྣམས་ཇི་བཞིན་སྟོན་ཐུབ་པ་དང་བདེ་བླག་ཏུ་རྟོགས་ཐུབ་པའི་ཕྱིར་གཞུང་དོན་གྱི་སྙིང་པོ་དང་། དེ་ལས་གྱེས་པའི་ཡན་ལག་དང་ཉིང་ལག་སོགས་ཀྱི་དོན་རྣམས་རྡེའུ་དཀར་སེར་སྔོ་གསུམ་ལ་བྱས་ནས་བརྗོད་དོན་བཀྲམ་པ་ལ་རྡེའུ་འགྲེམས་ཞེས་བརྗོད་ལ། སྐབས་དོན་འདིར་རྡེའུ་འགྲེམས་ཀྱི་བརྗོད་དོན་ལེགས་བཤད་ཟླ་བའི་འཁྲི་ཤིང་ལྟ་བུས་ནི་རྒྱུད་བཞི་གའི་བརྗོད་དོན་མཐའ་དག་འཆད་ཡོད་པ་དང་། རྩ་བ་ཐུགས་རྒྱུད་ཀྱི་རྡེའུ་འགྲེམ་གཞུང་དོན་འབྱེད་པའི་ལྡེ་མིག་གིས་ནི་ས་བོན་ལྟ་བུའི་རྩ་རྒྱུད་ཀྱི་དགོངས་དོན་བཀྲོལ་བ། སྨན་གྱི་རོ་ནུས་ཞུ་རྗེས་སྦྱོར་ཐབས་ཀྱི་རྡེའུ་འགྲེམ་རྒྱུད་དགོངས་གསལ་སྟོན་ལྟ་བུས་ནི་སྨན་གྱི་རོ་ནུས་ཞུ་རྗེས་སྦྱོར་ཐབས་བཅས་ཀྱི་དོན་གསལ་བར་བསྟན་པ་ལ་ཚན་པ་བཞི་བཀོད་ཡོད།

历代学者们将《四部医典》的核心内容及其分支和子分支展示为白、黄、青石子加以注释以便于理解，并称之为石喻。本集收录《石喻之义善说·月中婆娑树》，此书对《四部医典》所有内容进行了展示性注解；《根本部石喻注释·医理开启钥匙》

对如种子般的《根本部》内容作了展示性注释；《药物性效化味配伍石喻·医理明示》对药物的味、性效、化味配伍法等进行了注释。本集共收录4篇文献。

ཆ་པ་དང་པོ། རྡེའུ་འགྲེམས་ཀྱི་བརྗོད་དོན།

第一篇 《石喻之义》

མཚན་བྱང་ཆ་ཚང་། རྡེའུ་འགྲེམས་ཀྱི་བརྗོད་དོན་ལེགས་བཤད་ཟླ་བའི་འཁྲི་ཤིང་བཞུགས་སོ། །

全名：《石喻之义善说·月中婆娑树》

རྩོམ་པ་པོ། དར་མོ་སྨན་བཟང་ཆོས་གྲགས། སྐྱེ་ལོ་༡༦༣༨ལོར་དབུས་གཙང་ལྷོ་ཁའི་སྣེ་གདོང་ཡར་སྟོད་དར་མོ་རུ་སྐུ་འཁྲུངས།

作者：达莫曼让巴·洛桑曲扎，1638年生于卫藏山南乃东雅砻达莫。

མ་ཡིག ལག་བྲིས། ཡིག་གཟུགས་དབུ་མེད། ཤོག་ངོས་རེར་ཕྲེང་ལྔ། ཕྲེང་རེར་ཡིག་འབྲུ་བཞི་བཅུ། ཁྱོན་བསྡོམས་ཤོག་ངོས་གསུམ་བཞུགས།

母本：手写本，草书体，每页5行，每行40字，共3页。

ནང་དོན་གནད་བསྡུས། བོད་ཀྱི་གསོ་བ་རིག་པའི་ཐུན་མིན་གྱི་ཁྱད་ཆོས་ནི་གསོ་དཔྱད་ཀྱི་གཞུང་རྣམས་གཟུགས་སྣང་ཅན་དུ་འཕོས་ཏེ་ལེགས་པར་བརྗོད་པ་ལ་ཉེ་བར་མཁོ་བའི་རྡེའུ་འགྲེམས་ཀྱི་རྩ་བའི་ཤེས་བྱ་གང་ཞིག ཉེས་པ་རྒྱུད་ལྡན་འདུས་གསུམ་ལས་བརྩམས་ཏེ་ལུས་ཟུངས་བདུན་ལས་ཤ་དང་ཁྲག རྩ་དཀར་ནག སྣ་དང་བ་སྤུ། རྒྱས་པ་བཅས་རྡེའུས་མཚོན་པའི་སྐབས་སུ་ཁ་དོག་རྣམས་ཇི་ལྟར་ཡིན་པའི་ཚུལ་གསལ་བར་བསྟན་པས། མ་འོངས་པར་བོད་ཀྱི་གསོ་རིག་གི་རྡེའུ་འགྲེམས་ཀྱི་རིགས་ལམ་དང་བྱུང་འཕེལ་ལོ་རྒྱུས། རིག་གཞུང་ཁྱད་ཆོས་སོགས་ལ་ཞིབ་འཇུག་བགྱི་བར་ཁུངས་ཐུབ་ཀྱི་དཔྱད་གཞི་གལ་ཆེན་ཞིག་ཏུ་གྱུར་པའོ། །

内容提要：石喻常以浅显易懂的方式使藏医学理论得以呈现。此书对三邪单一型、二合型、聚合型疾病，七精之肌、血，黑白脉，毛发等以石喻表示时对其颜色进行了详细的记述，以期未来成为藏医学石喻思路、发展史和典籍特点等研究的权威参考。

བོད་ཀྱི་གསོ་རིག་ཀུན་བཏུས་བསྟུད་སྒྲིག་མ་ལས། པོད་དོན་གསུམ་པའི་ནང་དུ་བཞུགས།

在《〈藏医药大典〉续编（61—80）》中的位置：收载于第七十三卷

ཚན་པ་གཉིས་པ། རྩ་བ་ཐུགས་རྒྱུད་ཀྱི་སྙིང་པོ་བསྡུས་པ།

第二篇　《根本部精要》

མཚན་བྱང་ཆ་ཚང་། རྩ་བ་ཐུགས་རྒྱུད་ཀྱི་སྙིང་པོ་བསྡུས་པ་རྡེལ་འགྲེམ་རྩ་བའི་ཚིག་ལེའུར་བྱས་པ་ཞེས་བྱ་བ་བཞུགས་སོ། །

全名：《根本部精要石喻颂词分章》

རྩོམ་པ་པོ། དེའུ་དམར་བསྟན་འཛིན་ཕུན་ཚོགས། བོད་ལུགས་གསོ་རིག་ཚིག་མཛོད་ཆེན་མོ་ལས་རབ་བྱུང་བཅུ་གཅིག་པའི་ཆུ་གླང་སྟེ་སྤྱི་ལོ་༡༦༧༣ལོར་མདོ་སྟོད་ཆབ་མདོའི་གོ་འཇོ་གསེར་ཁ་ཏུ་སྐྱ་འཁྲུངས་ཞེས་གསུངས།

作者：帝玛尔·丹增彭措，据《藏医药学大辞典》记载，十一胜生的水牛年即1673年生于多堆昌都的贡觉色嘎。

མ་ཡིག ཤིང་དཔར། ཡིག་གཟུགས་དབུ་ཅན། ཤོག་ངོས་རེར་ཐིག་ཕྲེང་དྲུག ཐིག་ཕྲེང་རེར་ཡིག་འབྲུ་ཉེར་དགུ། ཁྱོན་བསྡོམས་ཤོག་ངོས་བཅུ་བཞི་བཞུགས།

母本：木刻版，正楷体，每页6行，每行29字，共14页。

ནང་དོན་གནད་བསྡུས། གཞུང་འདི་ནི་རྩོམ་ལུས་ཚིགས་བཅད་ཡིན་པ་ལ་ཚིག་བར་དགུ་མར་བྱས་ཡོད་ཅིང་། གཞུང་རང་གི་མཇུག་བྱང་དུ་གསལ་བ་ལྟར། སྡེ་དཔོན་ངག་དབང་མཚན་ཅན་གྱིས་བསྐུལ་ངོར་རྗེ་

དེའུ་དམར་བས་ཞག་སྨད་རྒྱས་འགགས་ཆོས་སྐར་དུ་མཛད་པ་ཞིག་ཡིན་འདུག་ལ། དཔལ་ལྡན་རྒྱུད་བཞི་ལས་དུམ་བུ་དང་པོ་རྩ་བའི་རྒྱུད་ཀྱི་དོན་རྣམས་རྩ་བ་གསུམ་སྟེ། གནས་ལུགས་ནད་གཞིའི་རྩ་བ་དང་། ངོས་བཟུང་རྟགས་ཀྱི་རྩ་བ། གསོ་བྱེད་ཐབས་ཀྱི་རྩ་བ་བཅས་གསུམ་དུ་འདུས་ཤིང་། དེ་དག་ལས་སྡོང་པོའི་ཚུལ་དུ་གྱེས་པ་དགུ་སྟེ། དང་པོ་གནས་ལུགས་ནད་གཞིའི་རྩ་བ་ལས་རྣམ་པར་མ་གྱུར་པ་ལུས་ཀྱི་སྡོང་པོ་དང་། རྣམ་པར་གྱུར་པ་ནད་ཀྱི་སྡོང་པོ་གཉིས། གཉིས་པ་ངོས་བཟུང་རྟགས་ཀྱི་རྩ་བ་ལས་བལྟ་བའི་སྡོང་པོ་དང་རེག་པའི་སྡོང་པོ། དྲི་བའི་སྡོང་པོ་དང་གསུམ། གསུམ་པ་གསོ་བྱེད་ཐབས་ཀྱི་རྩ་བ་ལས་གཉེན་པོ་ཟས་ཀྱི་སྡོང་པོ་དང་སྤྱོད་ལམ་གྱི་སྡོང་པོ། སྨན་གྱི་སྡོང་པོ། དཔྱད་ཀྱི་སྡོང་པོ་དང་བཅས་དགུ་རུ་འགྱུར་བ་དང་། དེ་རྣམས་ཀྱང་སོ་སོའི་དོན་གྱི་བྱེ་བྲག་རྣམ་པར་དབྱེ་སྟེ་ཡལ་གའི་ཚུལ་དུ་བཞི་བཅུ་ཞེ་བདུན་དུ་བཀྲལ་བ་དང་། དེ་ལས་རྒྱས་པར་ལོ་འདབ་ཀྱི་ཚུལ་དུ་ཉིས་བརྒྱ་དང་ཉེར་བཞིར་བཀྲལ་ལ། འཐོར་བ་སྡུད་པའི་ཚུལ་དུ་མདོ་དོན་སྙིང་པོ་དྲིལ་བ་ནད་མེད་དང་ཚེ་རིང་བའི་མེ་ཏོག་གཉིས་དང་། དེ་ལས་འབྲས་བུའི་ཚུལ་དུ་ཆོས་ནོར་བདེ་བ་གསུམ་དུ་སྨིན་པ་སྟེ། དོན་ལ་རྩ་རྒྱུད་ཀྱི་བརྗོད་བྱ་ཡོངས་རྫོགས་དཔེ་མྱུ་དང་མེད་པའི་ལྗོན་ཤིང་གི་དཔེར་བཀོད་དེ་མཛད་ཡོད་པ་གང་གི་རིགས་ལམ་ཁྱད་པར་བ་དང་སྒོ་བསྟན་ཏེ། ཟེའུ་དཀར་སྦོ་སེར་གསུམ་གྱིས་བསྡུས་པའི་ཟེའུ་འགྲེམས་ཀྱིས་རྩ་རྒྱུད་ཀྱི་བརྗོད་བྱ་རྣམས་ཇི་ལྟར་མཚོན་ཚུལ་ཞིབ་པར་སྤྲོས་ཡོད་པས། འཚོ་བྱེད་ལས་དང་པོ་བ་རྣམས་གངས་ཅན་གསོ་རིག་རྒྱ་མཚོའི་གནས་ལ་སྦྱོ་བ་དང་དགའ་བས་འཇུག་པའི་འཇུག་ངོགས་དམ་པར་འགྱུར་ཞིང་། རྩ་རྒྱུད་ཀྱི་སྡོམ་ཚིག་རྣམས་ལེགས་པར་རྟོགས་པའི་སྒོ་མོ་ལྟ་བུར་འགྱུར་རོ། །

内容提要：此书为九言偈颂体，如跋文所示，在德文阿旺的请授下，由帝玛尔在尼麦杰格寺编著。《四部医典》之第一部《根本部》的内容分三根，即疾病生理根、疾病诊断根、疾病治疗根，由此生出九个树干，即第一疾病生理根生出未病变身体树干和病变疾病树干；第二诊断根生出望诊树干、触诊树干和问诊树干；第三治疗根生出对治饮食树干、行为起居树干、方药树干、外治树干等共计9个树干。按其各自内容进行具体分类时如枝干共分为47个枝干，以生出叶片的形式分为224个叶片，零散内容以汇集的形式将根本部内容精要集于无病和长寿二花，其果为佛法、财物、健康。本书对《根本部》内容以菩提树为喻的思路，汇集于白蓝黄三石以石喻的形式进行了注解，其生动形象的描述能让藏医初学者提高学习兴趣，可作为《根本部》学习的入门之书。

བོད་ཀྱི་གསོ་རིག་ཀུན་བཏུས་བསྟུད་སྒྲིག་མ་ལས། པོད་དོན་གསུམ་པའི་ནང་དུ་བཞུགས།

在《〈藏医药大典〉续编（61—80）》中的位置：收载于第七十三卷

ཆན་པ་གསུམ་པ། རྩ་རྒྱུད་ཀྱི་རྡེའུ་འགྲེམ་གཞུང་དོན་འབྱེད་པའི་ལྡེ་མིག

第三篇 《〈根本部〉石喻注释·医理开启钥匙》

མཚན་བྱང་ཆ་ཚང་། རྩ་བ་ཐུགས་རྒྱུད་ཀྱི་རྡེའུ་འགྲེམ་གཞུང་དོན་འབྱེད་པའི་ལྡེ་མིག་བཞུགས་སོ། །

全名：《〈根本部〉石喻注释·医理开启钥匙》

རྩོམ་པ་པོ། དེའུ་དམར་བསྟན་འཛིན་ཕུན་ཚོགས། བོད་ལུགས་གསོ་རིག་ཚིག་མཛོད་ཆེན་མོ་ལས་རབ་བྱུང་བཅུ་གཅིག་པའི་ཆུ་གླང་སྟེ་སྤྱི་ལོ་༡༦༧༣ལོར་མདོ་སྟོད་ཆབ་མདོའི་གོ་འཇོ་གསེར་ཁ་ཏུ་སྐུ་འཁྲུངས་ཞེས་གསུངས།

作者：帝玛尔·丹增彭措，据《藏医药学大辞典》记载，十一胜生的水牛年即1673年生于多堆昌都的贡觉色嘎。

མ་ཕྱིག ཤིང་དཔར། ཡིག་གཟུགས་དབུ་ཅན། ཤོག་ངོས་རེར་ཐིག་ཕྲེང་དྲུག ཐིག་ཕྲེང་རེར་ཡིག་འབྲུ་ཉེར་དགུ། ཁྱོན་བསྡོམས་ཤོག་ངོས་ཞེ་བརྒྱད་བཞུགས།

母本：木刻版，正楷体，每页6行，每行29字，共48页。

ནང་དོན་གནད་བསྡུས། རྩོམ་ལུས་མཆོད་བརྗོད་དང་རྩོམ་པར་དམ་བཅའ་བ་ལས་གཞན་གཞུང་དོན་རྣམས་ཚིག་ལྷུག་ཡིན་ཅིང་། གཞུང་རང་གི་མཇུག་བྱང་དུ་གསལ་བ་ལྟར། གསོ་བ་རིག་པའི་གནས་ལ་སྦྱང་གསུམ་

སྤེལ་བའི་འཚོ་མཛད་པ་ངག་དབང་ཡོངས་འདུའི་དགོངས་བཞེད་འགེང་པར་བྱ་བའི་ཕྱིར་དུ་རྗེ་དེའུ་དམར་བས་མཛད་པ་ཞིག་ཡིན་འདུག་ལ། དབུ་ཞབས་ཀྱི་དོན་རྣམས་དཔལ་ལྡན་རྒྱུད་བཞི་ལས་རྩ་བ་ཐུགས་རྒྱུད་ཀྱི་སྡོམ་ཚིག་ཏུ་བསྟན་པའི་ཚིགས་བཅད་ཤོ་ལོ་ཀ་གཅིག་སྟེ། རྩ་བ་གསུམ་ལ་འདྲིལ་བའི་སྡོང་པོ་དགུ། །ཀྱེས་པའི་ཡལ་ག་བཞི་བཅུ་རྩ་བདུན་ཏེ། །ལོ་འདབ་ཉིས་བརྒྱ་རྩ་བཞིར་རྒྱས་པ་ཡིན། །ཞེས་གསུངས་པའི་དོན་གྱི་བྱེ་བྲག་སོ་སོ་གྲངས་སུ་བཀོད་དེ་གོ་བདེ་བལྟས་ཚིག་ཏུ་མཛད་ཡོད་པ་དང་། དེའང་ཐོག་མར་སྐྱེ་དཔྱད་འཇུག་པའི་ཡུལ་ལུས་ཆགས་གནས་འཇིག་གསུམ་ཆུ་དང་ཆབ་རོམ་གྱི་ཚུལ་དུ་གནས་པ་གནས་ལུགས་ནད་གཞིའི་རྩ་བ་དང་། དེ་ནས་སྨན་དཔྱད་འཇུག་པར་བྱེད་པའི་ཚུལ་ནད་ངོས་འཛིན་པར་དགོས་ཕྱིར་མེ་དང་དུ་བའི་ཚུལ་དུ་གནས་པ་ངོས་འཛིན་རྟགས་ཀྱི་རྩ་བ། དེ་ལྟར་ཉེས་པ་གསུམ་གྱི་འཕེལ་ཟད་འཁྲུགས་གསུམ་ངོས་ཟིན་ནས་དེ་ལ་གསོ་བྱེད་གཉེན་པོས་གཞིལ་བ་ཉི་མ་དང་བ་མོའི་ཚུལ་དུ་གནས་པ་གསོ་བྱེད་ཐབས་ཀྱི་རྩ་བ་ཞེས་དཔེ་དོན་ཇི་ལྟར་སྦྱོར་བའི་ཚུལ་ལ་ཁ་གསལ་གོ་བདེར་བཀྲལ་བར་མ་ཟད། དེ་དག་ལས་སྐྱེས་པའི་སྡོང་པོ་དགུ་དང་། ཡལ་ག་བཞི་བཅུ་རྩ་བདུན། ལོ་འདབ་ཉིས་བརྒྱ་ཉེར་བཞི། མེ་ཏོག་གཉིས་དང་འབྲས་གསུམ་དང་བཅས་པའི་བརྗོད་བྱ་རྣམས་ཚང་ལ་མ་ནོར་བར་མཐར་ཆགས་སུ་བཀོད་པས། བོད་ཀྱི་གསོ་བ་རིག་པའི་གནས་ལ་བརྩོན་པའི་གང་ཟག་ལས་དང་པོ་བ་རྣམས་འཇུག་སྒོ་ཞིང་། ཡིད་ལ་ངེས་བདེ་བའི་ཁྱད་ཆོས་དུ་མས་ཕྱུག་གོ །

内容提要：此书是为了达成学习、传承和发扬藏医学的医生阿旺云德的主张而由帝玛尔所著。书中将机体形成、存在和毁灭三者关系比喻为如同水和冰的生理病理根，诊断疾病如烟和火的诊断根，辨清三邪盛衰紊乱后进行对治如太阳和霜的治疗根，并进行了详细的描述，对由此所生出的9个树干、47分枝、224叶片、2朵花和3个果实等进行了记述。本书具有语言形象生动且便于记忆的特点。

བོད་ཀྱི་གསོ་རིག་ཀུན་བཏུས་བསྟུད་སྒྲིག་མ་ལས། པོད་དོན་གསུམ་པའི་ནང་དུ་བཞུགས།

在《〈藏医药大典〉续编（61—80）》中的位置：收载于第七十三卷

ཚན་པ་བཞི་པ། སྨན་གྱི་རོ་ནུས་ཞུ་རྗེས་སྦྱོར་ཐབས།

第四篇　《药物性效化味配伍》

མཚན་བྱང་ཆ་ཚང་། སྨན་གྱི་རོ་ནུས་ཞུ་རྗེས་སྦྱོར་ཐབས་ཀྱི་རྡེལ་འགྲེམ་རྒྱུད་དགོངས་གསལ་སྟོན་བཞུགས་སོ། །

全名：《药物性效化味配伍石喻·医理明示》

རྩོམ་པ་པོ། དེའུ་དམར་བསྟན་འཛིན་ཕུན་ཚོགས། བོད་ལུགས་གསོ་རིག་ཚིག་མཛོད་ཆེན་མོ་ལས་རབ་བྱུང་བཅུ་གཅིག་པའི་ཆུ་གླང་སྟེ་སྤྱི་ལོ་༡༦༧༣ལོར་མདོ་སྟོད་ཆབ་མདོའི་གོ་འཇོ་གསེར་ཁ་རུ་སྐུ་འཁྲུངས་ཞེས་གསུངས།

作者：帝玛尔·丹增彭措，据《藏医药学大辞典》记载，十一胜生的水牛年即1673年生于多堆昌都的贡觉色嘎。

མ་ཡིག ལག་བྲིས། ཡིག་གཟུགས་དབུ་ཅན། ཤོག་ངོས་རེར་ཐིག་ཕྲེང་དྲུག ཐིག་ཕྲེང་རེར་ཡིག་འབྲུ་སོ་བདུན། ཁྱོན་བསྡོམས་ཤོག་ངོས་བཅུ་བཞི་བཞུགས།

母本：手写本，正楷体，每页6行，每行37字，共14页。

ནང་དོན་གནད་བསྡུས། རྩོམ་ལུས་ཚོགས་བཅད་ཡིན་པ་ལ་ཚིག་བར་དགུ་མར་བྱས་ཡོད་ཅིང་། གཞུང་རང་གི་དབུ་ཞབས་སུ་གསལ་བ་ལྟར། རྗེ་དེའུ་དམར་བ་མཆོག་གིས་སྨན་བླ་གཉིས་པ་རྗེ་བཙུན་གཡུ་ཐོག་ཡོན་ཏན་མགོན་པོ་ནས་རང་གི་བླ་མ་ནམ་མཁའ་ཤེས་རབ་ཀྱི་བར་དུ་བརྒྱུད་པའི་སྙན་བརྒྱུད་ཡི་གེ་མེད་པའི་གདམས་པ་གསང་བ་ལས་ཀྱང་ཆེས་གསང་བ་རྣམས་དུས་རབས་བཅུ་བདུན་པའི་སྐབས་ཙམ་ལ་ཉུབ་པར་ཉེས་པ་ཐུགས་ཀྱིས་མི་བཟོད་པར་བརྗེད་ཐོའི་ཚབ་ཏུ་ཡི་གེའི་གཟུགས་སུ་ཕབ་པ་ཞིག་ཡིན་འདུག་ལ། དབུ་ཞབས་ཀྱི་དོན་རྣམས་ཐོག་མར་སྨན་གྱི་རོ་ནུས་ཞུ་རྗེས་གང་ལ་མཚོན་ནའང་འབྱུང་བཞིའི་ངོ་བོར་མ་གྲུབ་པ་མེད་

པའི་ཕྱིར་ན། རྗེའུ་འགྲེམ་པའི་ཚེ་ན། འབྱུང་བ་ས་མཚོན་པའི་རྗེའུ་ལ་ཁ་དོག་སེར་པོ་དང་། ཆུ་ལ་སྔོན་པོ། མེ་ལ་དམར་པོ། རླུང་ལ་ནག་པོ་ཞེས་སྔོན་འགྲོར་བསྟན་པ་དང་། དེ་ནས་རིམ་པར་སྨན་གྱི་རོའི་དབྱེ་བ་རྣམས་རྐྱང་བ་དང་ལྡན་འདུས་ཀྱི་རང་བཞིན་ལས་དབྱེ་བའི་རྣམ་གྲངས་བཞི་ཁྲི་དང་དྲུག་སྟོང་དྲུག་བརྒྱ་ང་དྲུག་ཏུ་འགྱུར་ཡང་། བློ་ལྡན་རྣམས་ཀྱི་ངོར་མདོར་བསྡུས་སུ་བདུན་སྟོང་བདུན་བརྒྱ་བདུན་ཅུ་རྩ་དྲུག་ཏུ་འགྱུར་ཚུལ་ཁ་གསལ་པོ་བདེར་བཀྲལ་བར་མ་ཟད། ཆང་གི་རོ་མངར་སྐྱུར་ཁ་ཡང་། ཞུ་རྗེས་སྐྱུར་བར་འགྱུར་བ་དང་། དེ་བཞིན་སེ་འབྲུ་སྐྱུར་ཡང་ཞུ་རྗེས་མངར་བ། ཏིལ་མར་མངར་ཡང་ཞུ་རྗེས་ཁ་བ། པི་པིང་ཚ་ཡང་ཞུ་རྗེས་བསྐ་བ། ཙབས་རུ་ཚྭ་ལན་ཚ་ཡང་ཞུ་རྗེས་ཚ་བ། ཤིང་ཀུན་ཚ་ཡང་ཞུ་རྗེས་ཚ་བ། ཨ་རུ་བསྐ་ཡང་ཞུ་རྗེས་མངར་བའི་ཚུལ་ལས་ཞུ་རྗེས་གསུམ་གྱི་སྤྱིར་བཏང་བ་ལ་དམིགས་ཀྱིས་བསལ་བའི་ཚུལ་ཉེ་མ་སྦྱིན་ལས་གྲོལ་བ་ལྟར་གསལ་བར་མཛད་ལ། ཁྱད་པར་ཟས་དང་སྨན་གྱི་ཡོན་ཏན་བཅུ་བདུན་བསྟན་པའི་སྐབས་སུ། སླེ་ཏྲེས་དང་ཀཎྜ་ཀ་རི། འོ་མ། འབྲས་ཐུག་རྣམས་ཀྱི་ཡོན་ཏན་འཇམ་པ་དང་། དེ་བཞིན་ཐྭ་ཧི་དང་བུ་རམ། རུས་ཉིང་རྣམས་ལྕི་བ། ཙུ་གང་དང་ཨུཏྤལ། བོང་ང་དཀར་དམར་སེར་གསུམ་རྣམས་བརྟན་པ། རྒྱ་ཚྭ་དང་བྱང་པ། ཉིག་སྲིན་རྣམས་རྩེ་བ། སྐར་བུ་དང་ཅོང་ཞི་རྒོད་བཏུལ། ཤ་གཟན་གྱི་ཤ་རྣམས་རྩུབ་པ་ཡིན་པའི་ཚུལ་གསུངས་པ་ནི། བོད་ཀྱི་གསོ་བ་རིག་པའི་ནད་ཐོག་ལག་ལེན་དུ་ནད་ཀྱི་མཚན་ཉིད་ཉེ་ཤུ་དང་སྨན་གྱི་ཡོན་ཏན་བཅུ་བདུན་གྱི་འགྲོ་ལྡོག་གི་ཚུལ་ལ་ངེས་ཤེས་བརྟན་པོ་འཇོངས་པར་གྲོས་འདེབས་སུ་ངེས་ལ། གཉེན་པོ་ཐོག་བབས་སུ་ཇི་ལྟར་སྦྱོད་པའི་ཚུལ་ལ་ཞིབ་འཇུག་གི་སྒོ་ཡངས་པོར་ཕྱེ་བའོ། །

内容提要：此书是帝玛尔面对宇妥·云丹贡布至自己的恩师朗卡协如之间口耳相传无文字记录的秘诀教言面临失传的现实于心不忍而于17世纪，以备忘录的形式进行的记录。书中以九言偈颂体，首先记述了药物的味、性和化味，认为其无一不是由四原性质组成，解释石喻内涵，表示土原的石喻为黄色，表示水原的石喻为蓝色，表示火原的石喻为红色，表示风原的石喻为黑色。药味的分类根据单一、二合和聚合性细分为46656种，概分为7776种。对特殊化味进行了分析：酒味虽为甘酸苦，但化味则酸；

石榴味酸，但化味甘；芝麻油味甘但化味苦；荜茇味辛但化味涩；“杂如嚓”味咸但化味辛；阿魏味辛且化味亦辛；诃子味涩但化味甘等。记述饮食和药物的17效时记录道，有宽筋藤、悬勾木、奶、米粥等效滑；肉豆蔻、红糖、陈骨等效重；“居冈”、绿绒蒿、红白黄榜嘎生效稳；硇砂、斑蝥、螃蟹等效锐；沙棘、峻制寒水石、食肉动物的肉等效糙。此书对分析疾病的20性相和药物17效的关系以及疾病对治的研究提供了有效思路。

བོད་ཀྱི་གསོ་རིག་ཀུན་བཏུས་བསྡུད་སྒྲིག་མ་ལས། ཡོད་དོན་གསུམ་པའི་ནང་དུ་བཞུགས།

在《〈藏医药大典〉续编（61—80）》中的位置：收载于第七十三卷

སྐབས་དོན་བརྒྱད་པ། རྒྱུད་ཀྱི་ལྷན་ཐབས།

第八集　秘诀续补遗

མན་ངག་ཡོན་ཏན་རྒྱུད་ཀྱི་ཁ་སྐོང་དམ་ལྷན་ཐབས་ཀྱི་ཚུལ་དུ་གསུངས་པའི་མན་ངག་ལྷན་ཐབས་ཀྱི་རྩ་བའི་དཀའ་གནད་དང་། སྦྱོར་བའི་གསང་སྨན་དང་སྦྱོར་ཚད། གབ་མིང་གསང་རྒྱ་ཡོད་པ་དག་ཚད་ལྡན་གྱི་གཞུང་དང་ལྷན་ཐབས་ཀྱི་ལྡེ་མིག་དག་ལ་ཁུངས་གཏུགས་ནས་མཆན་བརྒྱབ་པའི་ཚུལ་སོགས་ཀྱིས་བཀྲོལ་བ་ལ་ཚན་པ་གཉིས་བཀོད་ཡོད།

收录了以权威文献和各种补遗钥匙为参考，对《秘诀续补遗》难点、秘方配量、隐名等进行注解的《秘诀续补遗·明灯》《秘诀续补遗之方药配量》2篇。

ཆན་པ་དང་པོ། མན་ངག་ཡོན་ཏན་རྒྱུད་ཀྱི་ལྷན་ཐབས་གསལ་བར་བྱེད་པའི་སྒྲོན་མེ་མཆན་བཀྲལ།

第一篇　《秘诀续补遗·明灯》

མཚན་བྱང་ཆ་ཚང་། མན་ངག་ཡོན་ཏན་རྒྱུད་ཀྱི་ལྷན་ཐབས་ཟླ་ཟེའི་ཚ་གདུང་སེལ་བའི་ག་བྱུར་དུས་མིན་འཆི་ཞགས་གཅོད་པའི་རལ་གྲི་ཞེས་པ་ལ་གསལ་བར་བྱེད་པའི་སྒྲོན་མེ་ཞེས་བྱ་བ་མཆན་བཀྲལ་བཞུགས་སོ། །

全名：《秘诀续补遗·除热症冰片·斩索命利剑·明灯》

རྩོམ་པ་པོ། ཆོས་རྗེ་བློ་བཟང་དབང་རྒྱལ། དུས་རབས་བཅོ་བརྒྱད་པའི་ནང་སྐུ་འཁྲུངས།

作者：曲杰洛桑旺杰，生于18世纪。

མ་ཡིག ཤིང་དཔར། ཡིག་གཟུགས་དབུ་ཅན། ཤོག་ངོས་རེར་ཐིག་ཕྲེང་བདུན། ཐིག་ཕྲེང་རེར་ཡིག་འབྲུ་ཞེ་དྲུག ཁྱོན་བསྡོམས་ཤོག་ངོས་དགུ་བརྒྱ་དང་གྱ་གསུམ་བཞུགས།

母本：木刻版，正楷体，每页7行，每行46字，共983页。

ནང་དོན་གནད་བསྡུས། གཞུང་འདི་ནི་ཉེས་གསུམ་དང་རྐྱེན་འདུས་བཅོས་པ་ལ་ལེའུ་བརྒྱད་དང་། གཅོང་ནད་བཅོས་པ་ལ་ལེའུ་དྲུག ཚ་བ་བཅོས་པ་ལ་ལེའུ་བཅུ་གཅིག ཆམ་རིམས་བཅོས་པ་ལ་ལེའུ་བཞི། གཉན་རིམས་བཅོས་པ་ལ་ལེའུ་བཅོ་བརྒྱད། ལུས་སྟོད་དབང་པོའི་ནད་གསོ་བ་ལ་ལེའུ་བརྒྱད། དོན་སྣོད་ཀྱི་ནད་བཅོས་པ་ལ་ལེའུ་བཅུ་གཅིག མཚན་ནད་གསོ་བ་ལ་ལེའུ་གཉིས། ཕོར་ནད་བཅོས་པ་ལ་ལེའུ་ཉེར་གཅིག་བཅས་ཁྱོན་ལེའུ་བརྒྱ་དང་སོ་གསུམ་གྱིས་མན་ངག་ལྷན་ཐབས་ཀྱི་དཀའ་བའི་གནད་དང་སྦས་པའི་དོན་རྣམས་ལ་མཆན་འགྲེལ་ལེགས་པར་མཛད་པ་ཞིག་ཡིན་ཏེ། ད་ཅ་ལ་ཙ་སུ། རྒྱལ་བ་ཚུ་ཐུབ་ལ་སྲད་སྟོན་མེ་ཏོག་སྟོན་པོ་ལོ་མ་སྤུ་ཚུང་ཅན་གཡའ་ལ་སྐྱེ་བ། མ་རྩྭ་ལ་སེ་འབྲུ། གསེག་བཙར་རིས་ལ་སུག་སྨེལ་ཞེས་གསང་སྣན་རྣམས་ཁ་རྗེ་

གསལ་དང་། ཚ་བ་རྒྱས་འཁྲུགས་རིགས་གཉིས་དང་ཚ་སྟོངས་གྲང་སྟོངས་བཅོས་པའི་སྐབས་ཀྱི་ག་བུར་རིན་ཆེན་ཞགས་པ་ཞེས་པ་ནི་ཕྱི་རྒྱུད་ཀྱི་ག་བུར་བཅུ་བཞི་དང་། བི་ཛིའི་ག་བུར་རིན་ཆེན་ཞགས་པ་གཉིས་སྐབས་བསྟུན་བྱེད་པའི་གབ་པའི་དོན་རྣམས་མངོན་དུ་ཕྱུང་བ། རླུང་རིགས་རྣམ་པ་ལྔ་ནད་དུ་གྱུར་པའི་འཁྲུགས་རྟགས་དང་། མཁྲིས་པ་པགས་ལ་གྲམས་པ་དང་ཤ་ལ་རྒྱས་པའི་དུས་ཀྱི་མི་ནོར་བའི་གཟེར། བད་ཀན་སྐྱ་བོ་རིགས་དྲུག་གི་ནད་ཀྱི་འཕེལ་ཚུལ་དང་རྟགས་སོགས་ཅི་འདྲ་ཡིན་པའི་ལག་ལེན་སྟོང་བྱང་། ཉེས་གསུམ་རྒྱང་འདུས་ཀྱི་ནད་ལས་ལྡེན་གྱི་བཅོས་ཐབས་སུ་སྐྱུག་སྨན་ཊོས་ནས་ནད་པ་གཉན་རྒྱལ་ཉལ་ཞེས་སྐྱུག་སྨན་སྦྱི་དང་ལག་ལེན་མི་འདྲ་བའི་ཟབ་གནད། རིམས་ནད་བཅོས་པའི་བུམ་བཤལ་དང་། སྲུང་འཁོར། སྔགས་ཀྱི་སྦྱོར་བ་སོགས་ཆོ་ག་ཕྱག་ལེན་གྱི་གོ་རིམ་མ་ལུས་པ། དུག་ནད་གསོ་བའི་སྐབས་ཀྱི་རྗེ་སྦྱོར་རྒྱལ་བློན་ཉེ་ཤུ་རྩ་བདུན་དང་མང་སྦྱོར་ཆེན་མོའི་སྨན་གྱི་སྦྱོར་ཚད་དང་བཅས་པ། ཆོས་སྨན་གྱི་སྐབས་བདུད་རྩི་སྨན་སྒྲུབ་ཚུལ་བཞིན་དུ་སྒྲུབ་དགོས་ལུགས་དང་མ་འགྲུབ་ན་དེའི་ཚབ་ལ་གང་གཏོང་བ་སོགས་བརྡ་དོན་གོ་དཀའ་ལ་གུད་དུ་སྦས་པ་རྣམས་ཚིག་ཉུང་དོན་འདུས་སྒོས་མཆན་འགྲེལ་ལེགས་པོ་མཛད་ཡོད།

内容提要：此书对《秘诀续补遗》中三邪病、单一和聚合病疗法8章，痼疾疗法6章，热病疗法11章，单纯感冒疗法4章，疠瘟疗法18章，上体五官病疗法8章，脏腑病疗法11章，阴病疗法2章，杂病疗法21章等共计133章中的难点、要点和隐义等进行了注解。对秘药加以说明，如“达杂”为芫荽，“杰瓦曲图”为蓝色花、叶片被毛，长于石岩上的青海黄芪，“玛都”为石榴，“涩戴日”为豆蔻等。对隐义进行了说明，如盛热和紊乱热二者和寒、热虚性紊乱热症疗法中的“嘎布仁青协巴”为《后续部》中的十四味冰片散，与“布其嘎布仁青协巴”可对症使用等。五类“隆”病变的症状，“赤巴”散于肌肤，扩于肌肉的诊断要点，六类灰色“培根”的发病症状等诊疗经验，催吐药用法和实践不同的要点，瘟病治疗的“文”泻、护身符、咒疗方等仪轨实践过程，毒病疗法中二十七味君臣精华方和芒觉的配方剂量，“曲曼”中甘露药修仪轨应按要求进行，未得时替代药的采用，等等，对难懂的隐晦部分进行了言简意赅的说明。

བོད་ཀྱི་གསོ་རིག་ཀུན་བཏུས་བསྟུད་སྒྲིག་མ་ལས། པོད་དོན་གསུམ་པ་དང་དོན་བཞི་པའི་ནང་དུ་བཞུགས།

在《〈藏医药大典〉续编（61—80）》中的位置：收载于第七十三卷和第七十四卷

ཚན་པ་གཉིས་པ། མན་ངག་ལྷན་ཐབས་ཀྱི་སྦྱོར་ཆད།

第二篇 《秘诀续补遗之方药配量》

མཚན་བྱང་ཆ་ཚང་། མན་ངག་ལྷན་ཐབས་ཀྱི་སྦྱོར་ཆད་བཞུགས་སོ། །

全名：《秘诀续补遗之方药配量》

རྩོམ་པ་པོ། དེའུ་དམར་བསྟན་འཛིན་ཕུན་ཚོགས། བོད་ལུགས་གསོ་རིག་ཚིག་མཛོད་ཆེན་མོ་ལས་རབ་བྱུང་བཅུ་གཅིག་པའི་ཆུ་གླང་སྤྱི་ལོ་༡༦༧༣ལོར་མདོ་སྟོད་ཆབ་མདོའི་གོ་འཇོ་གསེར་ཁ་ཏུ་སྐུ་འཁྲུངས་ཞེས་གསུངས།

作者：帝玛尔·丹增彭措，据《藏医药学大辞典》记载，十一胜生的水牛年即公元1673年生于多堆昌都的贡觉色嘎。

མ་ཡིག ལག་བྲིས། ཡིག་གཟུགས་དབུ་མེད། ཤོག་ངོས་རེར་ཐིག་ཕྲེང་དྲུག ཐིག་ཕྲེང་རེར་ཡིག་འབྲུ་སོ་གཉིས། ཁྱོན་བསྡོམས་ཤོག་ངོས་དྲུག་ཅུ་བཞུགས།

母本：手写本，草书体，每页6行，每行32字，共60页。

ནང་དོན་གནད་བསྡུས། གཞུང་འདིའི་ནང་མན་ངག་ལྷན་ཐབས་ཀྱི་ལེའུ་བརྒྱ་དང་སོ་གསུམ་ལས་ཉེས་གསུམ་གསོ་བ་དང་། ཁོང་ནད་གསོ་བ། ཚ་བ་དང་གཉན་རིམས་གསོ་བ། ལུས་སྟོད་གསོ་བ། དོན་སྣོད་གསོ་བ། ཐོར་ནད་གསོ་བ། ལྷན་སྐྱེས་རྣ་གསོ་བ། བྱིས་ནད་གསོ་བ། མོ་ནད་གསོ་བ། གདོན་ནད་གསོ་བ། མཚོན་རྣ་གསོ་བ། དུག་ནད་གསོ་བའི་སྐབས་ཀྱི་སྨན་སྦྱོར་རྣམས་ཕྱོགས་གཅིག་ཏུ་བསྒྲིགས་ནས་བཀོད་ཡོད་ལ། ཉེས་གསུམ་གྱི་ནད་ལས་མགོ་རླུང་ལ་ཤིང་ཀུན་ལྔ་པ་དང་། བད་རླུང་ལ་ཤིང་ཀུན་བརྒྱད་པ། སྲོག་རླུང་ལ་སྲོག

འཛིན་བཅུ་གཅིག མཁྲིས་པའི་ནད་ལ་མཁྲིས་ལས་རྣམ་རྒྱལ་དང་། དུར་བྱིད་བཅུ་པ། བོང་དཀར་བཅུ་གསུམ་སོགས། བད་ཀན་ནད་ལ་བདེ་བྱེད་སྙོམས་ལྡན་དང་སེ་འབྲུ་བཅུ་གསུམ་སོགས། མ་ཞུའི་ནད་ལ་བྱ་ཐལ་བཅུ་པ་དང་། སྐྱོད་སྐྲན་ལ་མི་བྲུན་བརྒྱད་པ། སྐྱ་རབ་ལ་ལྕགས་ཕྱེ་བཅུ་གསུམ། དམུ་ཆུ་ལ་བདེ་བྱེད་ཆུ་བསྐྱུར་སོགས་བསྟེན་དགོས་ཚུལ། ཚ་བ་གཉན་རིམས་ལ་མ་ནུ་བཞི་ཐང་གི་བཅོས་གཙོ་བྱས་ནས་ཐུང་རྩེ་བཅུ་གཉིས་དང་། ག་བུར་ཉེར་ལྔ། འབྲུགས་སྒྲོ་ཀུན་སེལ། ནག་པོ་དགུ་སྦྱོར། སྲུ་ནག་ཉེར་དགུ། དེ་བ་བཅུ་པ། སྟོང་ཟིལ་བདུན་པ་སོགས་བསྟེན་དགོས་པ། བོད་ཚྭ་བརྒྱད་པའི་སྣ་སྦྱོངས་ཆིག་རྒྱུད་ཀྱི་གདམས་པ་ཟབ་མོ། ནག་པོ་གསུམ་ཟེར་བ་ཁྲག་སྣ་བྱ་ཕག་ཁྱི་ནག་གསུམ་ཡིན་ཚུལ། ག་པུར་དྲུག་པོ་ཉེར་གསུམ་ཞེས་པ་ལྟ་བུའི་སྨན་གྱི་སྦྱོར་བ་སོགས་གསང་སྨན་གབ་ཚིག་དང་སྨན་བརྒྱུད་ཕྱག་ལེན་གསལ་བོར་བསྟན་ཡོད།

内容提要：此书对《秘诀续补遗》133章中三邪诊疗、内科病诊疗、热病和疠瘟诊疗、上体病诊疗、脏腑病诊疗、杂病诊疗、自生疮诊疗、小儿病诊疗、妇科病诊疗、“敦”邪诊疗、创伤诊疗、毒病诊疗的方剂进行了汇编。对三邪病中头“隆”病用五味阿魏散，“培隆”病用八味阿魏散，维命“隆”病用十一味维命散，“赤巴”病用赤利南杰散、十味喜马拉雅大戟散和十三味榜嘎散等，“培根”病用能安均宁散、十三味石榴散，不消用十味“夏秃”散，腑瘤用八味“木珍”散，灰色浮肿用十三味铁粉散，腹水用能安“却吉”散，热病疠瘟主要用四味藏木香汤治疗，并辅以十二味翼首散、二十五味冰片散、清肺止咳散、九味黑药散、二十九味羌活散、十味“帝瓦”散、七味斑花黄堇散等。单传八味藏盐鼻泄疗法实践，三黑为鸡、猪、狗血，二十三味冰片散等秘药配方、隐晦之意和口耳相传实践进行了详尽的记述。

བོད་ཀྱི་གསོ་རིག་ཀུན་བཏུས་བསྟུད་སྒྲིག་མ་ལས། པོད་དོན་བཞི་པའི་ནང་དུ་བཞུགས།

在《〈藏医药大典〉续编（61—80）》中的位置：收载于第七十四卷

སྐབས་དོན་དགུ་པ། རྒྱུད་བཞིའི་མཐའ་དཔྱོད།

第九集 《四部医典》研究

དཔལ་ལྡན་རྒྱུད་བཞི་འདི་ཉིད་བཀའ་དང་བསྟན་བཅོས་གང་ཡིན་སྐོར་གྱི་རྣམ་བཞག་དང་། དཔལ་ལྡན་རྒྱུད་བཞི་ལ་སོགས་པའི་ཚད་ལྡན་གཞུང་གི་དབང་ལུང་ཐོབ་ཡིག རྒྱུད་ཀྱི་འགྱུར་བྱང་ལ་སོགས་པའི་དོན་ཚན་པ་གསུམ་དུ་བཀོད་ཡོད།

收录有《〈四部医典〉佛语说》《医学受法录》《〈四部医典〉译跋、弟子传承、丈量法》3篇文献。

ཚན་པ་དང་པོ། རྒྱུད་བཞིའི་བཀའ་སྒྲུབ།

第一篇 《〈四部医典〉佛语说》

མཚན་བྱང་ཆ་ཚང་། རྒྱུད་བཞིའི་བཀའ་སྒྲུབ་འདབ་རྒྱས་ངང་མོ་འདི་བློ་གསལ་བག་ལྡན་པདྨོའི་འཚོ་ལ་བཞུགས་སོ། །

全名：《〈四部医典〉佛语说·展翅天鹅依莲生》

རྩོམ་པ་པོ། མིའི་ཉི་མ་མཐོང་བ་དོན་ལྡན། རབ་བྱུང་བདུན་པར་དབུས་གཙང་གཞིས་ཀ་རྩེའི་ངམ་རིང་དུ་སྐུ་འཁྲུངས།

作者：强巴·弥尼玛彤瓦顿丹，七胜生生于卫藏日喀则昂仁。

མ་ཡིག སྒྲིག་པར། ཡིག་གཟུགས་དབུ་ཅན། ཤོག་ངོས་རེར་ཐིག་ཕྲེང་ཉེར་གསུམ། ཐིག་ཕྲེང་རེར་ཡིག་འབྲུ་བཅུ་གཉིས། ཁྱོན་བསྡོམས་ཤོག་ངོས་རེ་བཞི་བཞུགས།

母本：排印本，正楷体，每页23行，每行12字，共64页。

ནང་དོན་གནད་བསྡུས། བྱང་པ་མིའི་ཉི་མ་མཐོང་བ་དོན་ལྡན་སྐུ་འཚོ་བཞུགས་ཀྱི་དུས་དེ་ཙམ་ལ་དཔལ་ལྡན་རྒྱུད་བཞི་འདི་ཉིད་ཡན་ལག་བརྒྱད་པའི་སྙིང་པོ་བསྡུས་པ་ལས་བྱུང་བར་སྨྲ་བ་དང་། རྒྱུད་བཞི་རྣམ་དག་མིན་པར་བཞེད་པ། སངས་རྒྱས་ཀྱིས་གསུངས་པ་མིན་པ་ལ་སོགས་མང་དུ་བགྲང་པ་ལ། མ་རྟོགས་ལོག་རྟོག་གི་དྲི་མ་རྩ་ནས་དག་པར་བྱ་བའི་ཕྱིར་དུ་མཛད་པ་ཞིག་ལགས་ལ། གླེང་གཞི་དང་བཅས་དོན་ཚན་མི་འདྲ་བ་ཉེར་བཞིའི་བདག་ཉིད་དུ་གྲུབ་ཅིང་། དེའང་རྒྱལ་བའི་བཀའ་རྣམས་སུ་འདི་སྐད་བདག་གིས་ཐོས་པའི་དུས་གཅིག་ན་ཞེས་དང་། དཔལ་ལྡན་རྒྱུད་བཞིའི་གླེང་གཞིའི་ལེའུ་རུ་འདི་སྐད་བདག་གིས་བཤད་པའི་དུས་གཅིག་ན་ཞེས་གསུངས་པས་ཐོས་པ་དང་བཤད་པ་ཞེས་པ་ཕན་ཚུན་འགལ་བས་བཀའ་མིན་པར་བཞེད་པ་ལ། སྟོན་འཁོར་དབྱེར་མེད་ཐ་མི་དད་པའི་ཚུལ་གྱིས་བཀའ་ཡིན་པར་བསྒྲུབས་པ་དང་། ཁ་ཅིག་གྲོང་ཁྱེར་ལྟ་ན་སྡུག་ཅེས་པ་འདིར་ཡོད་ངེས་པ་མེད་པས་བཀའ་མིན་ཞེས་དགོད་པ་ལ་རང་གིས་མ་མཐོང་བ་རྒྱུ་མཚན་དུ་བྱས་ཏེ་མེད་པར་སྨྲས་ན་ནི་གནས་འོག་མིན་ཀྱང་མེད་པར་འགྱུར་བས་བཀའ་ཡིན་པར་བསྒྲུབས་ཏེ་སྟོན་པས་སྨན་བླར་སྤྲུལ་ཏེ་རྒྱུད་བཞི་གསུངས་པ་དང་། བརྗོད་བྱ་ཡན་ལག་བརྒྱད་ཀྱི་གྲངས་འདྲེན་ཚུལ། སྲོག་འཛིན་གྱི་རླུང་དང་ཁྱབ་བྱེད་རླུང་གི་གནས་མི་འདྲ་བ། ལོ་མགོ་རྒྱལ་ཟླ་བར་བརྩི་བ། དུས་ལྔའི་ངོས་འཛིན། མདོས་དང་བོན་གྱི་གསོ་ཐབས། ཇ་དང་དཀར་ཡོལ་ཞེས་པའི་ཐ་སྙད། ཨ་རུ་རའི་རོ། འབྱུང་བའི་ངོས་འཛིན། གདོན་ཚ། ཟས་ཀྱི་མཆོག་ནས་རྙིང་རྩམ་པ་དང་སྨན་གྱི་མཆོག་ཤིང་དཀར་རྩེ་མོ་སོགས་ཀྱི་ཚུལ་ལ་དཔྱད་དེ་རྒྱུད་བཞི་ཉིད་བཀའ་ཡིན་པར་བསྒྲུབས་ཤིང་། རྒྱབ་རྟེན་གྱི་ལུང་རྣམས་ཀྱང་གསང་བ་འདུས་པའི་རྒྱུད་དང་། འཕགས་པ་གསེར་འོད་དམ་པ། སྨན་དཔྱད་ཟླ་བའི་རྒྱལ་པོ། དཔལ་དུས་ཀྱི་འཁོར་ལོ། འགྲེལ་བ་ཟླ་ཟེར། རྡོ་རྗེ་རྣམ་འཇོམས། སྤྱོད་འཇུག རྡོ་རྗེའི་ཚིག་རྐང་སོགས་ཁུངས་བཙུན་དཔྱད་གསུམ་དག་པ་འབའ་ཞིག་ལ་བརྟེན་པས་བོད་ཀྱི་གསོ་བ་རིག་པའི་ཞིབ་འཇུག་གི་སྐྱེར་དཔལ་ལྡན་རྒྱུད་བཞིའི་འབྱུང་ཁུངས་གསལ་བར་སྟོན་པའི་མེ་ལོང་ཞིག་ཏུ་ངང་གིས་གྲུབ་བོ། །

内容提要：强巴·弥尼玛彤瓦顿丹有生之年见闻很多关于《四部医典》的谬论，如《四部医典》源自《八支精要集》，《四部医典》不纯正，并非佛陀所说等。此书正是为了纠正这些错误观点而著。全书包括引言共有24章。书中为了说明佛语中“此时由我听”和《四部医典》中“此时由我说”矛盾观点并非佛说，实则所闻所说皆为佛以及为了推翻有些人对“达那斗”城不存在并非佛说，实则未见并非不存在的观点进行了论证。书中还对佛陀化身药师佛口授《四部医典》，八支内容的罗列，维命“隆”和遍行“隆”的不同部位，鬼宿月为年起始的算法，五季的认识，“帝”和“苯”的疗法，“茶”和“瓷”等名词，诃子的性味，五原的认识，“敦”邪尿象、食物之最为青稞糌粑，饮水之最为“旬格仔木”等进行分析以论证《四部医典》为佛说。本书以《秘诀汇集续》《月王药诊》《注释月光》等权威著作为引证文献，以论证《四部医典》的来源。

བོད་ཀྱི་གསོ་རིག་ཀུན་བཏུས་བསྡུད་སྒྲིག་མ་ལས། པོད་དོན་བཞི་པའི་ནང་དུ་བཞུགས།

在《〈藏医药大典〉续编（61—80）》中的位置：收载于第七十四卷

ཚན་པ་གཉིས་པ། གསོ་བ་རིག་པའི་ཐོབ་ཡིག

第二篇 《医学受法录》

མཚན་བྱང་ཆ་ཚང་། གསོ་བ་རིག་པའི་ཐོབ་ཡིག་བྱིན་རླབས་མྱུ་གུ་བཞུགས་སོ། །

全名：《医学受法录·加持幼苗》

རྩོམ་པ་པོ། དེའུ་དམར་བསྟན་འཛིན་ཕུན་ཚོགས། བོད་ལུགས་གསོ་རིག་ཚིག་མཛོད་ཆེན་མོ་ལས་རབ་བྱུང་བཅུ་གཅིག་པའི་ཆུ་གླང་སྟེ་སྤྱི་ལོ་༡༦༧༣ལོར་མདོ་སྟོད་ཆབ་མདོའི་གོ་འཇོ་གསེར་ཁ་རྟ་སྒྲ་འབྲུངས་ཞེས་གསུངས།

作者：帝玛尔·丹增彭措，据《藏医药学大辞典》记载，十一胜生的水牛年即1673年生于多堆昌都的贡觉色嘎。

མ་ཡིག ལག་བྲིས། ཡིག་གཟུགས་དབུ་མེད། ཤོག་ངོས་རེར་ཐིག་ཕྲེང་བདུན། ཐིག་ཕྲེང་རེར་ཡིག་འབྲུ་སུམ་ཅུ། ཁྱོན་བསྡོམས་ཤོག་ངོས་ཉེར་དགུ་བཞུགས།

母本：手写本，草书体，每页7行，每行30字，共29页。

ནང་དོན་གནད་བསྡུས། རྩོམ་པ་པོ་ཁོང་ལ་གསོ་བ་རིག་པའི་གཞུང་གདམས་མན་ངག་གི་དབང་ལུང་ཁྲིད་གསུམ་ཇི་སྙེད་ཅིག་ཐོབ་པ་ལས། ཤིན་ཏུ་གཙོགས་ཆེ་ཞིང་བྱིན་རླབས་ཀྱི་ཚན་ཁ་མ་ཡལ་བའི་གཞུང་འགའི་ཐོབ་ཡིག་གམ་བརྒྱུད་པའི་ཆུ་བོ་ཟམ་མ་ཆད་པར་བཀོད་པ་ཞིག་སྟེ། དེ་ཡང་དང་པོ་དཔལ་ལྡན་རྒྱུད་བཞིའི་ཁྲིད་དང་ལུང་ཐོབ་པའི་བརྒྱུད་པ་དང་། གཡུ་ཐོག་ཡོན་ཏན་མགོན་པོའི་མན་ངག་སྙིང་ཐིག་གི་དབང་ལུང་གཉིས་ཀྱི་ཐོབ་ཡིག དྭགས་པོ་འཐོར་འབུམ་མམ་སྨན་གཞུང་རིན་ཆེན་རྒྱ་མཚོ་ལ་རྩ་བའི་ཡིག་སྣ་བརྒྱ་དང་ཉེར་གཅིག་དང་། གསལ་བྱེད་བུ་ཡིག་སུམ་ཅུ་རྩ་བརྒྱད། གབ་སྦས་གསལ་བྱེད་འཁོར་ལོ་དགུ་དང་བཅས་ཁྱོན་ཡིག་སྣ་མ་བུའི་ཚན་པ་བརྒྱ་དང་ལྔ་བཅུ་རྩ་དགུ་ཡོད་པ་དེའི་ལུང་ཐོབ་པའི་བརྒྱུད་པ། མན་ངག་བྱེ་བ་རིང་བསྲེལ་དང་བདུད་རྩི་བུམ་པ། གྲུབ་ཆེན་ཨོ་རྒྱན་པ་རིན་ཆེན་དཔལ་བའི་རྡོ་རྗེ་དབྱུག་བཅོས་བཅས་ཀྱི་དབང་ལུང་ཁྲིད་སོ་སོའི་བརྒྱུད་པ་ཞིབ་ཕྲར་བཀོད་པས། བོད་ཀྱི་གསོ་བ་རིག་པའི་ཐུན་མིན་གྱི་ཁྱད་ཆོས་ཏེ་དབང་ལུང་ཁྲིད་གསུམ་གྱི་བརྒྱུད་པ་བར་མ་ཆད་པར་རྒྱུད་འཛིན་བྱ་བ་དང་། བོད་ཀྱི་གསོ་རིག་ལོ་རྒྱུས་ལ་ཞིབ་འཇུག་བགྱི་བར་དཔྱད་གཞི་རིན་ཐང་བྲལ་བ་ཞིག་ཏུ་གྲུབ་བོ། །

内容提要：此书是作者对自己通过灌顶、传承和教导得到的医学著作教言秘诀进行的记录。首先记录了获得《四部医典》的教授和教言的传承，获得宇妥·云丹贡布所著《秘诀心经》的灌顶、教言传承，《塔波零散医集》中的121部基础医书、38部明示子书、9轮隐藏明示等159个子母书教言传承，《千万舍利子》《甘露宝瓶》和珠钦邬金巴仁钦贝《金刚“优厥”疗法》的灌顶、教言和传承过程进行了详尽的记述。此书为藏医学历史的研究具有很高的参考价值。

བོད་ཀྱི་གསོ་རིག་ཀུན་བཏུས་བསྡུད་སྒྲིག་མ་ལས། པོད་དོན་བཞི་པའི་ནང་དུ་བཞུགས།

在《〈藏医药大典〉续编（61—80）》中的位置：收载于第七十四卷

ཚན་པ་གསུམ་པ། རྒྱུད་ཀྱི་འགྱུར་བྱང་དང་སློབ་རྒྱུན་སོར་ཁྲུའི་འཇལ་ཚད།

第三篇 《〈四部医典〉译跋、弟子传承、丈量法》

མཚན་བྱང་ཆ་ཚང་། རྒྱུད་ཀྱི་འགྱུར་བྱང་དང་སློབ་རྒྱུན་སོར་ཁྲུའི་འཇལ་ཚད་བཞུགས་སོ། །

全名：《〈四部医典〉译跋和弟子传承丈量法》

རྩོམ་པ་པོ། པད་མ་དབང་གྲགས། དུས་རབས་བཅུ་དགུ་པའི་ནང་མདོ་སྟོད་ཙག་ཤོག་ཏུ་སྐུ་འཁྲུངས།

作者：白玛旺扎，19世纪生于多堆如削。

མ་ཡིག ལག་བྲིས། ཡིག་གཟུགས་དབུ་ཅན། ཤོག་ངོས་རེར་ཐིག་ཕྲེང་བདུན། ཐིག་ཕྲེང་རེར་ཡིག་འབྲུ་ཉི་ཤུ། ཁྱོན་བསྡོམས་ཤོག་ངོས་བཅུ་གཉིས་བཞུགས།

母本：手写本，草书体，每页7行，每行20字，共12页。

ནང་དོན་གནད་བསྡུས། དབུ་ཞབས་ཀྱི་དོན་རྣམས་རྒྱུད་ཀྱི་འགྱུར་བྱང་དང་། དཔལ་ལྡན་རྒྱུད་བཞིའི་སློབ་རྒྱུན། སོར་ཁྲུའི་འཇལ་ཚད་བསྟན་པ་བཅས་ས་བཅད་གསུམ་གྱིས་མཇུག་གྲུབ་པར་བགྱིས་ཡོད་ལ། དང་པོ་རྒྱུད་ཀྱི་འགྱུར་བྱང་ཞེས་པ་དོན་ལ་ཟུར་མཁར་བློ་གྲོས་རྒྱལ་པོས་འགྲེལ་བཤད་དང་ཞུས་ཆེན་གྱིས་གཏན་ལ་ཕབ་ཅིང་། ཡར་རྒྱབ་ཆོས་ཀྱི་རྒྱལ་པོས་པར་བརྐོས་གནང་བའི་གྲྭ་ཐང་རྒྱུད་བཞི་གཞིར་བྱས་པའི་སྟེང་། ཙུང་ཟད་རྟོག་མར་གནས་པ་ལ་སྡེ་སྲིད་སངས་རྒྱས་རྒྱ་མཚོས་རྣམ་དཔྱོད་ཀྱི་ཀ་ཏ་ཀས་ཡང་ཡང་བསྒྲུངས་ཏེ་པར་བརྐོས་མཛད་པའི་པོ་ཏ་ལའི་པར་མ། ཕྱིས་གསོ་བ་རིག་པའི་བསྟན་པ་མི་ཉམས་གོང་དུ་སྤེལ་བར་དམིགས་ཏེ། སྡེ་དགེ་རྒྱལ་པོ་བསྟན་པ་ཚེ་རིང་གིས་གོང་གི་པར་གཞི་གཉིས་ལ་གཞི་བྱས་ཏེ་པར་དུ་

བཀོས་པའི་སྟེ་དགེ་པར་མ་བསྐྲུན། གཉིས་པ་དཔལ་ལྡན་རྒྱུད་བཞིའི་སློབ་རྒྱུན་དུ་གཙོ་བོ་ཟུར་ལུགས་གསོ་རིག་གི་བརྒྱུད་པ་སྟེ། སངས་རྒྱས་སྨན་གྱི་བླ་མ་ནས་རིམ་པར་དྲང་སྲོང་རིག་པའི་ཡེ་ཤེས་དང་། དྲང་སྲོང་ཡིད་ལས་སྐྱེས། དེ་ནས་རིམ་པར་འཕྲོང་པ་ཕུན་ཚེའི་བར་དུ་བརྒྱུད་པའི་ཕྲེང་བ་སོ་དགུ་བཀོད་ཡོད་ལ། དེ་དང་འབྲེལ་ནས་གཞུང་འདིའི་མཛད་པ་པོ་པདྨ་དབང་གྲགས་རང་གི་གསོ་དཔྱད་ཀྱི་གཞུང་གདམས་མན་ངག་གི་ཐོབ་ཡིག་སྟེ། དཔལ་ལྡན་རྒྱུད་བཞི་གཙོས་པའི་བདུད་རྩི་བུམ་པ་དང་། གཡུ་ཐོག་སྙིང་ཐིག གཅེས་བསྡུས་ཕན་བདེའི་སྙིང་པོ། འཆི་མེད་ནོར་ཕྲེང་། བླ་སྒྲུབ་གསོལ་འདེབས་སོགས་གཞུང་ཚན་བཅུ་གཉིས་ཅམ་གྱི་ལུང་རྒྱུན་ཞིབ་པར་སྤྲོས་ཡོད། གསུམ་པ་སོར་ཁྲུའི་འཇལ་ཚད་དུ། སྨན་དཔྱད་ཟླ་བའི་རྒྱལ་པོ་སོགས་སྔ་རབས་ཀྱི་གཞུང་རྣམས་ལས་ཉེར་བར་བཏུས་ཤིང་། ཁྲིགས་སུ་བསྡེབས་ཏེ་གཏར་དམིགས་དང་མེ་གསང་སོགས་གཞལ་བ་ལ་ཉེ་བར་མཁོ་བའི་འཇལ་བྱེད་ཀྱི་ཚད་གཞི་སྟེ། ཚོན་དང་སོར། ཕྱུན། ཆག མཛུབ། མཐོ། ཁྲུ། མཁྱིད་བཅས་ཀྱི་ཚད་རྣམས་གསལ་བར་གཏན་ལ་ཕབ་ཡོད་པས། འཚོ་བྱེད་ལས་དང་པོ་བ་རྣམས་ཀྱིས་དཔལ་ལྡན་རྒྱུད་བཞིའི་ལུང་རྒྱུན་གསེར་རིའི་ཕྲེང་བ་ཟམ་མ་ཆད་པར་བྱུང་བའི་ལོ་རྒྱུས་ཀྱི་དགེ་མཚན་རྟོགས་ནུས་པ་དང་། གཏར་བསྲེག་དཔྱད་ཀྱི་ལག་ལེན་ལ་འཇུག་པའི་ཚེ་ན་གསང་རྣམས་མ་ནོར་བར་གཏན་ལ་དབབ་པར་ནུས་པ་མི་དམན་པ་འདོན་ནུས་སོ། །

内容提要：此书由《四部医典》的译跋、传承和丈量法等3个基础章组成。第一章中认为，《四部医典》的译跋实际是宿喀·洛追杰布的注释和笺。叶杰曲吉杰布所刻制的《四部医典》是在扎塘版的基础上，由第司桑杰嘉措辨查修改后刻制的布达拉版本，后期为了能使藏医学得以发扬光大，德格土司丹巴才仁所刻制的德格版跋文中均有记录。第二章中记述了《四部医典》的主要传承线，即宿喀派传承，从药师佛传至明智大仙、意生大仙，后至仲巴彭次之间有39位传承者。同时，作者白玛旺扎获得《四部医典》为主的《甘露宝瓶》《宇拓心经》《医学秘诀汇集利乐精华》《长寿宝串》等12部著作的教言传承线。第三章中的丈量法主要以《月王药诊》等历代经典著作为依据进行整理，并对放血穴位和火灸穴位所需丈量标准一寸、四指、五指、六指、一卡、一肘等度量标准进行了详尽的记述。此书对研究《四部医典》的教诫传承史和放血、火灸穴位的掌握有重要意义。

བོད་ཀྱི་གསོ་རིག་ཀུན་བཏུས་བསྟུད་སྒྲིག་མ་ལས། པོད་དོན་བཞི་པའི་ནང་དུ་བཞུགས།

在《〈藏医药大典〉续编（61—80）》中的位置：收载于第七十四卷

སྤྱི་དོན་བཞི་པ། ནད་ཐོག་ཉམས་ཡིག་གི་སྐོར།

第四部 临床经验书籍

རྒྱུད་ཀྱི་དངོས་བསྟན་དང་ཤུགས་བསྟན་གྱི་ནད་རིགས་སྟོང་ཕྲག་ལྔག་གི་རྒྱུ་རྐྱེན་དང་། རྩ་ཆུ་ཕྱི་ཡུལ་གསུམ་ལ་མངོན་པའི་རྟགས་ཀྱི་སྒོ་ནས་ནད་ངོས་འཛིན་པའི་ཐབས། ཟས་སྤྱོད་སྨན་དཔྱད་སྔགས་སོགས་གཉེན་པོས་བཅོས་པའི་ཐབས་སོགས་ལ་དུས་སྐབས་སོ་སོར་བྱུང་བའི་མཁས་དབང་དག་གི་ལུགས་འདྲ་མིན་དང་། ཐུན་མིན་གྱི་ཁྱད་ཆོས། ཚིག་བརྒྱུད་ཀྱི་མན་ངག་ཟབ་མོའི་སྐོར། ཡང་ན་ནད་རེ་ཟུང་ལ་མཆོག་ཏུ་ཕན་པའི་གཉེན་པོ་སྨན་དང་གཏར་བསྲེག་སོགས་ཀྱི་ལག་ལེན་སྣ་ཚོགས་རྣམས་སྐབས་དོན་ཉི་ཤུར་བསྡུས་ནས་བཀོད་ཡོད།

本部收录《四部医典》各种疾病内外因、脉尿体外三诊诊断法、食行药外治咒等疗法方面历代不同名医形成的学术流派、不同特色、单传深奥秘诀以及对个别疾病有特效的对治药物和放血、火灸等各类疗法实践20集。

སྐབས་དོན་དང་པོ། གཡུ་ཐོག་མགོན་པོའི་ནད་ཐོག་ཉམས་ཡིག

第一集 宇妥贡布临床医书

གདུག་པ་ཅན་གྱི་གཅོང་གི་ནད་བཅོས་པ་ལ་མན་ངག་ནོར་བུའི་ཕྲེང་བ་དང་། རྒྱུད་རྒྱལ་བདུད་རྩི་སྙིང་པོའི་གབ་པའི་གནས་བཅོ་བརྒྱད་ལ་ཞལ་གདམས་ཀྱིས་ཁ་བསྐང་བ་ཡང་གསང་གབ་པ་བཅོ་བརྒྱད། དྲང་

སྐོང་རྣམས་ཀྱི་སྙན་བརྒྱུད་ཁ་འཐོར་ལས་ནད་གཞི་གསོ་བཅོས་ཀྱི་མན་ངག་གི་སྐོར་རྣམས་ཕྱོགས་གཅིག་བསྡུས་པ་ཟིན་ཐིག་ཁ་འཐོར་རིན་ཆེན་སྤུངས་པ། གྲང་བའི་ནད་ཀྱི་གཞི་རྟགས་གསོ་གསུམ་སྟོན་པ་གྲང་བའི་སྐོང་ཐུན་སོགས་མན་ངག་ཐོར་བུ་ཚན་པ་སུམ་ཅུ་སོ་གཉིས་བཀོད་ཡོད།

本集收录《痼疾疗法秘诀·宝串》，《四部医典》所隐藏十八部的口授补充《复藏秘籍十八部·所想宝库》，诸仙人所聆受零星疾病治疗秘诀汇编《零星札记·珍宝堆》，记述寒症的病、症、疗的《寒症总义》等零星秘诀32篇。

ཚན་པ་དང་པོ། གཅོང་ནད་བཅོས་པའི་མན་ངག

第一篇 《痼疾疗法秘诀》

མཚན་བྱང་ཆ་ཚང་། གཅོང་ནད་བཅོས་པའི་མན་ངག་ནོར་བུའི་ཕྲེང་བ་ཞེས་བྱ་བ་བཞུགས་ལགས་སྷོ། །

全名：《痼疾疗法秘诀·宝串》

རྩོམ་པ་པོ། གཡུ་ཐོག་མགོན་པོའམ་གཡུ་ཐོག་གསར་མ་ཡོན་ཏན་མགོན་པོ། སྤྱི་ལོ་༡༡༢༦ལོར་དབུས་གཙང་གཞིས་ཀ་རྩེའི་རྒྱལ་རྩེ་མྱང་སྟོད་སྒོ་བཞི་རེ་ཐང་དུ་སྐུ་འཁྲུངས་ཤིང་། སྤྱི་ལོ་༡༢༠༢ལོར་སྐུ་གཤེགས།

作者：宇妥贡布，又名宇妥萨玛·云丹贡布，1126年生于卫藏日喀则江孜娘堆古喜日塘，1202年卒。

མ་ཡིག ལག་བྲིས། ཡིག་གཟུགས་དབུ་མེད། ཤོག་ངོས་རེར་ཐིག་ཕྲེང་དྲུག ཐིག་ཕྲེང་རེར་ཡིག་འབྲུ་སོ་དགུ། ཁྱོན་བསྡོམས་ཤོག་ངོས་རེ་གཉིས་བཞུགས།

母本：手写本，草书体，每页6行，每行39字，共62页。

ནང་དོན་གནད་བསྡུས། གཞུང་འདི་ནི་ཁོང་ནད་བཅོས་པའི་ཉམས་མྱོང་གི་མན་ངག་རྣམས་ཕྱོགས་གཅིག་ཏུ་བཀོད་པ་ཞིག་སྟེ། གཞུང་སྤྱི་ལ་དོན་ཚན་བཅུ་གཉིས་ཙམ་ཡོད། དེ་ལ་ཐོག་མར་རྩ་བ་དྲུག་གསུམ་ལས་བསྐྱེད་

པའི་ནད་རྣམས་དྲིལ་བས་རྨ་གཙོང་གཉིས་སུ་འདུ་ཚུལ་སོགས་ནད་ཀྱི་སྤྱི་ཆིངས་བསྟན་པ་དང་། དེ་ནས་རླུང་ནད་དང་། མཁྲིས་པའི་ནད། དམུ་ཆུའི་ནད། བད་ཀན་སྨུག་པོ། བད་ཀན་མགུལ་འགགས། མཆེར་ནད། སྐྱ་རབ། མོ་ནད། དུག་ནད། གློ་རྣག རྡེ་ནད་བཅས་ལས་བྱུང་བའི་ནད་སྤྱི་བྱེ་བྲག་མི་འདྲ་བ་ཞིག་གི་སོ་སོའི་རྒྱུ་རྐྱེན་དབྱེ་བ་མདོར་ཙམ་བསྟན་ཏེ་གཙོ་བོ་དེ་དག་གི་བཅོས་ཐབས་ལ་ཕྱག་ལེན་སྔ་གཅིག་ཙམ་མ་ཡིན་པར་མཁས་པ་མང་པོའི་ཐུན་མོང་མ་ཡིན་པའི་སྙན་རྒྱུད་ཀྱི་སྐོར་དང་ཆིག་རྒྱུད་ཀྱི་སྐོར་ལུགས་མི་འདྲ་བ་དུ་མ་ཡི་གེ་ལ་བཏབ་ཅིང་ཀུན་ལ་སྤེལ་བའི་ཚུལ་གྱིས་མཛད་ཡོད།

内容提要：此书为内科疾病治疗实践秘诀汇集。全书分12章。首先，介绍了由三邪所引发疾病，即概括为创伤和痼疾的疾病总体框架；其次对“隆”病、“赤巴”病、水臌、“培根木布”、“培根”喉阻、脾病、灰色浮肿、妇科病、毒病、肺病、结石等诸多疾病的内外因、分类进行了概述。藏书的目的主要为，对不同派系的诸多名家聆受和单传的特色疗法实践以文字记录的形式进行传承。

བོད་ཀྱི་གསོ་རིག་ཀུན་བཏུས་བསྟུད་སྒྲིག་མ་ལས། པོད་དོན་བཞི་པའི་ནང་དུ་བཞུགས།

在《〈藏医药大典〉续编（61—80）》中的位置：收载于第七十四卷

ཆན་པ་གཉིས་པ། ཡང་གསང་གབ་པ་བཅོ་བརྒྱད།

第二篇　《复藏秘籍十八部》

མཚན་བྱང་ཆ་ཚང་། ཡང་གསང་གབ་པ་བཅོ་བརྒྱད་དགོས་འདོད་ནོར་བུའི་མཛོད་བཞུགས་སོ། །

全名：《复藏秘籍十八部·所想宝库》

རྩོམ་པ་པོ། གཡུ་ཐོག་མགོན་པོའམ་གཡུ་ཐོག་གསར་མ་ཡོན་ཏན་མགོན་པོ། སྤྱི་ལོ་༡༡༢༦ལོར་དབུས་གཙང་གཞིས་ཀ་རྩེའི་རྒྱལ་རྩེ་མྱང་སྟོད་སྒོ་བཞི་རེ་ཐང་དུ་སྐུ་འཁྲུངས་ཤིང་། སྤྱི་ལོ་༡༢༠༢ལོར་སྐུ་གཤེགས།

作者：宇妥贡布，又名宇妥萨玛·云丹贡布，1126年生于卫藏日喀则江孜娘堆古喜日

塘，1202年卒。

མ་ཡིག ལག་བྲིས། ཡིག་གཟུགས་དབུ་མེད། ཤོག་ངོས་རེར་ཐིག་ཕྲེང་བརྒྱད། ཐིག་ཕྲེང་རེར་ཡིག་འབྲུ་ཞེ་བཞི། ཁྱོན་བསྡོམས་ཤོག་ངོས་ཞེ་གཉིས་བཞུགས།

母本：手写本，草书体，每页8行，每行44字，共42页。

ནང་དོན་གནད་བསྡུས། གཞུང་འདི་ནི་རྒྱུད་རྒྱལ་བདུད་རྩི་སྙིང་པོའི་གབ་པའི་གནས་བཅོ་བརྒྱད་ལ་ཞལ་གདམས་ཀྱིས་ཁ་བསྐང་བ་ཞིག་སྟེ། གབ་པ་དང་པོ་ལ་གཅོང་ཆེན་སྐྲན་བཤིག་པའི་ཐལ་སྨན་གྱི་ལག་ལེན་རིམ་པ་དང་། གབ་པ་གཉིས་པ་ལ་དམུ་ཆུའི་ནད་བཅོས་སྐབས་ཀྱི་ཆུ་སྦྱོང་དང་འཕྱུལ་འཛག ཆུ་སྐེམས་བཅས་ཀྱི་སྦྱོར་བའི་ལག་ལེན། གབ་པ་གསུམ་པ་ལ་གཉན་གཟེར་དང་རླུང་གཟེར་བཅོས་པའི་སྨན་རེའི་ལག་ལེན། གབ་པ་བཞི་པ་ལ་གག་ལྷོག་འབྲས་གསུམ་གྱི་བཅོས་སྨན་གསུམ་གྱི་ལག་ལེན། གབ་པ་ལྔ་པ་ལ་ཡ་མ་དཀར་ནག་གི་བཅོས་སྨན་གྱི་ལག་ལེན། དེ་ནས་གབ་པ་དྲུག་པ་ནས་བཅུ་གཉིས་བར་དུ་མིག་ནད་དང་རྣ་ནད། གྲེ་ནད། སྐད་འགགས། མངལ་ནད། བྱིས་པའི་མཆིན་ནད། མགོ་བའི་ཀླུམ་བཅོས་བཅས་ཀྱི་བཅོས་སྨན་གྱི་ལག་ལེན། གབ་པ་བཅུ་གསུམ་པ་དང་བཅུ་བཞི་པ། བཅོ་ལྔ་པ་བཅས་ལ་བྱང་ཁོག་གི་རྣག་སྐེམས་པའི་སྦྱོར་བའི་ལག་ལེན། གབ་པ་བཅུ་དྲུག་པ་ལ་དུག་ནད་སྣ་ཚོགས་བརྟག་པའི་ཐབས། གབ་པ་བཅུ་བདུན་པ་ལ་དུག་ནད་བཅོས་པའི་སྨན་གྱི་ལག་ལེན། གབ་པ་བཅོ་བརྒྱད་པ་ལ་བད་ཀན་སྤྱི་བཤལ་གྱི་ལག་ལེན་བཅས་ཆ་ལག་བཅོ་བརྒྱད་ཁྲིད་ཀྱི་ཡང་སྙིང་གབ་པ་བཅོ་བརྒྱད་ལས་ཀྱང་ཡང་གསང་གི་ཚུལ་དུ་ཚིག་ཉུང་དོན་འདུས་སུ་བསྟན་ཡོད།

内容提要：此书为《四部医典》所隐藏十八部的口授补充。第一隐藏部为除痼疾瘤灰药的实践；第二隐藏部为水臌治疗时的水泻、滤过和干腹水方剂的实践；第三隐藏部为治疗疠刺痛和“隆”性刺痛个别方药实践；第四隐藏部为白喉、炭疽和“哲”病三者的治疗药物实践；第五隐藏部为黑白“亚玛”病治疗药物实践；第六至第十二隐藏部为眼病、耳病、咽病、喑哑、子宫病、小儿肝病和头部创伤等的治疗药物实践；第

十三、十四、十五隐藏部为体腔干脓方剂实践；第十六隐藏部为各类毒病的诊断法；第十七隐藏部为毒病治疗方药实践；第十八隐藏部为“培根”泻疗实践。书中言简意赅地对《十八支》中的十八隐藏之重点内容进行了记述。

བོད་ཀྱི་གསོ་རིག་ཀུན་བཏུས་བསྟུད་སྒྲིག་མ་ལས། པོད་དོན་བཞི་པའི་ནང་དུ་བཞུགས།

在《〈藏医药大典〉续编（61—80）》中的位置：收载于第七十四卷

ཚན་པ་གསུམ་པ། ཟིན་ཐིག་ཁ་འཐོར།

第三篇 《零星札记》

མཚན་བྱང་ཆ་ཚང་། ཟིན་ཐིག་ཁ་འཐོར་རིན་ཆེན་སྤུངས་པ་ཞེས་བྱ་བ་བཞུགས་སོ། །

全名：《零星札记·珍宝堆》

རྩོམ་པ་པོ། གཡུ་ཐོག་མགོན་པོའམ་གཡུ་ཐོག་གསར་མ་ཡོན་ཏན་མགོན་པོ། སྤྱི་ལོ་༡༡༢༦ལོར་དབུས་གཙང་གཞིས་ཀ་རྩེའི་རྒྱལ་རྩེ་མྱང་སྟོད་སྐོ་བཞི་རེ་ཐང་དུ་སྐུ་འཁྲུངས་ཤིང་། སྤྱི་ལོ་༡༢༠༢ལོར་སྐུ་གཤེགས།

作者：宇妥贡布，又名宇妥萨玛·云丹贡布，1126年生于卫藏日喀则江孜娘堆古喜日塘，1202年卒。

མ་ཡིག ལག་བྲིས། ཡིག་གཟུགས་དབུ་མེད། ཤོག་ངོས་རེར་ཐིག་ཕྲེང་བདུན། ཐིག་ཕྲེང་རེར་ཡིག་འབྲུ་སུམ་བཅུ། ཁྱོན་བསྡོམས་ཤོག་ངོས་བཅུ་དགུ་བཞུགས།

母本：手写本，草书体，每页7行，每行30字，共19页。

ནང་དོན་གནད་བསྡུས། གཞུང་འདི་ནི་དྲང་སྲོང་རྣམས་ཀྱི་སྨན་བརྒྱུད་ཁ་འཐོར་ལས་ནད་གཞི་གསོ་བཅོས་ཀྱི་མན་ངག་གི་སྐོར་རྣམས་ཕྱོགས་གཅིག་བསྡུས་ཏེ་རྒྱུད་རྒྱལ་བདུད་རྩི་སྙིང་པོ་ལ་ལྷན་ཐབས་ཀྱི་ཚུལ་དུ་བཀོད་པ་ཞིག་སྟེ། གཞུང་སྤྱི་ལ་དོན་ཚན་བཅུ་དྲུག་ཙམ་ཡོད། དེ་ལ་དོན་ཚན་དང་པོ་ནས་བདུན་པའི་བར་མགོ

ནད་དང་མིག་ནད། རྣ་ནད། སྣ་ནད། ཁ་ནད། གདོང་ནད། ལྦ་བའི་ནད་བཅས་ནམ་ཚོང་ཡན་གྱི་ནད་དང་། དོན་ཚན་བརྒྱད་པ་ནས་བཅུ་བཞི་པའི་བར་སྙིང་ནད་དང་། གློ་ནད། ཕོ་མཆིན་གྱི་ནད། འབྲུ་སྐྱུག་གི་ནད། ཚ་རིམས། མངལ་ནད། གཞང་འབྲུམ། ཆུ་འགགས་སོགས་ཁོང་གི་ནད། དོན་ཚན་བཅོ་ལྔ་པར་རྨ་སྐྱངས་སོགས་དང་བཅུ་དྲུག་པར་ཤ་དུག་གི་ནད་སོགས་ཀྱི་བཅོས་ཐབས་ཉུང་བསྡུས་ཙམ་རེ་བསྟན་ཡོད།

内容提要：此书将诸仙人零星聆受的疾病治疗秘诀汇编以《四部医典》补遗的方式进行记述。全书分16章，第一章至第七章为头病、眼病、耳病、鼻病、口病、面病、瘿瘤等“南寸”以上部位的疾病治疗，第八章至第十四章为心脏病、肺病、胃肝病、泻吐病、热瘟、子宫病、痔疮、尿闭症等体腔病治疗方法，第十五章为外伤，第十六章为肉毒治疗方法。

བོད་ཀྱི་གསོ་རིག་ཀུན་བཏུས་བསྟུད་སྒྲིག་མ་ལས། པོད་དོན་བཞི་པའི་ནང་དུ་བཞུགས།

在《〈藏医药大典〉续编（61—80）》中的位置：收载于第七十四卷

ཚན་པ་བཞི་པ། གྲང་བའི་སྤྱོད་ཐུན།

第四篇　《寒症总义》

མཚན་བྱང་ཆ་ཚང་། གྲང་བའི་སྤྱོད་ཐུན་བཞུགས་སོ། །

全名：《寒症总义》

རྩོམ་པ་པོ། གཡུ་ཐོག་མགོན་པོའམ་གཡུ་ཐོག་གསར་མ་ཡོན་ཏན་མགོན་པོ། སྤྱི་ལོ་༡༡༢༦ལོར་དབུས་གཙང་གཞིས་ཀ་རྩེའི་རྒྱལ་རྩེ་མྱང་སྟོད་སྐྱ་བཞི་རེ་ཐང་དུ་སྐུ་འཁྲུངས་ཤིང་། སྤྱི་ལོ་༡༢༠༢ལོར་སྐུ་གཤེགས།

作者：宇妥贡布，又名宇妥萨玛·云丹贡布，1126年生于卫藏日喀则江孜娘堆古喜日塘，1202年卒。

མ་ཡིག ལག་བྲིས། ཡིག་གཟུགས་དབུ་མེད། ཤོག་ངོས་རེར་ཐིག་ཕྲེང་བདུན། ཐིག་ཕྲེང་རེར་ཡིག་འབྲུ་སོ་

༧༤། ཁྲོན་བསྒོམས་ཤོག་ངོས་སོ་གཉིས་བཞུགས།

母本：手写本，草书体，每页7行，每行39字，共32页。

ནང་དོན་གནད་བསྡུས། འདི་ནི་གྲང་བའི་ནད་ཀྱི་གཞི་རྟགས་གསོ་གསུམ་ཁོ་ན་སྟོན་པའི་གཞུང་ཞིག་སྟེ། གྲང་བའི་ནད་ཀྱི་རྒྱུ་རྐྱེན་དང་། ངོ་བོ། ངེས་ཚིག དབྱེ་བ། ཕྱི་ནང་བར་གསུམ་གྱི་གནས། མཚན་ཉིད། བཅོས་ཐབས། རྗེས་གཅོད་བཅས་དོན་ཚན་ཆེན་པོ་བརྒྱད་ཀྱིས་བསྟན། དེ་ལས་རྒྱུ་རྐྱེན་དང་ངོ་བོ། གནས། རྗེས་གཅོད་བཅས་ནི་གྲང་བའི་ནད་སྤྱི་ལ་དམིགས་ནས་གསུངས་ཡོད་ལ། དབྱེ་བའི་སྐབས་གྲང་བའི་ནད་གསར་པ་ལ་མ་ཞུ་བ་དང་། ལྕེན། ལྕགས་དྲེག མེ་དྲོད་ཉམས་པ། མགུལ་འགགས། འཇུ་སྐེམས། གྲུམ་བུ་དཀར་པོ་བཅས་བདུན་དང་། རྙིང་པ་ལ་བད་ཀན་སྨུག་པོ་དང་། སྐྲན། སྐྱ་རབ། འོར། དམུ་ཆུ་བཅས་ལྔ་ཏེ་དབྱེ། མཚན་ཉིད་ཀྱི་སྐབས་སུ་དབྱེ་བ་བཅུ་གཉིས་པོ་སོ་སོའི་མིང་དེ་ལྟར་བཏགས་པའི་རྒྱུ་མཚན། རྐྱེན་གང་གིས་གྱུར་ཚུལ། དབྱེ་བ་དུ་ཡོད། རྟགས་ཅི་འབྱུང་སོགས་བསྟན་ནས་ནད་ངོས་འཛིན་ཚུལ་དང་། བཅོས་ཐབས་ཀྱི་སྐབས་སུ་གྲང་བའི་ནད་སྤྱིའི་འཆི་རྟགས་དང་འབྲེལ་ནས་གསོ་བ་སྤྱང་བླང་བྱ་ཚུལ་དང་། འཆི་རྟགས་མེད་པའི་སྐབས་ཀྱི་ནད་བཅུ་གཉིས་པོ་སོ་སོའི་གསོ་ཐབས་དངོས་བཅས་བསྟན་ཡོད།

内容提要：此书是一部单纯记述寒症的病、症、疗的著作，从寒症的内外因、性质、定义、分类、发病部位、性相、疗法和巩固治疗等8大方面进行了记述。内外因、性质、部位、巩固治疗针对的是寒症的总体病情。分类中将寒症新发病分为不消化、剑突“培根”病、铁垢“培根病”、胃火衰退、喉阻、消瘦、白痹等7种，陈旧不消分为培根木布、痞瘤、灰色浮肿、下坠水肿、水臌等5种。定义部分记述了12种分类的命名原由、外因所引发的病机变化、分类、病症等的诊病方法；疗法部分阐述了结合寒症的死兆确定是否医治及无死兆时的12种疾病疗法。

བོད་ཀྱི་གསོ་རིག་ཀུན་བཏུས་བསྟུད་སྒྲིག་མ་ལས། པོད་དོན་བཞི་པའི་ནང་དུ་བཞུགས།

在《〈藏医药大典〉续编（61—80）》中的位置：收载于第七十四卷

ཚན་པ་ལྔ་པ། མཁྲིས་པ་བཅོས་པ།

第五篇　《“赤巴”病疗法》

མཚན་བྱང་ཆ་ཚང་། མཁྲིས་པ་བཅོས་དྲི་མེད་ཟླ་ཤར་བདོག

全名：《“赤巴”病疗法无垢新月》

རྩོམ་པ་པོ། གཡུ་ཐོག་མགོན་པོའམ་གཡུ་ཐོག་གསར་མ་ཡོན་ཏན་མགོན་པོ། སྤྱི་ལོ་༡༡༢༦ལོར་དབུས་གཙང་གཞིས་ཀ་རྩེའི་རྒྱལ་རྩེ་མྱང་སྟོད་སྐོ་བཞི་རེ་ཐང་དུ་སྐུ་འཁྲུངས་ཤིང་། སྤྱི་ལོ་༡༢༠༢ལོར་སྐུ་གཤེགས།

作者：宇妥贡布，又名宇妥萨玛·云丹贡布，1126年生于卫藏日喀则江孜娘堆古喜日塘，1202年卒。

མ་ཡིག ལག་བྲིས། ཡིག་གཟུགས་དབུ་མེད། ཤོག་ངོས་རེར་ཐིག་ཕྲེང་བདུན། ཐིག་ཕྲེང་རེར་ཡིག་འབྲུ་ཉེར་བརྒྱད། ཁྱོན་བསྡོམས་ཤོག་ངོས་བཅུ་གཉིས་བཞུགས།

母本：手写本，草书体，每页7行，每行28字，共12页。

ནང་དོན་གནད་བསྡུས། གཞུང་འདི་ནི་གཙོ་བོར་གཞན་དབང་ཅན་གྱི་མཁྲིས་པའི་ནད་ཀྱི་གཞི་རྟགས་གསོ་གསུམ་སྟོན་པ་ཞིག་སྟེ། གཞུང་སྤྱི་ལ་དོན་ཚན་ཆེན་པོ་ལྔ་ཡོད། དེ་ལ་གཞན་དབང་ཅན་གྱི་མཁྲིས་པའི་ནད་ཀྱི་ཕྱི་ནང་གི་རྒྱུ་རྐྱེན་དང་། ནད་དེ་ལ་དབྱེ་ན་མཁྲིས་པ་འཇུ་བྱེད་མ་ཞུ་བའམ་བད་ཀན་ནམ་རླུང་དམ་ཁྲག་བཅས་བཞིས་གནས་འགྱུར་ནད་དང་། མཁྲིས་པ་དམར་སྐྱུར་ཁྲག་གིས་གནས་འགྱུར་ནད། མཁྲིས་པ་སྒྲུབ་བྱེད་བད་རླུང་གིས་གནས་འགྱུར་ནད། མཁྲིས་པ་མཐོང་བྱེད་མ་ཞུ་བས་གནས་འགྱུར་ནད། མཁྲིས་པ་མདོག་གསལ་ཆུ་སེར་གྱིས་གནས་འགྱུར་ནད་བཅས་ལྔ་ཡོད་པ་དང་། ནད་དེ་དག་སོ་སོའི་གྱུར་ཚུལ་དང་ཕྱིའི་ནད་རྟགས། སྤྱི་བྱེ་བྲག་གི་བཅོས་ཐབས་ལག་ལེན་གྱི་རིམ་པ་རྣམས་ཚིགས་བཅད་ཀྱི་ལམ་ནས་རགས་བསྡུས་སུ་

བསྟན་ཡོད།

内容提要：此书主要记述了他系“赤巴”病的病、症、治三方面。全书分5个部分。他系“赤巴”病分为能消“赤巴”窜于不消“培根”“隆”、血等处的转化病，变色“赤巴”窜于血之转化病，能作“赤巴”窜于“培”“隆”之转化病，能视“赤巴”窜于不消转化病，明色“赤巴”黄水转化病等5类。本书以偈颂体形式对这些疾病各自的病理变化和外部症状，总体和具体疗法实践过程等进行了简要的记述。

བོད་ཀྱི་གསོ་རིག་ཀུན་བཏུས་བསྟུད་སྒྲིག་མ་ལས། པོད་དོན་བཞི་པའི་ནང་དུ་བཞུགས།

在《〈藏医药大典〉续编（61—80）》中的位置：收载于第七十四卷

ཚན་པ་དྲུག་པ། རིན་པོ་ཆེ་ཆུ་རྒྱུན།

第六篇　《珍宝水流》

མཚན་བྱང་ཆ་ཚང་། རིན་པོ་ཆེ་ཆུ་རྒྱུན་བཞུགས་སོ། །

全名：《珍宝水流》

རྩོམ་པ་པོ། གཡུ་ཐོག་མགོན་པོའམ་གཡུ་ཐོག་གསར་མ་ཡོན་ཏན་མགོན་པོ། སྤྱི་ལོ་༡༡༢༦ལོར་དབུས་གཙང་གཞིས་ཀ་རྩེའི་རྒྱལ་རྩེ་མྱང་སྟོད་སྐོ་བཞི་རི་ཐང་དུ་སྐུ་འཁྲུངས་ཤིང་། སྤྱི་ལོ་༡༢༠༢ལོར་སྐུ་གཤེགས།

作者：宇妥贡布，又名宇妥萨玛·云丹贡布，1126年生于卫藏日喀则江孜娘堆古喜日塘，1202年卒。

མ་ཡིག ལག་བྲིས། ཡིག་གཟུགས་དབུ་མེད། ཤོག་ངོས་རེར་ཐིག་ཕྲེང་བདུན། ཐིག་ཕྲེང་རེར་ཡིག་འབྲུ་སུམ་བཅུ། ཁྱོན་བསྡོམས་ཤོག་ངོས་བཞི་བཅུ་བཞུགས།

母本：手写本，草书体，每页7行，每行30字，共40页。

ནང་དོན་གནད་བསྡུས། གཞུང་འདི་ནི་གཙོ་བོར་བད་ཀན་སྨུག་པོའི་ནད་དང་འབྲེལ་བའི་ཡིག་ཚང་བཅུ་དགུ་

ཕྱོགས་གཅིག་གྲུང་བསྒྲིགས་པ་ཞིག་སྟེ། བད་ཀན་སྨུག་པོ་བཅོས་པའི་མན་ངག་ཡང་དག་པའི་ཆུ་རྒྱུན་དང་སྨུག་པོ་ལྕགས་ཁུའི་བཅོས་ཐབས་ཞེས་པའི་ཡིག་ཆུང་གཉིས་ལ་བད་ཀན་སྨུག་པོ་འཇུག་པའི་རྒྱུ་དང་། ན་བའི་གནས། རྒྱུ་བའི་ལམ། གསོག་པའི་ས། ཕྱིའི་རྟགས། བཅོས་པའི་ཐབས། རྗེས་གཅོད་སོགས་སོ་སོའི་ལུགས་ལྟར་རགས་བསྡུས་སུ་བསྟན་ཡོད་པ་དང་། བད་ཀན་སྨུག་པོ་བཅོས་པའི་ཐབས་རིན་པོ་ཆེ་ཆུ་རྒྱུན་ཞེས་པའི་ཡིག་ཆུང་དུ་སྨུག་པོའི་མཚོ་བྱེར་འཁྱིངས་རལ་གསུམ་གྱི་ནད་སྨན་སྤྱོད་ཚུལ་སྤྱི་ཙམ་བཀོད་ཡོད། ཡིག་ཆུང་གཞན་རྣམས་སོ་སོར་ནི་སྨུག་པོའི་ནད་ཀྱི་ཆ་ཤས་ཏེ་སྨུག་པོའི་བརྟག་ཐབས་དང་། ཡང་ན་སྨུག་པོའི་ཚ་བ་འདོན་པ། སྨུག་པོ་བྱེར་བ་བཅོས་པ། སྨུག་པོའི་མཚོ་རྡོལ་བཅོས་པ། སྨུག་པོའི་ཁྲག་སྐྲན་བཅོས་པ། སྨུག་པོའི་འཁྲུ་སྐྱུག་བཅོས་པ། སྨུག་པོའི་ནད་ཀྱི་གཉེན་པོ་གུར་གུམ་བདུན་པའི་སྦྱོར་བའི་ལག་ལེན་སོགས་བྱེ་བྲག་ཆུང་ངུ་རེའི་བརྗོད་བྱ་དམིགས་སུ་བཏོན་ནས་བསྟན་ཡོད།

内容提要：此书对与紫色“培根”病相关的19个小册进行了汇编。《紫色“培根”治疗秘诀·水流》和《紫色“培根”铁汁疗法》2部小册以各自观点简要记述了紫色“培根”发病内因、发病部位、通路、蓄积处、外部症状、疗法、断后等；《紫色“培根”疗法·珍宝水流》小册概述了紫色“培根”散、滞、溃的疗法；其他小册分别记述了紫色“培根”的诊法、紫色“培根”的清热、紫色“培根”扩散后的治疗、紫色“培根”穿溃后的治疗、紫色“培根”血瘤的治疗、紫色“培根”泻吐的治疗、紫色“培根”的对治药物七味红花的配制等。

བོད་ཀྱི་གསོ་རིག་ཀུན་བཏུས་བསྡུད་སྒྲིག་མ་ལས། པོད་དོན་བཞི་པའི་ནང་དུ་བཞུགས།

在《〈藏医药大典〉续编（61—80）》中的位置：收载于第七十四卷

ཚན་པ་བདུན་པ། བུམ་ཆུང་མེའི་འཁོར་ལོ།

第七篇 《火轮小瓶》

མཚན་བྱང་ཆ་ཚང་། བུམ་ཆུང་མེའི་འཁོར་ལོ་བཞུགས་སོ། །

全名：《火轮小瓶》

རྩོམ་པ་པོ། གཡུ་ཐོག་མགོན་པོའམ་གཡུ་ཐོག་གསར་མ་ཡོན་ཏན་མགོན་པོ། སྤྱི་ལོ་༡༡༢༦ལོར་དབུས་གཙང་གཞིས་ཀ་རྩེའི་རྒྱལ་རྩེ་མྱང་སྟོད་སྐྱོ་བཞི་རེ་ཐང་དུ་སྐུ་འཁྲུངས་ཤིང་། སྤྱི་ལོ་༡༢༠༢ལོར་སྐུ་གཤེགས།

作者：宇妥贡布，又名宇妥萨玛·云丹贡布，1126年生于卫藏日喀则江孜娘堆古喜日塘，1202年卒。

མ་ཡིག ལག་བྲིས། ཡིག་གཟུགས་དབུ་མེད། ཤོག་ངོས་རེར་ཐིག་ཕྲེང་བདུན། ཐིག་ཕྲེང་རེར་ཡིག་འབྲུ་ཉེར་དྲུག ཁྱོན་བསྡོམས་ཤོག་ངོས་བཅུ་གཉིས་བཞུགས།

母本：手写本，草书体，每页7行，每行26字，共12页。

ནང་དོན་གནད་བསྡུས། གཞུང་འདི་ནི་གཙོང་ཆེན་སྨན་ནད་བཅོས་པའི་ཡིག་ཆུང་ཅིག་སྟེ། སྨན་ནད་འབྱུང་བའི་རྒྱུ་རྐྱེན་དང་། སྨན་ནད་ལ་དབྱེ་ན་གནས་ཀྱི་དབང་གིས་དོན་ལྔ་དང་སྣོད་དྲུག་གི་སྨན་སོགས་མང་ཡང་བསྡུས་ན་ལུས་ཀྱི་ཕྱི་ནང་བར་དང་གསུམ་ལ་འདུ་བས་ཕྱི་ནང་བར་གསུམ་གྱི་སྨན་དམིགས་གྱིས་བསལ་ཏེ། སྣོད་སྨན་སྤྱིའི་རྟགས་དང་། བྱེ་བྲག་ལུས་ཀྱི་ཕྱི་སྨན་གྲང་བ། ནང་སྨན་གྲང་བ། བར་སྨན་གྲང་བ་གསུམ་དང་། ལུས་ཀྱི་ཕྱི་སྨན་ཚ་བ། ནང་སྨན་ཚ་བ། བར་སྨན་ཚ་བ་གསུམ་བཅས་སྨན་རིགས་དྲུག་པོ་སོ་སོའི་ནད་རྟགས་དང་བརྟག་ཐབས། དེ་བཞིན་དེ་སོ་སོ་ལ་ཕན་པའི་ཞི་སྦྱངས་ཀྱི་སྨན་དང་གཏར་བསྲེག་གི་དཔྱད་སོགས་བཅོས་ཐབས་ལག་ལེན་གྱི་རིམ་པ་རྣམས་མདོར་བསྡུས་སུ་བཀོད་ཡོད།

内容提要：此书为一部关于痼疾瘤治疗的小册，简明扼要地阐释了痞瘤形成的内外因，痞瘤分类，即按部位分为五脏瘤和六腑瘤等。分类虽多，但可概括为外、内、中瘤。书中对脏瘤总症以及寒性外、内、中瘤，热性外、内、中瘤等六种瘤的各自的病症和诊法，平息和下泄方药，放血和火灸等实践方法进行了简要记述。

བོད་ཀྱི་གསོ་རིག་ཀུན་བཏུས་བསྡུད་སྒྲིག་མ་ལས། པོད་དོན་བཞི་པའི་ནང་དུ་བཞུགས།

在《〈藏医药大典〉续编（61—80）》中的位置：收载于第七十四卷

ཆན་པ་བརྒྱད་པ། ཚ་བ་སྤྱི་བཅོས།

第八篇 《热病总疗》

མཚན་བྱང་ཆ་ཚང་། ཚ་བ་སྤྱི་བཅོས་ཀྱི་ལེའུ་བཞུགས་སོ། །

全名：《热病总疗章》

རྩོམ་པ་པོ། གཡུ་ཐོག་མགོན་པོའམ་གཡུ་ཐོག་གསར་མ་ཡོན་ཏན་མགོན་པོ། སྤྱི་ལོ་༡༡༢༦ལོར་དབུས་གཙང་གཞིས་ཀ་རྩེའི་རྒྱལ་རྩེ་མྱང་སྟོད་སྐྱོ་བཞི་རེ་ཐང་དུ་སྐུ་འཁྲུངས་ཤིང་། སྤྱི་ལོ་༡༢༠༢ལོར་སྐུ་གཤེགས།

作者：宇妥贡布，又名宇妥萨玛・云丹贡布，1126年生于卫藏日喀则江孜娘堆古喜日塘，1202年卒。

མ་ཡིག ལག་བྲིས། ཡིག་གཟུགས་དབུ་མེད། ཤོག་ངོས་རེར་ཐིག་ཕྲེང་བདུན། ཐིག་ཕྲེང་རེར་ཡིག་འབྲུ་སོ་ལྔ། ཁྱོན་བསྡོམས་ཤོག་ངོས་དྲུག་ཅུ་བཞུགས།

母本：手写本，草书体，每页7行，每行35字，共60页。

ནང་དོན་གནད་བསྡུས། གཞུང་འདི་ནི་ཚ་བའི་ནད་བཅོས་པའི་མན་ངག་ཡིག་ཆུང་བཞི་ཕྱོགས་གཅིག་ཏུ་བྱུང་བསྒྲིགས་པ་ཞིག་སྟེ། དང་པོ་ཚ་བ་སྤྱི་བཅོས་དཀྲུས་ལ་བྱུང་དུ་བཀོད་པ་ཞེས་པའི་ཡིག་ཆུང་དུ་ཚ་བ་སྤྱིའི་རྒྱུ་རྐྱེན་དང་། ཚ་བའི་ནད་ཀྱི་དབྱེ་བ་ལ་རྟེན་དང་དུས། ཉེས་པ། གནས་སོ། རྒྱུད། གནས་སྐབས། རིགས་

བཅས་ཀྱི་སྒོ་ནས་དབྱེ་ཚུལ། དབྱེ་བ་དེ་སོ་སོའི་ནད་རྟགས་དང་བཅོས་ཐབས་བཅས་དང་། གཉིས་པ་ཚད་པའི་བཅོས་ཐབས་མན་ངག་གནད་ཀྱི་ཏི་ཀ་ཞེས་པའི་ཡིག་ཆུང་དུ་མ་སྨིན་ཚ་བ་དང་རྒྱས་ཚད། སྟོངས་ཚད། གབ་ཚད། རྙིངས་ཚད་བཅས་ཚད་ནད་ལྔའི་མཚན་ཉིད་དང་གྲུར་ཚུལ། གསོ་ཐབས་ཀྱི་གནད་བཅས་བསྟན། གསུམ་པ་ཚད་པའི་བཅོས་ཐབས་མན་ངག་ཅེས་པའི་ཡིག་ཆུང་དུ་ཚད་པ་སྤྱིའི་ནད་ལུགས་དང་། དེ་ནས་རླུང་གི་ཚད་པ་དང་བྱིས་པའི་ཚད་པ། རྒས་པའི་ཚད་པ། དར་མའི་ཚད་པ་བཅས་ཀྱི་བཅོས་ཚུལ་དང་རྗེས་གཅོད་བཅས་བསྟན། བཞི་པ་ཚད་བཅོས་གསལ་བྱེད་མེ་ལོང་ཞེས་པའི་ཡིག་ཆུང་དུ་ཚ་བའི་ནད་ཀྱི་རྒྱུ་དང་དབྱེ་བ། གནས་སྐབས་ཀྱི་ཚ་བ་དྲུག་པོ་སོ་སོའི་མཚན་ཉིད། ནད་རྟགས། བཅོས་ཐབས་བཅས་འཁོད་ཡོད་པས་ཚ་བའི་ནད་བཅོས་པར་མཁོ་གལ་ཤིན་ཏུ་ཆེ་བའི་ཡིག་ཆ་ཞིག་ཏུ་མཐོང་།

内容提要：此书为4部治疗热病秘诀小册的汇编。第一部《热症总疗・普众另述》记述了热症内外因、热症按年龄、时令、三邪、部位、通路、时段和类别所进行的分类；第二部《热症疗法・秘诀疗法要点》记述了未熟热、盛熟热、空虚热、隐伏热、陈旧热等5种热症的定义、病理、疗法要点；第三部《热症疗法秘诀》记述了热症病理，“隆”热症、小儿热症、老人热症、青年热症等的疗法和断后疗法；第四部《热症疗法・明镜》记述了热症的内因和分类、时序六热病的定义、病症和疗法。

བོད་ཀྱི་གསོ་རིག་ཀུན་བཏུས་བསྟུད་སྒྲིག་མ་ལས། པོད་དོན་བཞི་པའི་ནང་དུ་བཞུགས།

在《〈藏医药大典〉续编（61—80）》中的位置：收载于第七十四卷

ཚན་པ་དགུ་པ། ཚད་པ་གསོ་བ།

第九篇　《热病治疗》

མཚན་བྱང་ཆ་ཚང་། ཚད་པ་གསོ་བ་བཞུགས་སོ། །

全名：《热病治疗》

རྩོམ་པ་པོ། གཡུ་ཐོག་མགོན་པོའམ་གཡུ་ཐོག་གསར་མ་ཡོན་ཏན་མགོན་པོ། སྤྱི་ལོ་༡༡༢༦ལོར་དབུས་གཙང་གཞིས་ཀ་རྩེའི་རྒྱལ་རྩེ་མྱང་སྟོད་སྐྱ་བཞི་རེ་ཐང་དུ་སྐུ་འཁྲུངས་ཤིང་། སྤྱི་ལོ་༡༢༠༢ལོར་སྐུ་གཤེགས།

作者：宇妥贡布，又名宇妥萨玛·云丹贡布，1126年生于卫藏日喀则江孜娘堆古喜日塘，1202年卒。

མ་ཡིག ལག་བྲིས། ཡིག་གཟུགས་དབུ་མེད། ཤོག་ངོས་རེར་ཐིག་ཕྲེང་བདུན། ཐིག་ཕྲེང་རེར་ཡིག་འབྲུ་སོ་གཅིག ཁྱོན་བསྡོམས་ཤོག་ངོས་ཞེ་བདུན་བཞུགས།

母本：手写本，草书体，每页7行，每行31字，共47页。

ནང་དོན་གནད་བསྡུས། གཞུང་འདི་ནི་ཚ་བའི་ནད་ཀྱི་རྟགས་བཅོས་སྟོན་པ་ཞིག་སྟེ། གཞུང་སྤྱི་ལ་དོན་ཚན་ཆེན་པོ་བཅུ་གཉིས་ཡོད། དེ་ལས་ལེའུ་དང་པོར་ཚ་བའི་ནད་ལ་དབྱེ་ན་གྱུར་ཚུལ་གྱིས་མ་སྨིན་ཚ་བ་དང་སྨིན་པའི་ཚ་བ། སྟོངས་པའི་ཚ་བ། རྙིང་པའི་ཚ་བ་བཅས་བཞི་དང་། རིགས་ཀྱིས་རྒྱས་ཚད་དང་སྟོངས་ཚད། གབ་ཚད། ལྷན་ཚད་དང་བཞི་བཅས་སྤྱི་ལ་བརྒྱད་དང་། བྱེ་བྲག་དབྱེ་བ་ཞེར་དགུ་ཙམ་དུ་ཕྱེ་བ་སོ་སོའི་ངོ་བོ་དང་། ནད་རྟགས། བརྟག་ཐབས། བཅོས་ཐབས་བཅས་རྒྱས་པར་བསྟན་ཡོད་པ་དང་། ལེའུ་གཉིས་པར་གོང་གི་བརྗོད་དོན་རྣམས་ནད་ཀྱི་ངོ་བོ་བརྒྱད་དང་མི་འགྱུར་བའི་རྟགས་ལྔ། གསོ་བྱེད་གཉེན་པོ་བཞི། ཟབ་པའི་གསོ་ཐབས་གསུམ། གནད་ཀྱི་མན་ངག་བཞི་བཅས་ལ་བསྡུས་ནས་གནད་ཀྱི་གྲངས་བསྟན། ལེའུ་གསུམ་པར་གོང་གི་མི་འགྱུར་བའི་རྟགས་ལྔ་སྟེ་ཚད་པའི་ནད་ངོས་འཛིན་པའི་གནད་རྒྱས་པར་བསྟན། ལེའུ་བཞི་པར་གསོ་བྱེད་གཉེན་པོ་བཞི་སྟེ་ཟས་སྤྱོད་སྨན་དཔྱད་བཞི་པོ་གང་དང་གང་དགོས་མདོ་ཙམ་བསྟན། ལེའུ་ལྔ་པར་ཚད་པའི་ནད་བརྒྱད་པོ་སོ་སོ་ལ་ཕན་པའི་ཞི་བྱེད་སྨན་གྱི་སྦྱོར་བ་བསྟན། ལེའུ་དྲུག་པར་ཚད་པའི་ནད་ལ་སྦྱོང་སྨན་གཏོང་བའི་སྐབས་ཀྱི་གནད་དྲུག་བསྟན། ལེའུ་བདུན་པར་ཤ་ཅུས་རྩ་པགས་དོན་སྣོད་བཅས་ཀྱི་ཚ་བ་སྦྱོང་བྱེད་ཀྱི་གཙོ་བོའི་སྨན་དང་སྐྱོབས་ཀྱི་སྨན་བསྟན། ལེའུ་བརྒྱད་པར་ཚད་པའི་ནད་ཀྱི་འཚོ་འཆིའི་རྟགས་བསྟན། ལེའུ་དགུ་པར་ཚད་པ་འདྲེས་པའི་ནད་ཀྱི་བཅོས་ཐབས་ཀྱི་གནད་བསྟན། ལེའུ་བཅུ་

པར་ཚ་གྲང་གི་འཁྲུལ་གཞི་བསལ་བའི་ཐབས་བསྟན། ལེའུ་བཅུ་གཅིག་པ་དང་བཅུ་གཉིས་པར་ཚད་པ་རི་ཐང་མཚམས་བསལ་བའི་ཐབས་དང་རི་ཐང་མཚམས་ཀྱི་འཕྲང་གསུམ། ཁ་ཐལ་བའི་ཉེས་སྐྱོན། འཁྲུལ་བའི་ས། འཕྲང་གསུམ་གྱི་མི་འགྱུར་བའི་རྟགས་དང་གསོ་ཐབས་བཅས་བསྟན་ཡོད།

内容提要：此书介绍了热病的诊疗方法。全书分12章。第一章为热病的分类，认为按发病过程分为未成熟热、成熟热、紊乱热、陈旧热4种，按症状分为增盛热、空虚热、隐伏热、二合热等4种，共8种，具体分为29种，并分别详细记述了各类热病的性质、病症、诊法、疗法；第二章将以上内容概括为5个性质、5种病症、4个对治、3种疗法和4个秘诀要点；第三章对5种病症即热病诊断要点进行了概述；第四章分别概述了饮食、起居、药物和外治；第五章记述了大类热病的平息方药；第六章记述了泄疗药物治疗热病过程中的六要点；第七章记述了肌、骨、脉、肤、脏腑等热症的主要泄疗药物和引药；第八章记述了热病的生死兆；第九章记述了二合热病的疗法；第十章记述了寒热鉴别法；第十一章至第十二章记述了山原界热的清热法、山原界热三隘、过盛的危害、误点和三隘的症状和疗法等。

བོད་ཀྱི་གསོ་རིག་ཀུན་བཏུས་བསྟུད་སྒྲིག་མ་ལས། པོད་དོན་བཞི་པའི་ནང་དུ་བཞུགས།

在《〈藏医药大典〉续编（61—80）》中的位置：收载于第七十四卷

ཚན་པ་བཅུ་པ། གཅེས་པ་བསྡུས་པ།

第十篇 《珍宝精粹》

མཚན་བྱང་ཆ་ཚང་། གཅེས་པ་བསྡུས་པ་ཞེས་བྱ་བ་བཞུགས་སོ། །

全名：《珍宝精粹》

རྩོམ་པ་པོ། གཡུ་ཐོག་མགོན་པོའམ་གཡུ་ཐོག་གསར་མ་ཡོན་ཏན་མགོན་པོ། སྤྱི་ལོ་༡༡༢༦ལོར་དབུས་གཙང་

གཞིས་ཀ་རྩེའི་རྒྱལ་རྩེ་མྱང་སྟོད་སྒོ་བཞི་རི་ཐང་དུ་སྐུ་འཁྲུངས་ཤིང་། སྤྱི་ལོ་༡༢༠༢ལོར་སྐུ་གཤེགས།

作者：宇妥贡布，又名宇妥萨玛·云丹贡布，1126年生于卫藏日喀则江孜娘堆古喜日塘，1202年卒。

མ་ཡིག ལག་བྲིས། ཡིག་གཟུགས་དབུ་མེད། ཤོག་ངོས་རེར་ཐིག་ཕྲེང་བདུན། ཐིག་ཕྲེང་རེར་ཡིག་འབྲུ་སོ་ལྔ། ཁྱོན་བསྡོམས་ཤོག་ངོས་བཅུ་གཅིག་བཞུགས།

母本：手写本，草书体，每页7行，每行35字，共11页。

ནང་དོན་གནད་བསྡུས། གཞུང་འདི་ནི་ཚ་བའི་ནད་བཅོས་ཐབས་ཀྱི་གནད་རྣམས་གཅེས་པར་བསྡུས་པ་ཞིག་སྟེ། ཚ་བའི་ནད་སྤྱི་ཁྱེ་བྲག་ལ་བཅོས་ཐབས་མང་ཡང་བསྡུས་ན་གནད་ཀྱི་འཕྲང་བཅུ་གསུམ་ལ་འདུ་ཚུལ་ནི། གནད་ཀྱི་གདམས་ངག་བཞི་སྟེ་ཚ་བ་མ་སྨིན་པ་སྨིན་པར་བྱེད་པ་དང་། སྨིན་ནས་དྭངས་སྙིགས་དབྱེ་སྟེ་ཐྲོད་ནྲངས་ཕྱེ་མས་གསོད་པ། དཔྱད་ཀྱིས་ནད་སྟོབས་གཅོག་པ། ཚ་བ་བྲི་ནས་རླུང་གི་ཞུ་འཁྱགས་ཀྱི་བྱ་ར་ལ་གཟབ་ཚུལ་བཅས་ཀྱི་ལག་ལེན་དང་། ཚ་བའི་ནད་ཀྱི་གཅེས་པ་ལྔ་སྟེ་དོན་གྱི་ཚད་པར་ཕྱེ་མ་དང་། སྣོད་ཀྱི་ཚད་པར་སྨན་པ། རྩའི་ཚད་པར་གཏར། ཤའི་ཚད་པར་ཆུ་མདའ། རུས་པའི་ཚད་པར་རྔུལ་ཏེ་ཚ་བའི་ནད་ལ་གཅེས་པ་ལྔའི་སྒོ་ནས་གསོ་བཅོས་བྱ་བའི་ལག་ལེན། ཚ་བའི་ནད་ཀྱི་བྱ་ར་བཞི་སྟེ་ཚ་བའི་ནད་སྟོབས་དང་ནད་པའི་ལུས་སྟོབས། དཔྱད་ཀྱི་སྟོབས། ཕོ་བའི་མེ་སྟོབས་བཅས་ལ་བྱ་ར་བསྒྲིམ་ནས་གསོ་བཅོས་བྱ་བའི་ལག་ལེན་ཏེ་བསྡོམས་པས་འཕྲང་བཅུ་གསུམ་གྱི་ལག་ལེན་བསྟན་ཡོད།

内容提要：此书对热病疗法要点等进行了精编。热病疗法虽多，但可概括为13种疗法，分别为热病4秘诀即未成熟热促熟，成熟后由散剂清热，外治法削弱病势，清热后注重查探隆融冻界；热病5要点即脏热散剂、腑热下泄、脉热放血、肌热水疗、骨热汗疗的5要素疗法实践；热病4探查即热病病势、病患体能、外治程度、胃火强弱等。

བོད་ཀྱི་གསོ་རིག་ཀུན་བཏུས་བསྟུད་སྒྲིག་མ་ལས། པོད་དོན་བཞི་པའི་ནང་དུ་བཞུགས།

在《〈藏医药大典〉续编（61—80）》中的位置：收载于第七十四卷

ཚན་པ་བཅུ་གཅིག་པ། ཚད་བཅོས།

第十一篇 《热病疗法》

མཚན་བྱང་ཆ་ཚང་། ཚད་བཅོས་མུན་སེལ་སྐོར་དྲུག་བཞུགས་སོ། །

全名：《除暗六热病疗法》

རྩོམ་པ་པོ། གཡུ་ཐོག་མགོན་པོའམ་གཡུ་ཐོག་གསར་མ་ཡོན་ཏན་མགོན་པོ། སྤྱི་ལོ་༡༡༢༦ལོར་དབུས་གཙང་གཞིས་ཀ་རྩེའི་རྒྱལ་རྩེ་མྱང་སྟོད་སྒོ་བཞི་རེ་ཐང་དུ་སྐུ་འཁྲུངས་ཤིང་། སྤྱི་ལོ་༡༢༠༢ལོར་སྐུ་གཤེགས།

作者：宇妥贡布，又名宇妥萨玛·云丹贡布，公元1126年生于卫藏日喀则江孜娘堆古喜日塘，卒于公元1202年。

མ་ཡིག ལག་བྲིས། ཡིག་གཟུགས་དབུ་མེད། ཤོག་ངོས་རེར་ཐིག་ཕྲེང་བདུན། ཐིག་ཕྲེང་རེར་ཡིག་འབྲུ་སུམ་བཅུ། ཁྱོན་བསྡོམས་ཤོག་ངོས་ཞེ་དགུ་བཞུགས།

母本：手写本，草书体，每页7行，每行30字，共49页。

ནང་དོན་གནད་བསྡུས། གཞུང་འདི་ནི་གནས་སྐབས་ཀྱི་ཚ་བའི་ནད་དྲུག་གི་རྟགས་བཅོས་སྟོན་པ་ཞིག་སྟེ། གཞུང་སྤྱི་ལ་དོན་ཚན་ཆེན་པོ་དྲུག་ཡོད། དེ་ལས་དང་པོར་མ་སྨིན་ཚ་བའི་མཚན་ཉིད་དང་སྨིན་པའི་ཐབས། སྨིན་པའི་རྟགས་བཅོས་བཅས་བསྟན་ཡོད་པ་དང་། གཉིས་པར་ཚ་བའི་རི་ཐང་མཚམས་ཀྱི་འཕྲང་གསུམ་སྟེ་རླུང་ཚད་དང་མཁྲིས་ཚད། བད་ཚད་གསུམ་གྱི་འཕྲང་སོ་སོའི་ངོ་བོ་དང་བཅོས་ཐབས། བྱ་ར་བཞི་སྟེ་ལུས་སྟོབས་དང་ནད་སྟོབས། དཔྱད་སྟོབས། ཕོ་བའི་མེ་སྟོབས་བཅས་ལ་གཞིགས་ནས་བཅོས་བྱ་ཚུལ། འཁྲུལ་བའི་ས་གསུམ་སྟེ་རླུང་ཚད་སྟོངས་པ་དང་རྒྱས་པའི་ཚ་བ། མཁྲིས་པའི་ཚད་རྗེས་དང་ལྟར་སྣང་ཚད་པ། བད་ཀན་ཚད་པ་དང་གྲང་བར་འཁྲུལ་འགྲོ་བའི་རྒྱུ་མཚན་དང་མི་འགྱུར་བའི་ངོས་བཟུང་

ཐབས། སོ་སོའི་བཅོས་ཐབས་བསྟན། གསུམ་པ་ནས་དྲུག་པའི་བར་རིམ་པ་བཞིན་རྙིངས་པའི་ཚ་བ་དང་མ་སྨིན་པའི་ཚ་བ། གབ་པའི་ཚ་བ། སྟོངས་པའི་ཚ་བ་བཅས་སོ་སོའི་ངོ་བོ་དང་གནས། མཚན་ཉིད། བཅོས་ཐབས་བཅས་ཚིགས་བཅད་ཀྱི་ལམ་ནས་བསྟན་ཡོད་པ་དང་གསལ་ཁ་མེད་པའི་སྐོར་ལ་ཟུར་མཆན་བཀོད་ནས་དགོངས་པ་ལྷུག་པར་བཀྲོལ་ཡོད།

内容提要：此书是关于时序六热病诊疗方面的著作。全书分6个部分。第一部分记述了未熟热的定义、催熟方法、成熟症状；第二部分记述了山原界热三隘即“隆”热、“赤巴”热、“培根”热三隘的性质和疗法，根据热病4探查即热病病势、病患体能、外治程度、胃火强弱治疗的方法，3误点即空虚“隆”热和增盛热、“赤巴”热后期和热象病、“培根”热和寒症混淆的原因和确诊法及各自的疗法；第三部分至第六部分分别记述了陈旧热、未熟热、隐伏热和空虚热的性质、部位、定义和疗法，并对内容不翔实部分以旁注形式进行了解释。

བོད་ཀྱི་གསོ་རིག་ཀུན་བཏུས་བསྟུད་སྒྲིག་མ་ལས། པོད་དོན་བཞི་པའི་ནང་དུ་བཞུགས།

在《〈藏医药大典〉续编（61—80）》中的位置：收载于第七十四卷

ཆན་པ་བཅུ་གཉིས་པ། སྟོང་ཚད།

第十二篇　《空虚热疗法》

མཚན་བྱང་ཆ་ཚང་། སྟོང་པའི་མུན་སེལ་སྒྲོན་མེ་བདོག

全名：《空虚热疗法·除暗明灯》

རྩོམ་པ་པོ། གཡུ་ཐོག་མགོན་པོའམ་གཡུ་ཐོག་གསར་མ་ཡོན་ཏན་མགོན་པོ། སྤྱི་ལོ་༡༡༢༦ལོར་དབུས་གཙང་གཞིས་ཀ་རྩེའི་རྒྱལ་རྩེ་མྱང་སྟོད་སྐྱོ་བཞི་རེ་ཐང་དུ་སྐུ་འཁྲུངས་ཤིང་། སྤྱི་ལོ་༡༢༠༢ལོར་སྐུ་གཤེགས།

作者：宇妥贡布，又名宇妥萨玛·云丹贡布，1126年生于卫藏日喀则江孜娘堆古喜日

塘，1202年卒。

མ་ཡིག ལག་བྲིས། ཡིག་གཟུགས་དབུ་མེད། ཤོག་ངོས་རེར་ཐིག་ཕྲེང་བདུན། ཐིག་ཕྲེང་རེར་ཡིག་འབྲུ་ཉེར་བརྒྱད། ཁྱོན་བསྡོམས་ཤོག་ངོས་དྲུག་བཞུགས།

母本：手写本，草书体，每页7行，每行28字，共6页。

ནང་དོན་གནད་བསྡུས། གཞུང་འདི་ནི་སྟོང་ཚད་ཀྱི་རྟགས་བཅོས་སྟོན་པའི་ཡིག་ཆུང་ཞིག་སྟེ། སྟོངས་ཚད་ལ་ནད་ཁམས་ཀྱིས་སྟོངས་པ་དང་གནས་ཀྱིས་སྟོངས་པ་གཉིས་ཡོད་པ་སོ་སོའི་རྒྱུ་དང་རྐྱེན། སྟོངས་ཚད་སྤྱིའི་ངོ་བོ། སྟོངས་ཚད་ལ་སྤྱིའི་སྒོ་ནས་དབྱེ་ན་ཚ་སྟོངས་དང་རྩ་སྟོངས། རླུང་སྟོངས་བཅས་གསུམ་དང་། བྱེ་བྲག་རིམས་སྟོངས་དང་ཁྲག་སྟོངས། མཁྲིས་སྟོངས། བད་ཀན་སྟོངས་པ། ཆུ་སེར་སྟོངས་པ། སྒློ་སྙིང་སྟོངས་པ་བཅས་དྲུག་ཏུ་དབྱེ་བ་དང་། ནད་འདི་དག་སོ་སོའི་མངོན་རྟགས་བཅས་ཚིགས་བཅད་ཀྱི་ལམ་ནས་ཚིག་ཉུང་དོན་འདུས་སུ་བསྟན་ཡོད་པ་དང་། དོན་ཁྲོལ་དཀའ་བའི་གནས་ལ་མཆན་བཏབ་ནས་དགོངས་དོན་གང་ཡིན་ལེགས་པར་བཀྲོལ་ཡོད། སྤྱིར་གཞུང་འདི་ལ་སྟོངས་ཚད་ཀྱི་བཅོས་ཐབས་ཀྱང་བསྟན་ཡོད་མོད་ད་ལམ་གྱི་མ་ཡིག་གི་མཇུག་ཆད་འདུག་པས་བཅོས་ཐབས་ཀྱི་བརྗོད་དོན་ལ་ཆད་སྐྱོན་ཤོར་ན་ཡང་། འདི་བསྟན་གྱི་སྟོངས་ཚད་ཀྱི་རྒྱུ་རྐྱེན་དང་ངོ་བོ། མཚན་ཉིད་བཅས་ནི་ཤིན་ཏུ་གོ་བདེ་ལ་དོན་གྱི་གནད་བསྡུས་པ་ཤ་སྟག་ཏུ་སྣང་བས་ཀུན་ལ་ཕན་པར་སེམས་ནས་བཀོད་པ་ལགས།

内容提要：此书是一部虚热诊疗相关的小册。虚热有病体虚热和部位虚热两种，有不同的内外因，不同的性质。虚热总体上可分为热虚热、脉虚热、“隆”虚热3种，具体分为瘟虚热、血虚热、“赤巴”虚热、“培根”虚热、黄水虚热、心肺虚热等6种。书中以偈颂体形式对各虚热的病症进行了言简意赅的介绍，晦涩难懂部分进行了注解。虽然母本后半部分所记疗法内容缺失，但此书所载虚热的内外因、性质和定义依然具有一定研究意义。

བོད་ཀྱི་གསོ་རིག་ཀུན་བཏུས་བསྡུད་སྒྲིག་མ་ལས། ཕོད་དོན་བཞི་པའི་ནང་དུ་བཞུགས།

在《〈藏医药大典〉续编（61—80）》中的位置：收载于第七十四卷

ཚན་པ་བཅུ་གསུམ་པ། ཚད་པ་གབ་པ།

第十三篇 《隐伏热疗法》

མཚན་བྱང་ཆ་ཚང་། གབ་པའི་མུན་སེལ་སྒྲོན་མེ་བདོག

全名：《隐伏热疗法·除暗明灯》

རྩོམ་པ་པོ། གཡུ་ཐོག་མགོན་པོའམ་གཡུ་ཐོག་གསར་མ་ཡོན་ཏན་མགོན་པོ། སྤྱི་ལོ་༡༡༢༦ལོར་དབུས་གཙང་གཞིས་ཀ་རྩེའི་རྒྱལ་རྩེ་མྱང་སྟོད་སྒོ་བཞི་རེ་ཐང་དུ་སྐུ་འཁྲུངས་ཤིང་། སྤྱི་ལོ་༡༢༠༢ལོར་སྐུ་གཤེགས།

作者：宇妥贡布，又名宇妥萨玛·云丹贡布，1126年生于卫藏日喀则江孜娘堆古喜日塘，1202年卒。

མ་ཡིག ལག་བྲིས། ཡིག་གཟུགས་དབུ་མེད། ཤོག་ངོས་རེར་ཐིག་ཕྲེང་བདུན། ཐིག་ཕྲེང་རེར་ཡིག་འབྲུ་སུམ་བཅུ། ཁྱོན་བསྡོམས་ཤོག་ངོས་བཅུ་བཞུགས།

母本：手写本，草书体，每页7行，每行30字，共10页。

ནང་དོན་གནད་བསྡུས། གཞུང་འདི་ནི་ཚད་པ་གྱང་བའི་འོག་ཏུ་གབ་པའི་གབ་ཚད་ཀྱི་གསོ་ཐབས་ལག་ལེན་སྟོན་པའི་ཡིག་ཆུང་ཞིག་སྟེ། གབ་ཚད་འདི་ཉིད་དང་པོར་བརྟག་དཀའ། བར་དུ་བཅོས་དཀའ། ཐ་མར་རྗེས་གཅོད་དཀའ་བའི་ཕྱིར་མཁས་པ་གཡུ་ཐོག་མགོན་པོས་གབ་ཚད་ལོགས་སུ་བཀར་ནས་གལ་པོ་ཆེ་ལ་ནན་ཏན་གྱི་ཚུལ་དུ་གབ་ཚད་ཀྱི་ངོ་བོ་དང་མཚན་ཉིད། བཅོས་ཐབས་བཅས་དམིགས་སུ་བཀོད་ནས་བསྟན་ཡོད་པ་ནི། གབ་ཚད་ལ་ངོ་བོའི་སྒོ་ནས་ཉེས་པས་གབ་པ་དང་རང་བཞིན་གྱིས་གབ་པ། གནས་ཀྱིས་གབ་པ་བཅས་གསུམ་ཡོད་པ་སོ་སོའི་ངོ་བོ་དང་མཚན་ཉིད། དེ་དག་ནད་གཞན་དང་འབྲུལ་ནས་བཅོས་ཉེས་པའི་སྐྱོན། ནད་རྟགས། གབ་ཚད་སྤྱིའི་གནས་སྐབས་གསུམ་དང་སྙིང་ལ་གབ་པ། ཕོ་བར་གབ་པ། མཁལ་མར་

གབ་པ་བཅས་ཀྱི་གཉེན་པོ་ཟས་སྤྱོད་སྨན་དཔྱད་ཀྱི་ལག་ལེན་རིམ་པ་རྣམས་ཚིགས་བཅད་ཀྱི་ལམ་ནས་གོ་བདེ་བར་བསྟན་ཡོད་པ་དང་། གསལ་ཁ་མེད་པའི་སྐོར་ལ་ཟུར་མཆན་བཀོད་ནས་དགོངས་པ་ལྷུག་པར་བཀྲོལ་ཡོད།

内容提要：此书是一部记述热隐伏与寒症之下的隐伏热疗法实践的小册。隐伏热首先是诊断难，其次是治疗难，最后是断后难。名医宇妥贡布将隐伏热单独列出来，将隐伏热按性质分为三邪隐热、自性隐热和部位隐热3种，并阐明了其各自的性质定义，误诊可能造成的影响，病症，隐热的三个不同时段和心隐热、胃隐热、肾隐热的对治饮食、起居、药物、外治疗法。全书以偈颂体的形式进行了简明记述，晦涩难懂部分以旁注的形式加以了释解。

བོད་ཀྱི་གསོ་རིག་ཀུན་བཏུས་བསྟུད་སྒྲིག་མ་ལས། པོད་དོན་བཞི་པའི་ནང་དུ་བཞུགས།

在《〈藏医药大典〉续编（61—80）》中的位置：收载于第七十四卷

ཚན་པ་བཅུ་བཞི་པ། ཚད་པ་སྙིངས་པ།

第十四篇　《陈旧热疗法》

མཚན་བྱང་ཆ་ཚང་། ཚད་པ་སྙིངས་པའི་མུན་སེལ་སྒྲོན་མེ་བཞུགས་སོ། །

全名：《陈旧热除暗明灯》

རྩོམ་པ་པོ། གཡུ་ཐོག་མགོན་པོའམ་གཡུ་ཐོག་གསར་མ་ཡོན་ཏན་མགོན་པོ། སྤྱི་ལོ་༡༡༢༦ལོར་དབུས་གཙང་གཞིས་ཀ་རྩེའི་རྒྱལ་རྩེ་མྱང་སྟོད་སྐྱོ་བཞི་རེ་ཐང་དུ་སྐུ་འཁྲུངས་ཤིང་། སྤྱི་ལོ་༡༢༠༢ལོར་སྐུ་གཤེགས།

作者：宇妥贡布，又名宇妥萨玛·云丹贡布，1126年生于卫藏日喀则江孜娘堆古喜日塘，1202年卒。

མ་ཡིག ལག་བྲིས། ཡིག་གཟུགས་དབུ་མེད། ཤོག་ངོས་རེར་ཐིག་ཕྲེང་བདུན། ཐིག་ཕྲེང་རེར་ཡིག་འབྲུ་སུམ་

བཅུ། ཁྲོན་བསྒོམས་ཤོག་ངོས་གསུམ་བཞུགས།

母本：手写本，草书体，每页7行，每行30字，共3页。

ནང་དོན་གནད་བསྡུས། གཞུང་འདི་ནི་རྙིང་པའི་ཚ་བའི་བཅོས་ཐབས་ཁོ་ན་སྟོན་པའི་ཡིག་ཆུང་ཞིག་སྟེ། ཚ་བ་པགས་ལ་འགྲམས་ན་རྩུལ་དབྱུང་ལ་རྩ་ཕྲན་གཏར་བ་དང་ཕྱེ་མ་ཁོང་དུ་གཏོང་ལ། ཤ་ལ་འགྲམས་ན་རུ་ཐུང་གཏར་ཏེ་འབྲས་བུ་གསུམ་གྱི་རྒྱུན་སྦྱོང་དང་ཉི་ཤུ་རྩ་ལྔའི་ཕྱེ་མ་ཁོང་དུ་གཏོང་། རྩ་ལ་འགྲམས་ན་གང་བབས་གཏར་ལ་རྩ་བཤལ་དང་ཙན་དན་བཅུ་སྦྱོར་བསྟེན། རུས་ལ་ཞེན་ན་ལུམས་དང་མཁལ་རྩ་གཏར། ཙན་དན་བརྒྱད་པ་བསྟེན། གློ་ལ་བབས་ན་ཙན་དན་བཅུ་པ་དང་ཉི་ཤུ་རྩ་ལྔ་བསྟེན། སྙིང་ལ་བབས་ན་ཨ་གར་བརྒྱད་པ་བཏང་སྙིང་རྩ་གཏར། དེ་ནས་ཞོ་ཤའི་སྨན་མར་སྦྱར། མཆིན་པར་བབས་ན་གུར་གུམ་བདུན་པ་དང་འཇམ་ཁྲུས་བྱ། མཆེར་པར་བབས་ན་སེ་འབྲུ་བརྒྱད་པ་སྦྱར། ཕོ་གསང་བཅུ་གཅིག་བསྲེགས། མཁལ་མར་བབས་ན་ཤུག་གུ་བདུན་པའི་སྦྱོང་བྱ། མཁལ་རྩ་གཏར། རྗེས་ལ་བཅུ་བཞི་རྩ་ནག་བསྲེག་དགོས་པ་སོགས་ཚད་པ་རྙིགས་པའི་བྱེ་བྲག་གི་ནད་བཅུ་ཙམ་གྱི་བཅོས་ཐབས་རྣམས་ཚིགས་བཅད་ཀྱི་ལམ་ནས་གསུངས་ཤིང་གསལ་ཁ་མེད་པའི་སྐོར་ལ་ཟུར་མཆན་གྱིས་ལེགས་པར་བཀྲལ་ནས་བསྟན་ཡོད།

内容提要：此为一部介绍陈旧热疗法的小册，以偈颂体阐述热扩散于皮肤可发汗、细脉放血和服用散剂，热扩散于肌肉可“如通”脉放血、长期用三果汤散泄疗和服用二十五味散剂方，扩散于脉可放血、脉泄和服用十味檀香散，渗于骨骼可水浴、肾脉放血和服用八味檀香散，落于肺可服用十味或二十五味檀香散，落于心脏可先服八味沉香散、心脉放血、再服广枣药油丸，落于肝脏可服用七味红花散、行缓泻，落于脾可服用八味石榴散，火灸十一胃穴，落于肾可用七味“西格”泄疗和肾脉放血，后火灸十四黑脉等十余种具体疗法，对不翔实部分以附注的形式进行了解释。

བོད་ཀྱི་གསོ་རིག་ཀུན་བཏུས་བསྡུད་སྒྲིག་མ་ལས། ཡོད་དོན་བཞི་པའི་ནང་དུ་བཞུགས།

在《〈藏医药大典〉续编（61—80）》中的位置：收载于第七十四卷

ཚན་པ་བཅོ་ལྔ་པ། ཚད་པ་སྐོར་གསུམ་གྱི་ཏི་ཀ

第十五篇 《三种热病疗法》

མཚན་བྱང་ཆ་ཚང་། ཚད་པ་སྐོར་གསུམ་གྱི་ཏི་ཀ་མུན་སེལ་སྒྲོན་མེ་བཞུགས་སོ། །

全名：《三种热病疗法 · 除暗明灯》

རྩོམ་པ་པོ། གཡུ་ཐོག་མགོན་པོའམ་གཡུ་ཐོག་གསར་མ་ཡོན་ཏན་མགོན་པོ། སྤྱི་ལོ་༡༡༢༦ལོར་དབུས་གཙང་གཞིས་ཀ་རྩེའི་རྒྱལ་རྩེ་མྱང་སྟོད་སྐྱོ་བཞི་རེ་ཐང་དུ་སྐུ་འཁྲུངས་ཤིང་། སྤྱི་ལོ་༡༢༠༢ལོར་སྐུ་གཤེགས།

作者：宇妥贡布，又名宇妥萨玛 · 云丹贡布，1126年生于卫藏日喀则江孜娘堆古喜日塘，1202年卒。

མ་ཡིག ལག་བྲིས། ཡིག་གཟུགས་དབུ་མེད། ཤོག་ངོས་རེར་ཐིག་ཕྲེང་བདུན། ཐིག་ཕྲེང་རེར་ཡིག་འབྲུ་སུམ་བཅུ། ཁྱོན་བསྡོམས་ཤོག་ངོས་བཅུ་བདུན་བཞུགས།

母本：手写本，草书体，每页7行，每行30字，共17页。

ནང་དོན་གནད་བསྡུས། གཞུང་འདི་ནི་ཚ་བའི་ནད་ལས་རིམས་ཚད་དང་འཁྲུགས་ཚད། དུག་ཚད་བཅས་གསུམ་གྱི་རྟགས་བཅོས་སྟོན་པའི་ཡིག་ཆུང་ཞིག་སྟེ། ཚ་བ་སྤྱིའི་ཉེར་ལེན་གྱི་རྒྱུ་དང་རྐྱེན། ངོ་བོ། ངེས་ཚིག ནད་རྟགས། བཅོས་ཐབས་བཅས་དང་འབྲེལ་ནས་རིམས་ཚད་དང་། འཁྲུགས་ཚད། དུག་ཚད་བཅས་སོ་སོའི་རྒྱུ་རྐྱེན་དང་ངོ་བོ། ངེས་ཚིག གནས། དབྱེ་བ། ཕྱི་ནང་གསང་གསུམ་གྱི་མི་འགྱུར་བའི་ནད་རྟགས། སྤྱི་བྱེ་བྲག་གི་བཅོས་ཐབས། སོ་སོའི་རྗེས་གཅོད་བཅས་ཚིགས་བཅད་ཀྱི་ལམ་ནས་གསུངས་ཤིང་གསལ་ཁ་མེད་པའི་སྐོར་ལ་ཟུར་མཆན་གྱིས་ལེགས་པར་བཀྲལ་ནས་བསྟན་ཡོད།

内容提要：这是一部介绍瘟热、紊乱热和毒热诊疗方法的小册。作者结合热病总的内外因、性质、定义、病症和疗法，以偈颂体阐述了瘟热、紊乱热、毒热的内外因、定义、部位、分类和内、外、秘症状，总体和具体疗法以及断后疗法等。内容不翔实部分以附注的形式进行了解释。

བོད་ཀྱི་གསོ་རིག་ཀུན་བཏུས་བསྟུད་སྒྲིག་མ་ལས། ཡོད་དོན་ བཞི་ པའི་ནང་ དུ་ བཞུགས།

在《〈藏医药大典〉续编（61—80）》中的位置：收载于第七十四卷

ཚན་པ་བཅུ་དྲུག་པ། གཉན་ནད་ལྔ་བཅོས་པ།

第十六篇 《五种疠病疗法》

མཚན་བྱང་ཆ་ཚང་། གཉན་ ནད་ ལྔ་ བཅོས་ པ་ བཞུགས་ སོ། །

全名：《五种疠病疗法》

རྩོམ་པ་པོ། གཡུ་ཐོག་ མགོན་ པོའམ་ གཡུ་ ཐོག་ གསར་ མ་ ཡོན་ ཏན་ མགོན་ པོ། སྤྱི་ ལོ་ ༡༡༢༦ལོར་ དབུས་ གཙང་ གཞིས་ ཀ་ རྩེའི་ རྒྱལ་ རྩེ་ མྱང་ སྟོད་ སྐོ་ བཞི་ རི་ ཐང་ དུ་ སྐུ་ འཁྲུངས་ ཤིང་། སྤྱི་ ལོ་ ༡༢༠༢ལོར་ སྐུ་ གཤེགས།

作者：宇妥贡布，又名宇妥萨玛·云丹贡布，1126年生于卫藏日喀则江孜娘堆古喜日塘，1202年卒。

མ་ཡིག ལག་ བྲིས། ཡིག་ གཟུགས་ དབུ་ མེད། ཤོག་ ངོས་ རེར་ ཐིག་ ཕྲེང་ བདུན། ཐིག་ ཕྲེང་ རེར་ ཡིག་ འབྲུ་ སོ་ གསུམ། ཁྱོན་ བསྡོམས་ ཤོག་ ངོས་ གཉིས་ བཞུགས།

母本：手写本，草书体，每页7行，每行33字，共2页。

ནང་དོན་གནད་བསྡུས། གཞུང་ འདི་ ནི་ གཉན་ ནད་ ལས་ བྱེ་ བྲག་ སྐྲེ་ འགགས་ དང་། མིག་ མི་ གསལ་ བ། ཧུས་ ཞེན། གློ་ སྙིང་ ལ་ ཞེན་ པ། སྟོད་ ལ་ བབས་ པ་ བཅས་ ལྔ་ ཡི་ ཐུན་ མིན་ གྱི་ བཅོས་ ཐབས་ ཁོ་ ན་ སྟོན་ པའི་ ཡིག་ ཆུང་ ཞིག་ སྟེ། སྤྱིར་ གཉན་ ནད་ ལ་ རིགས་ དབྱེ་ ཤིན་ ཏུ་ མང་ ལ་ དེ་ རེ་ རེ་ ལ་ བཅོས་ ཐབས་ དུ་ མ་ ཡོད་ པ་ ལ། འདིར་ ཐེངས་ ཚིག་ གི་ སྨན་ བསྟན་ ཡོད་ པ་ ནི། གཉན་ ནད་ ཀྱིས་ སྐྲེ་ འགགས་ པ་ ལ་ ཨ་ བ་ དོམ་ མཁྲིས་ སླ་ རྩེ་ གསུམ་ ཀ་

ར་དང་སྦྱར་བ་ཆུ་གྲང་གིས་འཕྱུལ་བ་དང་། མིག་གིས་མི་མཐོང་བ་ལ་ཨ་བ་དོམ་མཁྲིས་གླ་རྩི་གསུམ་གྱི་ཕྱེ་མ། རུས་ལ་ཞེན་ན་ཨ་བ་གླ་རྩི་དོམ་མཁྲིས་འདམ་བུ་ཀ་ར་དཀར་པོ་བཅས་ཀ་ར་དང་སྦྱར་བའི་ཕྱེ་མ། སྙིང་ལ་ཞེན་ན་ཨ་བ་གླ་རྩི་དོམ་མཁྲིས་ཛུ་གང་གུར་གུམ་ཤིང་མངར་བཅས་ཀ་ར་དང་སྦྱར་བའི་ཕྱེ་མ། སྣོད་ལ་བབས་ན་བོང་ང་དཀར་པོ་སྐྱུ་རུ་ར་སྤྲ་རྩེ་ཤེལ་གསུམ་གྱི་ཐང་ལ་ཀ་ར་སྤང་རྒྱན་སོ་མ་ར་ཛ་གསུམ་གྱི་ཆ་མཉམ་ཕྱེ་མ་བཏབ་པའི་ཐང་བཅས་བཏང་ན་མཆོག་ཏུ་ཕན་པ་བཅས་ཚིགས་བཅད་ཀྱི་ལམ་ནས་གསུངས་ཡོད།

内容提要：此书是一部以偈颂体形式介绍疠病之暗哑、视觉模糊、渗于骨、侵入心肺和落于腑等5种情况的特殊疗法小册。疠病总体上分类多且有着多种疗法。书中介绍疠病暗哑可将洼瓣花、熊胆、麝香和蔗糖配制用凉水送服，视觉模糊可用洼瓣花、熊胆和麝香散剂，渗于骨可用洼瓣花、麝香、熊胆、沿沟草和蔗糖配制的散剂，侵入心肺可用洼瓣花、麝香、熊胆、“居冈”、红花、甘草等与蔗糖配制的散剂，落于腑可用“榜莪嘎布”、余甘子、“布泽协”三者的汤剂配以蔗糖、龙胆花、黄葵子等份散剂为佳。

བོད་ཀྱི་གསོ་རིག་ཀུན་བཏུས་བསྡུད་སྒྲིག་མ་ལས། པོད་དོན་བཞི་པའི་ནང་དུ་བཞུགས།

在《〈藏医药大典〉续编（61—80）》中的位置：收载于第七十四卷

ཚན་པ་བཅུ་བདུན་པ། རིམས་ཚད་གསོ་བ།

第十七篇　《瘟热治疗》

མཚན་བྱང་ཆ་ཚང་། རིམས་ཚད་གསོ་བ་བཞུགས་སོ། །

全名：《瘟热治疗》

རྩོམ་པ་པོ། གཡུ་ཐོག་མགོན་པོའམ་གཡུ་ཐོག་གསར་མ་ཡོན་ཏན་མགོན་པོ། སྤྱི་ལོ་༡༡༢༦ལོར་དབུས་གཙང་

གཞིས་ཀ་རྩེའི་རྒྱལ་རྩེ་མྱང་སྟོད་སྐོ་བཞི་རི་ཐང་དུ་སྐུ་འཁྲུངས་ཤིང་། སྤྱི་ལོ་༡༢༠༢ལོར་སྐུ་གཤེགས།

作者：宇妥贡布，又名宇妥萨玛·云丹贡布，1126年生于卫藏日喀则江孜娘堆古喜日塘，1202年卒。

མ་ཡིག ལག་བྲིས། ཡིག་གཟུགས་དབུ་མེད། ཤོག་ངོས་རེར་ཐིག་ཕྲེང་བདུན། ཐིག་ཕྲེང་རེར་ཡིག་འབྲུ་སུམ་བཅུ། ཁྱོན་བསྡོམས་ཤོག་ངོས་གསུམ་བཞུགས།

母本：手写本，草书体，每页7行，每行30字，共3页。

ནང་དོན་གནད་བསྡུས། གཞུང་འདི་ནི་རིམས་ཚད་བཅོས་ཐབས་ཀྱི་སྤྱི་ཆིངས་སྟོན་པའི་ཡིག་ཆུང་ཞིག་སྟེ། རིམས་ཚད་ཇི་སྙེད་ཅིག་ཡོད་པ་མ་ལུས་པ་བསྡུས་ན་གསོ་རུ་རུང་བ་དང་མི་རུང་བ། དེ་གསོ་བའི་ཐབས་བཅས་གསུམ་དུ་བསྡུས་ཚིག་པ་ལ། ནད་པའི་ལུས་སྟོབས་དང་དབང་པོ། དྲན་པ། རྩ་རྒྱུད། དྲི་ཆུ་སོགས་ལ་འགྱུར་བའི་རྟགས་གང་དང་གང་བྱུང་ན་གསོ་མི་རུང་བར་སྤང་བར་བྱ་བ་དང་གང་དག་བྱུང་ན་སྨན་པས་གསོ་རུ་རུང་བའི་ལྟས། དེ་ནས་གསོ་རུ་རུང་བའི་ནད་དེའི་བཅོས་ཐབས་ལ། གཞུང་གི་མདོར་བསྟན་གྱི་སྐབས་སུ། དང་པོ་མ་སྨིན་གཉེན་ལྟར་བསྲིན། །བར་དུ་སྨིན་ནས་དགྲ་ལྟར་བསད། །ཐ་མ་སྟོང་ན་བུ་ལྟར་གསོ། །ཞེས་དུས་གསུམ་གྱི་སྒོ་ནས་གསོ་དགོས་པར་བསྟན་ཡང་གཞུང་དངོས་སུ་སྔ་མ་གཉིས་ལས་ཕྱི་མའི་བརྗོད་དོན་མི་སྣང་ངོ་། །དེ་ལ་དང་པོ་མ་སྨིན་པའི་དུས་ལ་ཟས་སྤྱོད་སྨན་གསུམ་གྱིས་སྨིན་པར་བྱ་བ་དང་བར་དུ་སྨིན་རྟགས་བྱུང་བའི་དུས་སུ་སྨན་ཐང་ཕྱེ་གཉིས་ཀྱི་སྦྱོར་བ་ཁོང་དུ་གཏོང་བ་དང་ཕྱི་ནས་རྟུལ་དཔྱུང་སྟེ་ཚ་བ་བ་སྤུ་ལ་དྲངས་པས་རིམས་ཚད་འཇོམས་པ་དང་། གལ་ཏེ་ཁྲག་རིམས་གློ་ལ་བབས་ཏེ་ཤིན་ཏུ་རྒྱས་པའི་དུས་སུ་ཅུང་ཟད་གཏར་ན་ཕན་པ་ལས་བུངས་ཆེར་གཏར་ན་མི་རུང་བར་ཉེས་པ་ཆེ། དེ་མ་ཡིན་པའི་རིམས་ནད་ཀུན་ལ་གཏར་ག་རྣམ་པ་ཐམས་ཅད་དུ་སྤང་དགོས་པ་སོགས་ཚིགས་བཅད་ཀྱི་ལམ་ནས་བསྟན་ཡོད།

内容提要：这是一部以偈颂体形式介绍瘟热总体疗法的小册。所有瘟热可概括为可医治、不可医治。通过病患的体能、五官、意识、脉象和尿象等征象可诊断不可医治和可医治。对可医治瘟热疗法，正文总章中有“初期未熟如友治，中期成熟如敌歼，后期空虚如子养”三时段疗法，但具体疗法在正文中只有前两个时段的记载。如：未成熟时期可通过饮食起居和药物使其成熟，出现成熟病症时期服用汤散剂发汗使热从毛孔排出以清瘟热。如血疠降于肺部而极盛时可微放血，但不宜过量，除此之外的所有瘟病均不宜进行放血治疗等。

བོད་ཀྱི་གསོ་རིག་ཀུན་བཏུས་བསྟུད་སྒྲིག་མ་ལས། པོད་དོན་བཞི་པའི་ནང་དུ་བཞུགས།

在《〈藏医药大典〉续编（61—80）》中的位置：收载于第七十四卷

ཚན་པ་བཅོ་བརྒྱད་པ། རྒྱ་ནད་གསོ་བ།

第十八篇 《热带肠痢疗法》

མཚན་བྱང་ཆ་ཚང་། རྒྱ་ནད་གསོ་བ་ཟླ་ཐིགས་དྲི་མེད་བཞུགས་སོ། །

全名：《热带肠痢疗法 · 无垢月光》

རྩོམ་པ་པོ། གཡུ་ཐོག་མགོན་པོའམ་གཡུ་ཐོག་གསར་མ་ཡོན་ཏན་མགོན་པོ། སྤྱི་ལོ་༡༡༢༦ལོར་དབུས་གཙང་གཞིས་ཀ་རྩེའི་རྒྱལ་རྩེ་མྱང་སྟོད་སྐོ་བཞི་རི་ཐང་དུ་སྐུ་འཁྲུངས་ཤིང་། སྤྱི་ལོ་༡༢༠༢ལོར་སྐུ་གཤེགས།

作者：宇妥贡布，又名宇妥萨玛 · 云丹贡布，1126年生于卫藏日喀则江孜娘堆古喜日塘，1202年卒。

མ་ཡིག ལག་བྲིས། ཡིག་གཟུགས་དབུ་མེད། ཤོག་ངོས་རེར་ཐིག་ཕྲེང་བདུན། ཐིག་ཕྲེང་རེར་ཡིག་འབྲུ་སུམ་བཅུ། ཁྱོན་བསྡོམས་ཤོག་ངོས་བཅུ་གསུམ་བཞུགས།

母本：手写本，草书体，每页7行，每行30字，共13页。

ནང་དོན་གནད་བསྡུས། གཞུང་འདི་ནི་ཚད་པ་ལས་གྱུར་པའི་རྒྱ་ནད་རྒྱུ་གཉེར་གྱི་རྟགས་བཅོས་སྟོན་པའི་ཡིག་ཆུང་ཞིག་སྟེ། རྒྱུ་གཉེར་གྱི་རྒྱུ་དང་དབྱེ་བ། འབྱུང་ཚུལ། བཅོས་ཐབས་བཅས་བསྟན་ཡོད། དེ་ལ་ནད་

འདི་འཇུག་པའི་རིང་རྒྱུ་ནི་ལུས་ངག་གི་སྤྱོད་པ་མ་དག་པས་མ་མོ་དང་ལྷ་ཀླུ་སོགས་འཁྲུགས་པས་ལན་པ་དང་། ཉེ་རྒྱུ་ནི་ཟས་སྤྱོད་སྨན་གསུམ་ལོག་ལྷག་སོགས་ཀྱིས་རིམས་ཚད་དོན་སྣོད་ལ་ལྷུང་བ་ཡིན་ལ། དེ་ལ་དབྱེ་ན་གནས་ཀྱིས་དོན་ལྔ་དང་སྣོད་ཕོ་ལོང་རྒྱུ་གསུམ་དང་། ནད་གཞིས་དབྱེ་ན་རླུང་གྱུར། མཁྲིས་གྱུར། བད་ཀན་ལས་གྱུར་པ་བཅས་སོ། །དེའི་འབྱུང་ཚུལ་སྤྱི་ནི་ཐོག་མར་ཕྲུམ་སེར་ཁྱེར་བ་སོགས་རིམས་ཀྱི་རྟགས་སྟོན་པ་དང་དེའི་རྗེས་བེའུ་སྣབས་སོགས་འཁྲུ་བར་འགྱུར། དེ་ལ་སྤྱི་བཅོས་དང་པོར་སྨན་གྱིས་ཚད་པ་གཅོག གཉེན་པོ་གཏང་། རྒྱུ་མ་བསྲུངས་བ་དང་། དཔྱད་ནི་འཁྲུ་བའི་མདོག་ལ་གཞིག་ནས་རྩ་གང་གཏར་བ་དང་སྦྱོང་སྨན་གང་བསྟེན་ཚུལ། སྦྱང་སྨན་དེའང་ནད་སྟོབས་ལ་དཔག་ནས་ཐང་ཕྱེ་རིལ་བུ་གང་དགོས་རིག་པས་དཔག་ཚུལ། སྦྱོང་བཏང་ནས་ཐེབས་པའི་རྟགས། ཟས་སྐོམ་དང་སྤྱོད་ལམ་གྱི་སྤང་བླང་། ཚ་ཐྲག་ཚ་འཁྲུ་དང་གྲང་འཁྲུའི་རྟགས་དང་གཅོད་ཐབས་སོགས་ཚིགས་བཅད་ཀྱི་ལམ་ནས་གསུངས་ཤིང་གསལ་ཁ་མེད་པའི་སྐོར་ལ་ཟུར་མཆན་གྱིས་ལེགས་པར་བཀྲལ་ནས་བསྟན་ཡོད།

内容提要：这是一部介绍由热病所引发热带肠痢诊疗的小册，载有肠痢的病因、分类、病理、疗法等。引发此病的远因是身语行为不规范，近因是饮食、起居、药物三者相反或增盛等，使瘟热落于脏腑。其分类按部位可分为五脏和胃、大小肠；按病因分为“隆”性、“赤巴”性和“培根”性。其发病过程，首先出现恶寒等疠病病症，其后出现黏液样腹泻。疗法，首先用药物清热，保护肠黏膜，根据排泄物颜色判断脉放血脉及可采用下泄药。下泄药则根据病势，选择汤、散、丸剂。文中也对下泄药发挥作用后的症状，饮食起居的宜忌，热泻和寒泻之症和止泻法等以偈颂体的形式进行了记述，晦涩难懂部分以附注的形式进行了注释。

བོད་ཀྱི་གསོ་རིག་ཀུན་བཏུས་བསྟུད་སྒྲིག་མ་ལས། པོད་དོན་བཞི་པའི་ནང་དུ་བཞུགས།

在《〈藏医药大典〉续编（61—80）》中的位置：收载于第七十四卷

ཚན་པ་བཅུ་དགུ་པ། རྒྱུ་གཟེར་བཅོས་པ།

第十九篇 《肠痢疗法》

མཚན་བྱང་ཆ་ཚང་། རྒྱུ་གཟེར་བཅོས་པ་བཞུགས་སོ། །

全名：《肠痢疗法》

རྩོམ་པ་པོ། གཡུ་ཐོག་མགོན་པོའམ་གཡུ་ཐོག་གསར་མ་ཡོན་ཏན་མགོན་པོ། སྤྱི་ལོ་༡༡༢༦ལོར་དབུས་གཙང་གཞིས་ཀ་རྩེའི་རྒྱལ་རྩེ་མྱང་སྟོད་སྐོ་བཞི་རི་ཐང་དུ་སྐུ་འཁྲུངས་ཤིང་། སྤྱི་ལོ་༡༢༠༢ལོར་སྐུ་གཤེགས།

作者：宇妥贡布，又名宇妥萨玛・云丹贡布，1126年生于卫藏日喀则江孜娘堆古喜日塘，1202年卒。

མ་ཡིག ལག་བྲིས། ཡིག་གཟུགས་དབུ་མེད། ཤོག་ངོས་རེར་ཐིག་ཕྲེང་བདུན། ཐིག་ཕྲེང་རེར་ཡིག་འབྲུ་སུམ་བཅུ། ཁྱོན་བསྡོམས་ཤོག་ངོས་གསུམ་བཞུགས།

母本：手写本，草书体，每页7行，每行30字，共3页。

ནང་དོན་གནད་བསྡུས། གཞུང་འདི་ནི་རྒྱུ་གཟེར་བཅོས་པའི་ནད་ཐོག་གི་ཡིག་ཆུང་ཞིག་སྟེ། རྒྱུ་གཟེར་གྱི་རྒྱུ་དང་མཚན་ཉིད། བཅོས་ཐབས་བཅས་བསྟན་ཡོད། དེ་ལ་རྒྱུ་ནི་ལུས་ལ་རང་བཞིན་དུ་གནས་པའི་རླུང་མཁྲིས་བད་ཀན་གསུམ་ལ་རྐྱེན་མ་མོ་མཁའ་འགྲོ་འཁྲུགས་པ་ལས་འབྱུང་ཤིང་། ཕྱི་རྟགས་ལ་རོ་སྟོད་གཟེར་ཞིང་ཚིགས་གཞི་ན་བ་སོགས་དང་། ནང་རྟགས་རླུང་གིས་འཁྲུ་བར་འཁྲུ་སྒྲ་ཆེ་ལ་ཤེས་པ་རྒོད། འཁྲུ་མདོག་སྐྱ། ཆུ་ནང་ལྡུག་ན་ཐེགས་སུ་འགྲོ་བ་དང་། སྲོད་དང་ཐོ་རངས་ལ་ཤིན་ཏུ་ན་བ་སོགས་ཀྱི་མཚན་ཉིད་ལྡན། གྲང་བས་འཁྲུ་བར་འཁྲུ་མདོག་སེར་ལ་ཆུ་ནང་ལྡུག་ན་གཏིང་དུ་འགྲོ་བ་དང་། གུང་གཉིས་ལ་ཤིན་ཏུ་ན་བ་སོགས་ཀྱི་མཚན་ཉིད། ཚ་བས་འཁྲུ་བར་འཁྲུ་བ་ཆུ་ནང་ལྡུག་ན་བར་དུ་ལྡིང་ཞིང་ཆད་ནས་འོང་བ་དང་གསུས་པ་

འཁྲུག་ཅིང་ཕོ་བ་ན། འབྲས་བུ་སྐྲངས། སྣ་དྲོའི་དུས་ན་ན་བ་སོགས་ཀྱི་མཚན་ཉིད་འབྱུང་བ་དང་། དེ་ལ་སྨན་དང་ཟས་ཀྱིས་ནད་བསྐྱུ་བ་དང་བསད་པ། གཙོད་པའི་ཐབས་བཅས་ཚིགས་བཅད་ཀྱི་ལམ་ནས་གསུངས་ཤིང་གསལ་ཁ་མེད་པའི་སྐོར་ལ་ཟུར་མཆན་གྱིས་ལེགས་པར་བཀྲལ་ནས་བསྟན་ཡོད།

内容提要：这是一部介绍肠痢治疗的临床实践小册。书中记述了肠痢的病因、性相和疗法。其病因为机体自身的“隆”“赤巴”“培根”与外界神灵邪祟相扰。外部体征为上身疼痛且关节痛等，内部体征为“隆”引发腹泻且泻声大，排泄物色淡，倒入水中时浮于表面，黄昏和黎明时分病症加重等；寒泻泻色黄且倒入水中时下沉，午夜和正午时分病症加重等；热泻时将排泄物倒入水中时浮于水中，腹痛肠鸣，睾丸肿胀，上午时分病症加重等。药物和饮食可敛病祛病。该文以偈颂体的形式进行了记述，晦涩难懂部分以附注的形式进行了解释。

བོད་ཀྱི་གསོ་རིག་ཀུན་བཏུས་བསྟུད་སྒྲིག་མ་ལས། པོད་དོན་བཞི་པའི་ནང་དུ་བཞུགས།

在《〈藏医药大典〉续编（61—80）》中的位置：收载于第七十四卷

ཚན་པ་ཉི་ཤུ་པ། རྒྱ་རིམས་བཅོས་པ།

第二十篇 《肠瘟疗法》

མཚན་བྱང་ཆ་ཚང་། རྒྱ་རིམས་བཅོས་པ་བཞུགས་སོ། །

全名：《肠瘟疗法》

རྩོམ་པ་པོ། གཡུ་ཐོག་མགོན་པོའམ་གཡུ་ཐོག་གསར་མ་ཡོན་ཏན་མགོན་པོ། སྤྱི་ལོ་༡༡༢༦ལོར་དབུས་གཙང་གཞིས་ཀ་རྩེའི་རྒྱལ་རྩེ་མྱང་སྟོད་སྐོ་བཞི་རི་ཐང་དུ་སྐུ་འཁྲུངས་ཤིང་། སྤྱི་ལོ་༡༢༠༢ལོར་སྐུ་གཤེགས།

作者：宇妥贡布，又名宇妥萨玛·云丹贡布，1126年生于卫藏日喀则江孜娘堆古喜日塘，1202年卒。

མ་ཡིག ལག་བྲིས། ཡིག་གཟུགས་དབུ་མེད། ཤོག་ངོས་རེར་ཐིག་ཕྲེང་བདུན། ཐིག་ཕྲེང་རེར་ཡིག་འབྲུ་སུམ་བཅུ། ཁྱོན་བསྡོམས་ཤོག་ངོས་བདུན་བཞུགས།

母本：手写本，草书体，每页7行，每行30字，共7页。

ནང་དོན་གནད་བསྡུས། གཞུང་འདི་ནི་རྒྱ་རིམས་བཅོས་པའི་ནད་ཐོག་གི་ཡིག་ཆུང་ཞིག་སྟེ། རྒྱ་རིམས་ཀྱི་དབྱེ་བ་དང་མཚན་ཉིད། བཅོས་ཐབས་བཅས་བསྟན་ཡོད། དེ་ལ་རིགས་ཀྱིས་དབྱེ་ན་མཁྲིས་ཤས་ཆེ་བའི་རྒྱ་ལྐུགས་དང་། བད་ཀན་ཤས་ཆེ་བའི་རྒྱ་འཁོར། རླུང་ཤས་ཆེ་བའི་རྒྱ་འཁྲོག གཞན་རྒྱ་གཟེར་བཅས་རིགས་བཞི་ལ་འདུས་པ་དང་། མཚན་ཉིད་ནི་རྒྱ་ལྐུགས་ལ་འཁྲུ་བ་མེད་པར་གླང་ཐབས་སུ་ན་བས་མི་འཚོ་བར་སྨྱང་དགོས་པ་དང་། རྒྱ་འཁོར་ནི་ཐུན་དུ་བཅད་ནས་འཁྲུ་ཞིང་བུངས་དང་དྲི་མ་ཆེ། འཁྲུ་རྗེས་བདེ། རྒྱ་གཟེར་ནི་བུངས་ཆུང་ཡང་ཡང་འཁྲུ་ལ་འཁྲུ་བར་ཟུག་ཆེ། རྒྱ་འཁྲོག་ནི་ཟུག་དང་འཁྲུ་བོངས་ཆུང་། གྲངས་མང་བ་སོགས་ཀྱི་མཚན་ཉིད་ལ་བརྟག་ནས་ངོས་བཟུང་སྟེ། བཅོས་པའི་ཐབས་ནི་རྒྱ་ལྐུགས་ལ་ཨ་རུ་མཆུ་སླུང་བ་ལེ་ཀ་བསྐུས་པའི་ཁུ་བར་ཏིག་ཏ་གསེར་མེ་བོང་ང་དཀར་པོ་སུམ་ཙུ་ཏིག་བཅས་ཁ་ཚར་བཏབ་ལ་བཏང་རྗེས་ལོང་རྩ་གཡས་གཡོན་གཏར་བ་དང་སྒོད་པ་ཆུས་བཀང་བས་རྒྱ་ཞབས་བདུག་པ་དང་། དེ་བཞིན་རྒྱ་འཁོར་དང་རྒྱ་གཟེར། རྒྱ་འཁྲོག་བཅས་ལའང་རྒྱ་མ་སུ་བྱེད་དེ་རྩ་ཁ་སྡོམ་བྱེད་དང་འདྲེན་བྱེད་ཀྱི་སྦྱོར་བ་དང་ཟས་སྤྱོད་ཀྱི་སྒོ་ནས་བཅོས་པའི་ཐབས། སྨྱུང་པའི་དམ་ཚིག་སོགས་ཚིགས་བཅད་ཀྱི་ལམ་ནས་གསུངས་ཤིང་གསལ་ཁ་མེད་པའི་སྐོར་ལ་ཟུར་མཆན་གྱིས་ལེགས་པར་བཀྲལ་ནས་བསྟན་ཡོད།

内容提要：这是一部介绍肠瘟治疗临床实践的小册，记述了肠瘟的分类、性相和疗法。肠瘟可分为“赤巴”偏盛的肠哑痢，“培根”偏盛的肠拧痢，“隆”偏盛的肠鸣痢，肠痢等4类。肠哑痢无腹泻且绞痛者较难医治；肠拧痢间歇性腹泻且量多味臭，泻后缓解；肠痢泻量少而多次，泻时疼痛；肠鸣痢泻时疼痛较轻、泻量少而多次等症为依据进行诊断。疗法方面认为，肠哑可用诃子和西藏马兜铃煎煮的汤液中加入“蒂达”、波棱瓜子、“榜莪嘎布”、小伞虎耳草服用后左右内踝静脉放血，用水袋敷小腹。此外，将肠拧痢、肠痢和肠鸣痢等固肠止泻的方剂和饮食起居疗法，注意事项等以偈颂体的形式进行记述，晦涩难懂部分以附注的形式进行了注释。

བོད་ཀྱི་གསོ་རིག་ཀུན་བཏུས་བསྡུད་སྒྲིག་མ་ལས། པོད་དོན་བཞི་པའི་ནང་དུ་བཞུགས།

在《〈藏医药大典〉续编（61—80）》中的位置：收载于第七十四卷

ཚན་པ་ཉེར་གཅིག་པ། ལྷ་བའི་ནད་བཅོས་པ།

第二十一篇　《瘿瘤疗法》

མཚན་བྱང་ཆ་ཚང་། ལྷ་བའི་ནད་བཅོས་པ་བཞུགས་སོ། །

全名：《瘿瘤疗法》

རྩོམ་པ་པོ། གཡུ་ཐོག་མགོན་པོའམ་གཡུ་ཐོག་གསར་མ་ཡོན་ཏན་མགོན་པོ། སྤྱི་ལོ་༡༡༢༦ལོར་དབུས་གཙང་གཞིས་ཀ་རྩེའི་རྒྱལ་རྩེ་མྱང་སྟོད་སྐོ་བཞི་རེ་ཐང་དུ་སྐུ་འཁྲུངས་ཤིང་། སྤྱི་ལོ་༡༢༠༢ལོར་སྐུ་གཤེགས།

作者：宇妥贡布，又名宇妥萨玛·云丹贡布，1126年生于卫藏日喀则江孜娘堆古喜日塘，1202年卒。

མ་ཡིག ལག་བྲིས། ཡིག་གཟུགས་དབུ་མེད། ཤོག་ངོས་རེར་ཐིག་ཕྲེང་བདུན། ཐིག་ཕྲེང་རེར་ཡིག་འབྲུ་སོ་གསུམ། ཁྱོན་བསྡོམས་ཤོག་ངོས་གསུམ་བཞུགས།

母本：手写本，草书体，每页7行，每行33字，共3页。

ནང་དོན་གནད་བསྡུས། གཞུང་འདི་ནི་ལྷ་བའི་ནད་ཀྱི་བཅོས་ཐབས་མི་འདྲ་བ་གསུམ་གྱུང་བསྒྲིགས་པའི་ནད་ཐོག་གི་ཡིག་ཆུང་ཞིག་སྟེ། བཅོས་ཐབས་དང་པོ་ལ་སྦྱོར་བ་དང་དངོས་གཞི། རྗེས་ཀྱི་བྱ་བའི་རིམ་པ་བཅས་གསུམ་ཡོད་པ་ལས་སྦྱོར་བ་ནི་གུ་གུལ་སོགས་སྨན་སྣ་ལྔ་པོའི་ཐུན་ཚད་ནད་པའི་ལོ་གྲངས་དང་མཉམ་པར་ཁྲམ་ཁྲུམ་བརྡུང་ལ། ཟ་གསར་ནང་དུ་ལོ་བརྒྱད་མན་གྱི་མི་བསྐྱོད་པའི་ཆུས་ཉུབ་གཅིག་མནན། དངོས་གཞི་

ནི་སྨན་པས་སྨན་ཁུ་དེ་ནད་པའི་སྣ་བུག་གཡས་གཡོན་དུ་ཐིགས་པ་བདུན་རེ་གཏིག་ཚུལ། རྗེས་ལ་ཟས་སྤྱོད་ཀྱི་སྤང་བླང་བཅས་མདོར་བསྡུས་སུ་བསྟན། བཅོས་ཐབས་གཉིས་པ་ནི་ཝ་མོའི་ཤ་སོགས་སྨན་སྣ་ལྔ་པོ་ཞིབ་པར་བཏགས་པ་ཟླ་རེར་བསྟེན་ཚུལ། བཅོས་ཐབས་གསུམ་པ་ནི་སེ་འབྲུ་སོགས་སྨན་སྣ་དགུ་པོ་ཞིབ་པར་བཏགས་པ་བ་ལང་མིན་པའི་ལྕོང་ལྕོང་ལ་སྦྱར་ནས་གདབ་པ་དང་གྲོ་ཆང་སོགས་ལ་བསྲུངས་དགོས་ཚུལ་བཅས་ཚིགས་བཅད་ཀྱི་ལམ་ནས་གསུངས་ཡོད།

内容提要：这是一部介绍瘿瘤病三种不同疗法的汇编小册。第一种疗法为微方剂、具体治疗和后期治疗，方剂为穆库尔没药等五味组成的方药，其剂量可按患者年龄，以相符的量研磨后放入新瓦罐以八岁以下童尿腌制一夜；具体治疗为医师将上述药滴入患者左右鼻腔各7滴；后期治疗概述了饮食起居的宜忌。第二种疗法为狐肉等五味药共同细研后按月服用。第三种疗法为石榴等九味药共同细研后与非黄牛的“咚咚”相配制后敷疗。小麦酒等的禁用法以偈颂体的形式进行了记述。

བོད་ཀྱི་གསོ་རིག་ཀུན་བཏུས་བསྟུད་སྒྲིག་མ་ལས། པོད་དོན་བཞི་པའི་ནང་དུ་བཞུགས།

在《〈藏医药大典〉续编（61—80）》中的位置：收载于第七十四卷

ཆན་པ་ཉེར་གཉིས་པ། གློ་རྣག་གསང་ཐིག

第二十二篇 《肺脓隐穴线》

མཚན་བྱང་ཆ་ཚང་། གློ་རྣག་གསང་ཐིག་ལྔ་པའི་མན་ངག་བཞུགས་སོ། །

全名：《肺脓五隐穴线位秘诀》

རྩོམ་པ་པོ། གཡུ་ཐོག་མགོན་པོའམ་གཡུ་ཐོག་གསར་མ་ཡོན་ཏན་མགོན་པོ། སྤྱི་ལོ་༡༡༢༦ལོར་དབུས་གཙང་གཞིས་ཀ་རྩེའི་རྒྱལ་རྩེ་མྱང་སྟོད་སྐོ་བཞི་རེ་ཐང་དུ་སྐུ་འཁྲུངས་ཤིང་། སྤྱི་ལོ་༡༢༠༢ལོར་སྐུ་གཤེགས།

作者：宇妥贡布，又名宇妥萨玛·云丹贡布，1126年生于卫藏日喀则江孜娘堆古喜日

塘，1202年卒。

མ་ཡིག ལག་བྲིས། ཡིག་གཟུགས་དབུ་མེད། ཞོག་ངོས་རེར་ཐིག་ཕྲེང་བདུན། ཐིག་ཕྲེང་རེར་ཡིག་འབྲུ་ཉེར་བརྒྱད། ཁྱོན་བསྡོམས་ཤོག་ངོས་ལྔ་བཞུགས།

母本：手写本，草书体，每页7行，每行28字，共5页。

ནང་དོན་གནད་བསྡུས། གཞུང་འདི་ནི་གློ་ནག་ལ་མཐོང་ཐོས་རེག་པ་གསུམ་གྱི་སྒོ་ནས་བརྟག་པའི་ཐབས་ཀྱི་གནད་ཉི་ཤུ་རྩ་གཅིག་སྟོན་པའི་ཡིག་ཆུང་ཞིག་སྟེ། དང་པོ་མཐོང་ཐོས་རེག་པའི་སྒོ་ནས་ནག་ཡོད་མེད་བརྟག་པའི་ཐབས་དགུ་ནི་ལུས་ཀུན་གཡོ། ར་སྟོད་སྦྲུར། གློ་ལུའམ་ཉལ་ཚེ་གསང་སྤྲོ་བ་གསུམ་ནི་མཐོང་བས་རྟོགས་པ། སྐད་ཕྲ་དབུགས་ཐུང་གློ་ཆུང་ལུ། དགྱེ་སྦྲུར་དུས་དང་དཔྱང་པ་ནས་བཟུང་སྟེ་དཀྲོག་པས་རྙོག་རྙོག་ཟེར་བ། བེམ་ཧོལ་བརྒྱབ་པས་བེམ་སྟོང་འདོན་པ་གསུམ་ནི་ཐོས་པས་རྟོགས་པ། རྩ་ སྲུན་པ། མཉེས་པས་རྩིབ་བར་གཞན་ལས་ཡངས་པ། བཟོས་པས་རྩིབ་བར་ལྷག་པར་ན་བ་གསུམ་ནི་རེག་པས་རྟོགས་པ་སྟེ་དགུ་དང་། གཉིས་པ་མཐོང་ཐོས་རེག་པའི་སྒོ་ནས་ཤེས་པའི་འབྲུལ་ས་དགུ་ནི་གཏར་དྲགས་པས་རླུང་སྐྱེས་པ། བྲང་ལ་ཆུ་སེར་ཞུགས་པ་དང་སློག་ཊུས་ཆག་པས་སྟོད་སྦྲུར་དཔྱང་བཤལ་བ། རླུང་དང་ཆུ་སེར་གྱིས་རྩིབ་བར་སྤྲོ་བ་གསུམ་ནི་མཐོང་བའི་སྒོ་ནས་ནག་དང་འབྲུལ་བའི་ས་གསུམ། གློ་ནད་དང་གྲེ་བར་ནག་ཡོད་པ། ཁྲག་རླུང་གིས་དགྱེ་སྦྲུར་བྱེད་དུས་འཁྲོག་པ། གཏར་གྱིས་མ་འཆུན་པར་ཁྲག་སྐད་འདོན་པ་སོགས་ནི་ཐོས་པའི་སྒོ་ནས་ནག་དང་འབྲུལ་བའི་ས་གསུམ། དུག་ཚད་དོན་ཚད་ཀྱི་རྩ། རྩིབ་མ་སྦར་ཆག རྩིབ་མ་ཆག་པ་དང་ཁྲག་བཙན་པ་སོགས་ནི་རེག་པའི་སྒོ་ནས་ནག་དང་འབྲུལ་བའི་ས་གསུམ་སྟེ་དགུ། གསུམ་པ་ལ་ཐལ་གསུམ་ནི་ཁེངས་པ་ལ་ཐལ་ན་ཤེད་འཚོར། སྨན་པ་ལ་ཐལ་ན་དོན་ཊུལ། བབས་ས་ལ་ཐལ་ན་ཤ་ཊུས་བྲལ་ལ་ཕྱི་པགས་སེ་བ་རྣན་པོའི་སྐོགས་པ་འདྲ་བ་གསུམ་བཅས་ནག་གི་བརྟག་བཅོས་སྐབས་ཀྱི་གནད་ཉེར་གཅིག་ཚིགས་བཅད་ཀྱི་ལམ་ནས་གསུངས་ཡོད།

内容提要：这是一部介绍肺脓望、闻、触三方面二十一个疗法要点的小册。一是记述了望、闻、触判断是否有脓的九个方法。即全身浮肿、背弓、咳嗽且平躺时肺穴处浮肿三者为可望三症；声细、气短、微咳、身体伸曲时和抓住肩部摇晃时有浊音，叩诊时声音空洞，此三者为可闻三症；脉短促、触摸时肋缝间隙增大、搓时疼痛加重三者为可触三症等九症。二是记述了望、闻、触的九个误点，即放血过量引发“隆”，黄水侵入胸部和锁骨骨折使上身前屈、肩部耷拉，“隆”和黄水使肋缝胀满三者为所见与脓三误点；肺病、喉积脓症所发出响声，血“隆”引发身体伸曲时发出的响声，放血疗法未起效而叩击胸腔时发出的积血声等为所闻与脓三误点；毒热和腑热脉象、肋骨前期骨折和肋骨骨折出血等为所触与脓三误点等九误点。三是记述了三太过，即过满时失力，过度医疗时脏腐，病位太过时骨肉分离、肌肤如痂等脓液诊疗21要点。全文为偈颂体。

བོད་ཀྱི་གསོ་རིག་ཀུན་བཏུས་བསྡུད་སྒྲིག་མ་ལས། པོད་དོན་བཞི་པའི་ནང་དུ་བཞུགས།

在《〈藏医药大典〉续编（61—80）》中的位置：收载于第七十四卷

ཆན་པ་ཉེར་གསུམ་པ། གློ་རྣག་བཅོས་པ།

第二十三篇 《肺脓疗法》

མཚན་བྱང་ཆ་ཚང་། གློ་རྣག་བཅོས་པ་བཞུགས་སོ། །

全名：《肺脓疗法》

རྩོམ་པ་པོ། གཡུ་ཐོག་མགོན་པོའམ་གཡུ་ཐོག་གསར་མ་ཡོན་ཏན་མགོན་པོ། སྐྱེ་ལོ་༡༡༢༦ལོར་དབུས་གཙང་གཞིས་ཀ་རྩེའི་རྒྱལ་རྩེ་མྱང་སྟོད་སྐྱོ་བཞི་རེ་ཐང་དུ་སྐུ་འཁྲུངས་ཤིང་། སྐྱེ་ལོ་༡༢༠༢ལོར་སྐུ་གཤེགས།

作者：宇妥贡布，又名宇妥萨玛·云丹贡布，1126年生于卫藏日喀则江孜娘堆古喜日塘，1202年卒。

མ་ཡིག ལག་བྲིས། ཡིག་གཟུགས་དབུ་མེད། ཤོག་ངོས་རེར་ཐིག་ཕྲེང་བདུན། ཐིག་ཕྲེང་རེར་ཡིག་འབྲུ་སོ་གསུམ། ཁྱོན་བསྡོམས་ཤོག་ངོས་ལྔ་བཞུགས།

母本：手写本，草书体，每页7行，每行33字，共5页。

ནང་དོན་གནད་བསྡུས། གཞུང་འདི་ནི་གློ་རྣག་བཅོས་པའི་ཐབས་མི་འདྲ་བ་གཉིས་སྟོན་པའི་ཡིག་ཆུང་ཞིག་སྟེ། བཅོས་ཐབས་དང་པོ་ནི་བསེ་རུ་སོགས་གཞི་སྨན་ཉི་ཤུའི་སྟེང་མཁྲིས་ཤས་དང་ཁྲག་ཤས་སོགས་གློ་རྣག་གི་ངོ་བོ་མི་འདྲ་བ་དང་བསྟུན་ནས་ག་བུར་སོགས་ཁ་བསྒྱུར་སྦྱོར་བ་རིགས་བདུན་དང་། སྦྱོར་བ་དེ་དག་བསྟེན་པའི་དུས་སུ་ཀ་ར་སྦྲང་མར་སོགས་ཀྱི་སྨན་རྟ་དང་ཕྱེ་མ་ལྡེ་གུ་སོགས་ལག་ལེན་གང་དགོས་རིག་པས་དཔག་ཏེ་བཏང་ན་གློ་རྣག་སེལ་ངེས་པར་བསྟན་ཡོད་པ་དང་། བཅོས་ཐབས་གཉིས་པ་ནི་ཚ་བའི་གློ་ནད་དང་གྲང་བའི་གློ་ནད་སྟེ་རླུང་གློ་གཉིས་ཀྱི་ངོ་བོ་དང་མཚན་ཉིད། རྟགས་མི་འདྲ་བ་ལ་བཅོས་ཐབས་སྦྱོད་བདེ་མི་འདྲ་བ་སྣ་ཚོགས་ཚིགས་བཅད་ཀྱི་ལམ་ནས་གསུངས་ཤིང་གསལ་ཁ་མེད་པའི་སྐོར་ལ་ཟུར་མཆན་གྱིས་ལེགས་པར་བཀྲལ་ནས་བསྟན་ཡོད།

内容提要：这是一部介绍肺脓两种不同疗法的小册。第一种疗法为根据“赤巴”性和血性等不同肺脓性质在犀角等二十种基础药上加入冰片等七类加味方，用药时辩证采用蔗糖、蜂蜜和酥油等药引和散剂、糊剂等不同剂型等实践。第二种疗法为根据热性肺病和寒性肺病即两种“隆”性肺病的性质、性相和病症，选择各类适用疗法。本书以偈颂体写成，晦涩难懂部分以附注的形式进行了注释。

བོད་ཀྱི་གསོ་རིག་ཀུན་བཏུས་བསྡུད་སྒྲིག་མ་ལས། པོད་དོན་བཞི་པའི་ནང་དུ་བཞུགས།

在《〈藏医药大典〉续编（61—80）》中的位置：收载于第七十四卷

ཚན་པ་ཉེར་བཞི་པ། གློ་སྐྱུགས་རིགས་པའི་ལྕགས་ཀྱུ།

第二十四篇 《肺导诊疗铁钩》

མཚན་བྱང་ཆ་ཚང་། གློ་སྐྱུགས་རིགས་པའི་ལྕགས་ཀྱུ་ཞེས་བྱ་བ་བདོག་ལགས་སྐོ། །

全名：《肺导诊疗铁钩》

རྩོམ་པ་པོ། གཡུ་ཐོག་མགོན་པོའམ་གཡུ་ཐོག་གསར་མ་ཡོན་ཏན་མགོན་པོ། སྤྱི་ལོ་༡༡༢༦ལོར་དབུས་གཙང་གཞིས་ཀ་རྩེའི་རྒྱལ་རྩེ་མྱང་སྟོད་སྐོ་བཞི་རེ་ཐང་དུ་སྐུ་འཁྲུངས་ཤིང་། སྤྱི་ལོ་༡༢༠༢ལོར་སྐུ་གཤེགས།

作者：宇妥贡布，又名宇妥萨玛·云丹贡布，1126年生于卫藏日喀则江孜娘堆古喜日塘，1202年卒。

མ་ཡིག ལག་བྲིས། ཡིག་གཟུགས་དབུ་མེད། ཤོག་ངོས་རེར་ཐིག་ཕྲེང་བདུན། ཐིག་ཕྲེང་རེར་ཡིག་འབྲུ་སོ་གསུམ། ཁྱོན་བསྡོམས་ཤོག་ངོས་ལྔ་བཞུགས།

母本：手写本，草书体，每页7行，每行33字，共5页。

ནང་དོན་གནད་བསྡུས། གཞུང་འདི་ནི་གློ་ནག་འདྲེན་པའི་ཐབས་མི་འདྲ་བ་གཉིས་སྟོན་པའི་ཡིག་ཆུང་ཞིག་སྟེ། བཅོས་ཐབས་དང་པོ་ནི་གློ་སྐྱུགས་ནང་དུ་ནག་ཞུགས་ན་ཐོག་མར་རྩ་ཁ་དབྱེ་དགོས་ཏེ། སྨན་ནི་བོང་བུའི་ཚོ་ལ་ཟངས་ཐལ་སོགས་སྨན་སྣ་བཞི་སྦྱར་བ་ཀ་རས་ཁ་བླངས་ཏེ་ཞག་ལྔ་བཏང་བས་རྩ་ཁ་ཕྱེ་བ་དང་། དེ་ནས་ཙན་དན་དཀར་པོ་སོགས་སྨན་སྣ་བཅོ་བརྒྱད་པོ་སྦྲང་རྩི་དང་སྦྱར་བའི་ལྡེ་གུ་ནང་ནུབ་ལ་ཁྱེམ་བུ་དོ་རེ་བསྟེན་པས་ནག་མང་དུ་འདྲེན་པ་དང་། འཛོངས་ཚབས་ཆུང་ན་རིམ་པ་བཞིན་ཁ་བསྒྱུར་སྨན་གང་དག་བསྟན་དགོས་ཚུལ། ནག་ཟད་རྗེས་རྩ་ཁ་སྡོམ་པའི་ཐབས་བཅས་བསྟན་ཡོད་པ་དང་། བཅོས་ཐབས་གཉིས་པ་ནི་གློ་སྐྱུགས་སུ་ནག་ཞུགས་ན་གྲེན་ལ་འདྲེན་པའི་ཐབས་ལ་དང་པོ་རྩ་ལམ་འབྱེད་དགོས་ཏེ། སྨན་

ནི་བོང་བུའི་ཞོ་ལ་ཟངས་ཐལ་སོགས་སྨན་སྣ་བཞི་སྦྱར་བ་ཀ་རས་ཁ་བསྣངས་ཏེ་ཞག་ལྔ་བཏང་བས་རྩ་ཁ་ཕྱེ་བ་དང་། དེ་ནས་ཙན་དན་དཀར་པོ་སོགས་ཀྱི་ཕྱེ་མ་བཏང་། དེས་མ་འདྲོངས་ན་སྒྲོ་ལོའི་ཐལ་བ་སོགས་སྨན་སྣ་དྲུག་པོའི་ཕྱེ་མ་ཐོ་རངས་བཏང་བས་ཀྱིན་ཏུ་འདྲེན་ནུས་པ་དང་། གལ་ཏེ་ཁྲག་ཤོར་ན་ཟངས་ཐལ་དུལ་མ་སོགས་རྒྱ་སྐྱགས་ཁུ་བར་བཏབ་སྟེ་བཏང་ན་ཕན་པ་སོགས་ཚིགས་བཅད་ཀྱི་ལམ་ནས་གསུངས་ཡོད་པ་དང་ཁ་མི་གསལ་བའི་སྐོར་ལ་ཟུར་མཆན་གྱིས་ལེགས་པར་བཀྲལ་ཡོད།

内容提要：此文介绍了肺脓的两种不同疗法。第一种疗法，肺内有脓时首先通脉，即驴酸奶加入铜灰等四味药以蔗糖服送，五日即可通脉，后早晚服用白檀香等八味药加蜂蜜制成的糊剂两勺可引出脓液，引出量少时加味药的加法，引流完后阻断通路。第二种疗法，肺内有脓时首先引通脉，即驴酸奶加入铜灰等四味药以蔗糖服送，五日即可通脉，后服用白檀香等的散剂，未能引出脓液时可凌晨服用用“索罗”灰剂等六味药制成的散剂，如发生出血时可将熟铜灰等加入紫草茸汤服用。全书为偈颂体，晦涩难懂部分以附注的形式进行了注释。

བོད་ཀྱི་གསོ་རིག་ཀུན་བཏུས་བསྟུད་སྒྲིག་མ་ལས། པོད་དོན་བཞི་པའི་ནང་དུ་བཞུགས།

在《〈藏医药大典〉续编（61—80）》中的位置：收载于第七十四卷

ཚན་པ་ཉེར་ལྔ་པ། གློ་ནད་བཅོས་པ།

第二十五篇　《肺病疗法》

མཚན་བྱང་ཆ་ཚང་། གློ་ནད་བཅོས་པ་རིན་ཆེན་སྒྲོན་མེ་བདོག

全名：《肺病疗法·珍宝明灯》

རྩོམ་པ་པོ། གཡུ་ཐོག་མགོན་པོའམ་གཡུ་ཐོག་གསར་མ་ཡོན་ཏན་མགོན་པོ། སྤྱི་ལོ་༡༡༢༦ལོར་དབུས་གཙང་གཞིས་ཀ་རྩེའི་རྒྱལ་རྩེ་མྱང་སྟོད་སྒོ་བཞི་རེ་ཐང་དུ་སྐུ་འཁྲུངས་ཤིང་། སྤྱི་ལོ་༡༢༠༢ལོར་སྐུ་གཤེགས།

作者：宇妥贡布，又名宇妥萨玛·云丹贡布，1126年生于卫藏日喀则江孜娘堆古喜日塘，1202年卒。

མ་ཡིག ལག་བྲིས། ཡིག་གཟུགས་དབུ་མེད། ཤོག་ངོས་རེར་ཐིག་ཕྲེང་དྲུག ཐིག་ཕྲེང་རེར་ཡིག་འབྲུ་སུམ་བཅུ། ཁྱོན་བསྡོམས་ཤོག་ངོས་བཅུ་གཉིས་བཞུགས།

母本：手写本，草书体，每页6行，每行30字，共12页。

ནང་དོན་གནད་བསྡུས། གཞུང་འདི་ནི་གློ་ནད་བཅོས་པའི་ནད་ཐོག་ལག་ལེན་གྱི་ཡིག་ཆུང་ཞིག་སྟེ། གློ་ནད་ལ་དབྱེ་བ་མང་དུ་ཡོད་ཀྱང་བསྡུ་ན་རླུང་གིས་བསྐྱེད་པའི་གློ་ནད་ཐང་པོ་དང་གློ་ནད་སྐྲ་ཐབ། མཁྲིས་པས་བསྐྱེད་པའི་གློ་ནད་ཚ་སུབ་དང་གློ་ནད་ཚ་གཟེར། བད་ཀན་གྱིས་བསྐྱེད་པའི་གློ་ནད་ཐེས་པོ་དང་གློ་གཙོང་། ཁྲག་གིས་བསྐྱེད་པའི་གློ་རྒྱས་དང་གློ་ནད་བུང་ཚང་བཅས་དབྱེ་བ་བརྒྱད་དུ་བསྡུས་ཡོད་པ་དང་། དེ་དག་སོ་སོའི་མི་འགྱུར་བའི་ནད་རྟགས། དེ་ལ་ཟས་སྤྱོད་སྨན་དཔྱད་བཞིའི་སྒོ་ནས་བཅོས་པའི་ལག་ལེན་སྦྱོང་བྱང་གི་རིམ་པ་རྣམས་ཚིགས་བཅད་ཀྱི་ལམ་ནས་ཚིག་ཉུང་དོན་འདུས་སུ་གསུངས་ཡོད་པར་མ་ཟད་ཁ་མི་གསལ་བ་དང་དོན་གོ་དཀའ་ལ་གནད་ཆེ་བའི་སྐོར་ལ་ཟུར་མཆན་བཏབ་ནས་དགོངས་པ་ལེགས་པར་བཀྲལ་ཡོད།

内容提要：这是一部关于介绍肺病治疗临床实践类小册。书中认为，肺病虽分多种，但总体上可分为由“隆”引发的“唐布”肺病和浮肿肺病，由“赤巴”引发的热阻肺病和热痛肺病，由“培根”引发的“铁布”肺病和肺痼疾，由血引发的肺充血病和蜂巢样肺病等8种。书中对各种肺病的病症以及饮食、起居、用药、外治四方面的疗法加以阐释。本书为偈颂体，对疑难要点部分以附注的形式进行了注释。

བོད་ཀྱི་གསོ་རིག་ཀུན་བཏུས་བསྟུད་སྒྲིག་མ་ལས། པོད་དོན་བཞི་པའི་ནང་དུ་བཞུགས།

在《〈藏医药大典〉续编（61—80）》中的位置：收载于第七十四卷

ཆ་ན་པ་ཉེར་དྲུག་པ། གློ་བའི་དགོས་བཅོས་ཟབ་པ།

第二十六篇 《肺疗秘诀》

མཚན་བྱང་ཆ་ཚང་། མཁས་པ་མགོན་པོའི་མན་ངག་གློ་བའི་དགོས་བཅོས་ཟབ་པ་ཅིག་བཞུགས་སོ། །

全名：《名医贡布肺疗秘诀》

རྩོམ་པ་པོ། གཡུ་ཐོག་མགོན་པོའམ་གཡུ་ཐོག་གསར་མ་ཡོན་ཏན་མགོན་པོ། སྤྱི་ལོ་༡༡༢༦ལོར་དབུས་གཙང་གཞིས་ཀ་རྩེའི་རྒྱལ་རྩེ་མྱང་སྟོད་སྐྱ་བཞི་རི་ཐང་དུ་སྐུ་འཁྲུངས་ཤིང་། སྤྱི་ལོ་༡༢༠༢ལོར་སྐུ་གཤེགས།

作者：宇妥贡布，又名宇妥萨玛・云丹贡布，1126年生于卫藏日喀则江孜娘堆古喜日塘，1202年卒。

མ་ཡིག ལག་བྲིས། ཡིག་གཟུགས་དབུ་མེད། ཤོག་ངོས་རེར་ཐིག་ཕྲེང་བདུན། ཐིག་ཕྲེང་རེར་ཡིག་འབྲུ་བཞི་བཅུ། ཁྱོན་བསྡོམས་ཤོག་ངོས་བཅུ་དྲུག་བཞུགས།

母本：手写本，草书体，每页7行，每行40字，共16页。

ནང་དོན་གནད་བསྡུས། གཞུང་འདི་ནི་གློ་ནད་བཅོས་པའི་ནད་ཐོག་ལག་ལེན་གྱི་ཡིག་ཆུང་ཞིག་སྟེ། གློ་ནད་ལ་དབྱེ་བ་མང་དུ་ཡོད་ཀྱང་བསྡུ་ན་གློ་ནད་ཐེང་པོ་དང་གློ་ནད་སྐྱ་ཐབ། གློ་ནད་ཚ་སུབས་དང་གློ་ནད་ཚ་གཟེར། གློ་ནད་ཐེས་པོ་དང་གློ་གཅོང་། གློ་རྒྱས་དང་གློ་ནད་བུང་ཚང་བཅས་དབྱེ་བ་བརྒྱད་ཡོད་ལ། དེ་དག་གི་རྒྱུ་ནི་རིམ་པ་བཞིན་རླུང་དང་མཁྲིས་པ། བད་ཀན། ཁྲག་བཅས་ཀྱིས་བསྐྱེད་པ་དང་རྐྱེན་ནི་ཟས་སྤྱོད་ཉལ་སྐྱུར་དང་དུ་བ་སོགས་ཀྱིས་ལྷང་འགྱུར་བས་སྲུང་དགོས་པ་དང་། ནད་བརྒྱད་པོ་སོ་སོའི་མི་འགྱུར་བའི་རྟགས། དེ་ལ་ཟས་སྤྱོད་སྨན་དཔྱད་བཞིའི་སྒོ་ནས་བཅོས་པའི་ལག་ལེན་སྦྱོང་བྱང་རིམ་པ་ཞུང་བསྡུས་དང་། གཞན་ཤུ་མོ་ཟའི་སྨན་མར་དང་། གློ་རྣག་འདྲེན་པའི་ལུགས་ཀྱི། གློ་སྐྱུགས་རིག་པའི་ལུགས་ཀྱི། གློ་

ནག་སྐེམ་པའི་སྦྱོར་བ། ནག་སྐེམས་སྨུ་ཟེའི་སྦྱོར་བ། འབྲོང་རུ་རུ་འཛིངས་ཀྱི་སྦྱོར་བ། གོ་དོར་གྱི་སྦྱོར་བ། ཟངས་ཐལ་སྦྱོར་བའི་མན་ངག་སོགས་གློ་ནག་འདྲེན་སྐེམས་ཀྱི་མན་ངག་སྦྱོར་བ་དག་གི་ལག་ལེན་གྱི་རིམ་པ་དང་། རྒྱ་རྗེ་དབང་པོ་གསོ་ཕྱིར་མཛད་པའི་སྐྲན་གྱི་ཟླུམ་བཅོས་བཅས་ཚིགས་བཅད་ཀྱི་ལམ་ནས་གསུངས་ཡོད།

内容提要：这是一部记述肺病治疗实践的小册。肺病虽分多种，但是总体上可分为“唐布”肺病、浮肿肺病、热阻肺病、热痛肺病、“铁布”肺病、肺痼疾、肺充血病和蜂巢样肺病8种，其内因分别为“隆”“赤巴”“培根”和血，外因是食腐酸类饮食和吸烟等引发，故为禁忌。书中分别对8种疾病的病症，以及饮食、起居、药物和外治方面的疗法实践经验进行了简要分析。此外，记述了葫芦巴药油剂，引肺脓方药，咳嗽引发呕吐的方药，干肺脓的方药，干肺脓牛黄方药，野牛角方药，茸角方药，铜灰方药等引出和干涸肺脓的秘诀类方药的实践过程，为治疗“嘉杰旺布”所患之疾而所创的痞瘤疗法。全文以偈颂体的形式进行了记述。

བོད་ཀྱི་གསོ་རིག་ཀུན་བཏུས་བསྟུད་སྒྲིག་མ་ལས། པོད་དོན་བཞི་པའི་ནང་དུ་བཞུགས།

在《〈藏医药大典〉续编（61—80）》中的位置：收载于第七十四卷

ཚན་པ་ཉེར་བདུན་པ། རོ་བསྐོར་མན་ངག་དང་མེ་ལེན།

第二十七篇　《性味秘诀和疗法》

མཚན་བྱང་ཆ་ཚང་། མཁས་པ་གཡུ་ཐོག་མགོན་པོའི་རོ་བསྐོར་མན་ངག་དང་མེ་ལེན་བཞུགས་སོ། །

全名：《名医宇妥贡布性味秘诀和疗法》

རྩོམ་པ་པོ། གཡུ་ཐོག་མགོན་པོའམ་གཡུ་ཐོག་གསར་མ་ཡོན་ཏན་མགོན་པོ། སྤྱི་ལོ་༡༡༢༦ལོར་དབུས་གཙང་གཞིས་ཀ་རྩེའི་རྒྱལ་རྩེ་མྱང་སྟོད་སྒོ་བཞི་རེ་ཐང་དུ་སྐུ་འཁྲུངས་ཤིང་། སྤྱི་ལོ་༡༢༠༢ལོར་སྐུ་གཤེགས།

作者：宇妥贡布，又名宇妥萨玛·云丹贡布，1126年生于卫藏日喀则江孜娘堆古喜日塘，1202年卒。

མ་ཡིག ལག་བྲིས། ཡིག་གཟུགས་དབུ་མེད། ཤོག་ངོས་རེར་ཐིག་ཕྲེང་བདུན། ཐིག་ཕྲེང་རེར་ཡིག་འབྲུ་སོ་བཞི། ཁྱོན་བསྡོམས་ཤོག་ངོས་བཅུ་དྲུག་བཞུགས།

母本：手写本，草书体，每页7行，每行34字，共16页。

ནང་དོན་གནད་བསྡུས། གཞུང་འདི་ནི་སྨན་གྱི་རོ་ནུས་དང་ཐོར་བུའི་ནད་ཀྱི་བཅོས་ཐབས་སྟོན་པའི་ཡིག་ཆུང་ཞིག་སྟེ། དང་པོ་སྨན་གྱི་རོ་ནུས་བསྟན་པའི་སྐབས་སུ་རོ་དྲུག་སོ་སོའི་ནད་སེལ་གྱི་ནུས་པ་དང་ནད་བསྐྱེད་པའི་ཁྱད་པར། དྲོད་སྨན་བཞི་ཅུ་ཞེ་གཅིག་དང་བསིལ་སྨན་བདུན་ཅུ་དོན་བཞི་ཅམ་གྱི་སོ་སོའི་ཡོན་ཏན་དང་ནད་སེལ་གྱི་ནུས་པ་བསྟན། གཉིས་པ་ཐོར་བུའི་ནད་ཀྱི་སྐབས་སུ་མིག་ནད་ལིང་ཏོག་དང་། གག་པ། གྲེ་འཛེར། ལྕེ་སྐྲངས། སོ་སྲིན། རྣ་རྣག སྣ་ཁྲག སྙིང་ནད་གཉིད་མེད། བཙན་དུག ཁྱི་དུག སྲིན་སྣང་ཐབས། འབྲུ་སྐྱུག ཆུ་འགགས། དྲི་འགགས། རྨ་རྙིང་སོགས་ནད་སྣ་ཕྲན་བུ་སུམ་ཅུ་ལྷག་ལ་མཆོག་ཏུ་ཕན་ཞིང་སྦྱོད་བདེ་བ། ཉམས་ལེན་མི་བསླུ་ཐེ་ཚོམ་དང་བྲལ་བའི་གཉེན་པོ་སྨན་གྱི་བཅོས་ཐབས་རེ་ཚིགས་བཅད་ཀྱི་ལམ་ནས་གསུངས་ཡོད།

内容提要：这是一部介绍药物味性和杂病疗法的小册。第一部分药物味性中对六味各自的疗病功效和致病特点进行了介绍，并重点对41种热性药和74种凉性药各自的性效和疗病功效进行了记述。在第二部分的疗法中分别对云翳、白喉、声音嘶哑、舌肿、龋齿、耳脓、鼻衄、心病引发的失眠，“榜那”中毒、犬毒、“蛀”引发的绞痛、泻吐、闭尿、便秘和旧创等30余种疾病的疗效显著、服用方便的方药等以偈颂体的形式进行了记述。

བོད་ཀྱི་གསོ་རིག་ཀུན་བཏུས་བསྟུད་སྒྲིག་མ་ལས། པོད་དོན་བཞི་པའི་ནང་དུ་བཞུགས།

在《〈藏医药大典〉续编（61—80）》中的位置：收载于第七十四卷

ཚན་པ་ཉེར་བརྒྱད་པ། ཐ་ཀླུམ་སྦྲགས་མའི་མན་ངག

第二十八篇 《包缚法秘诀》

མཚན་བྱང་ཆ་ཚང་། ཐ་ཀླུམ་སྦྲགས་མའི་མན་ངག་གཡུ་ཐོག་གི་ལུགས་ཡོད།

全名：《宇妥包缚法秘诀》

རྩོམ་པ་པོ། གཡུ་ཐོག་མགོན་པོའམ་གཡུ་ཐོག་གསར་མ་ཡོན་ཏན་མགོན་པོ། སྤྱི་ལོ་༡༡༢༦ལོར་དབུས་གཙང་གཞིས་ཀ་རྩེའི་རྒྱལ་རྩེ་མྱང་སྟོད་སྐོ་བཞི་རི་ཐང་དུ་སྐུ་འཁྲུངས་ཤིང་། སྤྱི་ལོ་༡༢༠༢ལོར་སྐུ་གཤེགས།

作者：宇妥贡布，又名宇妥萨玛·云丹贡布，1126年生于卫藏日喀则江孜娘堆古喜日塘，1202年卒。

མ་ཡིག ལག་བྲིས། ཡིག་གཟུགས་དབུ་མེད། ཤོག་ངོས་རེར་ཐིག་ཕྲེང་བརྒྱད། ཐིག་ཕྲེང་རེར་ཡིག་འབྲུ་ཞེ་བཞི། ཁྱོན་བསྡོམས་ཤོག་ངོས་བཅུ་བཞི་བཞུགས།

母本：手写本，草书体，每页8行，每行44字，共14页。

ནང་དོན་གནད་བསྡུས། གཞུང་འདི་ནི་མགོ་རྨའི་བཏག་བཅོས་སྟོན་པའི་ནད་ཐོག་ཡིག་ཆུང་ཞིག་སྟེ། གཞུང་སྤྱི་ལ་མགོ་བོའི་རུས་པ་ཆག་མ་ཆག་གི་མཚན་ཉིད་བརྟག་ཐབས། ཆག་པ་བཅོས་པའི་ཐབས། ལོག་པའི་མཚན་ཉིད། ལོག་པ་མནན་པའི་ཐབས་བཅས་དོན་ཚན་ཆེན་པོ་བཞི་ཡོད། དེ་ལས་དང་པོ་ལ་མིག་གིས་བལྟ་བ་དང་ལག་པས་རེག་པ། རྨ་ལ་སྨན་བཏབ་པ། ཁབ་མགོ་བཏང་བ་སོགས་ཀྱིས་སྐྱོན་ཚབས་ཆེ་ཆུང་དང་། ཤ་གདན་ཆོད་མ་ཆོད། རུས་པ་ཆག་མ་ཆག་ལ་བརྟག་ནས་ངོས་འཛིན་ཚུལ་དང་། གཉིས་པ་ཆག་པ་བཅོས་ཐབས་ལ་ཕྱིའི་ཤ་དང་བར་གྱི་རུས་པ། ནང་གི་གླད་པ། ཁྲབ་བྱེད་ཀྱི་རྩ་བཅས་མགོ་བོའི་གནས་ལུགས་ཀྱི་སྒོ་ནས་ཀླུམ་བཅོས་བྱ་ཐབས་དང་། རྫོ་དང་མདུང་། རལ་གྲི། བེར་དབྱུག་བཅས་མཚོན་གྱི་ཐོག་ལུགས་ཀྱི་སྒོ་ནས་ཀླུམ་

བཅོས་བྱ་བའི་ཐབས་བསྟན། གསུམ་པ་ལོག་པའི་མཚན་ཉིད་ལ་ལྟ་བ་བྱེར་ནས་ལོག་པ་དང་། ཀླད་ཐོག་ཏུ་རྣག་དང་ཆུ་སེར་ལྷུང་ནས་ལོག་པ། རྩ་ཤོར་ནས་ལོག་པ། གདོན་གྱིས་ལོག་པ་བཅས་སོ་སོའི་མཚན་ཉིད་དང་དེ་བཅོས་པའི་ཐབས་བསྟན། བཞི་པ་ལོག་གནོན་གྱི་སྐབས་སུ་ སྤྱིར་ལོག་པ་ནི་ཚ་བས་ལོག་པ་ལས་གྲང་བས་ལོག་པ་མི་སྲིད་ཙམ་དང་། ལོག་པའི་རྒྱུ་ནི་སྨན་པས་ཤ་གཉན་པོ་དྲ་མི་དགོས་པར་དྲ་བ་སོགས་མ་ཤེས་མ་རྟོགས་པ་དང་སྙིང་ཆུང་བ་སོགས་ཀྱི་སྐྱོན་གྱིས་ལག་དཔྱ་གང་དང་གང་ཤོར་ནས་འབྱུང་བ་སོགས་མགོ་རྨའི་བརྟག་བཅོས་ཐད་ཀྱི་སྤྱི་ཆིངས་དང་གལ་གནད་མན་ངག་གཅེས་པར་བསྡུས་པ་ལྟ་བུ་ཞིག་གོ །

内容提要：这是一部记述头部创伤诊疗的临床实践小册。全书分别介绍了头骨是否骨折的诊断方法，骨折的疗法，复发的特征，防复发的方法等4个方面。第一，可通过眼观、手触、创口敷药、针探等对肌肉和骨骼的损伤程度进行诊断；第二，可根据外部肌肉、中部骨骼、内部大脑和分布的脉等头部生理特点进行包缚的方法，根据石头、长枪、刀具和棍棒等致伤器械确定包缚的方法；第三，根据散于骨松质而复发、脓和黄水落于脑而复发、散于脉而复发以及“敦”邪引起的复发等的各自特征确定疗法；第四，防复发不存在热性和寒性复发之说，引起复发的原因是由于医生胆小无知而切断要害肌等操作不当引起复发等。书中对头部创伤诊疗方面的总体框架和要点秘诀进行了精编。

བོད་ཀྱི་གསོ་རིག་ཀུན་བཏུས་བསྟུད་སྒྲིག་མ་ལས། པོད་དོན་བཞི་པའི་ནང་དུ་བཞུགས།

在《〈藏医药大典〉续编（61—80）》中的位置：收载于第七十四卷

ཚན་པ་ཉེར་དགུ་པ། རྩ་ཆུའི་སྔོང་ཐུན།

第二十九篇　《脉尿诊医典》

མཚན་བྱང་ཆ་ཚང་། རྩ་ཆུའི་སྔོང་ཐུབ་གཡུ་ཐོག་གི་བཞེད་པ་བཞུགས་སོ། །

全名：《宇妥脉尿诊医典》

རྩོམ་པ་པོ། གཡུ་ཐོག་མགོན་པོའམ་གཡུ་ཐོག་གསར་མ་ཡོན་ཏན་མགོན་པོ། སྤྱི་ལོ་༡༡༢༦ལོར་དབུས་གཙང་གཞིས་ཀ་རྩེའི་རྒྱལ་རྩེ་མྱང་སྟོད་སྐྱོ་བཞི་རི་ཐང་དུ་སྐུ་འཁྲུངས་ཤིང་། སྤྱི་ལོ་༡༢༠༢ལོར་སྐུ་གཤེགས།

作者：宇妥贡布，又名宇妥萨玛·云丹贡布，1126年生于卫藏日喀则江孜娘堆古喜日塘，1202年卒。

མ་ཡིག ལག་བྲིས། ཡིག་གཟུགས་དབུ་མེད། ཤོག་ངོས་རེར་ཐིག་ཕྲེང་བདུན། ཐིག་ཕྲེང་རེར་ཡིག་འབྲུ་སོ་བརྒྱད། ཁྱོན་བསྡོམས་ཤོག་ངོས་བཞི་བཅུ་བཞུགས།

母本：手写本，草书体，每页7行，每行38字，共40页。

ནང་དོན་གནད་བསྡུས། གཞུང་འདི་ནི་རིག་པ་རྩ་དང་མཐོང་བ་ཆུའི་རྟགས་སོགས་ལས་ནད་ངོས་འཛིན་ཚུལ་སྟོན་པ་ཞིག་སྟེ། ལེའུ་དང་པོ་རྩའི་སྔོང་ཐུབ་ལ་རྩ་ལྟ་བའི་སྔོན་འགྲོ་ཟས་སྤྱོད་ཀྱི་བསླབ་པ་དང་རྩ་ལྟ་བའི་དུས། ལྟ་བའི་གནས། ཚོན་ཀན་ཆག་གསུམ་གྱི་མནན་ཚད། ལྟ་ཚུལ། ཐ་མལ་རྩ་རྒྱུད་གསུམ་གྱི་ངེས་ཚིག དུས་བཞིའི་རྩ་ལ་ཁམས་ལྔའི་འབྱུང་བ་བརྩི་ཚུལ། ནད་མེད་མི་ལ་ངོ་མཚར་རྩ་བདུན་གྱི་བརྟག་པ། ནད་ཅན་ནད་མེད་ཀྱི་རྩའི་འཕར་གྲངས། ནད་ཅན་རྩའི་འཕར་ཚུལ་ལས་ནད་ངོས་འཛིན་ཚུལ། རྩ་རྒྱུད་འགྱུར་བ་མ་ཚང་བ་སྟོད་འཐེན་བྱེད་པ་སྟེ་འཆི་རྩ་གསུམ་གྱི་སྒོ་ནས་འཚོ་འཆིའི་ཁ་དམར་གདགས་ཚུལ། རྩའི་འཕར་ཚུལ་ལས་གདོན་རིགས་གང་གནོད་ངོས་འཛིན་ཚུལ། བླ་རྩའི་འགྱུར་བ་ལས་ཚེ་བརྟན་མིན་བརྟག་ཚུལ་བཅས་

རྩའི་སྤྱི་དོན་བཅུ་གསུམ་དང་། ལེའུ་གཉིས་པ་ཆུའི་སྐོར་ཐུན་ལ་ཆུ་ལ་ལྟ་བའི་སྔོན་འགྲོ་ཟས་སྤྱོད་ཀྱི་བསླབ་པ་དང་། ཆུ་ལ་ལྟ་བའི་དུས། ཆུ་ལྟ་བའི་སྣོད། ཀུ་ཡའི་གྱུར་ཚུལ། ནད་ཅན་ནད་མེད་ཀྱི་ཆུའི་རྟགས། འཆི་བར་ངེས་པའི་ཆུ་རྟགས། ས་དགུ་བཅད་དེ་གདོན་ངོས་འཛིན་ཚུལ། ཆུའི་དྲི་རོ་རེག་བྱ་ལས་ནད་བརྟག་ཚུལ། ལྕགས་སྣོད་ལ་ནད་པའི་དྲི་ཆུ་བཙོས་ནས་དེའི་དྲི་མ་དང་ལྦུ་བ། ཆུ་སྐམས་པའི་མདོག་སོགས་ལས་ནད་ངོས་འཛིན་ཚུལ། རྒྱང་རིང་ནས་ཁྱེར་འོང་བའི་དྲི་ཆུའི་བརྟག་ཐབས་སོགས་རྩ་ཆུ་གཉིས་ཀྱི་སྒོ་ནས་ནད་ངོས་འཛིན་པའི་མན་ངག་གི་སྐོར་གསུངས་ཡོད།

内容提要：此书分2章介绍了脉诊和尿诊的临床知识。第一章为脉诊，有诊脉前行饮食起居、诊脉时间、诊脉部位、“寸”“关”“恰”诊脉按压力度、诊法、三常脉的性相、四季脉的五行算法、健康人七奇脉的诊断、健康人和病患脉搏的搏动次数、根据病患的脉象诊病的方法，根据变异脉、不全脉、涩脉等三死兆脉象诊断生死之法，根据脉象判定作祟“敦”邪之法，根据魄脉的变化判定寿命之法等13个方面的内容；第二章尿诊，有诊尿前行饮食起居、诊尿时间、诊尿器皿、“垢亚”的变化、病患和非病患的尿象、死兆尿象、九宫格“敦”邪诊断，从尿的气味、味道和触觉进行诊察的方法，铁质器皿中加热病患尿液后以其气味、泡沫、煮干后的颜色进行诊察的方法，从远处所带尿液的诊法。

བོད་ཀྱི་གསོ་རིག་ཀུན་བཏུས་བསྟུད་སྒྲིག་མ་ལས། པོད་དོན་བཞི་པའི་ནང་དུ་བཞུགས།

在《〈藏医药大典〉续编（61—80）》中的位置：收载于第七十四卷

ཚན་པ་སུམ་ཅུ་པ། བཤལ་ཉེས་པ་དག་བྱེད།

第三十篇　《泻疗祛病邪法》

མཚན་བྱང་ཆ་ཚང་། བཤལ་ཉེས་པ་དག་བྱེད་རིན་པོ་ཆེའི་ཕྲེང་བ་བཞུགས་སོ། །

全名：《泻疗祛病邪法·珍宝串》

རྩོམ་པ་པོ། གཡུ་ཐོག་མགོན་པོའམ་གཡུ་ཐོག་གསར་མ་ཡོན་ཏན་མགོན་པོ། སྤྱི་ལོ་༡༡༢༦ལོར་དབུས་གཙང་གཞིས་ཀ་རྩེའི་རྒྱལ་རྩེ་མྱང་སྟོད་སྐོ་བཞི་རི་ཐང་དུ་སྐུ་འཁྲུངས་ཤིང་། སྤྱི་ལོ་༡༢༠༢ལོར་སྐུ་གཤེགས།

作者：宇妥贡布，又名宇妥萨玛·云丹贡布，1126年生于卫藏日喀则江孜娘堆古喜日塘，1202年卒。

མ་ཡིག ལག་བྲིས། ཡིག་གཟུགས་དབུ་མེད། ཤོག་ངོས་རེར་ཐིག་ཕྲེང་བདུན། ཐིག་ཕྲེང་རེར་ཡིག་འབྲུ་ཞེ་གཅིག ཁྱོན་བསྡོམས་ཤོག་ངོས་ཉི་ཤུ་བཞུགས།

母本：手写本，草书体，每页7行，每行41字，共20页。

ནང་དོན་གནད་བསྡུས། གཞུང་འདི་ནི་སྨན་ལ་ཞི་སྦྱོང་གཉིས་ཡོད་པའི་ནང་ནས་ཉེས་པ་དག་བྱེད་སྦྱོང་གི་ལག་ལེན་འགག་སྟོན་པའི་ཡིག་ཆུང་ཞིག་སྟེ། སྦྱོང་ལ་རིགས་ཀྱིས་དབྱེ་ན་དྲུག་དང་གནས་ཀྱིས་དབྱེ་ན་བཅོ་ལྔ་ཡོད་པར་བསྟན་ཀྱང་། ད་ལམ་གྱི་མ་ཡིག་ཁྲིད་རིགས་ཀྱི་དབྱེ་བ་དྲུག་སྟེ་རྒྱལ་པོ་གདན་ལ་བཞུགས་པའི་བཤལ། བཙུན་མོ་རྟམ་ལ་བྲུ་ཐོགས་བཤལ། བློན་པོ་ཆིབས་སྒང་ཞོན་པའི་བཤལ། དམངས་མི་ལམ་དུ་ཞུགས་པའི་བཤལ། རྐང་པོ་འཁར་པ་ཐོགས་པའི་བཤལ། བྱིས་པ་བཛ་མི་འཕྲོད་པའི་བཤལ་བཅས་ཀྱི་བརྗོད་བྱ་ལ་ཆད་སྐྱོན་ཤོར་འདུག དེ་ལ་གནས་ཀྱི་དབྱེ་བ་བཅོ་ལྔ་ནི། མགོ་བོའི་ནད་ལ་སྤྱི་བོའི་གཙུག་བཤལ་དང་། མིག་གི་ནད་ལ་ཟར་མ་སྨྱུན་འབྱེད་ཀྱི་བཤལ། སྣ་ཡི་ནད་ལ་འགགས་པ་དྲི་ཚོར་བཤལ། ལྕེ་ཡི་ནད་ལ་དེག་པ་བདེ་

བྱེད་བཤལ། རྣ་བའི་ནད་ལ་ཨུཏྤ་སྒྲ་སྒྲོགས་བཤལ། ལྐོ་བའི་རྣག་ལ་ཟགས་པའི་བཤལ། མཆིན་པའི་ཁྲག་ལ་རྒྱབ་ཀྱི་བཤལ། གདོང་པ་དག་ལ་མཛེ་ཁྲུས་བཤལ། བུད་མེད་ནུ་མ་བུ་གསོའི་བཤལ། སྐྱེ་གནས་དག་ལ་མངལ་གྱི་བཤལ། ལྒང་པ་རྗེའུ་བཤིགས་འདྲེན་བཤལ། ཆུ་སེར་འཕྲུལ་སྦྱོང་རྩའི་བཤལ། ཤ་ལྤགས་ཕྱི་ལ་ཀོར་ལེ་བཤལ། རུས་ཚད་ནད་ལ་སྤུ་གྲིའི་བཤལ། བ་སྤུའི་དཀྱིལ་ལ་བུ་གའི་བཤལ་བཅས་བཅོ་ལྔ་པོ་སོ་སོའི་ལག་ལེན་གྱི་སྔོན་འགྲོ་དང་། དངོས་གཞི། རྗེས་ཀྱི་ཆོ་ག་བཅས་བསྟན་ཡོད།

内容提要：此书介绍了平息和泄疗方药二者之祛邪泄疗临床实践。泄疗按病因可分为6类，按部位可分为15类。此书母本中按病因所分6类泄疗的具体内容缺失。15类分法分别是头部疾病头顶泻、眼部疾病亚麻泻、鼻部疾病通塞恢复嗅觉泻、舌部疾病口吃好转泻、耳部疾病听觉恢复泻、肺脓滴漏泻、肝血背泻、面部美容泻、女性乳房泻、生殖子宫泻、膀胱排石泻、黄水神奇脉泻、肌肤表面环形泻、骨热疾病剃刀泻、汗毛毛孔泻等，书中对泻疗的前期准备、具体过程、后期仪轨等进行了详细记述。

བོད་ཀྱི་གསོ་རིག་ཀུན་བཏུས་བསྟུད་སྒྲིག་མ་ལས། པོད་དོན་བཞི་པའི་ནང་དུ་བཞུགས།

在《〈藏医药大典〉续编（61—80）》中的位置：收载于第七十四卷

ཚན་པ་སོ་གཅིག་པ། གཏར་ཀའི་མན་ངག

第三十一篇 《放血秘诀》

མཚན་བྱང་ཆ་ཚང་། གཏར་ཀའི་མན་ངག་རྩ་ལམ་རྣམ་སྦྱོང་བཞུགས་སོ། །

全名：《放血秘诀泻脉法》

རྩོམ་པ་པོ། གཡུ་ཐོག་མགོན་པོའམ་གཡུ་ཐོག་གསར་མ་ཡོན་ཏན་མགོན་པོ། སྤྱི་ལོ་༡༡༢༦ལོར་དབུས་གཙང་གཞིས་ཀ་རྩེའི་རྒྱལ་རྩེ་མྱང་སྟོད་སྐྱ་བཞི་རེ་ཐང་དུ་སྐུ་འཁྲུངས་ཤིང་། སྤྱི་ལོ་༡༢༠༢ལོར་སྐུ་གཤེགས།

作者：宇妥贡布，又名宇妥萨玛·云丹贡布，1126年生于卫藏日喀则江孜娘堆古喜日

塘，1202年卒。

མ་ཡིག ལག་བྲིས། ཡིག་གཟུགས་དབུ་མེད། ཤོག་ངོས་རེར་ཐིག་ཕྲེང་བདུན། ཐིག་ཕྲེང་རེར་ཡིག་འབྲུ་སུམ་བཅུ། ཁྱོན་བསྡོམས་ཤོག་ངོས་གཉིས་བཞུགས།

母本：手写本，草书体，每页7行，每行30字，共2页。

ནང་དོན་གནད་བསྡུས། གཞུང་འདི་ནི་ཁྲག་ནད་སོགས་རྩ་ནས་འདྲེན་པའི་གཏར་ཀའི་ལག་ལེན་གྱི་མན་ངག་གི་གནད་སྟོན་པའི་ཡིག་ཆུང་ཞིག་སྟེ། གཏར་ཀ་གདབ་པའི་ཐོག་མཐའ་བར་གསུམ་གྱི་དུས་དང་། ཡན་ལག་དང་སྤྱུབས་ཀྱི་གཏར་རྩ་བཙུམ་པའི་གནས། གདབ་ཐབས་ཕལ་ཆེར་སྣང་གཤགས་དང་ཕྲེད་ལེན་ཡིན་པ་ལ། འཕར་རྩ་གཏར་རྗེས་སྲ་བས་མནན། །ཐོང་རྩ་རྩེའུ་ཆུང་གདབ་དྲག་སྤང་ངས། །ལྐོག་རྩ་གཉའ་ཤ་གཅད་ཐབས་སྤང་ངས། །སྤྲུགས་རྩ་སྟེང་ནས་མདུང་ཚུགས་གདབ། །ཀུན་ལ་ཉི་འོད་ཀྱིས་དྲོས་ན་ཐེབས་པ་སོགས་གདབ་ཐབས་སྐབས་ཀྱི་གནད་དང་། གདབ་སྔས་ན་ཚ་བ་བྱེར། ཕྱིས་ན་ནད་འདུས་འདྲིལ་བར་འགྱུར། དྲགས་ན་རླུངས་འཇོད་རླུང་ནད་བསྐྱེད། ཞན་ན་ནད་རོ་ལུས་པར་འགྱུར་བ་སོགས་གཏར་སྐྱོན། གཏར་ལེགས་པའི་ཡོན་ཏན། ལོག་ནོན་ལ་རྩ་གཡར་ནས་གཏར་དགོས་ཚུལ་སོགས་གཏར་ཀའི་མན་ངག་ཉམས་མྱོང་འབའ་ཞིག་བཀོད་ཡོད།

内容提要：此书介绍了用放血疗法治疗血病等病症的实践要点秘诀。其中记述了放血初、中、后时段，四肢和躯体放血脉的固脉部位，介绍放血剖刺法多为顶割法（纵剖法）和斜剖法，动脉放血后需用艾灸压制，膛脉颈外静脉忌过度剖刺，枕静脉颈肌忌剖断，脉管上部忌直剖，均需由阳光照热等剖法要点以及过早剖时热将散，过迟剖则病聚合，过甚剖时体虚引“隆”病，剖不及则病遗留等剖刺危害，放血的功效，禁忌放血处借脉放血等放血秘诀。

བོད་ཀྱི་གསོ་རིག་ཀུན་བཏུས་བསྟུད་སྒྲིག་མ་ལས། པོད་དོན་བཞི་པའི་ནང་དུ་བཞུགས།

在《〈藏医药大典〉续编（61—80）》中的位置：收载于第七十四卷

སྐབས་དོན་གཉིས་པ། སུམ་སྟོན་ཡེ་ཤེས་གཟུངས་ཀྱི་ནད་ཐོག་ཉམས་ཡིག

第二集　颂敦·益西松临床医书

སུམ་སྟོན་ཡེ་ཤེས་གཟུངས་སམ་མཚན་གཞན་ལ་རྗེ་སུམ་སྟོན་ཛོ་དར་དང་སུམ་པ་ཆེན་པོ་དང་ཀློ་ན་རྒྱ་ར་དང་རྗེ་ཡེ་ཤེས་གཟུངས་དང་ཏྭ་མཚམས་སུམ་པ་དང་རྗེ་ཛོ་གཟུངས་དང་ཀློ་ན་རྒྱ་ར་ཞེས་སོགས་སུ་འབོད་པ་ཡིས་རང་གི་སློབ་དཔོན་གཡུ་ཐོག་གསར་མ་ཡོན་ཏན་མགོན་པོ་ལ་སོགས་པའི་མན་ངག་ཆིག་བརྒྱུད་ཀྱི་གདམས་པ་དང་རང་གི་ལག་ལེན་བྱས་པའི་སྦྱོང་བྱང་ཐོར་བུ་རྣམས་གཞི་བཅས་ནས་བརྩམས་པའི་དོན་རྣམས་གཤམ་གྱི་ཚན་པར་བཀོད་ཡོད།

本集呈现的是颂敦·益西松以其恩师宇妥萨玛·云丹贡布等的单传秘诀教诫和自身的零星实践为基础编撰的医学典籍。

ཚན་པ་དང་པོ། རྫོང་འཕྲང་འཕྲུལ་གྱི་ལྡེ་མིག

第一篇　《医学关隘·神奇钥匙》

མཚན་བྱང་ཆ་ཚང་། རྫོང་འཕྲང་འཕྲུལ་གྱི་ལྡེ་མིག་ཅེས་བྱ་བ་བཞུགས་སོ། །

全名：《医学关隘·神奇钥匙》

རྩོམ་པ་པོ། སུམ་སྟོན་ཡེ་ཤེས་གཟུངས། དུས་རབས་བཅུ་གཉིས་པའི་ནང་དབུས་གཙང་ལྷ་སའི་སྙེ་མོ་མདའ་སུམ་པ་ཏྭ་སྐུ་འཁྲུངས།

作者：颂敦·益西松，12世纪生于卫藏拉萨尼木达松巴。

མ་ཡིག ལག་བྲིས། ཡིག་གཟུགས་དབུ་ཅན། ཤོག་ངོས་རེར་ཐིག་ཕྲེང་དགུ། ཐིག་ཕྲེང་རེར་ཡིག་འབྲུ་སོ་ལྔ། ཁྱོན་བསྡོམས་ཤོག་ངོས་སུམ་བརྒྱ་དང་སོ་གཉིས་བཞུགས།

母本：手写本，草书体，每页9行，每行35字，共332页。

ནང་དོན་གནད་བསྡུས། གསོ་བ་རིག་པའི་བཀའ་དང་བསྟན་བཅོས་མ་ལུས་པ་དང་སྨན་དཔྱད་ལུགས་སྡེ་ཆེན་པོ་བཞིའི་བཅུད་རྣམས་ཕྱུང་བ་དང་། ཟབ་མོའི་མན་ངག་གཅིག་ཏུ་དྲིལ་བ། སློབ་དཔོན་གྱི་ཕྱག་བཞེས་རང་གི་ཉམས་སུ་མྱོང་བ་རྣམས་བསྡུས་དོན་རྣམ་བཤད་ཀྱི་ལྡེ་མིག་རྣམ་ལྔ་དང་། གཅེས་པའི་འཕྲང་སྐོར་གྱི་གདམས་ངག་དྲུག་ཅན། རབ་ཏུ་ཕྱེས་པའི་ཟབ་མོའི་གདམས་པ་བཅུ་དྲུག་བཅས་སུ་བསྡུས་ནས་བསྟན་པ་ཞིག་ཡིན། གཙོ་བོ་ལ་ཐོག་མར་ལུས་ཀྱི་གནས་དང་། ནད་གཞིའི་གནས། གཉེན་པོའི་གནས། གསོ་བའི་གནས། གསོ་བ་པོ་སྨན་པ་བཅས་འཕྲུལ་གྱི་ལྡེ་མིག་གམ་བསྡུས་དོན་རྣམ་བཤད་ཀྱི་ལྡེ་མིག་རྣམ་ལྔ་བསྟན། དེ་ནས་བརྟག་ཐབས་དང་། གལ་མདོ། གསོ་ཚུལ། ཞི་བྱེད། སྦྱོང་བྱེད། དཔྱད་བཅས་གེགས་དང་གནད་ལྔ་བུའི་འཕྲང་སེལ་བ་ལ་གདམས་ངག་དྲུག་བསྟན། རིམ་པར་ཟབ་མོའི་མན་ངག་ལ་མོ་ནད་དང་། བྱིས་པའི་ནད། སྐྱེས་པའི་ནད། རྒས་པའི་ནད། རླུང་མཁྲིས་བད་ཀན་གྱི་ནད། གྲང་བའི་ནད། ཚ་བའི་ནད། ལུས་སྟོད་དབང་པོའི་ནད། ཕྱི་ཤ་པགས་ཀྱི་ནད། བར་རྩ་རུས་ཆུ་རྒྱུས་ཀྱི་ནད། ནང་དོན་སྣོད་ཀྱི་ནད། ཐོར་བུའི་ནད། གདོན་ནད། དུག་ནད། ཁྲི་སྐྱོན། མཚོན་རྨ་བཅས་ནད་རིགས་ཀྱི་བཅོས་ཐབས་གདམས་སྐོར་བཅུ་དྲུག་བསྟན་ཡོད།

内容提要：此书对藏医学教言、典籍和四派医学中的精华进行挖掘，将各类秘诀进行汇总，总结上师的实践和作者自身的经验等，概括了5注疏钥匙、精选要点6教诫和16秘诀教诫等。首先，主要记述了身体处、疾病处、对治处、治疗处和医生等关隘钥匙5注疏。其次，记述了诊法、要点、治法、平息、下泄、外治等关隘要点6教诫。最后，秘诀部分记述了妇科病、小儿病、男科病、老年病、“隆、赤、培根”病、寒症、热症、上体五官病、外部肌肤病、中部脉骨肌腱韧带病、内部脏腑病、杂病、

“敦”邪病、毒病、犬病、创伤等各类疾病疗法16方面教诫。

བོད་ཀྱི་གསོ་རིག་ཀུན་བཏུས་བསྟུད་སྒྲིག་མ་ལས། པོད་དོན་བཞི་པའི་ནང་དུ་བཞུགས།

在《〈藏医药大典〉续编（61—80）》中的位置：收载于第七十四卷

སྐབས་དོན་གསུམ་པ། གཙང་སྟོད་དར་མ་མགོན་པོའི་ནད་ཐོག་ཉམས་ཡིག

第三集　藏堆·塔玛贡布临床医书

གཙང་སྟོད་དར་མ་མགོན་པོའི་ཟིན་ཏིག་བསམ་འཕེལ་ནོར་བུ་དང་ཡང་ཏིག་རྡོ་རྗེ་ཕ་ལམ་ཞེས་པ་དང་གཡུ་ཐོག་དར་མ་མགོན་པོའི་གཅེས་བསྡུས་སམ་སྙིང་པོ་བསྡུས་པ་ཞེས་པ་གཉིས་ཀྱི་ནང་དོན་སྤྱིའི་ཆ་ནས་ཅུང་ཙམ་འདྲ་ན་ཡང་། གཞུང་གི་སྔ་ཕྱིའི་སྒྲིག་སྟངས་དང་། ཚིག་གི་བརྗོད་སྟངས། དོན་གྱི་ཁྱད་པར། ལེའུ་འམ་ས་བཅད་ཀྱི་མང་ཉུང་སོགས་ཀྱི་དོན་ལ་ཁྱད་པར་ཅུང་ཆེ་བས་ནད་ཐོག་ལག་ལེན་དང་རིག་གཞུང་ཞིབ་འཇུག་ལ་ཕན་སླམ་དེ་ཚན་པ་གཉིས་སུ་བསྒྲིགས་ནས་བཀོད་ཡོད།

本集中藏堆·塔玛贡布的《札记如意宝与精粹金刚石》和《宇妥·塔玛贡布精选或精要》两部著作总体内容虽有相似之处，但前后排版方式、句子的表达方式、内容和章节设计等方面有较大的区别，故分2篇收录。

ཚན་པ་དང་པོ། ཟིན་ཏིག་བསམ་འཕེལ་ནོར་བུ་དང་ཡང་ཏིག་རྡོ་རྗེ་ཕ་ལམ།

第一篇　《札记如意宝与精粹金刚石》

མཚན་བྱང་ཆ་ཚང་། ཟིན་ཏིག་བསམ་འཕེལ་ནོར་བུ་དང་ཡང་ཏིག་རྡོ་རྗེ་ཕ་ལམ་ཞེས་བྱ་བ་བཞུགས་སོ། །

全名：《札记如意宝与精粹金刚石》

རྩོམ་པ་པོ། གཙང་སྟོད་དར་མ་མགོན་པོ། གསོ་རིག་ཚིག་མཛོད་ཡོངས་འདུའི་དགའ་ཚལ་ལས་དུས་རབས་བཅུ་གཅིག་པའི་དུས་མཇུག་ཙམ་དུ་གཙང་རྒྱུད་ཀྱི་སྟོད་ཕྱོགས་སུ་སྐུ་འཁྲུངས་ཞེས་གསུངས།

作者：藏堆·塔玛贡布，据《藏医药词典》记载，11世纪下叶生于雅鲁藏布江上游。

མ་ཡིག ལག་བྲིས། ཡིག་གཟུགས་དབུ་མེད། ཤོག་ངོས་རེར་ཐིག་ཕྲེང་ལྔ། ཐིག་ཕྲེང་རེར་ཡིག་འབྲུ་ཉེར་བརྒྱད། ཁྱོན་བསྡོམས་ཤོག་ངོས་ཆིག་སྟོང་ཉིས་བརྒྱ་སོ་བརྒྱད་བཞུགས།

母本：手写本，草书体，每页5行，每行28字，共1238页。

ནང་དོན་གནད་བསྡུས། གཞུང་འདི་ནི་གཙང་སྟོད་དར་མ་མགོན་པོས་བུ་དང་སློབ་མས་བསྐུལ་བའི་ངོར་སློབ་མ་བསོད་ནམས་འབུམ་མེ་སོགས་ཀྱི་དོན་དུ་ཟིན་ཏིག་དང་། རང་གི་བུ་བཟང་འོད་ལྷ་རྗེ་ཡི་དོན་དུ་ཡང་ཏིག་བརྩམས་པ་ཞིག་སྟེ། གཞུང་དོན་ལ་ཁྱོན་ཚན་པ་བརྒྱ་ཐམ་པ་ཡོད། དེ་ནི་ཉིད་ཀྱི་རྩ་བའི་བླ་མ་ཞང་སྟོན་ཞིག་པོའི་ཞལ་གདམས་དང་། ཙ་ར་ཀ་དང་དཔའ་བོའི་གཞུང་ལུགས། བྲང་ཏི་མཁས་པའི་ལུགས་སོགས་ཀྱི་ཐུན་མོང་མ་ཡིན་པའི་སྨན་བཅོས་ལག་ལེན་གྱི་ཚ་ག་མང་པོ་གཞི་གཅིག་ཏུ་བཏུས་ནས་གཙང་སྟོད་རང་ཉིད་ཀྱི་མྱོང་བྱང་དག་དང་ཡོངས་སུ་བསྲེས་ཏེ་དོན་ལྔ་ལས་སྙིང་དང་གློ་བའི་ནད་དང་། ཚད་པ་ལས་རྒྱས་རྙིངས་སྟོངས་གསུམ་གྱི་ཚད་པ། དབང་པོ་ལྔ་ལས་མིག་དང་རྣ་བའི་ནད། ཕོ་ནད་ལས་མ་ཞུ་བ་དང་དམུ་ཆུའི་ནད། གདོན་ནད་ལས་ས་གདོན་དང་འབྱུང་པོའི་གདོན། དྲང་སྲོང་གི་ནད་སོགས་ནད་རིགས་བརྒྱ་ལྷག་གི་

བརྟག་ཐབས་དང་བཅོས་ཐབས་བསྟན་ཡོད།

内容提要：此书是藏堆·塔玛贡布在其子和学生的请授下，为学生索南本美等编撰的《札记》，和其子桑奥拉杰编撰的《精粹》，全书共有100章。作者对导师项敦秀布的教诫，杂拉嘎和巴吾的著作、昌迪名医观点等多种特色疗法仪轨进行筛选，结合自身的医疗实践，对五脏之心、肺疾病，热病之增盛热、陈旧热、空虚热，五官之眼、耳疾病，内科病之不消、腹水，“敦”邪病之土“敦”邪、邪魅病、“章松”病等100余种疾病的诊法和疗法进行了记述。

བོད་ཀྱི་གསོ་རིག་ཀུན་བཏུས་བསྡུད་སྒྲིག་མ་ལས། པོད་དོན་ལྔ་པའི་ནང་དུ་བཞུགས།

在《〈藏医药大典〉续编（61—80）》中的位置：收载于第七十五卷

ཚན་པ་གཉིས་པ། གཡུ་ཐོག་དར་མ་མགོན་པོའི་གཅེས་བསྡུས།

第二篇　《宇妥·塔玛贡布精选》

མཚན་བྱང་ཆ་ཚང་། གཡུ་ཐོག་དར་མ་མགོན་པོའི་གཅེས་བསྡུས་སམ་སྙིང་པོ་བསྡུས་པ་ཞེས་བྱ་བ་བཞུགས་སོ། །

全名：《宇妥·塔玛贡布精选或精要》

རྩོམ་པ་པོ། གཙང་སྟོད་དར་མ་མགོན་པོ། གསོ་རིག་ཚིག་མཛོད་ཡོངས་འདུའི་དགའ་ཚལ་ལས་དུས་རབས་བཅུ་གཅིག་པའི་དུས་མཇུག་ཙམ་དུ་གཙང་ཆུ་ཀྱི་སྟོད་ཕྱོགས་སུ་སྐུ་འཁྲུངས་ཞེས་གསུངས།

作者：藏堆·塔玛贡布，据《藏医药词典》记载，11世纪下叶生于雅鲁藏布江上游。

མ་ཡིག ལག་བྲིས། ཡིག་གཟུགས་དབུ་མེད། ཤོག་ངོས་རེར་ཐིག་ཕྲེང་བདུན། ཐིག་ཕྲེང་རེར་ཡིག་འབྲུ་སུམ་བཅུ། ཁྱོན་བསྡོམས་ཤོག་ངོས་ལྔ་བརྒྱ་དང་ཞེ་ལྔ་བཞུགས།

母本：手写本，草书体，每页7行，每行30字，共545页。

ནང་དོན་གནད་བསྡུས། གཞུང་འདི་ནི་མཁས་པ་མར་ལུང་སེ་བོས་བསྐུལ་བའི་ངོར་བཟང་འོད་ལྷ་རྗེ་སོགས་བུ་

སློབ་ཀྱི་ཆེད་དང་གོང་མའི་གསུང་སྒྲོས་མི་ཉམས་པའི་ཕྱིར་རྒྱ་བོད་དྲང་སྲོང་དུ་མའི་གཞུང་ལུགས་དང་བླ་མའི་སྙན་བརྒྱུད་ཕྱག་ལེན་གྱི་ཟབ་གནད་བཏུས་པ་རང་གི་ཉམས་མྱོང་དང་བསྟུན་ནས་སྦྱར་བའི་ནད་ཐོག་ཉམས་ཡིག་གཙོ་བོར་སྟོན་པའི་གཞུང་ཞིག་སྟེ། གཞུང་སྤྱི་ལ་ཚན་ཆུང་བརྒྱ་དང་གཉིས་ཡོད། དེ་ལ་ཁོང་འབྲས་གསོ་བའི་ཟིན་ཏིག་དང་། དམུ་འོར་གསོ་བའི་ཡང་ཐིག གློ་གཅོང་ཟད་བྱེད་གསོ་བའི་ཟིན་ཏིག དྲེག་ནད་བཅོས་པའི་ཟིན་ཏིག སྐྲན་བཅོས་ཡང་ཐིག མ་ཞུ་བའི་ནད་གསོ་བའི་ཡང་ཐིག་སོགས་ནད་རིགས་བརྟག་བཅོས་གཙོ་བོར་བསྟན་པའི་ཟིན་ཏིག་དང་། རྟེན་འབྲེལ་མེ་བཙའི་གདམས་པ་དང་། སྙན་བརྒྱུད་རིན་ཆེན་སྙིང་བཤལ། སྙན་བརྒྱུད་ཆུ་བཤལ་རྫེ་བཤལ། གསང་དང་ཐུར་མའི་ཟིན་ཏིག ལག་ཚོད་ཙུག་པ་ཐུག་འཕྲད། མདེའུ་དབྱུང་བའི་ཟིན་ཏིག རྩ་སྦྱོངས་སྙིང་པོ་ཆུ་རྒྱུན་སོགས་དཔྱད་བཅོས་གཙོ་བོར་བསྟན་པའི་ཟིན་ཏིག རྩ་དཔྱད་ཟིན་ཏིག་དང་། ཆུ་དཔྱད་གསལ་བའི་མེ་ལོང་སོགས་བརྟག་ཐབས་གཙོ་བོར་བསྟན་པའི་ཟིན་ཏིག ཨ་རུ་རའི་ཆོ་ག་དང་། བྲམ་ཟེ་ཐལ་སྦྱོར། རིན་ཆེན་ཐལ་སྦྱོར་གྱི་ཟིན་ཏིག་སོགས་སྨན་གཙོ་བོར་བསྟན་པའི་ཟིན་ཏིག གཞན་བྱང་ཁོག་ཡུལ་ཐིག་དང་། རླུང་རྒྱུ་ཚུལ་གྱི་སྙན་བརྒྱུད་སོགས་གཞུང་ལུགས་གཙོ་བོར་བསྟན་པའི་ཟིན་ཏིག་བཅས་བསྟན་ཡོད།

内容提要：此书是在名家麦隆赛吾的请授下，为了能使历代名医的学术思想得以传承，作者对一些名医的经典和上师耳传秘诀要点进行筛选，并结合自身实践经验进行编撰的。全书分为102个小节，主要对“哲”病疗法札记、腹水浮肿疗法札记、肺痼疾疗法札记、痛风疗法札记、痞瘤疗法精粹、不消疗法精粹、火灸疗法教诫、耳传珍宝心泻、耳传水泻结石泻、穴位和针刺札记、除异物札记、泄脉精要水流、脉诊札记、尿诊明镜、诃子仪轨、婆罗门灰剂、珍宝灰剂札记、体腔区位划线和“隆”的通行方式等进行了记述。

བོད་ཀྱི་གསོ་རིག་ཀུན་བཏུས་བསྟུད་སྒྲིག་མ་ལས། པོད་དོན་ལྔ་པའི་ནང་དུ་བཞུགས།

在《〈藏医药大典〉续编（61—80）》中的位置：收载于第七十五卷

སྐབས་དོན་བཞི་པ། ཆེར་རྗེ་ཤཱཀྱ་དཔལ་གྱི་ནད་ཐོག་ཉམས་ཡིག
第四集　却吉释迦贝临床实践

ཕྱི་ནང་གསང་བ་གསུམ་གྱི་སྒོ་ནས་ནད་བརྟག་ཚུལ་དང་། གཟའ་ནད་ཀྱི་ངོས་འཛིན་ཚུལ། རྟེན་འབྲེལ་སྣ་ཚོགས་ཀྱིས་ནད་བསྲུང་ཐབས། གཟའ་ནད་བསྲུང་བ་དང་བཅོས་པའི་ཆོ་ག་སྣ་ཚོགས། མདོས་ཆོག་གི་ལག་ལེན་སོགས་དྲང་སྲོང་གི་ནད་འཆོས་པའི་རིན་ཆེན་ལྔ་བུའི་ལག་ལེན་རྣམས་གཤམ་གྱི་ཚན་པ་གཅིག་ཏུ་བཀོད་ཡོད།

收录有记述内外密三方面的疾病诊断法、星曜病的诊断法、各类缘起疾病守护法、星曜病的预防和疗法仪轨、密法实践等的医疗实践《圣人治病医疗》1篇。

ཚན་པ་དང་པོ། དྲང་སྲོང་གི་ནད་འཆོས་པའི་སྨན་དཔྱད།
第一篇　《圣人治病医疗》

མཚན་བྱང་ཆ་ཚང་། དྲང་སྲོང་གི་ནད་འཆོས་པའི་སྨན་དཔྱད་གསོ་བ་རིག་པ་རིན་ཆེན་སྣ་བདུན་བཞུགས་སོ། །

全名：《圣人治病医疗七珍宝》

རྩོམ་པ་པོ། ཆེར་རྗེ་ཤཱཀྱ་དཔལ།

作者：却吉释迦贝

མ་ཡིག ལག་བྲིས། ཡིག་གཟུགས་དབུ་མེད། ཤོག་ངོས་རེར་ཐིག་ཕྲེང་དྲུག ཐིག་ཕྲེང་རེར་ཡིག་འབྲུ་ཉེར་ལྔ། ཁྱོན་བསྡོམས་ཤོག་ངོས་ལྔ་བརྒྱ་དང་དགུ་བཅུ་བཞུགས།

母本：手写本，草书体，每页6行，每行25字，共590页。

ནང་དོན་གནད་བསྡུས། གཞུང་གི་མཚན་བྱང་དུ་སྨན་དཔྱད་གསོ་བ་རིག་པ་རིན་ཆེན་སྣ་བདུན་ཞེས་བཀོད་ཡོད་ཀྱང་གཞུང་དོན་དུ་རིན་ཆེན་སྣ་དྲུག་ལས་བསྟན་མེད། དེ་ལ་དང་པོ་ངོས་འཛིན་བརྟག་པ་བཙུན་མོ་རིན་པོ་ཆེ་ལ་ཕྱི་ནང་གསང་བ་གསུམ་གྱི་སྒོ་ནས་ནད་བརྟག་ཚུལ་བསྟན་ཏེ། རེག་པ་རྩ་དང་། མཐོང་བ་ཆུ། དབང་པོ་སྒོ་སོ་སོར་བརྟག་པ་དང་། དབང་པོའི་དྭངས་མ་མིག་གི་རྒྱལ་མོ་དང་མིག་རྩ་སོགས་ལ་བརྟག་པ། གྲིབ་དང་མི་གཙང་བ་དང་འདྲེ་ཅན་གྱི་མི་དང་འཕྲད་པ་སོགས་རྐྱེན་བྱས་པའི་ན་ལུགས་བརྟག་པ། གཟའ་རྒྱུ་བའི་ཆོས་གྲངས་སོགས་ཀྱི་སྒོ་ནས་གཟའ་ནད་ཀྱི་ངོས་འཛིན་ཚུལ་སོགས་བསྟན། གཉིས་པ་ནད་འཇོམས་པའི་སྨན་དཔྱད་དམག་དཔོན་རིན་པོ་ཆེ་ལ་འདུ་བ་སྤྱི་དང་མཐུན་པའི་སྨན་དང་། མན་ངག་ཐོར་བུའི་སྨན། བྲམ་ཟེ་ལྟར་གཙང་སྦྲ་སྒོ་ནས་བཅོས་ཚུལ། གདོལ་པ་ལྟར་གཙང་སྦྲ་མེད་པའི་བཅོས་ཚུལ། གསང་སྨན་དཀར་ནག དུགས་ལུམས་བྱུག་པ་དང་མེ་བཙའ་དང་གཏར་ག་དང་སྦྱོད་ལམ་སོགས་ཀྱི་སྒོ་ནས་ནད་བཅོས་ཚུལ་བསྟན། གསུམ་པ་རྟེན་འབྲེལ་སྣ་ཚོགས་ཀྱིས་ནད་གདོན་གསོ་བར་བྱེད་པ་ནོར་བུ་རིན་པོ་ཆེ་ལ་ཕྱི་གནས་ཁང་གི་རྟེན་འབྲེལ་དང་། ནང་ལུས་ཀྱི་བསྲུང་བ། གསང་བ་ཆོས་གྲངས་སོ་སོའི་རྟེན་འབྲེལ་གྱི་བསྲུང་བ་བཅས་རྟེན་འབྲེལ་སྣ་ཚོགས་ཀྱི་བསྲུང་ཐབས་བསྟན། བཞི་པ་གཏོར་མའི་ཆོ་ག་སྣ་ཚོགས་ཀྱིས་ནད་གདོན་གསོ་བར་བྱེད་པ་བློན་པོ་རིན་པོ་ཆེ་ལ་བྱད་འགྲོལ་སོགས་ཀྱི་སྒོ་ནས་གཟའ་ནད་བསྲུང་བ་དང་བཅོས་ཀའི་ཆོ་ག་སྣ་ཚོགས་བསྟན། ལྔ་པ་གདོན་དང་དུག་དབྱུང་ནས་བདེ་བའི་གནས་སུ་སྐྱེལ་བར་བྱེད་པ་རྟ་མཆོག་རིན་པོ་ཆེ་ལ་གཟའ་ནད་ལ་གཏོར་མ་དང་དེ་གྲོལ་བའི་ཁྲུས་དང་དུག་དབྱུང་ཐབས་བསྟན། དྲུག་པ་གཟའི་ནད་གདོན་མདོས་ཆོག་གིས་གསོ་བ་འདོད་དོན་ཡོངས་སྐྱོང་ཀྱི་ཁྱུར་འབུར་བ་གླང་པོ་རིན་པོ་ཆེ་ལ་མེད་ཐབས་ཁ་མེད་ཀྱི་མདོས་ཆོག་གི་ལག་ལེན་སྐོར་བསྟན།

内容提要：书名虽为《圣人治病医疗七珍宝》，但实际内容中只记述了六珍宝。第一诊断妃子珍宝中记述了内外密三个方面的诊法，即脉诊、尿诊、五官诊之瞳仁和眼脉诊等诊法，秽物和邪祟等引发的症状诊断，根据星辰时间等诊断星曜病的方法等。第二治疗疾病的药物和外治将军珍宝中记述了符合三因的药物，零星秘方，婆罗门般的洁净疗法，戍陀罗般的非洁净疗法，黑白秘药，罨敷、药浴、涂擦、火灸、放血和行为等疾病疗法。第三治疗各类缘起“敦”邪的珍宝中记述了外部居所缘起，内部身体守护，秘部不同日期的缘起守护等各类缘起的守护法。第四各类“朵玛”仪轨治疗“敦”邪的大臣珍宝中记述了禳解等治疗星曜病的各类仪轨。第五驱“敦”邪解毒的良驹珍宝中记述了治疗星曜病的“朵玛”、沐浴和解毒法。第六治疗星曜毒病的密法大象珍宝中记述了各类密法实践。

བོད་ཀྱི་གསོ་རིག་ཀུན་བཏུས་བསྟུད་སྒྲིག་མ་ལས། པོད་དོན་ལྔ་པ་དང་དོན་དྲུག་པའི་ནང་དུ་བཞུགས།

在《〈藏医药大典〉续编（61—80）》中的位置： 收载于第七十五和第七十六卷

སྐབས་དོན་ལྔ་པ། ས་སྐྱ་ཀུན་དགའ་རྒྱལ་མཚན་གྱི་ནད་ཐོག་ཉམས་ཡིག
第五集　萨迦·贡噶坚参临床医书

ཡན་ལག་བརྒྱད་པའི་སྙིང་པོ་བསྡུས་པ་དང་དེའི་འགྲེལ་པ་ཟླ་ཟེར་གྱི་མདོ་ཡི་གནས་དང་། ལུས་ཀྱི་གནས། ཆོ་ག་གྲུབ་པའི་གནས། ཕྱི་མའི་གནས་ལས་སྙིང་པོའི་དོན་རྣམས་གཞི་གཅིག་ཏུ་ལེགས་པར་བསྡུས་ནས་ཚན་པ་གཅིག་ཏུ་བཀོད་ཡོད།

将《八支精要集》和《注释月光》的总纲论、身体论、仪轨论、后续论中的要义进行汇编后收录于1篇。

ཚན་པ་དང་པོ། ཡན་ལག་བརྒྱད་པའི་སྙིང་པོ།

第一篇 《八支精要》

མཚན་བྱང་ཆ་ཚང་། ཡན་ལག་བརྒྱད་པའི་སྙིང་པོ་ཞེས་བྱ་བ་བཞུགས་སོ། །

全名：《八支精要》

རྩོམ་པ་པོ། ས་སྐྱ་ཀུན་དགའ་རྒྱལ་མཚན། སྤྱི་ལོ་༡༡༨༢ལོར་དབུས་གཙང་ས་སྐྱར་སྐུ་འཁྲུངས་ཤིང་། སྤྱི་ལོ་༡༢༥༡ལོར་སྐུ་གཤེགས།

作者：萨迦·贡噶坚参，1182年生于卫藏萨迦，1251年卒。

མ་ཡིག སྒྲིག་པར། ཡིག་གཟུགས་དབུ་ཅན། ཤོག་ངོས་རེར་ཐིག་ཕྲེང་དྲུག ཐིག་ཕྲེང་རེར་ཡིག་འབྲུ་ཞེ་གསུམ། ཁྱོན་བསྡོམས་ཤོག་ངོས་ང་གཉིས་བཞུགས།

母本：排印版，正楷体，每页6行，每行43字，共52页。

ནང་དོན་གནད་བསྡུས། གཞུང་འདི་ནི་ས་སྐྱ་པཎྜི་ཏ་ཀུན་དགའ་རྒྱལ་མཚན་གྱིས་ཚེ་ཡི་རིག་བྱེད་རྒྱ་མཚོའི་སྙིང་པོ་ལས་སྙིང་པོ་བླངས་ཏེ་རྗེས་འཇུག་ཕྱི་རབས་པ་རྣམས་དང་འགྲོ་བ་ནད་པ་ལ་དགེ་བ་གང་ཐོབ་བསམ་ནས་སྦྱར་བ་ཞིག གཞུང་སྤྱི་ལ་གནས་དྲུག་ཏུ་དབྱེ་ཡོད། དེ་ལ་དང་པོ་མདོ་ཡི་གནས་ལ་ཚེ་རིང་བར་བྱ་བ་དང་། རྒྱུན་སྤྱོད། དུས་སྤྱོད། ནད་མི་འབྱུང་བའི་ཐབས། ཆུ་ཆང་འོ་མ་སོགས་སྐོམ་གྱི་སྣེ་ཚན། ཟས་ཀྱི་ཚུལ། ཁ་ཟས་བསྲུང་ཚུལ། ཟས་རན་པར་བཟའ་ཚུལ། ནད་ཀྱི་དབྱེ་བ། དེ་དག་ཞི་བར་བྱེད་པའི་གཉེན་པོ་སྨན་དང་། བཤལ། སྐྱུགས། སྣ་སྨན། ནི་རུ་ཧ། གཏར་ཁ། མེ་བཙའ། དུགས་སོགས་སྦྱོང་བྱེད་ལས་དང་འཇམ་རྩུབ་དཔྱད་ཀྱི་དོན་རྣམས་བསྟན། གཉིས་པ་ལུས་ཀྱི་གནས་ལ་དང་པོ་ཕ་མའི་ཁུ་ཁྲག་སྐྱོན་མེད་སོགས་མངལ་ཆགས་པའི་རྒྱུ་དང་། མངལ་ཆགས་པའི་རིམ་པ། ཁུ་བ་དང་ཟླ་མཚན་མང་ཉུང་ལས་བུ་དང་

བུ་མོའི་སྐྱེ་ཚུལ། ཟླ་མཚན་འབྱུང་བའི་དུས་དང་ལྡན་པའི་རྟགས། མངལ་ཆགས་པའི་རྟགས། མངལ་དུ་རླུང་འཁྲུགས་པས་བུ་ཆགས་པ་ལྟར་འགྱུར་བའི་ནོར་སའི་གཟེར། ལུས་ཀྱི་གནད་ལ་བྱུང་བའི་ནད་ཀྱི་བཅོས་ཀ་ལ་འབད་དགོས་ཚུལ། འཆི་ལྟས་བརྟག་ཚུལ། ཕོ་ཉ་དང་རྨི་ལམ་བརྟག་ཚུལ་སོགས་བསྟན། གསུམ་པ་ནད་གཞིའི་གནས་ལ་རིམས་ནད་དང་། ཁྲག་མཁྲིས་ནད། ཆང་ནད། གཅིན་སྙི་ཟ་ཁུའི་ནད། སྐྲན་ནད། དམུ་ཆུའི་ནད། མཛེ་ནད། རླུང་ནད། དྲེག་ནད་བཅས་ཀྱི་ནད་རྟགས་མདོར་བསྡུས་ཙམ་བསྟན། བཞི་པ་གསོ་བའི་གནས་ལ་རིམས་ནད་དང་། ཁྲག་མཁྲིས་ནད། འཁྲུ་བ། ཕོ་བའི་ནད། དམུ་ཆུའི་ནད། རླུང་ནད་བཅས་ཀྱི་བཅོས་ཐབས་བསྟན། ལྔ་པ་ཆོ་ག་གྲུབ་པའི་གནས་ལ་སྐྱུག་སྨན་དང་། བཀྲུ་སྨན། མས་གཏོང་། སྨན་གྱི་ཆོ་ག་བཅས་ཀྱི་ལག་ལེན་བསྟན། དྲུག་པ་ཕྱི་མའི་གནས་ལ་ལུས་དང་། བྱིས་པ། གདོན་ནད། ལུས་སྟོད། མཚོན་རྨ། དུག་ནད། རས་པ། རོ་ཙ་བཅས་ཡན་ལག་བརྒྱད་ཀྱི་གསོ་བཅོས་ལག་ལེན་རྣམས་ཚིག་ཚོགས་ཉུང་ལ་བརྗོད་དོན་ཁ་གསལ་ཞིང་གོ་བདེར་དང་བཀོད་ཡོད།

内容提要：此书由萨迦班智达・贡噶坚参以让后世传承者和病人有所获益为目的，汇集各类医学摘录精要所编著。全文分6个部分，第一部分为总纲论，记述了延年益寿法，日常行为、时令行为、防病法，水、酒、奶等饮用类，饮食规则、饮食禁忌、饮食量，疾病分类、对治药、泻疗、催吐、鼻药、“尼如哈”、放血、火灸和罨敷等下泄疗法和缓峻外治疗法。第二部分为人体论，记述了父母正常精血等受孕的因素、胚胎形成过程、根据精血多少生男生女之法、初潮时间和经期体征、受孕体征、子宫中“隆”紊乱而如受孕的误点、身体要害部位病变疗法、死兆诊法、信使和梦的解析等。第三部分为疾病论，记述了瘟病、血“赤”病、酒痨、尿频萨酷病、痞瘤、腹水、麻风病、“隆”病、痛风等的病症。第四部分为治疗论，记述了瘟病、血“赤”病、腹泻、胃病、腹水、“隆”病等的疗法。第五部分为仪轨论，记述了催吐药、洗剂、泻剂、药物仪轨等实践。第六部分为后续论，简明扼要地对正常人体、小儿病、“敦”邪病、上体病、创伤、毒病、养老益寿、性保健等八支的诊疗进行了记述。

བོད་ཀྱི་གསོ་རིག་ཀུན་བཏུས་བསྟུད་སྒྲིག་མ་ལས། པོད་དོན་དྲུག་པའི་ནང་དུ་བཞུགས།

在《〈藏医药大典〉续编（61—80）》中的位置：收载于第七十六卷

སྐབས་དོན་དྲུག་པ། ཛོ་ཛེ་བདེ་ཆེན་གླིང་པའི་ནད་ཐོག་ཉམས་ཡིག

第六集 多吉德钦林瓦临床医书

ཡན་ལག་བརྒྱད་ཀྱི་བརྗོད་བྱ་ཙུང་བསྡུས་པར་བཀོམས་པའི་གསོ་བ་རིག་པའི་མན་ངག་བདུད་རྩིའི་བཅུད་ཐིག་དང་། ཆིག་བརྒྱུད་ཀྱི་མན་ངག་གི་དོན་རྣམས་གབ་པའི་ཚུལ་དུ་གསུངས་པའི་སྐོར་རྣམས་ཕྱོགས་གཅིག་བཏུས་ཏེ་དེ་དག་སོ་སོའི་ཞལ་ཤེས་གང་དང་ཅི་ཡིན་གསལ་བར་བཀྲོལ་བའི་གསོ་རིག་བདུད་རྩིའི་བཅུད་ཐིག་གི་ཞལ་ཤེས་གཉིས་བསྟན་ཡོད།

收录了按八支章节编排形式进行汇编的《秘诀甘露精髓》和将单传秘诀隐晦形式记述的内容进行汇编的《医学甘露精髓教言》2篇。

ཆན་པ་དང་པོ། མན་ངག་བདུད་རྩིའི་བཅུད་ཐིག

第一篇 《秘诀甘露精髓》

མཚན་བྱང་ཆ་ཚང་། གསོ་བ་རིག་པའི་མན་ངག་བདུད་རྩིའི་བཅུད་ཐིག་ཅེས་བྱ་བ་བཞུགས་སོ། །

全名：《医学秘诀 · 甘露精髓》

རྩོམ་པ་པོ། ཛོ་ཛེ་བདེ་ཆེན་གླིང་པ། སྤྱི་ལོ་༡༣༤༦ལོར་དབུས་གཙང་གྲ་ནང་དབེན་རྩར་སྐུ་འཁྲུངས་ཤིང་། སྤྱི་ལོ་༡༤༠༥ལོར་སྐུ་གཤེགས།

作者：多吉德钦林瓦，1346年生于卫藏扎囊完杂，1405年卒。

མ་ཡིག ལག་བྲིས། ཡིག་གཟུགས་དབུ་མེད། ཤོག་ངོས་རེར་ཐིག་ཕྲེང་དྲུག ཐིག་ཕྲེང་རེར་ཡིག་འབྲུ་ཉེར་གསུམ། ཁྱོན་བསྡོམས་ཤོག་ངོས་ལྔ་བཅུ་ང་དྲུག་བཞུགས།

母本：手写本，草书体，每页6行，每行23字，共56页。

ནང་དོན་གནད་བསྡུས། གཞུང་འདི་ནི་བདེ་གཤེགས་ཆོས་བསྒྲགས་རྒྱ་མཚོའི་རྣམ་འཕྲུལ་གསོ་རིག་སྨན་གྱི་བཤེས་གཉེན་ཆེན་པོ་ཁུ་བོ་གྲགས་པ་བསྟན་འཛིན་ནས་བཀྲ་ཤིས་པའི་ལྷ་རྫས་དང་བྲི་གཞིའི་མཐུན་རྐྱེན་དང་བཅས་བསྐུར་ངོར་རྡོ་རྗེ་བདེ་ཆེན་གླིང་པས་ངེས་དོན་ཐེག་མཆོག་གླིང་དུ་སྦྱར་བ་ཞིག་གོ །གཞུང་སྤྱི་ལ་ས་བཅད་གསུམ་ཡོད་དེ། ས་བཅད་དང་པོས་ནི་གསོ་བ་རིག་པའི་གཞུང་གི་ངོ་སྤྲོད་མདོ་ཙམ་ཞུས་པ་དང་། ས་བཅད་གཉིས་པས་ནི་ལུས་དང་། བྱིས་པ། མོ་ནད། གདོན་ནད། དུག་ནད། མཚོན་རྨ། རྒས་པ། རོ་ཙ་གསོ་བ་བཅས་ཡན་ལག་བརྒྱད་ཀྱི་གསོ་ཚུལ་མདོ་དོན་དྲིལ་ནས་ཁ་གསལ་པོ་བདེ་ངང་བཀོད་དེ། དང་པོ་ལུས་ལ་ནད་ཀྱི་རྒྱུ་རྐྱེན་དང་། དབྱེ་བ། མཚན་ཉིད། རེག་པ་རྩ་དང་མཐོང་བ་ཆུ་ལས་ནད་ངོས་འཛིན་ཚུལ། སྨན་གྱི་རོ་ནུས་ཞུ་རྗེས་ཤེས་དགོས་ཚུལ། ནད་ཀྱི་གཉེན་པོ་ཐང་དང་། ཕྱེ་མའི་སྦྱོར་སྡེ། འཇམ་རྩི། གཏར་ག མེ་བཙའ་བཅས་ཀྱི་ལག་ལེན་སོགས། གཉིས་པར་བྱིས་ནད་ནས་ལྔ་པ་དུག་ནད་བར་གྱི་ནད་རིགས་བཞིའི་ནད་རྟགས་དང་བཅོས་ཐབས། དྲུག་པ་མཚོན་གང་གིས་རྨས་པ་ལ་བཅོས་ཐབས་ག་འདྲས་བཅོས་ཚུལ། བདུན་པ་རྒས་པ་ལུས་ཟུངས་ཞན་པ་དང་བརྒྱད་པ་རོ་ཙ་ནུས་པ་བསྐྱེད་ཐབས་ལ་སྨན་དང་ཟས་སྤྱོད་གང་རིགས་བསྟེན་ན་ཕན་ཚུལ་གྱི་གསོ་བཅོས་སོགས་བསྟན། ས་བཅད་གསུམ་པས་ནི་དཔྱིད་ཟླ་དབྱར་ཟླ་སྟོན་ཟླ་གསུམ་ནི་དུས་ཀྱི་གནད་གསུམ་ཡིན་པས་རྩོལ་སྒྲུབ་བསྐྱེད་ནས་སྨན་རྣམས་རྙེད་པས་དགོས་དོན་ཆོགས་མེད་དུ་འགྲུབ་ཚུལ་དང་། མཇུག་ཏུ་སྨན་པའི་དམ་ཚིག་བཅུ་གཅིག་བཅས་བསྟན་ཡོད།

内容提要：此书在智巴丹增的请授下由多吉德钦林瓦编著。全书共有3章。第一章对藏医学理论进行了大致介绍。第二章对正常人体、小儿病、妇科病、魔病、创伤、毒病、延年益寿、性保健等八支疗法进行了简明扼要的记述。第一，从正常人体，疾病的内外因、分类、性相、脉尿诊断法，对掌握药物的味、性、化味的意义，疾病的对治汤剂、散剂、缓泻疗法、放血疗法、火灸疗法等的操作实践等进行了记述；第二小儿病至第五毒病之间对四类疾病的病症、疗法进行了记述，第六对不同器械所致创伤的疗法进行了记述，第七和第八分别对改善老年人体质和增强性功能的药物饮食疗法进行了记述。第三章对春、夏、秋三季的关键三时令，通过努力顺利采集到各类药材的医生必备的十一个誓言等进行了记述。

བོད་ཀྱི་གསོ་རིག་ཀུན་བཏུས་བསྡུད་སྒྲིག་མ་ལས། པོད་དོན་དྲུག་པའི་ནང་དུ་བཞུགས།

在《〈藏医药大典〉续编（61—80）》中的位置：收载于第七十六卷

ཚན་པ་གཉིས་པ། གསོ་རིག་བདུད་རྩིའི་བཅུད་ཐིག་གི་ཞལ་ཤེས།

第二篇　《医学甘露精髓教言》

མཚན་བྱང་ཆ་ཚང་། གསོ་རིག་བདུད་རྩིའི་བཅུད་ཐིག་གི་ཞལ་ཤེས་ཀྱི་སྙོར་རྣམས་ཕྱོགས་གཅིག་ཏུ་བཀོད་པ་མན་ངག་གསང་བའི་རྒྱ་ཅན་བཞུགས་སོ། །

全名：《医学甘露精髓教言秘诀汇总秘籍》

རྩོམ་པ་པོ། རྡོ་རྗེ་བདེ་ཆེན་གླིང་པ། སྤྱི་ལོ་༡༣༤༦ལོར་དབུས་གཙང་གྲ་ནང་དབེན་རྩར་སྐུ་འཁྲུངས་ཤིང་། སྤྱི་ལོ་༡༤༠༥ལོར་སྐུ་གཤེགས།

作者：多吉德钦林瓦，1346年生于卫藏扎囊完杂，1405年卒。

མ་ཡིག ལག་བྲིས། ཡིག་གཟུགས་དབུ་མེད། ཤོག་ངོས་རེར་ཐིག་ཕྲེང་དྲུག ཐིག་ཕྲེང་རེར་ཡིག་འབྲུ་ཉེར་གསུམ། ཁྱོན་བསྡོམས་ཤོག་ངོས་སུམ་ཅུ་བཞུགས།

母本：手写本，草书体，每页6行，每行23字，共30页。

ནང་དོན་གནད་བསྡུས། གཞུང་འདི་ནི་བླ་མའི་ཞལ་གསུང་ལ་བརྟེན་ནས་སྨན་གྱི་ནུས་པ་བསྐྱེད་པ་དང་ནད་ངོས་འཛིན་པ། སྨན་གཏོང་བ་སོགས་ཀྱི་ཐད་ལ་ལག་ལེན་བྱ་ཚུལ་ཁྱད་པར་ཅན་རེ་ཡོད་པ་སྙིང་པོ་དྲིལ་བ་

ཞིག་གོ །གཞུང་སྤྱི་ས་བཅད་དྲུག་གིས་གྲུབ་ཡོད་དེ། དང་པོ་སྨན་བསྡུ་སྒྲུབ་ཀྱི་ཞལ་ཤེས་ལ་སྨན་བསྡུ་ཚུལ་དང་སྦྱོར་ཚད་གཞུང་བཞིན་བྱས་ནས་སྨན་དེ་སྣོད་དུ་བཅངས་ལ། དེ་ལ་མཆོད་པ་གང་བཤམ་དང་གཟུངས་གང་བཟླ་དགོས་ཚུལ། གཉིས་པ་ཕྱོག་ཆུང་ཁྲ་མོའི་སྒོ་ང་སྣོད་དུ་བཙུག་ནས་མགུལ་དུ་བཏགས་པ་དང་། སྨན་གྱི་བཤོས་བུ་སོགས་ཀྱི་མཆོད་པ་ཅི་བཤམ། ནད་པས་ཁྲུས་བྱེད་ཚོར་དུ་སྔགས་ག་འདྲ་བཟླས་ན་ནད་གང་བྱུང་གི་རྒྱུ་རྐྱེན་དབྱེ་བ་རྟགས་བཅས་རྣམས་འདི་དང་འདི་ལྟ་བུའོ་ཟེར་བའི་མངོན་ཤེས་ཐེ་ཚོམ་མེད་པར་འཆར་ཚུལ། གསུམ་པ་སྣོད་གཙང་མར་ལོ་མ་གང་ཏུང་གཅིག་འཕངས་ནས་ནད་པའི་ཆུ་བླུགས་ཁར་ཤིང་གི་ཐུར་མ་ཆོས་འབྱུང་ཟུར་ལྔ་བཀོད་དེ་ལོ་མ་གར་བྱུང་ལས་ནད་སོས་མིན་དང་། ནད་ཀྱི་ཡུན་རིང་ཐུང་། གདོན་གྱི་ངོས་འཛིན་སོགས་ལོ་མ་ལས་བརྟག་ཚུལ། བཞི་པ་རླུང་མཁྲིས་བད་ཀན་སོགས་ལ་ཟས་ཟ་བའི་སྔོན་དང་། ཟོས་རྗེས། ཟས་དང་སྨན་གཉིས་སྤེལ་མར་གཏོང་བ་བཅས་ཀྱི་སྨན་གཏོང་ཚུལ། ལྔ་པ་སྨན་རྣམས་ཀྱི་རྩ་བ་དང་སྡོང་པོ་ཡལ་ག་ལོ་མ་དང་ཞོ་མྱུ་གུ་སོགས་ཀྱིས་ནད་གང་སེལ་དང་དུས་ག་ཚོད་ལ་བཏུ་བ། བཏུ་དུས་ཕྱག་འཚལ་བ་དང་སྔགས་གང་བཟླ་དགོས་ཚུལ་བཅས་སྨན་བཏུ་བའི་སྐབས་ཀྱི་ཆོ་གའི་རིམ་པ། དྲུག་པ་གླུད་དཀར་པོ་དང་ནག་པོ། གླུད་ཕྱེད་བཅས་ནད་པའི་རྣ་བ་དང་། མགོ །ལག་པ་རྐང་པ་སོགས་ལ་ལན་ཅི་ཙམ་བསྐོར་ནས་གླུད་དེ་ཤར་ལྷོ་ནུབ་བྱང་གང་ལ་བསྐྱལ་དགོས་ཚུལ་སོགས་དྲང་སྲོང་རྒྱུན་ཤེས་ཀྱི་བུའི་ཞལ་རྒྱུན་རྣམས་གཞི་གཅིག་ཏུ་བསྡུས་ནས་བཀོད་ཡོད།

内容提要：此书是根据上师教言将药物增效、疾病诊断和方药服用等方面的特色要点进行汇编的一部著作。全书分6章。第一章为药物加持教言，记述了根据书中所载进行药物收集并确定配制剂量后置于容器的过程以及所祀奉供品和应诵读的密咒等。第二章记述了病症和疗法等。第三章记述了尿诊方法，认为在干净的容器内放入任意叶片后加入病患尿液，根据叶片位置可诊断疾病。第四章记述了治疗“隆”“赤巴”和“培根”病等的服药法。第五章记述了药材的根、茎、枝、叶和幼苗等的功能、采集、仪轨。第六章记述了采用黑、白、半“勒（一种赎命的代替物）”的治病方法。

བོད་ཀྱི་གསོ་རིག་ཀུན་བཏུས་བསྟུད་སྒྲིག་མ་ལས། པོད་དོན་དྲུག་པའི་ནང་དུ་བཞུགས།

在《〈藏医药大典〉续编（61—80）》中的位置： 收载于第七十六卷

སྐབས་དོན་བདུན་པ། པོ་དོང་ཕྱོགས་ལས་རྣམ་རྒྱལ་གྱི་ནད་ཐོག་ཉམས་ཡིག

第七集 博顿·却列朗杰临床医书

པོ་དོང་ཕྱོགས་ལས་རྣམ་རྒྱལ་ལ་མཁྱེན་རབ་ཀྱི་རྩལ་ཁ་ཕྱོགས་མེད་དུ་རྒྱས་ཤིང་མི་བརྗེད་པའི་གཟུངས་ཐོབ་ལ། མངོན་ཤེས་དང་རྫུ་འཕྲུལ་ལ་མངའ་དབང་བསྒྱུར་བ་དང་རྡོ་རྗེ་སེམས་དཔའ་ཕག་མོ་དབྱངས་ཅན་མ་སོགས་ཀྱིས་བྱིན་གྱིས་བརླབས་ཤིང་གནང་བ་སྩལ་བས་མཁས་པའི་སྙན་གྲགས་ས་སྟེང་ཀུན་དུ་ཁྱབ། གསུང་རྩོམ་ལ་ཡང་གནམ་གྱིས་ས་བཀབ་པ་ལྟར་ཤིན་ཏུ་མང་པོ་ཡོད་པ་ལས་འདིར་ཤིན་ཏུ་གྲགས་ཆེ་བའི་སྨན་དཔྱད་བདུད་རྩི་བུམ་པ་ཞེས་པའི་ཚན་པ་གཅིག་བཀོད་ཡོད།

相传博顿·却列朗杰富有智慧且获有增强记忆的秘法，还具有先知和神通的能力，并获得了金刚萨埵佛母央金玛等的加持，享誉各地，这里收录了其诸多著作中颇负盛名的《医疗甘露瓶》1篇。

ཚན་པ་དང་པོ། སྨན་དཔྱད་བདུད་རྩིའི་བུམ་པ།

第一篇　《医疗甘露瓶》

མཚན་བྱང་ཆ་ཚང་། སྨན་དཔྱད་བདུད་རྩིའི་བུམ་པ་ཞེས་བྱ་བ་བཞུགས་སོ། །

全名：《医疗甘露瓶》

རྩོམ་པ་པོ། བོ་དོང་ཕྱོགས་ལས་རྣམ་རྒྱལ། སྤྱི་ལོ་༡༣༧༥ལོར་དབུས་གཙང་ལ་སྟོད་ལྷོ་ཕྱི་པར་པ་ཏར་སྐུ་འཁྲུངས་ཤིང་། སྤྱི་ལོ་༡༤༥༡ལོར་སྐུ་གཤེགས།

作者：博顿·却列朗杰，1375年生于卫藏拉堆洛系白巴达，1451年卒。

མ་ཡིག གློག་པར། ཡིག་གཟུགས་དབུ་ཅན། ཤོག་ངོས་རེར་ཐིག་ཕྲེང་ཉེར་གསུམ། ཐིག་ཕྲེང་རེར་ཡིག་འབྲུ་བཅུ་གསུམ། ཁྱོན་བསྡོམས་ཤོག་ངོས་སུམ་བརྒྱ་དང་རེ་བརྒྱད་བཞུགས།

母本：排印本，正楷体，每页23行，每行13字，共368页。

ནང་དོན་གནད་བསྡུས། གཞུང་འདི་ནི་བོ་དོང་ཕྱོགས་ལས་རྣམ་རྒྱལ་ལམ་ཡོངས་གྲགས་སུ་བོ་དོང་པཎ་ཆེན་ཞེས་གྲགས་པས་རྒྱུད་སྡེ་རྒྱ་མཚོ་བཤད་པ་དང་སྒྲུབ་པ་ལ་ཡང་དག་པའི་ངེས་པ་གཟིགས་ནས། མཁས་མཆོག་རྣམས་ཀྱིས་རྒྱུད་རྣམས་བསྒྱུར་བའི་དགོས་པ་བསྒྲུབ་ཕྱིར་རྡོ་རྗེ་ཐེག་པ་ལ་སོགས་པའི་གསུང་རབ་ཀུན་གྱི་སྙིང་པོའི་འགྲེལ་པ་དཔལ་དེ་ཁོ་ན་ཉིད་འདུས་པ་ལེགས་པར་བརྩམ་འགོ་ཚུགས་ལ། དེ་ནས་དམ་པ་ཁོང་གིས་གངས་ཅན་པ་ལ་ཕན་ཕྱིར་དུ། དཔའ་བོའི་ཡན་ལག་བརྒྱད་པའི་གསོ་དཔྱད་རྒྱ་མཚོ་ལས་སྨན་དག་བདུད་རྩིའི་བུམ་པ་འདི་བླངས་ཏེ། རྒྱ་གཞུང་གི་ཡན་ལག་བརྒྱད་ཀྱི་བགོ་སྐལ་ལྟར་བོད་རང་གི་གསོ་དཔྱད་ཀྱི་ལུགས་དང་མཐུན་པའི་སྒོ་ནས་ཡན་ལག་བརྒྱད་ཀྱི་བདག་ཉིད་དུ་དབྱེ་ནས་རྒྱལ་བས་མདོར་བསྡུས་ནས་གསུངས་པ་གསེར་འོད་དམ་པའི་མདོ་ལས་གསོ་དཔྱད་ལ་ཟླ་བ་གསུམ་ནི་དཔྱིད་ཀྱི་དུས་སོགས་འགལ་མེད་རྟོགས་པའི་

དུས་ཚིགས་ཀྱི་རང་བཞིན་དང་། ལུས་ཁམས་ཀྱི་རང་བཞིན། ནད་ཀྱི་ལྡང་བརྟག་གསོ་གསུམ་གྱི་རང་བཞིན་སོགས་ལ་བརྟེན་ནས་ཕྱི་ནང་གང་ཉུང་ནས་ནད་མི་འབྱུང་བར་ནད་མེད་ཚེ་བསྲིང་པ་ལ་ལུས་བསྲུང་ཞིང་ནད་མི་འབྱུང་བར་བྱ་བ་ལ་གཙོས་པ་དང་། ནད་བྱུང་ནས་ནད་བརྟག་པ་གསལ་བ་ལ་གཙོས་པ། ལུས་ཀྱི་ནད་གསོ་བའི་ཐབས་ཏེ་ལུས་གསོ་བའི་གདམས་པ་དང་། ཁྱད་པར་དུ་ཉིང་ལག་ཏུ་གྱུར་བའི་ལུས་སྟོད་དབང་པོའི་ནད་རིགས་ཀྱི་འབྱུང་རྐྱེན་དང་། ནད་རྟགས། བཅོས་ཐབས་སོགས་གསལ་བོར་གསུངས་ཡོད་པ་མ་ཟད། ལུས་ཅན་འགྲོ་བ་གང་ཞིག་ལ་ནད་མི་འབྱུང་བར་བྱ་བའི་ཟས་སྤྱོད་ཀྱི་སྤང་བླང་ལེགས་པར་བསྙབ་ནས་གཞི་གནས་ཕུང་པོ་འདི་ཉིད་ཇི་ལྟར་བསྲུང་བ་དང་ནད་མེད་ཚེ་བསྲིང་ཡོང་བར་བྱེད་པའི་ཐབས་སོགས་རྒྱས་པར་གསུངས་ནས་ནད་ཀྱི་འཇུག་གཡོ་ལྡང་གསུམ་ལ་བརྟག་པའི་ཐབས་སྣ་ཚོགས་དང་། སྐོར་སུ་ནད་ཀྱི་རྣམ་གྲངས་མཐའ་ཡས་པ་ལས་རྒྱུན་དུ་འབྱུང་སླ་བའི་ནད་རིགས་དང་གསོ་བ་གཞན་གྱིས་བཅོས་དཀའ་བའི་ནད་རྣམས་ལ་མེས་པོ་གོང་མའི་མན་ངག་སྣ་ཚོགས་ལ་གཞི་བཅོལ་ཏེ་རྩོམ་པ་པོ་རང་གིས་ལོ་ངོ་དུ་མར་ནད་གསོ་སྨན་བཅོས་བྱས་པའི་ཕྱག་ལེན་སྦྱོང་བྱང་གི་གདམས་ངག་རེ་རེས་ཟུར་བརྒྱན་ཏེ་ལུས་ཅན་ཀུན་གྱི་ལུས་སེམས་བདེ་བའི་སྒྲི་ནོར་ལ་བདུད་རྩི་ལྟ་བུའི་མན་ངག་ཕུན་སུམ་ཚོགས་པ་ཞིག་ཕུལ་གནང་ཡོད།

内容提要：此书由博顿·却列朗杰于30岁之际，根据《八支医疗之海》的分类法，并结合藏医学医疗观点所著。书中根据季节性，人体自性，疾病的发病、诊断、治疗和预防内外疾病保持健康长寿，疾病的诊断和疗法教诫，上体五官疾病的诱因、病症和疗法进行了详尽的记述，还对疾病预防的饮食忌宜，保持人体健康长寿的方法进行了详述。对疾病的发生、发展、发作的诊断方法，诸多疾病中易发类疾病，采用其他疗法加重的各类疾病的疗法，在结合先辈各类疗法秘诀的基础上以作者多年医疗实践经验教诫加以丰富，以期为人类身心健康提供如甘露般的丰硕秘诀。

བོད་ཀྱི་གསོ་རིག་ཀུན་བཏུས་བསྟུད་སྒྲིག་མ་ལས། པོད་དོན་དྲུག་པའི་ནང་དུ་བཞུགས།

在《〈藏医药大典〉续编（61—80）》中的位置：收载于第七十六卷

སྐབས་དོན་བརྒྱད་པ། སྟག་ཚང་ལོ་ཙཱ་བ་ཤེས་རབ་རིན་ཆེན་གྱི་ནད་ཐོག་ཉམས་ཡིག

第八集 达仓译师·西绕仁青临床医书

སྟག་ཚང་ལོ་ཙཱ་བ་ཤེས་རབ་རིན་ཆེན་མཆོག་མདོ་སྔགས་རིག་གནས་ཀུན་ལ་མཁས་ཤིང་ཁྱད་པར་དུ་སྨན་དཔྱད་སྐོར་ལ་མཁས་པས་གསོ་དཔྱད་བྱུང་ཚུལ་གྱི་ལོ་རྒྱུས་སྨན་གྱི་སྤྱི་དོན་དང་བཅས་པ་མཁས་པའི་ཡིད་འཕྲོག་གམ་ཁོག་དབུགས་དང་། སྨན་གྱི་ལག་ལེན་གཅེས་བསྡུས་ལེའུ་བཅུ་བ་རེག་པས་ནད་སེལ། གསོ་རིག་མིང་ཚིག་འགག་ཞིག་དོན་གྱི་བཞིན་རས་སྟོན་པའི་མེ་ལོང་སོགས་རྩོམ་གནང་མཛད་པ་ལས་སྐབས་འདིར་གསོ་དཔྱད་ཉེར་མཁོ་གཅེས་བསྡུས་ཞེས་བྱ་བ་གསར་དུ་བྱོན་པ་སྟག་ཚང་ལོ་ཙཱ་བའི་ལེགས་བཤད་ཤེས་རབ་ཆོས་འཕྲོར་གྱི་ཉམས་ལེན་ཞེས་པ་ཚན་པ་གཅིག་བཀོད་ཡོད།

达仓译师·西绕仁青不但熟知显密文化，而且擅长医疗，著有《医疗源流药物总论·名医史》《药物实践精选十章·触即医病》《医学名词解义明镜》等著作，此处收录了新收集的《医疗常用精选·新生达仓译师·列协西绕医著》1篇。

ཚན་པ་དང་པོ། གསོ་དཔྱད་ཉེར་མཁོ་གཅེས་བསྡུས།

第一篇 《医疗常用精选》

མཚན་བྱང་ཆ་ཚང་། གསོ་དཔྱད་ཉེར་མཁོ་གཅེས་བསྡུས་ཞེས་བྱ་བ་གསར་དུ་བྱོན་པ་སྟག་ཚང་ལོ་ཙཱ་བའི་ལེགས་བཤད་ཤེས་རབ་ཆོས་འཕྲོར་གྱི་ཉམས་ལེན་བཞུགས་སོ། །

全名：《医疗常用精选·新生达仓译师·列协西绕医著》

རྩོམ་པ་པོ། སྟག་ཚང་ལོ་ཙཱ་བ་ཤེས་རབ་རིན་ཆེན། སྤྱི་ལོ་༡༤༠༥ལོར་དབུས་གཙང་ཡར་འབྲོག་སྟག་ལུང་བརྒྱུད་དུ་སྐུ་འཁྲུངས་ཤིང་། སྤྱི་ལོ་༡༤༧༧ལོར་སྐུ་གཤེགས།

作者：达仓译师 · 西绕仁青，1405年生于卫藏羊卓达隆一带，1477年卒。

མ་ཡིག གློག་པར། ཡིག་གཟུགས་དབུ་ཅན། ཤོག་ངོས་རེར་ཐིག་ཕྲེང་བཅོ་བརྒྱད། ཐིག་ཕྲེང་རེར་ཡིག་འབྲུ་བཅུ་དྲུག་ཅན་གྱི་བསྡོམས་ཤོག་ངོས་སོ་ལྔ་བཞུགས།

母本：排印本，正楷体，每页18行，每行16字，共35页。

ནང་དོན་གནད་བསྡུས། གཞུང་འདི་ནི་རྒྱ་གཞུང་ཡན་ལག་བརྒྱད་པའི་སྙིང་པོ་བསྡུས་པའི་གཞུང་དུ་བསྟན་པའི་ཡན་ལག་བརྒྱད་ཀྱི་བརྗོད་བྱའི་དོན་གསལ་བར་སྟོན་པ་ལ་མཛད་པ་པོས་བོད་རང་གི་གསོ་དཔྱད་ཀྱི་གཞུང་མང་པོར་དཔྱད་བསྡུར་གནང་བ་དང་། སློས་སུ་དམ་པ་ཁོང་གིས་ལོ་མང་པོའི་རིང་ནད་རིགས་གསོ་བཅོས་ཀྱི་ཕྱག་ལེན་ཁྲིད་ཐོན་པའི་མན་ངག་སྦྱོང་བྱང་གིས་ཟུར་བརྒྱན་པའི་ཡན་ལག་བརྒྱད་ཀྱི་ལྷན་ཐབས་ལྟ་བུ་ཞིག་ཏུ་སྣང་ལ། བརྩམས་ཆོས་འདི་ཕལ་ཆེར་སྤྱི་ལོ་༡༤༥༥ལོའི་ཡས་མས་སུ་བརྩམས་གྲུབ་བྱུང་བ་དང་། རྗོད་བྱེད་ཚིག་དག་ལ་བརྗོད་བྱའི་ནང་དོན་ཕུན་སུམ་ཚོགས་པ་ཞིག་རེད། དཔེར་ན། གསོ་ཐབས་མན་ངག་ལག་ལྡངས་ཀྱི་རིམ་པ་རྣམས་བློ་རབ་འབྲིང་ཐ་གསུམ་གྱིས་གོ་སླ་བ་དང་། ལྷག་པར་དུ་མཁས་རྫོངས་ཀུན་ལ་ཕན་པ་ཡོང་བའི་ཕྱིར་དུ་ལེའུ་དགུའི་བདག་ཉིད་ཅན་དུ་རིགས་བགར་ནས་དང་པོ་སྐྱེས་བུ་ཀུན་ལ་ལུས་ཀྱི་ནད་དང་སེམས་ཀྱི་ནད། ལྷན་སྐྱེས་ནད་དང་གློ་བུར་ནད་བཅས་འབྱུང་ཆེ་བའི་ནད་རིགས་བཞི་རུ་བསྟན་པ་ནད་གཞིའི་གནས་ལུགས་ཀྱི་བཤད་པ་དང་། གཉིས་ནས་རིམས་ནད་ཅེས་པའང་ནད་རིགས་ཀུན་གྱི་རྒྱལ་པོར་འདོད་པའི་རྒྱུ་མཚན་དང་དེའི་བཅོས་ཐབས་སྣ་ཚོགས། གསུམ་ནས་ལུས་སྟོད་དབང་པོའི་ནད་རིགས་གསོ་ཐབས་ལ་སྨད་ནད་དང་། རྣ་ནད། སྣ་ནད། ཁ་ནད། ལྕེ་ནད། སྙིག་ནད་བཅས་ཀྱི་གསོ་ཐབས། བཞི་ནས་ཡན་ལག་དབང་པོའི་ནང་གི་མཆོག་ཏུ་གྱུར་པ་མིག་ནད་ཀྱི་གསོ་ཐབས། ལྔ་ནས་ལུས་པོའི་སྟོད་སྨད་ཀྱི་ཆ་ཤས་རོ་སྟོད་དུ་གནས་པའི་སྙིང་ནད་དང་གློ་ནད་སོགས་ཀྱི་གསོ་ཐབས། དྲུག་ནས་ལུས་སྨད་དུ་གཏོགས་པའི་

ནང་ཁྲོལ་ཕོ་བ་དང་། སྐྱུག་ནད། སྐོམ་ནད། ཆམ་པ། ཕོ་བའི་མེ་དྲོད་ཉམས་པའི་གསོ་ཐབས། བདུན་ནས་ལུས་ཀྱི་སྨད་དུ་གཙོར་ཆེར་འབྱུང་བའི་སྐྲན་ནད་དང་། མཆིན་ནད། འབྲུ་ནད་སོགས་ཀྱི་གསོ་ཐབས། བརྒྱད་ནས་ལུས་སྨད་ཀྱི་ལོང་ཁ་མན་ཆད་ཀྱི་ནད་རིགས་སུ་གྱུར་བ་རྟུག་སྐམ་དང་། གཞང་འབྲུམ། གཅིན་ནད། དམུ་རྫིང་། དྲི་མ་མ་འཐེན་པ་སོགས་ཀྱི་གསོ་ཐབས། དགུ་ནས་ལུས་ཀྱི་འབྱུང་ཁམས་འཁྲུགས་པའི་སྤྱིར་བཅོས་ཀྱི་གསོ་ཐབས་ཉེ་བར་མཁོ་བའི་གདམས་པ་རྣམས་ནག་འགྲོས་སུ་འཁོད་ཡོད།

内容提要：此书大约成书于1455年。作者为了详尽地解释印度医学著作《八支精要集》而参照和比较多部藏医学著作，结合自身多年临床经验对《八支精要集》进行了补充。此书内容十分丰富，行文通俗易懂，为了能让所有医者有所获益，作者从9个方面进行了细述。第一方面记述了身体疾病、心理疾病、自身病和突发病等4类易发病的病理；第二方面记述了瘟病为诸病之首的原因及各类疗法；第三方面记述了五官疾病即脑病、耳病、鼻病、口病、舌病、喉病等的疗法；第四方面记述了眼病疗法；第五方面记述了心病、肺病等的疗法；第六方面记述了胃病、呕吐病、渴症、感冒、胃火衰败的疗法；第七方面记述了下体多发痞瘤、肝病、腹泻等的疗法；第八方面记述了大肠以下的便干、痔疮、尿病、腹水、便秘等的疗法；第九方面记述了治疗五原紊乱的总体疗法教诫。

བོད་ཀྱི་གསོ་རིག་ཀུན་བཏུས་བསྟུད་སྒྲིག་མ་ལས། པོད་དོན་དྲུག་པའི་ནང་དུ་བཞུགས།

在《〈藏医药大典〉续编（61—80）》中的位置：收载于第七十六卷

སྐབས་དོན་དགུ་པ། ཟུར་མཁར་མཉམ་ཉིད་རྡོ་རྗེའི་ནད་ཐོག་ཉམས་ཡིག

第九集　宿喀·娘尼多吉临床医书

འབྱུང་བ་ལུས་འབྲུགས་ཀྱི་གེགས་སེལ་ལ་ཚིག་བཅད་ལྷུག་ཅི་རིགས་པའི་སྒོ་ནས་སྤྱོད་བྱུང་ལས་ཐོན་པའི་མན་ངག་ལག་ལེན་རྣམས་དཔེ་ཚན་རེ་ལ་བྱས་ཏེ་པོ་ཏི་རིང་བསྲིལ་ཙམ་གྱི་ནང་ནས་མན་ངག་བྱེ་བ་འབྱུང་བས་བྱེ་བ་རིང་བསྲིལ་དུ་གྲགས་ལ། ཕྱི་རབས་ཀྱི་དོན་དུ་མི་ཉམས་གོང་འཕེལ་དང་རྒྱུན་འཛིན་བྱ་བར་ཕྱིས་ཀྱི་མཁས་པ་མཚོ་སྨན་མཁན་ཆེན་དང་། ཟུར་མཁར་བློ་གྲོས་རྒྱལ་པོ། བྱར་པོ་པཎ་ཆེན། ཤྭ་མདའ་པ་གཞན་ཕན་རྒྱ་མཚོ། དྭགས་པོ་འཚོ་བྱེད་ཀརྨ་ཀུན་ཕན། སྐོམ་སྨན་འོད་ཟེར་སེང་གེ གོང་པོ་ཕྲག་དབོན་སོགས་ཀྱིས་སོ་སོ་ནས་བསྡུ་སྒྲིག་མཛད་པས། བྱེ་བ་རིང་བསྲིལ་ལ་མ་ཡིག་མ་འདྲ་བ་འགའ་བྱུང་ལ་དེ་དག་སོ་སོའི་བརྗེད་བྱང་དང་། ཚིག་འབྲུ་བརྡ་སྦྱོར། ནང་དོན་རྒྱས་བསྡུས། ས་བཅད་མང་ཉུང་། ཚིག་དོན་སྔ་ཕྱི། མ་དཔེའི་ཕྱི་གཟུགས་སོགས་ལ་ཁྱད་པར་ཆེན་པོ་ཡོད། སྐབས་འདིར་མ་ཡིག་དཔེ་ཚན་བརྒྱ་དང་གྱ་དགུ་ཅན་དང་། བརྒྱ་དང་བཅུ་གསུམ་ཅན། བཅོ་བརྒྱད་ཅན་ཡོད་པ་ཚན་པ་གསུམ་དུ་བཀར་ནས་བཀོད་ཡོད།

由于如舍利般的大小函中有千万秘诀，故以《千万舍利子》著称。为了能在后世得以发扬和传承，名医措曼堪钦、宿喀·洛追杰布、谢布班钦、夏达巴先盘嘉措、塔波措且噶玛更盘、郭曼奥赛桑格、贡吾查文等各自收集后汇集成册。故《千万舍利子》出现了多种版本，且各自的备忘录、字数、文法、内容广简、章节数、前后词义等有很大的区别。此处收录了版本为189章、113章和18章的3篇。

ཚན་པ་དང་པོ། བྱེ་བ་རིང་བསྲེལ་གྱི་མ་ཡིག་དང་པོ།

第一篇《千万舍利子》版本一

མཚན་བྱང་ཆ་ཚང་། མན་ངག་བྱེ་བ་རིང་བསྲེལ་གྱི་མ་ཡིག་དང་པོ་བཞུགས་སོ། །

全名：《千万舍利子》版本一

རྩོམ་པ་པོ། ཟུར་མཁར་མཉམ་ཉིད་རྡོ་རྗེ། སྤྱི་ལོ་༡༤༣༩ལོར་དབུས་གཙང་ལྷོ་ཁའི་དྭགས་པོ་ས་ཆ་ལ་ཐོག་ཟུར་མཁར་དུ་སྐུ་འཁྲུངས་ཤིང་། སྤྱི་ལོ་༡༤༧༥ལོར་སྐུ་གཤེགས།

作者：宿喀·娘尼多吉，1439年生于卫藏山南塔波拉妥宿喀尔，1475年卒。

མ་ཡིག ལག་བྲིས། ཡིག་གཟུགས་དབུ་མེད། ཤོག་ངོས་རེར་ཐིག་ཕྲེང་དྲུག ཐིག་ཕྲེང་རེར་ཡིག་འབྲུ་སོ་ལྔ། ཁྱོན་བསྡོམས་ཤོག་ངོས་དྲུག་བརྒྱ་དང་བཅུ་བཞུགས།

母本：手写本，草书体，每页6行，每行35字，共610页。

ནང་དོན་གནད་བསྡུས། གཞུང་འདི་ནི་ཀརྨ་ལེགས་བཤད་འཚོལ་ཞེས་པའམ་ཡོངས་གྲགས་སུ་ཟུར་མཁར་བློ་གྲོས་རྒྱལ་པོ་ཞེས་པས་ཆོས་རྗེ་ཟུར་མཁར་བ་སྐུ་གཤེགས་ནས་ལོ་རྒྱུང་དགུ་བཅུ་གོ་བརྒྱད་འདས་པའི་ལྕགས་མོ་ལུག་སྟེ་སྤྱི་ལོ་༡༥༧༡ལོར་ཆོས་རྗེ་རང་གིས་བཀོད་པའི་དཀར་ཆག་མཁས་པའི་ཡིད་འཕྲོག་གི་ས་བཅད་ལྟར་བསྡུ་བསྒྲིགས་མཛད་པ་ཞིག་སྟེ། གཞུང་སྤྱི་ལ་ས་བཅད་བརྒྱ་དང་གྱ་དགུ་ཡོད་ལ་དེའང་ནད་ཀྱི་བརྟག་ཐབས་དང་། གསོ་ཐབས། དེ་ལས་འཕྲོས་པའི་ཡན་ལག་གི་རིམ་པ་བཅས་དོན་ཚན་ཆེན་པོ་གསུམ་ལ་བསྡུས། དེ་ལ་དང་པོ་ནད་ཀྱི་བརྟག་ཐབས་ལ་རྩ་དཔྱད་ཆུ་དཔྱད་ཀྱི་ངོས་འཛིན་དང་ལག་ལེན། མདེའུ་ཉལ་བརྟག སྔོ་ནག་གི་བརྟག སྐྲངས་ནག་གི་བརྟག ནད་རིགས་བཞི་བརྒྱ་རྩ་བཞིའི་དབྱེ་བ། སྨན་གྱི་རོ་ནུས་ཞུ་རྗེས་ཀྱི་ངོས་འཛིན་སོགས་ས་བཅད་བཅུ་གཉིས་དང་། གཉིས་པ་ནད་གསོ་ཐབས་ལ་སྦྱོག་རླུང་དང་སྤྱོད་འཚངས་སོགས་

རླུང་གི་ནད། མཁྲིས་པ་ཀླ་ཡ་དང་མཁྲིས་པའི་གསེར་བཤལ་སོགས་མཁྲིས་པའི་ནད། རྗོ་ཞུན་ཞལ་གདམས་སོགས་བད་ཀན་ནད། སློ་རྣག་དང་ཚད་པ་རྙིངས་རྙོགས་སོགས་ལྡན་པའི་ནད། མོ་ནད་དང་མཁལ་གྲུམ་སོགས་འདུས་པའི་ནད། དེ་བཞིན་ཚ་བའི་ནད་དང་། གྲང་བའི་ནད། ཁྲག་གི་ནད། ཆུ་སེར་གྱི་ནད། གཉན་ནད། སྲིན་ནད། གཟེར། རྨ། དུག་ནད། ཐོར་བུའི་ནད་སོགས་ཀྱི་སྤྱི་བཅོས་དང་སྒོས་བཅོས་ལག་ལེན་ས་བཅད་བརྒྱ་དང་ལྔ་བཅུ་ང་བདུན། གསུམ་པ་དེ་ལས་འཕྲོས་པའི་ཡན་ལག་གི་རིམ་པ་ལ་གདོན་བཤལ་རྗོ་རྗེ་ཕ་ལམ་དང་གཙོང་སྡེ་བཞིའི་ངོས་འཛིན་སོགས་ཐེངས་སོས་སྨན་སྦྱོར་དང་ལག་ལེན་སྦྱོང་བྱང་ཁྱད་པར་ཅན་གྱི་སྐོར་ས་བཅད་ཉི་ཤུ་བཅས་ཆོས་རྗེ་ཉིད་ཀྱི་གདམས་ངག་གི་ཕྱག་ལེན་མ་ལུས་དཀྲུས་གཅིག་ཏུ་བཀོད་ཡོད་པས། སྨད་ཕྱིན་ནད་རིགས་གསོ་བཅོས་ཀྱི་སྐོར་ལ་ཆེད་དུ་ཞིབ་འཇུག་བྱེད་མཁན་དག་ལ་ཤིན་ཏུ་མགོ་གལ་ཆེ་བའི་ཡིག་ཆ་གལ་ཆེན་ཞིག་ཏུ་མཐོང་། བྱེ་བ་རིང་བསྲེལ་ལ་ས་བཅད་ཀྱི་གྲངས་དང་བརྗོད་དོན་གྱི་ཁྱབ་ཁོངས་མི་འདྲ་བའི་པར་གཞི་མང་པོ་ཡོད་པ་ལ་ང་ཚོ་དག་སྒྲིག་པས་གཞུང་གི་ས་བཅད་ཀྱི་མང་ཉུང་ལ་གཞིགས་ནས་པར་གཞི་འདི་ལ་མིན་ངག་བྱེ་བ་རིང་བསྲེལ་གྱི་མ་ཡིག་དང་པོ་ཞེས་པའི་མཚན་བྱང་གསར་དུ་བཏགས་པ་ཡིན།

内容提要： 此书是由噶玛列协崔，又名为宿喀·洛追杰布在宿喀·娘尼多吉圆寂98年后的铁羊年，即1571年按照其章节目录编排方式进行汇编的一部著作。全书共有189章，归于疾病的诊法、疗法、分支等三个部分。其中，第一部分疾病诊法中包括脉诊尿诊实践，弹镞等异物部位探查，脓肿的诊察，404种疾病的分类，药材的味、性效、化味的鉴别等12章。第二部分疾病疗法中包括维命“隆”和上壅等“隆”病，“赤巴恰亚”等“赤巴”病，“培根”病，肺脓和陈旧紊乱热等二合病，妇科病和肾痹等聚合病以及热病，寒性疾病，血病，黄水病，疠病，“蛀”病，疼痛，创伤，毒病，零星病等的总体疗法和具体疗法实践157章。第三部分分支中对“敦”泻疗法和四瘤疾诊断等奇效方和特色实践经验20章等进行了汇编，以期为后世研究疾病医疗相关内容者提供重要资料。由于《千万舍利子》有章节数和内容范围不同的多种版本，我们在整理过程中根据书的章节数将此书命名为《千万舍利子》版本一。

བོད་ཀྱི་གསོ་རིག་ཀུན་བཏུས་བསྡུད་སྒྲིག་མ་ལས། པོད་དོན་དྲུག་པ་དང་དོན་བདུན་པའི་ནང་དུ་བཞུགས།

在《〈藏医药大典〉续编（61—80）》中的位置：收载于第七十六卷和第七十七卷

ཚན་པ་གཉིས་པ། བྱེ་བ་རིང་བསྲེལ་གྱི་མ་ཡིག་གཉིས་པ།

第二篇　《千万舍利子》版本二

མཚན་བྱང་ཆ་ཚང་། མན་ངག་བྱེ་བ་རིང་བསྲེལ་གྱི་མ་ཡིག་གཉིས་པ་བཞུགས་སོ། །

全名：《千万舍利子》版本二

རྩོམ་པ་པོ། ཟུར་མཁར་མཉམ་ཉིད་རྡོ་རྗེ། སྤྱི་ལོ་༡༤༣༩ལོར་དབུས་གཙང་ལྷོ་ཁའི་དྭགས་པོ་ས་ཆ་ལ་ཐོག་ཟུར་མཁར་དུ་སྐུ་འཁྲུངས་ཤིང་། སྤྱི་ལོ་༡༤༧༥ལོར་སྐུ་གཤེགས།

作者：宿喀·娘尼多吉，1439年生于卫藏山南塔波拉妥宿喀尔，1475年卒。

མ་ཡིག ལག་བྲིས། ཡིག་གཟུགས་དབུ་མེད། ཤོག་ངོས་རེར་ཐིག་ཕྲེང་དྲུག ཐིག་ཕྲེང་རེར་ཡིག་འབྲུ་སོ་གསུམ། ཁྱོན་བསྡོམས་ཤོག་ངོས་སུམ་བརྒྱ་དང་རེ་དྲུག་བཞུགས།

母本：手写本，草书体，每页6行，每行33字，共366页。

ནང་དོན་གནད་བསྡུས། གཞུང་འདི་ནི་ཟུར་མཁར་མཉམ་ཉིད་རྡོ་རྗེའི་ལག་ལེན་ཞལ་གདམས་ཁྱད་པར་ཅན་རྣམས་དཀྲུས་གཅིག་ཏུ་བཀོད་པ་ཞིག་སྟེ། གཞུང་མགོར་འཁོད་པའི་དཀར་ཆག་དཔེ་ཚུང་བྱེ་བ་རིང་བསྲེལ་གྱི་དཔེ་ཐོ་མདོ་རྗེའི་ཁྲིད་དཔེ་ཚན་བརྒྱ་དང་བཅུ་དྲུག་གི་མཚན་བསྒྲིགས་ཡོད་པ་དང་དེའི་མཇུག་གི་བསྡོམས་རྩིས་ལ་དཔེ་ཚན་གྲངས་བརྒྱ་དང་དགུ་བཅུ་བཞུགས་པར་བསྟན་ཡོད་ཀྱང་། གཞུང་དངོས་ལ་དཔེ་ཚན་བརྒྱ་དང་བཅུ་གསུམ་ལས་མི་སྣང་། གཞུང་འདིའི་ནང་དོན་གཙོ་བོའི་ཆ་ནི་མན་ངག་བྱེ་བ་རིང་བསྲེལ་གྱི་པར་གཞི་གཞན་དག་དང་འདྲ་བར་ནད་པའི་འཚོ་འཆི་ལ་ཕན་འབྱེད་པའི་གདམས་ངག་རྩ་དཔྱད་དང་ཆུ

དཔྱད་ཀྱི་ཕྱག་ལེན་དང་། ལུས་ཀྱི་ཕྱི་ནང་སྟོད་སྨད་ཀྱི་རླུང་གི་ནད་དང་མཁྲིས་པའི་ནད། ཚ་བའི་ནད། གྲང་བའི་ནད། ཆུ་སེར་གྱི་ནད། གཉན་ནད། དུག་ནད། རྨ་བཅོས་སོགས་ནད་རིགས་གང་མང་ཞིག་གི་གསོ་བཅོས་ལག་ལེན་དང་བརྟག་ཐབས་སྟོན་པ་ལ། མི་འདྲ་བའི་ཆ་ནི་ནང་དོན་རྒྱ་ཆེ་ཆུང་དང་། དཔེ་ཚན་འགོད་སྟངས། མཚན་བྱང་གི་མིང་། ཚིག་གི་སྦྱོར་སྟངས་སོགས་ལ་ཁྱད་པར་ཆེན་པོ་སྣང་སྟེ། སྨན་དཔྱད་ཐོར་བུ་སྐར་ཚོགས་དབང་པོའི་གཞུ་རིས་ནོར་བུའི་འཕྲེང་བ་དང་། ཟ་འཕྲུག་གསོ་བའི་ཐོ་ཆུང་། ཐམ་དོང་བདུད་རྩིའི་དམར་འབེབས་སོགས་ལྟ་བུ་ནི་པར་གཞི་གཞན་དག་ལ་མེད་པ་དང་། དཔེ་ཚན་མང་ཆེ་བའི་མཚན་བྱང་གི་སྔོན་ལ་ཟུར་མཁར་བའི་ཁྱད་ཆོས་ཞེས་ཆེད་སྟོན་གྱི་ཚིག་བཀོད་ཡོད་པ་མ་ཟད་དཔེ་ཚན་སྔ་ཕྱི་བར་ལ་འབྲེལ་བ་དམ་ཟབ་མེད་པ་ལྟར་སྣང་། ཚིག་སྦྱོར་གྱི་ཐད་ནས་དཔེར་ན། མོ་ནད་ཀྱི་སྙོས་བཅོས་བདུད་རྩིའི་པད་ཕྲེང་ལས་ཡན་ལག་སྐྱུར་ཞེས་པ་ལ་པར་གཞི་གཞན་དག་ལས་ཡན་ལག་སྐུར་བྲིས་པ་ལྟ་བུ་མང་དུ་མཆིས། བྱེ་བ་རིང་བསྒྲིལ་ལ་ས་བཅད་ཀྱི་གྲངས་དང་བརྗོད་དོན་གྱི་ཁྱབ་ཁོངས་མི་འདྲ་བའི་པར་གཞི་མང་པོ་ཡོད་པ་ལ་ང་ཚོ་དག་སྒྲིག་པས་གཞུང་གི་ས་བཅད་ཀྱི་མང་ཉུང་ལ་གཞིགས་ནས་པར་གཞི་འདི་ལ་མན་ངག་བྱེ་བ་རིང་བསྒྲིལ་གྱི་མ་ཡིག་གཉིས་པ་ཞེས་པའི་མཚན་བྱང་གསར་དུ་བཏགས་པ་ཡིན།

内容提要：此书对宿喀·娘尼多吉的各类特色诊疗实践进行了汇编。此书目录部分载有116个小函，总结部分则载有190个小函，而正文中却只载有113个小函。书中所记述的鉴别生死的教诫、诊脉诊尿的实践、全身内外上下的“隆”病、“赤巴”病、热病、寒性疾病、黄水病、疠病、毒病、创伤疗法等诸多疾病的疗法实践和诊法与其他版本相似，但内容范畴、函名格式、词语用法等方面有很大的区别，如《零星医疗宝串》和《瘙痒疗法小函》等在其他版本中未见，大部分函名有宿喀特色的前缀词且前后函好似无太大关联。词语用法方面，如《妇科病具体疗法甘露莲花串》中类似“岩乐吉”的词在其他版本中以“岩乐格”的词出现较多。由于《千万舍利子》有章节数和内容范围不同的多种版本，我们在整理过程中根据书的章节数将此书命名为《千万舍利子》版本二。

བོད་ཀྱི་གསོ་རིག་ཀུན་བཏུས་བསྟུད་སྒྲིག་མ་ལས། པོད་དོན་བདུན་པའི་ནང་དུ་བཞུགས།

在《〈藏医药大典〉续编（61—80）》中的位置：收载于第七十七卷

ཚན་པ་གསུམ་པ། བྱེ་བ་རིང་བསྲེལ་གྱི་མ་ཡིག་གསུམ་པ།

第三篇 《千万舍利子》版本三

མཚན་བྱང་ཆ་ཚང་། མན་ངག་བྱེ་བ་རིང་བསྲེལ་གྱི་མ་ཡིག་གསུམ་པ་བཞུགས་སོ། །

全名：《千万舍利子》版本三

རྩོམ་པ་པོ། ཟུར་མཁར་མཉམ་ཉིད་རྡོ་རྗེ། སྤྱི་ལོ་༡༤༣༩ལོར་དབུས་གཙང་ལྷོ་ཁའི་དྭགས་པོ་ས་ཆ་ལ་ཐོག་ཟུར་མཁར་དུ་སྐུ་འཁྲུངས་ཤིང་། སྤྱི་ལོ་༡༤༧༥ལོར་སྐུ་གཤེགས།

作者：宿喀・娘尼多吉，1439年生于卫藏山南塔波拉妥宿喀尔，1475年卒。

མ་ཡིག ལག་བྲིས། ཡིག་གཟུགས་དབུ་མེད། ཤོག་ངོས་རེར་ཐིག་ཕྲེང་དྲུག ཐིག་ཕྲེང་རེར་ཡིག་འབྲུ་ཉེར་གཅིག ཁྱོན་བསྡོམས་ཤོག་ངོས་བརྒྱ་དང་བཅོ་བརྒྱད་བཞུགས།

母本：手写本，草书体，每页6行，每行21字，共118页。

ནང་དོན་གནད་བསྡུས། གཞུང་འདི་ནི་ཟུར་མཁར་མཉམ་ཉིད་རྡོ་རྗེའི་ནད་ཀྱི་གསོ་ཐབས་དང་ལག་ལེན་ཟབ་ཁྱད་ཅན་འགའ་ཕྱོགས་གཅིག་བཀོད་པ་ཞིག་སྟེ། གཞུང་སྤྱི་ལ་དཔེ་ཚན་བཅོ་བརྒྱད་ཡོད། དེ་ཡང་ཆེར་ལྷོག་དང་ཧ་ནད། རྨ་བཅོས། མཁྲིས་བཅོས། སྟོད་འཚང་གི་བཅོས། རླུང་འཁྱིལ་གྱི་བཅོས། སྲིན་བཅོས། ལྦ་བཅོས། རླུང་བཅོས། ཤིག་བསྲུང་བཅས་ནད་རིགས་བཅུ་གཅིག་དང་། བྱ་འཕུར་ལེབ་ཀྱི་དུག་འདོན། འདག་རྒྱ་འདམ་ཆིངས་ཀྱི་ལག་ལེན། མེ་རྫས་གྲང་རེག་གི་ལག་ལེན། བཙན་དུག་མར་གྱི་ལག་ལེན། རྡོ་ཞུན་ཞལ་གདམས་སོགས་ཞལ་གདམས་ལག་ལེན་བདུན་བཅས་བཀོད་ཡོད་པ་ལ། ཤིག་བསྲུངས་བ་མོ་ཁྱད་འཕགས་དང་། ཧ་ནད་གསོ་བའི་སྦྱོར་སྟེ། སེམས་ཅན་གྱི་རྟོག་མ་སོགས་མེ་ལ་བསྲེགས་ཐབས་ཀྱི་མེ་རྫས་ཚ་རེག་དང་

གྲང་རེག་གི་གདམས་པ། གཉན་ཚད་ཀླུང་ལྡན་གསུམ་སྦྲེལ་གྱི་བཅོས་ཐབས་སོགས་ནི་པར་གཞི་གཞན་དག་ལ་མི་སྣང་བ་དང་། ལྷག་ཏུ་སྨུག་པོ་སེལ་བའི་སྨན་ལ་ཁུར་རྩ་མ་ཏུ་སྦར་ཏུ་སྦྱར་ཞེས་པ་ལ་འདིར་ཁུར་རྩ་མ་ནུ་སྦར་ཏུ་སྦྱར་ཞེས་དང་། ཚ་སྲིན་གྱི་ནད་རྟགས་གསུངས་སྐབས་ཕོ་སྨད་མཆིན་དྲི་མན་ཆད་ཅེས་པ་ལ་འདིར་ཕོ་སྟོད་མཆིན་དྲི་མན་ཆད་ཞེས་དང་། རྡོ་ཐལ་ཅིག་ཐང་ཙམ་བཏང་ན་ཕོ་བད་སེལ་ཞེས་པ་ལ་འདིར་ཕོ་ནད་སེལ་ཞེས་སོགས་ཅུང་ཟད་མི་འདྲ་བའི་ཁྱད་པར་ཡོད། བྱེ་བ་རིང་བསྲེལ་ལ་ས་བཅད་ཀྱི་གྲངས་དང་བརྗོད་དོན་གྱི་ཁྱབ་ཁོངས་མི་འདྲ་བའི་པར་གཞི་མང་པོ་ཡོད་པ་ལ་ང་ཚོ་དག་སྒྲིག་པས་གཞུང་གི་ས་བཅད་ཀྱི་མང་ཉུང་ལ་གཞིགས་ནས་པར་གཞི་འདི་ལ་མན་ངག་བྱེ་བ་རིང་བསྲེལ་གྱི་མ་ཡིག་གསུམ་པ་ཞེས་པའི་མཚན་བྱང་གསར་དུ་བཏགས་པ་ཡིན།

内容提要：此书汇集了宿喀·娘尼多吉疾病疗法实践秘诀。全书共有18函，分别对“刺洛”病、马病、创伤、“赤巴”病、上壅、“隆”旋积、“蛀”病、瘿瘤、“隆”病、虱等11类疾病的疗法和预防，“夏普勒”药的炮制，泥缚操作实践，火性药冷敷实践，“榜那”油制法，石灰粉教诫等7类教诫实践进行了记述，所载治疗马病方药、兼“隆”疠热和三合疠热的疗法等在其他版本中未见，紫色“培根”的组方、热性“蛀”病的病症、石灰石单味汤的功效等亦有不同。由于《千万舍利子》有章节数和内容范围不同的多种版本，我们在整理过程中根据书的章节数将此书命名为《千万舍利子》版本三。

བོད་ཀྱི་གསོ་རིག་ཀུན་བཏུས་བསྟུད་སྒྲིག་མ་ལས། པོད་དོན་བདུན་པའི་ནང་དུ་བཞུགས།

在《〈藏医药大典〉续编（61—80）》中的位置：收载于第七十七卷

སྐབས་དོན་བཅུ་པ། འབྲི་གུང་ཚེ་དབང་བརྟན་པའི་ནད་ཐོག་ཉམས་ཡིག

第十集　直贡·才旺丹巴临床医书

འབྲི་གུང་ཆོས་གྲགས་ཀྱི་ཐུགས་སྲས་འབྲི་གུང་ཚེ་དབང་བརྟན་པའམ་དཀོན་མཆོག་འགྲོ་ཕན་དབང་པོས་རྒྱུ་གན་གྱི་ནད་རིགས་མང་དུ་བཅོས་པའི་ལག་སྦྱོང་གི་གནད་དག་བསྟན་པའི་གཅེས་བཏུས་ཟུར་རྒྱན་རྒྱུ་གན་གྱི་བཅོས་འཕྲུལ་གྱི་ཐེམ་ཚངས་དང་། ལུས་ཅན་ཐམས་ཅད་དམུ་ཆུའི་ནད་ལས་གྲོལ་བའི་ཆེད་དུ་དམུ་ཆུའི་བཅོས་གསང་བ་སྨུག་འདྲེན། འབམ་བཅོས་མང་པོའི་གནད་བཏུས་པའི་རྐང་འབམ་གྱི་བཅོས་ཐབས་ཤིན་ཏུ་ཟབ་པ་མགོ་རྨའི་བཙོས་ཐབས་ཟབ་མོ་མངལ་རིས་འཚོ་བྱེད་ལུགས་ཀྱི་ རླུམ་བཅིངས་བཅས་ཚན་པ་བཞི་བཀོད་ཡོད།

收录了直贡·曲扎之子直贡·才旺丹巴所著治疗各类久泻肠病的疗法实践要点《医疗选集附录久泻肠病神奇秘疗法》，治疗腹水病的《腹水疗法穴位穿刺引流法》，以及汇集各类“冈斑”疗法要点的《“冈斑”病疗法深奥秘诀》及《阿里医生创伤包缚法广论》4篇。

ཚན་པ་དང་པོ། རྒྱུ་གན་གྱི་བཅོས་འཕྲུལ་གྱི་ཐེམ་ཚངས།

第一篇　《久泻肠病神奇秘疗法》

མཚན་བྱང་ཆ་ཚང་། གཅེས་བཏུས་ཟུར་རྒྱན་རྒྱུ་གན་གྱི་བཅོས་འཕྲུལ་གྱི་ཐེམ་ཚངས་ཞེས་བྱ་བའི་ལག་ལེན་ཉམས་སྦྱོང་གི་གནད་ཟབ་མོ་བསྟན་པ་བཞུགས་སོ། །

全名：《医疗选集附录久泻肠病神奇秘疗法》

རྩོམ་པ་པོ། འབྲི་གུང་ཚེ་དབང་བརྟན་པ། སྤྱི་ལོ་༡༦༣༡ལོར་དབུས་གཙང་སྙེ་མོའི་གཞུ་སྟོད་བཀྲ་ཤིས་སྒང་དུ་སྐུ་འཁྲུངས།

作者：直贡·才旺丹巴，1631年生于卫藏尼木秀堆扎西岗。

མ་ཡིག ལག་བྲིས། ཡིག་གཟུགས་དབུ་མེད། ཤོག་ངོས་རེར་ཐིག་ཕྲེང་བདུན། ཐིག་ཕྲེང་རེར་ཡིག་འབྲུ་ཉེར་ལྔ། ཁྱོན་བསྡོམས་ཤོག་ངོས་བཅུ་བཞུགས།

母本：手写本，草书体，每页7行，每行25字，共10页。

ནང་དོན་གནད་བསྡུས། གཞུང་འདི་ནི་རྒྱུ་རྒན་གྱི་ངོས་འཛིན་རྟགས་བཅས་གཙོ་བོར་སྟོན་པ་ཞིག་སྟེ། རྒྱུ་རྒན་ཞེས་པ་ནི་ཚ་བ་སྟོད་དུ་བབས་ཏེ་ཐུར་དུ་འབྲུ་བ་ཞག་དྲུག་ཙམ་ཡར་འདས་པ་ལ་ཟེར་ཞིང་། འབྲུ་མདོག་ལ་གཞིགས་ནས་ཉེས་གསུམ་རྒྱུད་བ་ལྡན་འདུས་ཀྱི་དབྱེ་བ་བདུན་དུ་བསྟན་པ་དང་དེ་ཡང་ཚ་གྲང་གཉིས་སུ་འདུས་ཚུལ། བཅོས་ཐབས་ལ་དང་པོ་སྟོན་འགྲོའི་སྐབས་སུ་ནད་འདིའི་བདག་པོ་ནི་དྲི་ཟ་འཁྲུམས་པོ་ཞེས་བྱ་བ་དེ་ཡིན་པས་དཀར་ཚོས་རིམ་གྲོ་ལ་འབད་དགོས་པ་དང་དེའི་རྗེས་འབྲུ་མདོག་ལ་གཞིགས་ནས་གུར་གུམ་བདུན་པའམ་ཡང་ན་ཐྱི་ཤང་དགུ་བ་བཏང་སྟེ་ཚ་བ་ཁོང་དུ་བསད། དེ་ནས་ཞི་སྦྱོངས་སྦྲགས་མའི་བཅོས་ཐབས་ལག་ལེན་ཁྱད་པར་ཅན་གྱིས་བཅོས་ཏེ་ཞོར་དུ་ཟས་སྤྱོམ་ལ་བཅོས་ཟན་དང་ཕྱེ་ཐུག་འགྲངས་ངོམས་ཙམ་དུ་གཏོང་དགོས་པ་དང་། གཉིས་པ་དངོས་གཞིའི་སྨན་པད་མ་རྩ་རི་སོགས་ལས་གྲུབ་པའི་རིལ་བུ་དེ་སྔ་དྲོ་ཉིན་གུང་དགོང་དུས་གསུམ་ལ་ཉིན་དང་པོར་ལྔ་བདུན་ལྔ་དང་། ཉིན་གཉིས་པར་བདུན་དགུ་བཅུ་གཅིག ཉིན་གསུམ་པར་བཅུ་གཅིག་བཅོ་ལྔ་ཉེར་གཅིག ཉིན་བཞི་པའི་དུས་གསུམ་ཀར་ཉེར་བདུན། ཉིན་ལྔ་པར་ཉེར་གཅིག་བཅོ་ལྔ་བཅུ་གཅིག ཉིན་དྲུག་པར་བཅོ་བརྒྱད་བཅོ་ལྔ་བཅུ་གཅིག ཉིན་བདུན་པར་དགུ་བདུན་ལྔ་བཅས་ཞག་བདུན་རིང་ལ་རིལ་བུ་ཉིས་བརྒྱ་དང་བརྒྱད་ཅུ་རྩ་བརྒྱད་ཟློགས་པར་གཏོང་དགོས་ལ། དེ་ཡང་ནད་གཞིའི་བབས་དང་ལུས་ཟུངས་བཟང་ངན་ལ་གཞིགས་ནས་རིལ་བུ་མང་དུ་བཏང་ན་རྩ་

བ་ཆོད་པར་འགྱུར་བ་ལས་མང་སྐྱོན་མི་འབྱུང་བ་དང་ཞག་བདུན་པོ་འདིའི་རིང་ལ་འབྲི་དང་མཛོ་མོའི་ཞོ་ཅི་ཐུབ་བླུད་དགོས་པ་ལས་གཞན་པའི་ཟས་སྐོམ་རིགས་སྤང་དགོས་ཚུལ། གལ་ཏེ་རླུང་ཁ་སྐྱེས་ན་བསྐུ་མཉེ་གསུར་དུད་བྱ་བ་དང་། དེས་མ་སེལ་ན་རུས་ཐང་བླུད་དགོས་ཚུལ་སོགས་གསལ་བོར་བསྟན་ཡོད་པ་དང་། རྗེས་གཙོད་དུ་སྨན་རོ་འཇུ་བའི་ཕྱིར་རྒྱམ་ཚ་བཞི་ཡི་བསྐོལ་ཐང་ལན་གསུམ་ཙམ་ལ་བཏང་ནས་དྲི་མ་ཤ་རིལ་འདྲ་བ་བྱུང་བ་ན་ཉེས་གསུམ་གྱི་ངོ་བོར་གཞིགས་ནས་མར་ཕྱུར་སོགས་གསར་བཅུད་ནམས་རིགས་པས་དཔྱད་དེ་རིམ་གྱིས་སློད་དགོས་པ་སོགས་རྒྱུ་རྐྱེན་ནད་ཀྱི་བརྟག་བཅོས་མན་ངག་གི་གནད་ཐམས་ཅད་གྲོལ་འདུག་གོ །

内容提要：此书记述了久泻肠病的病症和疗法。首先，记述了当邪热落于腑而引发下泻超过六十日则称为久泻肠病，其分类根据泻色分为三邪单一型、二合型和聚合型七种，其又归类至寒热两大类。此病是由乾闼婆疠所引发故应加强白法供祭，后可根据泻色服用七味红花散、九味牛黄散以清内热，随即以平息泄疗兼用特色疗法进行治疗，并配以糌粑煮食和面糊。其次，证述了针对该病的药物治疗法，如，以“白玛杂如”等配制的丸剂服用7日，每日分早、中、晚三次，第一日按5、7、5颗服用，第二日按7、9、11颗服用，第三日按11、15、21颗服用，第四日则三次均服27颗，第五日按21、15、11颗服用，第六日按18、15、11颗服用，第七日按9、7、5颗服用，7日共计服完288颗，并需加强食用牦牛和犏牛酸奶，且忌食用其他饮食。如生“隆”，则需按摩，无效时服用骨汤等进行治疗。最后，经过了善后调理，如清除体内残留药物以四味光明盐煎汤服用3次后大便为鹿粪状时，可根据三邪性质辩证逐步食用新鲜有营养的酥油、奶酪。

བོད་ཀྱི་གསོ་རིག་ཀུན་བཏུས་བསྟུད་སྒྲིག་མ་ལས། པོད་དོན་བདུན་པའི་ནང་དུ་བཞུགས།

在《〈藏医药大典〉续编（61—80）》中的位置：收载于第七十七卷

ཚན་པ་གཉིས་པ། དམུ་ཆུའི་བཅོས།

第二篇 《腹水疗法》

མཚན་བྱང་ཆ་ཚང་། དམུ་ཆུའི་བཅོས་གསང་བ་སྨུག་འདྲེན་བྱ་བ་བཞུགས་སོ། །

全名：《腹水疗法穴位穿刺引流法》

རྩོམ་པ་པོ། འབྲི་གུང་ཚེ་དབང་བརྟན་པ། སྤྱི་ལོ་༡༦༣༡ལོར་དབུས་གཙང་སྙེ་མོའི་གཞུ་སྟོད་བཀྲ་ཤིས་སྒང་དུ་སྐུ་འཁྲུངས།

作者：直贡·才旺丹巴，1631年生于卫藏尼木秀堆扎西岗。

མ་ཡིག ལག་བྲིས། ཡིག་གཟུགས་དབུ་མེད། ཤོག་ངོས་རེར་ཐིག་ཕྲེང་དྲུག ཐིག་ཕྲེང་རེར་ཡིག་འབྲུ་ཉེར་བཞི། ཁྱོན་བསྡོམས་ཤོག་ངོས་བཅུ་བཞི་བཞུགས།

母本：手写本，草书体，每页6行，每行24字，共14页。

ནང་དོན་གནད་བསྡུས། གཞུང་འདི་ནི་འབྲི་གུང་ཚེ་དབང་བརྟན་པས་རང་ལོ་རེ་གཅིག་པ་རབ་བྱུང་ཞེས་པ་ཤིང་ཕོ་རྟ་ལོའི་ཧོར་ཟླ་ལྔ་པའི་ཉིན་གུང་གི་ཐུན་མཚམས་སུ་དགེ་བས་ལུས་ཅན་ཐམས་ཅད་དམུ་ཆུའི་ནད་ལས་གྲོལ་བའི་ཆེད་དུ་སྨུག་བྲིས་སུ་བཀོད་པ་ཞིག་སྟེ། འདིར་གཙོ་བོ་དམུ་ཆུའི་ནད་ལ་ཚ་གྲང་གི་དབྱེ་བ་གཉིས་སུ་བགར་ནས་སོ་སོའི་གྱུར་ཚུལ་དང་། ནད་རྟགས། བཅོས་ཐབས་བཅས་ཁ་གསལ་གོ་བདེའི་སྒོ་ནས་བསྟན་ཡོད་དེ། གྱུར་ཚུལ་ལས་ཚ་ཆུ་ནི་མཆིན་ཁྲག་ཆུ་སེར་རྒྱས་པའམ་སྨུག་པོ་ཟགས་པ་ལས་སྐྱེད་པ་དང་། དེ་ལ་ཕོ་མཆིན་གཟེར་ཞིང་དབུགས་སྣ་རྔོད་པ། གསུམ་པ་སྦོམ་ལ་ཡན་ལག་ཕྲ་བ། སྐེམ་དད་ཆེ་ལ་གདོང་པ་སྨུག་པ། རྩ་གྲིམ་ཆུ་དམར་ལུས་དྲོད་ཆེ་བ་སོགས་ཀྱི་རྟགས་མངོན་པ་དང་། གྲང་ཆུ་ནི་མེ་དྲོད་ཉམས་པ་ལས་ཁ་ཟས་གང་ཟོས་ཀྱང་མ་ཞུ་བར་ཉེས་པ་འཁྲུགས་པས་དམུ་ཆུ་རུ་གྱུར་པ་དང་། དེ་ལ་མགོ་

ལུས་མེད་པར་རབ་ཏུ་སྐྲངས་ཤིང་ཁ་ཟས་མི་འཇུ་བ། ཉིན་མོར་བདེ་ལ་མཚན་མོ་ན་བ། ཆུ་ནི་དཀར་དྭངས་ལྦུ་བ་ཆེ་བ་སོགས་ཀྱི་རྟགས་མངོན་པ་དང་། བཅོས་པའི་ཐབས་ལ་མཛད་པ་པོ་ཁོང་རང་ཉིད་ཀྱི་མཐོང་བ་བརྒྱུད་པའི་ཕྱག་བཞེས་རྣམས་འཁོད་ཡོད་པ་ལས། མན་ངག་ཆིག་བརྒྱུད་ཀྱི་སྐོར་ལ་བོང་དཀར་བཅུ་པ་དང་བསེ་རུ་བཅུ་གཅིག་གི་བཅོས་ཚུལ་ཁྱད་པར་ཅན་ཞིག་བསྟན་ཡོད་པ་དེ་ནི་ཕན་ཡུལ་མཁར་ཤོངས་པས་སྨག་ལུང་འཚོ་བྱེད་ཀུན་དགའ་བཀྲ་ཤིས་ལ་གཏད་པ་དང་། དེས་ཐ་བ་ཁང་བྲག་པོ་ཆེ་ལ་གཏད། དེས་འབྲི་གུང་པ་ཆོས་ཀྱི་གྲགས་པ་སྐྱེ་ཁོང་གི་སློབ་དཔོན་ལ་གཏད་པ་སོགས་གསལ་བོར་འཁོད་ཡོད། གཞན་ཡང་ཚ་ཆུ་སེལ་བར་བསམ་གཏན་གླིང་པའི་མན་ངག་སྐྱེ་གུར་གུམ་བཅུ་གསུམ་སྙིང་དབང་རིལ་སོགས་སྦྱར་ཏེ་ཨ་རྡེ་དྭག་ཐང་གིས་ཕུལ་བ་དང་། འཚོ་བྱེད་ཀརྨ་ཕན་བདེའི་མན་ངག་སྐྱེ་གུར་གུམ་བཅུ་གསུམ་སྙིང་སེ་འབྲུ་སོགས་སྦྱོར་ཚུལ། བདེ་བྱེད་ཆུ་བསྒྱུར་ཆུང་འབྲིང་ཆེ་གསུམ་དང་སུ་ཁ་ཙཀྲ། རྡོ་ཞང་དགུ་བ། དྭངས་མ་གནས་འཇོག་སོགས་གཙོང་ཆེན་དམུ་ཆུའི་ནད་ཀྱི་གཉེན་པོར་ཟབ་པའི་སྨན་སྦྱོར་སོ་སོའི་ལག་ལེན་གྱི་རིམ་པ་རྣམས་ཞིབ་རྒྱས་སུ་འཁོད་ཡོད།

内容提要：此书主要记述了腹水的寒热两种分类及其病理、病症、疗法。热性腹水的病理为肝血、黄水增盛，“木布”渗漏而引发，其症为肝胃疼痛、气急、腹部胀大、四肢细、口渴、面色发紫、脉象弦、尿色红、身热等。寒性腹水由于胃火衰退而所食未能消化所致，其症状为全身水肿、不消化、昼轻夜重、尿色白而清、泡沫大等。疗法中有单传秘诀十味榜嘎散和十一味犀角散的特色疗法，为由潘宇凯雄传于更噶扎西医生，其传于塔瓦・康扎波且，其传于直贡・曲吉扎巴。此外，记述了治疗热性腹水的特效方剂制法。

བོད་ཀྱི་གསོ་རིག་ཀུན་བཏུས་བསྟུད་སྒྲིག་མ་ལས། པོད་དོན་བདུན་པའི་ནང་དུ་བཞུགས།

在《〈藏医药大典〉续编（61—80）》中的位置：收载于第七十七卷

ཚན་པ་གསུམ་པ། རྐང་འབམ་གྱི་བཅོས་ཐབས།

第三篇 《“冈斑”病疗法》

མཚན་བྱང་ཆ་ཚང་། རྐང་འབམ་གྱི་བཅོས་ཐབས་ཤིན་ཏུ་ཟབ་པ་བཞུགས་སོ། །

全名：《“冈斑”病疗法深奥秘诀》

རྩོམ་པ་པོ། འབྲི་གུང་ཚེ་དབང་བརྟན་པ། སྤྱི་ལོ་༡༦༣༡ལོར་དབུས་གཙང་སྙེ་མོའི་གཞུ་སྟོད་བཀྲ་ཤིས་སྒང་དུ་སྐུ་འཁྲུངས།

作者：直贡・才旺丹巴，1631年生于卫藏尼木秀堆扎西岗。

མ་ཡིག ལག་བྲིས། ཡིག་གཟུགས་དབུ་མེད། ཤོག་ངོས་རེར་ཐིག་ཕྲེང་ལྔ། ཐིག་ཕྲེང་རེར་ཡིག་འབྲུ་ཉེར་གཅིག ཁྱོན་བསྡོམས་ཤོག་ངོས་ཉེར་བརྒྱད་བཞུགས།

母本：手写本，草书体，每页5行，每行21字，共28页。

ནང་དོན་གནད་བསྡུས། གཞུང་འདི་ནི་ཨོ་ལོ་ཆོས་འཕེལ་གྱིས་ཡང་ཡང་བསྐུལ་བ་ལ་བརྟེན་འཚོ་བྱེད་ཚེ་དབང་བརྟན་པས་སྐུ་ཞང་སྙེ་མོ་བའི་ཕོ་བྲང་བདེ་ལེགས་གླིང་དུ་ཟིན་བྲིས་སུ་བཀོད་པ་དེ་སྔར་བཟང་རི་ཤར་གྱི་གདན་ས་བསོད་ནམས་དབང་གི་གྲགས་པའི་ཐུགས་བཞེད་ལྟར་མཆན་བུ་གོ་བདེ་བགྱིས་པ་ཞིག་སྟེ། བསྟན་བཅོས་འདིར་རྐང་འབམ་གྱི་རྒྱུ་རྐྱེན་དང་དབྱེ་བ། རྟགས་བཅོས། ཕྱི་རྗེས་བཅད་རྩོལ་བཅས་རྣམ་པ་ལྔའི་སྒོ་ནས་བསྟན་ཡོད་དེ། དེ་ཡང་རྒྱུ་རྐྱེན་ནི་རིང་རྒྱུ་མ་རིག་པ་ལས་བྱུང་བའི་ཉེས་གསུམ་དང་། ཉེ་རྒྱུ་དྭངས་མ་མ་ཞུ་བ་ལས་སྐྱེད་པའི་ངན་ཁྲག་ཆུ་སེར་བད་ཀན་རྒྱས་པ་དེ་ལོག་པའི་ལམ་ཤ་པགས་རུས་ཚིགས་ལ་བྱེར་ནས་སྐྱེད་པ་དང་། དེ་ལ་རིགས་ཀྱིས་དབྱེ་ན་བད་རླུང་གྲང་ཤས་ཆེ་བའི་དཀར་པོ་དང་། ཁྲག་མཁྲིས་ཚ་ཤས་ཆེ་བའི་ནག་པོ། དེ་དག་ལྡན་འདུས་འདྲེས་པའི་ཁྲ་བོ་བཅས་གསུམ་དང་། བཅོས་ཐབས་ལ་བྱེར་བ

སྤུད་ཅིང་གཉན་ཚད་འཛོམས་པ་དང་། རྒྱུན་ལོག་རོ་སྟོད་གཟེར་བ་མལ་དུ་ཚུད་བྱེད་ཀྱི་ཨ་བར་སྦྱར་གསུམ་སོགས་ཀྱི་སྦྱོར་བ་དང་། གཞོན་དར་ཁྲག་མཁྲིས་ཚ་ཤས་ཆེ་བ་ལ་ཁྱད་པར་དུ་བརྟགས་པའི་རྒྱལ་པོ་སྡེ་བཞིའི་སྦྱོར་བ། རྒན་པོ་གྲང་བ་རླུང་ཤས་ཆེ་བ་ལ་ལྕགས་ཀྱུའི་སྦྱོར་བ། གཉན་ཤས་ཆེ་བ་ཁྱུང་ལྔ་ཁ་ཚར་ཅན་གྱི་སྨན་སྦྱོར། འབམ་རིགས་དཀར་ནག་ཁྲ་གསུམ་ལ་གླུ་བདུད་བཅོ་བརྒྱད་ཀྱི་སྦྱོར་བ། སྐྲངས་ཀྱི་བཙན་མཁར་བཤིག་བྱེད་དུ་ཕྱི་བྱུག་དང་འབྱར་ལུམས་ཀྱི་སྦྱོར་བ་སོགས་མང་དུ་བསྟན་ཡོད། གཞན་ཡང་རྩ་དཀར་གྱི་ནད་དང་། དྲེག་གྲུམ། ཆུ་སེར་དཀར་ནག ཀཾ་འབམ་ནད་རོ་རྩད་ནས་འབྱིན་པའི་སྨན་མཆོག་སྡེ་རྗེ་རྗེ་གྱི་ལིང་སྔོན་པོའི་སྦྱོར་བ་དང་། བཙོང་བཅོས་ཀྱི་ལག་ལེན། གཏར་གའི་ལག་ལེན་སོགས་འབམ་བཅོས་མང་པོའི་གནད་བསྡུས་ནས་ཕན་བདེའི་སྙིང་པོའི་ཆ་ལག་གི་ཚུལ་དུ་བཀོད་པ་ཞིག་གོ །

内容提要：此书记述了“冈斑”的病因、病症疗法、善后调理法等。病因分远近因，其远因是由无明引发的三邪，近因则是由精华不消所引发的坏血、黄水和“培根”增盛并反向散于肌肤关节。“冈斑”可分为“培隆”寒性偏盛的白色“冈斑”，血“赤”热性偏盛的黑色“冈斑”，两者聚合的花“冈斑”3种。疗法为收敛扩散，清疠热止上体疼痛可服诃子、毛诃子、余甘子等方；适用于血“赤”热偏盛的青年有四类君王方，适用于寒性“隆”偏盛的老人有铁钩方，适用于疠偏盛者有五鹏加味方，治疗黑白花“冈斑”的十八味党参丸，用于消肿的涂擦和贴剂等诸多方药。此外，还呈现了治疗白脉病、痛风、湿痹、黑白黄水病、根除“冈斑”病的特效方“多吉吉朗温布”、葱疗法，放血疗法等要点。

བོད་ཀྱི་གསོ་རིག་ཀུན་བཏུས་བསྟུད་སྒྲིག་མ་ལས། པོད་དོན་བདུན་པའི་ནང་དུ་བཞུགས།

在《〈藏医药大典〉续编（61—80）》中的位置：收载于第七十七卷

ཚན་པ་བཞི་པ། མངའ་རིས་འཚོ་བྱེད་ལུགས་ཀྱི་རྨ་བཅོས་རྒྱས་པ།

第四篇 《阿里医生创伤包缚法广论》

མཚན་བྱང་ཆ་ཚང་། མངའ་རིས་འཚོ་བྱེད་ལུགས་ཀྱི་རྨ་བཅོས་རྒྱས་པ་བཞུགས་སོ། །

全名：《阿里医生创伤包缚法广论》

རྩོམ་པ་པོ། འབྲི་གུང་ཚེ་དབང་བརྟན་པ། སྤྱི་ལོ་༡༦༣༡ལོར་དབུས་གཙང་སྙེ་མོའི་གཞུ་སྟོད་བཀྲ་ཤིས་སྒང་དུ་སྐུ་འཁྲུངས།

作者：直贡·才旺丹巴，1631年生于卫藏尼木秀堆扎西岗。

མ་ཡིག ལག་བྲིས། ཡིག་གཟུགས་དབུ་མེད། ཤོག་ངོས་རེར་ཐིག་ཕྲེང་དྲུག ཐིག་ཕྲེང་རེར་ཡིག་འབྲུ་ཉེར་དགུ། ཁྱོན་བསྡོམས་ཤོག་ངོས་བཅུ་གཉིས་བཞུགས།

母本：手写本，草书体，每页6行，每行29字，共12页。

ནང་དོན་གནད་བསྡུས། གཞུང་འདི་ནི་འབྲི་གུང་ཆོས་གྲགས་ཀྱི་སློབ་མ་རཏྣ་ཨིནྡྲ་འམ་འབྲི་གུང་ཚེ་དབང་བརྟན་པ་ཞེས་པས་མཆོག་གྲུབ་གླིང་གི་བསམ་གཏན་ཁང་དུ་མངའ་རིས་འཚོ་བྱེད་ཆོས་སྐྱོང་དཔལ་བཟང་གི་མགོ་རྨའི་བཅོས་ཐབས་ཀྱི་ལག་ལེན་རྣམས་ཟིན་བྲིས་སུ་བཏབ་པ་ཞིག་སྟེ། དང་པོ་མན་ངག་རྒྱུད་ཀྱི་མཚོན་རྨའི་སྐབས་ལྟར་རྨ་ཡི་ངོས་འཛིན་ཤེས་པར་བྱས་ནས། རྨ་གང་གསོ་སླ་བར་བྱུང་ན་རྨས་མ་ཐག་ཏུ་ཞག་གསུམ་ལྟོ་བཀུག་ལ། ཏ་ཙང་ལྟོགས་ན་ཟན་གྲང་ཆང་རེ་བཟའ་བ་དང་སྐོམ་ན་ཆུ་གྲང་ཙུང་ཟད་འཐུང་བ། ཁྲག་ཤོར་རླུང་གིས་འགོག་པ་དང་ཁྲག་མ་ཆོད་པ་བཅས་ལ་གཉེན་པོ་སྨན་གང་བསྟེན་དགོས་པ་དང་། སྨན་བཏང་ནས་ཞག་བདུན་སོང་རྗེས་ཞུན་མར་དང་ཤ་སོགས་ཀྱི་ཟས་རྣམས་ཉིན་རེ་བཞིན་ཆ་ཡིས་སྤྱོད་པ་དང་། ཐ་མར་ཤ་ཆང་གིས་ལུས་ཟུངས་གསོ་བ། སྒོག་པ་དང་སྔེང་གདོན་སོགས་མི་གཙང་བའི་

རིགས་ལ་འཛེམ་ནས་དྲག་ཤུལ་སོགས་ཀྱི་སྤྱོད་ལམ་སྤང་སྟེ། དངོས་གཞི་སྨན་ལ་ཤ་སྐྱོན་དང་རྩ་སྐྱོན་ལ་རང་རང་གཉེན་པོ་དང་དེའི་སྟེང་ཟླད་པའི་ཏུས་ཚད་དང་ཆུ་སེར་སོགས་གསོ་བ་ལ་སོ་སོར་ཁ་འཛིན་རྗེ་སྨན་ཚོགས་ཚད་སྟོན་དགོས་ཚུལ་དང་། སྦོ་སྨན་དང་རྩི་སྨན་གྱིས་ཟླད་པའི་རྣག་ཁྲག་དང་རྩ་ཆད་འཕྲུད་པ་སོགས་བཅོས་པའི་ཐབས། གཞན་ལུས་ཀྱི་སྟོད་སྨད་ཕྱི་ནང་གི་མཚོན་རྨའི་རིགས་དང་ཡན་ལག་ཆག་གྲུམ་ལ་མཆོག་ཏུ་གྱུར་པའི་སྨན་སྦྱོར་དང་དེ་ལ་ལྟག་སྦྱོད་སྨན་གང་ཕན་སོགས་ཀྱི་ལག་ཏུ་བླང་བའི་ཉམས་མྱོང་རིམ་པ། མིག་འགྲིབ་གཙོད་བྱེད་ཀྱི་ལག་ལེན་སོགས་བསྟན་ཡོད། གཞུང་གི་མཇུག་ཏུ། ཁོ་བོས་རླུམ་བཅོས་རིགས་མི་འདྲ་བ་བཅུ་ཕྲག་ལྷག་ཙམ་ཤེས་ཀྱང་རང་གི་བློས་བཀལ་ཆོག་པ་འདི་ཁོ་ན་ཡིན་པས་ཀུན་གྱིས་མིག་གི་འབྲས་བུ་ལྟར་གཅེས་པར་ཟུངས་ཤིག ཅེས་རླུམ་བཅོས་ཀྱི་ལག་ལེན་འདི་ནི་ལག་ལེན་གདེངས་ཁེལ་མ་ཡིན་པར་བསྟན་ཡོད།

内容提要：这是由直贡·曲扎的学生然纳恩扎即直贡、才旺丹巴在却珠林桑丹寺根据阿里医生曲江白桑的头部创伤疗法实践所做的笔记。书中对于创伤治疗的饮食认为，受伤起初应禁食三日，饥饿感强烈时可进食少量凉糌粑团，渴时可饮用少量凉水；针对失血所引发的眩晕以及无法止血时的对治用药及其他注意事项。还记述了治疗肌伤、脉伤以及头部骨热和黄水等的不同用药方法。此外，记述了治疗躯体内外创伤类和四肢骨折验方等临床经验和除眼障的临床实践。最后，记述有作者所掌握的虽然尚不成熟但是临床效果明显的十余种创伤包缚法。

བོད་ཀྱི་གསོ་རིག་ཀུན་བཏུས་བསྟུད་སྒྲིག་མ་ལས། པོད་དོན་བདུན་པའི་ནང་དུ་བཞུགས།

在《〈藏医药大典〉续编（61—80）》中的位置：收载于第七十七卷

སྐབས་དོན་བཅུ་གཅིག་པ། དཔོན་ཚང་ཡེ་ཤེས་ཀྱི་ནད་ཐོག་ཉམས་ཡིག
第十一集　奔仓益西临床医书

སྔོན་བྱོན་མཁས་པའི་གཙུག་རྒྱན་ཟུར་མཁར་བའི་ཕྱག་བཞེས་བར་མ་ཆད་པའི་མན་ངག་རྒྱལ་མོ་ཆུ་འཕྱེད་དང་མཛེར་བཅོས་སྔགས་ཀྱི་གདམས་པ། ཕན་བདེའི་སྙིང་པོའི་ཆ་ལག་གི་ཚུལ་དུ་མཆིན་ནད་བཅོས་པའི་སྦྱོང་བྱང་ལྷུག་པར་བཀྲལ་བ་མཆིན་ནད་བཅོས་ཐབས་བདེ་བའི་སྨྱུ་གུ། ཆུ་ནད་དང་ཚད་པ། སྲོག་རླུང་སོགས་ཀྱི་གསོ་བཅོས་མན་ངག་བཅུ་གཅིག་ཕྱོགས་གཅིག་ཏུ་བསྡུས་པའི་ཚན་པ་བཅས་ཚན་པ་གསུམ་བཀོད་ཡོད།

收录历代名医之首宿喀眼病拔翳除障教诫和治疣咒疗教诫，《利乐精要》以分支的形式对肝病治疗实践经验进行记述的《肝病疗法·安逸幼苗》，腹水、热病和维命“隆”病等11种疗法进行的汇编共3篇。

ཚན་པ་དང་པོ། རྒྱལ་མོ་ཆུ་འཕྱེད་དང་མཛེར་བཅོས།
第一篇　《拔翳除障和治疣法》

མཚན་བྱང་ཆ་ཚང་། མན་ངག་རྒྱལ་མོ་ཆུ་འཕྱེད་དང་མཛེར་བཅོས་བཞུགས་སོ། །

全名：《拔翳除障秘诀和治疣法》

རྩོམ་པ་པོ། ཇོ་ནའམ་དཔོན་ཚང་ཡེ་ཤེས། སྤྱི་ལོ་༡༦༧༠ལོར་དབུས་གཙང་མལ་གྲོ་གུང་དཀར་གྱི་འབྲི་གུང་ཀ་ཚལ་དུ་སྐུ་འཁྲུངས།

作者：杂纳或奔仓益西，1670年生于卫藏墨竹工卡直贡嘎才。

མ་ཡིག ལག་བྲིས། ཡིག་གཟུགས་དབུ་མེད། ཤོག་ངོས་རེར་ཐིག་ཕྲེང་དྲུག ཐིག་ཕྲེང་རེར་ཡིག་འབྲུ་ཉེར་

བཞི། ཁྲིན་བསྒོམས་ཤོག་ངོས་གསུམ་བཞུགས།

母本：手写本，草书体，每页6行，每行24字，共3页。

ནང་དོན་གནད་བསྡུས། གཞུང་འདི་ལ་དོན་ཚན་ཆེན་པོ་གཉིས་ཡོད་དེ་གཅིག་ནི་མན་ངག་རྒྱལ་མོ་ཚུ་འབྱེད་ཀྱི་གདམས་པ་དང་ཅིག་ཤོས་ནི་མཛེར་བཅོས་སྔགས་ཀྱི་གདམས་པ་གཉིས་ཡིན། དེ་ལས་མན་ངག་རྒྱལ་མོ་ཚུ་འབྱེད་ཀྱི་གདམས་པ་འདི་ནི་དོན་ལ་དྲང་སྲོང་མཁན་པོ་ཛྙཱ་ནས་སྔོན་བྱོན་མཁས་པའི་གཙུག་རྒྱན་ཟུར་མཁར་བའི་ཕྱག་བཞེས་བར་མ་ཆད་པའི་མིག་སྨན་མཆོག་སྟེ་མན་ངག་རྒྱལ་མོ་ཚུ་འབྱེད་ཀྱི་ཞལ་ཤེས་སྦྱོང་ཁྲིད་ཟིན་བྲིས་སུ་བཏབ་པ་ཞིག་སྟེ། རྒྱལ་མོ་ཚུ་འབྱེད་ཀྱི་སྦྱོར་སྡེ་དང་ཁ་ཚར། གཏོང་ལུགས་སོགས་ལག་ལེན་གྱི་རིམ་པ་དང་། རྒྱལ་མོ་ཚུ་འབྱེད་མིག་ཏུ་གཏོང་ཞོར་དུ་ཁོང་སྨན་གསལ་བྱེད་སུམ་ཅུ་རྩ་གསུམ་དང་ལྷུགས་རིལ་སོགས་ཀྱང་རིགས་པས་དཔྱད་ནས་གཏང་ན་མིག་ནད་ལ་མཆོག་ཏུ་ཕན་པའི་མན་ངག་ཟབ་མོ་ཉུང་བསྡུས་སུ་བཀོད་ཡོད་པ་དང་། གཉིས་པ་མཛེར་བཅོས་སྔགས་ཀྱི་གདམས་པ་ཏུ་མི་ཕྱུགས་གང་ཡིན་གྱི་མཛེར་བ་ལ་ཤིན་ཏུ་ཕན་པའི་བཟླ་སྔགས་ཁྱད་པར་ཅན་ཞིག་དང་རྒྱ་མཚལ་དཀར་པོ་ཆུ་ལ་བཏར་ནས་མཛེར་སྟེང་ལ་བྱུག་ན་མཆོག་ཏུ་ཕན་པའི་མཐོང་རྒྱུད་མན་ངག་བསྟན་ཡོད།

内容提要：此文分为两大部分，分别为拔翳除障秘诀教诫和治疣咒疗教诫。其中，拔翳除障秘诀教诫是由章松堪布杂纳将历代名医之首宿喀实践拔翳除障验方的组方、加味药和用法等以笔记的形式进行了详尽的记述；治疣咒疗教诫中记述了对人畜共患疣有特效的一种咒疗和将白辰砂放入水中研磨后涂抹于疣的特效实践秘诀。

བོད་ཀྱི་གསོ་རིག་ཀུན་བཏུས་བསྟུད་སྒྲིག་མ་ལས། པོད་དོན་བདུན་པའི་ནང་དུ་བཞུགས།

在《〈藏医药大典〉续编（61—80）》中的位置：收载于第七十七卷

ཚན་པ་གཉིས་པ། མཆིན་ནད་བཅོས་ཐབས།

第二篇 《肝病疗法》

མཚན་བྱང་ཆ་ཚང་། མཆིན་ནད་བཅོས་ཐབས་བདེ་བའི་མྱུ་གུ་བཞུགས་སོ། །

全名：《肝病疗法·安逸幼苗》

རྩོམ་པ་པོ། ཛྙ་ནའམ་དཔོན་ཚང་ཡེ་ཤེས། སྐྱེ་ལོ་༡༦༧༠ལོར་དབུས་གཙང་མལ་གྲོ་གུང་དཀར་གྱི་འབྲི་གུང་ཀ་ཚལ་དུ་སྐུ་འཁྲུངས།

作者：杂纳或奔仓益西，1670年生于卫藏墨竹工卡直贡嘎才。

མ་ཡིག ལག་བྲིས། ཡིག་གཟུགས་དབུ་མེད། ཤོག་ངོས་རེར་ཐིག་ཕྲེང་དྲུག ཐིག་ཕྲེང་རེར་ཡིག་འབྲུ་ཉེར་བཞི། ཁྱོན་བསྡོམས་ཤོག་ངོས་གསུམ་བཞུགས།

མ་ཡིག ལག་བྲིས། ཡིག་གཟུགས་དབུ་མེད། ཤོག་ངོས་རེར་ཐིག་ཕྲེང་དྲུག ཐིག་ཕྲེང་རེར་ཡིག་འབྲུ་སོ་གསུམ། ཁྱོན་བསྡོམས་ཤོག་ངོས་གཉིས་བཞུགས།

母本：手写本，草书体，每页6行，每行33字，共2页。

ནང་དོན་གནད་བསྡུས། གཞུང་འདི་ནི་ཕན་བདེའི་སྙིང་པོའི་ཆ་ལག་གི་ཚུལ་དུ་ཛྙ་ནའམ་དཔོན་ཚང་ཡེ་ཤེས་ཀྱིས་མཆིན་ནད་བཅོས་པའི་སྦྱོང་བྱང་གི་གདམས་པ་ཕྱག་བྲིས་བགྱིས་པ་ཞིག་སྟེ། སྤྱིར་མཆིན་ནད་དབྱེ་བ་བཅོ་བརྒྱད་དུ་བསྟན་པ་ལ་ནད་ཀྱི་ངོ་བོའི་ཆ་ནས་ཚ་གྲང་གཉིས་སུ་བསྡུ་བ་བཞིན་བཅོས་ཐབས་ཀྱང་ཚ་གྲང་གཉིས་ཀྱི་སྒོ་ནས་བསྟན་ཡོད་དེ། དེ་ཡང་ཚ་བའི་ནད་ལ་ཐོག་མར་གུར་གུམ་གྱི་སྦྱོར་བ་བསྟེན་དགོས་པ་དང་། དེས་མ་ཕན་ན་གཡུ་སྙིང་ཉེར་ལྔའི་སྦྱོར་བ་ཟབ་ཚུལ། མཆིན་པ་གཟེར་ན་གཡུ་སྙིང་ཉེར་ལྔ་དང་གི་ཕྱེ་དགུ་བ་ལྷག་པ་སྦྲིད་ལ་ལུས་ཟུངས་ལ་དཔགས་ནས་ཏུ་ཐུང་དང་པོ་གདུང་རྩ་སྣེ་རྒྱབ་རྩ་དྲུག་འདུས་ཡང་ཡང་

གཏར་བ་དང་དེས་ཀྱང་མ་ཆོགས་ན་ཕྱི་རྒྱུད་ལྷུར་བཞལ་གྱིས་སྦྱངས་དགོས་པའི་གསོ་བཅོས་ཀྱི་རིགས་ལམ་གསལ་པོར་བསྟན་ཡོད། གཞན་ཡང་མཆིན་ནད་དབྱེ་བ་བཅོ་བརྒྱད་ལས་ཚ་བ་བཅུ་གསུམ་ཕུད་པའི་མཆིན་རླུང་དང་མཆིན་ཉམས། རླན་གྲངས། གླང་ཐུར། གྲང་སྦོས་སོགས་ལ་གཡུ་སྙིང་ཉེར་ལྔའི་སྟེང་དུ་ཆོས་སྨན་དང་སུག་སྨེལ་བསྣན་པའི་གཡུ་སྙིང་ཉེར་བདུན་སྦྱར་བས་ཕན་པར་གསུངས་ལ། གྲང་ཤས་ཆེ་ན་དྭངས་མ་གནས་འཇོག་ལྷག་སྦྱོད་བྱས་ཏེ་མཆིན་གསང་ལ་མེ་ཡིས་བསྲེགས་དགོས་ཚུལ་དང་། རྗེས་གཅོད་དུ་འབྲས་བུའི་སྨན་མར་ཁ་ཚར་དང་བཅས་པ་ཁྲིའུ་སུས་དུས་སུ་བཏང་བས་ཕན་པ་སོགས་སྨོང་གྲུབ་ཀྱི་གདམས་པ་ཁྱད་པར་ཅན་ཕྱོགས་གཅིག་བསྡུས་ནས་བཀོད་ཡོད།

内容提要：此文是作者根据自身肝病诊疗经验对《利乐精要》以分支的形式所做的补充。肝病按疾病性质可概括为寒热2种，故疗法也可归类为寒热2种。书中详细记述了治疗热性肝病的用药方法，认为首先应服用红花方，无效时服用二十五味松石丸，在肝区疼痛时连服二十五味松石丸和九味牛黄散，并根据身体情况在“如通”脉、手背六合脉处多次放血，无效时可用《后续部》中所示泄法下泄的临床思路。此外，记述了肝病18种分类法和除13种热性肝病外的“隆”性肝病，肝衰病、湿寒肝病、“朗勾”肝病、寒胀肝病的治疗法，认为在其中二十五味松石丸中加入法药和豆蔻的二十七味松石丸有效，而寒性偏盛的肝病可连服安置精华散，并在肝穴进行火灸。断后治疗则采取黎明时分服用三果药油加味剂的治疗法。

བོད་ཀྱི་གསོ་རིག་ཀུན་བཏུས་བསྟུད་སྒྲིག་མ་ལས། པོད་དོན་བདུན་པའི་ནང་དུ་བཞུགས།

在《〈藏医药大典〉续编（61—80）》中的位置：收载于第七十七卷

ཚན་པ་གསུམ་པ། བསྟོད་པ་དཔོན་ཚང་བརྒྱུད་པའི་བྱ་འདྲེའི་བཅོས་སོགས།

第三篇 《多巴奔仓所传小儿鸟头鬼疗法》

མཚན་བྱང་ཆ་ཚང་། བསྟོད་པ་དཔོན་ཚང་བརྒྱུད་པའི་བྱ་འདྲེ། རྒྱ་དྲེག འཁྲུམས་བཅོས་བཤལ་གློ་བའི་བཅོས། བྲུམ་མ་སྐྱེ་ཐབས་ཚ་ཆུའི་གདམས་པ་དང་གཞན་ཡང་བཅོས་མང་བ་བཞུགས་སོ། །

全名：《多巴奔仓所传小儿鸟头鬼、痛风、疠病疗法、肺脓泄疗法、产妇分娩法、热性黄水疗法》

རྩོམ་པ་པོ། དཔོན་ཚང་ཡེ་ཤེས། སྤྱི་ལོ་༡༦༧༠ལོར་དབུས་གཙང་མལ་གྲོ་གུང་དཀར་གྱི་འབྲི་གུང་ཀ་ཚལ་དུ་སྐུ་འཁྲུངས།

作者：奔仓益西，1670年生于卫藏墨竹工卡直贡嘎才。

མ་ཡིག ལག་བྲིས། ཡིག་གཟུགས་དབུ་མེད། ཤོག་ངོས་རེར་ཐིག་ཕྲེང་དྲུག ཐིག་ཕྲེང་རེར་ཡིག་འབྲུ་ཉེར་བདུན། ཁྱོན་བསྡོམས་ཤོག་ངོས་ཉེར་དྲུག་བཞུགས།

母本：手写本，草书体，每页6行，每行27字，共26页。

ནང་དོན་གནད་བསྡུས། གཞུང་འདི་ནི་ཆུ་ནད་དང་ཚད་པ། སྲོག་རླུང་སོགས་ཀྱི་གསོ་བཅོས་མན་ངག་བཅུ་གཅིག་ཕྱོགས་གཅིག་ཏུ་བསྡུས་ཏེ་བསྒྲིགས་པ་ཞིག་སྟེ། དེ་ཡང་དང་པོ་ཆུ་ནད་གསོ་བར་ཆུ་ནད་གློ་དང་བསྟོངས་པ་དང་ཕོ་བར་འཁྲིལ་བ་གཉིས་ཀྱི་བཅོས་ཐབས་དང་། ཆུ་སྦྱོངས་ཀྱི་ལག་ལེན་བསྟན། གཉིས་པ་བྲུམ་མ་བུ་སྐྱེ་བའི་ཐབས་སུ་ཟ་ཡིག་དང་སྔགས། སྨན་བཅས་དྲིལ་ནས་ཁྲུར་མིད་བྱས་པས་བུ་དང་ཤ་མ་སོགས་ཕྱིར་ཐོན་ཡོང་བའི་ཐབས་ལག་ཐླངས་བདེ་བ་ཞིག་བསྟན། གསུམ་པ་ཚད་པ་གསོ་བར་སློབ་དཔོན་པདྨའི་གཏེར་ཁ་ལས་བྱུང་བ་མང་ར་དྲུང་འཚོ་བ་ནས་བརྒྱུད་པའི་ཚད་པ་ཆུ་བཤལ་གྱི་མན་ངག་ཟབ་ཁྱད་

ཅན་ཞིག་བསྟན། བཞི་པ་ཚ་ཆུ་དང་སྲོག་རླུང་གི་བཅོས་ཐབས་སུ་ཚ་ཆུ་ལམ་དུ་འདྲེན་པ་དང་སྲོག་རླུང་འཇོམས་པའི་གཉེན་པོ་ཁོང་སྨན་གྱི་གདམས་པ་འགའ་བསྟན། ལྔ་པ་བསྟོད་པ་དཔོན་ཚང་གི་ཆིག་བརྒྱུད་ཀྱི་ནང་དུ་སྣལ་བ་ཕོ་རོག་གམ་སྦལ་བ་ཕོ་རོག་གི་བསྲུང་བ་དང་། གསོ་བ། ཡོག་གནོན་བཅས་ཀྱི་ལག་ལེན་གྱི་རིམ་པ་བསྟན། དྲུག་པ་རྩ་ཆེན་གྱི་ཁྲག་གཅོད་ཐབས་ལ་རྒྱ་མཚོ་གནས་སུ་བསྐྱིལ་བ་དང་། ཁོང་ཆུ་ཡོགས་སུ་བསྒྱུར་བ། འཛག་པ་ཕྱི་ནས་བསྡོམ་པ། འཕྲང་སྒོ་རགས་ཀྱིས་བསྡམས་པ་སོགས་རྣམ་པ་དྲུག་གི་སྒོ་ནས་ཁྲག་གཅོད་པའི་ཐབས་བསྟན། བདུན་པ་གློ་རྣག་དང་པགས་ནད་སོགས་གསོ་བར་གློ་རྣག་འདྲེན་བྱེད་ཀྱི་གཉེན་པོ་དང་གློ་རྣག་ཕྱུར་མས་དྲངས་ཐབས་ཀྱི་ལག་ལེན། པགས་ནད་དང་རྣ་བའི་ཟུག་གཟེར་འཇོམས་པའི་གཉེན་པོ་བཅས་བསྟན། བརྒྱད་པ་རྒྱ་དྲིག་གི་གདམས་པ་ཟབ་ཁྱད་ཅེས་པར་རྒྱ་དྲིག་གི་ངོས་འཛིན་དང་གནས་མི་འདྲ་བའི་ནད་གཞི་ལ་ཁ་བསྒྱུར་མི་འདྲ་བ་བསྟེན་དགོས་པའི་མན་ངག་བསྟན། དགུ་པ་བྱ་འདྲེའི་བཅོས་ཐབས་སུ་ཕོ་གདོན་མོ་གདོན་འདྲེ་གདོན་གསུམ་གྱི་སོ་སོའི་ནད་རྟགས་དང་། དེ་སོ་སོ་ལ་སྔགས་དང་སྨན་གྱི་བཅོས་ཐབས་བསྟན། བཅུ་པ་མཁལ་གྲུམ་དང་ཆུ་སེར་སོགས་བཅོས་པར་མཁལ་གྲུམ་གསོ་བའི་གཉེན་པོ་ཐེངས་ཆོག་མ་དང་། དྲིག་གྲུམ་ཆུ་སེར་སྦྱོང་བྱེད་ཀྱི་འཇམ་བཤལ་དང་ཆུ་བཤལ་ལག་ལྡངས་མ་བསྟན། བཅུ་གཅིག་པ་མགོ་རྨ་ཀླུམ་བཅོས་སུ་མགོ་རྨ་ལ་དྲ་བཅོས་སོགས་མི་དགོས་པར་རྩ་ཚད་འཕྱུད་ཅིང་གས་པ་སྦྱོར། ཆག་པ་འཁྲིག་ཅིང་ཀླད་པ་འཛག་པ་གཅོད་པའི་ཁོང་སྨན་ཁྲིད་པར་ཅན་ཞིག་བསྟན་ཡོད།

内容提要：此书对腹水病、热病、维命“隆”病等11种疾病疗法秘诀进行了汇编。第一为腹水病治疗，记述了“隆”性和淤积于胃两种腹水的疗法，以及腹水泄疗实践。第二为产妇分娩，记述了食符、咒语和药物混合吞服催产疗法。第三为热病疗法，记述了掘自莲花生伏藏承自芒拉仲措瓦的一种水泻疗法秘诀。第四热性腹水和维命“隆”疗法中记述了热性腹水引流和一些治疗维命“隆”对治口服药教诫。第五记述了多巴奔仓单传的“乃瓦普如”或“白巴普如”的预防、治疗和镇逆等经验。第六为大脉止血法，记述了蓄积于海、液体全部转变、渗漏从外阻断、用堤阻断通路等6种止血之法。第七为肺脓和皮肤病疗法，记述了引出肺脓的对治药和穿刺疗法实践，治疗皮肤病和耳痛的对治法。第八为痛风特殊疗法教诫，记述了痛风的诊断和不同部位病症的不同引药用法秘诀。第九为小儿鸟头鬼疗法，记述了男魔、女魔和“敦”魔三者的病症、咒疗和药物疗法。第十为肾痹和黄水等的疗法，记述了治疗肾痹的对治特效药，痛风、痹症和黄水的缓泻和水泻实践。第十一为头部创伤包缚法，记述了头部创伤免切割连接断脉、复位骨折和止脑漏的一种特效方药。

བོད་ཀྱི་གསོ་རིག་ཀུན་བཏུས་བསྟུད་སྒྲིག་མ་ལས། པོད་དོན་བདུན་པའི་ནང་དུ་བཞུགས།

在《〈藏医药大典〉续编（61—80）》中的位置：收载于第七十七卷

སྐབས་དོན་བཅུ་གཉིས་པ། དཔལ་བཟང་གི་ནད་ཐོག་ཉམས་ཡིག
第十二集　白桑临床医书

སྔ་རབས་སྨན་པ་རྣམས་ཀྱི་མན་ངག་ལག་ལེན་ཟབ་མོ་དང་ཁྱད་པར་དུ་རང་ཉིད་ཀྱི་ལག་ལེན་སྦྱོང་བྱང་རྣམས་ཕྱོགས་བསྒྲིགས་ཏེ་མན་ངག་རྒྱུད་ཀྱི་ནད་རིགས་ཞེ་དགུ་ལྷག་གི་དབྱེ་བ་དང་། ནད་བབས་དང་བསྟུན་ནས་གཉེན་པོ་གང་དགོས་འཕྲུལ་བའི་སྔོས་བཅོས་ཀྱི་ལག་ལེན། སྨན་གཏོང་བའི་ཚད། དེ་མིན་ཨ་རུ་བཅུ་དྲུག་དང་རིན་ཆེན་སྦྱོར་བ་ལྔ་བུ་ཕན་ནུས་ཆེ་བའི་སྨན་སྦྱོར་རྣམས་ཚན་པ་གཅིག་ཏུ་བཀོད་ཡོད།

将历代名医的秘诀实践以及作者的实践经验进行总结后将对《秘诀部》中49种疾病分类、对治病症的特色疗法实践、用药剂量以及如十六味诃子散和珍宝方等的功效汇编后收录于1篇。

ཚན་པ་དང་པོ། ཕན་བདེའི་འབུམ་ཕྲག་གི་ཁ་བསྐོང་།

第一篇 《十万利乐精粹补充》

མཚན་བྱང་ཆ་ཚང་། གཅེས་བསྡུས་ཕན་བདེའི་འབུམ་ཕྲག་གི་ཁ་བསྐོང་རིན་ཆེན་འཕྲེང་མཛེས་ཞེས་བྱ་བ་བཞུགས་སོ། །

全名：《十万利乐精粹补充·珍宝美串》

རྩོམ་པ་པོ། ཤྲཱི་ཛྙ་དྲའམ་དཔལ་བཟང་། དུས་རབས་བཅུ་བདུན་པའི་ནང་དབུས་གཙང་དུ་སྐུ་འཁྲུངས།

作者：谢巴扎，又名白桑，7世纪生于卫藏。

མ་ཡིག ལག་བྲིས། ཡིག་གཟུགས་དབུ་མེད། ཤོག་ངོས་རེར་ཐིག་ཕྲེང་བཅུ་གསུམ། ཐིག་ཕྲེང་རེར་ཡིག་འབྲུ་སོ་དྲུག ཁྱོན་བསྡོམས་ཤོག་ངོས་ཞེ་དྲུག་བཞུགས།

母本：手写本，草书体，每页13行，每行36字，共46页。

ནང་དོན་གནད་བསྡུས། གཞུང་འདི་ནི་གཅེས་བསྡུས་ཕན་བདེའི་འབུམ་ཕྲག་ལ་ཁ་སྐོང་གི་ཚུལ་དུ་མཛད་པ་ཞིག་སྟེ། གཅེས་བསྡུས་ཕན་བདེའི་འབུམ་ཕྲག་ཏུ་སྨན་རའི་ལྷན་ཐབས་དང་བྱེ་བ་རིང་བསྲེལ་ནས་སྦྱོར་སྡེ་རེ་གཉིས་ཙམ་མ་གཏོགས་བླངས་མེད་པ་ལ། རྩོམ་པ་པོས་སྦྱོར་སྡེ་གཞན་རྣམས་གློ་བུར་དུ་དགོས་ཆེ་དཔེ་ལ་ལུས་ནས་དགོས་དུས་སླེབ་པ་དཀའ་སྙམ་ནས། གཞུང་དེ་གཉིས་ཀྱི་སྦྱོར་སྡེ་མ་ཚང་བ་རྣམས་དང་གཞན་ཡང་རང་ཉིད་ཀྱིས་ལག་ལེན་ཡང་ཡང་བྱས་པའི་ལག་ལེན་གདེང་ཁེལ་གྱི་རིགས་རྣམས་ཉུང་ངུར་བསྡུས་ནས་ཧོར་ཟླ་བདུན་པའི་གྲངས་ལྡན་ཡར་ངོ་ཚེས་བརྒྱད་ལ་མགོ་བཙམས་ཏེ་ཚེས་བཅུ་དགུ་ལ་རྫོགས་པར་བྲིས། གཞུང་ཡོངས་ལ་ལེའུ་ང་གཉིས་ཏེ། ལེའུ་དང་པོ་ནས་ལྔ་བཅུའི་བར་རླུང་མཁྲིས་བད་ཀན་འདུས་པ་དང་ཚ་བ་སྤྱི་བཅོས། རིམས་ཚད། འབྲུམ་པ། རྒྱུ་གཟེར། ཁ་ཕྱོག ཆམ་པ། སྐྱ་རབ་སོགས་རྒྱུ་ནད་རིགས། དྲེག་གྲུམ་གག་

ལྷོག གཉན་ནད་ཚེར་ལྷོག སྲིན་བུ་སྣང་ཐབས། རྨ་རིགས་སྤྱི་དང་ཁྱེ་བྲག་མེ་རྨ། སྦྱར་དུག་ལ་སོགས་དུག་རིགས་རྣམ་ལྔ། གཞན་ཡང་ཐོར་བའི་ནད་དང་ལུས་སྟོད་ཀྱི་ནད། དོན་སྣོད་ཀྱི་ནད། ནུ་མའི་ནད། རིམས་བསྲུང་དང་ཚེ་བསྲིང་བཅུད་ལེན་སོགས་ནད་བྱུང་བ་བཅོས་པ་དང་མི་འབྱུང་བསྲུང་བའི་ལག་ལེན་གདེང་འཁེལ་བཀའ་གཏད་ཐོབ་པའི་སྨན་སྦྱོར་རྣམས་རེ་རེ་བཞིན་རྒྱས་པར་བསྟན་ཡོད། ཕྱི་མའི་ལེའུ་གཉིས་ལ་གོང་དུ་མི་ཐེ་བའི་སྔོང་བྱང་གདེང་ཁེལ་གྱི་སྨན་སྦྱོར་སེ་འབྲུ་བདེ་བྱེད་ཀུན་ལྡན་དང་། ཨ་རུ་བཅུ་དྲུག སེ་འབྲུ་བཅུ་བཞི། གར་ནག་བཅུ་གཅིག་སོགས་ཁོང་སྨན་དང་། མིག་ནད། སྐྱ་རབ། འོར་ནད་སོགས་ལ་སྦྱོར་པའི་ཕྱི་བཀོལ་གྱི་རིགས། རིན་ཆེན་སྦྱོར་བ་དང་། རེག་དུག་འགོས་ནད་གསོ་བའི་ཁ་ཆེ་ལུགས་ཀྱི་ཁོང་སྨན་སོགས་གསལ་བོར་བསྟན་ཡོད།

内容提要：此书是作者对《十万利乐精粹》所做的补充。《十万利乐精粹》中只摘录有《萨热补遗》和《秘诀千万舍利》个别方药，为了便于查阅，作者将未收录的方药和自身反复实践的有效方剂整理后对《十万利乐精粹》进行了补充。全书分52章，第一章至第五十章为“隆”“赤巴”“培根”病聚合病、总热症、瘟热、痘疮、肠痢、转筋、感冒、灰色浮肿等腹水类、痛风、湿痹、白喉、炭疽、痨病刺疽、“蛙”绞痛症、创伤和烧伤、合成毒等五类毒病的治疗方剂。此外，还有对杂病和上体病、脏腑病、乳房病、防瘟的治疗和延年益寿、滋补身体、未病预防的实践验方。最后两章对未能纳入以上章节的验方石榴普安散、十六味诃子散、十四味石榴散、十一味冰片散等口服方药以及眼病、灰色浮肿、下坠水肿等的外用药，珍宝方，治疗触毒、传染性疾病的克什米尔方药等进行了记述。

བོད་ཀྱི་གསོ་རིག་ཀུན་བཏུས་བསྡུད་སྒྲིག་མ་ལས། པོད་དོན་བདུན་པའི་ནང་དུ་བཞུགས།

在《〈藏医药大典〉续编（61—80）》中的位置：收载于第七十七卷

སྐབས་དོན་བཅུ་གསུམ་པ། སི་ཏུ་ཆོས་ཀྱི་འབྱུང་གནས་ཀྱི་ནད་ཐོག་ཉམས་ཡིག

第十三集　司徒·曲吉君乃临床医书

འགྲོ་ཀུན་འབྲུམ་བུའི་ནད་ཀྱི་སྡུག་བསྔལ་རྒྱ་འབྲས་ལས་གྲོལ་ཏེ་ཐར་པ་མཆོག་གིས་འཚོ་གྱུར་བའི་ཆེད་འབྲུམ་བཅོས་ཕན་བདེ་མྱུར་སྟེར་དང་། འབྲུམ་བཅོས་ཀྱི་ལག་ལེན་བརྗེད་ཐོ་ཅུང་ཟད་སྟེ་ཚན་པ་གཉིས་སུ་བཀོད་ཡོད།

收录由司徒·曲吉君乃为了众生能脱离痘疹疾苦得以生存而专门编著的《痘疮疗法·利乐》《痘疮疗法备忘录》2篇。

ཚན་པ་དང་པོ། འབྲུམ་བཅོས་ཕན་བདེ་མྱུར་སྟེར།

第一篇　《痘疮疗法·利乐》

མཚན་བྱང་ཆ་ཚང་། འབྲུམ་བཅོས་ཕན་བདེ་མྱུར་སྟེར་ཅེས་བྱ་བ་ལེགས་པར་བཞུགས་སོ། །

全名：《痘疮疗法·利乐》

རྩོམ་པ་པོ། སི་ཏུ་ཆོས་ཀྱི་འབྱུང་གནས། སྤྱི་ལོ་༡༧༠༠ལོར་མདོ་སྟོད་སྡེ་དགེ་དིང་རིང་སྒང་དུ་སྐུ་འཁྲུངས།

作者：司徒·曲吉君乃，1700年生于多堆德格当让岗。

མ་ཡིག ལག་བྲིས། ཡིག་གཟུགས་དབུ་མེད། ཤོག་ངོས་རེར་ཐིག་ཕྲེང་དྲུག ཐིག་ཕྲེང་རེར་ཡིག་འབྲུ་ཞེ་གཉིས། ཁྱོན་བསྡོམས་ཤོག་ངོས་ཉེར་གཉིས་བཞུགས།

母本：手写本，草书体，每页6行，每行42字，共22页。

ནང་དོན་གནད་བསྡུས། གཞུང་འདི་ནི་མི་རྗེ་ཆོས་ཀྱི་རྒྱལ་པོའི་བཀའ་གནང་ལྟར་སི་ཏུའི་མིང་ཅན་གྱིས་ལྷུན་གྲུབ་སྟེང་གི་ཆོས་གྲྭ་ཆེན་པོ་རུ་དཔལ་ལྡན་རྒྱུད་དང་དེའི་ལྷན་ཐབས་ཉིད་གཞིར་བཞག་གཞུང་གདམས་གཞན་ནས་ཁ་བསྐང་སྟེ། གསང་བ་མན་ངག་རྣམས་ཀྱང་མཆན་བུས་གསལ་བཤད་བྱས་ནས་བཀོད་ཡོད་པ་ཞིག་སྟེ། འབྲུམ་བུའི་ནད་ཀྱི་རྒྱུ་རྐྱེན་ནི་རིམས་ནད་སྤྱིའི་རྒྱུ་རྐྱེན་དང་འདྲ་བར་གསུངས་ལ། དབྱེ་བ་ལ་གཙོ་བོའི་སྒོ་ནས་དཀར་ནག་གཉིས་དང་། དཀར་པོ་ལ་ཤ་ར་སྐྱ་ཤར། ཞོག་མགོ་སྤྱི་བླུམ། སིབ་བུ་ཀོབ་ཅེ་བཅས་གསུམ་དང་། ནག་པོ་ལ་གླང་གཉའ། ཁྲག་སྐམ་རྩེལ་ཏེ། ཟངས་གཟེར་སྦུ་གུ་ཅན་གསུམ་བཅས་དྲུག་ཏུ་བསྟན་ལ། གཞན་སྨན་ལུག་བཙན་ལུག་སོགས་ནི་འབྲུམ་པ་དངོས་ཀྱི་དབྱེ་བ་མ་ཡིན་པར་གསུངས། འབྲུམ་བུའི་ནད་རྟགས་ལ་སྤྱི་དང་བྱེ་བྲག་བབ་ས་གནས་ཀྱི་སྒོ་ནས་དོན་སྙིང་དང་གློ་བ། མཆིན་པ། མཁལ་མ། སྣོད་རྒྱུ་མ་དང་མཁྲིས་པ། ལྒང་པ་བཅས་ལ་བབས་པའི་ནད་རྟགས་རེ་རེ་བཞིན་བསྟན་ཡོད། དེ་བཞིན་བཅོས་ཐབས་ལའང་སྤྱི་བཅོས་ལ་སྨན་སྔགས་ཟས་སྤྱོད་ཀྱི་གོ་རིམ་བཞིན་སྨན་གྱི་བཅོས་ལ་མ་སྨིན་སྤུ་སྒོ་དབྱེ་བ་དང་། ནད་རྒྱས་ཚ་བ་ཁོང་ནས་ཕྱི་ལ་དབུལ་བ། ཁོང་ཤོར་ཕྱི་རུ་དྲངས་པ། ཐ་མ་འབྲུམ་རྗེས་བསུབ་བྱེད་ཀྱི་སྨན་སྦྱོར་སོ་སོ་མང་དུ་བསྟན་ཡོད་པ་མ་ཟད། སྔགས་དང་ཟས་སྤྱོད་ཀྱི་བཅོས་ཐབས་ལག་ལེན་ཀྱང་ཞུང་བསྡུས་ཙམ་བཀོད་ཡོད། བྱེ་བྲག་གི་བཅོས་ཐབས་ལ་དཀར་ནག་བྱེ་བྲག་གི་དབྱེ་བ་དྲུག་དང་བབ་ས་གནས་ཀྱི་དབྱེ་བ་དགུ་བོ་ལ་སོ་སོའི་ཐུན་མོང་མ་ཡིན་པའི་སྨན་གྱི་བཅོས་ཐབས་བསྟན་ཡོད་དོ། །

内容提要：此书由司徒·曲吉君乃以《四部医典》和《秘诀续补遗》为基础，以其他著作中的教诫为补充，以附注的形式对各类秘诀所进行的说明。完成地点为伦珠大经院。书中认为，痘疮可分为黑白痘，病因与瘟病总因相同。白痘分为“夏拉加夏”痘、盔状痘、麻疹厚痘3种，黑痘分为牛颈样痘、干血虱痘、管状铜钉痘3种。痘疮的病症有总症和落于具体部位即心、肺、肝、肾、小肠、胆、膀胱的症状，疗法依次为药、咒、饮食、行为起居总疗法。其中，药物疗法有未熟扩张毛孔、病盛期热从体内向外透发，内侵向外引出。最后对消除痘疮印的各类方药，咒疗，饮食起居疗法实践进行了简单记述，并针对黑白6种痘和9种不同部位病症的特效药物和疗法进行了记述。

བོད་ཀྱི་གསོ་རིག་ཀུན་བཏུས་བསྡུད་སྒྲིག་མ་ལས། ཕོད་དོན་བདུན་པའི་ནང་དུ་བཞུགས།

在《〈藏医药大典〉续编（61—80）》中的位置：收载于第七十七卷

ཆན་པ་གཉིས་པ། འབྲུམ་བཅོས་ཀྱི་བརྗེད་ཐོ་ཉུང་ངུ།

第二篇 《痘疮疗法备忘录》

མཚན་བྱང་ཆ་ཚང་། འབྲུམ་བཅོས་ཀྱི་བརྗེད་ཐོ་ཉུང་ངུ་བཞུགས་སོ། །

全名：《痘疮疗法备忘录》

རྩོམ་པ་པོ། སི་ཏུ་ཆོས་ཀྱི་འབྱུང་གནས། སྤྱི་ལོ་༡༧༠༠ལོར་མདོ་སྟོད་སྡེ་དགེ་དིང་རིང་སྒང་དུ་སྐུ་འཁྲུངས།

作者：司徒·曲吉君乃，1700年生于多堆德格当让岗。

མ་ཡིག སྒྲོག་པར། ཡིག་གཟུགས་དབུ་ཅན། ཤོག་ངོས་རེར་ཐིག་ཕྲེང་ཉེར་གསུམ། ཐིག་ཕྲེང་རེར་ཡིག་འབྲུ་བཅུ་དྲུག ཁྱོན་བསྡོམས་ཤོག་ངོས་དྲུག་བཞུགས།

母本：排印本，正楷体，每页23行，每行16字，共6页。

ནང་དོན་གནད་བསྡུས། གཞུང་འདི་ནི་རྒྱ་ནག་གི་ལུགས་དང་འབྲེལ་ནས་འབྲུམ་བུའི་ནད་ཀྱི་གསོ་ཐབས་སྟོན་པ་ཞིག་སྟེ། གཞུང་སྤྱི་ལ་འབྲུམ་བུའི་ནད་བསྔོས་པ་ཐར་བར་བྱེད་པ་དང་ནད་མངོན་དུ་གྱུར་པ་གསོ་བའི་ཐབས་གཉིས་བསྟན། དེ་ལས་དང་པོ་ནད་འགོས་པ་ཐར་བར་བྱེད་པ་ནི་ཐོག་མའི་ཞག་བདུན་ཕྲག་གསུམ་གྱི་བར་དུ་འབྲས་ཆན་དང་། རྩམ་ཟན། དྲལ་ཐུག་དང་། ཇ་ཐང་སོགས་ཚ་སྦྱོར་མེད་པ་ཁོ་ན་ལས་ལན་ཚ་སྐྱོ་དང་དུལ་སྦྱར་མར་ཐུད་ཤ་ཆང་འོ་མ་སོགས་ལ་ལེགས་པར་འཛེམ། དེའི་མཚམས་ནས་འབྲུམ་སྐྲོགས་སོགས་སྨན་སྣ་བཞི་ལས་གྲུབ་པའི་ཕྱེ་མ་ནད་པའི་སྣ་བུག་ཏུ་བཅུག་པས་ཐར་བར་འགྱུར་བ་དང་། འགའ་རེ་དེས་མ་ཐུབ་

པར་ནད་མངོན་པར་གྱུར་པ་ལ་ཐོག་མར་གསོ་དཀའ་སླ་དང་རུང་མི་རུང་ལ་བརྟག་དགོས་ཏེ། ཁྲག་ཏུ་འབྲུ་བ་དང་། གླང་གཉའི་རིགས་གསོར་རུང་བར་མཐོང་ཞིང་། འབྲུམ་སྨྱོན་ཇེ་ཇེ་ཧོ་ལ་གྲགས་པ་སོགས་ནི་གསོར་མི་རུང་བ་ངེས་ཅན་དང་། ཐོག་མ་ནས་རྩ་ཕྱུན་མཁྲང་མགྱོགས་པར་རྒྱུ་ཞིང་ཐང་ལྷོད་མི་བྱེད་པ་ནི་བཅོས་སུ་རུང་བ་ལྟར་སྣང་ཡང་ཤིན་ཏུ་གསོ་དཀའ་བ་སོགས་སྤང་བླང་ལ་ལེགས་པར་བརྟག་རྗེས། ཁོང་དུ་བསྡུས་ཐང་དྲོན་མོ་བསྟེན་པ་དང་ལུས་ལ་གོས་ཀྱིས་བྱིབས་ནས་རླུང་དང་བསེར་བུས་སྐད་ཅིག་ཀྱང་མ་ཕོག་པར་སྤྱོད་ལམ་དྲོད་ལ་བསྐོར་བ་སོགས་ཀྱིས་བ་སྤུའི་སྒོ་ཕྱེ་སྟེ་འབྲུམ་པ་ཕྱིར་ཐོན། དེས་ཀྱང་མ་ཐོན་ན། ཁྲག་མཁྲིས་གཉན་ཤས་ཆེ་ཆུང་ལ་དཔག་ནས་གཉན་ཤས་ཆུང་ན་འབྲི་གུང་ལུགས་ཀྱི་རྡོ་སྨན་ལ་རྩ་ཁ་བསྡོམས་བྱེད་རྣམས་བསྲེས་ནས་ཐུན་ཆུང་ཆང་ཞིམ་ཅུང་ཟད་ཀྱིས་ཕུལ་ནས་ལན་ཁ་ཡར་བཏང་། གཉན་ཤས་ཆེ་ན་ལྷན་ཐབས་ནས་བཤད་པའི་རྩི་སྨན་དང་། རྡོ་རྩི་འདྲེས་མའི་སྦྱོར་བ་བཏང་བས་ཐོན། དེ་ནས་ཐོན་པའི་རྟགས་དང་དེ་དུས་སེར་པོ་དགུ་སྦྱོར་གྱི་བཤལ་བྱ་བའི་ལག་ལེན། འབྲུམ་པ་རྫོགས་པའི་དུས་སུ་སྤྱོད་ལམ་སོགས་ཀྱི་རྐྱེན་གྱིས་སྐྱོན་གཞན་བྱུང་བ་བསལ་ཐབས། འབྲུམ་པའི་རྗེས་གཅོད་སོགས་འབྲུམ་བུ་བཅོས་པའི་ལག་ལེན་གྱི་རིམ་པ་ཤིན་ཏུ་ཞིབ་རྒྱས་སུ་བཀོད་ཡོད།

内容提要：此文结合中医药学理论阐述了痘疮的疗法。书中记述了痘疮的潜伏期疗法和发病期疗法。潜伏期时，前三周，食用再煮米、糌粑煮食、麦片粥、茶等无盐饮食，忌食盐、变质蔬菜、酥油茶点、肉、酒、牛奶，期间将痘痂等四味药磨粉放入鼻腔。发病期，首先应判定治疗难易程度，便血和牛颈样痘类为易治类，疯痘“哲哲霍”等为不可治类，脉象短促、实、疾，脉无弦松为难治类。内服煎汤、外裹衣物，使毛孔张开以透痘疹。此法无效时，则诊察血“赤”病强弱。如病势弱，可用直贡派石药加入封闭毛孔的药材以少量酒送服，病势强时则用《补遗》中精华药，精石混合药治疗。此外，对治愈的症状，九味黄药散泻疗实践，痘疮治疗过程中由于行为起居等所引发的其他病症的疗法，痘疹的善后调理等进行了记述。

བོད་ཀྱི་གསོ་རིག་ཀུན་བཏུས་བསྒྲུད་སྒྲིག་མ་ལས། པོད་དོན་བདུན་པའི་ནང་དུ་བཞུགས།

在《〈藏医药大典〉续编（61—80）》中的位置：收载于第七十七卷

སྐབས་དོན་བཅུ་བཞི་པ། སྡེ་དགེ་བྱུང་མཚོ་བསོད་ནམས་ཀྱི་ནད་ཐོག་ཉམས་ཡིག

第十四集 德格忠措·索南临床医书

སྡེ་དགེ་བྱུང་མཚོ་བསོད་ནམས་ཀྱིས་ཕྱི་མ་རྒྱུད་ཀྱི་ཞི་བྱེད་སྨན་གྱི་སྦྱོར་བ་ལས་རྒྱུན་མཐོང་ནད་རིགས་ལ་ལག་བླངས་བདེ་བའི་སྦྱོར་བ་དག་ཁོལ་དུ་ཕྱུང་སྟེ་དེ་དག་གི་སྦྱོར་ཚད་སོགས་ཀྱི་ལག་ལེན་གྱི་རིམ་པ་དང་། རང་ཉིད་ལ་མྱོང་བཙོས་ལག་ལེན་ཁྱད་པར་ཅན་ལྡན་པའི་མཚོན་རྨ་དང་པགས་ནད་སོགས་ཀྱི་བཅོས་ཐབས་རྣམས་ཀྱང་བསྒྲིགས་པའི་གསོ་བ་རིག་པའི་མན་ངག་གཅེས་བསྡུས་ངོ་མཚར་ནོར་བུའི་དགའ་སྟོན་ཏེ་ཚན་པ་གཅིག་ཏུ་བཀོད་ཡོད།

收录德格忠措·索南将《后续部》平息方中常见病简易方进行挖掘后对其剂量等配制过程，极具自身特色的外伤和皮肤病等疗法实践进行汇编的《医学秘诀精编·奇妙珍宝喜宴》1篇。

ཚན་པ་དང་པོ། ངོ་མཚར་ནོར་བུའི་དགའ་སྟོན།

第一篇 《奇妙珍宝喜宴》

མཚན་བྱང་ཆ་ཚང་། གསོ་བ་རིག་པའི་མན་ངག་གཅེས་བསྡུས་ངོ་མཚར་ནོར་བུའི་དགའ་སྟོན་ཞེས་བྱ་བ་བཞུགས་སོ། །

全名：《医学秘诀精编·奇妙珍宝喜宴》

རྩོམ་པ་པོ། སྡེ་དགེ་དྲུང་འཚོ་བ་བསོད་ནམས། མདོ་སྨད་སྡེ་དགེར་སྐུ་འཁྲུངས།

作者：德格忠措·索南，生于多麦德格。

མ་ཡིག ལག་བྲིས། ཡིག་གཟུགས་དབུ་མེད། ཤོག་ངོས་རེར་ཐིག་ཕྲེང་དྲུག ཐིག་ཕྲེང་རེར་ཡིག་འབྲུ་ཉི་ཤུ། ཁྱོན་བསྡོམས་ཤོག་ངོས་ཉིས་བརྒྱ་དང་སོ་གཅིག་བཞུགས།

母本：手写本，草书体，每页6行，每行20字，共231页。

ནང་དོན་གནད་བསྡུས། གཞུང་འདི་ནི་མདོ་སྨད་སྡེ་དགེའི་དྲུང་འཚོ་བ་བསོད་ནམས་ཀྱིས་ཕྱི་མ་རྒྱུད་ཀྱི་ནང་དོན་གཙོ་བྱས་རྒྱུན་མཐོང་ནད་རིགས་འགའི་ལག་སླངས་ཀྱི་བཅོས་ཐབས་དག་ཕོལ་ཕྱུང་དུ་བཀོད་པ་ཞིག་སྟེ། གཞུང་སྤྱི་ལ་ལེའུ་བཅོ་ལྔ་ཡོད། དེ་ལས་ལེའུ་དང་པོ་ནས་བདུན་པའི་བར་ཐང་ཕྱེ་རིལ་བུ་སྨན་མར་ཁནྡ་སྨན་ཆང་བཤལ་བཅས་ལས་བྱུང་བའི་སྦྱོར་སྡེ་འགའ་དམིགས་སུ་བཏོན་ནས་སྦྱོར་བ་སོ་སོའི་སྦྱོར་ཚད་དང་ཕན་ནུས། སྨན་གྱི་འདུལ་ལུགས་བཅས་ཟུར་མཚན་དང་བཅས་ཏེ་རང་གི་མྱོང་བྱང་རྣམས་སྦྲ་གསང་མེད་པར་ལྷུག་པོར་བཀྲོལ་ཡོད། ལེའུ་བརྒྱད་པར་གཞུང་གི་དགོས་དོན་བདུད་རྩི་ལྔའི་ཁ་བསྒྱུར་དང་། མན་ངག་ཤོག་དྲིལ་སྐོར་གསུམ་དུ་བསྟན་པའི་བདུད་རྩི་ལྔའི་ཕན་ཡོན། སྨན་གྱི་འཁྲུངས་དཔེ་ལས་དྲངས་པའི་བདུད་རྩི་ལྔའི་བསླལ་ལུགས་དང་ཆུ་ལུམས་བྱ་ཐབས་སོགས་བསྟན་པ་དང་། ལེའུ་དགུ་བར་པགས་ནད་བཅོས་པའི་ཐུག་པ་རིག་པ་བདེ་སྙིད་དང་བྱང་སྨན་མཁས་པའི་ལུགས་ཀྱི་འབྲས་བཅོས་འགྱུར་ཆེན་རིག་པ་བདེ་སྙིད་བཅས་ཀྱི་སྦྱོར་བ་དང་ཕན་ནུས་བསྟན་ཡོད། ལེའུ་བཅུ་བར་མ་ནེ་དང་དཔུང་པ། གྲུ་མོ། མཁྲིག་མ། དཔྱི་མགོ། ལྷ་ང་། འགྲམ་པ་བཅས་ཀྱི་ཙུས་ཚིགས་བུད་པ་ཚུད་པའི་ཐབས་དང་། བདོགས་པའི་སྨན་པའི་ལུགས་ཀྱི་ཟངས་ཐལ་ཉི་ཤུའི་སྦྱོར་བ། བྱང་སྨན་ལུགས་ཀྱི་དོན་ཆ་ཁྲག་ཚད་གཅོག་པའི་ཨ་ཤ་དགུ་སྦྱོར་གྱི་སྦྱོར་བ་བཅས་བསྟན་པ་དང་། ལེའུ་བཅུ་གཅིག་པར་སྐྲངས་འཛོམས་ཀྱི་མན་ངག་ཐེར་བུ་ཁ་ཤས་ཏེ་ཟུར་ལུགས་ཀྱི་སྐྲངས་འགྱུར་སྨན་སྦྱོར་འགྱུར་སྨན་རིག་པ་ཟུག་ཞི་དང་། རྡྷ་ས་མིའི་འགྱུར་སྨན་རྡོ་རྗེ་ཕ་ལམ་དང་སྐྲངས་

འཇོམས་ཨུ་པ་དེ་ཤ ཟུར་མཁར་ཆོས་རྗེའི་སྐྱངས་འདུལ་ཕྱུག་པ་སླེབ་ཆོག དྲང་སྲོང་མཉམ་ཉིད་རྡོ་རྗེའི་སྐྱངས་འཇོམས་རེག་པ་ཟུག་ཞི་བཅས་བསྟན་ཡོད། ལེའུ་བཅུ་གཉིས་པར་ཟེལ་གནོན་དུག་སྦྱོར་གྱི་སྦྱོར་བ་དང་ཕན་ཡོན་བཅས་བསྟན་ཡོད། ལེའུ་བཅུ་གསུམ་པར་རྨ་སྤྱིའི་སྨན་སྦྱོར་སོ་ལྔ་དང་། མཛེ་དང་ཤུ་བ་གསོ་བྱེད་ཀྱི་དངུལ་ཆུ་རིན་ཆེན་བཅོ་བརྒྱད་ཀྱི་སྦྱོར་བ། རྒྱ་ཐོར་བཅོས་པའི་བྱ་ཁྱུང་བཅུ་གསུམ། གཞན་ཡང་ཁྱི་སྦྲུལ་སྲིན་བུའི་སོ་རྨ་འཇོམས་བྱེད་ཀྱི་སྨན་སྦྱོར་དང་རུས་ཆག་འདུལ་སྨན་ཉི་མའི་སྙིང་པོའི་སྦྱོར་བ་དང་ཕན་ཡོན་བཅས་བསྟན་ཡོད། ལེའུ་བཅུ་བཞི་པར་མི་ཕྱུགས་ཀྱི་རྗེ་ཤུ་གསོ་བའི་གདམས་པ་མྱོང་གྲུབ་རེག་བྱ་བདེ་སྟེར་བསྟན། ལེའུ་བཅོ་ལྔ་པར་རྒྱ་ནས་བོད་དུ་བསྒྱུར་བའི་རེག་དུག་གསོ་བའི་གདམས་པ་ཁྱད་པར་ཅན་སོགས་ཞར་བྱུང་གི་ཚུལ་དུ་བཀོད་ཡོད་དོ། །

内容提要：此书对《后续部》所载常见疾病疗法进行了挖掘整理。全书共有15章。第一至第七章所编结合自身实践经验以旁注的形式对汤剂、散剂、丸剂、药油剂、膏剂以及泻疗中的一些方剂进行整理后对各方剂的剂量和功效，药材炮制等进行了注解；第八章对五味甘露的“卡居尔（引药）”，《三秘卷》中所述五味甘露的功效，《药材图鉴》中所述五味甘露药的发酵法和水浴法等进行了记述；第九章记述了治疗皮肤病的涂擦药“若巴德杰”和北派治疗“哲”病的贴膏“若巴德杰”的组方和功效；第十章记述了下颌、肩胛、肘、腕部、髋关节、髌骨、面颊骨等错位的复位法，“铎”医派二十味铜灰方，北派治疗脏器创伤清血热的九味阿哇方；第十一章记述了一些消肿零星秘方即宿喀派贴剂消肿止痛贴，达玛索木的金刚贴剂和“莪巴迪夏”消肿剂，宿喀曲吉的消肿涂擦剂，章松娘尼多吉的消肿止痛剂等；第十二章记述了六味震慑散的组方和功效；第十三章记述了治疗创伤的35味方药，治疗麻风和疱疹的十八味水银珍宝方的组方，治疗痤疮的十三味鹏鸟散，以及治疗犬、蛇、“蛀”虫叮咬伤的方药和治疗骨折的“尼美娘布”的组方和功效；第十四章记述了治疗人畜共患皮癣的教诫秘诀“若夏德代”，第十五章记述了从中原所传治疗触毒的各类特色教诫。

བོད་ཀྱི་གསོ་རིག་ཀུན་བཏུས་བསྟུད་སྒྲིག་མ་ལས། པོད་དོན་བདུན་པའི་ནང་དུ་བཞུགས།

在《〈藏医药大典〉续编（61—80）》中的位置：收载于第七十七卷

སྐབས་དོན་བཅོ་ལྔ་པ། གླིང་སྨན་བཀྲ་ཤིས་འབུམ་གྱི་ནད་ཐོག་ཉམས་ཡིག

第十五集　林曼·扎西本临床医书

ཉེས་གསུམ་གྱིས་བསྐྱེད་པའི་ནད་རིགས་སྣ་ཚོགས་ལ་བྱང་ལྷོ་གཉིས་ཀྱི་ལག་ལེན་ཇི་སྙེད་ཡོད་པའི་ནང་ནས་ཉེ་བར་མཁོ་བ་རྣམས་དང་། རང་གི་བླ་མ་སི་ཏུ་རིན་པོ་ཆེའི་གསུང་རྒྱུན་བཅས་ལས་ངེས་པ་ཅིག་ཆོད་ཀྱི་སྦྱོར་བ་ཉིས་བརྒྱ་དང་བཅུ་བདུན་ལྷག་བསྟན་པའི་གཅེས་པར་བཏུས་པ་འཆི་མེད་བུམ་བཟང་དང་། སློབ་དཔོན་སི་ཏུ་པཎ་ཆེན་གྱི་ཞལ་རྒྱུན་དང་གླིང་སྨན་བཀྲ་ཤིས་འབུམ་རང་གི་ཉམས་མྱོང་ཟུང་དུ་འབྲེལ་ནས་ནད་ཐོག་བརྟག་བཅོས་དང་སྨན་སྦྱོར་ལག་ལེན་ཁྲོད་ཀྱི་གནད་རྣམས་ཚིག་ཉུང་དོན་འདུས་ཀྱིས་མ་གསང་མ་སྦས་པར་བྲིས་པ་གང་བློའི་ཚུལ་དུ་བཀྲོལ་བའི་ཞལ་ཤེས་འཆི་མེད་མཛེས་པའི་ཟེར་ཕྲེང་སྟེ་ཚན་པ་གཉིས་སུ་བཀོད་ཡོད།

收录精选南北二派治疗三邪引发各类疾病的实践和其恩师司徒仁波切教诫中217种有效方剂进行汇编的《长寿宝瓶》以及结合司徒班钦的口传教诫和林曼扎西本自身实践经验对方剂的要点言简意赅地进行编著的《长寿美丽光串》2篇。

ཚན་པ་དང་པོ། འཆི་མེད་བུམ་བཟང་།

第一篇 《长寿宝瓶》

མཚན་བྱང་ཆ་ཚང་། གཅེས་པར་བསྟུས་པ་འཆི་མེད་བུམ་བཟང་ཞེས་བྱ་བ་བཞུགས་སོ། །

全名：《精粹·长寿宝瓶》

རྩོམ་པ་པོ། གླིང་སྨན་བཀྲ་ཤིས་འབུམ། སྤྱི་ལོ་༡༧༢༦ལོར་མདོ་སྟོད་སྡེ་དགེ་གླིང་ཚང་སྟག་སྐང་དུ་སྐུ་འཁྲུངས།

作者：林曼·扎西本，1726年生于多堆德格朗仓达岗。

མ་ཡིག ལག་བྲིས། ཡིག་གཟུགས་དབུ་མེད། ཤོག་ངོས་རེར་ཐིག་ཕྲེང་བདུན། ཐིག་ཕྲེང་རེར་ཡིག་འབྲུ་སུམ་ཅུ། ཁྱོན་བསྡོམས་ཤོག་ངོས་ཉིས་བརྒྱ་དང་ང་བརྒྱད་བཞུགས།

母本：手写本，草书体，每页7行，每行30字，共258页。

ནང་དོན་གནད་བསྡུས། གཞུང་འདི་ནི་ཀུན་མཁྱེན་སི་ཏུ་ཐམས་ཅད་མཁྱེན་པས་བསྐུལ་བ་ལྟར་རྩོམ་པ་པོ་དགུང་ལོ་དོན་གཉིས་མེ་སྤྲེལ་ཏེ་སྤྱི་ལོ་༡༧༦༧ལོར་བྲིས་པ་ཞིག་སྟེ། བསྟན་བཅོས་འདིའི་ནང་གཙོ་བོ་བརྒྱུད་པའི་བླ་མའི་ཁྱད་ཆོས་རིང་དུ་མ་དོར་བར་ཐང་ཕྲེ་གཉིས་ཀྱི་སྡེ་ཚན་ཞུང་བསྡུས་ཤིག་བསྟན་པ་དང་མུ་མཐུད་ནས་མན་ངག་རྒྱུད་ཀྱི་ཉེས་གསུམ་དང་། གཙོང་ནད་སྡེ་བཞི། གཉན་གཟེར་ཐུང་དང་གག་ལྷོག ལུས་སྟོད་ཀྱི་ནད། མཁལ་ནད་དང་རྒྱུ་མའི་མཁྲིས་སྐྲན། ཀྲུམ་བུ་དང་སྐྱིགས་བུ་སོགས་ཐོར་ནད་ཀྱི་རིགས། འབྲས་དང་རྐང་འབམ་སོགས་ལྷན་སྐྱེས་རྒྱ་ཡི་རིགས། བྱིས་པ་དང་མོ་ནད། གཟའ་གྲིབ། དུག་ནད་སོགས་ནད་རིགས་མང་པོ་ཞིག་གི་ཐུན་མོང་མ་ཡིན་པའི་བཅོས་ཐབས་ཕྱུག་ལེན་དག་གསལ་པོར་བཀོད་ཡོད་པ་མ་ཟད། ཅོང་ཞི་འཕྲུལ་ཐལ་ཆུང་འཁྱིལ་ཆེ་གསུམ་གྱི་བཟོ་ལུགས་སོགས་ལག་ལེན་གྱི་རིམ་པ་དང་ཕན་ནུས། ལྡེ་གུ་དང་སྨན་མར་གྱི་ལག་ལེན། སྨང་མའི་སྦྱུར་བཅོས་དགུའི་སྦྱོར་ལུགས། ཕྱི་བཀོལ་སྨན་གཉན་ནད་སྐྲངས་པ་འབུར་

འཇོམས་དང་བྱུགས་པ་རིག་པ་འབུར་འཇོམས་སོགས་ཀྱི་སྦྱོར་ཐབས་དང་ཕན་ཡོན། གཞན་ཡང་ཨ་རུ་རིགས་ལྔའི་རོ་ནུས་མདོག་དབྱིབས་སྦྱོར་ལུགས་སོགས་དང་། ཅོང་ཞི་རིགས་ལྔའི་མདོག་དབྱིབས་དང་ཐོན་ཁུངས། ཡན་ལག་ལྷུ་ཚིགས་ཤོར་བ་ཚུད་ཐབས། རུས་ཆག་བཅིང་ཐབས་སོགས་ཀྱང་ཁ་གསལ་དོན་འདུས་ཀྱི་སྒོ་ནས་བཀོད་ཡོད་དོ། །

内容提要：此书由林曼·扎西本在更钦司徒班钦的请授下于火蛇年，即1797年72岁之际所完成。书中作者在保持师承特色的基础上对汤、散剂内容进行了简要的记述，相继对《秘诀部》三邪病、四瘤疾、急痛疠、白喉、炭疽、上体病、肾病、小肠“赤巴”瘤、痹症、呃逆等杂病类，“哲”病和“冈斑”等自生疮类以及小儿病、妇女病、星曜病、毒病等诸多疾病的特效疗法进行了详尽的记述。此外，对大中小寒水石神灰的制法和功效，糊剂和药油剂的制法，酒糟的九酸制法，涂擦消肿的外用药的制法和功效以及五种诃子的味性、颜色、形状、制法等，五种寒水石的颜色、形状、来源，四肢关节错位的复位法，骨折的固定法等进行了记述。

བོད་ཀྱི་གསོ་རིག་ཀུན་བཏུས་བསྟུད་སྒྲིག་མ་ལས། པོད་དོན་བདུན་པའི་ནང་དུ་བཞུགས།

在《〈藏医药大典〉续编（61—80）》中的位置：收载于第七十七卷

ཚན་པ་གཉིས་པ། འཆི་མེད་མཛེས་པའི་ཟེར་ཕྲེང་།

第二篇　《长寿美丽光串》

མཚན་བྱང་ཆ་ཚང་། ཞལ་ཤེས་འཆི་མེད་མཛེས་པའི་ཟེར་ཕྲེང་བཞུགས་སོ། །

全名：《口传长寿美丽光串》

རྩོམ་པ་པོ། གླིང་སྨན་བཀྲ་ཤིས་འབུམ། སྐྱེ་ལོ་༡༧༢༦ལོར་མདོ་སྟོད་སྡེ་དགེ་གླིང་ཚང་སྟག་སྐང་དུ་སྐུ་འཁྲུངས།

作者：林曼·扎西本，1726年生于多堆德格朗仓达岗。

མ་ཡིག ལག་བྲིས། ཡིག་གཟུགས་དབུ་མེད། ཤོག་ངོས་རེར་ཐིག་ཕྲེང་བདུན། ཐིག་ཕྲེང་རེར་ཡིག་འབྲུ་སུམ་ཅུ། ཁྱོན་བསྡོམས་ཤོག་ངོས་དོན་དྲུག་བཞུགས།

母本：手写本，草书体，每页7行，每行30字，共76页。

ནང་དོན་གནད་བསྡུས། གཞུང་འདི་ནི་འཇམ་མགོན་སི་ཏུ་ཐམས་ཅད་མཁྱེན་གཟིགས་སོགས་ཀྱི་ཞལ་ལུང་མན་ངག་རྣམས་ཕྱོགས་གཅིག་ཏུ་བསྡུས་པ་ཞིག་སྟེ། ཐོག་མར་རེག་པ་རྩའི་སྐབས་ཀྱི་རྒྱུད་གྲགས་དང་དཔྱར་སྐད། མཐོང་བ་ཆུའི་སྐབས་ཀྱི་སྐྲན་ཐིག་ལྟ་བུས་མཚོན་རྩ་ཆུ་གཉིས་ཀྱི་མིང་དོན་གོ་དཀའ་བ་དང་ཕྱག་ལེན་གྱི་ཞལ་ཤེས་ཁྱད་པར་ཅན་རྣམས་འཕོད་ཡོད་ལ། དེ་བཞིན་ཐང་ཕྱེ་རིལ་བུ་དང་སྨན་མར། ཐལ་སྨན། སྨན་ཆང་སོགས་ལས་བྱུང་བའི་སྨན་སྦྱོར་འགའ་རེའི་ཐུན་མིན་གྱི་སྨན་ངོ་ངོས་འཛིན་དང་ཡང་ན་སྦྱོར་ཐབས། ཡང་ན་ནད་ལ་གཏོང་དུས་ཀྱི་ལག་ལེན་སོགས་ཞལ་ཤེས་ཁྱད་པར་ཅན་བསྟན་ཡོད་པ་མ་ཟད། བཤལ་དང་རྗེ་བྱུག་གི་ལག་ལེན། འཛེར་པ་དང་། མིག་ནད། རེག་དུག མགོ་རྨ། ཆུ་ནད། མཁྲིས་ནད། སྐྲན་ནད་སོགས་ནད་རིགས་མི་འདྲ་བ་བཅོ་ལྔ་ཙམ་བཅོས་པའི་སྐབས་ཀྱི་ཞལ་ཤེས་ཏེ་དཔེར་ན། མགོ་ཆག་སྐབས། ཤ་སྐྱོན་ལ་དོམ་མཁྲིས་དང་། རྩ་སྐྱོན་ལ་ཁ་ཆེ། རུས་སྐྱོན་ལ་མུ་ཏིག་གཏོང་དགོས་པ་ལྟ་བུ་རྣམས་དང་། མཇུག་ཏུ་ཐང་ཆེན་ཉེར་ལྔ་དང་སྤྲུ་ནག་ཉེར་དགུ་སོགས་སྨན་སྦྱོར་སུམ་ཅུ་ལྷག་གི་སྦྱོར་བ་དང་ཕན་ནུས། སེ་འབྲུ་བཞི་པ་རྒྱང་གཞི་བྱས་པའི་བརྒྱད་པའི་ཁ་སྐྱུར་མི་འདྲ་བ། ནུས་པ་མཚུངས་པའི་སྨན་རྫས་རྣམས་ཕྱོགས་གཅིག་ཏུ་བསྡུས་ནས་ཕན་ཚུན་གྱི་ཚབ་སྨན་དུ་གཏོང་རུང་བའི་གནས་ལུགས་སོགས་ལག་ལེན་ཐོར་བུ་རྣམས་གསལ་ཁ་དོད་པའི་སྒོ་ནས་བསྟན་ཡོད་པས་ཐུན་མིན་ལག་ལེན་གྱིས་ཕྱུག་པའི་གཞུང་གལ་ཆེན་ཞིག་ཏུ་མངོན།

内容提要：此书是对文殊司徒班钦等的口传秘诀进行的汇编。首先，对脉诊中的“将知”和“叶盖”，尿诊中的“占透”等脉尿二者中晦涩词义和特色口传实践进行了记述。其次，对汤、散、丸、药油、灰剂和药酒剂中一些药材的识别和配制法，对症用药实践等特色口传实践进行了记述，还对泻疗和石疗实践，肉疗、眼病、触毒、头部创伤、腹水、“赤巴”病、痞瘤等15种不同疾病治疗时的口传教诫。如头部骨折时，肌肉损伤用熊胆、脉损伤用红花、骨损伤用珍珠。最后，详细记述了二十五味大汤散和二十九味羌活散等30余种方剂的组成和功效，以四味石榴散为基础的八味石榴散的不同加味法，功效相近的药材进行汇集后可替代用药原理等实践。

བོད་ཀྱི་གསོ་རིག་ཀུན་བཏུས་བསྟུད་སྒྲིག་མ་ལས། པོད་དོན་བདུན་པའི་ནང་དུ་བཞུགས།

在《〈藏医药大典〉续编（61—80）》中的位置：收载于第七十七卷

སྐབས་དོན་བཅུ་དྲུག་པ། ཚེ་ཧྲུཾ་ཀརྨ་བསྟན་འཕེལ་གྱི་ནད་ཐོག་ཉམས་ཡིག

第十六集　才珍·噶玛丹培临床医书

འབྲུ་ཚེ་ཧྲུཾ་དགོན་གྱི་ཚེ་ཧྲུཾ་ཀརྨ་བསྟན་འཕེལ་གྱིས་ཕྱི་རབས་པ་དག་གི་ཆེད་དུ་གསོ་རིག་སྐྱེས་ཆེན་དམ་པ་དག་གི་དགོངས་བཅུད་ཕྱོགས་གཅིག་ཏུ་བསྡུས་ཏེ་མན་ངག་ཟློ་གསལ་དྲན་འཛིན་ལྕགས་ཀྱུ་ཞེས་པ་དང་དེའི་ནང་འཁོད་པའི་གསང་སྨན་གྱི་རིགས་རྣམས་ཁོལ་དུ་ཕྱུངས་ཏེ་སྨན་རྫས་སོ་སོའི་ངོས་འཛིན་དང་འབྱུང་ཡུལ། འདུལ་སྦྱོར། གབ་མིང་སོགས་རེ་རེ་བཞིན་གསལ་པོར་མཆན་གྱི་ཚུལ་དུ་བཀོད་པའི་མན་ངག་ཟློ་གསལ་དྲན་འཛིན་ལྕགས་ཀྱུའི་གསང་སྨན་ཞལ་ཤེས་འཁྲུལ་མེད་ཀྱི་དོན་རྣམས་ཚན་པ་གཉིས་སུ་བཀོད་ཡོད།

收录了才珍寺的才珍·噶玛丹培将一些医学名家的学术思想精华进行汇编的《明智秘诀·记忆铁钩》以及其中所载诸秘药进行筛选整理的药材的识别、来源、炮制、隐名等分别以注解的形式进行编著的《明智秘诀·记忆铁钩·秘药》2篇。

ཚན་པ་དང་པོ། མན་ངག་བློ་གསལ་དྲན་འཛིན་ལྕགས་ཀྱུ།

第一篇 《明智秘诀·记忆铁钩》

མཚན་བྱང་ཆ་ཚང་། མན་ངག་བློ་གསལ་དྲན་འཛིན་ལྕགས་ཀྱུ་ཞེས་བྱ་བ་བཞུགས་སོ། །

全名：《明智秘诀·记忆铁钩》

རྩོམ་པ་པོ། ཚེ་དྲུཾ་ཀརྨ་བསྟན་འཕེལ། རབ་བྱུང་བཅུ་གཅིག་པའི་སྟོད་ཙམ་དུ་མདོ་སྟོད་འཛོམ་མདའ་རུ་སྐུ་འཁྲུངས།

作者：才珍·噶玛丹培，十一胜生上叶生于多堆江达。

མ་ཡིག ལག་བྲིས། ཡིག་གཟུགས་དབུ་མེད། ཤོག་ངོས་རེར་ཐིག་ཕྲེང་ལྔ། ཐིག་ཕྲེང་རེར་ཡིག་འབྲུ་ཉེར་བདུན། ཁྱོན་བསྡོམས་ཤོག་ངོས་བཞི་བརྒྱ་དང་བཅུ་བཞི་བཞུགས།

母本：手写本，草书体，每页5行，每行27字，共414页。

ནང་དོན་གནད་བསྡུས། གཞུང་འདི་ནི་མན་ངག་རྒྱུད་ཀྱི་ལེའུའི་གོ་རིམ་བཞིན་རླུང་ནད་ནས་རོ་བཙའི་བར་གྱི་ནད་རིགས་དྲུག་ཅུའི་བཅོས་ཚུལ་གཙོ་བོར་སྟོན་པ་ཞིག་སྟེ། དེ་ཡང་ཉེས་གསུམ་གྱི་ནད་དང་། ཚ་བ་གཉན་རིམས་ཀྱི་ནད། དབང་པོའི་ནད། དོན་ལྔ་དང་སྣོད་དྲུག་གི་ནད། ཐོར་བུའི་ནད། ལྷན་སྐྱེས་རྨ། གདོན་ནད། མཚོན་རྨ། དུག་ནད་སོགས་ནད་རིགས་མང་པོའི་དབྱེ་བ་དང་། ཀྱུར་ཚུལ། གསོ་ཚུལ། གསོ་བྱེད་སྨན་ཐྱགས་སོགས་ལེའུ་བརྒྱ་དང་གསུམ་དུ་བསྡུས་ནས་མན་ངག་མང་པོ་སྦ་གསང་མེད་པར་བུམ་པ་གང་བྱོའི་ཚུལ་དུ་བསྟན་ཡོད་པ་དང་། ཁྱད་པར་དུ་སྟོན་བྱོན་མཁས་དབང་དག་གི་ཐུན་མོང་མ་ཡིན་པའི་སྨན་སྦྱོར་ཚེ་དྲུཾ་ལུགས་ཀྱི་སེ་འབྲུ་དར་གདུགས་ཅན་དང་སྤང་རྒྱན་བཅུ་བ། ཁ་ཆེ་མངོན་པར་དགའ་བའི་གསལ་བྱེད་ཉི་ཟླ་འཁོར་ལོ། དྭགས་པོ་སྨན་པའི་ལུགས་ཀྱི་ཟངས་ཐལ་ཉི་ཤུའི་སྦྱོར་བ་དང་ཁོང་ནད་གཅོང་རྣམས་སེལ་

བའི་མང་སྦྱོར་བཅོ་ལྔའི་སྦྱོར་བ། ཙྪ་ན་སྨྲི་ཏིའི་ལུགས་ཀྱི་སྤང་རྒྱན་ཉེར་ལྔ། ཚེ་དབང་ལུགས་ཀྱི་བདུད་རྩི་གསུམ་སྦྱོར། ལྷ་རྗེ་རྒྱ་བོ་ནས་བརྒྱུད་པའི་རོག་སྟོན་དཀོན་མཆོག་སྐྱབས་ཀྱི་རྩ་སྦྱོར་སོགས་ཀྱི་སྦྱོར་སྡེ་དང་ཕན་ནུས་སོགས་གསལ་པོར་བཀོད་ཡོད། གཞན་སྲིན་གྱི་སྔགས་དང་ཐབ་སྔགས། ཆུ་འགགས་ཀྱི་སྔགས། ཡིང་ཐོག་ཡིན་པའི་སྔགས་སོགས་སྔགས་བཅོས་ཀྱི་གདམས་པའང་མང་དུ་བསྟན་ཡོད་པ་མ་ཟད། འབམ་དཀར་ནག་ཁྲ་གསུམ་གྱི་བརྟག་བཅོས་དང་། འབྲས་ནད་བཅོས་པའི་ཡིག་ཆུང་། གྲུབ་ཆེན་ཨོ་རྒྱན་གྱི་གདམས་པ་ཟབ་མོ་ཁྱད་པར་ཅན། རྒྱལ་བ་རྒོད་ཚང་ལུགས་ཀྱི་ལྡོག་བཤལ། ཟུར་མཁར་བའི་ཁྱད་ཆོས་རིམས་བསྲུང་སྲོ་མ་ཧ་རི་དང་རིམས་བསྲུང་ཁྲི་ཆུ་རྫོང་ཆེན། དྲན་པ་ཉི་མ་འོད་ཟེར་གྱི་རིམས་བསྲུང་རྡོ་རྗེའི་གོ་ཁྲབ། སློབ་དཔོན་དཔའ་བོས་མཛད་པའི་གཟའི་བརྟག་པ་རྣོན་མོ་མཛུབ་ཚུགས་མ་སོགས་གསོ་རིག་སྐྱེས་ཆེན་དམ་པ་དག་གི་དགོངས་བཅུད་ཕྱོགས་གཅིག་ཏུ་བསྡུས་ཏེ་ཕྱི་རབས་པ་དག་གི་སྤྱན་ལམ་དུ་དྲངས་པ་ངོ་མཚར་ཆེད་དུ་བྱུང་ངོ་། །

内容提要：此书记述了《秘诀部》从“隆”病章到性保健章中的60类疾病疗法。书中将三邪病、疠瘟热病、五官病、五脏和六腑疾病、零星病、自生疮、“敦”、创伤、毒病等诸多疾病的分类、机理、疗法、治疗药咒等的诸多秘诀归结于103章进行了记述，尤其对名医才本的特效方药石榴宝散、十味龙胆花散，克什米尔达瓦翁嘎的明目日月轮，塔波医生的二十味铜灰丸和治疗内科痼疾的十五味芒觉散，杂那穆德的二十五味龙胆花丸，才昂的三味甘露散，传承自“加吾”医生的堆敦·贡觉嘉的草本方的组方和功效等进行了记述。此外，还记述了诸多“蛀”咒疗、灶咒、尿闭症咒疗、云翳疗咒等咒疗教诫，黑白花“斑”病诊疗，“哲”病治疗小册和珠钦邬金巴的特色教诫，杰巴郭仓的炭疽泻疗，宿喀的特色防瘟“索玛达日”和“辍其宗钦”，占巴尼玛奥赛的防瘟金刚铠甲，巴吾大师所著《星曜诊断锐指》等医学名家的学术思想进行了汇编。

བོད་ཀྱི་གསོ་རིག་ཀུན་བཏུས་བསྟུད་སྒྲིག་མ་ལས། པོད་དོན་བདུན་པའི་ནང་དུ་བཞུགས།

在《〈藏医药大典〉续编（61—80）》中的位置：收载于第七十七卷

ཚན་པ་གཉིས་པ། མན་ངག་བློ་གསལ་དྲན་འཛིན་ལྕགས་ཀྱུའི་གསང་སྨན།

第二篇 《明智秘诀·记忆铁钩·秘药》

མཚན་བྱང་ཆ་ཚང་། མན་ངག་བློ་གསལ་དྲན་འཛིན་ལྕགས་ཀྱུའི་གསང་སྨན་ཞལ་ཤེས་འཁྲུལ་མེད་བཞུགས་སོ། །

全名：《明智秘诀·记忆铁钩·秘药无误教诀》

རྩོམ་པ་པོ། ཚེ་ཧྲཱུྃ་ཀརྨ་བསྟན་འཕེལ། རབ་བྱུང་བཅུ་གཅིག་པའི་སྟོད་ཙམ་དུ་མདོ་སྟོད་འཛོ་མདའ་དུ་སྐུ་འཁྲུངས།

作者：才珍·噶玛丹培，十一胜生上叶生于多堆江达。

མ་ཡིག ལག་བྲིས། ཡིག་གཟུགས་དབུ་མེད། ཤོག་ངོས་རེར་ཐིག་ཕྲེང་དྲུག ཐིག་ཕྲེང་རེར་ཡིག་འབྲུ་ཉེར་བདུན། ཁྱོན་བསྡོམས་ཤོག་ངོས་དྲུག་བཞུགས།

母本：手写本，草书体，每页6行，每行27字，共6页。

ནང་དོན་གནད་བསྡུས། གཞུང་འདི་ནི་མན་ངག་དྲན་འཛིན་ལྕགས་ཀྱུའི་ནང་འཁོད་པའི་གསང་སྨན་གྱི་རིགས་རྣམས་ཁོལ་དུ་ཕྱུངས་ཏེ་སྨན་རྫས་སོ་སོའི་ངོས་འཛིན་དང་འབྱུང་ཁུངས། འདུལ་སྦྱོར། དངོས་མིང་སོགས་རེ་རེ་བཞིན་གསལ་པོར་མཆན་གྱི་ཚུལ་དུ་བཀོད་ཡོད་པ་ཞིག་སྟེ། དེ་ཡང་རླུང་བཅོས་སྐབས་ཀྱི་འབའ་ཆ་དང་། ཟན་དྲོན། ཀླུམ་ཉེའུ། འོ་མ་སྙིང་ཁྲག་སོགས་དང་། ཁྲག་གཅོད་སྐབས་ཀྱི་དཾ་དྲ་ཅན་དང་། ནམ་ག་ཆུང་། དམུ་ཆུ་སྐབས་ཀྱི་ལྷ་མོ་དར་འཕྱུར་དང་། གསེར་མཁྲིས་གཡུ་མཁྲིས། མིག་སྨན་སྐབས་ཀྱི་སྦོ་ཆོག་དང་། ལོང་བུ་མཛེ་སྣའི་རྗེ། རྒྱ་ཚ་དུད་སྦྱོར། སྐྱོ་བའི་སྐབས་ཀྱི་གཡུ་རལ་རྒྱས། ཐོད་ལེ་སླུག་པོ། མགོ་ཡི་སྐབས་ཀྱི་གསང་བ་སྨན་གཅིག རོ་འཛིན་ལྡན་མེད། ཆུ་སྦྱངས་སྐབས་ཀྱི་ཆབ་འདྲེན་དང་། གཡུ་འབྲུག་ཟེ་བ། ཆམ་པའི་སྐབས་ཀྱི་དྲི་བཟང་བཞི་དང་འདྲེན་པ་ཟླ་བྲལ་དང་། ཆུ་འགག་སྐབས་ཀྱི་སོ་བྱ་སྒྲོ་གཤོབ་དང་

ཐིལ་བ། དྲེག་ནད་སྐབས་ཀྱི་ཁྲག་ཁྲོག་པ་དང་། སྣག་ཚར། ལྷོགས་ནད་སྐབས་ཀྱི་སྟོབས་ལྡན་དཔའ་བོ་དང་། འཆི་མེད་དར་ཡ་ཀན། བསྐྱང་བ་ཐོད་སྦྱར་སྐབས་ཀྱི་དྲི་ཆེན་ཐོད་དམར་དང་ཞོ་སྨུག མོ་ནད་སྐབས་ཀྱི་མེ་ཏུ་མགོ། འབྱུང་གདོན་སྐབས་ཀྱི་བདེ་སྐྱེད་དང་གཅིན་སྣ་དྲུག སྨྱོ་བྱེད་སྐབས་ཀྱི་དར་ཡ་ཀན། གཞན་ཡང་ནི་ལ་ཐོ་ཚ་དང་ཁྲི་བདག་ལྷ་བུ་གབ་མིང་རིགས་ཀྱི་ངོས་འཛིན་སོགས་ལ་ཚིག་ཉུང་གོ་བདེའི་སྒོ་ནས་འགྲེལ་མཆན་བཀོད་དེ་གསང་བ་མན་ངག་གི་གནད་ཐམས་ཅད་གྲོལ་བར་བྱས་འདུག་གོ །

内容提要：此书对《明智秘诀·记忆铁钩》所记载的秘药类进行筛选整理并对每味药材的识别、来源、炮制、正名等进行了注解。对“隆”病治疗中的油渣、热糌粑、醪醅仁、“奥玛宁查”等，止血治疗中的“敦扎坚”“南嘎琼”，腹水治疗中的“拉姆达且”“赛赤冶赤”，眼药中的“莪却”“隆布佐那朵”“甲擦德觉”，肺病治疗中的“宇热杰”“托雷木布”，头病治疗中的“桑瓦曼久”“若曾兰美”，腹水下泄治疗中的“且占”“玉珠色瓦”，感冒治疗中的四芳香和“占巴达珠”，尿闭症治疗中的鸬鹚羽灰、“白哇”，痛风治疗中的“查辍巴”“达次尔”，皮肤病治疗中的“多丹巴吾”“曲美达亚甘”，预防“托居”方中的“智钦托玛尔”和“雪木”，妇科病治疗中的“美日郭”，邪魅病治疗中的“德杰”和六类尿，癫狂症治疗中的“达亚甘”等进行了注解。此外，对诸如“尼拉图查”和“曲德”等隐名类进行了言简意赅的注解，使秘诀要点得到了很好的解析。

བོད་ཀྱི་གསོ་རིག་ཀུན་བཏུས་བསྐྱར་སྒྲིག་མ་ལས། པོད་དོན་བདུན་པའི་ནང་དུ་བཞུགས།

在《〈藏医药大典〉续编（61—80）》中的位置：收载于第七十七卷

སྐབས་དོན་བཅུ་བདུན་པ། ཀརྨ་ཆོས་རྒྱལ་གྱི་ནད་ཐོག་ཉམས་ཡིག
第十七集　噶玛却吉临床医书

འགྲོ་བ་མང་པོ་ནད་ཀྱི་སྡུག་བསྔལ་ལས་གྲོལ་བའི་ཕྱིར་སྨན་རྒྱལ་གཉིས་པ་རྗེ་བཙུན་འཇམ་དབྱངས་རྣམ་རྒྱལ་ཞལ་སྔ་ནས་འཚོ་བྱེད་གཞན་འགའ་ལ་གསུངས་པ་ཕྱག་རིས་གནང་བའི་ཕོག་ཇར་མཐོང་ཚད་ཕྱོགས་གཅིག་ཏུ་བསྒྲིགས་པའི་ནད་ཀྱི་བྱེ་བྲག་འགའ་ཞིག་གི་བཅོས་ཚུལ་ཟབ་མོ་ཐུན་མིན་འགའ་ཞིས་པ་དང་། དཔྱད་ལྔ་ལས་གཏར་གའི་ཕྱག་ལེན་ལ་ཉེ་བར་མཁོ་བའི་གཏར་རྩའི་རྣམ་གྲངས་དང་། གཏར་དམིགས། ཕན་ཡོན་སོགས་དོན་བསྡུས་སུ་འཁོད་པ་དཔྱད་ཀྱི་མཆོག་གྱུར་གཏར་གའི་རྣམ་གྲངས་གཏར་མིག་ཕན་ཡོན་ཞེས་པ་ཚན་པ་གཉིས་སུ་བཀོད་ཡོད།

收录了第二药王至尊绛央朗杰为解除众生疾苦而向一些医生教授的所有医学知识进行汇编的《一些个病的特色疗法》以及汇集五外治疗法之放血脉的分类、放血穴位、功效等内容的《特色放血疗法分类及放血穴位功效》2篇。

ཚན་པ་དང་པོ། ནད་ཀྱི་བྱེ་བྲག་འགའ་ཞིག་གི་བཅོས་ཚུལ།
第一篇　《个病疗法》

མཚན་བྱང་ཆ་ཚང་། ནད་ཀྱི་བྱེ་བྲག་འགའ་ཞིག་གི་བཅོས་ཚུལ་ཟབ་མོ་ཐུན་མིན་འགའ་བཞུགས་སོ། །

全名：《一些个病的特色疗法》

རྩོམ་པ་པོ། ཀརྨ་ཆོས་རྒྱལ་ཡེ་ཤེས་འགྱུར་མེད། སྤྱི་ལོ་༡༨༧༠ལོར་མདོ་སྟོད་ཡུལ་ཤུལ་གྱི་ཛ་སྟོད་འབྲོང་བར་སྐུ་འཁྲུངས་ཤིང་། སྤྱི་ལོ་༡༨༩༠ལོར་སྐུ་གཤེགས།

作者： 噶玛却吉·叶西晋美，1810年生于多堆玉树杂多仲巴，1870年卒。

མ་ཡིག ལག་བྲིས། ཡིག་གཟུགས་དབུ་མེད། ཤོག་ངོས་རེར་ཐིག་ཕྲེང་དྲུག ཐིག་ཕྲེང་རེར་ཡིག་འབྲུ་སོ་བཞི། ཁྱོན་བསྡོམས་ཤོག་ངོས་ང་དྲུག་བཞུགས།

母本： 手写本，草书体，每页6行，每行34字，共56页。

ནང་དོན་གནད་བསྡུས། གཞུང་འདི་ནི་ནད་རིགས་བཅུ་དྲུག་ལྷག་གི་བཅོས་ཐབས་གཙོ་བོར་སྟོན་པ་ཞིག་སྟེ། སྨན་རྒྱལ་གཉིས་པ་རྗེ་བཙུན་འཇམ་དབྱངས་རྣམ་རྒྱལ་ཞལ་སྔ་ནས་ནད་པ་མང་པོའི་དོན་དུ་འཚོ་བྱེད་གཞན་འགའ་ལ་གསུང་བསྒྲོས་ཕྱག་རིས་གནང་བ་མཐོང་ཚད་ཀརྨ་ཆོས་རྒྱལ་གྱིས་ཕྱོགས་གཅིག་ཏུ་བྲིས་པ་ཡིན་ལ། གཞུང་ཡོངས་སུ་རླུང་དང་མཁྲིས་པའི་ནད། མགུལ་འགགས། གག་ལྷོག ཆ་རིགས། སྲིན་ནད། དབང་པོ་མིག་དང་རྣ་བ་ཁའི་ནད། མཆིན་ཚད། གློ་ཚད། དུག་ནད། མཁལ་མའི་ནད། པགས་ནད་ཟ་འཕྲུག བྱིས་ནད། མོ་ནད་བཅས་ཀྱི་ནད་རྟགས་བསྟུས་པ་དང་བཅོས་ཐབས་ལག་ལེན་རེ་རེ་བཞིན་བཀོད་ཡོད་པ་དང་། དེ་ལས་མཁྲིས་ནད་མིག་སེར་གྱི་སྐབས་སུ་ཆུ་རྟགས་ལ་གཞིགས་ནས་བཤལ་གཏོང་ཐབས་དང་། མགུལ་འགགས་ཀྱི་མེ་དམིགས་ཁྱད་པར་བ་དཀར་བརྒྱད་དང་། སེར་གསུམ། དམར་བཞི་ཏུ་བསྟན་པ། སྲིན་ནད་སྐབས་སུ་བསྟན་པའི་ཁོང་སྨན་ཚངས་པ་དབུ་བསིལ་དང་། མཆིན་ཚད་སྐབས་ཀྱི་སྨན་ནག་བརྒྱད་པ། མོ་ནད་སྙིང་རླུང་ལ་དྲང་སྲོང་ཨར་བརྒྱད་དང་བདུན་ཐང་མན་ངག་ལུགས་འཕྲོད་པ་དང་། ཆ་རིགས་སྐབས་ཀྱི་སྤྲ་ཐང་སོགས་ཀྱི་སྨན་སྦྱོར། མགུལ་འགགས་དང་དུག་ནད་སྐབས་སུ་བསྟན་པའི་ཟ་ཡིག་གི་བཅོས་ཐབས་ལག་ལེན་དག་ལ་ཐུན་མོང་མ་ཡིན་པའི་ཁྱད་ཆོས་ཀྱིས་མངོན་པར་ཕྱུག་ཡོད་དོ། །

内容提要： 此书主要记述了16类疾病的疗法，是噶玛却吉记录的第二药王至尊绛央朗杰向一些学医者所教授医学知识。书中对“隆”病、“赤巴”病、喉阻、白喉、炭疽、“蚱”病、眼耳口五官病、肝热症、肺热症、毒病、肾病、皮肤瘙痒、小儿病、妇女病等病症及其疗法依次进行记述。其中“赤巴”目黄症根据尿象进行下泻之法，喉阻的八白、三黄、四红特殊灸穴，治疗“蚱”病时的内服药“仓巴布赛”，治疗肝热症时的八味黑药散，治疗心“隆”性妇女病的常松八味沉香散和七珍汤，治疗创伤的“扎”汤等方药和喉阻、毒病时所述内服字符疗法颇具特色。

བོད་ཀྱི་གསོ་རིག་ཀུན་བཏུས་བསྡུད་སྒྲིག་མ་ལས། པོད་དོན་བདུན་པ་དང་དོན་བརྒྱད་པའི་ནང་དུ་བཞུགས།

在《〈藏医药大典〉续编（61—80）》中的位置：收载于第七十七卷和第七十八卷

ཚན་པ་གཉིས་པ། གཏར་གཞིའི་རྣམ་གྲངས་གཏར་མིག་ཕན་ཡོན་བཅས།

第二篇　《放血疗法分类及放血穴位功效》

མཚན་བྱང་ཆ་ཚང་། དཔྱད་ཀྱི་མཆོག་གྱུར་གཏར་གཞིའི་རྣམ་གྲངས་གཏར་མིག་ཕན་ཡོན་བཅས་བཞུགས་སོ། །

全名：《特色外治放血疗法分类及放血穴位功效》

རྩོམ་པ་པོ། ཀརྨ་ཆོས་རྒྱལ་ཡེ་ཤེས་འགྱུར་མེད། སྤྱི་ལོ་༡༨༡༠ལོར་མདོ་སྟོད་ཡུལ་ཤུལ་གྱི་ཛ་སྟོད་འབྲོང་པར་སྐུ་འཁྲུངས་ཤིང་། སྤྱི་ལོ་༡༨༧༠ལོར་སྐུ་གཤེགས།

作者：噶玛却吉・叶西晋美，1810年生于多堆玉树杂多仲巴，1870年卒。

མ་ཡིག སློག་པར། ཡིག་གཟུགས་དབུ་ཅན། ཤོག་ངོས་རེར་ཐིག་ཕྲེང་བཅུ་དགུ། ཐིག་ཕྲེང་རེར་ཡིག་འབྲུ་བཅུ་གཉིས། ཁྱོན་བསྡོམས་ཤོག་ངོས་ཞེ་བརྒྱད་བཞུགས།

母本：排印本，正楷体，每页19行，每行12字，共48页。

ནང་དོན་གནད་བསྡུས། གཞུང་འདི་ནི་ཀརྨ་ཆོས་རྒྱལ་གྱིས་སྟོན་ཁྱད་མཁས་པའི་གསུངས་ལས་གཏར་གཞིའི་ཕྱག་ལེན་ལ་ཉེ་བར་མཁོ་བའི་གཏར་རྩའི་རྣམ་གྲངས་དང་། གཏར་དམིགས། ཕན་ཡོན་སོགས་དོན་བསྡུས་སུ་འཀོད་པ་ཞིག་སྟེ། ཐོག་མར་རྒྱུད་ཀྱི་གཏར་རྩ་དོན་བདུན་དང་སྦྲས་པའི་གབ་རྩ་རེ་ལྔའི་རྣམ་གྲངས་སོ་སོ་བགྲངས་ཡོད་པ་དང་། བར་དུ་ནད་ཁྲག་ཐུངས་ཁྲག་སྐྱིའི་དབྱེ་ཐང་ལ་འབྲས་བུ་སུམ་ཐང་ནི་ཞག་གསུམ་ལ་གཏོང་བ་དང་། ཕྱི་སྲག་ཏུ་རླུང་ཚད་འཕྱིད་པ་ལ་སླེ་ཏྲེས་ཐང་། བད་མཁྲིས་འཕྱིད་པ་ལ་མ་ནུ་སླེ་ཏྲེས་

ཐང་། བད་རླུང་འཕྱེད་པ་ལ་མ་ནུ་སླེ་ཏྲེས་སྐྱུ་རུ་ར། འཐབ་དང་འདུས་ནད་འཕྱེད་པ་ལ་སྐྱུ་རུའི་ཐང་། ཁྲག་མཁྲིས་འཕྱེད་པ་ལ་སླེ་ཏྲེས་དང་བ་ལེ་ཀ སྨིན་བྱེད་སྦྱར་དུ་སྒྲུག་ཆེ་སླེ་ཏྲེས་ཐང་། མ་སྨིན་ཁྲག་སྙིགས་འཕྱེད་པར་མ་ནུ་དང་། གཉྫ། སླེ་ཏྲེས། སྐྱུ་རུའི་བསྐྱུས་ཐང་བཅས་བསྟེན་པ་དང་། མ་གཏར་གོང་གི་ནུབ་མོར་ཕི་ལིང་བསྐྱུས་པའི་ཐང་དང་ཡལ་སྲུན་གཅིག་བཏང་བས་ནད་ཁྲག་མ་ལུས་དོན་སྣོད་རང་རང་གི་གཏར་རྩར་འདྲིན་ཐུབ་པའི་མན་ངག་གི་གསང་རྒྱ་གྲོལ་བར་བྱས། དེ་ནས་རིམ་བཞིན་མགོ་ལ་གཏར་རྩ་ཉེར་གཅིག་དང་སྦས་རྩ་ཉེར་བརྒྱད་དེ་གཏར་གསང་ཞེ་དགུ་དང་། ལག་པར་གཏར་རྩ་སོ་བཞི་དང་གབ་རྩ་ཉེར་བཞི་སྟེ་གཏར་མིག་ལྔ་བཅུ་ང་བརྒྱད། རྐང་པར་གཏར་རྩ་བཅོ་བརྒྱད་དང་གབ་རྩ་བཅུ་གཉིས་ཏེ་གཏར་དམིགས་སུམ་ཅུ། ལུས་སྤྱབས་ཀྱི་གཏར་རྩ་བཞི་བཅས་ཀུན་དྲིལ་བས་གཏར་མིག་བརྒྱ་དང་བཞི་བཅུ་ཞེ་གཉིས་ཀྱི་གནས་གཞལ་ཚུལ་དང་དེ་གཏར་བའི་ཕན་ཡོན་རྒྱས་པར་འཁོད་ཡོད་དོ། །

内容提要：此书是噶玛却吉对历代名家著作所载放血疗法中放血脉分类、放血穴位、功效等所进行的汇编。首先，对《四部医典》总77放血脉和65隐脉分别进行了记述；其次，用三果汤分离正血病需服三昼夜，“隆”热分离用宽筋藤汤，“培赤”分离用木香、宽筋藤汤，“培隆”分离用木香、宽筋藤、余甘子汤，聚合病分离用余甘子汤，血“赤”分离用宽筋藤和西藏马兜铃汤，促熟用宽筋藤汤，未熟血之糟粕分离用木香、悬勾木、宽筋藤、余甘子煎汤，未放血之前一夜服荜茇煎汤可使坏血进入脏腑各自的放血脉等秘诀进行了记述；最后，对头部21放血脉和28隐脉，即49放血穴位，手部34放血脉和24隐脉，即58放血穴位，足部18放血脉和12隐脉，即30放血穴，全身4放血脉等142放血穴位的量法和功效进行了详细记述。

བོད་ཀྱི་གསོ་རིག་ཀུན་བཏུས་བསྟུད་སྒྲིག་མ་ལས། པོད་དོན་བརྒྱད་པའི་ནང་དུ་བཞུགས།

在《〈藏医药大典〉续编（61—80）》中的位置：收载于第七十八卷

སྐབས་དོན་བཅོ་བརྒྱད་པ། འཇིགས་མེད་བསྟན་པའི་ཉི་མའི་ནང་ཐོག་ཉམས་ཡིག

第十八集 晋美丹贝尼玛临床医书

རྗེ་གྲུབ་ཆེན་སྐུ་ཕྲེང་གསུམ་པ་འཇིགས་མེད་བསྟན་པའི་ཉི་མས་རྡོ་རོལ་གྱི་མི་ཆ་འཆི་མེད་སྨན་ལྗོངས་སུ་མཐུད་དཔྱད་ཀྱི་གཞུང་མང་པོ་ལས་སྨན་བཅོས་ཉེར་མཁོ་སྣ་ཚོགས་ཕྱོགས་གཅིག་ཏུ་བསྒྲིགས་པ་མཐུད་དཔྱད་ཀྱི་གཞུང་མང་པོ་ལས་སྨན་བཅོས་ཐོར་བུ་འགའ་ཞེས་པ་ཚན་པ་གཅིག་ཏུ་བཀོད་ཡོད།

收录了第三世多珠钦・晋美丹贝尼玛在多如米恰其美药城诸多秘法医典中摘录常用疗法汇编《零星疗法汇编》1篇。

ཚན་པ་དང་པོ། སྨན་བཅོས་ཐོར་བུ་འགའ།

第一篇 《零星疗法汇编》

མཚན་བྱང་ཆ་ཚང་། མཐུད་དཔྱད་ཀྱི་གཞུང་མང་པོ་ལས་སྨན་བཅོས་ཐོར་བུ་འགའ་བཞུགས་སོ། །

全名：《诸多秘法医典之零星疗法汇编》

རྩོམ་པ་པོ། འཇིགས་མེད་བསྟན་པའི་ཉི་མ། སྤྱི་ལོ་༡༨༦༥ལོར་མདོ་སྟོད་དུ་སྐུ་འཁྲུངས་ཤིང་། སྤྱི་ལོ་༡༩༢༦ལོར་སྐུ་གཤེགས།

作者：晋美丹贝尼玛，1865年生于多堆，1926年卒。

མ་ཡིག ལག་བྲིས། ཡིག་གཟུགས་དབུ་མེད། ཤོག་གྲངས་རེར་ཐིག་ཕྲེང་བདུན། ཐིག་ཕྲེང་རེར་ཡིག་འབྲུ་ཞེ་ལྔ། ཁྱོན་བསྡོམས་ཤོག་གྲངས་བཅོ་བརྒྱད་བཞུགས།

母本：手写本，草书体，每页7行，每行45字，共18页。

ནང་དོན་གནད་བསྡུས། གཞུང་འདི་ནི་རྗེ་གྲུབ་ཆེན་སྐུ་ཕྲེང་གསུམ་པ་འཇིགས་མེད་བསྟན་པའི་ཉི་མས་རྗེ་རོང་ཡི་མི་ཆ་འཆི་མེད་སྨན་ལྗོངས་སུ་མཁྱུད་དཔྱད་ཀྱི་གཞུང་མང་པོ་ལས་སྨན་བཅོས་ཉེར་མཁོ་སྣ་ཚོགས་ཕྱོགས་གཅིག་ཏུ་བསྒྲིགས་པ་ཞིག་སྟེ། གཞུང་ཡོངས་སུ་བད་ཀན་སྨུག་པོའི་ནད་དང་། ཁྲག་རླུང་སྟོད་འཚངས་ཀྱི་ནད། མགོ་མིག་རྣ་ཁ་སོགས་དབང་པོའི་ནད། པགས་ནད་དང་། གླང་ཐབས། སྲིན་ནད། ཆུ་འགགས། སྐྱིགས་བུའི་ནད། དྲེག་ནད་སོགས་ཕྲན་བུའི་ནད། ཆང་ནད་དང་། ཟ་འཕྲུག སྐྲ་ཕྱི་དང་གཉིད་ཡེར་སོགས་ཕྲན་བུའི་ནད་བཅས་ནད་རིགས་སྣ་ཚོགས་ཀྱི་བཅོས་ཐབས་ལག་ལེན་དག་ཚིག་ཉུང་དོན་འདུས་ཀྱི་སྒོ་ནས་བསྟན་འདུག་པ་ལ། མིག་དང་རྣ་ནད་གསོ་བའི་སྐབས་ཀྱི་ཐིགས་བཀོལ་གཏིག་སྨན་གྱི་རིགས་དག་ནི་ལག་ལྡངས་བདེ་བའི་སྨན་སྦྱོར་རྐྱང་རྐྱང་ཡིན་པ་དང་། ཟ་འཕྲུག་བཅོས་པའི་ལག་ལེན་དུ་སྒ་སྐྱ་དང་གཡེར་མ་ཆུ་སྦྱར་བྱུགས་ན་ཕན་པ་དང་། ཆང་ནད་བཅོས་པའི་ལག་ལེན་དུ་མར་སྐྱ་བཞུས་པ་ཕོར་ཆུང་གང་དུ་ལན་ཚྭ་རོ་བྲོ་ཙམ་ཞིག་བཏབ་པ་འཐུང་ན་ར་རོ་དུ་མི་འགྱུར་བ། ཆམ་པ་བཅོས་པའི་ལག་ལེན་དུ་ཡོས་ཀྱི་རླངས་བདུག་མང་དུ་བྱས་ན་སྣ་ཆམ་ལ་ཕན་པ་དང་། གྲེ་ཆམ་མཚུལ་བར་ཞེན་ན་ལ་ཕུག་གི་ཁུ་བས་བདུག་པ་སོགས་མཛད་པ་པོ་ཁོང་རང་ཉིད་ཀྱི་མཐོང་བ་བརྒྱུད་པའི་ཕྱག་ལེན་རྣམས་གནད་བསྡུས་སུ་བཀོད་ཡོད་དོ། །

内容提要：此书是第三世多珠钦·晋美丹贝尼玛从多如米恰其美药城的诸多秘法医典中摘录常用疗法所进行的汇编。主要内容有紫色“培根”、血隆上壅、头眼鼻耳等五官病、皮肤病、绞痛症、“蛀”病、尿闭症、呃逆、痛风等零星病，酒痨、瘙痒、脱发和失眠等细微病等各类疾病的疗法。如眼病和耳病治疗中所用滴剂类均为便于配制的方剂、治疗瘙痒时，水中加入生姜和花椒涂擦患处，一小碗融酥油中加入少许盐服用可治疗酒痨，治疗感冒的实践为，用熟青稞多次汽熏对鼻感冒有效，咽感冒鼻塞时用萝卜汤汽熏等作者自身的临证实践经验为要点进行了记述。

བོད་ཀྱི་གསོ་རིག་ཀུན་བཏུས་བསྡུད་སྒྲིག་མ་ལས། པོད་དོན་བརྒྱད་པའི་ནང་དུ་བཞུགས།

在《〈藏医药大典〉续编（61—80）》中的位置：收载于第七十八卷

སྐབས་དོན་བཅུ་དགུ་པ། ངག་དབང་ལུང་རིགས་ཐུབ་བསྟན་ཉི་མའི་ནད་ཐོག་ཉམས་ཡིག
第十九集　阿旺隆仁土登尼玛临床医书

འཚོ་བྱེད་བསྟན་འཛིན་ཚུལ་ཁྲིམས་དང་འཚོ་བྱེད་འཇམ་དབྱངས་འཕྲིན་ལས། འཚོ་བྱེད་ཉི་མ་སོགས་ཀྱིས་འདི་ལྟ་བུ་ཞིག་དགོས་ཞེས་ཡང་ཡང་བསྐུལ་བ་ལྟར་ལེའུ་དགུའི་བདག་ཉིད་ཅན་གྱི་ལེགས་བཤད་གསོ་དཔྱད་རྒྱ་མཚོ་ལས་ལེགས་འབྲུངས་བྱུ་རུའི་འཕྲེང་བ་བརྩམས་པ་ཚན་པ་གཅིག་ཏུ་བཀོད་ཡོད།

收录了应丹增次成、嘉阳成列和尼玛等医家呈请所著《善说医海・珊瑚串》1篇。

ཚན་པ་དང་པོ། བྱུ་རུའི་འཕྲེང་བ།
第一篇　《珊瑚串》

མཚན་བྱང་ཆ་ཚང་། ལེགས་བཤད་གསོ་དཔྱད་རྒྱ་མཚོ་ལས་ལེགས་འབྲུངས་བྱུ་རུའི་འཕྲེང་བ་བཞུགས་སོ། །

全名：《善说医海・珊瑚串》

རྩོམ་པ་པོ། ངག་དབང་ལུང་རིགས་ཐུབ་བསྟན་ཉི་མ། སྤྱི་ལོ་༡༩༠༩ལོར་ནང་སོག་ཆ་ཧར་པེ་བང་རྫོང་དུ་སྐུ་འཁྲུངས།

作者：阿旺隆仁土登尼玛，1909年生于内蒙古察哈尔白汪县。

མ་ཡིག ལག་བྲིས། ཡིག་གཟུགས་དབུ་ཅན། ཤོག་ངོས་རེར་ཐིག་ཕྲེང་དྲུག ཐིག་ཕྲེང་རེར་ཡིག་འབྲུ་ཉེར་གཉིས། ཁྱོན་བསྡོམས་ཤོག་ངོས་བརྒྱ་དང་བཅོ་བརྒྱད་བཞུགས།

母本：手写本，正楷体，每页6行，每行22字，共118页。

ནང་དོན་གནད་བསྡུས། གཞུང་འདི་ནི་འཚོ་བྱེད་བསྟན་འཛིན་ཚུལ་ཁྲིམས་དང་འཚོ་བྱེད་འཇམས་དབྱངས་འཕྲིན་ལས། འཚོ་བྱེད་ཉི་མ་སོགས་ཀྱིས་འདི་ལྟ་བུ་ཞིག་དགོས་ཞེས་ཡང་ཡང་བསྐུལ་བ་ལྟར་གུང་རྗོའི་མཁན་སྤྲུལ་མིང་འཛིན་ངག་དབང་ལུང་རིགས་ཐུབ་བསྟན་ཉི་མའམ་མིང་གཞན་ལ་རྗོ་རྗེ་ཕ་ལམ་ཞེས་པས་བསྒྲིགས་པ་ཞིག་སྟེ། གཞུང་སྤྱིར་བསྡོམས་པས་ལེའུ་དགུ་ཡོད། དེ་ཡང་ལེའུ་དང་པོ་ནས་གསུམ་པའི་བར་དུ་རིམ་བཞིན་ཉེས་པ་རླུང་མཁྲིས་བད་གསུམ་གྱི་གཉེན་པོ་སྨན་གྱི་སྦྱོར་བ་དང་ཕན་ནུས་གཙོ་ཆེར་བསྟན་ཡོད་པ་དང་། ལེའུ་བཞི་བ་དང་ལྔ་བར་ཚ་བ་དང་གཉན་རིམས་ཀྱི་རྒྱུ་རྐྱེན་དང་དབྱེ་བ། སྤྱི་ཐེ་བྲག་གི་རྟགས། བླ་གཉན་ཐོར་བུའི་རིགས་དང་བཅས་པའི་བཅོས་ཐབས་ལག་ལེན་དག་སོ་སོར་བཀོད་ཡོད། ལེའུ་དྲུག་པ་རོ་ཙ་གསོ་བར་རོ་ཙའི་ཁོང་སྨན་དང་ཕྱི་དྲུག་གི་གཉེན་པོ་ཁྱད་འཕགས་ཅན་མང་དུ་བསྟན་ཡོད་པ་མ་ཟད། བུད་མེད་ཀྱི་མཚན་མ་ཆུང་བར་འགྱུར་བ་དང་སྐྱེ་སྒོ་གཅོད་པ། ཆགས་པ་སྐྱེས་པ་དང་མི་སྐྱེས་པར་འཕྲུམས་པའི་ཐབས་སོགས་གཞུང་གཞན་དུ་མ་མཆིས་པའི་བཅོས་ཐབས་ལག་ལེན་ངོ་མཚར་ཅན་མང་དུ་བསྟན་ཡོད། བདུན་པ་ཕྲན་བུའི་ནད་གསོ་བར་ཁྲི་སྨྱོན་གྱི་དུག་དང་། ས་ཆུ་མ་ཐུབ་པའི་ནད། སྲོག་ཆགས་ཁོང་དུ་ཤོར་བ་སོགས་ཕྲན་བུའི་ནད་ཀྱི་ཁོངས་གཏོགས་ལས་བརྒལ་ཏེ་དབང་ལྔའི་ནད་ལ་སྦྱོད་པའི་ཕྱི་བཀོལ་གྱི་སྨན། ཁོང་ནད་དང་ཐོར་ནད་སོགས་ཀྱི་སོ་སོའི་ལག་བླངས་བདེ་བའི་བཅོས་ཐབས་དག་ཁོལ་དུ་ཕྱུངས་ཡོད་པ་དང་། བརྒྱད་པ་སྨན་རྫས་ཀྱི་ནོར་འཕྲང་བསལ་བའི་ལེའུ་ལ་སྔོན་མོ་ཆབ་འདྲེན་དང་སྔོན་པོ་ཆབ་འདྲེན། ར་གསུམ་དང་ར་གསུམ། ད་ཚུར་དང་དར་ཚུར། ད་ཀྵ་ལྟ་བུ་སྨྲ་གཟུགས་ཙུང་མཚུངས་པའི་སྨན་འདི་དག་སྨན་སོ་སོ་བ་ཡིན་པ་མ་རྟོགས་པར་གཅིག་ཏུ་འབྲུལ་ནས་སྦྱོད་པའི་སྨན་རིགས་དང་། ཕུག་རོན་ཁང་དང་རི་བོང་མིག ཙོ་ག་སྒྲད་སྨན་ཞེས་པ་ལྟ་བུ་གབ་མིང་གི་དོན་མ་གོ་བར་མིང་ཙམ་ལ་བརྟེན་ནས་སེམས་ཅན་དེ་སོ་སོའི་ཕང་མར་དང་མིག གླད་པ་དངོས་གཏོང་བ་སོགས་སྨན་སྦྱོར་ལག་ལེན་ཁྲིད་བྱུང་དང་འབྱུང་བཞིན་པའི་གནད་དོན་དངོས་ལ་དམིགས་ནས་ནོར་ཉེན་ཆེ་བའི་སྨན་དག་གི་ནོར་འཕྲང་བསལ་ཐབས་

དང་། མཛུག་མཐར་སྨན་གྱི་བྱིན་རླབས་བྱ་ཚུལ་བཅས་ནང་དོན་དགུ་རུ་བསྡུས་ཏེ་བཀོད་ཡོད་པ་དག་ལ་ཐུན་མོང་མ་ཡིན་པའི་ཁྱད་ཆོས་ཀྱིས་མངོན་པར་བརྟས་ཡོད་དོ། །

内容提要：此书是在丹增次成、嘉阳成列和尼玛等医家多次呈请下由贡多堪珠即阿旺隆仁土登尼玛又名多吉帕林者所著。全书共有9章。第一章至第三章依次对“隆”“赤巴”“培根”对治方及其功效主要进行了记述；第四章至第五章分别记述了热病和疠瘟的内外因、分类、总症和具体症状、零星并发症等的疗法实践；第六章记述了一些性保健及壮阳的内服外用对治药，缩阴、节育、增减性欲法等其他著作中未记录的奇特疗法；第七章细微病章记述了犬毒、水土不服、误吞虫蝎等细微病以及治疗五官病的外用药、内科疾病和零星病等的简易疗法；第八章药材混淆解析，记述了“莪木曲占”与“莪布曲占”“啦森”和“拉森”“达次”和“代次”“达嚓”等字形和发音相似而被混用的药材，“普荣岗”“日旺木”和“角嘎莱曼”等隐名类药材因误解而误用为鸽子腿、兔眼、百灵脑等问题进行了解疑；最后，将药物加持法等归结于第九章内容进行记述。

བོད་ཀྱི་གསོ་རིག་ཀུན་བཏུས་བསྡུད་སྒྲིག་མ་ལས། པོད་དོན་བརྒྱད་པའི་ནང་དུ་བཞུགས།

在《〈藏医药大典〉续编（61—80）》中的位置：收载于第七十八卷

སྐབས་དོན་ཉི་ཤུ་པ། རྩོམ་པ་པོ་མི་གསལ་བའི་ནད་ཐོག་ཉམས་ཡིག
第二十集 作者不详类医书

ལུང་རིག་མན་ངག་ཀུན་གྱི་ཡང་རྩེ་མཁས་པའི་ཐུགས་བཞེས་འདོད་དགུའི་གཏེར་མཛོད་དང་། མན་ངག་གཅེས་རིགས་བཏུས་པའི་ལག་ལེན་བདུད་རྩིའི་གཏེར་སྒྲོམ་སོགས་ནི་དུས་ནམ་ཞིག་ལ་ཡུལ་གང་དུ་རྩོམ་པ་པོ་སུས་མཛད་པའི་སྐོར་གྱི་ཡིག་ཆ་གཏན་ལ་འབེབས་ཐུབ་པ་ཞིག་ལག་སོན་མ་བྱུང་ཡང་བརྩམས་ཆོས་འདི་

དག་ནད་ཐོག་ལག་ལེན་ལ་དགོས་མཁོ་ཤིན་ཏུ་ཆེ་བར་བསམ་སྟེ་སྐབས་དོན་གཅིག་ཏུ་བསྡུས་ནས་ཚན་པ་དགུས་བཀོད་པ་ལགས།

由于部分文献的著书时间和作者均不详，但鉴于对临床实践有重要价值，故收录《教诫秘诀之最名医实践经验·如意伏藏宝库》《秘诀精选·实践甘露宝箧》等9篇。

ཚན་པ་དང་པོ། མཁས་པའི་ཕྱག་བཞེས་འདོད་དགུའི་གཏེར་མཛོད།

第一篇 《名医实践经验·如意伏藏宝库》

མཚན་བྱང་ཆ་ཚང་། ལུང་རིག་མན་ངག་ཀུན་གྱི་ཡང་རྩེ་མཁས་པའི་ཕྱག་བཞེས་འདོད་དགུའི་གཏེར་མཛོད་བཞུགས་སོ། །

全名：《教诫秘诀之最名医实践经验·如意伏藏宝库》

རྩོམ་པ་པོ། མི་གསལ།

作者：不详。

མ་ཡིག ལག་བྲིས། ཡིག་གཟུགས་དབུ་མེད། ཤོག་ངོས་རེར་ཐིག་ཕྲེང་དྲུག ཐིག་ཕྲེང་རེར་ཡིག་འབྲུ་སོ་དྲུག ཁྱོན་བསྡོམས་ཤོག་ངོས་སུམ་བརྒྱ་དང་ང་དྲུག་བཞུགས།

母本：手写本，草书体，每页6行，每行36字，共356页。

ནང་དོན་གནད་བསྡུས། གཞུང་འདི་ནི་ནད་སྨན་སྦྱོད་པའི་ཕྱག་ལེན་གྱི་གདམས་པ་དང་སྨན་གྱི་ལག་ལེན་མང་པོ་ཕྱོགས་གཅིག་ཏུ་བསྡུས་པ་ཞིག་སྟེ། གཞུང་སྤྱི་ལ་ལེའུ་བརྒྱ་དང་རེ་གཅིག་ཡོད། ནང་དོན་གྱི་ཐད་ལ་དམུ་སྐྲན་དང་། དམུ་ཆུ། བད་ཀན་སྨུག་པོ། དྲེག་དཀར་ནག་ཁྲ་གསུམ། མགོ་ནད། གག་ལྷོག གཉིད་མི་འདོད་པ་སོགས་ཀྱི་བཅོས་ཐབས་ལག་ལེན་གྱི་སྐོར་དང་། མགོ་བོའི་གཙུག་བཤལ། རྩ་སྦྱོང་། སྡུད་སྨན་ཀོ་ཏ་དང་

བཀྲུ་སྨན་རྒྱལ་པོ། ཚ་དང་ཐལ་སྨན་གྱི་ལག་ལེན། འཛིབ་རུའི་ལག་ལེན། གནད་ཀྱི་གནས་ལུགས། ཙ་ར་ཀའི་འཕར་རྩ་ཉེར་བཞིའི་གཏར་བསྒྲིག་བྱ་ཐབས། འཕྲུལ་གྱི་མེ་བཙའ། གཏར་གའི་གཙག་བུའི་རིགས་དབྱེ་དང་། ཁྲག་མི་གཏར་བའི་ས་བདུན། རྩའི་གདབ་ལུགས་བཞི། གཏར་ཁྲག་འདོན་ཚད། གཏར་ག་གཟབ་པའི་རྩ་ལྔ། གཏར་རྗེས་ཁྲག་གཅོད་པའི་ཐབས། གཏར་མིག་མི་སྐྲངས་པའི་ཆོ་ག ཁྲག་གཞུག་གཅོད་པའི་ཐབས་སོགས་གཉེན་པོ་ལག་ལེན་གྱི་སྐོར། གཞན་ཡང་གཏེར་ནས་གསོ་དཔྱད་བྱོན་པའི་ཚུལ་དང་དབང་རིལ་བྱུང་ཚུལ་གྱི་ལོ་རྒྱུས། ཡན་ལག་བརྒྱད་ལྡན་གྱི་ཆུའི་རྣམ་གྲངས་དང་ཕན་ཡོན། བུམ་རྫས་ཉེར་ལྔའི་རྫས་རིགས། བླ་གནས་ངོས་འཛིན་གྱི་སྐོར། སྤར་ཁའི་ལེགས་ཉེས་བརྟག་ཐབས་སོགས་མཁས་པའི་ཉམས་ཡིག་དང་། མན་ངག་རྒྱུད་ཀྱི་མ་ཞུའི་བཅོས་ཐབས་སུ། ཛ་ཚུ་མ་ཞུ་ཚ་བསྣན་དྲི་ཆུ་བཏུང་། །ཞེས་གསུང་པ་མ་དག་སྟེ་གཉེན་པོ་མཚུངས་པའི་ཕྱིར་ཛ་ཚུ་མ་ཞུ་ཛ་བསྣན་དྲི་ཆུ་བཏུང་བར་བྱ་དགོས་པ་དང་། གཅིན་སྙིའི་རྟགས་སུ། རླུང་གྱུར་གཉིད་འཕར་གཉིད་ཆུང་དབུགས་མི་བདེ། །ཞེས་པའི་གཉིད་འཕར་ནི་མ་དག་སྟེ་བརྒྱད་པའི་གཅིན་སྙིའི་སྐབས་སུ་སྙིང་འཕར་ཞེས་གསུངས་པའི་ཕྱིར་གཉིད་འཕར་མ་ཡིན་པར་སྙིང་འཕར་ཞེས་པར་གོ་དགོས་པ་སོགས་མན་ངག་རྒྱུད་ཀྱི་གཞུང་ཚིག་འགའི་འགྲུལ་སེལ་གྱི་སྐོར་སོགས་མདོར་ན་གཞུང་གཞན་དུ་མ་བསྟན་པའི་མན་ངག་གི་གནད་མང་པོ་བཀོད་འདུག་གོ །

内容提要：此书对各类对治实践教诫和用药实践进行了汇编。全书共有161章，主要有痞瘤、腹水、紫色“培根”、黑白花三种痛风、头病、白喉、炭疽、失眠等疗法，头泻、脉泄、敛药“果扎”、泻药之王、盐碱药和灰剂的使用方法，角吸疗法、要害部位生理，“杂拉嘎”之24动脉放血疗法、神奇灸疗、放血器械的分类、禁忌放血的7个部位、脉的4种剖刺法、放血量、禁忌放血5脉、放血后止血法、防止放血部位肿胀的方法等对治疗法；还记述了医学属于伏藏的观点、“旺日”的历史源流、八功德水的分类和功效、25宝瓶所需物品，魄位诊，卦象宜忌断法等名家医书，《秘诀部》中一些词语的修正等其他著作中未记载的秘诀要点。

བོད་ཀྱི་གསོ་རིག་ཀུན་བཏུས་བསྐྱར་སྒྲིག་མ་ལས། པོད་དོན་བརྒྱད་པའི་ནང་དུ་བཞུགས།

在《〈藏医药大典〉续编（61—80）》中的位置：收载于第七十八卷

ཚན་པ་གཉིས་པ། ལག་ལེན་བདུད་རྩིའི་གཏེར་སྒྲོམ།

第二篇　《实践甘露宝箧》

མཚན་བྱང་ཆ་ཚང་། མན་ངག་གཅེས་རིགས་བཏུས་པའི་ལག་ལེན་བདུད་རྩིའི་གཏེར་སྒྲོམ་ཞེས་བྱ་བ་བཞུགས་སོ། །

全名：《秘诀精选·实践甘露宝箧》

རྩོམ་པ་པོ། མི་གསལ།

作者：不详。

མ་ཡིག ལག་བྲིས། ཡིག་གཟུགས་དབུ་མེད། ཤོག་ངོས་རེར་ཐིག་ཕྲེང་བདུན། ཐིག་ཕྲེང་རེར་ཡིག་འབྲུ་ཉེར་གསུམ། ཁྱོན་བསྡོམས་ཤོག་ངོས་སུམ་བརྒྱ་དང་ཉི་ཤུ་བཞུགས།

母本：手写本，草书体，每页7行，每行23字，共320页。

ནང་དོན་གནད་བསྡུས། གཞུང་འདི་ནི་ནད་སྨན་སྦྱོད་པའི་ཉམས་ཡིག་གཙོ་བོར་སྟོན་པ་ཞིག་སྟེ། གཞུང་སྤྱི་ལ་ཚན་ཚུང་བརྒྱ་དང་ཉེར་གསུམ་ཡོད། དང་པོ་ལག་ལེན་བདུད་རྩི་གཏེར་སྒྲོམ་གྱི་ཐོ་བྱང་མཐོང་གསལ་ཞེས་དཀར་ཆག་གི་ཚན་པ་གཅིག་བསྟན་ནས། རིམ་པར་ རླུང་ནད་ནས་མགོ་བཟུང་སྟེ་ཉེས་གསུམ་དང་། མ་ཞུ་བ་སོགས་ཕོང་གི་ནད་རིགས་དྲུག ཚ་བ་སྤྱི་དང་རྒྱས་ཚད་སོགས་ཚ་བའི་ནད་རིགས་བརྒྱད། གཉན་ནད་གག་པ། ལྐོག་པ། གཟེར་ཐུང་སོགས་གཉན་རིམས་ཀྱི་ནད་རིགས་ཉེར་བཞི། མགོ་ནད་སོགས་དབང་པོའི་ནད་རིགས་བཅུ་གཅིག སྙིང་གློ་བ་སོགས་དོན་ལྔ་སྣོད་དྲུག་གི་ནད་རིགས་དགུ། གསང་ནད་གཉིས། སྐད་འགགས་སོགས་ཐོར་བུའི་ནད་རིགས་བཅུ། བྱིས་ནད། མོ་ནད། གྲན་བུའི་ནད་རིགས་བཅས་ཉི་ཤུ་ལྷག རིག་དུག་ནད་དང་། བསེ་དུག གཞན་མི་ཕུགས་ཀྱི་ཛ་ནད། རྨ་ནད་བཅས་བསྡོམས་པས་ནད་རིགས་བརྒྱ་དང་

ཉི་ཤུ་ལྷག་གསོ་བའི་གཉེན་པོ་ཞི་སྦྱང་གི་སྨན་ལ་རང་གིས་དངོས་སུ་ལག་ལེན་བྱས་པའི་མྱོང་བྱང་གཞིར་བྱས་ཐོག་རྩ་བའི་བླ་མའི་གསུང་རྒྱུན་དང་། སྔ་རབས་ཀྱི་མཁས་པས་མཛད་པའི་ཚད་ལྡན་གྱི་གཞུང་ལུགས་དག་ལས་མན་ངག་ཉིང་བཅུད་རྣམས་ཕྱོགས་གཅིག་ཏུ་བཏུས་ཏེ། གཉེན་པོ་སྨན་གྱི་སྦྱོར་སྡེ་དང་། སྦྱོར་ཚད། ཕན་ནུས། སྦྱོར་བའི་ཁྲོད་ཀྱི་གོ་དཀའི་མིང་བརྡ་དང་ཚིག་དོན་སྐོར་ཞིག་ལ་མཆན་བུ་དང་བཅས་གསལ་བར་བསྟན་ཡོད་པ་དང་། གླང་ཐབས་རིགས་ལ་སྨན་དང་སྔགས་ཀྱི་ཆོ་ག་འབྲེལ་ནས་བཅོས་བྱ་ཚུལ་སོགས་ཐོ་བྱང་མཐོང་གསལ་གྱི་རྩ་བའི་གོ་རིམ་ལྟར་བརྗོད་དོན་རྣམས་མ་ལུས་པར་ཚང་བར་བསྟན་ཡོད།

内容提要：此书分123章记述了对治验方。第一章为目录章，随后按目录顺序从“隆”病开始依次对不消等6类内科疾病，总热病和增盛热等8类热病，白喉、炭疽、急痛疠等24类疠瘟，头病等11类五官疾病，心、肺等9类五脏六腑疾病，2类阴部病，喑哑等10类零星病，小儿病、妇科病、细微病等20类疾病，触毒、漆树毒、人畜癣病，马病等共计120余类疾病的对治平息和下泄方，结合作者临证经验并汇集其师承和历代名医所著经典中的秘诀精髓进行了记述。同时，对对治方剂、剂量、配制过程中难懂的名词和句义以附注的形式加以详细注解，对绞痛类疾病的药咒疗法等亦进行了全面的记述。

བོད་ཀྱི་གསོ་རིག་ཀུན་བཏུས་བསྟུད་སྒྲིག་མ་ལས། པོད་དོན་བརྒྱད་པའི་ནང་དུ་བཞུགས།

在《〈藏医药大典〉续编（61—80）》中的位置：收载于第七十八卷

ཚན་པ་གསུམ་པ། བད་ཀན་སྐྲ་རྦབ་དང་འོར་དང་དམུ་ཆུ་གསུམ་གྱི་སྨོས་བཅོས།

第三篇　《培根浮肿、下坠水肿、腹水三者的特殊疗法》

མཚན་བྱང་ཆ་ཚང་། བད་ཀན་སྐྲ་རྦབ། འོར་དང་། དམུ་ཆུ་གསུམ་དང་སྨོས་བཅོས་མཁས་མང་དགོངས་པའི་ཡང་བཅུད་བདུད་རྩིའི་ཐིལ་མངར་ཞེས་བྱ་བ་བཞུགས་སོ། །

全名：《培根浮肿、下坠水肿、腹水三者的特殊疗法·名家思想精粹·甘露滴》

རྩོམ་པ་པོ། མི་གསལ།

作者：不详。

མ་ཡིག ལག་བྲིས། ཡིག་གཟུགས་དབུ་མེད། ཤོག་ངོས་རེར་ཐིག་ཕྲེང་ལྔ། ཐིག་ཕྲེང་རེར་ཡིག་འབྲུ་ཉེར་བརྒྱད། ཁྱོན་བསྡོམས་ཤོག་ངོས་ཉེར་དགུ་བཞུགས།

母本：手写本，草书体，每页5行，每行28字，共29页。

ནང་དོན་གནད་བསྡུས། གཞུང་འདི་ནི་སྐྱ་རབ་ནད་དང་། འོར་ནད། དམུ་ཆུའི་ནད་གསུམ་གྱི་རྟགས་དང་བཅོས་ཐབས་ཀྱི་བརྗོད་དོན་རྣམས་མན་ངག་རྒྱུད་ཆེན་གཞིར་བཟུང་ཐོག་མཁས་པ་མང་པོའི་དགོངས་བཅུད་སྣ་ཚོགས་ཕྱོགས་གཅིག་ཏུ་བསྡུས་པ་ཞིག་སྟེ། ཐོག་མར་སྐྱ་རབ་ཀྱི་ནད་རྟགས་དང་། ཟས་སྤྱོད་སྨན་དཔྱད་བཞི་ཡི་སྒོ་བཅོས། སྔོས་སུ་དང་པོ་གུར་གུམ་བསྣན་པའི་སེ་འབྲུ་ལྔ་པ་དང་། དེ་རྗེས་བདུད་རྩི་རིལ་དཀར་དང་ད་ལིས་བཅུ་དྲུག་ལྟག་སྦྲོད་བཏང་བ་ཉམས་མྱོང་གི་གནད་ཡིན་ཚུལ་བསྟན། འོར་ནད་ལ་སྐྱ་རབ་རྙིང་ནས་འོར་དུ་ཇི་ལྟར་འགྱུར་བའི་རྟགས་དང་། བཅོས་ཐབས་ལ་ཚ་གྲང་གང་ཡིན་བརྟགས་ཏེ་གསོ་ཐབས་ཀྱང་ཚ་གྲང་གང་འོས་དང་བསྟུན་ནས་སྨན་གྱི་སྦྱོར་བས་བཅོས་པ་དང་། སྐྱ་རབ་དང་འོར་གང་ཡང་གསོ་བཅོས་ཀྱིས་མ་ཕན་པར་རྙིང་ན་དམུ་ཆུ་རུ་འགྱུར་བས་དམུ་ཆུའི་བཅོས་ཐབས་སྦྱར་དགོས་ཚུལ། དམུ་ཆུའི་ནད་ཀྱི་གནས་ས་དང་རྟགས། བཅོས་ཐབས་སྨན་གྱི་རིམ་པ་བཏང་ཚུལ་ལ་ཚ་ཆུ་སྨིན་པ་དང་རྒྱས་པར་བྱེད་པ་ལ་ཐང་དཀར་བཅུ་པ་དང་། འབོལ་སྨན་བདུན་པ། ཨ་རུ་དྲུག་ཐང་བཅས་དང་། སྒོ་བའི་ཐགས་ཆུ་ལ་ཅན་དན་བརྒྱད་པ། མཆིན་པའི་ཐགས་ཆུ་ལ་གི་ཝཾ་དགུ་པ། མཆེར་པ་དང་ཕོ་བ་དང་ལོང་ཀའི་ཐགས་ཆུ་གང་ལའང་ཙུ་གང་བདེ་བྱེད་ཆུང་འཕྲིང་ཆེ། ཙུ་གང་བདུན་པ། ཚ་གྲང་ལྡན་པའི་ཆུ་ལ་མཉམ་སྦྱོར་བཅོ་ལྔ་སོགས་གང་ལ་གང་འཚམ་གྱི་གཉེན་པོ་སྨན་གཏོང་ཚུལ། དམུ་ཆུའི་ནད་ཀྱི་རྗེས་གཅོད་ཟས་དང་སྐོམ་གྱི་བསྟེན་ཐབས་སོགས་མཁས་མང་གི་ལག་ལེན་སྦྱོང་གོམས་གཙོ་བོར་བྱས་ཏེ་གཞུང་སྡེ་མ་དག་ཏུ་མ་ཆད་བཟམ་མེད་པ

རྣམས་གཞུང་འདིར་ཁ་སྐོང་གི་ཚུལ་དུ་ཞིབས་པར་བསྟན་ཡོད།

内容提要：此书以《秘诀部》为基础，综合诸多名家的思想精华，将浮肿、下坠水肿、腹水病的症状和疗法等内容进行了汇编。首先，记述了浮肿的病症，饮食、起居、药物、外治四种疗法，尤其记述了加入红花的五味石榴散之后连服甘露洁白丸和十六味杜鹃散的实践要点。其次，记述了浮肿陈旧后转化为下坠水肿的症状，根据寒热性判断疗法，浮肿和下坠水肿因治疗无效而转变为腹水后的治法。如，促使热性腹水成熟和增盛用十味榜嘎散、七味消肿丸和六味阿毕汤，肺漏性腹水用八味檀香散，肝漏性腹水用九味牛黄丸，脾、胃和肠漏性腹水用大、中、小"居冈"散和七味"居冈"散，寒热兼具性腹水用十五味同制方等对症用药法进行了记述。最后，记述了腹水的善后饮食调理等。作者以众医家的实践经验为主要内容，并对经典的缺失等进行查漏补缺。

བོད་ཀྱི་གསོ་རིག་ཀུན་བཏུས་བསྡུད་སྒྲིག་མ་ལས། པོད་དོན་བརྒྱད་པའི་ནང་དུ་བཞུགས།

在《〈藏医药大典〉续编（61—80）》中的位置：收载于第七十八卷

ཚན་པ་བཞི་པ། དོན་སྣོད་དང་དབང་པོ་སོགས་ཀྱི་བཅོས་ཐབས།

第四篇 《脏腑和五官等疾病疗法》

མཚན་བྱང་ཆ་ཚང་། དོན་སྣོད་དང་དབང་པོ། བྱིས་ནད་སོགས་ཀྱི་བཅོས་ཐབས་བཞུགས་སོ། །

全名：《脏腑、五官和小儿病等的疗法》

རྩོམ་པ་པོ། མི་གསལ།

作者：不详。

མ་ཡིག སྒྲིག་པར། ཡིག་གཟུགས་དབུ་ཅན། ཤོག་ངོས་རེར་ཐིག་ཕྲེང་ཉེར་གསུམ། ཐིག་ཕྲེང་རེར་ཡིག་འབྲུ་བཅུ་དྲུག་ཡོད་པ་བསྡོམས་ཤོག་ངོས་ཉི་ཤུ་བཞུགས།

母本：排印本，正楷体，每页23行，每行16字，共20页。

ནང་དོན་གནད་བསྡུས། གཞུང་འདི་ནི་དོན་སྣོད་དང་དབང་པོ་སོགས་ལས་བྱུང་བའི་ནད་རིགས་ཀྱི་བཅོས་ཐབས་གཙོ་བོར་སྟོན་པ་ཞིག་སྟེ། གཞུང་སྤྱི་ལ་ཚན་ཆུང་ཉི་ཤུ་ཡོད། དེ་ལ་ཐོག་མར་སྙིང་ཚད་དང་སྙིང་རླུང་། སྙིང་རླུང་བརྗེད་བྱེད་བཅས་སྙིང་གི་ནད་དང་། མཆེར་པ་ལ་ཚ་བ་དང་ཡང་ན་གྲང་བ་ཞུགས་པའི་ནད། ཕོ་བ་ལ་རླུང་དང་མཁྲིས་པ། བད་ཀན་བབས་པའི་ནད། མཁལ་མར་ཚ་བ་དང་གྲང་བ་ཞུགས་པ། གཉན་སྲིན་པར་པ་ཏ་མཁལ་མ་དང་རྒྱུ་མ་ལོང་ཀར་ཞུགས་པའི་ནད་སོགས་ཀྱི་རྟགས་བཅོས། བར་དུ་དབང་པོའི་ནད་ལ་མིག་གི་ལིང་ཏོག་དང་མིག་ཁ་བས་ཕྱིད་པ། རྣ་བ་ནས་རྣག་ཁྲག་འཛག་པའི་ནད། སྣ་ནང་དུ་འབྲུམ་བུ་བྱུང་བ་དང་སྣ་ཁྲག་འཛག་པའི་ནད། ལྕེ་སྐྲངས་དང་ལྕེ་དིག བྱིས་པའི་ཁ་འབྲུམ། གདོང་གི་ཛ་ཁེབས་སོགས་ཀྱི་རྟགས་བཅོས། གཞན་དུག་ནད་དང་། ལྷོག་པའི་ནད། གྲེ་བའི་ནད། ལྕེ་ནད་དང་རྒྱ་འཇེར་ནད། དྲེག་ནད། སྲིན་ནད། ཛེ་ནད་སོགས་ཀྱི་བཅོས་ཐབས་ལག་ལེན་བསྟན། ཐ་མར་བྱིས་ནད་དང་། མོ་ནད། ཚ་ནད་རིགས་དང་རྨ་སྐྲངས་རིགས་ཀྱི་བཅོས་ཀ་སྣ་ཚོགས། རྟ་ཟི་དམར་པོ་དང་རིལ་དམར་དྲུག་སྦྱོར་སོགས་སྨན་སྦྱོར་ཟབ་ཁྱད་ཅན་གྱི་སྦྱོར་སྡེ་དང་། སྦྱོར་ཚད། ཕན་ནུས་སོགས་བསྟན་ཡོད།

内容提要：此书主要记述了脏腑和五官等疾病疗法。全书分20章。首先记述了心热、心“隆”和心“隆”健忘等心病，热性和寒性脾病，“隆”“赤巴”“培根”型胃病，热性和寒性肾病，疠“蛀”“白巴达”侵入肾和大小肠等疾病的诊疗。其次，记述了五官疾病，如眼部的云翳和雪盲，耳中流脓血，鼻疹和鼻衄，舌肿和口吃，小儿口腔痘疹，面部雀斑等的诊疗以及毒病、炭疽、喉病、舌病、肉疗、痛风、“蛀”病、癣病等的疗法实践。最后，记述了小儿病、妇科病、热病类和创伤肿痛类的各类疗法，“达斯玛布”和六味红丸等特殊方剂的组方、剂量、功效等。

བོད་ཀྱི་གསོ་རིག་ཀུན་བཏུས་བསྟུད་སྒྲིག་མ་ལས། པོད་དོན་བརྒྱད་པའི་ནང་དུ་བཞུགས།

在《〈藏医药大典〉续编（61—80）》中的位置：收载于第七十八卷

ཚན་པ་ལྔ་པ། ཟུར་མཁར་བའི་ཁྲུད་བཅོས་འབམ་བཅོས།

第五篇　《宿喀“斑”病特色疗法》

མཚན་བྱང་ཆ་ཚང་། ད་འདི་ན་ཟུར་མཁར་བའི་ཁྲུད་བཅོས་འབམ་བཅོས་བདུད་རྩི་བུམ་བཟང་ཞེས་བྱ་བ་བཞུགས་སོ། །

全名：《宿喀“斑”病特色疗法·甘露宝瓶》

རྩོམ་པ་པོ། མི་གསལ།

作者：不详。

མ་ཡིག ཤོག་པར། ཡིག་གཟུགས་དབུ་ཅན། ཤོག་ངོས་རེར་ཐིག་ཕྲེང་ཉེར་གསུམ། ཐིག་ཕྲེང་རེར་ཡིག་འབྲུ་བཅུ་གསུམ། ཁྱོན་བསྡོམས་ཤོག་ངོས་བཅུ་བཞི་བཞུགས།

母本：排印本，正楷体，每页23行，每行13字，共14页。

ནང་དོན་གནད་བསྡུས། གཞུང་འདི་ནི་རྣམ་ཞེས་ཟུར་མཁར་མཉམ་ཉིད་རྡོ་རྗེ་ལ་རང་གི་མཆེད་པོ་རྣམས་ཀྱིས་བསྐུལ་བའི་ངོར་དང་རང་དང་སྐལ་བ་མཉམ་པའི་སྨོད་ལྡན་དག་གི་ཆེད་རང་གི་ཉམས་མྱོང་ལས་ཐོན་པའི་ལག་ལེན་རྣམས་གོ་བདེ་བར་བཀོད་པ་ཞིག་སྟེ། བརྗོད་དོན་གཙོ་བོ་ལ་ཁྲང་འབམ་གྱི་ནད་འདི་སྨན་པ་ཕལ་མོ་ཆེས་མ་རྟོགས་པར་གསོ་བ་ལོག་ནས་སྲོག་ལ་རྒོལ་བ་དང་ཡང་ན་ཡུན་རིང་དུ་སྦྱངས་ནས་བཅོས་དགོས་པའི་ཕྱིར་དང་པོ་ནས་ནད་ངོས་འཛིན་གཙོ་བས། དེ་ལ་རྒྱུ་དང་། སློང་རྐྱེན། དབྱེ་བ། རྟགས། བཅོས་ཐབས། ལོག་གནོན། ཕྱི་རྗེས་བཅས་རྣམ་པ་བདུན་གྱི་སྒོ་ནས་རིམ་པར་བསྟན་པ་ལ། དང་པོ་རྒྱུ་ལ་རིང་རྒྱུ་དང་ཉེ་རྒྱུ་གཉིས། སློང་བའི་རྐྱེན་དུས་གདོན་ཟས་སྤྱོད་བཞི། དབྱེ་བ་རླུང་མཁྲིས་བད་ཀན། རྟགས་ལ་སྤྱི་དང་བྱེ་བྲག་གཉིས་ལས། བྱེ་བྲག་རྟགས་ལ་རིགས་དཀར་པོ་དང་ནག་པོ་ཁྲ་བོ་གསུམ་གྱི་སྒོ་ནས་བརྟག་ཚུལ་

དང་། བབས་ས་ལྷགས་པ་དང་། ཟ་ཉུས་པ། རྐང་བཅས་གནས་ཀྱི་སྒོ་ནས་བརྟག་པ་ལ་སོ་སོར་ནད་རྟགས་གང་ཡོད་དང་། ནད་ཚབས་ཆེ་ཆུང་། འཚོ་མི་འཚོ། གསོ་བཅོས་དཀའ་སླ་སོགས་ཀྱི་མན་ངག་གིས་བརྟག་སྡེ་ནད་ངོས་བཟུང་བ་གཡལ་ཆེ་ཚུལ་དང་། རྟགས་ཀུན་མ་ཚང་བར་ནད་གསོ་བར་ཐེ་ཚོམ་ན་དཔེར་ན་ནད་པར་བུམ་ཆུས་སྐྲུ་ཁྲུས་གསོལ་བས་གར་བབས་གནས་དེར་རང་རྟགས་སྟོན་ཚུལ། གསོ་བཅོས་ཇི་ལྟར་བྱེད་དགོས་ཚུལ་གྱི་ལག་ལེན་རིམ་པ། ཟས་སྤྱོད་སྨན་དཔྱད་གང་གིས་kyང་མ་ཐུབ་པ་ལ་མེ་བཙའ། གཏར་ག ཙ་སྦྱོངས། ལྷོ་སྦྱོངས་སོགས་ཀྱིས་ཡོག་གནོན་བྱ་ཚུལ། ཐ་མར་རྗེས་གཅོད་ལ་འབམ་དཀར་ལ་མུ་ཟི་རིགས་ལྡའི་ཆུ་ཚན་དང་། འབམ་ནག་ལ་ཅོང་ཞི་རིགས་ལྡའི་ཆུ་ཚན། ཁྲ་བོའི་ནད་ལ་བདུད་རྩི་ལྔ་ལུམས་བསྙེན་པ་བཅས་ནད་རིགས་དང་བསྟུན་ནས་གསོ་བཅོས་དགོས་ལ་མདོར་ན་ནད་འདི་ཚབས་ཆེ་ལ་རྟགས་དང་བཅོས་ཐབས་ཤེས་པར་དཀའ་བས། འབམ་ནད་མ་བཅོས་པར་བཞག་ན་ཁྲ་བོ་དང་དེ་ནས་ནག་པོ་རུ་གྱུར་འགྲོ་ལ། ནག་པོ་ནད་ཚབས་ཆུང་ན་ཡུན་རིང་དུ་སྦྱོངས་དགོས་པ་དང་། ནད་ཚབས་ཆེ་ན་སྲོག་ལ་ཉེན་པས་ཐོག་མ་ནས་རྟགས་དང་བཅོས་ཐབས་ལ་འབད་དགོས་པའི་བསླབ་བྱ་ནན་གྱིས་བསྟན་ཏེ་རྟགས་དང་གསོ་བཅོས་སྐོར་རྒྱུད་གཞུང་ཐ་མ་དག་དང་མན་ངག་རྒྱུད་ཆེན་ལས་ཅུང་ཁ་གསལ་གོ་བདེ་ངང་བཀོད་ཡོད།

内容提要：此书由“达玛”即宿喀·娘尼多吉在其朋友的鼓励下，为同时期的学习者能更好地掌握他的临床实践经验而著，主要记述了“冈斑”病诊断因、分类、病症、疗法、防复发、善后调理等7个方面。内因分为远因和近因，外因有时令、“敦”邪、饮食、起居，分类有“隆”“赤巴”“培根”。症状分为总症和具体症状。具体症状有黑、白、花三种，落于皮肤、肌肉、骨、髓等部位。症状也记述了分辨病情轻重，可否治愈，治疗难易程度等秘诀诊法，如以桶中沐浴的方法使症状凸显并对治，治疗过程中，饮食、起居、药物、外治均无效时的火灸、放血、泄脉、泻腹等的增效法等。最后的善后调理部分对白色“斑”病用硫磺类温泉，黑色“斑”病用寒水石类温泉，花色“斑”病用五味甘露药浴等根据病类治疗进行了记述。书中认为，此病凶险且症状和疗法难以掌握，“斑”病未适时治疗时可转变为花“斑”，最终转变为黑

“斑”，黑“斑”病情较轻时应长期治疗，病情严重时可危及生命，故从初发时期便强调致力于疾病的诊断和治疗。书中对病症和疗法方面的记述较先前的经典和《秘诀部》更为通俗而详尽。

བོད་ཀྱི་གསོ་རིག་ཀུན་བཏུས་བསྟུད་སྒྲིག་མ་ལས། པོད་དོན་བརྒྱད་པའི་ནང་དུ་བཞུགས།

在《〈藏医药大典〉续编（61—80）》中的位置：收载于第七十八卷

ཚན་པ་དྲུག་པ། འབམ་ནད་ཞི་བར་བྱེད་པའི་བཅོས་ཐབས།

第六篇 《“斑”病疗法》

མཚན་བྱང་ཆ་ཚང་། འབམ་ནད་ཞི་བར་བྱེད་པའི་བཅོས་ཐབས་མཁས་པའི་ཞལ་བཞེས་མན་ངག་གི་རིམ་པ་བཞུགས་པའི་དབུ་འོ། །

全名：《“斑”病疗法名医口传秘诀系谱》

རྩོམ་པ་པོ། མི་གསལ།

作者：不详。

མ་ཡིག ལག་བྲིས། ཡིག་གཟུགས་དབུ་མེད། ཤོག་ངོས་རེར་ཐིག་ཕྲེང་དགུ། ཐིག་ཕྲེང་རེར་ཡིག་འབྲུ་སོ་བཞི། ཁྱོན་བསྡོམས་ཤོག་ངོས་ཉེར་བཞི་བཞུགས།

母本：手写本，草书体，每页9行，每行34字，共24页。

ནང་དོན་གནད་བསྡུས། གཞུང་འདི་ནི་རྐང་འབམ་ནད་ཀྱི་རྒྱུ་རྐྱེན་དང་རིགས་དབྱེ་རྟགས་བཅོས་སྟོན་པ་ཞིག་སྟེ། འབམ་ནད་ཀྱི་རྒྱུ་རྐྱེན་དང་། དབྱེ་བ་མདོར་དྲིལ་ན་དཀར་ནག་ཁྲ་གསུམ་ལ་ཕྱེས་ཏེ་དེ་གསུམ་གྱི་སོ་སོའི་ནད་རྟགས། ནག་པོ་དེ་ནད་ངན་ཡིན་པས་བཅོས་ཐབས་མེད་ཚུལ་དང་དེ་ལ་མཆོག་ཏུ་ཕན་པའི་སྨན་དཀར་གྱི་ངོས་འཛིན་དང་དེའི་ཕན་ཡོན། ཁྱད་པར་དུ་རྟེན་ཅན་འབམ་ནད་ལ་གཉེན་པོ་སྨན་བསྟེན་པའི་ཞོར་ལ་

རིམ་གྲོ་ལ་འབད་དགོས་ཤིང་། གདོན་བགེགས་བསྐྲད་པར་སྔགས་ཀྱི་སྙིང་པོ་བཟླ་བ་དང་། རྟེན་མེད་འབམ་ནད་ལ་སྨན་དཀར་གཏོང་ཚུལ་སོགས་ཀྱི་ལག་ལེན་གྱི་རིམ་པ། གཞན་གཙུག་ལག་འཕྲིང་བའི་བཀྲ་ཤིས་ཀྱིས་བརྩམས་པའི་འབམ་ནད་རིགས་གསུམ་གྱི་འབྲུལ་མེད་ཀྱི་ནད་རྟགས་དང་། འབམ་ནད་དེ་ཐོག་མར་གཉན་བཅོས་དགོས་ལ། ས་བདག་གི་གནོད་པ་ཡིན་པས་རིམ་གྲོའི་བཅོས་ཐབས་ལ་འབད་དགོས་ཚུལ། འཚོ་བྱེད་བསྟན་འཛིན་གླིང་བའི་ཟིན་བྲིས་སྨན་དཀར་གྱི་ལག་ལེན། གཏོང་བའི་དུས་ཀྱི་ཟས་ཀྱི་སྲུང་བྱ། གཉན་ཚད་ཆོགས་དུས་སྨན་དཀར་གཏོང་བ་དང་མཇུག་ཏུ་གཏར་ག་དང་ཆུ་ལུམས་བསྟེན་པ། གཉན་ཚད་ཆོགས་ཤིང་འབམ་ནད་སོས་ནས་ཕོ་བའི་མེ་དྲོད་གསོ་བར་གཉེན་པོ་སྨན་གང་གཏོང་དགོས་པའི་ཟབ་གནད་ཀྱི་གདམས་པ་འགའ་བཅས་གསུངས་ཡོད།

内容提要：此书主要记述了“冈斑”病的内外因、分类、症状、疗法等。如“斑”病的内外因、黑、白、花三种分类及其不同症状；黑色“斑”病因凶险而难治及特效对治药物“曼格”的识别和功效；尤其对有依附“斑”病，在使用对治药物的同时加强供祭，诵读咒语；无依附“斑”病的“曼格”用法。书中还对丹增林巴医生笔记中“曼格”的制法、用法和饮食禁忌，疠热压制时用“曼格”，后期采用放血和水浴疗法，“斑”病康复时以药养胃的要点等教诫进行了记述。

བོད་ཀྱི་གསོ་རིག་ཀུན་བཏུས་བསྟུད་སྒྲིག་མ་ལས། པོད་དོན་བརྒྱད་པའི་ནང་དུ་བཞུགས།

在《〈藏医药大典〉续编（61—80）》中的位置：收载于第七十八卷

ཆ་ན་པ་བདུན་པ། སྐད་བཅོས་ཚངས་པའི་འབྲུག་སྒྲོགས།

第七篇　《声疗梵天雷鸣》

མཚན་བྱང་ཆ་ཚང་། དབང་ཆེན་གསང་བ་འདུས་པ་ལས་སྐད་བཅོས་ཚངས་པའི་འབྲུག་སྒྲོགས་བཞུགས་སོ། །

全名：《昂钦秘法汇集・声疗梵天雷鸣》

རྩོམ་པ་པོ། མི་གསལ།

作者：不详。

མ་ཡིག ལག་བྲིས། ཡིག་གཟུགས་དབུ་མེད། ཤོག་ངོས་རེར་ཐིག་ཕྲེང་དྲུག ཐིག་ཕྲེང་རེར་ཡིག་འབྲུ་བཅོ་བརྒྱད། ཁྱོན་བསྡོམས་ཤོག་ངོས་བཅུ་བཞུགས།

母本：手写本，草书体，每页6行，每行18字，共10页。

ནང་དོན་གནད་བསྡུས། གཞུང་འདི་ནི་གཙོ་བོ་སྐད་ཀྱི་སྒྲ་དབྱངས་ལྷ་ཚངས་པའི་དབྱངས་ལྟར་སྙན་ཞིང་བརྗིད་པར་འགྱུར་བའི་ཐབས་སྟོན་པ་ཞིག་ཡིན། ཐོག་མར་རཏྣ་གླིང་པས་གནམ་སྐས་བྲག་ནས་གདན་དྲངས་པའི་སྐད་བཅོས་ལག་ལེན་ཏེ་གཉེན་པོ་སྨན་མ་བཏང་བའི་སྔ་རོལ་དུ་འགྲོ་དགོས་པའི་སྔོན་འགྲོ་ལ་རྩ་ཁ་འབྱེད་པའི་སྨན་གཏོང་བ་དང་། དངོས་གཞི་ཞག་བདུན་གྱི་བར་རྩ་ནད་སྦྱོང་བའི་སྨན་གཏོང་བ། རྗེས་སུ་གཉེན་པོ་སྨན་གྱི་སྦྱོར་བ་དེ་ཟླ་བ་གཅིག་གི་ཡུན་ལ་ལྟོ་སྟོང་དུས་སུ་བསྟེན་ན་འཛེར་བ་མེད་པར་སྐད་སྙན་པ་དང་། དེ་ལ་སྐད་ངར་བ། སྦོམ་པ། ཕྲ་བ། རིང་བ། སྙན་པ། འཕོང་བ་བཅས་སོ་སོར་འདོད་པ་དག་ལ་དེའི་སྙིང་སྨན་གྱི་མན་ངག་ཁ་བསྒྱུར་གང་དང་གང་བསྣན་དགོས་པ་བསྟན། བར་དུ་ས་སྐྱ་པཎ་ཆེན་ལུགས་ཀྱི་སྐད་སྨན་བཟང་པོའི་སྨན་གྱི་སྦྱོར་བ་དང་སྐད་སྙན་ལ་རིང་བར་འདོད་པ་དང་སྐད་གདངས་ཆེ་བར་འདོད་པ་ལ་དེའི་སྙིང་སྨན་གྱི་ཁ་བསྒྱུར་གང་དགོས་བསྟན། མཇུག་ཏུ་འགོས་ནད་སྲུང་བའི་གདམས་པ་དང་། བར་ཆད་གང་ཡང་མི་ཡོང་བའི་གདམས་པ། འབམ་ནད་བཅོས་སྐབས་ཀྱི་གསང་སྨན་ངོས་འཛིན། གདོན་བགེགས་རྒྱུན་ངན་ཐམས་ཅད་ཐུབ་པའི་གདམས་པ་སོགས་མན་ངག་ཐོར་བུ་འགའ་བཅས་བསྟན་ཡོད།

内容提要：此书主要记述了使声音变得如梵天般悦耳动听的方法。首先，记述了由然纳林巴从“南给”山求得的声疗实践。即未用药之前首先要用通脉的方药，然后用七天脉泄药，最后空腹用对治药一个月可使声音变得悦耳而不沙哑；可根据自身需求使声音洪亮、粗犷、尖细、高亢、动听、醇厚的秘诀“卡居尔（引药）”的加入法。其次，记述了萨迦班钦声疗良药的组方和想使声音变得悦耳洪亮时需加入“卡居尔（引药）”的方法。最后，记述了防治传染病的教诫，阻断魔障的教诫，治疗“斑”病时秘药的认识，驱除敦魔的教诫等零星秘诀。

བོད་ཀྱི་གསོ་རིག་ཀུན་བཏུས་བསྟུད་སྒྲིག་མ་ལས། པོད་དོན་བརྒྱད་པའི་ནང་དུ་བཞུགས།

在《〈藏医药大典〉续编（61—80）》中的位置：收载于第七十八卷

ཚན་པ་བརྒྱད་པ། ལྷ་འབྲུམ་དཀར་པོའི་མན་ངག

第八篇 《白瘟天痘疗法秘诀》

མཚན་བྱང་ཆ་ཚང་། ལྷ་འབྲུམ་དཀར་པོའི་མན་ངག་བཞུགས་སོ། །

全名：《白瘟天痘疗法秘诀》

རྩོམ་པ་པོ། མི་གསལ།

作者：不详。

མ་ཡིག སྒྲོག་པར། ཡིག་གཟུགས་དབུ་ཅན། ཤོག་ངོས་རེར་ཐིག་ཕྲེང་ཉེར་གསུམ། ཐིག་ཕྲེང་རེར་ཡིག་འབྲུ་བཅུ་དྲུག ཁྱོན་བསྡོམས་ཤོག་ངོས་དྲུག་བཞུགས།

母本：排印本，正楷体，每页23行，每行16字，共6页。

ནང་དོན་གནད་བསྡུས། གཞུང་འདི་ནི་འབྲུམ་པའི་ནད་ཀྱིས་ན་བ་ལ་གཉེན་པོ་ལག་ལེན་གང་དགོས་གསལ་བོར་སྟོན་པ་ཞིག་སྟེ། དང་པོ་འབྲུམ་པའི་འབྲུམ་ཤུན་དུ་རྣག་ཡོད་དུས་བླངས་རྗེས་བཀྲ་ཤིས་དུས་བཟང་ལ་གཞུང་བཞིན་ཕྱིན་རླབས་ཅན་བྱས་པའི་ཟུ་གང་རིལ་བུ་དམར་པོ་ལེགས་པར་བསྐྱེན་པ་དང་། ཟླ་བ་ཡར་ངོའི་གཟའ་སྐར་དར་བ་དང་བདུད་རྩི་ཐུན་མཚམས་ཤར་བའི་ཉིན་མོ་ལ་སྨན་པས་སྔོག་བཙོང་སོགས་མི་གཙང་བའི་ཟས་རིགས་སྤང་སྟེ་གནས་ཁང་གཙང་མ་ལ་རྟེན་བཀྲམ་མཆོད་པ་བཤམས། སྨན་བླའི་རྣལ་འབྱོར་བསྒོམ། བཀའ་སྲུང་གཏོར་མ་ལི་ཕྱིར་ལ་བཞག རང་རང་གི་ལྷ་དང་ཀླུ་གཞི་བདག་རྣམས་ལ་མཆོད་པ་འབུལ་བ་སོགས་ཀྱི་

སྟོན་འགྲོ་སོང་ནས། དངོས་གཞིའི་ཁྲུས་ལ། ལྟོ་སྟོང་དུས་སུ་ནད་པ་ཕོ་མོ་སོ་སོར་སྣ་སྨན་ཇི་ལྟར་གཏོང་བ་དང་ཞོར་དུ་བཀྲ་ཤིས་པའི་ཚིག་གང་བརྗོད་དགོས་ཚུལ་བཅས་ཀྱི་ལག་ལེན་གྱི་རིམ་པ། གཞན་འབྲུམ་པ་དེ་ཚ་ཤས་ཆེ་བའི་བཅོས་ཐབས། མ་སྨིན་པ་སྨིན་པར་བྱེད་པའི་སྨན་གྱི་སྦྱོར་ཚུལ། སྨིན་པའི་སྐབས་ཀྱི་ནད་པ་དང་སྨན་པས་ཟས་དང་སྤྱོད་ལམ་གྱི་སྤང་བླང་། རིམ་གྲོའི་དུས་ཀྱི་ལུས་ངག་གི་སྤྱོད་ལམ་གྱི་བླང་དོར། བར་བར་དུ་བསང་བཏང་ནས་ཁྱིམ་དང་གནས་ས་གང་ཡང་དུད་པས་བདུག་པ། སྨན་བླ་དང་ཁྱད་པར་དུ་ལོ་གྱོན་མ་སོགས་ཀྱི་སྔགས་ཅི་རིགས་བཟླས་དགོས་ཚུལ། མ་སྨིན་ན་སྨན་གང་དང་ཁ་ཚར་སྨན་གང་བསྣན་དགོས་ཚུལ། འབྲུམ་པ་དཀར་པོ་དེ་དོན་ལྔ་སྣོད་དྲུག་སོགས་ལ་བབས་ན་སོ་སོའི་རྟགས་དང་དེ་ལ་བཅོས་ཐབས་གང་བྱས་ན་ཕན་ཚུལ། མཇུག་ཏུ་འབྲུམ་པ་ཐོན་ནས་སྐེམ་ཐབས་ཀྱི་གཉེན་པོ་སྨན་གང་བསྟེན་དགོས་ཚུལ་སོགས་ཀྱི་གསོ་བཅོས་མན་ངག་སྙིང་གསུངས་ཡོད།

内容提要：此书记述了痘疮的疗法。书中记述了有脓痘疮去痂后适时服用加持过的“居冈”红丸，于上弦月吉日之际医生避讳葱蒜等食物，在干净整洁的房间陈列祭品，修药师佛禅定，将供食子放入铜盘祀奉自己的守护神等前期准备工作。具体治疗中记述了空腹时给男女病患分别用鼻药及说吉祥语的实践过程，热偏盛性痘疮的疗法，未熟痘疮促熟的方药制法，促熟后病患和医生的饮食起居忌宜，祭祀时的身语行为忌宜，期间煨桑对房屋和住所进行烟熏，药师佛尤其“洛君玛”等的咒语诵读法，未熟时用何方剂及加味药用法，白痘落于五脏六腑的各自症状和疗法以及对透痘的干痘疗法等。

བོད་ཀྱི་གསོ་རིག་ཀུན་བཏུས་བསྟུད་སྒྲིག་མ་ལས། པོད་དོན་བརྒྱད་པའི་ནང་དུ་བཞུགས།

在《〈藏医药大典〉续编（61—80）》中的位置：收载于第七十八卷

ཚན་པ་དགུ་པ། དུག་འཇོམས་བདུད་རྩིའི་ཆུ་རྒྱུན་ལས་ཉེར་མཁོ་བཏུས་པ།

第九篇 《解毒甘露水流·常用萃取》

མཚན་བྱང་ཆ་ཚང་། གསོ་བ་རིག་པའི་མན་ངག་དུག་འཇོམས་བདུད་རྩིའི་ཆུ་རྒྱུན་ལས་ཉེར་མཁོ་བཏུས་པའི་དབུའི་གཟིགས་ཕྱོགས་ལགས། །

全名：《医学秘诀·解毒甘露水流·常用萃取引言》

རྩོམ་པ་པོ། མི་གསལ།

作者：不详。

མ་ཡིག ལག་བྲིས། ཡིག་གཟུགས་དབུ་མེད། ཤོག་ངོས་རེར་ཐིག་ཕྲེང་དྲུག ཐིག་ཕྲེང་རེར་ཡིག་འབྲུ་ཉེར་ལྔ། ཁྱོན་བསྡོམས་ཤོག་ངོས་སུམ་ཅུ་བཞུགས།

母本：手写本，草书体，每页6行，每行25字，共30页。

ནང་དོན་གནད་བསྡུས། གཞུང་འདིའི་མཇུག་པ་པོ་སུ་དང་དུས་ནམ་ཞིག་ལ་མཛད་པ་གསལ་པོར་མ་ངེས་ཀྱང་བརྗོད་དོན་གཙོ་བོ་ནི་ཀརྨ་རང་བྱུང་རྡོ་རྗེ་སོགས་སྔ་རབས་མཁས་དབང་དམ་པའི་བཞེད་དགོངས་དང་། རྩོམ་པ་པོ་རང་གི་མན་ངག་སྒྲོང་བྱང་ཟབ་མོ་དག་ལ་བརྟེན་ནས་སྦྱོར་དན་དུག་གི་ནད་ཀྱི་ངོས་འཛིན་བརྟག་བཅོས་ཉེ་བར་བསྟན་ཡོད། དང་པོ་ཕྱི་ནང་གསང་གསུམ་གྱི་སྒོ་ནས་བརྟག་ཚུལ་ལ། རྟགས་ཀུན་ལ་བརྟག་ཀྱང་མ་རྟོགས་ན་རྩ་ལ་བལྟ་རིག་མི་དགོས་པར་ཀརྨ་རང་བྱུང་རྡོ་རྗེའི་ལུགས་ཀྱི་གསང་བ་སྔན་གྱི་མན་ངག་ལ་བསྟེན་ནས་བརྟག་པས་ཇི་བཞིན་རྟོགས་པ་དང་། བརྟག་ཐབས་འདི་མི་ཤེས་པའི་སྔན་པས་དུག་གི་ནད་ངོས་འཛིན་དཀའ་བའི་ཚུལ། བྱེ་བྲག་གི་བརྟག་པ་ལ་འཇུག་སྒོ་དང་། ཟས་རིགས། ན་ལུགས། ལྷང་དུས། བབས་ས་གནས་བཅས་ཀྱི་སྒོ་ནས་བརྟག་དགོས་པ་དང་སོ་སོའི་ནད་རྟགས། མི་ཐུབ་འཆི་དུས་ཀྱི་

རྟགས། སྦྱོར་ངན་འདི་ཉིད་ནད་ངོས་མ་ཟིན་ཆེ་བཅོས་ལོག་དབང་དུ་སོང་ནས་ཤི་བ་མང་བ་དང་ཡུན་རིང་ན་གཅོང་དུ་གྱུར་བས་བཅོས་པ་དཀའ་བའི་ཚུལ། དེ་དག་གསོ་ཐབས་ལ་སྤྱི་དང་བྱེ་བྲག་གཉིས་ལས། སྤྱི་ལ་དུག་ནད་སྨན་གྱིས་གསོ་བ་དང་སྔགས་ཀྱིས་གསོ་བ་དང་སྲུང་ཐབས་གསུམ་ཡོད་པ་ལས་ཕྱི་མ་གཉིས་ཀྱི་བཅོས་ཐབས་བཅས་བསྟན་ཡོད་ལ། དེའི་མན་གྱི་བརྗོད་དོན་ནི་ད་ལན་གྱི་མ་ཡིག་ཁྲོད་མིང་ཙམ་མ་གཏོགས་དངོས་གཞིའི་བརྗོད་བྱ་ལ་ཆད་སྐྱོན་བྱུང་འདུག་པས་ཁ་སྐོང་བྱེད་མ་ཐུབ་པར་བཞག་ཡོད།

内容提要： 此书作者、著书年代均不详。主要记述了结合噶玛·让琼多吉等历代名家的学术思想以及作者自身诊断和治疗毒病的秘诀。首先，对内、外、秘三个方面的诊法，认为，通过所有症状无法进行诊断时无需脉诊而要根据噶玛·让琼多吉的秘药确诊，无法用此诊察法的医生则难以对毒病进行诊断。具体诊断应从侵入口、病源、症状、发病时间、发病部位等方面进行诊断。书中还记述了误诊的严重后果，且认为病程久会转变为痼疾，从而更难以治愈。书中还对三种总体疗法中后两种疗法进行了记述，其余部分的内容除了相关名词外具体内容在所获母本中有所缺失，目前尚未能进行补充。

བོད་ཀྱི་གསོ་རིག་ཀུན་བཏུས་བསྟུད་སྒྲིག་མ་ལས། པོད་དོན་བརྒྱད་པའི་ནང་དུ་བཞུགས།

在《〈藏医药大典〉续编（61—80）》中的位置： 收载于第七十八卷

སྨྱི་དོན་ལྔ་པ། སྨན་རྫས་ཞིབ་འཇུག་གི་སྐོར།
第五部　药物书籍

བཤད་རྒྱུད་དང་ཕྱི་མ་རྒྱུད་ལས་གསུངས་པའི་རིན་པོ་ཆེ་དང་རྩི་སྦྱོར་ཤིང་སོགས་ལས་བྱུང་བའི་སྨན་རྣམས་ཀྱི་འབྱུང་ཁུངས་དང་བརྟག་ཐབས། བོངས་དབྱིབས། ཁ་དོག རོ་ནུས། འབྲུངས་དཔེ། མཆོག་དམན། མིང་གི་རྣམ་གྲངས། སྨན་མིང་བསྡུས་དོན་བརྡ་བཀྲོལ། དར་ཡ་ཀན་གྱི་འཇུག་ཚུལ། དྲི་མེད་ཤེལ་ཕྲེང་གི་ནོར་འཁྲུལ་དག་ཐེར། སྔོ་སྨན་བཅོ་བརྒྱད་ཀྱི་དྲི་བ་སོགས་ཀྱི་བརྗོད་དོན་ཚན་པ་བཅུ་གསུམ་དང་། བོད་ཡུལ་དུ་སྐྱེས་དཀའ་ཞིང་ཉོ་སྒྲུབ་དཀོན་པ། རིན་ཐང་ཆེ་བ། རྗེས་མར་རྒྱུན་ཆད་ཉེན་ཆེ་བའི་སྨན་དག་ལ་དེ་དང་ནུས་པ་མཚུངས་ཤིང་རྙེད་སླ་བའི་བོད་ཡུལ་གྱི་སྨན་གང་དང་གང་ཚབ་སྨན་དུ་གཏོང་ཆོག་པ་དེའི་མིང་དང་ཕྱི་དབྱིབས་ཁ་དོག ཚབ་ཐུབ་པའི་རྒྱུ་མཚན་སོགས་ཚན་པ་བཞི་ལ་བསྡུས་ནས་རེ་རེ་བཞིན་བཀོད་ཡོད།

收录解说《论说部》和《后续部》所载珍宝类、精华类、草本类、木类等药材的来源、鉴别法、形态、颜色、味性、图鉴、优劣、别名、合成名、“达亚甘”的不同释义，《晶珠本草》纠错、《十八草本药问》等内容汇编的13篇以及在青藏高原难以生长、采购困难、价格昂贵，濒临绝迹的药材功效相同且容易获取的替代药材的名称、形状、颜色、可替代的原因等内容汇编的3篇。

སྐབས་དོན་དང་པོ། སྨན་གྱི་འབྲུངས་དཔེ།

第一集 药物图鉴

རིན་པོ་ཆེ་དང་ས་རྡོ་ཤིང་རྩི་ལྡུམ་སོགས་ལས་བྱུང་བའི་གཉེན་པོ་སྨན་རྣམས་ཀྱི་འབྱུང་ཁུངས་དང་སྐྱེ་སའི་གནས། རྩ་སྡོང་མེ་འབྲས་སོགས་ཀྱི་བོངས་དབྱིབས་དང་། ཁ་དོག་གི་རྣམ་པ། དེ་གང་དང་འདྲ་བའི་དཔེ། མཆོག་དམན་དང་ཕོ་མོའི་དབྱེ་བ། ངོས་འཛིན་ཐད་ཀྱི་མི་ནོར་བའི་གཟེར། འཁྲུལ་མེད་ངོས་འཛིན་ལ་མིག་གི་རྒྱན་དུ་སྟོན་ཆེད་གཟུགས་དབྱིབས་རིས་སུ་ཕབ་པ་སོགས་ཕྱིའི་སྐྱེ་ཚུལ་གྱི་ཁྱད་ཆོས་རྣམས་ཚན་པ་བཅུ་གསུམ་གྱིས་བཀོད་ཡོད།

收录解说珍宝类、土石类、木类、精华类、草本类药材的来源、产地，根茎花果等的形态、颜色、比像、优劣、雌雄分类，识别图鉴等药材特征等为内容的13篇。

ཚན་པ་དང་པོ། རིན་པོ་ཆེ་བརྟག་པའི་གཏམ།

第一篇 《珍宝辨识说》

མཚན་བྱང་ཆ་ཚང་། རིན་པོ་ཆེ་བརྟག་པའི་གཏམ་ཙིནྟ་མ་ཎིའི་མཛོད་ཁང་ཞེས་བྱ་བ་བཞུགས་སོ། །

全名：《珍宝辨识说·“孜达玛尼”宝库》

རྩོམ་པ་པོ། ཀརྨ་རང་བྱུང་རྡོ་རྗེ། སྤྱི་ལོ་༡༢༨༤ལོར་དབུས་གཙང་མངའ་རིས་ཀྱི་མང་ཡུལ་གུང་ཐང་གངས་ཞུར་མོའི་འགྲམ་རྩ་ཕུ་ལྷུང་ཤོད་དུ་སྐུ་འཁྲུངས་ཤིང་། སྤྱི་ལོ་༡༣༣༩ལོར་སྐུ་གཤེགས།

作者：噶玛·让琼多吉，1284年生于卫藏阿里芒隅贡塘康旭莫附近的杂普隆雪，1339年卒。

མ་ཡིག ཤོག་པར། ཡིག་གཟུགས་དབུ་ཅན། ཤོག་ངོས་རེར་ཐིག་ཕྲེང་ཉེར་གཅིག ཐིག་ཕྲེང་རེར་ཡིག་འབྲུ་བཅུ་བཞི། ཁྱོན་བསྡོམས་ཤོག་ངོས་སོ་དྲུག་བཞུགས།

母本：排印本，正楷体，每页21行，每行14字，共36页。

ནང་དོན་གནད་བསྡུས། གཞུང་འདི་ནི་རྫོགས་ཆེན་པ་རང་བྱུང་རྡོ་རྗེས་རྒྱལ་བའི་བསྟན་པ་ཡུན་དུ་གནས་པ་དང་འགྲོ་བ་སེམས་ཅན་གྱི་བདེ་སྐྱིད་སྤེལ་བའི་སླད་དུ་དཔལ་སྤུང་ལྷ་བརྒྱའི་རྒྱ་ཚོགས་ལས་བྱང་ཆུབ་མཆོད་སྡོང་གསར་དུ་བསྐྲུན་ནས་རྒྱལ་དབང་པད་མའི་ལུང་བསྟན་བཞིན་བསམ་ཡས་བར་ཁང་དུ་བཞུགས་སུ་གསོལ་བའི་ཚེ་ལ་སྦྱར་བ་ཞིག་སྟེ། ནང་དོན་གཙོ་བོ་ནི་ཐོག་མར་མདོ་སྔེ་དང་རྒྱུད་སྡེ་རིན་པོ་ཆེ་ལ་སོགས་པའི་བཀའ་དངོས་དང་། པཎ་གྲུབ་རྣམས་ཀྱི་བསྟན་བཅོས་ལས་རིན་པོ་ཆེའི་རྣམ་གྲངས་ལྔ་དང་། བདུན་དང་། བཅུ་དང་། བཅོ་ལྔ་དང་། བཅུ་དགུ་ལ་སོགས་མཆོག་འབྲིང་དམན་པར་ཕྱེ་བ་རྣམས་ཀུང་རིགས་ཀྱི་སྒོ་ནས་ལྔ་དང་། མི་དང་། བྱང་ཆུབ་སེམས་དཔའི་ནོར་བུ་གསུམ་དུ་འདུ་བའི་ཚུལ་སོགས་རིན་པོ་ཆེའི་རྣམ་གཞག་སྤྱིར་བཤད་པ་མ་ཟད། ལྷའི་ནོར་བུ་རིན་པོ་ཆེ་དང་། བྱང་ཆུབ་སེམས་དཔའི་ནོར་བུ་རིན་པོ་ཆེ། ལྷ་མ་ཡིན་གྱི་རིན་པོ་ཆེ། མིའི་རིན་པོ་ཆེ་ལ་སོགས་ཀྱི་མཆོག་དམན་དང་། རིགས་དབྱེ། ཡོན་ཏན་སོགས་ཁ་གསལ་པོར་བཀོད། ཁྱད་པར་དུ་ཙིནྟ་མ་ཎིའམ་ཡིད་བཞིན་ནོར་བུ་ལ་མཆོག་དམན་གྱི་ངོས་འཛིན་དང་། སྔོས་སུ་རིན་པོ་ཆེ་བྱེ་བྲག་ཏུ་བསྟན་པའི་སྐབས་སུ་རིན་པོ་ཆེའི་འབྱུང་ཁུངས་དང་། བོང་དབྱིབས་དང་། ཁ་དོག་གི་རྣམ་པ་རེ་རེ་བཞིན་གསལ་པོར་གསུངས་ཡོད་པ་དང་། ལྷག་ཏུ་གོང་གི་རིན་པོ་ཆེ་དེ་དག་སྐུ་གསུང་ཐུགས་རྟེན་གྱི་རྒྱུ་ལ་ཇི་ལྟར་ངོས་འཛིན་དང་བཀོལ་སྤྱོད་སོགས་ཀྱི་གདམས་ངག་སོགས་སྔ་གཞུང་གཞན་ལས་མཐོང་དཀོན་པའི་རིན་པོ་ཆེའི་བརྟག་ཐབས་དང་ངོས་འཛིན་གྱི་ཕྱག་ལེན་རྣམས་དཔེ་མཚུངས་མེད་པར་ལྷུག་པོར་བཀོད་ཡོད་པས། མ་འོངས་པར་སྨན་རྫས་རིག་པ་དང་ནང་སྔོས་སུ་རིན་པོ་ཆེའི་རིགས་ལག་ལེན་དང་ཆེད་དུ་རིན་པོ་ཆེའི་རིགས་ལ་ཞིབ་འཇུག་བྱེད་མཁན་རྣམས་ལ་མེད་དུ་མི་རུང་བའི་དཔྱད་གཞིའི་ཡིག་ཆ་གལ་ཆེན་ཞིག་ཏུ་རྟོགས།

内容提要： 此书是由噶玛·让琼多吉为了增进民众福祉所著。书中记述了佛说和一些学者的著作中关于珍宝的教义，神、人和菩萨三珍宝的总体论说，对神之珍宝、菩萨之珍宝、非天之珍宝、人之珍宝等的优劣、分类、性效等的见解进行了详尽的记述。尤其解说对“孜达玛诺”珍宝的优劣识别法，对珍宝的来源、形状、颜色等特点分别进行了具体详细的描述，并对认识和应用以上珍宝的身、语、意、依之因的教诫，在其他著作中少见的珍宝鉴别法和认识实践等进行了记述。

བོད་ཀྱི་གསོ་རིག་ཀུན་བཏུས་བསྡུད་སྒྲིག་མ་ལས། པོད་དོན་བརྒྱད་པའི་ནང་དུ་བཞུགས།

在《〈藏医药大典〉续编（61—80）》中的位置： 收载于第七十八卷

ཚན་པ་གཉིས་པ། སྨན་ངོ་གསལ་བྱེད་སྣང་གསལ་སྒྲོན་མ།

第二篇　《药物明辨·明灯》

མཚན་བྱང་ཆ་ཚང་། རྒྱུད་ཕྱི་མ་ལས་སྨན་ངོ་གསལ་བྱེད་སྣང་གསལ་སྒྲོན་མ་ཞེས་བྱ་བའི་དབུ་ཕྱོགས་བཞུགས་སོ། །

全名： 《后续部药物明辨·明灯》

རྩོམ་པ་པོ། ཟུར་མཁར་མཉམ་ཉིད་རྡོ་རྗེ། སྤྱི་ལོ་༡༤༣༩ལོར་དབུས་གཙང་ལྷོ་ཁའི་དྭགས་པོ་ས་ཆ་ལ་ཐོག་ཟུར་མཁར་དུ་སྐུ་འཁྲུངས་ཤིང་། སྤྱི་ལོ་༡༤༧༥ལོར་སྐུ་གཤེགས།

作者： 宿喀·娘尼多吉，1439年生于山南塔波拉妥宿喀尔，1475年卒。

མ་ཡིག ལག་བྲིས། ཡིག་གཟུགས་དབུ་མེད། ཤོག་ངོས་རེར་ཐིག་ཕྲེང་བཅུ། ཐིག་ཕྲེང་རེར་ཡིག་འབྲུ་ཉེར་གཉིས། ཁྱོན་བསྡོམས་ཤོག་ངོས་སོ་བཞི་བཞུགས།

母本： 手写本，草书体，每页10行，每行22字，共34页。

ནང་དོན་གནད་བསྡུས། གཞུང་འདི་ནི་དཔལ་ལྡན་རྒྱུད་བཞིའི་ཕྱི་མ་རྒྱུད་ལས་བསྟན་པའི་ཐང་གི་སྡེ་ཚན་གྱི་

སྦྱོར་བའི་ལག་ལེན་བསྟན་པ་ཞིག་སྟེ། ནད་རིགས་བཞི་བརྒྱ་རྩ་བཞི་པོ་མདོར་བསྡུས་ན་ཚ་བ་དང་གྲང་བ་གཉིས་ལས་མི་འདའ་བའི་ཕྱིར་ན། དེའི་གཉེན་པོ་ཐང་གི་སྦྱོར་བའང་ཚ་བ་སེལ་བའི་བསིལ་སྦྱོར་གྱི་ཐང་དང་། གྲང་བ་སེལ་བའི་དྲོད་སྦྱོར་གྱི་ཐང་གཉིས་སུ་ངེས་པས། ཐང་གི་སྦྱོར་སྡེ་དང་ཆིག་ཐང་དག་གི་རྒྱུ་སྨན་གྱི་ངོས་འཛིན་དང་། སྐྱེས་ཡུལ། ངོ་བོ་ངོས་འཛིན། རིགས་དབྱེ། མིང་གི་རྣམ་གྲངས། འབྲུངས་དཔེ། མཆོག་དམན། ཕོ་མོ་སོགས་དང་། གང་དུ་བཏང་ཡུལ་ནད་ཀྱི་དམིགས་དབྱེ་ནས་དེ་ལ་སྦྱོར་སྡེ་གང་གཏོང་། ཅི་ལྟར་སྦྱོར་བའི་ལག་ལེན། ཐང་གི་སྦྱོར་སྡེ་དང་ཆིག་ཐང་སོ་སོའི་ནད་གཞི་གང་དང་གང་སེལ་བའི་ཕན་ནུས་དང་། ལག་ལེན་མན་ངག་གི་གདམས་པ་རྣམས་ཀྱི་ཐད་ལ་དམ་པ་གོང་གིས་མེས་པོའི་ཕྱག་ལེན་གྱི་རྨང་གཞིའི་སྟེང་དུ་རང་གི་བློ་གྲོས་དང་ཉམས་མྱོང་ལས་ཐོན་པའི་མན་ངག་གིས་ཟུར་ལྷགས་པར་བརྒྱན་ནས་བཀོད་ཡོད།

内容提要：此书对《四部医典》之《后续部》中汤剂章加以说明。书中认为，404种疾病归结起来不外乎寒性热性两种疾病，其对治汤剂有清热凉性汤剂，驱寒热性汤剂两种。书中不仅对汤剂组方和单味汤中药材的识别、产地、形状、分类、别名、图鉴、优劣、雌雄等进行了记述，而且在师承的基础上结合作者自身的经验，对对症用方，组方的配制实践，汤剂和单味汤对症用药的秘诀、教诫等进行了记述。

བོད་ཀྱི་གསོ་རིག་ཀུན་བཏུས་བསྟུད་སྒྲིག་མ་ལས། པོད་དོན་བརྒྱད་པའི་ནང་དུ་བཞུགས།

在《〈藏医药大典〉续编（61—80）》中的位置：收载于第七十八卷

ཚན་པ་གསུམ་པ། སྨན་ངོ་གསལ་བྱེད་བདུད་རྩི་སྣང་གསལ་སྒྲོན་མེ།

第三篇 《药物明辨·甘露明灯》

མཚན་བྱང་ཆ་ཚང་། རྒྱུད་ཕྱི་མའི་སྨན་ངོ་གསལ་བྱེད་བདུད་རྩི་སྣང་གསལ་སྒྲོན་མེ་ཞེས་བྱ་བའི་དབུ་ཕྱོགས་ལེགས་པར་བཞུགས་སོ།། །

全名：《后续部药物明辨·甘露明灯》

རྩོམ་པ་པོ། ཟུར་མཁར་མཉམ་ཉིད་རྡོ་རྗེ། སྤྱི་ལོ་༡༤༣༩ལོར་དབུས་གཙང་ལྷོ་ཁའི་དྭགས་པོ་ས་ཆ་ལ་ཐོག་ཟུར་མཁར་དུ་སྐུ་འཁྲུངས་ཤིང་། སྤྱི་ལོ་༡༤༧༥ལོར་སྐུ་གཤེགས།

作者：宿喀·娘尼多吉，1439年生于山南塔波拉妥宿喀尔，1475年卒。

མ་ཡིག ལག་བྲིས། ཡིག་གཟུགས་དབུ་མེད། ཤོག་ངོས་རེར་ཐིག་ཕྲེང་བཅུ། ཐིག་ཕྲེང་རེར་ཡིག་འབྲུ་ཉེར་གཉིས། ཁྱོན་བསྡོམས་ཤོག་ངོས་སོ་བཞི་བཞུགས།

母本：手写本，草书体，每页10行，每行22字，共34页。

ནང་དོན་གནད་བསྡུས། གཞུང་འདི་ནི་ཕྱི་མ་རྒྱུད་ཀྱི་ཞི་བྱེད་ཕྱེ་མ་དང་རིལ་བུ། ལྡེ་གུ། སྨན་མར། ཐལ་སྨན། ཁ་རྡུ། སྨན་ཆང་དང་། སྦྱོང་བྱེད་སྐྱུགས། སྣ་སྦྱོང་། ནི་རཱུ་ཧ་བཅས་སྡེ་ཚན་ཆེན་པོ་བཅུའི་སྦྱོར་བའི་སྨན་གྱི་ངོས་འཛིན་དང་ཕན་ནུས་སོགས་བསྟན་ཡོད་དེ། དང་པོ་ཕྱེ་མའི་སྐབས་སུ་ག་བུར་དང་། ཙུ་གང་། གུར་གུམ། ལི་ཤི། ག་ཀོ་ལ། ཨུཏྤལ་སོགས་རྒྱ་སྨན་རྣམས་ཀྱི་རིགས་དབྱེ་དང་། མཆོག་དམན། ཡོ་མ་མེ་ཏོག་སྡོང་རྐང་དབྱིབས་ཁ་དོག་ཟུར་ཆག་གི་མིང་། དཀར་ནག སྐྱེས་ཁུངས། ཕན་ནུས་སོགས་ཕྱག་ལེན་གྱི་གདམས་པ་གསལ་པོར་བསྟན་ཡོད། གཉིས་པ་རིལ་བུའི་སྐབས་སུ་ར་ཚྭ་སོགས་ཚྭ་རིགས་དང་། གྲུཎྜ་ཧྲ་དྲ་དང་བུ་རམ་དཀར་སྨུག་སེར་གསུམ་སོགས་ཀྱི་ངོས་འཛིན། ཚབ་སྨན། ཕན་ནུས་བཅས་བཀོད་ཡོད། གསུམ་པ་ལྡེ་གུའི་

སྐབས་སུ་འབྲི་མོག་དང་ཞ་བ། མཆིན་པ་སྣ་ཚོགས་བཅས་ཀྱི་ངོས་འཛིན་དང་། ཕོ་མོ། བཟང་ངན། ཚབ་རུང་མིན་སོགས་བསྟན་ཡོད། བཞི་པ་སྨན་མར་གྱི་སྐབས་སུ་ནིམ་པ་དང་། མདུང་རྡོ། ཉེ་ཤིང་། ད་ཡིད། བྲེ་ག་སོགས་ཀྱི་རིགས་དབྱེ་དང་། ཁ་དོག བསིལ་དྲོད་བཅས་བཀོད་ཡོད། ལྔ་པ་ཐལ་སྨན་གྱི་སྐབས་སུ་དུར་བྱིད་དང་། རྒོད་གཡག་གི་རྭ་ཐྲེ། ལྕམ་སྤུབ། ཤུ་ཟེ། རྒོད་ཤ ཏིལ་དཀར་ནག ཕག་རིལ། གསེར་ཟངས་སོགས་ཀྱི་ངོས་འཛིན་དང་། དཀར་ནག དབྱིབས། ཁ་དོག ནུས་པ་བཅས་བཀོད་ཡོད། དྲུག་པ་ཁནྡའི་སྐབས་སུ་བྲག་སྤོས་དང་། ཧ་ལྷགས། དར་ཡ་ཀན། བྲག་སྐྱ་ཏ་པོ། སྟག་ཤ སྤྲོལ་གོང་བ། ཐར་ནུ་སོགས་ཀྱི་ངོ་བོ་ངོས་འཛིན་དང་། རིགས་དབྱེ། མེ་ཏོག རྒོད་གཡུང་སོགས་གསལ་པོར་བསྟན་ཡོད། བདུན་པ་སྨན་ཆང་གི་སྐབས་སུ་གཡར་མོ་ཐང་གི་ངོས་འཛིན་དང་རིགས་དབྱེ་གསལ་པོར་བསྟན་ཡོད། བརྒྱད་པ་སྐྱུགས་སྨན་གྱི་སྐབས་སུ་རི་ཤོ་ཆེ་ཆུང་དང་། སྦྲང་ཚེར་དཀར་ནག་དང་པོ་སོ་ཆ་སོགས་ཀྱི་ངོས་འཛིན་དང་ནུས་པ་བསྟན་ཡོད། དགུ་པ་སྣ་སྦྱོང་གི་སྐབས་སུ་ར་སུག་ལུག་སུག་གི་བཟང་ངན་འབྱེད་སྟངས་བསྟན་ཡོད། བཅུ་བ་ནི་རུ་ཧའི་སྐབས་སུ་ཨུག་ཆོས་དཀར་དམར་གྱི་བཟང་ངན་དང་ཚབ་སྨན་སོགས་མཛད་པ་པོས་རང་གི་སྦྱོང་བྱང་གི་གདམས་ངག་མ་ལུས་གསལ་པོར་བཀོད་ཡོད་དོ། །

内容提要：此书记述了《后续部》平息散剂、丸剂、糊剂、药油剂、灰剂、膏剂、药酒，泄疗催吐、鼻泄、“尼如哈”等10章方药中组方药材的识别和功效。第一为散剂章，详尽记述了冰片、“居冈”、红花、牛黄、草果、绿绒蒿等药材的分类，优劣，叶片、花、茎的形态颜色，别名、产地、功效等；第二为丸剂章，记述了角盐等盐类，鼠麴草和白、紫、黄藏糖等的识别、替代药、功效等；第三为糊剂章，记述了藏紫草、洼瓣花和各类肝的识别、雌雄、优劣、是否可做替代药等；第四为药油剂章，记述了印楝、硅灰石、天门冬、雪蛙、菥蓂等的分类、颜色、凉热性等；第五为灰剂章，记述了喜马拉雅大戟、牦牛角灰、柬巴、草玉梅、牛黄、秃鹫肉、黑白芝麻、猪粪、金铜等的识别、形状、颜色等；第六膏剂章记述了瓦苇、独一味、独行菜、卷丝苣苔、“达夏”、绢毛菊、大果大戟等的性质、识别、分类、花；第七为药酒章，详细记述了束花报春的识别和分类；第八为催吐药章，记述了大小黄帚橐吾、黑白飞廉、娑罗子等的识别和功效；第九为鼻泄章，记述了细蝇子草、腺女娄菜的优劣鉴别法；第十为“尼如哈”章，记述了红白波罗花的优劣和替代药物等作者自身的实践经验教诫。

བོད་ཀྱི་གསོ་རིག་ཀུན་བཏུས་བསྟུད་སྒྲིག་མ་ལས། པོད་དོན་བརྒྱད་པའི་ནང་དུ་བཞུགས།

在《〈藏医药大典〉续编（61—80）》中的位置：收载于第七十八卷

ཚན་པ་བཞི་པ། རིན་པོ་ཆེ་བརྟག་ཐབས།

第四篇 《珍宝药辨识法》

མཚན་བྱང་ཆ་ཚང་། པད་དཀར་ཆུན་པོ་ནས་གསུངས་པའི་རིན་པོ་ཆེ་བརྟག་ཐབས་བཞུགས་སོ། །

全名：《贝格钦布中所述珍宝药辨识法》

རྩོམ་པ་པོ། རྒྱལ་ཁམས་ལྷ་རྗེའམ་གོང་སྨན་དཀོན་མཆོག་འཕན་དར། སྤྱི་ལོ་༡༥༡༡ལོར་དབུས་གཙང་གཞིས་ཀ་རྩེའི་དིང་རི་གད་དམར་མང་ཁྱུང་དུ་སྐུ་འཁྲུངས་ཤིང་། སྤྱི་ལོ་༡༥༧༦ལོར་སྐུ་གཤེགས།

作者：杰堪拉杰，又名贡曼·贡觉彭达，1511年生于卫藏日喀则定日格玛芒琼，1576年卒。

མ་ཡིག གློག་པར། ཡིག་གཟུགས་དབུ་ཅན། ཤོག་ངོས་རེར་ཐིག་ཕྲེང་ཉེར་གཅིག ཐིག་ཕྲེང་རེར་ཡིག་འབྲུ་བཅུ་བདུན། ཁྱོན་བསྡོམས་ཤོག་ངོས་བརྒྱད་བཞུགས།

母本：排印本，正楷体，每页21行，每行17字，共8页。

ནང་དོན་གནད་བསྡུས། གཞུང་འདི་ནི་ས་ཆུ་གཉིས་གཙོར་བྱས་པའི་འབྱུང་བའི་སྙིང་པོ་རིན་པོ་ཆེའི་བརྟག་ཐབས་གཙོ་བོར་སྟོན་པ་ཞིག་སྟེ། རིན་ཆེན་རྡོ་རྗེ་ཕ་ལམ་དང་། རྡོ་ཤེལ། ཨིནྡྲ་ནཱི་ལ། བཻཌཱུརྻ་སོགས་རིན་པོ་

ཆེའི་རིགས་ཀྱི་འབྱུང་ཁུངས་དང་། རིན་པོ་ཆེའི་ཁ་དོག དབྱིབས་སོགས་ལ་བརྟག་ནས་རིན་པོ་ཆེ་དེའི་བཟང་ངན་ཇི་ལྟར་ངོས་འཛིན་ཚུལ། རིན་པོ་ཆེའི་རྒྱུ་དང་ངོ་བོ། མིང་གི་རྣམ་གྲངས་དང་ཕན་ཡོན་སོགས་ལྷུག་པོར་བརྗོད་ཡོད་པ་མ་ཟད། རིན་པོ་ཆེ་གསེར་དངུལ་ཟངས་ལྕགས་དང་། རྡོ་རིགས་གཟི་དང་སྤུར་ལེན། ཆུ་ལས་འབྱུང་བའི་མུ་ཏིག བྱུ་རུ། མུ་མེན། གཡུ། ཞིག་བུ་མིག སྨུག་སོགས་ཀྱི་ངོས་འཛིན་གྱི་གལ་ཆེན་རང་བཞིན་དང་། ལྷག་ཏུ་གསེར་ལྟ་བུ་ལ་མཚོན་ན་རྫས་གཞན་གྱིས་རང་མདོག་བསྒྱུར་ཚེ་མདངས་འཕྲོག་ཅིང་མཉེན་ལ་སྒྲོང་བ་དང་སྲྲ་ཆོལ་འདྲ་ན་ཆུ་བོའི་གསེར་ཡིན་པ་དང་། དམར་ཞིང་སྒྲོང་ན་ཁམས་ཀྱི་སྡོ་འབོར་ནས་བྱུང་བའི་གསེར་ཡིན་པ། སྔོ་ཞིང་མཉེན་པ་སྟོད་ནས་བྱུང་བའི་གྲུ་ལང་གི་གསེར་ཡིན་པ། ནག་ཅིང་འཇམ་ལ་མཉེན་པ་འཇང་ནས་བྱུང་བའི་གསེར་ནག་ཡིན་པ་སོགས་ཁ་དོག་དང་དབྱིབས་སོགས་ལ་བལྟས་ནས་གསེར་གྱི་འབྱུང་ཁུངས་ངོས་འཛིན་པ། དེ་བཞིན་དུ་དངུལ་ལྕགས་དང་། གཟི་སྤུར་མུ་མེན་མུ་ཏིག གཡུ་བྱུར་སོགས་ཀྱི་ཁ་དོག་དང་དབྱིབས་སོགས་ལ་བརྟག་ནས་ངོས་འཛིན་ཐབས་ཀྱི་གཞེར་དང་མན་ངག་སྦྱོང་བྱང་གི་ཕྱུག་ལེན་དང་གདམས་པ་མང་པོ་གསལ་བོར་གསུངས་ཡོད།

内容提要：此书记述了以水土原为主的珍宝药材之鉴别法。书中认为，对珍宝药材金刚石、水晶、蓝宝石、蓝琉璃等可根据其产地、颜色、形状等鉴别优劣，并对珍宝药的质地、性质、别名和功效等以及对珍宝类金银铜铁，矿物类九眼珠和蜜蜡，水产珍珠、珊瑚、青金石、绿松石、“娄布目”等识别的重要性、鉴别的要点秘诀和教诫进行了记述。

བོད་ཀྱི་གསོ་རིག་ཀུན་བཏུས་བསྡུད་སྒྲིག་མ་ལས། པོད་དོན་བརྒྱད་པའི་ནང་དུ་བཞུགས།

在《〈藏医药大典〉续编（61—80）》中的位置：收载于第七十八卷

ཚན་པ་ལྔ་པ། མཁས་པའི་ངག་གི་བདུད་རྩིའི་ཐིགས་མ།

第五篇 《名医口传教诫·甘露滴》

མཚན་བྱང་ཆ་ཚང་། མཁས་པའི་ངག་གི་བདུད་རྩིའི་ཐིགས་མ་ཞེས་བྱ་བ་བཞུགས་སོ། །

全名：《名医口传教诫·甘露滴》

རྩོམ་པ་པོ། ཚ་རོང་དཔལ་ལྡན་རྒྱལ་མཚན། སྤྱི་ལོ་༡༥༣༥ལོར་དབུས་གཙང་ཤབ་སྟོད་ཚ་རོང་མདོ་སྤེར་སྐྱ་འབྲུངས།

作者：查绒瓦·班丹坚赞，1535年生于卫藏谢多查绒多贝。

མ་ཡིག ལག་བྲིས། ཡིག་གཟུགས་དབུ་མེད། ཤོག་ངོས་རེར་ཐིག་ཕྲེང་དྲུག ཐིག་ཕྲེང་རེར་ཡིག་འབྲུ་སོ་དྲུག ཁྱོན་བསྡོམས་ཤོག་ངོས་ཉེར་བཞི་བཞུགས།

母本：手写本，草书体，每页6行，每行36字，共24页。

ནང་དོན་གནད་བསྡུས། བརྩམས་ཆོས་འདི་ནི་ཚ་རོང་བ་དཔལ་ལྡན་རྒྱལ་མཚན་གྱིས་རང་གི་གསོ་དཔྱད་ཀྱི་སློབ་དཔོན་སྒྲུར་ཚོ་བ་དང་དཔོན་ཚང་རིན་པོ་ཆེ་སོགས་ཀྱི་མན་ངག་ཆིག་བརྒྱུད་ཀྱི་གདམས་པ་དང་རང་ཉིད་ཀྱིས་ནད་གསོ་སྨན་བཅོས་ཀྱི་ཕྱག་ལེན་མན་ངག་དང་འབྲེལ་ནས་སྨན་རྒྱུ་བརྒྱ་དང་ཉེ་ཤུ་ལྷག་གི་ངོས་འཛིན་སྟོན་པ་ཞིག་སྟེ། གིའུ་ཕཾ་དང་། བྲག་ཞུན། སྒྲུག་ཙུ་གང་། པི་ལིང་། སྨན་སྣ། ཤིང་ཚ། ཙནྡན་དམར་པོ། ཨ་ག་རུ། ཨར་ནག་སོགས་ཀྱི་འབྱུང་ཁུངས་དང་། རིགས་དབྱེ། མཆོག་དམན། བརྟག་ཐབས། བཟང་ངན། མཐུག་སྲབ། རོ་ནུས་སོགས་དང་། སྨན་རྒྱུ་སོ་སོའི་ངོས་འཛིན་ཐད་ལ་མཁས་པ་སོ་སོའི་བཞེད་དགོངས། རང་རང་གི་ལག་ལེན་གྱི་མྱོང་བྱང་རྣམས་གསལ་པོར་བསྟན་ཡོད་པ་མ་ཟད། བཤལ་སྨན་གྱི་སྐབས་སུ་ཨ་རུ་མཆུ་རིང་མེ་མུར་དུ་མ་ཆིག་ཙམ་བཟོ་བ་སོགས་བཤལ་སྨན་གྱི་ལག་ལེན་དང་། སྐྱུགས་སྨན་གྱི་སྐབས་སུ་སྐྱུགས་སྨན་

ཀྱི་སྨན་རྒྱུ་རྣམས་ཁ་འབྱུས་དུས་སུ་བཏུ་དགོས་པ་ལས་གཞན་ཀྱི་དུས་ཚིགས་སུ་བཏུ་མི་རུང་བའི་མཁས་པའི་ངག་གི་བདུད་རྩི་ལྟ་བུའི་མན་ངག་གསལ་བར་བཀོད་ཡོད་པས། སྨད་ཕྱིན་སྨན་རྫས་ཀྱི་ཕྱོགས་ལ་སྦྱོ་བ་ཡོད་པ་དང་ནང་སྔོས་སུ་སྨན་རྫས་ཞིབ་འཇུག་བྱེད་མཁན་གྱི་སློབ་མ་རྣམས་ལ་མཁོ་གལ་ཆེ་བའི་དཔྱད་གཞིའི་ཡིག་ཆ་གལ་ཆེན་ཞིག་ཡིན་ནོ། །

内容提要：此书记述了查绒瓦・班丹坚赞结合恩师布措瓦和焕仓仁波切的单传教诫和自身临证实践总结的药材识别要点秘诀。书中对牛黄、岩精、天竺黄、荜茇、干姜、肉桂、紫檀、白木香、沉香等120余种药材的来源、分类、优劣、鉴别、好坏、厚薄、味性等进行了详细的记述。并引用了各名家对上述药材的识别法。此外，还对下泻药长喙诃子的炮制，催吐药采集时间进行了记述。此书可谓从事药材研究工作者的实用手册。

བོད་ཀྱི་གསོ་རིག་ཀུན་བཏུས་བསྟུད་སྒྲིག་མ་ལས། པོད་དོན་བརྒྱད་པའི་ནང་དུ་བཞུགས།

在《〈藏医药大典〉续编（61—80）》中的位置：收载于第七十八卷

ཚན་པ་དྲུག་པ། སྨན་ངོ་ཤེས་བྱེད།

第六篇 《药物辨识法》

མཚན་བྱང་ཆ་ཚང་། སྨན་ངོ་ཤེས་བྱེད་བཞུགས་སོ། །

全名：《药物辨识法》

རྩོམ་པ་པོ། མི་གསལ།

作者：不详。

མ་ཡིག ལག་བྲིས། ཡིག་གཟུགས་དབུ་མེད། ཤོག་ངོས་རེར་ཐིག་ཕྲེང་བདུན། ཐིག་ཕྲེང་རེར་ཡིག་འབྲུ་ཉི་ཤུ། ཁྱོན་བསྡོམས་ཤོག་ངོས་ཞེ་བརྒྱད་བཞུགས།

母本：手写本，草书体，每页7行，每行20字，共48页。

ནང་དོན་གནད་བསྡུས། གཞུང་འདི་ནི་ལོ་སྟོང་མི་འབྲས་བཅས་ལྷན་ཅིག་བཏུ་བར་འོས་པ་དང་། རྩ་ལོ་མི་འབྲས་བཅས་ཡོངས་སུ་རྫོགས་པ་བཏུ་བར་འོས་པའི་སྨན་གང་དང་གང་ཡིན། སྦྱོ་ལ་གཅེས་པའི་ཡན་ལག་བདུན་ལྡན། བསྡུས་པ་བརྡའི་ངོ་སྤྲོད། ཁནྡའི་ནུས་པ། ལན་ཚྭའི་རིགས་ཀྱི་སྨན་སྣེ་དང་། སྲོག་ཆགས་ལས་བྱུང་བའི་སྨན་གྱི་ནུས་པ་བཅས་ལེའུའི་གྲངས་བདུན་དུ་དབྱེ་ནས་བསྟན་ཡོད་དེ། སྤང་རམ་དང་། ཏི་མུ་ས། ཁུ་བྱུག་པ། ག་པུར། སེང་གེ་འཇིགས་མེད། ཟིན་ཏིག ཀླུ་བདུད་རྡོ་རྗེ། གཙྪ་ཛ་དྲ། དར་ཡ་ཀན་སོགས་ལོ་སྟོང་མི་འབྲས་ལྷན་ཅིག་བཏུ་བར་འོས་པའི་སྨན་རྫས་རྣམས་ཀྱི་རིགས་དབྱེ་དང་། སྐྱེ་ཡུལ། མཆོག་དམན། རོ་ནུས། ནད་གཞི་གང་ལ་གང་གཏོང་བའི་གདམས་པ་དང་། རེ་སྐྱོན་དང་། སྦྲུལ་གོང་པ། ཡུ་མོ་མདེའུ་འཕྱིན། སྤང་རྩི་དོ་བོ། ཧ་ལུགས། ཨ་ཧྲི་ཁ། སྤ་ཡག་རྩ་བ། སྨུག་ཆུང་འདེབ་ཡོན་སོགས་རྩ་ལོ་མི་འབྲས་བཅས་ཡོངས་སུ་རྫོགས་པ་བཏུ་བར་འོས་པའི་སྨན་རྫས་རྣམས་ཀྱི་མིང་གི་རྣམ་གྲངས་དང་། མེ་ཏོག་གི་ཁ་དོག ཚེ་ཆུང་། དྲི་དང་རོ་ནུས། ནད་གཞི་གང་ལ་གང་གཏོང་བའི་གདམས་པ། སྔོས་སུ་སྨན་རྫས་ཀྱི་རྩ་བ་བཏུ་བའི་དུས་སུ་རྒྱུད་དུ་བསྟན་པའི་སྦྱོ་སྨན་ལ་གཅེས་པའི་ཡན་ལག་བདུན་ལྡན་གྱི་དགོངས་དོན་ལྟར་བཏུ་དགོས་པའི་གལ་ཆེའི་རང་བཞིན། བསིལ་གསུམ་སོགས་བསྡུས་པ་བརྡའི་རིགས་ཀྱི་ངོ་སྤྲོད། ཁནྡའི་བཟོ་ཐབས་དང་། ནམ་ཟླ་ཚེས་གྲངས་གང་ཞིག་ལ་ནད་གཞི་གང་ལ་སྦྱར་བའི་ཐབས་ཀྱི་རིམ་པ་དང་། ལན་ཚྭའི་སྨན་སྣེའི་སྨན་སྣ་སོ་སོའི་མིང་གཞན་དང་བསྡུས་མིང་། དབྱེབས། འབྱུང་ཁུངས། ནད་གཞི་གང་ལ་གང་བཏང་བའི་ཕན་ནུས། རི་དྭགས་བསེ་རུའི་རྭ་སོགས་རྭའི་རིགས་དང་། དོམ་གྱི་མཁྲིས་པ་དང་། དྲེད་མོང་གི་མཁྲིས་པ་སོགས་མཁྲིས་པའི་རིགས། སྲེའུ་སྙིང་དང་འཕྱི་བའི་སྙིང་། རི་བོང་གི་སྙིང་སོགས་སྙིང་གི་རིགས། འཕྱི་བའི་མཆིན་པ་སོགས་མཆིན་པའི་རིགས། རྟ་དང་གླང་གི་མཁལ་མ་སོགས་མཁལ་མའི་རིགས། སྤྱང་ཀིའི་ལྕེ་དང་ཁྱིའི་ལྕེ་སོགས་ལྕེ་ཡི་རིགས། འཕྱི་བའི་མཆེ་བ་དང་སྲམ་གྱི་མཆེ་བ་སོགས་མཆེ་བའི་རིགས་སོགས་སྲོག་ཆགས་ལས་བྱུང་བའི་རྫས་དག་གི་ངོས་འཛིན། ནུས་པ་མཚུངས་ཆོས་ཀྱི་སྐོར་སོགས་གདམས་ངག་དང་ཉམས་མྱོང་

མང་པོ་ཁ་གསལ་བོར་བསྟན་ཡོད།

内容提要：此书分共同采集叶茎花果的药材、采集根叶花果全草的药材、草药七必备、药材合成名简介、膏剂功效、盐碱类药、动物类药的功效等7章。第一章对共同采集叶茎花果类狭叶圆穗蓼、蓝翠雀、西藏杓兰、冰片、矮麦瓶、白苞筋骨草、脉花党参、鼠麴草、独行菜等的分类、产地、优劣、味性和对治疾病进行说明；第二章对共同采集根叶花果全草类的尼泊尔黄堇、绢毛菊、拟耧斗菜、翼首草、独一味、梭砂贝母、肉果草根、川西绿绒蒿等的别名、花色、大小、味性、对治疾病进行了说明；第三章对采集根部药材时遵循《四部医典》中草药七必备的重要性进行了说明；第四章为三凉药等合成药名标的介绍；第五章为膏剂的制法和根据天气、日期的对治法；第六章对盐碱类药物的别名和合成名、形态、来源、对治功效进行了说明；第七章在犀角等动物角类药，黑熊胆和棕熊胆等胆类药，猴心、旱獭心和兔心等心类药，旱獭肝等肝类药，马和黄牛肾等肾类药，狼舌和狗舌等舌类药，旱獭犬齿和水獭犬齿等犬齿类药等动物药进行了说明，同时对上述名类药材识别、功效相同药材等诸多教诫和经验进行了详尽的记述。

བོད་ཀྱི་གསོ་རིག་ཀུན་བཏུས་བསྟུད་སྒྲིག་མ་ལས། པོད་དོན་བརྒྱད་པའི་ནང་དུ་བཞུགས།

在《〈藏医药大典〉续编（61—80）》中的位置：收载于第七十八卷

ཚན་པ་བདུན་པ། དྲི་མེད་ཤེལ་ཕྲེང་ལ་བྱི་དོར་ཙུང་ཞིག་བགྱིས་པའི་མཆན།

第七篇　《晶珠本草略修注释》

མཚན་བྱང་ཆ་ཚང་། སྨན་གྱི་རྣམ་དབྱེ་ངོ་བོ་ནུས་མིང་རྒྱས་བཤད་དྲི་མེད་ཤེལ་ཕྲེང་ལ་བྱི་དོར་ཙུང་ཞིག་བགྱིས་པའི་མཆན་གྱི་ལེགས་བཤད་ཉུང་བསྡུས་བཞུགས་སོ། །

全名：《药材类性效名详述晶珠本草略修注释·善说简编》

རྩོམ་པ་པོ། ཀརྨ་ཆོས་རྒྱལ་ཡེ་ཤེས་འགྱུར་མེད། སྤྱི་ལོ་༡༨༡༠ལོར་མདོ་སྟོད་ཡུལ་ཤུལ་གྱི་རྫ་སྟོད་འབྲོང་པར་སྐུ་འཁྲུངས་ཤིང་། སྤྱི་ལོ་༡༨༧༠ལོར་སྐུ་གཤེགས།

作者：噶玛却吉・叶西晋美，1810年生于多堆玉树杂多仲巴，1870年卒。

མ་ཡིག ལག་བྲིས། ཡིག་གཟུགས་དབུ་མེད། ཤོག་ངོས་རེར་ཐིག་ཕྲེང་དྲུག ཐིག་ཕྲེང་རེར་ཡིག་འབྲུ་སོ་བཞི། ཁྱོན་བསྡོམས་ཤོག་ངོས་བཅོ་བརྒྱད་བཞུགས།

母本：手写本，草书体，每页6行，每行34字，共18页。

ནང་དོན་གནད་བསྡུས། གཞུང་འདི་ནི་དེལ་དམར་དགེ་བཤེས་བསྟན་འཛིན་ཕུན་ཚོགས་ཀྱིས་མཛད་པའི་དྲི་མེད་ཤེལ་ཕྲེང་གི་ནོར་འཁྲུལ་ལ་ཕྱི་དོར་མཛད་པ་ཞིག་སྟེ། དྲི་མེད་ཤེལ་ཕྲེང་ལས། ཨ་རུ་རའི་རིགས་རྩ་བ་ཕྲ་རིངས་ལ་རྩ་སྐྱུང་། རྩེ་མོ་ཕྲ་རིངས་ལ་མཆུ་སྐྱུང་ཟེར་བ་དབྱེའོ། །ཞེས་པའི་རྩ་སྐྱུང་ནི་རྩ་བ་ཐུང་བ་དང་། མཆུ་སྐྱུང་མཆུ་ཐུང་ལ་འཇུག་དགོས། སྐྱུང་ཟེར་བ་ཐུང་དུ་དང་ཉུང་དུ་ལ་འཇུག སྐྱུགས་ཟེར་བ་བྲིས་ན་རིང་བར་འགྲོའོ། །འོན་ཀྱང་མཆུ་རྫེ་བའི་དོན་ཡིན་པས་སྐྱུང་ཟེར་བ་བྲི་དགོས་སོ། །ཞེས་པ་ལྟ་བུ་ཡིག་ནོར་དག་ཐེར་དང་། ཀ་པེད་ལ་ད་ལྟ་བེ་ཏ་ཟེར་བའི་ཕྲེང་བའི་རྒྱུ་འདི་ལ་བྱེད་དགོས་པར་མཁས་པ་འགའ་ཞིག་གིས་གསུངས་པས་ཚབ་ཙུང་ཡིན་ནམ་སྙམ། དངོས་ནི་བིལ་བ་ཡིན་ནོ། །ཞེས་དང་། སླང་ཆེན་བསེ་གོས་འབྲུམ་ནག་ནད་ལ་ཕན། །ཞེས་པའི་སླང་ཆེན་ནི་བ་སླང་ར་ཅན་ཆེན་པོ་རྒྱ་བལ་དུ་ཡོད་པ་དེའི་གཉའ་ཀོ་ཡིན། སླང་པོ་ཆེའི་ཤུན་པ་ནི་ནོར་རོ། །ཞེས་པ་ལྟ་བུ་སྨན་གྱི་ངོས་འཛིན་དག་ཐེར། བ་རུ་རའི་མིང་གི་རྣམ་གྲངས་སུ་ཙ་ཁ་སྟེ་བོད་དུ་བསྒྱུར་ན་ཚིམ་བྱེད་ཅེས་པ་ནི་དོན་ལ་ཏུ་ཥ་སྟེ་བོད་དུ་བསྒྱུར་ན་དགའ་བྱེད་ཅེས་པ་དང་། པི་པི་ལིང་གི་མིང་གི་རྣམ་གྲངས་སུ་མ་ག་དྷི་སྟེ་བོད་དུ་བསྒྱུར་ན་ཡུལ་དབུས་སྐྱེས་ཞེས་པ་ནི་དོན་ལ་ཨཱུ་ག་ཧླི་སྟེ་བོད་དུ་བསྒྱུར་ན་དབུས་སྐྱོད་ཅེས་པར་གོ་དགོས་པ་ལྟ་བུ་སོགས་དྲི་མེད་ཤེལ་ཕྲེང་ཁྲོད་གནས་པའི་བརྡ་དོན་དང་ངོས་འཛིན་ནོར་བའི་སྐོར་ལ་རང་གི་དགོངས་དོན་ལྟར་ཡོ་བསྲང་བྱས་ཡོད། འདི་ནི་འཚོ་མཛད་དམ་པ་ལྷ་ལུང་པ་འཇམ་དབྱངས་རྣམ་རྒྱལ་གྱིས་དྲི་མེད་ཤེལ་ཕྲེང་ལ་སྣང་བའི་ནོར་འཁྲུལ་རྣམས་

མཚན་ཆུང་གི་ཚུལ་དུ་དག་སེལ་གནང་བ་དེ་ཀརྨ་ཆོས་རྒྱལ་ཡེ་ཤེས་འགྱུར་མེད་ཅེས་པ་དེས་དགུང་ལོ་ཞེ་ལྔའི་ལས་མས་ཏེ་སྤྱི་ལོ༡༨༥༥ལས་མས་སུ་ཕྱོགས་གཅིག་ཏུ་བསྡེབས་ཏེ་བཀོད་པ་ཞིག་ཡིན།

内容提要：此书是对帝玛格西·丹增彭措所著《晶珠本草》中的错误之处进行修改，主要对《晶珠本草》中对药材名称及其写法、表达意方面的讹误进行了纠正和说明。如，《晶珠本草》诃子分类中认为，根部细长为“杂宁”，尖端细长为“曲宁”，其中“杂宁”为根部短，“曲宁”为尖端短之意，其中“宁”有短和少之意，如改写为“纽”便有长的意思，“典宁”中的“宁”有尖端尖锐之意，要用“酿”。对于“嘎贝”，有些专家认为是用来做佛珠的材料“未达”，作者对此持疑，实为“贝瓦”。“‘林钦’犀皮治疗黑痘病”中的“林钦”指印度和尼泊尔地区大角黄牛的颈皮，而非大象皮。余甘子的别名“如卡”藏译为“岑协”，实为“都卡”藏译为“嘎协”，荜茇的别名“玛嘎都”，藏语意为中部生，实为“玛嘎斗”，藏语意为在中部用等。

བོད་ཀྱི་གསོ་རིག་ཀུན་བཏུས་བསྟུད་སྒྲིག་མ་ལས། པོད་དོན་བརྒྱད་པའི་ནང་དུ་བཞུགས།

在《〈藏医药大典〉续编（61—80）》中的位置：收载于第七十八卷

ཚན་པ་བརྒྱད་པ། སྨན་ངོ་གསལ་བྱེད་མུ་ཏིག་ཕྲེང་བ།

第八篇　《药物辨识·珍宝串》

མཚན་བྱང་ཆ་ཚང་། སྨན་ངོ་གསལ་བྱེད་མུ་ཏིག་ཕྲེང་བ་ཞེས་བྱ་བ་བཞུགས་སོ། ｜

全名：《药物辨识·珍宝串》

རྩོམ་པ་པོ། ཀརྨ་ཆོས་རྒྱལ་ཡེ་ཤེས་འགྱུར་མེད། སྤྱི་ལོ་༡༨༧༠ལོར་མདོ་སྟོད་ཡུལ་ཤུལ་གྱི་ཛ་སྟོད་འབྲོང་པར་སྐུ་འཁྲུངས་ཤིང་། སྤྱི་ལོ་༡༨༩༠ལོར་སྐུ་གཤེགས།

作者：噶玛却吉·叶西晋美，1810年生于多堆玉树杂多仲巴，1870年卒。

མ་ཡིག ལག་བྲིས། ཡིག་གཟུགས་དབུ་མེད། ཤོག་ངོས་རེར་ཐིག་ཕྲེང་བདུན། ཐིག་ཕྲེང་རེར་ཡིག་འབྲུ་སོ་བཞི། ཁྱོན་བསྡོམས་ཤོག་ངོས་བརྒྱ་དང་ཞེ་གཅིག་བཞུགས།

母本：手写本，草书体，每页7行，每行34字，共141页。

ནང་དོན་གནད་བསྡུས། གཞུང་འདི་ནི་མཁས་དབང་ཀརྨ་ཆོས་རྒྱལ་ལགས་ཀྱིས་སྤྱི་ལོ་༡༨༥༥ལོའི་ཡས་མས་སུ་འཚོ་མཛད་དམ་པ་རྗེ་བཙུན་རས་ཆུང་པའི་ཞབས་འབྲིང་དུ་ཕེབས་ཏེ་ནད་པ་གསོ་བའི་དུས་བླ་མ་མཆོག་ལ་ནད་པའི་ན་ཚུལ་འདི་ལྟ་བུ་འདུག་པ་ལ་སྨན་དཔྱད་ཅི་དགོས་པའི་བཀའ་འདྲི་ཞུས་པ་རྣམས་བྲིས་སུ་བཏབ་པ་ཞིག་སྟེ། ནང་དོན་གཙོ་བོ་ནི་ལྕགས། གཡུ། མུ་ཏིག མུ་མེན། བྱུ་རུ། སྨུག་པོ་སྦལ་རྒྱབ། གངས་ཐིགས། ཅོང་ཞི་ཕོ་མོ་མ་ནིང་། གྱུ་བཞི། ཙནྡན་དཀར་དམར་དང་། ཨ་གར། རྒྱ་ཚྭ། མཛེ་ཚྭ། འབུ་སུ་ཧང་། སྣང་ཐོག་པ་སོགས་རིན་པོ་ཆེའི་སྨན་དང་། རྡོ་སྨན། ས་སྨན། ཤིང་སྨན། ཚྭ་སྣའི་སྨན། ཤིང་སྨན་འབྲས་བུའི་སྡེ། ལྟུམ་བུའམ་ཐང་སྨན། སྔོའི་སྨན། སྲོག་ཆགས་ལས་བྱུང་བའི་སྨན་རྣམས་ཀྱི་འབྱུང་ཁུངས་དང་། མཆོག་དམན། སྨན་དུ་གཏོང་ཚུལ་གྱི་བཟོ་རྩལ་གྱི་ཕྱག་ལེན། མིང་གི་རྣམ་གྲངས། བོངས་དབྱིབས། ཁ་དོག ཕན་ནུས། མཁས་པ་སོ་སོའི་ངོས་འཛིན་གྱི་བཞེད་པ། ནད་གཞི་གང་དང་གང་ལ་སྨན་རྫས་གང་ཕན་པའི་ནུས་པ་སོགས་མན་ངག་ལག་ལེན་གྱི་གདམས་པ་མ་ལུས་པ་བློ་དམན་གང་གི་བློས་བྱ་རུང་བ་དང་གོ་སླ་བ་ཞིག་བསྟན་ཡོད་པས། མ་འོངས་པར་ཚེ་རིག་འཛིན་པ་སྤྱི་དང་ལྷག་ཏུ་སྨན་རྫས་ཀྱི་ལས་གཉེར་མཁན་རྣམས་ལ་མེད་དུ་མི་རུང་བའི་དཔྱད་གཞིའི་ཡིག་ཆ་ཞིག་ཡིན་ནོ། །

内容提要：此书是名医噶玛却吉·叶西晋美于1855年左右前往名医杰尊·热琼巴处医治病患过程中向上师请教医药知识时所做的记录，主要关系到有铁、绿松石、珍珠、青金石、珊瑚、蛹状赭石、硬石膏、雌雄中性寒水石、褐铁矿、红白檀香、沉香、硇砂、含水芒硝、花苜蓿、垂果蒜芥等珍宝药、石类药、土类药、木类药、盐碱类药、果实类药、旱地草本、湿生草本、动物类药等药材的产地、优劣、入药法和制法、别名、形态、颜色、功效和各名家的识别法以及对症用药法等秘诀实践教诫，记录方式便于记忆和理解，为临床医生和药材研究从业者提供了不可或缺的参考资料。

བོད་ཀྱི་གསོ་རིག་ཀུན་བཏུས་བསྟུད་སྒྲིག་མ་ལས། པོད་དོན་བརྒྱད་པའི་ནང་དུ་བཞུགས།

在《〈藏医药大典〉续编（61—80）》中的位置：收载于第七十八卷

ཆན་པ་དགུ་པ། དར་ཡ་ཀན་གྱི་རིགས་དང་སྨན་གྱི་མིང་དོན་བསྡུས་པ།

第九章　《甘露类药药名简义明示》

མཚན་བྱང་ཆ་ཚང་། གསོ་བ་རིག་པའི་ཆ་ལག་དར་ཡ་ཀན་གྱི་རིགས་བཤད་པ་དང་སྨན་གྱི་མིང་དོན་བསྡུས་པའི་བརྡ་དོན་གསལ་བྱེད་བཞུགས་སོ། །

全名：《医学分支甘露说及药名简义明示》

རྩོམ་པ་པོ། ཀརྨ་ཆོས་རྒྱལ་ཡེ་ཤེས་འགྱུར་མེད། སྤྱི་ལོ་༡༨༡༠ལོར་མདོ་སྟོད་ཡུལ་ཤུལ་གྱི་རྫ་སྟོད་འབྲོང་པར་སྐུ་འཁྲུངས་ཤིང་། སྤྱི་ལོ་༡༨༧༠ལོར་སྐུ་གཤེགས།

作者：噶玛却吉·叶西晋美，1810年生于多堆玉树杂多仲巴，1870年卒。

མ་ཡིག སྒྲིག་པར། ཡིག་གཟུགས་དབུ་ཅན། ཤོག་ངོས་རེར་ཐིག་ཕྲེང་བཅུ་དགུ། ཐིག་ཕྲེང་རེར་ཡིག་འབྲུ་བཅུ་གཉིས། ཁྱོན་བསྡོམས་ཤོག་ངོས་བཅུ་བདུན་བཞུགས།

母本：排印本，正楷体，每页19行，每行12字，共17页。

ནང་དོན་གནད་བསྡུས། གཞུང་འདི་ནི་གསོ་བ་རིག་པའི་ཆ་ལག་ཏུ་གྱུར་པའི་དར་ཡ་ཀན་གྱི་འཇུག་ཚུལ་དང་སྨན་མིང་བསྡུས་པའི་བརྡ་དོན་གྱི་ངོ་སྤྲོད་གཉིས་བསྟན་ཡོད་དེ། དར་ཡ་ཀན་ཞེས་པ་ནི་ཞང་ཞུང་གི་སྐད་དོད་དང་བོད་སྐད་དུ་བདུད་རྩིའམ་ཐེང་མཆོག་གམ་གཅིག་མཆོག་ལྟ་བུ་དོན་སུམ་ཅུ་སོ་ལྔ་ལ་འཇུག་པ་དེ་དག་སོ་སོའི་སྨན་མིང་རེ་རེ་བཞིན་གསལ་བོར་བསྟན་ཡོད་པ་དང་། སྨན་མིང་བསྡུས་དོན་བརྡ་བཀྲོལ་

བར། སྤྲལ་རྒྱབ་གཉིས་དང་ཚིག་ཐུབ་གཉིས་ཞེས་པ་ནི་སྤྲལ་རྒྱལ་དཀར་པོ་དང་སྨུག་པོ་གཉིས་ལ་གོ་བ་དང་། དེ་བཞིན་རྩི་སྨན་གྱི་རིགས། རྩོ་སྨན་གྱི་རིགས། ལྡུམ་སྨན་གྱི་རིགས། ཤིང་སྨན་གྱི་རིགས། གྭ་དོར་གྱི་རིགས་སོགས་ལས་བྱུང་བའི་སྨན་མིང་བསྡུས་པའི་བརྡ་རྣམས་གསལ་བརྗོད་གནང་ཡོད་པ་དང་། ལྷག་ཏུ་སྨན་མིང་བསྡུས་པ་བརྡ་དགྲོལ་བའི་ཐད་ལ་མཁས་པ་སོ་སོའི་ངོས་འཛིན་དང་བཞེད་ཚུལ་མི་མཐུན་པའི་སྐོར་བཀོད་ཡོད། མཇུག་ཏུ་འཕགས་པ་རང་བྱུང་བཟང་པོས་ཁྱི་ཡང་ཀུ་ཡི་སྦྱོར་ཆེན་ལས་རྨ་དང་མདེཽ་འདོན་ན་མདེལ་འབྱིན་འདོན་ཐབས་བརྒྱད་དང་སྦྱར་བ་དང་། བཅད་འབྱོར་གྱི་རྣམ་གྲངས་ཉི་ཤུ་ཐམ་པ་བསྟན་པ་བཅས་བླ་མའི་གསུང་དང་ཚད་ལྡན་གཞུང་ལ་བརྟེན་ནས་ཀརྨ་ཧྲཱུཾ་ཀྵ་ཛས་བྲིས་པའི་དགེ་བ་འདིས་འགྲོ་ཀུན་རྒྱུ་འབྲས་ནད་ལས་གྲོལ་ཞིང་མ་འོངས་པར་བདུད་རྩི་དར་ཡ་ཀན་དང་སྨན་མིང་བསྡུས་པ་བརྡའི་སྐོར་ལ་ཞིབ་འཇུག་བྱེད་མཁན་རྣམས་ལ་དཔྱད་གཞིའི་ཡིག་ཆ་གལ་ཆེན་ཞིག་ཏུ་མཐོང་ངོ་།།

内容提要：此书介绍了“达亚甘”的不同释义和药物合成名。书中介绍道，“达亚甘”为象雄语，藏语中有甘露等35种不同释义，书中对精华类、湿生草本类、旱生草本类、树木类、角类等药类中的合成药名进行了详尽的记述，尤其在合成药名分解过程中引用了诸名家药材识别方面的不同观点。最后，记述了8种除异物法及20种愈合创口法。

བོད་ཀྱི་གསོ་རིག་ཀུན་བཏུས་བསྟུད་སྒྲིག་མ་ལས། པོད་དོན་བརྒྱད་པའི་ནང་དུ་བཞུགས།

在《〈藏医药大典〉续编（61—80）》中的位置：收载于第七十八卷

ཚན་པ་བཅུ་པ། སྔོ་སྨན་བཅོ་བརྒྱད་ཀྱི་དྲི་བ།

第十篇 《十八草本药问》

མཚན་བྱང་ཆ་ཚང་། སྔོ་སྨན་བཅོ་བརྒྱད་ཀྱི་དྲི་བ་བཞུགས་སོ། །

全名：《十八草本药问》

རྩོམ་པ་པོ། ཀརྨ་ཆོས་རྒྱལ་ཡེ་ཤེས་འགྱུར་མེད། སྤྱི་ལོ་༡༨༡༠ལོར་མདོ་སྟོད་ཡུལ་ཤུལ་གྱི་རྫ་སྟོད་འབྲོང་པར་སྐུ་འཁྲུངས་ཤིང་། སྤྱི་ལོ་༡༨༧༠ལོར་སྐུ་གཤེགས།

作者：噶玛却吉·叶西晋美，1810年生于多堆玉树杂多仲巴，1870年卒。

མ་ཡིག སྒྲིག་པར། ཡིག་གཟུགས་དབུ་ཅན། ཤོག་ངོས་རེར་ཐིག་ཕྲེང་བཅུ་དགུ། ཐིག་ཕྲེང་རེར་ཡིག་འབྲུ་བཅུ་གཉིས། ཁྱོན་བསྡོམས་ཤོག་ངོས་གསུམ་བཞུགས།

母本：排印本，正楷体，每页19行，每行12字，共3页。

ནང་དོན་གནད་བསྡུས། བརྩམས་ཆོས་འདི་ནི་ཀརྨ་ཆོས་རྒྱལ་གྱིས་རབ་བྱུང་བཅུ་བཞི་པའི་ནང་དུ་བརྩམས་གྲུབ་བྱུང་བ་ཞིག་ཡིན་ལ། ནང་དོན་གཙོ་བོར་རྩོམ་པ་པོས་སྐབས་དེའི་ཨེམ་ཆི་རྣམས་ལ་བཏོན་པའི་དྲི་བ་བཅོ་བརྒྱད་དེ། མིག་ནད་སེལ་བའི་ཨ་ཛ་ན་དང་། འབྲི་གུ་ཏཏྲ་ཞེས་བྱ་བ། ཡོན་ཏན་བརྒྱད་ལྡན་དིང་ཁྲིས་པར་མ། སྔོ་སྨན་སྤོར། ཉ་དུག་དཀར་པོའི་མཚན་ཉིད། མཆིན་པ་བཅད་འཕྱོར། གཉན་པོ་བྱ་ཁྱུང་། བདུད་རྩི་བུམ་པ། ཉ་སྨན་པ། ཤེལ་སྒང་བ། སྤང་སྤོས། གཡུ་འགོག་པ། སློ་ཚན། འབྲས་ནད་སེལ་བྱེད་བྱ་རོག་ཡུང་མ། མཆིན་སྨན་བེ་ཞག རྒྱ་ཡིས་པར་སྐབས་སྤྲིན་སྨན་ཕུ་ཟུང་སེར་པོ་བཅས་སྔོ་སྨན་བཅོ་བརྒྱད་ཀྱི་དངོས་མིང་དང་། མཚན་ཉིད། སྐྱེས་ཡུལ། མེ་ཏོག ལོ་མ། འབྲས་བུ། ཁ་དོག དབྱིབས། རོ་ནུས། ནད་གཞི་གང་དང་གང་ལ་ཕན་པ་སོགས་གང་ཡིན་གྱི་དྲི་བཏོན་པ་དེ་དག་རེ་རེ་བཞིན་གསལ་པོར་བཀོད་ཡོད།

内容提要：此书由噶玛却吉·叶西晋美于十四胜生完成，主要是噶玛却吉在当时向医生提出的关于治疗眼病的“阿杂那”和“智勾丹那”，具八效的“当赤贝玛”，“聂毒嘎布”的性相，“钦巴杰觉”，“年宝夏琼”，“杜孜雯巴”，“聂曼巴”，“协朗瓦”，“榜贝”，“宇郭巴”，“洛参”，治疗“哲”病的“夏若云玛”，肝病药“贝协”，中药中“蛀”药“查颂赛宝”等18种草本药材的正名、性相、产地、花朵、叶片、果实、颜色、形态、味性和功效等方面的问题。

བོད་ཀྱི་གསོ་རིག་ཀུན་བཏུས་བསྟུད་སྒྲིག་མ་ལས། པོད་དོན་བརྒྱད་པའི་ནང་དུ་བཞུགས།

在《〈藏医药大典〉续编（61—80）》中的位置：收载于第七十八卷

ཚན་པ་བཅུ་གཅིག་པ། སྨན་ངོ་གསལ་བྱེད་བདུད་རྩིའི་སྒྲོན་མེ།

第十一篇 《药材辨识甘露明灯》

མཚན་བྱང་ཆ་ཚང་། མིང་དོན་བརྡའ་སྤྲོད་ཀྱི་མཆོག་སྨན་ངོ་གསལ་བྱེད་བདུད་རྩིའི་སྒྲོན་མེ་ཞེས་བྱ་བ་བཞུགས་སོ། །

全名：《名词辞典之最药材辨识甘露明灯》

རྩོམ་པ་པོ། ཚ་རོང་དཔལ་ལྡན་རྒྱལ་མཚན། སྐྱི་ལོ་༡༥༣༥ལོར་དབུས་གཙང་ཤབ་སྟོད་ཚ་རོང་མདོ་སྨིར་སྐུ་འཁྲུངས།

作者：查绒瓦·班丹坚赞，1535年生于卫藏谢多查绒多贝。

མ་ཡིག ལག་བྲིས། ཡིག་གཟུགས་དབུ་ཅན། ཤོག་ངོས་རེར་ཐིག་ཕྲེང་བདུན། ཐིག་ཕྲེང་རེར་ཡིག་འབྲུ་སོ་དྲུག ཁྱོན་བསྡོམས་ཤོག་ངོས་སོ་གཉིས་བཞུགས།

母本：手写本，正楷体，每页7行，每行36字，共32页。

ནང་དོན་གནད་བསྡུས། གཞུང་འདི་ནི་ཚ་རོང་བ་དཔལ་ལྡན་རྒྱལ་མཚན་མཆོག་དགུང་ལོ་སོ་ལྔའི་ཡས་མས་སུ་

སླེབས་པའི་དུས་བརྩམས་གྲུབ་གནང་བ་ཞིག་ཡིན་ལ། གཙོ་བོར་ཕྱི་མ་རྒྱུད་ཀྱི་ལེའུ་གསུམ་པ་ཐང་གི་སྡེ་ཚན་ནས་བརྩམས་ཏེ། ལེའུ་ཉེར་བཞི་པ་བྱུག་པའི་ལེའུའི་བར་གྱི་སྨན་ལོག་པར་རྟོགས་པ་དང་། ཐེ་ཚོམ་པ་རྣམས་ཕྱོགས་ཙམ་རྟོགས་པར་བྱ་བའི་ཕྱིར། སྔོན་གྱི་མཁས་གྲུབ་རྣམས་ཀྱིས་ཚད་མར་བཀྲལ་བའི་གཞུང་མང་པོ་དང་། བླ་མའི་གསུང་གི་རྗེས་སུ་འབྲང་ནས་དོགས་པ་སེལ་གནང་ཐུབ་བྱུས་ཡོད་དེ། ཐང་གི་སྐབས་སུ་མི་ཐོད་རྙིང་པ་ནི་ས་འོག་ནས་ཐོན་པའི་དུར་ཐོད་རྙིང་པའམ་ཡང་ན་ཆར་ཉི་ཡིས་འཁྱེར་བའི་ཐོད་ཀླུམ་སྐམ་རྩི་ཟད་པ་དེ་ཡིན་ལ། བོང་ང་ཞེས་པ་ལ་ནུས་པས་དབྱེ་ན་སྨན་གྱི་བོང་ང་གསུམ་དང་དུག་གི་བོང་ང་གསུམ། མེ་ཏོག་དང་རྩ་བའི་ཁ་དོག་གིས་གཉིས་དང་ལྔ་སོགས་སུ་དབྱེ་ཆོག་པ་ལ་ཐང་གི་སྐབས་སུ་དཀར་པོ་དགོས་པ། སྲོ་ལོ་ལ་དབྱེ་ན་དཀར་སྨུག་གཉིས་ལས། ཁོང་སྨན་གྱི་སྐབས་སུ་དཀར་པོ་དང་། ལུམས་སོགས་ཕལ་ཆེར་ལ་སྨུག་པོ་བརྟགས་པ། བསེ་རུ་ལ་དཀར་ནག་ཁྲ་གསུམ་ཡོད་ཀྱང་། སྨན་ལ་དཀར་པོ་བརྟགས་ལ། མ་རྙེད་ན། གཞན་གཉིས་ཀྱི་ཚབ་ཏུང་ལ། མིང་ནི། ནག་མེད། སུ་ལིར། གཅིག་སྐྱེས་ཞེས་པ་ལྟ་བུ་སྨན་རྣམས་ཀྱི་ལག་ལེན་གྱི་གནད་དང་མིང་གི་རྣམས་གྲངས་སོགས་བཀོད་ཡོད་པས་ནད་ཐོག་ལག་ལེན་ལ་མཁོ་གལ་ཆེ་བའི་ཡིག་ཆ་ཞིག་ཏུ་སྣང་ངོ་། །

内容提要：此书由查绒瓦·班丹坚赞在其35岁左右完成，主要参考名家经典著作对《后续部》第三章汤剂章至第二十四章涂擦章中药物识别错误和有疑惑部分，以不违背上师教言为准则进行了答疑解惑。如汤剂章中所载陈旧天灵盖指来自墓中的陈旧天灵盖或经风吹日晒而风化的天灵盖；“榜莪”根据功效可分为药用三“榜莪”和有毒三“榜莪”，根据花和根部颜色可分为两种或五种，而汤剂要用白色；“索洛”分为白色和紫色两种，内服时要用白色，水浴等时一般用紫色；犀角分为黑白花三种，药用一般为白犀角，如未得则可用其他两种代替，别名为“那美”“斯勒”“久及”。此书为藏医临床实践的重要参考资料。

བོད་ཀྱི་གསོ་རིག་ཀུན་བཏུས་བསྟུད་སྒྲིག་མ་ལས། པོད་དོན་དགུ་པའི་ནང་དུ་བཞུགས།

在《〈藏医药大典〉续编（61—80）》中的位置：收载于第七十九卷

ཚན་པ་བཅུ་གཉིས་པ། ཆེ་རིག་རྒྱུད་འབུམ་བྱེ་བའི་ཡང་བཅུད་ཟུར་རྒྱན།

第十二篇　《医学千万续精髓附录》

མཚན་བྱང་ཆ་ཚང་། ཆེ་རིག་རྒྱུད་འབུམ་བྱེ་བའི་ཡང་བཅུད་ཟུར་རྒྱན་ཉེར་མཁོ་དཔག་བསམ་ལྗོན་ཤིང་བཟང་པོ་ཞེས་བྱ་བ་བཞུགས་པ་ལགས་སོ། །

全名：《医学千万续精髓附录·如意树》

རྩོམ་པ་པོ། གཡུང་དྲུང་རྒྱལ་མཚན་དཔལ་བཟང་པོའམ་ཁྱུང་སྤྲུལ་འཇིགས་མེད་ནམ་མཁའ་རྡོ་རྗེ། སྤྱི་ལོ་༡༨༩༧ལོར་མདོ་སྟོད་ནག་ཆུའི་སྤྲ་ཆེན་དུ་སྐུ་འཁྲུངས་ཤིང་། སྤྱི་ལོ་༡༩༥༥ལོར་སྐུ་གཤེགས།

作者：雍仲尖参白桑，又名琼珠久美朗卡多吉，1897年生于多堆那曲巴青，1955年卒。

མ་ཡིག ལག་བྲིས། ཡིག་གཟུགས་དབུ་མེད། ཤོག་ངོས་རེར་ཐིག་ཕྲེང་དྲུག ཐིག་ཕྲེང་རེར་ཡིག་འབྲུ་ཞེ་བརྒྱད། ཁྱོན་བསྡོམས་ཤོག་ངོས་བརྒྱ་དང་ང་དྲུག་བཞུགས།

母本：手写本，草书体，每页6行，每行48字，共156页。

ནང་དོན་གནད་བསྡུས། གཞུང་འདི་ནི་རྩ་ཆུའི་བརྟག་ཐབས་དང་སྨན་གྱི་ངོས་འཛིན། གཏར་བསྲེག་གི་གསང་བཅས་གཙོ་བོར་སྟོན་པ་ཞིག་སྟེ། གཞུང་སྤྱི་ལ་ས་བཅད་ཆེན་པོ་བདུན་ཡོད། དེ་ལས་དང་པོ་རྩ་བའི་མདོ་དོན་ཐང་ཤིང་སྟེ་དགུ་ལ་རྩ་བ་གསུམ་ལ་དབྱེ་བའི་སྡོང་པོ་དགུ་དང་དེ་ལས་གྱེས་པའི་ཡལ་ག མེ་ཏོག འབྲས་བུ་བཅས་ཀྱི་རྐང་གྲངས་བསྟན་ཡོད་པ་དང་། གཉིས་པ་ངོས་འཛིན་དཔྱོད་པ་དོན་རིག་རྩ་ཡི་མདོ་ལ་རྩ་བལྟ་བའི་སྟོན་འགྲོ་དང་བལྟ་དུས་སོགས་སྤྱི་དོན་བཅུ་གསུམ་གྱི་བརྗོད་དོན་རྣམས་མ་ཚང་བ་མེད་པར་བསྟན་པ་མ་ཟད་དུས་བཞིའི་རྩ་ལ་ཁམས་ལྔའི་འབྱུང་བ་བརྩི་ཚུལ་དང་ངོ་མཚར་རྩ་བདུན་བརྩི་ཚུལ་སོགས་རེའུ་མིག་དང་སྦྲགས་ནས་བཀོད་ཡོད་པས་བལྟ་བདེ་ལ། གསུམ་པ་ཚ་གྲང་ལ་ཕན་མཐོང་བ་ཆུ་ཡི་མདོ་ལ་ཆུ་ལ་བལྟ་

བའི་སྔོན་འགྲོ་དང་བལྟ་དུས་སོགས་ས་བཅད་རྣམ་བརྒྱད་ཀྱི་བརྗོད་དོན་དང་། མཁའ་འགྲོ་ལས་ཀྱི་དབང་མོ་ཡིས་ཟླ་འོད་འབར་ལ་གདམས་པའི་ཆུ་དཔྱད། ལྕེ་ལ་བརྟག་པ་སོགས་བསྟན་ཡོད་པ་དང་། བཞི་པ་གསོ་བྱེད་སྨན་གྱི་ནུས་པ་རྒྱུད་བཤད་དུ་རིན་པོ་ཆེ་ཡི་སྨན་དང་རྡོ་སའི་སྨན། ཆུ་སྨན། མེ་སྨན། གདུས་པའི་སྨན་སོགས་སྡེ་ཚན་བཅུ་གསུམ་ལས་བྱུང་བའི་སྨན་རིགས་པ་དགུ་བརྒྱ་བཅོ་ལྔ་ཙམ་དང་། ནང་དབྱེ་བྱེ་བྲག་གཅིག་སྟོང་དང་ཆིག་བརྒྱ་དོན་དྲུག་གི་མིང་དང་ངོས་འཛིན། ཕན་ནུས། གཞན་བརྡ་བསྡུས་མིང་གི་ངོ་སྤྲོད། སྦྱོར་ཐབས་སྨན་གྱི་སྡེ་ཚན། རོ་སྦྱོར་དྲུག་ཅུ་རེ་གསུམ་གྱི་རྐང་གྲངས་སོགས་བསྟན། ལྔ་པ་བོད་ཀྱི་ཡུལ་སྐྱེས་སྔོ་སྨན་འཁྲུངས་དཔེ་ལ། རྩ་བ་བཏུ་བར་འོས་པའི་རིགས་བཅུ་བདུན་དང་ནང་གསེས་སོ་དྲུག ལོ་མ་བཏུ་བར་འོས་པའི་རིགས་བཅུ་དྲུག་དང་ནང་གསེས་སོ་བཞི། མེ་ཏོག་བཏུ་བར་འོས་པའི་རིགས་ཉེར་གཅིག་དང་ཡན་ལག་ཞེ་ལྔ། འབྲས་བུ་བཏུ་བར་འོས་པའི་རིགས་ཉེར་གཅིག་དང་ནང་ཚན་ས་ལྔ། ལོ་སྟོང་མེ་ཏོག་འབྲས་བུ་ལྡན་དུ་བཏུ་འོས་རིགས་སུམ་ཅུ་དང་ནང་ཚན་ང་དགུ། རྩ་ལོ་མེ་འབྲས་ཡོངས་རྫོགས་བཏུ་འོས་རིགས་ཉེར་ལྔ་ལ་ནང་གསེས་བདུན་བཅས་སྔོ་སྨན་སྡེ་དྲུག་ལ་རྩ་བ་བརྒྱ་དང་སུམ་ཅུད་ནང་དབྱེ་བཅས་ཉིས་བརྒྱ་བཅུ་དྲུག་གི་ནུས་མིང་ངོས་འཛིན་རྒྱས་པར་བཤད། དྲུག་པ་ལུས་ཐིག་རྩ་གནད་གཏར་གའི་རྣམ་བཤད་དུ་འབྲེལ་བ་རྩ་དང་གཉན་པ་གནད་ཀྱི་གནས་ལུགས། གཏར་ག་དང་ཆ་བྱད་ཀྱི་རྣམ་བཤད་བསྟན། བདུན་པ་མེ་གསང་ལ་གསང་གི་དབྱེ་བ་དང་། སྤྲ་བ་ཙུང་མི་ཙུང་། མེ་དམིགས། གདབ་ཐབས། ཉེས་གཅོད། ཕན་ཡོན་སོགས་བསྟན་ཡོད།

内容提要：此书介绍了藏医脉尿诊断、药材识别、放血和火灸穴位疗法。全书共分为7章。第一章为总纲论，分九部记述了由三根九树分出的枝干、花和果实的计数。第二章对诊断部分脉经的前期准备、诊脉时间等13个方面进行了完整记述。此外为了便于查看，结合表格对季脉的五行算法和七奇脉的算法进行了详细的记录。第三章对寒热辨识尿经的诊尿前期准备、诊尿时间等8个方面以及由卡卓列吉昂毛授予达奥贝的水疗教诫，舌诊等内容进行了记述。第四章对珍宝药、土石药、水性药、火性药、煎煮药等13大类药物衍生的915种基础药，1176种分支药的名称、鉴别、功效、别名、简称、配制分类、63味配等进行了记述。第五章对青藏高原所生长草本药中可采集根部的17类36分支，可采集叶片的16类34分支，可采集花的21类45分支，可采集果实的21类35分支，可采集叶干花果的30类59分支，可采集根叶花果全草的25类7分支等6类草本药130类基本药216种分支药的药名、功效和鉴别进行了详尽的记述。第六章对连接脉、要害处的生理，放血疗法及器械进行了注疏。第七章对灸穴的分类，施灸的忌宜，灸穴部位、灸法、善后调理和功效等进行了记述。

བོད་ཀྱི་གསོ་རིག་ཀུན་བཏུས་བསྟུད་སྒྲིག་མ་ལས། པོད་དོན་དགུ་པའི་ནང་དུ་བཞུགས།

在《〈藏医药大典〉续编（61—80）》中的位置：收载于第七十九卷

ཚན་པ་བཅུ་གསུམ་པ། རྩི་ཤིང་རིག་པའི་ཁྲིད་ཡིག

第十三篇 《植物学实践录》

མཚན་བྱང་ཆ་ཚང་། རྩི་ཤིང་རིག་པའི་ཁྲིད་ཡིག་རབ་གསལ་གསེར་གྱི་སྙེ་མ་ཞེས་བྱ་བ་བཞུགས་སོ། །

全名：《植物学实践录·明示金穗》

རྩོམ་པ་པོ། ཤིང་བཟའ་སྐལ་བཟང་ཆོས་ཀྱི་རྒྱལ་མཚན། སྤྱི་ལོ་༡༩༢༥ལོར་མདོ་སྟོད་མཛོད་དགེའི་ཨ་སྐྱིད་དུ་སྐུ་འཁྲུངས་ཤིང་། སྤྱི་ལོ་༡༩༩༨ལོར་སྐུ་གཤེགས།

作者：香萨·尕藏却吉尖参，1925年生于多堆阿坝若尔盖阿西，1998年卒。

མ་ཡིག སྒྲིག་པར། ཡིག་གཟུགས་དབུ་ཅན། ཤོག་ངོས་རེར་ཐིག་ཕྲེང་ཉི་ཤུ། ཐིག་ཕྲེང་རེར་ཡིག་འབྲུ་བཅུ་བཞི། ཁྱོན་བསྡོམས་ཤོག་ངོས་ཉེར་གཅིག་བཞུགས།

母本：排印本，正楷体，每页20行，每行14字，共21页。

ནང་དོན་གནད་བསྡུས། གཞུང་འདི་ནི་ཤིང་བཟའ་སྐལ་བཟང་ཆོས་ཀྱི་རྒྱལ་མཚན་མཆོག་གིས་དགུང་ལོ་ལྔ་བཅུའི་སྟེང་བརྩམས་གྲུབ་གནང་ཞིང་། དེང་རབས་རྩི་ཤིང་རིག་པའི་གཞུང་ལུགས་གོ་བདེའི་ངང་བོད་ཡིག་

ཏུ་བསྒྱུར་བའི་བསྟན་བཅོས་ཐོག་མ་ཡིན། ནང་དོན་གཙོ་བོ་ནི་སྐྱེ་དངོས་རིག་པའི་བྱུང་འཕེལ་གྱི་ལོ་རྒྱུས་གཏམ་རྒྱུད་དང་སྦྱར་ནས་སྤྱི་ཙམ་གླེང་རྗེས། རང་རེའི་མཚོ་བོད་མཐོ་སྒང་དུ་འཁྲུངས་པའི་རྩི་ཤིང་རིགས་སུམ་བརྒྱ་ལྷག་ཡོད་པ་དག་གི་སྐྱེ་གནས་དང་། རྩ་བ་རྩད་པ། གཞུང་རྒྱ། ངར་བ། ལོ་མ། མེ་ཏོག འབྲས་བུ། ས་བོན་སོགས་ཀྱི་དབྱིབས་དང་། ཁ་དོག སྐྱེ་ཚད། ནུས་པ་ཆེ་ཆུང་རྣམས་དེང་རབས་སྐྱེ་དངོས་རིག་པའི་གཞུང་ལུགས་ཀྱི་རིགས་ལམ་དང་ཡོངས་སུ་མཐུན་པའི་སྒོ་ནས་བསྟན་ཡོད་པ་འདིས་མ་འོངས་པར་ཚེ་རིག་འཛིན་པའི་ན་གཞོན་འཛིན་ཐང་ལྡན་པ་རྣམས་ལ་གཞན་ལུགས་ལེགས་པའི་ཆ་ཡིས་ཇི་ལྟར་བོད་ཀྱི་གསོ་བ་རིག་པ་ལ་ཟུར་བརྒྱན་དགོས་པ་དང་། ལོ་ཙཱ་ཇི་ལྟར་བྱེད་དགོས་པའི་ཐུན་མིན་གྱི་ལམ་སྟོན་ཡག་པོ་ཞིག་གནང་ཡོད་པ་མ་ཟད་ཞིབ་འཇུག་གི་ཐབས་ལམ་དང་དཔྱད་གཞི་ཡིག་ཆ་རིན་ཐང་བྲལ་བ་ཞིག་བཞག་གནང་མཛད་ཡོད།

内容提要：此书由香萨·尕藏却吉尖参于50岁时完成，是将现代植物学理论翻译成藏文的首部译著。书中介绍了植物发展概况并结合现代植物学理论对青藏高原所产300余种植物的产地，根、茎、柄、叶、花、果实、种子等的形态、颜色，植高，功效等进行了记述。本书对藏医药工作者将现代科学理论运用于藏医药研究和临床有重要意义，对藏译科技理论书籍提供了启示方法。

བོད་ཀྱི་གསོ་རིག་ཀུན་བཏུས་བསྡུད་སྒྲིག་མ་ལས། པོད་དོན་དགུ་པའི་ནང་དུ་བཞུགས།

在《〈藏医药大典〉续编（61—80）》中的位置：收载于第七十九卷

སྐབས་དོན་གཉིས་པ། སྨན་གྱི་ཚབ་ཡིག
第二集　替代药物书籍

སྔ་རབས་མཁས་པ་རྣམས་ཀྱིས་བོད་ཡུལ་དུ་སྐྱེས་དཀའ་ཞིང་། ཉོ་སྒྲུབ་དཀོན་པ། རིན་ཐང་ཆེ་བ། རྗེས་མར་རྒྱུན་ཆད་འགྲོ་ཉེན་ཆེ་བ་བཅས་ལ་དགོངས་ནས་དེ་དང་ནུས་པ་མཚུངས་ཤིང་ཉེད་སླ་བའི་སྨན་ཚབ་ཏུ་གཏོང་བའི་སྲོལ་ཕྱེས། དེའང་ཕྱི་དབྱིབས་ཀྱི་རྣམ་པ་ཙམ་ལ་བལྟོས་པ་མ་ཡིན་པར་རོ་ནུས་ཞུ་རྗེས་དང་། ངོ་བོའི་ནུས་པ། སྨན་གྱི་གཏོང་ཡུལ་དང་སྦྱིབ་ཀ་སོགས་ཕྱོགས་ཡོངས་ལ་གཞིགས་ནས་གང་ལ་གང་འཚམ་གྱིས་གཅིག་ཚབ་གཅིག་གིས་བྱེད་ཆོག་པའི་དམིགས་བསལ་གྱི་ཐབས་ཤེས་ཤིག་ཡིན། འདིར་རིན་པོ་ཆེའི་རིགས་དང་། ས་རྡོའི་རིགས། སྔོ་ལྡུམ་གྱི་རིགས། ཤིང་སྡིའི་རིགས། ལན་ཚྭའི་རིགས་སོགས་ལས་ལག་སོན་ཅུང་དཀའ་བའི་སྨན་སྣའི་དོད་དུ་ཚབ་སྨན་གང་དང་གང་གཏོང་ཆོག་པ་ཚན་པ་བཞི་ཙ་བསྡུས་ནས་བཀོད་ཡོད།

先辈名医针对在青藏高原难以生长、采购困难、价格昂贵，濒临绝迹的珍贵药材开创了以功效相同且容易获取的药物替代的惯例。替代药物并非只看外部形态，而是根据药物的味、化味、性效、服用对象和配伍等综合因素最终确定替代药物的一种特殊方法。本集中收录有珍宝类、土石类、草本类、木本类、盐碱类等获取较难替代药物相关文献4篇。

ཚན་པ་དང་པོ། ནུས་མཚུངས་རྒྱུད་ཀྱི་དགོངས་པ།

第一篇 《效同医典明示》

མཚན་བྱང་ཆ་ཚང་། ནུས་མཚུངས་རྒྱུད་ཀྱི་དགོངས་པ་བཞུགས་སོ། །

全名：《效同医典明示》

རྩོམ་པ་པོ། མི་གསལ།

作者：不详。

མ་ཡིག ལག་བྲིས། ཡིག་གཟུགས་དབུ་མེད། ཤོག་ངོས་རེར་ཐིག་ཕྲེང་བདུན། ཐིག་ཕྲེང་རེར་ཡིག་འབྲུ་ཉེར་བརྒྱད། ཁྱོན་བསྡོམས་ཤོག་ངོས་གསུམ་བཞུགས།

母本：手写本，草书体，每页7行，每行28字，共3页。

ནང་དོན་གནད་བསྡུས། གཞུང་འདིའི་མཛད་པ་པོ་གང་ཟག་སུ་ཡིན་མི་གསལ། ནང་དོན་གཙོ་བོ་ནི་སྙིང་པོ་བསྡུས་པ་ལས་ཕྱུངས་པའི་སྨན་སྣ་བརྒྱ་ཙམ་གྱི་ཚབ་ཡིག་གམ་ཡང་ན་ནུས་པ་ཕན་ཚུན་གཅིག་མཚུངས་ཡིན་པའི་སྐོར་གསལ་བོར་བསྟན་ཡོད་དེ། དཔེར་ན། སྤྲལ་རྒྱབ་དཀར་སྨུག་དང་མདུང་རྩེ་དཀར་སྨུག གསེར་རྡོ་དང་དངུལ་རྡོ་ལྷ་བྱ་ནི་ནུས་པ་ཕན་ཚུན་མཚུངས་པས་རྣམ་པ་ཐམས་ཅད་དུ་གཅིག་ཚབ་ཏུ་གཅིག་སྤྱོད་རུང་བ་དང་། ཛྙ་ཧི་དང་གོ་སྙོད་གཉིས་ནི་ཐྲུང་བཅོས་ཀྱི་སྐབས་སུ་ནུས་པ་མཚུངས་པ་མ་གཏོགས་ནད་གཞན་གྱི་སྐབས་སུ་ཕན་ཚུན་ཚབ་སྨན་དུ་མི་རུང་བ། ཡང་རྒྱམ་ཚ་དང་ལྕེ་མྱང་ཚ་གཉིས་ནི་ནུས་པ་མཚུངས་ཀྱང་མིག་ནད་ཀྱི་སྐབས་སུ་ནུས་པ་མི་མཚུངས་པ་ལྷ་བྱ་སོགས་ནུས་མཚུངས་ཚབ་ཏུ་བཏང་ན་ནད་བཅོས་ལ་དུས་འགྱངས་མི་འོང་བ་དང་ནུས་མཚུངས་མ་ཡིན་པ་ཚབ་ཏུ་བཏང་ན་ལག་དམར་དང་འདྲ་བའི་འབེལ་གཏམ་དང་བཅས་ཚབ་སྨན་བརྒྱ་ལ་ཉེ་བ་ཙམ་གྱི་གནད་བསྟན་ཡོད། རིགས་ལམ་འདི་དང་འགྲེ་ནས་སྨན་རྒྱུ་ཤིན་

ཏུ་དཀོན་པའི་སྔོ་སྨན་གྱི་ཚབ་ཡིག་མང་པོ་སྔོགས་འདོན་དང་ཞིབ་འཇུག་བྱེད་པར་ཐུན་མོང་མ་ཡིན་པའི་དཔྱད་གཞིའི་ཡིག་ཆ་གལ་ཆེན་ཞིག་ཡིན་པ་རྟོགས།

内容提要： 此书作者不详。书中主要将《八支精要》中收录的百余种药物的替代药及功效相似的一类药进行了详细的记述。如：白紫代赭石和白紫硅灰石，黄铜矿和银矿石因功效相似可相互替代；肉豆蔻和葛缕子二者仅在治疗“隆”病时功效相同而可替代，但在治疗其他疾病时则不可替代；光明盐和大青盐二者虽功效相似，但是在治疗眼病时则功效不同。书中认为，如有功效相似的可替代药物，就应领用，不延误治疗，功效不同的当替代药使用则如刽子手。书中对挖掘稀有草本药材的替代药提供了独特的思路。

བོད་ཀྱི་གསོ་རིག་ཀུན་བཏུས་བསྟུད་སྒྲིག་མ་ལས། པོད་དོན་དགུ་པའི་ནང་དུ་བཞུགས།

在《〈藏医药大典〉续编（61—80）》中的位置： 收载于第七十九卷

ཚན་པ་གཉིས་པ། རྩི་དང་ཐང་སྨན་གྱི་རིགས་ལ་ནས་འོང་དགོས་པ་རྣམས་ཀྱི་འདྲ་ཚབ།

第二篇　《外来精华药和湿生草药所需替代药》

མཚན་བྱང་ཆ་ཚང། རྩི་དང་ཐང་སྨན་གྱི་རིགས་ལ་ནས་འོང་དགོས་པ་རྣམས་ཀྱི་འདྲ་ཚབ་བྱིས་པ་མགུ་བའི་རྣ་རྒྱན་ཞེས་བྱ་བ་བཞུགས་སོ། །

全名： 《外来精华药和湿生草药所需替代药 · 童喜耳环》

རྩོམ་པ་པོ། མི་གསལ།

作者： 不详。

མ་ཡིག ལག་བྲིས། ཡིག་གཟུགས་དབུ་མེད། ཤོག་ངོས་རེར་ཐིག་ཕྲེང་བདུན། ཐིག་ཕྲེང་རེར་ཡིག་འབྲུ་ཉེར་

བརྒྱད། ཁྲོན་བསྒོམས་ཤོག་རྫོས་སོ་དྲུག་བཞུགས།

母本：手写本，草书体，每页7行，每行28字，共36页。

ནང་དོན་གནད་བསྡུས། གཞུང་འདི་ནི་ཕྱི་ནས་འོང་བའི་རྩི་དང་ཐང་གི་སྨན་གྱི་འདྲ་ཚབ་སྟོན་པ་ཞིག་སྟེ། སྤྱིར་རིན་ཆེན་ཚ་གྲང་གི་རིལ་བུ་སོགས་ཀྱི་སྦྱོར་བ་རྣམས་ཚུལ་བཞིན་ཉམས་སུ་བསྟར་བ་ནི་ནད་སེལ་ལྷ་ཡི་བདུད་རྩི་ལྟ་བུ་དངོས་ཡིན་ཀྱང་། དེའི་སྨན་རྒྱུ་དཀོན་པས་བཙལ་ན་རྙེད་དཀའ་ལ་དབུལ་པོས་བསྒྲུ་མི་ཐེག་པས་ན་དེ་དག་ལ་ཚབ་སྨན་གཏོང་བའི་སྲོལ་དར། དེ་ཡང་བོད་སྨན་མཁས་པ་མི་དགུ་དག་གིས་ཀྱང་འཕགས་ཡུལ་གྱི་སྨན་ཕལ་ཆེར་བོད་དུ་མི་འབྱུང་བ་ལ། དེ་མཚུངས་ཀྱི་རིགས་རང་ཅག་གི་སྨན་ལ་མིང་འདོགས་གནང་བ་ནི་དཔྱིབས་ཀྱི་རྣམ་པ་འདྲ་མཚུངས་ལ་ལྟོས་ནས་ཚབ་བྱེད་པ་མ་ཡིན་པར་རོ་ནུས་ཞུ་རྗེས་སྤྱི་དང་། ཁྱད་པར་ངོ་བོའི་ནུས་པར་གཞིགས་ཏེ་ཚབ་སྨན་དུ་གཏན་ལ་ཕབ་པ་སོགས་ཚབ་སྨན་གྱི་བྱུང་འཕེལ་དང་དགོས་པ་ཅུང་ཟད་བསྟན་རྗེས། སྨན་བཟང་པོ་དྲུག་དང་། ཙན་དན་དཀར་དམར། འབྲས་གསུམ། ཞོ་ཤ་ལྷུ། སླ་རྩི། ཚ་བ་གསུམ། ཟེ་ར་དཀར་ནག སེ་འབྲུ། བ་ཤ་ཀ གསེར་གྱི་ཕུད་བུ། གསེར་སྐུད། བྱིའུ་ལ་ཕུག་སོགས་སྨན་སྣ་དྲུག་ཅུ་ལྷག་གི་སོ་སོའི་ཚབ་སྨན་གང་ཡིན་དང་། ཚབ་སྨན་དེའི་སྐྱེས་ཡུལ། དཀར་ནག མཆོག་དམན་སོགས་གསལ་པོར་བཀོད་ཡོད་པ་མ་ཟད། གཏོང་ཡུལ་ནད་གཞི་མི་འདྲ་བ་དང་བསྟུན་ནས་ཚབ་སྨན་ཀྱང་མི་འདྲ་བ་གཏོང་དགོས་པ་སྟེ། དཔེར་ན། སྒྲ་ཏུ་ར་ལ་མཚོན་ན་ཁྲག་ནད་ཀྱི་སྐབས་སུ་ཚབ་སྨན་དུ་རེ་སྐོན་དང་ཧོང་ལེན། སྤང་རྩི་དོ་བོ། པཏྟ་ཏ་སོགས་ཏུང་བ་དང་། འདུས་ནད་ཀྱི་སྐབས་སུ་རེ་སྐོན་ལ་ལྕུམ་གཞོན་ནུ་ལོ་ཏང་གྲིབ་སྐམ་བྱས་པ་ཅུང་ཟད་བསྲེས་པས་ཏུང་བ། ཡང་ཆུ་བཙོས་ཀྱི་ཚ་ཆུ་ལ་སྒྲ་ཏུའི་ཐང་དགོས་པའི་ཚབ་ལ་རོང་གི་སྲིབ་སྐྱེས་ཀྱི་སྐྱེར་ཆེན་བར་ཤུན་གྱི་ཐང་ཏུང་བ་སོགས་ཚབ་སྨན་ཕྲུག་ལེན་གདམས་པ་སྣ་ཚོགས་དང་བཅས་གསུངས་ཡོད།

内容提要：此书主要记述了外来精华药与湿生草药替代药。书中解释道，一般而言，珍宝类方药如按其配方规范进行配制，对疾病有如甘露般的功效，但由于个别药材难以获得，且一般平民没有能力购买，就开创了替代药物。九位吐蕃名医考虑到印度的大多数药材在吐蕃基本没有，于是选用与其功效相似的本地药材进行替代。替代药物的选择不是根据外部形态，而是以味、效、化味，尤其性效为依据进行确定。书中不仅对六良药、红白檀香、三果、五“肖夏”、麝香、三辛、黑白“斯拉”、石榴、鸭嘴花、丝瓜子、松萝、蚓果芥等60余种药材的替代药、替代药的产地、颜色、优劣品质等进行了详尽的记述，还对根据不同疾病改变替代药的方法进行了记述。如在治疗血病时余甘子的替代药可用尼泊尔黄堇、兔耳草、翼首草和角茴香等代替，治疗聚合病时尼泊尔黄堇加入晾干的大黄枝叶即可，但治疗热性腹水时余甘子汤的替代药则可用山谷阴面采集的小檗皮汤替代。

བོད་ཀྱི་གསོ་རིག་ཀུན་བཏུས་བསྡུད་སྒྲིག་མ་ལས། བོད་དོན་དགུ་པའི་ནང་དུ་བཞུགས།

在《〈藏医药大典〉续编（61—80）》中的位置：收载于第七十九卷

ཆན་པ་གསུམ་པ། རྩི་སྨན་རྣམས་ཀྱི་ཚབ་ཡིག

第三篇　《精药类替代药》

མཚན་བྱང་ཆ་ཚང་། རྩི་སྨན་རྣམས་ཀྱི་ཚབ་ཡིག་དཔལ་གྱི་དུམ་བུའི་ཕྲེང་བ་ཞེས་བྱ་བ་བཞུགས་སོ།།

全名：《精药类替代药·零星串》

རྩོམ་པ་པོ། ཨོ་རྒྱན་བསྟན་འཛིན།

作者：邬金丹增

མ་ཡིག ལག་བྲིས། ཡིག་གཟུགས་དབུ་མེད། ཤོག་ངོས་རེར་ཐིག་ཕྲེང་བདུན། ཐིག་ཕྲེང་རེར་ཡིག་འབྲུ་ཉེར་དགུ། ཁྱོན་བསྡོམས་ཤོག་ངོས་ཞེ་དྲུག་བཞུགས།

母本：手写本，草书体，每页7行，每行29字，共46页。

ནང་དོན་གནད་བསྡུས། གཞུང་འདི་ནི་རྒྱ་བལ་སོགས་ལས་འབྱུངས་པའི་རྩི་སྨན་ལ་རང་རེའི་མཚོ་བོད་མཐོ་སྒང་དུ་སྐྱེ་བའི་སྔོ་སྨན་འདྲ་ཚབ་ཏུ་གཏོང་ཐུབ་པ་དང་ཚྭ་བཟོ་ཤིང་ཀུན་འཚོས་ཐབས་སོགས་ལག་ལེན་ཕྲན་བུ་ཉེར་མཁོ་མང་པོ་དཀྱུས་གཅིག་ཏུ་བཀོད་པ་ཞིག་སྟེ། ཐོག་མར་སྔོ་སྨན་རྣམས་བཏུ་བའི་གནས་དང་། བཏུ་བའི་དུས། ཇི་ལྟར་བཏུ་བའི་བྱ་བ། སྐམ་སེད་ཇི་ལྟར་བྱ་བའི་ཚུལ་སོགས་སྟོན་དུ་སོང་ནས་སྔོ་རྩི་གཉིས་ཀྱི་སྦྱོར་ལུགས་ནི་ནད་རླུང་མཁྲིས་བད་ཀན་གྲང་བ་མེ་ཉམས་ཟུངས་ཟད་དང་། རྒན་བྱིས་སོགས་ལ་སྔོ་སྦྱོར་ཐུང་རྩུབ་པས་མི་ལེགས་པ་དང་། དར་མ་ཟུངས་བཟང་ཁྲག་མཁྲིས་ཚ་བ་དང་། བད་སྨུག་གཉན་རིམས་སྲིན་གཟེར་གག་ནད་འཇོམས་པ་ལ་སྔོའི་ནུས་པ་རྩི་ལས་ཆེ་བ་སོགས་སྔོ་སྨན་གྱི་དགེ་སྐྱོན་དང་། ལུས་ཟུངས་དང་མེ་དྲོད་ལ་གཞིགས་ནས་སྔོ་སྨན་གཏོང་དགོས་ཚུལ་སོགས་བསྟན་རྗེས། གུར་གུམ་གྱི་ཚབ་ཏུ་ཐྲི་ཡང་ཀུ་དང་། ཛཱ་ཏིའི་ཚབ་ཏུ་ལྷུམ་ཛཱ་ཏི་དབྱིབས་ཀོ་སྙོད་འདྲ་བ་དེ་དང་། སུག་སྨེལ་གྱི་ཚབ་ཏུ་ཀླུང་ཤོད་དུ་སྐྱེ་བའི་བྲི་ག་ཟ་འདྲ་བ་དང་། ག་བུར་གྱི་ཚབ་ཏུ་སྔོ་རྒྱལ་སྟོང་རི་ཐྲིལ་བ་སོགས་རྩི་སྨན་རེའི་ཚབ་ཏུ་བོད་ཀྱི་སྔོ་སྨན་རེ་སྦྱར་ནས་ནུས་པ་དང་བཅས་ཏེ་ཐུང་ཞིབ་རྒྱས་སུ་བསྟན་ཡོད། གཞན་ཁ་ཏྭ་ཚྭ་དང་། རུ་ཚ། ཐལ་ཚ། ན་གུ་ཚྭ། ནཱི་ལ་ཐོ་ཚྭ་སོགས་ཚྭ་རིགས་ཀྱི་བཟོ་ཐབས་དང་བཟོ་ལུགས། སྨན་གྱིས་རྗེ་འདོན་པ། ངར་འདོགས་པ། གཏར་ག་དང་མེ་བཙའི་སད་མདའ་སོགས་ཐུན་མིན་གྱི་ཕྱག་ལེན་མང་པོ་དཀྱུས་གཅིག་ཏུ་བསྟན་ཡོད།

内容提要：此书对印度和尼泊尔等国生长的精华药可用青藏高原生长的草本药代替及如何制作盐碱和阿魏等进行了收录汇编。首先，对草本药采集地、采集时间、采集方法、干燥方法等进行了记述；其次，对精华药和草本药的用法进行了记述，即“隆”“赤巴”“培根”病、寒性疾病、胃火衰弱、消瘦、老人和小儿等由于草本药物性糙而不宜使用，身体壮硕成年人血“赤”热证、紫色“培根”、疠瘟、“蚁”病、疼痛、白喉等可用草本药，根据体能和胃火情况采用草本药的方法。书中认为，用甘青青蓝可替代红花，与葛缕子相似的草豆蔻可代替肉豆蔻，生长于深山的菥蓂可替代白豆蔻，斑花黄堇可替代冰片等每种精华药对应的本地草本药的功效等进行了详尽的记述。此外还有对紫硇砂、角盐、灰碱、“那格嚓”、“尼拉妥嚓”等盐碱类的制法和加工工艺，药物增效法，放血和火灸的试探法等进行了记述。

བོད་ཀྱི་གསོ་རིག་ཀུན་བཏུས་བསྟུད་སྒྲིག་མ་ལས། ཡོད་དོན་དགུ་པའི་ནང་དུ་བཞུགས།

在《〈藏医药大典〉续编（61—80）》中的位置：收载于第七十九卷

ཚན་པ་བཞི་པ། སྔོ་ལྡུམ་གྱི་སྦྱོར་བ་ཉུང་བསྡུས།

第四篇 《草本类方药简编》

མཚན་བྱང་ཆ་ཚང་། སྔོ་ལྡུམ་གྱི་སྦྱོར་བ་ཉུང་བསྡུས་ཉི་འོད་རབ་གསལ་ཞེས་བྱ་བ་བཞུགས་སོ། །

全名：《草本类方药简编·阳光》

རྩོམ་པ་པོ། མི་གསལ།

作者：不详。

མ་ཡིག ལག་བྲིས། ཡིག་གཟུགས་དབུ་མེད། ཤོག་ངོས་རེར་ཐིག་ཕྲེང་བདུན། ཐིག་ཕྲེང་རེར་ཡིག་འབྲུ་ཉེར་བརྒྱད། ཁྱོན་བསྡོམས་ཤོག་ངོས་དྲུག་བཞུགས།

母本：手写本，草书体，每页7行，每行28字，共6页。

ནང་དོན་གནད་བསྡུས། གཞུང་འདི་ནི་སྔོ་ལྡུམ་དྲུག་ཅུ་ལྷག་གི་ཚབ་སྨན་གཙོ་བོར་སྟོན་པ་ཞིག་སྟེ། གུར་གུམ་སོགས་བཟང་པོ་དྲུག་གི་ཚབ་སྨན་དུ་སྔོ་ལོའི་མེ་ཏོག་སོགས་སྔོ་ཡི་བཟང་པོ་དྲུག་དང་། དེ་བཞིན་དུ་ཨ་རུ་ར་སོགས་འབྲས་བུ་གསུམ་གྱི་ཚབ་ཏུ་སླ་ཤིང་འོམ་བུ་སོགས་སྔོ་ཡི་འབྲས་བུ་གསུམ་དང་། པི་ལིང་སོགས་ཚ་བ་གསུམ་གྱི་ཚབ་ཏུ་མེ་ཏོག་ལྡེ་ཚ་སོགས་སྔོ་ཡི་ཚ་བ་གསུམ། ལུག་རུ་སེར་པོ་གི་ཡང་གི་དོད། ཙུ་སུ་སེ་འབྲུའི་དོད། ལྩ་བ་ཤིང་ཚའི་དོད། རྟང་ལེན་ཨུཏྤལ་སྔོན་པོའི་དོད། པར་པ་ཏ་ནི་སྤྱོས་དཀར་གྱི་དོད། སྒྲ་བཟང་ནི་ཀ་ཀོལ་གྱི་དོད། བྱ་རྒོད་སྤྱོས་ནི་སྣ་རྩེའི་དོད་སོགས་སྔོ་ལྡུམ་དྲུག་ཅུ་ལྷག་གི་ཚབ་སྨན་དང་། སྔོ་ཡི་ཁྲུང་ལྔ། སྔོ་

ཡི་ག་བྱུར་བརྒྱད། སྔོ་ཡི་རྒྱལ་བློན་འབངས་གསུམ། སྔོ་ཡི་གུར་གུམ་བདུན་སོགས་ཀྱི་རྣམ་གྲངས་བཅས་ཁ་གསལ་ཞིང་གོ་བདེ་བ་ཞིག་གསུངས་ཡོད་པས། སྔོ་ལྷམ་ཚབ་སྨན་སྐོར་ལ་སློབ་སྦྱོང་དང་ཞིབ་འཇུག་བྱེད་མཁན་རྣམས་ལ་མཁོ་བའི་ཡིག་ཆ་གལ་ཆེན་ཞིག་ཏུ་འགྱུར་མས།

内容提要：此书主要记述了60余种草本药材的替代药物。书中认为，红花等六良药可用红景天花等草本六良药代替，诃子等三果可用水柏等草本三果代替，荜茇等三辛药可用高原毛茛等三辛草药代替，牛黄可用斑唇马先蒿代替，石榴可用芫荽代替，肉桂可用西藏凹乳芹代替，蓝花绿绒蒿可用兔耳草代替，琥珀可用角茴香代替，穆库尔没药可用“扎桑”代替，麝香可用囊距翠雀代替等60余种草本替代药，草本五鹏，草本八冰片，君臣民三草本，草本七红花等类别进行了详尽易懂的记述。此书对替代药物相关知识的学习和研究者提供了重要文献参考。

བོད་ཀྱི་གསོ་རིག་ཀུན་བཏུས་བསྟུད་སྒྲིག་མ་ལས། པོད་དོན་དགུ་པའི་ནང་དུ་བཞུགས།

在《〈藏医药大典〉续编（61—80）》中的位置：收载于第七十九卷

སྨྱི་དོན་དྲུག་པ། སྨན་གྱི་སྦྱོར་བའི་སྐོར།
第六部　方剂书籍

བོད་ཀྱི་གསོ་རིག་ལོ་རྒྱུས་སྟེང་མིང་དུ་གྲགས་པའི་མཁས་དབང་མང་པོ་ཞིག་གི་ཉམས་མྱོང་དང་། ཆིག་བརྒྱུད་ཀྱི་གདམས་པ། ཕྱག་ལེན་མྱོང་ཟབ་བཅས་ལས་གྲུབ་པའི་སྨན་སྦྱོར་ཁྱད་འཕགས་ཅན་དང་། རྒྱུན་མཐོང་ཉེར་སྤྱོད་ཀྱི་སྨན་སྦྱོར། སྔ་ན་མ་གྲགས་པའི་སྨན་སྦྱོར། གསང་བ་ཆིག་བརྒྱུད་ཀྱི་སྨན་སྦྱོར་སོགས་སྨན་སྦྱོར་སྟོང་ཕྲག་འགའི་སྦྱོར་བ་དང་སྦྱར་ཚད། སྦྱར་ཐབས་ལག་ལེན། ནད་ཐོག་ལག་ལེན། གབ་རྒྱ་ཅན་གྱི་གསང་བའི་ལག་ལེན། ཕན་གནོད་ཀྱི་ནུས་པ་རྣམས་རྒྱས་པར་བཀོད་ཡོད་པ་ལ། ཉེར་མཁོའི་སྨན་སྦྱོར་སྣ་ཚོགས་ཤིག་འདུས་ཤིང་སྦྱར་ཐབས་ལག་ལེན་གསལ་པོར་མེད་པའི་གཞུང་རྣམས་ཚན་པ་སོ་གཅིག་ཏུ་ཕྱེ་ནས་སྐབས་དོན་དང་པོ་སྨན་སྦྱོར་གཅེས་བསྒྲིགས་ཀྱི་ཁོངས་སུ་བཞག་ཡོད་པ་དང་། སྨན་སྦྱོར་ལག་ལེན་གྱི་རིམ་པ་ཞིབ་རྒྱས་སུ་སྟོང་བའི་གཞུང་དང་ལག་ལེན་གྱི་ཟིན་བྲིས་རྣམས་ཚན་པ་ཉེར་གསུམ་དུ་དབྱེ་ནས་སྐབས་དོན་གཉིས་པ་དམིགས་བསལ་སྨན་སྦྱོར་དག་གི་མན་ངག་ལག་ལེན་དུ་བསྡུས་ནས་རེ་རེ་བཞིན་བཀོད་ཡོད།

收录藏医历史上负有盛名的名医的临床经验、单传教言、实践经验等中所得的特色方剂，常用方剂，未享盛名的方剂和单传秘方等千余种方剂的组方、剂量、制法、临床应用、隐晦秘诀和利弊、功效等进行了详尽的记述，并将其中汇集常用方剂而配伍不清楚的医书分为31篇收录于第一集方剂选编中，将方剂配伍实践详细的医书和实践笔记分为23篇收录于第二集特殊方剂实践秘诀之中。

སྐབས་དོན་དང་པོ། སྨན་སྦྱོར་གཅེས་བསྒྲིགས།

第一集 方剂选编

དུས་རབས་རིམ་བྱུང་གི་སྨན་པ་མཁས་པ་རྣམས་ཀྱིས་མཛད་པའི་སྨན་གྱི་སྦྱོར་བ་དང་། སྦྱོར་ཚད། ཕན་ནུས་བཅས་གཙོ་བོར་སྟོན་པའི་བརྩམས་ཆོས་ཏེ། གཅེས་བསྡུས་ཕན་བདེའི་ཡང་སྙིང་། མན་ངག་ཀུན་གྱི་ཉེར་མཁོ་བསྡུས་པ་འཆི་མེད་ཚེའི་གཏེར་མཛོད། ལྷ་ལུང་མཁན་པོའི་ཕྱག་ལེན་དགོས་པ་ཀུན་འབྱུང་གི་མཆན་བུ་ཟུར་ཐོར་བསྡུས་པ། སྨན་གཞུང་ལས་ཐོར་བུར་འབྱུང་བ་སྨན་སྦྱོར་ཕྱོགས་གཅིག་ཏུ་བསྒྲིགས་པ་གཅེས་བཏུས་སྙིང་ནོར་སོགས་ཚན་པ་སུམ་ཅུའི་སྒོ་ནས་བཀོད་ཡོད།

收录历代名医所著关于方剂组方、剂量和功效为主要内容的著作《利乐精粹》《常用秘诀汇编·长寿宝库》《拉隆堪布实践·所需皆俱附注零星集》《医书零星方剂精选汇编·心宝》等30篇。

ཚན་པ་དང་པོ། ནད་སྣ་ཚོགས་ཀྱི་སྦྱོར་སྡེ།

第一篇 《诸病方剂》

མཚན་བྱང་ཆ་ཚང་། ཨོ་རྒྱན་པད་མ་འབྱུང་གནས་དང་སྨན་བླ་རིག་འཛིན་གྱིས་མཛད་པའི་ནད་སྣ་ཚོགས་ཀྱི་སྦྱོར་སྡེ་བཞུགས་སོ། །

全名：《邬金莲花生大师和持明药师佛所著诸病方剂》

རྩོམ་པ་པོ། ༡ ཨོ་རྒྱན་པད་མ་འབྱུང་གནས། རྒྱ་གར་ནུབ་ཕྱོགས་དྷ་ཛ་ཀོ་ཥའི་མཚོ་གླིང་དུ་སྐུ་འཁྲུངས། བཀའ་ཐང་ལས་རྒྱལ་པོ་ཁྲི་སྲོང་ལྡེ་བཙན་དང་། མུ་ནེ་བཙན་པོ། མུ་ཏིག་བཙན་པོ་གསུམ་གྱིས་སྲིད་དབང་བཟུང་

སྐབས་ཧྲེ་ལོ་ལྔ་བཅུ་མ་ཟིན་ཙམ་བོད་དུ་བཞུགས་ཞེས་གསུངས། ༢ སྨན་བླ་རིག་འཛིན།

作者： 1. 邬金 · 白玛君乃，生于印度西部达玛果卡岛，据《教诫》记载，在赤松德赞、木尼赞普、木斗赞普三人执政期间在吐蕃居住约50年。2.曼拉仁增。

མ་ཡིག ལག་བྲིས། ཡིག་གཟུགས་དབུ་མེད། ཤོག་ངོས་རེར་ཐིག་ཕྲེང་ལྔ། ཐིག་ཕྲེང་རེར་ཡིག་འབྲུ་ཉེར་གསུམ། ཁྱོན་བསྡོམས་ཤོག་ངོས་བཅུ་དགུ་བཞུགས།

母本： 手写本，草书体，每页5行，每行23字，共19页。

ནང་དོན་གནད་བསྡུས། གཞུང་འདི་ནི་གཙོ་བོར་ལག་ལེན་སྦྱོང་བྱང་ཅན་གྱི་སྦྱོར་བ་འགའི་ཕན་ནུས་སྟོན་པ་ཞིག་སྟེ། གཞུང་སྤྱི་ལ་ཚན་ཆུང་བརྒྱད་ཡོད། དང་པོ་ཨོ་རྒྱན་པདྨ་འབྱུང་གནས་ཀྱིས་མཛད་པའི་གཉན་ནད་གག་ལྷོག་ས་ལྷོག་སོགས་དང་འགོ་བའི་ནད་རིགས་ཀུན་ལ་ཕན་པའི་རིལ་སྔོན་གྱི་སྨན་སྣ་དང་། སྦྱོར་ཚད། རིལ་བུ་དྲིལ་ཚད། བསྟེན་པའི་ཕན་ཡོན། བརྒྱད་པ་བཅས་བསྟན། གཉིས་པ་སྨན་བླ་རིག་འཛིན་གྱིས་མཛད་པའི་གློ་ནད་དང་གཟེར་ནད་བཅོས་པར་གློ་ནད་རིགས་ལ་བདུད་རྩི་དང་འདྲ་བའི་གློ་སྨན་རིལ་དམར་གྱི་སྨན་སྣ་དང་། ནད་ཀྱི་ངོ་བོ་མི་འདྲ་བར་ཁ་བསྒྱུར་གང་དང་གང་བསྣན་དགོས་ཚུལ། གག་ལྷོག་གཟེར་གྱི་ནད་རིགས་ལ་ཕན་པའི་རིལ་བུ་དམར་པོ་དང་གནོད་སྦྱིན་ལུགས་ཀྱི་རིལ་བུ་གཉིས་ཀྱི་སྦྱོར་ཐབས་དང་ཕན་ཡོན། གསུམ་པ་གཉན་སྲིན་སོགས་དང་མཁལ་ཚད་ནད་དང་གླང་སྲིན་ལ་ཕན་པའི་ཡང་ཟབ་དམར་མོའི་སྦྱོར་བ། བཞི་པ་རིག་དྭག་བཟེ་མོག་གི་རྟགས་དང་དེ་ལ་ཕན་པའི་གཉེན་པོ་སྨན་གྱི་སྦྱོར་བ། ལྔ་པ་ཞྭ་ལོག་ནད་དང་བད་རླུང་མགོ་འཁོར་དང་སྲིན་ནད་ལ་ཕན་པའི་སྨན་སྦྱོར། དྲུག་པ་གཟེར་ནད་འཕྲལ་དུ་གཅོག་པའི་གཟེར་སྨན་གཉེན་པོ་ལྔ་སྦྱོར། སྲིན་ནད་སྤྱི་འཇོམས་ཀྱི་སྨན་སྦྱོག་སྟེར་དྲུག་པ། བདུན་པ་སྐྱད་སྣན་པར་བཅོས་པའི་དཀར་པོ་དྲུག་སྦྱོར། དེ་ལ་སྐད་ཕྲ་བ་དང་སྐད་སྦོམ་པ། སྐད་ཆེ་བ་སོགས་ལ་ཁ་བསྒྱུར་གང་བསྣན་དགོས་ཚུལ། བརྒྱད་པ་ཤ་དྲུག་དང་གཞན་རིམས་ནད་ལ་ཕན་པའི་སྦྱོར་བ་བཅས་ནད་སྣ་མང་པོ་ལ་གཉེན་པོ་སྨན་སྦྱོར་སྣ་ཚོགས་བསྟན་ཡོད།

内容提要：此书记述了一些实践经验方的功效。全书分8个章。第一章记述了邬金·白玛君乃所创治疗疠病、白喉和炭疽等传染性疾病的蓝丸的组方、剂量、制丸法、服用功效和传承；第二章记述了曼拉仁增所创治疗肺病和疼痛疾病，治疗肺病如甘露般的肺药红二胺的组方，根据疾病性质加配何种药物的方法，治疗白喉、炭疽和疼痛类疾病的红丸和铁丸二者的制法和功效；第三章记述了治疗疠病、“蛙”病和脑“蛙”病的红丸；第四章记述了触毒梅毒的症状和治疗方剂；第五章记述了治疗转筋、“培隆”眩晕和“蛙”病的方剂；第六章记述了快速止痛的五味止痛方，通治“蛙”病的六味“索达”散；第七章记述了使声音清脆的六味白药散，使声音细微、粗狂和洪亮等药物加配法；第八章记述了治疗肉毒和疠瘟的方剂等。

བོད་ཀྱི་གསོ་རིག་ཀུན་བཏུས་བསྟུད་སྒྲིག་མ་ལས། པོད་དོན་དགུ་པའི་ནང་དུ་བཞུགས།

在《〈藏医药大典〉续编（61—80）》中的位置：收载于第七十九卷

ཚན་པ་གཉིས་པ། མངའ་རིས་འཚོ་བྱེད་ཀྱི་སྨན་བསགས།

第二篇 《阿里医生药储》

མཚན་བྱང་ཆ་ཚང་། མངའ་རིས་འཚོ་བྱེད་ཀྱི་སྨན་བསགས་གང་ཡིན་པ་སྤྱི་བསྡུ་དོན་ཆེ་བ་མདོར་བསྡུས་ཅན་བཞུགས་སོ། །

全名：《阿里医生药储概要》

རྩོམ་པ་པོ། ཆོས་སྐྱོང་དཔལ་བཟང་། དུས་རབས་བཅོ་ལྔ་པའི་ནང་མངའ་རིས་སུ་སྐུ་འཁྲུངས།

作者：确琼白桑，15世纪生于阿里地区。

མ་ཡིག ལག་བྲིས། ཡིག་གཟུགས་དབུ་མེད། ཤོག་ངོས་རེར་ཐིག་ཕྲེང་དྲུག ཐིག་ཕྲེང་རེར་ཡིག་འབྲུ་བཅུ་དགུ། ཁྱོན་བསྡོམས་ཤོག་ངོས་ཞེ་གཉིས་བཞུགས།

母本：手写本，草书体，每页6行，每行19字，共42页。

ནང་དོན་གནད་བསྡུས། གཞུང་འདི་ནི་གཙོ་བོ་སྨན་གྱི་སྦྱོར་བ་བསྟན་པའི་གཞུང་ཞིག་སྟེ། གཞུང་སྤྱི་ལ་ཚན་ཆུང་གསུམ་དུ་དགར་ཡོད། དང་པོ་སྨན་སྦྱོར་གྱི་སྡེ་ལ་མགོ་ནད་ཁྲག་མཁྲིས་སོགས་ལ་ཕན་པའི་མགོ་ཐང་གསུམ་པ་དང་། རླུང་ཁྲག་འཁྲུགས་གསུམ་ལ་ཕན་པའི་ནོར་བུ་ཆུ་དྭངས། རྙིངས་ཚད་ལ་ཕན་པའི་ཐང་ཆེན་བཅུ་པ། རྩ་ཆུའི་ཆུ་ལམ་འབྱེད་པའི་ཨ་རྷི་དྲུག་ཐང་། གློ་ཚད་ཁྲག་གཟེར་ལ་ཕན་པའི་སྙོ་ལོ་བཞི་ཐང་སོགས་ཐང་གི་སྦྱོར་བ་དང་། རིམས་ཚད་འཇོམས་པའི་མི་བྲུན་བརྒྱད་སྦྱོར། ཆུ་འགགས་ནད་ལ་མཆོག་ཏུ་གྱུར་པའི་བྱེ་མ་བརྒྱད་སྦྱོར། རྒྱུ་གཟེར་ནད་ལ་ཕན་པའི་གསང་སྨན་དྲུག་པའི་སྦྱོར་བ། གྲང་གྲུམ་ལ་ཕན་པའི་ཡུངས་དཀར་བརྒྱད་སྦྱོར། མིག་ནད་ལ་ཕན་པའི་གསལ་བྱེད་བཅུ་གསུམ། རྩ་དཀར་ལ་ཕན་པའི་བསམ་འཕེལ་བརྒྱད་སྦྱོར། རེག་དུག་ལ་སོགས་པགས་ནད་ཀུན་འཇོམས་པའི་དངུལ་ཁྱུང་བཅོ་ལྔ་སོགས་ཕྱེ་མའི་སྦྱོར་བ་སྟེ་ཐང་ཕྱེའི་སྦྱོར་བ་དྲུག་ཅུ་རེ་གསུམ་ཙམ་གྱི་སྦྱོར་སྡེ་དང་ཕན་ནུས་བསྟན། གཉིས་པ་བུ་ཆུང་གི་ནད་བཅོས་པར་བུ་ཆུང་དུ་བ་བཅོས་པའི་མན་ངག་དང་། བུ་ཆུང་གི་ཁ་ཚའི་ནད་ལ་དཀར་སེར་དམར་ནག་བཞིར་དབྱེ་ཚུལ་དང་དེ་དག་གི་མི་ནོར་བའི་གཟེར། དེ་ལ་སྔགས་དང་སྨན་གྱི་བཅོས་ཐབས། བུ་ཆུང་འབྲུ་བ་གཙོད་པའི་སྨན་སྦྱོར་བཅས་དང་། གསུམ་པ་ཞ་དུག་བཅོས་ཐབས་ལ་ཞ་དུག་ཐམས་ཅད་བསྡུ་བསད་ཆིག་ཆོད་བྱ་བའི་སྨན་གྱི་སྦྱོར་བ་དང་། བྱེ་བྲག་ནད་རྟགས་མི་འདྲ་བ་ལ་གཞིགས་ནས་གཉེན་པོ་སྨན་གྱི་སྦྱོར་བ་པུཥྤ་བཞི་སྦྱོར་དང་གསེར་མདོག་དྲུག་པ་གཏོང་དགོས་ཚུལ་སོགས་རྒྱུག་ཆེ་བའི་སྨན་སྦྱོར་བདུན་ཅུ་ལྷག་བསྟན་ཡོད།

内容提要：此书主要记述了一些方剂，全书分为3章。第一章方剂记述了治疗血性和“赤巴”性头病等的三味头骨汤，治疗“隆”病、血病、紊乱热的“诺布曲当”，治疗陈旧热的十味大汤散，打通脉尿通路的六味“阿毕”汤，治疗肺热、血性刺痛的四味高山辣根菜汤等汤剂；治疗瘟热的八味“木珍”散，治疗尿闭症的八味“协玛”散，治疗痢疾的六味秘药散，治疗寒性痹症的八味芥子散，治疗眼病的十三味明目散，治疗白脉病的八味如意散，治疗触毒等各类皮肤疾病的十五味“莪琼”散等散剂，共计63种方剂的组方和功效。第二章记述了小儿病疗法秘诀，小儿口腔热病的白、黄、红、黑4种分法以及鉴别点，咒语和药物疗法，治疗小儿腹泻的方剂等。第三章肉毒疗法章记述了诸肉毒症的敛杀方，根据其具体分类的不同症状采用对治方四味木棉花散和六味金色散的用法等70余种常用方剂。

བོད་ཀྱི་གསོ་རིག་ཀུན་བཏུས་བསྟུད་སྒྲིག་མ་ལས། པོད་དོན་དགུ་པའི་ནང་དུ་བཞུགས།

在《〈藏医药大典〉续编（61—80）》中的位置：收载于第七十九卷

ཚན་པ་གསུམ་པ། འབོལ་སྨན་བདུན་པའི་ཁ་ཚར།

第三篇 《七味消肿丸加配（卡嚓尔）药》

མཚན་བྱང་ཆ་ཚང་། འབོལ་སྨན་བདུན་པའི་ཁ་ཚར་འདེབས་སྙོན་མན་ངག་བཞུགས་སོ། །

全名：《七味消肿丸加配药秘诀》

རྩོམ་པ་པོ། མི་གསལ།

作者：不详。

མ་ཡིག ལག་བྲིས། ཡིག་གཟུགས་དབུ་མེད། ཤོག་ངོས་རེར་ཐིག་ཕྲེང་དྲུག ཐིག་ཕྲེང་རེར་ཡིག་འབྲུ་ཉེར་བརྒྱད། ཁྱོན་བསྡོམས་ཤོག་ངོས་ལྔ་བཞུགས།

母本：手写本，草书体，每页6行，每行28字，共5页。

ནང་དོན་གནད་བསྡུས། གཞུང་འདི་ནི་འབོལ་སྨན་བདུན་པ་དང་དེའུ་སྙིང་ཨ་རུ་བཅུ་པ་སོགས་ཁ་བསྒྱུར་སྦྱོར་བའི་སྨན་སྦྱོར་འགའ་ཞར་བྱུང་གི་ཚུལ་དུ་བསྟན་པའི་ཡིག་ཆུང་ཞིག་སྟེ། སྤྱིར་འབོལ་སྨན་བདུན་པ་ནི་ཆུ་ནད་རིགས་ཀྱི་སྤྱི་སྨན་དུ་གཏོང་ཡང་ཆུ་ནད་ཀྱི་ངོ་བོ་དང་བྱུང་སའི་གནས་མི་འདྲ་བའི་དབང་གིས་དེ་ལ་ཁ་བསྒྱུར་རམ་ཡང་ན་འཕྲུལ་འཁོར་གྱི་རིགས་ལམ་སྤྱད་པས་ཕན་ནུས་དེ་ལས་ཆེ་བར་འགྱུར་འགྲོ་བ་ནི། སྔོ་

དང་བསྡོངས་པའི་ཚུ་ལ་གསེར་མེ་བཞག་ནས་ཤིང་མངར་བསྣན། མཁྲིས་ཤས་ཆེ་བའི་ཚ་ཚུ་ལ་བ་ལེ་བཞག་ནས་བོང་དཀར། མཆིན་ཚད་རྒྱས་པའི་ཟགས་ཚུ་ལ་གསེར་མེ་བཞག་ནས་གི་ཝང་། མཆེར་བའི་ཚ་ཚུ་ལ་བ་ཤ་བཞག་ནས་ལི་ཤི། མཁལ་མའི་ཚུ་ལ་གསེར་གྱི་མེ་ཏོག་བཞག་ནས་ཨ་རུ་ར་བསྣན་པ་སོགས་འཕྲུལ་འཁོར་གྱི་སྐོར་དང་། འབོལ་སྨན་བདུན་པའི་སྟེང་ཅུ་གང་བསྣན་པ་ཙནྡན་བརྒྱད་པ་དང་ལྷག་པ་སྦྲད་པས་གློ་མང་འཁྲུགས་ཤས་ཆེ་བ་ལ་ཕན་པ། འབོལ་སྨན་བདུན་པའི་སྟེང་སེ་འབྲུ་བསྣན་པ་སེ་འབྲུ་ལྔ་པ་དང་ལྷག་པ་སྦྲད་པས་ཕོ་བའི་མེ་དྲོད་ཉམས་པར་ཕན་པ་སོགས་ལྷག་སྦྱོད་ཀྱི་རིགས་དང་། ཡང་འབོལ་སྨན་བདུན་པའི་སྟེང་སྙིང་གི་ཚུ་ལ་ཨ་གར་བརྒྱད་པ། གློ་བའི་ཚུ་ལ་ཅུ་གང་བརྒྱད་པ། མཆིན་པའི་ཚུ་ལ་གི་ཝံ་དགུ་པ། ཕོ་བའི་ཚུ་ལ་སེ་འབྲུ་ལྔ་པ། མཁྲིས་པའི་ཚུ་ལ་མཁྲིས་ཕྱེ་བདུན་པ། རྒྱུ་ལོང་གི་ཚུ་ལ་ཨིནྡྲ་བཞི་པ་སོགས་སྙེབ་ན་ཚུ་ནད་ལ་ལྷག་པར་ཕན་ཚུལ་དང་། ཞར་བྱུང་དུ་ལྷག་སྦྱོད་ཀྱི་སྨན་སྦྱོར་དེ་དག་གི་སྦྱོར་བའི་སྨན་རྫས་དང་ཕན་ནུས་བཅས་བཀོད་ཡོད།

内容提要：此书介绍了七味消肿丸及其为基础方加入十味诃子散等多种“卡居尔”的方药。七味消肿丸一般作为治疗腹水的常规药使用，但根据腹水性质和发病部位不同可进行组方转换而使其功效得以增强，如，由肺病引发的腹水去波棱瓜子加入甘草，“赤巴”偏盛的热性腹水去西藏马兜铃加入“榜嘎”，肝热偏盛的腹水去波棱瓜子加入牛黄，脾热性腹水去鸭嘴花加入丁香，肾性腹水去波棱瓜子加入诃子等组方的转换；七味消肿散为基础加入“居冈”与八味檀香散同服可止咳，加入石榴与五味石榴散连服可养胃火等连服类；在七味消肿散的基础上心源性腹水加入八味沉香散，肺源性腹水加入八味“居冈”丸，肝源性腹水加入九味牛黄散，胃源性腹水加入五味石榴散，胆源性腹水加入七味胆粉散，肠源性腹水加入四味“恩扎”散等对腹水病有特效的“卡居尔”。

བོད་ཀྱི་གསོ་རིག་ཀུན་བཏུས་བསྟུད་སྒྲིག་མ་ལས། པོད་དོན་དགུ་པའི་ནང་དུ་བཞུགས།

在《〈藏医药大典〉续编（61—80）》中的位置：收载于第七十九卷

ཚན་པ་བཞི་པ། གཅེས་བསྡུས་ཕན་བདེའི་ཡང་སྙིང་།

第四篇　《利乐精粹》

མཚན་བྱང་ཆ་ཚང་། གཅེས་བསྡུས་ཕན་བདེའི་ཡང་སྙིང་ཞེས་བྱ་བ་བློ་གསར་མུན་པའི་སྒྲོན་མེ་བཞུགས་སོ། །

全名：《利乐精粹・除暗明灯》

རྩོམ་པ་པོ། འབྲི་གུང་ཚེ་དབང་བརྟན་པ། སྤྱི་ལོ་༡༦༣༡ལོར་དབུས་གཙང་སྙེ་མོའི་གཞུ་སྟོད་བཀྲ་ཤིས་སྒང་དུ་སྐུ་འཁྲུངས།

作者：直贡・次旺丹巴，1631年生于卫藏尼木秀堆扎西岗。

མ་ཡིག ལག་བྲིས། ཡིག་གཟུགས་དབུ་མེད། ཤོག་ངོས་རེར་ཐིག་ཕྲེང་དྲུག ཐིག་ཕྲེང་རེར་ཡིག་འབྲུ་ཉེར་བཞི། ཁྱོན་བསྡོམས་ཤོག་ངོས་ཉིས་བརྒྱ་དང་གཅིག་བཞུགས།

母本：手写本，草书体，每页6行，每行24字，共201页。

ནང་དོན་གནད་བསྡུས། གཞུང་འདི་ནི་འབྲི་གུང་ཚེ་དབང་བརྟན་པས་དྲིན་ཅན་རྩ་བའི་བླ་མའམ་སློབ་དཔོན་ཉིད་ནས་བུམ་པ་གང་བྱོའི་ཚུལ་དུ་བསྐུལ་བའི་ཚིག་བརྒྱུད་ཀྱི་གདམས་པ་ཟབ་མོ་རྣམས་རང་གིས་དངོས་སུ་ཉམས་སུ་བླངས་ཏེ་གདེང་ཁེལ་བའི་སྦྱོར་སྡེ་རྣམས་དང་གཞན་རྒྱུད་བཞི་སོགས་ནས་གཅེས་པ་རྣམས་ཕྱོགས་གཅིག་བསྡུས་པ་ཞིག་སྟེ། གཞུང་སྤྱི་ལ་ཚན་ཆུང་ང་དྲུག་ཡོད། ནང་དོན་ལ་ནད་ཐམས་ཅད་རང་བཞིན་དྭངས་པར་བྱེད་པའི་ནོར་བུ་ཆུ་དྭངས་དང་ཐང་ཆེན་ཉེར་ལྔ་སོགས་ཐང་སྦྱོར་བཅུ་ལྷག་ཐོག་མར་བསྟན་ནས། རིམ་པར་རླུང་མཁྲིས་བད་ཀན་གྱི་ནད་དང་། མ་ཞུ་བའི་ནད། མཆིན་ནད། ཚད་པའི་ནད། གློ་ནད། མཁལ་མའི་ནད། ཕོ་བའི་སྐྲན་ཐབས། ཆུ་ནད། མགོ་ནད། མིག་ནད། རྣ་ནད། སྣ་ནད། ཁ་ནད། ལྟོ་བའི་ནད། རྩ་དཀར་ནད། ཆུ་སེར་ནད། རྨ་ནད། པགས་པའི་ནད། བྱིས་པའི་ནད། མོ་ནད། དུག་ནད། རིག་

དུག་སོགས་ནད་རིགས་བདུན་ཅུ་ལྷག་ལ་ཕན་པའི་སྨན་གྱི་སྦྱོར་བ་བརྒྱ་དང་དྲུག་ཅུ་ལྷག་གི་སྦྱོར་བ་དང་། སྦྱོར་ཐབས་ལག་ལེན། ཕན་ཡོན། གཞན་ཚོ་ཆེས་དྲི་བའི་སྨན། སྐད་བཅོས། རྒས་གསོ་བཅུད་ལེན། སྐྲ་སྐྱེས་དང་སྐྲ་དཀར་ནག་པོར་གཏོང་བའི་སྨན། བསེ་དྲི་འདོན་ཐབས་སོགས་ཀྱི་གདམས་པ། དངུལ་ཆུ་བཙོ་བཀྲུ་བསྡུས་པའི་ལག་ལེན། མཇུག་ཏུ་ཆུ་ལུམས་བྱུག་པའི་འཇམ་དཔྱད་དང་། ལྷ་གནས་འཕོ་ཚུལ། སྨན་གྱི་མཆོག་སྡེ་འགའ། མེ་བཙའ་གདབ་དུས་སྐྱབས་འགྲོ་བྱ་ཚུལ་སོགས་ཉེ་བར་མཁོ་བའི་ལག་ལེན་སྣ་ཚོགས་དང་བཅས་བཀོད་ཡོད།

内容提要：此书为直贡·次旺丹巴将师承的单传秘诀与自身临床实践经验相结合和从《四部医典》等经典中精选的方药进行了汇编。全书共有56章。书中记述了可治诸病的“诺布曲当”和二十五味大汤散等十余种汤剂，还记述了治疗“隆”病、“培根”病、“赤巴”病、不消、肝病、热病、肺病、肾病、胃刺痛、腹水、头病、眼病、耳病、鼻病、瘿瘤、白脉病、黄水病、创伤、皮肤病、小儿病、妇女病、毒病、触毒等70余种疾病的160种方剂的组方、制法、功效。还记述减肥方、音疗方、滋补益寿方、止脱乌发方、除狐臭等的秘诀，以及水银洗炼的简要实践。最后，对水浴、涂擦缓外治法、特效药物类、火灸时的皈依法等实践进行了记述。

བོད་ཀྱི་གསོ་རིག་ཀུན་བཏུས་བསྟུད་སྒྲིག་མ་ལས། པོད་དོན་དགུ་པའི་ནང་དུ་བཞུགས།

在《〈藏医药大典〉续编（61—80）》中的位置：收载于第七十九卷

ཚན་པ་ལྔ་པ། མན་ངག་ཀུན་གྱི་ཉེར་མཁོ་བསྡུས་པ།

第五篇　《常用秘诀汇编》

མཚན་བྱང་ཆ་ཚང་། མན་ངག་ཀུན་གྱི་ཉེར་མཁོ་བསྡུས་པ་འཆི་མེད་ཚེའི་གཏེར་མཛོད་བཞུགས་སོ། །

全名：《常用秘诀汇编·长寿宝库》

རྩོམ་པ་པོ། དཔོན་ཚང་ཡེ་ཤེས། སྐྱེ་ལོ་༡༦༧༠ལོར་དབུས་གཙང་མལ་གྲོ་གུང་དཀར་གྱི་འབྲི་གུང་ཀ་ཚལ་དུ་སྐུ་འཁྲུངས།

作者：奔仓益西，1670年生于卫藏墨竹工卡直贡嘎才。

མ་ཡིག ལག་བྲིས། ཡིག་གཟུགས་དབུ་མེད། ཤོག་ངོས་རེར་ཐིག་ཕྲེང་དྲུག ཐིག་ཕྲེང་རེར་ཡིག་འབྲུ་ཉེར་བརྒྱད། ཁྱོན་བསྡོམས་ཤོག་ངོས་བརྒྱ་དང་རེ་དྲུག་བཞུགས།

母本：手写本，草书体，每页6行，每行28字，共166页。

ནང་དོན་གནད་བསྡུས། གཞུང་འདི་ནི་གཙོ་བོ་གཉེན་པོ་སྨན་གྱི་སྦྱོར་བ་ཀུན་ལས་ཉེ་བར་མཁོ་བ་རྣམས་ཕྱོགས་གཅིག་ཏུ་བསྡུས་པ་ཞིག་སྟེ། གཞུང་སྤྱི་ལ་སྤྱི་དོན་རྣམ་པ་བརྒྱད་ཡོད། དེ་ལས་ཐང་གི་སྡེ་དང་ཕྱེ་མའི་སྡེ། རིལ་བུའི་སྡེ། ཐལ་སྨན་གྱི་སྡེ། སྦྱོང་བྱེད་ཀྱི་སྡེ། བྱུགས་ལུམས་ཀྱི་སྡེ་སྟེ་སྤྱི་དོན་རྣམ་པ་དྲུག་གི་བརྗོད་དོན་རྣམས་ནི་ཟུར་མཁར་མཉམ་ཉིད་རྡོ་རྗེ་དང་བྱང་པ་རྣམ་རྒྱལ་གྲགས་བཟང་། གོང་སྨན་དཀོན་མཆོག་འཕེལ་དང་། བྱང་པ་བཀྲ་ཤིས་དཔལ་བཟང་སོགས་ཀྱི་གསུང་ལས་ནད་གཞི་གསོ་བཅོས་ལ་ཉེ་བར་མཁོ་བའི་ཉིང་བཅུད་ཀྱི་སྨན་སྦྱོར་ཐང་ཆེན་ཉེར་ལྔ་དང་དྲག་པོ་བཅུ་གསུམ། རིན་ཆེན་གཙུག་བཤལ་སོགས་སྨན་སྦྱོར་ཉིས་བརྒྱ་དང་ཉི་ཤུ་ཕྲག་གུད་དུ་ཕྱུང་ནས་དེ་དག་གི་སྨན་སྣ་རེ་རེ་དང་ཕན་ནུས་སོགས་འཀོད་ཡོད་པ་དང་། སྤྱི་དོན་ཕྱི་མ་གཉིས་ཏེ་སྨན་ ra སྦྱོར་ཚུལ་དང་སྦྱོར་ཚད་ལག་ལེན་གང་དགོས་ཀྱི་སྐོར་གཉིས་ནི་ད་ལམ་གྱི་མ་ཡིག་ཁྲོད་མིང་ཙམ་མ་གཏོགས་དངོས་གཞིའི་བརྗོད་བྱ་ལ་ཆད་སྐྱོན་བྱུང་འདུག་པས་ཁ་བསྐང་མ་ཐུབ་པར་བཞག་ཡོད།

内容提要：此书对方剂秘诀中的常用方进行了汇编。全书分8章，其中汤剂章、散剂章、丸剂章、泄疗章、涂擦浴疗章等6章记述了从宿喀·娘尼多吉、强巴·朗杰札桑、贡曼·贡觉彭达、强巴·扎西白桑等的教言中收录的常用药物二十五味大汤散、十三味猛药丸、珍宝头泄丸等220种方剂的组方和功效，后两章即引药的用法和配制记录，虽在母本中有相关名称的记录，但缺少实际内容。

བོད་ཀྱི་གསོ་རིག་ཀུན་བཏུས་བསྟུད་སྒྲིག་མ་ལས། པོད་དོན་དགུ་པའི་ནང་དུ་བཞུགས།

在《〈藏医药大典〉续编（61—80）》中的位置：收载于第七十九卷

ཚན་པ་དྲུག་པ། གཅེས་བསྡུས་ཕན་བདེའི་སྙིང་པོའི་ཟུར་རྒྱན།

第六篇 《利乐精粹附录》

མཚན་བྱང་ཆ་ཚང་། གཅེས་བསྡུས་ཕན་བདེའི་སྙིང་པོའི་ཟུར་རྒྱན་མན་ངག་དགྲོལ་བྱེད་གསེར་གྱི་ལྡེའུ་མིག་བཞུགས་སོ། །

全名：《利乐精粹附录·秘诀解析·金匙》

རྩོམ་པ་པོ། མི་གསལ།

作者：不详。

མ་ཡིག ལག་བྲིས། ཡིག་གཟུགས་དབུ་མེད། ཤོག་ངོས་རེར་ཐིག་ཕྲེང་བདུན། ཐིག་ཕྲེང་རེར་ཡིག་འབྲུ་སོ་བརྒྱད། ཁྱོན་བསྡོམས་ཤོག་ངོས་བརྒྱད་བཞུགས།

母本：手写本，草书体，每页7行，每行38字，共8页。

ནང་དོན་གནད་བསྡུས། གཞུང་འདི་ནི་འབྲི་གུང་ཚེ་དབང་བཀྲན་པས་མཛད་པའི་གསོ་བ་རིག་པའི་མན་ངག་ཀུན་གྱི་གཅེས་བསྡུས་ཕན་བདེའི་སྙིང་པོ་ཞེས་པའི་གཞུང་གི་ལྡེ་མིག་ཅིག་ཡིན་ཞིང་། གཞུང་སྤྱི་ལ་ཚན་ཆུང་དྲུག་ཡོད། དེ་ལས་ཐང་གི་སྐོར། ཕྱི་མའི་སྐོར། རིལ་བུའི་སྐོར། ཐལ་སྨན་གྱི་སྐོར། སྦྱོང་བྱེད་ཀྱི་སྐོར། བྱུག་ལུམས་ཀྱི་སྐོར་བཅས་ཀྱི་བརྗོད་དོན་ནི་རྩ་བའི་གཞུང་ལས་བྱུང་བའི་སྨན་གྱི་མིང་བརྡ་གོ་དཀའ་བ་དང་གབ་མིང་རྣམས་ལེགས་པར་བཀྲོལ་ཡོད་པ་དང་། སྨན་འགའ་རེར་མཁས་པ་སོ་སོར་གཏོང་ལུགས་ཀྱི་ཕྱག་ལེན་མི་འདྲ་བ་རེ་ཡོད་པ་དཔེར་ན་འཕྲི་ཤིང་ཞེས་པ་དབྱི་མོང་ལ་བཞེད་པ་མང་ཡང་ལ་ལས་འོམ་བུ་གཏོང་བ་དང་། ཁ་ཅིག་གིས་གསེར་མེར་བཞེད་པ། ཡང་དེའུ་དམར་སོགས་ཀྱིས་ཆུ་འཐག་པ་ཟེར་བ་མེ་ཏོག་སེར་པོ་ཅན་ཞིག་ལ་ངོས་

བཟུང་འདུག་པ་སོགས་ཕྱུག་ལེན་མི་འདྲ་བ་དང་། མོ་ནད་མངལ་བཤལ་རིལ་བུའི་སྐབས་ཀྱི་འོལ་མོ་ཞེས་པ་སྐབས་རེར་རྒྱ་རྩི་དུག་ལོ་ལ་གསུངས་ཡོད་ཀྱང་རྒྱུད་སོགས་ལས་གསུངས་པའི་ནུས་པ་རྒྱང་སེལ་ལ་བརྟགས་ན་འོལ་མོ་སེ་ཡིན་པ་གཏན་ཚིགས་ལུང་རིགས་དང་བཅས་སྒྲུབ་བྱེད་བཀོད་ཡོད་པ་སོགས་འཕྲི་གུང་གཅེས་བཏུས་ཀྱི་མན་ངག་གོ་དཀའ་བ་རྣམས་ལེགས་པར་བཀྲོལ་ཡོད།

内容提要：此书是由直贡·次旺丹巴所著《利乐精粹》的注释。全书分6章，分别是汤剂章、散剂章、丸剂章、泄下章、涂擦章和浴疗章，对各章中出现的晦涩难懂的词和隐名等进行了详尽的解释，其中包括不同名家对个别药材的入药方法。如："赤香"多数认为是铁线莲，又有部分名家认为是波棱瓜子，而帝玛尔等认为是花为黄色的"曲特"；妇女病宫泻丸中的"奥姆"有时认为是升麻叶，但根据《四部医典》中药材功效则认为是桃儿七。

བོད་ཀྱི་གསོ་རིག་ཀུན་བཏུས་བསྟུད་སྒྲིག་མ་ལས། པོད་དོན་དགུ་པའི་ནང་དུ་བཞུགས།

在《〈藏医药大典〉续编（61—80）》中的位置：收载于第七十九卷

ཚན་པ་བདུན་པ། གཉན་རིམས་དང་དུག་ནད་ལ་སོགས་པའི་བཅོས་ཐབས།

第七篇 《疠瘟和毒病等疗法》

མཚན་བྱང་ཆ་ཚང་། གཉན་རིམས་དང་དུག་ནད་ལ་སོགས་པའི་བཅོས་ཐབས་བཞུགས་སོ། །

全名：《疠瘟和毒病等疗法》

རྩོམ་པ་པོ། མི་གསལ།

作者：不详。

མ་ཡིག ལག་བྲིས། ཡིག་གཟུགས་དབུ་མེད། ཤོག་ངོས་རེར་ཐིག་ཕྲེང་ཉེར་གཅིག ཐིག་ཕྲེང་རེར་ཡིག་འབྲུ་བཅུ་བཞི། ཁྱོན་བསྡོམས་ཤོག་ངོས་བརྒྱད་བཞུགས།

母本：手写本，草书体，每页21行，每行14字，共8页。

ནང་དོན་གནད་བསྡུས། གཞུང་འདི་ནི་ཐེངས་ཚོག་གི་སྨན་སྦྱོར་དང་གསང་སྨན་འགའ་བསྟན་པའི་ཡིག་ཆུང་ཞིག་སྟེ། སྨན་སྣ་གསུམ་ལས་གྲུབ་པའི་སྦྱོར་བ་རྨ་རིགས་ཀུན་ལ་ཐེངས་པས་ཚོག་པའི་མཁའ་ལྡིང་ཁྱུང་ཆེན་གསུམ་ཐང་། ཤ་ཆེན་དུག་ནད་ལ་ཐེངས་པས་ཚོག་པའི་རྒྱལ་ཆེན་སེང་གེ་གསུམ་ཐང་། ཤ་དུག་ནད་ལ་ཐེངས་པས་ཚོག་པའི་སྟོབས་ཆེན་གླང་པོ་གསུམ་ཐང་། གྲང་ནད་ཀུན་ལ་མཆོག་ཏུ་ཕན་པའི་དྲོད་ཆེན་མེ་ཕུར་གསུམ་ཐང་། མགོ་སྲིན་ཡ་མའི་ནད་ལ་བསྟགས་པའི་གནམ་ལྕགས་ཐོག་མདའ་གསུམ་ཐང་། གཉན་ཚད་གཟེར་ལ་བདུད་རྩི་འདྲ་བའི་ངོ་མཚར་གཡུ་འབྲུག་གསུམ་ཐང་། ཁྱི་སྨྱོན་ནད་ལ་མཆོག་ཏུ་བསྟགས་པའི་གཟིག་ཕྲུག་དར་མ་གསུམ་ཐང་། མིག་གི་ནད་ལ་ངོ་མཚར་ཆེ་བའི་གསེར་བྱ་ངང་པ་གསུམ་ཐང་། གཉན་རིམས་ནད་ལ་ཕན་པའི་ལྷ་བྱ་ངང་པ་གསུམ་ཐང་། འབྲུམ་རིགས་གག་ལྷོག་གཟེར་ཤུ་ལ་ཕན་པའི་བྱ་རྒྱལ་ཁྲོད་པོ་གསུམ་ཐང་བཅས་གསུམ་ཐང་བཅུ་དང་། ཟུར་མཁར་ཆོས་རྗེ་ལུགས་ཀྱི་གཉན་ཚད་སེལ་བའི་རྩ་སྦྱོར་ཁྱུང་ལྔ་བཅས་སྨན་སྦྱོར་བཅུ་གཅིག་གི་སོ་སོའི་སྨན་སྣ་དང་ཕན་ནུས། གཞན་མི་ཡི་རྗེ་དང་རྨ་རིགས་ལ་ཕན་པའི་བྱུག་སྨན། རྒྱ་ཐོར་བཅོས་སྐབས་ཀྱི་གསང་སྨན། དུག་རིགས་འཇོམས་པའི་སྨན། བུད་མེད་ཟླ་མཚན་གཅོད་པའི་སྨན་བཅས་ནད་རིགས་ཁ་ཐོར་བཅོས་པའི་སྨན་སྦྱོར་ཟབ་མོ་འགའ་དང་བཅས་གསུངས་ཡོད།

内容提要：此书记述了一些特效方剂和秘方，其中有由三味方药组成的对治疗外伤的三味“夸当琼欠”，治疗“夏欠”毒病的三味“孜欠桑格”，治疗肉毒的三味“朵欠朗布”，治疗寒性疾病的三味“卓钦美普”，治疗“亚玛”病的三味“南吉托达”，治疗疠热痛的三味奇特“玉珠”甘露方，治疗狂犬病的三味“色澈达玛”，治疗眼病的三味“赛夏昂巴”，治疗疠瘟的三味“拉夏昂巴”，治疗痘疹、白喉、炭疽和疼痛的三味“夏杰郭布”等10种三味特效方，以及宿喀派清疠热的草本方、五味麝香丸等11种方剂的组方、功效。此外，记述了治疗疥癣和各类创伤的涂擦方，治疗痤疮的秘方，解毒方，止经血方等治疗各类零星疾病的方剂。

བོད་ཀྱི་གསོ་རིག་ཀུན་བཏུས་བསྟུད་སྒྲིག་མ་ལས། པོད་དོན་དགུ་པའི་ནང་དུ་བཞུགས།

在《〈藏医药大典〉续编（61—80）》中的位置：收载于第七十九卷

ཚན་པ་བརྒྱད་པ། འཆི་མེད་བདུད་རྩིའི་འཁྲིད་བསྒྲོལ།

第八篇　《长寿甘露》

མཚན་བྱང་ཆ་ཚང་། སྨན་གྱི་སྦྱོར་སྡེབ་འཆི་མེད་བདུད་རྩིའི་འཁྲིད་བསྒྲོལ་སྡེབས་པའི་མན་ངག་དག་པོའི་སྙིང་གི་ཐེལ་འཕྲེང་བཞུགས་སོ། །

全名：《方剂配伍 · 长寿甘露 · 秘诀心串》

རྩོམ་པ་པོ། མི་གསལ།

作者：不详。

མ་ཡིག ལག་བྲིས། ཡིག་གཟུགས་དབུ་མེད། ཤོག་ངོས་རེར་ཐིག་ཕྲེང་དགུ། ཐིག་ཕྲེང་རེར་ཡིག་འབྲུ་སུམ་ཅུ། ཁྱོན་བསྡོམས་ཤོག་ངོས་དྲུག་བཞུགས།

母本：手写本，草书体，每页9行，每行30字，共6页。

ནང་དོན་གནད་བསྡུས། གཞུང་འདི་ནི་ནད་ཀྱི་གནས་མི་འདྲ་ཡང་གཉིས་ཀར་ཕྱུན་མོང་གི་ནད་རྟགས་ལྡན་པའི་ནད་རིགས་ལ་གཏོང་བའི་གཉེན་པོ་སྨན་གྱི་སྦྱོར་བ་འགའ་གཙོ་བོར་སྟོན་པ་ཞིག་སྟེ། གློ་སྙིང་གཉིས་ཀྱི་ནད་ལ་མངོན་པའི་ཕྱུན་མོང་གི་ནད་རྟགས་དང་དེ་ལ་ཕྱི་རྒྱུད་ཨ་གར་བརྒྱད་དང་ཙནྡན་བརྒྱད་པ་ལྷག་པ་སྦྱོར་པའི་རྨ་བྱའི་འཁྲིད་བསྒྲོལ་དང་། མཆིན་མཁྲིས་གཉིས་ཀྱི་ནད་ལ་མངོན་པའི་ཕྱུན་མོང་གི་ནད་རྟགས་དང་དེ་ལ་གཙོ་བརྒྱད་གི་ཞང་དགུ་དང་ཏྲ་ཧ་བརྒྱད་པ་བཅས་སུམ་འགྲོ་སྦྱར་བའི་གླང་ཆེན་འཁྲིད་བསྒྲོལ། ཕོ་མཆེར་གཉིས་ཀྱི་ནད་ལ་མངོན་པའི་ཕྱུན་མོང་གི་རྟགས་ལ་བྲག་ཞུན་དགུ་དང་ཨ་ཏྲ་བདུན་པ་གཉིས་སྤེལ་མར་སྦྱར་བའི་གངས་སེང་འཁྲིད་བསྒྲོལ། མཁལ་ལྒང་གཉིས་ཀྱི་ནད་ལ་མངོན་པའི་ཕྱུན་མོང་གི་རྟགས་དང་དེ་ལ་སྦྱོས་

དཀར་བཅུ་དང་ཨ་རུ་བཅུ་པ་གཉིས་ལྷག་པ་སྦྱོད་པའི་རྒྱ་སྨུག་འབྱིང་བསྒོལ། ཚ་གྲང་ལས་གྱུར་པའི་མོ་ནད་ལ་རྒྱ་སྤྲང་འབྱིང་བསྒོལ་སོགས་བཏང་བས་མཆོག་ཏུ་ཕན་ཚུལ་དང་དེ་དག་གི་སྦྱོར་བའི་སྨན་སྣ། གཞན་ཡང་རྨ་དང་རུས་ཆག་གི་རྩ་ལ་བརྟག་ཚུལ་རགས་བསྡུས་ཤིག་དང་བཅས་བཀོད་ཡོད།

内容提要：此书主要记述了发病部位不同却出现相同症状的疾病的对治方剂。如：肺、心病二病出现的相同症状用《后续部》中八味沉香散和八味檀香散连服的“玛夏降诺”；肝、胆二病出现的相同症状用八味主药散、九味牛黄散和八味广木香散三者连服的“朗钦降诺”；脾、胃二病出现的相同症状用九味岩精散和七味诃子散连服的“岗桑降诺”；膀胱、肾脏二病出现的相同症状用十味乳香散和十味诃子散连服的“加窦降诺”；热性和寒性妇女病用“加朗降诺”等疗效显著方药的组方。此外，还简要记述了创伤和骨折的脉诊法。

བོད་ཀྱི་གསོ་རིག་ཀུན་བཏུས་བསྟུད་སྒྲིག་མ་ལས། ཡོད་དོན་དགུ་པའི་ནང་དུ་བཞུགས།

在《〈藏医药大典〉续编（61—80）》中的位置：收载于第七十九卷

ཚན་པ་དགུ་པ། རིལ་བུ་དབྱངས་ཅན་མ།

第九篇　《妙音丸》

མཚན་བྱང་ཆ་ཚང་། གནས་མོའི་གསུང་སྐད་འབྲུག་གྲགས་མ་ཞེས་གྲགས་པའི་རིལ་བུ་དབྱངས་ཅན་མ་ཞེས་བྱ་བ་བཞུགས་སོ། །

全名：《女主雷鸣音・妙音丸》

རྩོམ་པ་པོ། མི་གསལ།

作者：不详。

མ་ཡིག ལག་བྲིས། ཡིག་གཟུགས་དབུ་མེད། ཤོག་ངོས་རེར་ཐིག་ཕྲེང་བདུན། ཐིག་ཕྲེང་རེར་ཡིག་འབྲུ་ཉེར་

༄། ཁྱིན་བསྡོམས་ཤོག་ངོས་གཉིས་བཞུགས།

母本：手写本，草书体，每页7行，每行25字，共2页。

ནང་དོན་གནད་བསྡུས། གཞུང་གི་མཚན་བྱང་དུ་གསུང་སྐད་འབྲུག་གྲགས་མ་ཞེས་བཀོད་ཡོད་ཀྱང་དོན་ལ་སྐད་བཅོས་ཀྱི་སྦྱོར་བ་ལས་གཞན་ཁ་ཐོར་ནད་རིགས་འགའི་གཉེན་པོ་སྨན་ཡང་གསུངས་ཡོད་དེ། ཐོག་མར་ལྷེ་དང་མགྲིན་པ་མི་བདེ་བ་ལ་གཉེན་པོ་སྨན་གྱི་སྦྱོར་བ་གང་དང་། རིལ་བུའི་བསྟེན་ཐབས། ཞག་གྲངས་ག་ཚོད་བསྟེན་ན་ཕན་ནུས་གང་དང་གང་ཡོད་དང་། དབྱངས་ཅན་མར་བསྒོམས་ནས་རིལ་བུ་ལ་སྔགས་གང་བཟླས་ནས་བསྟེན་ན་དབྱངས་ཅན་མའི་སྐད་ལྟར་འགྱུར་བ་སོགས་ཀྱི་མན་ངག་ཟབ་མོ་དང་། དྲང་སྲོང་མངོན་ཤེས་ཅན་གྱི་སྐད་སྨན་སེང་གེའི་འབྲུག་སྒྲའི་སྨན་གྱི་སྦྱོར་བ་དང་། སྐད་སླན་པ་དང་རིང་བར་འདོད་ན་ཁ་བསྒྱུར་སྨན་གང་བསྟན་དགོས་ཚུལ། ཀླུང་དང་བད་ཀན་རིམས་ཤས་ཆེ་བ་བཅས་ལ་སྨན་གང་བསྟན་ན་སྐད་བཟང་བར་འགྱུར་ཚུལ། དེ་ནས་སྐྲ་དཀར་མེད་པར་གཏོང་བའི་བྱུགས་སྨན། རུས་ནས་སོ་བུད་པ་ལ་སྐྱེ་འདོད་ཀྱི་བྱུག་སྨན། འགྲོ་བ་དབང་དུ་སྡུད་པའི་ཐབས། ཚད་རིགས་ཀུན་དང་། རྒྱུ་ཚད། གཉན་དང་འཐབ་པའི་ནད་རིགས་ཀུན་ལ་ཕན་པའི་སྨན། ཁྲག་ཀླུང་ནད་ལ་བདུད་རྩི་འདྲ་བའི་སྨན། གཟའ་ནད་ལ་ཕན་པའི་སྨན་དང་སྔགས། ཁྲག་ནད་རྒྱུ་གཟེར་སྲུང་ཐབས་ཀྱི་སྔགས། ཟུར་མཁར་བའི་ལུགས་ཀྱི་མཁྲིས་པ་མིག་སེར་གྱི་སྨན། ཆ་སྨན། རྨ་གསར་ཚད་གསར་སྐྲུམ་མ་མ་གཏོགས་པའི་ནད་ཀྱི་གཉེན་པོ་སྤྱི་འཇོམས་ཀྱི་གདམས་པ། ཟུར་མཁར་བའི་ཁྱད་ཆོས་ཡ་མའི་སྲུང་སྐུད། མཁལ་ནད་གསོ་བའི་སྔགས། རིམས་ནད་སྲོ་ཡི་སྲུང་ཐབས་ལོ་མ་དྲུག་སྦྱོར། བཻ་རོ་ཙ་ནའི་ལུགས་རིལ། རང་བྱུང་རྡོ་རྗེའི་ལུགས་ཀྱི་ཡ་མའི་སྤྱི་འཇོམས་སླན་ངག་དྲུག་པ། སྣ་ཁྲག་གཅོད་པའི་སྔགས་ཀྱི་མན་ངག རིམས་སྲུང་དུད་སྦྱོར། གཞན་པར་པ་ཏའི་བཅོས་ཐབས་ཐེངས་སོས་ཟླ་ཐིགས། ཉ་གས་སྐེ་སྐྲངས་སོགས་ལ་ཕན་པའི་གཉན་སྨན་རྒྱ་ནག་རྒྱལ་པོའི་སྦྱོར་བ། ཆུ་འགགས་སྨན་གཡེར་དྲུག་གི་ཆུ་འདྲེན། སྐྲན་བཅོས། འབམ་ནད་སོགས་ལ་ཕན་པའི་སྨན་གྱི་སྦྱོར་བ་ཟབ་མོ་སྣ་ཚོགས་གསུངས་ཡོད།

内容提要：此书虽称《妙音龙》，实际上除了治疗声音的方剂外还记录了一些治疗其他病的方药。书中记述了关于治疗舌和咽喉不适的对治方，丸剂的服用方法，服用疗程和功效，还认为修习妙音而对丸剂进行密咒加持后服用可获妙音的秘诀。介绍了先知仙人的声药雷鸣方、使声音悦耳悠长的“卡居尔”药的加入法，“隆”“培根”瘟偏盛时可使声音悦耳的加药方法，去白发的涂擦方，防止年老者牙齿松动的固牙涂擦方，治疗各类热证、肠热、与疠相搏各类疾病的方药，治疗血“隆”病的方药；治疗星曜病的药咒，预防血病和肠痢的密咒，治疗目黄症的宿喀派方药，鼻方，治疗除孕妇外的新发创伤和热病的通治秘诀，具有宿喀特点的预防“亚玛”病的佩绳，治疗肾病的咒语，预防瘟病的六味“洛玛”方，毗卢遮那铁丸，让琼多吉派“亚玛”病通治六味“年额”方，止鼻血的咒疗秘诀，防瘟熏剂，治疗“白巴达”疠的“唐赛达特”，治疗肌肉撕裂和脖颈肿等的瘟方中原君王方，治疗尿闭症的六味“冶”方以利尿，治疗痞瘤、“斑”病等各类方药。

བོད་ཀྱི་གསོ་རིག་ཀུན་བཏུས་བསྡུད་སྒྲིག་མ་ལས། པོད་དོན་དགུ་པའི་ནང་དུ་བཞུགས།

在《〈藏医药大典〉续编（61—80）》中的位置：收载于第七十九卷

ཚན་པ་བཅུ་པ། སྤྱི་འཇོམས་རིལ་བུ་སོགས།

第十篇 《通治丸等》

མཚན་བྱང་ཆ་ཚང་། སྤྱི་འཇོམས་རིལ་བུ་སོགས་སྨན་གྱི་ཟིན་བྲིས་བདེ་བ་མྱུར་སྟེར་བཞུགས་སོ། །

全名：《通治丸等药方笔记·安乐既得》

རྩོམ་པ་པོ། མི་གསལ།

作者：不详。

མ་ཡིག ལག་བྲིས། ཡིག་གཟུགས་དབུ་མེད། ཤོག་ངོས་རེར་ཐིག་ཕྲེང་དྲུག ཐིག་ཕྲེང་རེར་ཡིག་འབྲུ་བཅུ་

བཞི། ཁྲོན་བསྡོམས་ཤོག་ངོས་བཅུ་གཅིག་བཞུགས།

母本：手写本，草书体，每页6行，每行14字，共11页。

ནང་དོན་གནད་བསྡུས། གཞུང་འདི་ནི་དུས་ནམ་ཞིག་ལ་མཛད་པ་གསལ་པོར་མ་ངེས་ཀྱང་མཛད་པ་པོས་རང་གིས་ནད་ཐོག་ལག་ལེན་ཁྲིད་དངོས་སུ་ཉམས་སུ་མྱོང་བའི་ཟབ་གནད་ཅན་གྱི་སྦྱོར་སྡེ་དྲུག་གི་ལག་ལེན་ཉུང་བསྡུས་ཤིག་བཀོད་ཡོད་དེ། ཐོག་མར་སྔོན་ཆད་མ་གྲགས་པའི་སྦྱོར་བ་ནད་ཐམས་ཅད་འཇོམས་པའི་སྤྱི་འཇོམས་རིལ་བུ་དམར་ཆེན་གྱི་སྨན་སྣ་དང་། སྦྱོར་ཚད། སྦྱར་ཐབས། ཕན་ནུས། བསྟེན་ཐབས་སོགས་དང་། ཁོང་ནད་ཕལ་ཆེར་འཇོམས་པའི་བཙུན་མོ་ཟླ་ཤེལ་གྱི་སྨན་སྣ་དང་། སྦྱོར་ཚད། སྦྱར་ཐབས། རིལ་ཆགས། བཅངས་ཚུལ། སྦྱོར་བའི་ཕན་ཡོན་དང་། སྦྱོར་བ་འདི་གཉིས་ཀྱི་སྨན་མིང་གབ་པ་རྣམས་མཆན་གྱི་ཚུལ་དུ་བཏབ་ནས་སྨན་རྫས་གང་ཡིན་པ་གསལ་བར་བཀྲོལ་ཡོད་པ་དང་། དེ་ནས་མཁྲིས་པ་བཤལ་ལས་མི་འདའ་བའི་བདུད་རྩིའི་ཆུ་རྒྱུན་གསེར་བཤལ་གྱི་སྨན་སྣ་དང་སྦྱོར་ཚད། ཕན་ཡོན་དང་བཅས། དན་རོག་གཙོར་བྱས་པའི་སྦྱོང་སྨན་དན་རོག་འཕྲུལ་བཤལ་དང་། ཚ་ལ་གཙོར་བྱས་པའི་སྦྱོང་སྨན་ཚ་ལའི་འཕྲུལ་བཤལ་གཉིས་ཀྱི་སྨན་སྣ་དང་སྦྱོར་ཚད། སྦྱར་ཐབས། བད་ཀན་འགྲིངས་པ་ལ་མཆོག་ཏུ་ཕན་པའི་སྟར་བུ་ལྔ་བཤལ་གྱི་སྨན་སྣ་དང་སྦྱོར་ཚད། ཕན་ཡོན་དང་བཅས་བཤལ་སྨན་གྱི་སྦྱོར་བ་སོགས་རང་གི་མྱོང་བས་གྲུབ་པའི་ལག་ལེན་ཟིན་བྲིས་བདེ་བ་མྱུར་དུ་སྟེར་བ་རྣམས་ཕྱོགས་གཅིག་ཏུ་བསྡུས་ནས་བཀོད་ཡོད།

内容提要：此书简要记述了作者在临床实践过程中使用的6类重要方剂，作者和成书时间均不详。首先，对先前未有而能治疗诸病的大红药丸的组方、剂量、制法、功效和用法，治疗诸内科疾病的月晶丸的组方、剂量、制法、成丸、贮存法、功效，以及这两种方药的药物隐名以附注的形式进行了说明。其次对治疗“赤巴”病的甘露水流金泻的组方、剂量、功效，以巴豆为主的泻药巴豆奇泻散和以硼砂为主的硼砂下泻丸两种泻药的组方、剂量、制法，治疗“培根”瘀滞的五泻沙棘散的组方、剂量和功效进行了汇编。

བོད་ཀྱི་གསོ་རིག་ཀུན་བཏུས་བསྟུད་སྒྲིག་མ་ལས། པོད་དོན་དགུ་པའི་ནང་དུ་བཞུགས།

在《〈藏医药大典〉续编（61—80）》中的位置：收载于第七十九卷

ཚན་པ་བཅུ་གཅིག་པ། ནད་ཀུན་ཞི་བར་ཡིད་བཞིན་ནོར་བུ།

第十一篇　《平息诸病如意宝》

མཚན་བྱང་ཆ་ཚང་། ནད་ཀུན་ཞི་བར་ཡིད་བཞིན་ནོར་བུ་བཞུགས་སོ། །

全名：《平息诸病如意宝》

རྩོམ་པ་པོ། སུམ་པ་ཡེ་ཤེས་དཔལ་འབྱོར། སྤྱི་ལོ་༡༧༠༤ལོར་མདོ་སྨད་མཚོ་སྔོན་པོའི་གཡས་ཧུའི་ཐོ་ལིར་སྐུ་འཁྲུངས། སྤྱི་ལོ་༡༧༨༨ལོར་སྐུ་གཤེགས།

作者：松巴·益西班觉，1704年生于多麦青海湖右蓖托勒，1788年卒。

མ་ཡིག ལག་བྲིས། ཡིག་གཟུགས་དབུ་ཅན། ཤོག་ངོས་རེར་ཐིག་ཕྲེང་ལྔ། ཐིག་ཕྲེང་རེར་ཡིག་འབྲུ་ཉི་ཤུ། ཁྱོན་བསྡོམས་ཤོག་ངོས་བཅུ་བཞུགས།

母本：手写本，正楷体，每页5行，每行20字，共10页。

ནང་དོན་གནད་བསྡུས། གཞུང་འདི་ནི་ཐང་ཕྱེའི་སྡེ་ཚན་ལས་བྱུང་བའི་རྒྱུན་སྤྱོད་སྨན་གྱི་སྦྱོར་བ་འགའི་སྦྱོར་ཚད་དང་ཕན་ནུས་གཙོ་བོར་སྟོན་པའི་ཡིག་ཆུང་ཞིག་སྟེ། གཞུང་སྤྱི་ལ་ཚན་ཆུང་གཉིས་སུ་དགར་ཡོད། དེ་ལ་ཐང་སྦྱོར་གྱི་སྡེ་ལ་རིམས་ཚད་སྨིན་པར་བྱེད་པ་དང་། བད་ཀན་སྐྱ་བོ་དང་སྨུག་པོ། སྟོངས་ཚད། ཁྲག་གཟེར་ལ་ཕན་པའི་མ་ནུ་བཞི་ཐང་དང་། རིམས་འཁྲུགས་ཚ་བའི་ནད་གསར་བ་དང་སྙིང་པ་ལ་ཕན་པའི་འབྲས་བུ་གསུམ་ཐང་། གློ་ཡི་ཁྲག་ཚད་ལ་ཕན་པའི་སྤྲོ་ལོ་བཞི་ཐང་སོགས་རྒྱུན་སྤྱོད་ཐང་སྦྱོར་བཅོ་ལྔ་དང་། ཕྱེ་མའི་སྦྱོར་བ་ལ་དྲུག་དང་མ་ཞུ་སྣང་ཐབས་སོགས་མདོར་ན་སྨད་རླུང་ཀུན་ལ་ཕན་པའི་ཞི་བྱེད་དྲུག་པ། ལུས་སྟོད་སྨད་ཀྱི་རླུང་དང་ཁྱད་པར་དུ་སྨད་རླུང་ལ་ཕན་པའི་སུ་མི་དཀྱིལ་འཁོར། རླུང་མཁྲིས་བད་ཀན་ཁྲག་དང་ཆུ་སེར་

གྱི་ནད་རིགས་ཐམས་ཅད་དང་ཁྱད་པར་དུ་འགོ་བའི་ནད་ཀྱིས་མི་ཚུགས་ཤིང་བློ་རྡོ་ལ་ཆེ་རིང་བཙུད་ལེན་དུ་འགྱུར་བའི་སྣར་འཛིན་སྨན་གྱི་སྦྱོར་བ་བཅས་ཐང་ཕྱེ་ཡི་སྨན་སྦྱོར་བཅོ་བརྒྱད་ཙམ་གྱི་སྨན་སྣ་དང་སྦྱོར་ཚད། ཕན་ཡོན་བཅས་དང་། གཞན་སྔགས་དང་འབྲེལ་ནས་མིག་གི་ལིང་ཐོག་ལེན་པའི་ཆོ་ག་དང་གསེར་སྐྱེམས་ལ་མཁོ་བའི་རྫས་གང་ཡིན་དང་བཅས་བསྟན་ཡོད།

内容提要：此书记述了常用汤剂和散剂的剂量和功效。全书分2部分。汤剂部分记述了能促熟瘟热、治疗灰色和紫色“培根”病、空虚热、血刺痛的四味藏木香汤，治疗新旧疠热、紊乱热的三果汤，治疗肺血热的四味高山辣根菜汤等15种常见汤剂。散剂部分记述了治疗毒病、不消、绞痛等下体诸“隆”的六味能消散，治疗上下体之“隆”尤其下体“隆”的“苏木吉廓”，治疗“隆”“赤巴”“培根”、血病和黄水病等诸病，防治传染性疾病四味能滋补益寿的鼻吸方等3种常见散剂，共计18种汤、散方的组方、剂量和功效。此外，还记述了结合咒疗除云翳的仪轨。

བོད་ཀྱི་གསོ་རིག་ཀུན་བཏུས་བསྟུད་སྒྲིག་མ་ལས། པོད་དོན་དགུ་པའི་ནང་དུ་བཞུགས།

在《〈藏医药大典〉续编（61—80）》中的位置：收载于第七十九卷

ཚན་པ་བཅུ་གཉིས་པ། དགོས་པ་ཀུན་འབྱུང་གི་མཆན་བུ།

第十二篇 《所需皆俱附注》

མཚན་བྱང་ཆ་ཚང་། ལྷ་ལུང་མཁན་པོའི་ཕྱག་ལེན་དགོས་པ་ཀུན་འབྱུང་གི་མཆན་བུ་ཟུར་ཐོར་བསྡུས་པའོ། །

全名：《拉隆堪布实践·所需皆俱附注零星集》

རྩོམ་པ་པོ། སི་ཏུ་ཆོས་ཀྱི་འབྱུང་གནས། སྤྱི་ལོ་༡༧༠༠ལོར་མདོ་སྟོད་སྡེ་དགེ་དིང་རིང་སྒང་དུ་སྐུ་འཁྲུངས།

作者：司徒·曲吉君乃，1700年生于多堆德格当让岗。

མ་ཡིག ལག་བྲིས། ཡིག་གཟུགས་དབུ་མེད། ཤོག་ངོས་རེར་ཐིག་ཕྲེང་དྲུག ཐིག་ཕྲེང་རེར་ཡིག་འབྲུ་སོ་

དྲུག ཁྲིན་བསྒོམས་ཤོག་ངོས་བཅུ་དྲུག་བཞུགས།

母本：手写本，草书体，每页6行，每行36字，共16页。

ནང་དོན་གནད་བསྡུས། གཞུང་འདི་ནི་ལྷ་ལུང་མཁན་པོའི་ཕྱག་ལེན་མན་ངག་སྨན་སྦྱོར་འཆི་མེད་བདུད་རྩི་དགོས་པ་ཀུན་འབྱུང་གི་ལྡེ་མིག་སྟེ། སྨན་སྦྱོར་འཆི་མེད་བདུད་རྩི་དགོས་པ་ཀུན་འབྱུང་གི་སྨན་སྦྱོར་ཁྲོད་ཀྱི་རྣོན་པོ་གསུམ་ཞེས་པ་ལྟ་བུ་བརྡ་བསྡུས་དང་བསིལ་བྱེད་ལྟ་བུ་གབ་མིང་། བྱུག་པའི་གསང་སྨན་ཁུ་བ་ལྟ་བུ་གསང་སྨན། བྲག་ཁ་སྦྱོར་གྱི་སྙིང་པོ་ཞེས་པ་ལྟ་བུ་བརྡ་དོན་གོ་དཀའ་བ་རྣམས་གསལ་བར་བཀྲོལ་ཡོད་པ་མ་ཟད། སྨན་སྦྱོར་ཁག་ཅིག་གི་སྦྱོར་ཐབས་ལག་ལེན་གྱི་རིམ་པ་དང་ཐུན་མིན་གྱི་ཕྱག་ལེན། སྦྱོར་ཚད། སྨན་རྫས་ཁ་ཅིག་གི་འཁྲུལ་མེད་ཀྱི་ངོས་འཛིན། སྨན་གཅིག་ནད་རིགས་དུ་མ་ལ་གཏོང་དུས་སྐབས་ཐོབ་ནད་ཀྱི་ངོ་བོ་ལ་བརྟག་ནས་སྦྱོར་བའི་སྨན་སྣ་གང་ཞིག་གི་ཚད་བསྐྱེད་དགོས་པ་དང་གང་ཞིག་གི་ཚད་སྐྱུང་དགོས་ཚུལ། སྨན་རྫས་ཁ་ཤས་ཀྱི་དུག་འདོན་ལག་ལེན། གཞན་སྨན་གྱི་ཁ་ཆར་དང་། ནད་བཅོས་མན་ངག་ཁྱད་པར་ཅན་གྱི་སྐོར་སོགས་རང་གི་ཉམས་ཡིག་རྣམས་མཆན་བུ་དང་བཅས་ཟུར་དུ་ཐོར་བ་རྣམས་ཕྱོགས་གཅིག་ཏུ་བསྡུས་ནས་བཀོད་ཡོད།

内容提要：此书是对拉隆堪布所著《实践秘诀方·长寿宝瓶·所需皆俱》的注释。书中对方剂部分的如三锐方等的简称类，“斯协”等的隐名类，涂擦秘方液等的秘方类，“志卡觉宁布”等的难懂类进行了注解，而且还对一些方剂制作过程中的特殊操作、剂量、个别药材的鉴别，一药治多病时根据适时药材剂量的加减法，个别药材的炮制等进行了记述。此外，还对加配药材等特色秘诀以附注形式进行了记述。

བོད་ཀྱི་གསོ་རིག་ཀུན་བཏུས་བསྟུད་སྒྲིག་མ་ལས། པོད་དོན་དགུ་པའི་ནང་དུ་བཞུགས།

在《〈藏医药大典〉续编（61—80）》中的位置：收载于第七十九卷

ཚན་པ་བཅུ་གསུམ་པ། སྨན་སྦྱོར་གཅེས་བཏུས་སྙིང་ནོར།

第十三篇 《方剂精选·心宝》

མཚན་བྱང་ཆ་ཚང་། སྨན་གཞུང་ལས་ཐོར་བུར་འབྱུང་བ་སྨན་སྦྱོར་ཕྱོགས་གཅིག་ཏུ་བསྒྲིགས་པ་གཅེས་བཏུས་སྙིང་ནོར་བཞུགས་སོ། །

全名：《医书零星方剂精选汇编·心宝》

རྩོམ་པ་པོ། དགེ་སློང་བསྟན་པ་དར་རྒྱས།

作者：僧人丹巴达杰

མ་ཡིག ལག་བྲིས། ཡིག་གཟུགས་དབུ་ཅན། ཤོག་ངོས་རེར་ཐིག་ཕྲེང་ལྔ། ཐིག་ཕྲེང་རེར་ཡིག་འབྲུ་བཅོ་བརྒྱད། ཁྱོན་བསྡོམས་ཤོག་ངོས་སོ་བཞི་བཞུགས།

母本：手写本，正楷体，每页5行，每行18字，共34页。

ནང་དོན་གནད་བསྡུས། གཞུང་འདི་ནི་ཐང་ཕྱེ་གཉིས་ཀྱི་སྒོ་ལས་བྱུང་བའི་གཙོ་བོ་སྨན་སྦྱོར་གྱི་ཕན་ནུས་དང་སྦྱོར་ཚད་སྟོན་པ་ཞིག་སྟེ། གཞུང་སྤྱི་ལ་ཚན་ཆུང་གཉིས་དགར་ཡོད། གཞུང་གི་བརྗོད་དོན་རྣམས་ནི་རྒྱུད་བཞི་དང་། མན་ངག་ལྷན་ཐབས། མན་ངག་རིན་ཆེན་འབྱུང་གནས་སོགས་བསྟན་བཅོས་ཁུངས་བཙུན་དག་ལས་ནད་གསོ་བའི་གཉེན་པོ་ལ་ཉེ་བར་མཁོ་བའི་ཉིང་བཅུད་ཀྱི་སྨན་སྦྱོར་ཁོལ་དུ་ཕྱུངས་པ་ལ། དང་པོ་ཐང་གི་སྦྱོར་བར་འབྲས་བུ་སུམ་ཐང་དང་། དམར་པོ་སུམ་ཐང་། ནོར་བུ་བདུན་ཐང་སོགས་རྒྱུག་ཆེ་བའི་སྐོར་དང་། དམར་ཆེན་དྲག་ཐང་། དྲག་པོ་བདུན་ཐང་། ཁྲབ་བྱེད་རླུང་ཐང་སོགས་མཐོང་བ་དཀོན་པའི་སྐོར་ཏེ་བསྡོམས་པས་ཐང་གི་སྨན་སྦྱོར་སུམ་ཅུ་སོ་གསུམ་དང་། གཉིས་པ་ཕྱེ་མའི་སྦྱོར་བར་དྭགས་པོའི་སྨན་ནག་དང་། སྟོད་ལུགས་སྤང་རྩི་བཅུ་གཉིས། གསོ་བྱེད་ཉི་མའི་དཀྱིལ་འཁོར་སོགས་སྨན་སྦྱོར་རྒྱུག་ཆེ་བའི་སྐོར་

དང་། འཇུ་བྱེད་ཉི་མ། སྤལ་རྒྱབ་ལྔ་པ། བཙན་དུག་བརྒྱད་པ་ལུགས་གཉིས། ཁྲག་གཅོད་བཞི་བ་ལུགས་གཉིས་སོགས་མཐོང་བ་དཀོན་པའི་སྐོར་ཏེ་བསྡོམས་པས་ཕྱེ་མའི་སྦྱོར་བ་སུམ་ཅུ་ལྷག་གུད་དུ་ཕྱུང་ནས་དེ་དག་གི་སྦྱོར་བའི་སྨན་སྣ་དང་། སྦྱར་ཚད། ཕན་ཡོན་བཅས་འཁོད་ཡོད་པ་མ་ཟད། རྩོམ་པ་པོས་དངོས་སུ་ལག་ལེན་མྱོང་བས་གྲུབ་པ་ལས་ཐོན་པའི་སྨན་སྦྱོར་འགའ་ཡང་ཡོངས་སུ་བསྲེས་ཏེ་ཕྱོགས་གཅིག་ཏུ་བསྒྲིགས་ནས་བཀོད་ཡོད།

内容提要：此书记述了汤散剂方的功效和剂量。全书分2个部分，作者参考《四部医典》《秘诀补遗》《秘诀宝源》等权威典籍，从中收集经典汤散剂方。第一汤剂方，有三果汤、三红汤、七珍汤等常用汤剂和“玛钦扎”汤、七味“扎布”汤和遍行“隆”汤等稀有汤剂共33种。第二散剂方，有塔布黑药散、强派十二味翼首散、日轮散等常用散剂和“居协尼玛”、五味赭石散、两种二味“榜那”散、两种四味止血散等稀有散剂共30余种。全书对共计63种汤散剂的组方、剂量和功效进行了记述。

བོད་ཀྱི་གསོ་རིག་ཀུན་བཏུས་བསྟུད་སྒྲིག་མ་ལས། པོད་དོན་དགུ་པའི་ནང་དུ་བཞུགས།

在《〈藏医药大典〉续编（61—80）》中的位置：收载于第七十九卷

ཚན་པ་བཅུ་བཞི་པ། ནད་རྣམས་འཇོམས་པའི་གཉེན་པོ།

第十四篇　《诸病对治法》

མཚན་བྱང་ཆ་ཚང་། ནད་རྣམས་འཇོམས་པའི་གཉེན་པོ་མན་ངག་ཟབ་གནད་བསྡུ་བ་བདུད་རྩིའི་བུམ་བཟང་བཞུགས་སོ། །

全名：《诸病对治法秘诀汇集·甘露宝瓶》

རྩོམ་པ་པོ། མི་གསལ།

作者：不详。

མ་ཡིག ལག་བྲིས། ཡིག་གཟུགས་དབུ་མེད། ཤོག་ངོས་རེར་ཐིག་ཕྲེང་བརྒྱད། ཐིག་ཕྲེང་རེར་ཡིག་འབྲུ་ཉེར་དགུ། ཁྱོན་བསྡོམས་ཤོག་ངོས་ང་བཞི་བཞུགས།

母本：手写本，草书体，每页8行，每行29字，共54页。

ནང་དོན་གནད་བསྡུས། གཞུང་འདི་ནི་གཙོ་བོ་ཕྱི་མའི་སྦྱོར་བ་བསྟན་པའི་གཞུང་ཞིག་སྟེ། སྙིང་རླུང་སྨྱོ་འབོག་ནད་ལ་ཕན་པའི་འབྲོང་རྩེ་ཆོས་རྗེ་ལུགས་ཀྱི་ཨ་གར་བརྒྱད་པ། སྙིང་གཟེར་སོགས་ལ་ཕན་པའི་འབྲི་གུང་ལུགས་ཀྱི་ཨ་གར་བརྒྱད་པ་ཞེས་སྦྱོར་བ་མི་འདྲ་བ་ལུགས་གཉིས། སྙིང་རླུང་ལ་བདུད་རྩི་ལྔ་བུའི་ཨ་གར་བཅོ་ལྔ། རླུང་དང་ལྡན་པའི་སྙིང་ནད་མཐའ་དག་སེལ་བའི་སྟོད་ལུགས་ཨ་གར་བཅོ་ལྔ། ཁྲག་དང་རླུང་འཐབ་པའི་སྙིང་ནད་མཐའ་དག་སེལ་བའི་སྨད་ལུགས་ཀྱི་ཨ་གར་བཅོ་ལྔ་ཞེས་སྦྱོར་བ་མི་འདྲ་བ་ལུགས་གསུམ། ཁྲག་རླུང་གཟེར་བ་འཕྲུལ་དུ་གཞོམ་པའི་བྲང་ཧྲིའི་ལུགས་ཀྱི་གོ་བྱི་གཉིས་སྦྱོར། ཁྲག་མཁྲིས་ཕོ་བའི་ནད་དང་མཆིན་པའི་ནད་ལ་གཏར་དགོས་པ་དང་གཏར་མི་ཐུབ་པ་སོགས་ལ་ཕན་པའི་ཆ་ལོ་སྨན་མར་དང་། བད་ཁྲག་སྟོད་གཟེར་སོགས་ཀྱིས་མདུན་རྒྱབ་གཉིས་ཀ་གཟེར་བ་ལ་མཆོག་ཏུ་ཕན་པའི་ཆ་ལོ་སྨན་མར། ཁྲག་ནད་ཀུན་སེལ་བའི་ཆ་ལོ་སྨན་མར་ཞེས་སྦྱོར་བ་མི་འདྲ་བ་ལུགས་གསུམ། བད་མཁྲིས་འདུས་པའི་ནད་དང་བད་ཁྲག་འདུས་པའི་ནད་སེལ་བའི་ཙན་དན་བཅོ་བརྒྱད་ཀྱི་སྦྱོར་བ་མི་འདྲ་བ་ལུགས་གཉིས། ཁྲག་ནད་ཀུན་དང་མགོ་བོའི་སྲིན་ནད་རྩ་དཀར་ནད་སོགས་ལ་ཕན་པའི་ཉེར་ལྔའི་སྨན་སྦྱོར་བཅུ་བཞི་སོགས་སྙིང་ནད་དང་། གློ་ནད། མཁལ་ནད། གཟེར་ནད། ཁྲག་ནད། སོ་ནད། རྐང་འབམ་ནད། ཡ་མའི་ནད་སོགས་ནད་རིགས་བརྒྱ་དང་ལྔ་བཅུ་ལྷག་ལ་ཕན་པའི་སྨན་གྱི་སྦྱོར་བ་བརྒྱ་དང་སུམ་ཅུ་སོ་གསུམ་ཙམ་གསུང་དུ་ཕྱུང་སྟེ་དེ་དག་གི་སྦྱོར་བའི་སྨན་སྣ་དང་སྦྱར་ཚད། ཕན་ཡོན། སྨན་གྱི་གབ་མིང་། ནད་བབས་དང་བསྟུན་ནས་ཁ་བསྒྱུར་སྨན་གང་བསྣན་དགོས་པའི་ལག་ལེན། སྦྱོར་བ་ཁ་ཅིག་གི་དུག་འདོན་ལག་ལེན་དང་སྦྱར་ཐབས་སོགས་གསུངས་ཡོད།

内容提要：此书记录了治疗心“隆”疯癫的仲泽八味沉香散和治疗心绞痛的直贡八味沉香散，治疗心“隆”的十五味沉香散，治疗各类兼“隆”心脏疾病的强派十五味沉香散，治疗各类血“隆”相搏心脏疾病的宿喀派十五味沉香散。还记录了止血“隆”疼痛的昌迪派二味马钱子散，治疗血“赤”胃病和肝病的“噶洛”药油丸，治疗“培”血引发上体前后疼痛的“噶洛”药油丸，治疗诸血病的“噶洛”药油丸，治疗“培赤”聚合病和“培”血聚合病的两种十八味檀香散，治疗诸血病、头“蛀”病和白脉病等的14种二十五味方，治疗心病、肺病、肾病、疼痛、血病、妇科病、“冈斑”和“亚玛”病等150余种疾病133种方剂的组方、剂量、功效、药材隐名、根据病情加药的实践，个别方剂的去毒实践和制法等进行了记述。

བོད་ཀྱི་གསོ་རིག་ཀུན་བཏུས་བསྟུད་སྒྲིག་མ་ལས། པོད་དོན་དགུ་པའི་ནང་དུ་བཞུགས།

在《〈藏医药大典〉续编（61—80）》中的位置：收载于第七十九卷

ཚན་པ་བཅོ་ལྔ་པ། འཇུ་མི་ཕམ་གྱི་སྨན་སྦྱོར།

第十五篇　《居米旁方剂》

མཚན་བྱང་ཆ་ཚང་། འཇུ་མི་ཕམ་གྱི་སྨན་སྦྱོར་ཟིན་བྲིས་བཞུགས་སོ། །

全名：《居米旁方剂笔记》

རྩོམ་པ་པོ། འཇུ་མི་ཕམ་འཇམ་དབྱངས་རྣམ་རྒྱལ་རྒྱ་མཚོ། སྤྱི་ལོ་༡༨༤༦ལོར་མདོ་སྟོད་སྡེ་དགེའི་མངའ་ཁུལ་ཟླ་ཆུའི་ཉེ་འགྲམ་ཡ་ཆུའི་དིང་ཆུང་དུ་སྐུ་འཁྲུངས་ཤིང་། སྤྱི་ལོ་༡༩༡༢ལོར་སྐུ་གཤེགས།

作者：居·米旁·嘉木央南杰嘉措，1846年生于多堆德格境内澜沧江畔亚曲东琼，1912年卒。

མ་ཡིག ལག་བྲིས། ཡིག་གཟུགས་དབུ་མེད། ཤོག་ངོས་རེར་ཐིག་ཕྲེང་དྲུག ཐིག་ཕྲེང་རེར་ཡིག་འབྲུ་བཅུ་དྲུག ཁྱོན་བསྡོམས་ཤོག་ངོས་བཅུ་བཞུགས།

母本：手写本，草书体，每页6行，每行16字，共10页。

ནང་དོན་གནད་བསྡུས། གཞུང་འདི་ནི་འཇུ་མི་ཕམ་རྣམ་རྒྱལ་རྒྱ་མཚོས་རྒྱུན་གྱི་འཚོ་བའི་ཁྲོད་འཕྲད་པའི་མན་ངག་ཐན་ཐུན་རྣམས་ཟིན་བྲིས་སུ་བཀོད་པའི་ཡིག་ཆུང་ཞིག་སྟེ། ཚད་པ་ཀུན་ལ་བསྟགས་པའི་གཙོ་བོ་བརྒྱད་པ་དང་། ཁྲག་ནད་གསར་རྙིང་ལ་ཕན་པའི་འབྲུགས་ཁྲག་ཀུན་སེལ། གློ་མང་འགོགས་དཀའ་སེལ་བའི་སྟར་བུ་པཉྩ། གློ་ནད་དང་ཆམ་གཞུག་ཀུན་ལ་མཆོག་ཏུ་ཕན་པའི་འབྲུགས་གློ་ཀུན་སེལ། གློ་འབྲུགས་ཚད་པའི་རིགས་དང་དུག་རིགས་ཀུན་ལ་ཕན་པའི་སེར་མོ་ཉེར་ལྔ། ཨོ་རྒྱན་པའི་ལུགས་ཀྱི་ནད་བརྒྱ་སྨན་གཅིག་བཅས་གཉེན་པོ་སྨན་གྱི་སྦྱོར་བ་དྲུག་གི་སྨན་སྣ་དང་ཕན་ནུས། གཞན་སྨན་དང་སྔགས་ཀྱི་སྒོ་ནས་གྲེ་ཆམ་རིམས་ཆམ་བཅོས་པའི་ཆོ་ག ནུ་སྐྲངས་བཅོས་པའི་མན་ངག ད྄་བའི་ངོས་འཛིན་དང་དེའི་ཆིག་ཐང་གི་ཕན་ནུས། ག་བུར་དཀར་སྔོན་ནག་གསུམ་དང་ཚ་འབྲུ་སེལ་བའི་སྨན་གསུམ། ཏིག་ཏ་གསུམ་བཅས་བརྡ་བསྡུས་སྨན་གྱི་ངོས་འཛིན། གངས་ཤམ་པ་དང་གདུགས་དཀར་འཁོར་ལོ་ལྟ་བུའི་སྨན་གྱི་གབ་མིང་འགའི་ངོས་འཛིན། མཁྲིས་པ་གསར་པ་ལ་མཆོག་ཏུ་ཕན་པའི་སྨན་གང་ཡིན། རྒྱ་ཚྭ་བཟོ་ཚུལ་གྱི་ལག་ལེན་སྟབས་བདེ་བཅས་རང་གིས་དངོས་སུ་ཉམས་སུ་མྱོང་བའི་ལག་ལེན་མན་ངག་ཐན་ཐུན་རྣམས་གསུངས་ཡོད།

内容提要：此书以笔记的形式记录了居・米旁・嘉木央南杰嘉措在日常医疗实践中总结的一些医疗秘诀。其中记录了治疗诸热病的八味主药散，治疗新旧血病的血骚普清散，化痰药物五味沙棘散，治疗肺病和后期感冒的清肺止咳散，肺紊乱热病类和毒病类的二十五味色莫丸，邬金派百病一药等6种对治方的组方和功效。此外还记录了以药物和咒语治疗咽感冒和瘟感冒的仪轨，治疗乳房肿的秘诀，“达哇”的鉴别和独味汤的功效，白、蓝、黑三种冰片和治疗热泻的三种药，三种“蒂达”等简称的认识，如“冈贤巴”和“白轮伞”的隐名的认识，治疗新发“赤巴”病的药物，硇砂的简易制法等方面作者自身的实践经验。

བོད་ཀྱི་གསོ་རིག་ཀུན་བཏུས་བསྟུད་སྒྲིག་མ་ལས། པོད་དོན་དགུ་པའི་ནང་དུ་བཞུགས།

在《〈藏医药大典〉续编（61—80）》中的位置：收载于第七十九卷

ཚན་པ་བཅུ་དྲུག་པ། སྨན་སྦྱོར་གྱི་བྲལ་ཁ་འཐོར་སྣ་ཚོགས།

第十六篇 《各类零星方剂》

མཚན་བྱང་ཆ་ཚང་། འདིའི་ནང་ན་སྨན་སྦྱོར་གྱི་བྲལ་ཁ་འཐོར་སྣ་ཚོགས་པ་ཅི་རིགས་བཞུགས་ལགས།

全名：《各类零星方剂汇集》

རྩོམ་པ་པོ། མི་གསལ།

作者：不详。

མ་ཡིག ལག་བྲིས། ཡིག་གཟུགས་དབུ་མེད། ཤོག་ངོས་རེར་ཐིག་ཕྲེང་ལྔ། ཐིག་ཕྲེང་རེར་ཡིག་འབྲུ་ཉི་ཤུ། ཁྱོན་བསྡོམས་ཤོག་ངོས་བཅོ་བརྒྱད་བཞུགས།

母本：手写本，草书体，每页5行，每行20字，共18页。

ནང་དོན་གནད་བསྡུས། གཞུང་འདི་ནི་ཁ་འཐོར་གྱི་སྨན་སྦྱོར་འགའི་སྦྱོར་སྡེ་དང་ཕན་ནུས་བསྟན་པའི་ཡིག་ཆུང་ཞིག་སྟེ། གློ་ནད་སོགས་ལ་ཕན་པའི་སྤྲང་རྩི་བཅུ་གཉིས་དང་འདྲེན་བྱེད་དཀར་པོ། ཚམ་ཚད་སོགས་ལ་ཕན་པའི་གཙོ་བོ་བརྒྱད་པ། གློ་རྣག་སོགས་ལ་ཕན་པའི་ཙན་དན་བརྒྱད་པ་རིགས་གཉིས། མཁྲིས་པའི་ནད་རིགས་ལ་ཕན་པའི་སྨན་ནག་ལྡེ་བ་བཅོ་བརྒྱད། གྲང་བའི་ནད་རིགས་ལ་ཕན་པའི་ཨ་རུ་བཅུ་པ། ཕོ་བ་སྨུག་པོ་སོགས་ལ་ཕན་པའི་གསེར་མདོག་ལྔ་པ། སྙིང་གི་ནད་རིགས་ལ་ཕན་པའི་ཨ་དཀར་བརྒྱད་པ། རྒྱ་ལ་སྐམ་འདེབས་ཀྱི་སྦྱོར་བ། རུས་པ་ཆག་པ་དང་མགོ་བོ་འཁྱོམས་པ་སོགས་ལ་ཕན་པའི་རྗེ་སྨན་གྱི་སྦྱོར་བ། བད་ཀན་ནད་རིགས་ལ་ཕན་པའི་ བླ་ཤེལ་མྱུ་གུ། ཕོ་བའི་མེ་དྲོད་གསོ་བའི་སེ་འབྲུ་ལྔ་པ། མ་ཞུ་གསར་རྙིང་སོགས་ལ་ཕན་པའི་ཞི་བྱེད་དྲུག་པ། ཆུ་སེར་མཁལ་རྐེད་ན་བ་སོགས་གྲང་བའི་ནད་ཀུན་ལ་ཕན་པའི་གསོ་བྱེད་ཉི་མའི་དཀྱིལ་འཁོར་བཅས་སྨན་སྦྱོར་བཅོ་ལྔའི་སྦྱོར་སྡེའི་སྨན་སྣ་རེ་རེ་གང་ཡིན་དང་། སྦྱར་ཐབས། ནད་ཀྱི་ངོ་བོ་

དང་སྦྱར་བའི་སྨན་རྟ། བསྙེན་ཚུལ། ཕན་ནུས་སོགས་ཀྱི་ལག་ལེན་གྱི་རིམ་པ་རྣམས་གསུངས་ཡོད།

内容提要：此书记录了零星方剂及其功效。书中有治疗肺病等的十二味翼首散和“占协嘎布”，治疗感冒发热的八味主药散，治疗肺脓等的两种八味檀香散，治疗“赤巴”类疾病的十八味“曼那迪瓦”，治疗寒性疾病的十味诃子散，治疗“普瓦木布”的五味金色丸，治疗心脏疾病的八味沉香散，治疗创伤的干粉剂，治疗骨折和头晕等的矿物类方剂，治疗“培根”类疾病的月晶禾苗，养胃火的五味石榴散，治疗新旧不消的六味能消散，治疗尿涩、肾腰疼痛等寒性疾病的日轮散等15种方剂的组方、制法、根据疾病性质所用引药、用法、功效等。

བོད་ཀྱི་གསོ་རིག་ཀུན་བཏུས་བསྟུད་སྒྲིག་མ་ལས། པོད་དོན་དགུ་པའི་ནང་དུ་བཞུགས།

在《〈藏医药大典〉续编（61—80）》中的位置：收载于第七十九卷

ཚན་པ་བཅུ་བདུན་པ། སྨན་གྱི་སྦྱོར་བ་ཉེར་མཁོ་འདུས་པ།

第十七篇 《常用方剂汇编》

མཚན་བྱང་ཆ་ཚང་། སྨན་གྱི་སྦྱོར་བ་ཉེར་མཁོ་འདུས་པ་ཞེས་བྱ་བ་བཞུགས་སོ། །

全名：《常用方剂汇编》

རྩོམ་པ་པོ། མི་གསལ།

作者：不详。

མ་ཡིག ལག་བྲིས། ཡིག་གཟུགས་དབུ་ཅན། ཤོག་ངོས་རེར་ཐིག་ཕྲེང་བདུན། ཐིག་ཕྲེང་རེར་ཡིག་འབྲུ་བཞི་བཅུ། ཁྱོན་བསྡོམས་ཤོག་ངོས་ཞེ་དྲུག་བཞུགས།

母本：手写本，正楷体，每页7行，每行40字，共46页。

ནང་དོན་གནད་བསྡུས། གཞུང་འདི་ནི་མན་ངག་བྱེ་བ་རིང་བསྲེལ་སོགས་སྣ་གཞུང་ཚད་ལྡན་དག་ལས་མན་

ངག་སྦྱོང་བྱང་གི་སྦྱོར་བ་རྣམས་ཁོལ་དུ་ཕྱུངས་པ་ཞིག་སྟེ། ཐོག་མར་ཁྱུང་ལྔ་དཀར་ནག་ལྗང་སེར་དམར་དང་སྨན་ནག་ཆེན་མོ་སོགས་ཚ་བ་གཉན་རིམས་ལ་ཕན་པའི་སྨན་སྦྱོར། ཅོང་ཞི་དྲུག་པ་དང་། སེ་འབྲུ་བཞི་བརྒྱད། ཀ་ལོ་སྨན་དམར། སུག་སྨེལ་བཅུ་བ་སོགས་ཕོ་བའི་ནད་དང་མཁལ་ནད་སོགས་ལ་ཕན་པའི་སྨན་སྦྱོར། གསལ་བྱེད་རྒྱལ་པོ་སྤོས་རེངས་ཆུང་བ་སོགས་མིག་ནད་ལ་ཕན་པའི་སྨན་སྦྱོར། སྤང་རྒྱན་བཅོ་ལྔ་སོགས་ཆམ་ནད་དང་། མཚལ་དཀར་བཅུ་བཞི་སོགས་མོ་ནད། གོ་སྙོད་བརྒྱད་པ་སོགས་རླུང་ནད་སྐྱ་ཐབ། དེ་བཞིན་རྣ་བ་འོན་པ་དང་། སོ་ནད། སྐད་འགགས། རྨ་ནད། རིག་དུག གག་ལྷོག་རྒྱུ་གཟེར། མཁལ་མའི་ནད། བཙུད་ལེན་དང་ས་བོན་འཛག་པ། གླང་ཐབས་དང་སྐྲན་ནད། མགོ་ནད། སྟོད་འཚངས་ནད། གཟེར་ཐུང་། ནུ་སྐྲངས་ནད། བསེ་དུག དྲེག་ནད། བྱིས་ནད། རིམས་ནད་སོགས་ནད་རིགས་སྣ་ཚོགས་བཅོས་པའི་གཉེན་པོ་སྨན་གྱི་སྦྱོར་བ་བསྡོམས་པས་བརྒྱ་དང་དགུ་བཅུ་ལྷག་གི་སྦྱོར་བའི་སྨན་སྣ་རེ་རེ་དང་། སྦྱོར་ཚད། བསྟེན་ཐབས། ཕན་ནུས་བཅས་གསལ་བར་བསྟན་ཡོད།

内容提要：此书收录的是《秘诀千万舍利》等早期经典文献中的秘诀实践方剂。其中有白、黑、青、黄、红五种五味鹏和大黑药丸等治疗疠瘟热的方剂，六味寒水石散、八味和四味石榴散、“噶洛”药油丸、十味豆蔻散等治疗胃病和肾病的方剂，明目小熏香剂等治疗眼病的方剂，十五味龙胆花散等治疗感冒的方剂、十四味密陀僧等治疗妇科疾病的方剂，八味葛缕子散等治疗“隆”性灰色浮肿的方剂，治疗耳聋、牙病、喑哑、创伤、触毒、白喉、炭疽、痢疾、肾病、遗精、绞痛病、痞瘤、头病、上壅、急痛疠、乳房肿、“塞斗”、痛风、小儿病、瘟病等各类疾病的方剂共90余种及对其组方、剂量、用法和功效等进行的说明。

བོད་ཀྱི་གསོ་རིག་ཀུན་བཏུས་བསྟུད་སྒྲིག་མ་ལས། པོད་དོན་དགུ་པའི་ནང་དུ་བཞུགས།

在《〈藏医药大典〉续编（61—80）》中的位置：收载于第七十九卷

ཚན་པ་བཅོ་བརྒྱད་པ། སྨན་སྦྱོར་ཐོར་བུ་འགའ།

第十八篇 《个别零星方》

མཚན་བྱང་ཆ་ཚང་། སྨན་སྦྱོར་ཐོར་བུ་འགའ་བཞུགས་སོ། །

全名：《个别零星方》

རྩོམ་པ་པོ། མི་གསལ།

作者：不详。

མ་ཡིག ལག་བྲིས། ཡིག་གཟུགས་དབུ་ཅན། ཤོག་ངོས་རེར་ཐིག་ཕྲེང་ལྔ། ཐིག་ཕྲེང་རེར་ཡིག་འབྲུ་བཅུ་དགུ། ཁྱོན་བསྡོམས་ཤོག་ངོས་བཅུ་དྲུག་བཞུགས།

母本：手写本，正楷体，每页5行，每行19字，共16页。

ནང་དོན་གནད་བསྡུས། གཞུང་འདི་ནི་སྨན་གྱི་སྦྱོར་བ་ཟབ་མོ་ཐོར་བུ་རྣམས་ཕྱོགས་གཅིག་ཏུ་བསྡུས་པ་ཞིག་སྟེ། དེ་ལ་ཐོག་མར་གཉན་གྱི་རིགས་དང་སྐྲངས་པ་ཀུན་ལ་ཕན་པའི་བྱུག་སྨན་རེག་པ་བདེ་བྱེད་དང་། ཡ་མའི་རྐྱེན་ལས་བྱུང་བའི་མིག་ནད་ལ་ཕན་པའི་བཙོད་བཞི་པ། ཚ་འབྲུ་གྲང་འབྲུ་གཉིས་ཀ་གཙོད་པའི་འབྲུ་གཙོད་བཞི་པ། གཟེར་རིགས་ཀུན་ལ་ཕན་པའི་དམར་ཐང་དྲུག་པོ། སྐྱོ་རྣག་གསར་རྙིང་ལ་ཕན་པའི་ཞ་སྐྱོ་བདུན་པ། མགུལ་ནད་ལ་ཕན་པའི་ཚར་བོང་བརྒྱད་ཐང་། མོ་ནད་ཁྲག་སྐྲན་སོགས་ལ་ཕན་པའི་ཡ་བཀྲ་བདུན་པ། མཁལ་ནད་གཟེར་བ་དང་རྐྱ་ལོང་ཚད་པ་ལ་ཕན་པའི་ཨ་རུ་བཞི་ཐང་། ཐིག་ལེ་འཛག་པ་ལ་ཕན་པའི་ལྷུམ་པ་དྲུག་ཐང་། ཁྲག་རླུང་གཉེན་རྒྱུའི་ནད་ཀུན་ལ་ཕན་པའི་ཨ་གར་ཉེར་བཞི། གཉན་ཚད་གཟེར་ཐུང་འཇོམས་པའི་ཐང་ཆེན་བརྒྱད་པ། གཅིན་འགགས་སེལ་བའི་གཟེ་མ་དྲུག་ཐང་། གག་ལྷོག་ནད་ལ་ཕན་པའི་ཡུང་བ་གསེར་བྱས་པའི་སྦྱོར་བ། སོ་ནད་ལ་ཕན་པའི་སྦྱོར་བ། བྱིས་པའི་ནད་ལ་ཕན་པའི་སྦྱོར་བ། རྒྱ་མའི་

ཚ་གྲང་ནད་རིགས་ཀུན་ལ་ཕན་པའི་འབྲུག་ཏུས་ལྡེ་པ། ཡོང་རླུང་ལ་ཕན་པའི་སེ་འབྲུ་བཅུ་གསུམ་དང་དེའི་ཁ་བསྐྱར་སྨན། རྨ་ལ་ཕན་པའི་སྦྱོར་བ། རྩ་དཀར་དང་གཟའ་ནད་སྲིན་ནད་སོགས་ལ་ཕན་པའི་སྦྱོར་བ། ལྕེ་ནད་དང་རྨ་ནད་ལ་ཕན་པའི་སྦྱོར་བ། གློ་ནད་ཚ་གྲང་ཁྱད་མེད་སེལ་བའི་གློ་ནད་ཀུན་སེལ། མཁལ་མའི་ནད་དང་ཁྱད་པར་རྩ་དཀར་ནད་ལ་མཆོག་ཏུ་ཕན་པའི་སྦྱོར་བ། བུད་མེད་བུ་བཙས་རྗེས་ལ་ཤ་མ་མ་ཐོན་པ་བཙོས་པའི་སྦྱོར་བ། མཁལ་གཙོང་སོགས་མཁལ་མའི་ནད་རིགས་ལ་ཕན་པའི་སྨན་སྦྱོར། གག་པ་དང་ལྷོག་པ་ལ་ཕན་པའི་སྦྱོར་བ། རུས་ཆག་གསོ་བའི་སྦྱོར་བ་བཅས་གཉེན་པོ་སྨན་གྱི་སྦྱོར་བ་སོ་བཞི་ཙམ་གྱི་སྦྱོར་བའི་སྨན་སྣ་རེ་རེ་དང་། སྦྱོར་ཐབས། སྨན་རྟ། ཕན་ནུས། ཁ་ཤས་ལ་སྦྱོར་ཚད་དང་བཅས་པ་གསུངས་ཡོད།

内容提要：此书是对零星方进行的汇编。书中记述了治疗疠病类和肿症的涂擦方“若巴德协”，治疗由“亚玛”所引发眼疾的四味茜草散，止寒、热泻的四味止泻方，止痛的“玛汤札布”，治疗新旧肺脓的七味狐肺散，治疗颈病的八味沙蒿汤，治疗妇女血瘤的七味芒硝散，治疗腰肾疼痛和肠热的四味诃子汤，治疗遗精的六味“柬巴”汤，治疗诸血隆上行病的二十四味沉香散，治疗急痛疠的八味大汤，治疗尿闭的六味蒺藜汤，治疗白喉、炭疽的以姜黄为主的方剂，治疗牙病的方剂，治疗小儿疾病的方剂，治疗寒热肠病的五味龙骨汤，治疗大肠“隆”病的十三味石榴散及其加味方，治疗创伤、白脉病、星曜病、“蛀”虫病、舌病等的方剂，治疗寒热肺病的肺病普清散，治疗肾病的方剂，娩出胎盘的方剂，治疗肾痼疾等各类肾病的方剂，促使骨折愈合的方剂等34种方药的组方、制法、引药、功效，个别方的剂量等。

བོད་ཀྱི་གསོ་རིག་ཀུན་བཏུས་བསྟུད་སྒྲིག་མ་ལས། ཕོད་དོན་དགུ་པའི་ནང་དུ་བཞུགས།

在《〈藏医药大典〉续编（61—80）》中的位置：收载于第七十九卷

ཆ་པ་བཅུ་དགུ་པ། སྨན་སྦྱོར་སྣ་ཚོགས།

第十九篇 《各类方剂集》

མཚན་བྱང་ཆ་ཚང་། སྨན་སྦྱོར་སྣ་ཚོགས་ཀུན་ཕན་ནོར་བུ་བཞུགས་སོ། །

全名：《各类方剂集·利众宝》

རྩོམ་པ་པོ། མི་གསལ།

作者：不详。

མ་ཡིག ལག་བྲིས། ཡིག་གཟུགས་དབུ་ཅན། ཤོག་ངོས་རེར་ཐིག་ཕྲེང་བདུན། ཐིག་ཕྲེང་རེར་ཡིག་འབྲུ་ཉི་ཤུ། ཁྱོན་བསྡོམས་ཤོག་ངོས་སུམ་ཅུ་བཞུགས།

母本：手写本，正楷体，每页7行，每行20字，共30页。

ནང་དོན་གནད་བསྡུས། གཞུང་འདི་ནི་གཉེན་པོ་ཐང་ཕྱེ་གཉིས་ལས་བྱུང་བའི་སྨན་གྱི་སྦྱོར་བ་སྣ་ཚོགས་བསྟན་པ་ཞིག་ཡིན། ཐང་གི་སྦྱོར་བ་ལ་གཙོ་བོ་རིམས་འབྲུགས་ཀྱི་ཚ་བ་གསར་རྙིང་མ་ལུས་སེལ་ཞིང་སྨིན་པར་བྱེད་པའི་འབྲས་བུ་སུམ་ཐང་། སྨིན་སྡུད་གསོད་གསུམ་ཚང་བའི་ནོར་བུ་ཆུ་དྭངས། འདུ་བ་ཚ་གྲང་སྙོམས་པར་བྱེད་པའི་ཐང་ཆེན་ཉེར་ལྔ། ཚ་བ་ཀུན་སྨིན་སྡུད་བྱེད་པའི་ཐང་ཆེན་བཅུ་པ། གློ་ཡི་ཁྲག་ཚད་དང་གཟེར་བ་དང་ལུད་པ་སེལ་བའི་སྲོ་ལོ་བཞི་ཐང་། དྲེག་གྲུམ་འབམ་ནད་ཀུན་ལ་ཕན་པའི་སྐྱུ་རུ་བདུན་ཐང་། ལྷང་པའི་ནད་སེལ་བའི་ཆུ་འགགས་བཞི་ཐང་། གྲང་བའི་ནད་རྣམས་སེལ་བའི་སེ་འབྲུ་དགུ་ཐང་། མགོ་ནད་སེལ་བའི་སུ་མི་བཞི་ཐང་སོགས་ཐང་གི་སྦྱོར་བ་སུམ་ཅུ་སོ་གཅིག་དང་། ཕྱེ་མའི་སྦྱོར་བ་ལ་ཁ་ནད་དང་། འབམ་ནད། སོ་ནད་སོགས་ནད་རིགས་བདུན་ཅུ་ལྷག་གི་གཉེན་པོ་སྨན་སྦྱོར་དྲུག་ཅུ་དང་། ཟླ་མཚན་དཀར་པོ་དང་དམར་པོ་གཉིས་དུས་ངེས་མེད་དུ་འཛག་པ་གཅོད་པའི་སེང་ཕྲོམ་ཉིས་ཐང་། སོ་ནད་ཀུན་ལ་ཕན་པའི་རྩ་བ

བཅུ་བདུན། རྨ་ནད་གང་ཡིན་ཟུག་གཟེར་འཕྲོལ་དུ་གཅོག་པའི་ཤིང་ཚ་ལྔ་ཐང་། རྨ་འཐོར་སྐྱི་དང་ཁྱད་པར་རྨ་གྲང་ལ་ཕན་པའི་སླང་དྲེག་བརྒྱད་པ། ཆུ་སེར་དང་ཟ་རྐོང་ནད་ལ་ཕན་པའི་བྱུགས་སྨན་རྫས་ནག་སོགས་ཕྱེ་མའི་སྦྱོར་བ་དྲུག་ཅུ་རེ་གཅིག་སྟེ་ཐང་ཕྱེ་བསྡོམས་པས་གཉེན་པོ་སྨན་གྱི་སྦྱོར་བ་དགུ་བཅུ་གོ་གཉིས་ཙམ་གྱི་སྦྱོར་བའི་སྨན་སྣ་རེ་རེ་དང་། སྦྱོར་ཚད། ཕན་ནུས། སྦྱར་ཐབས། བསྟེན་ཐབས་བཅས་གསལ་པོར་བཀོད་ཡོད།

内容提要：此书记述了各类汤、散方及其组方、剂量、功效、制法、用法等。汤剂方主要有治疗瘟热、紊乱热以及新旧热症的三果汤，具备对热病促、敛、杀功效的“诺布曲当”，平衡寒热邪的二十五味大汤散，热病促熟和收敛的十味大汤散，治疗肺部血热、疼痛和化痰的四味高山辣根菜汤，治疗痛风、痹症和“斑”病的七味余甘子汤，治疗膀胱疾病的四味利尿汤，治疗各类寒性疾病的九味石榴汤，治疗头部疾病的四味“宿木”汤等31种。散剂方有治疗口腔疾病、“斑”病、妇科疾病等70余种疾病的对治方，治疗白带和经血无规律的二味“桑纯”（山矾）汤，治疗诸妇女病的十七根汤，止创伤疼痛的五味肉桂汤，治疗创伤，尤其寒性创伤的八味“朗哲”汤，治疗黄水病和“萨公”疠的涂擦方等61种。

བོད་ཀྱི་གསོ་རིག་ཀུན་བཏུས་བསྡུད་སྒྲིག་མ་ལས། པོད་དོན་དགུ་པའི་ནང་དུ་བཞུགས།

在《〈藏医药大典〉续编（61—80）》中的位置：收载于第七十九卷

ཚན་པ་ཉི་ཤུ་པ། སྣ་ཚོགས་ཐང་།

第二十篇 《各种汤剂》

མཚན་བྱང་ཆ་ཚང་། སྣ་ཚོགས་ཐང་བཞུགས་སོ། །

全名：《各种汤剂》

རྩོམ་པ་པོ། མི་གསལ།

作者：不详。

མ་ཡིག ལག་བྲིས། ཡིག་གཟུགས་དབུ་ཅན། ཤོག་ངོས་རེར་ཐིག་ཕྲེང་དྲུག ཐིག་ཕྲེང་རེར་ཡིག་འབྲུ་ཉེར་དྲུག ཁྱོན་བསྡོམས་ཤོག་ངོས་བཅུ་གསུམ་བཞུགས།

母本：手写本，正楷体，每页6行，每行26字，共13页。

ནང་དོན་གནད་བསྡུས། གཞུང་འདི་ནི་ནད་རིགས་སྣ་ཚོགས་ལ་ཕན་པའི་ཐང་གི་སྦྱོར་བ་གཙོ་བོ་བསྟན་པའི་གཞུང་ཞིག་སྟེ། བརྗོད་དོན་གཙོ་བོ་ནི་རྒྱུན་མཐོང་ནད་རིགས་ལ་ཕན་པའི་སྨན་གྱི་སྦྱོར་བ་སླེ་ཏྲེས་བདུན་ཐང་དང་། ཏིག་ཏ་དྲུག་ཐང་། ཐང་ཆེན་བརྒྱད་པ། ཨ་རྗི་དྲུག་ཐང་། ཐང་ཆེན་ཉེར་ལྔ་སོགས་དང་། ཁྱད་པར་དུ་འབམ་ནད་དཀར་ནག་ཁྲ་གསུམ་གང་ལ་ཡང་ཕན་པའི་ཐང་སྦྱོར་བཅུ་བཞི་སྟེ་གཙོ་སྨན་གཞིར་བཞག་སྟེང་ཚ་འབམ་ལ་སྨན་རྫས་གང་གི་ཚབ་ཏུ་སྨན་གང་གཏོང་བ་དང་། ནད་རྟགས་དང་བསྟུན་ནས་ཨ་གར་སོ་ལྔ་དང་གོ་བྱི་བདུན་པ་གང་འཕྲོད་གཏོང་བ་དང་། ཕོང་སྨན་བསྙེན་ཞོར་དུ་བྱུགས་སྨན་གང་གཏོང་དགོས་པའི་གནད་མས་པ་ཟབ་མོ་བཅས་དང་། སྨན་གྱི་དུག་ལ་གཉེན་པོ་སྨན་སྣ་གསུམ་ལས་གྲུབ་པའི་ཐང་སྦྱོར་དང་སེ་འབྲུ་གཙོར་བྱས་པའི་ཐང་སྦྱོར། ཉ་སྐྲངས་སེལ་བའི་ཐང་སྦྱོར། གཉན་རིམས་ཕོ་གླང་སེལ་བའི་ཐང་སྦྱོར། དུག་ནད་ཀུན་སེལ་བའི་དུག་སེལ་བདུན་ཐང་། ཚད་ནད་ཀུན་སེལ་བའི་ཐང་སྦྱོར། སྐེམ་ནད་ལ་ཤུ་དག་དགུ་པའི་སྟེང་དུ་ག་ར་སྤྲང་རྩི་བསྣན་པའི་ཤུ་དག་དགུ་པ་ཁ་ཚར་ཅན་སོགས་རྒྱུན་མཐོང་ནད་རིགས་ལ་ཕན་པའི་སྨན་སྦྱོར་གཙོར་བྱས་སྟེང་སྦྱོར་བ་ཟབ་མོའི་མན་ངག་འགའ་ཡང་བསྲེས་ཏེ་སྨན་སྣ་བཞི་བཅུ་ལྷག་གི་སྦྱོར་བའི་སྨན་སྣ་རེ་རེ་དང་། སྦྱོར་ཚད། སྦྱར་ཐབས། ཕན་ནུས། སྦྱོར་སྡེ་ཁ་ཅིག་ལ་ཡིག་མཚན་གྱིས་ཟུར་བརྒྱན་ནས་སྨན་གྱི་སྦྱོར་བའི་ལག་ལེན་རྣམས་གསལ་བར་བཀོད་ཡོད།

内容提要：此书记述了治疗各种常规病的汤剂及其组方、剂量、制法、功效。书中记有治疗常见病的七味宽筋藤汤、六味獐牙菜汤、八味大汤、六味“阿毕”汤、二十五味大汤以及治疗黑、白、花“斑”病的14种汤剂。治疗热性“斑”病所用基础方的加减方，结合病症服用三十五味沉香丸和七味马钱子散以及使用涂擦药的秘诀；治疗药物毒的汤剂，治疗乳房肿、痨瘟、胃刺痛的汤剂，解毒的七味解毒汤，清热的汤剂，治疗渴症的九味藏菖蒲“卡嚓尔”方等常见方剂进行了详细的说明。

བོད་ཀྱི་གསོ་རིག་ཀུན་བཏུས་བསྡུད་སྒྲིག་མ་ལས། པོད་དོན་དགུ་པའི་ནང་དུ་བཞུགས།

在《〈藏医药大典〉续编（61—80）》中的位置：收载于第七十九卷

ཆན་པ་ཉེར་གཅིག་པ། ཚད་ལྡན་སྦྱོར་སྡེའི་མན་ངག་ཞལ་ཤེས།

第二十一篇　《规范方剂口传秘诀》

མཚན་བྱང་ཆ་ཚང་། ཚད་ལྡན་སྦྱོར་སྡེའི་མན་ངག་ཞལ་ཤེས་བཞུགས་སོ། །

全名：《规范方剂口传秘诀》

རྩོམ་པ་པོ། མི་གསལ།

作者：不详。

མ་ཡིག ལག་བྲིས། ཡིག་གཟུགས་དབུ་ཅན། ཤོག་ངོས་རེར་ཐིག་ཕྲེང་དྲུག ཐིག་ཕྲེང་རེར་ཡིག་འབྲུ་སོ་བཞི། ཁྱོན་བསྡོམས་ཤོག་ངོས་བཅུ་བདུན་བཞུགས།

母本：手写本，正楷体，每页6行，每行34字，共17页。

ནང་དོན་གནད་བསྡུས། གཞུང་འདི་ནི་དཔལ་ལྡན་རྒྱུད་བཞི་དང་སྔ་རབས་ཀྱི་མཁས་པའི་གཞུང་ཀུན་ལས་ཚད་ལྡན་གྱི་སྦྱོར་སྡེའི་མན་ངག་ཞལ་ཤེས་རྣམས་དང་སྦྱོར་སྡེ་ཟབ་ཁྱད་ཅན་གྱི་མན་ངག་རྣམས་གཞི་གཅིག་ཏུ་བཏུས་ནས་སྦྲར་བའི་གཞུང་ཞིག་ཡིན། འདིའི་ནང་བསྟན་པའི་སྦྱོར་སྡེ་རྣམས་ནི་སློབ་དཔོན་ཀླུ་སྒྲུབ་དང་། བྱང་བ་རྣམ་རྒྱལ་གྲགས་བཟང་། ཟུར་མཁར་མཉམ་ཉིད་རྡོ་རྗེ་སོགས་ཀྱི་གཞུང་ལས་ནད་གཞི་གསོ་བཅོས་ལ་ཉེ་བར་མཁོ་བའི་ཉིང་བཅུད་ཚད་ལྡན་གྱི་སྨན་སྦྱོར་ནོར་བུ་ཚུ་དྭངས་དང་། མགོ་ཐང་གསུམ་པ། གུ་གུལ་ལྔ་ཐང་སོགས་ཐང་གི་སྨན་སྦྱོར་བཅོ་ལྔ་དང་། ཕྱི་མའི་སྨན་སྦྱོར་ཨ་གར་བརྒྱད་པ། སྲོག་འཛིན་བཅུ

གཅིག གསེར་མདོག་ལྷ་པ་སོགས་རྒྱུག་ཆེ་བའི་སྨན་སྦྱོར་ལས་གཞན། མིག་ནད་ལ་སྐམ་འདེབས་ཀྱི་སྨན་དང་། སྣ་ནད་ལ་སྣར་འཛིན། རྣ་ནད་ལ་རྣར་གཏིག་སྨན། སྣ་ཁྲག་ལ་བདུག་སྨན། ཁ་ནད་ཁ་དྲི་སེལ་བ་ལ་རིལ་བུ་མུར་བའི་སྨན། ཤིག་ནད་བསྲུང་བའི་སྨན། གཉིད་མེད་པ་ལ་གཉིད་འགུགས་ཀྱི་སྨན། བུད་མེད་བུ་མི་འདོད་པ་ལ་སྐྱེ་རྒྱུན་གཅོད་པའི་སྨན་སོགས་ཐང་དང་ཕྱེ་མ་བྱུག་སྨན་སོགས་ཀྱི་མན་ངག་ཞལ་ཤེས་ཅན་གྱི་སྨན་སྦྱོར་དོན་བདུན་ལྷག་གུང་དུ་ཕྱུངས་ནས་དེ་དག་གི་སྦྱོར་བའི་སྨན་སྣ་རེ་རེ་དང་། སྦྱོར་ཚད། སྦྱོར་ཐབས། ཕན་ནུས། སྨན་རྫས་ཁ་ཅིག་ལ་མཆན་བུས་བྲུར་བརྒྱན་ནས་གསལ་བར་འཀོད་ཡོད།

内容提要：此书是《四部医典》和早期名家经典中规范的口传所得秘方和特色秘方的精选汇编。书中收录的是龙树大师、强巴・朗杰札桑、宿喀・娘尼多吉等的著作中所载方剂精华“诺布曲当”汤、三味头骨汤、五味穆库尔没药汤等15种汤剂方，八味沉香散、十一味维命散、五味金色散等常用散剂方。此外，还有治疗眼病的干粉剂、治疗鼻病的鼻吸方、治疗耳病的滴耳方、止鼻血的熏剂、除口臭的含方、防虱虫方、治疗失眠的催眠方、避免受孕的避孕方等汤、散、涂擦方等77种秘诀方剂及其组方、剂量、制法、功效进行了说明，个别药材附有注释。

བོད་ཀྱི་གསོ་རིག་ཀུན་བཏུས་བསྟུད་སྒྲིག་མ་ལས། པོད་དོན་དགུ་པའི་ནང་དུ་བཞུགས།

在《〈藏医药大典〉续编（61—80）》中的位置：收载于第七十九卷

ཚན་པ་ཉེར་གཉིས་པ། ནད་ངན་སྣ་ཚོགས་བཅོས་པའི་སྨན་སྦྱོར།

第二十二篇 《治疗各类恶疾的方剂》

མཚན་བྱང་ཆ་ཚང་། ནད་ངན་སྣ་ཚོགས་བཅོས་པའི་སྨན་སྦྱོར་བཞུགས་སོ། །

全名：《治疗各类恶疾的方剂》

རྩོམ་པ་པོ། མི་གསལ།

作者：不详。

མ་ཡིག སློག་པར། ཡིག་གཟུགས་དབུ་ཅན། ཤོག་ངོས་རེར་ཐིག་ཕྲེང་ཉེར་གཉིས། ཐིག་ཕྲེང་རེར་ཡིག་འབྲུ་བཅུ་གཅིག ཁྱོན་བསྡོམས་ཤོག་ངོས་བཅུ་དགུ་བཞུགས།

母本：排印本，正楷体，每页22行，每行11字，共19页。

ནང་དོན་གནད་བསྡུས། གཞུང་འདི་ནི་ཉེ་བར་མཁོ་བའི་སྨན་གྱི་སྦྱོར་སྡེ་རྣམས་ཅུང་ཟད་བསྡུས་ཏེ་དཀྱུས་གཅིག་ཏུ་བཀོད་པ་ཞིག་སྟེ། དེ་ལ་གཞུང་གི་མཆོད་བརྗོད་དུ་གཞུང་སྤྱི་ལ་ཚ་སེལ་གྱི་སྡེ་དང་། གྲང་སེལ་གྱི་སྡེ། ཐུན་མོང་བའི་སྡེ། ཟུར་དགོས་ཀྱི་སྡེ་བཅས་བཞི་ཡོད་པར་གསུངས་ཀྱང་དོན་ལ་ཚ་སེལ་གྱི་སྡེ་དང་། ཟུར་དགོས་ཀྱི་སྡེ་གཉིས་ལས་བསྟན་མེད། ཚ་སེལ་གྱི་སྡེ་ལ་ཐོག་མར་རིམས་ཚད་སྨིན་པར་བྱེད་པའི་མ་ནུ་བཞི་ཐང་དང་། དེ་སྟེང་རིམས་དང་འབྲུགས་ཀྱི་ཚ་བའི་ནད་གསར་རྙིང་མ་ལུས་སེལ་ཞིང་སྨིན་པར་བྱེད་པའི་འབྲས་བུ་སུམ་ཐང་བསྟན་པའི་ནོར་བུ་བདུན་ཐང་དང་། ཡང་ལུགས་གཅིག་ལ་སྨིན་བྱེད་མ་ནུ་བཞི་ཐང་སྟེང་དུ་དྭངས་སྙིགས་འབྱེད་པའི་འབྲས་སུམ་ཐང་བསྟན་པའི་ཚེ་འཛིན་ནོར་བུའམ་ནོར་བུ་བདུན་ཐང་། དེའི་སྟེང་ནད་རིགས་མི་འདྲ་བ་གསོ་བ་ལ་གཉེན་པོ་སྨན་རྫས་ཀྱང་མི་འདྲ་བ་བསྟན་དགོས་ཚུལ། དུག་དང་སྨུག་པོ་ཚད་པ་རྙིང་པ་བྱེར་བ་རྣམས་སྤུད་པར་བྱེད་པའི་ཐང་ཆེན་ཉེར་ལྔ་བཅས་ཐང་གི་སྨན་སྦྱོར་བཅུ་གཉིས་དང་། རིམ་པར་རླུང་མཁྲིས་བད་ཀན་མ་ལུས་སེལ་བའི་སྤྱི་སྨན་ཧ་ཤ་གར་སོ་ལྔ། མཁལ་ནད་གསོ་བའི་གསོ་བྱེད་ཉི་མའི་དཀྱིལ་འཁོར། གཉན་ནད་སེལ་བའི་ནག་པོ་དགུ་སྦྱོར། ཁྲག་གཅོད་ལ་ཕན་པའི་སླང་ཆེན་བཅུ་གསུམ་སོགས་ཚ་གྲང་གཉིས་ཀར་ཕན་པའི་ཕྱེ་མའི་སྨན་སྦྱོར་སོ་བརྒྱད་དེ་ཐང་ཕྱེ་གཉིས་བསྡོམས་པས་ལྔ་བཅུ་དང་། ཟུར་དགོས་ཀྱི་སྡེ་ལ་རེག་དུག་གི་ནད་རྟགས་སྤྱི་ཙམ་དང་དེ་ལ་གསོ་བཅོས་ཀྱི་རིམ་པ་ཟབ་སྨན་གཉིས་ཀྱི་སྒོ་ནས་ནད་དང་ལུས་ཟུངས་མཉམ་གསོ་བྱ་བའི་ཕོང་སྨན་དང་དེ་དང་མཉམ་དུ་ཕྱི་ཡི་བྱུག་སྨན་གང་གཏོང་བའི་ལག་ལེན་གདམས་པ་ཟབ་མོ་དང་། རྒྱ་ནག་ལུགས་ཀྱི་དུག་བཅོས་དང་། རྒྱ་གར་ལུགས་ཀྱི་རེག་དུག་བཅོས་པའི་སྨན་གྱི་ལག་ལེན་རིམ་པ། སྦྱོང་སྨན་ཀུན་གྱི་མཆོག་ཏུ་བཤད་པའི་འཇམ་སྦྱོང་ལག་ལེན་བཅས་བཅོས་

བཏུགས་ཀྱི་ནད་དང་ནད་ངན་སྣ་ཚོགས་བཅོས་པའི་སྨན་སྦྱོར་དང་ལག་ལེན་རྣམས་འཁོད་ཡོད།

内容提要：此书是一部将常用组方汇集整合的著作。颂词中记述全书有清热方剂章、驱寒方剂章、综合方剂章和附方章等4章，但实际上书中只有清热方剂章、附方章的记录。清热方剂章中记述有促熟瘟热的四味藏木香汤及加入三果汤的七珍汤，以此为基础方根据不同病症加入不同对治药材的方法，收敛扩散毒、紫色“培根”和陈旧热的二十五味大汤散等12种汤剂；“隆”“赤巴”和“培根”病的通治药三十五味沉香散，治疗肾病的日轮散、治疗痨病的九味黑药散，利于止血的十三味牛黄散等治疗寒热疾病的38种散剂方、汤散方共50种。附方章记录有触毒大致的总体症状以及饮食、内服药物和外用药物的疗法秘诀，中医毒疗法，印度触毒疗法，温和泄药实践以及难治病和各类恶性疾病的治疗方药。

བོད་ཀྱི་གསོ་རིག་ཀུན་བཏུས་བསྟུད་སྒྲིག་མ་ལས། པོད་དོན་དགུ་པའི་ནང་དུ་བཞུགས།

在《〈藏医药大典〉续编（61—80）》中的位置：收载于第七十九卷

ཚན་པ་ཉེར་གསུམ་པ། གསང་སྨན་གྱི་སྦྱོར་སྡེ་འགའ་དང་ཕན་ཡོན།

第二十三篇　《个别秘方及其功效》

མཚན་བྱང་ཆ་ཚང་། གསང་སྨན་གྱི་སྦྱོར་སྡེ་འགའ་དང་ཕན་ཡོན་བཞུགས་སོ། །

全名：《个别秘方及其功效》

རྩོམ་པ་པོ། མི་གསལ།

作者：不详。

མ་ཡིག ལག་བྲིས། ཡིག་གཟུགས་དབུ་མེད། ཤོག་ངོས་རེར་ཐིག་ཕྲེང་ལྔ། ཐིག་ཕྲེང་རེར་ཡིག་འབྲུ་ཉི་ཤུ། ཁྱོན་བསྡོམས་ཤོག་ངོས་སོ་གསུམ་བཞུགས།

母本：手写本，草书体，每页5行，每行20字，共33页。

ནང་དོན་གནད་བསྡུས། གཞུང་འདི་ནི་གསང་རྒྱ་མ་བཀྲོལ་བའི་སྨན་སྦྱོར་དྲུག་ཅུ་རེ་བརྒྱད་ཀྱི་སྨན་སྣ་དང་ཕན་ནུས་བསྟན་ཡོད་དེ། དང་པོ་གསང་སྨན་གྱི་སྐབས་སུ་ནུས་པ་ཆེ་ལ་ཀུན་ལ་མ་སྤེལ་བའི་གསང་སྨན་གྱི་སྦྱོར་སྡེ་རེ་བརྒྱད་པོ་སོ་སོའི་སྨན་སྣ་གང་ཡིན་དང་སྦྱོར་ཚད་གཉིས་བསྟན་ཡོད་ལ། གཉིས་པ་ཕན་ནུས་ཀྱི་སྐབས་སུ་གོང་གི་སྨན་སྦྱོར་རེ་བརྒྱད་པོ་ལ་ཙིཪ་བཅུ་པ་དང་། སླ་ཏྲིས་བརྒྱད་པ། ཙིཪ་བཅུ་གཉིས། ཁྱུང་རྐོད་དགུ་བ། ཁྱུང་ཆེན་དགུ་བ། སྤོན་ཤིང་བཅུ་བདུན། སེར་པོ་བདུན་སྦྱོར། སྤོས་དཀར་བཅོ་བརྒྱད། དམར་པོ་བརྒྱད་ཐང་། གསེར་ཁྲི་བཅུ་གསུམ། པི་པི་ལིང་བརྒྱད་པ། ལྩུམ་རྩ་བཅོ་ལྔ། གག་ཆེན་བཅུ་གཉིས་སོགས་སྦྱོར་མིང་དང་འབྲེལ་ནས་དེའི་ཕན་ཡོན་བསྟན་ཡོད་པ་མ་ཟད། ཚ་བའི་ནད་རིགས་དང་རིག་དུག ཆུ་འགག འབྲུམ་བུ། མིག་བཅས་ལ་ཕན་པའི་རྒྱ་ནག་ལུགས་ཀྱི་སྦྱོར་བ་རེ་རེ་དང་། ཚེ་རིང་ནད་མེད་དང་མི་ཀུན་ཡིད་དུ་འོང་བ་དང་ལྷ་འདྲེ་མི་གསུམ་དབང་དུ་འདུས་ཤིང་ཟས་ནོར་དགོས་འདོད་ཐམས་ཅད་བདེ་བར་འགྲུབ་ཐུབ་པའི་རིལ་བུའི་སྦྱོར་བ། སྟེང་འོག་འབྱུང་གདོན་སོགས་ལ་ཕན་པའི་རྫས་སྦྱོར་དུད་པའི་སྦྱོར་བ། གཉན་ཚད་ཐོར་བུ་བལ་ནད་གྲུམ་བུ་རྒྱུ་གཟེར་དང་མགོ་གཟེར་སྟོད་གཟེར་སོགས་ལ་ཕན་པའི་རིལ་བུའི་སྦྱོར་བ། མཁལ་མའི་གྲང་བ་དང་རྡེའུ་ནད་ཆུ་འགགས་ལ་ཕན་པའི་སྲུག་སླེལ་བཅུ་པ། ལུད་པའི་གློ་འབྲུགས་རྣམས་ལ་ཕན་པའི་འབྲུགས་གློ་ཀུན་སེལ་གྱི་སྦྱོར་བ་བཅས་སྨན་སྦྱོར་བདུན་ཅུ་ལྷག་བསྟན་ཡོད།

内容提要：此书中记录了68种秘方的组方和功效。第一为秘方，记录了疗效显著而未公开的68种秘方的组方和剂量；第二为功效，记录了以上68种方剂即十味“孜莪”、八味宽筋藤、十二味“孜莪”、九味“琼果”、九味鹏鸟丸、十七味“君香”、七味黄药、十八味琥珀、八味红药汤、十三味海金沙、八味荜茇、十五味大黄、十二味“葛钦”等的功效。此外，还记录了治疗热病、触毒、尿闭症、痘疹和眼病等中药方，能够长寿无病、获得财富的丸剂，驱“敦”邪的熏剂，治疗疠热、零星病、天母瘟、痹症、肠痢、头痛和上体痛等的丸剂，治疗寒性肾病、结石症、尿闭症的十味豆蔻散，治疗肺部疾病的清肺止咳散等70种方剂。

བོད་ཀྱི་གསོ་རིག་ཀུན་བཏུས་བསྟུད་སྒྲིག་མ་ལས། པོད་དོན་དགུ་པའི་ནང་དུ་བཞུགས།

在《〈藏医药大典〉续编（61—80）》中的位置：收载于第七十九卷

ཚན་པ་ཉེར་བཞི་པ། མན་ངག་སྣ་ཚོགས་སྦྱོར་སྡེ་ཁ་ཐོར།

第二十四篇 《零星秘方汇集》

མཚན་བྱང་ཆ་ཚང་། མན་ངག་སྣ་ཚོགས་སྦྱོར་སྡེ་ཁ་ཐོར་བཏུས་ཏེ་སྨན་གྱི་ཞལ་ཤེས་དང་བཅས་པ་ཟབ་མོ་བཞུགས་སོ། །

全名：《零星口传秘方汇集》

རྩོམ་པ་པོ། མི་གསལ།

作者：不详。

མ་ཡིག ལག་བྲིས། ཡིག་གཟུགས་དབུ་ཅན། ཤོག་ངོས་རེར་ཐིག་ཕྲེང་དྲུག ཐིག་ཕྲེང་རེར་ཡིག་འབྲུ་བཅོ་བརྒྱད། ཁྱོན་བསྡོམས་ཤོག་ངོས་སུམ་ཅུ་བཞུགས།

母本：手写本，正楷体，每页6行，每行18字，共30页。

ནང་དོན་གནད་བསྡུས། གཞུང་འདི་ནི་མན་ངག་གི་སྨན་སྦྱོར་ཁ་ཐོར་སྣ་ཚོགས་ཕྱོགས་གཅིག་བསྡུས་པ་ཞིག་སྟེ། མིག་ནད་བཅོས་པའི་སྐམ་འདེབས་ཀྱི་སྨན་སྦྱོར་དང་། སྣ་ནད་དང་གཡན་པ། ཟ་འཕྲུག་སོགས་ལ་སྦྱོར་པའི་བྱུགས་སྨན་སྦྱོར་བ། སྐྱུག་པའི་ནད་དང་གཟེར་ཐུང་། བད་ཁྲག་སོགས་ལ་སྦྱོད་པའི་ཐང་གི་སྨན་སྦྱོར། མངལ་ཁྲག་གཅོད་པ་དང་འགགས་པ་འབེབས་པའི་སྨན་སྦྱོར། གཞང་འབྲུམ་གསར་བ་དང་རྙིང་པ་བཅོས་པའི་ཁོང་སྨན་སྦྱོར་བ། སྙིང་ནད་དང་ཁྱད་པར་དུ་འཛུམ་བུ་ལྷག་དགེ་བཅོས་པའི་སྨན་གྱི་སྦྱོར་བ། བུ་དང་ཤ་མ་མ་ཐོན་པ་འདོན་ཐབས་ཀྱི་སྨན་སྦྱོར། གཞན་བད་ཀན་རིགས་དྲུག་དང་། དྲི་མ་འགགས་པ། སྐྱུག

པོའི་ནད། མཁལ་མའི་ནད། མི་ཕྱུགས་ཀྱི་ནད། བུ་མི་ཆགས་པའི་ནད། རྨ་ཡི་ནད། ཆུ་སེར་པགས་ནད། ཁྲག་རླུང་སྟོད་འཚངས་ནད། གཉན་ནད་སོགས་ནད་རིགས་སྣ་ཚོགས་ལ་ཕན་པའི་གཉེན་པོ་གཞང་འབྲུམ་དྲུག་པ། རྟ་མགྲིན་དམར་པོ། སུ་མའི་དཀྱིལ་འཁོར། གུར་གུམ་བཞི་སྦྱོར། ཞིམ་ཤིང་དྲུག་པ་སོགས་སྦྱོར་བ་ལྔ་བཅུ་ལྷག་གི་སྨན་སྣ་རེ་རེ་དང་ཕན་ཡོན་བསྟན་ཡོད་པ་མ་ཟད། གཟེར་ནད་བརྟག་ཐབས་ལ་སད་མདའི་སྨན་གང་གཏོང་བ་དང་སོ་སོར་གང་ཡིན་ཤན་ཕྱེད་རྗེས་བཅོས་དགོས་ཚུལ་དང་། གཙོ་སྨན་སྙིང་དུ་ཁ་ཚར་སྨན་རྫས་གང་དང་གང་བསྣན་ན་ནད་གང་དག་ལ་ཕན་ཚུལ། ཞུམ་བུའི་ཁྲག་མ་ཏྲུལ་བ་གྲིབ་སྐམ་བྱས་རྗེས་ཞིབ་པར་བཏགས་པ་མིག་ལ་བཏབ་ན་ཤ་འཛེར་དང་ལིང་ཏོག་སོགས་མིག་ནད་མཐའ་དག་ལ་ཕན་པ་དང་། སྦྲུལ་གྱི་པགས་པ་མེར་བསྲེག་པའི་ཐལ་བ་མིག་དམར་པོར་ལིང་ཞིང་ན་བ་ལ་ཕན་པ་དང་། རྔ་མོང་གི་སྤུ་མེར་བསྲེག་པའི་ཐལ་བ་སྣ་བུག་གི་ནང་དུ་ཕུས་བཏབ་པ་དང་ཡང་ན་གོས་དར་མེར་བསྲེག་པའི་ཐལ་བ་སྣར་བཏབ་ན་སྣ་ཁྲག་མྱུར་དུ་ཆོད་པ་སོགས་ནུས་པ་ཁྱད་མཚར་ཅན་གྱི་ཆིག་སྦྱོར་མན་ངག་ཟབ་མོ་ཡང་མང་པོ་གསུངས་ཡོད།

内容提要：此书对零星秘方进行了汇编。收录有治疗眼疾的干粉剂，治疗鼻病、痒疮和瘙痒等的涂擦方，治疗呕吐、急痛疠、“培根”血合病等的汤剂，止子宫出血和清淤血的方药，治疗新旧痔疮的内服方，治疗心脏疾病和角弓反张疠的方药，促胎儿和胎衣娩出的方药。此外，收录有治疗6种“培根”病、便秘、“木布”病、肾病、人畜共病、不孕症、创伤、皮肤病、血“隆”上壅症、疠病等的六味痔疮方、“达真玛宝”、“斯米吉扩”、四味红花方、六味“星夏”（大黄）方等50余种方剂的组方和功效。还收录有鉴别疼痛的试探方，狸猫鲜血阴干研磨治疗眼部肉刺、云翳等眼部疾病，蛇皮灰治疗眼红、瘙痒，驼毛灰或锦缎灰吹入鼻孔可止血等单方秘诀。

བོད་ཀྱི་གསོ་རིག་ཀུན་བཏུས་བསྟུད་སྒྲིག་མ་ལས། པོད་དོན་དགུ་པའི་ནང་དུ་བཞུགས།

在《〈藏医药大典〉续编（61—80）》中的位置：收载于第七十九卷

ཚན་པ་ཉེར་ལྔ་པ། སྣ་ཚོགས་སྨན་གྱི་སྦྱོར་བ།

第二十五篇 《方剂荟萃》

མཚན་བྱང་ཆ་ཚང་། སྣ་ཚོགས་སྨན་གྱི་སྦྱོར་བ་བཞུགས་སོ། །

全名：《方剂荟萃》

རྩོམ་པ་པོ། མི་གསལ།

作者：不详。

མ་ཡིག ལག་བྲིས། ཡིག་གཟུགས་དབུ་ཅན། ཤོག་ངོས་རེར་ཐིག་ཕྲེང་དྲུག ཐིག་ཕྲེང་རེར་ཡིག་འབྲུ་ཉེར་གཅིག ཁྱོན་བསྡོམས་ཤོག་ངོས་བཅུ་གཉིས་བཞུགས།

母本：手写本，正楷体，每页6行，每行21字，共12页。

ནང་དོན་གནད་བསྡུས། གཞུང་འདི་ནི་གཙོ་བོ་ཐང་དང་ཕྱེ་མའི་སྦྱོར་བ་གཉིས་བསྟན་པའི་ཡིག་ཆུང་ཞིག་སྟེ། ཐང་གི་སྦྱོར་བ་ལ་མ་སྨིན་པ་སྨིན་པར་བྱེད་པའི་འབྲས་བུ་གསུམ་ཐང་དང་། རིམས་ཚད་སྨིན་པར་བྱེད་པའི་མ་នུ་བཞི་ཐང་། གློ་ཡི་གཟེར་དང་ལུད་པ་སེལ་བར་བྱེད་པའི་སྒྲོ་ལོ་བཞི་ཐང་། མཁལ་མ་དང་རྒྱུ་མ་ལོང་ཀའི་ཚད་པ་སེལ་བར་བྱེད་པའི་དམར་པོ་གསུམ་ཐང་། རྒྱུ་མ་དང་ལོང་ཁ་སོགས་སྟོད་ཀྱི་ཚད་པ་སེལ་བར་བྱེད་པའི་ཨུཏྤལ་བཞི་ཐང་། ཚ་བ་སྨིན་པ་དང་གསོད་པར་བྱེད་པའི་སླེ་ཏྲེས་བདུན་ཐང་སོགས་ཐང་གི་སྦྱོར་བ་བརྒྱད་དང་། ཕྱེ་མའི་སྦྱོར་བ་ལ་མཆིན་ནད་སེལ་བར་བྱེད་པའི་རྒྱལ་པོ་སེ་འབྲུའི་སྦྱོར་བ། ཕོ་བའི་མེ་དྲོད་གསོ་བར་བྱེད་པའི་སེ་འབྲུ་བཞི་པ་དང་དེ་སྟེང་དོང་གྲ་དང་གུར་གུམ་སོ་སོར་བསྣན་པའི་སེ་འབྲུ་ལྔ་པ་རིགས་གཉིས། གྲང་མཁྲིས་ནད་སེལ་བར་བྱེད་པའི་གར་ནག་བཅུ་པ་དང་གསེར་མདོག་ལྔ་པ། གླང་ཐབས་ནད་སེལ་བར་བྱེད་པའི་ཙ་ན་དྲུག་པ། མཁལ་མའི་ཚད་པ་སེལ་བར་བྱེད་པའི་ཨ་རུ་བཅུ་པ། མཁལ་མའི་གྲང་བ་

ཛེའུ་ནད་ཚ་འགགས་སེལ་བར་བྱེད་པའི་སུག་སྨེལ་བཅུ་པ། བྱིས་པའི་ཚད་པ་སེལ་བར་བྱེད་པའི་བློན་པོ་སུམ་སྦྱོར་སོགས་ཐང་མའི་སྦྱོར་བ་ཉེར་གསུམ་སྟེ་བསྡོམས་པས་ཐང་ཕྱེ་གཉིས་ཀྱི་སྦྱོར་བ་སོ་གཅིག་ལྷག་གི་སྦྱོར་མིང་དང་། སྨན་རྫ་རེ་རེ། ཐུན་ཚད། སྦྱོར་ཐབས། ཕན་ནུས་སོགས་གསལ་པོར་འཁོད་ཡོད།

内容提要：此书主要记述了各种汤剂、散剂的方名、组方、剂量、配制法、功效等。汤剂方中有未熟热催熟之三果汤、促瘟热之四味藏木香汤、止肺刺痛和化痰之四味高山辣根菜汤、清肾热和大小肠热之三红汤、促熟热和清热之七味宽筋藤汤等8种汤剂。散剂方中有治疗肝病的石榴君王方，养胃火的四味石榴方和加入良姜、红花的两种五味石榴方，治疗寒性“赤巴”病之十味黑冰片散和五味金色散，治疗绞痛症之六味木香散，清肾热之十味诃子散，治疗寒性肾病、结石和尿闭之十味豆蔻散，治疗小儿热病之三臣散等23种散剂。

བོད་ཀྱི་གསོ་རིག་ཀུན་བཏུས་བསྟུད་སྒྲིག་མ་ལས། པོད་དོན་དགུ་པའི་ནང་དུ་བཞུགས།

在《〈藏医药大典〉续编（61—80）》中的位置：收载于第七十九卷

ཚན་པ་ཉེར་དྲུག་པ། མན་ངག་གཞན་ཕན་ཐོར་བུ།

第二十六篇　《利他零星秘诀》

མཚན་བྱང་ཆ་ཚང་། མན་ངག་གཞན་ཕན་ཐོར་བུ་རང་གི་མྱོང་གྲུབ་ཡིད་ཆེས་མ་བཞུགས་སོ། །

全名：《利他零星经验秘诀》

རྩོམ་པ་པོ། མི་གསལ།

作者：不详。

མ་ཡིག ལག་བྲིས། ཡིག་གཟུགས་དབུ་མེད། ཤོག་ངོས་རེར་ཐིག་ཕྲེང་དྲུག ཐིག་ཕྲེང་རེར་ཡིག་འབྲུ་སོ་གསུམ། ཁྱོན་བསྡོམས་ཤོག་ངོས་བཅུ་བཞི་བཞུགས།

母本：手写本，草书体，每页6行，每行33字，共14页。

ནང་དོན་གནད་བསྡུས། གཞུང་འདི་ནི་རྩོམ་པ་པོས་རང་གི་ལག་ལེན་མྱོང་གྲུབ་དང་སྔོན་བྱོན་མཁས་དབང་དག་གི་གསུང་ལས་ཡིད་ཆེས་ཀྱི་སྦྱོར་བ་རྣམས་ཕྱོགས་གཅིག་ཏུ་བསྡུས་པ་ཞིག་སྟེ། ཚད་མཇུག་འབུད་པར་བྱེད་པའི་ཚེ་འཛིན་ནོར་བུ་དང་། མ་སྨིན་པ་དང་རིམས་དང་གབ་ཚད་སོགས་ཀུན་ལ་ཕན་པའི་ཁྱུང་ནག་རིལ་བུ། སོ་ན་བ་དང་འགུལ་བ། སོ་མདོག་ཉམས་པ་སོགས་ལ་ཕན་པ་དང་སོ་སྐྱེས་པར་བྱེད་པའི་སྦྱོར་བ། སློབ་དཔོན་ཀླུ་སྒྲུབ་ལུགས་ཀྱི་པགས་ནད་སོགས་དང་བགེགས་རིགས་ཐམས་ཅད་འཇོམས་པའི་འཇམ་སྦྱོང་སྦྱོར་བ། དྲེག་ནད་སྐྲངས་པ་དང་གཟེར་ནད་བཅོས་པའི་གཉེན་པོ་ཀུན་ལ་མེད་པའི་ཟབ་གནད་ཆིག་བརྒྱུད་ཀྱི་སྦྱོར་བ། གློ་ནད་ལ་ཕན་པའི་སྦྱོར་བ་སྣ་ཚོགས། མིག་ནད་ལིང་ཐོག་སོགས་ལ་ཕན་པའི་སྦྱོར་བ། སྐྲན་རིགས་ལ་ཕན་པའི་སྦྱོར་བ། དུག་ནད་ལ་ཕན་པའི་བཤལ་སྨན། མཁལ་ནད་རིགས་ལ་ཕན་པའི་སྦྱོར་བ། བསེ་མོག་བཅོས་པའི་བྱུག་སྨན། རྣ་འོན་ལ་ཕན་པའི་བདུག་སྨན། ཁྱད་པར་དུ་སྦྲུལ་ལྤགས་མེ་ལ་བསྲེགས་པའི་ཐལ་བ་ཞིབ་བཏགས་མིག་ལ་བྱུག་པས་མིག་ནད་ཀུན་ལ་ཕན་པའི་གདམས་པ་ཟབ་མོ་ཁག་དང་། རིམས་ནད་སྲུང་ཐབས། ལྦ་བའི་ནད་དང་ཆུ་སེར་ནད་སོགས་ལ་ཕན་པའི་ཁ་ཐོར་སྦྱོར་བ་ཉི་ཤུ་ཉེར་བརྒྱད་ཙམ་མདོན་དུ་ཕྱུངས་ནས་དཀྲུས་གཅིག་ཏུ་བཀོད་ཡོད།

内容提要：此书是作者的实践经验和先贤口传各类方剂的结合之作。书中记录有清余热的维命宝，治疗未熟热、瘟热和隐热等的黑鹏丸，治疗牙齿疼痛、松动、无光泽等问题及促牙生长的方药，龙树大师关于治疗皮肤病和除诸障的缓泻方，治疗痛风肿和疼痛疾病的单传方药，治疗肺病的各类方药，除云翳的方药，除痞瘤的方药，解毒泻疗方，治疗肾病类的方药，治疗梅毒的涂擦方，治疗耳聋的滴剂以及蛇皮灰治疗眼病的秘诀、瘟病的预防，并收录了治疗瘿瘤和黄水疾病等的28种零星方。

བོད་ཀྱི་གསོ་རིག་ཀུན་བཏུས་བསྟུད་སྒྲིག་མ་ལས། པོད་དོན་དགུ་པའི་ནང་དུ་བཞུགས།

在《〈藏医药大典〉续编（61—80）》中的位置：收载于第七十九卷

ཚན་པ་ཉེར་བདུན་པ། ཆུ་བཤལ་བདུད་རྩི་གསང་བ་ལྔ་སྦྱོར།

第二十七篇　《水泻甘露五密丸》

མཚན་བྱང་ཆ་ཚང་། ཆུ་བཤལ་བདུད་རྩི་གསང་བ་ལྔ་སྦྱོར་བཞུགས་སོ། །

全名：《水泻甘露五秘丸》

རྩོམ་པ་པོ། མི་གསལ།

作者：不详。

མ་ཡིག ལག་བྲིས། ཡིག་གཟུགས་དབུ་མེད། ཤོག་ངོས་རེར་ཐིག་ཕྲེང་དྲུག ཐིག་ཕྲེང་རེར་ཡིག་འབྲུ་ཉེར་བདུན། ཁྱོན་བསྡོམས་ཤོག་ངོས་དགུ་བཞུགས།

母本：手写本，草书体，每页6行，每行27字，共9页。

ནང་དོན་གནད་བསྡུས། གཞུང་འདི་ནི་ཆུ་ནད་བཅོས་པའི་སྨན་སྦྱོར་གཙོ་བོར་སྟོན་པའི་ཡིག་ཆུང་ཞིག་སྟེ། འབམ་གྱི་ནད་གཞུག་ཏུ་ཆུར་བབས་བཅོས་པ་ལ་ཟུར་མཁར་ལུགས་ཀྱི་ཙ་ལྷོར་འདྲེན་པའི་སྨན་མཆོག་དང་། སྙིང་ལ་ཆུ་སེར་ཞུགས་པའི་བཅོས་སྙིང་ཆུ་འདྲེན་པའི་སྨན་སྦྱོར། སྙིང་ཚད་བཅོས་པའི་སྦྱོར་བ། སྨུག་པོའི་ཆུ་ལ་སྨན་དཔྱད་གང་གིས་ཀྱང་མི་ཕན་པ་ལ་ཟབ་གནད་ཅན་གྱི་སྦྱོར་བ། ཚ་ཆུའི་ནད་བཅོས་པའི་སྦྱོར་བ་གུར་གུམ་སྙིང་དུ་སྡིག་སྲིན། ཙ་སྨུ། གསེར་བྱེ། ཉི་དགའ་བསྣན་པའི་གུར་གུམ་ཆུ་འབེབས། ཙུ་གང་བདེ་བྱེད་སྙིང་དུ་གོང་སྨན་བཞི་པོ་བསྣན་པའི་བདེ་བྱེད་ཆུ་འབེབས། སྤང་ཆེན་དགུ་པའི་སྙིང་དུ་གོང་སྨན་བཞི་པོ་བསྣན་པའི་སྤང་ཆེན་ཆུ་འབེབས། ཡང་ལུགས་གཅིག་ལ་ཚ་ཆུ་ལ་གི་ཝཾ་དགུ་པ། གྲང་ཆུ་ལ་སེ་འབྲུ་ལྔ་པ། སྙིང་དུ་གོང་སྨན་བཞི་པོ་ཆ་མཉམ་བྱས་ཏེ་ཁཎྜ་དང་ཕྱེ་མ་གང་རུང་བྱས་པ་སྐྱུ་རུའི་ཚིག་ཐང་གིས་ཕུལ་དགོས་པའི་མན་ངག་ཞལ་ཤེས་དང་། ཆུ་ནད་ཚ་གྲང་མེད་པར་སེལ་ནུས་པའི་སྐམ་སྦྱོར་བརྒྱད་པ། ཚ་ཆུ་ལ

ཨོཾ་ཧྲཱི་དྲུག་ཐང་དང་འབོལ་སྨན་བདུན་པ་བསྲེ་བ་དེ་དང་། རྔངས་མ་གནས་འཛོག་ལྷུག་སྦྱོད་བཏང་རྗེས་ཆུ་གཞུག་འབབ་དཀའ་ན་ཐྲག་ཞུན་དགུ་པའི་སྨན་སྣ་གཉིས་དོར་ཏེ་ཚབ་སྨན་གང་བསྣན་དགོས་པ་དང་སྙིང་དུ་སྨན་རྫས་གང་དག་བསྣན་ན་ཚ་ཆུའི་ནད་ལ་ཤིན་ཏུ་ཕན་པའི་མན་ངག་ཞལ་ཤེས་ཀྱི་རིམ་པ་རྣམས་གསལ་པོར་གསུངས་ཡོད་པ་དང་། གཞན་འབྲས་བུ་སྐྲངས་པ་བཅོས་པའི་ཁོང་སྨན་སྦྱོར་བ་དང་ཕྱིའི་བྱུགས་སྨན་སྦྱོར་བ། འབམ་ནད་བཅོས་པའི་འབྱར་སྨན་སྦྱོར་བ། རླུང་འགག་བཅོས་པའི་སྤྱི་སྨན། དངུལ་ཆུའི་དུག་ཕོག་པ་བཅོས་པའི་སྦྱོར་བ། གློ་རྣག་བཅོས་པར་ཉེན་གཅིག་ཚང་བར་ཐེས་པས་ནུས་ཐོན་གྱི་སྦྱོར་བ་དང་ཕྱི་རྒྱུད་ཅན་དན་བཅུ་པ་སོགས་མན་ངག་སྦྱོང་གྲུབ་དང་གདེང་ཁེལ་གྱི་སྦྱོར་བའི་ལག་ལེན་ཁག་ཅིག་ཀྱང་གསུངས་ཡོད།

内容提要：此书介绍了治疗水症的药物组方。记述了宿喀派治疗“斑”病后期落水的腹、脉泄，导引心脏积水的方药，方剂和外治均无效的治疗“木布”水症独特秘方，主治热性黄水病的方剂是在藏红花基础上增加螃蟹、芫荽、海金沙和葵花等组成的红花排水丸；以竺黄安宁散为基础，增补上述四味药材组成的安宁排水丸；九味牛黄散增补上述四味药材组成的郎千排水丸。另一种配方是：以治疗热性黄水病的九味牛黄丸和寒性黄水病的五味石榴散为基础，等量增补上述四味药材并调制成膏剂或药粉后用余甘子单汤送服。能够治疗寒热两种水病的药物为八味干绝散。在治疗热性黄水病时，可用六味“阿毕汤”搭配七味消肿散，同时佐以安置精华散口服。若效果不佳，可删减九味岩精丸中的两味药材增加相应的药材后便可以增强药效。除此之外，此典籍还记录了治疗睾丸囊肿的内服和外敷方剂，治疗“斑”病和“隆”阻病的常规膏药和组方，水银中毒的解毒方剂，治疗肺脓症的方剂和《后续部》中收录的十味檀香丸等秘诀经验和疗效显著的实践方法。

བོད་ཀྱི་གསོ་རིག་ཀུན་བཏུས་བསྟུད་སྒྲིག་མ་ལས། པོད་དོན་དགུ་པའི་ནང་དུ་བཞུགས།

在《〈藏医药大典〉续编（61—80）》中的位置：收载于第七十九卷

ཚན་པ་ཉེར་བརྒྱད་པ། སྨན་གྱི་སྦྱོར་སྡེ་ཐོར་བུ་སྣ་ཚོགས།

第二十八篇　《零星药物方剂合集》

མཚན་བྱང་ཆ་ཚང་། སྨན་གྱི་སྦྱོར་སྡེ་ཐོར་བུ་སྣ་ཚོགས་ནད་དཔུང་མ་ལུས་འཇོམས་པའི་མཚོན་རྣོན་ཞེས་བྱ་བ་བཞུགས་སོ། །

全名：《零星药物方剂合集·消除疾病之利剑》

རྩོམ་པ་པོ། མི་གསལ།

作者：不详。

མ་ཡིག ལག་བྲིས། ཡིག་གཟུགས་དབུ་ཅན། ཤོག་ངོས་རེར་ཐིག་ཐྲེང་དྲུག ཐིག་ཕྲེང་རེར་ཡིག་འབྲུ་སོ་གཉིས། ཁྱོན་བསྡོམས་ཤོག་ངོས་བཞི་བཅུ་བཞུགས།

母本：手写本，正楷体，每页6行，每行32字，共40页。

ནང་དོན་གནད་བསྡུས། གཞུང་འདི་ནི་ཚད་ལྡན་གྱི་སྔ་གཞུང་དག་ལས་སྦྱོར་བ་ཐོར་བུ་འགའ་དཀྲུས་གཅིག་ཏུ་བཀོད་པའི་ཡིག་ཆུང་ཞིག་སྟེ། དེ་ལ་ཐོག་མར་རིམས་ཚད་སྨིན་པར་བྱེད་པའི་སྦྱོར་བ་མ་ནུ་བཞི་ཐང་དང་། རིམས་འཁྲུགས་དང་ཚ་བ་གསར་བ་དང་རྙིང་པ་མ་ལུས་སེལ་ཞིང་སྨིན་པར་བྱེད་པའི་འབྲས་བུ་གསུམ་ཐང་། དེ་གཉིས་བསྲེས་པའི་ནོར་བུ་བདུན་ཐང་། རིམས་ཚད་ལ་ཕན་པའི་ཏིག་ཏ་བཞི་ཐང་དང་། ཁྲག་འཁྲུགས་ཀྱི་ཚ་བ་དང་དྭངས་སྙིགས་འབྱེད་པ་ལ་ཕན་པའི་ཏིག་ཏ་བཞི་ཐང་། རྒྱ་མ་དང་ལོང་ཀའི་ཚད་པ་སེལ་བའི་ཨཱུཏྤ་བཞི་ཐང་། ཚ་འཁྲུ་གཅོད་པའི་ག་པེད་དྲུག་ཐང་བཅས་ཐང་གི་སྦྱོར་བ་དགུ་དང་། ཕོ་བའི་མེ་དྲོད་གསོ་བའི་དོང་གྲ་བསྟན་པའི་སེ་འབྲུ་ལྔ་པ་དང་། གུར་གུམ་བསྟན་པའི་སེ་འབྲུ་ལྔ་པ། བད་ཀན་ནད་རིགས་ལ་ཕན་པའི་བདེ་བྱེད་སྙོམས་ལྡན། ནད་གསར་བ་མ་སྨིན་པ་སྨིན་པ་དང་རྙིང་པ་སྤྱད་པར་བྱེད་པའི་

སྦྱོར་བ། མ་ཞུ་གསར་བ་དང་རྙིང་པ་ལ་ཕན་པའི་དཀར་པོ་དྲུག་སྦྱོར། གཙོ་སྨན་དེའི་སྟེང་དུ་སྨན་རྫས་གང་དག་བསྣན་ན་ཞི་བྱེད་བརྒྱད་པ། ཕོ་བའི་ནད་ལ་ཕན་པའི་ཅོང་ཞི་གསུམ་སྦྱོར། གྲང་མཁྲིས་ལ་ཕན་པའི་གསེར་མདོག་ལྔ་པ། རླུང་གི་ནད་རིགས་ལ་ཕན་པའི་རྣོ་མཆོག་དྲུག་པ། སྣ་ནད་བཅོས་པའི་མཚལ་དཀར་བཞི་པ། མཁལ་ནད་གྲང་བ་ལ་ཕན་པའི་སྦྱོར་བ། གློ་ནད་དང་དབུགས་མི་བདེ་བ་ལ་ཕན་པའི་རྒུན་འབྲུམ་བདུན་པ། མིག་ནད་ལ་ཕན་པའི་སྦྱོར་བ། སྣ་ནད་ལ་ཕན་པའི་རྔུབ་སྨན། གློ་ལུ་ལ་ཕན་པའི་འབྲུགས་གློ་ཀུན་སེལ་སོགས་ཕྱེ་མའི་སྦྱོར་བ་གྱ་གཅིག་སྟེ་ནད་རིགས་བརྒྱ་ལྷག་ལ་ཕན་པའི་ཐང་ཕྱེ་གཉིས་ཀྱི་སྦྱོར་བ་བསྡོམས་པས་དགུ་བཅུ་ཙམ་གྱི་སྦྱོར་བའི་སྨན་སྣ་རེ་རེ་དང་། སྦྱོར་ཚད། སྦྱར་ཐབས། ཕན་ནུས། དེ་ལས་སྦྱོར་བ་ཁ་ཤས་ཀྱི་ཁ་ཚར་སྨན་གྱི་མན་ངག་ཟབ་མོ་སྐོར་རྣམས་བསྟན་ཡོད།

内容提要：此书由数本经典古籍中收录的零星药物组方组成。书中记述有治疗百余种疾病的汤散二剂共计90余种方剂的组方、剂量、配伍、功效以及部分组方的秘诀增补药材等。9种汤剂分别是能够使瘟热成熟的四味藏木香汤，消除新、旧热病的三果汤，前两种配方合并后的七味珍宝汤，治疗瘟热的四味蒂达汤，用以治疗血紊乱热和分离精华糟粕的四味蒂达汤，消除肠道热症的四味止泻木汤，治疗热性腹泻的六味葫芦籽汤等。81种散剂包括能够助增胃火的加良姜五味石榴散和加藏红花的五味石榴散，益于“培根”疾病的能安均宁散，能促熟新发热病和收敛陈旧热病的方剂，治疗新旧消化不良的六味白药散，其为基础增补药材组成的八味能消散，利于胃部疾病的三味寒水石散，利于寒性“赤巴”病的五味金色散，利于“隆”性疾病的六锐散，治疗鼻类疾病的四味密陀僧散，治疗寒性肾病的方剂，用于治疗肺病和哮喘的七味葡萄散，利于眼部疾病的组方，利于鼻部疾病的吸入药和咳嗽的肺热普清散等。

བོད་ཀྱི་གསོ་རིག་ཀུན་བཏུས་བསྟུད་སྒྲིག་མ་ལས། པོད་དོན་དགུ་པའི་ནང་དུ་བཞུགས།

在《〈藏医药大典〉续编（61—80）》中的位置：收载于第七十九卷

ཚན་པ་ཉེར་དགུ་པ། སྣ་ཚོགས་བདུད་རྩི་སྨན་མཛོད།

第二十九篇 《多种甘露药库》

མཚན་བྱང་ཆ་ཚང་། སྣ་ཚོགས་བདུད་རྩི་སྨན་མཛོད་བཞུགས་སོ། །

全名：《多种甘露药库》

རྩོམ་པ་པོ། མི་གསལ།

作者：不详。

མ་ཡིག ལག་བྲིས། ཡིག་གཟུགས་དབུ་མེད། ཤོག་ངོས་རེར་ཐིག་ཕྲེང་ལྔ། ཐིག་ཕྲེང་རེར་ཡིག་འབྲུ་བཅུ་གཅིག ཁྱོན་བསྡོམས་ཤོག་ངོས་སོ་གསུམ་བཞུགས།

母本：手写本，草书体，每页5行，每行11字，共33页。

ནང་དོན་གནད་བསྡུས། གཞུང་འདི་ནི་བྱང་ཐུར་ལུགས་སོགས་ཁུངས་བཙུན་གྱི་རྩ་གཞུང་དག་ལས་ལག་ལེན་སླ་ཞིང་དོན་ཆེ་བའི་ཉེར་མཁོ་སྨན་སྦྱོར་བསྡུས་ནས་བཀོད་པའི་ཡིག་ཆུང་ཞིག་སྟེ། སྤྱི་བའི་རྩ་སྦྱབས་ཀྱི་རྣག་རྣམས་ལ་ཕན་པའི་སྦྱོར་བ། མོ་ནད་ཁྲག་མཁར་ཆགས་པ་ལ་ཕན་པའི་ཁྲག་བཤིག་སྦྱོར་བ། དུག་ནད་དང་ཁྱད་པར་དུ་འབམ་ནད་ལ་ཕན་པའི་ཟུར་མཁར་བའི་ལུགས་ཀྱི་སྦྱོར་བ། གཉན་རིམས་ཀུན་ལ་ཕན་པའི་སྟོད་ལུགས་དང་ཟུར་ལུགས་ཀྱི་སྦྱོར་བ། ངན་ཁྲག་སྟོད་དུ་རྒྱས་པའི་ནད་ལ་ཕན་པའི་སྦྱོར་བ། ཁྲག་རླུང་སྟོད་འཚངས་ལ་ཕན་པའི་སྦྱོར་བ། གཉན་རིམས་ལ་ཕན་པའི་ཐང་སྦྱོར། གཟེར་ཐུང་ལ་ཕན་པའི་སྨན་མར་སྦྱོར་བ། སྤྲོ་ཚད་ཁྲག་ཚད་ལ་ཕན་པའི་སྦྱོར་བ། མོ་ནད་ཁྲག་འདྲིལ་བཤིག་པ་ལ་ཕན་པའི་སྦྱོར་བ། རྨུགས་པ་གཙོད་པ་ལ་ཕན་པའི་སྦྱོར་བ། སྲིན་ནད་རིགས་ལ་ཕན་པའི་སྦྱོར་བ། མཆིན་ནད་ལ་ཕན་པའི་སྦྱོར་བ་ཟབ་མོ། ཁྱད་པར་དུ་སྟོད་དུ་རྩ་ཁ་ཤོར་བ་དང་། སྨད་དུ་ཟླ་མཚན་འཁྲུམས་པ་དང་། རྩ་ཆེན་མཚོན་གྱིས་བཅད་

པ་ལ་ཕན་པའི་སྦྱོར་བ། སློ་ཚད་ལ་ཕན་པའི་སྦྱོར་བ། ཚ་མཁྲིས་ལ་ཕན་པའི་བྱང་ལུགས་སྦྱོར་བ་ཁ་ཚར་ཅན། འདུས་ནད་སྨུག་པོ་ལ་ཕན་པའི་སྦྱོར་བ། དྲེག་གྲུམ་ནད་ལ་ཕན་པའི་སྦྱོར་བ། ཆུ་འགགས་ནད་ཚ་གྲང་མེད་པར་སེལ་ནུས་པའི་སྦྱོར་བ། རྩ་ནད་ལ་ཕན་པའི་སྦྱོར་བ་བཅས་སྦྱོར་བ་སོ་ལྔ་ཙམ་གྱི་སྦྱོར་བའི་ལག་ལེན་ཟབ་མོ་དག་གསང་བ་མེད་པར་ལྷུག་པར་བཀོལ་ཡོད།

内容提要：此书汇集了藏医学宿喀和强巴学派典籍中收录的易于操作且常用的方剂。书中记述了治疗肺管脓症的方药、治疗妇科疾病的清淤血方、治疗毒病的方药以及治疗“斑”病的宿喀派组方。还记述了治疗痨瘟的宿喀和强巴派组方，治疗坏血上壅的方药，治疗血“隆”上壅症的方药，治疗痨瘟的汤剂，治疗急痛痨的药油剂，清肺热和血热的组方；清除妇女血瘀方，止吐方，治疗“蛙”病方，治疗肝病方，尤其记述了治疗出血、月经淋漓、大脉器械切断伤、肺热症的组方，以及强巴派治疗热性“赤巴”病的“卡嚓尔”方；治疗紫色“培根”病、痛风、湿痹、寒热尿闭症和脉病等的35种组方。

བོད་ཀྱི་གསོ་རིག་ཀུན་བཏུས་བསྟུད་སྒྲིག་མ་ལས། པོད་དོན་དགུ་པའི་ནང་དུ་བཞུགས།

在《〈藏医药大典〉续编（61—80）》中的位置：收载于第七十九卷

ཚན་པ་སུམ་ཅུ་པ། སྨན་སྦྱོར་གྱི་གབ་མིང་གསལ་བྱེད།

第三十篇　《组方隐名明示》

མཚན་བྱང་ཆ་ཚང་། སྨན་སྦྱོར་གྱི་གབ་མིང་གསལ་བྱེད་བཞུགས་སོ། །

全名：《组方隐名明示》

རྩོམ་པ་པོ། ཀཱ་རྨ་ཆོས་རྒྱལ་ཡེ་ཤེས་འགྱུར་མེད། སྤྱི་ལོ་༡༨༧༠ལོར་མདོ་སྟོད་ཡུལ་ཤུལ་གྱི་ཇ་སྟོད་འབྲོང་བར་སྐུ་འཁྲུངས་ཤིང་། སྤྱི་ལོ་༡༨༩༠ལོར་སྐུ་གཤེགས།

作者：噶玛却吉·叶西晋美，1810年生于多堆玉树杂多仲巴，1870年卒。

མ་ཡིག སྒྲིག་པར། ཡིག་གཟུགས་དབུ་ཅན། ཕྱག་ངོས་རེར་ཐིག་ཕྲེང་བཅུ་དགུ། ཐིག་ཕྲེང་རེར་ཡིག་འབྲུ་བཅུ་གཉིས། ཁྱོན་བསྡོམས་ཕྱག་ངོས་བཅུ་གསུམ་བཞུགས།

母本：排印本，正楷体，每页19行，每行12字，共13页。

ནང་དོན་གནད་བསྡུས། གཞུང་འདི་ནི་སྨན་གྱི་གབ་མིང་གཙོ་བོ་ལ་བསྟུས་པ་བཙ་སྲེད་དང་བསྲེགས་ཐལ་ལྡེ་གུའི་སྦྱག་ལེན་སོགས་སྟོན་པའི་ཡིག་ཆུང་ཞིག་སྟེ། བེ་དྲོ་དང་ཆོས་སྨན། བུ་མོའི་རྩ། དེང་ཁྲིས་པར་མ་ཞེས་པ་ལྟ་བུ་གབ་མིང་གི་ངོས་འཛིན་དང་། མདའ་རྒྱུས་དང་ལུག་ངལ། གཡེར་ཤིང་ལྟ་བུ་ངོ་ཕྲོད་དཀའ་བ་དང་། ལྕགས་དྲེག་དང་ལྕགས་སོལ་ལྟ་བུ་ཕན་ཚུན་འཁྲུལ་སླ་བའི་སྨན་གྱི་ངོས་འཛིན། ལང་ཐང་ཙེ་དང་དེ་བ། ཐིག་པན་ལྟ་བུ་མིང་གཅིག་དོན་དུ་མར་འཇུག་པ་དང་ཡང་ན་ནང་གསེས་རིགས་དབྱེ་མང་བའི་སྐོར་རྣམས་ནད་གཞི་མི་འདྲ་བ་དང་བསྟུན་ནས་ནད་གང་གི་སྐབས་སུ་སྨན་གང་ཞིག་གཏོང་དགོས་པའི་སྐོར། དམར་གསུམ་དང་། དམར་པོ་བཞི། སྔོ་ཡི་རྩ་བ་ལྔ། རུས་གསུམ་ལྟ་བུ་བསྡུས་པ་བཙ་ཡི་ངོ་སྤྲོད། སུར་དཀར་དང་དབྱི་མོང་གཉིས་ཆང་གི་ནང་དུ་སྦངས་ནས་རླངས་པ་ཚ་བསྲུབས་བྱས་ལ་དེ་རྗེས་དུག་བསྲེགས་བྱ་བ་དང་དུང་འགྲོན་གཉིས་ཏར་བསྲེགས་བྱ་དགོས་པ་སོགས་བསྲེགས་ཐལ་གྱི་སྦྱག་ལེན། སྒོག་འདོན་དང་ལུམས། ལྡེ་གུའི་སྦྱག་ལེན་ཟབ་མོ། སྨན་མར་སོགས་བསྐོལ་སྐོད་ནི་ཟངས་དམར་སོགས་གཏན་ནས་མི་རུང་བ་སོགས་སྦྱག་ལེན་ཟབ་མོ་མང་པོ་ལྡེ་མིག་གི་ཚུལ་དུ་གབ་སྦས་མེད་པར་གསལ་བོར་བཀྲོལ་ཡོད།

内容提要：此书介绍了药材的隐名、合称名，药材制灰和膏剂制作实践等。主要对翼首草和黄精等药材的隐名辨认，相思豆、齿苞黄堇和“叶香”等难于诠释的药材，铁屑和铁渣等容易混淆的药材的区分，莨菪、暗绿紫堇和胆矾等一名多用的药材辨认，尤其针对种类较多的药材根据具体疾病使用的方法，三红、四红、植物五根药和三骨等含称名词，小叶杜鹃和铁线莲两味药材的炮制法，螺和贝齿的烧制方法，蒜祛隆剂、药浴和膏剂的制作方法以及在制作油丸制剂时不能用铜、铁锅等容器的要领等进行了详细说明。

བོད་ཀྱི་གསོ་རིག་ཀུན་བཏུས་བསྟུད་སྒྲིག་མ་ལས། པོད་དོན་དགུ་པའི་ནང་དུ་བཞུགས།

在《〈藏医药大典〉续编（61—80）》中的位置：收载于第七十九卷

སྐབས་དོན་གཉིས་པ། དམིགས་བསལ་སྨན་སྦྱོར་དག་གི་མན་ངག་ལག་ལེན།
第二集　个别组方的秘诀实践

སྔོན་བྱོན་མཁས་པས་ཕྱོགས་བསྡོམས་མཛད་པའི་སྨན་སྦྱོར་སྟོང་ཕྲག་མང་པོ་ལས་ཟབ་ཁྱད་ཀྱི་སྨན་སྦྱོར་རེ་གཉིས་ཀྱི་སྦྱོར་ཐབས་ལག་ལེན་གཙོར་བྱས་ནས་སྦྱོར་ཚད་དང་ཕན་ནུས་སོགས་རེ་རེ་བཞིན་ཞིབ་ཏུ་གསལ་བར་གསུངས་པའི་བརྗམས་ཆོས་སམ་ཟིན་བྲིས་ཏེ། རིན་པོ་ཆེ་རིལ་ནག་ཆེན་པོའི་ཕྱག་ལེན་ཡང་དག་པ་གྲུབ་ཐོབ་ཨོ་རྒྱན་པའི་མན་ངག་དང་། ལེགས་བཤད་བཻཌཱུརྻ་དཀར་པོའི་འཕྲེང་བ། གྲུབ་ཆེན་ཨུ་རྒྱན་པའི་རིལ་ནག་ཆེ་བ། རིན་ཆེན་ཚ་སྦྱོར་གྱི་གསལ་བྱེད་ཚིག་ཐུབ་རྡོ་རྗེའི་ཕ་ལམ། རིན་ཆེན་ཧ་རི་མའི་སྦྱོར་སྡེ་སོགས་ཚན་པ་ཉེར་གསུམ་བཀོད་ཡོད།

本集收录详细记录历代藏医药学家收集编著的数千个方剂中极具特色的62种组方的制法、剂量和功效的笔记《珍宝大黑丸规范制法 · 珠托邬金巴秘诀 · 心精》和《善说白琉璃串》《珠钦邬金巴之珍宝大黑丸》《仁青嚓觉丸明释》《仁青“达日玛”》等文献23篇。

ཚན་པ་དང་པོ། རིན་པོ་ཆེ་རིལ་ནག་ཆེན་པོའི་ཕྲུག་ལེན།

第一篇 《珍宝大黑丸制法实践》

མཚན་བྱང་ཆ་ཚང་། རིན་པོ་ཆེ་རིལ་ནག་ཆེན་པོའི་ཕྲུག་ལེན་ཡང་དག་པ་གྲུབ་ཐོབ་ཨོ་རྒྱན་པའི་མན་ངག་ཐུགས་ཀྱི་སྙིང་ཁུ་ཟབ་བཅུད་ཀྱི་བསྐོར་བཞུགས་སོ། །

全名：《珍宝大黑丸规范制法·珠托邬金巴秘诀·心精》

རྩོམ་པ་པོ། ཟླ་བ་སེང་གེ

作者：达瓦桑格

མ་ཡིག ལག་བྲིས། ཡིག་གཟུགས་དབུ་མེད། ཤོག་ངོས་རེར་ཐིག་ཕྲེང་དྲུག ཐིག་ཕྲེང་རེར་ཡིག་འབྲུ་སོ་གཉིས། ཁྱོན་བསྡོམས་ཤོག་ངོས་ཞེ་གཉིས་བཞུགས།

母本：手写本，草书体，每页6行，每行32字，共42页。

ནང་དོན་གནད་བསྡུས། གཞུང་འདི་ནི་རིལ་ནག་ཆེན་མོ་དང་འབྲེལ་བའི་ཕྲུག་ལེན་གྱི་ཉིང་ཁུ་ཟབ་མོ་རྣམས་ཕྱོགས་གཅིག་ཏུ་བཀོད་པ་ཞིག་སྟེ། གཞུང་སྤྱི་ལ་ས་བཅད་བཞི་ཡོད། དེ་ལ་དང་པོ་སྨན་ནག་ཆེན་མོའི་ཕྲུག་ལེན་ཏེ། སྦྱོར་བའི་ཚད། འདམ་བཏགས་བྱེད་ལུགས། རིལ་བུ་དྲིལ་ལུགས་སྐེ་ཚད་བཞིན་དུ་རིལ་བུ་ཆུང་ངུར་སྒྲིལ་ནས་རིལ་ཆགས་བྱེད་དགོས་ཚུལ་དང་། གསེར་དངུལ་ཟངས་སོགས་གཡའ་མི་འབྱུང་བའི་སྣོད་བཟང་པོར་བཅངས་དགོས་ཚུལ། རབ་གནས་ཏེ་སྨན་རྣམས་གཟའ་སྐར་བཟང་བའི་དུས་སྟོད་བཟང་ལ་བླུགས་ནས་བདུད་རྩི་རིལ་བུ་བསྒྲུབ་པའི་སྔགས་དང་ཆོ་ག་ཞག་བདུན་ལ་སོགས་པར་བསྒྲུབ་པས་སྨན་རྣམས་ནུས་པ་མཆོག་ཏུ་གྱུར་ཚུལ། ཕན་ཡོན་ཏེ་མཆོག་ཏུ་བཅུད་ལེན་ལ་བཟང་ཞིང་རྡོ་རྗེའི་ལུས་སུ་འགྲུབ་པ་དང་བཞི་བརྒྱ་རྩ་བཞིའི་ནད་གདོན་སེལ་ཚུལ་བཅས་བསྟན། གཉིས་པ་གཅེས་བསྡུས་རིན་ཆེན་ཕྲེང་བའི་དངུལ་ཆུ་བཙོ་

བ་དང་། བཀྲུ་བ། བསད་པ། དེ་ལ་སྦྱར་བའི་སྦྱོར་བ་སོགས་མང་པོ་གསུངས་ཡོད་པ་ལས་དོན་གོ་དཀའ་བ་དག་གྲུབ་ཐོབ་ཨོ་རྒྱན་པ་ལ་ཧ་སྲས་ལྷ་རྗེ་དང་རྗེ་རྗེ་མགོན་པོ་སོགས་ཀྱིས་དྲིས་པ་དང་དེ་ལ་རྗེ་རིན་པོ་ཆེས་ལན་ཕྱོན་པའི་ཚུལ་དུ་གསལ་བོར་བཀོལ་ཡོད། གསུམ་པ་ཨོ་རྒྱན་པའི་སྨན་གྱི་སྦྱར་ཐབས་ཏེ། དངུལ་ཆུ་གཙོར་བྱས་པའི་སྨན་སྦྱོར་འབྲུམ་ནད་ཐེངས་ཆོག་རིལ་བུ་དང་། དབང་རིལ། སྨན་ནག་ཆེན་མོ་སོགས་ཀྱི་སྦྱོར་བ་དང་། ཐུན་ཚད། སྦྱར་ཐབས། ཕན་ནུས། བསྟེན་ཐབས་བཅས་བསྟན། བཞི་པ་ལག་ལེན་འདི་དག་གི་བརྒྱུད་པའི་རིམ་པ་བཅས་སྨན་གྱི་ལག་ལེན་ངོས་བཟུང་དང་སྦྱོར་ཚད་མཆན་བུར་གསལ་བ་རྣམས་དཀྲུས་སུ་བསྒྲིགས་ནས་ཁ་གསལ་བར་བསྟན་ཡོད། གཞུང་འདི་ནི་གྲུབ་ཐོབ་ཨོ་རྒྱན་པའི་ཞལ་གདམས་ཏེ་ཟླ་བ་སེང་གེས་ཟིན་བྲིས་སུ་བཏབ་པ་ཞིག་གོ །

内容提要：此书是达瓦桑格对珠托邬金巴的教诫以笔记形式进行的记录，系统收录了制作大黑丸实践过程。全书由4部分组成。第一部分是关于制作大黑丸的实践，包括方剂的剂量，湿研磨粉，制丸法，放置药丸的容器质地要求，加持仪轨，该药丸可滋补养生、延年益寿，消除404种疾病和外邪。第二部分收录了《医疗集要宝串》中关于水银的煮、洗和炼等方法以及与之相关的多种组方，并对晦涩难懂的部分进行了详细解释。第三部分内容中收录了智托邬金巴的组方配制法，即以水银为主的组方痘疮特效丸、“旺日”和大黑丸等的配方、剂量、配制、功效和服用方法。第四部分详细记录了该实践方法的传承沿革，关于药材的辨认和配比的零星标注等。

བོད་ཀྱི་གསོ་རིག་ཀུན་བཏུས་བསྟུད་སྒྲིག་མ་ལས། པོད་དོན་དགུ་པའི་ནང་དུ་བཞུགས།

在《〈藏医药大典〉续编（61—80）》中的位置：收载于第七十九卷

ཚན་པ་གཉིས་པ། ལེགས་བཤད་བཻཌཱུརྻ་དཀར་པོའི་འཕྲེང་བ།

第二篇 《善说白琉璃串》

མཚན་བྱང་ཆ་ཚང་། ལེགས་བཤད་བཻཌཱུརྻ་དཀར་པོའི་འཕྲེང་བ་ཞེས་བྱ་བ་བཞུགས་སོ། །

全名：《善说白琉璃串》

རྩོམ་པ་པོ། དར་མོ་སྨན་རམས་པ་བློ་བཟང་ཆོས་གྲགས། ཕྱི་ལོ་༡༦༣༨ལོར་དབུས་གཙང་ལྷོ་ཁའི་སྣེ་གདོང་ཡར་སྟོད་དར་མོ་ཏ་སྐྱ་འཁྲུངས།

作者：达莫曼让巴·洛桑曲扎，1638年生于卫藏山南地区乃东县雅砻达莫。

མ་ཡིག ལག་བྲིས། ཡིག་གཟུགས་དབུ་མེད། ཤོག་ངོས་རེར་ཐིག་ཕྲེང་བདུན། ཐིག་ཕྲེང་རེར་ཡིག་འབྲུ་བཞི་བཅུ། ཁྱོན་བསྡོམས་ཤོག་ངོས་ཞེ་གཉིས་བཞུགས།

母本：手写本，草书体，每页7行，每行40字，共42页。

ནང་དོན་གནད་བསྡུས། གཞུང་འདི་ནི་རིན་ཆེན་གྲང་སྦྱོར་ཆེན་མོའི་གཙོ་སྨན་དང་འཁོར་སྨན་གྱི་འབྱུང་ཁུངས་དང་བརྟག་ཐབས་སོགས་བཀོད་པ་ཞིག་སྟེ། དང་པོ་རིན་ཆེན་གྲང་སྦྱོར་ཆེན་མོའི་གཙོ་སྨན་ཏེ་དངུལ་ཆུའི་འབྱུང་ཁུངས་དང་། དངུལ་ཆུ་གྲུབ་པའི་ལོ་རྒྱུས། དངུལ་ཆུའི་མིང་གི་རྣམ་གྲངས། དངུལ་ཆུའི་ཁ་དོག་དང་གཟུགས་དབྱིབས། བསྟེན་ཐབས། ཡོན་ཏན། བསྟེན་མ་ཤེས་པའི་སྐྱོན། དངུལ་ཆུས་བཅུད་ལེན་བྱེད་ཚུལ་བཅས་བསྟན། གཉིས་པ་རིན་ཆེན་གྲང་སྦྱོར་ཆེན་མོའི་འཁོར་སྨན་བཻཌཱུརྻ་དང་། པདྨ་རཱ་ག ཨིནྡྲ་ནཱི་ལ་སོགས་སྨན་རྫས་ཉེར་གསུམ་གྱི་སོ་སོའི་ངོས་འཛིན་ཏེ། མཆོག་དམན་རིགས་དབྱེ། དབྱིབས། ཁ་དོག བཟང་ངན་བརྟག་ཚུལ་བཅས་ཞིབ་པར་གསུངས་ཡོད། གཞུང་འདི་ནི་དར་མོ་སྨན་རམས་པ་བློ་བཟང་ཆོས་གྲགས་ཀྱིས་རྒྱལ་བ་ལྔ་པ་ངག་དབང་བློ་བཟང་རྒྱ་མཚོའི་བཀའ་ལྟར་རིན་ཆེན་རིལ་བུ་དང་། རིན་ཆེན་ཧ་རི་མ། དུག་

འཇོམས་དབང་པོའི་རིལ་བུ་བཅས་ཀྱི་སྦྱོར་སྡེ་བགྱིས་སྐབས་རང་དང་གཞན་ལ་ཕན་པའི་དོན་དུ་རྒྱ་གར་དང་བོད་ཡུལ་ཁ་ཆེ་བལ་ཡུལ་གྱི་མཁས་པ་དུ་མའི་ཞལ་གྱི་གདམས་པ་རྣམས་སོ་སོར་བཤད་པ་གཅིག་ཏུ་དྲིལ་ཏེ་གཞུང་ལུགས་རྒྱ་མཚོའི་ཚིག་དོན་རྟོགས་པ་དང་རང་གི་ཉམས་མྱོང་དང་སྦྱར་ནས་པོ་བྲང་ཆེན་པོ་པོ་ཏ་ལའི་ཉེ་འདབས་སྐྱིད་ཚལ་ཀླུ་སྡུག་གླིང་དུ་སྦྱར་བ་ཞིག་གོ །

内容提要：本书由大医者达莫曼让巴·洛桑曲扎遵循第五世达赖喇嘛阿旺·洛桑嘉措的旨意，在整理珍宝丸、仁青达日丸和解毒旺日丸等方剂时，本着利善他人的初心，汇集来自当时吐蕃、伊斯兰和尼泊尔地区名家教言并结合自己的实践经验在布达拉宫附近的鲁普朗所撰。全书由仁青常觉的主辅药材的来源和辨认等两部分组成。第一部分收录了仁青常觉的主药水银的来源、历史、异名、颜色、形态、使用方法、性效、用法错误的弊端，提取水银精华之法等。第二部分中详细记述了仁青常觉组方中的琉璃、红宝石和蓝宝石等23种辅药的辨认、品质分类、形态、颜色和品质辨别等。

བོད་ཀྱི་གསོ་རིག་ཀུན་བཏུས་བསྟུད་སྒྲིག་མ་ལས། པོད་དོན་དགུ་པའི་ནང་དུ་བཞུགས།

在《〈藏医药大典〉续编（61—80）》中的位置：收载于第七十九卷

ཚན་པ་གསུམ་པ། རིན་ཆེན་གྲང་སྦྱོར་གྱི་གསལ་བྱེད།

第三篇 《仁青常觉之明示》

མཚན་བྱང་ཆ་ཚང་། རིན་ཆེན་གྲང་སྦྱོར་གྱི་གསལ་བྱེད་འཆི་མེད་བདུད་རྩིའི་སྙིང་ཁུ་བཞུགས་སོ། །

全名：《仁青常觉明示·甘露精华》

རྩོམ་པ་པོ། དར་མོ་སྨན་རམས་པ་བློ་བཟང་ཆོས་གྲགས། སྐྱེ་ལོ་༡༦༣༨ལོར་དབུས་གཙང་ལྷོ་ཁའི་སྣེ་གདོང་ཡར་སྟོད་དར་མོ་ཏ་སྒྲུ་འབྲིངས།

作者：达莫曼让巴·洛桑曲扎，1638年生于卫藏山南地区乃东县雅砻达莫。

མ་ཡིག ལག་བྲིས། ཡིག་གཟུགས་དབུ་མེད། ཤོག་ངོས་རེར་ཐིག་ཕྲེང་ལྔ། ཐིག་ཕྲེང་རེར་ཡིག་འབྲུ་ཉེར་བདུན། ཁྱོན་བསྡོམས་ཤོག་ངོས་སོ་དྲུག་བཞུགས།

母本：手写本，草书体，每页5行，每行27字，共36页。

ནང་དོན་གནད་བསྡུས། གཞུང་འདི་ནི་རིན་ཆེན་གྲང་སྦྱོར་ཆེན་མོའི་སྦྱོར་བ་བགྱིད་ཚུལ་གྱི་ལག་ལེན་རིམ་པ་སྟོན་པ་ཞིག་སྟེ། སྦྱོར་བར་མེད་ཐབས་མེད་པའི་དངུལ་ཆུ་བཙོ་བཀྲུ་ཆེན་མོ་དང་། འཁོར་སྨན་རིན་པོ་ཆེ་དང་། རྡོ། བཟང་སྨན། སྔོ། འབྲུ། ཤིང་། རྭ། སྒྲོ་སོགས་ལས་བྱུང་བའི་སྨན་རྫས་གཙོ་འཁོར་བརྒྱ་གསུམ་དང་སྟེང་དུ་ཁ་སྐོང་སྨན་རྫས་ཉི་ཤུ་བསྣན་དགོས་ཚུལ་བསྟན་ཏེ། ཁ་སྐོང་སྨན་རྣམས་མེད་གྱུར་ན་དཔའ་བོ་དགྲ་འདུལ་ཡང་མཚོན་ཆ་མེད་པ་དང་འདྲ་བར་སྦྱོར་བའི་ནུས་པ་ཆ་བ་མེད་པར་རྟུལ་ལ་བུལ་བས་ཁ་སྐོང་སྨན་རྫས་དང་བཅས་པ་བསྡོམས་པས་སྨན་རྫས་བརྒྱ་དང་གསུམ་ཚང་བར་བསྟན་པ་དང་། དེ་ལས་སྨན་རྫས་ཁ་ཤས་ཀྱི་སྦྱོར་ཚད། ཁ་ཤས་ཀྱི་འདུལ་སྦྱོང་ལག་ལེན། སྦྱར་ལེགས་པའི་རིལ་བུ་ལ་བྱིན་རླབས་བྱ་ཚུལ། ལག་ལེན་བསྐར་དུས་ཉིན་རེ་བཞིན་སྨན་བླ་ཡོངས་སྐུ་སོགས་ཀྱི་བཟླས་པ་ཆག་མེད་དུ་བྱ་དགོས་ཚུལ། དུས་དང་རྣམ་པ་ཀུན་ཏུ་བུད་མེད་དང་ནམ་མཁའ་ཉི་མ་གསུམ་གྱིས་མི་མཐོང་མི་རེག་པ་དམ་ཚིག་དང་། རིལ་བུ་ཚད་ལྡན་ལྟར་བྱུང་བའི་སྦྱིའི་ཕན་ཡོན་དང་། སོ་སོའི་ཕན་ཡོན། རིལ་ནག་གི་ལག་ལེན་རིམ་པ་བརྒྱུད་ཚུལ་བཅས་གྲང་སྦྱོར་ཆེན་མོའི་སྦྱོར་བའི་ལག་ལེན་རྒྱས་པར་གསུངས་ཡོད། གཞུང་འདི་ནི་དར་མོ་སྨན་རམས་པ་བློ་བཟང་ཆོས་གྲགས་ཀྱིས་སྐྱིད་ཚལ་ཀླུ་སྦུག་གླིང་དུ་རིན་ཆེན་རིལ་བུའི་སྦྱོར་སྡེ་བགྱིས་སྐབས་རང་དང་གཞན་ལ་ཕན་པའི་དོན་དུ་ཟིན་བྲིས་སུ་སྦྱར་བ་དང་ཡི་གེ་པ་ནི་ལྷ་བྲག་ངག་དབང་ཆོས་འཕེལ་ཡིན།

内容提要：此书是由达莫曼让巴·洛桑曲扎在鲁普朗制作仁青常觉时所做的记录。内容包括该组方不可或缺的主药材水银，辅助药材中的珍宝、矿物、良药、草本、谷物、木本、角和羽类等83种主辅药材的基础上增补的20味药材的介绍。书中认为，如果没有这些增补药材，就如同在战场杀敌的英雄没有锐利的武器般，药物的效果不能有效发挥，因此，仁青常觉的组方药材为103种。书中还阐述了部分药材的剂量和炮制，制成药丸的加持过程，并认为，制药过程中的每天不间断诵读药师佛报身法。制药过程始终禁止女性接触，禁见光和暴露在外。书中还记述了药丸的总体功效和具体功效，大黑丸的传承脉系等。

བོད་ཀྱི་གསོ་རིག་ཀུན་བཏུས་བསྟུད་སྒྲིག་མ་ལས། ཕོད་དོན་དགུ་པའི་ནང་དུ་བཞུགས།

在《〈藏医药大典〉续编（61—80）》中的位置：收载于第七十九卷

ཚན་པ་བཞི་པ། གྲུབ་ཆེན་ཨུ་རྒྱན་པའི་རིལ་ནག་ཆེ་བ།

第四篇　《珠钦邬金巴之珍宝大黑丸》

མཚན་བྱང་ཆ་ཚང་། རིན་ཆེན་གྲང་སྦྱོར་གྱི་གཞི་བྱས་ཏེ་སྨན་བསྡུ་རྩོལ་ཕྱག་ལེན་བསྒྲི་བཏགས་རིལ་ཆགས་སྨན་སྒྲུབ་རབ་གནས་ཟིན་བྲིས་ཕན་ཡོན་ཤིས་བརྗོད་བཅས་འགོད་པ་ལས་གྲུབ་ཆེན་ཨུ་རྒྱན་པའི་རིལ་ནག་ཆེ་བ་ཞེས་བྱ་བ་བཞུགས་སོ། །

全名：《仁青常觉为基础的药物敛法实践・制丸药修仪轨笔记贺言・珠钦邬金巴之珍宝大黑丸》

རྩོམ་པ་པོ། སི་ཏུ་ཆོས་ཀྱི་འབྱུང་གནས། སྐྱེ་ལོ་༡༧༠༠ལོར་མདོ་སྟོད་སྡེ་དགེ་དིང་རིང་སྐང་དུ་སྐུ་འཁྲུངས།

作者：司徒・曲吉君乃，1700年生于多堆德格当让岗。

མ་ཡིག ལག་བྲིས། ཡིག་གཟུགས་དབུ་མེད། ཤོག་ངོས་རེར་ཐིག་ཕྲེང་དྲུག ཐིག་ཕྲེང་རེར་ཡིག་འབྲུ་ཞེ་གཉིས། ཁྱོན་བསྡོམས་ཤོག་ངོས་ཉེར་གསུམ་བཞུགས།

母本：手写本，草书体，每页6行，每行42字，共23页。

ནང་དོན་གནད་བསྡུས། གཞུང་འདི་ནི་གྲུབ་ཆེན་ཨོ་རྒྱན་པའི་ལུགས་ཀྱི་རིན་ཆེན་རིལ་ནག་ཆེན་མོའི་སྦྱོར་བའི་ལག་ལེན་བསྟན་པ་ཞིག་སྟེ། གཞུང་སྤྱི་ལ་ས་བཅད་ལྔ་ཡོད། དང་པོ་རིལ་ནག་ཆེན་མོའི་གཞི་སྨན་ནམ་གཙོ་

སྨན་དངུལ་ཆུ་བཙོ་བཀྲུ་དང་ལྕགས་བརྒྱད་ཁམས་བརྒྱད་ཀྱི་ཐལ་བ། རིན་པོ་ཆེ་སྤུར་ལེན། སྤོས་ཤེལ། ཁྱུང་སྐྱུགས། དུང་། གཡུ་སོགས་སྨན་སྣ་བརྒྱ་དང་བཞི་དང་། འཕོར་སྨན་བྲག་ཞུན་དང་། ཁྱུང་སྔེར་དཀར་སྨུག ཨུཏྤལ་སོགས་སྨན་སྣ་ཉེར་གཅིག་བཅས་གཙོ་འཕོར་སྨན་སྣ་བརྒྱ་དང་ཉེར་ལྔ། དེ་སྟེང་གྲུབ་ཆེན་ཨོ་རྒྱན་པའི་ལུགས་ཀྱི་ཨ་རུ་གསེར་མདོག་གི་རུས་པ། མ་ནུ། ཙུ་སྲུ་སོགས་ཁ་ཚར་སྨན་རྫས་བཞི་བཅུ་བསྣོམས་པས་སྨན་སྣ་བརྒྱ་དང་དྲུག་ཅུ་རྩ་ལྔའི་རྣམ་གྲངས་དང་། རེ་རེའི་ཐུན་ཚད་བཅས་བསྟན། གཉིས་པ་རིལ་ནག་ཆེན་མོའི་གཙོ་སྨན་ཨ་རུ་གསེར་མདོག་དང་ལྕགས་ཕྱེའི་དུག་འདོན་ཐབས་ལེན། རིན་ཆེན་དངུལ་ཆུ་བཙོ་བཀྲུའི་ཐབས་ལེན་ཏེ་གཡའ་ཕྱི་བ། གཡའ་ཁྲུ་འདོན་པ། བཙོ་ཆེན། བཙོ་འབྲིང་། བཙོ་ཆུང་བཅས་ཀྱི་ལག་ལེན་བསྟན། གསུམ་པ་སྨན་རྣམས་སྤྱང་ལ་བཀྲུགས་ནས་ཞིབ་པར་བརྟགས་ཏེ་སྨན་ཕྱེ་གཞན་གང་དག་བསྲེ་དགོས་པ་དང་ཆབས་ཅིག་ཏུ་སྨན་བླའི་སྔགས་རྒྱུན་མ་ཆད་པར་འདོན་དགོས་པ་སོགས་བསྲེ་འཐག་སྐབས་ཀྱི་ལག་ལེན་རིམ་པ་རྣམས་དང་། བཞི་པ་འདམ་འཐག་བྱས་རྗེས་རིལ་ཆགས་བྱེད་ལུགས། མཇུག་ཏུ་སྨན་སྒྲུབ་རབ་གནས་ཤིས་བརྗོད་ཕན་ཡོན་སོགས་གཞུང་སྒྲི་དང་མཐུན་པར་བྱ་དགོས་ཚུལ་བཅས་རིལ་ནག་ཆེན་མོའི་སྨན་རྫས་རེ་རེའི་ངོས་འཛིན་དང་སྦྱོར་ཚད་སྦྱར་ཐབས་ཀྱི་ལག་ལེན་རིམ་པ་རྣམས་ལས་ཀའི་གོ་རིམ་བཞིན་ཆ་ཚང་བར་བསྟན་ཡོད།

内容提要：本书介绍了珠钦邬金巴大黑丸配制过程。全书共有5个部分。第一部分介绍了制作大黑丸的根本药材水银的洗炼，八金八矿灰、琥珀、碧玉、螺和绿松石等104种主要药材以及岩精、白紫钩藤、绿绒蒿等21种辅药材，共计125种药材，增加珠钦邬金巴学派中例如金色诃子的核、木香和芫荽等40种“卡嚓尔”药材，共计165味药材的组成及剂量。第二部分阐述了大黑丸的主药材金色诃子和铁粉的炮制方法以及水银在洗炼过程中的去锈、去垢和不同煮制等实践。第三部分主要介绍了混合研磨阶段的制法，即将上述药材进行称量、研磨混合的同时不间断地念诵药师佛心咒等仪轨。第四部分为药丸的制作方法。第五部分记述了对药丸的开光和祝词功效等。

བོད་ཀྱི་གསོ་རིག་ཀུན་བཏུས་བསྟུད་སྒྲིག་མ་ལས། པོད་དོན་དགུ་པའི་ནང་དུ་བཞུགས།

在《〈藏医药大典〉续编（61—80）》中的位置：收载于第七十九卷

ཚན་པ་ལྔ་པ། རིན་ཆེན་ཚ་སྦྱོར་གྱི་གསལ་བྱེད།

第五篇 《仁青嚓觉丸明示》

མཚན་བྱང་ཆ་ཚང་། རིན་ཆེན་ཚ་སྦྱོར་གྱི་གསལ་བྱེད་ཆིག་ཐུབ་རྡོ་རྗེའི་ཕ་ལམ་ཞེས་བྱ་བ་བཞུགས་སོ། །

全名：《仁青嚓觉丸明示 · 金刚石》

རྩོམ་པ་པོ། དར་མོ་སྨན་རམས་པ་བློ་བཟང་ཆོས་གྲགས། སྤྱི་ལོ་༡༦༣༨ལོར་དབུས་གཙང་ལྷོ་ཁའི་སྣེ་གདོང་ཡར་སྟོད་དར་མོ་ཏུ་སྐྱ་འཁྲུངས།

作者：达莫曼让巴 · 洛桑曲扎，1638年生于卫藏山南地区乃东县雅砻达莫。

མ་ཡིག ལག་བྲིས། ཡིག་གཟུགས་དབུ་མེད། ཤོག་ངོས་རེར་ཐིག་ཕྲེང་བདུན། ཐིག་ཕྲེང་རེར་ཡིག་འབྲུ་བཞི་བཅུ། ཁྱོན་བསྡོམས་ཤོག་ངོས་བཅུ་གཅིག་བཞུགས།

母本：手写本，草书体，每页7行，每行40字，共11页。

ནང་དོན་གནད་བསྡུས། གཞུང་འདི་ནི་རིན་ཆེན་ཚ་སྦྱོར་གྱི་ལག་ལེན་རིམ་པ་སྟོན་པའི་ཡིག་ཆུང་ཞིག་སྟེ། རིན་ཆེན་ཚ་སྦྱོར་གྱི་གཙོ་སྨན་བདུན་དང་འཕོར་སྨན་ཉེར་ལྔ། ཁ་ཚར་སྨན་སྣ་བཅུ་གཉིས་བཅས་ཀྱི་སྨན་སྣ་རེ་རེ་གང་ཡིན་དང་སོ་སོའི་སྦྱོར་ཚད། སྦྱོར་ཚད་ཀྱི་ཞལ་ཤེས། ཁ་ཚར་སྨན་རྣམས་གང་དགོས་ནད་ཀྱི་བབས་དང་བསྟུན་ནས་གཏོང་དགོས་ཚུལ། ཞོར་དུ་དངུལ་ཆུ་འདུལ་བར་མཁོ་བའི་སྨན་རྣམས་ཀྱི་སྦྱོར་ཚད་དང་བཅས་མདོ་ཙམ་བསྟན་ནས་རིམ་པར་སྨན་རྫས་སོ་སོའི་ཕན་ཡོན་བསྟན་པ་ལ་རིན་པོ་ཆེ་གསེར་དངུལ་ཟངས་ལྕགས་བཅས་བཞི་དང་ཨ་རུ་གུར་གུམ་ཛཱ་ཏི་སོགས་རྩ་བའི་སྨན་སྣ་ཉེར་བརྒྱད། སླེ་ཏྲེས་མཁལ་ཞོ་སོགས་ཁ་ཚར་སྨན་སྣ་བཅུ་གཉིས་བཅས་བསྡོམས་པས་སྨན་སྣ་བཞི་བཅུ་ཞེ་བཞི་སོ་སོའི་ཕན་ནུས་རྒྱས་པ་

དང་། ཚད་ལྡན་སྦྱར་བའི་རིན་ཆེན་ཚ་སྦྱོར་ཆེན་མོའི་ཕན་ཡོན་སྤྱི་སྟེ་ནད་རྣམས་མཐའ་དག་འཇོམས་ནུས་ལ་ནད་གཞི་མི་སེལ་བ་གང་ཡང་མེད་པ་དང་མཆོག་ཏུ་བཅུད་ལེན་དུ་འགྱུར་ཚུལ་སོགས་བསྟན་ནས་མཇུག་བསྡུས་ཡོད། འདི་ནི་དར་མོ་སྨན་རམས་པ་བློ་བཟང་ཆོས་གྲགས་ཀྱིས་གསོ་རིག་གི་སྨན་གཞུང་མང་པོ་ལས་ལེགས་པར་བསྡུས་པའི་རིན་ཆེན་ཚ་སྦྱོར་གྱི་ལག་ལེན་ཉམས་སུ་སྦྱོང་གྲུབ་བྱས་པ་ཟིན་བྲིས་སུ་བཀོད་པ་ཞིག་ཡིན།

内容提要：本书记述了仁青嚓觉丸实践过程，是由达莫曼让巴·洛桑曲扎在汇聚众多理论精华并亲自实践制作仁青嚓觉时的经验所进行的记录。首先详细介绍了制作仁青嚓觉丸所需的7种主药材、25种辅药材和12种“卡嚓尔”药材的辨认、剂量以及根据疾病增补的“卡嚓尔”药材的使用方法；其次介绍了水银在炮制过程中所需药材的剂量等；最后，介绍了金、银、铜和铁4种珍宝类药材，诃子、红花和豆蔻等28种基本药材，宽筋藤和刀豆等12种“卡嚓尔”药材等总计44味药材的功效。总之，规范配制的仁青嚓觉丸在治疗诸多疾病的同时，还具有滋补养生的功效。

བོད་ཀྱི་གསོ་རིག་ཀུན་བཏུས་བསྟུད་སྒྲིག་མ་ལས། པོད་དོན་དགུ་པའི་ནང་དུ་བཞུགས།

在《〈藏医药大典〉续编（61—80）》中的位置：收载于第七十九卷

ཚན་པ་དྲུག་པ། རིན་ཆེན་རིལ་བུའི་སྦྱོར་སྡེ།

第六篇　《珍宝丸组方》

མཚན་བྱང་ཆ་ཚང་། རིན་ཆེན་རིལ་བུའི་སྦྱོར་སྡེ་སྨན་རྒྱལ་དགོངས་པའི་མེ་ལོང་ཞེས་བྱ་བ་བཞུགས་སོ། །

全名：《仁青药丸方剂·药王思想明镜》

རྩོམ་པ་པོ། དར་མོ་སྨན་རམས་པ་བློ་བཟང་ཆོས་གྲགས། སྤྱི་ལོ་༡༨༣༤ལོར་དབུས་གཙང་ལྷོ་ཁའི་སྣེ་གདོང་ཡར་སྟོད་དར་མོ་ཏ་སྐུ་འབྲུངས།

作者：达莫曼让巴·洛桑曲扎，1638年生于卫藏山南地区乃东县雅砻达莫。

མ་ཡིག ལག་བྲིས། ཡིག་གཟུགས་དབུ་མེད། ཤོག་ངོས་རེར་ཐིག་ཕྲེང་བདུན། ཐིག་ཕྲེང་རེར་ཡིག་འབྲུ་བཞི་བཅུ། ཁྱོན་བསྡོམས་ཤོག་ངོས་བརྒྱད་བཞུགས།

母本：手写本，草书体，每页7行，每行40字，共8页。

ནང་དོན་གནད་བསྡུས། གཞུང་འདི་ནི་རིན་ཆེན་རིལ་བུའི་དམར་ཁྲིད་ལག་ལེན་ཙུང་ཟད་ཁྲིགས་སུ་སྡེབས་ནས་ཟིན་བྲིས་སུ་བཀོད་པའི་ཡིག་ཆུང་ཞིག་སྟེ། རིན་ཆེན་མང་སྦྱོར་ཆེན་མོའི་གཙོ་སྨན་དངུལ་ཆུ་དུག་ཐལ་དང་། ཨ་རུ་ནག་ཆུང་། ཙུང་མའི་ཁཎྜ་སོགས་སྨན་སྣ་བརྒྱ་དང་བཅུ་དྲུག་པོ་གང་ཡིན་དང་སོ་སོའི་སྦྱོར་ཚད། སྦྱར་ཐབས། དུས་ཡུན་ག་ཚོད་ལ་འདམ་བཏགས་བྱས་རྗེས་རིལ་བུའི་ཆེ་ཆུང་གི་དབྱིབས་ཚད། རིལ་ཆགས་དང་རབ་གནས་ལེགས་པར་ཚར་བའི་རྗེས་སུ་དུག་གིས་གཟིར་བའི་ནད་པ་ལ་གཟའ་སྐར་གང་བཟང་དུ་བསྟེན་ཚུལ། འདི་ཉིད་ཚུལ་བཞིན་བསྟེན་པའི་ཕན་ཡོན་ཏེ་དབྱིག་དུག ཇོ་དུག ཤ་དུག་སོགས་དུག་རིགས་ཐམས་ཅད་འཇོམས་པར་ནུས་པ་སོགས་རིན་ཆེན་རིལ་བུ་རྒྱས་པའི་ལག་ལེན་དང་། སྦྱོར་བ་འབྲིང་དུ་བྱེད་ན་རྒྱས་པ་ལས་སྨན་གང་དག་འཕྲི་དགོས་ཚུལ། བསྡུས་པའི་སྦྱོར་བ་བྱེད་ན་སྨན་གང་དག་ཆ་མཉམ་ཞིབ་བཏགས་བྱས་ནས་ཐང་དང་ཕྱེ་མ་རིལ་བུ་སོགས་གང་འཕྲོད་སྐབས་དང་སྦྱར་ཏེ་བསྟེན་དགོས་ཚུལ། དུག་རིགས་ཕྱི་ནང་གི་བབས་ལུགས་སོ་སོ་ངོས་ཟིན་པར་བྱས་ཏེ་གང་ལ་གང་དགོས་ཀྱི་གནད་འགག་མ་ཤེས་ན་སྦྱོར་བ་དུག་ཏུ་འགྲོ་བས་སྦྱོར་བ་མ་ལོག་པ་བྱ་དགོས་པའི་བསླབ་བྱ་གལ་པོ་ཆེ་ལ་ནན་ཏན་གྱི་ཚུལ་དུ་གསུངས་ཏེ་མཇུག་བསྡུས་ཡོད། གཞུང་འདི་ནི་རྒྱལ་བ་ངག་དབང་བློ་བཟང་རྒྱ་མཚོས་འདི་དང་འདི་ལྟ་བུ་བགྱིས་ཤིག་གསུང་བའི་བཀའི་སྣང་བ་ཐོབ་པ་ལ་བརྟེན་ནས་དར་མོ་སྨན་རམས་པ་བློ་བཟང་ཆོས་གྲགས་ཀྱིས་སེམས་ཅན་ལ་ཕན་པ་རླབས་པོ་ཆེ་ཐོགས་པར་བསམ་པའི་ཀུན་སློང་གིས་ཟིན་བྲིས་སུ་བཀོད་པ་ཞིག་གོ །

内容提要：本文为达莫曼让巴·洛桑曲扎依据阿旺·洛桑嘉措的叮嘱，为了惠及众生而将有关珍宝丸制作方法以笔记形式所做的记录，主要介绍了制作仁青芒觉大配方的主药水银、诃子、蔓菁膏等116味药材的辨认、剂量、配制、研磨时间、制丸和开光仪式完成后选择良辰吉日让中毒患者服用的方法。珍宝丸具有治疗珍宝毒、石毒和肉毒等各种毒症的功效等。仁青芒觉中配方的配制法需要在大配方所述药材中删减药材；仁青芒觉小配方的配制法需删减中配方中部分药材进行研磨后根据需要制成汤剂、散剂和丸剂等剂型服用。结尾部分对不同毒类的内外毒性辨识及按需应用的要点知识进行了强调。

བོད་ཀྱི་གསོ་རིག་ཀུན་བཏུས་བསྡུད་སྒྲིག་མ་ལས། པོད་དོན་དགུ་པའི་ནང་དུ་བཞུགས།

在《〈藏医药大典〉续编（61—80）》中的位置：收载于第七十九卷

ཚན་པ་བདུན་པ། རིན་ཆེན་ཧྲ་རི་མའི་སྦྱོར་སྡེ།

第七篇 《仁青“达日玛”》

མཚན་བྱང་ཆ་ཚང་། རིན་ཆེན་ཧྲ་རི་མའི་སྦྱོར་སྡེ་གཞན་ཕན་ཟླ་བ་གསར་པའི་འོད་འཕྲེང་ཞེས་བྱ་བ་བཞུགས་སོ། །

全名：《仁青“达日玛”方剂·利他新月光》

རྩོམ་པ་པོ། དར་མོ་སྨན་རམས་པ་བློ་བཟང་ཆོས་གྲགས། སྤྱི་ལོ་༡༦༣༨ལོར་དབུས་གཙང་ལྷོ་ཁའི་སྣེ་གདོང་ཡར་སྟོད་དར་མོ་ཏ་སྒྲ་འཁྲུངས།

作者：达莫曼让巴·洛桑曲扎，1638年生于卫藏山南地区乃东县雅砻达莫。

མ་ཡིག ལག་བྲིས། ཡིག་གཟུགས་དབུ་མེད། ཤོག་ངོས་རེར་ཐིག་ཕྲེང་བདུན། ཐིག་ཕྲེང་རེར་ཡིག་འབྲུ་བཞི་བཅུ། ཁྱོན་བསྡོམས་ཤོག་ངོས་བཅུ་གཉིས་བཞུགས།

母本：手写本，草书体，每页7行，每行40字，共12页。

ནང་དོན་གནད་བསྡུས། གཞུང་འདི་ནི་རྒྱལ་བ་ངག་དབང་བློ་བཟང་རྒྱ་མཚོས་སེམས་ཅན་རྣམས་ལ་བརྩེ་བ་ཆེན་

པོས་དགོངས་ཏེ། རིན་ཆེན་ཧྲ་རི་མའི་སྦྱོར་སྡེ་འདི་བྱ་དགོས་པའི་བསླབ་དོན་ཇི་ལྟར་བསྒྲུབ་པ་བཞིན་དར་མོ་སྨན་རམས་པ་བློ་བཟང་ཆོས་གྲགས་ཀྱིས་འཁྲུལ་མེད་ཀྱི་བླ་མ་གོང་མའི་ཕྱག་ལེན་ཞལ་ཤེས་དང་བཅས་སྦྱོར་སྡེ་བགྱིས་སྐབས་སྦྱར་བ་ཞིག་ཡིན། གཞུང་སྤྱི་ལ་ཚན་ཆུང་བཞི་སྟེ་དང་པོ་སྨན་གྱི་སྡེ་ཚན་ལ། དངུལ་ཆུ་བཙོ་བཀྲུ་དང་། དབང་རིལ། ཆར་ཞུང་ཁནྡ་སོགས་སྦྱོར་བར་མཁོ་བའི་སྨན་རྫས་དང་དེ་སོ་སོའི་སྦྱོར་ཚད་བསྟན། གཉིས་པ་སྦྱོར་བའི་ལག་ལེན་དངོས་ཏེ་རྩོ་སྨན་དང་ཤིང་སྨན་ཤ་རྫས་རྣམས་བརྡུངས་ལ་ཁནྡ་བསྐོལ་བའམ་ཡང་ན་སྐམ་འཐག་དང་འདམ་འཐག་བྱེད་ཚུལ་སོགས་ཀྱི་ལག་ལེན་རིམ་པ། གསུམ་པ་ཕན་ཡོན་ཏེ་སྦྱོར་བའི་ཕན་ནུས་དང་སྨན་རྫས་སོ་སོའི་ནུས་པ་བསྟན། བཞི་པར་དར་མོ་སྨན་རམས་པ་རང་ལ་ཕྱག་ལེན་འདི་ཇི་ལྟར་བརྒྱུད་ཚུལ་གྱི་ལོ་རྒྱུས་བརྗོད་ནས། རིན་ཆེན་ཧྲ་རི་མའི་སྦྱོར་སྡེ་འདི་ཡང་། རིན་ཆེན་གྲང་སྦྱོར་ཆེན་མོའི་སྦྱོར་སྡེ་དང་དུས་གཅིག་ཏུ་སྐྱིད་ཚལ་ཀླུ་སྡུག་གླིང་དུ་སྦྱར་བ་དང་། སྦྱོར་བཟོའི་སྐོར་ལ་རང་གི་ལག་ལེན་གཙོ་བོར་གྱུར་པ་རྣམས་བོད་སོག་རྒྱ་ཧོར་སོགས་ནས་འོང་བའི་སློབ་མ་བཞི་བཅུ་ཙམ་དང་བཅས་སྦྱོར་བའི་རིམ་པ་རྣམས་ཉམས་སུ་བླངས་ཤིང་གེགས་དང་བར་ཆད་མེད་པར་ལེགས་པར་གྲུབ་པ་དང་། སློབ་མ་རྣམས་ལ་འཆད་བཤད་ཁྲིད་གནང་བའི་ཚུལ་དུ་ཟིན་བྲིས་སུ་བཀོད་པ་ཞིག་གོ །

内容提要：本典籍根据达莫曼让巴·洛桑曲扎依照五世达赖喇嘛阿旺·洛桑嘉措制作仁青“达日玛”的旨意并在“鲁普朗”完成汇撰。其中共包含4个部分。第一部分为药材，将洗炼水银、“旺日”和旱地蔓菁膏等药材或方剂需要的药材和剂量予以介绍；第二部分为制药实践，记录了草本类、木本类和肉类药材等进行捣碎后制作膏剂以及进行干、湿法研磨的工艺过程；第三部分为功效，介绍了仁青“达日玛”的功效和组方中各药材的功效；第四部分是传承史。此外，还记述了作者将仁青“达日玛”的制法向藏族、蒙古族等的40位学徒传授的过程。

བོད་ཀྱི་གསོ་རིག་ཀུན་བཏུས་བསྟུད་སྒྲིག་མ་ལས། པོད་དོན་དགུ་པའི་ནང་དུ་བཞུགས།

在《〈藏医药大典〉续编（61—80）》中的位置：收载于第七十九卷

ཚན་པ་བརྒྱད་པ། དུག་འཇོམས་དབང་པོ་རིལ་བུ།

第八篇　《解毒“旺日”丸》

མཚན་བྱང་ཆ་ཚང་། དུག་འཇོམས་དབང་པོ་རིལ་བུ་བཞུགས་སོ། །

全名：《解毒“旺日”丸》

རྩོམ་པ་པོ། གཙང་སྟོད་དར་མ་དགེ་འབུམ། དུས་རབས་བཅོ་ལྔ་པའི་ནང་གཙང་སྟོད་དུ་སྐུ་འཁྲུངས།

作者：藏堆·达玛格瓦本，15世纪生于藏堆地区。

མ་ཡིག ལག་བྲིས། ཡིག་གཟུགས་དབུ་མེད། ཤོག་ངོས་རེར་ཐིག་ཕྲེང་དྲུག ཐིག་ཕྲེང་རེར་ཡིག་འབྲུ་ཉེར་ལྔ། ཁྱོན་བསྡོམས་ཤོག་ངོས་གསུམ་བཞུགས།

母本：手写本，草书体，每页6行，每行25字，共3页。

ནང་དོན་གནད་བསྡུས། གཞུང་འདི་དུག་འཇོམས་དབང་པོ་རིལ་བུའི་ལག་ལེན་གྱི་རིམ་པ་སྟོན་པ་ཞིག་སྟེ། གཙོ་སྨན་དབང་རིལ་གྱི་འབྱུང་ཁུངས། འཕོར་སྨན་བྱེའུ་ལ་ཕུག་དང་། སེ་བ། སྐྱེར་བ་ལ་སོགས་པའི་སྔོ་སྨན་བཅུ་དང་། གསེར། དངུལ། མུ་ཏིག བྱུ་རུ་སོགས་རིན་ཆེན་རིགས་ཀྱི་སྨན་སྣ་བཅུ། རྡོ་དྲེག བྲག་ཞུན། བཙང་པོ་དྲུག་སོགས་རྩི་སྨན་སྨན་སྣ་ཉི་ཤུ། སྤྲ་ཚན་གསུམ། བསེ་རུ། རྒྱ་རུ། སྟག་ཤ་སོགས་སྨན་སྣ་བཅོ་བརྒྱད། སྟེང་དུ་དངུལ་ཆུ་བཙོ་བཀྲུ་བྱུང་ན་རབ་དང་མ་བྱུང་ན་དངུལ་ཆུ་སྨུ་ཟིལ་བཏུལ་བ་སོགས་ཀྱི་ལག་ལེན་ཚུལ་བཞིན་བྱས་རྗེས་རིལ་བུ་ཆེ་ཆུང་བྲ་རིལ་ཙམ་དུ་དྲིལ་བ་དང་རིལ་ཆགས་འཐེམ་པར་བྱེད་དགོས་ཚུལ། བསྟེན་དུས་རིལ་བུ་ལྔ་བདུན་དགུ་སོགས་ནད་སྟོབས་དང་སྦྱར་ནས་གཏོང་བ་དང་། དེ་ལྟར་ཚུལ་བཞིན་བགྱིས་པའི་ཕན་ཡོན་ནི་སྦྲུལ་ལ་སོགས་པའི་སྲོག་ཆགས་དུག ཆུ་དུགས་དུག སྔོ་རིགས་ལ་སོགས་པའི་སྔོ་སྦྱོར་དུག ཤ་དུག ལ་སོགས་པའི་གྱུར་པའི་དུག ཡུན་རིང་ལོན་པའི་སྦྱར་དུག སླུག་པོ་སོགས་ཞི་བྱེད་སྨན་གཞན་གྱིས་མ་སེལ་

བ་གང་ཡང་སྦྱོར་བ་འདི་ཡིས་འཇོམས་ནུས་པའི་ཡོན་ཏན་དུ་མ་ལྡན་པ་བཅས་རིལ་བུའི་ལག་ལེན་རིམ་པ་གསལ་བར་བརྗོད་པ་འདི་ནི་གཙང་སྟོད་དར་མ་དགེ་བ་འབུམ་གྱི་ལུགས་ཡིན་གསུངས་ཡོད་པ་དང་། ཞར་བྱུང་དུ་རྒྱལ་བློན་བཞི་པའི་སྦྱོར་བའི་སྦྱོར་ཚད། སྦྱོར་ཐབས། ཕན་ཡོན་བཅས་བསྟན་ནས་མཇུག་བསྡུས་ཡོད།

内容提要：本典籍是藏堆·达玛格瓦本传承的关于讲述解毒“旺日”丸配制过程的文集。其中记述主药材“旺日”的来源，辅药材有包括蚓果芥、蔷薇和小檗皮在内的10种草本药材，金、银、珍珠和珊瑚等10种珍宝类药材，岩精和六良药等20种精华类药，三胎粪、犀角、鬣羚角等18种动物类药材；在此基础上加洗炼水银煮洗或硫磺炮制水银后制成大小如地鼠粪的制丸和固丸过程。服用的剂量根据病势可分别服五丸、七丸和九丸。“旺日”丸具有解除动物毒、水汽毒、植物毒、配制毒和肉毒等转化毒，周期较长的合成毒，治疗紫色“培根”病等的功效。另外，还记录有君臣四汤方的组方剂量、配制和功效等。

བོད་ཀྱི་གསོ་རིག་ཀུན་བཏུས་བསྟུད་སྒྲིག་མ་ལས། པོད་དོན་དགུ་པའི་ནང་དུ་བཞུགས།

在《〈藏医药大典〉续编（61—80）》中的位置：收载于第七十九卷

ཚན་པ་དགུ་པ། དུག་འཇོམས་དབང་པོའི་རིལ་སྦྱོར།

第九篇　《解毒“旺日”丸的组方》

མཚན་བྱང་ཆ་ཚང་། དུག་འཇོམས་དབང་པོའི་རིལ་སྦྱོར་གཞན་ཕན་ཟླ་བ་གསར་པའི་ཟིལ་མངར་ཞེས་བྱ་བ་བཞུགས་སོ། །

全名：《解毒“旺日”丸的组方·利他新月甘露》

རྩོམ་པ་པོ། དར་མོ་སྨན་རམས་པ་བློ་བཟང་ཆོས་གྲགས། སྤྱི་ལོ་༡༨༣༢ལོར་དབུས་གཙང་ལྷོ་ཁའི་སྣེ་གདོང་ཡར་སྟོད་དར་མོ་ཏུ་སྐུ་འཁྲུངས།

作者：达莫曼让巴・洛桑曲扎，1638年生于卫藏山南地区乃东县雅砻达莫。

མ་ཡིག ལག་བྲིས། ཡིག་གཟུགས་དབུ་མེད། ཤོག་ངོས་རེར་ཐིག་ཕྲེང་བདུན། ཐིག་ཕྲེང་རེར་ཡིག་འབྲུ་བཞི་བཅུ། ཁྱོན་བསྡོམས་ཤོག་ངོས་བཅུ་གཅིག་བཞུགས།

母本：手写本，草书体，每页7行，每行40字，共11页。

ནང་དོན་གནད་བསྡུས། གཞུང་འདི་ནི་དུག་འཇོམས་དབང་པོ་རིལ་བུ་བྱུང་ཚུལ་གྱི་ལོ་རྒྱུས་དང་སྦྱོར་བའི་ལག་ལེན་སྟོན་པ་ཞིག་སྟེ། དང་པོ་དུག་ཇི་ལྟར་བྱུང་ཚུལ་དང་། དེ་ནས་དུག་གི་གཉེན་པོ་དབང་པོ་རིལ་བུའི་བྱུང་ཚུལ། དབང་པོའི་རིལ་བུའི་སྦྱོར་བའི་ལག་ལེན་ཏེ། ཨ་རུ་རྣམ་རྒྱལ་དང་། མུ་ཏིག བྱུ་རུ་སོགས་རྩ་བའི་སྨན་སྣ་སུམ་ཅུ་དང་། གསེར་ཤོག་དང་། གཡུ་སྙིང་། སྤྲང་ལེན་སོགས་འཁོར་སྨན་ཞེ་བརྒྱད་བཅས་ཀྱི་སོ་སོའི་སྦྱོར་ཚད། དེ་སྙིང་གློ་བ་དང་། སྙིང་། ཕོ་བ་སོགས་ནད་གཞིའི་གནས་དང་བསྟུན་ནས་སྨན་ཟླས་གང་དག་ཁ་ཆར་བསྣན་དགོས་ཚུལ་བཅས་ཁྱོན་བསྡོམས་ཉེ་བར་མཁོ་བའི་སྨན་སྣ་བརྒྱ་ཕྲག་གཅིག་རེ་རེ་བཞིན་བཀྲང་ཡོད་པ་དང་། དེ་རྣམས་རྩེ་བཞིན་བཏགས་ནས་རྡ་དཀར་འོ་མས་འདམ་འཐག་བྱེད་ཚུལ། རིལ་བུ་དྲིལ་ཚད། རབ་གནས། གཏོང་ཐབས། སྨན་རྟ། ཕན་ཡོན་སྤྱི་སྤྱི་དུག་རྣམས་ཕྱི་རུ་འབྱིན་པར་ནུས་ཤིང་ངོ་མཚར་ཅན་གྱི་ནོར་བུ་མཆོག་ཏུ་གཅེས་དགོས་ཚུལ་དང་འཕྲོ་མཐུད་ནས་སྨན་སྣ་སོ་སོའི་ཕན་ཡོན་བཅས་ཞིབ་པར་བརྗོད་ཡོད། འདི་ནི་རྒྱལ་བ་བློ་བཟང་རྒྱ་མཚོས་སེམས་ཅན་རྣམས་ལ་བརྩེ་བ་ཆེན་པོས་གཟིགས་པའི་དགོངས་གཞི་ལྟར་དར་མོ་སྨན་རམས་པ་བློ་བཟང་ཆོས་གྲགས་ཀྱིས་དུག་འཇོམས་དབང་པོའི་རིལ་བུ་སྦྱོར་སྡེ་བགྱིས་སྐབས་ཟིན་བྲིས་སུ་བཀོད་པ་ཞིག་གོ །

内容提要：本典籍记录了解毒"旺日"丸的方源史和组方实践，是达莫曼让巴・洛桑曲扎根据五世达赖喇嘛阿旺・洛桑嘉措旨意在配制解毒"旺日"丸时所做的笔记。首先，介绍了毒的来源，其次，记录了"旺日"的来源，最后，组方中介绍了解毒"旺日"丸殊胜诃子、珍珠和珊瑚等30种基础药材及金箔、绿松石和蜜蜡等48味辅助药材的剂量，根据肺、心脏和胃部等不同疾病而增加"卡嚓尔"药材用法等百余种常用药材，药材研磨，湿研，制丸、开光、服用方法、药引，以及功效。

བོད་ཀྱི་གསོ་རིག་ཀུན་བཏུས་བསྟུད་སྒྲིག་མ་ལས། པོད་དོན་དགུ་པའི་ནང་དུ་བཞུགས།

在《〈藏医药大典〉续编（61—80）》中的位置：收载于第七十九卷

ཚན་པ་བཅུ་པ། རིན་ཆེན་དབང་རིལ་ཤེལ་གྱི་མཆོད་རྟེན་དང་རིན་ཆེན་རྟ་རིལ་མ་བཅས།

第十篇 《仁青旺日水晶塔和仁青达日玛等》

མཚན་བྱང་ཆ་ཚང་། རིན་ཆེན་དབང་རིལ་ཤེལ་གྱི་མཆོད་རྟེན་དང་རིན་ཆེན་རྟ་རིལ་མ་བཅས་ཀྱི་སྦྱོར་སྡེ་བགྲེས་པའི་ཚུལ་གཞན་ཕན་ཟླ་འོད་གཞོན་ནུའི་འཁྲི་ཤིང་ཞེས་བྱ་བ་བཞུགས་སོ། །

全名：《仁青旺日水晶塔和仁青达日玛等的组方·利众月光青年藤蔓》

རྩོམ་པ་པོ། ཀརྨ་ངེས་དོན་བསྟན་འཛིན་འཕྲིན་ལས་རབ་རྒྱས། སྐྱི་ལོ་༡༧༧༠ལོར་མདོ་སྟོད་སྡེ་དགེར་སྐུ་འཁྲུངས།

作者：噶玛·额顿丹增成列绕杰，1770年生于多堆德格地区。

མ་ཡིག ཤིང་དཔར། ཡིག་གཟུགས་དབུ་ཅན། ཤོག་ངོས་རེར་ཐིག་ཕྲེང་དྲུག ཐིག་ཕྲེང་རེར་ཡིག་འབྲུ་ང་གཉིས། ཁྱོན་བསྡོམས་ཤོག་ངོས་སོ་དྲུག་བཞུགས།

母本：木刻版，正楷体，每页6行，每行52字，共36页。

ནང་དོན་གནད་བསྡུས། གཞུང་འདི་ནི་དུས་རབས་བཅོ་བརྒྱད་པའི་ནང་ཀརྨ་ངེས་ལེགས་བསྟན་འཛིན་གྱིས་ཡང་ཡང་བསྐུལ་བའི་ངོར་དབང་རིལ་རིན་ཆེན་ཤེལ་གྱི་མཆོད་རྟེན་ཆེན་མོ་དང་རིན་ཆེན་རྟ་རིལ་མ་སོགས་སྦྱོར་བ་ཁྱད་ཟབ་འགའི་ལག་ལེན་གྱི་རིམ་པ་བསྟན་པ་ཞིག་སྟེ། གཞུང་སྤྱི་ལ་ས་བཅད་ཆེན་པོ་གསུམ་ཡོད། དང་པོ་གྲུབ་ཆེན་ཨུ་རྒྱན་པ་ལ་རྡོ་རྗེ་མཁའ་འགྲོ་མས་དངོས་སུ་བསྩལ་བའི་ཕྱག་བཞེས་དམར་ཁྲིད་

ཀྱི་རྒྱུན་ལས་བྱུང་བའི་དབང་རིལ་རིན་ཆེན་ཤེལ་གྱི་མཆོད་རྟེན་ཆེན་མོ་ཞེས་གྲགས་པའི་སྦྱོར་བའི་གཙོ་སྨན་དབང་རིལ་གྱི་རིགས་དབྱེ་དང་། ངོས་འཛིན། སྦྱོར་ཚད། དངོས་གཞི་རིན་ཆེན་དབང་པོ་རིལ་བུའི་དུག་འདོན་དང་སྨན་གྱི་ངར་འདོགས་ཚུལ། འདམ་འཐག་དང་རིལ་བསྒྲིལ། སྨན་གྱི་རབ་གནས་སོགས་སྦྱོར་བ་དངོས་བྱ་བའི་ལག་ལེན་གྱི་རིམ་པ། སྨན་གྱི་གཏོང་ཚུལ་དང་ཕན་ཡོན་བཅས་བསྟན། གཉིས་པ་ལྷ་རྗེ་དགེ་བ་འབུམ་དང་གཙང་སྟོད་དར་མ་མགོན་པོ། བྱང་པ་མི་ཡི་ཉི་མ་སོགས་ཀྱི་ཕྱག་བཞེས་ལྷར་གྱི་ལག་ལེན་འཁྲུལ་མེད་དབང་རིལ་ཏ་རི་མའི་སྨན་གྱི་རྣམ་གྲངས་བསྟན་ཏེ་སྦྱོར་ཚད་དང་དོགས་གཅོད། དངོས་གཞི་ལ་སྨན་རྣམས་དུག་འདོན་དང་ངར་འདོགས་རྗེས་བསྲེ་བཏགས་དང་རིལ་སྒྲིལ། སྨན་སྒྲུབ་རབ་གནས། སྨན་གྱི་བཏང་ཚུལ། ཕན་ཡོན་བཅས་བསྟན། གསུམ་པ་ཞར་བྱུང་དུ་ཟུར་མཁར་མཉམ་ཉིད་རྡོ་རྗེའི་དགོངས་དོན་བསམ་འཕེལ་རཏྣ་དང་ཟླ་ཤེལ་སོ་བདུན་མ་སོ་སོའི་རྣམ་གྲངས་དང་། སྦྱོར་ཚད་བཅས་གསལ་པོར་བཀོད་ཡོད།

内容提要：本典籍主要介绍了生于18世纪的藏医大家噶玛·额顿丹增成列绕杰对“旺日”仁青水晶塔和仁青“达日玛”组方实践。共由3个部分组成。第一部分记载了由空行母授予珠钦邬金巴的仁青“旺日”水晶塔之主要药材“旺日”的辨认、分类、剂量、炮制、增强药效、研磨制丸、开光仪式、服用方法和功效；第二部分主要介绍了自拉杰·格瓦本和藏堆·达玛公保降巴米尼玛等处传承的仁青“达日玛”的组方药材、炮制、增效、煅烧、制丸、药修仪轨、服用方法和功效等内容；第三部分增补了宿喀·娘尼多吉传承的桑培然纳（珍珠七十）和达西三十七丸的组方药材和剂量。

བོད་ཀྱི་གསོ་རིག་ཀུན་བཏུས་བསྡུད་སྒྲིག་མ་ལས། པོད་དོན་དགུ་པའི་ནང་དུ་བཞུགས།

在《〈藏医药大典〉续编（61—80）》中的位置：收载于第七十九卷

ཚན་པ་བཅུ་གཅིག་པ། རིན་ཆེན་རིལ་བུ་དྲིལ་སྐབས་ཀྱི་སྨོན་ལམ་སོགས།

第十一篇 《珍宝丸制丸发愿》

མཚན་བྱང་ཆ་ཚང་། རིན་ཆེན་རིལ་བུ་དྲིལ་སྐབས་ཀྱི་སྨོན་ལམ། རིན་ཆེན་རིལ་བུ་གཏོང་ལུགས་ཀྱི་དམར་ཁྲིད་དོན་དམ་མཇུག་ཚུགས། རིན་ཆེན་རིལ་བུའི་རབ་གནས་ཉམས་གསོས་གཏོང་ཚུལ་ལས་བྱང་ཁྱེར་བདེ་བ་རྣམས་བཞུགས་སོ། །

全名：《珍宝丸制丸发愿、珍宝丸用法实践·胜义、珍宝丸开光修复便携之法》

རྩོམ་པ་པོ། ༡ ཟ་ཧོར་གྱི་བན་དེའམ་རྒྱལ་དབང་ལྔ་པ་བློ་བཟང་རྒྱ་མཚོ། སྤྱི་ལོ་༡༦༡༧ལོར་དབུས་གཙང་ལྷོ་ཁའི་འཕྱོངས་རྒྱས་འཕྱིང་བ་སྟག་རྩེར་སྐུ་འཁྲུངས་ཤིང་། སྤྱི་ལོ་༡༦༨༢ལོར་སྐུ་གཤེགས། ༢ དྷརྨ་ཀིརྟིའམ་འབྲི་གུང་ཆོས་གྲགས། སྤྱི་ལོ་༡༥༩༥ལོར་དབུས་གཙང་མལ་གྲོ་གོང་དཀར་གྱི་ཞོལ་རོང་དུ་སྐུ་འཁྲུངས་ཤིང་། སྤྱི་ལོ་༡༦༥༩ལོར་སྐུ་གཤེགས།

作者：1.萨合佛僧，又称五世达赖喇嘛洛桑嘉措，1617年生于山南琼杰强巴豆泽地区，1682年卒；2.达玛格得，又名直贡·却扎，1595年生于卫藏墨竹工卡雪荣，1659年卒。

མ་ཡིག ལག་བྲིས། ཡིག་གཟུགས་དབུ་མེད། ཤོག་ངོས་རེར་ཐིག་ཕྲེང་བརྒྱད། ཐིག་ཕྲེང་རེར་ཡིག་འབྲུ་བཞི་བཅུ། ཁྱོན་བསྡོམས་ཤོག་ངོས་བཅུ་དགུ་བཞུགས།

母本：手写本，草书体，每页8行，每行40字，共19页。

ནང་དོན་གནད་བསྡུས། གཞུང་འདི་ནི་རིན་ཆེན་རིལ་བུ་དང་འབྲེལ་བའི་ལག་ལེན་ཁ་ཕྱོར་འགའ་ཕྱོགས་གཅིག་བཀོད་པ་ཞིག་སྟེ། གཞུང་སྤྱི་ལ་ས་བཅད་གསུམ་ཡོད། དང་པོ་རིན་ཆེན་རིལ་བུ་དྲིལ་སྐབས་ཀྱི་སྨོན་ལམ་ནི་

རབ་བྱུང་བཅུ་གཅིག་པ་ས་ཕོ་རྟའི་ལོར་དར་མོ་དཔོན་ཚང་བློ་བཟང་ཆོས་གྲགས་སློབ་བུར་བཅས་པས་རིན་ཆེན་རིལ་བུ་གྲང་སྦྱོར། དབང་ཕྱུག་ཆེན་པོའི་གསུང་རྒྱུད་མེ་ལྷེ་འབར་མ་ལས་བྱུང་བའི་དུག་འཇོམས་རིལ་བུ། རིན་ཆེན་ཧ་རི་མ་རྒྱས་པ་རྣམས་ཞག་བརྒྱད་ཙུའི་བར་བསྒྲུབ་པའི་སྐབས་དོན་གཉེར་ཆེ་བས་བསྐུལ་བའི་ངོར་ཟ་ཧོར་གྱི་བན་དེའམ་རྒྱལ་བ་ལྷ་པ་བློ་བཟང་རྒྱ་མཚོས་སྦྱར་བ་དང་ཡི་གེ་པ་ནི་དགེ་སློང་འཇམ་དབྱངས་གྲགས་པ་ཡིན་ལ། འདིའི་ནང་འཚོ་བྱེད་གཞོན་ནུ་དང་ཟླ་བ་མངོན་དགའ་སོགས་ཀྱིས་མཆོན་པའི་བཤེས་གཉེན་རྣམས་ཀྱིས་རྗེས་སུ་བཟུང་ནས་ལྷུན་གྱིས་འགྲུབ་པར་ཡོང་བའི་སྨོན་ལམ་ཇི་ལྟར་བྱ་ཚུལ་དང་། གཉིས་པ་རིན་ཆེན་རིལ་བུ་གཏོང་ལུགས་ཀྱི་དམར་ཁྲིད་དོན་དམ་མཛུབ་ཚུགས་ནང་རིན་ཆེན་རིལ་བུ་གཏོང་བའི་སྔ་རོལ་ཏུ་རིན་ཆེན་རིལ་བུ་དེ་རྫས་སྣ་གང་དག་དང་མཉམ་དུ་བཙངས་པ་དང་མཆོད་པ་སྣ་ལྔ་བཤམས་དགོས་ཚུལ། ཆོས་གོས་གང་རིགས་སྐུ་གོན་བྱ་ཚུལ། དེ་ནས་གཟའ་སྐར་བཟང་པོའི་ཉིན་གུང་ནས་ལྷོ་བཀུག་ལ་དགོང་མོ་གཡེར་མའི་ཁུ་བ་རྡོ་འཇམ་བཏང་བ་དང་། ཐོ་རངས་བསྐྱེན་དུས་མི་ལག་མི་འཁྲིམ་ཞིང་ནམ་མཁའ་དང་བུད་མེད་ཀྱིས་མ་མཐོང་བར་བྱ་དགོས་ཚུལ། ནད་པ་བུད་མེད་ཡིན་ན་སྨན་པའི་ལག་པས་ནད་པའི་ཁར་རིལ་བུ་བླུགས་ནས་བསྐྱེན་ཚུལ་སོགས་ཀྱི་རིལ་བུ་གཏོང་སྟངས་དང་། རིལ་བུ་བཏང་རྗེས་ཟས་སྤྱོད་ཀྱི་སྲུང་བྱ་གང་དག་འཛེམ་དགོས་རིགས། ནད་མེད་ཀྱིས་རིལ་བུ་ཁོང་དུ་བསྟེན་པ་དང་ལུས་ལ་བཅིངས་པའི་ཕན་ཡོན་བསྟན་ཡོད། གསུམ་པ་རིན་ཆེན་རིལ་བུའི་རབ་གནས་ཉམས་གསོས་གཏོང་ཚུལ་ལས་བྱུང་ཁྲིར་བདེའི་ནང་རིན་ཆེན་རིལ་བུའི་ནུས་པ་བསྐྱེད་པར་རབ་གནས་ཆོ་གའི་ལག་ལེན་ཏེ་རྫས་སྣ་དང་། མཆོད་པ་སྣ་ལྔ། བཟང་དྲུག་སོགས་སྨན་སྣ་ཚོགས་ཚད་སྦོན་ལ་སྔ་གོན་བྱེད་པ་དང་། དངོས་གཞི་ལ་བསང་དང་སྤགས་བཟླ་བ་སོགས་རབ་གནས་སྐབས་བསྒྲུབ་དགོས་པའི་ཆོ་ག རིལ་བུ་བཏང་རྗེས་བསྔགས་བསྔོད་དང་སྨོན་ལམ་ཅི་བྱ་དགོས་པའི་ལག་ལེན་རིམ་པ་བཅས་ཞིབ་པར་བཀོད་ཡོད་ལ། འདི་ནི་འབྲི་གུང་ཆོས་གྲགས་ཀྱིས་མཁས་པ་དུ་མའི་གསུང་རྒྱུན་དང་ཡིག་ཆ་ཁ་ཐོར་རྣམས་ཀྱི་དགོངས་དོན་གཅིག་ཏུ་བསྡུས་ཏེ་རིན་ཆེན་རིལ་བུ་གཏོང་ཚུལ་དང་དཀར་འོད་ཕོག་པ་ལ་སོགས་པས་ནུས་སྟོབས་ཉམས་རིགས་ལ་གསོ་བའི་ལག་ལེན་འཁྲེར་

བདེ་ཆེད་དུ་མཛད་པ་ཞིག་གོ །

内容提要：本典籍主要汇集了与珍宝类药丸相关的零星实践文集。此书于藏历饶迴十一土马年由达莫曼让巴·洛桑曲扎及其众弟子请授五世达赖喇嘛阿旺·洛桑嘉措所著。全书分3个部分。第一部分制作珍宝药的祈愿仪轨中详细记录了继承耆婆和达瓦宛呷等众上师传承的发愿过程；第二部分为珍宝丸的服用方法，明确记载了珍宝药物储存方法，服用时间，服用方法，禁忌，善后调理，以及正常人服用或佩戴药丸的功效等；第三部分开光仪式详细介绍了开光前需准备的各种物料，开光过程中的仪轨，以及完成开光并服用药丸后要进行的祈福和祈愿等。

བོད་ཀྱི་གསོ་རིག་ཀུན་བཏུས་བསྡུད་སྒྲིག་མ་ལས། པོད་དོན་དགུ་པའི་ནང་དུ་བཞུགས།

在《〈藏医药大典〉续编（61—80）》中的位置：收载于第七十九卷

ཚན་པ་བཅུ་གཉིས་པ། རིན་ཆེན་རིལ་བུའི་གཏོང་ཚུལ།

第十二篇 《珍宝药丸服用方法》

མཚན་བྱང་ཆ་ཚང་། རིན་ཆེན་རིལ་བུའི་གཏོང་ཚུལ་གྱི་ཞལ་ཤེས་རྡོ་རྗེ་པ་ལམ་ཞེས་བྱ་བ་བཞུགས་སོ། །

全名：《珍宝药丸服用方法之亲授·金刚石》

རྩོམ་པ་པོ། དར་མོ་སྨན་རམས་པ་བློ་བཟང་ཆོས་གྲགས། སྤྱི་ལོ་༡༦༣༨ལོར་དབུས་གཙང་ལྷོ་ཁའི་སྣེ་གདོང་ཡར་སྟོད་དར་མོ་རུ་སྐུ་འཁྲུངས།

作者：达莫曼让巴·洛桑曲扎，1638年生于卫藏山南地区乃东县雅砻达莫。

མ་ཡིག ལག་བྲིས། ཡིག་གཟུགས་དབུ་མེད། ཤོག་ངོས་རེར་ཐིག་ཕྲེང་བདུན། ཐིག་ཕྲེང་རེར་ཡིག་འབྲུ་བཞི་བཅུ། ཁྱོན་བསྡོམས་ཤོག་ངོས་བདུན་བཞུགས།

母本：手写本，草书体，每页7行，每行40字，共7页。

ནང་དོན་གནད་བསྡུས། གཞུང་འདི་ནི་ནད་རྣམས་སྡུད་བསད་སྒྲུངས་བསྲུང་ལ་མཆོག་ཏུ་ཕན་པའི་གཉེན་པོ་རིན་ཆེན་རིལ་བུའི་གཏོང་ཚུལ་གྱི་ཞལ་ཤེས་བསྟན་པའི་ཡིག་ཆུང་ཞིག་སྟེ། དང་པོ་རིན་ཆེན་རིལ་བུ་ཁྲམ་ཁྲམ་བརྡུང་ལ་དུག་རིགས་མི་འདྲ་བ་དང་བསྟུན་ནས་འཕྱུལ་རྟ་འང་མི་འདྲ་བ་བསྟེན་དགོས་ཏེ། ཤ་དུག་ལ་ཆང་དང་། སྤུ་དུག་ལ་ཁྲག་དྲོན། སྒོང་དུག་ལ་སྲམ་ཤ་དང་སྦྱར་ནས་མཐིང་ཤུན་གྱི་ཁུ་བས་འཕྱུལ་བ་སོགས་འཕྱུལ་རྟ་སྣ་ཚོགས་དང་སྦྱར་ནས་བཏང་བས་ནད་རིགས་སྡུད་དང་གསོད་པར་འགྱུར་བ་དང་། བར་དུ་དུག་དང་ནད་རིགས་གང་ཡིན་ཀྱང་དོན་སྣོད་ཤ་པགས་རྩ་རུས་སོགས་གང་ལ་བབས་པའི་གནས་དང་སྦྱར་ནས་སྣ་ཁྲིད་ཁ་སྦྱར་ནི། གློ་ལ་ཤིང་མངར་ཅུ་གང་ག་བུར་ག་རའི་རྟ་དང་སྦྱར། སྙིང་ལ་ཛཱ་ཏི་ཙནྡན་སྙིང་ཞོ་དང་སྦྱར་ལ་གཏར་ཁ་མི་བྱ་བར་ཚིགས་པ་ལྤ་པ་བསྲེག ཕོ་བར་པི་ལིང་ཀ་ཀོ་ལ་དང་སྦྱར། མཆེར་པར་ལི་ཤི་ཨ་རུ་དང་སྦྱར་བ་སོགས་ཁ་སྦྱོར་དང་བཅས་བསྟེན་པས་ཁྲག་མཁྲིས་བད་རླུང་བཞི་བརྒྱ་རྩ་བཞིའི་ནད་མི་སེལ་བ་གང་ཡང་མེད་པ་དང་ནད་མེད་ཀྱིས་བསྟེན་པས་བཅུད་ལེན་དུ་འགྱུར་ཚུལ། ཐ་མ་རིན་ཆེན་རིལ་བུ་ཁོང་དུ་ཡོད་རིང་ལ། བཤལ་སྨྱུག་གཏར་ཁ་དང་། མེ་ཉི་དྲག་ཤུལ་སོགས་ཀྱིས་ལུས་རྩོལ་བ། ཆགས་པ་སྤྱོད་པ། ཟས་སྐོམ་ལ་ལན་ཚྭ་ཆེ་བ་ཟ་ཚོད་སྟར་བུ་སྒོག་བཙོང་ཏུལ་སུངས་ཚང་སྐྱུར་ཆུར་བ་རྫོ་དང་ཀྱི་རིགས་རྣམས་སྤང་། གལ་ཏེ་དེ་རྣམས་ལས་རིན་ཆེན་ལོག་སྐྱེ་སྦྲོས་པ་དང་མགོ་ན་བ་ཁ་གདོང་གཡོ་བ། ཟ་མ་སྨྱུག་པ་སོགས་བྱུང་ན་ལོག་གནོན་ཕྱི་རྒྱུད་ལྟར་བསྟེན་དགོས་ཚུལ་བཅས་གསུངས་ཡོད།

内容提要：本典籍是关于对疾病有聚合、消除、外排和预防功效的珍宝药丸的服用方法札记。首先，将珍宝药丸敲碎后根据不同的疾病选择使用不同的药引子，如肉毒用酒、毛发毒用温热的血、蛋类毒用水獭肉配制并用“唐雄（嫩竹外皮）”汁液服用等运用不同的药引子聚敛并消除疾病；其次，根据毒和各种疾病所发部位增减“卡居尔”。如：肺病的“卡居尔”为甘草、“居冈”、冰片和蔗糖；心脏病的“卡居尔”为豆蔻、檀香和广枣；胃病的“卡居尔”为荜茇和草果；脾的“卡居尔”为丁香和诃子等。结合“卡居尔”的方法可消除血“赤巴”“培根”和“隆”等404种疾病，无病者服用具有滋补养生的功效；最后，介绍服用珍宝药丸后的禁忌事项；即用药方面，忌施下泻、催吐和放血疗法，起居方面忌晒太阳、重力劳作和同房等，饮食方面饮食口味要清淡，忌食荨麻菜、沙棘、葱、蒜、变质食物、酒和蔬菜等。若出现腹胀、头痛、面部浮肿和呕吐等现象时，要根据《后续部》所记载的方法进行治疗。

བོད་ཀྱི་གསོ་རིག་ཀུན་བཏུས་བསྟུད་སྒྲིག་མ་ལས། པོད་དོན་དགུ་པའི་ནང་དུ་བཞུགས།

在《〈藏医药大典〉续编（61—80）》中的位置： 收载于第七十九卷

ཚན་པ་བཅུ་གསུམ་པ། སྨན་སྦྱོར་བདུད་རྩིའི་ཐིག་ལེ།

第十三篇　《方剂甘露精华》

མཚན་བྱང་ཆ་ཚང་། ལོ་ཆེན་བཻ་རོའི་མན་ངག་སྨན་སྦྱོར་བདུད་རྩིའི་ཐིག་ལེ་ཞེས་བྱ་བ་བཞུགས་སོ། །

全名：《大译师毗卢遮那方剂秘诀·甘露精华》

རྩོམ་པ་པོ། རྒྱལ་སྲས་པདྨ་ཚེ་དབང་།

作者： 白玛泽旺

མ་ཡིག སྒྲིག་པར། ཡིག་གཟུགས་དབུ་ཅན། ཤོག་ངོས་རེར་ཐིག་ཕྲེང་ཉེར་གསུམ། ཐིག་ཕྲེང་རེར་ཡིག་འབྲུ་བཅུ་གཉིས། ཁྱོན་བསྡོམས་ཤོག་ངོས་གཉིས་བཞུགས།

母本： 排印本，正楷体，每页23行，每行12字，共2页。

ནང་དོན་གནད་བསྡུས། གཞུང་འདི་ནི་ལོ་ཆེན་བཻ་རོའི་མན་ངག་སྨན་གྱི་སྦྱོར་བ་ཞིག་གི་སྦྱར་ཐབས་དང་ཕན་ཡོན་སྟོན་པའི་ཡིག་ཆུང་ཞིག་སྟེ། ཨ་རུ་བ་རུ་སྐྱུ་རུ་ རྡོ་ཧི་སོགས་སྨན་སྣ་ཉེར་དྲུག་གིས་གྲུབ་པའི་སྦྱོར་བ་ཁྱད་པར་ཅན་དེའི་སྨན་སྣ་རེ་རེ་གང་ཡིན་དང་། སྨན་དེ་རྣམས་ཞིབ་པར་བཏགས་པ་སྤགས་པ་ནུས་ལྡན་

ཀྱི་དྲི་ཚུས་འདམ་བཏགས་བྱས་ཏེ་རིལ་བུར་སྒྲིལ་བ་དང་། ཡང་ན་སྨན་དེ་རྣམས་ཞིབ་པར་བཏགས་པའི་ཕྱེ་མ་དེ་ཨ་གར་ཙནྡན་བག་ཆུ་ཅན་ག་གོ་ལ་མཁལ་ཞོ་དག་གདུས་པའི་ཐང་གིས་དབུལ། གཉིས་ཀར་ཟབ་སྔགས་ཁྲིའམ་སྟོང་ཚོ་བཟླས་པ་དང་བརྒྱ་རྩ་དག་ལས་མི་ཉུང་བར་བཟླས་ནས་བྱིན་གྱིས་བརླབས་ནས་བསྟེན་པས། གསོ་མི་བཏུབ་པའི་གཉན་རིམས་རིགས་དང་ཡ་མ་དཀར་ནག ཧེ་ཧེ་ཧོ། ཁྲག་རིམས། གཟེར་ཐུང་རྒྱུག་འགྲིལ། མཁྲིས་པ་རྩ་རྒྱུག གླ་ཡ་སོགས་སེལ་བར་གསུངས་ཡོད་ལ། མན་ངག་ཟབ་མོའི་སྨན་སྦྱོར་འདི་ནི་སྐལ་བ་དང་ལྡན་པའི་བུ་ཡིས་སྙིང་ལ་བཟུང་དགོས་ཚུལ། འདིས་ནི་ནད་ཀྱིས་གདུང་བའི་སེམས་ཅན་ལ་བདུད་རྩི་དངོས་དང་འདྲ་བར་སླེབ་པས་ཚིག་པ་ཡིན་པས་བཀའ་ཡི་དམ་ཚིག་མ་ཉམས་པར་བསྲུང་དགོས་ཚུལ་བཅས་གསུངས་ཡོད།

内容提要：本典籍收录了毗卢遮那秘诀方剂，介绍了其制法和功效。书中主要讲述由诃子、余甘子、毛诃子和豆蔻等26味药材组成的特色方剂的组方及研磨、制作成药丸的两种方法可以数以千次的密咒进行加持的制药法。该方剂可以治疗各种疠瘟、“亚玛”病、哲哲霍、血瘟、急痛疠、“赤巴”窜脉瘟和“恰亚”病等。

བོད་ཀྱི་གསོ་རིག་ཀུན་བཏུས་བསྟུད་སྒྲིག་མ་ལས། པོད་དོན་དགུ་པའི་ནང་དུ་བཞུགས།

在《〈藏医药大典〉续编（61—80）》中的位置：收载于第七十九卷

ཚན་པ་བཅུ་བཞི་པ། རྡོ་རྗེ་ཕ་ལམ་གྱི་སྦྱོར་སྡེ།

第十四篇　《金刚石方剂》

མཚན་བྱང་ཆ་ཚང་། ཀུན་འདུས་རྡོ་རྗེ་ཕ་ལམ་གྱི་སྦྱོར་སྡེ་བཞུགས་སོ། །

全名：《金刚石方剂汇集》

རྩོམ་པ་པོ། ཟུར་མཁར་མཉམ་ཉིད་རྡོ་རྗེ། སྤྱི་ལོ་༡༨༣༡ལོར་དབུས་གཙང་ལྷོ་ཁའི་དྭགས་པོ་ས་ཆ་ལ་ཐོག་ཟུར་

མཁར་དུ་སྐུ་འཁྲུངས་ཤིང་། སྤྱི་ལོ་༡༤༧༥ལོར་སྐུ་གཤེགས།

作者：宿喀・娘尼多吉，1439年生于山南塔波拉妥宿喀尔，1475年卒。

མ་ཡིག ལག་བྲིས། ཡིག་གཟུགས་དབུ་མེད། ཤོག་ངོས་རེར་ཐིག་ཕྲེང་དྲུག ཐིག་ཕྲེང་རེར་ཡིག་འབྲུ་ཉེར་ལྔ། ཁྱོན་བསྡོམས་ཤོག་ངོས་གསུམ་བཞུགས།

母本：手写本，草书体，每页6行，每行25字，共3页。

ནང་དོན་གནད་བསྡུས། གཞུང་འདི་ནི་ཐར་ནུའི་ངོས་འཛིན་དང་ལག་ལེན་སྟོན་པའི་ཡིག་ཆུང་ཞིག་སྟེ། ངོ་མ་འཛིན་ཞེས་ཐར་ཆེན་ནི་བྱང་ལྟའི་ས་མཁྲེགས་ཤིང་རི་མཐོ་བ། རྒྱང་རིང་དུ་འབབ་པའི་ཆུ་མཐོང་ཞིང་། ཆུ་སྒྲ་མི་ཐོས་པ། ས་གཙང་བའི་སར་སྐྱེས་པ་དེ་ཉིད་ལོ་མ་སྐམ་དུས་བཏུས་ལ། མ་ཏུལ་མ་སྲུངས་པར་ལེགས་པར་སྐམ་པ་དེ་ཆ་གཅིག་ཙན་གྱི་དུམ་བུ་དྲུག་ལ་བགོས་ནས་སོ་སོར་སྣོད་ལྕགས་སམ་རྫ་གསར་པའི་ནང་དུ་ཆང་དང་། བ་དམར་ཆུ། མཛོ་མོའི་འོ་མ། ལོ་བརྒྱད་དྲི་ཆུ། ར་ཤའི་ཁུ་བ། ཨ་རུ་ཆུ་སྐྱུང་གདུས་པའི་ཁུ་བ་བཅས་ལ་བཙོས་ནས་ཁུ་བ་རང་ཐིམ་བྱུང་བ་དང་། དྲེག་དང་ཚོགས་རྣམས་དོར་ལ་ཉི་གྲིབ་མཚམས་སུ་སྐམ། སྐེམ་ནས་ཐམས་ཅད་ལྷིད་མཉམ་ལ་གཅིག་ཏུ་བསྲེ་ཞིང་ཞིབ་པར་བཏགས། རྒྱ་ཚའི་གདུས་ཐང་དྭངས་མ་ཡིས་འདམ་བཏགས་སྔ་དྲོ་གཅིག་ཙམ་བྱ། དེ་ལ་དོན་སྣོད་ཚ་གྲང་གང་གསོ་བའི་ཁ་བསྒྱུར་ཕྱི་རྒྱུད་ལྟར་གང་དགོས་མ་བརྗེད་ཙམ་བཏབ་ནས་རིལ་བུ་སྲན་ཚད་དྲིལ། རིན་ཆེན་སྣོད་དུ་བླུག་ནས་རབ་གནས་བྱས་ལ་མི་ལག་མི་འགྲིམ་པར་དབེན་པར་སྦས་པ་འདིས་ནི་བཞི་བརྒྱ་རྩ་བཞིའི་ནད་རིགས་རྣམས་དང་ཁྱད་པར་དམུ་ཆུ་རྒྱུ་གཉེར་སྐྱིན་སྐྲང་མཛེ་མཁྲིས་པ་བད་ཀན་མགུལ་འགག་སོགས་ལ་བརྟགས་པར་བསྟན་ཡོད།

内容提要：本典籍收录了藏药材大果大戟的识别、采集、制药、收藏方法。文中介绍，该药材生长于向北高山，土层坚硬且远处可见流水但不闻水声的纯净之地，该药材需在叶片干枯之时采集并将其晾干，放置于铁或陶罐中，倒入酒、牦牛奶、山羊肉汤和诃子熬煮的汤水等进行熬煮至全干，祛除杂质，阴干后等量配比研磨成粉，加入紫硇砂的清液后湿研一上午，后根据治疗不同脏腑疾病增补“卡嚓尔”药材后制成药丸，放入珍宝类的容器中进行开光后不经人手触碰藏于寂静之地。该药可用于治疗404种疾病，尤其对腹水、肠痢、“蛙”性绞痛、“赤巴”病和“培根”喉阻病等疾病卓有成效。

བོད་ཀྱི་གསོ་རིག་ཀུན་བཏུས་བསྡུད་སྒྲིག་མ་ལས། པོད་དོན་དགུ་པའི་ནང་དུ་བཞུགས།

在《〈藏医药大典〉续编（61—80）》中的位置：收载于第七十九卷

ཚན་པ་བཅོ་ལྔ་པ། ཟླ་ཤེལ་བདུད་རྩི་མ།

第十五篇　《月晶甘露丸》

མཚན་བྱང་ཆ་ཚང་། ཟླ་ཤེལ་བདུད་རྩི་མ་ཞེས་བྱ་བ་ནད་བརྒྱ་སྨན་གཅིག་ངོ་མཚར་ཅན་མི་ཕམ་རྣམ་པར་རྒྱལ་བའི་ཁྱད་ཆོས་བཞུགས་སོ། །

全名：《米旁朗杰百病一药神奇月晶甘露丸》

རྩོམ་པ་པོ། མི་ཕམ་འཇམ་དཔལ་དགྱེས་པའམ་འཇུ་མི་ཕམ་རྣམ་རྒྱལ་རྒྱ་མཚོ། སྤྱི་ལོ་༡༨༤༦ལོར་མདོ་སྟོད་སྡེ་དགེའི་མངའ་ཁུལ་ཟླ་ཆུའི་ཉེ་འགྲམ་ཡ་ཆུའི་དིང་ཆུང་དུ་སྐུ་འཁྲུངས་ཤིང་། སྤྱི་ལོ་༡༩༡༢ལོར་སྐུ་གཤེགས།

作者：米旁·嘉华杰贝，又名居·米旁·南杰嘉措，1846年生于多堆德格境内澜沧江畔亚曲东琼，1912年卒。

མ་ཡིག ལག་བྲིས། ཡིག་གཟུགས་དབུ་མེད། ཤོག་ངོས་རེར་ཐིག་ཕྲེང་དྲུག ཐིག་ཕྲེང་རེར་ཡིག་འབྲུ་ཉེར་དྲུག ཁྱོན་བསྡོམས་ཤོག་ངོས་དྲུག་བཞུགས།

母本：手写本，草书体，每页6行，每行26字，共6页。

ནང་དོན་གནད་བསྡུས། གཞུང་འདི་ནི་གཙོ་བོར་ནད་བརྒྱ་སྨན་གཅིག་ལྟ་བུའི་ཟླ་ཤེལ་བདུད་རྩི་མའི་སྦྱོར་ཐབས་ལག་ལེན་དང་ཞར་བྱུང་དུ་རོ་ཅའི་མན་ངག་འགའ་བཅས་བསྟན་ཡོད་པའི་ཡིག་ཆུང་ཞིག་སྟེ། མཆིན་པའི་

ནད་གཙོ་བོར་འཛོམས་པར་ལྕགས་ཕྱེ་ཨ་རུས་བཞུས་པ། བྲག་ཞུན། ཁ་གུར་རམ་བལ་གུར། ཕྲི་ཡང་ཀུ། ཅོང་ཞི་འདམ་བཏགས། མ་ནུ། རུ་རྟ་བཅས་བདུན་ལ་ཞལ་ཤེས་སུ་བདུད་རྩི་ཆོས་སྨན་ཐུན་རེ་བཏབ་པའི་ཕན་ཡོན་ནི་ནད་རྙིང་རྩི་ལྟར་ཞེན་པ་དང་། དུག་དང་སྨུག་པོ་གློ་གཟེར་སོགས་ཚ་གྲང་ནད་རིགས་གང་ལ་ཡང་བརྟགས་མི་དགོས་པར་བཏང་བས་བདུད་རྩི་མངོན་སུམ་ཉིད་ཡིན་པ་དང་། ནད་མེད་ཀྱིས་བསྟེན་པས་མིག་གསལ། ཡིད་བདེ། གདོན་ཀུན་ཞི་བར་འགྱུར་ལ་རྒྱུན་དུ་བསྟེན་ན་ལུས་ཀྱི་བཅུད་ལེན་དུ་འགྲུབ་པས་ལུས་སེམས་ཀྱི་ནད་ཀུན་གྱུར་རོ་ཅོག་ལ་ཕན་ཚུལ། བདུད་རྩི་འདི་ལ་ཡི་རྣམས་རབ་གནས་དང་བྱིན་གྱིས་བརླབས་ནས་དད་པ་བརྟན་ན་ལྷ་ཡི་བདུད་རྩི་མཆོག་མི་ཡི་ལག་ཏུ་མངོན་སུམ་ཐོབ་པ་འདྲ་བའི་ཕྱིར་འདི་ཉིད་གཅིག་པུས་འགྲོ་དོན་ཡོང་ཚུལ་དང་། ཞར་བྱུང་དུ་སྐྱེས་པའི་འདོད་པ་འཕེལ་བ་དང་རྡོ་རྗེ་སྡོམ་ལ་མཁྲང་བར་འགྱུར་བའི་རོ་ཙ་བདེ་འཕེལ་གྱི་ཁོང་བསྟེན་ཕྱིར་བྱུག་སྨན་མཆོག་སྦྱོར་བ་ལྔ་ཙམ་གསུངས་ཡོད།

内容提要：本典籍主要介绍了百病一药月晶甘露丸以及部分滋补强身秘诀。书中所载诃子制、铁粉、岩精、藏红花、尼泊尔红花、甘青青兰、湿研后的寒水石、广木香等七味药材主治肝病，加入一剂甘露法药后可治疗陈旧性疾病、毒症、“木布”病和肺刺痛等寒热各类疾病，无病患者服用可明目，安神，消除一切“敦”邪因素，经常服用可滋补身体治疗各类身心疾病。此甘露药经开光和加持以虔诚之心服用时犹如获得神仙甘露般获益众生。除此之外还介绍了5种男性滋补强身的内服和外涂方剂。

བོད་ཀྱི་གསོ་རིག་ཀུན་བཏུས་བསྡུད་སྒྲིག་མ་ལས། པོད་དོན་དགུ་པའི་ནང་དུ་བཞུགས།

在《〈藏医药大典〉续编（61—80）》中的位置：收载于第七十九卷

ཚན་པ་བཅུ་དྲུག་པ། བདུད་རྩི་ཀོ་ཙའི་ཞལ་གདམས།

第十六篇 《甘露“果扎”的教诫》

མཚན་བྱང་ཆ་ཚང་། འདི་ན་བདུད་རྩི་ཀོ་ཙའི་ཞལ་གདམས་སྙན་བརྒྱུད་མ་བཞུགས་སོ། །

全名：《甘露“果扎”的耳传教诫》

རྩོམ་པ་པོ། གུ་ཧ་གན།

作者：格纳甘

མ་ཡིག ལག་བྲིས། ཡིག་གཟུགས་དབུ་མེད། ཤོག་ངོས་རེར་ཐིག་ཕྲེང་བདུན། ཐིག་ཕྲེང་རེར་ཡིག་འབྲུ་བཅུ་བདུན། ཁྱོན་བསྡོམས་ཤོག་ངོས་དྲུག་བཞུགས།

母本：手写本，草书体，每页7行，每行17字，共6页。

ནང་དོན་གནད་བསྡུས། གཞུང་འདི་ནི་ཀོ་ཙ་སྨན་གྱི་ལག་ལེན་སྟོན་པའི་ཡིག་ཆུང་ཞིག་སྟེ། དང་པོ་ཀོ་ཙ་རྐོ་དུས་ཀུན་ལ་གསང་ནས་འགྲོ་བ་དང་། ལུས་ལ་མཚོན་ཆ་དང་རིན་ཆེན་རིགས་འདོགས་པ། བཀྲ་མི་ཤིས་པའི་གཏམ་བརྗོད་པ་སོགས་སྤང་ནས་ནམ་མཁའ་མི་མཐོང་ཞིང་ཀོ་ཙ་ཞིམ་མང་དུ་བཟླ་ཞོར་དུ་མགོ་ཞབས་མ་ལོག་པར་ཤིང་ཕུར་ཡོ་བྱད་ཀྱིས་རྩ་ཕྲན་མ་ལུས་ལེགས་པར་བརྐོས་པ་ས་རྗེན་དུ་མི་འཇོག་པར་རས་གཙང་ཁུད་དུ་བཏུམས། དེ་ནས་མ་ཏུལ་མ་སུངས་པར་གྲིབ་སྐམ་བྱ་བ་བཅས་རྐོ་དུས་ཀྱི་ལག་ལེན་རིམ་པ་དང་། གཉིས་པ་ཀོ་ཙ་བཏུང་དུས་ཁྲི་དང་བུད་མེད་ཉེ་ཟེར་རིགས་ཐམས་ཅད་སྤང་ནས་ཀོ་ཙ་གཅིག་ལ་འབྲས་ཉག་བདུན་བསྲེས་ནས་སྨན་བླའི་གཟུངས་སྔགས་བཟླས་པ་དང་བཀྲ་ཤིས་པའི་ཚིག་བརྗོད་པ་དང་བཅས་བཏུང་དགོས་ཚུལ། གསུམ་པ་བཏང་དུས་ཟླ་བ་སྨད་ལ་གཏོང་བ་དང་ནད་པས་སྟོན་འགྲོ་ཞག་གསུམ་དལ་བར་བསྡད་ནས་ལུས་བཀྲུ་བ་དང་བསྐུ་མཉེ་བྱས་ཏེ་ནང་མོ་ལྔ་བཀུག་ལ། གཏོང་དུས་སྲོད་དང་སྲོད

ཡོལ་ནམ་ཕྱེད་ཐོ་རངས་བཅས་རིམ་པ་བཞི་རུ་བཅད་ནས་བཏང་བ་དང་ནད་པས་ནད་གདོན་འབྲུ་བར་བསམ་ལ་འོག་རླུང་སློད་དགོས་པ་དང་། ནད་པ་དང་སྨན་པས་ཞ་ཁམ་གཅིག་མུར་ཞོར་དུ་ངག་ནས་སོ་སོར་ཚིག་ཅི་བརྗོད་དགོས་ཚུལ་སོགས་ཀོ་ཙའི་མན་ངག་ལག་ལེན་རིམ་པ་ཆ་ཚང་དང་། གཞན་ཞལ་གདམས་སྨན་བརྒྱུད་མ་འདི་ནི་སྐལ་ལྡན་གྱི་བུ་ལ་མ་གཏོགས་སུ་ལ་ཡང་མི་སྤེལ་ཏེ་སྣོད་མིན་རྣམས་ལ་སྤེལ་ན་མཁའ་འགྲོའི་བཀའ་ཆད་ཡོང་བས་སྙིང་གི་དཀྱིལ་དུ་ཆོངས་དགོས་ཚུལ་སོགས་བསྟན་ཡོད།

内容提要：本典籍收录了介绍藏药材“果扎”的采集、制药、服用方法。首先介绍了该药材的采集方法。采集该药材时要悄悄去，要佩戴珍宝类饰品，忌说不吉利的话，遮盖后反复念“果扎”一词，用木质工具将根部毫无遗留地挖出后用干净的布包裹、阴干。其次为磨制方法。在捣碎时要避开狗、妇女和日光等。一根“果扎”加七粒米混合，制作时念诵药师佛心咒并颂吉祥之词。最后为服用方法。要在每月的下旬服用，患者要在服药前三日之内静息养神，沐浴洁身，按摩后保持早晨空腹，服用时间分日暮、黄昏、凌晨和黎明四个时间段，服药后患者需排气，且患者和医生均应含少量肉的同时念诵“果扎”秘诀等实践过程。

བོད་ཀྱི་གསོ་རིག་ཀུན་བཏུས་བསྡུད་སྒྲིག་མ་ལས། པོད་དོན་དགུ་པའི་ནང་དུ་བཞུགས།

在《〈藏医药大典〉续编（61—80）》中的位置：收载于第七十九卷

ཚན་པ་བཅུ་བདུན་པ། ནག་པོ་ཀླུ་འདུལ་བྱ་ཁྱུང་གི་ལས་ཚོགས།

第十七篇　《治龙魔黑鹏丸制法汇集》

མཚན་བྱང་ཆ་ཚང་། ནག་པོ་ཀླུ་འདུལ་བྱ་ཁྱུང་གི་ལས་ཚོགས་གསོ་སྦྱོར་ནད་ཀྱི་གཡུལ་འཇོམས་བཞུགས་སོ། །

全名：《治龙魔黑鹏丸制法汇集·除病制胜》

རྩོམ་པ་པོ། པདྨ་བདེ་ཆེན་རོལ་བའི་རྩལ།

作者：白玛德钦若巴泽

མ་ཡིག ལག་བྲིས། ཡིག་གཟུགས་དབུ་མེད། ཤོག་ངོས་རེར་ཐིག་ཕྲེང་བདུན། ཐིག་ཕྲེང་རེར་ཡིག་འབྲུ་ཉེར་དགུ། ཁྱོན་བསྡོམས་ཤོག་ངོས་བཞི་བཞུགས།

母本：手写本，草书体，每页7行，每行29字，共4页。

ནང་དོན་གནད་བསྡུས། གཞུང་འདི་ནི་དུག་དང་གཉན་རིམས་ལ་ཕན་པའི་གཉེན་པོ་ཁྱུང་ལྔ་གཞིར་བྱས་དེ་ལ་མན་ངག་ཁ་བསྐྱར་མི་འདྲ་བ་སྡེབ་པའི་སྦྱོར་བ་སུམ་ཅུའི་ཕན་ཡོན་བསྟན་པའི་ཡིག་ཆུང་ཞིག་སྟེ། རྩ་བའི་སྨན་གླ་རྩི་དང་། ཤུ་དག རུ་རྟ། ཨ་རུ་ར། བོང་ང་བཅས་ལྔ་འདུས་པའི་སྦྱོར་བས་ཀླུ་གཉན་ནད་སེལ་བ་དང་། རྩ་བའི་སྨན་སྣ་ལྔ་པོ་འདི་གཞིར་བྱས་སྙིང་མགྲོན་བྱ་རྡོ་ཞོ་སྦྱར་བས་སྐྲན་རྣམས་སེལ་བ་དང་། གླ་བ་སྟག་ཤ་སྤྲུ་ནག་མུ་ཟི་སྦྱར་བས་ལྷོག་རྣམས་སེལ་བ། དེ་བཞིན་མན་ངག་ཁ་བསྐྱར་གཞན་དང་གཞན་སྦྱར་བས་དམུ་ཆུའི་ནད་དང་། གློ་གཅོང་། ཆུ་སེར། གཉན། དུག་ནད། སིབ་བུ། སོ་སྲིན། གླང་ཐབས། ཆུ་འགགས། མཛེ་ནད། མེ་དབལ། འབམ་ནད། འཛེར་བ། གྲུམ་བུ། འབྲུམ་ནད། ཤ་གཡའ། ཤ་དུགསྦྲུལ་དུག་སོགས་ནད་རིགས་སུམ་ཅུ་ལྷག་ལ་ཕན་པའི་སྦྱོར་བ་སུམ་ཅུ་གསུངས་ཡོད་ལ། འདི་དག་ནི་ཀླུ་གཉན་ནད་ཀྱི་གཉེན་པོ་ཡིན་ལ་ཕན་ཚུན་འདྲ་འདྲར་སྣང་ཡང་རེ་རེར་ཁྱད་པར་ཡོད་ཚུལ་དང་། མན་ངག་འདི་དག་ལག་ལེན་དུ་ལེན་ཤེས་ན་ཀླུ་གཉན་དང་དུག་རྣམས་རྩ་བ་ནས་འཇིབ་པར་ནུས་པ་སོགས་གསུངས་པ་འདི་ནི་གསོ་རིག་འཛིན་པ་འཛམ་འོད་རྡོ་རྗེས་བསྐུལ་བའི་ངོར་མཁའ་འགྲོའི་བརྡ་ཡིག་ཕྲ་མོ་ལས་པདྨ་བདེ་ཆེན་རོལ་པ་རྩལ་གྱིས་བསྐྱར་བ་ཞིག་གོ །

内容提要：本典籍介绍了利于毒病和疠瘟的以五鹏丸为基础衍生的30种组方及其功效。五鹏丸中的配方药材为麝香、藏菖蒲、木香、诃子和“榜莪”，可治疗龙煞疠。在此基础方剂上增补贝齿和泉华可消除痞瘤；增加麝香、轮叶棘豆、宽叶羌活和硫黄可以消除炭疽症。治疗实践中，常增补其他相关药材以消除腹水、肺痼疾、黄水病、毒症、麻疹、齿“蛀”、绞痛症、尿闭症、麻风、丹毒、冈斑、湿痹、瘙痒、肉毒、蛇毒等30多种疾病。上述方剂虽然都是利于祛除瘟疫的组方但各有差异，若掌握上述组方的实践则可根除瘟疫和毒病。此书是在医家佳沃多吉的请授下由白玛德钦若巴泽译自《空行母碟文》。

བོད་ཀྱི་གསོ་རིག་ཀུན་བཏུས་བསྟུད་སྒྲིག་མ་ལས། པོད་དོན་དགུ་པའི་ནང་དུ་བཞུགས།

在《〈藏医药大典〉续编（61—80）》中的位置：收载于第七十九卷

ཚན་པ་བཅོ་བརྒྱད་པ། གསལ་བྱེད་སྨན་མར་གྱི་ལག་ལེན།

第十八篇 《明目酥油剂的实践》

མཚན་བྱང་ཆ་ཚང་། གསལ་བྱེད་སྨན་མར་གྱི་ལག་ལེན་རྒྱུད་དགོངས་རྣམ་དག་རབ་གསལ་ཞེས་བྱ་བ་བཞུགས་སོ། །

全名：《明目酥油剂实践 · 医典思想明示》

རྩོམ་པ་པོ། ཀརྨ་ཆོས་རྒྱལ་ཡེ་ཤེས་འགྱུར་མེད། སྤྱི་ལོ་༡༨༡༠ལོར་མདོ་སྟོད་ཡུལ་ཤུལ་གྱི་རྫ་སྟོད་འབྲོང་པར་སྐུ་འཁྲུངས་ཤིང་། སྤྱི་ལོ་༡༨༧༠ལོར་སྐུ་གཤེགས།

作者：噶玛却吉 · 叶西晋美，1810年生于多堆玉树杂多仲巴，1870年卒。

མ་ཡིག སྒྲིག་པར། ཡིག་གཟུགས་དབུ་ཅན། ཤོག་ངོས་རེར་ཐིག་ཕྲེང་བཅུ་དགུ། ཐིག་ཕྲེང་རེར་ཡིག་འབྲུ་བཅུ་གཉིས། ཁྱོན་བསྡོམས་ཤོག་ངོས་ལྔ་བཞུགས།

母本：排印本，正楷体，每页19行，每行12字，共5页。

ནང་དོན་གནད་བསྡུས། གཞུང་འདི་ནི་གཙོ་བོར་ཕྱི་རྒྱུད་སྨན་མར་སྡེ་ཚན་གྱི་གསལ་བྱེད་དགུ་པའི་ལག་ལེན་དང་ཞར་བྱུང་ལྷུགས་ཕྱེ་དང་འབྲེལ་བའི་མན་ངག་འགའ་གསལ་བར་སྟོན་པའི་ཡིག་ཆུང་ཞིག་སྟེ། ཨ་རུ་ར་དང་། བ་རུ་ར། སྐྱུ་རུ་ར་རྣམས་ནི་བཙོས་ཐོག་འོ་མ་དང་མར་ལ་ཐིམ་པར་བསྐྱུ་བ་སོགས་གཞུང་བཞིན་

ལེགས་པར་སྦྱར་ལ། དེ་ནས་ལྕགས་ཕྱེ་དང་། ཨ་ཤ། ལྕགས་སྦྲུལ། ཁ་ཆེ་གུར་གུམ། གོ་སྙོད། སླག་པོ་མདུང་རྩེ་རྣམས་ཀྱི་ཕྱེ་མ་རས་ཚགས་ལ་བྲངས་ནས་ཞིབ་པར་བཏུལ་བ་མར་ཁུ་དྲོད་ཡལ་ནང་དུ་བཏབ། དེ་ལ་མཁྲིས་པར་ཀ་ར་མང་བ། རླུང་ལ་བུ་རམ་མང་བ། བད་ཀན་ལ་སྦྲང་རྩི་མང་བ། རླུང་མཁྲིས་བད་ཀན་གསུམ་ཀ་ཆ་མཉམ་ལ་ཆ་མཉམ་དུ་བསྣན་ལ། འཛོམ་ན་མར་ཁུའི་བཞི་ཆ་ཙམ་རེ་བཏབ་ལ་དེ་ལས་མང་བར་བྱེད་ནའང་ལེགས་པ་དང་། མ་འཛོམ་ན་བུ་རམ་སྣོར་མོ་ཕྱེད་སོགས་བཏབ་པ་ཐོ་རངས་ཁམ་རེ་རྒྱུན་དུ་བསྟེན་པ། བསྟེན་པའི་ཡུན་ལ་རླན་གྲང་བསེར་བུ་འཇུ་དཀའ་བ་དྲག་ཤུལ་སོགས་སྤང་དགོས་པ་སོགས་གསལ་བྱེད་དགུ་བའི་ལག་ལེན་གྱི་རིམ་པ་དང་། ཞར་བྱུང་དུ་ལྕགས་ཕྱེ་བཟོ་ལུགས་དང་། མན་ངག་རྒྱུད་མིག་སྨན་ལྡོང་རོས་བཅུ་བཞི་དང་ཕྱི་རྒྱུད་ལྡེ་གུ་སྨན་མར་གྱི་སྦྱོར་ཐབས་དང་བསྟེན་ཐབས། ཕན་ཡོན་བཅས་བསྟན་ཡོད།

内容提要：本典籍记述了《四部医典》之《后续部》药油章中关于九味明目丸的制作以及与铁粉相关的部分秘诀。书中记录，诃子、毛诃子和余甘子需要在鲜奶和酥油中煮制，后将铁粉、洼瓣花、乌梢蛇肉、藏红花、藏茴香和硅灰石的粉末过筛后待酥油温度较低时倒入其中，若是治疗“赤巴”病则增加糖的量，治疗“隆”病则增加蔗糖量，治疗“培根”病则增加蜂蜜量，治疗混合型病则等量增加糖、蔗糖和蜂蜜，如果条件允许可加入酥油的四分之一或较多量进行配制，若无亦可加入适量蔗糖后于黎明时口服。服药期间忌受潮、受凉、食难消食物和剧烈运动等。另外，附加了铁粉的制作方法、《秘诀部》眼科方剂十四味雌黄丸和《后续部》中膏剂和药油剂的配制、服用方法和功效等。

བོད་ཀྱི་གསོ་རིག་ཀུན་བཏུས་བསྟུད་སྒྲིག་མ་ལས། པོད་དོན་དགུ་པའི་ནང་དུ་བཞུགས།

在《〈藏医药大典〉续编（61—80）》中的位置：收载于第七十九卷

ཚན་པ་བཅུ་དགུ་པ། བདུད་རྩི་དབང་ལག་གི་བཅུད་ལེན།

第十九篇 《甘露手参滋补》

མཚན་བྱང་ཚ་ཚང་། སློབ་དཔོན་རིན་པོ་ཆེས་མངའ་བདག་ལ་གདམས་པ་བདུད་རྩི་དབང་ལག་གི་བཅུད་ལེན་བཞུགས་སོ། །

全名：《莲花生大师教诫首领・甘露手参滋补》

རྩོམ་པ་པོ། སློབ་དཔོན་པདྨ་འབྱུང་གནས། རྒྱ་གར་ནུབ་ཕྱོགས་ཧྲུམ་ཀོ་ཥའི་མཚོ་གླིང་དུ་སྐུ་འཁྲུངས། བཀའ་ཐང་ལས་རྒྱལ་པོ་ཁྲི་སྲོང་ལྡེ་བཙན་དང་། མུ་ནེ་བཙན་པོ། མུ་ཏིག་བཙན་པོ་གསུམ་གྱིས་སྲིད་དབང་བཟུང་སྐབས་ཏེ་ལོ་ལྔ་བཅུ་མ་ཟིན་ཙམ་བོད་དུ་བཞུགས་པར་གསུངས།

作者：莲花生大师，生于印度西部达果卡海，《嘎唐》中记载，藏王赤松德赞、木奈赞布、木迪赞布三王执政时在藏居住近50年。

མ་ཡིག ལག་བྲིས། ཡིག་གཟུགས་དབུ་མེད། ཤོག་ངོས་རེར་ཐིག་ཕྲེང་ལྔ། ཐིག་ཕྲེང་རེར་ཡིག་འབྲུ་བཅུ་གསུམ། ཁྱོན་བསྡོམས་ཤོག་ངོས་ཉེར་བཞི་བཞུགས།

母本：手写本，草书体，每页5行，每行13字，共24页。

ནང་དོན་གནད་བསྡུས། གཞུང་གི་མཚན་བྱང་དུ་དབང་ལག་གི་བཅུད་ལེན་ཞེས་བཀོད་ཡོད་ཀྱང་དོན་ལ་དབང་ལག་གི་བཅུད་ལེན་དང་། མུ་ཟིའི་བཅུད་ལེན། ཅོང་ཞིའི་བཅུད་ལེན་བཅས་གསུམ་བསྟན་པའི་ཡིག་ཆུང་ཞིག་སྟེ། དེ་ལས་དང་པོར་དབང་ལག་བཅུད་ལེན་གྱི་བརྒྱུད་པའི་ལོ་རྒྱུས་དང་། རྩ་བའི་སྨན་སྣ་དབང་ལག་དང་། ཨ་རུ་ར། བ་རུ་ར། སྐྱུ་རུ་ར། བ་དམར་པོའི་མར། འབྲི་མར། སྦྲང་བཅས་བདུན་པོའི་སྦྱོར་ཚད། དེ་དག་སྨན་མར་དུ་བཟོ་བའི་ལག་ལེན་གྱི་རིམ་པ། སྨན་མར་གྱི་སྟེང་དུ་རྩ་ཨ་ཤ་སོགས་སྨན་སྣ་བརྒྱད་སྦྱར་བའི་

སྦྱོར་བའི་ཕན་ནུས། གཞན་དབང་ལག་གཙོ་བྱས་པའི་སྨན་གྱི་སྦྱོར་བ་བཅུ་དྲུག་གི་སྨན་སྣ་རེ་རེ་དང་ཕན་ནུས་བཅས་བསྟན། གཉིས་པ་མུ་ཟིའི་བཅུད་ལེན་སྐབས་བཅུད་ལེན་ལ་མུ་ཟིའི་རིགས་གང་དགོས་དང་བཅུད་ལེན་དུ་སྒྲུབ་པའི་ལག་ལེན་གྱི་རིམ་པ། ཕན་ནུས་བཅས་བསྟན། གསུམ་པ་ཅོང་ཞིའི་བཅུད་ལེན་ལ་ཅོང་ཞིའི་རིགས་དབྱེ་དང་དེ་ལས་བཅུད་ལེན་སྐབས་རིགས་དབྱེ་གང་དགོས། བཅུད་ལེན་དུ་སྒྲུབ་པའི་ལག་ལེན་གྱི་རིམ་པ། བསྟེན་དུས་ཀྱི་ཟས་སྤྱོད་ཀྱི་སྤང་བླང་། ལོག་གནོན་སེལ་ཐབས་སོགས་བསྟན་ཡོད།

内容提要：本典籍由手参滋补、硫黄滋补和寒水石滋补三部分组成。第一部分，介绍了手参滋补的传承史和根本药材包括手参、诃子、毛诃子、余甘子、黄牛酥油、牦牛酥油和蜂蜜等七味药材的配比以及用其制作药油剂的工序流程，在药油剂基础上增加洼瓣花等八味药材的组方功效；另外，该方剂还记录了以手参为主要药材的16种方药的组方和功效。第二部分介绍了硫黄滋补组方中硫黄的辨别，滋补实践的方法和功效。第三部分介绍了寒水石的分类及寒水石滋补方药所需寒水石，滋补方制法，服用期间饮食起居的禁忌和镇逆之法等。

བོད་ཀྱི་གསོ་རིག་ཀུན་བཏུས་བསྟུད་སྒྲིག་མ་ལས། པོད་དོན་དགུ་པའི་ནང་དུ་བཞུགས།

在《〈藏医药大典〉续编（61—80）》中的位置：收载于第七十九卷

ཆན་པ་ཉི་ཤུ་པ། བཅུད་ལེན་འཆི་གསོས་བདུད་རྩི།

第二十篇　《滋补益寿甘露》

མཚན་བྱང་ཆ་ཚང་། བཅུད་ལེན་འཆི་གསོས་བདུད་རྩི་ཞེས་བྱ་བ་དགེ།

全名：《滋补益寿甘露》

རྩོམ་པ་པོ། རྣམ་གྱིརྟེའམ་འབྲི་གུང་ཆོས་གྲགས། སྤྱི་ལོ་༡༥༥༥ལོར་དབུས་གཙང་མལ་གྲོ་གོང་དཀར་གྱི་ཞོལ་རོང་དུ་སྐུ་འཁྲུངས། སྤྱི་ལོ་༡༦༥༥ལོར་སྐུ་གཤེགས།

作者：达玛格得，又名直贡·却扎，1595年生于卫藏墨竹工卡雪荣，1659年卒。

མ་ཡིག ལག་བྲིས། ཡིག་གཟུགས་དབུ་མེད། ཤོག་ངོས་རེར་ཐིག་ཕྲེང་དྲུག ཐིག་ཕྲེང་རེར་ཡིག་འབྲུ་སོ་བཞི། ཁྱོན་བསྡོམས་ཤོག་ངོས་གསུམ་བཞུགས།

母本：手写本，草书体，每页6行，每行34字，共3页。

ནང་དོན་གནད་བསྡུས། གཞུང་འདི་ནི་བཅུད་ལེན་རིལ་བུ་འཆི་སོས་བདུད་རྩིའི་ལག་ལེན་རིམ་པ་སྟོན་པའི་ཡིག་ཆུང་ཞིག་སྟེ། བདུད་རྩི་འོད་ལྡན་དང་། ཤུག་འབྲུ། མཁན་པ་སོགས་སྨན་སྣ་ཉེར་གཉིས་ཀྱི་སྦྱོར་ཚད་དང་དེ་དག་ཁུ་འདོན་ལེགས་པར་བྱས་པའི་དྭངས་མ་བཙགས་པ་ལ། བདུད་རྩི་འོད་ལྡན་དང་དབྱར་རྩྭ་དགུན་འབུ། ཅོང་ཞི། བྲག་ཞུན་ཁཎྜ་སོགས་ཁ་ཚར་ལེགས་པར་བཏབ། དེའི་སྟེང་ཤེལ་དཀར་ཏ་སོ་བྲེ་གསུམ། སྦྲང་དཀར་ལྷད་མེད་ཉ་ག་གསུམ། བུར་དཀར་ཉག་གསུམ་རྣམས་སྦྱར་ལ་ཨ་རག་བྲེ་ལྔ་ཡི་ཁུ་བར་འདམ་བཏགས་ལེགས་པར་བྱས་ཏེ་རིལ་བུ་ལུག་རིལ་ཙམ་དུ་སྒྲིལ། དེ་ལ་མཚལ་གྱིས་ན་བཟའ་གྱོན་པ་འདི་ཉིད་རྒྱུན་དུ་བསྟེན་ན་ཕན་ཡོན་ནི། རྒས་སྲ། སྟོབས་བསྐྱེད། མདངས་རྒྱས། ལུས་བདེ། ཚེ་བསྲིང་བར་འགྱུར་བ་སོགས་བསྟན་ཡོད། འདི་ནི་རྩོམ་པ་པོ་རང་ལོ་བདུན་ཅུ་དོན་གཉིས་ལ་ལོན་སྐབས་རླུང་རྟགས་ཆེ་ཞིང་འབྱུང་བ་ཤིན་ཏུ་གུད་པ་ལ་འདི་ཉིད་བསྟེན་པས་ཡོན་ཏན་གོང་དང་མཚུངས་པར་འབྱུང་བ་ཆ་སྙོམས་ཏེ། ལུས་ཟུངས་བདུན་གྱི་སྟོབས་རྣམས་འཕེལ་ཞིང་། མངོན་སུམ་སྐྲ་གསར་པ་སྐྱེས་པ་སོགས་ཡིད་ཆེས་ཀྱི་ངེས་པ་རྙེད་ཅིང་། ཁྱད་པར་རང་ལོ་དོན་གསུམ་གྱི་ཉིན་འཕྲང་དང་། ཚེ་ཚད་ལས་རིང་དུ་བསྲིངས་པ་བཅས་དོན་དངོས་དང་སྦྱར་ནས་གསུངས་ཡོད།

内容提要：本典籍主要介绍了滋补药益寿甘露丸的具体制作方法。文中介绍优越虎耳草、柏枝仁和大籽蒿等22味药材的配比，在熬煮过筛过滤后的药水清液中加入优越虎耳草、冬虫夏草、寒水石和岩精膏等“卡嚓尔”药材，辅助加入三藏升的琥珀，三“娘嘎”高纯度蜂蜜和蔗糖，五藏升的酒后湿研制成药丸。该药丸具有抗衰老，强健身体，焕发容光和延长寿命等功效。作者结合在72岁体内的“隆”偏盛、五原俱损时，服用该药丸后使体内的五原得以平和，七精增长，尤其长出新发等亲身经历，证实了该药丸的功效。

བོད་ཀྱི་གསོ་རིག་ཀུན་བཏུས་བསྟུད་སྒྲིག་མ་ལས། པོད་དོན་དགུ་པའི་ནང་དུ་བཞུགས།

在《〈藏医药大典〉续编（61—80）》中的位置：收载于第七十九卷

ཚན་པ་ཉེར་གཅིག་པ། ར་ས་ཡཱ་ནའི་ལག་ལེན།

第二十一篇　《“然撒亚那”实践》

མཚན་བྱང་ཆ་ཚང་། ར་ས་ཡཱ་ནའི་ལག་ལེན་གསལ་བར་བརྗོད་པ་བདུད་རྩི་གྲུབ་པ་བཞུགས་སོ། །

全名：《“然撒亚那”实践明示·甘露》

རྩོམ་པ་པོ། མི་ཕམ་འཇམ་དཔལ་དགྱེས་པའི་རྡོ་རྗེའམ་འཇུ་མི་ཕམ་རྣམ་རྒྱལ་རྒྱ་མཚོ། སྐྱེ་ལོ་༡༨༤༦ལོར་མདོ་སྟོད་སྡེ་དགེའི་མངའ་ཁུལ་ཟླ་ཆུའི་ཉེ་འགྲམ་ཡ་ཆུའི་དིང་ཆུང་དུ་སྐུ་འཁྲུངས་ཤིང་། སྐྱེ་ལོ་༡༩༡༢ལོར་སྐུ་གཤེགས།

作者：米旁·嘉华杰贝多吉，又名居·米旁·南杰嘉措，1846年生于多堆德格境内澜沧江畔亚曲东琼，1912年卒。

མ་ཡིག ཤིང་དཔར། ཡིག་གཟུགས་དབུ་ཅན། ཤོག་ངོས་རེར་ཐིག་ཕྲེང་དྲུག ཐིག་ཕྲེང་རེར་ཡིག་འབྲུ་བཞི་བཅུ། ཁྱོན་བསྡོམས་ཤོག་ངོས་བཅོ་ལྔ་བཞུགས།

母本：木刻版，正楷体，每页6行，每行40字，共15页。

ནང་དོན་གནད་བསྡུས། གཞུང་འདི་ནི་ར་ས་ཡཱ་ན་ཞེས་བཅུད་ལེན་གྱི་སྦྱོར་བའི་ལག་ལེན་བསྟན་པ་ཞིག་སྟེ། ར་ས་ཡཱ་ནའི་གཙོ་བོ་བདུད་རྩི་འོད་ལྡན་བཏུ་དུས་ཀྱི་ཚིག་དང་ཕན་ནུས། འཁོར་གྱི་སྨན་ཨ་རུ་ར་དང་། བ་རུ་ར། སྐྱུ་རུ་ར། བཟང་པོ་དྲུག ཅོང་ཞི། བྲག་ཞུན། རུ་རྟ། སླེ་ཏྲེས། ཤུ་དག་དཀར་པོ། ཀུ་ཤ ཐལ་ཀ་རྡོ་རྗེ། བ་

ལུ། ཤུག་འབྲུམ། མཚོ། མཁན་པ། མེ་ཏོག་ལུག་མིག་སོགས་ལས་ཞལ་ཤེས་ཁྱད་པར་ཅན་ལྡན་པའི་སྨན་འགའ་རེ་ཡི་ངོས་འཛིན་དང་བཏུ་དུས། སྦྱོར་ཚད། དུག་འདོན། སྦྱར་ཐབས། ཕན་ཡོན་སོགས་བསྟན། གཞན་དབང་པོ་ལག་པ་དང་རམ་བུ། བ་སྨྱུ། ཉེ་ཤིང་། ར་མཉེ་བཅས་བཅུད་ལེན་གྱི་གཙོ་སྨན་དག་གི་སོ་སོའི་བཏུ་དུས་ཀྱི་ཆོ་ག་དང་ཕན་ནུས། ལྷན་དུ་སྦྱར་བའི་ཕྱེ་མ་དང་ཁནྡའི་ཕན་ནུས། རྒུན་འབྲུམ་དང་སྟར་བུ་གཉིས་སྦྱར་བའི་བཅུད་ལེན་སྦྱོར་བའི་ལག་ལེན་སོགས་གཙོ་བོ་བདུད་རྩི་འོད་ལྡན་དང་། གྲོགས་ཉེར་བརྒྱད་པོ་རེ་རེ་ཀུང་ཚུལ་བཞིན་བསྒྲུབ་ན་ཟོ་རྗེའི་ཆེ་དང་ལང་ཚོ་འགྲུབ་པར་བྱེད་པ་ཡིན་པས། འདི་ཉིད་སྦྱར་ཐབས་ཀྱི་ལག་ལེན་དང་སྒྲུབ་དུས་ཀྱི་ཆོ་ག སྔོད་དུ་བཅངས་ནས་མཆོད་པ་དང་རབ་གནས་བྱ་ཚུལ་སོགས་གསལ་བར་བསྟན་ཡོད།

内容提要：本典籍主要介绍了“然撒亚那”滋补方的制作方法。书中首先介绍了“然撒亚那”的主药材优越虎耳草、手参、珠芽廖、喜马拉雅紫茉莉、黄精和天门冬等的采集时间、仪轨和功效。其次，记述了辅助药材诃子、毛诃子、余甘子、六良药、寒水石、岩精、木香、宽筋藤、藏菖蒲、粽叶芦、决明子、樱草杜鹃叶、麻黄、大籽蒿、紫菀、葡萄和沙棘等18种药材中个别药材的识别、采集时间、配比、炮制、配制和功效等。最后，记述了该组方的配制实践、药修仪轨、供祭和开光仪式等。

བོད་ཀྱི་གསོ་རིག་ཀུན་བཏུས་བསྟུད་སྒྲིག་མ་ལས། པོད་དོན་དགུ་པའི་ནང་དུ་བཞུགས།

在《〈藏医药大典〉续编（61—80）》中的位置：收载于第七十九卷

ཚན་པ་ཉེར་གཉིས་པ། བཅུད་ལེན་གྱི་ཆ་ལག

第二十二篇 《滋补分支》

མཚན་བྱང་ཆ་ཚང་། བཅུད་ལེན་གྱི་ཆ་ལག་རིན་ཆེན་ཟ་མ་ཏོག་བཞུགས་སོ། །

全名：《滋补分支·珍宝箧》

རྩོམ་པ་པོ། མི་ཕམ་འཇམ་དཔལ་དགྱེས་པའི་རྡོ་རྗེའམ་འཇུ་མི་ཕམ་རྣམ་རྒྱལ་རྒྱ་མཚོ། སྤྱི་ལོ་༡༨༤༦ལོར་མདོ་སྟོད་སྡེ་དགེའི་མངའ་ཁུལ་ཟླ་ཆུའི་ཉེ་འགྲམ་ཡ་ཆུའི་དིང་ཆུང་དུ་སྐུ་འཁྲུངས་ཤིང་། སྤྱི་ལོ་༡༩༡༢ལོར་སྐུ་གཤེགས།

作者：米旁·嘉华杰贝多吉，又名居·米旁·南杰嘉措，1846年生于多堆德格境内澜沧江畔亚曲东琼，1912年卒。

མ་ཡིག ཤིང་དཔར། ཡིག་གཟུགས་དབུ་ཅན། ཤོག་ངོས་རེར་ཐིག་ཕྲེང་དྲུག ཐིག་ཕྲེང་རེར་ཡིག་འབྲུ་ཞེ་གཉིས། ཁྱོན་བསྡོམས་ཤོག་ངོས་བཅོ་ལྔ་བཞུགས།

母本：木刻版，正楷体，每页6行，每行42字，共15页。

ནང་དོན་གནད་བསྡུས། གཞུང་འདི་ནི་བཅུད་ལེན་སྒྲུབ་པའི་སྐབས་ཀྱི་ཆོ་ག་སྟོན་པ་ཞིག་སྟེ། བཅུད་ལེན་ཀྱི་ཉིན་དང་པོ་ཐོ་རངས་མལ་ནས་ལངས་ཏེ་ལུས་བསྐྱངས་ལ་རླུང་རོ་བསལ་བ་དང་། དམིགས་པ་གང་ལ་གཏད་ནས་རིལ་བུ་བཟའ་བ། སྔགས་ཅི་བཟླ་དང་གསོལ་བ་གང་འདེབས། སྨོན་ལམ་བཀྲ་ཤིས་བྱ་བ་སོགས་ཉིན་དང་པོའི་བྱ་བ་དང་། དེ་ནས་བཅུད་ལེན་བསྟེན་པའི་དུས་ཡུན་དེ་རིང་གི་སྤྱོད་ལམ་དང་བཟའ་བཏུང་གི་སྤང་བླང་། བསྒོམ་ཚུལ་སོགས་ཉིན་རེ་བཞིན་དུ་མ་ཆགས་པར་བརྩོན་པས་ཉམས་སུ་ལེན་པའི་བྱ་བ་དང་། ཞོར་དུ་ནད་སྤྱོད་ཞིང་ཚོགས་བསགས་བརྩོན་པས་བསྒྲུབ་དགོས་ལ། གཞན་སྔོ་བཅུད་ཆུ་བཅུད་མེ་ཏོག་གི་བཅུད་སོགས་བཅུད་ལེན་སྨན་མར་དུ་བྱས་ན་ལུས་ཟུངས་ངན་པ་རླུང་ཁམས་ཅན་སོགས་ལ་འཕྲོད་པས། ཆང་ལེགས་པ་ཅུང་ཟད་དང་བཅས་བཏུང་ན་སྨན་ནུས་རྩར་འཁྱིད་པས་བཟང་གསུངས་པ་དང་། བཅུད་ལེན་གྱི་སྨན་མ་བཏང་བའི་སྔ་རོལ་ཏུ་ལུས་བཀྲུ་བ་དང་། ནད་ཡོད་ན་འཇམ་པོའི་སྦྱོང་གཏོང་བ། རྒྱུན་པར་ཡང་སྟོན་དུས་སོགས་སྐབས་སྐབས་སུ་འཇམ་སྦྱོང་དེ་ལ་སོགས་པས་ནད་འདོན་པ་གལ་ཆེ་ཚུལ། བཅུད་ལེན་གྲུབ་མི་གྲུབ་ལུས་ཁམས་དང་ཉམས་དང་རྨི་ལམ་སོགས་ལ་དཔགས་ནས་མི་འགྲུབ་པའི་གེགས་བསལ་ཕྱིར་སྒྲིབ་སྦྱོང་ཚོགས་བསགས་བྱ་ཞིང་། བརྩོན་པ་རྒྱ་ཆེར་བརྟེན་ན་སྐལ་བ་དང་མཐུན་པའི་

དངོས་གྲུབ་འབྱུང་ཚུལ། གེགས་བསལ་བ་ནི་གཙོ་བོ་སྲིན་རིགས་གཉིས་ཀྱིས་ལུས་བྲངས་ཐམས་ཅད་བརླག་པར་བྱེད་པས་སྲིན་དེ་གཉིས་མ་ཐུལ་ན་བཅུད་ལེན་གྱི་ནུས་པ་ཇི་བཞིན་འབྱིན་དཀའ་བས། དེ་འདོན་པའི་ཐབས་ལ་གཉེན་པོ་སྡིག་སྲིན་གཙོར་བྱས་པའི་སྦྱོར་སོགས་མདོར་ན་བཅུད་ལེན་གྱི་བར་ཆད་དུ་གྱུར་པ་དག་ཞི་བར་བྱ་བའི་མན་ངག་རྣམས་བསྟན་ཡོད།

内容提要：本典籍主要介绍了滋补过程中，出现疾病等各种阻碍时，将其解除的方法和众多滋补秘诀。滋补第一天，黎明时分起床做适当伸展等运动后服药，同时诵咒并进行祈愿等仪轨。期间每日应遵守饮食起居禁忌、静坐冥想之余，还要勤于祛除疾病阻碍。此外，秘诀部分介绍了一些养生秘诀。如：服用各种草本、水和花朵精华制成滋补药油丸可利于“隆”型体质；适量饮酒可以促使药效发挥；服用滋补药之前应先行沐浴，若身患疾病时需行缓泄；秋季宜行缓泻。滋补是否有效可通过身体的状态和梦境辨析，若无效则需祛除阻碍。祛除阻碍两种“蛀”虫方药为以螃蟹为主的组方。

བོད་ཀྱི་གསོ་རིག་ཀུན་བཏུས་བསྡུད་སྒྲིག་མ་ལས། ཡོད་དོན་དགུ་པའི་ནང་དུ་བཞུགས།

在《〈藏医药大典〉续编（61—80）》中的位置：收载于第七十九卷

ཚན་པ་ཉེར་གསུམ་པ། བཅུད་ལེན་བདེ་བའི་འཁོར་ལོ།

第二十三篇 《滋补安乐轮》

མཚན་བྱང་ཆ་ཚང་། བཅུད་ལེན་བདེ་བའི་འཁོར་ལོ་བཞུགས་སོ། །

全名：《滋补安乐轮》

རྩོམ་པ་པོ། མི་གསལ།

作者：不详。

མ་ཡིག ལག་བྲིས། ཡིག་གཟུགས་དབུ་མེད། ཤོག་ངོས་རེར་ཐིག་ཕྲེང་བདུན། ཐིག་ཕྲེང་རེར་ཡིག་འབྲུ་སོ་

༣༡ ཁྲིན་བསྒོམས་ཤོག་ངོས་གསུམ་བཞུགས།

母本：手写本，草书体，每页7行，每行36字，共3页。

ནང་དོན་གནད་བསྡུས། གཞུང་འདི་ནི་བཅུད་ལེན་ཤ་སྦྱོར་རྒྱས་པའི་ལག་ལེན་གྱི་རིམ་པ་སྟོན་པའི་ཡིག་ཆུང་ཞིག་སྟེ། རྒྱ་རྩངས་དང་། བོད་རྩངས། རྨིགས་བུ་སོགས་སྦྱོར་བའི་སྨན་སྣ་དང་། སོ་སོའི་ཐུན་ཚད། སྨན་རྫས་ཁ་ཤས་ཀྱི་དུག་འདོན། སྦྱོར་ཐབས། རབ་གནས་རྒྱས་པར་བྱ་དགོས་ཚུལ། གཏོང་ཐབས་ཏེ་སྦྱོར་བ་མ་བཏང་བའི་སྔོན་དུ་ལྟོ་བཤལ་འཇམ་པོས་ཁོང་དག་པར་སྦྱང་ནས་ཡར་ངོའི་ཚེས་བཟང་ནས་མགོ་བཙམས་ཏེ་ཐོ་རངས་ཁམ་རེ་ཟ་བ་དང་། སྐྲིག་ཅིང་མི་འཇུ་ན་སྨན་འཕྲོ་བཅད་ནས་ཆུ་བསྐོལ་དང་རྒྱམ་ཚའི་ཆིག་ཐང་བཞི་ཐང་རིམ་གྱིས་བཏང་དགོས་ཚུལ། སྨན་བསྟེན་པ་ནས་བཟུང་ཟླ་གཅིག་ལ་ས་ལྷན་ལ་འདུག་པ་དང་། བསེར་བུས་ལུས་གྲང་བ། ཆགས་པ་སྤྱོད་པ། དྭག་ཤུལ་གྱི་ལས་སོགས་སྤང་ཞིང་ཤ་ཆང་བུ་རམ་སོགས་ཁ་ཟས་དྲོད་བཅུད་ཀྱི་རིགས་བསྟེན་པ་དང་། ཕན་ཡོན་ནི་ཚེ་རིང་ཞིང་། རྐས་ཀ་སྲ། ལུས་སྟོབས་རྒྱས། དབང་པོ་གསལ། གཟི་མདངས་བསྐྱེད། གྲང་ལྷུང་གི་ནད་ཐམས་ཅད་སེལ་ཞིང་བརྒྱད་ཅུ་ལོན་པའི་རྒན་པོ་ཡིས་ཀྱང་རོ་ཙ་བར་བྱེད་པ་སོགས་ཀྱི་སྟོབས་བསྐྱེད་ནུས་པའི་ཕན་ཡོན་དུ་མ་ལྡན་ཚུལ། མཇུག་ཏུ་ད་བྱིད་སྨུག་པོ་དང་རྒྱ་མཆིལ་སོགས་ཀྱིས་གྲུབ་པའི་སྦྱོར་བ་ཐོ་རངས་ཀྱི་དུས་སུ་མྱུར་བས་ལུས་ཀྱི་སྟོབས་བསྐྱེད་པ་དང་། དབང་པོ་གསལ། བཀྲག་མདངས་བསྐྱེད། ཚེ་རིང་བ། ནད་མེད་པ། རིགས་རྒྱུད་ཕུན་སུམ་ཚོགས་པ། གཞན་ཅོང་ཞི་གཙོར་བྱས་པའི་སྦྱོར་བས་ཀྱང་འདོད་པ་མཆོག་ཏུ་བསྐྱེད་པ་བཅས་བཅུད་ལེན་གྱི་སྦྱོར་བ་གསུམ་བསྟན་ཡོད།

内容提要：本典籍介绍了三种滋补养生的组方。首先介绍了以鬣蜥和沙蜥等为主药材的组方剂量、部分药材的炮制、配制、加持仪式、服用方法和功效；其次讲述了以金眉雪蛙和麻雀为主药材的组方服用方法和功效；最后介绍了以寒水石为主药材的组方功效。

བོད་ཀྱི་གསོ་རིག་ཀུན་བཏུས་བསྟུད་སྒྲིག་མ་ལས། པོད་དོན་དགུ་པའི་ནང་དུ་བཞུགས།

在《〈藏医药大典〉续编（61—80）》中的位置：收载于第七十九卷

སྤྱི་དོན་བདུན་པ། སྨན་རྫས་འདུལ་སྦྱོང་གི་སྐོར།

第七部　药物炮制书籍

དུས་རབས་མི་འདྲ་བར་བྱུང་བའི་སྨན་པ་མཁས་པ་གང་མང་ཞིག་གི་སྨན་རྫས་འདུལ་སྦྱོང་དང་བཟོ་ཐབས་ཀྱི་ཕྱག་ལེན་རིམ་པ། འདུལ་བཟོའི་སྨན་གྱི་ངོས་འཛིན་དང་བཟང་ངན་རིགས་དབྱེ། སྨན་དུ་སྦྱོར་ཐབས་དང་དེའི་གཏོང་ལུགས། ཐུན་མོང་མ་ཡིན་པའི་ཁྱད་ཆོས་དང་སྤྱི་བྱེ་བྲག་གི་ཕན་ནུས་སོགས་བསྟན་པ་རྣམས་སྐབས་དོན་དང་པོར་བཀོད་ནས། དངུལ་ཆུ་བཙོ་བཀྲུ་ཆེན་མོའི་བྱུང་འཕེལ་གྱི་ལོ་རྒྱུས་དང་། དངུལ་ཆུའི་བཙོ་བཀྲུའི་ལག་ལེན། ཟ་བྱེད་ཁམས་བརྒྱད་དང་འཆིང་བྱེད་ལྕགས་བརྒྱད་ཀྱི་འདུལ་སྦྱོངས། རིལ་ནག་ཆེན་མོའི་སྦྱོར་ཚད་ཕན་ཡོན་དང་བཅས་ཀྱི་ཞལ་གདམས་ལག་ལེན་དམར་ཁྲིད་དུ་བསྟན་པ་སོགས་སྐབས་དོན་གཉིས་པར་བཀོད་ཡོད།

该部共有两集。第一集收录不同时代名医讲述药物炮制加工和制剂的实践操作、所炮制加工药物的鉴认、品质鉴别、配伍法、服法及非凡的制作特色，通治、个病治疗功效等的书籍；第二集收录了水银洗炼的发展历史，制作实践，能食八矿、能持八铁的炮制，大黑丸的组方配比和功效等。

སྐབས་དོན་དང་པོ། སྨན་རྫས་འདུལ་སྦྱོང་གི་ལག་ལེན།

第一集　药物炮制实践

ཉེར་མཁོ་སྨན་རྫས་རྣམས་ཀྱི་འདུལ་ལུགས་དང་བཟོ་ལུགས། ཕན་ཡོན་སོགས་ཀྱི་ཐད་དུས་རབས་མི་འདྲ་བའི་མཁས་པ་སོ་སོར་ཕྱུག་ལེན་མི་འདྲ་བ་རེ་ཡོད་པ་ཚན་པ་གསུམ་གྱི་ནང་དུ་བཀོད་ཡོད།

收录了不同时代众多名医讲述的实用药物炮制、加工、制剂及功效的药书3篇。

ཚན་པ་དང་པོ། སྨན་བཟོའི་ལག་ལེན་བློ་གསར་སྤྲོ་བ་བསྐྱེད་བྱེད།

第一篇　《制药实践·新意引趣》

མཚན་བྱང་ཆ་ཚང་། གཅེས་བཏུས་ཀུན་འདུས་རིན་ཆེན་གཏེར་མཛོད་ཆ་ལག་སྨན་བཟོའི་ལག་ལེན་བློ་གསར་སྤྲོ་བ་བསྐྱེད་བྱེད་བཞུགས་སོ། །

全名：《精选汇集伏藏宝库分支制药实践·新意引趣》

རྩོམ་པ་པོ། ཀརྨ་ཆོས་རྒྱལ་ཡེ་ཤེས་འགྱུར་མེད། སྤྱི་ལོ་༡༨༡༠ལོར་མདོ་སྟོད་ཡུལ་ཤུལ་གྱི་རྫ་སྟོད་འབྲོང་པར་སྐུ་འཁྲུངས་ཤིང་། སྤྱི་ལོ་༡༨༧༠ལོར་སྐུ་གཤེགས།

作者：噶玛却吉·叶西晋美，1810年生于多堆玉树杂多仲巴，1870年卒。

མ་ཡིག སློག་པར། ཡིག་གཟུགས་དབུ་ཅན། ཤོག་ངོས་རེར་ཐིག་ཕྲེང་བཅུ་དགུ། ཐིག་ཕྲེང་རེར་ཡིག་འབྲུ་བཅུ་གཉིས། ཁྱོན་བསྡོམས་ཤོག་ངོས་སོ་ལྔ་བཞུགས།

母本：排印本，正楷体，每页19行，每行12字，共35页。

ནང་དོན་གནད་བསྡུས། གཞུང་འདི་ནི་གཉེན་པོ་སྨན་གྱི་གཞུང་ལུགས་ཤེས་བྱ་དང་ལག་ལེན་རིམ་པ་ཤིན་ཏུ་

མཁོ་གལ་ཆེ་བ་རྣམས་ཕྱོགས་གཅིག་བཀོད་པ་ཞིག་སྟེ། ཤིང་ཀུན་དང་རྒྱ་ཚྭ། ཁ་རུ་ཚྭ། ཙབས་རུ་ཚྭ། རྭ་ཚྭ། ཐལ་ཚྭ། གི་ཝང་བཅས་ཀྱི་བཟོ་ལུགས་དང་ཅོང་ཞི་འདམ་བཏགས་ཀྱི་ལག་ལེན། ཀོ་བྱི་ལ་དང་ཐང་ཕྲོམ། རྩངས་པ་སོགས་ཀྱི་དུག་འདོན་ཐབས། ཅོང་ཞིའི་འཕྲུལ་ཐལ་དང་ཅོང་ཞི་རྐོང་བཏུལ། དངུལ་ཆུ་དཀར་འདུལ་ལམ་གྲང་འདུལ། གསེར་ཟངས་དངུལ་ལྕགས་ཀྱི་ཐལ་བ་སོགས་ཐལ་སྨན་སྣ་ཚོགས་ཀྱི་བཟོ་ཚུལ། སྨན་ཁུག་སོགས་ཡོ་བྱད་སྟེང་གི་སྨན་སྒྲོ་དང་སྨན་ལེན་བྱེད་ཀྱི་སྨན་ཐུར་གྱི་ཁྱད་ཆོས་དང་མཚོན་དོན། བྱེ་རིང་ལས་གསུངས་པའི་དཀར་པོ་ཆིག་ཐུབ་ཀྱི་སྦྱོར་བ་ངོ་མཚར་སྲོག་སྐྱོབ་ཀྱི་ཁ་སྒྱུར་སྣ་ཚོགས། སྨན་གང་དང་གང་གཉིས་ནད་གཞི་གང་གི་སྐབས་སུ་ནུས་པ་མཚུངས་པས་ཕན་ཚུན་ཚབ་སྨན་དུ་གཏོང་རུང་བའི་སྐོར། མན་ངག་རྒྱུད་ཀྱི་སྐབས་བཅོ་ལྔ་ལས་བྱུང་བའི་གཉེན་པོ་ཐང་ཕྱེ་གཉིས་ཀྱི་ཞལ་ཤེས་འགའ། སྨན་གྱི་རོ་ནུས་ཞུ་རྗེས། ཡོན་ཏན་བཅུ་བདུན་དང་ནུས་པ་བརྒྱད་ཀྱི་ནད་འཇོམས་ཚུལ། སྨན་གྱི་སྦྱོར་ཐབས་སོགས་གཉེན་པོ་སྨན་དང་འབྲེལ་བའི་ཤེས་བྱ་སྣ་ཚོགས་བཀོད་ཡོད།

内容提要： 本典籍汇集了藏药学理论和常用药材炮制实践等内容。具体有肉桂、光明盐、紫硇砂、“杂如嚓”、角盐、灰碱和牛黄等的制作及寒水石湿研，马钱子、山莨菪和鬣蜥等药材的炮制方法，寒水石神灰、寒水石猛制，水银寒制，金、银、铜和铁等灰类药材的炮制方法，药袋上的羽毛和药勺的特点和寓意，《千万舍利》中记录的“嘎布丘土”方剂的各种“卡居尔”，替代药材的使用方法，《秘诀部》第十五篇所述汤剂和散剂的要点；药物的味、化味、十七性效和八性治疗疾病的过程及药物的配比方法等药物相关的众多知识。

བོད་ཀྱི་གསོ་རིག་ཀུན་བཏུས་བསྟུད་སྒྲིག་མ་ལས། པོད་བརྒྱད་ཅུ་པའི་ནང་དུ་བཞུགས།

在《〈藏医药大典〉续编（61—80）》中的位置： 收载于第八十卷

ཆ་པ་གཉིས་པ། སྨན་གྱི་དུག་དབྱུང་འདུལ་སྦྱོང་།

第二篇 《药材的去毒炮制》

མཚན་བྱང་ཆ་ཚང་། སྨན་གྱི་དུག་དབྱུང་འདུལ་སྦྱོང་རྣམས་སོ། །

全名：《药材的去毒炮制》

རྩོམ་པ་པོ། མི་གསལ།

作者：不详。

མ་ཡིག ལག་བྲིས། ཡིག་གཟུགས་དབུ་ཅན། ཤོག་ངོས་རེར་ཐིག་ཕྲེང་དྲུག ཐིག་ཕྲེང་རེར་ཡིག་འབྲུ་བཞི་བཅུ་ཞེ་དྲུག ཁྱོན་བསྡོམས་ཤོག་ངོས་བཅུ་གསུམ་བཞུགས།

母本：手写本，正楷体，每页6行，每行46字，共13页。

ནང་དོན་གནད་བསྡུས། གཞུང་འདི་ནི་སྨན་སྣ་ཚོགས་ཀྱི་དུག་དབྱུང་འདུལ་སྦྱོང་གི་ལག་ལེན་རིམ་པ་སྟོན་པའི་གཞུང་ཞིག་སྟེ། རྡོ་རྗེ་ཕ་ལམ་དང་ཁྱུང་སྐྱུགས་སོགས་མི་ཞུ་བའི་རིན་པོ་ཆེའི་དུག་འདོན་ལག་ལེན་རིགས་གཉིས་དང་། གསེར་དངུལ་ཟངས་ལྕགས་ཀྱི་ཐལ་སྨན་བཟོ་ཚུལ། དངུལ་ཆུ་འདུལ་ལུགས། ཨ་རུ་ར་འདུལ་ཚུལ། དེ་བཞིན་དན་རོག་དང་། ཤྲཱི་ཁཎྜ། དུར་བྱིད། ཐར་ནུ། བྱང་བ། ཀོ་ཐྱི་ལ། གངས་ཐལ་ཞིགས་པ་རྩངས་པ་སྨྱུལ་སོགས་དུག་འདོན་དགོས་པའི་སྨན་རྣམས་ཀྱི་དུག་འདོན་ལག་ལེན་རྣམས་ཚིག་ཉུང་ལ་དོན་འདུས་པའི་སྒོ་ནས་བསྟན་ཡོད། སྦྱོར་ལག་ལེན་འདི་དག་ནི་མཐོང་བ་བརྒྱུད་པའི་ཡིག་ཆ་སོགས་མ་མཐོང་བར་འོལ་ཚོད་ལ་བྱེད་པ་དང་། ཡང་ན་དུག་དབྱུང་འདུལ་སྦྱོང་རིགས་མི་བྱེད་པར་སྨན་དུ་སྦྱོར་བ་ནི་སྨན་ནུས་མཐར་ཕྱིན་མི་འབྱུང་བར་མ་ཟད་ཉེས་པ་འབྱུང་བའི་ཕྱིར་འདིར་འཕོད་པའི་དུག་དབྱུང་འདུལ་སྦྱོང་གི་ལག་ལེན་འདི་དག་ནི་རྩོམ་པ་པོའི་མཐོང་བརྒྱུད་དང་སྔོན་བྱོན་མཁས་དབང་རྣམས་ཀྱི་གསུང་གི་བཅུད་ཕྱོགས་གཅིག

སྡེབས་ཏེ་བྲིས་པ་ཞིག་གོ །

内容提要：该书介绍了各种药材的去毒炮制法。其中具体记录了金刚石和碧玉等不溶珍宝类药材的两种炮制方法，金、银、铜和铁等制灰方法，水银和诃子的炮制方法，同时言简意赅地介绍了必须进行去毒的药材如巴豆、干漆、喜马拉雅大戟、大果大戟、斑蝥、马钱子、雪蛙、蜥蜴、鬣蜥和蛇等的炮制方法。是根据作者的实践经验和历代藏医药大师理论的精髓汇集而成。

བོད་ཀྱི་གསོ་རིག་ཀུན་བཏུས་བསྡུད་སྒྲིག་མ་ལས། པོད་བརྒྱད་ཅུ་པའི་ནང་དུ་བཞུགས།

在《〈藏医药大典〉续编（61—80）》中的位置：收载于第八十卷

སྐབས་དོན་གཉིས་པ། དངུལ་ཆུ་བཙོ་བཀྲུ་ཆེན་མོའི་ཕྱག་ལེན།

第二集　水银洗炼实践

དངུལ་ཆུ་བཙོ་བཀྲུ་ཆེན་མོའི་ཕྱག་ལེན་སྐབས་ངེས་པར་ཤེས་དགོས་པའི་དངུལ་ཆུའི་དབང་བྱ་ཐབས་དང་། དངུལ་ཆུ་བཙོ་བཀྲུ་ཆེན་མོའི་བྱུང་རིམ་ལོ་རྒྱུས། དུས་རབས་རིམ་བྱོན་གྱི་མཁས་པ་སོ་སོའི་ལུགས་ཀྱི་ཕྱག་ལེན་མི་འདྲ་བ་སོགས་ཚན་པ་བཅུ་བདུན་བཀོད་ཡོད།

本集收录了水银洗炼过程中必须熟悉掌握的水银灌顶法及其发展历史和不同时期藏医药学先贤们各具特色的洗炼方法，共17篇。

ཆ་ན་པ་དང་པོ། དངུལ་ཆུའི་སྦྱོར་བ།

第一篇　《水银的组方》

མཚན་བྱང་ཆ་ཚང་། དངུལ་ཆུའི་སྦྱོར་བ་རིན་པོ་ཆེའི་ཕྲེང་བ་ཞེས་བྱ་བ་བཞུགས་སོ། །

全名：《水银的组方》

རྩོམ་པ་པོ། ༡ འཕགས་པ་ཀླུ་སྒྲུབ་སྙིང་པོ། རྗེའི་གསང་འདུས་སྒྲོན་གསལ་གྱི་མཆན་ལས་སྟོན་པ་འདས་ནས་ལོ་བཞི་བརྒྱ་ན་རྒྱ་གར་ལྷོ་ཕྱོགས་ཀྱི་བེདརྦྷ་ཞེས་པར་ཀླུ་སྒྲུབ་བྱོན་པར་གསུངས་པ་དང་། ཇོ་ནང་བའི་ཆོས་འབྱུང་ལས་ཀླུ་སྒྲུབ་ཕྱེད་ལོ་དྲུག་བརྒྱར་ལོ་དོན་གཅིག་གིས་མ་ཚང་བ་བཞུགས་ཞེས་གསུངས། ༢ དྲང་སྲོང་རལ་པ་གྱོན་པ།

作者：1.龙树大师，据《秘籍明灯的旁注》记载，佛圆寂后400年龙树生于印度南方韦达尔巴；据《觉囊佛教史》记载，龙树在世时间差71年为600年。2.章松·拉瓦君贝。

མ་ཡིག ལག་བྲིས། ཡིག་གཟུགས་དབུ་མེད། ཤོག་ངོས་རེར་ཐིག་ཕྲེང་བདུན། ཐིག་ཕྲེང་རེར་ཡིག་འབྲུ་ཞེ་གསུམ། ཁྱོན་བསྡོམས་ཤོག་ངོས་བཅུ་བདུན་བཞུགས།

母本：手写本，草书体，每页7行，每行43字，共17页。

ནང་དོན་གནད་བསྡུས། གཞུང་འདི་ནི་རིན་པོ་ཆེ་དངུལ་ཆུའི་ལག་ལེན་སྟོན་པའི་ཡིག་ཆུང་ཞིག་སྟེ། གཞུང་སྤྱི་ལ་ལེའུ་ལྔ་ཡོད། དེ་ལ་དང་པོ་དངུལ་ཆུ་འབྱུང་བའི་རྒྱུ་ལ་དངུལ་རྡོ་དང་ཕ་ཞང་ཚ་ལོང་། མཚལ་སོགས་མང་པོ་ཡོད་པ་ལས་འདིར་ཁྱེ་བྲག་རིན་ཆེན་རྡོ་བྲག་དམར་པོའམ་རྡོ་དམར་དམིགས་སུ་བཟུང་སྟེ། ཐོག་མར་རྡོ་དམར་དེ་ཉིད་ནས་དང་སྣུན་མ་ཙམ་དུ་བརྡུངས་ཏེ་སླ་ངར་བཙོས་ནས་དངུལ་ཆུ་འདོན་པའི་ཐབས་དང་། དེ་ནས་དངུལ་ཆུ་དེ་འདུལ་བའི་ཐབས་ལ་རྐྱེད་གཡུང་གཉིས་ཡོད་པ་དང་གཡུང་བ་ལ་ཚ་འདུལ་

དང་། གྲང་འདུལ། ཞི་འདུལ། ཁྱད་པར་གྱི་འདུལ་བཅས་འདུལ་ཐབས་རྣམ་པ་ལྔ་ཡོད་པ་སོ་སོའི་ལག་ལེན་གྱི་རིམ་པ། བཏུལ་ལེགས་པའི་དངུལ་ཆུ་དེ་ལ་གྲོགས་སྨན་མི་འདྲ་བ་གང་དང་གང་སྦྱར་བ་ལས་བཅུད་ལེན་དུ་གྲུབ་པ་དང་། ནད་དུག་བསྲུང་བ། གློ་རྣག་དང་བད་ཀན་གྱི་ནད། མཁྲིས་པའི་ནད། ཚད་པའི་ནད། དམུ་འོར། གཅོང་ཆེན་གྱི་ནད། དུག་ནད་སོགས་ཀྱི་ནད་སྤྱི་བྱེ་བྲག་གི་གཉེན་པོར་འགྲོ་བའི་འཕྲུལ་གྱི་ལག་ལེན། རིན་ཆེན་སྦྱོར་བ་དེ་ཉིད་ཟོས་པའི་ལོག་སྐྱོན་ལ་ཕོ་བ་ན་བ་དང་སོ་རྙིལ་ཆད་པ། ཚིགས་བཞི་ཁོལ་བ་སོགས་བྱུང་བ་བཅོས་པའི་ཐབས། གཞན་གཞུང་ལ་ལྷན་ཐབས་ལྷ་བུའི་ཚུལ་དུ་དངུལ་ཆུ་གཙོར་བྱས་པའི་སྦྱོར་བ་དུག་སྨན་འཆི་མེད་བདུད་རྩི་དང་མིག་སྨན་གསལ་བྱེད་སོགས་སྨན་སྦྱོར་བཅུ་ལྷག་གི་ལག་ལེན་དང་། དངུལ་ཆུ་བཙོ་བཀྲུ་ལ་མཁོ་བའི་རྫས། དངུལ་ཆུའི་དུག་སྐྱོན་ཕོག་པའི་རྟགས་མི་འདྲ་བ་ལ་བཅོས་ཐབས་མི་འདྲ་བ་སྣ་ཚོགས་བཅས་བསྟན་ཡོད། འདི་ནི་སློབ་དཔོན་འཕགས་པ་ཀླུ་སྒྲུབ་སྙིང་པོས་མཛད་པའི་གཞུང་གི་མན་ངག་སྙིང་པོ་རྣམས་ལེགས་པར་རྟོགས་པའི་ཕྱིར་དྲང་སྲོང་རལ་པ་ཅན་པས་དེའི་གནད་བསྡུས་ཏེ་མ་སྨས་པར་བགྱིས་ཤིང་རྒྱ་གར་གྱི་པཎྜི་ཏ་ཧྲི་ན་ལེན་ཏྲ་ཨི་ཧྲ་ཏྲ་དང་ལོ་ཙཱ་བ་ཨུ་རྒྱན་པ་རིན་ཆེན་དཔལ་གཉིས་ཀྱིས་དཔལ་སྲུ་ཏྲའི་བདེ་ཆེན་གླིང་གི་ཕོ་བྲང་དུ་བསྒྱུར་བ་ཞིག་གོ །

内容提要：本书介绍了水银制作实践，共有5个部分组成。首先，记述了水银的来源及其从红石中获取的方法；其次，记述了水银五种炮制方法。猛制和温制，温制法有热制、寒制、柔制和特殊制法等；最后，以补遗的形式记录了以水银为主的解毒组方长寿甘露和明目眼药等十种组方的实践方法，水银洗炼必需的药材以及治疗水银中毒或出现不同副作用的治疗方法。这部著作是由龙树大师所著，后由章松·拉瓦君贝为了透彻了解其理论核心要义，由印度的班智达·何那蓝扎厄巴扎和大译师邬金巴仁钦白在殊胜的普德朗翻译而成。

བོད་ཀྱི་གསོ་རིག་ཀུན་བཏུས་བསྟུད་སྒྲིག་མ་ལས། པོད་བརྒྱད་ཅུ་པའི་ནང་དུ་བཞུགས།

在《〈藏医药大典〉续编（61—80）》中的位置：收载于第八十卷

ཚན་པ་གཉིས་པ། དྷརྨ་སྭ་མིས་མཛད་པའི་དངུལ་ཆུ་བཙོ་བཀྲུའི་ལག་ལེན།

第二篇 《达玛萨米所著水银洗炼实践》

མཚན་བྱང་ཆ་ཚང་། དངུལ་ཆུ་དྷརྨ་སྭ་མིས་མཛད་པའི་དངུལ་ཆུ་བཙོ་བཀྲུའི་ལག་ལེན་ཞེས་བྱ་བ་བཞུགས་སོ། །

全名：《达玛萨米所著水银洗炼实践》

རྩོམ་པ་པོ། དྷརྨ་སྭ་མིའམ་ཟུར་མཁར་མཉམ་ཉིད་རྡོ་རྗེ། སྤྱི་ལོ་༡༤༣༩ལོར་དབུས་གཙང་ལྷོ་ཁའི་དྭགས་པོ་ས་ཆ་ལ་ཐོག་ཟུར་མཁར་དུ་སྐུ་འཁྲུངས་ཤིང་། སྤྱི་ལོ་༡༤༧༥ལོར་སྐུ་གཤེགས།

作者：达玛萨米，又名宿喀·娘尼多吉，1439年生于山南塔波拉妥宿喀尔，1475年卒。

མ་ཡིག ལག་བྲིས། ཡིག་གཟུགས་དབུ་མེད། ཤོག་ངོས་རེར་ཐིག་ཕྲེང་དྲུག ཐིག་ཕྲེང་རེར་ཡིག་འབྲུ་ཉེར་དྲུག ཁྱོན་བསྡོམས་ཤོག་ངོས་བཅུ་གསུམ་བཞུགས།

母本：手写本，草书体，每页6行，每行26字，共13页。

ནང་དོན་གནད་བསྡུས། གཞུང་འདི་ནི་གྲུབ་ཐོབ་ཆེན་པོ་ཨོ་རྒྱན་པ་རིན་ཆེན་དཔལ་ལ་གྲུབ་ཆེན་ཤ་བ་རིས་གནང་བའི་དངུལ་ཆུའི་བཙོ་བཀྲུའི་ལག་ལེན་ལས་དངུལ་ཆུའི་གཡའ་ཕྱི་བ་དང་ལྷི་འབིགས་ཐབས་གཉིས་ཀྱི་ལག་ལེན་འཁྲུལ་མེད་ཀྱི་རིམ་པ་གནད་དུ་བསྡུས་ནས་བསྟན་པ་ཞིག་སྟེ། དངུལ་ཆུས་ལུས་ལ་གནོད་པའི་སྐྱོན་ནི་དངུལ་ཆུའི་གཡའི་དུག་དང་ལྷི་འབིགས་ཀྱི་རྩི་གཉིས་ཡིན་པས་དེ་གཉིས་བསལ་བའི་ཐབས་ལ། ཐོག་མར་དངུལ་ཆུ་ལ་ཚ་བ་གསུམ་བཏབ་ནས་སླ་ཏེལ་ལྷ་བུའི་བུག་རྫོལ་མེད་པའི་སྣོད་ལ་ཤེད་ཆུང་དུས་མཉེ། དེ་ནས་ཚ་བ་གསུམ་བོར་ལ་དངུལ་ཆུ་རྒྱང་པ་དེ་ཚྭ་ཁྱོར་གང་དང་བཅས་རྗེ་ཀྱོང་འཛམ་པོར་ཉིན་ཕྱེད་མཉེ། དེ་ནས་བྱང་བུལ་ཁྱོར་གང་དང་མཉམ་དུ་གོང་ལྟར་ཉིན་ཕྱེད་ལ་མཉེ་པས་གཡའ་ཕྱིས་པ་དང་ཡང་ཉིན་ལྔ་ཙམ་ལ་རིམ་པ་བཞིན་ལོ་བརྒྱད་དྲི་ཆུ་སོགས་བཀྲུ་ཁུ་སྣ་ཚོགས་ལ་བཀྲུས་ནས་གཡའ་ཁུ་འདོན་པར་བྱ་བའི་ལག

ཞེན་གྱི་རིམ་པ་དང་བཀྲུ་ཁུའི་དྲོད་ཚད། སྣོད་ཀྱི་ཁྱད་པར་སོགས་གཡའ་སྦྱངས་པའི་ལག་ལེན་ཕྲ་རགས་ཀྱི་གནད། གཡའ་བཏོན་རྗེས་དངུལ་ཆུ་དེ་རྡོ་ཁོག་ཏུ་བཙོས་ཏེ་ཆུ་དྲོན་གྱིས་བཀྲུ་བའི་ལག་ལེན་དང་དེ་ལ་མགོ་བའི་རྫས་ལས་ལྷང་ཚེར་དམར་པོ་ཉི་གསེར་འགྱུར་ལ་དགོངས་པ་དང་བཙུད་ལེན་དང་སྨན་གྱི་སྐབས་ནག་པོ་དགོས་ལ་དེའི་འདུལ་ཚུལ་སོགས་དངུལ་ཆུ་གཡའ་ཕྱི་ལྷི་འབིགས་ཀྱི་ལག་ལེན་ཕྲ་རགས་ཀྱི་གནད་རྣམས་ཁོལ་དུ་ཕྱུང་ནས་བསྟན་ཡོད།

内容摘要：该书记录了由竹青夏巴热向竹青邬金巴传授的关于水银祛锈和祛毒的方法。文中介绍了水银对人体造成的伤害主要来自水银的锈和重性毒两方面。水银祛锈时应将三辛药加入水银后放入如麝皮样无空隙的容器内缓慢揉搓，之后弃去三辛药将水银和一掬量的盐一起放入石槽中揉搓半天左右，继而加入一掬量的碱花后如上述办法进行揉搓半天祛除表面的锈，之后用5天左右的时间将水银依次加入八岁男童尿等多种洗液进行洗揉祛锈的实践过程以及洗液的温度、容器的特点等祛锈实践中的各种要点；祛重性毒时将祛锈完成后的水银放入石槽中煮制，用热水洗炼等的要点。

བོད་ཀྱི་གསོ་རིག་ཀུན་བཏུས་བསྟུད་སྒྲིག་མ་ལས། པོད་བརྒྱད་ཅུ་པའི་ནང་དུ་བཞུགས།

在《〈藏医药大典〉续编（61—80）》中的位置：收载于第八十卷

ཚན་པ་གསུམ་པ། བདུད་རྩི་དངུལ་ཆུའི་བཅུད་ལེན་ཡིད་བཞིན་གྱི་ནོར་བུ།

第三篇　《甘露水银滋补·如意宝》

མཚན་བྱང་ཆ་ཚང་། བདུད་རྩི་དངུལ་ཆུའི་བཅུད་ལེན་ཀུན་གསལ་ཡིད་བཞིན་གྱི་ནོར་བུ་དགོས་འདོད་ཀུན་འབྱུང་ཞལ་གདམས་གསལ་བའི་སྒྲོན་མེ་ཞེས་བྱ་བ་བཞུགས་སོ། །

全名：《甘露水银滋补·如意宝·所想皆俱·教诫明灯》

རྩོམ་པ་པོ། ནམ་མཁའ་དབང་ཕྱུག

作者：南夸旺秀

མ་ཡིག ལག་བྲིས། ཡིག་གཟུགས་དབུ་མེད། ཤོག་ངོས་རེར་ཐིག་ཕྲེང་བདུན། ཐིག་ཕྲེང་རེར་ཡིག་འབྲུ་སོ་གཉིས། ཁྱོན་བསྡོམས་ཤོག་ངོས་ཞེ་བདུན་བཞུགས།

母本：手写本，草书体，每页7行，每行32字，共47页。

ནང་དོན་གནད་བསྡུས། གཞུང་འདི་ནི་དངུལ་ཆུ་བཙོ་བཀྲུའི་བསྟན་བཅོས་མང་པོ་ལས་དངུལ་ཆུའི་འདུལ་ཐབས་དང་སྨན་སྦྱོར་སོགས་ཟབ་འདུས་དམར་དུ་ཁྲིལ་ནས་བསྟན་པ་ཞིག་སྟེ། གཞུང་སྤྱི་ལ་སྤྱི་དོན་ཆེ་བ་དྲུག་དང་བྱེ་བྲག་ལེའུ་བཅུ་བདུན་ཡོད། དེ་ལ་ལེའུ་དང་པོར་གཞུང་གི་སྤྱི་ཚིངས་མདོར་བསྡུས་སུ་བསྟན་པ་དང་། ལེའུ་གཉིས་པར་རིག་བྱེད་གཏམ་རྒྱུད་དང་སྦྱར་ནས་དངུལ་ཆུའི་འབྱུང་ཁུངས་དང་སྐྱོན་ཡོན་བསྟན། ལེའུ་གསུམ་པར་དངུལ་ཆུ་འབྱུང་བའི་རྒྱུ་རྣམས་རབ་འབྲིང་ཐ་གསུམ་དུ་དགར། ལེའུ་བཞི་པར་རྒྱུ་དེ་དག་ལས་དངུལ་ཆུ་འཛམ་འདོན་དང་རྩུབ་འདོན་བྱ་བའི་ལག་ལེན་གྱི་རིམ་པ་དང་རྒྱུ་མི་འདྲ་བ་ལས་བཏོན་པའི་དངུལ་ཆུའི་ཕན་ཡོན། ལེའུ་ལྔ་པར་དངུལ་ཆུ་སྨན་རྫས་གཞན་དང་སྦྱར་ཏེ་ལུས་ལ་བཅིངས་སམ་ཡང་ན་བྱུག་པ་དང་ཁོང་དུ་བཏང་བ་སོགས་ཀྱིས་ནད་གདོན་སྣ་ཚོགས་བསྲུང་བར་འགྱུར་བའི་སྦྱོར་བའི་ལག་ལེན། ལེའུ་དྲུག་པ་ནས་བརྒྱད་པར་རིམས་ནད་གསོ་བའི་སྦྱོར་བ་དང་བཤལ་དུ་གཏོང་བའི་སྨན་སྦྱོར། འབྲུམ་དཀར་ནག་སོགས་ཐོར་བུའི་ནད་གསོ་བའི་སྨན་སྦྱོར་གྱི་ལག་ལེན། ལེའུ་དགུ་པར་དངུལ་ཆུ་རྐྱང་པ་ཟ་བའི་གདམས་པ་དང་ཕན་ཡོན། ལེའུ་བཅུ་པར་དངུལ་ཆུ་སྐམ་འདུལ་རློན་འདུལ་གྱི་ལག་ལེན། ལེའུ་བཅུ་གཅིག་པར་དངུལ་ཆུ་བཙོ་བཀྲུ་བྱ་ལུགས། ལེའུ་བཅུ་གཉིས་པར་ནད་གཞི་གང་ལ་འཇུག་པའི་སྒོ་དང་བསྟུན་ནས་དངུལ་ཆུ་འདུལ་བཙོའི་སྐབས་ཁ་སྦྱར་གྱི་སྨན་གང་དང་གང་དགོས་ཚུལ། ལེའུ་བཅུ་གསུམ་པར་དངུལ་ཆུ་བཅུད་ལེན་ཚེ་སྒྲུབ་གྱི་ལག་ལེན། ལེའུ་བཅུ་བཞི་པར་སྔགས་ལ་བརྟེན་ནས་དངུལ་ཆུ་རྗེན་པར་བསྟེན་པའི་ཐབས་དང་དེའི་ཕན་ཡོན། ལེའུ་བཅོ་ལྔ་པ་དང་བཅུ་དྲུག་པར་རིམ་བཞིན་དངུལ་ཆུའི་རྒྱུ་གཙོ་བོ་མཚལ་གྱི་སྦྱོར་བ་ཟབ་ཁྱད་ཅན་དང་དངུལ་ཆུ་ལ་སྦྱར་བའི་མིག་སྨན། ལེའུ་བཅུ་བདུན་པར་དངུལ་ཆུའི་ཞལ་གདམས་བཀའ་རྒྱའི་གདམས་པ་

བཅས་བསྟན་ཡོད། ལག་ལེན་འདི་ནི་ཨུ་རྒྱན་པད་མ། ཡེ་ཤེས་མཚོ་རྒྱལ། རིན་ཆེན་གླིང་པ། སྤྲུལ་པའི་བླ་མ་ཟུར་མཁར་བ་ཆོས་རྗེ། དེས་གོང་སྨན་དཀོན་མཆོག་བདེ་ལེགས། དེས་གོང་སྨན་དཀོན་ཆོག་འཕན་དར་ལ་གདམས་པ་ཞིག་གོ །

内容提要：本书收录了水银洗炼相关的诸多典籍中的水银炮制和组方，共有6部总论和17个章。第一章概述典籍的总纲；第二章结合流传的故事介绍水银的来源和利弊；第三章介绍用于提取水银不同等级的原料；第四章讲述从上述来源获取水银后对其进行柔制和猛制的实践过程以及不同来源水银的功效；第五章介绍将水银和其他药材配伍后佩戴、涂抹和口服等可消除各种疾病和外邪的组方实践；第六章至第八章介绍治疗瘟病、下泻疗法和治疗黑白痘疮等杂病所需的水银方；第九章介绍口服未炮制水银的教义和功效；第十章介绍水银洗炼湿制的实践；第十一章介绍水银洗炼的方法；第十二章结合疾病的发病途径介绍水银洗炼时所需的各种“卡居尔”；第十三章介绍如何用水银方进行滋补养生的实践；第十四章介绍密咒口服未炮制水银的方法和功效；第十五章、第十六章依次介绍了以水银为主的朱砂借助方和治疗眼病的水银方；第十七章介绍了水银的秘籍教义。这些洗炼法是从邬金白玛到益西措嘉、仁青朗巴、宿喀尔·曲吉、贡曼·贡觉德勒到贡曼·贡觉彭达依次传承而来的。

བོད་ཀྱི་གསོ་རིག་ཀུན་བཏུས་བསྟུད་སྒྲིག་མ་ལས། པོད་བརྒྱད་ཅུ་པའི་ནང་དུ་བཞུགས།

在《〈藏医药大典〉续编（61—80）》中的位置：收载于第八十卷

ཚན་པ་བཞི་པ། དངུལ་ཆུ་བཙོ་བཀྲུའི་ལག་ལེན་བསླབས་པས་དོན་ཀུན་འགྲུབ་པ།

第四篇　《水银洗炼实践修习·诸事顺遂》

མཚན་བྱང་ཆ་ཚང་། དངུལ་ཆུ་བཙོ་བཀྲུའི་ལག་ལེན་བསླབས་པས་དོན་ཀུན་འགྲུབ་པ་ཞེས་བྱ་བ་བཞུགས་སོ། །

全名：《水银洗炼实践修习·诸事顺遂》

རྩོམ་པ་པོ། དར་མོ་སྨན་རམས་པ་བློ་བཟང་ཆོས་གྲགས། སྐྱེ་ལོ་༡༦༣༨ལོར་དབུས་གཙང་ལྷོ་ཁའི་སྣེ་གདོང་ཡར་སྟོད་དར་མོ་ཏ་སྒྲ་འབྲུངས།

作者：达莫曼让巴·洛桑曲扎，1638年生于卫藏山南地区乃东县雅砻达莫。

མ་ཡིག ལག་བྲིས། ཡིག་གཟུགས་དབུ་མེད། ཤོག་ངོས་རེར་ཐིག་ཕྲེང་བདུན། ཐིག་ཕྲེང་རེར་ཡིག་འབྲུ་བཞི་བཅུ། ཁྱོན་བསྡོམས་ཤོག་ངོས་བཅུ་གསུམ་བཞུགས།

母本：手写本，草书体，每页7行，每行40字，共13页。

ནང་དོན་གནད་བསྡུས། གཞུང་འདི་ནི་བྲང་སྟོང་ཆེན་པོ་གཞུང་ལས་སྐྱེས་དང་ཤ་ཝ་རི། ཤྲཱ་ལི་པ་རྣམས་ཀྱི་དགོངས་དོན་ལས་དངུལ་ཆུ་བཙོ་བཀྲུ་དང་དེ་ལ་མཁོ་བའི་ཡན་ལག་གི་རྫས་ཟ་བྱེད་ཁམས་དང་འཆིང་བྱེད་ལྕགས་ཀྱི་འདུལ་སྦྱོང་ལག་ལེན་གྱི་སྤྱི་དོན་རྣམས་བརྗེད་ཐོའི་ཚུལ་དུ་བཀོད་པའི་ཡིག་ཆུང་ཞིག་སྟེ། གཞུང་སྤྱི་ལ་ལེའུ་གཉིས་ཡོད། དང་པོ་དངུལ་ཆུ་བཙོ་བཀྲུའི་ལག་ལེན་ལ་དང་པོའི་ཉིན་གཉིས་ལ་དངུལ་ཆུའི་གཡའ་ཕྱི་བ་དང་། དེ་ནས་ཉིན་བཅུ་བཞི་ལ་ལོ་བརྒྱད་དྲི་ཆུ་དང་རྟ་གསེབ་ཆུ། བ་ཆུ་སོགས་ཉིན་རེ་ལ་བཀྲུ་ཁུ་མི་འདྲ་བ་རེ་ཡིས་བཀྲུ་བ་དང་བསྐོལ་བ། ཉིན་བཅུ་བདུན་པ་ནས་བཟུང་ཉིན་མཚན་ཁ་སྦྱོར་དྲུག་ལ་དངུལ་ཆུ་རྫེ་ཁོག་ཏུ་བཙོ་བ་དང་དེ་ནས་ཉིན་ལྔའི་རིང་ལ་བཙོ་བཀྲུ་ཡང་ཡང་བྱ་བའི་ལག་ལེན་གྱི་རིམ་པ་དང་བཙོས་ལེགས་པའི་དངུལ་ཆུའི་མདོག་དང་རྣམ་པ། དངུལ་ཆུའི་དུག་ཕོག་པའི་རྟགས་དང་དེ་བསལ་བའི་ཐབས་སོགས་བསྟན། གཉིས་པ་ལྕགས་ཁམས་བཅུ་དྲུག་གི་འདུལ་སྦྱོང་ལག་ལེན་ལ་གསེར་སོགས་ལྕགས་ཁམས་ཀྱི་དུག་འདོན་པར་སོ་སོར་མཁོ་བའི་རྫས་གང་དགོས་དང་། སོ་སོའི་གཡའ་འདོན་དང་འདུལ་བའི་ལག་ལེན། བཏུལ་ལེགས་པའི་ཕན་ཡོན། བཏུལ་ལེགས་པའི་ལྕགས་ཁམས་དེ་དག་དངུལ་ཆུ་དང་བསྲེས་པའི་ཕན་ཡོན་བཅས་སྙིང་པོར་དྲིལ་ནས་བསྟན་ཡོད།

内容提要：本文以备忘录的形式，将大章松永勒却、夏哇日和恰里巴医学的理论中有关水银洗炼和所需能食八矿和能持八金的炮制法予以记录，共有两个部分。第一部分是关于水银洗炼的过程，并对炮制后水银的颜色，形态，水银中毒的症状和解除方法等均有记录。第二部分记录的是16种金属的炮制法，其中对金属等的炮制中所需要的各种药材、各自的祛锈和炮制实践、炮制后的功效及其和水银混合后的功效等均有介绍。

བོད་ཀྱི་གསོ་རིག་ཀུན་བཏུས་བསྟུད་སྒྲིག་མ་ལས། པོད་བརྒྱད་ཅུ་པའི་ནང་དུ་བཞུགས།

在《〈藏医药大典〉续编（61—80）》中的位置：收载于第八十卷

ཚན་པ་ལྔ་པ། དོན་ཀུན་འགྲུབ་པ་ནས་ཟུར་དུ་ཕྱུང་བ།

第五篇　《诸事顺遂附录》

མཚན་བྱང་ཆ་ཚང་། བཙོ་བཀྲུའི་ལག་ལེན་བསླགས་པས་དོན་ཀུན་འགྲུབ་པ་ནས་ཟུར་དུ་ཕྱུང་བ་ཞེས་བྱ་བ་བཞུགས་སོ། །

全名：《水银洗炼修习诸事顺遂附录》

རྩོམ་པ་པོ། མེར་མོ་བ་བློ་གྲོས་ཆོས་འཕེལ། དུས་རབས་བཅུ་བདུན་པའི་སྨད་ཙམ་དབུས་གཙང་དུ་སྐུ་འཁྲུངས།

作者：玛莫哇・洛智曲培，17世纪下叶生于卫藏。

མ་ཡིག སློག་པར། ཡིག་གཟུགས་དབུ་ཅན། ཤོག་ངོས་རེར་ཐིག་ཕྲེང་ཉེར་གཉིས། ཐིག་ཕྲེང་རེར་ཡིག་འབྲུ་བཅུ་དགུ། ཁྱོན་བསྡོམས་ཤོག་ངོས་དྲུག་བཞུགས།

母本：排印本，正楷体，每页22行，每行19字，共6页。

ནང་དོན་གནད་བསྡུས། གཞུང་འདི་ནི་སྟོད་སྨན་གཞོན་ནུའི་དངུལ་ཆུའི་བསྟན་བཅོས་དང་། འབྲོང་རྩེ་ལྷ་སྲས་མཆོག་གི་བེ་བུམ། རྗེ་མཉམ་ཉིད་རྡོ་རྗེའི་བྱེ་བ་རིང་བསྲེལ་གྱི་བཙོ་བཀྲུའི་ལག་ལེན་སྙིང་གི་གསང་མཛོད། དྲང་སྲོང་དཀོན་མཆོག་འགྲོ་ཕན་དབང་པོའི་ཟིན་བྲིས་སྨྲས་དོན་ཀུན་གསལ། སྨན་རྒྱལ་གཉིས་པ་དར་མོ་བློ་བཟང་ཆོས་གྲགས་ཀྱི་བཙོ་བཀྲུའི་ལག་ལེན་བསླགས་པས་དོན་ཀུན་གྲུབ་པ་རྣམས་ཀྱི་གཞུང་ལ་

གཞི་བྱས་ཏེ། དེ་དག་ལས་དངུལ་ཆུའི་གཡའ་ཕྱི་དུག་འདོན་དང་འཚོད་པའི་ལག་ལེན་གྱི་རིམ་པ་ཁོལ་དུ་ཕྱུང་ནས་གོ་བདེར་བཀོད་པའི་ཡིག་ཆུང་ཞིག་སྟེ། ཉིན་དང་པོའི་གཡའ་ཕྱི་བའི་ལག་ལེན་གྱི་རིམ་པ་དང་ཕྱིས་ལེགས་པའི་ཚད། ཉིན་ཕྱེད་བཅུ་གཉིས་ལ་བགྱུ་ཁྲུ་མི་འདྲ་བ་བཅུ་གཉིས་ཀྱིས་གཡའ་ཕྱིས་ལེགས་པའི་དངུལ་ཆུ་དེ་བཀྲུས་ནས་ལྷི་འབིགས་དུག་གི་ནུས་པ་བསལ་ཐབས་དང་ཞག་དེ་དག་ལ་བསྐོལ་བའི་སྣོད་ཀྱི་ཁྱད་པར། གཡའ་ཁྲུ་འདོན་པའི་ཉིན་གྲངས་ནི་དངུལ་ཆུའི་མང་ཉུང་གི་ཐོན་ལ་དཔགས་ཏེ་རིག་པས་དཔྱད་དགོས་ཚུལ། དེ་ནས་གཡའ་ཕྱི་དུག་འདོན་ལེགས་པའི་དངུལ་ཆུ་ཇོ་ཁོག་གམ་ཟ་མ་མེ་ཐུབ་པའི་སྣོད་དུ་འཚོད་པའི་ལག་ལེན། བཙོ་བཀྲུའི་ལག་ལེན་ཚད་ལྡན་མ་ཡིན་པའི་ཉེས་སྐྱོན། ཚུལ་བཞིན་བསྒྲུབས་ཤིང་གྲུབ་པའི་དངུལ་ཆུ་བསྟེན་པའི་ཕན་ཡོན་སོགས་ཕྱག་ལེན་གྱི་རྒྱུན་མ་ཉམས་པའི་ལག་ལེན་གྱི་རིམ་པ་ནག་འགྲོས་གོ་བདེར་གསལ་བར་བཀོད་ཡོད།

内容提要：本书以朵曼永尼所著《水银典籍》、仲孜拉尊所著《手册》、宿喀·娘尼多吉所著《千万舍利水银洗炼实践要义秘密宝库》、章松·贡确卓盘旺布的《炮制实践笔记》和达莫曼让巴·洛桑曲扎的《水银洗炼实践修习·诸事顺遂》为基础，选取其中对于水银祛锈、祛毒的方法，汇集成通俗易懂的文集。文中以通俗易懂的语言记述了水银进行祛锈的具体过程和祛锈完成的标准。祛毒方法、发酵容器、洗炼方法、炮制不规范的副作用以及服用经过严格炮制工序后的水银的功效等。

བོད་ཀྱི་གསོ་རིག་ཀུན་བཏུས་བསྟུད་སྒྲིག་མ་ལས། པོད་བརྒྱད་ཅུ་པའི་ནང་དུ་བཞུགས།

在《〈藏医药大典〉续编（61—80）》中的位置：收载于第八十卷

ཚན་པ་དྲུག་པ། དངུལ་ཆུ་བཙོ་བཀྲུའི་ལག་ལེན།

第六篇　《水银洗炼实践》

མཚན་བྱང་ཆ་ཚང་། དངུལ་ཆུ་བཙོ་བཀྲུའི་ལག་ལེན་ཞེས་བྱ་བ་བཞུགས་སོ། །

全名：《水银洗炼实践》

རྩོམ་པ་པོ། དཔོན་ཚང་ཡེ་ཤེས། སྐྱེ་ལོ་༡༦༧༠ལོར་དབུས་གཙང་མལ་གྲོ་གུང་དཀར་གྱི་འབྲི་གུང་ཀ་ཚལ་དུ་སྐུ་འཁྲུངས།

作者：奔仓益西，1670年生于卫藏墨竹工卡直贡嘎才。

མ་ཡིག ལག་བྲིས། ཡིག་གཟུགས་དབུ་མེད། ཤོག་ངོས་རེར་ཐིག་ཕྲེང་ལྔ། ཐིག་ཕྲེང་རེར་ཡིག་འབྲུ་སོ་བདུན། ཁྱོན་བསྡོམས་ཤོག་ངོས་བཅུ་དགུ་བཞུགས།

母本：手写本，草书体，每页5行，每行37字，共19页。

ནང་དོན་གནད་བསྡུས། གཞུང་འདི་ནི་མཁས་གྲུབ་ཨོ་རྒྱན་པའི་དངུལ་ཆུ་སྐོར་གསུམ་གྱི་ཞལ་གདམས་དང་། སྟོད་སྨན་གཞོན་ནུའི་དངུལ་ཆུའི་བསྟན་བཅོས། འབྲོང་རྩེ་ལྷ་སྲས་རིན་པོ་ཆེའི་བེ་བུམ། རྗེ་མཉམ་ཉིད་རྡོ་རྗེའི་བྱེ་བ་རིང་བསྲེལ་གྱི་བཙོ་བཀྲུའི་ལག་ལེན་སྙིང་གི་གསང་མཛོད། ཆོས་ཀྱི་རྗེ་དྷརྨ་ཀཱིརྟིའི་རིན་ཆེན་གྲང་སྦྱོར་རིལ་ནག་ཆེན་མོའི་སྦྱོར་བ། ཉིད་ཀྱི་སློབ་དཔོན་དཀོན་མཆོག་འགྲོ་ཕན་དབང་པོའི་ཟིན་བྲིས་སྨྲས་དོན་ཀུན་གསལ་བཅས་གཞུང་ཁུངས་བཙུན་རྣམས་ལ་གཞི་བྱས་ཤིང་། ལྷག་པར་མཚུར་ཕུའི་གདན་སར་བཙོ་བཀྲུ་ཆེན་མོ་དང་ཟ་འཆིང་བརྒྱུད་སོགས་བཞིག་པའི་སྐབས་ཟིན་བྲིས་སུ་བྱས་པ་དེ་ལ་སླར་སྐུ་མཆེད་རྣམས་ཀྱི་ཐུགས་བཞེད་དང་བསྟུན་ནས་དམག་ལམ་གཞིས་ཀ་ཕུན་ཚོགས་རབ་རྟེན་ཆེན་པོར་སྟོན་ཟླ་བའི་དགའ་བའི་ཚེས་ལ་བྲིས་པ་ཞིག་སྟེ། གཞུང་སྤྱི་ལ་ལེའུ་གཉིས་ཡོད། དང་པོར་དངུལ་ཆུ་སྲང་གང་ལ་ཚ་བ་གསུམ་

ཐུར་མགོ་རེ་བཏབ་ནས་ སླ་ཏེལ་དུ་ཉིན་ཕྱེད་དང་ཚ་སྙིང་བྲེ་ཕྱེད་བཏབ་ནས་ཉིན་ཕྱེད་ལ་ཕུར་ཕུར་བྱས་པས་གཡའ་ཕྱི་བ་དང་། དེ་ནས་ཉིན་བཞི་ལ་སྔ་སྐྱལ་ཕྱི་སྐྱལ་གཉིས་སུ་བགོས་ནས་བཀྲུ་ཆུ་མི་འདྲ་བས་བཀྲུས་ཏེ་སྟོད་དུ་སྐྱལ་ནས་གཡའ་ཁུ་འདོན་པ། དེ་ནས་རྫོངས་ཛ་མ་མེ་ཐབ་ཏུ་བཙོ་ཞིང་བཀྲུ་བ་དང་བཙོས་ལེགས་པའི་ཚད། དགྲ་དང་སྒྲིད་དེ་རང་གཟུགས་སུ་བསྒྱུར་བ་བཅས་ཀྱི་ལག་ལེན་གྱི་རིམ་པ་དང་། བཙོ་བཀྲུ་བྱས་པའི་ཕན་ཡོན་བཅས་བསྟན། གཉིས་པར་ཟ་བྱེད་ཁམས་བརྒྱད་པོའི་དུག་འདོན་དང་འདུལ་ཐབས། འཆིང་བྱེད་ལྕགས་བརྒྱད་ཀྱི་དུག་འདོན་དང་གཡའ་ཁུ་འདོན་པའི་ལག་ལེན་གྱི་རིམ་པ་རྣམས་ཚིག་ཉུང་དོན་འདུས་སུ་བསྟན་ཡོད།

内容提要：本典籍以竹青·邬金巴所著《水银教义》、朵曼永尼所著《水银典籍》、仲孜拉尊所著《手册》、宿喀·娘尼多吉所著《千万舍利水银洗炼实践要义秘密宝库》、达玛格登的《仁青常觉大黑丸的配制》、章松·贡确卓盘旺布的《炮制实践笔记》以及在查普寺洗炼水银和炮制八金八矿时所做的笔记为理论依据，在日喀彭措然丹完成编写。全文分两个部分。第一部分为水银的具体制作方法，介绍了水银洗炼所需的液体、时长等。第二部分中通俗易懂地介绍了能食八矿的祛毒和炮制方法以及能持八金的炮制和祛锈实践。

བོད་ཀྱི་གསོ་རིག་ཀུན་བཏུས་བསྡུད་སྒྲིག་མ་ལས། པོད་བརྒྱད་ཅུ་པའི་ནང་དུ་བཞུགས།

在《〈藏医药大典〉续编（61—80）》中的位置：收载于第八十卷

ཚན་པ་བདུན་པ། རིན་ཆེན་གྲང་སྦྱོར་དངུལ་ཆུ་བཙོ་བཀྲུ་ཆེན་མོའི་ལག་ལེན།

第七篇 《仁青常觉水银洗炼实践》

མཚན་བྱང་ཆ་ཚང་། རིན་ཆེན་གྲང་སྦྱོར་དངུལ་ཆུ་བཙོ་བཀྲུ་ཆེན་མོའི་ལག་ལེན་ཞེས་བྱ་བ་བཞུགས་སོ། །

全名：《仁青常觉水银洗炼实践》

རྩོམ་པ་པོ། དཔོན་ཚང་ཡེ་ཤེས། སྐྱེ་ལོ་༡༦༧༠ལོར་དབུས་གཙང་མལ་གྲོ་གུང་དཀར་གྱི་འབྲི་གུང་ཀ་ཚལ་དུ་སྐུ་འཁྲུངས།

作者：奔仓益西，1670年生于卫藏墨竹工卡直贡嘎才。

མ་ཡིག ལག་བྲིས། ཡིག་གཟུགས་དབུ་མེད། ཤོག་ངོས་རེར་ཐིག་ཕྲེང་དྲུག ཐིག་ཕྲེང་རེར་ཡིག་འབྲུ་སོ་གཉིས། ཁྱོན་བསྡོམས་ཤོག་ངོས་སོ་གཉིས་བཞུགས།

母本：手写本，草书体，每页6行，每行32字，共32页。

ནང་དོན་གནད་བསྡུས། གཞུང་འདི་ནི་རིན་ཆེན་གྲང་སྦྱོར་རིལ་ནག་ཆེན་མོའི་དངུལ་ཆུ་ཟ་འཆིང་གི་ལག་ལེན་དང་དངུལ་ཆུ་བཙོ་བཀྲུ་ཆེན་མོའི་ལག་ལེན་གྱི་རིམ་པ་གཉིས་བསྟན་པའི་ཡིག་ཆུང་ཞིག་སྟེ། དང་པོ་ནི་དངུལ་ཆུ་བཙོ་བཀྲུ་ཆེན་མོའི་ལག་ལེན་སྤུས་དོན་ཀུན་གསལ་དུ་རིལ་ནག་ཆེན་མོའི་སྦྱོར་བའི་སྐབས་དངུལ་ཆུ་ཟ་འཆིང་གི་ལག་ལེན་གསལ་བར་མ་གསུངས་པ་ལ། དཔོན་ཚང་ཡེ་ཤེས་ཀྱིས་ལུགས་ཕྱི་ལོར་མཚུར་ཕུའི་གདན་སར་དངུལ་ཆུ་སྲང་བཞི་བཅུ་སྐོར་དང་། ཆ་རྐྱེན་འཆིང་བྱེད་ཀྱི་ལུགས་བརྒྱད་བཤིག་པའི་སྐབས་སློབ་དཔོན་གྱི་གསུང་རྒྱུན་དང་རང་ཉིད་ཀྱི་ཉམས་སུ་མྱོང་བའི་ལག་ལེན་གྱིས་བརྒྱན་ནས་འཆིང་བྱེད་ལུགས་བརྒྱད་དང་ཟ་བྱེད་ཁམས་བརྒྱད་ཀྱི་འདུལ་ཐབས་དང་ཕན་ཡོན་བཅས་གོང་གཞུང་དེ་ལ་ཁ་བསྐང་བའི་ཚུལ་དུ་ཟིན་བྲིས་སུ་བཏབ་པ་ཞིག་དང་། གཉིས་པ་འདི་ནི་དང་པོའི་ཟིན་བྲིས་འདི་ཉིད་ཞྭ་དམར་ཆོས་ཀྱི་དོན་གྲུབ་དང་རྗེ་བསྟན་པའི་ཉིན་བྱེད་ལྷན་རྒྱས་ལ་འབུལ་སྐབས་སི་ཏུ་བསྟན་པའི་ཉིན་བྱེད་ཀྱིས་དངུལ་ཆུ་བཙོ་བཀྲུའི་ཟིན་བྲིས་རགས་རིམ་ཞིག་བྲིས་ཤིག་ཅེས་པའི་བཀའ་བསྐུལ་བ་ལ་བརྟེན་ནས་བྲིས་པ་ཞིག་སྟེ། དངུལ་ཆུ་སྲང་གང་ལ་ཚ་བ་གསུམ་ཕྱུར་མགོ་འབྲིང་བ་གཅིག་བཏབ་ནས་ཁ་ཤའི་སྐྱི་ནང་དུ་ཉིན་གཉིས་ལ་མཉེ་ཞིང་ཞག་ཏུ་བསྐོལ་ཚུལ། ནང་པར་ལན་ཚྭ་བུལ་ཏོག་ཕྱུར་མགོ་རེའི་ཚད་བཏབ་ནས་རྗེ་གཞུང་དུ་ཉིན་གཅིག་ལ་མཉེ་ཞིང་ཆུས་བསིང་ནས་གཡའ་ཕྱི་བའི་ལག་ལེན་གྱི་རིམ་པ་དང་། དེ་ནས་བསྟུད་མར་ཉིན་བརྒྱད་ལ་བཀྲུ་ཁུ་མི་འདྲ་བ་བརྒྱད་ཀྱི་ནང་དུ་མཉེ་ཤིང་དེ་བཤལ་ནས་གཡའ་ཁུ་བཏོན་རྗེས་རྗེ་ཕོག་དང་ཡང་ན་རྫའི་ནང་དུ་

འཚོད་པ་དང་བཙོས་ལེགས་པའི་ཚད། དགུ་དང་སྦྱོད་དེ་རང་གཟུགས་སུ་བསྒྱུར་བ་དང་བཏུལ་ལེགས་པའི་ཚད་སོགས་དངུལ་ཆུ་བཙོ་བཀྲུའི་ལག་ལེན་གྱི་རིམ་པ་གནད་དུ་བསྡུས་ནས་བསྟན་ཡོད།

内容提要：本典籍由仁青常觉大黑丸水银八金八矿的炮制实践和水银洗炼的实践两个部分组成。第一部分记录了奔仓益西炮制八金八矿时的实践经验，是以藏历铁鼠年在查普寺炼制四十两水银和八金时的上师的教诲和自己的实践经验为基础，将原来没有详细阐述炮制八金八矿的方法和功效等内容以补充的形式所做的笔记；第二部分的内容是将上述笔记供奉给夏玛尔·确吉东珠和杰·旦贝宁谢时，由司徒·旦贝宁谢下令对水银洗炼过程所做粗略笔记。书中记录的水银炮制的实践具体如下：一两水银加入中等筷子头大小的三辛药后装入鹿皮囊中进行为期两天的揉搓再发酵一晚，次日加入筷子头大小的盐和碱花在石槽内进行为期一日的揉搓，在涮洗后完成祛锈的过程。之后连续八日将其在不同的液体中揉搓，涮洗后在石槽和瓷罐中进行适当的煮制，配对后使其发生变化。

བོད་ཀྱི་གསོ་རིག་ཀུན་བཏུས་བསྡུད་སྒྲིག་མ་ལས། པོད་བརྒྱད་ཅུ་པའི་ནང་དུ་བཞུགས།

在《〈藏医药大典〉续编（61—80）》中的位置：收载于第八十卷

ཆན་པ་བརྒྱད་པ། དངུལ་ཆུ་བཙོ་བཀྲུ་ལག་ལེན།

第八篇 《水银洗炼实践》

མཚན་བྱང་ཆ་ཚང་། དངུལ་ཆུ་བཙོ་བཀྲུ་ལག་ལེན་ཕྱོགས་གཅིག་ཏུ་སྡེབས་པ་བཞུགས་སོ། །

全名：《水银洗炼实践汇集》

རྩོམ་པ་པོ། ༡ ངག་དབང་རིག་གནས་རྒྱ་མཚོའམ་སྒྲུངས་ཆེ་བ་ངག་དབང་རིག་གནས་རྒྱ་མཚོ། དུས་རབས་བཅུ་བདུན་པར་དབུས་གཙང་ཡར་ཀླུངས་གད་ཀྱི་ཕུག་རིང་དུ་སྐུ་འཁྲུངས། ༢ དཔོན་ཚང་ནམ་མཁའ། དུས་

རབས་བཅུ་བདུན་པའི་དངུལ་གཙང་གཉའ་མོ་ཧུ་སྐྱ་འབྲུངས།

作者：1. 阿旺柔尼嘉措，又名帕曲哇·阿旺柔尼嘉措，7世纪生于卫藏雅砻盖吉普让；2. 奔仓朗卡，17世纪生于卫藏聂莫。

མ་ཡིག ལག་བྲིས། ཡིག་གཟུགས་དབུ་མེད། ཤོག་ངོས་རེར་ཐིག་ཕྲེང་བདུན། ཐིག་ཕྲེང་རེར་ཡིག་འབྲུ་ཞེ་ལྔ། ཁྱོན་བསྡོམས་ཤོག་ངོས་བརྒྱད་བཞུགས།

母本：手写本，草书体，每页7行，每行45字，共8页。

ནང་དོན་གནད་བསྡུས། གཞུང་འདི་ནི་དངུལ་ཆུའི་གཡའ་ཕྱི་དུག་འདོན་གྱི་ཕྱག་ལེན་མི་འདྲ་བ་གཉིས་འཁོད་པའི་ཡིག་ཆུང་ཞིག་སྟེ། དང་པོ་ངག་དབང་རིག་གནས་རྒྱ་མཚོའི་ཕྱག་ལེན་ལ། དངུལ་ཆུ་སྲང་གང་ལ་ཚྭན་པབ་ཚ་བ་གསུམ་གྱི་ཕྱེ་མ་ཁྱོར་གང་བཏབ་ནས་གླ་ཀོའི་ལམ་ཁ་ལྤགས་ཀྱི་ནང་དུ་ཉིན་གསུམ་ལ་མཉེ། ཉིན་རེར་སྨན་གསར་པ་རེ་བླུག དེ་ནས་ཡང་ལན་ཚྭ་དང་བུལ་ཏོག་ཆ་མཉམ་པ་དང་མཉམ་དུ་ཉིན་གཅིག་ལ་འཕུར། དེ་ནས་ཉིན་བཅུའི་རིང་ལ་བགྲུ་འཐག་བྱས་ཤིང་བསྐོལ། དེ་ནས་ཛ་ཧོག་མེ་ཐུབ་ཏུ་བཙོ་བཀྲུ་བྱས་རྗེས་དེ་ལ་འཇམ་བཙལ་བ་དང་བཤིག་པ་བཅས་ཀྱི་ལག་ལེན་གྱི་རིམ་པ། ཚུལ་བཞིན་གྲུབ་པའི་དངུལ་ཆུའི་ཕན་ཡོན་དང་ཚད་ལྡན་མ་ཡིན་པའི་དངུལ་ཆུའི་ཉེས་སྐྱོན་བཅས་བསྟན། གཉིས་པ་དཔོན་ཚང་ནམ་མཁའི་ཕྱག་ལེན་ལ། དངུལ་ཆུ་སྲང་གང་གི་ཚེ་ཚྭན་པབ་ཚ་གསུམ་ཕྱེ་མ་ཐུར་མགོ་རེ་བཏབ་ལ་གླ་ཀོའི་ཁུད་དུ་ཉིན་ཕྱེད་མཉེ། དེ་རྗེས་བུལ་ཏོག་ལན་ཚྭ་དང་མཉམ་དུ་ཉིན་ཕྱེད་སྐམ་འཐག་དང་། དེ་ནས་ཉིན་དགུ་ལ་གླ་ར་རྣམ་ལྔ་སོགས་ཀྱིས་བགྲུ་འཐག་བྱས་རྗེས་སྐར་བུའི་ཆུ་ལ་ཉིན་ཞག་གཅིག་ལ་དྲོ་བར་བསྐོལ་བའི་རྗེས་སུ་ཆུ་དྭན་གྱིས་འཁྲུ་བ་གནད་དུ་བསྟན། དེ་ནས་ཛ་ཧོག་ཏུ་བཙོ་བཀྲུ་བྱ་བའི་ལག་ལེན་དང་བཙོས་ལེགས་པའི་ཚད་བཅས་ཚིག་ཉུང་དོན་འདུས་ཀྱི་སྒོ་ནས་གོ་བདེ་བར་བཀོད་ཡོད།

内容提要：本典籍介绍了水银祛锈的两种不同炮制实践。第一部分介绍阿旺柔尼嘉措的水银祛锈法。过程为，一两水银加入一掬量的三辛药后放入麝皮或其他皮制容器内进行为期三日的揉搓，每日加入新药之后将等量的盐和碱花加入其中进行为期一日的揉搓，并于十日内进行研磨、发酵后在石槽中进行煮制并调和药性。规范炮制水银的功效和未规范炮制水银均有记录。第二部分为奔仓朗卡的水银祛锈具体过程。即，一两水银加入筷子头大小的三辛药粉后在麝皮囊中进行为期半天的揉搓，之后加盐、碱花进行为期半日的揉搓，并在九日之内用五种尿液进行煮制，放在沙棘水中置于温热处发酵一日后用温水涮洗，之后在石槽内进行煮制。

བོད་ཀྱི་གསོ་རིག་ཀུན་བཏུས་བསྡུད་སྒྲིག་མ་ལས། པོད་བརྒྱད་ཅུ་པའི་ནང་དུ་བཞུགས།

在《〈藏医药大典〉续编（61—80）》中的位置：收载于第八十卷

ཚན་པ་དགུ་པ། དངུལ་ཆུ་བཙོ་བཀྲུ་ཆེན་མོ་དང་རིན་ཆེན་རིལ་བུའི་ལག་ལེན་རྣམས།

第九篇　《水银洗炼和珍宝药丸诸实践》

མཚན་བྱང་ཆ་ཚང་། དངུལ་ཆུ་བཙོ་བཀྲུ་ཆེན་མོ་དང་རིན་ཆེན་རིལ་བུའི་ལག་ལེན་རིལ་ནག་ཆེན་མོའི་སྦྱོར་ཚད་རྣམས་བཞུགས་སོ། །

全名：《水银洗炼和珍宝药丸实践大黑丸剂量》

རྩོམ་པ་པོ། ༡ ངག་དབང་རིག་གནས་རྒྱ་མཚོའམ་སྤང་ས་ཆེ་བ་ངག་དབང་རིག་གནས་རྒྱ་མཚོ། དུས་རབས་བཅུ་བདུན་པའི་དབུས་གཙང་ཡར་ཀླུངས་གད་ཀྱི་ཕུག་རིང་དུ་སྐུ་འཁྲུངས། ༢ སྤང་ས་ཆེ་བ་སྨན་བསྒོམ་མི་ཕམ་བློ་གྲོས། དུས་རབས་བཅུ་བདུན་པའི་སྨད་ཙམ་ལ་དབུས་གཙང་དུ་སྐུ་འཁྲུངས།

作者：1. 阿旺柔尼嘉措，又名帕曲哇 · 阿旺柔尼嘉措，7世纪生于卫藏雅砻盖吉普让；2. 帕确哇曼贡 · 米旁洛智，17世纪下叶生于卫藏。

མ་ཡིག ལག་བྲིས། ཡིག་གཟུགས་དབུ་མེད། ཤོག་ངོས་རེར་ཐིག་ཕྲེང་བདུན། ཐིག་ཕྲེང་རེར་ཡིག་འབྲུ་ཞེ་གཉིས། ཁྱོན་བསྡོམས་ཤོག་ངོས་ཉི་ཤུ་བཞུགས།

母本：手写本，草书体，每页7行，每行42字，共20页。

ནང་དོན་གནད་བསྡུས། གཞུང་འདི་ནི་དངུལ་ཆུ་བཙོ་བཀྲུ་སྦྱངས་བསད་ཀྱི་ཕྲུག་ལེན་མི་འདྲ་བ་རྣམས་འབྲིང་བསྡུས་པ་སོགས་བསམ་གྱིས་མི་ཁྱབ་པ་དག་ལས་དངུལ་ཆུའི་བཙོ་བཀྲུ་དང་རིན་ཆེན་འདུལ་སྦྱོང་། རིལ་ནག་ཆེན་མོའི་སྦྱོར་ཚད་ཕན་ཡོན་དང་བཅས་པའི་ཞལ་གདམས་ལག་ལེན་དམར་ཁྲིད་དུ་བསྟན་པ་ཞིག་སྟེ། གཞུང་སྤྱི་ལ་ལེའུ་གསུམ་ཡོད། ལེའུ་དང་པོར་དངུལ་ཆུ་བཙོ་བཀྲུའི་ལག་ལེན་ལ་དངུལ་ཆུ་སྲང་གསུམ་ལས་ཉུང་བར་སྦྱར་མི་རུང་ཞིང་མང་བ་ལ་མི་སྐྱོན་ཏེ། དེ་ལ་ཚྭན་ཕབ་ཚ་བ་གསུམ་གྱི་ཕྱེ་མ་ཕུལ་ཕྱེད་བཏབ་པ་གླ་བའམ་ར་ལྤགས་ཀྱི་ཐང་ཆུང་དུ་ཉིན་གཅིག་ལ་མཉེ་ཞིང་རྫས་གསར་བ་རེ་འདེབས། རྫས་ནག་པོར་སོང་བ་དང་རྫས་དེ་ཕྱི། སང་ནངས་པར་བུལ་ཏོག་ལན་ཚྭ་ཕུལ་ཕྱེད་རེ་དང་མཉམ་དུ་ཛོ་ཀྱོང་དུ་སྐམ་འཐག་ཉིན་ཕྱེད་བྱས་ལ་རྫས་རོ་དོར། དེ་ནས་ན་ར་ཀླ་ར་སོགས་ཀྱིས་ཉིན་ཕྱེད་དགུ་ལ་བཀྲུ་འཐག་བྱས་རྗེས་སྣར་བུའི་ཆུ་དྲོན་ལ་ཉིན་ཞག་གཅིག་ལ་བསྐྱལ། དེ་ནས་རྗེ་ཁོག་ཏུ་བཙོ་བཀྲུ་བྱ་བའི་ལག་ལེན་གྱི་རིམ་པ་དང་བཙོས་ལེགས་པའི་ཡོན་ཏན། ལག་ལེན་ཚད་ལྡན་མ་ཡིན་པའི་ཉེས་སྐྱོན་བཅས་དང་། ལེའུ་གཉིས་པར་ཟ་འཆིང་བརྒྱ་དྲུག་གི་ཐལ་བཟློའི་ལག་ལེན་དང་རིན་པོ་ཆེ་སྤྱིའི་དུག་འདོན་ཐབས། ལེའུ་གསུམ་པར་རིན་ཆེན་གྲང་སྦྱོར་ཆེན་མོའི་སྨན་སྣ་བརྒྱ་དང་བརྒྱད་ཀྱི་སྦྱོར་ཚད་དང་བཅས་པའི་སྦྱོར་ཐབས་ལག་ལེན་གྱི་རིམ་པ། སྐབས་དེའི་བསྲུང་བྱ། འདམ་ཐག་གི་བྱང་ཚད། ཉར་ཚགས་བྱ་ཐབས། ནད་ཅན་ནད་མེད་ཀྱིས་བསྟེན་པའི་སྤྱི་བྱེ་བྲག་གི་ཕན་ཡོན། རིལ་ནག་ཆེན་མོ་ཡིན་མིན་གྱི་བརྟག་ཐབས་བཅས་བཀོད་ཡོད་ལ། འདི་ནི་ཆོས་རྒྱལ་གཏེར་བདག་གླིང་པས་ལྷའི་སྨན་པར་དབང་བསྐུར་བ་ཨོ་རྒྱན་འཕེལ་ལགས་ཀྱིས་གསུང་གི་བསྐུལ་མ་མཛད་པ་ལ་བརྟེན་ནས་ལྷའི་སྐད་དུ་ཧྲ་ནུ་དང་། བསིལ་ལྡན་གྱི་ལྗོངས་འདིར་ཆུ་མོ་ལུག་ཏུ་འབོད་པ་སྟོན་ཟླ་བའི་དཀར་ཕྱོགས་ཀྱི་ཚེས་དགའ་བ་དང་པོར་བྲིས་པ་ཞིག་གོ །

内容提要：本典籍由水银各种不同炮制中关于水银洗炼、珍宝药物的炮制，大黑丸的配比和功效等的教义3个部分组成。第一部分是关于水银洗炼。水银的量不少于三两，多则无碍，加入三辛药粉后在麝皮或山羊皮制的皮囊中进行为期一天的揉搓，期间不断加入新的药粉，当药粉变黑后进行替换。次日早晨加入等量的盐和碱花一起在石槽里进行为期半日的湿研，九日内用不同的尿液洗炼后在温热的沙棘汁中发酵一晚，后在石槽内进行煮制，还介绍了水银的功效和未规范炮制水银的副作用等。第二部分为八矿八金的灰制实践和珍宝类药材的整体祛毒方法。第三部分的内容为仁青常觉组方中一百零八味药材的配比和配制实践过程、禁忌，研磨的粗细程度，保存方法，保健、治疗功效和鉴别大黑丸的方法等。

བོད་ཀྱི་གསོ་རིག་ཀུན་བཏུས་བསྟུད་སྒྲིག་མ་ལས། པོད་བརྒྱད་ཅུ་པའི་ནང་དུ་བཞུགས།

在《〈藏医药大典〉续编（61—80）》中的位置：收载于第八十卷

ཚན་པ་བཅུ་པ། ལག་ལེན་འཆི་མེད་བདུད་རྩིའི་སྦུབ་ཤིང་།

第十篇 《实践长寿甘露木》

མཚན་བྱང་ཆ་ཚང་། རིན་ཆེན་རིལ་ནག་ཆེན་མོ་དང་། ཡང་ཟབ་རིལ་བུ་དང་། མང་སྦྱོར་ཆེན་མོ་དང་། གསལ་བྱེད་ལྷུགས་རིལ་ཆེན་མོ་རྣམས་ཀྱི་ལག་ལེན་བལྟས་ཆོག་ཏུ་བཀོད་པ་དང་གཞན་ཡང་དངུལ་ཆུ་བཙོ་བཀྲུ་ཆེན་མོ་ཐལ་སྨན་རྣམས་དང་བཅས་པའི་ལག་ལེན་འཆི་མེད་བདུད་རྩིའི་སྦུབ་ཤིང་ཞེས་བྱ་བ་བཞུགས་སོ། །

全名：《珍宝大黑药丸、秘丸、“芒觉”丸、大明目丸等制法实践，“佐太”灰药制法实践·长寿甘露木》

རྩོམ་པ་པོ། ཀརྨ་ཚེ་དབང་ཀུན་ཁྱབ། སྐྱེ་ལོ་༡༧༡༨ལོར་མདོ་སྟོད་འབའ་དམ་ཐོག་སྒང་སྐུ་འཁྲུངས་ཤིང་། སྐྱེ་ལོ་༡༧༩༠ལོར་སྐུ་གཤེགས།

作者：噶玛才旺更确，1718年生于多堆白当托岗，1790年卒。

མ་ཡིག ཤིང་དཔར། ཡིག་གཟུགས་དབུ་ཅན། ཤོག་ངོས་རེར་ཐིག་ཕྲེང་དྲུག ཐིག་ཕྲེང་རེར་ཡིག་འབྲུ་དྲུག་ཅུ། ཁྱོན་བསྡོམས་ཤོག་ངོས་སོ་གསུམ་བཞུགས།

母本：木刻版，正楷体，每页6行，每行60字，共33页。

ནང་དོན་གནད་བསྡུས། གཞུང་འདི་ནི་དངུལ་ཆུ་བཙོ་བཀྲུའི་ལག་ལེན་དང་ལྕགས་ཁམས་ཀྱི་འདུལ་ལུགས། རིན་ཆེན་རིལ་ནག་ཆེན་མོ་སོགས་སྦྱོར་བ་ཟབ་ཁྱད་ཅན་འགའི་སྦྱོར་ཐབས་ལག་ལེན་བཅས་བསྟན་པའི་གཞུང་ཞིག་སྟེ། གཞུང་སྤྱི་ལ་དོན་ཚན་ཆེན་པོ་གསུམ་དང་བྱེ་བྲག་ལེའུ་བདུན་ཡོད། དེ་ལ་དང་པོར་དངུལ་ཆུའི་གཡའ་ཕྱི་བ་དང་གཡའ་ཁུ་འདོན་པ། བཙོ་ཆེན། བཙོ་ཆུང་། བཙོ་འབྲིང་། དགུ་དང་སྦྲད་དེ་རང་གཟུགས་སུ་བསྒྱུར་བ་བཅས་ཀྱི་ལག་ལེན་རིམ་པ་སྲང་ཚད་དང་བཅས་ཞིབ་རྒྱས་སུ་འཁོད་ཡོད་པ་དང་། གཉིས་པར་ལྕགས་ཁམས་བརྒྱད་ཀྱི་ཐལ་བཟོ་དང་ཟ་བྱེད་ཁམས་བརྒྱད་ཀྱི་འདུལ་ལུགས་བསྟན། གསུམ་པ་ནས་བཟུང་སྦྱོར་བ་ཟབ་ཁྱད་ཅན་ཏེ་སི་ཏུ་ཆོས་ཀྱི་འབྱུང་གནས་ཀྱིས་ཕྱག་ལེན་གནང་བའི་རིན་ཆེན་རིལ་ནག་ཆེན་མོ། གཙྪ་རང་བྱུང་རྡོ་རྗེས་ཕྱག་ལེན་གནང་བའི་ཡང་ཟབ་རིན་ཆེན་རིལ་བུ། རྒྱུད་ཀྱི་རིན་ཆེན་མང་སྦྱོར་ཆེན་མོ་བཅས་ཀྱི་སྦྱོར་ཐབས་དང་འདུལ་ལུགས། བསྲེ་འཐག རིལ་སྒྲུབ། ཕན་ཡོན། དམ་ཚིག་སོགས་སྦྱོར་བའི་ལག་ལེན་གྱི་རིམ་པ་དང་། གཞན་གསལ་བྱེད་ལྕགས་རིལ་རིགས་གཉིས་ཏེ་མན་ངག་བཀའ་རྒྱ་མའི་གསལ་བྱེད་ཉི་ཟླའི་འཁོར་ལོ་དང་ལྷ་ལུང་པའི་ལྕགས་རིལ་གཉིས་ཀྱི་སྦྱོར་ཐབས་དང་རིལ་བུ་དྲིལ་ལུགས་བཅས་བསྟན་ཡོད། ཕྱག་ལེན་འདི་ནི་སི་ཏུ་ཆོས་ཀྱི་འབྱུང་གནས་ཀྱིས་ལྕགས་སྙག་ས་གའི་ཚེས་བཟང་པོའི་ཉིན་ལྕགས་ར་བསམ་འགྲུབ་རྩེའི་ཕོ་བྲང་དང་འབྲེལ་པའི་སྐྱིད་ཚལ་དུ་ཕྱག་ལེན་གནང་སྐབས་ཉིད་ཀྱི་ཞལ་ནས་དཀའ་བའི་གནས་ལ་བློ་གསལ་དྲུང་ཡིག་པ་གཙྪ་རབ་བརྟན་ལགས་ལ་འདྲི་མོལ་ཞིབ་པར་ཞུས་ལ་ཟིན་བྲིས་སུ་ཐོབ་ཤིག་ཅེས་བཀའ་བསྐོས་པ་ལྟར་ཟིན་བྲིས་སུ་བཏབ་ཅིང་ཁོང་པར་ཞིབ་དྲིས་ཀྱིས་གཏན་ལ་ཕབ་སྟེ། ཚིག་ཉུང་རྣམ་གསལ་གྱི་ཟིན་བྲིས་རྣམས་དཔེ་ཚན་གཅིག་ཏུ་བསྒྲིགས་པ་པོ་ནི་རྒྱལ་ཁམས་པ་གཙྪ་ཚེ་དབང་ཀུན་ཁྱབ་ཅེས་པས་ཤར་དཔལ་སྤུངས་དགོན་གྱི་རང་ཤག་ཤཱཀྱ་ལ་ཏུ་གྲུབ་པར་བགྱིས་པ་ལགས་པས་ཕྱག་བཞེས་རྣམ་པར་དག་པའི་གཞུང་ཞིག་ཏུ་འགྱུར་མས།

内容提要：本典籍介绍了水银洗炼、八金八矿的炮制和仁青大黑丸等的配制方法，由

3个部分组成。第一部记录水银祛锈，祛除大、中、小水银洗炼和配对等实践过程中的具体配比；第二部分介绍八金八矿的炮制方法；第三部分介绍司徒·曲吉君乃的仁青大黑丸，噶玛·让琼多吉的珍宝丸和《四部医典》中仁青芒觉等的配制、炮制、煅烧、制丸、功效和誓言等实践的过程，还记录了达莫曼让巴的明目日月轮丸和拉龙巴的明目铁丸的配制和制丸方法。

བོད་ཀྱི་གསོ་རིག་ཀུན་བཏུས་བསྡུད་སྒྲིག་མ་ལས། པོད་བརྒྱད་ཅུ་པའི་ནང་དུ་བཞུགས།

在《〈藏医药大典〉续编（61—80）》中的位置：收载于第八十卷

ཚན་པ་བཅུ་གཅིག་པ། ཤེལ་དཀར་མེ་ལོང་ལས་རིན་པོ་ཆེའི་སྡེ་ཚན།

第十一篇 《白晶鉴之珍宝类药物》

མཚན་བྱང་ཆ་ཚང་། དཔལ་ལྡན་གསོ་བ་རིག་པའི་བསྟན་བཅོས་ཆེན་པོ་རྒྱུད་བཞི་ལས་ཕྱི་མ་འཕྲིན་ལས་རྒྱུད་ཀྱི་འགྲེལ་བ་ཤེལ་དཀར་མེ་ལོང་ལས་རིན་པོ་ཆེའི་སྡེ་ཚན་བཞུགས་སོ། །

全名：《〈四部医典〉后续部释义·白晶鉴之珍宝类药物》

རྩོམ་པ་པོ། གླིང་སྨན་བཀྲ་ཤིས་འབུམ། སྐྱེ་ལོ་༡༧༢༦ལོར་མདོ་སྟོད་སྡེ་དགེ་གླིང་ཚང་སྟག་སྒང་དུ་སྐུ་འཁྲུངས།

作者：林曼·扎西本，1726年生于多堆德格朗仓达岗。

མ་ཡིག སློག་པར། ཡིག་གཟུགས་དབུ་ཅན། ཤོག་ངོས་རེར་ཐིག་ཕྲེང་ཉེར་བཞི། ཐིག་ཕྲེང་རེར་ཡིག་འབྲུ་བཅུ་བདུན། ཁྱོན་བསྡོམས་ཤོག་ངོས་ཉེར་གཅིག་བཞུགས།

母本：排印本，正楷体，每页24行，每行17字，共21页。

ནང་དོན་གནད་བསྡུས། གཞུང་འདི་ནི་གླིང་སྨན་བཀྲ་ཤིས་འབུམ་གྱི་ཕྱི་རྒྱུད་འགྲེལ་བ་ཤེལ་དཀར་མེ་ལོང་ལས་རིན་པོ་ཆེའི་སྡེ་ཚན་གྱི་ལག་ལེན་ཁོལ་དུ་ཕྱུང་བ་ཞིག་སྟེ། གཞུང་སྤྱི་ལ་དོན་ཚན་ཆེན་པོ་གསུམ་དང་བྱེ་བྲག་ཚན་ཆུང་དྲུག་ཡོད། དང་པོ་ལ་དངུལ་ཆུའི་གཡའ་ཕྱི་དུག་འདོན། བཙོ་ཆེན། བཙོ་འབྲིང་། བཙོ་ཆུང་། དགྲ་

དང་སྦྲིད་དེ་རང་གཟུགས་སུ་བསྒྱུར་བ། དངུལ་ཆུ་བཙངས་ཚུལ་བཅས་ཀྱི་ལག་ལེན་གྱི་རིམ་པ་བསྟན་པར་སྨན་སྣ་སོ་སོའི་རྒྱ་ཐུར་གྱི་སྲང་ཚད་དང་ཉིན་ཞག་གི་གྲངས་སོགས་ཞིབ་ཕྲའི་ལག་ལེན་རྣམས་འབྲི་གུང་པའི་ཕྱག་ལེན་གྱི་རྒྱུན་ལྟར་ཞིབ་རྒྱས་སུ་བསྟན་ཡོད་པ་དང་། ལེའུ་གཉིས་པ་དང་གསུམ་པར་རིམ་པ་བཞིན་ཟ་བྱེད་ཁམས་བརྒྱད་དང་འཆིང་བྱེད་ལྕགས་བརྒྱད་ཀྱི་འདུལ་ལུགས། དེ་ནས་སྦྱོར་བ་ཟབ་ཁྱད་ཅན་ཏེ་རང་བྱུང་རྡོ་རྗེའི་ཞབས་ཀྱི་རིན་ཆེན་རིལ་བུ་སྨན་སྣ་བདུན་ཅུ་དོན་བཞིའི་རྣམ་གྲངས་ཅན་དང་གྲུབ་ཆེན་ཨོ་རྒྱན་པའི་ལུགས་ཀྱི་ཁ་ཚར་ཅན་གྱི་རིན་ཆེན་རིལ་བུ་སྨན་སྣ་བརྒྱ་དང་དྲུག་ཅུ་རྩ་ལྔའི་རྣམ་གྲངས་ཅན་གཉིས་སོ་སོའི་སྨན་བསྡུ་ཚུལ་དང་དུག་འདོན། བསྲེ་བཏགས། སྨན་སྒྲུབ། ཕན་ཡོན་བཅས་སྦྱར་ཐབས་ལག་ལེན་གྱི་རིམ་པ་དང་། རྒྱུད་ཀྱི་མང་སྦྱོར་ཆེན་མོའི་སྨན་གྱི་རྣམ་གྲངས་དང་སྦྱར་ཐབས་སྐབས་ཀྱི་དུག་འདོན་ལག་ལེན་བཅས་བསྟན་ཡོད། ཕྱག་ལེན་འདི་མ་གཞི་འཇམ་མགོན་སི་ཏུ་ཐམས་ཅད་མཁྱེན་གཟིགས་ཆེན་པོས་དཔལ་མཚུར་ཕུ་དང་སྡེ་དགེ་ས་དབང་ཆེན་པོའི་རྒྱལ་ཁབ་སོགས་ནས་དངུལ་ཆུ་གཡའ་ཕྱི་དུག་འདོན་བཀྲུ་བཙོ་སོགས་ཀྱི་ཕྱག་བཞེས་གནང་སྐབས་བླ་མ་ཀུན་ཁྱབ་ནས་ཕྱག་ལེན་དམར་ཁྲིད་ཀྱི་རིམ་པ་ངེས་ཅན་རྣམས་ཡི་གེར་བཀོད་པ་དེ་རང་གླིང་སྨན་བཀྲ་ཤིས་འབུམ་གྱིས་རང་གི་བརྩམས་ཆོས་སུ་དྲངས་པ་ཞིག་རེད།

内容提要：本典籍是对林曼·扎西本编著的《四部医典》之《后续部》释义《白晶鉴》中关于珍宝类药物的炮制实践精选，共有三部分。第一部分详细记录了水银祛锈，祛除锈汁，大、中、小水银洗炼，配对和佩戴水银等的实践过程，包括具体的量和天数等内容；第二、第三部分介绍了八金和八矿的炮制方法，噶玛·让琼多吉流派的由七十四味药材组成的独特的珍宝丸和珠钦邬金巴流派的由165味药材组成的珍宝丸“卡嚓尔”中各药材的采集、祛毒、煅烧、甘露药物灌顶和功效等实践过程以及《四部医典》所载仁青芒觉组方的药材组成和配制过程中的祛毒实践等。其中内容是司徒·钦色乾波在查普寺和德格等地进行水银祛锈、祛除锈汁、祛毒和煮制时由才旺更确记录，后被林曼·扎西本引用到自己的著作中的。

བོད་ཀྱི་གསོ་རིག་ཀུན་བཏུས་བསྡུད་སྒྲིག་མ་ལས། པོད་བརྒྱད་ཅུ་པའི་ནང་དུ་བཞུགས།

在《〈藏医药大典〉续编（61—80）》中的位置：收载于第八十卷

ཚན་པ་བཅུ་གཉིས་པ། ཨ་སྨི་ཏ་རྣ་ས་ཡ་ནའི་གྲུབ་པའི་ལག་ལེན་ཀྱི་སྦྱོར་བ་ཇི་ལྟར་བགྱིས་ཚུལ།

第十二篇 《水银制法实践》

མཚན་བྱང་ཆ་ཚང་། ཨ་སྨི་ཏ་རྣ་ས་ཡ་ནའི་གྲུབ་པའི་ལག་ལེན་ཀྱི་སྦྱོར་བ་ཇི་ལྟར་བགྱིས་ཚུལ་བརྗེད་བྱང་མ་ཎི་ཀའི་ཕྲེང་བ་ཞེས་བྱ་བ་བཞུགས་སོ། །

全名：《水银制法实践备忘志·玛诺嘎串》

རྩོམ་པ་པོ། ལྷ་མཆོག་ཚེ་དབང་དཔལ་འབྱོར། སྤྱི་ལོ་༡༨༤༣ལོར་མདོ་སྟོད་ཡུལ་ཤུལ་ནང་ཆེན་དུ་སྐུ་འཁྲུངས།

作者：拉确·才旺华觉，1843年生于多堆玉树囊谦。

མ་ཡིག ལག་བྲིས། ཡིག་གཟུགས་དབུ་མེད། ཤོག་ངོས་རེར་ཐིག་ཕྲེང་དྲུག ཐིག་ཕྲེང་རེར་ཡིག་འབྲུ་སོ་གཉིས། ཁྱོན་བསྡོམས་ཤོག་ངོས་སོ་ལྔ་བཞུགས།

母本：手写本，草书体，每页6行，每行32字，共35页。

ནང་དོན་གནད་བསྡུས། གཞུང་འདི་ནི་ལྷུགས་སྤྲུལ་གནམ་ལོ་ལ་ཇོ་ཐོག་ནོར་བུ་རྩེའི་རྒྱལ་ཁབ་ཏུ་ཀུན་མཁྱེན་ཆོས་ཀྱི་འབྱུང་གནས་ཀྱི་ཕྱག་ལེན་བཞིན་དངུལ་ཆུ་བཙོ་བཀྲུ་ཆེན་མོའི་ལག་ལེན་བགྱིས་སྐབས། ཇི་ལྟར་བགྱིས་པའི་ལག་ལེན་གྱི་རིམ་པ་རྣམས་ཚེ་དབང་དཔལ་འབྱོར་གྱིས་བརྗེད་བྱང་ཐོ་ཚུང་དུ་བཀོད་པ་ཞིག་སྟེ། ཐོག་མར་དངུལ་ཆུ་གཡའ་ཕྱི་བར་དངུལ་ཆུ་དང་རྫས་རྣམས་སོ་སོའི་རྒྱ་ཁྱུར་གྱི་སྲང་ཚད་དང་བླུག་སྟོད། མཉེ་མཁན་གྱི་འདུག་ཚུལ། ལག་ཤེད། མཉེ་ཡུན། ལེན་ཚུལ། བསླལ་ཐབས་སོགས་བསྟན། དེ་ནས་དངུལ་ཆུ་ལ་ཚ་བཟང་པོའམ་བུལ་ཏོག་གང་ཙམ་བཏབ་སྟེ་ཇོ་གཞོང་དུ་སྐམ་འཐག་བྱས་ནས་གཡའ་ཕྱི་བའི་

ལག་ལེན་གྱི་རིམ་པ་དང་། ཉིན་གསུམ་པ་ནས་བཅུ་དྲུག་བར་གྱི་ཉིན་རེའི་བཀྲུ་ཚུལ་ལག་ལེན། གཡའ་ཁྲུ་བཏོན་ཞིགས་པའི་ཚད། ཉིན་བཅུ་བདུན་པར་བཙོ་ཆེན་འབྲིང་ཆུང་གསུམ་བགྱི་བའི་ལག་ལེན་གྱི་རིམ་པ་དང་བཙོས་ཞིགས་པའི་ཚད། དེ་ལ་དགྲ་དང་སྦྲད་ནས་རང་གཟུགས་བསྒྱུར་བའི་ལག་ལེན་དང་བསྒྱུར་ཞིགས་པའི་ཚད། བདུད་རྩི་བཅུད་རྒྱལ་དེ་ཉིད་བཅངས་ཚུལ་དང་དམ་ཚིག་སོགས་དངུལ་ཆུ་བཙོ་བཀྲུ་ཆེན་མོའི་ལག་ལེན་མ་འདུས་པ་མེད་པར་ཤིན་ཏུ་ཞིབ་ཕྲའི་སྒོ་ནས་བཀོད་ཡོད།

内容提要： 本典籍是藏历铁蛇年在赞妥诺布泽地区按照司徒·曲吉君乃的传承进行水银的炮制时，由才旺华觉以备忘录的形式如实记录下来的笔记。首先记录了水银和各种药材的量，揉搓时的坐姿，揉搓力道，揉搓时长，除渣和发酵方法等；其次记述了水银中加入盐和碱花后在石槽里进行研磨并进行祛锈、洗炼的过程，祛锈成功的标准，大、中、小水银洗炼的制作方法和完成标准，配对后的形态标准以及将其佩戴的方法和誓言等。

བོད་ཀྱི་གསོ་རིག་ཀུན་བཏུས་བསྟུད་སྒྲིག་མ་ལས། པོད་བརྒྱད་ཅུ་པའི་ནང་དུ་བཞུགས།

在《〈藏医药大典〉续编（61—80）》中的位置： 收载于第八十卷

ཚན་པ་བཅུ་གསུམ་པ། ཟ་འཆིང་གི་ལག་ལེན་ཇི་ལྟར་བགྱིས་པའི་བརྗེད་ཐོ།

第十三篇　《能食八矿和能持八金炮制实践备忘录》

མཚན་བྱང་ཆ་ཚང་། དངུལ་ཆུ་བཙོ་བཀྲུ་དང་རིན་ཆེན་སྦྱོར་སྐབས་དགོས་པའི་ཟ་འཆིང་གི་ལག་ལེན་ཇི་ལྟར་བགྱིས་པའི་བརྗེད་ཐོ་རྣམ་གསལ་ནོར་བུའི་མེ་ལོང་ཞེས་བྱ་བ་བཞུགས་སོ། །

全名： 《水银洗炼和珍宝制剂中能食八矿和能持八金炮制实践备忘录·如意宝镜》

རྩོམ་པ་པོ། ༧ ལྷ་མཆོག་ཚེ་དབང་དཔལ་འབྱོར། སྤྱི་ལོ་༡༨༩༣ལོར་མདོ་སྟོད་ཡུལ་ཤུལ་ནང་ཆེན་དུ་སྐུ་འཁྲུངས། ངག་དབང་ཆོས་འཕེལ།

作者：额旺曲培

མ་ཡིག ལག་བྲིས། ཡིག་གཟུགས་དབུ་མེད། ཤོག་ངོས་རེར་ཐིག་ཕྲེང་དྲུག ཐིག་ཕྲེང་རེར་ཡིག་འབྲུ་སོ་གཉིས། ཁྱོན་བསྡོམས་ཤོག་ངོས་ཉེར་བཞི་བཞུགས།

母本：手写本，草书体，每页6行，每行32字，共24页。

ནང་དོན་གནད་བསྡུས། གཞུང་འདི་ནི་དངུལ་ཆུའི་ཆ་ལག་ཟ་འཆིང་གི་འདུལ་ལུགས། རིན་ཆེན་རིལ་བུ་དང་བཙོ་བཀྲུ་ལ་མཁོ་བའི་དགོས་ཆའི་ཐོ། སྤོས་སྦྱོར་སྣ་ཚོགས་བཅས་བསྟན་པའི་གཞུང་ཞིག་སྟེ། གཞུང་སྤྱི་ལ་ལེའུ་གསུམ་ཡོད། དང་པོར་དངུལ་ཆུའི་ཆ་ལག་ཟ་བྱེད་ཁམས་བརྒྱད་དང་འཆིང་བྱེད་ལྕགས་བརྒྱད་ཀྱི་དུག་འདོན་གཡའ་འཕྲོག་བསྲེག་ཐལ་ཇི་ལྟར་བགྱིད་པའི་ལག་ལེན་གྱི་རིམ་པ་ཞིབ་ཏུ་རྒྱས་པར་བསྟན། འདི་ནི་དྲུང་འཚོ་བ་ཀརྨ་ཚེ་དབང་སོགས་ཀྱིས་ཛཾ་ཐོག་ཕོ་བྲང་དུ་ཕྲུག་བསྐུར་གནང་སྐབས་ཚེ་དབང་དཔལ་འབྱོར་གྱིས་བློས་བརྗེད་པར་དོགས་ནས་ལྷུགས་སྤྲུལ་ཡོར་རེག་ཟིག་ལེ་ཚན་དུ་བཀོད་པ་ཞིག་དང་། གཉིས་པར་དངུལ་ཆུ་བཙོ་བཀྲུའི་ཆ་ལག་ལྕགས་བརྒྱད་ཁམས་བརྒྱད་ཀྱི་རྣམ་གྲངས་དང་དེ་དག་འདུལ་བར་མཁོ་བའི་རྫས་མིང་། འདུལ་ཐབས་ལག་ལེན་བསྡུས་པ། རིན་ཆེན་རིལ་བུའི་དངོས་གཞིའི་སྨན་སྣ་བཅས་བསྟན། གསུམ་པར་དུས་འཁོར་དང་རྒྱ་ནག་སོགས་ནས་བྱུང་བའི་སྤོས་སྦྱོར་མི་འདྲ་བ་དྲུག་བསྟན་ཡོད། ལེའུ་ཕྱི་མ་གཉིས་ནི་ངག་དབང་ཆོས་འཕེལ་གྱིས་ལྕགས་ཡོས་ཟླ་བརྒྱད་པའི་ཆོས་བཟང་ལ་ཀུན་མཁྱེན་བསྟན་པའི་ཉིན་བྱེད་ཀྱི་ཕྱག་བྲིས་ལས་བཤུས་ཏེ་བཀོད་པ་ཞིག་རེད།

内容提要：本典籍记录了水银炮制辅药八金八矿的炮制方法，珍宝药丸、水银洗炼所需药材和各种藏香的配方等，共有3个部分。第一部分介绍了八金八矿的炮制过程，此部分是噶玛才旺等医生在赞妥宫殿中洗炼水银时，由才旺华觉所做的记录；第二部分介绍了水银洗炼中八金八矿的组成、炮制所需的药材名称、炮制实践和珍宝药丸的药材组成等；第三部分将源自《时轮经》六种不同藏香的配方予以介绍。后两部分的内容是阿旺琼培在藏历铁鼠年八月的吉祥之日从更钦・旦贝宁谢的笔记中抄录而来。

བོད་ཀྱི་གསོ་རིག་ཀུན་བཏུས་བསྟུད་སྒྲིག་མ་ལས། པོད་བརྒྱད་ཅུ་པའི་ནང་དུ་བཞུགས།

在《〈藏医药大典〉续编（61—80）》中的位置：收载于第八十卷

ཚན་པ་བཅུ་བཞི་པ། དངུལ་ཆུ་བཙོ་བཀྲུའི་སྐབས་ཀྱི་ཞལ་ཤེས།

第十四篇　《水银洗炼亲授》

མཚན་བྱང་ཆ་ཚང་། དངུལ་ཆུ་བཙོ་བཀྲུའི་སྐབས་ཀྱི་ཞལ་ཤེས་ཞེས་བྱ་བ་བཞུགས་སོ། །

全名：《水银洗炼亲授》

རྩོམ་པ་པོ། འཇམ་དབྱངས་མཁྱེན་བརྩེའི་དབང་པོ། སྤྱི་ལོ༡༨༢༠ལོར་མདོ་སྟོད་སྡེ་དགེའི་མངའ་ཁུལ་དགེ་བའི་གཏེར་ལྷུང་དིལ་མགོའི་གྲོང་དུ་སྐུ་འཁྲུངས་ཤིང་། སྤྱི་ལོ་༡༨༩༢ལོར་སྐུ་གཤེགས།

作者：绛央钦孜旺布，1820年生于多堆德格境内达隆德果，1892年卒。

མ་ཡིག ལག་བྲིས། ཡིག་གཟུགས་དབུ་མེད། ཤོག་ངོས་རེར་ཐིག་ཕྲེང་ལྔ། ཐིག་ཕྲེང་རེར་ཡིག་འབྲུ་ཉེར་གསུམ། ཁྱོན་བསྡོམས་ཤོག་ངོས་གཉིས་བཞུགས།

母本：手写本，草书体，每页5行，每行23字，共2页。

ནང་དོན་གནད་བསྡུས། འདི་ནི་དངུལ་ཆུ་བཙོ་བཀྲུའི་ལག་ལེན་སྐབས་ཀྱི་མན་ངག་ཞལ་ཤེས་འགག་གནད་དུ་བསྡུས་པའི་ཡིག་ཆུང་ཞིག་སྟེ། དངུལ་ཆུའི་གཡའ་ཁྲུ་འདོན་པའི་སྐབས་བ་ཙྭའི་ཆུ་དགོས་པ་ལ་དམིགས་བསལ་མེད་པར་ཙྭ་སྣ་གང་འཛོམས་ཀྱིས་ཆོག་པ་དང་། ཆང་སྐྱོག་ཤ་མར་བཞིས་འདུར་བའི་ལག་ལེན་འདི་ནི་དར་མོ་བའི་ལུགས་ཡིན་པ་ལས་སྔོན་གྱི་ཡིག་རྙིང་རྣམས་སུ་མི་གསལ་བ། གཡའ་ཕྱི་བ་དང་གཡའ་ཁྲུ་འདོན་པའི་ཞག་གྲངས་ནི་སྔར་གྲངས་ལ་དཔག་ནས་སྦྱོད་དགོས་པ་དང་བཙོ་ཆེ་འཕྲིང་ཆུང་གསུམ་ནི་སྔར་གྲངས་ཀྱི་མང་ཉུང་ལ་མ་ལྟོས་པར་ཞག་གྲངས་འགྲོ་དགོས་ཞེས་པ་ལ་ངེས་པ་མེད་དེ། ཀུན་མཁྱེན་ཧྲཛ་ཀྐ་

རས་ཕྲུག་ལེན་གཟིགས་སྐབས་ཞག་བརྒྱད་དུ་བཅོ་བཀྲུ་སྦྱོང་གསུམ་ཚང་མ་མཛད་ཚུལ་ཡོད་པས་མ་ངེས་པ་དང་། གསེར་དུག་འདོན་པ་ལ་ཆང་སྒྲུར་སྔར་ཁུ་ཟེགས་མ་ཙམ་དང་། མེར་སྲེག་རྫས་ཀྱི་སྙིང་དུ་ཏིལ་དཀར་ནག་དང་ཟར་མ་ཞད་ཙམ་བསྣན། སྤང་ཤོག་རྫོ་གཏུན་དུ་བརྡུང་ནས་ཞིབ་བཏགས་ཕྱེ་མ་དེ་སྲེག་རྫས་ཀྱིས་རིལ་བུར་བྱེད་ནས་བསྲེག་ན་འཁྲུབ་པའི་གསུང་རྒྱུན་ཡོད་པ་སོགས་ཀྱི་མན་ངག་ཞལ་ཤེས་འགའ་འཁོད་ཡོད།

内容提要： 本典籍由水银洗炼实践过程中的秘诀要点汇集而成。水银祛锈过程中可用任何盐水；洗炼人员食用酒、蒜、肉和油始于达莫曼让巴・洛桑曲扎，在之前的古籍中没有记录；水银进行祛锈和祛除锈汁的时长要根据水银的量而定；制作大、中、小水银的时长跟药量无关，均按规定时长进行洗炼的说法不是绝对的，如：更钦・达玛噶然在炮制大、中、小水银时用八个昼夜；书中还包括金祛毒的秘诀。

བོད་ཀྱི་གསོ་རིག་ཀུན་བཏུས་བསྟུད་སྒྲིག་མ་ལས། པོད་བརྒྱད་ཅུ་པའི་ནང་དུ་བཞུགས།

在《〈藏医药大典〉续编（61—80）》中的位置： 收载于第八十卷

ཚན་པ་བཅོ་ལྔ་པ། རིན་ཆེན་དངུལ་ཆུའི་སྦྱོར་བའི་རྟོགས་པ་བརྗོད་པའི་གཏམ།

第十五篇 《珍宝水银方传记》

མཚན་བྱང་ཆ་ཚང་། རིན་ཆེན་དངུལ་ཆུའི་སྦྱོར་བའི་རྟོགས་པ་བརྗོད་པའི་གཏམ་ངོ་མཚར་འཆི་མེད་གྲུབ་པའི་རྣ་རྒྱན་ཞེས་བྱ་བ་བཞུགས་སོ། །

全名： 《珍宝水银方传记・奇妙长寿耳饰》

རྩོམ་པ་པོ། འཇུ་མི་ཕམ་རྣམ་རྒྱལ་རྒྱ་མཚོ། སྐྱེ་ལོ་༡༨༤༦ལོར་མདོ་སྟོད་སྡེ་དགེའི་མངའ་ཁུལ་ཟླ་ཆུའི་ཉེ་འགྲམ་ཡ་ཆུའི་དིང་ཆུང་དུ་སྐུ་འཁྲུངས་ཤིང་། སྐྱེ་ལོ་༡༩༡༢ལོར་སྐུ་གཤེགས།

作者： 居・米旁・南杰嘉措，1846年生于多堆德格境内澜沧江畔亚曲东琼，1912年卒。

མ་ཡིག ཤིང་དཔར། ཡིག་གཟུགས་དབུ་ཅན། ཤོག་ངོས་རེར་ཐིག་ཕྲེང་དྲུག ཐིག་ཕྲེང་རེར་ཡིག་འབྲུ་ཞེ་གཉིས། ཁྱོན་བསྡོམས་ཤོག་ངོས་ཞེ་ལྔ་བཞུགས།

母本： 木刻版，正楷体，每页6行，每行42字，共45页。

ནང་དོན་གནད་བསྡུས། གཞུང་འདི་ནི་སྡེ་ཁྲབ་ཆེན་པོ་ཚེ་རིང་དཔལ་ལྡན་ཞེས་གྲགས་པ་དེ་ཉིད་ཀྱིས་མ་ཧེ་བི་མ་ལའམ་བཙྙེ་མི་ཕམ་རྒྱ་མཚོ་ལ་དངུལ་ཆུ་བཙོ་བཀྲུ་ཆེན་མོའི་ལག་ལེན་གྱི་གནས་རྣམས་ཚོགས་བཅད་ཀྱི་ལམ་ནས་དྲངས་པའི་རྟོགས་བརྗོད་ཞིག་དགོས་ཞེས་བཀའ་བསྐུལ་བར་བརྟེན། བཙྙེ་མི་ཕམ་རྒྱ་མཚོས་དངུལ་ཆུ་བཙོ་བཀྲུ་ཆེན་མོའི་ཕྱག་ལེན་དམར་ཁྲིད་དང་འབྲེལ་ནས་མཛད་པ་ཞིག་སྟེ། གཞུང་སྤྱི་ལ་ལེའུ་གཉིས་ཡོད། དེ་ལས་ལེའུ་དང་པོ་ལ་རབ་དེའི་དངུལ་ཆུ་བཙོ་བཀྲུའི་ཕྱག་ལེན་བཅའ་གཞི་ཤོམས་པའི་གནས་ཏེ་འཕྲི་ཀླུའི་སྐད་གཉིས་ཀྱི་བར་དུ་ཆུད་པ་གནས་མཆོག་རོང་བཞི་ཤོད་ཆེན་བཅོ་བརྒྱད་དུ་གྲགས་པ་ལས་ཉག་ཤོད་ཨ་འཛོ་ལུང་གི་འབྲུག་མོ་རྫོང་དུ་གྲགས་པའི་གནས་ཀྱི་ཕྱི་ནང་གི་བཀོད་པ་དང་། སྨིན་བདག་ཚེ་རིང་དཔལ་ལྡན་གྱི་ཆེ་བ། སྨན་སྦྱོར་བ་འཚོ་བྱེད་གྲུབ་པའི་ཚོགས་ཀྱི་གཙོ་བོ་ཁྲབ་བདག་འཇམ་མགོན་སྤྲུལ་པའི་སྐུ་རིན་པོ་ཆེ་ཀརྨ་ངག་དབང་ཡོན་ཏན་རྒྱ་མཚོའམ་བློ་གྲོས་མཐའ་ཡས་ཀྱི་ཆེ་བ། དེ་ལ་སྨན་པའི་རྒྱུ་དྲུག་ཚང་བའི་འཚོ་བྱེད་གཞུང་ལུགས་སྨྲ་བའི་འཁོར་གྱི་ཆེ་བ། དེ་ལྟ་བུའི་གནས་འཁོར་སྟོན་པ་ཕུན་སུམ་ཚོགས་པའི་སྐབས་དེར་གང་ལས་སུ་བྱ་བའི་ཆོས་ཀྱི་ཆེ་བ། ལས་བསྒྲུབ་པའི་དུས་ནི་རབ་བྱུང་བཅོ་ལྔ་པའི་ནང་ཚན་ཨགྣིར་ཞེས་ཆུ་ཕོ་སྤྲེལ་གྱི་གནམ་ལོ་གསར་དུ་ཤར་བའི་ནང་ཚན་ནག་ཟླ་བའི་དཀར་ཕྱོགས་ཀྱི་དགའ་བ་དང་པོའི་གནས་སྐབས་སུ་ལས་འགོ་ཚུགས་པ་བཅས་གནས་དུས་སྟོན་འཁོར་ལས་སུ་བྱ་བའི་ཆོས་བཅས་ཕུན་སུམ་ཚོགས་ཚུལ་བསྟན། དེ་ནས་ལེའུ་གཉིས་པར་ལས་སུ་བྱ་བའི་ཆོས་ཀྱི་དངོས་གཞི་སྟེ་དངུལ་ཆུ་གཡའ་ཕྱི་བ་དང་གཡའ་ཁྲུ་འདོན་པ། བཙོ་ཆེན་འཕྲིན་ཆུང་གསུམ། ལྕགས་ཁམས་སྦྱིའི་བསྲེག་ལུགས། དགྲ་དང་སྦྲུད་དེ་རང་གཟུགས་བསྒྱུར་ཚུལ། བཙངས་ཚུལ་དང་དམ་ཚིག་སོགས་དངུལ་ཆུ་བཙོ་བཀྲུ་ཆེན་མོའི་ལག་ལེན་གྱི་རིམ་པ་རྒྱས་བསྡུས་འཚམ་པའི་སྒོ་ནས་བཀོད་ཡོད།

内容提要：本典籍由才仁拜丹请授居·米旁·南杰嘉措所著。共有两部分。第一部分介绍了作者编写此书时参与水银洗炼实践的五个特点，即洗炼地和布施者才仁拜丹的特点、主持洗炼者贡直·云丹嘉措的特点、参与洗炼医众的特点、水银洗炼的特点、时间段的特点。第二部分介绍水银洗炼过程中祛锈，祛除锈液，大、中、小水银洗炼，八金八矿的炮制方法，配对后的形态变化，佩戴方法和誓言等。

བོད་ཀྱི་གསོ་རིག་ཀུན་བཏུས་བསྟུད་སྒྲིག་མ་ལས། པོད་བརྒྱད་ཅུ་པའི་ནང་དུ་བཞུགས།

在《〈藏医药大典〉续编（61—80）》中的位置：收载于第八十卷

ཚན་པ་བཅུ་དྲུག་པ། འཆི་མེད་བདུད་རྩིའི་དགའ་སྟོན།

第十六篇 《长寿甘露喜宴》

མཚན་བྱང་ཆ་ཚང་། དངུལ་ཆུ་བཙོ་བཀྲུ་ཆེན་མོ། རིན་ཆེན་རིལ་བུ། གྲང་སྦྱོར་རིལ་ནག་ཆེན་མོ། རིན་ཆེན་རིལ་བུའི་ཚ་སྦྱོར། རིན་ཆེན་ཧ་རི་མའི་སྦྱོར་བ། དབང་རིལ་ཤེལ་གྱི་མཆོད་རྟེན། དུག་འཇོམས་དབང་པོའི་རིལ་བུ་རྒྱས་པ། དུག་འཇོམས་དབང་པོའི་རིལ་བུ་བསྡུས་པའམ་མང་སྦྱོར་གཞན་ལས་ཁྱད་པར་དུ་འཕགས་པ། རིན་ཆེན་རིལ་བུ་གཏོང་ཚུལ་དང་རབ་གནས་ཀྱི་ལས་བྱང་བཅས་གཞུང་མང་པོ་གོ་བསྡུར་གྱི་གབ་སྦས་དགོངས་དང་གསང་རྒྱས་བསྡམས་པ་རྣམས་གསལ་བར་བྱས་ཏེ་བསྒྲུབ་པ་ཙམ་གྱིས་དོན་ཀུན་འགྲུབ་པ་འཆི་མེད་བདུད་རྩིའི་དགའ་སྟོན་ཞེས་བྱ་བ་བཞུགས་སོ། །

全名：《水银洗炼、珍宝丸、“常觉”大黑药丸、珍宝丸热剂、珍宝“达如玛”、“旺日”水晶宝塔丸、解毒“旺日”广丸、解毒“旺日”简丸、珍宝丸服法和开光仪轨等诸多医典对比之隐含秘意明示成就·长寿甘露喜宴》

རྩོམ་པ་པོ། ཚ་དཀར་མཁན་པོ་འཇམ་དབྱངས་གཞན་ཕན། སྤྱི་ལོ་༡༧༡༥ལོར་སྐུ་འཁྲུངས།

作者：恰格堪布·嘉央先谚，1715年生。

མ་ཡིག ལག་བྲིས། ཡིག་གཟུགས་དབུ་མེད། ཤོག་ངོས་རེར་ཐིག་ཕྲེང་དྲུག ཐིག་ཕྲེང་རེར་ཡིག་འབྲུ་སོ་དྲུག ཁྱོན་བསྡོམས་ཤོག་ངོས་བརྒྱད་དང་སུམ་ཅུ་བཞུགས།

母本：手写本，草书体，每页6行，每行36字，共130页。

ནང་དོན་གནད་བསྡུས། གཞུང་འདི་ནི་ཨུགས་སླང་ཡོར་རྒྱལ་དབང་ཐམས་ཅད་མཁྱེན་གཟིགས་མཆོག་དང་ཁྲི་ཆེན་ཆོས་ཀྱི་རྒྱལ་པོ་ལྷན་རྒྱས་ནས་དགུང་གྲངས་རེ་དགུ་ལ་སླེབས་པའི་འཇམ་དབྱངས་གཞན་ཕན་ལ་རིན་ཆེན་རིལ་བུ་སྦྱོར་བའི་ལག་ལེན་ཇི་བཞིན་ཡོད་པ་ཞིག་ཅིས་ཀྱང་མ་བཟོས་ན་མི་འཐུས་པའི་བཀའ་ལྟི་མོ་ཕབ་པ་ལ་བརྟེན་ནས། ཁོང་གིས་དངུལ་ཆུ་བཙོ་བཀྲུ་དང་། རིན་པོ་ཆེ་སྦྱོར་བའི་སྐོར་གྱི་ཡིག་ཆ་ཡོད་དོ་ཅོག་དང་། རྒྱ་བོད་ཀྱི་གཞུང་ཆེན་པོ་ཐམས་ཅད་གོ་བསྡུར་གྱི་རྟོག་འཇུག་ཞིབ་པ་གནང་སྟེ་རབ་བྱུང་བཅུ་གསུམ་པའི་མཇོས་བྱེད་ཅེས་པ་ཆུ་མོ་ཡོས་ཀྱི་ལོའི་ས་ཟླའི་དཀར་ཕྱོགས་ལ་སྨན་སྦྱོར་གྱི་ལས་འགོ་ཚུགས་པ་དང་སྟོན་ཟླའི་ཡར་ཚེས་བདུན་གྱི་ཉིན་ལེགས་པར་གྲུབ་པ་བགྱིས་སྐབས་ཀྱི་ལག་ལེན་ཚ་ག་རྣམས་ཀུན་ལ་ཕན་ཕྱིར་དུ་རེག་ཟིག་ཏུ་བཀོད་པ་ཞིག་སྟེ། གཞུང་སྤྱི་ལ་ལེའུ་བཅུ་ཡོད། དང་པོར་ཉིན་ཞེར་བཞིའི་རིང་ལ་དངུལ་ཆུའི་གཡའ་ཕྱི་བ་དང་གཡའ་ཁུ་འདོན་པ། བཙོ་བཀྲུ་བགྱིད་པའི་ལག་ལེན་གྱི་རིམ་པ་དང་བཙོ་བཀྲུ་ལེགས་པའི་ཚད། དངུལ་ཆུའི་དུག་ཐོག་པའི་རྟགས་དང་དེ་བསལ་བའི་ཐབས། དེ་ནས་ཟ་འཆིང་གི་དུག་འདོན་འདུལ་ཐབས་དང་ཕན་ཡོན། རིན་ཆེན་རིལ་བུ་ལ་མགོ་བའི་རིན་པོ་ཆེ་དང་རྡོ་སྨན། ལྕགས་རྡེ་བཅས་ཀྱི་དུག་འདོན་འདུལ་ལུགས། དེ་ནས་རིན་ཆེན་གྲང་སྦྱོར་དང་། རིན་ཆེན་ཚ་སྦྱོར། རིན་ཆེན་ཧ་རི་མ། དབང་རིལ་རིན་ཆེན་ཤེལ་གྱི་མཆོད་རྟེན་ཆེན་མོ། དུག་འཇོམས་དབང་པོ་རིལ་བུ་རྒྱས་པ། དུག་འཇོམས་དབང་པོ་རིལ་བུ་བསྡུས་པའམ་མང་སྦྱོར་བཅས་དངུལ་ཆུ་ལ་བརྟེན་པའི་རིན་པོ་ཆེའི་སྦྱོར་བ་ཟབ་ཁྱད་ཅན་འདི་དག་གི་སྦྱོར་ཐབས་དང་སྤྱི་བྱེ་བྲག་གི་ཕན་ཡོན། དམ་ཚིག་སོགས་ལག་ལེན་དམར་ཁྲིད་དང་། རིན་ཆེན་རིལ་བུ་ལ་རབ་གནས་བྱ་ཚུལ། གཞན་རྡོ་རྗེ་ཕ་ལམ་ནི་དངོས་རྫས་མ་གཏོགས་གཞན་གང་གིས་ཀྱང་མི་ཐུབ་ཟེར་བ་དང་རྡོ་ཕལ་པ་ལས་ཀྱང་རྡོ་རྗེ་ཕ་ལམ་འཕོར་ཆེ་བར་བཏང་ཟེར་བ་ལུང་རིགས་ཀྱིས་གྲུབ་མིན། སྟག་གི་སྨ་ར་དང་སེང་གེའི་

ཚོལ་བུ་བསྟན་ཚུལ་སོགས་རིན་ཆེན་རིལ་བུའི་སྐབས་ཀྱི་དོགས་གནད་སྐོར་ལ་ལུང་རིགས་ཀྱི་སྒོ་ནས་དཔྱད་བརྗོད་བྱས་ཡོད།

内容提要：此著为嘉央先培将与水银洗炼、珍宝药丸的配制相关的所有文献以及藏印两个理论体系中的内容进行对比后，于十三胜生水母兔年四月上旬至五月初七圆满完成的水银洗炼、珍宝药丸配制过程的记录，全文由10个部分组成。首先，记录了在起初的二十四日内，要进行的水银祛锈、祛除锈液、煮制，完成的标准，水银中毒的症状，解毒的方法，八金八矿的炮制方法，功效，珍宝药丸所需药材的炮制方法。之后对如仁青“常觉”、仁青“嚓觉”、仁青“达日玛”、“旺日仁青”水晶塔和解毒“旺日”广丸等基于水银的珍宝类药丸的组方配比，功效，实践和开光仪式予以介绍。另外，针对珍宝药丸中投入虎须和狮子的油脂以及大量的金刚石等的疑问和要点进行了阐述。

བོད་ཀྱི་གསོ་རིག་ཀུན་བཏུས་བསྟུད་སྒྲིག་མ་ལས། པོད་བརྒྱད་ཅུ་པའི་ནང་དུ་བཞུགས།

在《〈藏医药大典〉续编（61—80）》中的位置：收载于第八十卷

ཚན་པ་བཅུ་བདུན་པ། དངུལ་ཆུའི་བྱིན་བརླབས་བྱ་ཚུལ།

第十七篇 《水银加持方法》

མཚན་བྱང་ཆ་ཚང་། དངུལ་ཆུའི་བྱིན་བརླབས་བྱ་ཚུལ་ཞེས་བྱ་བ་བཞུགས་སོ། །

全名：《水银加持方法》

རྩོམ་པ་པོ། སྨན་བསྒོམ་ངག་དབང་ཕན་བདེ།

作者：曼贡·阿旺潘德

མ་ཡིག ལག་བྲིས། ཡིག་གཟུགས་དབུ་མེད། ཤོག་ངོས་རེར་ཐིག་ཕྲེང་དྲུག ཐིག་ཕྲེང་རེར་ཡིག་འབྲུ་སོ་

བཞི། ཁྲིན་བསྒོམས་ཤོག་དངས་བརྒྱད་བཞུགས།

母本：手写本，草书体，每页6行，每行34字，共8页。

ནང་དོན་གནད་བསྡུས། གཞུང་འདི་ནི་དངུལ་ཆུའི་སྔོན་དུ་འགྲོ་བའི་བྱིན་བརླབས་བྱ་ཚུལ་གྱི་རིམ་པ་སྟོན་པ་ཞིག་སྟེ། གཞུང་སྤྱི་ལ་ལེའུ་གསུམ་ཡོད། དང་པོ་སྔོན་འགྲོ་ལ་གནས་ཁང་ཡིད་དང་མཐུན་པར་མཙ་ཧེ་ལ་སོགས་པའི་སྙིགས་བུ་བཞག་པའི་སྟེང་ཐོད་པ་དང་མཎྜལ། གཏོར་མ། མཆོད་པ་སོགས་བཤམས། དེ་ནས་དངོས་གཞི་དབང་གི་རིམ་པ་ལ་སློབ་དཔོན་གྱིས་རྡོ་རྗེ་ཕག་མོ། དྲང་སྲོང་གཞུང་སྐྱེས་སོགས་སྤྱན་དྲངས་པའི་སྣང་བ་བསམ་སྟེ་བགེགས་གཏོར་ལ་ཆབ་བྲན་ནས་སྔགས་བཟླ། ཕྱག་རྒྱུན་གྱི་ལོ་རྒྱུས་འཆད་པ་སོགས་སྔོན་དུ་སོང་ཞིང་། དེ་ནས་སློབ་མས་བྱིན་རླབས་ཞུ་བའི་ཡོན་འབུལ། རང་ཉིད་རྡོ་རྗེ་ཕག་མོ་དང་དྲང་སྲོང་དངོས་སུ་གྱུར་པར་བསམ་ནས་གཏོར་མ་སྤྱི་བོར་བཞག དྲིན་ཅན་རྩ་བའི་བླ་མ་སོགས་ལ་གསོལ་བ་འདེབས། དེ་ནས་མཆོད་ཅིང་བསྟོད་པའི་བཀྲ་ཤིས་སྨོན་ལམ་བྱ་བ་སོགས་བྱིན་བརླབས་བྱ་ཚུལ། དེ་ལྟར་བྱས་པའི་ཕན་ཡོན་ནི་དངུལ་ཆུ་བཙོ་བཀྲུའི་ལག་ལེན་སྐབས་འགལ་རྐྱེན་མི་འབྱུང་ཞིང་། དངུལ་ཆུ་འཕེལ་ཆེ་བའི་ངེས་པ་ཡོད་པས་ཐོག་མར་འདི་སྔོན་དུ་འགྲོ་དགོས་པའི་གནད་སོགས་གསུངས་ཡོད།

内容提要：本典籍记录了水银洗炼之前进行的加持过程，由3个部分组成。第一、第二部分记述了水银洗炼加持过程。首先，在供台上放置“曼扎”“朵玛”和供奉物等，此后，念诵咒语，传颂历史，洗炼医众向诵咒者献上敬请神力的钱财，诵咒者观想金刚亥母后想象自身变为上仙并将“朵玛”置于头顶，向上师祈愿，祈祷颂读吉祥如意等。第三部分记述了对水银洗炼进行加持的重要性。

བོད་ཀྱི་གསོ་རིག་ཀུན་བཏུས་བསྟུད་སྒྲིག་མ་ལས། པོད་བརྒྱད་ཅུ་པའི་ནང་དུ་བཞུགས།

在《〈藏医药大典〉续编（61—80）》中的位置：收载于第八十卷

སྨྱི་དོན་བརྒྱད་པ། སྙིང་ཐིག་ལས་ཚོགས།

第八部　医学心精和仪轨

དམ་པའི་ཆོས་ནི་བོད་ཀྱི་རིག་གནས་ཀུན་གྱི་འབྱུང་ཁུངས་ཡིན་པས། གཞན་རྗེས་འཛིན་གྱི་གསོ་བ་རིག་པའི་གཞུང་དང་ལག་ལེན་གྱི་ཁྲིད་དུའང་མེད་དུ་མི་རུང་ཞིང་གཙོིགས་ཆེན་འཛིན་དགོས་པའི་གོ་གནས་གལ་ཆེན་ཞིག་བཟུང་ཡོད། དེ་བས་འདིར་སྙིང་ཐིག་ལས་ཚོགས་ཀྱི་སྐོར་མ་ཉམས་གོང་འཕེལ་དང་ཉམས་པ་སླར་གསོ་བྱ་བའི་ཆེད་དུ་གཙོ་བོ་ལ་བདུད་རྩི་སྨན་གྱི་མདོ་ཆོག་སྣ་ཚོགས་དང་། སྔགས་ཀྱི་བཅོས་ཐབས་སྣ་ཚོགས། སྨན་གྱི་སྨོན་ལམ་སྣ་ཚོགས་ཀྱི་ཆོ་ག་དང་ཕྱག་ལེན་རྣམས་སྐབས་དོན་ཆེན་པོ་གསུམ་གྱི་སྒོ་ནས་བཀོད་ཡོད།

正法不仅是藏族文化的源泉，也和藏医学理论有着密切的关系。本着抢救、传承和发展为目的，这部分收录了由医学心精和仪轨中关于甘露药物的各种诵经仪轨、密咒治疗法和药物祈愿仪式等为内容的典籍。

སྐབས་དོན་དང་པོ། སྨན་གྱི་མདོ་ཆོག

第一集　医学颂经仪轨

སྨན་བླ་ལོངས་སྐུ་གཙོ་འཁོར་ལྔའི་སྒྲུབ་ཐབས་དང་། སངས་རྒྱས་སྨན་བླའི་བསྒོམ་བཟླས་བདུད་རྩིའི་ཐིགས་པ། སྨན་སྒྲུངས་ཞང་བློན་སྡེ་དགུའི་གཏོར་བསྔོས་སོགས་བདུད་རྩི་སྨན་གྱི་མདོ་ཆོག་གི་ཉམས་ལེན་

རྣམས་ཚན་པ་གསུམ་གྱི་སྒོ་ནས་བཀོད་ཡོད།

本集收录了药师佛报身主五围众的修持法，药师佛修持念诵甘露滴和医学护法“祥隆”九众的朵玛回向等有关甘露药物经仪轨。

ཚན་པ་དང་པོ། སྨན་བླ་ལོངས་སྐུ་གཙོ་འཁོར་ལྔའི་སྒྲུབ་ཐབས།

第一篇 《药师佛报身五众修习法》

མཚན་བྱང་ཆ་ཚང་། སྨན་བླ་ལོངས་སྐུ་གཙོ་འཁོར་ལྔའི་སྒྲུབ་ཐབས་དངོས་གྲུབ་ཀྱི་བང་མཛོད་ཅེས་བྱ་བ་བཞུགས་སོ། །

全名：《药师佛报身五众修习法·成就宝库》

རྩོམ་པ་པོ། རྡྷརྨ་ཀིརྟིའམ་འབྲི་གུང་ཆོས་གྲགས། སྤྱི་ལོ་༡༥༩༥ལོར་དབུས་གཙང་མལ་གྲོ་གོང་དཀར་གྱི་ཞོལ་རོང་དུ་སྐུ་འཁྲུངས། སྤྱི་ལོ་༡༦༥༩ལོར་སྐུ་གཤེགས།

作者：达玛格得，又名直贡·却扎，1595年生于卫藏墨竹工卡雪荣，1659年卒。

མ་ཡིག ལག་བྲིས། ཡིག་གཟུགས་དབུ་མེད། ཤོག་ངོས་རེར་ཐིག་ཕྲེང་དྲུག ཐིག་ཕྲེང་རེར་ཡིག་འབྲུ་སོ་གཉིས། ཁྱོན་བསྡོམས་ཤོག་ངོས་ཉི་ཤུ་བཞུགས།

母本：手写本，草书体，每页6行，每行32字，共20页。

ནང་དོན་གནད་བསྡུས། གཞུང་འདིའི་ནང་སྨན་པ་འཚོ་བྱེད་གང་གིས་ཐོག་མར་སྒྲུབ་པའི་གནས་ཁྱད་པར་བ་གང་དགོས་དང་། དེ་ནས་མཆོད་པ་དང་། དཀར་གཏོར་སྨན། འབྲུ་སྣ་སོགས་ཞང་བློན་སོགས་སྨན་བསྲུང་རྣམས་ལ་མཆོད་པ་ཇི་ལྟར་འབུལ་ཚུལ་དང་། སྐྱབས་འགྲོ་སེམས་བསྐྱེད་ཀྱི་ཚད་མེད་བཞི་སྔོན་དུ་འགྲོ་ཚུལ། ཁྱད་པར་དུ་སྒྲུབ་པ་པོ་རང་ཉིད་སངས་རྒྱས་སྨན་གྱི་བླ་མའི་སྐུ་མདོག་བཻ་ཌཱུརྻ་ལྟར་མཚན་དཔེ་བྱད་ཀྱིས་ཇི་ལྟར་བརྒྱན་ཚུལ། འགྲོ་བ་སེམས་ཅན་ཐམས་ཅད་དབུལ་ཕོངས་དང་ཚ་གྲང་གི་ནད་ལས་སྐྱོབ་

པར་རིན་པོ་ཆེ་སྣ་ཚོགས་དབུར་བརྒྱན་ནས་སངས་རྒྱས་མི་སྐྱོད་པ་གཙོ་བོར་གྱུར་པའི་རིགས་ལྔར་ཇི་ལྟར་སྤྲས་ཚུལ། ལུས་ཀྱི་ཕྱག་རྒྱ་བཅའ་སྟངས་དང་སྐུ་མཚན་ཇི་ལྟར་བརྒྱན་ཚུལ། སེམས་བསྐྱེད་དང་། བསྟོད་པ། གསོལ་འདེབས། བཟླས་པ་ལ་འབད་ཚུལ་སོགས་ཚིག་བརྒྱུད་དང་ཚིག་བརྒྱུད་མ་ཡིན་པའི་གདམས་པ་མང་པོ་གབ་སྐྲས་སུ་མ་ལུས་པར་བསྟན།

内容提要：本典籍介绍了修持地的要求和向“祥隆”供奉“朵玛”等的方法。修持时，要先行四无限的皈依，特别是修持者观想药师佛本尊的方法。也对将众生从穷苦和寒热疾病中解救时需用各种珍宝作为头饰装扮随喜不动身为主的五围众，身体的封印姿势，优化法号、发心、赞誉、祈祷和念诵方法等众多教诫均有详细介绍。

བོད་ཀྱི་གསོ་རིག་ཀུན་བཏུས་བསྟུད་སྒྲིག་མ་ལས། པོད་བརྒྱད་ཅུ་པའི་ནང་དུ་བཞུགས།

在《〈藏医药大典〉续编（61—80）》中的位置：收载于第八十卷

ཆན་པ་གཉིས་པ། སངས་རྒྱས་སྨན་བླའི་བསྒོམ་བཟླས་བདུད་རྩིའི་ཐིགས་པ།

第二篇　《药师佛修持诵颂》

མཚན་བྱང་ཆ་ཚང་། སངས་རྒྱས་སྨན་བླའི་བསྒོམ་བཟླས་བདུད་རྩིའི་ཐིགས་པ་ཞེས་བྱ་བ་བཞུགས་སོ། །

全名：《药师佛修持诵颂・甘露滴》

རྩོམ་པ་པོ། མི་གསལ།

作者：不详。

མ་ཡིག སྒྲིག་པར། ཡིག་གཟུགས་དབུ་ཅན། ཤོག་ངོས་རེར་ཐིག་ཕྲེང་ཉེར་གསུམ། ཐིག་ཕྲེང་རེར་ཡིག་འབྲུ་བཅུ་གཉིས། ཁྱོན་བསྡོམས་ཤོག་ངོས་གཉིས་བཞུགས།

母本：排印本，正楷体，每页23行，每行12字，共2页。

ནང་དོན་གནད་བསྡུས། སྟོན་བསྐལ་བ་གྲངས་མེད་པའི་སྔོན་ནས་མཁྱེན་དང་བརྩེ་བའི་བདག་ཉིད་ཅན་གྱི་སྤྲུལ་

པ་མཐའ་ཡས་པས་འགྲོ་བའི་དུག་ལྔ་ལས་བྱུང་བའི་ནད་རྣམས་མ་ལུས་སེལ་བར་མཛད་པ་དང་། སངས་རྒྱས་ཆོས་དང་ཚོགས་མཆོག་དགེ་འདུན་རྣམས་ལ་སྒོ་གསུམ་གུས་པའི་ངང་ནས་རྟག་ཏུ་སྐྱབས་སུ་འགྲོ་བའི་ཕྱིར་དུ་སེམས་བསྐྱེད་ཀྱི་སྐོར། བར་དུ་ཡེ་ཤེས་སེམས་དཔའ་སྤྱན་དྲངས་ཏེ་རྟེན་ལ་ཐིམ་ལྟར་བསྒོམས་པའི་ཚུལ་དང་། འགྲོ་བ་སེམས་ཅན་ནད་ཀྱི་འདམ་ལས་དྲངས་ཤིང་ནད་རྣམས་འཇོམས་པའི་ཕྱིར་དུ་མཁྱེན་བརྩེ་ནུས་གསུམ་གྱི་འཕྲིན་ལས་བདག་ཉིད་ཅན་གྱི་མཆོད་པ་དང་མཆོད་སྟགས། དུག་གསུམ་ནད་ཀྱིས་གཟིར་བའི་འགྲོ་བ་རྣམས་ནད་མེད་དགའ་བདེའི་དཔལ་ལ་སྤྱོད་པའི་སྨན་ལ་བྱིན་རླབས་འཇུག་པ། དམིགས་པ་རྩེ་གཅིག་ཏུ་སྒོམ་པའི་གསང་སྔགས་ཀྱི་བཟླས་བརྗོད། འཁོར་བ་ཐོག་མ་མེད་པ་ནས་བསགས་པའི་ལས་དང་ཉོན་མོངས་པའི་ནད་གདོན་སྡིག་སྒྲིབ་དམ་ཆིག་ཉམས་ཆག་ཐམས་ཅད་སྦྱངས་ཤིང་བདེ་གཤེགས་སྲས་དང་བཅས་པའི་ཏིང་ངེ་འཛིན་གྱི་སྒོ་སྣ་ཚོགས་སྐད་ཅིག་ལ་རྟོགས་པར་གྱུར་པའི་གཟུངས་སྔགས་བཻ་ཌཱུརྻའི་གཟུངས་བཅས། མཇུག་ཏུ་སངས་རྒྱས་སྨན་བླའི་མཆོད་བསྟོད་བཟླས་སྒོམ་བགྱིས་པའི་དགེ་བ་འདིས་འགྲོ་རྣམས་ཚེ་འདིར་སྐྱིད་ལ་ནད་མེད་དཔལ་ལ་ལོངས་སྤྱོད་ཅིང་སྨན་བླའི་གོ་འཕང་འཐོབ་པ་དང་སོས་ལྡན་སྐྱེ་བོར་ཕན་བདེའི་ལེགས་ཚོགས་ཀྱི་སྨོན་ལམ་དང་བཅས་བསྔོ་བ་བརྗོད་ཡོད།

内容提要：本典籍是在无数大劫之前，由全知和仁爱的化身塔业巴为了祛除五毒诱发的疾病而著。首先，从身、语和意三方面顶礼佛法僧三宝和为求日常皈依的发心部分；其次，为了将众生从疾病的淤泥中得以解脱和祛除疾病，对全知慈爱能力三方面的功业之主的供奉和供赞，能使众生解除疾病的药物的加持法，能使所缘聚合的咒语念诵，消除业力、疾病、外邪、孽障、誓言、颓败等和三昧等即刻领悟的药师佛密咒等；最后，揭示了进行药师佛供奉、颂赞、诵咒和冥想的益处，那是为了众生此生的幸福和健康，获得药师佛的品级，利益众生的祈愿和回向。

བོད་ཀྱི་གསོ་རིག་ཀུན་བཏུས་བསྟུད་སྒྲིག་མ་ལས། ཡོད་བརྒྱད་ཅུ་པའི་ནང་དུ་བཞུགས།

在《〈藏医药大典〉续编（61—80）》中的位置：收载于第八十卷

ཚན་པ་གསུམ་པ། ཞང་བློན་སྔེ་དགུའི་གཏོར་བསྔོས།

第三篇 《护药九“祥隆”护法神“朵玛”仪轨》

མཚན་བྱང་ཆ་ཚང་། སྨན་སྲུངས་ཞང་བློན་སྔེ་དགུའི་གཏོར་བསྔོས་ཞེས་བྱ་བ་བཞུགས་སོ། །

全名：《护药九“祥隆”护法神“朵玛”仪轨》

རྩོམ་པ་པོ། འབྲི་གུང་དཀོན་མཆོག་ཕྲིན་ལས་བཟང་པོ། སྤྱི་ལོ་༡༦༥༦ལོར་དབུས་གཙང་ཀོང་པོ་མདའ་རྒྱ་རྫོང་དུ་སྐུ་འཁྲུངས་ཤིང་། སྤྱི་ལོ་༡༧༡༨ལོར་སྐུ་གཤེགས།

作者：直贡・贡却成列桑布，1656年生于卫藏贡布达嘉县，1718年卒。

མ་ཡིག སྒྲིག་པར། ཡིག་གཟུགས་དབུ་ཅན། ཤོག་ངོས་རེར་ཐིག་ཕྲེང་ཉེར་གསུམ། ཐིག་ཕྲེང་རེར་ཡིག་འབྲུ་བཅུ་གཉིས། ཁྱོན་བསྡོམས་ཤོག་ངོས་གཉིས་བཞུགས།

母本：排印本，正楷体，每页23行，每行12字，共2页。

ནང་དོན་གནད་བསྡུས། བརྩམས་ཆོས་འདིའི་མཇུག་བྱང་ལ་གཞིགས་ན་འབྲི་གུང་པ་དཀོན་མཆོག་ཕྲིན་ལས་ཀྱིས་སྤྱི་ལོ་༡༧༠༡ལོའི་ཡས་མས་སུ་བླའི་སྨན་པ་དཀོན་མཆོག་གཞན་ཕན་གྱི་ལག་ལེན་ཉེ་བར་མཁོ་བ་རྣམས་ཀུན་དུ་ཕྱུང་ནས་འགྲོ་བ་སེམས་ཅན་གྱི་དོན་དུ་སྦྱར་བ་ཞིག་རེད། ནང་དོན་གྱི་ཐད་ནས་ཚེ་རིག་འཛིན་པ་གང་གིས་སྨན་གྱི་ཆོས་སྐྱོང་ཞང་བློན་སྔེ་དགུའི་གཏོར་བསྔོས་རྒྱུན་ཁྱེར་གྱི་ཕྱག་ལེན་ཟབ་མོ་བྱ་བར་འདོད་ན་ཐོག་མར་ལྕུགས་སམ་རཏྣའི་སྣོད་གང་ཉུང་དུ་འབྲུ་སྨན་གྱི་བཤོས་བུ་ཆེ་བ་ཟུར་གསུམ་གཅིག་ལ་ཆུང་བ་བརྒྱད་ཀྱིས་བསྐོར་བའི་མཐའ་རུ་མཐེབ་ཀྱུ་དང་བཅས་པ་དཀར་དམར་གྱིས་བརྒྱན་པའི་མདུན་དུ་སྨན་རག་མཆོད་པ་བཤམས་པ་དང་། སེམས་བསྐྱེད་དེ་ཞང་བློན་འབར་བ་རྡོ་རྗེ་བདུད་འདུལ་དང་། ཐུགས་སྲུང་རལ་ཅིག་ཁྱབ་འཇུག་ནཱ་ཏུ་ལ། སྨན་གྱི་ལྷ་མའི་བཀའ་དང་བསྟན་པ་སྲུངས་པ་རྣམས་ཀྱིས་རྣལ་འབྱོར་བདག་གི་

གནས་སྐབས་དང་མཐར་ཐུག་གི་འགལ་རྐྱེན་ཞི་ཞིང་། ཚེ་དཔལ་སྟོབས་འབྱོར་འཕེལ་ཞིང་འགྲོ་བའི་སྡུག་བསྔལ་མ་ལུས་ཞི་བ་དང་བསམ་པའི་དོན་རྣམས་ཡིད་བཞིན་དུ་འགྲུབ་པའི་བསྔོ་བ་སྨོན་ལམ་བྱ་ཚུལ་བཅས་བཀོད་ཡོད།

内容提要：正如其跋中所述，此文由直贡·贡却成列桑布于1701年左右整理成书。书中记录了通过供奉“朵玛”等形式消除今生的各种魔难、助长寿命福禄，祛除众生疾苦和万事如愿的回向、祈愿等内容。

བོད་ཀྱི་གསོ་རིག་ཀུན་བཏུས་བསྟུད་སྒྲིག་མ་ལས། བོད་བརྒྱད་ཅུ་པའི་ནང་དུ་བཞུགས།

在《〈藏医药大典〉续编（61—80）》中的位置：收载于第八十卷

སྐབས་དོན་གཉིས་པ། སྔགས་བཅོས་སྣ་ཚོགས།

第二集　各种密咒治疗法

མཁས་པ་སོ་སོའི་མན་ངག་སྙིང་བྱང་ལས་ཐོན་པའི་གདམས་ངག་ཆིག་བརྒྱུད་སྒྲི་དང་། ཆིག་བརྒྱུད་གསང་སྔགས་ཀྱི་དགོངས་པ་ཟམ་མ་ཆད་པར་བརྒྱུད་པའི་གོ་རིམ། སྔོས་སུ་ཆིག་བརྒྱུད་གདམས་ངག་གི་སྒོ་ནས་ནད་རིགས་སྣ་ཚོགས་གསོ་བ་དང་། སྲུང་བ། བྱུང་བ་ཞི་བར་བྱེད་པ་བཅས་སྔགས་ཀྱི་ཆོ་གའི་ཕྱག་ལེན་སྣ་ཚོགས་ཚན་པ་བཅུ་དགུའི་སྒོ་ནས་བཀོད་ཡོད།

本集收录由诸多先贤智者处传承而来的单传的教诫，单传密咒的传承过程，治疗、预防各种疾病的咒疗仪轨等19篇组成。

ཆ་པ་དང་པོ། ཞུན་མར་བཅུད་ལེན།

第一篇 《融酥滋补》

མཚན་བྱང་ཆ་ཚང་། ཟབ་གསང་མཁའ་འགྲོའི་སྙིང་ཐིག་ལས་ཐུགས་སྒྲུབ་ཡེ་ཤེས་ཉི་མའི་སྐོར་དང་རྣལ་འབྱོར་རླུང་ལ་བརྟེན་ནས་སུ་ཞུན་མར་བཅུད་ལེན་འོད་གསལ་སྙིང་ཞེས་བྱ་བ་བཞུགས་སོ། །

全名：《奥秘空行母心精所述“益西尼玛”心修仪轨》

རྩོམ་པ་པོ། ཡེ་ཤེས་མཚོ་རྒྱལ། དུས་རབས་བརྒྱད་པའི་ནང་སྐབས་ཀྱི་གྲོང་མོར་ཆེར་སྐྱ་འབྲུངས།

作者：益西措嘉，8世纪中叶生于卫藏哲吉仲木且。

མ་ཡིག ལག་བྲིས། ཡིག་གཟུགས་དབུ་མེད། ཤོག་ངོས་རེར་ཐིག་ཕྲེང་དྲུག ཐིག་ཕྲེང་རེར་ཡིག་འབྲུ་སོ་གཉིས། ཁྱོན་བསྡོམས་ཤོག་ངོས་བཅུ་བཞི་བཞུགས།

母本：手写本，草书体，每页6行，每行32字，共14页。

ནང་དོན་གནད་བསྡུས། གཞུང་འདི་ནི་མཁའ་འགྲོ་ཡེ་ཤེས་མཚོ་རྒྱལ་གྱིས་ཕ་ཅིག་པདྨའི་བཀའ་བཞིན་དུ་སྙིང་གི་ཡང་ཏིག་ཡི་གེར་བྲིས་ཏེ་དཔལ་ལྡན་རང་བྱུང་རྒྱལ་མོ་དང་། གནོད་སྦྱིན་ཤན་པ་མར་ནག ཞིང་སྐྱོང་ཀུན་དགའ་གཞོན་ནུ་སོགས་ཐུགས་སྲུངས་མ་མོ་ཡོངས་ལ་གཉེར་གཏད་པའི་གཏེར་རྒྱ་དང་ཟབ་རྒྱ་ཏུ་གནང་བ། ཕྱིས་སུ་ཟབ་གསང་རྫོགས་པ་ཆེན་པོ་ཀློང་ཡངས་ནམ་མཁའི་རྣལ་འབྱོར་པ་གླིང་པ་བདུད་འཇོམས་རྡོ་རྗེས་གསར་སྨད་ཧ་ལས་སྟག་རྩེའི་གཡས་ལོག་གི་རྡོ་རྗེ་བྲག་ནས་བཏོན་ཏེ་སྤྲུལ་སྐུའི་སྲས་ཀྱི་ཐུ་བོ་འགྱུར་མེད་བསྟན་འཛིན་གྱིས་བསྐུལ་ངོར་ཏུ་ཏའི་རྙིང་ལུགས་ཤོག་སེར་ལས་ཞལ་བཤུས་ཏེ་དག་པར་ཕབ་པ་སྟགས་བཙུན་ཕུན་ཚོགས་ཀྱིས་ཡི་གེར་བཀོད་པ་ཞིག་རེད། ནང་དོན་ལ་བདུད་འདུལ་པདྨ་ཐོད་ཕྲེང་རྣལ་འབྱོར་དབེན་ཁྲོད་འཁྱིམ་པའི་དུས་སུ་རྣལ་འབྱོར་བ་རྣམས་ཀྱིས་འཚོ་བ་ཆུང་དུ་ལ་བརྟེན་རླུང་ལ་འཇུག་པ་ལ་

དང་པོ་སྔན་གྱི་སྟེབ་སྦྱོར་ཨ་ཏུ་གཙོ་བྱས་པའི་སྦྱོར་བའི་རིལ་བུ་སྨན་མ་ཅམ་རེ་དུས་གསུམ་དུ་བསྟེན་ཐབས་དང་། ལྷག་ཏུ་ཞུན་མར་ཟོས་ན་སྨན་མི་དགོས་པ་དང་། སྨན་ལ་བརྟེན་ན་ཞུན་མར་ཡང་མི་དགོས་པ་ལ་སོགས་ཞུན་མར་བཅུད་ལེན་གྱི་འོད་གསལ་སྒྲུབ་པ་ལ་སྐྱབས་སེམས་སྔོན་འགྲོའི་བླ་མར་དབང་བཞི་ལེན་དགོས་ཚུལ་དང་། ཙ་རླུང་ཁྱིན་རླབས་བཅུད་ལེན་སོགས་སྟོམ་གཟུངས་བརྗོད་ནས་རང་ཉིད་གསལ་བ་ཡེ་ཤེས་མཁའ་འགྲོ་མའི་སྐུར་ཧཱུྃ་ལྟར་བཞེངས་ཏེ་སྐུ་དབུས་ཙ་གསུམ་འཁོར་ལོ་ལྷ་ལྷན་གསལ་བའི་རླུང་རོ་སྙིང་དབུས་པདྨ་གེ་སར་དུ་བསྒོམས་ཐབས་ཀྱི་གདམས་ངག་དང་། བཅུད་ལེན། ལམ་རྟགས་ཀྱི་ཡོན་ཏན་སོགས་བཀོད་ཡོད་པས། མ་འོངས་པར་གདམས་ངག་འདི་ལག་ཏུ་ལེན་འདོད་པ་རྣམས་ཀྱིས་བླ་མ་དམ་པའི་སྐུར་མདུན་ནས་བརྒྱུད་པ་ཟམ་མ་ཆད་པའི་ཟབ་མོ་ལུང་གི་གནང་བ་ངེས་པར་དུ་འཐོབ་དགོས།

内容提要：本典籍由空行母益西措嘉依据莲花生大师的心髓书写并伏藏，之后由郎巴德君多吉所掘。主要内容为邓登白玛前往偏僻之地时瑜伽士们修习“隆”的方法，融酥滋补的方法以及获得灌顶的重要性。

བོད་ཀྱི་གསོ་རིག་ཀུན་བཏུས་བསྟུད་སྒྲིག་མ་ལས། པོད་བརྒྱད་ཅུ་པའི་ནང་དུ་བཞུགས།

在《〈藏医药大典〉续编（61—80）》中的位置：收载于第八十卷

ཚན་པ་གཉིས་པ། ནད་སེལ་ལུས་ཀྱི་སྦྱིན་པ།

第二篇 《祛病身之布施》

མཚན་བྱང་ཆ་ཚང་། ཟབ་གསང་མཁའ་འགྲོའི་སྙིང་ཐིག་ལས་ཐུགས་སྒྲུབ་ཡེ་ཤེས་ཉི་མའི་སྐོར་དང་ནད་སེལ་ལུས་ཀྱི་སྦྱིན་པ་འཛིན་པ་རང་གྲོལ་ཞེས་བྱ་བ་བཞུགས་སོ། །

全名：《奥秘空行母心精所述祛病身之布施》

རྩོམ་པ་པོ། བདུད་འཇོམས་རྡོ་རྗེ།

作者：德君多吉

མ་ཡིག ལག་བྲིས། ཡིག་གཟུགས་དབུ་མེད། ཤོག་ངོས་རེར་ཐིག་ཕྲེང་དྲུག ཐིག་ཕྲེང་རེར་ཡིག་འབྲུ་སོ་གཉིས། ཁྱོན་བསྡོམས་ཤོག་ངོས་བཅུ་བཞི་བཞུགས།

母本：手写本，草书体，每页6行，每行32字，共14页。

ནང་དོན་གནད་བསྡུས། བརྩམས་ཆོས་འདི་ནི་རྫོགས་པ་ཆེན་པོའི་རྣལ་འབྱོར་པ་གར་དབང་ཁྲག་འཐུང་བདུད་འཇོམས་རྡོ་རྗེས་མཁའ་འགྲོ་གསང་བའི་ཤོག་སེར་ལས་ཞལ་བཤུས་ཏེ་དག་པར་ཕབ་པའི་ཡི་གེ་པ་སངས་རྒྱས་འོད་ཟེར་གྱི་རྣམ་སྤྲུལ་ཚུལ་ཁྲིམས་རྡོ་རྗེས་བགྱིས་པ་ཞིག་ཡིན་ཏེ། ནང་དོན་དང་པོ་ལ་མ་འོངས་ལས་འཕྲོ་ཅན་གྱི་རྣལ་འབྱོར་པ་རྣམས་ལ་གཞན་དག་ནད་ལས་གྲོལ་བའི་ཐབས་སུ་འཛིན་པ་རང་གྲོལ་ཉམས་སུ་ལེན་ཐབས་དང་། ནད་སེལ་ལུས་ཀྱི་སྲུང་བ་འཛིན་པ་རང་གྲོལ་གཞི་མར་ལ་སྔགས་ཡིག་བྲི་བ་དང་། དེ་སྟེང་དུ་བམ་རོ་དང་བཅས་པའི་མཆོད་ཆ་དང་ལན་ཆགས་དམར་གཏོར་སོགས་གཤམས་ཚུལ། ཁྱད་པར་དུ་རང་ཉིད་གསང་བ་ཡེ་ཤེས་ཀྱི་མཁའ་འགྲོ་མ་མར་མོ་སྐུ་ཆེ་ཞིང་དཔའ་གདུམ་ཇམ་ཞིང་བརྗིད་པ་ཕྱག་གཡས་མི་ལྤགས་ཀྱི་གཡང་གཞི་ལན་གསུམ་བལྟམས་པས་ཁམས་གསུམ་དབང་དུ་འདུ་བ་དང་། གཡོན་པས་མི་རྐང་གི་གླིང་བུ་ལན་གསུམ་བུས་པས་སྲིད་གསུམ་ཟིལ་གྱིས་གནོན་པར་བསྒོམ་ཚུལ། དེ་ནས་གསང་སྔགས་བཟླས་ཚུལ། དེ་བཞིན་དུ་ནད་གདོན་དང་བར་ཆད་མི་མཐུན་པ་ཉེར་འཚེ་གྱུར་པ་ཀུན་ལ་ཤ་ཁྲག་དམར་གཏོར་དང་བཅས་པ་འབུམ་ཁྲག་མཁའ་འགྲོའི་ཞལ་དུ་བསྔབས་པའི་ཚུལ་རེ་རེ་བཞིན་བཤད་ཡོད། གཉིས་པ་ནད་སེལ་ལུས་ཀྱི་སྲུང་པ་འཛིན་པ་རང་གྲོལ་ནི་སྲུང་ཐོབ་བྲལ་བ་སྦྱོད་པའི་ཐབས་དང་། བདག་འཛིན་སྣང་སྟོང་ངོ་འཕྲོད་པའི་ཐབས། མ་རིག་འཁྲུལ་བའི་ནད་གདོན་ལས་ཐར་བའི་ཐབས་དམ་པ་ཞིག་ཡིན་པ་མ་ཟད། ཟབ་དོན་གཅོད་ཀྱི་གདམས་ངག་འདི་ནི་ཤེས་རབ་ཆེ་ཞིང་ལམ་ཕ་རོལ་དུ་ཕྱིན་པ་དྲུག་གི་འབྲས་བུར་འཐོབ་པ་ལ་ལྷུར་ལེན་པའི་གནད་དང་ཁྱད་དུ་གཅོད་མཁན་རྣམས་ཀྱིས་ཉམས་སུ་ལེན་པའི་གཞུང་མཚར་བ་ཞིག་གོ །

内容提要：本典籍由大圆满的瑜伽士格旺赤同德君多吉从空行母秘诀部分抄录。全文由两部分组成。第一部分对瑜伽士们远离疾病的方法及自我观想方法，记录祛病身之布施自我解脱，在此基础上加以尸体和武器、冤孽红色“朵玛”等的供奉方法，尤其对自己观想空行母高大威武的法相，右手持“央西”并行三次的补充以收复三界，左手持人腿骨并吹响三次以压制三世界的观想法，密咒的念诵法，消除疾病和外邪等不合之害的红色“朵玛”等十万空行母的呈献方法予以逐一记录；第二部分认为祛病身之布施是去不善罪恶、识别我执皆空和从无明迷乱的疾病和外邪中解脱的方法，并指出该奥秘教诫是供那些拥有大智慧且为获得六度而奋斗的实践者们修持的一部难得的典籍。

བོད་ཀྱི་གསོ་རིག་ཀུན་བཏུས་བསྟུད་སྒྲིག་མ་ལས། པོད་བརྒྱད་ཅུ་པའི་ནང་དུ་བཞུགས།

在《〈藏医药大典〉续编（61—80）》中的位置：收载于第八十卷

ཚན་པ་གསུམ་པ། གཉན་འཇོམས་སྟོབས་ལྡན་རིལ་བུ།

第三篇 《祛疠强力丸》

མཚན་བྱང་ཆ་ཚང་། ཟབ་གསང་མཁའ་འགྲོའི་སྙིང་ཐིག་ལས་གཉན་འཇོམས་སྟོབས་ལྡན་རིལ་བུ་དྲག་པོ་རྟ་ཕྱག་ཁྱུང་གསུམ་གྱི་འཕྲིན་ལས་ནུས་པ་ཐོགས་མེད་ཅེས་བྱ་བ་བཞུགས་སོ། །

全名：《奥秘空行母心精所述祛疠强力丸顶礼无限之力》

རྩོམ་པ་པོ། བདུད་འཇོམས་རྡོ་རྗེ།

作者：德君多吉

མ་ཡིག ལག་བྲིས། ཡིག་གཟུགས་དབུ་མེད། ཤོག་ངོས་རེར་ཐིག་ཕྲེང་དྲུག ཐིག་ཕྲེང་རེར་ཡིག་འབྲུ་སོ་གཉིས། ཁྱོན་བསྡོམས་ཤོག་ངོས་བཅུ་བཞི་བཞུགས།

母本：手写本，草书体，每页6行，每行32字，共14页。

ནང་དོན་གནད་བསྡུས། གཞུང་འདི་ནི་སྟག་རྩེའི་གཡས་ཕྱོགས་ཤྭ་བྲག་རྡོ་རྗེ་ཅན་གྱི་གཏེར་གནས་སུ་མི་ལོ་བཞི་བཅུའི་བར་དུ་བཀའ་རྒྱས་བཏབ་པ་དང་། བཀའ་སྲུང་གནོད་སྦྱིན་ཆེན་པོས་སྲུངས་པར་གཏེར་རྒྱ་གཏད་པ་དེ་ཕྱིས་སུ་སློབ་བུ་ངག་དབང་ཕྲིན་ལས་ཀྱིས་ནན་གྱིས་བསྐུལ་ངོར་ཁྲག་འཐུང་བདུད་འཇོམས་རྡོ་རྗེ་ཡིས་གཏེར་ནས་བཏོན་པའི་གཏེར་སྨན་གྱི་རིགས་ཤིག་ཡིན་ལ། ནང་དོན་གཙོ་བོ་ནི་མ་འོངས་དུས་ཀྱི་སྙིགས་མ་ལ་མི་བསྲུན་སྐྱེ་བོས་ལོག་སྤྱོད་ཀྱིས་སྲིད་པའི་མ་མོ་མཁའ་འགྲོ་འཁྲུགས་ཏེ་ཀླུ་གཉན་ས་བདག་གདུག་པ་ཅན་ཁ་དར་བའི་ཁ་ལྷངས་ནད་ཀྱིས་འགྲོ་བ་མིའི་རིགས་ལ་ནད་ཀྱི་སྡུག་བསྔལ་གྱི་ཡོ་ལང་འཁྲིད་པའི་དུས་སུ། ཀླུ་གཉན་ས་བདག་ནད་རྣམས་ཀུན་བསྲེགས་ཤིང་གསོམ་པར་བྱེད་པ་ལ་ཐེ་ཚོམ་མེད་པའི་ཁམས་གསུམ་གཡུལ་ལས་རྣམ་རྒྱལ་གྱི་བསྒྲུབ་ཐབས་འདི་ནི་སྒྲུབ་པ་ཀུན་གྱི་མཆོག་ཡིན་པ་དང་། བྱིན་རླབས་ཆོ་འཕྲུར་དཔག་ཏུ་མེད་པའི་ནད་རྣམས་གསོམ་པའི་ཐོ་ལུམ་དུ་ཧ་མགྲིན་ནག་པོའི་བསྒྲུབ་ཐབས་དང་། བསྒྲུབ་རྫས་རིལ་བུ་སོགས་ལ་བརྟེན་ནས་འགྲོ་བ་ནད་པའི་སྡུག་བསྔལ་གྱི་འདམ་ལས་འདྲེན་པའི་ལྕགས་ཀྱུ་ལྟ་བུ་ཕན་འདོགས་པའི་ལག་ལེན་གྱི་རིམ་པ་དང་། རྫས་སྦྱོར་གྱི་རིམ་པ། གསུང་སྔགས་བཟླས་བརྗོད་ཀྱི་རིམ་པ། རིལ་བུ་བཟོ་སྟངས་ཀྱི་ཚད་གཞི། སྨན་ཧྲ། བསང་སྦྱངས་ཁྲུས་ཀྱི་ཆོ་ག རིལ་བུ་ལ་ཧ་ཕྱག་ཁྱུང་གསུམ་གྱི་དམིགས་པ་འཛིན་སྟངས། དེ་ནས་རིལ་བུ་གཏོང་ཐབས། ཁྱད་པར་དུ་ཤ་དང་སྐྲུར་རིགས་སྤང་བའི་ཞལ་གདམས་སོགས་ནང་གི་གཉན་འཇོམས་ཀྱི་གདམས་ངག་དང་། གཉན་འཇོམས་ཁྱུང་ཆེན་བཙོ་བརྒྱད་ལྟ་བུ་ཕྱི་ཡི་གཉན་འཇོམས་སོགས་གཉན་དང་ས་བདག་ཀླུ་གཉན་གྱི་ནད་རིགས་མ་ལུས་འཇོམས་པའི་སྨན་སྔགས་ཟུང་གི་གཉེན་པོ་སྟོབས་དང་ལྡན་པ་ཞིག་མཛད་ཡོད་པས། སྐད་ཕྱིན་གཞུང་འདིའི་དབང་ལུང་ཡོད་པའི་སྒོ་ནས་གདམས་པ་ལག་ཏུ་བསྟར་ཐུབ་པ་བྱུང་ན་མ་འོངས་ད་ལྟ་བྱུང་དང་འབྱུང་བཞིན་པའི་གཉན་རིམས་གདུག་པ་ཅན་གྱི་གཡུལ་ངོར་བཟློག་པ་ལ་ཆེས་མེད་དུ་མི་རུང་བའི་ཕྱག་ལེན་ཁྱད་དུ་འཕགས་པ་ཞིག་ཏུ་སྣང་།

内容提要：本典籍是埋伏于达孜右侧的夏扎多吉坚之地四十余载的藏书，由护法诺金钦布伏藏，之后在其学生阿旺陈列的再三敦请后由德君多吉掘藏。主要记录了祛疠强力丸的组方，制作药丸的标准，药引，供奉仪轨和服用方法，尤其是忌食肉和酸类食物的秘诀等可消除内疠的教诫以及开创了十八味祛瘟大鹏丸等消除外疠、地祇和“龙”的各种疾病的药咒相结合的方法。书中还认为，后续若能在得到灌顶后实践该方法，则是祛除现在或即将发生的疠瘟病不可或缺的殊胜的实践法。

བོད་ཀྱི་གསོ་རིག་ཀུན་བཏུས་བསྟུད་སྒྲིག་མ་ལས། པོད་བརྒྱད་ཅུ་པའི་ནང་དུ་བཞུགས།

在《〈藏医药大典〉续编（61—80）》中的位置：收载于第八十卷

ཚན་པ་བཞི་པ། ན་མ་དགུ་སྐོར་ནད་གང་ལ་ཁ་བསྒྱུར་ཆོག་པ།

第四篇　《纳玛九围法卡居尔仪轨》

མཚན་བྱང་ཆ་ཚང་། ན་མ་དགུ་སྐོར་ནད་གང་ལ་ཁ་བསྒྱུར་ཆོག་པའི་གདམས་པ་ཟབ་མོ་བཞུགས་སོ། །

全名：《纳玛九围法卡居尔仪轨·教诫奥秘》

རྩོམ་པ་པོ། ཨ་ཙ་ར་ཕྱུག་སྟུམ་མམ་སྐྱེས་བུ་མེ་ལྷ། གསོ་རིག་ཚིག་མཛོད་ཡོངས་འདུའི་དཀའ་ཚལ་ལས་དུས་རབས་བཅུ་གཅིག་པའི་སྟོད་ཙམ་ལ་ཨུ་རྒྱན་ཡུལ་དུ་ཡབ་ཛེ་ན་མི་ཏྲའམ་རྒྱལ་བའི་བཤེས་གཉེན་གྱི་སྲས་སུ་འཁྲུངས་ཞེས་གསུངས།

作者：阿扎拉秀顿，又名吉吾美拉，据《藏医药词典》记载，11世纪上叶生于邬金地区，父名孜那木札或杰贝西年。

མ་ཡིག ལག་བྲིས། ཡིག་གཟུགས་དབུ་མེད། ཤོག་ངོས་རེར་ཐིག་ཕྲེང་ལྔ། ཐིག་ཕྲེང་རེར་ཡིག་འབྲུ་བཅུ་དགུ། ཁྱོན་བསྡོམས་ཤོག་ངོས་བཅུ་བཞུགས།

母本：手写本，草书体，每页5行，每行19字，共10页。

ནང་དོན་གནད་བསྡུས། གཞུང་འདིའི་ནང་དོན་ནི་ཨ་ཙཱ་ར་ཡི་ཐོས་ཀྱིས་བྲིས་པའི་གནད་ཀྱི་ཡི་གེ་ཉི་ཤུ་རྩ་ལྔ་པ་དང་དབང་ཕྱུག་ཆེན་པོར་ཐེ་ལྟར་བསྒོམས་ཚུལ། ལྷག་ཏུ་འབྲི་ལུགས་ཉི་ཤུ་རྩ་ལྔས་ནད་ཀྱི་གཙོ་བོ་ཉི་ཤུ་རྩ

ལྷ་དང་བཞི་བརྒྱ་རྩ་བཞིའི་ནད་རྣམས་འཇོམས་པའི་དམིགས་པ་དང་ཚ་ག་ཕྲུག་ལེན་གྱི་གདམས་པ། གསང་ཆེན་དཔའ་བོ་འབྲས་བུ་ལྔ་ལ་དཔའ་བོ་འབྲུ་ལྔའི་གདམས་པ་དང་། རྫས་དང་། སྔགས་དང་། ཏིང་ངེ་འཛིན་གྱིས་ཁ་བསྒྱུར་བ་ལ་བླ་མ་ཡི་དམ་མཁའ་འགྲོ་ལ་གསོལ་བ་དྲག་ཏུ་བཏབ་ནས་ནད་དམིགས་སྟེང་དུ་སྤར་འདེབས་ཐབས། དེ་ནས་གཟའ་ཀླུ་ས་བདག་དང་། གཉན་དང་གག་ལྷོག དུག་དང་རིམས་ནད། ཕྱད་ཁ་ཕུར་ཁ། ལྟས་ངན་བཟློག་པ་སོགས་ལ་ན་མ་དགུ་སྐོར་སྔགས་ཀྱིས་ཁ་སྒྱུར་བའི་གདམས་ངག་ཅིག་ཡིན།

内容提要：这部典籍主要记录了观想大自在天的方法，直贡派的二十五味方祛除二十五种主要疾病和四百零四种疾病的教义，亦介绍密乘勇士五果的勇士五谷物的教义以及通过物、密咒和冥想方法向上师本尊空行母等进行祈愿后在疾病靶点施卦法，继而用纳玛九围法祛除星曜病、龙魔病、疠病、白喉炭疽、毒症和瘟等病症的密咒教诫。

བོད་ཀྱི་གསོ་རིག་ཀུན་བཏུས་བསྟུད་སྒྲིག་མ་ལས། པོད་བརྒྱད་ཅུ་པའི་ནང་དུ་བཞུགས།

在《〈藏医药大典〉续编（61—80）》中的位置：收载于第八十卷

ཚན་པ་ལྔ་པ། སྔགས་སྣ་ཚོགས་ཀྱི་བཅོས་ཐབས།

第五篇 《各种密咒治疗法》

མཚན་བྱང་ཆ་ཚང་། སྔགས་སྣ་ཚོགས་ཀྱི་བཅོས་ཐབས་བཞུགས་སོ། །

全名：《各种密咒治疗法》

རྩོམ་པ་པོ། འབྲི་གུང་ཀུན་དགའ་རིན་ཆེན་ཆོས་ཀྱི་རྒྱལ་མཚན་དཔལ་བཟང་པོ། སྤྱི་ལོ་༡༤༧༥ལོར་དབུས་གཙང་མལ་གྲོ་གུང་དཀར་རྫོང་ཉི་ལུང་ཤང་བཀྲ་ཤིང་སྟེང་ཁར་སྐུ་འཁྲུངས་ཤིང་། སྤྱི་ལོ་༡༥༢༧ལོར་སྐུ་གཤེགས།

作者：直贡·更噶仁钦确吉坚赞华桑布，1475年生于卫藏麻竹工卡县尼江航扎航当卡，1527年卒。

མ་ཡིག ཤོག་པར། ཡིག་གཟུགས་དབུ་ཅན། ཤོག་ངོས་རེར་ཐིག་ཕྲེང་ཉེར་གསུམ། ཐིག་ཕྲེང་རེར་ཡིག་འབྲུ་བཅུ་གཉིས། ཁྱོན་བསྡོམས་ཤོག་ངོས་གཉིས་བཞུགས།

母本：排印本，正楷体，每页23行，每行12字，共2页。

ནང་དོན་གནད་བསྡུས། གཞུང་འདིའི་ནང་དུ་འགྲོ་བའི་མིའི་ལུས་ལ་མི་འདོད་ནད་ཀྱིས་གཟིར་བའི་ཡ་མའི་ནད་དང་། ཁ་ཆར་བུ་ཡུག་གི་དྲག་ཆར་རྨོད་པ་སྣད་དུ་གཅོད་པའི་གསང་བ་རྫས་ཀྱི་སྔགས། ཐན་པ་ཆེ་ཞིང་ཆར་ཆུ་ཉུང་བ་ལ་ཆར་བ་མྱུར་དུ་འབེབས་པ་རྫས་སྔགས་ཀྱི་གདམས་པ་ཟབ་མོ་གསུངས་ཡོད་པ་མ་ཟད། རྣལ་འབྱོར་བ་མི་སྣང་བར་འདོད་པ་ལ་རྫས་སྔགས་ཀྱི་སྒོ་ནས་མི་སྣང་བར་སྒྲིབ་པའི་ཐབས་དང་། འགྲོ་བ་མང་པོར་ན་བའི་སྡུག་བསྔལ་བཟོ་མཁན་སྲིན་བུའི་རིགས་གང་གི་ནད་དུག་མ་ལུས་མྱུར་དུ་གསོད་ཅིང་བདེ་བར་འགོད་པ་སྲིན་དུག་གསོད་པའི་རྫས་སྔགས་ཀྱི་གདམས་པ། མིག་ཁ་བས་ཕྱིད་པ་གསོ་ཞིང་མི་ཕྱིད་པའི་ཐབས་སུ་གསང་བ་རྫས་སྔགས་ཀྱི་མན་ངག་གསང་རྒྱ་ཅན་མང་པོ་འབྲི་གུང་པ་ཀུན་དགའ་རིན་ཆེན་གྱི་བཀའ་འབུམ་ལས་ཕྱུང་བ་རྣམས་འགྲོ་བའི་སྡུག་བསྔལ་རྩད་ནས་འདྲེན་པའི་ཐབས་སུ་བཀོད་ཡོད།

内容提要：这部典籍收录了直贡·更噶仁钦祛除“亚玛”病、解除暴风雨的密咒和干旱时速降雨露的物品和咒语教诫以及瑜伽士通过物咒修习隐身的方法、消除“蚌布”的物咒教诫、治疗和预防雪盲症的众多物和咒的教诫秘诀。

བོད་ཀྱི་གསོ་རིག་ཀུན་བཏུས་བསྟུད་སྒྲིག་མ་ལས། པོད་བརྒྱད་ཅུ་པའི་ནང་དུ་བཞུགས།

在《〈藏医药大典〉续编（61—80）》中的位置：收载于第八十卷

ཚན་པ་དྲུག་པ། དབུ་ཕྱོགས།

第六篇 《引言》

མཚན་བྱང་ཆ་ཚང་། དབུ་ཕྱོགས་བཞུགས་སོ། །

全名：《引言》

རྩོམ་པ་པོ། མི་གསལ།

作者：不详。

མ་ཡིག ལག་བྲིས། ཡིག་གཟུགས་དབུ་མེད། ཤོག་ངོས་རེར་ཐིག་ཕྲེང་དགུ། ཐིག་ཕྲེང་རེར་ཡིག་འབྲུ་བཅུ་བདུན། ཁྱོན་བསྡོམས་ཤོག་ངོས་དགུ་བཞུགས།

母本：手写本，草书体，每页9行，每行17字，共9页。

ནང་དོན་གནད་བསྡུས། གཞུང་འདི་ནི་གཏེར་བདག་རཏྣ་གླིང་པ་དང་པདྨ་གར་དབང་སོགས་ཀྱིས་གཏེར་ནས་བཏོན་པའི་ཚངས་པ་གསུང་དབྱངས་ཀྱི་གདམས་ངག་རྣམས་ཕྱོགས་གཅིག་ཏུ་བསྡུས་པ་ཞིག་རེད། ནང་དོན་གཙོ་བོ་ལ་སེ་འབྲུ་བཅུ་བཞི་དང་སྤང་རྒྱན་དཀར་པོའི་རྩ་བ་བཏང་ནས་རྩ་སྒོ་འབྱེད་པ་དང་རྩ་ལམ་སྦྱོང་བའི་སྔོན་འགྲོ་དང་། ཨ་བར་སྐྱུར་གསུམ་སོགས་ཚུ་གྲང་མོར་སྦྱར་ནས་ལྕེ་སྟོང་ལ་བཏང་ན་ཚངས་པའི་དབྱངས་འགྲུབ་པའི་དངོས་གཞི། སྐད་སྒོམ་འདོད་ན་སུག་སྨེལ་མང་དགོས་པ་དང་ཕྲ་བར་འདོད་ན་སྒྲོ་ལོ་མང་དགོས་པའི་མན་ངག་སོགས་གུ་རུ་པདྨ་རྡོ་རྗེ་རྣམས་ཀྱི་དོན་དུ་མཛད་པ་ཚངས་པ་གསུང་དབྱངས་གདམས་ངག་དང་། སློབ་དཔོན་པདྨས་རྒྱལ་བ་མཆོག་དབྱངས་ལ་གདམས་པ་པདྨ་གར་དབང་གིས་གཏེར་ནས་བཏོན་པའི་རྗེས་དང་རྟགས་ཀྱིས་མྱུར་དུ་ཚངས་པའི་དབྱངས་སྒྲུབ་ཀྱི་གདམས་པ། ཁྱད་པར་དུ་བྱང་ལུགས་ཀྱི་རྟ་ཡི་མགྲིན་པ་དང་གོང་མོའི་སྒོ་ང་སོགས་སྦྱར་བའི་རྗེས་སྨན་དག་མར་ངོའི་དུས་སུ་བསྟེན་ན་སྐད་ཀྱི་དངོས་གྲུབ་

འགྲུབ་ཚུལ། ཟུར་མཁར་ཆོས་རྗེའི་ལུགས་ཀྱི་སྐད་སྙན་འཇམ་གླིང་འབྲུག་གྲགས། དམིགས་པ་བཟུང་ནས་འདོད་དོན་གྱི་གསོལ་བ་ཇི་ལྟར་འདེབས་ཚུལ་སོགས་འགྲོ་ཀུན་ཡིད་འཕྲོག་པའི་མགྲིན་དབྱངས་སྙན་ཞིང་ལྕེ་བདེ་བ་དང་བློ་གསལ་སྤོབས་པ་ཆེ་བར་འགྱུར་བའི་དངོས་གྲུབ་ཐོབ་ཐབས་གསུངས་ཡོད་པ་མ་ཟད། དུས་རྒྱུན་དུ་ལུས་ལ་རྡོ་རྗེ་ཕ་ལམ་དང་། སྤོས་ཤེལ། གཡུ། བྱུ་རུ། མུ་ཏིག གསེར་དངུལ་སོགས་རིན་པོ་ཆེ་བཅིངས་ན་རྩ་དཀར་སོགས་ཀླད་པའི་ནད་དང་། རིམས། དུག་གི་ནད། མཚོན་གྱི་ནད་སོགས་ཕྱི་ནང་གི་བགེགས་བར་ཆད་བསྲུང་ཞིང་སེལ་ནུས་པ་བསྟན་ཡོད།

内容提要：本典籍收录了由掘藏大师然那郎巴和白玛格旺等挖掘的关于使声音悦耳的教诫。内容包括服用十四味石榴散和白龙胆的根茎开启经脉和施行脉泄疗法的预备阶段以及空腹用凉水服用三果汤可使声音变得悦耳的方法，南北派可使声线变得优美、口齿伶俐和智慧增长的方法，还指出经常佩戴钻石、琥珀、绿松石、珊瑚、珍珠和金银等珍宝可预防和消除白脉病、瘟病、毒和外伤等。

བོད་ཀྱི་གསོ་རིག་ཀུན་བཏུས་བསྡུད་སྒྲིག་མ་ལས། པོད་བརྒྱད་ཅུ་པའི་ནང་དུ་བཞུགས།

在《〈藏医药大典〉续编（61—80）》中的位置：收载于第八十卷

ཚན་པ་བདུན་པ། ཕྱུགས་ནད་ཀྲེ་ཀྲེ་ཧོ་ལ་ཕན་པའི་གདམས་པ།

第七篇 《利于畜病“哲哲霍”的教诫》

མཚན་བྱང་ཆ་ཚང་། སྙིགས་མའི་ཕྱུགས་ནད་ཀྲེ་ཀྲེ་ཧོ་ལ་ཕན་པའི་གདམས་པ་བཞུགས།

全名：《利于畜病“哲哲霍”的教诫》

རྩོམ་པ་པོ། གསང་བདག་ཆོས་དབྱིངས་རྡོ་རྗེ།

作者：桑斗曲央多吉

མ་ཡིག ལག་བྲིས། ཡིག་གཟུགས་དབུ་ཅན། ཤོག་གྲངས་རེར་ཐིག་ཕྲེང་དྲུག ཐིག་ཕྲེང་རེར་ཡིག་འབྲུ་སོ་

གསུམ། ཕྱིན་བསྒོམས་ཤོག་ངོས་གསུམ་བཞུགས།

母本：手写本，正楷体，每页6行，每行33字，共3页。

ནང་དོན་གནད་བསྡུས། བཙམས་ཆོས་འདི་ནི་སྙིགས་མའི་འགྲོ་བ་ཉམ་ཐག་མགོན་མེད་རྣམས་ན་བའི་སྡུག་བསྔལ་ལས་གྲོལ་ཞིང་ལུས་སེམས་བདེ་བའི་ཕྱིར་དུ་ཆོས་ཀྱི་བདག་པོ་ལ་ཐང་སྤྲུལ་པའི་སྐུ་རིན་པོ་ཆེས་འགྲོ་ལ་ཕན་པའི་ཀུན་སློང་བཟང་པོའི་གསུང་གིས་བསྐུལ་ངོར་གསང་བདག་ཆོས་དབྱིངས་རྡོ་རྗེས་དགེ་བསྙེན་བྲག་ལྷ་མགོན་པོའི་དབེན་གནས་སུ་གཏན་ལ་ཕབ་པ་ཞིག་ཡིན། ནང་དོན་གཙོ་བོའི་ཐད་ནས་སྙིགས་མའི་དུས་སུ་ཕྱུགས་ནད་ཀྱེ་ཀྱེ་ཧོ་ཞེས་པ་རྩར་ཕོག་རྒྱུག་འཁྲིལ་གཏོང་བའི་ནད་རིམས་དང་ཞིང་ཡུལ་ལྷ་ནག་ཕྱོགས་མང་པོས་རྐྱེན་བྱས་ཏེ་འགོ་བའི་ནད་རིམས་མེ་ལྟར་འབར་བའི་ཚེ་གསོ་བྱེད་བདུད་རྩི་ལྟ་བུའི་སྦྱོར་བ་ག་བུར་དང་ཅུ་གང་སོགས་རྫས་སྨན་གྱི་སྦྱོར་བ་དང་། ཚད་རིམས་བཟློག་པའི་རྫས་རྒོད། ཚོགས་བསགས། སྦྱིན་བསྲེག བསང་གསུར། ལན་ཆགས་གཏོར་མ་སོགས་ཆོ་ག་ཕྲུག་ལེན་གྱི་སྐོར། ལྷག་ཏུ་གོང་གི་ལན་ཆགས་གཏོར་མ་སོགས་ལ་རྒྱལ་བའི་བཀའ་ཤེར་ཕྱིན་དང་། གུ་རུའི་གཟུངས་སྔགས། འཇམ་དབྱངས་སོགས་སྒྲོགས་ནས་ཕྱུགས་ནད་ལས་བྱུང་བའི་ནད་རིགས་གདུག་པ་ཅན་མ་ལུས་མྱུར་དུ་བཟློག་ཅིང་འགྲོ་བའི་ལུས་སེམས་བདེ་བའི་མེས་པོའི་གདམས་པ་ཤིན་ཏུ་ཟབ་པ་སྨན་སྲུང་ལྷ་མོ་ལ་གཏད་ཡོད་པའི་མན་ངག་མང་པོ་དཀྱུས་གཅིག་ཏུ་བཀོད་ཡོད།

内容提要：本典籍是在浊世时代为了使众生脱离疾病的痛苦获得身心安乐，在法王拉唐仁波切利益众生的发心下由曲央多吉所著。文中认为，当浊世肆意爆发作用于脉络后出现跑摔等牲畜瘟病“哲哲霍”和以土地神等外缘爆发瘟病时，用如甘露一般的冰片和竹黄等药材配伍阻挡瘟病的强劲物品、积福、火供、煨桑和“朵玛”等仪轨，尤其对“朵玛”等念诵莲花生密咒和观世音咒时可迅速阻挡由牲畜所引发的各种瘟病的教诫等。

བོད་ཀྱི་གསོ་རིག་ཀུན་བཏུས་བསྟུད་སྒྲིག་མ་ལས། པོད་བརྒྱད་ཅུ་པའི་ནང་དུ་བཞུགས།

在《〈藏医药大典〉续编（61—80）》中的位置：收载于第八十卷

ཆན་པ་བརྒྱད་པ། གུ་རུ་སིདྡྷི་ལས་ཚོགས།

第八篇 《“古如司徒”实践》

མཚན་བྱང་ཆ་ཚང་། གུ་རུ་སིདྡྷི་ལས་ཚོགས་ནོར་བུའི་ཕྲེང་བ་བཞུགས་སོ། །

全名：《“古如司徒”实践宝串》

རྩོམ་པ་པོ། རྫོགས་ཆེན་ཆོས་དབྱིངས་སྟོབས་ལྡན་རྡོ་རྗེ། སྤྱི་ལོ་༡༧༨༥ལོར་མདོ་སྨད་རེབ་གོང་ཞོ་འོང་དུ་སྐུ་འཁྲུངས་ཤིང་། སྤྱི་ལོ་༡༨༤༨ལོར་སྐུ་གཤེགས།

作者：佐钦 · 切央多旦多吉，1785年生于多麦热贡薛文地区，1848年卒。

མ་ཡིག ཤོག་པར། ཡིག་གཟུགས་དབུ་ཅན། ཤོག་ངོས་རེར་ཐིག་ཕྲེང་ཉེར་དྲུག ཐིག་ཕྲེང་རེར་ཡིག་འབྲུ་ཉེར་བཞི། ཁྱོན་བསྡོམས་ཤོག་ངོས་ཉི་ཤུ་བཞུགས།

母本：排印本，正楷体，每页26行，每行24字，共20页。

ནང་དོན་གནད་བསྡུས། བརྩམས་ཆོས་འདི་ནི་སྤྱི་ལོ་༡༨༣༠ལོ་ཡས་མས་སུ་རྫོགས་ཆེན་ཆོས་དབྱིངས་སྟོབས་ལྡན་རྡོ་རྗེ་མཆོག་གིས་སློབ་དཔོན་རིན་པོ་ཆེའི་ཡང་སྙིང་གུ་རུ་སིདྡྷི་ལ་བརྟེན་པའི་ལས་ཚོགས་ལེའུ་གོ་གཉིས་ཅན་གྱི་ཟབ་གཏེར་གནད་ཀྱི་མན་ངག་ལ་གང་འོས་ཀྱི་གདམས་པས་ཟུར་བརྒྱན་ཏེ་བསྟན་པ་ཞིག་ཡིན། ནང་དོན་གྱི་སྐོར་ནས་རབ་འབྱམས་རྒྱལ་བའི་སྤྱི་གཟུགས་ཨོ་རྒྱན་རིན་པོ་ཆེའི་ཡང་སྙིང་བཛྲ་གུ་རུའི་ལས་ཚོགས་བླ་མ་དགོངས་པ་འདུས་པའི་ཡོན་ཏན་གྱི་བརྒྱུད་བསྟན་པའི་སྲོག་ཤིང་ལས་གསུངས་པ་ཉམས་སུ་ལེན་པ་ལ། ཚེ་བསྒྲུབ་པར་འདོད་པ་དང་། བསོད་ནམས་འཕེལ་བར་འདོད་པ། ལོངས་སྤྱོད་འཕེལ་བར་འདོད་པ། གཟི་བརྗིད་འཕེལ་བར་འདོད་པ། སྙན་གྲགས་རྒྱས་པར་འདོད་པ། གཞན་གྱིས་ཡིད་དུ་འོང་བར་འདོད་པ། མཐུ་

རྩལ་ཆེ་བར་འདོད་པ། ཐོད་གཏོང་བཟློག་པར་འདོད་པ། བུད་མེད་དབང་དུ་འདོད་པ། འབྱུང་པོ་འགུགས་
པར་འདོད་པ། ནོར་འགུགས་པར་འདོད་པ། གོས་འགུགས་པར་འདོད་པ། སྲིས་སྐྱེ་བར་འདོད་པ། མི་རྣམས་
ཀྱིས་བཀུར་བར་འདོད་པ། ཤེས་རབ་ཆེ་བར་འདོད་པ། སྐད་དང་ལྡེ་བདེ་བར་འདོད་པ། དབང་པོ་ཐམས་
ཅད་གསལ་བར་འདོད་པ། མངོན་ཤེས་འཆར་བར་འདོད་པ། གཡུལ་ལས་རྒྱལ་བར་འདོད་པ། ཚོང་ལས་
རྒྱལ་བར་འདོད་པ། རྒྱན་ལས་རྒྱལ་བར་འདོད་པ། སྒྱུ་རྩལ་ལས་རྒྱལ་བར་འདོད་པ། ཆོས་ལྡན་གྱི་བུ་བ་
འགྲུབ་པར་འདོད་པ། ཆོས་སྲིད་རྒྱས་པར་འདོད་པ། མི་ཁ་དང་ཁ་མཆུ་ལས་རྒྱལ་བར་འདོད་པ། ཉམས་
གྲིབ་བསྲུང་བར་འདོད་པ། འབྱུང་པོའི་བསུན་མ་བཟློག་པར་འདོད་པ། རིམས་ནད་བསྲུང་བར་འདོད་
པ། མཚོན་བསྲུང་བར་འདོད་པ། མཐུ་རྩལ་ཆེ་བར་འདོད་པ། དུག་བསྲུང་བར་འདོད་པ། གཏད་བསྲུང་བར་
འདོད་པ། ཕྱོགས་ངན་བསྲུང་བར་འདོད་པ། དུས་མིན་གྱི་འཆི་བ་བཟློག་པར་འདོད་པ། གག་ལྐོག་གཉན་
རིམས་དང་མཛེ་ནད་བསྲུང་བར་འདོད་པ། ཆར་འབེབས་པར་འདོད་པ། ཆར་གཅོད་པར་འདོད་པ། ཤ
འོད་བཟློག་པར་འདོད་པ། སེར་བ་གཅོད་པར་འདོད་པ། དགྲ་ཇག་འཆིང་བར་འདོད་པ། ལྡེ་བ་བསྒྱུར་བར་
འདོད་པ། ཏ་ཕྱུགས་ནོར་གྱི་སྲིད་འཕེལ་བར་འདོད་པ། ངག་གནོན་པར་འདོད་པ། ངག་འགྲོལ་བར་འདོད་
པ། ཚེ་འཕྲུལ་འཁྲིད་པར་འདོད་པ། ལྟས་ངན་བཟློག་པར་འདོད་པ། ཁྲམ་ཁ་སེལ་བར་འདོད་པ། བྱད་
འགྲོལ་བར་འདོད་པ། མིག་གསལ་བར་འདོད་པ། མགུལ་ནད་ཞི་བར་འདོད་པ། སོ་ནད་སེལ་བར་འདོད་
པ། ཀླུའི་གནོད་པ་བསྲུང་བར་འདོད་པ། གནོན་སྦྱིན་གྱི་གནོད་པ་བསྲུང་བར་འདོད་པ། དྲི་ཟའི་གནོད་པ་
བསྲུང་བར་འདོད་པ། མཁའ་འགྲོའི་གནོད་པ་བསྲུང་བར་འདོད་པ། གཟའི་གནོད་པ་བསྲུང་བར་འདོད་
པ། སྲིན་པོའི་གནོད་པ་བསྲུང་བར་འདོད་པ། མ་མོའི་གནོད་པ་བསྲུང་བར་འདོད་པ། གསོན་འདྲེའི་གནོད་
པ་བསྲུང་བར་འདོད་པ། རྒྱལ་འགོང་གི་གནོད་པ་བསྲུང་བར་འདོད་པ། ཐེའུ་རང་གི་གནོད་པ་བསྲུང་བར་
འདོད་པ། བཙན་གྱི་གནོད་པ་བསྲུང་བར་འདོད་པ། གྲི་བོའི་གནོད་པ་བསྲུང་བར་འདོད་པ། གཤིན་རྗེའི་
གནོད་པ་བསྲུང་བར་འདོད་པ། གྲིབ་གནོན་གྱི་གནོད་པ་བསྲུང་བར་འདོད་པ། རྨི་ལམ་ངན་པ་བཙན་ཐབས་

སུ་བཟློག་པར་འདོད་པ། ཅི་བསམ་འགྲུབ་པར་འདོད་པ་སོགས་གུ་རུ་སིདྡྷིའི་ལས་ཚོགས་བསྒྲུབ་པའི་ཆོ་ག་ཕྲག་ལེན་གྱི་གདམས་པ་ཁྱད་དུ་འཕགས་པ་ལེའུ་གོ་གཉིས་སུ་བསྡུས་ནས་བསྟན་ཡོད།

内容提要：本典籍于1830年左右由佐钦·切央多旦多吉为了众生安乐，基于“古如司徒”的羯磨九十二种秘诀教诫适当增补内容而成。将关于莲花生大师的要义“古如司徒”实践的修持法，包括想望长寿修持，增长福泽、财富、威严、令誉，使人高兴，增长能力，免遭流放、招引女性，勾召外邪、财富和衣服，受人尊敬，增长智慧，能言能语，明锐五官，预知未来，期望战胜和生意兴隆，从群落胜出，万事遂愿，从咒语完胜，与法相关诸事顺遂，增长法和政，从闲言碎语中解脱，预防衰落、得病、瘟疫和外伤，想愿能力增长，预防毒，消除不利方面，脱离意外身亡，预防炭疽、瘟疫和麻风病，期望下雨，止雨，预防大规模降水、冰雹，收缚敌人，转性，增长牲畜数量，抑制不利，消除障碍，解除令牌，消除争议，明目，祛除咽喉和牙病，免遭“龙”、夜叉、食香者、空行母、星曜、罗刹婆、“玛姆”、活鬼、魔王、独脚鬼、妖怪、凶死男鬼、阎魔王和梦魇的伤害，从噩梦中解脱和万事遂愿等“古如司徒”实践宝串的实践教诫浓缩到92个章予以介绍。

བོད་ཀྱི་གསོ་རིག་ཀུན་བཏུས་བསྟུད་སྒྲིག་མ་ལས། པོད་བརྒྱད་ཅུ་པའི་ནང་དུ་བཞུགས།

在《〈藏医药大典〉续编（61—80）》中的位置：收载于第八十卷

ཆན་པ་དགུ་པ། ཁ་ཐོར་མན་ངག

第九篇 《零星秘诀》

མཚན་བྱང་ཆ་ཚང་། ཁ་ཐོར་མན་ངག་ཟབ་ཁྱད་ཅན་བཞུགས་སོ། །

全名：《深奥零星秘诀》

རྩོམ་པ་པོ། མི་གསལ།

作者：不详。

མ་ཡིག ལག་བྲིས། ཡིག་གཟུགས་དབུ་མེད། ཤོག་ངོས་རེར་ཐིག་ཕྲེང་དྲུག ཐིག་ཕྲེང་རེར་ཡིག་འབྲུ་ཉི་ཤུ། ཁྱོན་བསྡོམས་ཤོག་ངོས་བཅུ་གསུམ་བཞུགས།

母本：手写本，草书体，每页6行，每行20字，共13页。

ནང་དོན་གནད་བསྡུས། རྩོམ་པ་པོས་ནད་རིགས་མང་པོར་དངོས་སུ་ལག་ལེན་བྱས་པའི་མན་ངག་ཟབ་ཁྱད་ཀྱི་གདམས་པ་འགའ་དཀྲུས་གཅིག་ཏུ་བསྐྲུར་ཡོད་དེ། ཁྲག་རླུང་གི་ནད་ལ་ཀོ་བྱི་དང་གཟེར་འཛོམས་སྔོན་པོ་སོགས་བརྡུངས་ནས་ཚག་འཛིན་གྱིས་བཅོས་ཐབས་དང་། གྲིབ་ཀྱི་རིགས་ལ་སྦྱུ་ནག་དང་། སྒོག་སྐྱ། མུ་ཟི་སེར་ནག་སོགས་བདུག་ནས་བཅོས་ཚུལ། གྲེ་ནད་སྤྱངས་ཤིང་ཚངས་དབྱངས་ཐོབ་པར་འདོད་པ་རྣམས་ལ་གྲེ་སྨན་དཀར་པོ་དྲུག་སྦྱོར་གྱི་བཅོས་ཚུལ། གུར་གུམ་བདུན་པས་གློ་བ་སྐྱ་རྦབ་དང་བད་མཁྲིས་རླུང་ལྡན་བཅོས་ཚུལ། དེ་མཚུངས་སུ་ཆུ་ནད་ལ་ཆུ་བཤལ་གྱིས་གདམས་པ་དང་། མིག་ཕྱེ་བའི་མན་ངག འཁྲིབ་རྩ་གཅོད་པའི་ལག་ལེན། ཁྲག་ཤེད་ཅན་གྱི་བཅོས་ཚུལ། རྣ་ནད་དང་མིག་ནད་བཅོས་ཐབས། གྲིབ་དང་ཆུ་སེར་བཅོས་ཐབས། གྲང་སྐྲན་བཅོས་ཐབས། བད་ཀན་སྐྱོད་འཚང་བཅོས་ཐབས། དུག་ནད་བཅོས་ཐབས། བྱིས་པའི་མཆིན་ནད་གསར་རྙིང་དང་མཆིན་པའི་ཚ་གྲང་ཐམས་ཅད་སེལ་ཐབས་སོགས་ཀྱི་མན་ངག་གནད་ཀྱི་བཅོས་ཀ་ཁྱད་པར་བ་མང་པོ་བསྟན་ཡོད།

内容提要：本典籍由作者治疗多种疾病的秘诀汇集而成，记述了用马钱子和打箭菊磨碎过筛后治疗血“隆”病，用宽叶羌活、大蒜和硫磺等熏治中风疾病，祛除咽喉疾病且愿获梵天妙音者用喉药六味白药丸治疗，用七味红花丸治疗肺部浮肿病和“培赤隆”混合型疾病。除此之外，还收录了治疗黄水病用水泻疗法的教义、开眼秘诀、切翳脉的方法、治疗耳病、眼病、星曜病、黄水病、寒性痞瘤症、培根型上壅、毒病、小儿新旧肝病和寒热性肝病等疾病的独特治疗秘诀。

བོད་ཀྱི་གསོ་རིག་ཀུན་བཏུས་བསྟུད་སྒྲིག་མ་ལས། པོད་བརྒྱད་ཅུ་པའི་ནང་དུ་བཞུགས།

在《〈藏医药大典〉续编（61—80）》中的位置：收载于第八十卷

ཚན་པ་བཅུ་པ། སྨན་དང་དཔྱད་འཁོར་ལོ་སྔགས་རྟེན་འབྲེལ་རྫས་སོགས།

第十篇　《药物护身符和密咒等》

མཚན་བྱང་ཆ་ཚང་། ཟླ་ཟྨ་ཀི་རྟེའི་སྨན་དང་དཔྱད་འཁོར་ལོ་སྔགས་རྟེན་འབྲེལ་རྫས་སོགས་ནད་བཅོས་འཕྲུལ་འཁོར་ཟབ་མོ་བཞུགས་སོ། །

全名：《“达玛格都”之药物护身符和密咒等疗病妙论》

རྩོམ་པ་པོ། མི་ཕམ་འཇམ་དཔལ་དགྱེས་པའམ་འཇུ་མི་ཕམ་རྣམ་རྒྱལ་རྒྱ་མཚོ། སྤྱི་ལོ་༡༨༤༦ལོར་མདོ་སྟོད་སྡེ་དགེའི་མངའ་ཁུལ་ཟླ་ཆུའི་ཉེ་འགྲམ་ཡ་ཆུའི་དིང་ཆུང་དུ་སྐུ་འཁྲུངས་ཤིང་། སྤྱི་ལོ་༡༩༡༢ལོར་སྐུ་གཤེགས།

作者：米旁·嘉华杰贝，又名居·米旁·南杰嘉措，1846年生于多堆德格境内澜沧江畔亚曲东琼，1912年卒。

མ་ཡིག ལག་བྲིས། ཡིག་གཟུགས་དབུ་མེད། ཤོག་ངོས་རེར་ཐིག་ཕྲེང་དྲུག ཐིག་ཕྲེང་རེར་ཡིག་འབྲུ་ཉེར་གཅིག ཁྱོན་བསྡོམས་ཤོག་ངོས་བརྒྱ་དང་ཉེར་ལྔ་བཞུགས།

母本：手写本，字体草书，每页6行，每行21字，共125页。

ནང་དོན་གནད་བསྡུས། གཞུང་འདི་ནི་འབྲི་གུང་ཆོས་ཀྱི་གྲགས་པའི་ལུགས་ཀྱི་ནད་རིགས་སྣ་ཚོགས་བཅོས་པའི་མཁྱུད་དཔྱད་རྣམས་ཀུན་དུ་ཕྱུང་བ་ཞིག་སྟེ། ནང་དོན་གཙོ་བོ་ལ་མིག་གི་ནད་དང་། གཉིད་མི་འོང་བའི་ནད། ལྟ་བའི་ནད། སོ་ནད། འབམ་ནད། ཡ་མའི་ནད། བྱིས་པའི་ནད། མངལ་ནད། དམུང་བའི་ནད། རྒྱ་དཀར་གྱི་ནད། གདོན་ནད། ཚིགས་བུད་ཀྱི་བཅོས་ཐབས། སྐྲང་ཐབས་ཀྱི་ནད། འབྲུ་བའི་ནད། དམྱལ་བ་ན་བའི་ནད། ལག་པའི་ནད། མཁལ་མའི་ནད། རླུང་གི་ནད། མཁྲིས་པའི་ནད། བད་ཀན་གྱི་ནད། ཁྲག་གི་ནད། འབྲུག་གི་ནད། གཟེར་ནད། མཆིན་ནད། སྦྲུལ་དུག་ནད། སྲིན་བུའི་ནད། གྲང་བའི་ནད། ཚ་བའི་

ནད། སྐྱུགས་ནད། སྦོས་ནད་བཅས་བཅོས་པའི་ཐབས་ལ་འཁོར་ལོ་དང་། སྔགས། རྟེན་འབྲེལ་མཁའ་འགྲོའི་མེ་བཙའ། གཏོ། དམ་པའི་ཕྱི་གུའི་མཐུད་དཔྱད་སོགས་ཀྱི་གདམས་པ་མང་པོ་གསལ་བོར་བཀོད་ཡོད།

内容提要：本典籍收录了直贡·确吉扎巴的关于治疗诸多疾病的秘诀，主要介绍了用时轮、密咒、缘起空行母火灸和禳解等方法治疗眼病、失眠症、瘿瘤、口病、“斑”病、“亚玛”病、小儿疾病、妇科病、肩部病、白脉病、鬼邪病、脱臼、绞痛症、下泻病、头痛症、手病、肾病、“隆”病、“赤巴”病、“培根”病、血病、紊乱病、痛症、肝病、毒病、“蛀布”病、寒病、热病、上吐和腹胀等病症的外治密咒、缘起火灸等疗法秘诀。

བོད་ཀྱི་གསོ་རིག་ཀུན་བཏུས་བསྡུད་སྒྲིག་མ་ལས། པོད་བརྒྱད་ཅུ་པའི་ནང་དུ་བཞུགས།

在《〈藏医药大典〉续编（61—80）》中的位置：收载于第八十卷

ཚན་པ་བཅུ་གཅིག་པ། ལས་སྣ་ཚོགས་པའི་སྔགས་ཀྱི་བེའུ་བུམ།

第十一篇　《仪轨小册》

མཚན་བྱང་ཆ་ཚང་། ལས་སྣ་ཚོགས་པའི་སྔགས་ཀྱི་བེའུ་བུམ་དགོས་འདོད་ཀུན་འབྱུང་གཏེར་གྱི་བུམ་པ་བཟང་པོ་བཞུགས་སོ། །

全名：《仪轨小册·所想皆俱伏藏宝瓶》

རྩོམ་པ་པོ། མི་ཕམ་འཇམ་དབྱངས་རྣམ་རྒྱལ་རྒྱ་མཚོ། སྐྱེ་ལོ་༡༨༤༦ལོར་མདོ་སྟོད་སྡེ་དགེའི་མངའ་ཁུལ་ཟླ་ཆུའི་ཉེ་འགྲམ་ཡ་ཆུའི་དིང་ཆུང་དུ་སྐུ་འཁྲུངས་ཤིང་། སྐྱེ་ལོ་༡༩༡༢ལོར་སྐུ་གཤེགས།

作者：居·米旁·南杰嘉措，1846年生于多堆德格境内澜沧江畔亚曲东琼，1912年卒。

མ་ཡིག གློག་པར། ཡིག་གཟུགས་དབུ་ཅན། ཤོག་གྲངས་རེར་ཐིག་ཕྲེང་ཉེར་བཞི། ཐིག་ཕྲེང་རེར་ཡིག་འབྲུ་བཅུ་གསུམ། ཁྱོན་བསྡོམས་ཤོག་གྲངས་བརྒྱ་དང་བཅུ་བཞི་བཞུགས།

母本：排印本，正楷体，每页24行，每行13字，共141页。

ནང་དོན་གནད་བསྡུས། ལས་སྔ་ཚོགས་པའི་སྔགས་ཀྱི་བེའུ་བུམ་དགོས་འདོད་ཀུན་འབྱུང་གཏེར་གྱི་བུམ་པ་བཟང་པོ་ནི་འགྲོ་བ་ཀུན་གྱི་རེ་བ་ཡིད་བཞིན་དུ་རྫོགས་པའི་ཕྱིར་དུ་རྒྱལ་བའི་བཀའ་དང་གྲུབ་ཆེན་རྣམས་ཀྱི་མན་ངག་སྙི་དང་ཁྱད་པར་དཔལ་ཨོ་རྒྱན་གྱི་སློབ་དཔོན་པད་མ་སཾ་བྷ་ཝའི་གདམས་ངག་རྒྱ་ཆེ་མུ་མེད་ལས་མགོ་ཚོགས་རྣམས་ཕྱོགས་གཅིག་ཏུ་བསྡེབས་པ་ཞིག་ཡིན། ནང་དོན་གཙོ་བོ་ལ་ནད་དང་རྩོད་པ་སོགས་ཞི་བའི་ཐབས་དང་། སྲོག་ཆགས་སྣ་ཚོགས་ཀྱི་གནོད་པ་སྲུང་བའི་ཐབས། བར་ཆད་དང་ཉེས་པ་སོགས་བསྲུང་བའི་ཐབས། ཚེ་བསོད་ལོངས་སྤྱོད་རྒྱས་ཐབས། ཚོང་དང་ཟས་སོགས་དངོས་འགྲུབ་འཕེལ་ཐབས། བྱིས་པ་སྲུང་འཕེལ་གྱི་ཐབས། ནད་ཐམས་ཅད་ཞི་བའི་ཐབས། མེ་ཡི་འཇིགས་པ་བསྲུང་ཐབས། ཤྭ་འོད་ཚུ་འོད་བཟློག་ཐབས། ཤེས་རབ་རྒྱས་ཐབས། རྐང་མགྱོགས་དང་གཏེར་མཐོང་། ལུས་བསྒྱུར་ཐབས། སྐྱེ་བོ་ཟས་སྐོམ་སོགས་དབང་དུ་སྡུད་ཐབས། བུད་མེད་དབང་དུ་སྡུད་ཐབས། དབང་གི་ཟ་ཡིག་སྐོར། མི་མཐུན་པ་མཐུན་པར་བྱེད་ཐབས་སོགས་རང་གི་འདོད་པ་ཡིད་བཞིན་དུ་འགྲུབ་པའི་མན་ངག་གནད་ཀྱི་གདམས་པ་སྤྱི་དོན་གསུམ་དང་ཚན་པ་དྲུག་ཅུ་རེ་བཞིའི་ནང་དུ་བསྡུས་ནས་བཀོད་ཡོད།

内容提要：本典籍是为了满足众生意愿，将赞普的谕旨、大成就者们的秘诀和上师白玛桑巴哇的众多教诫等进行的汇编，用三个方面和64个篇幅讲述了祛除疾病，消除争论，预防动物伤害，助长寿命福禄、兴隆生意，护佑儿童，预防灾难，增长智慧，捷足和睹伏藏法，性别转换法，灌顶的符咒和逆转不顺的方法等。

བོད་ཀྱི་གསོ་རིག་ཀུན་བཏུས་བསྡུད་སྒྲིག་མ་ལས། པོད་བརྒྱད་ཅུ་པའི་ནང་དུ་བཞུགས།

在《〈藏医药大典〉续编（61—80）》中的位置：收载于第八十卷

ཚན་པ་བཅུ་གཉིས་པ། ཉེ་བར་མཁོ་བའི་རྫས་སྣ་ཚོགས་ཀྱི་སྦྱོར་ཐབས་ལག་ལེན།

第十二篇　《常用各种药材配制法实践》

མཚན་བྱང་ཆ་ཚང་། ཉེ་བར་མཁོ་བའི་རྫས་སྣ་ཚོགས་ཀྱི་སྦྱོར་ཐབས་ལག་ལེན་ཅི་རིགས་བསྟན་པ་ཤེལ་གྱི་ཕྲེང་བ་བཞུགས་སོ། །

全名：《常用各种药材配制法实践・晶串》

རྩོམ་པ་པོ། འཇུ་མི་ཕམ་འཇམ་དབྱངས་རྣམ་རྒྱལ་རྒྱ་མཚོ། སྤྱི་ལོ་༡༨༤༦ལོར་མདོ་སྟོད་སྡེ་དགེའི་མངའ་ཁུལ་རྫ་ཆུའི་ཉེ་འགྲམ་ཡ་ཆུའི་དིང་ཆུང་དུ་སྐུ་འཁྲུངས་ཤིང་། སྤྱི་ལོ་༡༩༡༢ལོར་སྐུ་གཤེགས།

作者：居・米旁・南杰嘉措，1846年生于多堆德格境内澜沧江畔亚曲东琼，1912年卒。

མ་ཡིག ཤིང་དཔར། ཡིག་གཟུགས་དབུ་ཅན། ཤོག་ངོས་རེར་ཐིག་ཕྲེང་དྲུག ཐིག་ཕྲེང་རེར་ཡིག་འབྲུ་ཞེ་བདུན། ཁྱོན་བསྡོམས་ཤོག་ངོས་ཞེ་གཉིས་བཞུགས།

母本：木刻版，正楷体，每页6行，每行47字，共42页。

ནང་དོན་གནད་བསྡུས། བརྩམས་ཆོས་འདི་ནི་ཀོང་སྤྲུལ་རིན་པོ་ཆེའི་གཏེར་མཛོད་ཁྲོད་ཀྱི་ཉེར་མཁོའི་རྫས་སྦྱོར་སྣ་ཚོགས་ཕྱོགས་གཅིག་ཏུ་བཀོད་པ་ཆེས་དཀར་སློབ་དཔོན་ངག་འཛིགས་དང་སྨར་གཉེར་ཚུལ་དཔལ་གཉིས་ཀྱིས་པར་དུ་བཏབ་པ་ཞིག་ཡིན། ནང་དོན་གྱི་སྐོར་ལ་བུམ་རྫས་ཉེར་ལྔའི་རྫས་དང་སྒྲུབ་ཐབས། བྱུག་རྫས་དྲི་བཟང་གི་རྫས། རྣམ་སྲས་དང་ཛམ་ལྷའི་བདུག་རྫས། དྲི་ཆབ་ཀྱི་རྫས། གསང་སྔགས་ཀྱི་མཆོད་རྫས། འཆི་མེད་ཚེ་ཡི་རིལ་བུ། རཏྣ་གླིང་པའི་ཚོགས་ཆང་། མཁའ་འགྲོའི་འབོད་རྫས་དང་སྒྲུབ་རྫས། བསང་རྫས་བརྒྱ་རྩ། གླུད་རྫས། བྱིན་འབེབས་ཀྱི་རྫས། མཁའ་འགྲོའི་སྲོག་གི་རྫས་ལྔ། ཞི་རྫས། དབང་སྡུད་ཀྱི་རྫས། ལྷ་དབྱེའི་རྫས། མི་ཁའི་རྫས། མནན་རྫས། མཁའ་འགྲོའི་སྲོས་སྦྱོར། རང་སྲུང་གི་རྫས་སོགས་ཉེ་བར་མཁོ་བའི་རྫས་སྦྱོར་

སྣ་ཚོགས་ཀྱི་རྫས་སྣ་དང་སྦྱོར་ཐབས་ལག་ལེན། ནད་གྲོལ་དང་གདོན་སྲུང་གི་ཕན་ཡོན་རྣམས་བསྟན་ཡོད།

内容提要：本典籍是由旺久和帕聂策华负责记录的，介绍了从贡珠仁波切的宝库中常用物品，收录有宝瓶二十五种物品及其制备方法，富含香味的涂擦物品，燃熏多闻天王和财神的物品，制作香水的原料，密咒的供品，长寿丸，会供酒，召唤空行母和修持的物品，一百余种用于煨桑的物品，替身物品，迎神降福的物品，五种空行母命要物品，用于灭灾、收复、佛离、止口舌和压制的物品，空行母香的方剂和用于自我防护所必需的多种物品的组成、配比实践及具有祛病、防外邪的功效等。

བོད་ཀྱི་གསོ་རིག་ཀུན་བཏུས་བསྟུད་སྒྲིག་མ་ལས། པོད་བརྒྱད་ཅུ་པའི་ནང་དུ་བཞུགས།

在《〈藏医药大典〉续编（61—80）》中的位置：收载于第八十卷

ཚན་པ་བཅུ་གསུམ་པ། སྔགས་འབུམ་ཁྲ་བོ་ལས་ཁོལ་དུ་ཕྱུང་བ།

第十三篇　《常用十万花咒明示》

མཚན་བྱང་ཆ་ཚང་། འཇམ་དཔལ་དགྱེས་པའི་སྔགས་འབུམ་ཁྲ་བོ་ལས་ཁོལ་དུ་ཕྱུང་བའི་ཉེར་མཁོ་བཞུགས་སོ། །

全名：《“降白杰贝”常用十万花咒明示》

རྩོམ་པ་པོ། མི་ཕམ་འཇམ་དཔལ་དགྱེས་པའམ་འཇུ་མི་ཕམ་འཇམ་དབྱངས་རྣམ་རྒྱལ་རྒྱ་མཚོ། སྤྱི་ལོ་
༡༨༤༦ལོར་མདོ་སྟོད་སྡེ་དགེའི་མངའ་ཁུལ་ཟླ་ཆུའི་ཉེ་འགྲམ་ཡ་ཆུའི་དིང་ཆུང་དུ་སྐུ་འཁྲུངས་ཤིང་། སྤྱི་ལོ་
༡༩༡༢ལོར་སྐུ་གཤེགས།

作者：居・米旁・嘉华杰贝，又名居・米旁・南杰嘉措，1846年生于多堆德格境内澜沧江畔亚曲东琼，1912年卒。

མ་ཡིག ལག་བྲིས། ཡིག་གཟུགས་དབུ་ཅན། ཤོག་ངོས་རེར་ཐིག་ཕྲེང་དྲུག ཐིག་ཕྲེང་རེར་ཡིག་འབྲུ་བཅོ་བརྒྱད། ཁྱོན་བསྡོམས་ཤོག་ངོས་བཅུ་བདུན་བཞུགས།

母本：手写本，正楷体，每页6行，每行18字，共17页。

ནང་དོན་གནད་བསྡུས། ནང་དོན་ལ་སྦྲིའི་སྒོ་ནས་སྲིད་མི་འབྱུང་བའི་སྔགས་དང་། བྱིས་པ་ངུ་བ་བསྲུང་བའི་སྔགས། ནད་ཞི་བའི་སྔགས་བཅས་ནང་དོན་ཆེན་པོ་གསུམ་གྱི་ནང་དུ་བསྡུས་ནས་བསྟན་ཡོད། བྱེ་བྲག་ཏུ་ཟས་ལ་གསང་སྔགས་བཀྲ་ཙ་བཀྲུད་སོགས་བཏབ་ནས་བུད་མེད་ཀྱིས་ཟོས་ན་བུད་མེད་སྟོང་ལ་རོལ་ཀྱང་མངལ་སྲིད་མི་ཆགས་པའི་གདམས་པ་དང་། གཉིས་པར་བྱིས་པ་མཚན་དུ་བསྲུང་བའི་ཐབས་དང་ངུ་འཕྲོ་ཆད་ཐབས། བྱིས་པའི་བསྔངས་པ་བསྲུང་བ་སོགས་བསྟན། གསུམ་པར་ནད་རིགས་སྣ་ཚོགས་ཞི་བར་བྱེད་པ་ལ་སངས་རྒྱས་ཀྱི་བཀའ་དང་གསུངས་སྔགས་ཁྱད་པར་ཅན་བཟླས་ནས་ནད་རིམས་ཐམས་ཅད་ཞི་བ་དང་བསྲུང་བའི་ཐབས་དང་། ཆུ་གྲང་གི་ནད་རིགས་སུ་གཏོགས་པའི་ནད་གང་ཡིན་ཀྱང་ཆུ་སྣ་མང་པོ་ལ་སྔགས་བཏབ་ནས་བཏུང་ན་ནད་ཡིན་ནོ་ཅོག་རྩད་ནས་ཞི་བའི་མན་ངག་ཁྱད་པར་ཅན། ཟ་ཡིག་ལ་བརྟེན་ནས་ནད་རིགས་ཞི་བར་བྱེད་པ་དང་ནད་གདོན་མ་ལུས་བསྲུང་བ་བཅས་ཀྱི་གདམས་ངག་མང་པོ་དཀྲུས་གཅིག་ཏུ་བཀོད་ཡོད།

内容提要：本典籍的内容整体由避孕、预防小儿啼哭和祛病的咒语等3个方面组成。具体讲述了让女性食用施密咒的食物可避孕的方法，防止小儿夜晚啼哭和终止哽咽的方法，防治惊厥的方法以及通过念诵佛祖的授语和殊胜咒语祛除疾病的方法，用念过咒语的各种水根除所有疾病的殊胜法，食用写有咒语的符咒祛病法和防治外邪的众多口诀。

བོད་ཀྱི་གསོ་རིག་ཀུན་བཏུས་བསྟུད་སྒྲིག་མ་ལས། པོད་བརྒྱད་ཅུ་པའི་ནང་དུ་བཞུགས།

在《〈藏医药大典〉续编（61—80）》中的位置：收载于第八十卷

ཚན་པ་བཅུ་བཞི་པ། བསྲུང་འབུམ་རྡོ་རྗེའི་ཕྲེང་བ་ལས་བུ་ཡིག

第十四篇　《松本金刚串之子书》

མཚན་བྱང་ཆ་ཚང་། བླ་མ་དགོངས་པ་འདུས་པ་ལས་བསྲུང་འབུམ་རྡོ་རྗེའི་ཕྲེང་བ་ལས་བུ་ཡིག་ལན་ཅིའི་རིམ་པ་བཞུགས་སོ། །

全名：《上师思想汇集松本金刚串之子书》

རྩོམ་པ་པོ། མི་གསལ།

作者：不详。

མ་ཡིག ལག་བྲིས། ཡིག་གཟུགས་དབུ་མེད། ཤོག་ངོས་རེར་ཐིག་ཕྲེང་བརྒྱད། ཐིག་ཕྲེང་རེར་ཡིག་འབྲུ་བཅུ་བཞི། ཁྱོན་བསྡོམས་ཤོག་ངོས་སོ་བརྒྱད་བཞུགས།

母本：手写本，草书体，每页8行，每行14字，共38页。

ནང་དོན་གནད་བསྡུས། གཞུང་འདིའི་ནང་དུ་ཕྲ་མེན་འགོང་པོ་བསྲུང་འཁོར་དང་། ངན་སྔགས་མནན་པའི་བསྲུང་འཁོར། ཉེས་འབྱིད་བསྲུང་འཁོར། ཕ་རོལ་བསྐྲད་གཟིར་གྱི་བསྲུང་འཁོར། ནད་སྣ་མང་པོ་དང་དམེ་མནལ་བསྲུང་འཁོར། རྨི་ལམ་ངན་པ་དང་དངངས་པའི་བསྲུང་འཁོར། ཐན་ལྟས་ངན་པ་ཐམས་ཅད་བསྲུང་བའི་འཁོར་ལོ། བྱད་ཁ་བཟློག་པའི་བསྲུང་འཁོར། གྲིབ་ནད་ཀྱི་བསྲུང་འཁོར། མིག་ནད་ཀྱི་བསྲུང་འཁོར། རིམས་ནད་ཐམས་ཅད་བསྲུང་བའི་འཁོར་ལོ། མཚོན་བསྲུང་བའི་འཁོར་ལོ། ལྷ་བསྲུང་ཁྲིམས་པའི་གནོད་པའམ་ལྷ་འབྲུགས་བསྲུང་བའི་འཁོར་ལོ། ཀླུ་དང་ས་བདག་གི་བསྲུང་འཁོར། བཙན་གྱི་བསྲུང་འཁོར། དྲང་སྲོང་གཟའ་ནད་བསྲུང་བའི་འཁོར་ལོ། འབྱུང་བའི་གནོད་པ་བསྲུང་བའི་འཁོར་ལོ། རྒྱལ་འགོང་ཕོ་མོ་སྲོག་འཕྲོག་གི་གནོད་པ་བསྲུང་བའི་འཁོར་ལོ། ཡམས་རིམས་འགོག་པའི་བསྲུང་འཁོར། དམ་སྲི་

གདུག་པ་ཅན་གྱི་བསྲུང་འཁོར། འཐབ་འཁོན་གྱི་བསྲུང་འཁོར། ཆན་སྲིའི་བསྲུང་འཁོར། གཞོན་སྲིའི་བསྲུང་འཁོར། དར་སྲིའི་བསྲུང་འཁོར། རྒྱལ་པོ་བེ་ནག་གི་གནོད་པ་སྲུང་བའི་འཁོར་ལོ། ཐེའུ་རང་རྡོ་རྗེ་ལེགས་པ་སྲུང་བའི་བསྲུང་འཁོར། གཟའ་མི་ནང་འཐབ་མི་འབྱུང་ཞིང་ནང་མི་མཐུན་པའི་བསྲུང་འཁོར། དུག་རིགས་ཐམས་ཅད་མི་འབྱུང་བའི་བསྲུང་འཁོར། འགོང་པོ་སྤུན་དགུ་བསྲུང་འི་འཁོར་ལོ། གོད་འདྲེའི་བསྲུང་འཁོར། ཞིང་གི་ལོ་ཏོག་ལ་བཙའ་སད་སེར་གསུམ་མི་འབྱུང་བའི་བསྲུང་འཁོར། སོ་སྲིན་ཡ་མའི་བསྲུང་འཁོར། ཐོག་དང་གློག་སྲུང་བའི་བསྲུང་འཁོར། ནད་རིམས་གདུག་ཅན་མི་འབྱུང་བའི་བསྲུང་འཁོར། སྲོག་བསྐྱེད་ཚེའི་བསྲུང་འཁོར། ལུས་བསྐྱེད་དཔལ་གྱི་བསྲུང་འཁོར། དོན་འགྲུབ་བསམ་འཕེལ་གྱི་བསྲུང་འཁོར། སྐྱེ་བོ་དབང་སྡུད་མཛེས་བརྒྱན་གྱི་བསྲུང་འཁོར། བྱིས་པའི་ངུ་བ་སྲུང་བའི་བསྲུང་འཁོར་སོགས་བསྲུང་འཁོར་རིགས་མི་འདྲ་བ་བརྒྱ་དང་བརྒྱད་ཀྱི་དཔེ་རིས་དང་། ལུས་ལ་བཅིང་ན་ལུས་སེམས་ལ་ཕྱིའི་གནོད་པ་ཐམས་ཅད་མི་འབྱུང་ཞིང་བསྲུང་བའི་ཐབས་ཀྱི་གདམས་པ་དང་མན་ངག་གབ་གསང་མེད་པར་གསལ་བོར་བསྟན་ཡོད།

内容提要：本典籍介绍了一些护身符，其中包括预防各种厉鬼、压制诅咒、预防各种疾病和不净之害、噩梦和恐惧、所有凶兆、诅咒殃、各种瘟疫、外伤、神明愤怒之害、龙和地祇、厉鬼、脑出血、外界伤害、男女魔王摄命之害、恶毒冤鬼、口舌斗殴、老年夭亡鬼魂、年轻夭亡鬼魂、壮年夭亡鬼魂、独脚鬼、防止家庭争吵、一切毒不出现、厉鬼九兄弟、消鬼、牙“蛀亚玛”、雷电击、恶疾等的伤害，期望健康长寿、增长福禄、心想事成、防小儿啼哭等总计108种护身符的图案并介绍了通过佩戴护身符可以防止身心受外界影响的教诫和秘诀。

བོད་ཀྱི་གསོ་རིག་ཀུན་བཏུས་བསྟུད་སྒྲིག་མ་ལས། པོད་བརྒྱད་ཅུ་པའི་ནང་དུ་བཞུགས།

在《〈藏医药大典〉续编（61—80）》中的位置：收载于第八十卷

ཚན་པ་བཅོ་ལྔ་པ། གུ་དྲག་ཁྱུང་ཞོན་ཅན་གྱི་རྩ་སྒྲུབ།

第十五篇　《乘鹏勇猛上师脉修仪轨》

མཚན་བྱང་ཆ་ཚང་། ཟབ་ཏིག་དགོངས་པ་འདུས་པ་ལས་གུ་དྲག་ཁྱུང་ཞོན་ཅན་གྱི་རྩ་སྒྲུབ་བར་ཆད་རྐྱེན་བཟློག་རྡོ་རྗེའི་ཐོ་བ་བཞུགས།

全名：《医学精粹之乘鹏勇猛上师脉修仪轨 · 除障金刚锤》

རྩོམ་པ་པོ། ཨོ་རྒྱན་ཕྲིན་ལས་གླིང་པ།

作者：邬金成列朗巴

མ་ཡིག ལག་བྲིས། ཡིག་གཟུགས་དབུ་མེད། ཤོག་ངོས་རེར་ཐིག་ཕྲེང་དྲུག ཐིག་ཕྲེང་རེར་ཡིག་འབྲུ་ཉེར་བཞི། ཁྱོན་བསྡོམས་ཤོག་ངོས་དོན་བརྒྱད་བཞུགས།

母本：手写本，草书体，每页6行，每行24字，共78页。

ནང་དོན་གནད་བསྡུས། གཞུང་འདི་ནི་མ་འོངས་ལས་འགྲོ་ཅན་གྱི་དོན་དུ་གུ་རུ་དྲག་པོའི་ཆོས་ཀྱི་བཀའ་བབ་པ་མཁན་ཤེས་རབ་གྲགས་པས་ལྷ་རྫས་ཀྱི་ཤོག་སྨུག་དང་དར་དཀར་བཅས་ཀྱིས་བསྐུལ་ངོར་ས་སྨག་ཟླ་བའི་ཚེས་ལ་མངོན་རྟོགས་དང་མཐུན་པའི་གུ་རུ་དྲག་པོའི་ཞལ་གཟིགས་པའི་དག་སྣང་ལ་བརྟེན་ནས་རང་བཞིན་རྫོགས་པ་ཆེན་པོའི་རྣལ་འབྱོར་པ་ཨོ་རྒྱན་ཕྲིན་ལས་གླིང་པས་དག་པར་ཕབ་པ་ཞིག་སྟེ། ནང་དོན་གཙོ་བོར་ཕ་རོལ་དགྲ་བགེགས་འཇོམས་པའི་ཐབས་དང་གང་མོས་ཡིད་བཞིན་འདོད་དགུའི་སྒྲུབ་ཐབས། ཉེས་གསུམ་གསོ་བ། ཚད་པ་གསོ་བ། གཉན་རིམས་གསོ་བ། ལུས་སྟོད་ཀྱི་ནད་གསོ་བ། དོན་སྣོད་ཀྱི་ནད་གསོ་བ། དྲེག་གྲུམ་དང་རྐང་འབམ་གསོ་བ། ཕྲིས་པའི་ནད་གསོ་བ། མོ་ནད་གསོ་བ། གདོན་ནད་གསོ་བ། མཚོན་རྨ་གསོ་བ། དུག་ནད་གསོ་བ། རྒས་པ་གསོ་བ། སྐད་སྐྱེན་དང་བློ་གསལ་གྱི་གསོ་ཐབས། རོ་ཙ་གསོ་བ། ཚེ་སྒྲུབ་ཐབས་

བཅས་བཅུ་བདུན་གྱིས་གྲུབ་ལ། ཕྱི་བྲག་ཏུ་སྐྱབ་པ་པོ་གང་གི་རྐྱེན་ངན་བར་ཆད་བཟློག་པ་རྡོ་རྗེའི་ཐོ་ལུམ་དང་། དུས་མཐའི་གཉན་རིམས་ནད་རིགས་དང་། དམ་གྲིབ་ཉམས་ཆག རྒྱལ་བསྙེན་འབྱུང་པོའི་ནད་རིགས་སོགས་བཟློག་པའི་སྐྱབས་གསུམ་ལྷ་ཡི་དམིགས་པ་དང་རྩ་སྔགས་ཀྱི་གདམས་པ། ཁྱད་པར་དུ་རྩ་སྔགས་ལ་བརྟེན་ནས་འཆི་མེད་ཚེ་ཡི་རིག་འཛིན་སྒྲུབ་ཐབས་དང་། བླ་ཚེ་གཞན་གྱིས་བརྐུས་པ་མྱུར་དུ་འགུགས་པའི་སྲོག་མཐུད་ཀྱི་གདམས་པ། སྣང་སྲིད་དབང་དུ་སྡུད་ཐབས་དང་དགྲ་བགེགས་ནུས་མཐུས་བསྒྲལ་ཐབས། མཆོག་གི་དངོས་གྲུབ་བསྒྲུབ་ཐབས། ཟ་ཡིག་དང་ཙགྲུས་ནད་རིགས་སེལ་ཐབས་གསུངས་ཡོད་པ་མ་ཟད། རླུང་མཁྲིས་བད་ཀན་དང་ཚད་པ་གཉན་རིམས་སོགས་ནད་རིགས་གསོ་བའི་སྨན་སྦྱོར་དང་། དེའི་བསྟེན་ཐབས་དང་ཕན་ནུས་སོགས་གསལ་པོར་བསྟན་ཡོད།

内容提要：本典籍在西热扎巴的请授下由邬金成列郎巴所著。主要内容由消除对方障碍、所信九圆满和治疗各种疾病的方药等17个部分组成。详细记述了消除不良外缘的金刚锤，各种瘟疫疾病、冒渎晦气和各种厉鬼疾病的密咒教诫，尤其是根据咒语修持长寿的方法，能够迅速召引魂魄的教诫消除灾难的方法，以及治疗“隆”“赤巴”“培根”病和瘟疫病等疾病的组方、使用方法和功效。

བོད་ཀྱི་གསོ་རིག་ཀུན་བཏུས་བསྟུད་སྒྲིག་མ་ལས། པོད་བརྒྱད་ཅུ་པའི་ནང་དུ་བཞུགས།

在《〈藏医药大典〉续编（61—80）》中的位置：收载于第八十卷

ཚན་པ་བཅུ་དྲུག་པ། ལུས་ཅན་ཕན་འདོག་གི་སྲུང་སྔགས་མན་ངག

第十六篇　《利于身心护咒秘诀》

མཚན་བྱང་ཆ་ཚང་། ཟབ་དོན་གཉེན་པོ་ལྷ་གསུམ་གྱི་ལས་མཐའ་ལུས་ཅན་ཕན་འདོག་གི་སྲུང་སྔགས་མན་ངག་དྭ་བ་ཞེས་བྱ་བ་བཞུགས་སོ། །

全名：《奥义三神守护咒·秘诀网》

རྩོམ་པ་པོ། ཨོ་རྒྱན་ཆེ་མཆོག་ནུས་ལྡན་རྡོ་རྗེ། སྤྱི་ལོ་༡༨༤༩ལོར་མདོ་སྟོད་རྫ་སྟོད་ཟླ་ཉིན་འོམ་ཆེན་ལུང་པར་སྐུ་འཁྲུངས་ཤིང་། སྤྱི་ལོ་༡༩༠༢ལོར་སྐུ་གཤེགས།

作者：邬金·切确尼旦多吉，1849年生于多堆杂多达宁欧欠地区。

མ་ཡིག ལག་བྲིས། ཡིག་གཟུགས་དབུ་ཅན། ཤོག་གྲངས་རེར་ཐིག་ཕྲེང་ལྔ། ཐིག་ཕྲེང་རེར་ཡིག་འབྲུ་ཉེར་ལྔ། ཁྱོན་བསྡོམས་ཤོག་གྲངས་སོ་དགུ་བཞུགས།

母本：手写本，正楷体，每页5行，每行25字，共39页。

ནང་དོན་གནད་བསྡུས། གཞུང་འདི་ནི་སྤྲུལ་སྐུ་ཨོ་རྒྱན་ཆེ་མཆོག་ནུས་ལྡན་རྡོ་རྗེ་ཡིས་འགྲོ་བ་སེམས་ཅན་ཐམས་ཅད་ན་བའི་སྡུག་བསྔལ་ལས་བསྒྲོལ་བའི་ཕྱིར་དུ་རྒྱལ་བཟང་སྒྲོལ་མ་བྲག་ནས་འཕྲུལ་གཏེར་དུ་སྤྱན་དྲངས་ཏེ་ཡི་གེ་པ་ཨོ་རྒྱན་བསྟན་འཛིན་གྱིས་བྲིས་པ་ཞིག་ཡིན། ནང་དོན་གཙོ་བོར་འབྱུང་འགྱུར་ཀྱི་གནོད་པ་སྲུང་ཐབས་དང་། སྤྱི་འགྲོའི་འདུས་ནད་ཀྱི་སྲུང་ཐབས། ཕྱུགས་ནད་ཀྱི་སྲུང་ཐབས་བཅས་ཚན་པ་གསུམ་གྱིས་གྲུབ་སྟེ། ཐོག་མར་སྟོད་བཙུད་འབྱུང་བ་གཡོ་འགྱུར་ཀྱི་གནོད་པ་སྲུང་ཐབས་དང་། འབྱུང་བ་རླུང་གནོན་གྱི་མན་ངག སེར་སྲུང་གི་མན་ངག ཐོག་སྲུང་གི་མན་ངག འདུས་པའི་ནད་རིགས་ཀྱི་སེལ་ཐབས། གྲིབ་གནོན་སྲུང་བའི་འཁོར་ལོའི་རྫས་དང་སྔགས། སྙིང་སྒྲོག་གཟེར་བ་ལ་ཕན་པའི་ཟ་ཡིག་དང་གྲི་ཤ་གུ་གུལ་གྱི་བདུག་པ། དེ་བཞིན་དུ་ལྷོག་སྲུང་འཁོར་ལོ་དང་། བྱད་ཁ་སྲུང་བའི་འཁོར་ལོ། སེམས་ཅན་རྐང་བཞི་ལ་ཕན་འདོགས་པའི་མན་ངག རྒྱུ་གཟེར་བཅོས་པའི་རྩ་སྔགས་དང་མི་བཙའ་གདབ་ཐབས་སོགས་ནད་རིགས་མ་ལུས་བསྲུང་བའི་རྩ་སྔགས་དང་འཁོར་ལོ་རྩ་ཆེན་པོ་མང་པོ་བསྟན་ཡོད།

内容提要：本典籍由邬金·切确尼旦多吉为了使众生远离疾病的痛苦，从杰桑卓玛山迎请后由邬金丹增记录。内容包括防止自然灾害、预防混合型疾病和牲畜病的方法。首先记述了预防冰雹、打雷、地震和火灾等；治疗混合型疾病的方法，预防星曜病的方药和咒语，利于心绞痛的符咒和药熏疗法。此外，还记录了防御炭疽和诅咒殃，利于牲畜病的秘诀，治疗肠绞痛的咒语和火灸施灸法等预防所有疾病的咒语和多种重要的宝轮。

བོད་ཀྱི་གསོ་རིག་ཀུན་བཏུས་བསྟུད་སྒྲིག་མ་ལས། པོད་བརྒྱད་ཅུ་པའི་ནང་དུ་བཞུགས།

在《〈藏医药大典〉续编（61—80）》中的位置：收载于第八十卷

ཚན་པ་བཅུ་བདུན་པ། ནད་རིགས་སྣ་ཚོགས་སེལ་བའི་སྔགས།

第十七篇　《治疗各类疾病的密咒》

མཚན་བྱང་ཆ་ཚང་། ནད་རིགས་སྣ་ཚོགས་སེལ་བའི་སྔགས་ཚིག་ཟབ་མོ་བཞུགས་སོ། །

全名：《治疗各类疾病的密咒》

རྩོམ་པ་པོ། མི་གསལ།

作者：不详。

མ་ཡིག སྒྲིག་པར། ཡིག་གཟུགས་དབུ་ཅན། ཤོག་ངོས་རེར་ཐིག་ཕྲེང་ཉེར་གསུམ། ཐིག་ཕྲེང་རེར་ཡིག་འབྲུ་བཅུ་གཉིས། ཁྱོན་བསྡོམས་ཤོག་ངོས་ཉེར་གཉིས་བཞུགས།

母本：排印本，正楷体，每页23行，每行12字，共22页。

ནང་དོན་གནད་བསྡུས། གཞུང་འདིའི་ནང་དུ་གཉན་ལྷོག་དང་ཞིང་ཧོག་སོགས་སེལ་བའི་སྔགས་དང་། ཁྱི་སྲུང་བའི་སྔགས། རྩ་འགྱུར་སྲུང་སྔགས། འབྲུ་ནད་དང་ཆུ་འགགས་བཅོས་པའི་སྔགས། གག་ལྷོག་དང་གདོན་ནད་བཅོས་པའི་སྔགས། ནུ་སྐྲངས་དང་ར་ཅ་གསོ་བའི་སྔགས། ཁྱི་ཤིག་ལྡེ་བའི་སྲུང་སྔགས། གཉན་ནད་དང་བུ་མ་ཐོན་པ་བཅོས་པའི་སྔགས། ཚར་གཅོད་དང་རྐང་མགྱོགས་སྒྲིབ་ཤིང་གི་སྔགས། རྨ་གཉན་དུག་བཅོས་པའི་སྔགས། བཙན་སྲུང་དང་རྐུན་ཆིངས་སྲུང་བའི་སྔགས། ཞིང་ཧོག་དང་སོ་སྲིན་བཅོས་པའི་སྔགས། ཁྲག་གཅོད་དང་བུ་དང་ཤ་མ་འདོན་ཐབས་ཀྱི་སྔགས། མཆོན་རྨ་དང་སྐྲངས་པ་ལ་ཕན་པའི་སྔགས། འབྲུ་སྐྱུག་ཁམས་

འཇག་དང་མེ་ཆིག་བཅོས་པའི་སྔགས། རྩ་ཆུ་འགགས་པ་བཅོས་པའི་སྔགས། བྱ་དང་བྱ་རོ་འདོན་ཐབས་ཀྱི་སྔགས། ཁྱི་དུག་དང་ཁྱི་ཤིག་འབྲུམ་པ་སྲུང་བའི་སྔགས། མིད་དཀྲུས་བཅོས་པའི་སྔགས། ཕྱུགས་ནད་ཁ་ཆའི་བཅོས་སྔགས། བསེ་དྲི་དང་རྐང་པ་ཁྱིད་པ་བཅོས་པའི་སྔགས། ལྕུས་ངན་དང་རྨི་ལམ་ངན་པ་བཟློག་པའི་སྔགས། ཟས་ནོར་འདུ་བ་དང་གློ་ལུ་བཅོས་པའི་སྔགས། སློབ་དཔོན་པདྨའི་རིལ་བུ་འབྱུང་པོ་འཕྲུལ་བསྐོལ་གྱི་སྔགས་སོགས་ནད་རིགས་སྣ་ཚོགས་ལ་ཕན་པའི་སྔགས་བཅོས་ཀྱི་གདམས་པ་ལེའུ་ཉེར་བརྒྱད་ཅན་གྱི་བདག་ཉིད་དུ་བསྒར་ནས་བཀོད་ཡོད།

内容提要：本典籍收录了治疗各种疾病的咒语。全书共分28章，包括治疗疽疠和云翳、痢疾、尿闭、白喉、炭疽、“郭”邪、乳房肿，壮阳、疠病、外伤疠毒、蚜虫、止血、难产和死胎不下、创伤和肿胀、腹泻、呕吐、遗精和烧伤、食道阻滞、牲畜口腔疾病、狐臭和脚冻疮的密咒，治疗狂犬病和痘疮的密咒，解除凶兆和噩梦的密咒等。

བོད་ཀྱི་གསོ་རིག་ཀུན་བཏུས་བསྟུད་སྒྲིག་མ་ལས། པོད་བརྒྱད་ཅུ་པའི་ནང་དུ་བཞུགས།

在《〈藏医药大典〉续编（61—80）》中的位置：收载于第八十卷

ཚན་པ་བཅོ་བརྒྱད་པ། ཞལ་གདམས་སྙིང་བྱང་ལས་ཁོལ་དུ་ཕྱུང་བའི་མན་ངག

第十八篇 《“宁项”教言明示》

མཚན་བྱང་ཆ་ཚང་། ཞལ་གདམས་སྙིང་བྱང་ལས་ཁོལ་དུ་ཕྱུང་བའི་མན་ངག་འཕྲོར་བུ་དགོས་གལ་ཆེ་བ་འགའ་རེ་བཞུགས་སོ། །

全名：《“宁项”教言明示·零星要咒》

རྩོམ་པ་པོ། མི་གསལ།

作者：不详。

མ་ཡིག ཤོག་པར། ཡིག་གཟུགས་དབུ་ཅན། ཤོག་ངོས་རེར་ཐིག་ཕྲེང་ཉེར་གསུམ། ཐིག་ཕྲེང་རེར་ཡིག་འབྲུ་བཅུ་དྲུག ཁྱོན་བསྡོམས་ཤོག་ངོས་དྲུག་བཞུགས།

母本： 排印本，正楷体，每页23行，每行16字，共6页。

ནང་དོན་གནད་བསྡུས། གཞུང་འདི་ནི་སྲུང་བ་དང་དགྲ་བོ་དབང་དུ་སྡུད་པའི་སྔགས་དང་། ཞལ་ལྕེ་དང་ཤོ་རྒྱན་ལས་རྒྱལ་བའི་སྔགས། ཁ་ཆར་དང་སེར་བ་སོགས་ཀྱི་སྲུང་སྔགས། རྣལ་འབྱོར་བའི་བར་ཆད་སེལ་བའི་སྔགས། ཤེས་རབ་བརྟན་པའི་སྔགས། ཁ་ཆར་སྲུང་བ་དང་དགྲ་རྐུན་བཅིང་བ་སོགས་ཚན་པ་དྲུག་གིས་གྲུབ་སྟེ། གཙོ་བོ་ལ་མདོན་སུམ་ཉམས་སྣང་རྨི་ལམ་དུ་ལེགས་ཉེས་ཅི་རིགས་ཀྱི་བརྡའ་རྟགས་ཐམས་ཅད་མཐོང་བའི་གསང་སྔགས་དང་། དུས་མིན་ཁ་ཆར་ཆེན་པོ་ཡིས་སེམས་ཅན་སྡུག་ལ་མི་གཏད་པ་བསྲུང་བའི་རྩ་སྔགས། རྣལ་འབྱོར་པ་ལ་ནད་འུང་བའི་རྐྱེན་འབྲེལ་ཀྱི་སྲུང་སྔགས། རྣལ་འབྱོར་པ་རྟག་ཏུ་སྐྱིད་པར་འདོད་པའི་སྒྲུབ་སྔགས། ཉི་ཟླ་གཟའ་སྐར་ཚེས་ཀྱིས་མི་གནོད་པར་ཚེ་བསོད་དབང་ཐང་རྟག་བརྟན་འབྱུང་བའི་རྩ་སྔགས། མིག་ནད་དང་ཁྱི་དུག་དང་དགྲ་རྐུན་བཅིང་ཐབས་སོགས་བསྲུང་བ་སྔགས་ཀྱི་གདམས་པ་མང་དུ་བསྟན་ཡོད།

内容提要： 本典籍介绍了诸多用于护佑的密咒教诫，包括收复敌人、从诉讼和竞赛中胜出、解除瑜伽士的障碍、智慧常驻、防止雨雪降临和降服敌人或小偷的咒语共6章。主要有解析梦的咒语，预防偶尔雨雪导致众生陷入痛苦和瑜伽士生病的咒语，瑜伽士常驻幸福的修持咒语，业力福泽运气常驻的咒语，以及用以预防各种眼疾、狂犬毒和降服敌人等的咒语。

བོད་ཀྱི་གསོ་རིག་ཀུན་བཏུས་བསྟུད་སྒྲིག་མ་ལས། པོད་བརྒྱད་ཅུ་པའི་ནང་དུ་བཞུགས།

在《〈藏医药大典〉续编（61—80）》中的位置： 收载于第八十卷

ཚན་པ་བཅུ་དགུ་པ། ཨོཾ་ཁ་པཎྜི་ཏ་གོས་ལའི་མན་ངག
第十九篇　《“奥卡班智达盖拉”秘诀》

མཚན་བྱང་ཆ་ཚང་། ཨོཾ་ཁ་པཎྜི་ཏ་གོས་ལའི་མན་ངག་ཨུ་པ་དེ་ཤ་བོ། །

全名：《“奥卡班智达盖拉”秘诀》

རྩོམ་པ་པོ། མི་གསལ།

作者：不详。

མ་ཡིག ལག་བྲིས། ཡིག་གཟུགས་དབུ་མེད། ཤོག་ངོས་རེར་ཐིག་ཕྲེང་ལྔ། ཐིག་ཕྲེང་རེར་ཡིག་འབྲུ་ཉེར་བཞི། ཁྱོན་བསྡོམས་ཤོག་ངོས་བཞི་བཞུགས།

母本：手写本，草书体，每页5行，每行24字，共4页。

ནང་དོན་གནད་བསྡུས། གཞུང་འདིའི་ནང་ནད་གདོན་གནོད་པ་སོགས་བསྲུང་བའི་གསང་བ་སྔགས་ཀྱི་སྒྲུབ་ཐབས་དང་དགྲ་ཇག་སྲུང་བ། བྱིས་པ་འཚོ་ཐབས། མངལ་སྲུང་བའི་སྲུང་འཁོར་བཅས་ཀྱི་ལག་ལེན་བཀོད་ཡོད་དེ། དང་པོ་ལ་འགྲོ་བ་གང་ཞིག་ཕྱོགས་གང་དུ་འགྲོ་ཡང་ལམ་དུ་ནད་གདོན་གྱི་གནོད་པ་སོགས་གང་ཡང་མི་འབྱུང་ཞིང་བྱ་བ་གང་དང་གང་ཡིན་པ་དེ་བདེ་བླག་ཏུ་འགྲུབ་པ་དང་། ཟས་གོས་གནས་མལ་སོགས་འབད་མེད་དུ་འབྱུང་བའི་སྔགས་བཟླ་སྐབས་ཡན་ལག་ལྔ་ལ་ཁྲུས་བྱས་ནས་གུལ་སྦྱོར་གྱི་བདུག་པ་བྱ་དགོས་པའི་སྔོན་འགྲོ་དང་སྔགས་བཟླ་བའི་ལག་ལེན་དངོས་གསུངས་ཡོད། གཉིས་པ་ལ་དགྲ་ཇག་རྐུན་མ་སོགས་ཀྱིས་གླགས་མི་རྙེད་པའི་ཐབས་ཀྱི་སྔགས་དང་རྡོ་ཁམ་བུ་ཙམ་བདུན་ལ་རྡོ་རེར་སྔགས་ཚར་བཏབ་སྟེ་སྙེད་པའི་གཡས་གཡོན་དང་རྒྱབ་ཏུ་རྡོ་རེ་བསྣམས་ནས་ལག་པ་གཉིས་སུ་རྡོ་གཉིས་རེ་བཟུང་ལ་སྔགས་འདྲེན་པའི་ལག་ལེན་ཁྱད་མཚར་ཅན་གསུངས་ཡོད། གསུམ་པ་ལ་བྱིས་པ་སྐྱེས་ནས་ཡང་ཡང་མི་འཚོ་བ་བཟློག

པའི་འཁོར་ལོའི་རི་མོ་དང་ཤིང་གྲོ་ག་ལ་གླ་རྩི་སོགས་སྨན་རྫས་བརྒྱད་ཆ་མཉམ་བཟར་བའི་ཁུ་བས་འཁོར་ལོ་བྲིས་པ་དེ་ལ་སྐུད་པ་གང་ཙུང་གིས་བཅིངས་ནས་མགུལ་དུ་བཏགས་ན་བྱིས་པ་ངེས་པར་འཚོ་བའི་ལག་ལེན་གསུངས་ཡོད། བཞི་པ་ལ་བུད་མེད་མངལ་དུ་བྱིས་པ་ཆགས་པ་ཡང་ཡང་ཤོར་ནས་ཕན་མ་ཐོགས་པའི་རིགས་ལ་མགོ་བའི་འཁོར་ལོའི་རི་མོ་དང་ཤིང་གྲོ་ག་ལ་གླ་རྩི་སོགས་དྲི་བརྒྱད་ཀྱི་ཁུ་བས་འཁོར་ལོ་བྲིས་པ་བུད་མེད་ཟླ་མཚན་བབས་ནས་ཞག་གསུམ་གྱི་ཐོག་སྐེད་པར་བཏགས་ན་ཕན་ངེས་པའི་ལག་ལེན་གསུངས་ཡོད།

内容提要：本典籍由预防疾病和外邪侵扰、制服敌寇、预防小儿夭折、预防流产的咒语和护身符等4部分组成。第一部分介绍外出时为了免受疾病和外邪的侵扰，达到万事如愿顺遂和衣食无忧目的而需念诵的咒语。第二部分介绍了能使敌寇无法得逞的咒法。第三部分介绍了防止新生儿夭折的护身符图案以及用麝香等八味药材等量熬制的药水书写护身符用线绳捆绑佩戴于脖颈的办法；第四部分介绍了习惯性流产的妇女所佩戴的护身符的内容，即用麝香等八味药材的汁水书写护身符并在行经第三天佩戴于脖颈。

བོད་ཀྱི་གསོ་རིག་ཀུན་བཏུས་བསྟུད་སྒྲིག་མ་ལས། པོད་བརྒྱད་ཅུ་པའི་ནང་དུ་བཞུགས།

在《〈藏医药大典〉续编（61—80）》中的位置：收载于第八十卷

སྐབས་དོན་གསུམ་པ། སྨན་གྱི་སྨོན་ལམ།

第三集　医学祈愿

དཔལ་ལྡན་ས་སྐྱའི་སེམས་ཅན་རྣམས་ལ་རིམས་ནད་དྲག་པོ་བྱུང་བ་མདོས་གཏོར་སྨན་ཐུགས་གང་གིས་ཀྱང་མ་ཕན་པར་གདན་ས་སྟོང་ལ་ཐུག་པའི་སྐབས་བཙམས་པའི་གྲུབ་ཆེན་ཐང་སྟོང་རྒྱལ་པོའི་སྨན་གྱི་སྨོན་ལམ་མམ་ཡོངས་གྲགས་སུ་ས་སྐྱ་ནད་གྲོལ་མ་ཞེས་པ་དང་བོད་ལྗོངས་སྨན་རྩིས་ཁང་གི་འགོ་འཛིན་པ་པྲ་ཧླ་

མ་ཅིས་མཛད་པའི་སྨན་རྩིས་བསྟན་པ་རྒྱས་པའི་སྨོན་ལམ་གཉིས་རིམ་པར་བཀོད་ཡོད།

本集收录了智托·唐东杰布药物祈愿文或称《“萨迦”脱离疾病祈愿文》和院长扎杂玛诺即钦饶诺布大师编著的《医算事业长盛祈愿》2篇。

ཚན་པ་དང་པོ། ས་སྐྱ་ནད་གྲོལ་མའི་སྨོན་ལམ།

第一篇 《“萨迦”脱离疾病祈愿》

མཚན་བྱང་ཆ་ཚང་། ས་སྐྱ་ནད་གྲོལ་མའི་སྨོན་ལམ་ཞེས་བྱ་བ་བཞུགས་སོ། །

全名：《“萨迦”脱离疾病祈愿》

རྩོམ་པ་པོ། གྲུབ་ཐོབ་ཐང་སྟོང་རྒྱལ་པོ། སྤྱི་ལོ་༡༣༦༡ལོར་དབུས་གཙང་ལ་སྟོད་གཡས་རུ་བྱང་མའི་རིན་ཆེན་སྡིངས་སུ་སྐུ་འཁྲུངས་ཤིང་། སྤྱི་ལོ་༡༤༨༥ལོར་སྐུ་གཤེགས།

作者：智托·唐东杰布，1361年生于卫藏拉堆左锋响密仁青当地区，1485年卒。

མ་ཡིག གློག་པར། ཡིག་གཟུགས་དབུ་ཅན། ཤོག་ངོས་རེར་ཐིག་ཕྲེང་བཅུ་དགུ། ཐིག་ཕྲེང་རེར་ཡིག་འབྲུ་བཅོ་ལྔ། ཁྱོན་བསྡོམས་ཤོག་ངོས་གཉིས་བཞུགས།

母本：排印本，正楷体，每页19行，每行15字，共2页。

ནང་དོན་གནད་བསྡུས། གཞུང་འདི་ནི་གདན་ས་ཆེན་པོ་དཔལ་ལྡན་ས་སྐྱར་ནད་རིམས་མི་གཅིག་པ་སྣ་ཚོགས་བྱུང་བར་སྔགས་པོན་རྣམས་ཀྱིས་མདོས་གཏོར་སྨན་སྔགས་སྲུང་བ་སོགས་གང་བསྒྲུབས་ཀྱང་མ་ཕན་པར་གདན་ས་སྟོངས་ལ་ཐུག་པའི་སྐབས་སུ་གྲུབ་ཐོབ་ཐང་སྟོང་རྒྱལ་པོ་ཞེས་གྲགས་པའི་སྐྱེས་བུ་དམ་པ་དེས་མ་ནམ་མཁའ་མའི་སྐྱབས་འགྲོ་གྱིས། མ་ཅི་བགྲོངས། སྨོན་ལམ་འདི་ཐོབས་ཞེས་བཀའ་སྩལ་པ་བཞིན་བགྱིས་པ་ལ་བརྟེན་ནས་ནད་ཡམས་ཐམས་ཅད་འཕྲལ་དུ་ཆད་པས་ས་སྐྱ་ནད་གྲོལ་མའི་སྨོན་ལམ་ཞེས་གྲགས་ལ། ཡང་ལ་ལས་གྲུབ་ཐོབ་ཐང་སྟོང་རྒྱལ་པོའི་སྨན་གྱི་སྨོན་ལམ་ཞེས་མིང་གདགས་པའང་ཡོད། ནང་དོན་ལ་ལས་དང་

གློ་བུར་རྐྱེན་ལས་གྱུར་པའི་གདོན་དང་ནད་རིགས་ཐམས་ཅད་འཇིག་རྟེན་ཁམས་སུ་མི་འབྱུང་བ་དང་། ལྷག་ཏུ་འགྲོ་བ་ཀུན་ལ་སྲོག་འཕྲོག་ནད་རིམས་ཀྱི་འཇིགས་པ་མི་འབྱུང་ཞིང་། གནོད་པའི་བགེགས་རིགས་སྟོང་ཕྲག་བརྒྱད་ཅུ་དང་། གློ་བུར་ཡེ་འདྲོག་སུམ་བརྒྱ་དྲུག་ཅུ། ནད་རིགས་བཞི་བརྒྱ་རྩ་བཞི་ལ་སོགས་པ་ཡིས་ནད་ཀྱི་སྡུག་བསྔལ་མི་འབྱུང་བར་ཚེ་བསོད་རྒྱས་ལ་མདངས་སྟོབས་ལྡན་པ་དང་ཚེ་རིང་ནད་མེད་ཡོང་བའི་སྨོན་ལམ་གྱི་ཚིག་བསྟན་ཡོད།

内容提要：该典籍记述了当殊胜的萨迦地区爆发各种瘟疫时，众多苯教密咒者用药物和咒语等治疗均未见效，而智托·唐东杰布念诵“萨迦”脱离疾病祈愿，使瘟疫得以解除的事迹，并因此得名。主要记录了解除业力、外邪和魔障等所诱发诸病的祈愿仪式。

བོད་ཀྱི་གསོ་རིག་ཀུན་བཏུས་བསྟུད་སྒྲིག་མ་ལས། པོད་བརྒྱད་ཅུ་པའི་ནང་དུ་བཞུགས།

在《〈藏医药大典〉续编（61—80）》中的位置：收载于第八十卷

ཚན་པ་གཉིས་པ། སྨན་རྩིས་བསྟན་པ་རྒྱས་པའི་སྨོན་ལམ།

第二篇　《医算事业兴盛祈愿》

མཚན་བྱང་ཆ་ཚང་། སྨན་རྩིས་བསྟན་པ་རྒྱས་པའི་སྨོན་ལམ་ཞེས་བྱ་བ་བཞུགས་སོ། །

全名：《医算事业兴盛祈愿》

རྩོམ་པ་པོ། མཁྱེན་རབ་ནོར་བུ། སྐྱེ་ལོ་༡༨༨༣ལོར་དབུས་གཙང་ལྷོ་ཁའི་རྩེད་ཐང་དུ་སྐུ་འཁྲུངས་ཤིང་། སྐྱེ་ལོ་༡༩༦༢ལོར་སྐུ་གཤེགས།

作者：钦绕诺布，1883年生于卫藏山南泽当，1962年卒。

མ་ཡིག ཀློག་པར། ཡིག་གཟུགས་དབུ་ཅན། ཤོག་ངོས་རེར་ཐིག་ཕྲེང་བཅུ་དགུ། ཐིག་ཕྲེང་རེར་ཡིག་འབྲུ་བཅོ་

༄། །བྱིན་བསྔོམས་ཤོག་ངོས་གཉིས་བཞུགས།

母本： 排印本，正楷体，每页19行，每行15字，共2页。

ནང་དོན་གནད་བསྡུས། གཞུང་འདི་ནི་སྨན་རྩིས་གཉིས་ཀྱི་རིགས་ལམ་ལ་མོས་གུས་ལྡན་ཞིང་བག་ཆགས་ཤིན་ཏུ་ཟབ་པའི་རྒྱལ་དབང་ཕྱག་ན་པདྨོའི་བླ་སྨན་བོད་ལྗོངས་སྨན་རྩིས་ཁང་གི་འགོ་འཛིན་པ་ཕྲ་རྣ་མ་ཆེས་རབ་ཆོས་ཤིང་བྱིའི་ཐ་སྐར་ཟླ་བའི་དཀར་ཕྱོགས་ཀྱི་བཟང་པོ་གཉིས་པའི་ཚེས་ལ་སྨོན་པར་སྦྱར་བ་ཞིག་ཡིན། གཙོ་བོ་ལ་ཐོག་མར་མཁྱེན་པའི་རང་གཟུགས་འཇམ་དཔལ་རྡོ་རྗེ་དང་མཐུ་སྟོབས་དབང་ཕྱུག་གསང་བའི་བདག་པོ་སྟེ་རིགས་གསུམ་རྒྱལ་བ་སྲས་དང་བཅས་ལ་ཤིས་པ་བརྗོད་ནས། བར་དུ་ལས་སྨོན་བསྲིངས་པའི་སྨན་རྩིས་འདུས་པའི་ནགས་ཀླུང་རབ་ཏུ་རྒྱས་ཤིང་ཆོས་སྲིད་རྣམ་བཙུའི་ལོ་འབྲས་དུས་བཞིན་དུ་འགྲོ་འདིའི་ངལ་གསོ་མཆོག་ཏུ་འགྱུར་བར་ཤོག་ཅེས་སྨོན་ལམ་འདེབས་པ། མཇུག་ཏུ་བསྟན་པ་དེ་འཛིན་གྱི་དཔོན་སློབ་འཁོར་བཅས་ཀྱི་སྐུ་ཚེ་བརྟན་ཅིང་མཛད་འཕྲིན་རྒྱས་པ་དང་། འགྲོ་བའི་དོན་ལ་བརྩོན་པ་ལྷུར་ལེན་གྱིས་དམ་པའི་རྣམ་ཐར་ཚུལ་བཞིན་དུ་སྐྱོང་བ། ཐུབ་བསྟན་རིས་མེད་སྤྱི་དང་ཁྱད་པར་དུ་སྨན་བླ་དྲང་སྲོང་རྒྱལ་བའི་རང་ལུགས་དང་ཕུག་པའི་བཞེད་གཞུང་གཙུག་ལག་རྩིས་རིག་གི་བསྟན་པ་རིན་པོ་ཆེ་ཕྱོགས་ཀུན་ཏུ་དར་ཞིང་རྒྱས་པའི་བྱང་ཆུབ་སེམས་དཔའ་རྣམས་ཀྱི་ཤིས་བརྗོད་སྨོན་ལམ་ཟབ་མོའི་ཐུགས་བཅུད་ཁྱད་དུ་འཕགས་པ་བསྟན་ཡོད།

内容提要： 该典籍由对医算心生敬畏且对之精通的钦绕诺布于藏历木鼠年娄宿月上旬完成。文中首先向妙金刚即文殊菩萨和大自在顶礼，然后祈愿与医算相关山水河流永远繁盛，最后祈愿医算的传承者长久住世，心无芥蒂地将药师佛的传承和天文历算的事业发扬光大，传向四方。

བོད་ཀྱི་གསོ་རིག་ཀུན་བཏུས་བསྡུད་སྒྲིག་མ་ལས། པོད་བརྒྱད་ཅུ་པའི་ནང་དུ་བཞུགས།

在《〈藏医药大典〉续编（61—80）》中的位置： 收载于第八十卷